bo-158 Foto c1

Christoph Lübbert
Botswana

*„Von all' den menschlichen Antrieben nimmt die menschliche Neugier
eine Sonderstellung ein, da sie unermüdlich ist."*

Irenäus Eibl-Eibesfeldt

Impressum

Christoph Lübbert
Botswana

erschienen im
REISE KNOW-HOW Verlag Peter Rump GmbH
Osnabrücker Str. 79, 33649 Bielefeld

© Peter Rump 2000, 2002, 2004, 2008
5., neu bearbeitete, erweiterte und komplett aktualisierte Auflage 2011

Alle Rechte vorbehalten.

Gestaltung:
Umschlag: G. Pawlak, P. Rump (Layout); M. Luck (Realisierung)
Inhalt: G. Pawlak (Layout); M. Luck (Realisierung)
Karten: B. Spachmüller, C. Raisin, der Verlag
Fotos: Ch. Lübbert (cl); Tuli Safari Lodge (S. 333); S. Steiner (S. 643); www.eosnap.com (S. 482)
Bildbearbeitung: P. Rump
Titelfoto: Ch. Lübbert (Sonnenuntergang in der Kalahari)

Lektorat: M. Luck

Druck und Bindung: Wilhelm & Adam, Heusenstamm

ISBN 978-3-8317-2013-2
PRINTED IN GERMANY

Dieses Buch ist erhältlich in jeder Buchhandlung
Deutschlands, der Schweiz, Österreichs, Belgiens
und der Niederlande.
Bitte informieren Sie Ihren Buchhändler
über folgende Bezugsadressen:

Deutschland
Prolit GmbH, Postfach 9,
D–35461 Fernwald (Annerod)
sowie alle Barsortimente
Schweiz
AVA-buch 2000
Postfach, CH–8910 Affoltern
Österreich
Mohr Morawa Buchvertrieb GmbH
Sulzengasse 2, A–1230 Wien
Niederlande, Belgien
Willems Adventure
www.willemsadventure.nl

Wer im Buchhandel trotzdem kein
Glück hat, bekommt unsere Bücher
auch über unseren **Büchershop
im Internet: www.reise-know-how.de**

*Wir freuen uns über Kritik, Kommentare
und Verbesserungsvorschläge, gern auch
per E-Mail an info@reise-know-how.de.*

*Alle Informationen in diesem Buch sind vom
Autor mit größter Sorgfalt gesammelt
und vom Lektorat des Verlages gewissenhaft
bearbeitet und überprüft worden.*

*Da inhaltliche und sachliche Fehler nicht aus-
geschlossen werden können, erklärt der Verlag,
dass alle Angaben im Sinne der Produkthaftung
ohne Garantie erfolgen und dass Verlag wie Autor
keinerlei Verantwortung und Haftung für
inhaltliche und sachliche Fehler übernehmen.*

*Die Nennung von Firmen und ihren Produkten
und ihre Reihenfolge sind als Beispiel ohne
Wertung gegenüber anderen anzusehen. Qualitäts-
und Quantitätsangaben sind rein subjektive
Einschätzungen des Autors und dienen keinesfalls
der Bewerbung von Firmen oder Produkten.*

Christoph Lübbert

Botswana

Für Malte

Reise Know-How im Internet

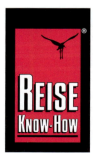

Ein ganz persönliches Vorwort

Wer nach Botswana reist, erhält Gelegenheit, in die scheinbar **endlose Weite einer paradiesischen Wildnis** vorzudringen, die noch vor wenigen Jahrzehnten große Teile Afrikas bestimmte. In gewisser Weise ist Botswana Teil jener „alten Welt", in der noch Abertausende von Quadratkilometern nackter Natur fernab dauerhaften menschlichen Einflusses existieren und in der man tagelang umherreisen kann, ohne einem anderen Menschen zu begegnen. Das Land besticht durch seine **Reichhaltigkeit** und seine **Unzerstörtheit.** Es legt Zeugnis ab von der unermesslichen Vielfalt der Schöpfung, die inmitten der Halbwüste Kalahari das glitzernde Juwel des Okavango-Deltas entstehen ließ.

● ● ●

Jahrzehntelang waren die Hauptattraktionen des Landes – neben dem Okavango-Delta vor allem das Gebiet des Chobe, die Makgadikgadi Pans, die mit endloser Weite lockende Kalahari und natürlich die geheimnisvollen Tsodilo Hills – ausschließlich über staubige Pisten und nur mit viel Zeit und Geländeerfahrung erreichbar. Es konnte Tage, manchmal sogar Wochen dauern, um von einem Ziel zum nächsten zu gelangen. Erst der zügige Ausbau der Verkehrsinfrastruktur seit den 1970er Jahren, ermöglicht durch die ökonomische Schubkraft der Diamantenminen, hat einem modernen **Safari-Tourismus** in Botswana den Weg geebnet. Über ein Netz vorzüglicher Asphaltstraßen gelangt man heute binnen 24 Stunden in fast alle Teile des Landes, auch wenn Nationalparks und Wildreservate eine Domäne schwerer Geländewagen bleiben. Im Zuge des durch restriktive **Hochpreispolitik** und konsequente **Zugangsbeschränkungen** zu den Nationalparks und Wildreservaten in die Zwangsjacke gesteckten Tourismusbooms zeichnen sich bereits heute schleichende Veränderungen in Gebieten wie der zentralen und südlichen Kalahari oder im Bereich der Makgadikgadi Pans ab, die mit zunehmenden Besucherzahlen an magischer Ausstrahlungskraft, die ja gerade von ihrer Abgeschiedenheit und Einsamkeit ausgeht, einbüßen. Es bleibt zu hoffen, dass diese Frühzeichen erkannt werden und Botswanas Naturschätze nicht durch unkontrollierten Ausbau der Infrastruktur in störungsempfindlichen Regionen mit nachfolgendem Massenzustrom in nicht mehr beherrschbare Gefahr geraten. In diesem Zusammenhang stimmt es auch nachdenklich, dass das mit Erschöpfen der Diamantvorkommen entstehende Loch im Staatshaushalt überwiegend durch Geld aus dem Tourismus gefüllt werden soll.

● ● ●

Neben den Gebieten der „alten Welt" lernt der Botswanareisende ein in rasanter Modernisierung begriffenes afrikanisches Land kennen, das mit einem stabilen **Wirtschaftswachstum** glänzt, eine **funktionierende Infrastruktur** besitzt und mit einer pluralistischen, **demokratisch gefestigten Gesellschaft** aufwarten kann, die bisher einen überaus behutsamen Umgang mit den natürlichen Ressourcen ihres Landes pflegt. Es ist darüber hinaus **eines der sichersten Reiseländer in Afrika,** gerade wenn man das erschreckende Gewaltpotenzial des Nachbarlandes Südafrika zum Vergleich heranzieht. Auf der anderen Seite gehört Botswana zu den am meisten von **Dürre** gefährdeten Staaten Afrikas und weist insbesondere in seinen rapide wachsenden Städten zunehmend Bewohner auf, deren Auskommen nicht grundlegend gesichert ist. An der allgemeinen **Armut der Landbevölkerung** hat die Regierung trotz der prosperierenden Volkswirtschaft bislang kaum etwas ändern können. In den letzten Jahren hat zudem die **AIDS-Pandemie** im südlichen Afrika düstere Schatten auf die botswanische Gesellschaft geworfen. Botswana weist **eine der höchsten HIV-Infektionsraten weltweit** auf: Mehr als ein Fünftel seiner Bewohner gilt als HIV-infiziert, fast jedes vierte Kind wächst inzwischen als Waise auf. Nachhaltige Aufklärungsprogramme der Regierung treten leider erst verspätet auf den Plan und scheinen infolge unzureichender Akzeptanz nur langsam zu greifen. Immerhin stellt sich die Situation bei der Einführung von Behandlungsprogrammen für HIV-Infizierte besser dar: Hier ist zu konstatieren, dass inzwischen mehr als 80% der therapiebedürftigen identifizierten HIV-Patienten antiretroviral behandelt werden.

Der kritische Besucher erlebt Botswana als ein **Land der Widersprüche** – ein beeindruckend wildes, von der Natur überreich gesegnetes Land mit relativem Wohlstand – Botswana weist die höchsten Devisenreserven pro Kopf der Bevölkerung weltweit auf – und beträchtlichen Ressourcen für zukünftige Entwicklung auf der einen Seite und beklemmender Armut sowie immensen Strukturproblemen auf der anderen Seite. Gewöhnungsbedürftig ist zunächst auch die **botswanische Mentalität,** die von **Reserviertheit und Stolz** geprägt ist, weniger von Ausgelassenheit wie bei anderen schwarzafrikanischen Kulturen.

● ● ●

Als ich nach Botswana reiste, hatte ich bereits mehr als ein Dutzend schwarzafrikanischer Staaten kennen gelernt. Die ursprüngliche Afrika-Euphorie, die mich seit der Schulzeit immer wieder auf den Schwarzen Kontinent zog, war zu diesem Zeitpunkt schon in pragmatischen Realismus umgeschlagen, ohne der unerklärlich magischen Anziehungskraft, die Afrika auf mich ausübt, wesentlichen Abbruch zu tun. Zu sehr hatte ich im Lauf der Jahre die hässliche Fratze von Bürgerkrieg, ethnisch motivierter Gewalt, Kleptokratie und Despotismus, hausgemachtem Elend, schier aussichtsloser Armut und auch unkontrollierter Zerstörung durch Massentourismus kenianischer Prägung persönlich kennen gelernt, die Afrika hinter dem Blendwerk von Ursprünglichkeit, großartiger Natur, Exotik und Abenteuer im

Übermaß bereithält. In Botswana aber sind neben der erfüllten Sehnsucht nach einer intakten Natur viele Grundelemente meiner Afrikabegeisterung wiederbelebt worden.

● ● ●

Aus dieser motivierenden Erfahrung heraus und angesichts des Mangels an ausführlicher und aktueller deutschsprachiger Reiseliteratur über Botswana ist **das vorliegende Reisehandbuch** entstanden, das nunmehr in 5., vollkommen überarbeiteter und aktualisierter Auflage vorliegt. Es wendet sich in erster Linie an **Individualreisende, die das Land mit einem allradgetriebenen Geländewagen** auf eigene Faust erkunden, bietet aber auch Besuchern, die mit einem Reiseveranstalter unterwegs sind, **detaillierte Informationen zu Unterbringung und Aktivitäten sowie Landeseinblicke.** Der Schwerpunkt liegt eindeutig auf der faszinierenden Natur Botswanas, beschäftigt sich aber ebenso mit Geschichte, Politik, Staat und Gesellschaft, Wirtschaft, Kultur und Bildung.

Ich habe die interessantesten Landesteile direkt vor der Manuskriptabgabe nochmals ausgiebig bereist, um eine möglichst aktuelle Recherche zu gewährleisten. Viele Dinge ändern sich in Afrika jedoch von heute auf morgen, gerade in einem Land wie Botswana, das mit Meilenschritten ins 21. Jahrhundert zu stürmen scheint. Ich bitte Sie daher herzlich, Hinweise für Änderungen und Anregungen sowie Verbesserungsvorschläge an den Verlag zu senden (Pf 14 06 66, 33626 Bielefeld).

● ● ●

Ich möchte Sie ermuntern, individuell und verantwortungsbewusst nach Botswana zu reisen und beglückwünsche Sie, wenn Sie sich bereits dazu entschlossen haben. Genießen Sie Ihren Aufenthalt dort in vollen Zügen, denn Sie sind zu Gast in einem Land, das gleich mehrere Höhepunkte bereithält, die das vielzitierte Prädikat **„Afrikas letztes Paradies"** rechtfertigen.

Im Februar 2011

Dr. Christoph Lübbert

Anmerkung: In diesem Buch sind viele **Internet- und E-Mail-Adressen** genannt. Bedingt durch den Zeilenumbruch werden manche Adressen getrennt, sodass ein Trennstrich eingefügt wird, der nicht zur Adresse gehören muss!

Inhalt

Exkurse

Karten/Stadtpläne

In den Kopfzeilen erfolgt ein Verweis auf
die jeweils passende Karte. Wenn nicht
anders vermerkt, sind die Karten nach
Norden ausgerichtet.

Botswana: Umschlag vorn
Okavango-Delta: Umschlag hinten

Praktische Tipps A–Z

bo-190 Foto: cl

bo-160 Foto: cl

Elefanten im Moremi Wildlife Reserve

Painted Reed Frog im Okavango-Delta

Frauenpower – Guides der
Chobe Game Lodge

An-, Ein- und Ausreise

Anreise mit dem Flugzeug

Botswana besitzt **drei etablierte internationale Flughäfen: Gaborone, Kasane und Maun.** Inzwischen hat auch das **Limpopo Valley Airfield** (Tuli-Block, Ostbotswana) den Status eines internationalen Flughafens. Der größte Flughafen Botswanas, der **Sir Seretse Khama International Airport,** liegt am Rande der Hauptstadt Gaborone (14 Kilometer außerhalb der Stadt).

Vom Sir Seretse Khama International Airport aus kostet eine **Taxifahrt** in die Innenstadt Gaborones umgerechnet 10 bis 12 Euro. Für Gäste der großen Hotels (Gaborone Sun, Walmont Ambassador, President u.a.) verkehren kostenlose **Shuttle-Busse.** Gelegentlich können auch Nichtgäste den Fahrer eines Shuttle-Busses zur Mitnahme überreden (Trinkgeld nicht unerwünscht). Einen kommerziellen Zubringer-Service zum Flughafen unterhält Adventure Safaris, Private Bag 00352, Gaborone, Tel. 3700166, Fax 3700168, Internet: www.adventure-safaris.com. Eine telefonische Vorausbuchung ist notwendig.

Buchtipps – Praxis-Ratgeber:
- Frank Littek
Fliegen ohne Angst
- Erich Witschi
Clever buchen, besser fliegen
(beide Bände REISE KNOW-HOW Verlag)

Flugverbindungen

Die einzige Fluglinie, die bis 1999 von Europa aus direkte Flüge nach Gaborone anbot, war British Airways. Wegen mangelnder Rentabilität wurden diese Flüge jedoch eingestellt; eine Wiederaufnahme ist unwahrscheinlich.

Flüge nach Johannesburg/Südafrika, Windhoek/Namibia oder **Harare/Simbabwe** mit dort erfolgendem Umsteigen auf einen **Zubringerflug** afrikanischer Airlines nach Gaborone, Maun, Kasane oder auch Victoria Falls in Simbabwe bzw. Livingstone in Sambia sind nach dem Ausfall der Direktverbindung nach Gaborone mit British Airways die Fluganreise der Wahl geworden.

Nonstop-Verbindungen bestehen aus dem deutschsprachigen Raum von Frankfurt nach Johannesburg und Kapstadt mit Lufthansa und South African Airways, von Düsseldorf und München nach Kapstadt und Windhoek mit LTU, von München nach Johannesburg mit South African Airways, von Frankfurt nach Windhoek mit Air Namibia sowie von Zürich nach Johannesburg mit South African Airways und Swiss. Die **Flugzeiten** betragen jeweils **zwischen 10 und 12 Stunden.**

Daneben gibt es **unzählige Umsteigeverbindungen** mit mindestens einem Zwischenstopp im Heimatflughafen der jeweiligen Airline, und zwar von vielen Flughäfen in Deutschland, Österreich und der Schweiz sowie von Amsterdam aus.

Die folgenden Fluglinien bieten **Flüge von Südafrika, Namibia und Simbabwe nach Botswana** an: Air Botswana, Air Namibia und South African Airways

(SAA). South African Airways, British Airways/Comair und Air Zimbabwe offerieren zudem Flüge von Johannesburg nach Victoria Falls/Simbabwe bzw. Livingstone/Sambia.

Achtung: Für die gebräuchlichste Fluganreise nach Botswana über Johannesburg sind zwei Probleme zu bedenken: Immer wieder kommt es zu **Unregelmäßigkeiten bei der Gepäckweiterleitung** am OR Tambo International Airport Johannesburg, seltener sogar zu Gepäckdiebstählen oder -verlusten (bitte an entsprechende Gepäckverlagerung in das Handgepäck denken bei der Fluganreise über Johannesburg).

Als problematisch ist auch die **mangelnde Zuverlässigkeit** der staatlichen botswanischen Fluglinie **Air Botswana** anzusehen. Diese war im Jahr 2010 teilweise nicht in der Lage, ihre Flüge selbst durchzuführen, sondern musste dazu immer wieder kurzfristig die Hilfe südafrikanischer Chartergesellschaften wie Air Quarius in Anspruch nehmen. Wegen Sicherheitsproblemen wurde Air Botswana zeitweise sogar aus der International Air Transport Association (IATA), dem Dachverband aller internationalen Airlines, ausgeschlossen.

Flugpreise

Flüge nach Johannesburg erhält man in Deutschland je nach Saison und Aufenthaltsdauer schon **ab 600 Euro** (inkl. aller Steuern, Gebühren und Entgelte)**.** Tickets für Flüge nach Windhoek sind ab 700 Euro zu bekommen. Billigere Flüge sind mit den Jugend- und Studententickets mehrerer Fluggesellschaften möglich (je nach Airline junge Leute bis

29 und Studenten bis 34 Jahre). Dann kostet außerhalb der Hochsaison in den Sommerferien in Europa sowie im Winterhalbjahr ein Flug von Deutschland, Österreich und der Schweiz nach Johannesburg ab ca. 500 Euro.

Von Zeit zu Zeit offerieren die Fluggesellschaften **befristete Sonderangebote.** Dann kann man z.B. mit KLM für ca. 550 Euro von vielen Flughäfen in Deutschland, Österreich und der Schweiz über Amsterdam nach Johannesburg und zurück fliegen. Diese Tickets haben in der Regel eine befristete Gültigkeitsdauer und eignen sich nicht für Langzeitreisende. Ob für die gewünschte Reisezeit gerade Sonderangebote für Flüge nach Südafrika auf dem Markt sind, lässt sich im Internet auf der Website von Jet-Travel (www.jet-travel.de) unter „Flüge" entnehmen, wo sie als „Schnäppchenflüge" nach Afrika mit aufgeführt sind.

In Deutschland gibt es von Frankfurt aus die häufigsten Verbindungen nach Südafrika und Namibia. Tickets von anderen deutschen Flughäfen sind oft teurer. Es kann daher attraktiver sein, mit einem Rail-and-Fly-Ticket (kostet meist nur 30 bis 60 Euro extra) per Bahn nach Frankfurt zu fahren und von dort aus zu fliegen. Schweizer Halbtax-Abonnenten bekommen es evtl. noch günstiger.

Man kann auch einen preiswerten **Zubringerflug** der gleichen Airline von einem kleineren Flughafen buchen.

Indirekt sparen kann man als Mitglied eines **Vielflieger-Programms** wie www.star-alliance.com (Mitglieder u.a. Lufthansa, South African Airways, Swiss) oder www.oneworld.com (Mitglieder u.a. British Airways); die Mitgliedschaft ist kostenlos. Bei Flügen mit den Fluggesellschaften innerhalb eines Verbundes „sammelt" man Flugmeilen, die dann bei einem gewissen „Kontostand" für einen Freiflug bei einer der Partnergesellschaften reichen. Bei Einlösung eines Gratisfluges ist langfristige Vorausplanung nötig.

Buchung

Folgende **zuverlässigen Reisebüros** haben meistens günstigere Preise als viele andere:

● **Jet-Travel,** In der Flent 7, 53773 Hennef, Tel. 02242-868606, Fax 868607, www.jet-travel.de. Auch für Jugend- und Studententickets. Sonderangebote auf der Website unter „Schnäppchenflüge".
● **Globetrotter Travel Service,** Löwenstr. 61, 8023 Zürich, Tel. 044-2286666, www.globetrotter.ch. Weitere Filialen siehe Website.

Die vergünstigten Spezialtarife und befristeten Sonderangebote kann man nur bei wenigen Fluggesellschaften in ihren Büros oder direkt auf ihren Websites buchen; diese sind jedoch immer auch bei den oben genannten Reisebüros erhältlich.

Last Minute

Last-Minute-Flüge werden von einigen Airlines mit deutlicher Ermäßigung ab etwa **14 Tage vor Abflug** angeboten, wenn noch Plätze zu füllen sind. Diese Last-Minute-Flüge lassen sich nur bei Spezialisten buchen:

● **L'Tur,** www.ltur.com, (D)-Tel. 01805-212121 (0,12 Euro/Min.), (A)-Tel. 0820-600800 (0,12 Euro/Min.), (CH)-Tel. 0848-808088 (0,12 SFr/ Min.); 140 Niederlassungen europaweit.
● **Lastminute.com,** www.de.lastminute.com, (D)-Tel. 01805-777257 (0,12 Euro/Min.).

Kleines „Flug-Know-how"

● **Check-in**
Nicht vergessen: Ohne einen gültigen **Reisepass** kommt man nicht an Bord eines Flugzeuges nach Afrika.

Bei den meisten internationalen Flügen muss man **zwei bis drei Stunden vor Abflug am Schalter der Airline** eingecheckt haben. Viele Airlines neigen zum Überbuchen, d.h., sie buchen mehr Passagiere ein, als Sitze im Flugzeug vorhanden sind, und wer zuletzt kommt, hat dann evtl. das Nachsehen.

Wenn ein vorheriges Reservieren der Sitzplätze nicht möglich war, hat man die Chance, einen Wunsch bezüglich des Sitzplatzes zu äußern.

● **Das Gepäck**
In der Economy Class darf man in der Regel nur Gepäck **bis zu 20 kg pro Person** einchecken (steht auf dem Flugticket) und zusätzlich ein Handgepäck von 8 kg in die Kabine mitnehmen, welches eine bestimmte Größe von 55 x 40 x 23 cm nicht überschreiten darf. In der Business Class sind es meist 30 kg pro Person und zwei Handgepäckstücke, die insgesamt nicht mehr als 12 kg wiegen dürfen. Man sollte sich beim Kauf des Tickets über die Bestimmungen der Airline informieren.

Aus **Sicherheitsgründen** dürfen Taschenmesser, Nagelfeilen/-scheren, sonstige Scheren u.Ä. nicht im Handgepäck untergebracht werden. Diese Gegenstände sollte man unbedingt im aufzugebenden Gepäck verstauen, sonst werden sie bei der Sicherheitskontrolle einfach weggeworfen. Darüber hinaus gilt, dass Feuerwerke, leicht entzündliche Gase (in Sprühdosen, Campinggas), entflammbare Stoffe (in Benzinfeuerzeugen, Feuerzeugfüllung) etc. nichts im Passagiergepäck zu suchen haben.

Fluggäste dürfen **Flüssigkeiten** oder vergleichbare Gegenstände in ähnlicher

Konsistenz (z.B. Getränke, Gels, Sprays, Shampoos, Zahnpasta, Cremes, Suppen) nur noch in der Höchstmenge von jeweils 0,1 Liter als Handgepäck mit ins Flugzeug nehmen. Die Flüssigkeiten müssen in einem durchsichtigen, wiederverschließbaren Plastikbeutel transportiert werden, der maximal einen Liter Fassungsvermögen hat.

● **Rückbestätigung**
Bei den meisten Airlines ist heutzutage die Bestätigung des Rückfluges nicht mehr notwendig. Allerdings empfehlen alle Airlines, sich dennoch **telefonisch** zu **erkundigen,** ob sich an der Flugzeit nichts geändert hat, denn kurzfristige Änderungen der genauen Abfluguhrzeit kommen beim zunehmenden Luftverkehr immer häufiger vor.
Wenn die Airline allerdings eine Rückbestätigung (**reconfirmation**) bis 72 oder 48 Stunden vor dem Rückflug verlangt, sollte man auf keinen Fall versäumen, die Airline kurz anzurufen, sonst kann es passieren, dass die Buchung im Computer der Airline gestrichen wird; der Flugtermin ist dahin. Das Ticket verfällt aber nicht dadurch, es sei denn, die Gültigkeitsdauer wird überschritten, aber unter Umständen ist in der Hochsaison nicht sofort ein Platz in einem anderen Flieger frei.
Die **Rufnummer** kann man von Mitarbeitern der Airline bei der Ankunft, im Hotel, dem Telefonbuch oder auf der Website der Airline erfahren.

● **Reisevenenthrombose ("Economy-Class-Syndrom")**
Mehrstündige Reisen in beengter sitzender Position bedingen ein erhöhtes Thromboserisiko; dies gilt vor allem für Flugreisen. Reisethrombosen (Ablagerung von Blutgerinnseln im venösen Gefäßsystem der Beine) und daraus resultierende Todesfälle durch Lungenembolien (also der Abstrom von größeren Gerinnseln in die Lungenstrombahn) sind keine Einzelfälle, es handelt es sich aber keinesfalls um ein Massenphänomen.
Das starre Sitzen in engen Sitzreihen mit abgewinkelten Beinen im Flugzeug führt zu einer erheblichen **Einschränkung des venösen Blutrückstromes.** Bei unbewegtem Sitzen wird der Blutfluss sowohl in der Leiste als auch in der Kniekehle abgeklemmt. Infolge der extrem niedrigen Luftfeuchtigkeit in der Kabine verdunstet der Körper vermehrt Flüssigkeit. Auch durch die Atmung (Schleimhäute!) verliert der Körper viel Flüssigkeit. Das trocknet den Körper aus und führt zu einer Bluteindickung.

Wie beugt man einer Reisethrombose vor?
– Am besten frühzeitig einen Gangplatz buchen.
– Spezielle Kompressionsstrümpfe schützen effektiv vor einer Thrombose.
– Nicht längere Zeit mit übereinandergeschlagenen oder abgeknickten Beinen sitzen, sonst staut sich das Blut in den Venen.
– Schuhe ausziehen! Zehen, Füße und Beine in Bewegung halten! Beine und Füße wenigstens einmal pro Stunde richtig strecken und so oft wie möglich im Flugzeug umhergehen.
– Viel trinken! Ein Richtwert ist ¼ Liter pro Stunde. Am besten geeignet sind stilles Mineralwasser oder Frucht- und Gemüsesäfte. Keinen Alkohol und Kaffee trinken!
– Keine Einnahme von Beruhigungs- und Schlafmitteln!
– Reisende, die schon einmal eine Thrombose durchgemacht haben, sollten sich direkt vor sowie am Tag nach ihrer Flugreise ein niedermolekulares Heparin (z.B. Clexane®, Mono Embolex®, Verordnung über den Hausarzt) spritzen. Die Injektion kann nach Anleitung vom Reisenden selbst unter die Haut gesetzt werden.

Infos: www.deutsche-gefaessliga.de

●**5 vor Flug,** www.5vorflug.de, (D)-Tel. 01805-105105 (0,12 Euro/Min.).
●**www.restplatzboerse.at:** Schnäppchenflüge für Leser in Österreich.

Anreise mit dem Leihwagen oder dem eigenen Fahrzeug

Viele Botswana-Reisende beginnen ihre Reiseroute in den Ländern **Südafrika** oder **Namibia,** die mit günstigen Flügen zu erreichen sind und über eine große Auswahl an Leihwagenfirmen verfügen, welche Allrad-Geländewagen deutlich billiger als in Botswana vermieten. Reisende, die ihr Fahrzeug aus Europa einschiffen lassen, werden in der Regel über die namibischen bzw. südafrikanischen Häfen Walvis Bay, Kapstadt oder Durban bedient. Die **Hauptgrenzübergänge nach Botswana** sind mittlerweile **asphaltiert.** Eine vollständige Übersicht mit aktuellen Öffnungszeiten ist im Abschnitt „Grenzen und Grenzverkehr" enthalten. Detaillierte Hinweise zur An- und Einreise mit dem Leihauto oder dem eigenen Wagen finden Sie im Kapitel „Wichtige Hinweise für Selbstfahrer".

Von Südafrika aus

17 Grenzübergänge erlauben derzeit die Einreise aus Südafrika. Kleinere Übergänge sind nur von 8 bis 16 (oder 18) Uhr geöffnet, die großen Übergänge bei Gaborone hingegen von 7 bis 19 (bzw. 22 bis 24) Uhr. An ein durchgehendes Asphaltnetz angebunden sind die Übergangsstellen Martin's Drift/ Groblersbrug, Tlokweng/Kopfontein, Pioneer Gate/Skilpadshek, Ramatlabama und Tshabong/McCarthy's Rest. Der Grenzübertritt gestaltet sich unproblematisch. Bitte daran denken, dass die großen südafrikanischen Überlandstraßen mautpflichtig sind, d.h. aus-

reichend südafrikanisches Geld mitführen! Von Johannesburg kann man Gaborone bei zügiger Fahrt in gut vier Stunden erreichen. Gerade Johannesburg bietet eine große Auswahl an Leihwagenfirmen zu recht günstigen Tarifen, die im Abschnitt „Leihwagen" aufgelistet sind. Für die Orientierung und Unterkunftssuche in Johannesburg sei auf das reichhaltige Spektrum an Südafrika-Reiseliteratur verwiesen. Eine in fast allen Führern nicht berücksichtigte, empfehlenswerte Hoteladresse in Johannesburg ist die:

●**Kelkiewyn Lodge,** P.O. Box 1810, 74a Van der Linde Road, Bedfordview 2008, Johannesburg, South Africa, Tel. +27-84-622-7293, Fax +27-11-622-7526, Internet: www.kelkiewyn.com. Dieses komfortable Privathotel der Kategorie B–C liegt nur 10 Minuten vom internationalen Flughafen Johannesburg entfernt im angenehmen und sicheren Stadtteil Bedfordview. In der Nähe befindet sich das Eastgate Shopping Centre, angeblich das größte Einkaufszentrum der südlichen Hemisphäre. Leihwagen werden von allen Firmen direkt an diese Adresse geliefert. Die Besitzerin *Rosa Ferreira* kann bei der Organisation eines zuverlässigen Allrad-Geländewagens behilflich sein. Auf Anfrage auch Verleih kompletter Ausrüstungen oder einzelner Zelte bzw. Ausrüstungsgegenstände für Campingsafaris. Darüber hinaus wird ein komfortabler und zuverlässiger Transportservice von/ zum Flughafen Johannesburg angeboten.

Von Namibia aus

Alle **drei großen Grenzübergänge** zwischen Namibia und Botswana sind über Asphaltstraßen erreichbar. Öffnungszeiten: 6 bis 18 Uhr (Buitepos/Mamuno 7 bis 24 Uhr). Von Windhoek aus lässt sich Maun über Buitepos/Mamuno innerhalb von 10 bis 12 Stunden erreichen, nach Gaborone braucht man 16 bis 18 Stunden. Nach Kasane über den Caprivi-Streifen muss man non-stop etwa 18 bis 20 Stunden rechnen.

Von Simbabwe aus

Die beiden wichtigsten **Grenzübergänge Kazungula** zwischen Victoria Falls und Kasane und **Plumtree/Ramokgwebane** zwischen Bulawayo und Francistown sind Teil des Asphaltnetzes und von 6 bis 20 Uhr problemlos zu passieren.

Der kleine Übergang **Mpandametanga** zwischen Nata und Kasane ist nur für Privatfahrzeuge geöffnet (8 bis 16 Uhr).

Von Sambia aus

Botswanas gemeinsame Grenze mit Sambia wird durch den **Sambesi** gebildet und ist nur wenige hundert Meter lang. Der Grenzverkehr wird über einen Fährbetrieb, die **Kazungula Ferry,** abgewickelt, die von 6 bis 18 Uhr operiert. Der Personentransport mit der Kazungula-Fähre über den Sambesi nach Botswana kostet 0,75 US-$ pro Person. Für Geländewagen sind 25 US-$ zu zahlen (auch Pula und Südafrikanische Rand werden akzeptiert). Die beiden stets am Rande des Kollapses operierenden Fährschiffe sind in den letzten Jahren überholt worden und arbeiten seitdem etwas zuverlässiger. Bei technischen Problemen kann die Wartezeit jedoch noch immer auf mehrere Stunden ansteigen. Inzwischen ist der Bau einer festen Brücke über den Sambesi projektiert, deren voraussichtliche Baukosten von umgerechnet 80 Mio. Euro aus Mitteln der japanischen Entwicklungshilfe finanziert werden sollen.

Anreise mit Bus, Eisenbahn oder per Anhalter

Von Südafrika aus

Es existieren **gute Bus- und Minibusverbindungen** zwischen Johannesburg und Gaborone. Die mit Abstand günstigste Möglichkeit, von Europa nach Botswana zu reisen, ist ein Flug nach Johannesburg mit anschließender Weiterreise nach Gaborone mit dem Bus. In Johannesburg bietet das Busunternehmen Intercape (mit Sitz in Pretoria, Tel. +27-21-3804400, Internet: www.intercape.co.za) Tickets nach Gaborone für umgerechnet 20 Euro an (Abfahrt täglich, ca. 6 Std. Fahrtzeit, komfortabel). Minibusse (Sammeltaxis) legen die Strecke für einen geringfügig niedrigeren Preis zurück. In Gaborone findet man sie am Hauptbusterminal in der Nähe des Bahnhofs. Zwischen dem südafrikanischen Mafikeng und Lobatse verkehren Minibusse für 4 Euro.

Eine **direkte Zugverbindung** zwischen Südafrika und Botswana existiert derzeit nicht. Gelegentlich verkehrt der berühmte südafrikanische Luxuszug „Blue Train" zwischen Südafrika, Botswana und Simbabwe im Rahmen einer „Southern African Rail Safari" (Infos im Internet unter www.bluetrain.co.za). Die Mitnahme per Anhalter stellt an den wichtigsten Grenzübergängen Tlokweng/Kopfontein, Pioneer Gate/Skilpadshek und Ramatlabama kein Problem dar. Eine Kostenbeteiligung an der Fahrt ist üblich.

Von Namibia aus

Zwischen Windhoek und Gaborone verkehrten über viele Jahre Busse der Firma Intercape (mehrere Abfahrten pro Woche, 16 bis 18 Stunden Fahrzeit); diese Verbindung wurde inzwischen leider eingestellt. Über das Audi Camp in Maun (Adresse siehe dort) sind Tickets für eine **private Busverbindung zwischen Windhoek und Maun** erhältlich (umgerechnet 50 Euro, ca. 10 Stunden Fahrzeit). Öffentliche grenzüberschreitende Busverbindungen nach Botswana gibt es derzeit keine. Busse zwischen Windhoek und Victoria Falls, Simbabwe verkehren über Kasane und bieten damit eine weitere Möglichkeit, per Bus nach Botswana zu gelangen. Eine Eisenbahnverbindung existiert nicht. Per Anhalter Reisende gelangen am einfachsten über den Grenzübergang Ngoma Bridge auf der Strecke zwischen dem Caprivi-Streifen und Kasane ins Land. Sinnvoll ist auch, in den Camps und Hotels in Ghanzi bzw. in Gobabis nach Mitfahrgelegenheiten zu fragen.

Von Simbabwe aus

Zwischen Bulawayo und Francistown verkehren täglich mehrere simbabwische **Buslinien** (Fahrzeit 3 bis 5 Stunden, abhängig von der Wartezeit an der Grenze). Darüber hinaus existiert eine tägliche Busverbindung von Harare nach Gaborone über Bulawayo und Francistown. Informationen zu den jeweils aktuellen Abfahrtsorten und -zeiten bieten die Tourismusbüros in Gaborone und

Harare. Zwischen Victoria Falls und Kasane bietet das Reiseunternehmen UTC (United Touring Company) einen täglichen Minibus-Service an (Fahrzeit ca. 90 Minuten). Rückfahrtickets kosten ca. 50 Euro.

Es gibt mehrmals wöchentlich eine **Zugverbindung** zwischen Bulawayo und Francistown. Tickets kosten ca. 5 Euro (Standardklasse). Die Züge fahren tagsüber (Fahrzeit ca. 6 Stunden) und besitzen in der Regel einen Speisewagen. Das Gepäck sollte im Abteil niemals unbeaufsichtigt bleiben. Die Einreise- und Zollformalitäten werden im Zug erledigt. Dazu sammelt der Schaffner die Pässe ein.

Mitfahrgelegenheiten beim Reisen per Anhalter finden sich vor allem am Grenzübergang Ramokgwebane/Plumtree zwischen Francistown und Bulawayo und am Grenzübergang Kazungula zwischen Kasane und Victoria Falls. Auf simbabwischer Seite sollte man Fahrzeuge nach Botswana an der Weggabelung nach Kazungula ca. 1 km südöstlich von Victoria Falls abpassen.

Von Sambia aus

Der einzige Zugang nach Botswana ist die **Fähre über den Sambesi** bei Kazungula (Personentransport 0,75 US-$, 25 US-$ für Geländewagen, Pkw 15 US-$, zu zahlen in der Landeswährung). Wer über kein eigenes Fahrzeug verfügt, kann hier gut Mitfahrgelegenheiten nach Botswana (bzw. weiter nach Namibia oder Simbabwe) abpassen. Zwischen Lusaka und Gaborone gibt es mehrmals wöchentlich eine Busverbindung über Livingstone, Kazungula Ferry, Kasane, Nata und Francistown. Tickets kosten umgerechnet ca. 60 Euro für die gesamte Strecke. Aktuelle Informationen bekommt man an den angefahrenen Busstationen.

Hinweis: Da sich die **Einreisebedingungen kurzfristig ändern** können, raten wir, sich kurz vor Abreise beim Auswärtigen Amt (www.auswaertiges-amt.de bzw. www.bmaa.gv.at oder www.dfae.admin.ch) oder der jeweiligen Botschaft zu informieren.

Einreise nach Botswana

Voraussetzung für die Einreise ist ein noch mindestens 6 Monate gültiger Reisepass. Ein **Visum** ist für Deutsche, Österreicher und Schweizer derzeit **nicht erforderlich.** Bei der Einreise aus einem Land der afrikanischen Gelbfieberendemiezone (gesamtes tropisches Afrika nördlich des Sambesi inkl. Angola) muss manchmal der internationale Impfpass mit gültigem Gelbfieberimpfzeugnis vorgezeigt werden. Theoretisch ist bei der Einreise der Nachweis eines gültigen Rückflugtickets bzw. ausreichender Geldreserven (eine Kreditkarte reicht aus) notwendig, es wird jedoch nur sehr selten danach gefragt.

Wichtiger Hinweis für Einreisende über Südafrika: Seit einigen Jahren wird bei der Einreise nach Südafrika verlangt, dass im Reisepass noch mindestens eine Doppelseite für den Visa-Eintrag frei ist. Ist der Pass komplett vollgestempelt, können Reisende an der Grenze oder bereits beim Check-in bzw. Boarding des Flugzeuges abgewiesen werden.

Bei der Ein- und Ausreise ist ein **statistisches Formular auszufüllen.** Wer häufiger die Grenzen quert, wird seine Passnummer daher bald auswendig herunterbeten können. Unter der Rubrik „Address in Botswana" sollten Sie ein Hotel oder bei Campingsafaris einfach „Touring" angeben. Üblicherweise wird bei der Einreise eine Aufenthaltsdauer von 30 Tagen bewilligt. Die Verlängerung auf maximal 90 Tage im Büro des Department of Immigration in Gaborone an der Kreuzung State House Drive/Khama Crescent (P.O. Box 942,

Praktische Tipps A–Z

Tel. 3611300, Fax 3952996) ist kein Problem. Sollten Sie Schwierigkeiten bei einem Aufenthalt länger als 30 Tage bekommen, können Sie einfach in eines der Nachbarländer (z.B. Südafrika) reisen und bekommen dann bei der Rückkehr wieder die übliche Aufenthaltsdauer bewilligt. Alle Reisenden ohne ständige Aufenthaltsgenehmigung dürfen pro Jahr **maximal 90 Tage** in Botswana verbringen. Darauf wird bei der Einreise penibel geachtet. Wer länger bleiben möchte, sollte vor der Einreise die Botschaft in Brüssel kontaktieren. Aufenthaltsgenehmigungen für in Botswana Berufstätige werden in der Regel über drei Jahre ausgestellt.

Bei der Einreise nach Botswana wird **für alle im Ausland zugelassenen Fahrzeuge** eine geringe Straßenbenutzungsgebühr (**„Road Safety Levy Fee"**) von umgerechnet ca. 2,20 Euro (20 Pula) erhoben. Die Plakette ist auch bei der Wiedereinreise für das jeweilige Fahrzeug gültig und sollte daher sorgfältig aufgehoben werden. Seit 2004 wird an der Grenze ferner eine kostenpflichtige Genehmigung für das Einführen von Fahrzeugen (**„Vehicle Levy Fee"**) erteilt, die mit umgerechnet 4,40 Euro (40 Pula) zu Buche schlägt. Darüber hinaus muss eine Haftpflichtversicherung (**„Third Party Motor Vehicle Insurance"**) in Höhe von mindestens 50 Pula (ca. 5,50 Euro) abgeschlossen werden. Die genannten Gebühren können in der Regel auch in Südafrikanischen Rand oder Namibia-Dollar bezahlt werden.

Die **Einfuhr von Tierprodukten** wie frischem Fleisch, Eiern und Milchprodukten wird **streng reglementiert.** Pro Person dürfen drei Dutzend Eier und zwei Liter Milch eingeführt werden. Andere Milchprodukte (z.B. Käse, Butter) sind verboten. Pro Fahrzeug sind bis zu 25 kg Fleisch erlaubt. Allerdings ist das Passieren verschiedener Tiersperrzäune (genaue Hinweise dazu finden Sie im Reiseteil) innerhalb des Landes mit frischem Fleisch verboten. Die Situation kann sich mit einem Ausbruch von Rinderkrankheiten abrupt verschärfen und auch Genehmigungen für den Transport von Milchprodukten und Eiern erforderlich machen. Auskünfte über den jeweiligen Stand der Dinge und Transportgenehmigungen für Fleisch u.a. bekommt man über die Außenstellen des Department of Animal Health and Production (Adressen siehe im Reiseteil). Am einfachsten ist es, das Hauptbüro in Gaborone zu kontaktieren (Department of Animal Health and Production, Private Bag 0032, Gaborone, Tel. 3950500, Fax 3903744). Grundsätzlich wird die Einfuhr von Lebensmitteln an den Grenzübergängen relativ kulant gehandhabt.

Die Einfuhr von **Waffen** ist grundsätzlich **verboten.** Die Einfuhr von Jagdwaffen ist mit einer Genehmigung möglich. Die zuständige Behörde ist die Central Arms Registry, Private Bag 0012, Gaborone, Tel. 3814202. Die Einfuhr von **Haustieren** erfordert eine Unbedenklichkeitsbescheinigung des Director of Veterinary Services, Private Bag 0032, Gaborone, Tel. 3104232. Um die Verbreitung von atypischen Wasserpflanzen zu verhindern, ist auch das Einführen von Booten genehmigungspflichtig.

Entsprechende Genehmigungen erteilt das Department of Water Affairs, Private Bag 0029, Gaborone, Tel. 3907100, Fax 3903508.

Die Einfuhr der Landeswährung Pula und von Devisen ist unbegrenzt möglich. Eine Deklaration ist nicht erforderlich, bei größeren Beträgen aber ratsam, um Probleme bei der Wiederausreise zu vermeiden. Im und auf dem Fahrzeug (Dachgepäckträger) befindliche Treibstoffvorräte müssen nicht verzollt werden. Details zum Inhalt der Zollbestimmungen finden Sie im Abschnitt „Zollbestimmungen". Bei der Ein- und Ausreise über die Flughäfen Gaborone, Maun oder Kasane wird normalerweise keine Gepäckkontrolle durchgeführt. Wenn Sie über den Landweg nach Botswana einreisen, gibt es manchmal gründliche Kontrollen der Zollbeamten (aufgrund der regen Schmuggelei zwischen Botswana und seinen Nachbarländern).

Das Durchfahren großer Desinfektionswannen mit dem Wagen und die Desinfektion der Schuhsohlen, welche der Einschleppung und Verbreitung von den Rinderbestand bedrohenden Tierkrankheiten wie der Maul- und Klauenseuche vorbeugen soll, ist im Falle eines Ausbruchs verbreitet.

Ausreise

Die Ausfuhr von durch das Artenschutzabkommen CITES geschützten **Tieren und Tierbestandteilen** (dazu gehören Elfenbein, Felle, Hörner und Geweihe, Schlangenhäute, Schildkrötenpanzer u.a.) erfordert eine Genehmigung, die beim Kauf vom Verkäufer überreicht werden sollte. Um Ärger mit dem deutschen Zoll zu vermeiden, sollte man – neben einer Fülle anderer Gründe – besser ganz auf den Kauf derartiger Artikel verzichten.

Nähere Informationen zu **Einfuhrbeschränkungen in Europa** gibt es für Deutschland unter www.zoll-d.de oder beim Zoll-Infocenter, Tel. 069/469976-00; für Österreich unter www.bmf.gv.at oder beim Zollamt Villach, Tel. 04242-33233; für die Schweiz unter www.zoll.admin.ch oder bei der Zollkreisdirektion in Basel, Tel. 061-2871111.

Die **Ausfuhr größerer Devisenbeträge** (mehr als das Äquivalent von 1000 Pula in bar) ist auf die Höhe des eingeführten Betrages beschränkt, vorausgesetzt, er wurde bei der Einreise deklariert. Die Ausfuhr der Landeswährung ist auf 5000 Pula begrenzt. Das Fahrzeug-Prozedere bei der Ausreise für Selbstfahrer wird im Kapitel „Wichtige Hinweise für Selbstfahrer/Grenzquerungen" umfassend erläutert.

Eine Abflugsteuer (**„Airport Departure Tax"**) von 100 Pula (umgerechnet ca. 11 Euro) bei Flügen aus Botswana ins Ausland ist bereits im Ticketpreis enthalten.

Zu den **Zollbestimmungen** bei der Rückeinreise nach Deutschland, Österreich und in die Schweiz siehe im Kapitel „Zollbestimmungen".

Ausrüstung

Die folgende Zusammenstellung soll Ihnen bei der Wahl der Ausrüstungsgegenstände behilflich sein. Sie bezieht sich in erster Linie auf **Individualreisende,** die ihre Touren in Botswana selbst organisieren. Genaue Hinweise zur Zusammenstellung einer Geländewagenausrüstung, die Ersatz- und Versorgungsteile, Werkzeuge, Gebrauchsgegenstände und Campingausrüstung umfasst, finden Sie im Kapitel „Wichtige Hinweise für Selbstfahrer/Ausrüstung". Wer mit einem Reiseveranstalter unterwegs ist und von Camp zu Camp gefahren bzw. geflogen wird, kann an der untenstehenden Liste sicherlich einige Abstriche oder Ergänzungen vornehmen.

Der **Kleidungsumfang** variiert mit der Reisezeit und den vor Ort geplanten Aktivitäten. Ein Moskitonetz erübrigt sich während der nachts sehr kühlen Wintermonate (zur Erinnerung: unser Sommer bedeutet Winter auf der Südhalbkugel). Denken Sie auch an persönliche Gegenstände, wichtige Reserveutensilien (z.B. Ersatzbrille), ein kleines Bügelschloss zum Verschließen von Taschen oder Schränken sowie an

Buchtipps – Praxis-Ratgeber:
● Rainer Höh
Wildnis-Ausrüstung
● Rainer Höh
Wildnis-Backpacking
(beide Bände REISE KNOW-HOW Verlag)

Ausrüstungs-Checkliste

● Ausweispapiere und Dokumente (von den wichtigsten auch Fotokopien oder besser noch Ablegen der eingescannten Dokumente auf einem E-Mail-Server im Internet)
● Passbilder
● Bargeld/Reiseschecks/Kreditkarten
● Geldgürtel/Geldkatze
● Separates Portemonnaie
● Guter Rucksack oder Reisetasche
● Tagesrucksack oder Umhängetasche
● Schlafsack/Isomatte
● Zelt/Campingausrüstung
● Festes Schuhwerk (z.B. Leinenschuhe)
● Sandalen (z.B. Trekkingsandalen)
● Badelatschen (bzw. Trekkingsandalen)
● Regenfeste Jacke/Anorak
● Hemden/T-Shirts/Kleider
● Fleece- oder Wollpullover
● Jeans/Shorts/Leinenhosen
● Unterwäsche
● Waschzeug/Handtücher
● Taschentücher
● Kopfbedeckung
● Moskitonetz
● Moskito-Repellent (z.B. Autan, Tabard)
● Fotoausrüstung
● Fernglas
● Sonnenbrille
● Taschenlampe/Kerzen
● Wasserflasche
● Wasserfilter
● Wasserentkeimungstabletten
● Taschenmesser
● Nähzeug
● Kordel (z.B. als Wäscheleine)
● Reisewaschmittel (vor Ort erhältlich)
● Schreibmaterial
● Reisewecker
● Steckdosenadapter
● Reiseapotheke/Verbandszeug
● Sunblocker
● Ohropax
● aufblasbares Reisekissen
● wasserdichte Packsäcke
● Plastiktüten für schmutzige Wäsche, Müll etc.
● Karten, Literatur, Bestimmungsführer

bo11_02 Foto: cl

eine gepflegte Kleidungsgarnitur zum Ausgehen. Auf allen Flügen mit Kleinflugzeugen ins Okavango-Delta, aber auch bei Zubringerflügen in die Safaricamps, herrscht eine Gewichtsbegrenzung von 12 kg pro Person. Sperrige Koffer werden in Kleinflugzeugen nicht befördert. Daher sollte ihre Ausrüstung nach Möglichkeit in einer robusten **Reisetasche** oder in einem modernen Rucksack mit Innengestell verstaut sein.

Taschen mit großzügig umlaufendem Reißverschluss bieten den Vorteil, dass man schnell und übersichtlich an den Inhalt herankommt.

Während der Reise im Geländewagen werden Tasche oder Rucksack erheblichen Strapazen ausgesetzt – da wird gequetscht, gedrückt, gepackt, gestoßen, geworfen usw. Schwere Schläge auf schlechten Pisten können zerbrechlichen Inhalt rasch in Stücke gehen lassen, gerade wenn Tasche oder Rucksack falsch gepackt oder weit hinter der rückwärtigen Achse verstaut wurden. Dreck und Staub sind auf Überlandfahrten allgegenwärtig. Im Laderaum mancher Überlandbusse können sich zudem Öl oder Benzin über

Fähre über den Sambesi bei Kazungula

das gute Stück ergießen oder Lebensmittel daran zerquetscht werden. Mit anderen Worten – nehmen Sie nur ein äußerst strapazierfähiges Modell mit, das notfalls einfach mit Wasser abgespült werden kann.

Bei Bootstouren und Einbaumfahrten im Okavango-Delta ist die Mitnahme **wasserdichter Packsäcke** sinnvoll, in denen man wertvolle Ausrüstungsgegenstände vorübergehend verstauen kann. Empfehlenswert sind die Produkte der Fa. Ortlieb, mit denen persönlich sehr gute Erfahrungen gesammelt wurden. Im Programm dieser Firma sind auch wasserdichte Rucksäcke, Foto- und Reisetaschen enthalten. Moderne Reiseausrüster-Läden, die diese Produkte führen, sind in allen Großstädten Deutschlands, Österreichs und der Schweiz vorhanden.

Der Abschluss einer Reisegepäckversicherung ist anzuraten (siehe Abschnitt „Versicherungen").

Botschaften und Diplomatische Vertretungen

Vertretungen in Europa

Deutschland

● **Für Deutschland ist die Botschaft in Brüssel zuständig: Embassy of Botswana,** 169 Av. de Tervuren, B-1150 Bruxelles, Belgium, Tel. +32-2-7352070 oder -356110, Fax +32-2-7356318, Internet: www.botswana-botschaft.de

Österreich/Schweiz

● **Für beide Länder ist die Botschaft in Genf zuständig: Embassy of Botswana,** Rue de Lausanne 80, CH-1201 Genf, Schweiz, Tel. +41-22-9061060, Fax +41-22-9061061

Vertretungen in Botswana

Deutschland

● **Embassy of Germany,** Professional House, Segodithsane Way, Broadhurst, Gaborone, Tel. 3953143, 3953806, Fax 3953038, Internet: www.gaborone.diplo.de
● **Honorary Consulate of Germany,** Plot 4, Moremi Road, Matlapaneng, P.O. Box 46, Maun, Tel. 6860265, Fax 6860793, E-Mail: khg@info.bw

Österreich

● **Honorary Consulate of Austria,** Plot 50667, Block B3, Fairgrounds Office Park, Gaborone, Tel. 3951514, Fax 3953876, E-Mail: dkhama@info.bw

Botschaft in Südafrika:
● **Embassy of Austria,** 1109 Duncan St., 0011 Brooklyn/Pretoria, Südafrika, Tel. (0)12-4529155, Fax (0)12-461151, E-Mail: pretoria-ob@bmaa.gv.at

Schweiz

● **Consulate of Switzerland,** P.O. Box 45607, c/o Specialist Services, Plot 5268 Village, Gaborone, Tel./Fax 3956462, E-Mail: jlubbe@specialist-services.info

Dokumente und Papiere

Ihren **Reisepass** sollten Sie immer bei sich führen und dabei wie größere Summen Bargeld behandeln. Er muss bei der Einreise noch mindestens 6 Monate gültig sein, um Probleme mit den

Beamten der Immigration zu vermeiden. Empfehlenswert ist auch, sich vor der Abreise einen zweiten Reisepass ausstellen zu lassen. Dies ist auf begründeten Antrag hin möglich. Wer aus einem Gelbfieberendemiegebiet (gesamtes tropisches Afrika nördlich des Sambesi inkl. Angola) nach Botswana einreist, muss einen Internationalen **Impfausweis** der WHO mit gültigem Gelbfieberimpfzeugnis mit sich führen (kontrolliert wird allerdings nur sporadisch).

Ein Internationaler Studentenausweis bringt vor Ort keine finanziellen Vorteile, da Vergünstigungen nur für in Botswana eingeschriebene Studenten gewährt werden. Reisende mit eigenem Auto oder Leihwagen ohne Chauffeur müssen in jedem Fall einen **Internationalen Führerschein** oder eine beglaubigte englischsprachige Übersetzung des Heimatführerscheins mit sich führen. **Kreditkarten** sind aufgrund ihrer weiten Verbreitung in Botswana ein bequemes Zahlungsmittel und für den „finanziellen Notfall" von unschätzbarem Nutzen. **Reiseschecks** müssen vom Kaufvertrag getrennt aufbewahrt werden, um im Verlustfall Ersatzansprüche geltend machen zu können.

Von allen wichtigen Papieren und Dokumenten (Reisepass, Flugtickets, Kaufvertrag von Reiseschecks, Kreditkarten, Versicherungspolicen) sollten Sie vor Reiseantritt **Fotokopien** anfertigen und diese separat verwahren. Sie können beim Verlust der Originale sehr hilfreich sein. Besser noch ist das Ablegen der eingescannten Dokumente auf einem E-Mail-Server im Internet (Scans an die eigene E-Mail-Adresse schicken).

Eine **Liste mit wichtigen Adressen und Telefonnummern** (z.B. Notrufnummer des Rückholdienstes der Auslandskrankenversicherung, Servicenummer ihrer Kreditkarte für Kartensperrungen etc.) ist ebenfalls sinnvoll. Detaillierte Informationen zu **Versicherungs- und Wagenpapieren** finden Sie im Kapitel „Wichtige Hinweise für Selbstfahrer/Dokumente und Papiere".

Entfernungen

Botswana ist ein weites Land – mit 581.730 Quadratkilometern Fläche etwa so groß wie Frankreich und Belgien zusammen. Der Eindruck unendlicher Weite wird neben der Ebenheit noch durch die extrem dünne Besiedlung verstärkt. Die Entfernung zwischen äußerstem Norden und südlichstem Landespunkt beträgt etwa 1100 Kilometer. Die mittlere Ausdehnung in ost-westlicher Richtung liegt zwischen 800 und 1000 Kilometer. Durch den stetig voranschreitenden Ausbau des asphaltierten Straßennetzes relativieren sich die großen Entfernungen im Land jedoch zunehmend. Innerhalb von 24 Stunden kann man auf diesen Straßen heute in fast alle Regionen des Landes gelangen. Dabei kann man bei der Routenplanung mit Durchschnittsgeschwindigkeiten von 100 bis 110 km/h kalkulieren. Auf sehr sandigen Pisten wie z.B. im südlichen Teil des Central Kalahari Game Reserve kann das Fortbewegungstempo andererseits auf Durchschnittsgeschwindigkeiten von 10 bis 15 km/h beschränkt sein.

Etsha 6
Francistown 783
Gaborone 437 1211
Ghanzi 698 781 436
Gweta 491 718 290 493
Hukuntsi 872 381 536 964 817
Jwaneng 360 1008 517 169 597 953
Kang 248 112 760 269 417 845 705 1030
Kanye 325 77 437 1085 594 92 520 1030
Kasane 1026 1176 613 1288 416 907 934 506 909
Kazungula 16 1010 1160 597 1272 400 891 918 419 883
Letlhakane 713 729 610 935 687 1047 413 658 518 228 560
Letlhakeng 629 1029 1045 157 481 233 593 829 750 111 539 1233
Lobatse 187 594 994 1010 45 370 122 482 794 648 72 500 1075
Mahalapye 272 307 322 272 738 288 613 365 725 522 882 196 232 1015
Mamuno 1227 65 396 854 1105 1121 808 483 731 287 705 214 900 995 650
Martin's Drift 1239 143 415 350 339 217 758 765 756 508 868 591 1115 339 257 1084
Maun 668 710 305 491 905 422 694 729 418 300 316 710 860 787 972 100 593
Mohembo 405 1201 767 1132 1176 1303 777 1010 1026 1131 822 1070 934 610 553 1239 900 123
Molepolole 1378 973 389 903 246 272 61 568 968 984 95 420 172 532 768 689 50 478 1261
Nata 668 710 305 491 905 422 694 729 418 300 316 710 860 787 972 100 593 785 67 51 1077 1211 664 1323 4679 985 557 960
Ngoma Bridge 367 1035 1061 973 842 1256 773 1061 1096 785 67 51 1077 1211 664 1323 1261 985 557 960
Orapa 600 423 586 740 335 357 835 340 612 647 18 723 739 647 860 724 972 376 658 543 253 623
Palapye 267 716 349 319 1059 614 90 1154 73 345 380 249 649 665 361 686 438 798 449 955 269 159 942
Parr's Halt 146 413 862 495 319 1205 800 100 1169 73 345 380 395 595 611 361 686 438 798 595 955 269 305 1088
Pioneer Gate 352 352 619 1068 701 133 1411 1006 422 983 279 7 194 601 1001 1017 52 377 129 489 801 646 83 511 1082
Pontdrift 677 294 325 592 891 524 644 829 194 1329 398 670 705 574 824 840 686 1011 763 1123 624 1031 594 334 1117
Rakops 795 759 553 407 158 722 355 726 619 214 497 714 480 752 287 1155 876 892 768 569 845 681 1155 500 676 386 502
Ramatlabama 662 720 50 395 395 662 1111 744 176 1454 1049 465 903 322 50 237 644 1044 1060 95 420 172 532 844 689 126 554 1337
Ramokgwebane 641 473 421 598 392 246 320 644 277 565 987 582 388 1082 319 591 626 315 577 593 607 932 684 1044 377 868 515 87 870
Selebi-Phikwe 232 641 606 189 472 282 136 378 702 335 380 1045 640 156 1140 209 481 516 373 635 651 497 822 574 934 435 926 330 145 928
Serowe 181 291 440 362 370 397 191 45 222 761 394 364 1104 699 135 1199 118 39 425 204 694 710 406 731 483 843 494 985 314 204 987
Serule 120 61 171 470 470 250 427 221 75 317 641 274 394 784 579 217 1184 148 420 455 312 574 590 436 761 513 873 374 865 344 84 867
Shakawe 968 1088 1019 2171 1438 603 1218 1395 1189 1043 1077 710 16 405 1185 751 1116 1160 287 761 994 1010 1131 806 1054 918 594 537 1223 884 1107
Tlokweng 1328 361 331 422 532 143 693 611 100 286 553 1002 635 67 1345 940 356 917 179 93 128 535 593 551 109 434 186 546 735 703 17 445 1232
Toteng 1009 336 648 768 709 651 906 283 898 863 869 723 423 741 374 953 336 69 865 431 796 856 767 441 674 690 811 486 734 598 274 217 992 564 219
Tsabong 931 559 1251 886 856 947 1057 545 1318 1136 502 811 811 1078 1527 1160 592 1267 1000 881 928 738 849 5606 1160 1576 560 450 445 373 253 1025 528 542 970 1150

Praktische Tipps A–Z

Essen und Trinken

Die **Versorgungslage** ist in fast allen Städten und größeren Ortschaften **gut** bis hervorragend. Nur in abgelegenen Gegenden kann es Engpässe geben, die sich für den Reisenden in der Einfachheit der Gerichte und im Fehlen von Luxusartikeln bemerkbar machen. Rindfleisch in guter Qualität (empfehlenswert ist der Kauf von Filetsteak) ist verblüffenderweise selbst in abgelegensten Orten aus modernen Kühlanlagen erhältlich. Sogar inmitten des Okavango-Deltas werden bisweilen gekühltes Bier, Coca-Cola oder frischgebackenes Brot aus dem kleinen Regal eines Dorfladens hervorgezaubert.

Kulinarische Höhepunkte sind in Botswana sicherlich nicht zu erwarten. Hotels und Restaurants bieten in der Regel relativ einfache Küche mit einem klaren Schwerpunkt auf Fleisch-, Wild- und Fischgerichten, deren Reiz in der Frische der landesüblichen Zutaten besteht. **Vegetarier** haben beim Essen à la carte normalerweise keine sonderlich große Auswahl, können sich aber mit dem vegetarischen Teil des Buffets gut behelfen. Sehr verbreitet ist Grillen (in Afrikaans „Braai"), was in erster Linie der nationalen südafrikanischen Tradition entspricht – das hochwertige botswanische Rindfleisch eignet sich hervorragend dafür.

Große **Supermärkte** (z.B. Spar, Score) bieten eine für schwarzafrikanische Verhältnisse umfangreiche und außergewöhnlich gut sortierte Lebensmittelauswahl, deren Produkte zu etwa 90% aus dem benachbarten Südafrika stammen. Die **Lebensmittelpreise** liegen dementsprechend höher als in Südafrika, aber dennoch etwa 20 bis 25% unter denen in Mitteleuropa. Die Kosten für inländische Fleischprodukte liegen im Vergleich zu europäischen Preisen enorm niedrig, beispielsweise ist 1 kg Filetsteak bereits ab umgerechnet 5 Euro zu bekommen.

Afrikanische Speisen

Die verschiedenen Tswana-Stämme ernährten sich **in historischer Zeit** überwiegend von Rindfleisch, Milch und verschiedenen wilden Früchten und Beeren. Jeder Tswana-Stamm besaß bestimmte eigene Nahrungstabus. Der Verzehr von Fischen und Krokodilen war in allen Tswana-Kulturen unüblich. Das Krokodil galt als Totem aller Tswana-Stämme. Die im Okavango-Gebiet lebenden Bayei hingegen ernährten sich überwiegend von Fisch, die Bakalanga im Osten aßen hauptsächlich Sorghum, Hirse und Mais, und die aus Namibia eingewanderten Herero im Nordwesten bevorzugten eingedickte Sauermilch.

Heutzutage bildet **Sorghum** (ein Hirsegras, in Setswana als Mabele bezeichnet), das zu einem Getreidebrei (Bogobe) verarbeitet wird, die Hauptspeisegrundlage auf dem Land, für sehr arme Menschen auch schon das ganze Gericht. Die ursprüngliche Bedeutung des Sorghums wird allerdings immer mehr zugunsten importierter südafrikanischer Maismehlmischungen (in Afrikaans als **Mielie Pap** oder kurz „Pap" bezeichnet) zurückgedrängt. Wer es sich leisten kann, bezieht seine Nahrung neben eigenen landwirtschaftlichen Erträgen aus dem Supermarkt. Die große Bedeutung des Rindfleischs ist erhalten geblieben. Das traditionelle Rindfleischgericht heißt Seswaa und wird in der Regel mit Bogobe oder Pap serviert.

In dürregeplagten Gebieten besitzen Pflanzenknollen (Morama), Wurzeln (Motlhope), wilde Beeren, Pflaumen, Marula-Früchte, Mongongo-Nüsse, Melonen und Gurken sowie Honig eine unverändert große Bedeutung bei der Ergänzung des kargen Speiseplans. Vielfach haben sich Bantuvölker die gezielte Nutzung dieser Pflanzen und Früchte von den San (Buschmänner) abgeschaut. Früchte wie die Tsamma-Melone (*Citrullus lanatus*) oder die Gemsbok-Gurke (*Acathosicyos naudinianus*) gelten als klassische Nahrungselemente der San. Eine uralte Entdeckung der San sind auch trüffelartige Pilze, die auf Wurzeln des *Grewia flavescens*-Busches (Mokgumphata) wachsen und heute von cleveren Vermarktungsstrategen als Kalahari-Trüffel verkauft werden.

Ergänzt wird pflanzliche Nahrung durch das **Sammeln und Jagen** von kleinen Säugetieren, Reptilien, Schildkröten, Vögeln und ihren Eiern, Insekten und Ameiseneiern. In einigen Gebieten Botswanas stellt Wilderei (vor allem von Antilopen) ein Problem dar, dessen Bedeutung angesichts der großen Tierbestände leicht übersehen wird. Eine lokale Delikatesse sind raupenartige Mopane-Würmer, die von Mopane-Bäumen abgesammelt werden und geröstet, gekocht oder gebraten werden. Im Okavango-Delta bilden Fische und gekochte Pflanzen (z.B. die Rhizome der Wasserlilie) die Hauptnahrungsgrundlage.

Aufgrund der großen **Trockenheit** lassen sich in Botswana nur sehr wenige Pflanzen und Früchte wie Erdnüsse (*Monoko*), Melonen (*Magapu*), Kürbisse (*Digwana*), Bohnen (*Dinawa*) und Mais anbauen. Im äußersten Osten gedeihen auch Zitrusfrüchte wie Orangen.

Nahrungsmittel für Selbstversorger

In botswanischen Supermärkten besteht eine **gut sortierte Auswahl** an überwiegend südafrikanischer Importware, die durch eigene Produkte wie Fleischwaren, Sorghum, Brot, Melonen oder Erdnüsse ergänzt wird. Selbstver-

sorger können daher aus dem Vollen schöpfen. Dazu gehören Früchte (Äpfel, Bananen, Trauben, Mangos, Melonen, Orangen, Pfirsiche, Aprikosen, Ananas, Avocados etc.), Kartoffeln, Gemüse, Salat, Backwaren, Fleischwaren wie Steaks und Würste, Käse, eine breite Palette an Konserven, Speiseöl, Essig, Gewürze, Zucker, Mehl, Süßigkeiten, Schokolade, Joghurt und andere Milchprodukte, Reis, Nudeln, Cornflakes, Müsli, Butter, Margarine, Marmelade, Nougatcreme, Honig, Backmischungen, zahlreiche Fertiggerichte und vieles mehr. Die Fülle an Nahrungsmitteln ist dem Spektrum eines europäischen Supermarktes gleichzusetzen.

Eine begrenzte Nahrungsauswahl bieten auch die Shops größerer Tankstellen. Detaillierte Vorschläge zur Bevorratung bei Selbstversorger-Touren finden Sie im Kapitel „Wichtige Hinweise für Selbstfahrer/Ausrüstung".

Getränke

Leitungswasser können Sie normalerweise in Gaborone, Francistown, Selebi-Phikwe, Maun und anderen an die zentrale Trinkwasserversorgung angeschlossenen Städten gefahrlos trinken. In kleineren Städten und in Camps sollten Sie sich vorher nach der Herkunft und Qualität des Wassers erkundigen

Buchtipp – Praxis-Ratgeber:
●Rainer Höh
Wildnis-Küche
(REISE KNOW-HOW Verlag)

und es gegebenenfalls filtern oder abkochen. **Trinkwasser** wird in 1,5-l-Plastikflaschen und 5-l-Kanistern verkauft. **Kaffee** bekommt man in der Regel in löslicher Form (z.B. Nescafé). **Schwarzer Tee** ist in mehreren verschiedenen Sorten (z.B. auch Darjeeling, Earl Grey) erhältlich. Meist wird dazu erhitzte Milch gereicht. Die Versorgung mit „Soda"-Getränken (Coca-Cola, Fanta, Sprite, Bitter Lemon u.a.) ist landesweit hervorragend. Die in Namibia, Südafrika und neuerdings auch in Botswana abgefüllten Produkte des Coca-Cola-Konzerns scheinen jedes Dorf erreicht zu haben. Weit verbreitet sind auch wohlschmeckende **Fruchtsäfte** aus Südafrika, die in Plastikbehältern oder im Tetrapack in Supermärkten erhältlich sind.

Die in Südafrika bzw. Namibia gebrauten **Biere** Castle, Lion und Windhoek Lager (letzteres wird nach dem deutschem Reinheitsgebot gebraut) schmecken ausgezeichnet. Man erhält sie in 0,3-l- oder großen 0,75-l-Flaschen, verbreiteter sind jedoch 0,3-l- und 0,5-l-Dosen. Auch in Lizenz gebrautes Carling Black Label, Amstel und Carlsberg ist erhältlich. In Gaborone werden verschiedene Biere in Lizenz gebraut, z.B. das amerikanische St. Louis Lager. In Grenznähe zu Simbabwe erhält man auch das empfehlenswerte simbabwische Zambezi Lager. Bottlestores führen ferner verschiedene ausländische Importbiere.

Die meisten Bottlestores bieten eine große Auswahl südafrikanischer **Weine,** die überwiegend qualitativ sehr hoch-

wertig sind. Derzeit sind über 2500 (mit Zertifikat versehene) südafrikanische Rot- und Weißweine auf dem Markt erhältlich. Die Mehrzahl von ihnen wird geschmacklich als trocken oder halbtrocken eingestuft. Die gängigsten verwandten Traubenarten sind Sauvignon Blanc, Riesling, Chardonnay, Colombar, Chenin Blanc, Stein (Weißwein) und Cabernet Sauvignon, Pinotage, Shiraz, Merlot, Cinsaut, Pinot Noir (Rotwein). **Südafrikanischer Schaumwein** darf nicht als „Champagner" bezeichnet werden, jedoch sind exzellente, aus den Trauben Chardonnay und Pinot Noir gewonnene Produkte unter der Bezeichnung „Méthode Champenoise" erhältlich. Aus südafrikanischer Produktion stammen auch hervorragende Portweine und Sherries. Andere **harte Alkoholika** wie Whisky, Brandy oder Gin werden aus Südafrika oder Übersee importiert. Besondere Erwähnung verdient der weit verbreitete, köstliche südafrikanische **Amarula-Likör** (eine Art Irish Cream), der aus den Früchten des Marula-Baumes hergestellt wird.

Das von den Afrikanern gebraute **Sorghum-Bier (Bojalwa)**, Handelsname *Chibuku,* ist Geschmackssache. Verbreitet ist auch aus der Mokolwane-Palme gewonnener Palmwein *(Muchema).* Als **Kgadi** werden fermentierte Getränke aus Wurzeln, Beeren, Früchten (beispielsweise des Marula-Baumes), Pilzen, braunem Zucker (oder Honig) und Wasser bezeichnet. Hinzu kommen

noch einige abenteuerliche, **selbst gebrannte Schnäpse.** Bei allen selbst gebrauten und -gebrannten einheimischen Getränken besteht die Gefahr, dass giftiger Methylalkohol enthalten ist (akute Erblindungsgefahr).

Restaurants und Bars

Restaurants und Bars sind nicht immer mit europäischen Standards vergleichbar. **Internationale Restaurants** mit chinesischer, französischer, italienischer, portugiesischer oder indischer Küche gibt es nur in Gaborone und mit deutlichen Abstrichen auch in Francistown. Vegetarier werden fast überall etwas stiefmütterlich behandelt, bekommen jedoch auf Nachfrage auch leckere Speisen ohne Fleisch. Die Küche in **Luxuscamps und Hotels der Oberklasse** entspricht dem Standard guter europäischer Restaurants. Es dominieren **Fleischgerichte** wie Steak, Huhn, Lamm oder Wild (z.B. Kudu oder Impala), in Gewässernähe auch frischer Fisch. Außerhalb von Gaborone und touristisch erschlossenen Gebieten beschränkt sich der Speiseplan von Restaurants in der Regel auf Huhn oder Steak mit Pommes Frites bzw. Reis. Auf dem Land gibt es in der Regel nur noch **einfache Garküchen** mit fraglichem hygienischen Standard.

Bars von internationalem Zuschnitt sind an jedes große Hotel angeschlossen. Eine touristisch geprägte „Buschbar-Kultur" hat sich in den Camps der Safari-Hochburg Maun ausgebildet. Die afrikanisches Publikum ansprechenden lokalen Bars gleichen normalerweise

Es ist angerichtet (im Xakanaxa Camp)!

eher einem Imbiss mit Alkoholaus-schank, können aber durchaus ihren eigenen Charme haben. Einen speziellen Bierhallencharakter besitzen die kleinen **Shebeens,** in denen (häufig ohne Lizenz) lokale Getränke wie Bojalwa bzw. Chibuku (kommerziell gebrautes Bojalwa) ausgeschenkt werden. Chibuku ist durch eine Verfügung der botswanischen Regierung nicht in Bottlestores erhältlich, um das Einkommen ansonsten arbeitsloser Frauen zu schützen, die Bojalwa brauen oder Shebeens führen bzw. dort angestellt sind.

Einfache Snacks in **Fastfood-Ketten** wie Steers, Kentucky Fried Chicken oder Chicken Licken sind ab 2–3 Euro (20–30 Pula) zu haben – schmecken meist aber schlechter als in vergleichbaren mitteleuropäischen Fastfood-Restaurants. Ein durchschnittliches Abendessen in einem Restaurant des mittleren Preissegments kostet umgerechnet 5–8 Euro (45–70 Pula) pro Person. In einem der führenden Restaurants Gaborones müssen Sie schon 8–20 Euro (70–180 Pula) pro Person veranschlagen. In den Preisen auf der Karte ist in der Regel bereits 12% Value Added Tax (VAT) enthalten. Eine **gründliche Prüfung der Rechnung** ist zu empfehlen. Manchmal entdeckt man dabei eklatante Rechenfehler, vorsätzlich übers Ohr gehauen wird man erfahrungsgemäß aber nur selten.

Einfache afrikanische Gerichte (in erster Linie Bogobe) auf dem Land kosten um die 20 Pula (2 Euro).

Feiertage und Feste

Während der Feiertage sind **alle staatlichen Einrichtungen, Banken und Geschäfte geschlossen.** Größere Geschäfte sind häufig nach entsprechender Vorankündigung einige Stunden geöffnet. Öffentliche Verkehrsmittel sind während der Feiertage meist problemlos verfügbar. Feiertage, die auf einen Sonntag fallen, werden in Botswana am folgenden Montag nachgeholt. Manche Feiertage werden durch einen „staatlichen Zusatztag" verlängert (beispielsweise Neujahr oder President's Day). Durch die Lage vor oder im Anschluss an ein Wochenende können sich daraus Perioden von vier Tagen ergeben, an denen man bestimmte Besorgungen nicht durchführen kann.

- **Neujahr** (1. Januar und Folgetag)
- **Ostern** (Karfreitag, Ostersamstag, Ostersonntag und Ostermontag)
- **Tag der Arbeit** (*Worker's Day*, 1. Mai)
- **Himmelfahrt** (*Ascension Day*, variabel)
- **Sir Seretse Khama Day** (1. Juli)
- **President's Day** (dritter Montag im Juli und Folgetag)
- **Nationalfeiertag** (*Botswana Day*, 30. September und Folgetag)
- **Weihnachten** (25. und 26. Dez.)

Fotografieren und Filmen

Wahl von Kamera und Ausrüstung

Inzwischen hat die **digitale Fotografie** das klassische Bannen von Motiven auf Zelluloid weitgehend abgelöst. Egal ob analog oder digital – eine **Spiegelreflexkamera** erfüllt die Ansprüche an hochwertiges Bildmaterial bei akzeptablem Ausrüstungsumfang in idealer Weise. Für diesen Kameratyp ist eine Brennweitenpalette von 18 bis 300 mm zu empfehlen. Dieser Bereich lässt sich mit einem einzigen modernen, kompakten Zoomobjektiv abdecken. Für Tieraufnahmen ist die Mitnahme eines lichtstarken Teleobjektivs mit 300 bis 600 mm Brennweite empfehlenswert. In Gebieten mit hohem Besucheraufkommen und entsprechender Gewöhnung der Tiere an Menschen (wie Moremi oder Chobe) kommt man unerwartet nah an die Tiere heran – gute Bildresultate lassen sich hier auch mit 200 mm Brennweite erzielen.

Die UV-Strahlung ist vielerorts nicht unerheblich, daher sind **UV-Filter oder Skylight-Filter** ratsam, die zudem die Frontlinse von Objektiven wirksam vor Kratzern und Schlägen schützen. Auch ein **Polfilter** ist manchmal nützlich, um Reflexe auf Wasserflächen zu mildern und Farben (z.B. das tiefe Blau wolkenlosen Himmels) zu verstärken. Wer viele Aufnahmen im Morgengrauen und in der Dämmerung machen oder längere Brennweiten als 300 mm verwenden

möchte, sollte ein solides **Stativ** mitnehmen. Bei Innen- und Nachtaufnahmen ist ein **Blitzgerät** notwendig. Es kann auch tagsüber bei der Aufhellung im Schatten liegender Motive eine wichtige Hilfe bedeuten. Platzsparende digitale **Kompaktkameras** mit großem Zoomobjektiv (derzeit bis zu 30-facher optischer Zoom) sind eine Alternative zur Spiegelreflex, wenn die Ansprüche an das geschossene Material nicht zu hoch sind. Das geringe Gewicht ist ein großer Vorteil. Bei stetig sinkenden Preisen wird eine immer bessere Bildauflösung ermöglicht.

Unabhängig von der Größe der Foto- oder Filmausrüstung sollten Sie auf eine möglichst **staubdichte Verpackung** achten. Bei Überlandfahrten auf Pisten und während der Touren durch Nationalparks und Wildreservate müssen Sie mit unglaublichen Mengen feinkörnigen Staubes rechnen. Im Kalahari-Gebiet stellt feiner Sand ein Problem dar, der dünne Kratzer auf Linsen und Filmmaterial hinterlässt und problemlos in den Innenraum von Foto- und Videokameras gelangt. Ersparen Sie sich den Ärger zerkratzter, durch „Telegrafendrähte" unbrauchbar gewordener Dias und Negative durch besondere Aufmerksamkeit vor Ort und adäquate Verpackung! Auf Bootsfahrten und Mokoro-

Buchtipps – Praxis-Ratgeber:
- Helmut Hermann
Reisefotografie
- Volker Heinrich
Reisefotografie digital
(beide Bände REISE KNOW-HOW Verlag)

Touren (= Einbaumfahrten) im Oka-vango-Delta ist es sinnvoll, Kameras, Objektive, Ferngläser und Videokameras **wasserdicht** zu **verpacken,** um Defekte durch Spritzwasser zu vermeiden und einem kostspieligen Totalschaden beim – sehr seltenen – Kentern vorzubeugen. Persönlich wurden sehr gute Erfahrungen mit den Produkten der Firma Ortlieb gesammelt, die wasser- und staubdichte Fototaschen, Rucksäcke, Reisetaschen und Packsäcke/Beutel herstellt (überall im Reiseausrüstungshandel erhältlich).

Filme und Batterien

Empfehlenswert sind Filme mit 50 bis 100 ASA (18 bis 21 DIN), da helles Licht in Botswana im Überfluss zur Verfügung steht. Für Tieraufnahmen mit langen Brennweiten braucht man schon 200 bis 400 ASA (24 bis 27 DIN). Für stimmungsvolle Aufnahmen bei Sonnenaufgang und nach Sonnenuntergang sind 400 ASA die untere Grenze. Gutes **Filmmaterial** können Sie **in Botswana außerhalb von Gaborone nur mühsam bekommen,** insbesondere hochwertige Diafilme. Gleiches gilt für bestimmte Typen von Reservebatterien. Vielfach sind die Artikel langen Lagerungszeiten und großer Hitze ausgesetzt. Daher sollten Sie stets gründlich auf das Verfallsdatum gucken. Die für Diafilme verlangten Preise sind zwei bis dreimal so hoch wie in Deutschland. Gerade hier versuchen kleinere Geschäfte (z.B. in Maun) Kapital aus dem mangelhaften Angebot zu schlagen und verkaufen bewusst abgelaufene

Filmchargen zu saftigen Preisen. Nehmen Sie daher entsprechende Vorräte mit! Die Strahlensicherheit an den Flughäfen ist durch Verwendung ausreichend moderner Durchleuchtungsgeräte gewährleistet. Vielflieger sollten trotzdem bleibeschichtete Beutel verwenden, die entsprechenden Schutz bieten (Film Shield-Fotobeutel, im Fotofachhandel erhältlich).

Spielregeln beim Fotografieren und Filmen

Offizielle Gebäude (Zoll, Regierungsgebäude, Flughäfen, Polizei, Militär etc.) und Personen dürfen **nicht fotografiert** oder gefilmt werden. Sie sollten sich bewusst daran halten, um Auseinandersetzungen mit Offiziellen (mit nachfolgendem Filmverlust) zu vermeiden. Große Vorsicht sollte man auch beim Fotografieren **nationaler Symbole** wie der Nationalflagge, dem Präsidentenporträt oder Denkmälern walten lassen.

Das **Fotografieren von Menschen** ist sehr reizvoll, von den Betroffenen aber häufig nicht erwünscht. Sie sollten die Beweggründe dafür akzeptieren. Würde und Stolz eines Menschen lassen sich kaum schneller verletzen als durch einen unbedachten Druck auf den Auslöser. Grundsätzlich sollte höflich das **Einverständnis** der „Objekte" vor dem Ablichten eingeholt werden. Sinnvoll und fair erscheint das Angebot, den als Motiv Auserkorenen als Gegenleistung einen Abzug zuzuschicken, was oftmals mit leuchtenden Augen angenommen wird. Es ist schlechter Stil, wenn dieses Versprechen nach der Rückkehr in die Heimat wieder in Vergessenheit gerät und gestaltet die Situation für nachfolgende Reisende nicht eben einfacher. Oftmals wird **Geld** vom Fotografen verlangt, was ange-

Eine kleine Show für den Fotografen ...

Praktische Tipps A–Z

sichts der begrenzten Verdienstmöglichkeiten durchaus nachvollziehbar ist. Nicht zuletzt läuft man dabei Gefahr, die Bettelei zu fördern. Nach Möglichkeit sollte man daher den Griff ins Portemonnaie vermeiden und alternativ z.B. frische Früchte, Schokolade oder ein kühles Getränk anbieten, wenn einem an dem Foto wirklich viel gelegen ist.

Es gibt auch Situationen, in denen das Zücken der Kamera **absolut tabu** ist. Dazu gehören Feste, bestimmte Feiertage und Rituale, aber auch Notlagen und gesellschaftliche Ereignisse wie Demonstrationen oder Paraden. Manchmal ist es einfach nur die spezielle Situation, die Fotografieren verbietet. Ein entsprechendes Maß an Einfühlungsvermögen möchte man allen Reisenden wünschen.

Fotoapparate und Videokameras sollten gerade in Städten nicht **offen und für jedermann erkennbar getragen werden,** um neidvolle Blicke und Diebstähle zu vermeiden. Dementsprechend schlicht sollte das Transportbehältnis gewählt werden. Eine unscheinbare Tasche, in der niemand wertvolles Kameraequipment vermuten würde, erfüllt diesen Zweck am besten.

Frauen allein unterwegs

Die Zahl allein reisender Frauen nimmt auch in Afrika stetig zu – die meisten von ihnen kehren mit positiven und ermutigenden Erfahrungen nach Europa zurück und würden anderen Frauen ihr Allein-Reiseziel sofort weiterempfehlen. Reisen in Botswana sind für Frauen von allgemeinen Risiken (z.B. Verkehrsunfälle, Erkrankungen) abgesehen nicht gefährlicher als anderswo. Sie setzen aber in besonderem Maß ein Gespür für angemessenes eigenes Verhalten in einer fremden, patriarchalisch strukturierten Kultur voraus und verlangen ein gutes **Einfühlungsvermögen** für schwierige Situationen, in denen frau sich einfach nur „richtig" verhalten muss, um Belästi-

bs11_004 Foto: cf

gungen zu vermeiden. Aus diesen Gründen sollten Frauen, die Botswana und seine Nachbarländer allein bereisen wollen, im Alltag einige wichtige **Verhaltensregeln** beachten. Beschränkungen grundsätzlicher Art sind jedoch nicht nötig. Fast alle Touren und Ziele dieses Reisehandbuchs können auch alleinreisenden Frauen empfohlen werden. Einschränkungen ergeben sich allein daraus, dass bestimmte, abgelegene Ziele generell nicht im Alleingang angesteuert werden sollten – vollkommen geschlechtsunabhängig.

Entgegen vielen Vorurteilen sind schwarzafrikanische Männer in der Regel höflich, tolerant und zuvorkommend in der Behandlung weißer Frauen – zumindest in ländlich strukturierten Gegenden. Eindeutige sexuelle Angebote sind eher durch Neugierde oder die Hoffnung auf eine vorteilhaft erscheinende Beziehung zu einer Frau aus dem reichen Europa motiviert als durch handfeste körperliche Gelüste. Sollte es doch einmal zu Zudringlichkeiten kommen, lässt sich die ganze Sache meist schon durch energische Zurechtweisung regeln. Im Prinzip gelten im Reisealltag gegenüber Männern die gleichen Verhaltensweisen wie anderswo auch. Also: **Selbstsicheres Auftreten,** sich nicht einschüchtern lassen, aber auch nicht arrogant sein, **ange-**

messene Kleidung tragen (die Knie sollten auf jeden Fall verdeckt sein), auf aufwendiges Make-up verzichten, provokatives Verhalten unterlassen, unnötigen Blickkontakt vermeiden. Ein (falscher) Ehering mit passender Erklärung (z.B. Ehemann kommt nach) kann zusätzliche Dienste leisten. In schwarzafrikanischen Kulturen ist es üblich, verheirateten Frauen mit Familie (und entsprechenden Aufgaben und Verpflichtungen) ein deutlich höheres Maß an **Respekt** entgegenzubringen als allein reisenden Singles, die eigentlich nur aus Spaß am Reisen und Entdecken unterwegs sind. Dafür können nur die wenigsten Afrikaner Verständnis aufbringen, da Ihnen derartiger Luxus schon allein aus materiellen Gründen nicht möglich ist.

Auf der Hut sein sollte frau auch vor den Avancen männlicher Mitreisender aus Europa, Südafrika, Amerika und anderswo, die es an Höflichkeit und Zurückhaltung nicht immer mit einem Botswaner aufnehmen können. Mit dem **Macho-Gehabe weißer Touristen,** „zotige Anmache" an Bar oder Swimmingpool eingeschlossen, muss frau gerade in touristisch geprägten Gebieten wie in Maun rechnen. Wer Botswana in Kombination mit Südafrika bereist, sollte sich rechtzeitig Gedanken machen über die grundlegend anderen, historisch bedingten Verhältnisse in Südafrika. Zu den Nachwehen der Apartheid gehört dort auch, dass manche schwarze Südafrikaner Erniedrigung und Gewalt gegenüber weißen Frauen als ein Instrument der Bewältigung von Vergangenheit und Gegen-

Buchtipp – Praxis-Ratgeber:
●Birgit Adam
Als Frau allein unterwegs
(REISE KNOW-HOW Verlag)

Praktische Tipps A–Z

wartsproblemen zu betrachten scheinen, herausgelöst aus dem gedanklichen Überbau von Tradition und Kultur, die zu Hilfsbereitschaft, Gastfreundschaft und Höflichkeit erziehen.

Urlaubsbeziehungen weißer Frauen zu Schwarzafrikanern haben in manchen Regionen des südlichen Afrikas in den letzten Jahren den Charakter einer Modeerscheinung angenommen. Es gibt viele Gründe, sich über den Sinn und die Gefahren von (kurzzeitigen) Bindungen zu Schwarzafrikanern Gedanken zu machen. Oftmals versprechen sich die ausgewählten Partner durch solche Verbindungen eine dauerhafte Verbesserung der eigenen Lage, wobei verklärte Vorstellungen vom paradiesischen Alltagsleben in Europa eine Rolle spielen. Sie fühlen sich dann bei der Abreise zurück nach Europa verletzt und zurückgelassen. Nur selten gelingt es, die infolge unterschiedlicher Tradition, Bildung, Kultur, finanzieller Mittel und Geographie bestehenden Gegensätze zu überwinden, von deren Überbrückung die Zukunftsfähigkeit einer solchen Beziehung abhängt.

Jede Reise allein erfordert Mut und Selbstvertrauen, insbesondere von Frauen. **Botswana bedeutet für Alleinreisende eine echte Bewährungsprobe und benötigt intensive Reisevorbereitung,** da individuelles Reisen zu vielen attraktiven Zielen des Landes nur mit einem eigenen (Leih-)Wagen möglich ist und sinnvollerweise mit einem oder mehreren Partnern durchgeführt werden sollte, die sich nicht immer vor Ort finden lassen. Alternativ muss man sich organisierten Touren anschließen,

bei denen individuelle Erlebnisse deutlich in den Hintergrund treten. Wer sich in der Weite Botswanas allein fortbewegt, sollte in jedem Fall Angehörige oder Freunde auf dem Laufenden halten, wohin man unterwegs ist und auch entsprechende Zeitangaben machen, die gezielte Suche und Hilfe erlauben, wenn tatsächlich etwas schiefgehen sollte. Sinnvoll ist es auch, in Hotels und Unterkünften eine Nachricht zu hinterlassen, wohin man als nächstes reist und wann man dort ankommen bzw. wieder zurückkommen möchte.

Bei entsprechender **Sensibilität** für eine fremde Kultur, einem Mindestmaß an Anpassungsfähigkeit und etwas Glück und Geschick bei der Bewältigung neuartiger Situationen fern der Heimat werden alleinreisende Frauen ihren Aufenthalt in Botswana in vollen Zügen genießen und dabei viele wundervolle Menschen kennen lernen.

bo11_005 Foto: cl

Führer bzw. Guides

Die in anderen afrikanischen Reiseländern üblichen „Überfälle" selbsternannter Guides auf ortsunkundig oder unsicher erscheinende Touristen (gerade Neuankömmlinge) sind in Botswana unüblich. „Schlepper", die Reisenden an Bahnhöfen, Busstationen oder Flughäfen penetrant ein bestimmtes Hotel aufschwatzen, und – mit ihrem „Opfer" einmal dort angekommen – dann eine kopfgeldartige Provision kassieren, sind mir in Botswana nie begegnet. **Große Vorsicht** ist **im gesamten Okavango-Delta** geboten, wenn angebliche Tourguides oder Safariunternehmen auffällig günstige Bootsfahrten bzw. Mokoro-Touren (= Einbaumfahrten) – natürlich gegen Anzahlung oder Vorkasse – offerieren. In der Regel handelt es sich um mehr als unredliche Angebote. Gewarnt werden muss in diesem Zusammenhang vor den Orten Maun und Sepupa, aus denen derartige Vorkommnisse sporadisch berichtet werden.

Auf der anderen Seite können gute Führer bzw. Guides eine Reise durch Ortskundigkeit, Organisationstalent und enormes **Hintergrundwissen** sehr bereichern oder überhaupt erst ermöglichen. An dieser Stelle hervorgehoben werden müssen die **„Poler"**, die das Staken der Mekoro (= Einbäume) im Okavango-Delta übernehmen und unter den Guides eine „Sonderklasse" bilden. Sie besitzen in der Regel eine Lizenz für das Operieren im Delta, die nach einem Schulungskurs und Nachweis entsprechender Ortskenntnisse bzw. Fahrerfahrung erteilt wird und auch ein Mindestmaß an biologischem Wissen voraussetzt. Der Erlebnisgehalt der beliebten Mokoro-Fahrten durch das Okavango-Delta steht und fällt mit den Qualitäten des eigenen Polers. Profunde Tier- und Pflanzenkenntnisse, Engagement und große Erfahrung fördern die Bildung eines engen Vertrauensverhältnisses zwischen Tourist und Poler – und natürlich den Spaß an einer solchen Tour. Andererseits können Mokoro-Fahrten auch von Langeweile und Unzufriedenheit überzeichnet sein, wenn der jeweilige Poler unerfahren ist, schlecht Englisch spricht (gute Englischkenntnisse des Reisenden vorausgesetzt), über wenig Hintergrundwissen verfügt oder schlichtweg uninteressiert und faul ist.

Wer den Verdacht hegt, dass die Faulheit des Polers gegenüber der Erschöpfung überwiegt, kann durch die gezielt ausgesprochene Drohung, am Ende der Fahrt kein Trinkgeld zu zahlen, manchmal wahre Wunder bewirken. Die den Polern von Camps und Lodges gezahlten Gehälter sind meist nicht üppig, und ein umso größeres Trinkgeld wird daher in die Gehaltsplanung fest einkalkuliert. Die meisten der Poler sind im Okavango-Delta selbst aufgewachsen und oftmals existiert eine lange Familientradition im „Polen". Berücksichtigen sollte man auch, dass das Mokoro in der Regel dem Poler selbst gehört

Guide im Okavango-Delta

und er den für lokale Verhältnisse erheblichen Anschaffungspreis von umgerechnet 300 bis 500 Euro, meist über ein Darlehen finanziert, möglichst schnell wieder hineinbekommen muss.

Notwendig ist auch die Mitnahme eines Buschmann-Führers an den Tsodilo Hills im Nordwesten Botswanas, der Reisende gezielt zu den attraktivsten Felszeichnungen im Gebiet führt. Allerdings können mangelnde Englischkenntnisse ein Verständigungsproblem darstellen. Sehr positive Erfahrungen habe ich auch mit einigen Bootsführern im Okavango-Delta und auf dem Chobe River gemacht, die vor allem über exzellente Vogelkenntnisse verfügen.

Lokale Safari-Unternehmen setzen häufig den Fahrer des Safari-Fahrzeugs in Personalunion auch als Tourguide ein. Übertriebenes Engagement und qualitativ hochwertige Hintergrundinformationen kann man gerade bei Standardtouren wie z.B. durch den ortsnahen Teil des Chobe National Park bei Kasane nicht erwarten. Längere Fahrten führen aufgrund der genannten Doppelbelastung meist dazu, dass die Fahrer einfach erschöpft sind und zunehmend wortkarg werden.

Grundsätzlich ist es sinnvoll, alle Guides, die Reisenden ihre Dienste anbieten, nach einer **Lizenz** zu fragen. Diese bietet zwar nicht unbedingt die Gewähr für überragende Ortskenntnisse und hochkarätigen Informationsfluss, hilft aber, qualifizierte Personen von unlauteren Gestalten zu trennen.

Geld und Finanzen

Landeswährung und Geldumtausch

Die Währung Botswanas ist der **Botswana Pula** (BWP oder P), unterteilt in 100 Thebe (t). Es sind Noten zu 10, 20, 50, 100 und 200 P wie auch Münzen zu 1 und 2 P sowie 1, 5, 10, 25, 50 t im Umlauf. „Pula" bedeutet in Setswana „Regen" oder auch „Segen". „Thebe" bezeichnet einen einzelnen „Regentropfen". Diese Namensgebung versinnbildlicht sehr eindrucksvoll, welche enorme Bedeutung Regen für das Land hat. Die Währung ist hart und stabil und seit vielen Jahren auch dem Südafrikanischen Rand (ZAR oder R) an Stärke überlegen, jedoch hat der Rand zuletzt gegenüber dem Pula stark aufgeholt (Parität in Sicht). Pula können im südlichen Afrika daher bei allen Banken problemlos und zu fairen Wechselkursen umgetauscht werden. **Forex-Büros** (= Foreign Exchange Bureau), also private Institutionen mit einer Wechsellizenz, gibt es in Botswana nur sehr wenige. Die Wechselkurse der verschiedenen

Banken (Barclay's Bank of Botswana, First National Bank of Botswana, Standard Chartered Bank of Botswana und Stanbic Bank of Botswana) gleichen sich weitgehend. Vor dem Umtausch größerer Beträge kann es aber lohnend sein, den jeweiligen Tageskurs der Banken zu vergleichen. Beim Tausch von Bargeld und Reiseschecks wird eine kräftige Provision einbehalten. Der Reisepass muss beim Umtausch mit vorgelegt werden.

Der **Umtausch** von amerikanischen Dollars (US-$), britischen Pfund (UK-£) und Südafrikanischen Rand (ZAR oder R) war über viele Jahre am gebräuchlichsten, der Euro ist Botswanas Banken inzwischen jedoch mindestens ebenso geläufig und wird zu exzellenten Kursen gewechselt. Die Währungen der Nachbarländer Südafrika, Namibia und Sambia können üblicherweise an Grenzübergängen (Wechselstuben) oder in den Banken der Städte getauscht werden. Man sollte dabei einen großen Bogen um den Straßenmarkt an Grenzübergängen machen, wo man stets Gefahr läuft, Betrügern aufzusitzen. Überdies ist der **Schwarztausch verboten.**

Wer nach Botswana einreist, sollte möglichst umgehend eine Bank oder eine Wechselstube aufsuchen, um sich mit der Landeswährung Pula zu versorgen. Es ist ein kennzeichnendes Element botswanischen Stolzes, die Bezahlung in fremden Währungen weitgehend abzulehnen, auch wenn die Situation zunehmend „aufweicht". Neben den Währungen der Nachbarländer gilt dies auch für US-Dollars, die in vielen anderen schwarzafrikanischen Ländern

---

Wechselkurse (Februar 2011)

1 Euro = 8,99 Pula/1 Pula = 0,11 Euro
1 SFr = 6,96 Pula/1 Pula = 0,14 SFr
**1 US-$** = 6,57 Pula/1 Pula = 0,15 US-$
1 UK-£ = 10,40 Pula/1 Pula = 0,10 UK-£
1 ZAR = 0,93 Pula/1 Pula = 1,08 ZAR

als willkommene Zweitwährung gehandelt werden. Eine Ausnahme stellen kommerzielle Reiseveranstalter und Hotels dar, die generell in US-$ bzw. Euro oder in Rand abrechnen. An den Zufahrtstoren der Wildreservate und Nationalparks hat in den letzten Jahren ein Sinneswandel stattgefunden, sodass für die Bezahlung der Eintrittsgebühren zunehmend auch ausländische Währungen (US-$, Euro, Südafrikanische Rand, Britische Pfund) akzeptiert werden.

Devisen können in unbegrenztem Umfang eingeführt werden. Die Ausfuhr größerer Beträge (mehr als das Äquivalent von 1000 Pula in bar) ist auf die Höhe des eingeführten Betrages beschränkt, vorausgesetzt, er wurde bei der Einreise deklariert. Die Ausfuhr der Landeswährung ist auf 5000 Pula begrenzt.

Kreditkarten

Kreditkarten sind in allen größeren Hotels, Camps und Geschäften sowie bei Reiseveranstaltern und Fluglinien gebräuchlich. Große Tankstellen akzeptieren ebenfalls Kreditkarten. Am verbreitetsten sind **VISA** und **MasterCard** sowie **American Express.** Häufig wird bei der Bezahlung mit Kreditkarte ein Aufschlag von 3 bis 10% erhoben.

An allen **Geldautomaten** der Barclay's Bank of Botswana sowie der Standard Chartered Bank of Botswana bekommen Sie mit einer VISA-Karte, die für den Auslandseinsatz freigegeben ist, problemlos Bargeld bis zu einem Höchstbetrag von 2000 Pula pro Auszahlung. Geldautomaten-Finder im Internet z.B. unter www.visa.com. Für Barabhebungen per Kreditkarte kann das Kreditkartenkonto je nach ausstellender Bank mit einer Gebühr von bis zu 5,5% belastet werden, für das bargeldlose Zahlen werden dagegen nur 1–2% für den Auslandseinsatz berechnet.

Alternativ können Bargeldabhebungen bei Vorlage von Kreditkarte und Reisepass am Bankschalter vorgenommen werden. Allerdings wird dann bei der Auszahlung eine Servicegebühr einbehalten.

Eine empfehlenswerte Option für unkomplizierte Bargeldauszahlungen im Ausland ist die **Sparcard** der deutschen **Postbank,** mit der bis zu zehn Auslandsabhebungen an sogenannten VISAplus-Geldautomaten (ATM) gebührenfrei sind. Pro Auszahlung können maximal 2000 Pula abgehoben werden. Über das ATM-Netz von z.B. Stanbic Bank oder First National Bank ist dies mittlerweile auch in kleineren Ortschaften möglich.

Reisekasse

Empfehlenswert ist die **Mitnahme einer Kreditkarte,** vorzugsweise VISA. Eine zweite Kreditkarte (z.B. MasterCard) kann wertvolle Dienste leisten, wenn es mit der Hauptkarte Probleme gibt oder diese gestohlen wird und man einige Tage auf die Ausstellung einer Ersatzkarte warten muss. Zusätzlich sollte Ihre Reisekasse **Euros oder alternativ US-Dollars** (diese möglichst in großen Scheinen) umfassen, die man problemlos wechseln kann und die in Notsituationen als Barzahlungsmittel akzeptiert werden. **Achten Sie darauf, dass mitgebrachte Dollar-Scheine nach 2002 gedruckt wurden und einen Silberstreifen enthalten. Das Tauschen vor 2002 gedruckter Dollar-Noten ist so gut wie unmöglich.** Problematisch ist auch die Akzeptanz kleinerer Scheine, für die zudem ein viel schlechterer Wechselkurs geboten wird.

Größere Geldbeträge sollte man in Form von **Reisechecks** (empfehlenswert sind Travelex/Thomas Cook oder American Express) bei sich führen, die im Falle eines Verlustes relativ einfach zu ersetzen sind.

Aufbewahrung

Tragen Sie Kreditkarten, größere Mengen Bargeld und Reisechecks **direkt am Körper** (z.B. mit Geldkatzen). Große Summen an Bargeld oder Reisechecks sollten auf mehrere Orte verteilt aufbewahrt werden. Führen

bo-162 Foto: cl

Sie immer ein separates Portemonnaie mit kleineren Beträgen für den Tagesbedarf bei sich, und zeigen Sie größere Summen nie öffentlich. Auf einer Toilette oder anderen stillen Orten kommen Sie unbemerkt an die Reserven im Bauchgurt heran. Meiden Sie in Städten größere Menschenansammlungen.

Kreditkarten, Geld und Schecks gehören wie Wertsachen und Dokumente in den **Hotelsafe.** In Camps und vertrauenswürdigen kleineren Hotels ohne Safe können diese auch an der Rezeption abgegeben werden. Ansonsten ist es immer besser, nichts davon im Zimmer zu lassen.

Finanzplanung

Botswana ist ein für afrikanische und auch europäische Verhältnisse **teures Reiseland. Individualreisende,** die Hotels und Camps

Abendstimmung am Kwando River

dem Zelten vorziehen, müssen in den Städten mit Übernachtungsbeträgen (in Hotels) von umgerechnet 20 bis 150 Euro pro Person rechnen, während viele Luxuscamps in den Nationalparks und im Okavango-Delta zwischen 300 und 600 Euro pro Person und Tag kosten, dann aber bereits Essen, Getränke, Transport und Aktivitäten vor Ort beinhalten. Spitze ist in finanzieller Hinsicht sicherlich das durch Elefantensafaris bekannt gewordene Abu Camp, wo pro Tag und Person mehr als 2150 Euro (alles inklusive) verlangt werden. Reisende, die sich als **Selbstversorger** mit Campingausrüstung und (geliehenem) Geländewagen auf den Weg machen, müssen mit Übernachtungskosten von umgerechnet 4 bis 12 Euro (Campinggebühr) rechnen. Ein geliehener Allrad-Geländewagen schlägt je nach Herkunftsland, Verleihfirma, Ausrüstung und gefahrenen Kilometern mit 80 bis 150 Euro pro Tag zu Buche. Hinzu kommen die Kosten für Treibstoff, Nationalparkgebühren, Nahrungsmittel und Getränke (siehe Abschnitt „Preise"). Mokoro-Touren (Einbaumfahrten) im Okavango-Delta sind ab 150 Euro (Anfahrt ins Delta mit Booten oder Geländewagen) bzw. 300 Euro (Anreise mit dem Kleinflugzeug) zu bekommen.

Wer sich auf eine durch namhafte **Reiseveranstalter** organisierte dreiwöchige Botswanareise begibt, muss dafür etwa 3500 bis 6000 Euro veranschlagen (siehe Abschnitt „Reise- und Safariveranstalter"). Wer mit Freunden einen Allrad-Geländewagen mietet, als Selbstversorger durch das Land reist und den Reiseschwerpunkt auf den Besuch von Nationalparks und Wildreservaten legt, muss je nach Teilnehmerzahl mit 800 bis 2000 Euro für eine dreiwöchige Reise rech-

nen, hinzu kommt der Preis für die Anreise. Wer zusätzlich ins Okavango-Delta fliegt und dort mit dem Zelt auf eine Mokoro-Tour geht oder einige Tage in einem Luxuscamp verbringt, zahlt entsprechend mehr. Eine selbst organisierte dreiwöchige Campingsafari, die durch einige Übernachtungen in Hotels und Camps aufgelockert wird, kostet je nach Teilnehmerzahl zwischen 1000 und 2500 Euro (plus Anreisekosten nach Botswana).

Es kann sinnvoll erscheinen, Camps, Hotels, Leihwagenfirmen oder lokale Reiseveranstalter von der Heimat aus im Voraus zu bezahlen, um sich die Mitnahme größerer

Verlust und Diebstahl von Geldkarten

Bei Verlust oder Diebstahl der Kredit- oder Maestro-Karte sollte man diese umgehend sperren lassen. Für deutsche Maestro-/EC- und Kreditkarten gibt es die einheitliche **Sperrnummer 0049-116116** und im Ausland zusätzlich **0049-30-40504050.** Für österreichische und schweizerische Karten gelten:

- ●**Maestro-(EC-)Karte,** (A)-Tel. 0043-1-2048800; (CH)-Tel. 0041-44-2712230, UBS: 0041-800-888601, Credit Suisse: 0041-800-800488
- ●**MasterCard/VISA,** (A)-Tel. 0043-1-71701-4500 (MasterCard) bzw. Tel. 0043-1-7111-1770 (VISA); (CH)-Tel. 0041-58-9588383 für alle Banken außer Credit Suisse, Corner Bank Lugano und UBS
- ●**American Express,** (A)-Tel. 0049-69-9797-1000; (CH)-Tel. 0041-44-6596333
- ●**Diners Club,** (A)-Tel. 0043-1-5013514; (CH)-Tel. 0041-44-8354545

Verlust von Reiseschecks

Nur wenn man den **Kaufbeleg mit den Seriennummern** der Reiseschecks sowie den **Polizeibericht** vorlegen kann, wird der Geldbetrag von einer größeren Bank vor Ort binnen 24 Stunden zurückerstattet. Also muss der Verlust oder Diebstahl umgehend bei der örtlichen Polizei und auch bei American Express bzw. Travelex/Thomas Cook gemeldet werden. Die Rufnummer für das jeweilige Reiseland steht auf der Notrufkarte, die mit den Reiseschecks ausgehändigt wurde.

Geldnot

Kommt man in Geldnot, sollte man wissen, dass man mit **Kreditkarte** pro Woche nur einen eingeschränkten Höchstbetrag bar abheben darf (sehr unterschiedlich je nach Karte). Bei der untersten Kategorie von Kreditkarten sind es üblicherweise 1000 US-Dollar pro Woche. Damit kommt man im echten Notfall nicht weit.

Wer dringend eine größere Summe aus dem Ausland überweisen lassen muss (wegen eines Unfalles oder Ähnlichem), kann sich weltweit über **Western Union** Geld schicken lassen. Die nächstgelegene Repräsentanz kann man im Telefonbuch oder unter **www. westernunion.com** nachschlagen.

Summen Bargeld zu ersparen. In der Regel muss eine derartige Buchung ohnehin mit einer Anzahlung, die etwa 10 bis 25% des Gesamtbetrags beträgt, gesichert werden. Üblicherweise wird der Betrag vom Kreditkartenkonto abgebucht. Ein großes Problem ist nach eigener Erfahrung die **Rückerstattung** dieser Beträge, wenn etwas dazwischenkommt (z.B. Krankheit, Probleme mit dem Leihwagen, Veränderungen im Zeitplan) und entsprechende Buchungen nicht wahrgenommen werden können oder berechtigte Ersatzansprüche entstehen. Dies klappt nur bei international operierenden Hotelketten und Firmen (z.B. AVIS) zuverlässig. Häufig ist das Geld verloren, weil unseriös arbeitende Firmen die Situation des unter Zeitdruck stehenden Reisenden und Schwächen im Justizsystem bewusst ausnutzen. Man sollte derartigen finanziellen Enttäuschungen, die die schönsten Urlaubserlebnisse verderben können, am sinnvollsten dadurch vorbeugen, dass man alle Rechnungen möglichst erst vor Ort mit einer Kreditkarte bezahlt, sodass sich die Mitnahme von großen Summen Bargeld oder Reiseschecks erübrigt.

Korruption

Korruption und Bestechlichkeit sind in Botswana **deutlich schwächer ausgeprägt als im sonstigen Afrika.** Dem Ende der 1990er Jahre gegründeten staatlichen Directorate on Corruption and Economic Crime, das dem Präsidenten direkt unterstellt ist, wird von unabhängiger Seite immer wieder engagierte Arbeit bescheinigt. Jeder, der Bestechungsgelder annimmt oder anbietet, muss mit effektiver strafrechtlicher Verfolgung durch dieses Gremium rechnen. Daher sollten auch Reisende gar nicht erst in die Versuchung kommen, den Willen von Offiziellen mit Hilfe eines Schmiergeldes „zurechtzubiegen".

Geschäfts- und Öffnungszeiten

Banken

Es gibt derzeit vier kommerzielle Banken in Botswana, deren Öffnungszeiten nicht ganz einheitlich sind. Alle bieten den 24-Std.-Service von **Geldautomaten**, sogenannten „Automatic Teller Machines" (ATM). Mit europäischen Kreditkarten (VISA) kann an Geldautomaten Bargeld abgehoben werden.

● **Barclay's Bank of Botswana,** Öffnungszeiten: Mo–Fr 8.30 bis 14.30 Uhr, Sa 8.30 bis 10.45 Uhr
● **First National Bank of Botswana,** Öffnungszeiten: Mo–Fr 9 bis 12.45 Uhr und 14.15 bis 15.30 Uhr, Sa 8.30 bis 11 Uhr
● **Standard Chartered Bank of Botswana.** Öffnungszeiten: Mo–Fr 8.15 bis 14 Uhr, Sa 8.15 bis 10.45 Uhr
● **Stanbic Bank of Botswana,** Öffnungszeiten: Mo–Fr 9 bis 15.30 Uhr, Sa 9 bis 11 Uhr

Banken sind an Feiertagen grundsätzlich geschlossen. In kleineren Städten können die Öffnungszeiten von obigen Angaben abweichen, viele Bankfilialen bleiben dort am Samstag geschlossen.

Behörden

Mo–Fr 7.30 bis 12.30 und 13.45 bis 16.30 Uhr (nachmittags oft kein Publikumsverkehr).

Post

Mo–Fr 8.15 bis 12.45 und 14 bis 16 Uhr, Sa 8.30 bis 11.30 Uhr (diese Zeiten gelten nur für Gaborone und größere Städte).

Firmenbüros/ Dienstleistungssektor

Mo–Fr 8 bis 13 und 14 bis 17 Uhr.

Geschäfte

Mo–Fr 8.30 bzw. 9 bis 17 Uhr (manche schließen auch schon früher, manche machen von 13 bis 14 Uhr Mittagspause) und Sa 9 bis 13 Uhr. Einige größere Geschäfte haben werktags länger (bis 20/21 Uhr) geöffnet, teilweise auch am Samstagnachmittag.

Supermärkte und Bottlestores

Supermärkte haben in der Regel Mo–Sa 8 bis 17 Uhr geöffnet. Große Supermärkte haben längere Öffnungszeiten (meist 8 bis 20 Uhr). Sie sind in den Städten Gaborone, Francistown, Selebi-Phikwe, Lobatse, Mahalapye, Palapye und Maun auch am Sonntagvormittag und für wenige Stunden auch an Feiertagen geöffnet. Bottlestores (= Getränkemärkte mit Lizenz zum Alkoholausschank) öffnen und schließen in der Regel zwei Stunden später als die Supermärkte.

Tankstellen

In Gaborone sind Tankstellen rund um die Uhr geöffnet. An den Hauptüberlandverbindungen kann zwischen 7 und 24 Uhr getankt werden. Auf dem Land liegen die üblichen Öffnungszeiten bei 7 bis 18 Uhr, häufig von einer kurzen Mittagspause unterbrochen. Samstagnachmittag und Sonntag bleiben Tankstellen auf dem Land meist geschlossen. Auch wenn die Tankstelle geschlossen ist, kann man häufig noch Treibstoff erhalten, wenn man höflich mit dem Betreiber verhandelt (siehe auch im Kapitel „Wichtige Hinweise für Selbstfahrer" – „Treibstoff").

Die meisten Orte wirken sonntags wie ausgestorben. Für wichtige Behördengänge, größere Einkäufe und Geldwechsel eignet sich der Vormittag der Werktage am besten.

Gesundheit

Wer Botswana und seine Nachbarländer bereist, wird sich im Allgemeinen kaum mit den teilweise sehr umfangreichen Gesundheitsrisiken herumschlagen müssen, die in anderen Regionen des tropischen Afrika bestehen. Eine durchaus europäischen Standards nahekommende medizinische Infrastruktur in den großen Städten und ein für schwarzafrikanische Verhältnisse generell akzeptabler Standard bezüglich der Infrastruktur und der Alltagshygiene (zumindest in touristischen Einrichtungen) lassen die bei Afrikareisen sonst übliche Furcht vor einer Ansteckung mit Tropenkrankheiten in den Hintergrund treten. Wer seinen **Tetanus- und Polio-Impfschutz** (= Wundstarrkrampf bzw. Kinderlähmung) vor der Abreise kontrolliert, eine medikamentöse **Malaria-prophylaxe** durchführt und zusätzliche Impfungen gegen **Hepatitis A** (= Form der infektiösen Gelbsucht) und eventuell auch **Typhus** vorgenommen hat, muss sich um seine Gesundheit eigentlich keine Sorgen machen. Allgemein gilt, dass bei konsequenter Vorsorge und entsprechend sorgsamem Verhalten die Ansteckungswege fast aller tropischen Krankheiten wirksam unterbunden werden. Angesichts der **hohen HIV-Infektionsrate** (siehe Exkurs „AIDS") im südlichen Afrika kann vor der Aufnah-

---

Reisegesundheitsinformationen
im Internet unter www.crm.de
(siehe auch im Anhang)

me (ungeschützter) sexueller Kontakte nur dringend gewarnt werden!

Impfungen sind bei der Einreise nach Botswana aus Europa, Südafrika, Simbabwe oder Namibia nicht zwingend vorgeschrieben. Jedoch benötigen Reisende, die aus einem Gelbfieber-Endemiegebiet (gesamtes tropisches Afrika nördlich des Sambesi inkl. Angola) nach Botswana reisen, ein gültiges **Gelbfieberimpfzeugnis,** das normalerweise in den internationalen Impfpass der WHO eingetragen wird. Zu berücksichtigen ist, dass das Impfzeugnis erst zehn Tage nach der Impfung Gültigkeit bekommt.

Im folgenden finden Sie eine Aufzählung der wichtigsten Erkrankungen mit Erläuterungen und Impfvorschlägen, die niemanden beunruhigen soll, sondern vor allem dazu gedacht ist, dem interessierten Leser etwas Hintergrundwissen zu wichtigen Erkrankungen zu vermitteln, zumal nach der reisemedizinischen Beratung durch den Hausarzt oftmals noch genügend Fragen offen bleiben. Einer gesonderten, individuellen Beratung durch einen Facharzt bedürfen in jedem Fall Reisende, die sich wegen chronischer Erkrankungen in ärztlicher Behandlung befinden und regelmäßig Medikamente einnehmen.

Malaria

Mit jährlich etwa 350 bis 500 Millionen Neuerkrankungen ist die Malaria die **bedeutendste Infektionskrankheit der Tropen.** Resistente Erregerstämme haben die Vorbeugung und Behandlung der Krankheit in den letzten Jahren deutlich kompliziert. Die Erreger aus der Familie der Plasmodien werden von weiblichen AnophelesMücken während des Stechaktes übertragen. Sie gelangen zuerst über den großen Körperkreislauf in die Leber, von dort aus befallen sie nach einem Vermehrungszyklus rote Blutkörperchen. Die Zerstörung betroffener Blutkörperchen erfolgt schubweise, dabei gelangen giftige Abbauprodukte in die Blutbahn und lösen Fieberattacken aus. Häufige Begleitsymptome des Fieberanstiegs oder alleinige Symptome sind Mattigkeit, Kopf- und Gliederschmerzen, Schwindel, oft auch Erbrechen und/oder Durchfall. Die Inkubationszeit (= Zeit zwischen Ansteckung und Ausbruch der Erkrankung) beträgt zwischen sieben Tagen und mehreren Monaten. Die **Malaria tropica** als **gefährlichste Form** verläuft besonders schwer und endet ohne Behandlung in der Regel tödlich.

Infektionsgefahr, insbesondere für die *Malaria tropica,* herrscht **vor allem im Norden Botswanas.** Besonders hoch ist das Risiko während der Regenzeit. In den übrigen Landesteilen, gera-

Buchtipps: Zum Thema Gesundheit hat REISE KNOW-HOW einige nützliche Ratgeber im Programm:

- Dr. Dürfeld, Dr. Rickels
Selbstdiagnose und -behandlung unterwegs
- Armin Wirth
Erste Hilfe unterwegs effektiv und praxisnah
- David Werner
Wo es keinen Arzt gibt

Praktische Tipps A–Z

de in sehr trockenen, wüstenartigen Regionen der Kalahari, ist die Gefahr einer Malaria-Infektion so gut wie ausgeschlossen.

Vorbeugung

Zur medikamentösen Vorbeugung (**Chemoprophylaxe**) der Malaria sind eine ganze Reihe unterschiedlich wirksamer Medikamente im Handel erhältlich. Man hat mit der Einnahme der Mittel bis zu zwei Wochen vor Reiseantritt zu beginnen. Die Prophylaxe ist noch bis zu vier Wochen über das Reiseende hinaus fortzusetzen. Nur eine konsequent durchgeführte Chemoprophylaxe schützt sicher vor einer Malariaerkrankung.

Bis Anfang der 1990er Jahre war die vorbeugende Einnahme von Chloroquin (z.B. Resochin®) in Kombination mit Proguanil (Paludrine®) gängige Empfehlung der Weltgesundheitsorganisation WHO. Durch das Auftreten chloroquinresistenter Plasmodienstämme (Erreger, gegen die Chloroquin nicht mehr wirkt) ist diese Form der Vorbeugung nicht mehr zuverlässig. Einen wirksamen Schutz stellt zur Zeit die Einnahme von Mefloquin (Lariam®) dar. Gegen Mefloquin sind bisher kaum Resistenzen bekannt. Die Prophylaxe mit diesem Medikament wird auch von der WHO empfohlen. Die Verträglichkeit ist nach Studien nicht wesentlich schlechter als beim Klassiker Resochin®, doch kann es zu unangenehmen Nebenwirkungen wie z.B. Schwindel oder Schlafstörungen (in seltenen Fällen sogar zu Halluzinationen oder Depressionen bis hin zu manifesten Psychosen) kommen. Sehr selten können schwere Unverträglichkeitsreaktionen hervorgerufen werden. Es wird empfohlen, die Tabletten mit einer Mahlzeit zusammen einzunehmen. Das Medikament sollte insgesamt nicht länger als drei Monate eingenommen werden.

Eine Packung Lariam® mit acht Tabletten kostet gegenwärtig ca. 48 Euro. Etwas günstiger als Lariam® ist das im Ausland (z.B. in der Schweiz) erhältliche Präparat Mephaquin®. Die Arzneimittelkosten für die Malariaprophylaxe müssen in der Bundesrepublik von vielen gesetzlich Krankenversicherten selbst getragen werden. Europäische Internetapotheken (z.B. www. rucksackapotheke.de) bieten ca. 30% günstigere Preise. Eine empfehlenswerte Alternative zur Einnahme von Mefloquin, etwa bei Unverträglichkeit, stellt die Chemoprophylaxe mit dem Kombinationspräparat Atovaquon/Proguanil (Malarone®) dar. Das Medikament muss allerdings täglich eingenommen werden und ist recht teuer, dafür aber wesentlich besser verträglich. Es eignet sich insbesondere für Kurzaufenthalte. Ebenfalls gut wirksam gegen alle Formen der Malaria ist Doxycyclin, ein bereits länger bekanntes Antibiotikum, dessen abtötende Wirkung auf Malariaparasiten erst sehr spät entdeckt wurde. Ein Problem bei der Einnahme von Doxycylin in tropischen Ländern kann die hierbei selten beobachtete „Photosensibilisierung" darstellen, also die Erhöhung der Empfindlichkeit der Haut gegenüber Sonneneinstrahlung, die zu Hautausschlägen und schweren Sonnenbränden führen kann.

Ende der 1990er Jahre erhielt das hochwirksame Medikament Riamet® der Firma Novartis die Zulassung, das die Substanzen Arthemeter (ein Extrakt der Beifußpflanze) und Lumefantrin (ein neuartiger Chinin-Abkömmling) enthält. Allerdings ist das Präparat nur zur Behandlung der Malaria zugelassen.

Mückenschutz (Expositionsprophylaxe)

In einer Zeit wachsender Erregerresistenzen und zunehmender Behandlungsschwierigkeiten ist die wichtigste Vorbeugungsmaßnahme der Schutz gegen die übertragenden Anopheles-Mücken: Wer jedem Mückenstich vorzubeugen versucht, der minimiert auch von vornherein die Gefahr einer Infektion. **Moskitonetze** sind in den meisten Hotels, Camps und Lodges vorhanden und beim Schlafen obligat. Empfehlenswert ist in jedem Fall die Mitnahme eines eigenen Netzes, schon zumal die vorhandenen „Oldtimer" häufig Risse oder Löcher aufweisen. Man spart einiges Geld, wenn man diese Anschaffung vor Ort selbst tätigt. **Repellentien** (wie Autan, Bonomol, Zedan etc.) bringt man entweder aus der Heimat mit oder aber kauft die entsprechenden Präparate vor Ort in Südafrika oder Botswana (z.B. Peaceful

Sleep, Tabard). Auch **Glühspiralen** aus Pyrethrum-haltigen Materialien können – beim abendlichen Dinner unter den Tisch gestellt – Erleichterung bewirken. Das Aussprühen der Schlafräume mit **insektizidhaltigen Sprays** (z.B. Doom, enthalten meist Organophosphate und Pyrethroide) hingegen, wie in vielen Hotels und Camps üblich, ist sehr effektiv, aber nicht gerade ein Liebesdienst an der eigenen Gesundheit.

Die **richtige Kleidung** in den frühen Morgen- und vor allem in den Abendstunden, wenn die Moskitos zu schwärmen beginnen, setzt die Malariagefahr ebenfalls erheblich herab. In den feuchtheißen, niederen Lagen erfüllt leichte, helle Baumwollbekleidung, die möglichst bis auf Hände und Gesicht den ganzen Körper bedecken sollte, diesen Zweck am sinnvollsten. Während der feuchtheißen Regenmonate November bis April hat man in Botswana mit teilweise erheblichen Anflugraten von Moskitos zu rechnen, insbesondere in feuchten Gebieten wie dem Okavango-Delta oder im Chobe-Gebiet. Zwischen Mai und August (trocken, kalte Nächte) hingegen stellen Moskitos keine sonderliche Belastung dar.

Diagnose und Behandlung

Die Erkennung einer akuten Malaria erfolgt durch den mikroskopischen Nachweis des Erregers im gefärbten „Dicken Tropfen" bzw. Blutausstrich, wobei die Blutentnahme möglichst während des Fieberschubes erfolgen sollte, orientierend kann auch ein **Malaria-Schnelltest** durchgeführt werden (z.B. MalaQuick®). Diese relativ einfachen Untersuchungen können bei den meisten Ärzten und in allen Krankenhäusern in Botswana durchgeführt werden. Bei einem Malariaverdacht können Sie diesen daher sehr schnell vor Ort abklären. An dieser Stelle muss noch einmal betont werden, dass eine Malaria sich anfangs nicht immer durch Fieberschübe äußert und auch unspezifische Verläufe kennt. Übertriebene Vorsicht ist also angebracht – der frühe Gang zum Arzt kann das eigene Leben retten! Die stationäre Behandlung einer Malaria erfolgt in den meisten Krankenhäusern mit verschiedenen antimikrobiellen Substanzen und Chininpräparaten. Entscheidend für den Behandlungserfolg ist, ob die Erkrankung bereits in einem frühen Stadium als Malaria erkannt wird. Wer nicht sofort einen Arzt aufsuchen kann, sollte bei Malaria-Verdacht eigenständig eine sog. **„Stand-by-Medikation"** mit Lariam® bzw. Mephaquin® oder Riamet® einleiten und sich danach möglichst zügig in ärztliche Behandlung begeben. Eine Malaria kann auch noch mehrere Wochen nach der Rückkehr nach Europa zum Ausbruch kommen.

Bilharziose

Die Bilharziose ist im südlichen Afrika **weit verbreitet.** Im Stromgebiet von Okavango, Chobe und Sambesi gilt ein Großteil der ländlichen Bevölkerung als infiziert, allerdings sind ernsthafte Erkrankungen überraschend selten. Die Übertragung erfolgt durch im stehenden oder nur schwach bewegten Süßwasser lebende Gabelschwanzzerkarien der Gattung *Schistosoma,* die die menschliche Haut bei Wasserkontakt penetrieren können. Nach erfolgter Hautpassage gelangen die nun schwanzlosen Zerkarien über die Blutbahn in die Leber und von dort in ihr Zielgebiet, das Gefäßbett von Darm oder Harnwegen. Hier setzen sich die ausgereiften *Schistosomen* (Pärchenegel) fest, ihre einseitig scharfkantigen Eier gelangen über Darm bzw. Harnblase wieder in die Außenwelt. Blutgefäß- und Gewebeschäden sowie Verwachsungen und Entzündungen sind die Folge.

Nicht immer ist Baden mit der Gefahr einer Bilharziose-Infektion verbunden

Für die Entwicklung von Schistosoma sind bestimmte Wasserschnecken als Zwischenwirt erforderlich. Das Auftreten von Schistosoma ist daher kausal an das Vorhandensein von Wasserschnecken geknüpft. Es ist empfehlenswert, bei jedem natürlichen Gewässer von einer potenziellen Infektionsquelle auszugehen (und daher **jeglichen Wasserkontakt** zu **meiden**), auch wenn dies in der Praxis nicht immer möglich ist. Weite Teile des Okavango-Binnendeltas gelten als bilharziosefrei, da die für die Entwicklung von Schistosoma erforderlichen Wasserschnecken hier nicht vorkommen, nicht jedoch die Panhandle-Region und das südöstliche Delta mit den Nebenflüssen Boro und Thamalakane River. Vor jedem Wasserkontakt (Schwimmen und Baden während Mokoro-Fahrten, Durchwaten von Furten vor der Querung mit dem Wagen etc.) sollten Sie sich möglichst bei Personen, die mit den lokalen Gegebenheiten vertraut sind (z.B. Wildhüter, Poler, lizensierte Guides) über die jeweilige Infektionsgefahr erkundigen. Nicht immer ist dies praktisch durchführbar, und entsprechende Situationen sind oftmals nicht vorhersehbar. In solchen Fällen ist es sinnvoll, acht bis zehn Wochen nach der Rückkehr eine ärztliche Kontrolle auf Bilharziose durchführen zu lassen. Dass im Okavango-Wasser auch Flusspferde und natürlich hungrige Krokodile lauern, versteht sich fast von selbst.

Ein Befall mit Schistosoma zeigt sich durch blutigen Urin, ggf. auch durch

bo-008 Foto: cl

AIDS

Die von der Weltgesundheitsorganisation WHO alljährlich veröffentlichten Zahlen über die HIV-Durchseuchung im südlichen Afrika bekommen immer alarmierenderen Charakter. Danach sind in Botswana **ca. 24% der 15- bis 49-Jährigen** (nach älteren Daten zwischenzeitlich sogar bis zu 38%) **mit dem HI-Virus infiziert.** Weltweit gelten Botswana und seine Nachbarländer im südlichen Afrika (Südafrika, Simbabwe, Swasiland) damit als Region mit der höchsten HIV-Durchseuchung. Auch wenn diese Zahlen aufgrund der großen Strukturunterschiede zwischen Städten und ländlichem Raum nicht auf alle Landesteile direkt übertragen werden können, steht fest, dass bis zu 300.000 Botswaner ohne antiretrovirale Therapie in den nächsten zehn bis 15 Jahren an den Folgen von AIDS sterben würden (zum Vergleich: In Deutschland liegt die entsprechende Zahl bei ca. 60.000). Besonders hoch liegt der Anteil der Infizierten in der Gruppe der 15- bis 30-Jährigen, wo in manchen Regionen über die Hälfte einen positiven HIV-Test aufweist. Die Länder des südafrikanischen Subkontinents haben damit statistisch die Staaten Zentral- und Ostafrikas überholt, in denen viele Jahre das Hauptausbreitungszentrum der AIDS-Epidemie lag.

Nach weitgehend gesicherten Erkenntnissen existierte AIDS wohl schon seit Jahrhunderten bei Primaten in Zentral- und Ostafrika und schaffte dort vermutlich bereits vor Jahrzehnten den Sprung zum Menschen. Von lokalen Ausbreitungszentren in der Region um den Viktoriasee, insbesondere in der Demokratischen Republik Kongo (ehemaliges Zaïre), Ruanda und Uganda, gelangte das HI-Virus über die großen afrikanischen Überland-Achsen ins südliche Afrika, wo es beispielsweise von Lastwagenfahrern an Prostituierte weitergegeben wurde, die ihrerseits entlang der

Transitstraßen und in den Städten für eine explosionsartige Verbreitung sorgten. Vor allem die aus den Städten in ihre Heimatdörfer zurückkehrenden Männer, die sich bei Prostituierten angesteckt hatten, bahnten dem HI-Virus seinen Weg bis in den letzten Winkel Botswanas.

Die allgemein verbreitete **Promiskuität im urbanen Raum,** letztlich vor allem eine Folge der Trennung vieler Afrikaner von ihrer ländlichen Heimat durch saisonale Arbeit in den Zentren, **riskante Sexualpraktiken** (in erster Linie sog. „Dry Sex") in Verbindung mit der ohnehin hohen Durchseuchung mit Geschlechtskrankheiten, äußerst **fragwürdiger Umgang mit der Krankheit durch traditionelle Heiler** (die beispielsweise die Empfehlung aussprechen, sich durch Beischlaf mit einer Jungfrau von der Krankheit zu reinigen), aber auch fatalistische **Ignoranz** und vor allem der leichtsinnige **Verzicht auf die ungeliebten Kondome** förderten die ungehinderte Ausbreitung von AIDS maßgeblich. Erschwerend kam hinzu, dass in Botswana wie in vielen anderen Ländern Afrikas bis Ende der 1980er Jahre nicht offen über HIV und AIDS gesprochen werden konnte, da die Diskussion um den afrikanischen Ursprung und die von Schwarzafrika ausgehende Verbreitung der Krankheit vor allem als ein diffamierendes, verschwörerisches Komplott des Westens gegen Afrika betrachtet wurde. Eine umfassende AIDS-Aufklärung und die Verbreitung von Schutzmaßnahmen fanden somit viel zu spät statt. Immer noch wird die Existenz der Krankheit AIDS von einem Teil der Bevölkerung schlichtweg ignoriert.

Schon heute sind nach eigenen Beobachtungen mehr als die Hälfte aller stationären Krankenhauspatienten infolge von HIV/AIDS hospitalisiert. Es zeichnet sich damit eine zunehmende **Fokussierung der Medizin auf HIV-assoziierte Krankheiten** ab, die aufgrund limitierter finanzieller Ressourcen meist nur unzureichend behandelt werden können. Als Meilenstein auf dem Weg zu einer besseren Versorgung HIV-Infizierter in Botswana ist neben der Verfügbarkeit deutlich verbilligter antiretroviraler Therapeutika die Finanzierung adäquater HIV-Kombinationstherapien durch den botswanischen Staat zu sehen. Dazu wurde im Jahr 2002 im Rahmen der „African Comprehensive HIV/ AIDS Partnership" (ACHAP, Internet: www.achap.org) das **Programm „Masa"** („Neuer Sonnenaufgang") gestartet. Letztlich ist dieser Weg die einzige Möglichkeit für den Staat, den drohenden Zusammenbruch der gesamten Volkswirtschaft zu verhindern. Ob eine dauerhafte Finanzierung des Programmes für die große Zahl botswanischer HIV-Infizierter gelingen wird, kann nur die Zukunft zeigen. Eine erste wirksame Anschubfinanzierung in Höhe von 100 Mio. US-$ wurde durch den Pharmakonzern Merck sowie durch Mittel der Bill & Melinda Gates Foundation ermöglicht. Aus dem Global Fund zur Bekämpfung von AIDS, Tuberkulose und Malaria wurden Botswana von 2004 bis 2009 26,8 Mio. Dollar bewilligt. Wissenschaftliche Unterstützung erfährt das Programm durch die Laboratorien des Harvard AIDS Institute in Gaborone (mit Außenstellen in allen Städten des Landes). Bereits seit mehreren Jahren übernimmt z.B. der Bergbaukonzern Debswana für seine Angestellten und ihre Familien die Kosten einer antiretroviralen Kombinationstherapie. Mittlerweile werden in Botswana angeblich ca. 85% aller therapiebedürftigen HIV-Infizierten suffizient behandelt.

Besonders schwer von AIDS betroffen sind **Kinder:** Sie erkranken sehr früh an AIDS, wenn HIV von der Mutter während des Geburtsvorganges oder beim Stillen übertragen wurde, und machen dann bereits in den ersten Lebensmonaten eine nur noch unvollständige, stark gestörte Kindesentwicklung durch, die direkt in den Tod mündet. Zahlenmäßig noch bedeutender sind allerdings die Waisenkinder bereits an AIDS verstorbener Eltern, um die sich niemand mehr kümmern kann. Die allgemeinen Auswirkungen der AIDS-Epidemie für die staatliche und gesellschaftliche Ordnung Botswanas sind bereits jetzt enorm, da gerade die sexuell aktivste mittlere Generation und mit ihr gewissermaßen das Rückgrat von Wirtschaft und Gesellschaft betroffen ist. Die durchschnittliche Lebenserwartung im Land sank durch AIDS innerhalb kurzer Zeit von beachtlichen 63 Jahren (1991) auf unter 40 Jahre (2006) und war damit weltweit eine der niedrigsten (Quelle: Vereinte Nationen). Erst dank der breiten Implementierung von HIV-Behandlungsprogrammen konnte die Lebenserwartung wieder auf 61 Jahre (2010) angehoben werden.

Für die **Übertragung der Krankheit** gelten in Botswana die gleichen Regeln wie bei uns: Der bei weitem gängigste Weg der Übertragung ist der Geschlechtsverkehr mit infizierten Personen (Mikroblutungen!). Insbesondere Prostituierte beiderlei Geschlechts stellen ein extrem hohes Infektionsrisiko dar. In Botswana erfolgt seit Jahren eine zuverlässige Überprüfung von Blutkonserven und Blutprodukten auf HIV. Ebenso gehört die Verwendung mehrmalig benutzter Injektionsnadeln in den Krankenhäusern der Vergangenheit an. Wer trotzdem auf Nummer sicher gehen will, kann einen kleinen Vorrat davon in der Reiseapotheke mit sich führen. Die Übertragung durch blutsaugende Insekten kann heute weitgehend ausgeschlossen werden. Der (nicht intime) soziale Kontakt mit Infizierten birgt keine nennenswerten Risiken in sich.

blutig tingierten Stuhlgang, gekoppelt mit Schmerzen im Bereich von Unterbauch, Darm, Leber, Milz oder Nieren. Die Krankheit lässt sich mit dem Medikament Praziquantel (Biltricide®) wirksam behandeln. Eine Impfung ist nicht möglich.

Hepatitis A und B

Diese beiden verbreitetsten Formen der Hepatitis (Gelbsucht) haben gänzlich **unterschiedliche Übertragungswege und Verläufe.** Die Hepatitis A (Reisehepatitis) wird durch verunreinigte Lebensmittel übertragen (fäkal-oraler Übertragungsweg) und zählt zu den häufigsten Infektionskrankheiten der Tropen, die **gefährlichere Hepatitis B** über Blut und Blutprodukte (Injektionen, Transfusionen, Geschlechtsverkehr). Während die Hepatitis A in der Regel ausheilt, kann die Hepatitis B in eine chronische Form übergehen. Ernste Leberschäden sind die Folge. Die Symptome sind bei beiden Formen gleich: Müdigkeit, Abgeschlagenheit, Schmerzen im Oberbauch, heller Stuhl, dunkler Urin, Gelbfärbung von Haut und Augen, manchmal Fieber.

Wenn Sie eine Hepatitis bekommen sollten: Schonen Sie sich und ihren Körper und fliegen Sie schnellstmöglich nach Hause. Gegen beide Erkrankungen sind mittlerweile zuverlässige **Impfungen** erhältlich. Sie bestehen aus mehreren Injektionen und bieten einen Schutz über zehn Jahre. Insbesondere die aktive Schutzimpfung gegen Hepatitis A (z.B. Havrix®) kann dem Reisenden nur ans Herz gelegt werden. Die vor Einführung dieser Impfung gängige Prophylaxe mit Immunglobulin bietet nur kurzzeitigen Schutz und ist weniger zuverlässig. Eine Impfung gegen Hepatitis B ist nur für Personen erforderlich, die von vornherein wissen, dass sie mit Infizierten oder Blut und Blutprodukten in Kontakt kommen (z.B. medizinisches Personal). Seit einigen Jahren werden auch Kombinationsimpfstoffe (z.B. Twinrix®) gegen Hepatitis A/B angeboten.

Typhus und Paratyphus

Diese **schweren Infektionskrankheiten** werden durch Typhus- bzw. Paratyphus-Salmonellen hervorgerufen. Sie gehen mit hohem Fieber und Bewusstseinstrübung einher, Durchfall ist nur ein untergeordnetes Symptom. Die Ansteckung erfolgt praktisch ausschließlich durch verunreinigte Lebensmittel. Sie stellen bei Beachtung grundlegender Hygieneregeln keine nennenswerte Gefahr für den Reisenden dar. Allerdings reicht unter Umständen bereits die Aufnahme geringer Bakterienmengen aus, um eine Erkrankung auszulösen. Die ehemals gebräuchliche **Schluckimpfung** mit abgetöteten Typhuserregern kommt heute kaum noch zur Anwendung. Stattdessen bietet ein neuartiger **Injektionsimpfstoff** (Typhim Vi®) einen noch zuverlässigeren Impfschutz bei deutlich längerer Wirkdauer (nach Herstellerangaben ca. drei Jahre). Wichtige Elemente der Therapie einer Typhuserkrankung sind die Gabe von Antibiotika (z.B. Ciprofloxacin®) und ggf. eine Infusionsbehandlung.

Geschlechtskrankheiten

Neben AIDS sind hier vor allem **Syphilis** und **Gonorrhoe („Tripper")** hervorzuheben. Während die Gonorrhoe durch eine eitrige Entzündung der ableitenden Harnwege und des Genitaltraktes gekennzeichnet ist (brennende Schmerzen beim Wasserlassen!), verläuft die Syphilis in mehreren Stadien, die meist durch eine schmerzlose, derbe Schwellung am Infektionsort eingeleitet werden. Abstinenz ist der einzig zuverlässige Schutz vor einer Infektion. Die Therapie beider Erkrankungen erfolgt mit Antibiotika. Chlamydien-Infektionen der ableitenden Harnwege, Ulcus molle („Weicher Schanker"), venerische Lymphogranulomatose, Herpes genitalis und die Hepatitis-Formen B und C stellen weitere durch Geschlechtsverkehr übertragbare Erkrankungen dar. **Kondome** bieten einen relativen Schutz, können aber Infektionen wie Lymphogranulomatose oder Herpes nicht wirkungsvoll vorbeugen.

Zeckenbissfieber („Tick-bite Fever")

Insbesondere auf längeren Fußmärschen durch Busch- und Grasland besteht die Möglichkeit einer Rickettsien-Infektion durch Zeckenbiss, die zum sogenannten Zeckenbissfieber führt. **Fast alle Infektionen sind im Osten des Landes am Ende der Regenzeit im März und April zu verzeichnen.** Die Symptome treten wenige Tage nach dem Zeckenbiss auf: Lymphknotenschwellungen, Kopf- und Glieder-schmerzen, Fieber, teilweise heftiger stammbetonter Hautausschlag, dazu allgemeines Krankheitsgefühl. Die Erkrankung verläuft in der Regel gutartig und klingt nach einigen Tagen von selbst ab. Eine Behandlung mit dem Antibiotikum Doxycyclin beschleunigt den Heilungsprozeß und beugt möglichen Komplikationen wirksam vor.

Sie sollten sich bei längeren Buschwanderungen mit langen Hosen und gegebenenfalls Gamaschen vorsorglich gegen Zeckenbefall schützen. Bereits in die Haut eingedrungene Zecken sollten mittels Pinzette vorsichtig entfernt werden, insbesondere muss darauf geachtet werden, dass dabei auch der Kopf mit hinausgezogen wird.

Schlafkrankheit

Die Erreger der Schlafkrankheit *(Trypanosomen)* werden durch die tagaktive **Tsetse-Fliege** übertragen. Von den über ein Dutzend in Afrika verbreiteten Tsetse-Fliegenarten übertragen nur wenige die einzelligen Trypanosomen – und das überwiegend auf Tiere. Die **Infektionsgefahr** ist für den Reisenden also vernachlässigbar **gering.** Botswana verfügt seit Jahrzehnten über ein effizientes Anti-Tsetse-Programm, dessen Erfolge dazu führten, dass letzte epidemiologisch relevante Fälle der Schlafkrankheit Mitte der 1980er Jahre verzeichnet wurden. Die Krankheit hat ihren Namen durch das Phänomen zunehmender Schlafsucht erhalten, die nach Eintritt des Erregers ins zentrale Nervensystem auftritt. Eine Behandlung ist möglich und sollte noch im Anfangsstadium durchgeführt werden. Beim Reisen durch Tsetse-durchseuchtes Gebiet sind folgende Verhaltensregeln empfehlenswert, schon allein um sich vor den sehr schmerzhaften Stichen zu schützen:

● **Helle Kleidung tragen,** da die Tsetse-Fliegen durch dunkle Farben (vor allem Blau und Schwarz) angezogen werden.
● **Bei Autofahrten Fenster geschlossen halten** und eingedrungene Fliegen mit möglichst flacher Hand „erledigen" (die extrem flach und robust gebauten Insekten sind kaum ins Jenseits zu befördern).
● Bei besonders zahlreich erfolgten Stichen ist eine **ärztliche Kontrolle** nach Ihrer Rückkehr zu Hause anzuraten.

Gelbfieber

Eine **Viruserkrankung,** die durch Stechmücken übertragen wird und nur noch in bestimmten Endemiegebieten West-, Zentral- und Ostafrikas auftritt. Der Befall mit dem Gelbfiebervirus geht mit Fieber und Gelbsucht einher, schwere Schäden an Leber und Nieren führen unbehandelt oft zum Tode des Infizierten. Die aktive **Gelbfieberimpfung** bietet einen nahezu hundertprozentigen Impfschutz. Sie ist ausgesprochen gut verträglich, wird aber nur von speziellen „Gelbfieberstellen" vorgenommen (siehe Liste der Tropeninstitute, ggf. Erkundigung an der nächstgelegenen Uniklinik). Die Dauer des Impfschutzes beträgt zehn Jahre, die Kosten werden inzwischen von vielen Krankenkassen übernommen. In allen schwarzafrikanischen Ländern ist sie bei der Einreise aus Gelbfieberendemiegebieten erforderlich (dieser Fall kann bereits

eintreten, wenn ihr Flugzeug unplanmäßig in einem anderen afrikanischen Land zwischenlanden muss). Die Kontrolle der Impfpässe wird jedoch meist sehr lax gehandhabt.

Tetanus und Diphtherie

Einen wirksamen Impfschutz gegen Tetanus (Wundstarrkrampf) und Diphtherie braucht man auch in der Heimat. Da diese Erkrankungen in vielen Ländern Afrikas noch zum Krankheitsalltag gehören, sollten Sie **vor der Abreise** auf jeden Fall Ihren **Impfstatus prüfen.** Gegebenenfalls brauchen Sie eine Auffrischungsinjektion. Die Kosten werden in Deutschland von der Krankenkasse getragen.

Poliomyelitis (Kinderlähmung)

Der Erreger der Kinderlähmung ist das Polio-Virus, das durch Tröpfchen- und Schmierinfektion übertragen wird. Während die Kinderlähmung in der westlichen Welt durch konsequente Impfprogramme vollständig ausgerottet werden konnte, ist sie in einigen Ländern Afrikas noch verbreitet. Ein **intakter Impfschutz** ist daher für den Reisenden von Bedeutung, bis ein erfolgreicher Abschluss des gegenwärtigen Polio-Eradikationsprogrammes der Weltgesundheitsorganisation WHO verkündet werden kann. Prüfen Sie die Gültigkeit Ihrer letzten Impfung und lassen Sie gegebenenfalls eine Auffrischung mit der kostenlosen Polio-Impfung vornehmen.

Tuberkulose

Mit dem Ausbruch der AIDS-Epidemie in Afrika erlebt auch die Tuberkulose einen neuen Frühling. Bei vielen HIV-positiven Afrikanern führt die Kombination von Tuberkulose und Malaria im finalen Stadium von AIDS zum Tode. Dementsprechend hoch ist die Durchseuchung der lokalen Bevölkerung. Die Krankheit stellt für Reisende normalerweise **keine erwähnenswerte Gefahr** dar, da ein Ausbruch der Tuberkulose in der Regel ein angeschlagenes Immunsystem voraussetzt. Erhöhte Vorsicht sollte man bei Kindern walten lassen, da die Erkrankung hier leichter zum Ausbruch kommt. Bei einem Tuberkuloseverdacht müssen Sie in jedem Fall qualifizierte ärztliche Betreuung aufsuchen.

Tollwut

Obwohl die Tollwut in afrikanischen Ländern weit verbreitet ist, stellt sie nur für Risikogruppen, d.h. Besucher, die viel mit Tieren arbeiten, eine erwähnenswerte Gefahr dar. Eine gut verträgliche Schutzimpfung ist mittlerweile erhältlich und für o.g. Personenkreis zu empfehlen. Sollten Sie von einem Säugetier gebissen werden, muss die Wunde gesäubert und mit einer Desinfektionslösung versorgt werden. Es ist **sofort ärztliche Hilfe aufzusuchen,** um eine Tollwut- und ggf. auch Tetanusprophylaxe vornehmen zu lassen.

Andere parasitäre Erkrankungen

Verschiedene Parasiten dringen durch die Haut in den Körper ein. Larven des Zwergfadenwurms *(Strongyloides stercoralis)* sowie **Hakenwürmer** *(Ancylostoma)* bohren sich durch die Fußsohlen beim Barfußgehen. Letztere gelangen über die Blutbahn in die Lunge, von wo sie nach dem Hochhusten und Verschlucken in den Darm gelangen und dort zur adulten Form ausreifen. Ein Befall mit Strongyloides kann durch Autoinfektion über Jahrzehnte anhalten und ungenehme Hauterscheinungen verursachen. Auch **Sandflöhe** können sich in die Haut bohren. Sie führen vor allem in den Zwischenräumen der Zehen zu schmerzhaften, eitrigen Hautinfektio-

"Buschdusche" auf einem Campingplatz

nen. Ihre Behandlung besteht in der Exzision (= Herausschneiden). Der Befall mit Würmern über unzureichend gesäuberte Speisen kann nur durch konsequente Hygiene vermieden werden (siehe „Gesundheitsvorsorge").

Durchfall

Nahezu jeder Afrikareisende wird von diesem lästigen Übel befallen. **Meist** steckt dahinter nur eine vergleichsweise **harmlose Magen-Darm-Infektion,** die nach einiger Zeit ausgestanden ist. Hier hilft nur körperliche Schonung und ausreichender Flüssigkeitsausgleich (mindestens drei Liter täglich), um eine **Austrocknung des Körpers** zu verhindern. Bei starkem, lang anhaltendem Durchfall sind dafür am besten spezielle Elektrolytlösungen (z.B. Elotrans®) geeignet, die einfach mit Wasser angerührt werden. Hilfreich sind auch gesüßter Tee mit etwas Kochsalz (alternativ dazu Salzgebäck/Salzstangen), Suppen oder Fruchtsäfte. Generell sind warme Getränke den eisgekühlten vorzuziehen, um den Magen-Darm-Trakt nicht unnötig zu irritieren. Zusätzlich bietet sich die Einnahme „stopfender" Medikamente an, von denen Imodium® (Wirkstoff: Loperamid) sicher das bekannteste ist. Diese symptomatische Behandlung ist jedoch nur als Übergangslösung zu wählen, um das Weiterreisen zu erleichtern. Sollten die Beschwerden nach einigen Tagen nicht verschwunden sein, ist mit dem Vorliegen einer schwerwiegenderen Infektion zu rechnen. Diese muss (möglichst nach ärztlicher Untersuchung einer

Stuhlprobe) mit einem geeigneten Antibiotikum behandelt werden. Bei bereits fortgeschrittener Exsikkose (Austrocknung) ist eine Infusionsbehandlung erforderlich. Schleimige, meist blutige Stühle können auf eine schwere bakterielle Infektion oder auf einen Befall mit Amöben hindeuten. Eine **Amöbenruhr** muss mit einem speziellen Antibiotikum therapiert werden, um späteren Komplikationen vorzubeugen. Auch ein Befall mit **Lamblien** bedarf einer ähnlichen Behandlung. Auch **psychische Gründe** können zu Durchfällen führen: Wer sich insgeheim vor einer unbekannten Welt fürchtet und zu Magen-Darm-Reaktionen neigt, der wird dieses Problem erst mit einer gewissen Entspannung nach dem Einleben ablegen.

Erkältungskrankheiten

So paradox es klingen mag: Erkältungen und leichtere Atemwegsinfektionen sind in Afrika **fast so häufig wie bei uns.** Der Wechsel von Tageshitze mit nächtlicher Kühle oder die polare Kälte klimatisierter Hotels und Banken, aber auch im Auto, führen in Botswana leicht dazu, dass man sich erkältet. Wenn Sie übertriebenes Air-Conditioning meiden und sich entsprechend kleiden, ist eine Erkältung in Afrika binnen weniger Tage ausgestanden, oder Sie beugen einer solchen gleich wirksam vor.

Sonnenbrand, Sonnenstich und Hitzeerschöpfung

Eine **angemessene** (am besten landesangepasste) **Kopfbedeckung** ist in jedem Fall ein Muss. Gerade bei Mokoro-Touren (= Einbaumfahrten) im Okavango-Delta, brennender Hitze in der Kalahari oder Aktivitäten in den Salzpfannen von Makgadikgadi bei intensivster Sonneneinstrahlung besteht die Gefahr eines Sonnenstichs (also einer Reizung der Hirnhäute durch extreme Sonneneinstrahlung), wenn man sein Haupt nicht adäquat schützt. Bei Hitzeerschöpfung hilft nur Schatten und Kühlung, körperliche Ruhe und **Flüssigkeitsaufnahme.** Um Sonnenbrände zu vermeiden, sollten Sie sich zumindest in der ersten Zeit nach der Ankunft in Botswana mit einem **Sunblocker** (LSF 20–30) eincremen, bevor Sie dann auf LSF 6–8 umsteigen.

Belastung durch Staub

Viele Regionen Botswanas sind insbesondere während der Trockenzeit sehr staubig. Asthmatiker, ältere Menschen mit Einschränkungen der Lungenfunktion und Allergiker sollten auf diese Verhältnisse eingestellt sein. Für den Notfall müssen atemwegserweiternde bzw. schleimhautabschwellende Sprays in der Reiseapotheke vorhanden sein.

Augen und Sehfehler

Gegen manchmal auftretende Infektionen des Auges gehört eine antibiotische Augensalbe in die Reiseapotheke. Brillenträger sollten ihre Ersatzbrille dabei haben. Kontaktlinsenträger müssen auf einen ausreichenden Vorrat ihrer Reinigungslösung achten, da diese in Botswana nur in Zentren erhältlich ist.

Zahnschmerzen

Lassen Sie sich vor Ihrer Abreise lieber noch einmal gründlich bei Ihrem Zahnarzt durchchecken. Die Versorgung mit Zahnärzten ist in vielen Regionen des südlichen Afrika ausgesprochen lückenhaft. Vielfach ist nur eine primitive und vergleichsweise teure Behandlung möglich. Ein wirksames Schmerzmittel sollte auf jeden Fall in der Reiseapotheke mitgeführt werden.

Schlangen(-bisse)

Die **Wahrscheinlichkeit,** im südlichen Afrika von einer Giftschlange **gebissen zu werden,** ist für den Reisenden **sehr gering;** die Gefahr, an einem Schlangenbiss zu sterben, noch geringer. Nur etwa 20 Prozent aller Schlangen weltweit gelten als giftig, die meisten davon leben in Südostasien und Südamerika. Darüber hinaus kommt es erfahrungsgemäß nur bei etwa einem Viertel aller von Giftschlangen gebissenen Menschen zu allgemeinen, ernsthaften Vergiftungserscheinungen.

Generell sind Schlangen **sehr scheue Tiere,** die bei genügend hoher Aktivität (Schlangen gehören zu den wechselwarmen Tieren!) bereits weit vor Ihrem Erscheinen die Flucht angetreten haben, sofern Sie sich einigermaßen geräuschvoll bewegen. Sie greifen so gut wie nie von sich aus an, sondern beißen nur, wenn sie sich bedroht fühlen oder sich verteidigen wollen. Bleiben Sie daher stehen, wenn Sie auf eine Schlange stoßen oder treten Sie gar leise den Rückzug an. Vergewissern Sie sich bei

„toten" Tieren, dass diese auch wirklich tot sind.

Lange Hosen und **halb hohe Stiefel** bieten in gefährdeten Gebieten einen wirksamen Schutz gegen etwaige Schlangenbisse.

Schlangen sind meist in der Dämmerung aktiv, daher gilt dann besondere Vorsicht. **Tagsüber verstecken sich Schlangen** (wie auch Skorpione) meist in dunklen Schlupfwinkeln: Vorsicht ist geboten beim Umdrehen von Steinen, Holz oder in der Umgebung hohler Baumstümpfe und Erdhöhlen. Achtung: Gerade beim Zelten kommt es manchmal vor, dass sich kleinere Schlangen (wie auch andere Tiere!) in Kleidung oder Schuhen verkriechen, daher sollte man vor dem Anziehen Kleidung und Schuhe ausschütteln. Auch die Restwärme abendlicher Feuerstellen vermag Schlangen anzuziehen.

Besondere Vorsicht ist bei der weit verbreiteten **Puffotter** *(Bitis arietans)* geboten, die bei Annäherung zum Liegenbleiben neigt und aufgrund ihrer Färbung nicht immer sofort gesehen wird. Ein grimmiges Zischen weist im letzten Augenblick meist deutlich hörbar auf einen Vertreter dieser hoch giftigen Spezies hin.

Andere giftige Tiere

Für den Schutz vor **Skorpionen** oder giftigen **Spinnen** gelten ähnliche Verhaltensregeln wie im Umgang mit Schlangen. Kontakt mit diesen Tieren dürften in der Regel nur „im Feld" aktive Menschen wie beispielsweise Wissenschaftler haben. Allerdings sind Skorpione in vielen Bereichen der Kalahari häufig. Gerade beim Anlegen im Gelände getrockneter Kleidung, dem Schlüpfen in zuvor sorglos abgestellte Schuhe, vor allem aber beim Holzsuchen sollte man hier besondere Vorsicht walten lassen. Ein Skorpionstich ist in der Regel sehr schmerzhaft, aber nicht lebensgefährdend.

Bei Stichen giftiger **Insekten** sollten Sie antiallergische Salbe (Soventol® oder Tavegil®) auftragen, die Bissstelle kühlen und den Betroffenen beruhigen und möglichst hochlagern, sofern sich Allgemeinsymptome ankündigen. In diesem Fall müssen zusätzlich Antihistaminika (z.B. Tavegil®-Tabletten) gegeben werden, in schweren Fällen auch Cortison-Präparate.

Medizinische Literatur für Tropenreisen

Aus eigener Erfahrung kann ich Ihnen folgende Titel empfehlen:
● **Medizinisches Handbuch für Fernreisen,** von *Wolf Lieb* und *Gertrud Helling-Giese*. DuMont, Köln
● **Reisen in ferne Länder – Gesund leben in warmen Klimazonen.** Anleitung zur Selbstdiagnose und Behandlung, von *Harald Kretschmer* und *Martin Kaiser*. TRIAS-Verlag, Stuttgart
● **Das Tropenbuch,** von *Roland Hanewald*. Jens Peters Publikationen, Bremen

Impfberatung

Dieser Reiseführer kann keinen Arzt und keine **individuelle tropenmedizinische Beratung** ersetzen. Ich möchte Ihnen aber ein kleines Kompendium für den medizinischen Notfall bzw. zur Reisevorbereitung in die Hand gegeben haben. Beginnen Sie mit der Impfvorbereitung sechs bis acht Wochen vorher, um oftmals erforderliche Zeitabstände der Impfungen untereinander einhalten

Schlangengifte und Verhalten bei Schlangenbissen

Eine **Einteilung der Schlangengifte** nach ihren Wirkmechanismen ergibt zwei große Gruppen:

- **Nervengifte** (z.B. Mambas): geringe lokale Reaktion, mäßige Schmerzen, Sehstörungen; der Tod tritt meist durch Lähmung der Atemmuskulatur ein.
- **Blut- und Gewebsgifte** (z.B. Puffotter, Vipern): starke örtliche Schmerzen, rasch eintretende Schwellung und Blutungen, später Herz- und Kreislaufprobleme und Blutgerinnungsstörungen.

Richtiges Verhalten im Ernstfall:

- Wenn möglich, sollte eine **Identifizierung der Schlange** erfolgen. Der Rat, die Schlange, die gebissen hat, zu töten, um sie dann erfolgreich identifizieren zu können, ist grober Unfug. Es geht kostbare Zeit verloren, und nicht zuletzt läuft auch der „Jäger" Gefahr, sich einen Biss einzuhandeln. Um eine schnelle Verteilung des Giftes über den großen Körperkreislauf zu verhindern und damit einer raschen Allgemeinreaktion vorzubeugen, muss der Gebissene hingelegt werden. Die betroffene Gliedmaße ist tief zu lagern und sollte möglichst – ähnlich der Versorgung eines Knochenbruchs – durch Schienung ruhiggestellt werden. Wichtig ist **beruhigende Kommunikation mit dem Opfer.**

- Die **Bissstelle sollte vorsichtig gesäubert werden.** Für die Schienung ist eine **straffe Umwickelung** (am besten mit einer Kompressionsbinde) erforderlich. Über das Wickeln kann leichter Druck auf das Kapillarbett im Gewebe ausgeübt werden, sodass eine Verteilung des Schlangengiftes erschwert wird. Das in der Vergangenheit immer wieder propagierte **Abbinden hat sich in medizinischen Studien als falsch erwiesen, es ist wegen negativer Gewebseffekte nicht sinnvoll.**

- Falls möglich, sollte das betroffene Glied mit **kalten Umschlägen** versorgt werden, um Schwellungen einzudämmen. Der Gebissene muss **reichlich trinken,** um den Kreislauf zu stabilisieren (nach Möglichkeit Tee oder Kaffee, kein Alkohol!). Bei starken Schmerzen kann die Gabe von Schmerzmitteln erforderlich sein.

- Das **Aussaugen der Wunde mit dem Mund** ist **wenig effektiv** und gefährdet nur eine zusätzliche Person. Geringen Nutzen versprechen allenfalls im Handel erhältliche Saugbestecke. Ein Einschneiden oder Ausbrennen der Wunde verschlimmert die Situation nur zusätzlich.

- Der Verletzte muss baldmöglichst in **intensivmedizinische Behandlung** gebracht werden. Ein Antiserum verspricht nur Erfolg bei einer Identifikation des Schlangengiftes und ist meist nur in Zentren verfügbar. Häufig kann auch die Kühlkette, an die die Wirksamkeit des Antiserums gebunden ist, nicht zuverlässig aufrechterhalten werden. Bei unzureichendem **Tetanusimpfschutz** muss auch dieser unbedingt aufgefrischt werden.

zu können. Jede Impfung stellt eine Belastung für Ihren Körper und Ihr Immunsystem dar, daher trägt ein sinnvoller, gut gestaffelter Impfplan zur eigenen Gesunderhaltung aktiv bei. Als Nachweis für die vorgenommenen Impfungen gilt allein die Eintragung in den gelben internationalen Impfpass der WHO (für einen geringen Betrag bei fast jeder Impfstelle erhältlich). Es empfiehlt sich, die Auffrischung des Tetanus/Diphtherie- bzw. Polioschutzes vor dem genannten Impfprogramm durchzuführen. Nach der Rückkehr müssen Sie die Malariaprophylaxe je nach Präparat noch bis zu vier Wochen weiterführen. Versäumen Sie auch nicht, unvollständig abgeschlossene Impfzyklen zu komplettieren, da nur so der Langzeitschutz von bis zu zehn Jahren erreicht wird.

Tropenmedizinische Institute und Kliniken

In Deutschland:

●**Berlin:** Institut für Tropenmedizin der Charité, Spandauer Damm 130, 14050 Berlin, Tel. 030-301166; Universitätsklinikum Rudolf Virchow, 2. Medizinische Klinik, Augustenburger Platz 1, 13353 Berlin, Tel. 030-4505-0

●**Bonn:** Institut für Medizinische Parasitologie der Universität, Sigmund-Freud-Str. 25, 53127 Bonn, Tel. 0228-287-5673

●**Dresden:** Institut für Tropenmedizin des Städtischen Klinikums Dresden-Friedrichstadt, Friedrichstr. 41–51, 01067 Dresden, Tel. 0351-496-3172

●**Düsseldorf:** Tropenmedizinische Ambulanz der Heinrich-Heine-Universität, Klinik für Gastroenterologie und Infektiologie, Moorenstr. 5, 40225 Düsseldorf, Tel. 0211-811-7031

●**Hamburg:** Bernhard-Nocht-Institut für Schiffs- und Tropenkrankheiten, Bernhard-Nocht-Str. 74, 20359 Hamburg, Tel. 040-31182-0

●**Heidelberg:** Institut für Tropenhygiene und öffentl. Gesundheitswesen am Südasieninstitut der Universität, Im Neuenheimer Feld 324, 69120 Heidelberg, Tel. 06221-562905, Fax 06221-565948

●**Leipzig:** Klinikum St. Georg, 2. Klinik für Innere Medizin, Delitzscher Str. 141, 04129 Leipzig, Tel. 0341-909-2619, Fax 0341-909-2630

●**München:** Institut für Infektions- und Tropenmedizin der Universität, Leopoldstr. 5, 80802 München, Tel. 089-2180-3517, Fax 089-336038; Städtisches Krankenhaus Schwabing, Medizinische Klinik IV, Kölner Platz 1, 80804 München, Tel. 089-3068-2601, Fax 089-3068-3910

●**Rostock:** Abteilung für Tropenmedizin und Infektionskrankheiten der Universität, Klinik und Poliklinik für Innere Medizin, Ernst-Heydemann-Str. 6, 18057 Rostock, Tel. 0381-4940, Fax 0381-396586

●**Tübingen:** Tropenmedizinisches Institut der Universität, Keplerstr. 15, 72074 Tübingen, Tel. 07071-2982365, Fax 07071-295267; Tropenklinik Paul-Lechler-Krankenhaus, Paul-Lechler-Str. 24, 72074 Tübingen, Tel. 07071-2060, Fax 07071-22359

●**Ulm:** Sektion Infektionskrankheiten und Tropenmedizin, Medizinische Klinik und Poliklinik der Universität Ulm, Robert-Koch-Str. 8, 89081 Ulm, Tel. 0731-502-4421, Fax 0731-502-4422

●**Würzburg:** Fachabteilung Tropenmedizin der Missionsärztlichen Klinik, Salvatorstr. 7, 97074 Würzburg, Tel. 0931-791-2821, Fax 0931-791-2453

In Österreich:

●**Wien:** Institut für spezifische Prophylaxe und Tropenmedizin der Universität, Kinderspitalgasse 15, A-1095 Wien, Tel. 01-40490-360, Fax 01-40383-4390

In der Schweiz:

●**Basel:** Schweizerisches Tropeninstitut, Socinstr. 57, CH-4002 Basel, Tel. 061-284-8111, Fax 061-271-8654

Reisemedizinische Informationstellen

Verschiedene Gesellschaften und privatwirtschaftliche Unternehmen bieten laufend aktualisierte reisemedizinische Infos an:

●**Centrum für Reisemedizin,** Oberrather Str. 10, D-40472 Düsseldorf, Tel. 0211-904290, **www.crm.de.** Nach telefonischer Anforderung wird gegen Gebühr ein individueller „Reise-Gesundheitsbrief" zusammengestellt und zugeschickt, der genau auf die geplante Reise und die zu besuchenden Regionen im Zielland eingeht. Es wird der jeweils neueste Stand bezüglich Malariaprophylaxe, Impfempfehlungen, medizinischer Vorortsituation und Zusammenstellung einer Reiseapotheke genannt.

●**Deutsche Gesellschaft für Tropenmedizin und Internationale Gesundheit e.V. (DTG),** Infoservice, Postfach 400466, D-80704 München. Gegen Einsendung eines frankierten Rückumschlags können neben einer Liste tropenmedizinischer Einrichtungen neueste Empfehlungen zur Malariaprophylaxe abgerufen werden.

●**Deutsches Grünes Kreuz,** Schuhmarkt 4, D-35037 Marburg, Tel. 06421-293-0. Hier gibt es die ständig aktualisierte, informative Broschüre „Gesundheitsempfehlungen für den Internationalen Reiseverkehr".

●**BAD Gesundheitsvorsorge und Sicherheitstechnik GmbH,** Zentrum Flughafen, D-40474 Düsseldorf, Info-Tel. 0211-90707-22 oder -18, Fax-Abfrage unter 0211-9855290. Man erhält zu fast allen Reiseländern aktuelle gesundheitliche Detailinfos, die auf den Datenbanken und Angaben der Weltgesundheitsorganisation WHO beruhen.

Reisemedizinische Beratung im Internet

Grundsätzlich kann auch die beste Webpage keine individuelle ärztliche Beratung ersetzen. Für eine erste Orientierung und weitere Hintergrundinformationen können folgende Internetseiten empfohlen werden:

●**www.crm.de**
Siehe oben und im Anhang.
●**www.fit-for-travel.de**
Internet-Homepage des reisemedizinischen Info-Dienstes des Tropeninstituts München mit zahlreichen Infos zu Reisemedizin, Impfungen und Malariaprophylaxe.
●**www.dtg.mwn.de**
Internet-Homepage der Deutschen Gesellschaft für Tropenmedizin und Internationale Gesundheit e.V. (DTG) mit dem landesbezo-

gen aktuellen Stand betreffend Impfungen und Malariaprophylaxe.
●**www.who.int**
Internet-Homepage der Weltgesundheitsorganisation WHO mit reisebezogenen Gesundheitsinfos zu allen Ländern der Erde.
●**www.cdc.gov**
Internet-Homepage des Center of Disease Control, Atlanta (USA). Unter dem Menü-Punkt „Travel" können reisemedizinische Infos zu fast allen Ländern abgerufen werden.

Darüber hinaus gibt es zahlreiche andere tropen- und reisemedizinische Webseiten aus den Bereichen Medien, Pharmaindustrie, Apotheken und anderen Zweigen der Privatwirtschaft, die sehr informativ sein können. Es lohnt sich, mit entsprechenden Suchbegriffen aufs „Internet-Surfbrett" zu steigen.

Rückkehruntersuchungen

Für den Langzeitreisenden ist eine ärztliche Untersuchung nach der Rückkehr anzuraten, auch wenn er sich grundsätzlich gesund fühlt. Da **viele Tropenkrankheiten** eine **relativ lange Inkubationszeit** besitzen, sollten Sie am besten acht bis zehn Wochen nach Ihrer Rückkehr an einem Tropeninstitut oder bei einem tropenerfahrenen Arzt vorstellig werden.

Gesundheitsvorsorge

Zur Vorbeugung von Durchfallerkrankungen und parasitären Infektionen gelten für die Grundbedürfnisse Essen und Trinken einige besondere Regeln:

●Um innere Erkältungen zu vermeiden und den Magen-Darm-Trakt nicht noch zusätzlich zu irritieren, sollten Sie bevorzugt **warme Getränke** zu sich nehmen.
●In den meisten Städten und Hotels im südlichen Afrika besitzt das Leitungswasser Trink-

wasserqualität, bei Brunnen- oder Oberflächenwasser wird meist entsprechend darauf hingewiesen. Ansonsten muss **Trinkwasser** über mindestens fünf Minuten sprudelnd **abgekocht** werden, alternativ bietet sich die Entkeimungsfilterung über Keramikelemente (aus eigener Erfahrung empfohlen werden können die Reisefiltersysteme der Firmen Relags und Katadyn, Kostenpunkt ca. 100 bis 150 Euro) oder die **chemische Desinfektion** (z.B. mit Mikropur®, Certisil® oder Romin®) an. Während das Wasser bei der Filterung nicht chemisch verändert wird, sind Geschmacksveränderungen nach der chemischen Desinfektion die Folge. Mit chlorfreien Entkeimungstabletten wie Mikropur® lassen sich beispielsweise Amöben und Lamblien nicht zuverlässig abtöten. Chlorhaltige Mittel wie Certisil® oder Romin® bieten hier deutlich besseren Schutz. Selbstversorger, die längere Touren in sehr abgelegene Regionen Botswanas durchführen, sollten nach Möglichkeit ein Reisefiltersystem mit sich führen, um Wasser überall flexibel und sicher aufbereiten zu können.

●Die überall im südlichen Afrika erhältlichen Limonadengetränke bekannter Hersteller sind in der Regel bakteriell unbelastet und können ohne Bedenken getrunken werden. Unbedenklich sind auch alle Biere und insbesondere Wein. **Verzichten Sie** nach Möglichkeit **auf Eiswürfel**, die bakteriell belastetes Wasser enthalten können. Heißer Tee oder Kaffee bergen in der Regel keine Risiken in sich, während Milch stets abgekocht werden muss (am besten Sie verwenden gleich pasteurisierte Milch).

●**Trinken Sie** in jedem Fall **ausreichend** – das kann in heißtrockenen Regionen bis zu fünf Liter täglich und mehr bedeuten. Leicht gesüßter Tee erfüllt in den Tropen die meisten Ansprüche an ein Idealgetränk am besten. Alkohol sollten Sie erst nach Sonnenuntergang trinken, bei den gelegentlich angebotenen selbstgebrauten Alkoholika der Einheimischen ist Vorsicht geboten, da diese giftigen Methylalkohol enthalten können, der u.a. zur Erblindung führt.

●Vorsicht ist bei der Zubereitung und Aufbewahrung von Speisen und Fleischgerichten geboten: **Nur gut durchgekochte Gerichte**

bzw. durchgebratenes oder gegartes Fleisch sind vollkommen unbedenklich. **Meiden Sie wiedererwärmte Speisen,** diese sind eine der häufigsten Ursachen von Durchfallerkrankungen, da unter dem feuchtheißen Klima in kürzester Zeit eine explosive Bakterienvermehrung erfolgt. Geben Sie sauberen Restaurants den Vorzug und wählen Sie gängige Gerichte. Achten Sie darauf, dass Sie wirklich frisch zubereitete Gerichte bekommen, dann kann auch das Essen am Straßenstand durchaus empfehlenswert sein. Fischgerichte können meist unbedenklich gegessen werden, sofern der Fisch vor Ort gefangen wurde und damit die Transportwege kurz sind. Seien Sie aber trotzdem wachsam, wenn der Fisch alt und schal schmeckt. Um einer Fischvergiftung vorzubeugen, müssen dann sofort Kohletabletten eingenommen werden!

●**Verzichten sollten Sie in jedem Fall auf Eier und Eispeisen,** die häufig mit Salmonellen kontaminiert sind. Ähnliches gilt für Mayonnaise und damit hergestellte Speisen. Speiseeis birgt ähnliche Gefahren und ist selbst in Restaurants und Hotels mit europäischem Standard nicht immer einwandfrei.

●Um den Gefahren der natürlichen Düngung mit Fäkalien vorzubeugen, sollten Sie **frische Salate möglichst meiden** und auch nur gekochtes Gemüse essen. Die überall auf Märkten und in Supermärkten erhältlichen köstlichen Früchte kann man hingegen unbedenklich verzehren, wenn sie feste Schalen haben. Im englischen Sprachraum wird der Umgang mit Nahrung auf eine einfache, zutreffende Formel gebracht: **„Cook it, boil it, peel it or forget it!"**

Global Positioning System (GPS)

Das globale Satellitennavigationssystem GPS ermöglicht **extrem genaue Positionsbestimmungen** an jedem Punkt der Erdoberfläche, sofern Satellitensignale in ausreichender Intensität empfangen werden können. Neben dem weltweit gebräuchlichsten US-amerikanischen System gibt es auch ein russisches System. Beide wurden für den militärischen Gebrauch entwickelt und ermöglichen Positionsbestimmungen bis auf einen Meter genau. Vor etwa zehn Jahren wurde das amerikanische GPS der zivilen und kommerziellen Nutzung zugänglich gemacht, allerdings mit einer gewissen Einschränkung der Messgenauigkeit. In der Praxis können Positionen bis auf fünf Meter genau bestimmt werden, in der Regel bewegt sich die Messgenauigkeit in einem Bereich von 20 bis 50 Metern Abweichung.

Moderne GPS-Geräte besitzen die Größe eines Mobiltelefons und sind bequem von Hand zu bedienen. Gute Handgeräte sind bereits ab 150 Euro im Handel erhältlich. Ein GPS-Gerät empfängt kontinuierlich Signale von einem System von 24 Satelliten, die die Erde zweimal täglich in einer genau definierten Umlaufbahn umkreisen und ständig Informationen zur Erde übermitteln. Zur Bestimmung der eigenen Position müssen mindestens drei Satelliten „gesehen" werden. Eine Positionsbestimmung kann auch in Bewegung erfolgen, sofern eine bestimmte Geschwindigkeit nicht überschritten wird. In der

Praktische Tipps A–Z

GPS-Positionsangaben

Alle GPS-Positionsangaben („Koordinaten") in diesem Buch folgen dem **Kartendatum WGS 84** und sind im **Positionsformat hddd°mm.mmm'** erhoben worden. GPS-Positionen von Ortschaften und Städten beziehen sich auf markante Punkte im „Zentrum" (Polizeistation, Mobilfunkturm etc.). Mehr als 90 Prozent aller touristischen Ziele in Botswana lassen sich bequem ohne GPS erreichen, wobei GPS die Navigation dabei vereinfachen kann. Auf Ziele, die mit Hilfe von GPS sicher erreicht werden können, wird im Text gesondert hingewiesen, und es werden dann detaillierte GPS-Positionsangaben genannt. In der Regel ist es ausreichend, den GPS-Koordinaten der **„Shell Tourist Map of Botswana"** von *Veronica Roodt* zu folgen, die in der aktuellen Auflage von 2008 nahezu fehlerfrei abgedruckt sind. Die GPS-Koordinaten im vorliegenden Buch basieren in vielen Fällen auf eigenen Messungen, ergänzend dazu wurden Daten von *Veronica Roodt* sowie aus dem Führer „Botswana – Okavango Delta, Chobe, Northern Kalahari" von *Chris McIntyre* (Bradt Publications 2010) übernommen.

Eine Fülle detaillierter GPS-Koordinaten zu Botswana kann man auch von speziellen Anbietern aus dem Internet herunterladen. Zuverlässige Informationsquellen mit zahlreichen Karten zur „Real-time-Navigation" mittels Laptop finden Sie bei:

● **GPS TrackMaker**
www.gpstm.com bzw.
www.gpstm.com/eng/maps_eng.htm
● **Tracks 4 Africa**
www.tracks4africa.com oder .de; digitale Karten und GPS-Koordinaten für Botswana und das gesamte südliche Afrika sowie Verleih von GPS-Handgeräten

Knüppeldamm am Khwai Gate
(Moremi Wildlife Reserve)

Praxis ergeben sich hieraus allein Einschränkungen für die Nutzung in Flugzeugen. Durch die Verwendung eines im Gerät gespeicherten Satelliten-Almanachs (eine umfangreiche Tabelle aller Satellitenkennungen und der zugehörigen Bahnparameter) können in wenigen Minuten Entfernung und Position eines jeden GPS-Satelliten bestimmt werden. Mittels dieser Daten kann das Gerät dann trigonometrisch die eigene Position, Höhe über NN, Bewegung und Geschwindigkeit berechnen. Für genaue Höhenbestimmungen müssen allerdings mindestens vier Satelliten kontinuierlich „gesehen" werden.

Die Verwendung von GPS ermöglicht dem Reisenden in vielen Regionen Botswanas das sichere Auffinden von Punkten im Gelände und **vereinfacht die Navigation deutlich.** Bei der Recherche dieses Buches wurde mit dem Gerät GPS II der Fa. Garmin (Kansas, USA) gearbeitet. Um die in diesem Führer genannten GPS-Daten in größtmöglicher Exaktheit nachvollziehen zu können, muss Ihr GPS-Gerät auf das gleiche **geodätische Kartenbezugssystem** („Kartendatum") eingestellt sein. Dies wird dadurch notwendig, dass verschiedene Länder unterschiedliche Kartenbezugssysteme bei der Erstellung topografischer Karten benutzen. Sie müssen daher an Ihrem GPS-Gerät das Kartendatum WGS 84 einstellen, die gebräuchlichste Voreinstellung. Die Unterschiede in der Positionsberechnung bei Verwendung eines unterschiedlichen Kartendatums können beträchtlich sein: Bis zu 200 Meter sind nicht ungewöhnlich. Angesichts der Ebenheit und Weitläufigkeit Botswanas sind aber selbst solche Messabweichungen für die Navigation vernachlässigbar.

Weitere Informationen zu GPS im deutschsprachigen Raum sind über die Firma **GPS GmbH** (Lochhamer Schlag 5a, D-82166 Gräfelding bei München, Tel. 089-858364-0, Fax 089-858364-44, Internet: www.garmin.de) erhältlich, die den Vertrieb der Garmin-Produkte im deutschsprachigen Raum vornimmt. Darüber hinaus kann direkt Kontakt zur Firma **Garmin Corporation** (USA; Helpline: +1-800-800-1020, Internet: www.garmin.com) aufgenommen werden.

Buchtipps – Praxis-Ratgeber:
● Rainer Höh
GPS Outdoor-Navigation
● Rainer Höh
**GPS-Navigation für
Auto, Motorrad, Wohnmobil**
● Rainer Höh
Orientierung mit Kompass und GPS
● Wolfram Schwieder
Richtig Kartenlesen
(alle Bände REISE KNOW-HOW Verlag)

Grenzen und Grenzverkehr

Alle botswanischen Grenzübergänge werden über Nacht geschlossen, daher sollten die Öffnungszeiten genau eingehalten werden (vgl. Tabelle auf der nächsten Seite). Es ist üblich, Fahrzeuge, die um 18.10 Uhr an einem Grenzübergang eintreffen, der um 18 Uhr schließt, höflich abzuweisen. Der Umgangston der botswanischen Offiziellen ist sehr höflich und zuvorkommend. Umgekehrt erwartet man dies auch vom Reisenden, selbst wenn er unter Zeitdruck steht. Das Durchfahren großer Desinfektionswannen und die Desinfektion der Schuhsohlen, was der Einschleppung und Verbreitung von den Rinderbestand bedrohenden Tierkrankheiten wie der Maul- und Klauenseuche vorbeugen soll, ist bei Ausbruch dieser Krankheiten an den meisten Grenzübergängen gebräuchlich.

Über den normalerweise gänzlich ausgetrockneten Molopo River im Süden gibt es **keine Brücken,** sodass eine Querung des Flusses nach heftigen Niederschlägen unmöglich werden kann. Wenn der Limpopo River im Osten Hochwasser führt, können Grenzbrücken gesperrt werden. Die Grenzquerung gestaltet sich normalerweise reibungslos. Im Regelfall benötigt man **nicht mehr als 20 Minuten für Ein- bzw. Ausreise.** An öffentlichen Feiertagen und während der südafrikanischen Schulferien sind die Hauptgrenzübergänge (v.a. Ramokgwebane/Plumtree,

Öffnungszeiten der botswanischen Grenzübergänge

Botswana – Südafrika

- **Pont Drift** (Flussbettquerung, sandige Piste)   8–16 Uhr
- **Platjan** (Flussbett-Querung, Piste)   8–18 Uhr
- **Zanzibar** (Flussbett-Querung, Piste)   8–16 Uhr
- **Martin's Drift/Groblersbrug** (Brücke, Asphalt)   8–22 Uhr
- **Parr's Halt/Stockpoort** (Flussbettquerung, Piste)   8–18 Uhr
- **Sikwane/Derdepoort** (Brücke, befestigte Piste)   7–19 Uhr
- **Tlokweng/Kopfontein** (Asphalt)   6–24 Uhr
- **Ramotswa/Swartkopfonteinhek** (Asphalt)   7–19 Uhr
- **Pioneer Gate/Skilpadshek** (Asphalt)   6–24 Uhr
- **Ramatlabama** (Asphalt)   6–24 Uhr
- **Phitshane-Molopo/Makgobistad** (Flussbettquerung, Piste)   7–16.30 Uhr
- **Hereford/Bray** (Flussbettquerung, Piste)   8–16 Uhr
- **Makopong** (Flussbettquerung, Piste)   8–16 Uhr
- **Tshabong/McCarthy's Rest** (Flussbettquerung, Piste)   8–18 Uhr
- **Middelpits** (Flussbettquerung, Piste)   8–18 Uhr
- **Bokspits** (sandige Piste)   8–18 Uhr
- **Two Rivers/Twee Rivieren** (KTNP, Piste)   6–18 Uhr

Botswana – Namibia

- **Ngoma Bridge** (Asphalt)   6–18 Uhr
- **Mohembo** (Asphalt)   6–18 Uhr
- **Mamuno/Buitepos** (Asphalt)   7–24 Uhr
- **Dobe/Tsumkwe** (Allradpiste)   7.30–16.30 Uhr

Bei der Einreise nach Namibia wird für Fahrzeuge mit nichtnamibischer Zulassung eine Gebühr in Höhe von 180 Namibia-Dollar erhoben („Road Fund"). In Namibia zugelassene Fahrzeuge benötigen zur Ausreise eine schriftliche Genehmigung der namibischen Polizei.

Botswana – Simbabwe

- **Kazungula** (Asphalt)   6–20 Uhr
- **Mpandametanga** (Piste)   8–16 Uhr
- **Ramokgwebane/Plumtree** (Asphalt)   6–20 Uhr

Bei der Einreise nach Simbabwe ist für Deutsche, Österreicher und Schweizer seit 1999 ein Visum erforderlich, das an der Grenze ausgestellt werden kann (einfacher Eintritt 30 US-$, Mehrfacheintritt 55 US-$).

Botswana – Sambia

- **Kazungula Ferry** (Fähre, Asphalt)   6–18 Uhr

Die Gebühr für das Übersetzen eines Geländewagens beträgt 25 US-$. Bei der Einreise nach Sambia ist für Deutsche, Österreicher und Schweizer ein Visum erforderlich, das an der Grenze ausgestellt werden kann (Tagesvisum 20 US-$, einfacher Eintritt 50 US-$, Mehrfacheintritt 80 US-$).

Ramatlabama und Tlokweng/Kopfontein) gelegentlich verstopft. Wartezeiten von bis zu drei Stunden kommen dann vor. Es ist sinnvoll, bei der Anfahrt zur Grenze von vornherein auf einen kleineren Übergang auszuweichen.

Geld kann an den Hauptgrenzübergängen in Wechselstuben („Forex Bureaus") oder in den Banken der Grenzorte zu akzeptablen Kursen gewechselt werden. Meiden sollte man den an der Grenze zu Simbabwe und Sambia existierenden (verbotenen) Straßenmarkt, wo man beim Schwarztausch in der Regel Trickbetrügern aufsitzt. **Wer nach Botswana einreist, sollte möglichst umgehend eine Bank oder eine Wechselstube aufsuchen,** um sich mit der Landeswährung Pula zu versorgen. Es ist ein kennzeichnendes Element botswanischen Stolzes, die Bezahlung in fremden Währungen weitgehend abzulehnen (auch wenn die Situation sich zunehmend ändert). Neben den Währungen der Nachbarländer gilt dies auch für US-Dollars, die in vielen anderen schwarzafrikanischen Ländern als willkommene Zweitwährung gehandelt werden.

Bei der **Weiterreise** von Botswana **nach Namibia** muss man für die Zahlung des „Road Fund" unbedingt Namibische Dollar oder Südafrikanische Rand (180 N$) bereithalten, da Kreditkarten oder andere Währungen nicht akzeptiert werden.

Handeln

Handeln und Feilschen ist in Europa weitgehend verpönt – doch **in weiten Teilen Afrikas bestimmt es den Alltag.** Handeln bedeutet Kommunikation, ermöglicht ein gewisses Kennenlernen, und man wird auf Unverständnis und Verachtung stoßen, wenn man es nicht praktiziert. Die oberste Grundregel lautet: **Zeit haben.** Alles weitere regelt sich fast von selbst.

In Botswana nimmt Handeln einen weit geringeren Raum ein als in den Ländern West-, Zentral- und Ostafrikas, da vor allem das Einkaufen in Supermärkten und Großhandelsketten mit entsprechenden Fixpreisen verbreitet ist. Üblich ist Handeln **auf Märkten, an Souvenirständen und in kleineren Geschäften und Läden.** Häufig wird zu Beginn des Feilschens ein völlig überhöhter Preis genannt, der sich manchmal bis auf 25 Prozent drücken lässt. In jedem Fall ist es gut, zunächst einmal nur 50 Prozent der verlangten Summe zu bieten. Lassen Sie sich möglichst nicht frühzeitig auf bestimmte Beträge festlegen. Verwirrend wird die Situation, wenn für bestimmte Produkte Fixpreise gelten, andere jedoch mit „Fantasiepreisen" versehen sind.

In vielen Geschäften, darunter auch Filialen größerer Unternehmensketten, sollte man vor dem Kauf von Gütern nach einem **Preisnachlass** („Discount") fragen, der gerade bei größeren Einkäufen gewährt wird.

Informations-stellen

Botswana unterhält außer seinen Botschaften in Brüssel, London und Stockholm **keine staatlichen Informationsstellen in Europa.**

●In der Hauptstadt Gaborone kann das dem „Ministry of Commerce and Industry" unterstellte **Department of Tourism** kontaktiert werden (Fairgrounds Office Park, Block B, Ground Floor, Plot 50676, Private Bag 275, Gaborone, Tel. 3913111, Fax 3959220, Internet: www.botswanatourism.co.bw), das auch Außenstellen in Maun (Tel. 6860492) und in Kasane (Tel. 6250357) unterhält. Die Qualität der hier erhältlichen Informationsmaterialien ist unterschiedlich und lohnt mitunter kaum das Porto einer schriftlichen Anfrage.

Das Department of Tourism wird **in Deutschland** von der Agentur **Interface International GmbH** vertreten, Karl-Marx-Allee 91A, D-10243 Berlin, Tel. 030-42028464, Fax 42256286, Internet: www.botswanatourism.de. Ein Veranstalterverzeichnis, aktuelles Prospektmaterial sowie die Shell-Karte Botswanas können hier unkompliziert angefordert werden.

●Infos zu Hotels und speziellen Campingplätzen in den Schutzgebieten (sog. „HATAB Camp Sites") können über den Dachverband der privaten Hotel- und Tourismusindustrie **HATAB (Hotel and Tourism Association of Botswana),** Private Bag 00423, Gaborone, Tel. 3957144, Fax 3903201, E-Mail: hatab@info.bw, bezogen werden.

Informationen zu Nationalparks und Wildschutzgebieten erhält man von der botswanischen Wildschutzbehörde **DWNP (Department of Wildlife and National Parks),** Millenium Park, P.O. Box 131, Gaborone, Tel. +267-3180774, Fax +267-3180775, über deren Reservierungsbüros feste Buchungen für alle Nationalparks und Wildschutzgebiete vorgenommen werden müssen:

●**in Gaborone:** DWNP Parks & Reserves Reservation Office, Tel. +267-3180774, Fax +267-3932205, +267-3180775, E-Mail: dwnp@gov.bw
●**in Maun:** DWNP Parks & Reserves Reservation Office, Tel. +267-6860368, +267-6861265, Fax +267-6860053

Mehrere nichtstaatliche Organisationen und Gesellschaften setzen sich intensiv mit der **Förderung des Naturschutzes** in Botswana auseinander, z.B.:

●**Birdlife Botswana,** P/Bag 003, Suite 348, Mogoditshane, Botswana, Tel. 3190540, Internet: www.birdlifebotswana.org.bw
●**Chobe Wildlife Trust,** P.O. Box 55, Kasane, Tel. 6250516, Fax 6250223, Internet: www.chobewildlifetrust.com
●**Conservation International,** P.O. Box 448, Maun, Tel. 6860017, Fax 6861798, Internet: www.conservation.org
●**Kalahari Conservation Society (KCS),** P.O. Box 859, 112 Independence Avenue, Gaborone, Tel. 3974557, Fax 3914259, Internet: www. kcs.org.bw
●**Khama Rhino Sanctuary Trust,** P.O. Box 10, Serowe, Botswana, Tel. 4630713, 4600204, Mobiltel. 73965655, Fax 4635808, Internet: www.khamarhinosanctuary.com
●**Wilderness Wildlife Trust,** P.O. Box 5219, Rivonia 2128, South Africa, Tel. +27-11-257-5057, Internet: www.wildernesstrust.com

Mit der **Geschichte** Botswanas und der **gesellschaftlichen Entwicklung** des jungen Landes befasst sich die Botswana Society:
●**The Botswana Society,** P.O. Box 71, Gaborone, Tel. 3919673, Fax 3919745, Internet: www.botsoc.org.bw

In Deutschland bildet die **Deutsche Gesellschaft der Freunde Botswanas (DGFB)** ein Kontaktforum für alle an Botswana Interessierten. Die überwiegende Zahl ihrer Mitglieder hat längere Zeit in Botswana gelebt.
●**DGFB,** c/o *Prof. Dr. Fred Krüger,* Institut für Geographie der Universität Erlangen-Nürnberg, Kochstr. 4, D-91054 Erlangen, Tel. 09131-8522641, Fax 8522013, Internet: www.freunde-botswanas.de.

Botswana im Internet

Die folgende Auswahl informativer Internetquellen zu Botswana soll Ihnen eine erste Orientierung im Web ermöglichen. Weitere Internet-Verweise finden Sie in den jeweiligen Reisekapiteln. Achtung: Eine Bestandsgarantie für die genannten Websites und Internetadressen kann aufgrund der Schnellebigkeit der Webarchitektur nicht gegeben werden.

- **Landeskundliche Informationsseite Botswana der staatlichen Entwicklungsinitiative InWent** (Internationale Weiterbildung und Entwicklung), die wohl umfangreichste und beststrukturierte Internetseite dieser Art zu Botswana im gesamten Web, mit zahlreichen aktuellen Links zu Botswana-assoziierten Themen: **www.inwent.org/v-ez/lis/botswana/ index.htm**
- **Englischsprachiger Online-Führer des botswanischen Department of Tourism: www.botswanatourism.co.bw**
- **Digitale Karten und GPS-Koordinaten** für Botswana und das gesamte südliche Afrika sowie Verleih von GPS-Handgeräten: **www.tracks4africa.de** oder .com
- Südafrikanische Foren für **4x4-Overlander** mit hilfreichen Tipps, GPS-Koordinaten und aktuellen Reiseberichten: **www.overland.co.za, www.4x4community.co.za**
- **Deutschsprachiges Forum für Selbstfahrer im südlichen Afrika** mit Tipps, GPS-Koordinaten und aktuellen Reiseberichten: **www.namibia-forum.ch**
- **Tauschbörse für Camp-Site-Buchungen** in den Wildreservaten und Nationalparks sowie stetig **aktualisierte Pisteninformationen** für Selbstfahrer: **http://maunselfdrive4x4. webs.com**
- Online-Führer der deutschen Repräsentanz des **botswanischen Department of Tourism: www.botswanatourism.de**
- **Botswanische Zeitungen** im Internet: „Mmegi – The Reporter" (unabhängig und kritisch, **www.mmegi.bw**) oder die regierungseigene „Daily News" (**www.dailynews.gov. bw**) mit täglichen Neuigkeiten
- **Informationsseite der Regierung Botswanas: www.gov.bw**
- **Internetseite der University of Botswana: www.ub.bw**
- **Aktuelle Nachrichten** aus dem südlichen Afrika finden sich bei **AfricaNews Online** (Windhoek), **www.africanews.org/south,** und bei **Africa Online, www.africaonline. com**
- Die mit Abstand **besten Informationsseiten für aktuelle Reiseinformationen zu Botswana** finden sich in **Bwana Mitch's Safari-Portal: www.safari-portal.de**

Unter den zahlreichen **Online-Reiseinformationen für das südliche Afrika** lohnen besonders:
- **Eyes on Africa (www.eyesonafrica.net)**
- **Botswana Safari (www.botswanasafari.info)**
- **Ecoafrica (www.ecoafrica.com)**
- **African Travel (www.africantravel.com)**
- **Safaris in Africa (www.safarisafrica.com)**
- **Wildlife Africa (www.wildlifeafrica.co.za)**
- **On Safari (www.onsafari.com)**
- **African Safari (www.african-safari.com)**
- **GPS TrackMaker (www.gpstm.com, www.gpstm.com/eng/maps_eng.htm)**

Kleidung und Schuhe

Sie sollten sich nach Möglichkeit **funktionell kleiden,** darüber hinaus aber auch eine Garnitur zum Ausgehen und für offizielle Termine bereithalten. Dabei sollte man berücksichtigen, dass das Reisen in Botswana vor allem aus langen, staubigen Überlandfahrten und mindestens ebenso staubigen Pirschfahrten in den Nationalparks und Wildreservaten besteht. Für kürzere Touren reichen zwei bis drei Garnituren vollkommen aus. Es bietet sich an, grundsätzlich zwischen „Reisekleidung" und „Besuchs- und Ausgehkleidung" zu trennen.

Für die meisten Unternehmungen genügt **leichte Baumwollbekleidung,** die man in helleren Tönen wählen sollte. Khaki-Töne eignen sich gut dafür, sind inzwischen aber fast eine Art „Kollektivoutfit" von Safaritouristen. Weiß und Beige absorbieren wenig Wärme und ziehen auch Insekten wie Moskitos oder Tsetse-Fliegen nicht so stark an. Ein **leichter Pullover** für die Abendstunden und eine dünne Jacke dürfen auch im Sommer nicht fehlen. Während der Regenperiode von November bis April sollte auch ein **regenfester Anorak** im Gepäck sein. Während der kalten Winternächte von Mai bis August sollten Sie neben einem Pullover noch eine weitere, wärmende Jacke mitnehmen. Optimal sind in dieser Hinsicht Fleecejacken, die bei Bedarf in Anoraks und moderne Kunstfaserjacken (z.B. Gore-Tex, Sympatex) eingeknüpft werden

können. Eine besonders gute wärmende Wirkung erreicht man mit dem „Zwiebelschalen-Modell", bei dem je nach Bedarf Baumwollunterwäsche, Hemd, Pullover, Fleecejacke und Anorak/Kunstfaserjacke miteinander kombiniert werden. **Kurze Hosen und Shorts** sollte man nur in Nationalparks und Wildreservaten sowie touristisch geprägten Camps tragen. Im botswanischen Alltag sind sie ansonsten **unüblich** (Polizeibeamte und Wildhüter einmal ausgenommen) und mit dem Stigma von Herrenunterwäsche behaftet. Frauen sollten auf freizügige Kleidung verzichten und auch sonst möglichst wenig „Haut zeigen".

In fast allen Hotels und Camps gibt es einen **Laundry Service,** der Ihre Wäsche für ein geringes Entgelt reinigt und bügelt. Bei manchen Hotels ist dieser Service bereits im Übernachtungspreis enthalten. Empfehlenswert ist auch die Mitnahme von **Badeschlappen,** da die Hygiene in den Gemeinschaftsduschen von Camps und vor allem in den sanitären Anlagen der Camp Sites von Nationalparks und Wildreservaten problematisch ist. Das Risiko von Fußpilzerkrankungen liegt daher entsprechend hoch. Moderne **Trekkingsandalen** mit Klettverschlüssen erfüllen die Funktion von Badeschlappen gleich mit.

Die – vollkommen unnötige – Mitnahme klobiger Trekkingschuhe hat sich zu einer Spezialität der Deutschen entwickelt und wird weltweit als sicheres Erkennungsmerkmal teutonischer Abenteuerreisender gehandelt. Das hohe Gewicht dieses Schuhwerks, tropische Schweißfüße und auch das diskrete Schmunzeln fremder Mitreisender lassen sich durch Mitnahme fester **Leinenschuhe** umgehen. Diese sind für Wanderungen im afrikanischen Busch vollkommen ausreichend – strapazierfähig, dabei aber luftig und leicht und auch in knöchelhoher Ausfertigung erhältlich, die bei Fußsafaris sicheren Schutz vor Kratzern und Dornen wie auch Schlangenbissen bietet. Auf eine solide Sohle sollte beim Kauf geachtet werden. Der Preis liegt deutlich unter dem von Trekkingschuhen.

Leihwagen

Grundsätzliches

Allrad-Geländewagen ("4x4"), teilweise bereits mit kompletter Ausstattung für eine Campingsafari, und allradgetriebene Camper lassen sich als Leihwagen über eine Vielzahl von Reiseveranstaltern bereits in der Heimat buchen (der Großkundenrabatt wird meist an den Kunden weitergegeben). Eine erste Orientierung ermöglicht z.B. der Katalog "Best of Africa" (siehe unter "Reise- und Safariveranstalter"), der alljährlich von renommierten Reiseveranstaltern für das südliche und östliche Afrika herausgegeben wird.

Preiswerter ist es manchmal, Leihwagenfirmen **vor Ort** direkt zu kontaktieren. Dabei lassen sich Verhandlungen über Preisnachlässe (z.B. bei langen Leihperioden) führen, und man kann eine Abstimmung bezüglich des Ausrüstungsumfangs (bei komplett ausgestatteten Campingfahrzeugen), technischer Vorrüstungen (z.B. Zusatztanks, nach oben verlagertes Ansaugrohr für den Luftfilter etc.) und von Versicherungsdetails vornehmen. In Botswana direkt angemietete Fahrzeuge sind normalerweise etwa 25 bis 40% teurer als in den Nachbarländern Südafrika und Namibia "gecharterte" Fahrzeuge. Südafrikanische Wagen bieten den großen Vorteil, dass das Gros der Benutzer sich damit vor allem auf dem gut ausgebauten südafrikanischen Straßen- und Pistensystem bewegt und die Beanspruchung der Fahrzeuge sich somit in deutlich engerem Rahmen hält, als dies bei botswanischen und namibischen Wagen der Fall ist.

In Botswana gemietete Fahrzeuge haben das große Plus, einen **Vorort-Service** im Land zu beinhalten, sodass ein defekter Wagen im Normalfall sehr kulant innerhalb von 24 Stunden ausgetauscht wird. Diesen Service schließen auch in den Nachbarländern angemietete Fahrzeuge der Firma AVIS ein, die bislang als einziger internationaler Anbieter über Gaborone und Maun hinaus in Botswana präsent ist. Bei größeren Pannen, technischen Defekten und Schäden durch Unfälle wird man zwangsläufig auch bei Fahrzeugen, die über lokale Firmen in den Nachbarländern angemietet wurden, einen **Ersatzwagen** bzw. einen qualifizierten Reparaturservice benötigen. Die Erfahrung zeigt, dass viele dieser Firmen sich in einem solchen Fall aus der Verantwortung zu stehlen versuchen und den Kunden unter Hinweis auf das Kleingedruckte im Mietvertrag weitgehend sei-

nem Schicksal überlassen. Es wird sogar erwartet, dass die Organisation eines Abschleppwagens und die Abwicklung erforderlicher Reparaturen vor Ort durch den Kunden erfolgen und von diesem auch vorfinanziert werden. Regelmäßig kommt es zum Streit über die Rückerstattung dieser Beträge. Daher sollte man sich in solche Fällen vorher (per Fax) eine schriftliche Autorisierung der Leihwagenfirma mit Finanzierungszusage geben lassen und die Rechnung an die Adresse der Leihwagenfirma zustellen lassen.

Campingsafari im Moremi WR

Ein Problem stellt auch dar, dass die Fahrzeuge lokaler Firmen bei Fahrten in die Nachbarländer **im Voraus bezahlt** werden müssen, da man den Wagen außer Landes bringt (internationale Leihwagenfirmen reservieren den entsprechenden Geldbetrag per Kreditkarte, buchen ihn aber erst bei der Fahrzeugrückgabe). Das Geld ist damit sozusagen verloren, wenn der Wagen innerhalb der vereinbarten Leihperiode unbrauchbar wird und kein Ersatzfahrzeug gestellt wird. Fast schlimmer noch wiegt der Verlust durch den Ruin wertvoller Urlaubstage. Als grobe Fahrlässigkeit (mit oftmals schwerwiegenden Folgen) ist die unterlassene Hilfestellung der Leihwagenfirma zu bewerten, wenn man in sehr abgelegenen Regionen strandet und sich aus dieser Situation nicht mehr mit eigener Kraft befreien kann. Sehr schlechte Erfahrungen wurden in diesem Zusammenhang mit der südafrikanischen Firma Compass Ventures aus Johannesburg gesammelt.

Neben dem generellen Zustand der Fahrzeuge sollte man vor der Vertragsunterzeichnung **einige technische Details sehr sorgfältig durchchecken** (siehe Kasten „Fahrzeugcheck"). Die zentrale Kalahari ist ein denkbar schlechter Ort, um festzustellen, dass der Allradantrieb nicht funktioniert oder kein Ersatz für den gerissenen Keilriemen vorhanden ist. Die Vorrüstung mit einem Zusatztank (sodass man insgesamt 125–150 Liter Tankvolumen hat), eine Verlagerung des Ansaugrohres für den Luftfilter nach oben („Safari Snor-

kel") zur sicheren Passage von Wasserquerungen und Schlammlöchern und eine Abspannung des Kühlergrills mit Gaze (um das Verstopfen der Kühllamellen durch Grassamen zu vermeiden) sollten unbedingt vorhanden sein. Zusätzlich sollten Stahlbügel für den Einsatz eines „High-lift Jack" angeschweißt sein.

Für die **allgemein hohen Mietpreise** (in der Regel zwischen 80 und 150 Euro pro Tag inkl. Versicherung und freien Kilometern) kann man derartige – in der Praxis erforderliche – Umrüstungen verlangen. Die Realität sieht allerdings häufig anders aus. Als Kunde sollten Sie nachdrücklich auf einer entsprechenden Nachbesserung vor Fahrtantritt bestehen. Eine detaillierte Checkliste für wichtige Ausrüstungsgegenstände und

Fahrzeugcheck bei Leihwagen

- Inspektion des Fahrzeugs auf vorbestehende Schäden, Beulen oder Kratzer
- Kontrolle von Tankfüllung, Batterie, Ölstand, Bremsflüssigkeit und Kühlflüssigkeit
- Funktioniert der Allradantrieb? Ist die Funktionsweise der vorderen Freilaufnaben klar?
- Gehen Kupplung und Schaltung sauber und leichtgängig?
- Sind zwei vollwertige Ersatzräder und ein Radmutterkreuz vorhanden?
- Wurde erklärt, wie man an das Ersatzrad unter dem Fahrzeug herankommt?
- Funktioniert der Wagenheber?
- Ist ein solides Abschleppseil bzw. ein Bergungsgurt mit Schäkeln vorhanden?
- Sind Starthilfekabel mit Klemmen vorhanden?
- Sind Hand- oder Elektrokompressor und Spaten vorhanden?
- Ist ein funktionierender „High-lift Jack" vorhanden?
- Funktionieren die Bremsen?
- Sind Lichtanlage und Lichtmaschine in Ordnung?
- Funktionieren Bremslichter und Blinker?
- Ist der Werkzeugkasten vollständig? Gibt es ein Fahrzeughandbuch?
- Sind genügend Reservekanister (bei einem 130-Liter-Tank zwei, sonst mindestens vier) vorhanden?
- Ist das Ersatzteilinventar vollständig?
- Sind ausreichende Reserven an Motoröl und Bremsflüssigkeit eingepackt?
- Geht die Klimaanlage?

Ersatzteile finden Sie im Kapitel „Wichtige Hinweise für Selbstfahrer" unter „Ausrüstung" bzw. „Ersatzteile". Es ist empfehlenswert, das bereitgestellte Ausrüstungs- und Ersatzteilinventar anhand derartiger Checklisten vor Fahrtantritt sorgfältig zu prüfen. Bei allen kleineren Unternehmen sollte man bei der Anmietung darauf bestehen, dass eine Bescheinigung der Vertragswerkstatt vorgelegt wird, dass der Wagen vor Fahrtantritt gründlich durchgesehen wurde und alle Mängel, die aus vorangegangenen Leihperioden resultieren, beseitigt wurden. Besser noch ist eine offizielle Bestätigung der Prüfstelle des südafrikanischen Automobilklubs AA (Automobile Association), der in Namibia und Simbabwe mit eigenständigen Niederlassungen vertreten ist, dass der Wagen in Ordnung ist.

Für die **Anmietung** eines Leihwagens in Botswana muss man 25 Jahre alt sein, einen Internationalen Führerschein (oder den nationalen Führerschein mit beglaubigter englischsprachiger Übersetzung) sowie einen gültigen Reisepass vorlegen und eine Kreditkarte (VISA, Mastercard, American Express oder Diners Club) besitzen. In Südafrika und Namibia reicht ein Alter von 23 Jahren. Abgerechnet wird in der jeweiligen Landeswährung. Man kann zwischen normalen Tarifen (gerechnet wird pro Tag und gefahrene Kilometer zzgl. Versicherungskosten) und Paketangeboten (z.B.

Auf dem Weg nach Dead Tree Island im Moremi Wildlife Reserve

eine Mindestleihperiode mit 300 Frei-kilometern pro Tag oder sogar unbe-grenzten Kilometern zzgl. Versiche-rungskosten) wählen. Hinzu kommen Spezialangebote für Urlauber. Einige Firmen bieten Fahrzeuge auch als kom-plett ausgestattete Campingfahrzeuge, genannt „Safari Camper" (z.B. mit 1–2 Dachzelten und umfangreicher Safari-ausrüstung), oder als allradgetriebenes Wohnmobil an. Eine **Vollkaskoversi-cherung** („Collision Damage Waiver") und eine **Diebstahlversicherung** („Theft Protection") müssen abge-schlossen werden, eine private Unfall-versicherung („Personal Accident Insu-rance") ist hingegen optional. Die Absi-cherung des Leihwagens mit einer 100% des Schadens abdeckenden Voll-kaskoversicherung ohne Eigenbeteili-gung ist in der Regel nur bei den inter-national operierenden Firmen möglich. Die Bezahlung von Leihwagen mit Bar-geld oder Reiseschecks (anstelle einer Kreditkarte) ist ungebräuchlich. Für die Rückgabe des Fahrzeugs abweichend vom Anmietungsort wird bei kleineren Firmen in der Regel eine Gebühr („Drop-off Fee") berechnet. Eine **Kau-tion** für die Eigenbeteiligung an Schä-den wird beim Anmieten einbehalten bzw. es muss ein entsprechender Kre-ditkartenbeleg unterschrieben werden. Hin und wieder kommt missbräuchli-ches Einlösen bzw. Einbehalten dieser Kautionen vor, z.B. „um Reinigungskos-ten abzudecken".

Vor dem Unterzeichnen des Mietver-trages sollten Sie sich diesen (auch das Kleingedruckte) aufmerksam durchle-sen und darauf achten, dass die genaue Kilometerzahl bei der Fahrzeugüberga-be vermerkt ist. Bereits vorbestehende Schäden, Beulen und Kratzer müssen im Mietvertrag als solche aufgelistet sein. Geklärt werden sollte darüber hin-aus, ob die Vollkaskoversicherung auch auf unbefestigten Straßen gilt und in-wieweit Schäden an den Rädern und an der Windschutzscheibe abgedeckt sind. Bei lokalen Firmen sollten folgen-de, wichtige Punkte zusätzlich schrift-lich festgehalten werden: Umfang der garantierten Ersatzleistungen im Repa-ratur- und Schadensfall (wird beispiels-weise ein Ersatzfahrzeug innerhalb von 24–48 Stunden gestellt?), Rückerstat-tung von nicht in Anspruch genomme-nen Leistungen bzw. Leihtagen, Finan-zierung von unterwegs erforderlichen Reparaturen und Ersatzteilen. Leider muss an dieser Stelle betont werden, dass viele kleine, zunächst sehr günstig erscheinende Anbieter auf dem wach-senden „4x4"-Markt im südlichen Afri-ka ihr Geschäft vor allem nach der Zau-berformel „Get rich in one month – open a 4x4 company" und ohne adä-quaten Kundenservice betreiben. Die meist nur gebraucht oder über Dritte gekaufte (oder geliehene!) Fahrzeug-flotte befindet sich aufgrund des Alters und mangelnder Wartung in unbefrie-digendem technischen Zustand, der ent-sprechende Wagenprobleme im Gelän-de nahezu automatisch nach sich zieht.

Eine **Schiedsstelle,** die die rasche Klärung („Mediation") finanzieller und technischer Diskordanzen zwischen dem Kunden und der Leihwagenfirma ermöglicht, existiert beim südafrikani-schen Automobilclub:

●**Automobile Association (AA) of South Africa,** Legal Department, Johannesburg/ South Africa, Tel. 011-7991000, Mobil 083-84322, Fax 011-7991111, Internet: www.aasa. co.za

Ein derartiges Vorgehen ist für ausländische Kunden in der Regel die einzige Möglichkeit, schnell Geld für nicht in Anspruch genommene Leistungen zurückerstattet zu bekommen, da viele Firmen im Streitfall die Schwächen des lokalen Justizsystems zu ihren Gunsten ausnutzen.

Die unten aufgeführten Firmen vermieten ihre Fahrzeuge für die Länder Südafrika, Botswana, Namibia, Lesotho, Swasiland, Simbabwe (und teilweise auch für Sambia bzw. Mosambik). Die **gebräuchlichsten Geländewagentypen** sind der in Südafrika hergestellte Toyota Hilux 4x4 (meist als „Double Cab" mit einer die Ladefläche überdachenden Stauraumzelle, genannt „Canopy", angeboten) und der größere Toyota Landcruiser 4x4. Fahrzeuge vom Typ Landrover (z.B. Landrover Defender Tdi) sind etwas weniger verbreitet.

International operierende Leihwagenfirmen

●**AVIS,** zentrale Reservierungsnummer (D): 01805-217702, Internet: www.avis.de
●**Budget,** zentrale Reservierungsnummer (D): 01805-217711, www.budget.de
●**Europcar,** zentrale Reservierungsnummer (D): 01805-8000, www.europcar.de
●**Hertz,** zentrale Reservierungsnummer (D): 01805-333535, www.hertz.de

Die „Big Four" sind in Südafrika, Namibia und Simbabwe vertreten. AVIS und Budget operieren auch in Botswana. Hertz plant den Aufbau eines Firmennetzes in Botswana. Im Heimatland gebuchte Fahrzeuge sind häufig zu günstigeren Tarifen erhältlich als bei der Anmietung vor Ort.

Leihwagenfirmen in Botswana

●**AVIS,** P.O. Box 790, Gaborone, Tel. 3913093, 3975469, Fax 3912205, E-Mail: botswanares@avis.co.za. Die Zentrale von AVIS befindet sich am Sir Seretse Khama International Airport in Gaborone, weitere Niederlassungen existieren in Maun (Tel. 6860039), Francistown (Tel. 2413901) und Kasane (Tel. 6250144). Ein Kleinwagen der Klasse C (z.B. Toyota Corolla) kostet umgerechnet 65 Euro pro Tag inkl. freier Kilometer und aller Versicherungskosten. Bei einer Mietdauer von mindestens 14 Tagen sinkt der Tagessatz auf 60 Euro. Einen Toyota Hilux 4x4 Double Cab bekommt man ab umgerechnet 110 Euro/Tag inkl. freier Kilometer und aller Versicherungskosten. Bei längeren Laufzeiten (ab 31 Tage) fallen die Preise nochmals um ca. 15%. Eine zusätzliche Versicherung beim Rettungsdienst MRI kann mit dem Mietvertrag abgeschlossen werden.
●**Budget Rent a Car,** Bag SK 5, Gaborone, Tel. 3902030, Fax 3902028, E-Mail: botswana @budget.co.za. In Gaborone, Maun und Francistown vertretene Niederlassung des internationalen Autovermieters.
●**Europcar/Imperial Car Hire,** P/Bag SK 10, Gaborone, Tel. 3902280, Fax 3909404, E-Mail: botswana@europcar.co.za. Botswanischer Ableger der südafrikanischen Mutterfirma mit ähnlichen Tarifen wie AVIS. Verleiht auch Geländewagen (Toyota Hilux 4x4 Double Cab).
●**Maun Self Drive 4x4 Hire,** P.O. Box 21387, Boseja, Maun, Botswana, Tel./Fax 6861875 (Office), Mobiltel. 71303788 oder 71697209, Internet: http://maunselfdrive4x4.webs.com. Neues Unternehmen, das moderne, voll ausgerüstete Allradfahrzeuge vom Typ Landrover Defender Tdi und Toyota Landcruiser (ab 130 Euro/Tag inkl. freier Kilometer und Versicherung) mit Safariausrüstung verleiht und auch geführte Self-Drive-Safaris in Botswana anbietet. Anmietung von Satellitentelefonen möglich. Auf der Internetseite gibt es ferner eine Tauschbörse für Camp-Site-Buchungen

in den Wildreservaten und Nationalparks sowie stetig aktualisierte Pisteninformationen für Selbstfahrer.

●**Safari Drive,** P.O. Box 11011, Palapye, Tel. 4923416, Fax 4922037, Internet: www.safari-drive.com. Sehr empfehlenswerte Firma mit Sitz in Großbritannien, die neben geführten Campingsafaris im südlichen Afrika auch bestens gewartete und exzellent ausgestattete Landrover vom Typ Defender für Individualreisende in Botswana mit und ohne Fahrer anbietet. Das Unternehmen unterhält eigene Basen und Ersatzteillager in Maun, Kasane, Victoria Falls und Windhoek. Ab 190 Euro pro Tag inkl. kompletter Ausrüstung, aller Versicherungen und freier Kilometer. Zusätzlich werden umfangreiche Hilfe bei der Buchung von Camp Sites in den Nationalparks und Wildreservaten beim DWNP sowie ein Verleih von Satellitentelefonen angeboten.

●**Self Drive Safaris,** Maun, Botswana, Tel. 6863755, Mobiltel. 71850711, Fax 6863754, Internet: www.selfdriveadventures.com. Neue Firma in Maun, die neben geführten Campingsafaris auch bestens gewartete und exzellent ausgestattete Toyota Landcruiser für Individualreisende in Botswana mit und ohne Fahrer anbietet, inkl. Navigationssystem. Das Unternehmen bietet einen landesweiten Back-up-Service innerhalb von 24 Std. an. Ab 130 Euro pro Tag inkl. kompletter Ausrüstung und freier Kilometer, zzgl. Vollkaskoversicherung. Zusätzlich werden umfangreiche Hilfe bei der Buchung von Camp Sites in den Nationalparks und Wildreservaten sowie ein Verleih von Satellitentelefonen angeboten. Rundum empfehlenswert.

Die genannten Firmen bieten zusätzlich auch **Führer und Fahrer** an. Lokale Firmen operieren bislang nur in Gaborone und verleihen keine 4x4-Geländewagen.

Campingausrüstungen können z.B. bei der Firma Kalahari Kanvas, P.O. Box 689, Tel. 6860568, Fax 6860035, E-Mail: kalkanvas@info.bw, in Maun geliehen werden.

Leihwagenfirmen in Südafrika

Neben den internationalen Firmen AVIS, Hertz, Budget und Europcar sowie lokalen Großanbietern wie Tempest (Internet: www.tempestcarhire.co.za) gibt es **viele kleinere Anbieter,** die sich auf Allradfahrzeuge und wohnmobilartige Camper spezialisiert haben. Leihwagen der Klasse C (z.B. Toyota Corolla) sind bei AVIS, Hertz oder Budget bereits ab umgerechnet 30 Euro/Tag inkl. 200 Freikilometer zzgl. 8 Euro Versicherung zu bekommen. AVIS, Hertz und Budget verleihen auch allradgetriebene Geländewagen (Toyota Hilux 4x4 Double Cab) ab 85 Euro inkl. 200 Freikilometer/Tag zzgl. 18 Euro Versicherung.

Folgende Firmen verleihen allradgetriebene Camper mit festem Aufbau oder mit Dachzelten ausgestattete Geländewagen:

●**AfriCamper 4x4 Rentals,** Trade Link Park, Unit 10, Potgieter Street, Somerset West, Tel. +27-21-854-5627, Fax +27-21-854-8167, Internet: www.africamper.com. Deutsch geführtes Unternehmen mit Sitz in Kapstadt sowie Fahrzeugdepots in Johannesburg, Windhoek und Durban. Angeboten werden voll ausgerüstete Allradwagen vom Typ Toyota Hilux bzw. Toyota Fortuner. Ab 90 Euro pro Tag inkl. Garmin-Navigationssystem und Vollkaskoversicherung mit 5000 ZAR Selbstbeteiligung.

●**Britz Africa,** Johannesburg, Tel. +27-11-396-1860, Fax +27-11-396-1937, Internet: www.britz.co.za. Im gesamten südlichen Afrika operierende Firma mit Niederlassungen in Johannesburg, Durban, Kapstadt, Windhoek, Harare und Victoria Falls. Relativ teuer, aber zuverlässig. Ein Toyota-Hilux-Geländewagen mit zwei Dachzelten, Campingausrüstung und exzellenter Ausstattung ist ab 120 Euro/Tag inkl. freie Kilometer zzgl. Versicherung zu bekommen.

●**Buffalo Campers,** P.O. Box 536, North Riding 2162, Johannesburg, Tel. +27-11-021-0385, Fax +27-86-606-4307, Internet: www.buffalo.co.za. Zuverlässiges Unternehmen, das Allrad-Fahrzeuge vom Typ Toyota Hilux 4x4 mit Dachzelten und Campingausrüstung sowie Camper verleiht.

●**Bushlore Self-drive Safaris,** Unit A5 Sanlam Industrial Park, Masjien Road, Strijdom Park, Randburg, Tel. +27-11-792-5300, Fax +27-11-792-3947, Internet: www.bushlore.com. Gut aufgestelltes südafrikanisches Unternehmen, das voll ausgestattete Allradcamper vom Typ Toyota Hilux, Toyota Landcruiser sowie Landrover Defender anbietet (ab 100 Euro pro Tag inkl. freier Kilometer zzgl. Versicherung).

● **Campers Corner Rentals,** P.O. Box 48191, 11 Mimosa Street, Randpark Ridge 2194, Johannesburg, Tel.+27-11-7933536, Fax +27-11-7915105, Internet: www.campers.co.za. Solide Firma mit ähnlichem Fahrzeugangebot wie Buffalo Campers.

● **4x4 Camper,** Jet Park in Kempton Park, Johannesburg, Tel. +27-82-8888-438, Internet: www.4x4camper.com. Solides Unternehmen mit Allradcampern vom Typ Toyota Hilux, Toyota Landcruiser 4.2 sowie Landrover Defender 110/130. Ab 100 Euro pro Tag inkl. freier Kilometer zzgl. Versicherung.

● **Kwenda Safaris,** Unit A5, Sanlam Industrial Park, Masjien Road, Strijdom Park, Randburg, Johannesburg, Tel. +27-44-533-5717, Fax +27-86-618-8521, Internet: www.kwendasafari.com oder www.kwenda.de. Solides Unternehmen, das moderne Allradfahrzeuge vom Typ Landrover Defender Tdi (ab 100 Euro/Tag inkl. freier Kilometer zzgl. Versicherung) mit Safariausrüstung verleiht und auch geführte Landrover-Safaris im südlichen Afrika anbietet.

● **Maui, Johannesburg,** Tel. +27-11-396-1445, Fax +27-11-396-1757, Internet: www.maui.co.za. Großes Unternehmen mit Niederlassungen in Südafrika, Namibia, Simbabwe und neuerdings auch in Botswana. Ein mit zwei Dachzelten ausgestatteter Toyota Hilux 4x4 Double Cab und Campingausrüstung ist ab 100 Euro/Tag inkl. freier Kilometer zzgl. Versicherung zu haben.

Während der Hauptreisezeit sind bei allen genannten Firmen **langfristige Reservierungen erforderlich.**

Leihwagenfirmen in Namibia

Außer den internationalen Firmen AVIS, Hertz, Budget und Europcar/Imperial Car Hire sowie der südafrikanischen Firma Tempest sind Britz Africa und Maui sowie das Unternehmen Bushlore in Namibia mit eigenen Fahrzeugdepots vertreten. Die „Big Four"

verleihen Wagen vom Typ Toyota Hilux 4x4 Double Cab ab 90 Euro/Tag inkl. Versicherung und freie Kilometer. Mehrere etablierte und empfehlenswerte lokale Unternehmen bieten Geländewagen und Camper an, z.B.:

● **ASCO Car Hire,** P.O. Box 40214, Windhoek, Tel. +264-61-377200, Fax +264-61-377203, Internet: www.ascocarhire.com. Deutsch geführtes Unternehmen, das als zuverlässig bekannt ist und innerhalb Namibias einen 24-Stunden-Vorortservice bietet. Ein Toyota Hilux 4x4 Double Cab mit kompletter Campingausrüstung kostet ab 120 Euro/Tag inkl. freier Kilometer und Versicherung.

● **Camping Car Hire,** P.O. Box 5526, 36 Joule Street, Windhoek, Tel. +264-61-237756, Fax +264-61-237757, Internet: www.camping-carhire.com. Empfehlenswertes Unternehmen. Ein mit zwei Dachzelten ausgestatteter Toyota Hilux 4x4 Double Cab und Campingausrüstung ist ab 110 Euro/Tag inkl. freier Kilometer zzgl. Versicherung zu haben.

● **Leopard Tours,** P.O. Box 90633, Windhoek, Tel. +264-61-236113, Fax +264-61-236111, Internet: www.leopardtours.com. Empfehlenswertes österreichisch geführtes Unternehmen. Allradgetriebene VW-Busse sind ab 130 Euro inkl. Versicherung und unbegrenzte Kilometer zu bekommen. Ein Toyota Hilux 4x4 Double Cab kostet ab 115 Euro/Tag inkl. freier Kilometer und Versicherung.

Das allgemeine Preisniveau von Leihwagen liegt in Namibia geringfügig über dem südafrikanischer Firmen.

Campingausrüstungen können z.B. bei Camping Hire Namibia, 78 Mose Tjitendero Street, Windhoek, Tel./Fax +264-61-252995, E-Mail: camping@iafrica.com.na, entliehen werden.

Buchtipp – Praxis-Ratgeber:
● Erich Witschi
**Unterkunft
und Mietwagen clever buchen**
(REISE KNOW-HOW Verlag)

Maße und Gewichte

Für Maße und Gewichte gilt das **metrische System.** Die früher üblichen britischen Einheiten werden nur noch selten benutzt – am ehesten noch die Längenmaße **Meile** (Mile) = 1,609 km und **Fuß** (Foot) = 30,44 cm sowie das Gewichtsmaß **Pfund** (Pound, abgekürzt lb) = 0,453 kg. Manchmal stolpert man auch noch über Temperaturangaben in **Fahrenheit** (F). Die Umrechnung der Fahrenheit-Skala auf die übliche Celsius-Skala (C) setzt gutes Kopfrechnen voraus: °F minus 32, das Ergebnis dann durch neun teilen und mal fünf nehmen. Beispielsweise entsprechen 68°F genau 20°C.

Medien

Printmedien

Das Angebot an **Tageszeitungen** ist dürftig und beschränkt sich abgesehen von den botswanischen Daily News im wesentlichen auf südafrikanische Blätter, die in Gaborone am Tag ihres Erscheinens erhältlich sind. Einem qualitativen Vergleich mit großen europäischen Tageszeitungen sind diese Gazetten nicht gewachsen.

● **Dikgang Tsa Gompieno (Daily News),** www.dailynews.gov.bw. Täglich erscheinendes, vom botswanischen Department of Information and Broadcasting herausgegebenes Nachrichtenblatt. In Englisch und Setswana. Lokaler Charakter. Auflage ca. 50.000.

● **The Star,** www.thestar.co.za. Große unabhängige südafrikanische Tageszeitung aus Johannesburg, abschnittsweise mit dem Charakter eines Boulevardblattes.
● **Business Day,** www.businessday.co.za. Unabhängige südafrikanische Tageszeitung mit dem Schwerpunkt auf Wirtschaft.
● **The Citizen,** www.citizen.co.za. Unabhängige südafrikanische Tageszeitung aus Johannesburg, einfacher strukturiert als der Star.

Das Spektrum der **Wochenzeitungen** ist etwas breiter, jedoch sollte man auch hier keinen hochwertigen, kritischen Journalismus europäischen Standards mit entsprechender Aufbereitung internationaler Nachrichten erwarten. Lesenswert, durchaus interessant und informativ sind der botswanische Mmegi – The Reporter und das südafrikanische Wochenblatt Mail & Guardian.

● **Botswana Guardian,** www.botswanaguardian.co.bw. Populäre unabhängige Wochenzeitung mit kritischer lokaler Berichterstattung. Auflage ca. 20.500.
● **Mmegi – The Reporter,** www.mmegi.bw. Die wohl kritischste und beste unabhängige Zeitung in Botswana. In Englisch und Setswana. Auflage ca. 27.000.
● **Kutlwano,** staatliche Wochenzeitung, veröffentlicht durch das Department of Information and Broadcasting. In Englisch und Setswana. Lokaler Charakter. Auflage ca. 24.000.
● **Botswana Gazette,** www.gazettebw.com. Unabhängige Wochenzeitung. Lokaler, zahmer Charakter. Auflage ca. 16.000.
● **Midweek Sun,** www.news.co.bw. Unabhängige Wochenzeitung. Auflage ca. 17.000.
● **Mail & Guardian,** www.mg.co.za. Unabhängige, kritische südafrikanische Wochenzeitung mit hohem journalistischem Anspruch. Enthält eine gekürzte Version der internationalen Wochenausgabe des britischen Guardian.
● **New Nation,** www.newnation.org. Südafrikanische Wochenzeitung.

Lokale Blätter sind der touristisch orientierte Botswana Advertiser (in Geschäften und Hotels), die Ngami Times (in und um Maun), der Central Advertiser (in Ostbotswana), der Northern Advertiser (in Francistown) sowie das Blatt Phikwe Bugle (in Selebi-Phikwe). **Internationale Zeitungen und Magazine** wie Newsweek oder Time findet man vor allem in Gaborone. Recht interessant sind **afrikanische Monatszeitschriften** wie African Business, New African oder Africa und das vierteljährlich von der britischen BBC herausgegebene Magazin Focus on Africa.

Rundfunk

● **Radio Botswana,** www.botswanaradio.com. Staatlicher Sender, zwei Kanäle. RB1 sendet in Setswana und auf Englisch und bringt eine Mischung aus Nachrichten, staatlichen Verlautbarungen, Bildung und Musik. RB2 sendet vor allem Musik.

Neben dem staatlichen Sender Radio Botswana sind inzwischen mehrere private Sender (z.B. Yarona FM, Gabz FM) zu empfangen. Je nach Grenzregion kann man auch südafrikanische, namibische, sambische oder simbabwische Sender hereinbekommen. Wer über Kurzwellenempfang verfügt, kann die internationalen Programme von BBC World, Voice of America (VOA) und der Deutschen Welle empfangen.

Fernsehen

● **Gaborone Television (GTV),** kommerzieller Sender aus Gaborone, der nur im Großraum Gaborone zu empfangen ist.

Inzwischen ist landesweit der staatliche Fernsehsender **Botswana Television** (BTV) zu empfangen. **Satellitenfernsehen** ist in Botswana weit verbreitet. In Grenznähe zu Südafrika sind die Programme des staatlichen südafrikanischen Senders SABC, BOP TV und der Privatsender M-Net (mit entsprechendem Decoder) zu empfangen.

Nationalparks und Wildreservate

Grundsätzliches zu den Schutzgebieten

Die Schutzgebiete Botswanas lassen sich in National Parks, Game Reserves, und ein Wildlife Reserve unterteilen. Hinzu kommen kleinere Reservate wie das Mokolodi Nature Reserve bei Gaborone und private Schutzgebiete, die den genannten Hauptkategorien nicht zuzuordnen sind. Forest Reserves dienen in erster Linie dem Schutz von Wald- bzw. Holzressourcen. Nationalparks und Wildreservate unterstehen der botswanischen **Wildschutzbehörde DWNP** (Department of Wildlife and National Parks), die eine Abteilung des Ministeriums für Handel und Industrie (Ministry of Commerce and Industry) bildet. Alle Reservate sind ganzjährig

Dead Tree Island
(Moremi Wildlife Reserve)

geöffnet. Die Flankierung der Schutzgebiete durch sogenannte **„Wildlife Management Areas"** (WMA), die jedoch nur einen lose umrissenen Schutzstatus festschreiben, schafft Pufferzonen zum besiedelten Raum.

National Parks (NP)

Dies ist die höchste Schutzkategorie. **Nur großräumige Gebiete** in sehr ursprünglichem Zustand kommen dafür in Frage. Der Charakter dieser Gebiete darf vom Menschen nicht verändert werden, daher sind Besiedlung und Nutzung verboten. Die Erschließung für die Öffentlichkeit ist auf bestimmte Regionen begrenzt, um vom Menschen unbeeinflusste, ausgedehnte Rückzugsgebiete für Tier- und Pflanzenwelt zu erhalten. Botswana besitzt derzeit **vier Nationalparks: Chobe National Park, Makgadikgadi Pans National Park, Nxai Pan National Park** und **Kgalagadi Transfrontier National Park** (gemeinsam mit Südafrika).

Der botswanische Teil des grenzüberschreitenden Kgalagadi Transfrontier National Park (ehemals Gemsbok NP) enthält die früher als eigenständiges Game Reserve geführte Mabuasehube-Sektion. Die Nationalparks Nxai Pan und Makgadikgadi Pans werden gemeinsam verwaltet.

Praktische Tipps A–Z

bo-191 Foto: cd

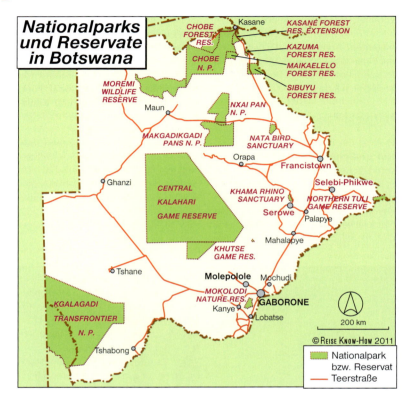

Nationalparks und Reservate in Botswana

CHOBE FOREST RES.

Kasane

KASANE FOREST RES. EXTENSION

KAZUMA FOREST RES.

CHOBE N. P.

MAIKAELELO FOREST RES.

MOREMI WILDLIFE RESERVE

SIBUYU FOREST RES.

Maun

NXAI PAN N. P.

MAKGADIKGADI PANS N. P.

NATA BIRD SANCTUARY

Orapa

Francistown

Ghanzi

CENTRAL KALAHARI GAME RESERVE

Selebi-Phikwe

KHAMA RHINO SANCTUARY

NORTHERN TULI GAME RESERVE

Serowe

Palapye

Mahalapye

KHUTSE GAME RES.

Tshane

Molepolole

Mochudi

MOKOLODI NATURE RES.

GABORONE

KGALAGADI TRANSFRONTIER N. P.

Kanye

Lobatse

200 km

Tshabong

© REISE KNOW-HOW 2011

Nationalpark bzw. Reservat

Teerstraße

Game Reserves (GR)

Auch hier steht das Wohl von Landschaft, Fauna und Flora im Vordergrund. Menschliche Nutzung ist erlaubt (z.B. Jagen), aber genehmigungspflichtig. Eine Pufferfunktion für angrenzende Nationalparks, wie in anderen afrikanischen Ländern (z.B. in Tansania oder Uganda), besitzen die botswanischen Reservate nicht. Derzeit gibt es **fünf Game Reserves: Central Kalahari** **Game Reserve (CKGR), Khutse Game Reserve, Manyelanong Game Reserve, Gaborone Game Reserve** und **Maun Game Reserve.**

Während es sich bei den benachbart liegenden Reservaten CKGR und Khutse GR mit zusammen 55.390 km² Fläche (das entspricht nahezu der doppelten Fläche Belgiens) um einen der größten zusammenhängenden Naturschutzräume überhaupt handelt, verfolgt die Errichtung der übrigen Reservate andere Ziele. Das winzige Manyelanong GR bei Otse südlich von Gaborone dient der Sicherung einer großen Brutkolonie des Kapgeiers. Das 5,5 km² große Gaborone GR und das nur ca. 3 km² große Maun GR wurden vor allem unter dem Gesichtspunkt der Umwelt- und Naturerziehung („Wildlife Education") geschaffen. Es wird dort nur eine geringe Eintrittsgebühr erhoben. Eine ähnliche Planung existiert für ein kleines Game Reserve bei Francistown.

Moremi Wildlife Reserve (Moremi WR)

Einen **Sonderstatus** unter den Wildschutzgebieten besitzt das Moremi Wildlife Reserve, dessen 1963 erfolgte Verkündung durch den Grundeigentümer, den Stamm der Batawana, eine bedeutende historische Landmarke im afrikanischen Tribalismus darstellt, dessen Geschichte sonst vor allem von Auseinandersetzungen und Kriegen geprägt wird. Die Batawana versuchten auf diese Weise, ihre traditionellen Jagdgründe im Okavango-Delta zu sichern und ihren Wildreichtum auch kommenden Generationen zu erhalten. Heute wird das Moremi Wildlife Reserve von der staatlichen Wildschutzbehörde DWNP verwaltet.

Kleinere Reservate

Neben den genannten Nationalparks und Wildreservaten existieren mehrere kleine Schutzgebiete in Botswana: **Khama Rhino Sanctuary, Mokolodi Nature Reserve** und **Nata Bird Sanctuary.**

Das 1992 gegründete Khama Rhino Sanctuary dient der Überwachung und Vermehrung des nur noch wenige Tiere umfassenden botswanischen Nashornbestandes. Das Mokolodi Nature Reserve bei Gaborone wurde 1994 von der Mokolodi Wildlife Foundation gegründet, um typische Tiere und Pflanzen des südöstlichen Botswanas zu schützen, Umwelterziehung zu ermöglichen und einen Beitrag zum Wiederaufbau des botswanischen Nashornbestandes zu leisten. Das Nata Bird Sanctuary wurde 1992 vom Nata Conservation Committee mit Unterstützung der Kalahari Conservation Society gegründet, um ein Rückzugsgebiet für die reichhaltige Vogelwelt der Makgadikgadi Pans zu schaffen. Die involvierten Gemeinden stellten dafür Land zur Verfügung.

Private Reservate

Im Gebiet des Tuli-Blocks im äußersten Osten Botswanas existieren mehrere private Wildreservate. Durch Gebietsaufkäufe und Zusammenschluss kleinerer Privatländereien wurden u.a. zwei Reservate mit Flächen von 300 bzw. 78 km² geformt: **Mashatu Game Reserve** und **Tuli Game Reserve.**

Der Besuch dieser Reservate ist an Übernachtungen in den privaten Safaricamps von Mashatu bzw. in der Tuli Safari Lodge gebunden. Eine zusätzliche Eintrittsgebühr wird nicht erhoben.

Forest Reserves (FR)

Diese werden durch die Forstbehörde verwaltet und umfassen fast alle Restwaldflächen Nordostbotswanas, die keinen anderen Schutzstatus genießen. Sie dienen der **Sicherung zusammenhängender Waldressourcen.** Die Nutzung dieser Ressourcen ist erlaubt, aber genehmigungspflichtig. Im Bereich des

Bürokratie in Botswana – eine persönliche Anmerkung des Autors

In der ersten Auflage dieses Buches hieß es an dieser Stelle noch: „Die Deutschen mögen die Bürokratie erfunden haben – die botswanische Wildschutzbehörde DWNP hat sie erst perfektioniert. Das Buchen von Camp Sites in Botswanas Nationalparks und Wildschutzgebieten von Europa aus ist extrem aufwendig, und Rückerstattungen geleisteter Vorauszahlungen bleiben nicht selten im Bürokratie-Dschungel hängen."

Inzwischen hat sich die Situation etwas zum Positiven verändert. **Buchungsanfragen,** die direkt an die Reservierungsbüros des DWNP gerichtet sind, werden in der Regel prompt beantwortet. Die Zusendung der provisorischen Buchungsbelege erfolgt relativ unkompliziert per Fax, Vorauszahlungen können bequem per Kreditkarte entrichtet werden. Seit 2009 müssen alle Camp

Sites in den botswanischen Nationalparks und Wildreservaten vorab fest über die DWNP-Büros oder den jeweiligen privaten Betreiber gebucht werden, und auch die Eintrittsgebühren müssen vorab an das DWNP entrichtet werden. Dies ist vor allem während der Haupttreisemonate Mai bis Oktober und über Weihnachten/Neujahr bzw. Ostern langfristig im Voraus erforderlich, und zwar in erster Linie für die populärsten Schutzgebiete Chobe NP und Moremi WR. In den übrigen Reservaten sind Vorabbuchungen außerhalb der Haupttreisezeiten auch kurzfristiger (also wenige Wochen im Voraus) möglich.

Wer keine feste Buchung mit Beleg über die bereits erfolgte Bezahlung vorweisen kann, wird an den jeweiligen Zufahrtstoren („Gates") grundsätzlich abgewiesen. Allein am Sedudu Gate des Chobe NP sowie am Two Rivers Gate im KTNP besteht die Möglichkeit, als **Tagesbesucher** (am besten frühmorgens, spätestens jedoch bis 12 Uhr) eingelassen zu werden (vor Ort am Gate lässt sich zumindest im KTNP mit etwas Verhandlungsgeschick auch noch ein Camp Site für den Besuchstag organisieren).

Der Arbeitsstil der Wildschutzbehörde DWNP gab in den letzten Jahren nicht immer zu Freudentänzen Anlass. Immer wieder wurde von **Schlamperei, Ignoranz und sogar Arroganz** berichtet. Buchungsanfragen wurden bisweilen spät oder gar nicht beantwortet, Reisende fanden andere Fahrzeuge mit legitimer Buchung auf einem bereits mehrere Monate vorher reservierten Camp Site wieder, und die Hilfsbereitschaft der Beamten und Wildhüter vor Ort gegenüber enttäuschten Touristen ohne Camp-Site-Vorausbuchung ließ zu wünschen übrig. Hier hat entsprechende Kritik of-

bo11_063 Foto: cl

fensichtlich gewisse Verbesserungen gebracht. In den vergangenen Jahren habe ich die DWNP-Mitarbeiter meist höflich und kooperativ erlebt, Buchungsanfragen wurden in der Regel prompt und korrekt beantwortet. Zudem werden für die Bezahlung der Eintritts-, Camping- und Fahrzeuggebühren inzwischen auch Kreditkarten und ausländische Währungen (US-$, Euro, Südafrikanische Rand, Britische Pfund) in bar (keine Münzen) oder als Traveller Cheque akzeptiert, auch wenn die dafür verwendeten Wechselkurse nicht immer die kundenfreundlichsten sind.

Sehr viel schlimmer geworden ist der **Ärger mit den Camp Sites,** die oftmals durch ungenutzte (beim DWNP z.T. nur handschriftlich vorgenommene) Reservierungen blockiert werden oder manchmal aus Versehen überbelegt werden. In ein komplettes Chaos gestürzt wurde dieses ohnehin unzureichende System durch die im Jahr 2009 angelaufene **Privatisierung** der Camp Sites. Auch bei Drucklegung dieser Buchauflage Anfang 2011 war für manche Camp Sites nicht eindeutig klar, welcher private Betreiber mit welcher Buchungsinfrastruktur längerfristig zuständig sein wird. Ein zentrales computergesteuertes Buchungssystem, das anbieterübergreifend arbeitet und auch kurzfristige Absagen mit erfasst, würde hier sicherlich Abhilfe schaffen. Es steht zu befürchten, dass das 2009 und 2010 allgegenwärtige Bild wütend und frustriert in die DWNP-Büros in Maun bzw. Gaborone stapfender Individualtouristen in den kommenden Jahren weiter zur Tagesordnung gehören wird und der Individualtourismus in Botswanas Nationalparks und Wildreservaten ob dieser Behinderungen weiter ausgetrocknet wird.

Chobe National Park besitzen die angrenzenden Forest Reserves eine gewisse Pufferfunktion zwischen Nationalpark und Siedlungsfläche. Folgende Forest Reserves sind derzeit ausgewiesen: **Chobe Forest Reserve, Kasane Forest Reserve, Kazuma Forest Reserve, Maikaelelo Forest Reserve** und **Sibuyu Forest Reserve.**

Buchung von Nationalparks und Wildreservaten

Individuelles Reisen in die nördlichen Nationalparks und Wildreservate wird seit 1995 über ein die Besucherzahl beschränkendes, **zentrales Reservierungssystem** gesteuert, dem auch die Anbieter mobiler Campingsafaris unterliegen. Sie treten damit in direkte Konkurrenz um **Besuchsgenehmigungen („Permits")** mit Individualreisenden. Diese limitierten Permits in Form von Campingplatzbuchungen müssen bis zu 12 Monate im Voraus erworben werden und werden für attraktive Gebiete wie Moremi oder Chobe während der Hauptreisezeit bereits viele Monate vorher vergeben (vor allem an Safariveranstalter). Im Reiseteil werden die jeweils verfügbaren Stellplätze pro Camp Site genannt. **Jeder Stellplatz kann mit zwei, manchmal auch mit drei Fahrzeugen genutzt werden.** 1998 wurden auch die südlichen Schutzgebiete und das Central Kalahari Game Reserve fest in das zentrale Reservierungssystem eingegliedert. Bei Vorlage eines gültigen Camping-Permits wird an den Zufahrtstoren der Reservate eine **Einlassgenehmigung** erteilt. Die Eintrittsgebühren müssen stets vorab bezahlt werden. Die endgültige Besuchsgenehmigung wird am Park Gate ausgestellt.

Buchungen für die nördlichen Reservate (Chobe NP, Moremi WR, Nxai Pan NP, Makgadikgadi Pans NP) sollten über das Reservierungsbüro der Wildschutzbehörde DWNP in Maun vorgenommen werden:
- **Parks and Reserves Reservation Office,** P.O. Box 20364, Boseja (neben der Polizeistation), Maun, Botswana, Tel. +267-6861265 oder 6860368, Fax +267-6860053. Das Büro ist täglich geöffnet: Mo–Sa 7.30 bis 12.45 Uhr und 13.45 bis 16.30 Uhr, So (und an Feiertagen) 7.30 bis 12 Uhr.

Buchungen für die südlichen Reservate (Central Kalahari GR, Khutse GR, Kgalagadi Transfrontier NP mit Mabuasehube-Sektion) sollten vorrangig an das Reservierungsbüro der Wildschutzbehörde DWNP in Gaborone gerichtet sein:
- **Parks and Reserves Reservation Office,** P.O. Box 131, Kgale Millenium Park (gegenüber der Game City Shopping Mall), Gaborone, Botswana, Tel. +267-3971405 oder 3180774, Fax +267-3912354 oder 3180775, E-Mail: dwnp@gov.bw oder dwnp.parrogabs @gov.bw. Öffnungszeiten: Mo–Sa 7.30 bis 12.45 Uhr und 13.45 bis 16.30 Uhr.

Buchungen können **schriftlich, per Fax, per E-Mail, telefonisch oder natürlich persönlich** vorgenommen werden. Es sind die genannten Reservierungsbüros in Maun und Gaborone zu kontaktieren. Für eine Buchung sind folgende **Angaben** notwendig: Name des Reservats, Name des gewünschten Camp Site, Datum von An- und Abreise, Anzahl der Personen, Angabe des Status der Personen („Non-Resident" oder „Resident", siehe Gebührenübersicht) und das Zulassungsland des zu benutzenden Fahrzeugs. Unbedingt sollte eine Faxnummer zur Rückantwort angegeben werden. Bei erfolgter Reservierung erhält man dann einen provisorischen Buchungsbeleg zugefaxt (oder alternativ postalisch zugestellt) und wird gebeten, die Campinggebühr sowie die Eintrittsgebühr

im Voraus (per Kreditkarte, alternativ per Auslandsüberweisung) zu bezahlen. In der oberen rechten Ecke des Bestätigungsbelegs wird ein Referenzcode („Reference Number") angegeben, der Grundlage aller weiteren Korrespondenz ist und stets angegeben werden muss. Der Buchungsbeleg muss am Zufahrtstor („Gate") des jeweiligen Reservats präsentiert werden. Dort wird dann eine endgültige Besuchsgenehmigung gewährt. Die bis 2009 praktizierte Bezahlung der Eintritts- und Fahrzeuggebühren am Gate in bar ist nicht mehr üblich.

Individualreisende, die relativ kurzfristig buchen, können die Zahlung der Eintrittsgebühren neben den genannten Büros in Maun bzw. Gaborone seit 2009 auch an einem der sog. „Centralized Pay Points" des DWNP leisten, wobei es sich um nichts anderes als dazu „geadelte", schon vorhandene Außenstellen des DWNP handelt:

Centralized Pay Points des DWNP:
- **Francistown,** Ntshe House (gegenüber der Cresta Thapama Lodge), P/Bag 167, Francistown, Tel. 2412367, Fax 2410510
- **Ghanzi,** Ortszentrum, P.O. Box 48, Ghanzi, Tel. 6596323/4, Fax 6596466
- **Kang,** Ortszentrum, P.O. Box 97, Kang, Tel. 6517036, Fax 6517282
- **Kasane,** Sedudu Gate des Chobe NP, P.O. Box 17, Kasane, Tel. 6250486 oder 6250235, Fax 6251623
- **Letlhakane,** Rural Administration Centre (RAC, gegenüber dem Spar-Supermarkt), P/Bag 33, Letlhakane, Tel. 2976866, Fax 2976358
- **Tshabong,** Ortszentrum, P.O. Box 4, Tshabong, Tel. 6540280, Fax 6540221

Alle genannten Pay Points sowie die Reservierungsbüros in Maun und Gaborone sollen lt. Angaben des DWNP inzwischen (Anfang 2011) auch spezielle **Bezahlautomaten für Kreditkarten** (VISA und MasterCard) vorhalten. Die Wildhüter an den Pay Points sind dazu angehalten, Touristen bei Parkreservierungen behilflich zu sein, müssen dazu aber bislang noch immer extra mit Maun bzw. Gaborone Rücksprache halten. Die Öffnungs-

Praktische Tipps A–Z

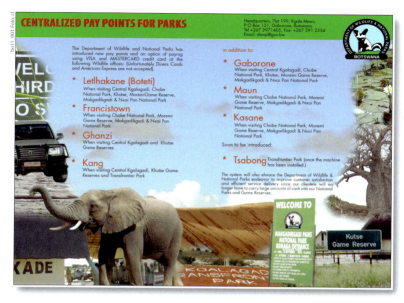

CENTRALIZED PAY POINTS FOR PARKS

Headquarters, Plot 199, Kgale Mews,
P O Box 131, Gaborone, Botswana
Tel +267 3971405, Fax: +267 391 2354
Email: dwnp@gov.bw

The Department of Wildlife and National Parks has introduced new pay points and an option of paying at the following Wildlife offices: (Unfortunately Diners Cards and American Express are not accepted).

in addition to:

Gaborone
When visiting Central Kgalagadi, Chobe National Park, Khutse, Moremi Game Reserve, Makgadikgadi & Nxai Pan National Park

Maun
When visiting Chobe National Park, Moremi Game Reserve, Makgadikgadi & Nxai Pan National Park

Letlhakane (Boteti)
When visiting Central Kgalagadi, Chobe National Park, Khutse, Moremi Game Reserve, Makgadikgadi & Nxai Pan National Park

Francistown
When visiting Chobe National Park, Moremi Game Reserve, Makgadikgadi & Nxai Pan National Park

Ghanzi
When visiting Central Kgalagadi and Khutse Game Reserves

Kasane
When visiting Chobe National Park, Moremi Game Reserve, Makgadikgadi & Nxai Pan National Park

Soon to be introduced:

Kang
When visiting Central Kgalagadi, Khutse Game Reserves and Transfrontier Park

Tsabong Transfrontier Park (once the machine has been installed.)

The system will also ehnace the Department of Wildlife & National Parks endeavor to improve customer satisfaction and efficient service delivery since our clientele will no longer have to carry large amounts of cash into our National Parks and Game Reserves.

WELCOME TO
MAKGADIKGADI PANS
NATIONAL PARKS
KUMAGA ENTRANCE

Kutse
Game Reserve

---

zeiten der Pay Points entsprechen denen des Büros in Gaborone.

Während der Hauptreisezeit von Mai bis Oktober und von Dezember bis Mitte Januar (südafrikanische Sommerferien) sowie über Ostern sollte man alle Camp Sites möglichst **langfristig vorher buchen.** Ohne gültiges Permit wird man konsequent an den Zugangstoren der Reservate („Gates") abgewiesen, dies gilt insbesondere für die beiden populärsten Reservate Chobe NP und Moremi WR. Allein am Sedudu Gate des Chobe NP sowie am Two Rivers Gate im Kgalagadi Transfrontier NP besteht die Möglichkeit, als Tagesbesucher (am besten frühmorgens, spätestens jedoch bis 12 Uhr) eingelassen zu werden.

Allgemein gilt es vor allem, sich den **DWNP-Beamten** gegenüber in Geduld, Höflichkeit und Verhandlungsgeschick zu üben und bei allem Frust nicht die Beherrschung zu verlieren.

Achtung: 2009 hat das DWNP damit begonnen, die meisten seiner Camp Sites in den Nationalparks und Wildreservaten zu **privatisieren,** womit das **Reservierungssystem** nochmals deutlich **komplizierter** geworden ist. Bei Drucklegung dieser Buchauflage Anfang 2011 unterstand ein Teil der Camp Sites weiter dem DWNP und musste wie oben beschrieben gebucht werden. Die bereits privatisierten Plätze müssen auf gleiche Weise direkt über den zuständigen Betreiber vorab reserviert werden. Bislang sind folgende **botswanische Anbieter** aktiv:

Khutse GR und Central Kalahari GR:

● **Bigfoot Tours,** P.O. Box 45324, Plot No. 2930, Pudulogo Crescent, Extension 10, Gaborone, Tel. 3953360, Mobil 73555573, Internet: www.bigfoottours.co.bw. Buchungen sollten bevorzugt über die Internet-Plattform www.simplybotswana.com bzw. über die Mail-Adressen info@simplybotswana.com oder sales@simplybotswana.com abgewickelt werden. Alle Camp Sites im Khutse GR und zahlreiche Camp Sites im CKGR (Piper's Pan, Sunday Pan, Letiahau, Passarge Valley, Lekhubu und Motopi Pan) wurden 2009 langfristig an diesen Betreiber übergeben. Bigfoot Tours hat hier bereits die Campinggebühr von 30 Pula auf 150 Pula (ca. 16 Euro) pro Person und Tag (Stand 2010) erhöht. Die Parkeintrittsgebühren müssen unverändert vorab direkt an das DWNP entrichtet werden. Die Buchungsabwicklung verläuft ähnlich wie beim DWNP, jedoch werden Auslandsüberweisungen gegenüber Kreditkarten bevorzugt.

Moremi WR (Third Bridge und Wilderness Islands Sites) und Nxai Pan NP:

●**Xomae Group,** P.O. Box 1212, Maun, Tel. 6862221, Mobil 73862221, Fax 6862262, Internet: www.xomaesites.com. Das Büro in Maun liegt etwas versteckt am Flughafen hinter dem Gebäude von Okavango Wilderness Safaris. Die Xomae Group ist seit 2009 Agent für den Nxai Pan NP (inkl. Baines Baobabs), den Third Bridge Camp Site und die sog. Wilderness Sites im Moremi WR. Die Campinggebühr mit Ausnahme der Wilderness Sites (Übernachtung auf Inseln im Rahmen von Mokoro-Touren) wurde von 30 Pula auf 150 Pula (ca. 16 Euro) pro Person und Tag (Stand 2010) erhöht. Für die Wilderness Sites sind stolze 400 Pula (ca. 43 Euro) zu bezahlen. Eine getätigte Buchung ist bis sechs Wochen vor Reisedatum zu bezahlen (per VISA-Karte oder Auslandsüberweisung). Es gibt keine Kostenerstattung bei Stornierung, die Buchung kann jedoch bis zu Jahr verschoben werden. Die Parkeintrittsgebühren müssen unverändert vorab direkt an das DWNP entrichtet werden.

Moremi WR (Khwai/North Gate) und Chobe NP (Savuti, Linyanti):

●**SKL Camps Botswana,** P.O. Box 1860, Boseja, Maun, Tel. 6865365 oder 6865366, Fax 6865367, Internet: www.sklcamps.com. Der Betreiber der Camp Sites Savuti, Linyanti (Chobe NP) und Khwai/North Gate (Moremi WR) hat sein Büro in der Mathiba I Road unweit des Flughafens. Die verlangten Preise sind gesalzen: Camping kostet 50 US-$ pro Person und Nacht, für Kinder von 8 bis 17 Jahren die Hälfte, für Kinder unter 8 Jahren sind 10 US-$ zu zahlen. Pro Stellplatz werden bis zu drei Fahrzeuge und max. sechs Personen akzeptiert. Eine getätigte Buchung muss bis sechs Wochen vor Reisedatum bezahlt werden (akzeptiert wird nur Auslandsüberweisung). Die Eintrittsgebühren müssen separat beim DWNP bezahlt werden.

Moremi WR (Maqwee/South Gate sowie Xakanaxa) und Chobe NP (Ihaha):

●**Kwalate Safaris,** Maun, Tel./Fax 6861448, Mobil 71308283, E-Mail: kwalatesafari@gmail.com. Kwalate Safaris ist seit Juni 2010 mit vorerst einjähriger Vertragsdauer Agent für die Camps Ihaha (Chobe NP) und Maqwee/South Gate bzw. Xakanaxa (Moremi WR). Die verlangten Preise sind ebenfalls happig: Camping kostet 210 Pula (ca. 23 Euro) pro Person und Nacht, für Kinder von 8 bis 17 Jahre, Kinder unter 8 Jahren sind frei. Eine getätigte Buchung muss bis sechs Wochen vor Reisedatum bezahlt werden (akzeptiert wird nur Auslandsüberweisung). Die Eintrittsgebühren müssen separat beim DWNP bezahlt werden. Kwalate Safaris versuchte Ende 2010 – trotz des zunächst nur einjährigen Pachtvertrages –, an den oben genannten Camp Sites zusätzlich zum normalen Selbstversorger-Camping die Übernachtung in dauerhaft errichteten Safarizelten anzubieten.

Zu hoffen ist, dass sich durch die Privatisierung endlich auch der Zustand der oftmals in erbärmlichem Zustand befindlichen (sanitären) Anlagen dauerhaft verbessert. Von weiteren deutlichen Preiserhöhungen für Campingübernachtungen ist auszugehen. Auch für bislang nicht vergebene Campingplätze, z.B. im Makgadikgadi Pans NP und im KTNP, sucht das DWNP offensichtlich Investoren. Diese Camp Sites werden jedoch bis auf Weiteres vom DWNP verwaltet.

Eintrittspreise und Gebühren

Im Jahr 2000 wurden die relativ hohen Eintritts- und Übernachtungsgebühren für Nationalparks und Wildreservate für ausländi-

Gebühren (in Pula/2011) für Nationalparks u. Wildreservate

Eintrittsgebühren/Tag	Non-Resident	Resident	Citizen
Erwachsene (ab 16 Jahre)	120	30	10
Kinder (8–15 Jahre)	60	15	5
Kleinkinder (bis 7 Jahre)	frei	frei	frei

Alle Eintrittsgebühren müssen vorab entrichtet werden. Die am Park Gate bei Vorlage der erforderlichen Unterlagen (Reservierungen, Quittungen über bezahlte Parkgebühren) ausgestellte Besuchsgenehmigung ist bis um 11 Uhr am Morgen des Folgetages gültig (wer also am 23. des Monats den Park betritt und für zwei Tage bezahlt hat, muss ihn spätestens bis zum 25. um 11 Uhr wieder verlassen). **Die folgenden Gebühren sind nur für die vom DWNP geführten Camp Sites gültig.**

Campinggebühren/Nacht	Non-Resident	Resident	Citizen
Erwachsene (ab 16 Jahre)	30	20	5
Kinder (8–15 Jahre)	15	10	2,50
Kleinkinder (bis 7 Jahre)	frei	frei	frei

Alle Camp Sites müssen bis 17.30 Uhr belegt werden. Nach diesem Zeitpunkt verfällt die Buchung und der Camp Site kann anderen Parteien überlassen werden. Eine Rückerstattung dadurch verfallener Zahlungen ist nicht möglich.

Fahrzeuggebühren/Tag
mit botswanischer Registrierung: 10
mit ausländischer Registrierung: 50
Fahrzeuge von Reiseunternehmen: 1500 (jährlich)
Fahrzeuge mit einem Gesamtgewicht von mehr als 3,5 t: 250 (botswanische Registrierung), 500 (ausländische Registrierung)

Angelgebühren/Tag	Non-Resident	Resident	Citizen
alle Personen	10	5	1

Bootsgebühren/Tag
alle Boote: 10
Boote von Reiseunternehmen: 1500 (jährlich)
Mekoro und Kanus: frei

Landegebühren für Flugzeuge
mit botswanischer Registrierung: 20, mit ausländischer Registrierung: 250

Gebühren Kgalagadi Transfrontier National Park

Eintrittsgebühren/Tag	Non-Resident	Resident	Citizen
Erwachsene (ab 16 Jahre)	20	10	2
Kinder (8–15 Jahre)	10	5	1
Kleinkinder (bis 7 Jahre)	frei	frei	frei

Campinggebühren/Nacht	Non-Resident	Resident	Citizen
Erwachsene (ab 16 Jahre)	30	20	5
Kinder (8–15 Jahre)	15	2	1
Kleinkinder (bis 7 Jahre)	frei	frei	frei

Fahrzeuggebühren/Tag
mit botswanischer Registrierung: 10, mit ausländischer Registrierung: 50

sche Besucher um bis zu 200 Prozent erhöht. **Individualreisende** zahlen seitdem mit Eintrittsgebühren von 120 Pula (umgerechnet ca. 13 Euro) einen deutlich höheren Betrag gegenüber Besuchern, die mit einem **Reiseveranstalter** unterwegs sind und dann nur 70 Pula Eintritt (ca. 7,50 Euro) entrichten müssen. Die Campinggebühr liegt für die noch vom DWNP geführten Camp Sites jeweils bei 30 Pula (3,40 Euro). Weitere Preiserhöhungen sind wohl nur eine Frage der Zeit. Alle Gebühren müssen primär in Pula entrichtet werden, neuerdings werden auch ausländische Währungen (US-$, Euro, Südafrikanische Rand, Britische Pfund) in bar (keine Münzen) oder als Traveller Cheque sowie Kreditkarten akzeptiert, wobei die gebotenen Wechselkurse nicht die besten sind.

Die folgende **Übersicht** gilt für die Nationalparks und Reservate Chobe NP, Nxai Pan NP, Makgadikgadi Pans NP, Moremi WR, Central Kalahari GR und Khutse GR. Der Kgalagadi Transfrontier NP hat ein eigenes, vergünstigtes Tarifsystem. Die übrigen Reservate kosten deutlich geringere Gebühren (siehe Reiseteil). Das Gebührensystem der Wildschutzbehörde DWNP ist preislich aufgefächert nach ausländischen Besuchern („Non-Resident"), inländischen Besuchern mit Resident-Status („Resident") und botswanischen Bürgern („Citizen").

Vorschriften

Für den Besuch von Nationalparks und Wildreservaten gelten Vorschriften:

● Die **Zufahrtstore** („Gates") der Schutzgebiete sind zwischen März und September von 6 bis 18 Uhr geöffnet und zwischen Oktober und Februar von 5.30 bis 19.30 Uhr. Alle Fahrten innerhalb der Schutzgebiete sind außerhalb dieser Zeiten verboten.

● Die **Höchstgeschwindigkeit** bei Fahrten in den Schutzgebieten beträgt **40 km/h.** Mitfahren auf dem Dach ist verboten (wird jedoch bisweilen geduldet).

● **Das Verlassen von Pisten und Wegen ist nicht erlaubt.** Insbesondere „Off-Road Dri-

ving" wird bestraft. Drängen Sie Ihren Chauffeur niemals dazu – er könnte sonst seine Lizenz verlieren. Das Fahren auf Pans (Salzpfannen) ist nicht gestattet. Verboten sind auch Nachtfahrten und der Einsatz von starken Handscheinwerfern.

- **Das Verlassen der Fahrzeuge auf den Pisten ist nicht gestattet** (sofern nicht ausdrücklich erlaubt, z.B. an Aussichtspunkten).
- **Füttern und Belästigung von Wildtieren ist verboten.** Bei Tierbeobachtungen muss ein ausreichender Abstand eingehalten werden. Provokation und Hetzen von Tieren mit dem Fahrzeug ist untersagt.
- **Haustiere dürfen nicht mitgenommen werden.** Aus den Parks dürfen keine Pflanzen, Tiere, Mineralien, besondere Steine oder Teile davon entnommen werden.
- **Angeln ist nur mit vorher erteilter Genehmigung möglich.** Der Gebrauch von Booten ist auf registrierte Boote und lizensierte Mekoro/Kanus beschränkt.
- **Jagen und der Besitz von Waffen bzw. Munition sind strengstens verboten.**
- **Wildes Zelten ist verboten.** Zelte dürfen nur an den dafür zugewiesenen Camp Sites errichtet werden. Schlafen unter freiem Himmel ohne Zelt ist strengstens untersagt.
- **Es ist gefährlich und daher streng verboten, Nahrung offen herumliegen zu lassen.** Alle Lebensmittel, vor allem Früchte und Fleisch müssen sorgfältig verpackt sein und gehören ins Auto (auf keinen Fall ins Zelt), vor allen Dingen nachts.
- **Schwimmen in den Gewässern der Schutzgebiete ist verboten.** Es hat immer wieder Zwischenfälle mit Flusspferden und Krokodilen gegeben, von Bilharziose-Infektionen einmal abgesehen.
- **Jedweder Abfall ist wieder zu entfernen** (dies gilt besonders für das Central Kalahari GR und den botswanischen Teil des Kgalagadi Transfrontier NP) oder in die dafür vorgesehen Abfallbehälter zu entsorgen.
- Gerade in der Trockenzeit kann es bei Unachtsamkeit schnell zur Entfachung von Buschbränden kommen. Besondere Vorsicht ist beim Niederbrennen des abendlichen Lagerfeuers geboten. **Feuer** müssen beim Verlassen der Lagerstelle mit Wasser oder Sand sicher abgelöscht werden.

- Eine griffige Formel bringt das gewünschte Verhalten im englischen Sprachraum auf den Punkt: **„Don't leave anything but footprints, don't take anything but pictures!"**

Unterkünfte in den Nationalparks

Camping

In vielen Reservaten ist Zelten bislang die einzige Übernachtungsmöglichkeit. Die Zeltplätze (**„Camp Sites"**) der botswanischen Schutzgebiete bieten meist nur **rudimentäre sanitäre Anlagen.** Sie liegen in der Regel recht idyllisch inmitten der Wildnis und weisen keinerlei Absicherung gegenüber Tieren in Form von Zäunen o.Ä. auf. Die (vor allem nächtlichen) Aktivitäten von Wildtieren beziehen den „Lebensraum Camp Site" sehr wohl mit ein, und fast jeder Botswanareisende kann nach seiner Rückkehr von entsprechenden Begegnungen mit Elefanten, Flusspferden, Hyänen oder sogar Großkatzen berichten. Ein ausuferndes Problem stellt die **Belästigung durch von Reisenden „angefütterte" Meerkatzen und Paviane** dar, die vielerorts spezielle Schutzmaßnahmen wie z.B. die Konstruktion „affensicherer" Mülleimer erforderlich gemacht hat. Viele der Affen haben sich auf die unter Umständen sogar gewaltsame Entwendung von Nahrung

Buchtipp – Praxis-Ratgeber:
- Jörg Gabriel
Safari-Handbuch Afrika
(REISE KNOW-HOW Verlag)

und auffälligen Kleinteilen (z.B. Sonnenbrillen) „spezialisiert". **Passen Sie daher auf und füttern Sie die Tiere unter keinen Umständen!**

Duschen, Klosettspülungen und vorinstallierte Grill- bzw. Feuerstellen sind inzwischen in fast allen Reservaten vorhanden. Dabei sind akzeptable hygienische Verhältnisse lediglich in den jüngst errichteten oder privatisierten Anlagen zu erwarten. Gelegentlich wird **Feuerholz** gestellt. Buchungsunregelmäßigkeiten und Verdreckung sind während der Hauptreisezeit leider ein verbreitetes Problem. Im Zelt ist ein hautnahes Erleben der noch wilden afrikanischen Nacht gewährleistet. Insbesondere in den Schutzgebieten Chobe NP, Moremi WR, Nxai Pan NP, aber auch im Kgalagadi Transfrontier NP gehört zur **Geräuschkulisse** häufig ein brüllender Löwe, das Heulen von Hyänen, das Krachen brechender Äste von nahrungssuchenden Elefanten oder das dumpfe Grunzen von Nilpferden. Ein geschlossenes Zelt wird von allen Tieren Afrikas respektiert. Es gibt keinen bekannten Fall, wo es bei geschlossenem Zelt und ruhigem Verhalten zu ernsthaften Zwischenfällen mit Tieren gekommen wäre. Vermeiden sollten Sie in jedem Fall das Herumlaufen in der Umgebung der Zeltplätze nach Einbruch der Dunkelheit. **Wildes Zelten ist strengstens untersagt.**

Ein Feuer hält Wildtiere in der Regel auf Distanz, bietet aber keine sichere Gewähr vor Annäherung. In manchen Gebieten scheinen beispielsweise Hyänen ihre natürliche Scheu vor Feuer und Glut verloren zu haben. Nachts sollte man Nahrung und kleinere Ausrüstungsgegenstände nicht außerhalb des Wagens stehen lassen. Lebensmittel (vor allem Früchte wie Orangen) und Fleisch gehören in Kisten oder Kühlschrank verpackt und ins Auto geschlossen. In Elefantengebieten sollt man auf die Mitnahme frischer Früchte ganz verzichten. Schuhe, die außerhalb des Innenzeltes gestanden haben, sollte man morgens gut ausschütteln, um nicht versehentlich auf Skorpione, Spinnen oder kleine Schlangen zu treten, die dort während der Nacht Unterschlupf gefunden haben. Generelle Hinweise zum Zelten in freier Natur finden Sie im Abschnitt „Unterkünfte und Campingplätze".

Safari Lodges und Luxury Tented Camps

Safari Lodges (das sind „Buschhotels" mit raffinierter, in die Umgebung integrierter Architektur unter Verwendung von natürlichen Baumaterialien) und Luxury Tented Camps gibt es in erster Linie im Chobe NP, im Moremi WR sowie am Rande des Makgadikgadi Pans NP und des Central Kalahari GR. Umfassende Informationen zu diesen Unterkünften finden Sie im Abschnitt „Unterkünfte und Campingplätze".

Anreise und Touren in den Schutzgebieten

Anreise

Näheres zur jeweiligen Anreise finden Sie im Reiseteil. In der Regel ist bereits die Anfahrtstrecke, sobald man den Asphalt verlassen hat, Bestandteil

des „knüppelharten" Pistensystems der Reservate und macht Allradantrieb erforderlich. Eine Anreise mit öffentlichen Verkehrsmitteln scheidet aus. Wer keinen eigenen Wagen besitzt, ist auf mobile Safarianbieter oder Mitfahrgelegenheiten angewiesen. Mit Glück erhält man derartige Lifts bei anderen Parkbesuchern. Das beste Kontaktforum dafür sind die touristisch geprägten Matlapaneng-Camps in Maun und die Hotels und Lodges bei Kasane.

Pisten und Treibstoffversorgung

Der Zustand der Pisten in den Parks ist unterschiedlich, häufig jedoch sehr schlecht. Generell ist in allen großen botswanischen Schutzgebieten ein Geländewagen mit Allradantrieb erforder-

lich. In der Trockenzeit sind die meisten Pisten relativ gut befahrbar, allerdings kann tiefer Sand ein Problem darstellen. In der Regenzeit, nach heftigen Regenfällen aber auch während der Trockenzeit, können selbst allradgetriebene Fahrzeuge nicht mehr überallhin gelangen. In abgelegenen Gegenden (z.B. im Südteil des Central Kalahari GR) sollten Sie daher unbedingt mit zwei Fahrzeugen unterwegs sein.

Treibstoff ist in kaum einem der Schutzgebiete erhältlich. Safari Lodges und Luxury Tented Camps besitzen eigene Treibstofftanks für die Versor-

Luxury Tented Camp Selinda
im gleichnamigen Reservat

gung ihrer Transport- und Safarifahrzeuge, verkaufen in der Regel jedoch keinen Treibstoff an Individualreisende mit eigenem Fahrzeug. Diese Haltung wird in der Regel selbst in Notsituationen nicht aufgegeben. Entsprechend vorsichtige Routenplanung und Mitnahme genügend vieler Reservekanister sind erforderlich.

Bootsfahrten im Chobe NP und im Moremi WR

Eine der großen, außergewöhnlichen Attraktionen Botswanas sind Bootsfahrten auf dem Chobe River im Chobe NP bzw. der Xakanaxa Lagoon und anderen Wasserarmen im Moremi WR. Diese Möglichkeit steht im Chobe NP neben Gästen der etablierten Safari Lodges auch Individualreisenden offen, rechtzeitige Buchung vorausgesetzt. Inzwischen sind derartige Buchungen auch problemlos im Moremi WR möglich, und zwar an der Xakanaxa Lagoon sowie an der Mboma Boat Station.

Für eine vergleichsweise geringe Gebühr und recht komfortabel kann man vom Boot aus ungewohnter Perspektive heraus ein großes Spektrum der Tierwelt dieser Parks kennenlernen. Kaum ein anderes Land in Afrika bietet diese Möglichkeit sonst. Wer angeln möchte, muss vorher eine Genehmigung der Wildschutzbehörde DWNP einholen. Safari Lodges und Camps stellen in der Regel einfache Angelausrüstungen zur Verfügung.

Notfall

Krankenversicherung und Rücktransport

Eine **Auslandsreise-Krankenversicherung** ist für fast jeden Reisenden ein absolutes Muss. In der Regel ist für medizinische Notfälle auf Anraten des behandelnden Arztes ein **kostenfreier Rücktransport** ins Heimatland enthalten. Versicherungen für beliebig viele Reisen bis zu acht Wochen im Laufe eines Kalenderjahres kosten zwischen 8 und 25 Euro jährlich. Bei längerer Geltungsdauer wird es meist erheblich teurer. Von der Notwendigkeit, eine zusätzliche Auslandskrankenversicherung abzuschließen, ausgenommen sind Privatversicherte, deren Versicherungsschutz auch im außereuropäischen Ausland gilt (im Einzelfall nachfragen!). Im Regelfall sind jedoch zeitliche Begrenzungen vorgesehen, und bei manchen Versicherungen müssen Reisen ins südliche Afrika vorher angemeldet werden.

Bei Abschluss der Versicherung – die es mit bis zu einem Jahr Gültigkeit gibt – sollte auf einige Punkte geachtet werden. Zunächst sollte ein **Vollschutz** ohne Summenbeschränkung bestehen, im Falle einer schweren Krankheit oder eines Unfalls sollte auch der **Rücktransport** übernommen werden. Wichtig ist, dass der Versicherungsschutz über die vorher festgelegte Zeit hinaus automatisch verlängert wird, wenn im Krankheitsfall die Rückreise nicht möglich ist.

Ausländische Patienten müssen für medizinische Leistungen in Botswana generell bezahlen. Zur **Erstattung der Kosten** benötigt man ausführliche Quittungen (mit Datum, Namen, Bericht über Art und Umfang der Behandlung, Kosten der Behandlung und Medikamente). Kleinere Rechnungen (z.B. für kurze ärztliche Behandlungen oder Medikamente) müssen vom Reisenden verauslagt und dann zuhause mit dem Versicherer abgerechnet werden. Dabei sollte der gültige Wechselkurs auf der offiziellen Quittung vermerkt sein, alternativ kann eine mit Datum versehene, offizielle Wechselkursbescheinigung einer Bank oder eine entsprechende Bescheinigung der Zahlstelle Ihrer Botschaft mit eingereicht werden. Mit Krankenhäusern rechnen die Versicherungen meist direkt ab.

Die **Behandlungskosten** sind weitaus **geringer als in Europa,** bei einer ernsthaften Erkrankung können sie die Reisekasse dennoch schnell leeren.

Eine **Jahresversicherung** ist in der Regel kostengünstiger als mehrere Einzelversicherungen. Günstiger ist auch die Versicherung als Familie statt als Einzelpersonen, allerdings ist die Definition von „Familie" genau zu prüfen.

Rückholflüge (werden im Regelfall durch die benachrichtigte Krankenversicherung organisiert) nach Deutschland werden von folgenden Firmen durchgeführt:
● **Deutsche Flugambulanz,** Flughafen (Halle 3), D-40474 Düsseldorf, Tel. +49-211-431717, Fax +49-211-4360252
● **Deutsche Rettungsflugwacht,** Flughafen, D-70624 Stuttgart, Tel. +49-711-701070
● **Flugdienst des Deutschen Roten Kreuzes,** Friedrich-Ebert-Alle 71, D-53113 Bonn, Tel. +49-228-230023 (für Mitglieder mancher Landesverbände kostenlos)

● **Malteser Hilfsdienst (MHD),** Einsatzzentrale, Leonhard-Titz-Str. 8, D-50676 Köln, Tel. +49-221-203080 (für Mitglieder mancher Landesverbände kostenlos)
● **ADAC Flugdienst** (Hinweise im Internet: www.adac.de). Für Mitglieder mit ADAC Plus-Versicherungsabschluss kostenlos.

Rückholflüge in die Schweiz werden von der Firma REGA durchgeführt:
● **Rettungsflugwacht REGA,** CH-8058 Zürich, Tel. +41-1-3831111, Fax +41-6543590

Medizinische Versorgung vor Ort

Die medizinische Versorgung in Botswana ist nahezu flächendeckend gewährleistet, wenn man von einfachen Standards des Basisgesundheitskonzepts **Primary Health Care (PHC)** ausgeht. Im ländlichen Raum wird dies in erster Linie über ein System von **Clinics und Health Posts** erreicht, die ein Mindestmaß an medizinischer Basisarbeit leisten (z.B. Wundversorgungen, Impfungen, Ausgabe von Medikamenten bei gängigen Erkrankungen, Schwangerschaftsberatung und -betreuung) und alle ernsteren Erkrankungsfälle in die Krankenhäuser größerer Städte weiterleiten. Diese mit Krankenschwestern und Helfern besetzten Clinics besitzen kein festes ärztliches Personal, sondern werden von Ärzten aus nahe liegenden Krankenhäusern in regelmäßigen Abständen besucht. Dem Arzt werden an diesen Besuchstagen die zwischenzeitlich gesammelten Fälle vorgestellt.

Es macht für europäische Reisende daher wenig Sinn, sich bei einer Erkrankung an derartige Clinics zu wenden, von Bagatellerkrankungen und Notfällen, die sofortige Hilfe erfordern, einmal abgesehen. Vielmehr sollte bei Bedarf sofort **qualifizierte Hilfe** in einem der wenigen Zentren Botswanas aufgesucht werden. Die beiden größten Städte des Landes, Gaborone und Francistown, verfügen über moderne, mit südafrikanischen oder gar europäischen Standards vergleichbare **Krankenhäuser.** In Ghanzi, Jwaneng, Kasane, Kanye, Lobatse, Mahalapye, Maun, Mochudi, Molepolole, Palapye, Orapa, Selebi-Phikwe, Serowe und Tshabong besteht Zugang zu einfachen, teilweise recht gut ausgestatteten Primär- und Distriktkrankenhäusern mit ärztlichem Fachpersonal. In Ramotswa gibt es ein gutes deutsch geführtes Missionskrankenhaus. Entsprechende Hinweise finden Sie in den jeweiligen Buchabschnitten. Darüber hinaus bieten die innerhalb weniger Stunden von Botswana aus zu erreichenden Universitäts- und Privatkliniken der südafrikanischen Großstädte Johannesburg und Pretoria eine empfehlenswerte medizinische Versorgung. Die **Apotheken** in Botswanas größeren Städten verfügen über ein breites Spektrum moderner Medikamente und anderer medizinischer Artikel. Die meisten Reisemedikamente (z.B. Malariatabletten) können daher auch ohne weiteres vor Ort besorgt werden.

Wichtig ist vor allem, dass Reisende in abgelegene Gebiete das **Grundrepertoire der Ersten Hilfe** beherrschen, damit im Notfall wirksamer Beistand geleistet werden kann. Die Transportfähigkeit und das weitere Schicksal eines Verunfallten entscheidet sich gerade in

Zusammenstellung einer Reiseapotheke

Neben Medikamenten, die bei fester Einnahme zu Hause selbstverständlich auch nach Afrika mitgeführt werden müssen, oder Präparaten, die bei bekannter Neigung zu bestimmten Beschwerdebildern individuell prophylaktisch mitgenommen werden sollten, möchte ich Afrika-Reisenden (Rücksprache und enge Abstimmung mit dem Hausarzt vorausgesetzt) aus eigener Erfahrung folgende Zusammenstellung empfehlen (die Wirkstoffangaben sind in Klammern gesetzt, der überwiegende Teil der genannten Präparate ist verschreibungspflichtig!):

- **Malaria:** Lariam® (Mefloquin) oder Malarone® (Atovaquon/Proguanil) zur Prophylaxe, bei Aufenthalten länger als zwei Monate evtl. Einnahme von Doxycyclin, zur Notfallbehandlung Malarone® oder Riamet® (Arthemeter und Lumefantrin), alternativ Lariam®
- **Durchfall:** Imodium-Akut®-Tabletten oder Sanifug®-Tropfen (Wirkstoff: Loperamid), zur Wiedereinstellung des Elektrolythaushaltes Elotrans®-Beutel, bei akuten bakteriellen Darminfektionen zusätzlich Antibiotika
- **Übelkeit:** Paspertin® (Metoclopramid) Tropfen oder Tabletten, bei bekannter Neigung zu Kinetosen (Reisekrankheit) Scopoderm TTS®-Pflaster
- **Erbrechen:** Vomex A®-Dragees (Dimenhydrinat)
- **Fieber und Schmerzen:** Paracetamol-Tabletten, z.B. Paracetamol-ratiopharm® oder Acetylsalicylsäure-Tabletten, z.B. Aspirin®, bei krampf- oder kolikartigen Schmerzen Buscopan®-Dragees oder Zäpfchen
- **Antibiotika:** Amoxicillin (ein breit wirkendes Penicillin), z.B. Amoxypen®- Einsatzbereich: Infektionen der Atemwege,

Haut- und Weichteilinfektionen. Clarythromycin (bei Penicillin-Unverträglichkeit), z.B. Klacid®. Einsatzbereich: Infektionen im HNO- und Hautbereich. Cotrimoxazol (ein sulfonamidhaltiges Kombinationspräparat), z.B Cotrim forte-ratiopharm® oder Bactrim®. Einsatzbereich: Infektionen des Magen-Darm-Traktes, der Harnwege, Luftwege, der Haut und Weichteilinfektionen. Moxifloxacin, z.B. Avalox®. Einsatzbereich: Atemwegs-, Haut- und Weichteilinfektionen. Alle Antibiotika sollten nur nach ärztlicher Rücksprache eingenommen werden.

●**Allergien, Juckreiz und Insektenstiche:** Tavegil®-Tabletten (ein Antihistaminikum). Bei juckenden Stichen Tavegil®-Salbe oder Soventol®-Salbe. Bei großflächigem Sonnenbrand Ultralan®-Milch.

●**Augentropfen:** Yxin®-Augentropfen bei Reizungen und Schwellungen des Auges. Antibiotische Refobacin®-Augensalbe bei Entzündungen.

●**Hautpilz:** Clotrimazol (Antimykotikum), z.B. Fungizid-Ratiopharm®-Creme

●**Wundsalbe:** Bepanthen®-Salbe

●**Verbandszeug und Desinfektion:** Mullbinden (versch. Breiten), Pflaster in versch. Größen, Heftpflaster, Leukoplast®/Leukosilk®, sterile Kompressen, Wundgaze (z.B. Nebacetin®-Wundgaze), elastische Binden, antiseptische Betaisodona®-Salbe und/oder Betaisodona®-Lösung

●**Trinkwasserdesinfektion:** Certisil® oder Romin®, am besten ein mechanisches Wasserfiltersystem (z.B. von den Firmen *Relags* oder *Katadyn*)

●**für den Notfall:** starkes Schmerzmittel, z.B. Tramal®-Tropfen

●**Sonstiges:** Fieberthermometer, Pinzette, Schere, Einmalspritzen und Einmalkanülen, Alkoholtupfer, Halsschmerztabletten (z.B. Frubienzym®-Tabletten), Insektenschutz (z.B. Autan), Sunblocker (LSF 20–30), Dreieckstuch, evtll. Nasentropfen (z.B. Otriven®).

●**Kondome und Tampons** sind in allen größeren Städten Botswanas problemlos erhältlich, ebenso orale Antizeptiva (bei Vorlage eines ärztlichen Rezepts). Es ist aus diversen Gründen empfehlenswert, einen entsprechenden Vorrat aus dem Heimatland mit sich zu führen.

bo1_008 Foto: cf

Afrika über die Wirksamkeit lebensrettender Sofortmaßnahmen am Unfallort.

Evakuierung im Notfall

Wer auf Nummer sicher gehen will, auch aus dem entlegensten Winkel Botswanas kostenfrei herausgeflogen zu werden, wende sich in Gaborone an:

- **Medical Rescue International (MRI) Botswana Ltd.,** Private Bag BR256, Broadhurst/Gaborone, Tel. (Verwaltung) 3903066, Fax 3902117, Internet: www.mri.co.bw, Tel. (Notfälle) 3901601, **landesweiter Notruf: Tel. 992.** MRI operiert seit 1991 in Botswana und verfügt über ein privates Netzwerk von medizinischem Personal, Krankenwagen und Transportfahrzeugen. Darüber hinaus unterhält die Organisation entsprechend vorgerüstete Kleinflugzeuge für Luftevakuierungen. Es besteht die **Möglichkeit, vorübergehendes Mitglied bei MRI zu werden** und damit über einen begrenzten Zeitraum für den Bergungsnotfall und medizinische Notfälle versichert zu sein. Ein Krankenwagen (oder Kleinflugzeug) von MRI muss in einem solchen Notfall über Funk/Mobil-/Satellitentelefon angefordert werden und befördert den Verunfallten bzw. Erkrankten dann nach der Erstversorgung vor Ort oder während des Transports in nächstgelegene klinische Zentren. Funkgeräte sind in den meisten Camps, Polizeistationen und Wildhüter-Außenposten vorhanden. Oftmals unterhalten diese ein kleines Netz regelmäßiger Funkkontakte.

Manche Reiseveranstalter und Camp- bzw. Lodgebesitzer in Botswana haben Verträge mit MRI abgeschlossen, sodass ihre Gäste bzw. Kunden automatisch für medizinische Notfälle und Luftevakuierungen mitversichert sind. Es lohnt sich, bei der Buchung unter diesem Aspekt nachzufragen.

Notruf

Es existiert ein **landesweit funktionierendes telefonisches Notrufsystem.** Im Notfall können telefonisch angefordert werden:

- **Krankenwagen: 997**
- **Feuerwehr: 998**
- **Polizei: 999**

Die Zentrale des privaten Unternehmens Medical Rescue International (MRI) in Broadhurst/Gaborone kann seit einigen Jahren ebenfalls über das landesweite Notrufsystem alarmiert werden:

- **MRI MedRescue: 992**

Post und Telekommunikation

Post

Das botswanische **Postsystem** ist für schwarzafrikanische Verhältnisse **vorbildlich** ausgebaut. Selbst abgelegene Ortschaften besitzen ein Postamt. Das Empfangen und Versenden von Post erfolgt langsam, aber **zuverlässig.** Die Laufzeit von Briefen und Postkarten von Botswana nach Europa kann zwischen drei Tagen und drei Wochen variieren, im Regelfall muss man mit sechs bis acht Tagen rechnen. Das Porto für Luftpostbriefe nach Europa beträgt umgerechnet ca. 0,60 Euro, für Postkarten liegt es etwas darunter.

- **Öffnungszeiten der Postämter:** Mo–Fr 8.15 bis 12.45 Uhr und 14 bis 16 Uhr, Sa 8.30 bis 11.30 Uhr (diese Zeiten gelten nur für Gaborone und größere Städte).

Achten Sie darauf, dass Ihre Sendungen mit einem Aufkleber „Air Mail" versehen sind, damit die Versendung nicht aus Versehen über den Land/Schiffsweg als „Surface Mail" erfolgt, was weit über einen Monat dauern kann. Bei der Versendung von Post nach Österreich (Austria), sollten Sie besser „Austria/Europe" schreiben, damit der Brief nicht erst in Australien landet.

Ein **poste-restante-Service,** der es ermöglicht, dass Briefe während des Aufenthalts in Botswana postlagernd zugesandt werden, ist **außerhalb Gaborones nicht vorhanden.** Viele Camps, Hotels und Lodges nehmen aber bereitwillig und zuverlässig Post für ihre Gäste entgegen.

Beim **Aufgeben eines Paketes** nach Europa (max. 20 kg) müssen Sie darauf achten, dass Sie den Inhalt dem Zoll gezeigt haben, bevor Sie es verschließen. Entsprechende Zollschalter haben nur die Postämter der größeren Städte. Beachten Sie dabei bitte die Ausfuhrbestimmungen (siehe Abschnitt „An-, Ein-

und Ausreise"). Wenn Sie Pakete auf dem Seeweg nach Europa senden, um die Luftfrachtgebühr zu sparen, müssen Sie mit einer Beförderungsdauer von

Wichtige internationale Vorwahlen von und nach Botswana

Vorwahl nach Botswana:
- von Deutschland, Österreich und der Schweiz: 00267
- von Südafrika: 09267
- von Namibia, Simbabwe und Sambia: 00267

Vorwahl von Botswana:
- nach Deutschland: 0049
- nach Österreich: 0043
- in die Schweiz: 0041
- nach Südafrika: 0027
- nach Namibia: 00264
- nach Simbabwe: 00263
- nach Sambia: 00260

Inländische Telefon- und Faxnummern

Von 2001 bis 2003 wurden alle Telefonnummern des Landes von sechs Ziffern auf siebenstellige Nummern erweitert. Die Änderung der Telefonnummern erfolgte nach gewissen Gesetzmäßigkeiten (Beispiele):

- **Gaborone und Umgebung:** Meist wurde an zweiter Stelle eine „9" eingefügt, alte mit „39" beginnende Nummern wurden in „310xxxx" umgewandelt.
- **Maun und Umgebung:** Nach der ersten Ziffer wurde eine „8" eingefügt, sodass jetzt alle Nummern mit „686xxxx" beginnen.
- **Francistown und Umgebung:** Nach der ersten Ziffer wurde eine „4" eingefügt, sodass jetzt alle Nummern mit „241xxxx" beginnen.
- **Kasane/Kazungula:** Nach der ersten Ziffer wurde eine „2" eingefügt, sodass jetzt alle Nummern mit „625xxxx" beginnen.
- **Ghanzi und Umgebung:** Vor der ersten Ziffer wurde eine „6" ergänzt, sodass jetzt alle Nummern mit „6" beginnen.

Evtl. stoßen Sie bei der Vorbereitung Ihrer Reise noch auf die veralteten sechsstelligen Telefonnummern. Bei Unklarheiten vor Ort kann man mit Hilfe des nationalen Telefonbuches oder der Auskunft (Tel. 192) die geänderten Nummern in Erfahrung bringen.

zwei bis vier Monaten rechnen. In Gaborone, Francistown, Palapye, Selebi-Phikwe, Maun und Kasane gibt es auch internationale Kurierdienste (z.B. DHL), die weltweit innerhalb weniger Tage an die Empfangsadresse ausliefern.

Telekommunikation

Telefonieren und Faxen im Festnetz

Botswana besitzt eines der modernsten und effizientesten Telefonnetze in Afrika. Von nahezu jedem Telefon und den meisten öffentlichen Fernsprechern können neben Inlandsgesprächen auch Selbstwahlgespräche ins Ausland und nach Übersee geführt werden. In Botswana selbst gibt es keine Ortsvorwahlen, da die Zahl der festen Telefonanschlüsse im Land bislang relativ gering ist (2008: 142.300).

Der Träger des Telefonnetzes, die **Botswana Telecommunications Corporation (BTC),** hat in den letzten Jahren ein umfassendes Netz moderner Kartentelefone aufgebaut. Telefonkarten sind in den Niederlassungen der Gesellschaft (meist in direkter Nachbarschaft zu Postämtern), Geschäften und an vielen Tankstellen erhältlich. Selbstwahlgespräche ins Ausland können nur von Kartentelefonen, nicht aber von Münzfernsprechern aus geführt werden. Bitte denken Sie daran, bei Auslandsgesprächen die Null der folgenden Ortsvorwahl wegzulassen.

Praktische Tipps A–Z

Die **Kosten** solcher Selbstwahlgespräche nach Europa liegen in der Hauptzeit (werktags 7 bis 20 Uhr) bei umgerechnet 0,35 Euro/Minute, in der Nebenzeit (werktags 20 bis 7 Uhr, Wochenenden und Feiertage) sogar nur bei 0,25 Euro/Minute. Inlandsgespräche kosten je nach Entfernungszone zwischen 0,02 und 0,05 Euro/Minute. Gespräche nach Südafrika kosten tageszeitabhängig zwischen ca. 0,20 und 0,25 Euro/Minute. Von Hoteltelefonen geführte Gespräche schlagen in der Regel mit dem Drei- bis Vierfachen des normalen BTC-Satzes zu Buche.

Über die Telefonnummern 100 (national) bzw. 101 (international) kann im Bedarfsfall ein **Operator** (Gesprächsvermittler) angewählt werden, der eine gewünschte Verbindung herstellt, wenn kein Selbstwahlverfahren möglich ist. Die Telefonkosten liegen dann etwa um ein Drittel höher. Unter den Nummern 191 (national) und 192 (international) erreicht man die Telefonauskunft („Directory Enquiries") von BTC. Über die Servicenummer 102 („Radio Call Service") kann vom Telefon aus ein Kontakt zu Funkstationen hergestellt werden. Entsprechende Kennungen der Funkstationen („Call Sign") müssen dem Telefonbuch entnommen und bei der Vermittlung durchgegeben werden.

Das Versenden von Faxen muss über private Faxagenturen oder Hotels erfolgen. Alle größeren Hotels stellen einen solchen Service für ihre Gäste bereit,

Kleinflugzeuge können auch gechartert werden

berechnen jedoch meist ein Vielfaches des normalen Verbindungsentgelts.

Die nationale Telefongesellschaft BTC gibt alljährlich ein **landesweites Telefonbuch** („Botswana Telephone Directory", www.btcphonebook.co.bw) heraus, das einen informativen Abschnitt „Yellow Pages" mit allen wichtigen Firmen und Betrieben des Landes enthält. Das Telefonbuch ist bei allen BTC-Niederlassungen sowie online erhältlich. Die Kontaktadresse von BTC ist:

● **Botswana Telecommunications Corporation (BTC),** P.O. Box 700, Gaborone, Tel. 3958000, Fax 3913355, gebührenfreie Info-Nr.: 0800-800399, Internet: www.btc.bw

Mobiltelefone

Mit großem finanziellem und logistischem Aufwand wurde in Botswana in den letzten Jahren am Aufbau eines modernen Mobilfunknetzes nach dem internationalen GSM 900-Standard gearbeitet. Entlang der wichtigsten Überlandverbindungen und in allen Städten besteht eine ausgezeichnete Netzabdeckung. Ende 2008 wurden bereits ca. 1,48 Mio. Mobiltelefonbesitzer im Land gezählt. Das eigene Mobiltelefon lässt sich in Botswana in den Ballungsgebieten nutzen, denn die meisten Mobilfunkgesellschaften haben **Roamingverträge** mit den dortigen Gesellschaften Mascom Wireless (www.mascom.bw)

Buchtipp – Praxis-Ratgeber:
● Volker Heinrich
Handy global
(REISE KNOW-HOW Verlag)

oder Orange Botswana (www.orange. co.bw), beide GSM 900 MHz. Wegen hoher Gebühren (ca. 3,50 Euro pro Minute bei abgehenden Anrufen nach Europa) sollte man bei seinem Anbieter nachfragen oder auf dessen Website nachschauen, welcher der Roamingpartner günstiger ist, und diesen per

manueller Netzauswahl voreinstellen. Nicht zu vergessen sind die passiven Kosten, wenn man von zu Hause angerufen wird (Mailbox abstellen!). Der Anrufer zahlt nur die Gebühr ins heimische Mobilnetz, die teure Rufweiterleitung ins Ausland zahlt der Empfänger. Wesentlich preiswerter ist es, sich von

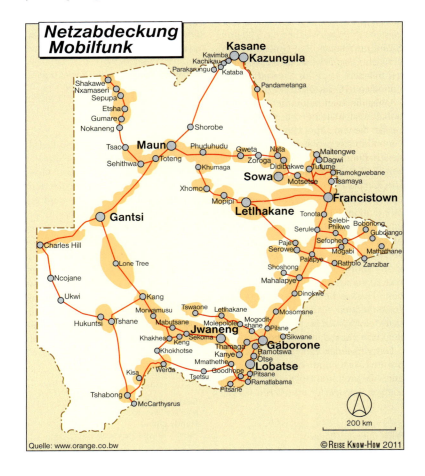

Netzabdeckung Mobilfunk

Quelle: www.orange.co.bw

© REISE KNOW-HOW 2011

vornherein auf **SMS** zu beschränken, der Empfang ist dabei in der Regel kostenfrei. Erwähnenswert ist auch die Möglichkeit, über den Erwerb einer botswanischen Prepaid-SIM-Karte im Lande selbst unter einer lokalen Mobilfunknummer erreichbar zu sein. Botswanische Mobilfunknummern beginnen übrigens mit „71", „72", „73" oder „74".

Satellitentelefone

In abgelegenen Gebieten wie der zentralen Kalahari oder inmitten des Okavango-Deltas ist die direkte Kommunikation nach außen auf Funkgeräte und Satellitentelefone beschränkt. Reisende, die vorhaben, sich länger in solchen Gebieten aufzuhalten, sollten die Anschaffung oder das Leihen eines **INMARSAT-Satellitentelefons** überdenken. Mit diesen Geräten kann über eine im Gerätedeckel eingebaute Sende- und Empfangsvorrichtung einer der vier INMARSAT-Satelliten angesteuert werden, über den direkt Telefon- und Faxverbindungen in alle Teile der Welt hergestellt werden können. Handliche Geräte sind im Handel ab 3500 Euro erhältlich, Gebrauchtgeräte sind bereits ab 2000 Euro zu bekommen. Eine Gesprächsminute über INMARSAT kostet ungefähr 3 Euro.

Leihgeräte sind z.B. über die Firma **Satfon** (Im Grund 12, D-83104 Hohenthann, Tel. 08065-9065695, Internet: www.satfon.de) erhältlich.

Handgeräte des neuen **Globalstar-Satellitensystems** sind deutlich kompakter und bereits ab 750 Euro im Handel erhältlich. Die Verbindungsqualität ist gut, sodass es sich um eine durchaus lohnenswerte Anschaffung handelt.

Ebenfalls empfehlenswert sind **THURAYA-Satellitentelefone,** die wahlweise im GSM-Betrieb oder über Satellit arbeiten. Die Verbindungsminute kostet ca. 1,50 Euro, die Geräte sind preiswert.

Internet und E-Mail

Wer sich eine weltweit zugängliche Internet-Mailbox eingerichtet hat (z.B. Hotmail, Yahoo, Googlemail), kann seine Korrespondenz auch in Botswana per E-Mail führen. Zugang zu onlinefähigen Rechnern besteht jedoch nur in wenigen Städten über private Agenturen (siehe jeweilige Buchkapitel), es sei denn, man besitzt Freunde oder Bekannte vor Ort mit Internetanschluss.

Der größte Online-Dienst in Botswana heißt:

●**Info Botswana Internet Services (IBIS),** Bag 0036, Gaborone, Tel. 3918444, Fax 3918555, E-Mail: ibis@info.bw

Viele Firmen in Botswana wickeln einen Teil ihrer Korrespondenz über „info.bw" ab oder haben sich dort eine Internet-Homepage erstellen lassen. Inzwischen gibt es elf Online-Dienste in Botswana, mehr als 120.000 Internet-Nutzer wurden 2008 im Land registriert.

Preise

Botswana ist ein **teures Reiseland.** Auf die durchschnittlichen Kosten üblicher Botswanareisen wurde im Abschnitt „Geld und Finanzen" bereits ausführlich eingegangen. Das Gros der in Botswana erhältlichen Lebensmittel wird aus Südafrika importiert und ist dementsprechend um 20 bis 30% verteuert. Die durchschnittlichen Lebensmittelpreise liegen dennoch etwa 20 bis 25% unter denen in Mitteleuropa. Die inländischen Preise für das qualitativ äußerst hochwertige botswanische Rindfleisch dürften zu den weltweit niedrigsten ihrer Art gehören. Transport mit Bussen und Eisenbahn ist günstig. Leihwagen und Inlandsflüge sind hingegen sehr teuer. Benzin und Diesel sind deutlich billiger als in Südafrika.

Die abgebildete **Übersicht** vermittelt einen gewissen Einblick ins Preisniveau (Preise in Euro umgerechnet und gerundet, bei einem Wechselkurs von 1 Pula = 0,11 Euro bzw. 1 Euro = 9 Pula).

Obwohl die Inflationsrate des Pula inzwischen auf deutlich unter 10% gesunken ist, habe ich es vorgezogen – von wenigen Ausnahmen abgesehen –, alle **Preise in diesem Reiseführer umgerechnet in Euro** anzugeben. Grundsätzlich gilt dabei: Euro-Preise können meist in der Landeswährung bezahlt werden, während in US-$ angegebene Preise (z.B. Visumgebühren) in der Regel auch tatsächlich in US-$ entrichtet werden müssen.

Reisen in Botswana

Auf die unzureichenden Möglichkeiten, das Land mit öffentlichen Verkehrsmitteln zu erkunden, wurde bereits hingewiesen. Alle wichtigen Infos für Selbstfahrer stehen im Kapitel „Wichtige Hinweise für Selbstfahrer".

Linienflüge

Die nationale Fluggesellschaft **Air Botswana verkehrt zwischen Gaborone, Francistown, Maun und Kasane.** Heimatflughafen ist der Sir Seretse Khama International Airport in Gaborone. Air Botswana musste in den letzten Jahren seinen Flugplan zusammenstreichen, da die Ticketnachfrage im In- und Ausland die Erwartungen nicht erfüllte. Außer Touristen und Geschäftsreisenden kann kaum jemand die hohen Preise bezahlen. Auf bestimmten Strecken gelten günstige Wochenendtarife. Als problematisch ist die mangelnde Zuverlässigkeit der Airline anzusehen, die im Jahr 2010 teilweise nicht in der Lage war, ihre Flüge selbst durchzuführen, sondern immer wieder kurzfristig die Hilfe südafrikanischer Chartergesellschaften wie Air Quarius in Anspruch nehmen musste. Wegen Sicherheitsproblemen wurde Air Botswana zeitweise sogar aus der International Air Transport Association (IATA), dem Dachverband aller internationalen Airlines, ausgeschlossen. Geflogen wird meist mit Maschinen vom Typ ATR 42 und ATR 72. Während der Hauptreisemonate ist vor allem die Strecke von Gaborone nach Maun (und vice versa) häufig ausgebucht.

2010 wurden folgende **Inlandsstrecken** angeboten (jeweils günstigste Flugpreise in Euro):

- **Gaborone – Francistown** (Mo, Di, Mi, Do, Fr, So) = 80 Euro (einfach) bzw. 110 Euro (Hin- & Rückflug)
- **Gaborone – Maun** (täglich) = 130 Euro (einfach) bzw. 190 Euro (Hin- & Rückflug)
- **Gaborone – Kasane** (Di, Fr, So) = 130 Euro (einfach) bzw. 190 Euro (Hin- & Rückflug)

Beim Abflug wird eine Gebühr von 50 Pula (ca. 5,50 Euro) erhoben, die bereits im Ticketpreis enthalten ist. Die Adresse des Reservierungsbüros von Air Botswana in Gaborone ist:

- **Air Botswana,** P.O. Box 92, Plot 27, Dalale House, Main Mall, Gaborone, Tel. 3680900, Fax 3953928, Internet: www.airbotswana.co.bw. Weitere Niederlassungen existieren in Francistown, Maun, Kasane und Orapa. Air Botswana tritt als Agent für zahlreiche andere Gesellschaften auf (u.a. Air India, Air Malawi, Air Mauritius, Air Tanzania, Air Zimbabwe, KLM, Lufthansa, Royal Swazi Airways, South African Airways, SAS, Swissair).

bo-123 Foto: e.l

Taxis sind an den botswanischen Flughäfen nur sporadisch vorhanden und müssen in aller Regel telefonisch dorthin bestellt werden. Einen zuverlässigen Service für Fluggäste bieten allein die Shuttle-Busse der großen Hotels. Gelegentlich können auch Nichtgäste den Fahrer eines Shuttle-Busses zur Mitnahme überreden (Trinkgeld!). Einen kommerziellen Zubringer-Service zum Sir Seretse Khama International Airport unterhält Adventure Safaris, Private Bag 00352, Gaborone, Tel. 3700166, Fax 3700168, Internet: www.adventure-safaris.com. Eine telefonische Vorausbuchung ist notwendig.

Chartern von Kleinflugzeugen

Kleinflugzeuge sind neben robusten Geländewagen das wichtigste Verkehrsmittel für den Safaritourismus in Nordbotswana. Am verbreitetsten sind einmotorige Propellerflugzeuge vom Typ **Cessna 206.** Der kleine Flughafen Maun gilt infolge der hohen Zahl von Flugbewegungen kleiner Chartermaschinen als einer der belebtesten Flughäfen Afrikas. Eine sechssitzige Cessna kann ab umgerechnet 240 Euro/Stunde gechartert werden. Infolge dieser **recht günstigen Tarife** ist das Chartern von Kleinflugzeugen eine erwähnenswerte Alternative beim Besuch abgelegener Ziele wie z.B. den Tsodilo Hills, gerade wenn man eine vier- oder fünfköpfige Gruppe zusammenstellen kann, sodass sich die Kosten im Rahmen halten, oder wenn man einen sehr eng gesteckten Zeitrahmen beim Reisen hat.

Charterflüge **zwischen Maun und Kasane** sind ab 600 Euro (einfach) für das ganze Flugzeug zu bekommen. Über Reiseveranstalter organisierte **Flüge ins Okavango-Delta** kosten zwischen 95 und 160 Euro p.P. Die Gewichtsbegrenzung liegt allgemein bei 12 kg p.P., sperrige Koffer werden gar nicht befördert. Eine Vielzahl von Chartergesellschaften ist an den Flughäfen Maun, Gaborone und Kasane vertreten.

In Gaborone
● **Flying Mission Services,** P.O. Box 1022, Gaborone, Tel. 3912981, Fax 3904181, Internet: www.flyingmission.org
● **Kalahari Air Services,** P.O. Box 41278, Broadhurst/Gaborone, Tel. 3951804, Fax 3912015, E-Mail: kasac@info.bw
● **Major Blue Air,** P.O. Box 1299, Gaborone, Tel. 6865671, Fax 6865672, Internet: www.mba.com
● **NAC Executive Botswana,** P/Bag SK 6, Gaborone, Tel. 3975257, Fax 3975258, E-Mail: nacexecutive@info.bw

In Kasane
● **Southern Cross Aviation** Private Bag K79, Kasane, Tel. 6252217, Mobiltel. 71827015, Fax 6252217, E-Mail: southerncross@botsnet.bw

In Maun
● **Delta Air,** P.O. Box 39, Maun, Tel. 6860044, Fax 6861703, E-Mail: synergy@info.bw
● **Helicopter Horizons,** Maun Airport, Tel. 6801186, Fax 6801185, Internet: www.helicopterhorizons.com
● **Kavango Air** Airport Terminal, Maun, Tel. 6860323, Fax 6860191, Internet: www.kavangoair.com
● **Mack Air,** P.O. Box 329, Maun, Tel. 6860385, Fax 6860559, Internet: www.mackair.co.bw

Praktische Tipps A–Z

● **Moremi Air,** P.O. Box 187, Maun,
Tel. 6863632, Fax 6862078,
Internet: www.moremiair.com
● **Okavango Helicopters,** Maun Airport,
Tel. 6865797, Mobiltel. 71866607,
E-Mail: okavangoheli@dynabyte.bw
● **Safari Air,** Mathiba I Road, Maun,
Tel. 6860385, Fax 6861559,
E-Mail: reservations@safariair.co.bw
● **Sefofane Air Charters,** P/Bag 159,
Maun, Tel. 6860778, Fax 6861649,
Internet: www.sefofane.com

Unterwegs mit dem eigenen Wagen

Die Erkundung Botswanas mit einem
geliehenen Allrad-Geländewagen (oder
dem eigenen Wagen) stellt die mit Abstand **beste Möglichkeit** dar, einen individuellen Eindruck vom Land zu ge-
winnen und erlaubt eine individuelle
Zeit- und Routenplanung beim Besuch
von Nationalparks und Wildreservaten.
Wohl nur an wenigen Orten dieser
Welt kann man grenzenlose Freiheit so
ungestört empfinden wie bei einer individuellen Off-Road-Tour durch die Weite des Central Kalahari Game Reserve
oder die Makgadikgadi Pans. Detaillierte Hinweise zum Anmieten von Fahrzeugen in Botswana und in den Nachbarländern finden Sie im Abschnitt
„Leihwagen". Die Versorgung mit Treibstoff, Motorenöl, Ersatzteilen und Reparaturwerkstätten ist in den meisten Regionen Botswanas gut. Autodiebstähle
sind selten und kommen bislang nur im
Großraum Gaborone bzw. Francistown
sowie in Maun und Kasane vor.

Recht ungewohnt ist das **Halten
beim Passieren von Tiersperrzäunen.**
Neben der Registrierung des Fahrzeug-

kennzeichens werden an den Durchlassstellen häufig gründliche Kontrollen
im Hinblick auf frisches Fleisch und
unversiegelte Milchprodukte durchgeführt, die bei entsprechenden Funden
eine Konfiszierung – oder die Aufforderung nach sofortigem Verzehr bzw. so-
fortiger Zubereitung „on the spot" –
nach sich ziehen.

Wer mit dem Gedanken spielt, vor
Ort einen **Wagen** zu **kaufen,** sollte dies
am besten **in Südafrika** tun, wo das Angebot größer ist und die Preise deutlich
niedriger liegen als in Botswana. Ein gebrauchter Toyota Hilux 4x4, der Stan-
dard-Geländewagen im südlichen Afrika, ist in Botswana ab umgerechnet
10.000 Euro erhältlich. Gebrauchte
Landrover sind etwas billiger. Wer einen
Wagen in Botswana kauft und wieder
verkauft, kann das Geld problemlos
ausführen, sofern es sich um Devisen
handelt. In Südafrika ist ein gebrauchter
Toyota Hilux in gutem Zustand bereits
ab 8000 Euro zu bekommen, ein alter
Landrover ab 5000 Euro. Das beste Angebot an derartigen Fahrzeugen und
auch die niedrigsten Preise innerhalb
Südafrikas findet man in Johannesburg.
Den Wagen sollte man am Ende auch
wieder in Südafrika verkaufen, da in
Botswana hohe Einfuhrzölle erhoben
werden. Ein Fahrzeugkauf lohnt sich in
aller Regel nur dann, wenn man mehrere Monate oder sogar noch länger im
Land bleibt.

Für Reisende, die eine mehrmonatige
Reise durch das südliche Afrika planen
und zu Hause einen Allrad-Geländewagen besitzen, kann das **Einschiffen des
eigenen Fahrzeugs** eine finanzielle Al-

ternative zum Leihwagen darstellen. Die Gesamtkosten für eine Verschiffung in die Häfen Walvis Bay, Kapstadt oder Durban (oder kleinere südafrikanische oder namibische Häfen) liegen bei 2500 bis 3000 Euro (one way) für einen handelsüblichen Geländewagen. Empfehlenswert ist die Verladung in oben offene Container. Ein Anbieter für derartige Verschiffungen ist z.B. das **Travel Center Woick** (Plieninger Str. 21, D-70794 Filderstadt, Tel. 0711-7096710, Fax 7096770, Internet: www.woick.de).

Besonders angenehm ist das Reisen in einem eigenen Allrad-Geländewagen, der als **Camper** umgebaut wurde. Eine empfehlenswerte Adresse für derartige Fahrzeuge vom Typ Toyota Landcruiser und Landrover Defender ist z.B. **Innovation Campers B. Recker** (Schafstr. 9, D-49536 Lienen-Höste, Tel. 05483-749244, Fax 749245, Internet: www.innovation-campers.de). Sorgfältig umgebaute Landcruiser-Camper mit komfortablem Aufstelldach sind ab 35.000 Euro zu bekommen. Die Firma Recker kann in enger Absprache mit dem Kunden fast jeden gewünschten Umbau bewerkstelligen.

Busverbindungen

Mehrere Buslinien verbinden die wichtigsten Städte und Zentren Botswanas. Darüber hinaus gibt es **grenzüberschreitende Busverbindungen** nach Johannesburg (Südafrika), Bulawayo bzw. Harare (Simbabwe) und Lusaka (Sambia), die im Abschnitt „Anreise" aufgeführt sind. **Busse sind Sammeltaxis (Minibusse) in jedem Falle vorzu-** ziehen, da sie bei weitem nicht so vollgestopft und auch deutlich sicherer sind. Die botswanischen Busse sind für schwarzafrikanische Verhältnisse relativ wenig überfüllt, und der technische Zustand ist gut. Busfahrten sind preislich mit Minibusfahrten vergleichbar, man muss im Inland etwa 1,50 bis 2 Euro pro 100 km rechnen. Der Fahrstil reicht von zügig bis halsbrecherisch, sodass man gut vorankommt, wenn der Bus denn einmal losgefahren ist. In der Regel gibt es **einige fixe Abfahrtszeiten** (häufig schon früh morgens vor Sonnenaufgang). Auf den Hauptstrecken ist es sinnvoll, bereits am Tag vorher ein Ticket an der Busstation zu besorgen. Das Gepäck wird in den Laderäumen verstaut, selten auch aufs Dach geschnallt. Falls Sie es in der Eile versäumt haben, vor der Abfahrt genügend Proviant mitzunehmen: An den Haltestellen bieten zahlreiche Snack- und Getränkeverkäufer ihre Dienste an. Busfahren stellt eine gute Möglichkeit dar, Kontakte zur lokalen Bevölkerung zu knüpfen.

Die **besten Busverbindungen** bestehen **entlang der Hauptverkehrsachse Lobatse – Gaborone – Mahalapye – Serule – Francistown** (bis zu zehn Abfahrten täglich). Gut bedient werden auch die Strecken Maun – Nata – Francistown (mehrmals täglich), Serule – Selebi-Phikwe (mehrmals täglich), (Maun) – Nata – Kasane (täglich), Maun – Shakawe (mehrmals täglich) und Palapye – Serowe – Orapa – Maun (täglich). Seit einigen Jahren wird auch die Strecke Gaborone – Lobatse – Ghanzi täglich befahren. Aktuelle Hinweise zu den gültigen Abfahrtszeiten sollte man rechtzeitig vor Fahrtantritt an den Busbahnhöfen bzw. -stationen der Städte einholen. Die genannten Zeiten werden jedoch nicht immer eingehalten oder sind mehr oder weniger vom Füllungszustand des Busses abhängig.

Sammeltaxis und Taxis

Sammeltaxis stellen eine Alternative zu Bussen dar. Sie fahren erst dann los, wenn der Wagen ausreichend gefüllt ist, und unterwegs wird noch munter zugeladen („Ein Sammeltaxi ist niemals voll ..."). Während auf den Hauptstrecken vor allem japanische Minibusse (auf den ca. 14 Sitzplätzen drängen sich in der Regel bis zu 20 Insassen) verkehren, sind Nebenpisten und unbefestigte Wege die Domäne der langsameren Pickup-Wagen mit Allradantrieb. Das Sammeltaxi-System Botswanas ist nur spärlich entwickelt und nicht mit dem west- oder ostafrikanischer Länder vergleichbar. Die Fahrzeuge bedienen vor allem **kürzere Strecken.** Die Fahrpreise liegen bei 2 bis 3 Euro pro 100 km, der Fahrstil ist meist etwas verwegener als bei den Bussen.

In Städten bilden Sammeltaxis (auch als **„Combis"** bezeichnet) eine günstige Form der Fortbewegung. Überfüllte Minibusse bedienen meist eine feste Route und kosten 0,20 bis 0,40 Euro pro Fahrt. Gewöhnliche Taxis heißen auch **„Special Taxis"** und sind mit ei-

nem Taxi-Schriftzug oder einem kleinen Dachschild gesondert gekennzeichnet. Taxiunternehmen, über die telefonisch ein Wagen angefordert werden kann, sind in den Städten Gaborone, Francistown, Selebi-Phikwe und Maun vorhanden. Sammeltaxis und Taxis kann man auch an ihren blauen Nummernschildern erkennen.

Eisenbahnverbindungen

Reisen mit der botswanischen Eisenbahn **erfordert Geduld und Ausdauer,** kann jedoch eine interessante Abwechslung zum Autofahren über knüppelharte, staubige Pisten darstellen. Allerdings ist dieses Vergnügen seit 2009 auf die **einzige funktionierende Bahn-**

Health Post nach 3 Kilometern

strecke des Landes für den grenzüberschreitenden Personenverkehr **zwischen Francistown und Bulawayo (Simbabwe)** beschränkt. Gelegentlich verkehrt auch der berühmte südafrikanische Luxuszug „Blue Train" zwischen Gaborone und Francistown im Rahmen einer „Southern African Rail Safari".

Der Bahnbetrieb auf der Strecke Lobatse – Bulawayo wurde 1987 durch Botswana Railways (BR) von der simbabwischen Eisenbahngesellschaft National Railways of Zimbabwe (NRZ) übernommen. 1991 kaufte BR komfortable neue Waggons aus Südafrika, sodass der Zustand der Züge recht gut war. Der Linienverkehr auf der Strecke (Lobatse) – Gaborone – Francistown wurde 2009 jedoch vollständig eingestellt. Aktuelle Auskünfte zu einer möglichen Wiederaufnahme der Verbindung erteilt **Botswana Railways (BR),** Private Bag 52, Mahalapye, Tel. 4711375, Fax 4711385, Internet: www.botswanarailways.co.bw.

Mit dem Fahrrad und mit dem Motorrad

Der große Vorteil, den Botswana für Fahrradfahrer bietet, besteht in der **Ebenheit des Geländes.** Davon abgesehen gibt es jedoch kaum etwas, was Fahrradfahren zu einer angenehmen und lohnenden Fortbewegungsform machen könnte. Die enormen Distanzen, die große Hitze, verbunden mit starker Staubentwicklung, und der extrem schlechte Zustand der meisten Sandpisten machen das Radfahren in vielen Regionen zu einer frustrierenden

Tortur. Wer es trotzdem versuchen möchte, kann zumindest damit rechnen, dass viele Busse in Botswana Fahrräder auf dem Dach oder im Laderaum mitnehmen können. Die meisten Fluggesellschaften befördern Fahrräder gegen einen Aufpreis. Die Luft muss vor dem Einchecken abgelassen werden, die Pedale müssen abmontiert werden, und der Lenker muss quergestellt sein. Ansonsten bleibt die Möglichkeit, ein Fahrrad vor Ort zu kaufen. Die Auswahl an Modellen europäischen Zuschnitts, beispielsweise Mountain-Bikes, ist allerdings sehr begrenzt und auf Gaborone (bzw. südafrikanische Großstädte) beschränkt.

Reisen mit geländegängigen Motorrädern sind eine deutlich lohnendere Option. Allerdings wird man mit einem Motorrad in keines der Reservate eingelassen. Einige botswanische Camps (z.B. Jack's Camp) bieten Fahrten mit allradgetriebenen Quad-Bikes auf den Salzpfannen von Makgadikgadi an. Derartige Unternehmungen können sehr viel Spaß bereiten, bedeuten für das Ökosystem der Pans aber eine erhebliche Störung.

Fahren per Anhalter

Mitfahrgelegenheiten auf Trucks (LKW) und Privatfahrzeugen sind **auf viel befahrenen Hauptstrecken kein Problem.** Auf Nebenstrecken kann diese Form des Reisens extrem frustrierend sein. In der Regel wird für die Mitfahrgelegenheit eine Bezahlung erwartet, die sich am Preis eines vergleichbaren Bustickets orientiert. Eine gute Gelegenheit, um sich nach Lifts zu erkundigen, sind Grenzübergänge und Tankstellen. Mitfahrgelegenheiten in Nationalparks und Wildreservate im Wagen von Privatleuten ergeben sich am ehesten bei einem Aufenthalt in den touristisch geprägten Matlapaneng-Camps in Maun.

Wandern

Botswana ist sicherlich das **falsche Reiseziel,** wenn man sich im Urlaub vor allem sportlich die Beine vertreten möchte. Die meines Wissens einzigen Regionen, die sich für Wanderungen eignen, sind das Okavango-Delta, die Linyanti-Region, die Tsodilo Hills, das Mokolodi Nature Reserve bei Gaborone, der Tuli-Block und die Tswapong Hills in Ostbotswana. Im Okavango-Delta und in der Linyanti-Region werden von den meisten Safaricamps geführte „Game Walks" oder „Bush Walks" angeboten, auf denen man Wild im Rahmen einer Fußpirsch beobachten kann. Solche ausgedehnten Game Walks machen auch große Teile einer Mokoro-Tour aus, bei der normalerweise die Bewegungselemente „Staken" und „Wandern" miteinander abwechseln. In den privaten Wildreservaten des Tuli-Gebietes und im Mokolodi NR bei Gaborone werden ebenfalls geführte Fußsafaris angeboten. An den Tsodilo Hills kann man mehrere Trails bewandern, die zu den bekanntesten Buschmannzeichnungen der Felsformation führen.

Reise- und Safariveranstalter

Eine Vielzahl von europäischen Reise- und Safariveranstaltern („Safari" ist ein Lehnwort aus dem ostafrikanischen Kisuaheli und bedeutet ganz allgemein „Reise") bietet Reisen ins südliche Afrika an, die Botswana (vor allem Okavango-Delta und Chobe National Park) beinhalten oder sogar ausschließlich nach Botswana führen. Häufig werden Botswanareisen mit Zielen in Simbabwe (vor allem Victoria Falls) und/oder Namibia kombiniert. Zwei- bis dreiwöchige Reisen nach Botswana mit Unterbringung in Safari Lodges und Luxuscamps schlagen mit 3000 bis 5000 Euro pro Person zu Buche. Organisierte Campingsafaris über einen vergleichbaren Zeitraum sind bereits ab 2000 Euro zu bekommen. Der Schwerpunkt derartiger Reisen liegt auf dem Besuch von Nationalparks und Wildreservaten, insbesondere dem Okavango-Delta und dem Chobe National Park. Das Gebiet der Makgadikgadi Pans (inkl. Nxai Pan National Park) wird eher stiefmütterlich behandelt. Touren ins Central Kalahari Game Reserve werden bislang nur selten angeboten.

Wer Geld sparen will, aber keine eigenständig organisierte Campingsafari mit einem geliehenen Allrad-Geländewagen durchführen kann oder möchte, sollte sich vor Ort an **lokale Anbieter** wenden, deren Programme manchmal günstiger sind als ein in Deutschland gebuchtes Pauschalpaket. Südafrikanische Reiseagenturen bieten gelegentlich recht preisgünstige „Specials" in bestimmte botswanische Reservate und Camps an, die allerdings nur für eine bestimmte Zeitspanne gelten, vor Ort in Südafrika (in der Regel ab Johannesburg) starten und meist nur einen begrenzten Reisezeitraum von fünf bis zehn Tagen umfassen. Derartige Abstecher nach Botswana können interessant für Reisende sein, die den Schwerpunkt ihres Aufenthaltes im südlichen Afrika ohnehin auf Namibia, Südafrika oder Simbabwe legen.

Eine genaue Auflistung aller botswanischen Reiseveranstalter finden Sie unter den jeweiligen Städtebeschreibungen im Reiseteil.

In Südafrika (Auswahl)

●**andBeyond Africa** (vormals CC Africa), P/Bag X27, Benmore 2010, Johannesburg. Tel. +27-11-809-4300, Fax +27-11-809-4400, Internet: www.andbeyondafrica.com
●**Drifters,** P.O. Box 4712, Cresta 2118, Johannesburg, Tel. +27-11-888-1160, Fax +27-11-888-1020, E-Mail: drifters@drifters.co.za, Internet: www.drifters.co.za. Mobile Campingsafaris im unteren Preissegment.
●**Kwenda Safaris,** Unit A5, Sanlam Industrial Park, Masjien Road, Strijdom Park, Randburg, Johannesburg, Tel. +27-44-533-5717, Fax +27-86-618-8521, Internet: www.kwendasafari. com oder www.kwenda.de. Geführte Landrover-Safaris im südlichen Afrika.
●**Orient-Express Safaris** (ehemals Gametrackers), P.O. Box 786432, Sandton 2146, Tel. +27-21-4831600, Fax +27-21-4225045, Internet: www.orient-express-safaris.co.za
●**Pulse Africa Safaris,** P.O. Box 2417, Parklands 2121, Johannesburg, Tel. +27-11-3252290, Fax +27-11-327-0281, Internet: www.pulseafrica.com. Maßgeschneiderte Reisen nach Botswana unter Einbeziehung angenehmer Camps und Lodges.

●**Rhino Afrika,** 81 St. Johns Street, Cape Town, Tel. +27-21-469-2670, Fax +27-21-465-8172, Internet: www.rhinoafrika.de. Deutschsprachiges Reisebüro, das maßgeschneiderte Individualreisen im südlichen Afrika zusammenstellt.
●**Uncharted Africa Safaris,** P/Bag X31, Saxonwold 2132, Johannesburg, Tel. +27-11-4471605, Fax +27-11-4476905, Internet: www.unchartedafrica.com. Aktivitäten: z.B. von Buschmännern geführte Fußsafaris und Quad-Bike-Fahrten; luxuriöse Unterbringung in der Region der Makgadikgadi Pans.
●**Wilderness Safaris,** P.O. Box 651171, Benmore 2010, Johannesburg, Tel. +27-11-884-1458, Fax +27-11-883-6255, Internet: www. wilderness-safaris.com. Allround-Safariunternehmen mit umfangreichem Botswana-Programm, Schwerpunkt liegt in der gehobenen Preisklasse. Besitzt das größte Netzwerk eigener Safari Camps in den touristisch attraktivsten Regionen Botswanas.

In Namibia (Auswahl)

●**Penduka Safaris,** P.O. Box 90387, Windhoek, Tel. +264-61-239643, Fax +264-61-239642, Internet: www.pendukasafaris.com. Exzellente Campingsafaris in Botswana, gehobene Preisklasse.

In Botswana (Auswahl)

●**andBeyond Africa** (vormals CC Africa), Maun, Tel. 6861979, Fax 6861972, Internet: www.andbeyondafrica.com. Betreibt einige von Botswanas „preiswerteren" Safari Lodges und Camps, mit traumhafter Lage im südlichen bzw. östlichen Okavango-Delta: Nxabega Okavango Tented Camp, Sandibe Safari Lodge, Xaranna Okavango Delta Camp, Xudum Okavango Delta Lodge. Durchgeführt werden empfehlenswerte Campingsafaris im oberen Preissegment, mit semipermanenten Zeltlagern im Moremi WR und Chobe NP.
●**African Horseback Safaris,** P.O. Box 20671, Maun, Tel. 6861523, Fax 6863154, Internet: www.africanhorseback.com. Anbieter

von Reitsafaris im zentralen und südwestlichen Okavango-Delta.

●**Audi Camp Safaris,** P.O. Box 24139, Maun, Tel. 6860599, Fax 6865388, Internet: www. okavangocamp.com. Bietet u.a. günstige Mokoro-Touren ins westliche Okavango-Delta und Campingsafaris ins Central Kalahari Game Reserve an.

●**Bush Ways Safaris,** P/Bag 342, Maun, Tel. 6863685, Fax 6800937, Internet: www.bushways. com. Empfehlenswerte Campingsafaris im mittleren und oberen Preissegment.

●**Capricorn Safaris,** Tel. 6861165, Fax 6862991, Internet: www.capricornsafaris.com. Erfahrener Anbieter gehobener Zeltsafaris in relativ großen Gruppen (mit mobilen Zeltlagern in der zentralen Kalahari, im Okavango-Delta/Moremi WR und im Chobe NP).

●**Crocodile Camp Safaris,** P.O. Box 46, Maun, Tel. 6800222, Fax 6801256, Internet: www.crocodilecamp.com

●**Desert & Delta Safaris,** P/Bag 310, Maun, Tel. 6861243, Fax 6861791, Internet: www. desertdelta.com. Das renommierte Unternehmen führt die Luxusunterkünfte Camp Moremi, Camp Okavango, Xugana Island Lodge (im bzw. am Moremi WR), die Savute Safari Lodge, die Chobe Game Lodge, die Chobe Savanna Lodge (Chobe NP) sowie die Leroo-la-Tau Lodge im Makgadikgadi Pans NP, mit eigener Fluggesellschaft (Safari Air). Pro Person und Tag (im DZ, alles inklusive) 350–600 Euro. Deutsche Repräsentanz: International Travel Partners, Loehstr. 12, D-45468 Mülheim/Ruhr, Tel. 0208-4445424, Fax 4445407, Internet: www.i-t-p.net.

●**Go Wild Safaris,** P.O. Box 56, Kasane, Tel. und Fax 6250468, Internet: www.gowildsafaris.co.za

●**John Chase Safaris,** P.O. Box 250004, Maun, Tel. 6801066, Mobiltel. 71323323, Internet: www.johnchasesafaris.com. Maßgeschneiderte Campingsafaris in Kleingruppen (mit mobilen Zeltlagern im Okavango-Delta/Moremi WR, im Chobe NP, im CKGR und im Nxai Pan NP). Gehobene Preisklasse.

●**Ker & Downey Botswana,** P.O. Box 27, Maun, Tel. 6861226, Fax 6861282, Internet: www.kerdowneybotswana.com. Botswanas einst exklusivstes Safari-Unternehmen, vor allem US-amerikanische Kunden. Ker & Dow-

ney besitzt mehrere eigene Camps im Okavango-Delta: Kanana Camp, Shinde Island Camp, Footsteps Across the Delta und Camp Okuti. Der Tagestarif pro Person liegt bei 320–550 Euro (im DZ, alles inklusive). Komplette Safari-Pakete über sechs Nächte (in drei verschiedenen Camps) sind ab 2500 Euro erhältlich. Deutsche Repräsentanz: International Travel Partners, Loehstr. 12, D-45468 Mülheim/Ruhr, Tel. 0208-4445424, Fax 4445407, Internet: www.i-t-p.net.

●**Kwando Safaris,** P.O. Box 550, Maun, Tel. 6861449, Fax 6861457, Internet: www.kwando.co.bw. Profilierte Safaris in den Konzessionsgebieten Kwara (nördliches Okavango-Delta) und Kwando sowie neuerdings auch im Nxai Pan NP und im CKGR. Die luxuriös ausgestatteten Camps Kwara, Kwando Lagoon, Kwando Lebala, Nxai Pan und Tau Pan lassen kaum Wünsche offen.

●**Letaka Safaris,** P/Bag 206, Maun, Tel. 6800363, Fax 6800955, Internet: www.letakasafaris.com. Kleines Unternehmen mit guten Referenzen. Preiswert.

●**Lloyd Wilmot Safaris,** P.O. Box 37, Maun, Tel. 6862615, Mobiltel. 71697200, Internet: www.wilmotsafaris.com. Eines der ältesten und erfahrensten Safari-Unternehmen in Botswana. Familienbetrieb mit dem Schwerpunkt Zeltsafaris. Es werden in den schönsten Winkeln des Moremi WR und der unmittelbaren Umgebung rustikale mobile Zeltlager errichtet.

●**Okavango Horse Safaris,** P/Bag 23, Maun, Tel. 6861671, Fax 6861672, Internet: www.okavangohorse.com. Reitsafaris.

●**Okavango Tours & Safaris,** P.O. Box 39, Maun, Tel. 6860220, Fax 6860589, Internet: www.okavango.com

●**Okavango Wilderness Safaris,** P/Bag 014, Maun, Tel. 6860086, Fax 6860032, Internet: www.wilderness-safaris.com. Botswanischer Ableger der südafrikanischen Mutterfirma (s.o.). Besitzt bzw. managt das größte Netzwerk luxuriöser Safari Camps in den touristisch attraktivsten Regionen Botswanas. Vielgestaltige, sehr professionelle Touren im oberen Preissegment.

●**Orient-Express Safaris** (ehemals Gametrackers), P.O. Box 100, Maun, Tel. 6860302, Fax 6860153, Internet: www.orient-express-safaris.co.za. Dieses Unternehmen mit Hauptsitz in Johannesburg (Adresse siehe „Veranstalter in Südafrika") führt einige der etabliertesten Safaricamps in Botswana.

● **Phakawe Safaris**, P.O. Box 66, Maun, Tel. 6860351, Fax 6860571, Internet: www.phakawe.com

● **Sanctuary Retreats**, P/Bag 45, Maun, Tel. 6862688, Fax 6863526, Internet: www.sanctuaryretreats.com. Betreibt einige von Botswanas luxuriösesten und exklusivsten Safaricamps, mit traumhafter Lage im Okavango-Delta bzw. am Chobe River.

● **Selinda Reserve** (vormals Linyanti Explorations, P.O. Box 22, Kasane, Tel. 6250505, Fax 6250352, Internet: www.selindareserve.com. Langjährig etabliertes Unternehmen mit exklusiven Safaris im 1350 km² großen Selinda-Konzessionsgebiet. Die luxuriös ausgestatteten Camps Selinda und Zarafa bieten allen nur erdenklichen Busch-Komfort.

Reisezeit

Botswana besitzt ein **subtropisches, trockenes und heißes Klima.** Das Land liegt auf der Südhalbkugel und befindet sich mit den nördlichen zwei Dritteln innerhalb des Tropengürtels (d.h. nördlich des Wendekreises des Steinbocks). Die Jahreszeiten der Südhalbkugel sind denen der Nordhalbkugel genau entgegengesetzt. In Ermangelung eines echten „Frühlings" und „Herbstes" wie auf der Nordhalbkugel spricht man in Botswana vereinfachend nur von „Winter" und „Sommer". Den Begriff „Winter" kann man dabei nicht auf unsere mitteleuropäischen Verhältnisse übertragen, da auch im Winter in Botswana für Mitteleuropäer sommerliche Tagestemperaturen vorherrschen.

Während des Sommers (September bis April) erreichen die Temperaturen tagsüber in der Regel 30° bis 35°C, in manchen Regionen über 40°C. Nachts liegen die Werte meist noch bei 18° bis 27°C. **Die wärmsten Monate sind Oktober und November.** Zwischen November und März (Regenzeit) sind heftige Regenfälle häufig, doch können auch längere Trockenperioden auftreten. Selbst an Regentagen zeigt sich der Himmel oft einige Stunden sonnig oder gar wolkenfrei. Während des Winters (Mai bis August) liegen die Temperaturen tagsüber zwischen 20° und 28°C, nachts wird es mit 2° bis 8°C empfindlich kühl. In Teilen der Kalahari sinken die Temperaturen nachts sogar regelmäßig unter die Frostgrenze. Die **zweite Maihälfte, Juni und Juli** gelten als die mit Abstand **kältesten Monate.** Im Winter fällt in Botswana kaum Regen.

Unabhängig von klimatischen Gesichtspunkten ist Botswana **das ganze Jahr über ein überaus lohnendes Reiseziel.** In den Monaten Dezember bis März können Regenfälle den Aktionsradius infolge schwer oder gar nicht passierbarer Straßen und Pisten einschränken. Dafür erlebt man das Land relativ grün und weniger staubig, oft lassen sich auch tiefe Sandpisten infolge der Anfeuchtung des Sandes besser mit dem Fahrzeug bewältigen. Der Zustrom an Reisenden hält sich in dieser Zeit sehr in Grenzen, von der Phase um Weihnachten/Neujahr bis Mitte Januar (Ende der südafrikanischen Sommerferien) einmal abgesehen. Es ist nicht ungewöhnlich, in dieser Zeit einen Campingplatz oder sogar ganze Gebiete scheinbar „für sich allein" zu haben. Buchungen für Nationalparks und Wildreservate sind meist problemlos und ohne längere Vorausplanung vor Ort zu bekommen.

Landschaften wie die zentrale Kalahari oder der Kgalagadi Transfrontier National Park beeindrucken **während der Regenperiode** durch **üppige Vegetation** und dadurch angezogene Tierbestände, wobei Sperrzäune die traditionellen Wanderungsbewegungen immer weiter einschränken. Auch andere Trockengebiete wie Nxai Pan, die Makgadikgadi Pans oder die Landschaft um Savuti im Chobe National Park leben in der Regenzeit auf und werben mit grüner Vegetation und entsprechender Wildtierdichte um die Gunst des Besuchers. Hoch stehendes Gras kann Tierbeobachtungen jedoch erschweren.

Die **Auffüllung des Okavango-Deltas mit Niederschlagswasser** aus dem angolanischen Hochland beginnt in der Regel im Februar/März. Das Wasser erreicht zu diesem Zeitpunkt den Bereich der Panhandle und arbeitet sich gewissermaßen von hier durch die ganze Weite des Deltas nach Osten hin vor. Im Juli erreichen die Wassermassen in der Regel Maun am anderen Ende des Deltas. **Die Gesamtausdehnung des Deltas ist im Juni/Juli am größten und erreicht im Dezember/Januar ihren Tiefpunkt.** Für – vom Wasserstand abhängige – Mokoro-Touren (= Einbaumfahrten) ist die Zeit von Juni bis Oktober am besten geeignet, ebenso für Tierbeobachtungen, die im Okavango-Delta aber prinzipiell das ganze Jahr über möglich sind.

Die Flusslandschaft im nördlichen Chobe National Park zwischen Linyanti und Kasane lohnt einen Besuch insbesondere zwischen August und November. Große Büffel- und Elefantenherden kommen vor allem am späten Nachmittag an den Fluss und bieten dann eines der beeindruckendsten Tierspektakel im südlichen Afrika.

Detaillierte Hinweise zu den gebietsspezifisch attraktivsten Reisemonaten enthalten die jeweiligen Reisekapitel.

Sicherheit

Botswana gilt als eines der sichersten Reiseländer Afrikas. Nicht wenige weitgereiste Afrikakenner stufen es sogar als **sicherstes Land in Afrika** ein. Im Gegensatz zum von Kriminalität und Gewalt geplagten Nachbarn Südafrika sind Waffen in Botswana mit Ausnahme lizenzgebundener Jagdwaffen nicht für jedermann erhältlich. Neben der dünnen Besiedlung und der geringen Größe botswanischer Städte ist dies sicherlich ein wesentlicher Grund für die vergleichsweise entspannte Sicherheitslage. Generell sind Botswanas Straßen auch nach Einbruch der Dunkelheit sicher, doch sollte man die in Afrika allge-

Buchtipp – Praxis-Ratgeber:
● Matthias Faermann
**Schutz vor Gewalt
und Kriminalität unterwegs**
(REISE KNOW-HOW Verlag)

mein übliche Vorsicht nicht vollkommen außer Acht lassen.

Bei einem Monatsgehalt von durchschnittlich 150 bis 350 Euro verwundert es nicht, dass ab und zu kleinere Taschendiebstähle oder Betrügereien vorkommen. Das Verschwinden eines Pullovers, einer Brille oder der Haarbürste vom Nachttisch des Hotelzimmers bzw. aus unbeaufsichtigtem Gepäck signalisiert, wie wertvoll in Europa eher unbedeutende Accessoires für einen Afrikaner sind. **Autodiebstähle und Raubüberfälle** kommen in Botswana bislang nur **selten** und fast ausschließlich im Raum Gaborone bzw. Maun sowie in Grenznähe zu Simbabwe vor. Es ist allerdings zu erwarten, dass die Kleinkriminalität mit der Zunahme des Tourismus landesweit steigen wird. Ein solcher Trend wird durch die deutliche Zunahme von Diebstählen und Autoeinbrüchen in Kasane sowie in der Touristenmetropole Maun leider bestätigt.

Um Diebstählen und Überfällen vorzubeugen, sollten Sie einige **wichtige Verhaltensregeln** beherzigen:

● Lassen Sie Schmuck und entbehrliche Wertsachen am besten daheim.
● Geld und Papiere gehören in den Safe Ihres Hotels oder Camps. Zeigen Sie größere Werte und Geldsummen nie öffentlich und tragen Sie Ihr Geld in Städten verdeckt und am Körper. Nichts reizt mehr zum Diebstahl als eine locker umgeschlungene Bauchtasche. Diebe werden von reichen (oder reich erscheinenden) Leuten magisch angezogen.
Führen Sie in Städten nur Ihren Tagesbedarf an Bargeld lose mit sich, auf einer Toilette oder anderen stillen Orten kommen Sie jederzeit unbemerkt an die Reserven im Bauchgurt heran. Meiden Sie größere Menschenansammlungen.

● Lassen Sie Ihr Fahrzeug mit Gepäck und Wertgegenständen nie unbeaufsichtigt. Wertsachen wie Kameras, Portemonnaies etc. dürfen nicht offen im Wagen herumliegen, sondern sollten stets verdeckt deponiert werden, beispielsweise unter den Sitzen, im Handschuhfach oder im Kofferraum. Es sollte immer eine Person am Wagen zurückbleiben, während die Reisepartner einkaufen gehen, Geld wechseln oder andere Besorgungen erledigen. In Gaborone ist es üblich, dass ein Parkwächter Ihren Wagen für wenige Pula beaufsichtigt. Dieser Service funktioniert gut und ist ausgesprochen vertrauenswürdig.

Korruption und Bestechlichkeit sind in Botswana **deutlich schwächer ausgeprägt als im sonstigen Afrika.** Dem Ende der 1990er Jahre gegründeten staatlichen *Directorate on Corruption and Economic Crime* wird von unabhängiger Seite immer wieder engagierte Arbeit bescheinigt. Jeder, der Bestechungsgelder annimmt oder anbietet, muss mit effektiver strafrechtlicher Verfolgung durch dieses Gremium rechnen. Daher sollten auch Reisende gar nicht erst in die Versuchung kommen, den Willen von Offiziellen mit Hilfe eines Schmiergeldes „zurechtzubiegen".

Aktuelle Reisehinweise

Aktuelle Reisehinweise neben **Hinweisen zur allgemeinen Sicherheitslage** erteilen:

● **Deutschland:** www.auswaertiges-amt.de und www.diplo.de/sicherreisen (Länder- und Reiseinformationen), Tel. 030-5000-0, Fax 5000-3402
● **Österreich:** www.bmaa.gv.at (Bürgerservice), Tel. 05-01150-4411, Fax 05-01159-0
● **Schweiz:** www.dfae.admin.ch (Reisehinweise), Tel. 031-3238484

Souvenirs

Botswana ist für seine filigranen **Korbflechtarbeiten** *(Basketry)* bekannt. Das Flechten von Körben und Schalen gilt als starke, eigenständig botswanische Kunstrichtung und immer mehr Flechter aus Botswana sind mit formvollendeten **Botswana Baskets** auf internationalen Kunstausstellungen vertreten. Wenig bekannt ist hingegen, dass der heute bestimmende Kunststil erst in mehreren Migrationsphasen im 19. und 20. Jahrhundert mit Flechtern des angolanischen Hambukushu-Volkes nach Botswana gelangte. Bedeutsam waren vor allem die Flüchtlingsbewegungen der 1950er und 60er Jahre, als vor den Bürgerkriegsereignissen in Angola fliehende Hambukushu in großen Zahlen die Grenze nach Botswana querten und überwiegend in der Region um Etsha am Rande des westlichen Okavango-Deltas siedelten. Sie brachten der dortigen Bevölkerung ihre **ausgefeilte Korbflechttechnik** bei. Zunächst erfüllten die geflochtenen Körbe und Schalen nur simple Haushalts- und Transportzwecke und verloren rasch an Bedeutung, als Kunstoff- und Metallgefäße auch ins ländliche Afrika gelangten. Als eigenständige Kunstrichtung und für den touristischen Souvenirmarkt wurde

Typische Souvenirs

das Korbflechten der Hambukushu erst in den 1970er Jahren (wieder)entdeckt.

Das Flechtmaterial wird aus Sprossen der Mokolwane-Palme *(Hyphaene petersiana)* gewonnen und mit Farbstoffen aus Rinde und Wurzeln des Motlhakola-Baumes *(Euclea divinorum)* sowie des Motsentsila-Baumes *(Berchemia discolor)* gefärbt. Das Flechten einer einzigen Schale dauert je nach Qualität und Ausmaß eingeflochtener Ornamente 20 bis 30 volle Arbeitstage. Dies sollte bei der Betrachtung der Preise für besonders kunstvolle Arbeiten (um 20 Euro für eine Schale beim Erzeuger, bis zu 200 Euro im Souvenir- und Kunsthandel) berücksichtigt werden. In den dürrregeplagten Dörfern der Panhandle-Region stellen die Flechtarbeiten der Frauen vielfach die einzige Einkommensquelle der Familien dar. Wer sich intensiv für botswanische Korbflechtarbeiten interessiert, sollte direkt zu den Flechterinnen nach Etsha 6 oder Gumare fahren.

Die Vermarktung von Botswana Baskets erfolgt vor allem über die **Botswanacraft Marketing Company** mit Sitz in Gaborone. Über sie werden große Teile der botswanischen Flechtarbeiten verkauft. Faktisch tritt diese kommerzielle Gesellschaft damit als wichtigster Träger der Flechtkunst im Land in Erscheinung. Botswanacraft koordiniert auch die alljährlich im National Museum in Gaborone stattfindende Ausstellung **National Basket & Craft Exhibition,** auf der die besten Arbeiten eines Jahres aus dem botswanischen Kunsthandwerk vorgestellt werden. Botswanacraft ist mit verschiedenen Geschäften in Gaborone vertreten, aber auch mit einer sorgfältig gestalteten Homepage im Internet präsent, über die sogar Bestellungen vorgenommen werden können:

● **Botswanacraft,** P.O. Box 486, Gaborone/Botswana, Tel. 3922487, Fax 3922689, Internet: www.botswanacraft.bw

Holzschnitzereien und Speckstein-Skulpturen werden vor allem aus Simbabwe nach Botswana gebracht und sind für das Kunst- und Souvenirhandwerk des Landes nicht typisch. Es handelt sich in der Regel um Massenartikel, die Geschmackssache des Einzelnen sind. Die Grenzen zwischen Kunst und billigem Touristenkitsch verlaufen hier fließend.

Einen anderen Hintergrund haben **Souvenirs,** die **von botswanischen Buschmännern** (San) hergestellt werden. Kunstvoll bearbeitete Straußeneier, Ketten, Armreifen und Taschen, selbst die unvermeidlichen „Buschmann-Jagdsets" mit Bogen, Köcher und Pfeilen sind in der Regel individuell gefertigt und vom Entwicklungsstadium der Massenware noch weit entfernt. Die Umgebung der Stadt Ghanzi im Westen Botswanas bietet sicherlich die beste Auswahl an ursprünglichen Arbeiten. Buschmann-Souvenirs sind aber auch in stetig wachsendem Maß in den Souvenirgeschäften von Maun und Gaborone vertreten.

Sehenswert sind auch die **Erzeugnisse von Weberkooperativen** wie den „Lentswe-la-Oodi Weavers" in Oodi bei Gaborone. Die mit farbenfrohen Motiven versehenen Webarbeiten werden aus Karakul-Wolle hergestellt und sind als kleine Teppiche, Wandgehänge, Decken, Bettvorleger etc. erhältlich. Frauen der Herero verkaufen im Raum Maun kleine Puppen in traditioneller Herero-Tracht, die begehrte Souvenirs darstellen.

Sport und Freizeit

Im Vergleich zu den exzellenten Sport- und Freizeitmöglichkeiten der Nachbarländer Südafrika und Simbabwe ist Botswana ein mehr als rückständiges **„sportliches Entwicklungsland“.** Bademöglichkeiten sind auf wenige Sportklubs in Gaborone und Francistown sowie die Swimmingpools großer Hotels beschränkt. Die winzigen Pools von Safari Lodges und Luxury Tented Camps erlauben in der Regel nicht einmal drei ausholende Schwimmzüge. Fast das gesamte Okavango-Delta gilt als bilharziosefrei, sodass erfrischendes Baden zumindest unter diesem Aspekt möglich ist. Genauere Erkundigungen bei lokalen Führeren sollten vorher eingeholt werden. Eine absolute Gewähr für die Abwesenheit von Bilharziose gibt es jedoch nicht, und auch Krokodile und Flusspferde können ein Bad im Okavango stören oder gar abrupt beenden.

In Gaborone, Francistown, Lobatse und Maun existieren ansprechende Golf-, Tennis- und Squashanlagen, die gegen Gebühr teilweise auch von ausländischen Besuchern genutzt werden können. Andere beliebte Sportarten sind Cricket, Rugby und Fußball. Der Hauptfokus des Landes richtet sich jedoch klar auf das Naturerleben. Neben Wildbeobachtungsfahrten mit Geländefahrzeugen bieten sich im Gebiet von Okavango und Chobe auch entsprechende Bootsfahrten an. Der große Fischreichtum dieser Gewässer (z.B. Tigerfische) fordert das Angeln geradezu heraus. In Schutzgebieten muss dazu vorher aber eine Genehmigung bei der botswanischen Wildschutzbehörde DWNP besorgt werden. Den vielleicht beeindruckendsten und störungsärmsten Zugang zum Erleben des Okavango-Deltas bieten Einbaumfahrten mit traditionellen Mekoro, die von Maun aus und in allen Camps innerhalb des Deltas organisiert werden können. Andere unkonventionelle Erkundungsansätze sind Reit- und Elefantensafaris (siehe „Das Okavango-Delta“). Über die ökologische Verträglichkeit von Quad-Bike-Fahrten durch die Salzpfannenlandschaft der Makgadikgadi Pans lässt sich schon eher streiten (Quad Bikes sind allradgetriebene vierrädrige Motorräder mit sehr breiten Reifen).

Die gut entwickelte Freizeitindustrie in Livingstone, Sambia und Victoria Falls, Simbabwe bietet Abenteueraktivitäten wie Whitewater Rafting und Kajakfahren unterhalb der Viktoria-Fälle, den angeblich höchsten kommerziellen Bungee-Sprung weltweit, Flüge mit Ultraleichtflugzeugen, und hält auch ruhigere Unternehmungen wie Kanutouren auf dem Sambesi bereit. Livingstone und Victoria Falls sind weniger als eine Autostunde von der botswanischen Grenze bei Kasane/Kazungula entfernt.

Wichtige Vokabeln und Redewendungen in Setswana

Begrüßung und Verabschiedung

Unter Batswana sind ausgedehnte Begrüßungen üblich, denen im Regelfall ein Austausch weiterer Höflichkeiten und Fragen nach der Familie und der Arbeit folgen. Gebräuchlicherweise begrüßt die ältere Person die jüngere zuerst. Es wird dabei großer Wert auf Höflichkeit und Zuvorkommenheit gelegt.

Hallo/Guten Tag, ...	*Duméla* ...
... mein Herr	*Duméla Rra*
... meine Dame	*Duméla Mma*
... meine Herren	*Dumélang Borra*
... meine Damen	*Dumélang Bomma*

Wie geht es Ihnen?	*A o sa tsogile sentlé?*
Mir geht es gut, danke.	
	Ee, ke sa tsogile.
Wie geht's? (kurz)	*O kae?*
Mir geht's bestens. (kurz)	*Ke teng.*

Auf Wiedersehen, bleib' gesund!
Tsamaya sentlé! (man selbst geht)
Auf Wiedersehen, mach's gut!
Sala sentlé! (der Gesprächspartner geht)
Schlaf' gut! *Robala sentlé!*

Um ein Gespräch abzuschließen und um zu signalisieren, dass alles in bester Ordnung ist, wird die Wendung „Go siame" gebraucht.

Vokabeln und Kurzsätze

Ja	*Ee*
Nein	*Nnyáa*
Danke	*Keitumetse*
Bitte	*Tsweetswee*
Entschuldigung	*Intshwarele*
Alles in Ordnung, okay.	
	Go siame

Heute	*Gompieno*
Gestern	*Maabane*
Morgen	*Ka moso*
Wasser	*Metsi*
Regen	*Pula*
Brot	*Borotho*
Milch	*Mashi*
Fleisch	*Nama*
Rind/Rinder	*Kgomo/Dikgomo*
Dorf	*Motse*
Einbaum/Einbäume	*Mokoro/Mekoro*
Hotel	*Hotele*
Arzt	*Ngaka*
Treibstoff/Benzin	*Lookwae/Peterolo*

Wieviel kostet es?	*Ke bokae?*
Sprechen Sie Englisch?	
	A o bua Seenglish?
Gibt es hier ein Hotel?	
	A go ne le hotele?
Wo ist die Straße nach Gaborone?	
	Tsela Gaborone e kae?
Ist es noch weit nach Gaborone?	
	A Gaborone o sa le kgakala?
Ich brauche einen Arzt!	
	Ke batla go bona ngaka!
Woher kommst Du?	*O tswa kae?*
Ich komme aus (Deutschland).	
	Ke tswa kwa (Germany).
Ich heiße ...	*Leina la me ke ...*

Wer seine Sprachkenntnisse in Setswana vertiefen will, sei auf ein englischsprachiges Büchlein verwiesen, das im internationalen Buchhandel aufgestöbert werden kann (im deutschsprachigen Raum gibt es bislang keinen entsprechenden Sprachführer):

● **Understanding Everyday Setswana –** A Vocabulary and Reference Book, von *Palm Wilken,* 94 S., 1994, Verlag Maskew Miller Longman

Sprachhilfe Setswana

Neben der **Amtssprache Englisch** ist Setswana (manchmal auch Se-Tswana geschrieben) die verbreitetste lokale Sprache in Botswana. Es wird **von mehr als 90% der Bevölkerung verstanden und gesprochen.** Die Sprache ist im Vergleich zu anderen afrikanischen Dialekten und Sprachen (z.B. Kisuaheli) mühsam zu erlernen und besitzt eine für Europäer komplizierte Aussprache. Da Reisende mit Englisch überall in Botswana bestens verstanden werden und somit keine wirkliche Notwendigkeit zum Erlernen von Setswana besteht, ist diese Sprachhilfe auf Begrüßung und Verabschiedung sowie die notwendigsten Vokabeln und Redewendungen beschränkt. Die Aussprache entspricht in etwa der Schreibweise. Konkrete Artikulationsanweisungen sollten Sie sich – sozusagen von Fachleuten – im Gespräch vor Ort in Botswana geben lassen.

Das Beherrschen von Begrüßung und Verabschiedung wie auch gängigen Redewendungen kann dem Reisenden ein hohes Maß an Anerkennung verschaffen und manche Tür in Botswana aufstoßen, die normalerweise verschlossen bliebe. Es lohnt daher, diese wenigen Vokabeln und Ausdrücke parat zu haben. Wichtig ist auch der korrekte Umgang mit dem Wortstamm „-tswana", der durch Hinzufügen verschiedener Präfixe ganz unterschiedliche Bedeutungen erlangt. Folgendes Beispiel möge dies verdeutlichen: „Bo-tswana" ist der Name des Landes, „Mo-tswana" kennzeichnet hingegen einen einzelnen Bewohner des Landes, „Ba-tswana" ist der Plural davon und benennt zwei und mehr Bewohner des Landes, „Se-tswana" hingegen bezeichnet die Sprache der „Ba-tswana".

Stromversorgung

Die Stromspannung in Botswana beträgt **230 V Wechselstrom** (50 Hz). Es gibt eine Vielzahl von Steckdosentypen – meist für dreipolige Flachstecker nach britischem Standard, aber auch für Rundstecker. Im Osten des Landes sind auch dreipolige Stecker nach südafrikanischem Standard verbreitet. Adapter sind in fast allen Elektrogeschäften Botswanas zu günstigen Preisen erhältlich oder können von der Heimat aus mitgebracht werden (am besten ein Multi-Adapterset aus dem Reiseausrüstungshandel).

Die meisten **Camps und Lodges** in (oder in der Nähe von) Wildreservaten und Nationalparks verwenden **Solarstrom oder Generatorstrom,** nur wenige sind an das allgemeine Stromnetz angeschlossen. Die Generatoren werden in der Regel nach 22 Uhr abgestellt, Petroleumlampen übernehmen dann die Beleuchtung. Hochwertige elektrische Geräte können an diesen Stromnetzen nicht betrieben werden, oftmals reicht der Stromfluss selbst für einen kleinen Handfön nicht aus. Die Zimmer in den besseren Hotels besitzen in der Regel Steckdosen für Elektrorasierer, manchmal muss das Gerät dann auf 110/115 V Wechselstrom umgestellt werden. Zeltplätze in den Nationalparks und Wildreservaten, aber auch an Camps und Lodges, verfügen bestenfalls über Solarstrom oder Generatorstrom. Steckdosen sind dort nur sporadisch vorhanden.

Stromausfälle sind selten, können aber gerade in kleineren Städten vorkommen. Dörfer und Siedlungen sind meist gar nicht an das Stromnetz angeschlossen. Hier muss man auf Petroleumlampen, Kerzen und Taschenlampe zurückgreifen. Die Mitnahme einer Taschenlampe ist allgemein unerlässlich, selbst wenn Sie ausschließlich in Camps, Lodges und Hotels nächtigen sollten. Sie sollten teure und anfällige Geräte wie z.B. portable Computer/Notebooks bei längerer Anwendung in Botswana nur an Spannungsregulatoren betreiben. Die Stromspannung kann selbst in den Städten größeren Schwankungen unterworfen sein.

Trinkgeld

Ein durchschnittliches Monatsgehalt in Botswana beträgt umgerechnet 150 bis 350 Euro. Natürlich erwarten **Taxifahrer, Kellner, Hotel- und Campangestellte** und andere ein kleines Trinkgeld für ihre Dienste. In den meisten Fällen sind 1 bis 2 Euro angemessen (orientieren Sie sich am Monatsgehalt und an der Leistung). In Restaurants und Bars sind 10 bis 15% vom Rechnungsbetrag

üblich. Selten ist bei Hotels und Restaurants ein Servicebetrag für die Bedienung („Service Charge") bereits im Preis enthalten und dann auf der Rechnung gesondert aufgeführt.

Bei mehrtägigen Mokoro-Touren (= Einbaumfahrten) erwarten **Poler und Guides** Trinkgeld-Beträge von 2 bis 4 Euro pro Teilnehmer und Tourtag. Gleiches gilt für **Wildhüter und Safari-Guides.** Auch hier muss zwischen erbrachter Leistung und entsprechender Honorierung gut abgewogen werden, was auch bedeuten kann, dass ein „Tip" bewusst verwehrt wird. Grundsätzlich ist das Geben von Trinkgeldern freiwillig. Man sollte sich aber der Tatsache bewusst sein, dass eigentlich alle Beschäftigten in Serviceberufen Trinkgeldbeträge in ihre Gehaltsplanung fest einkalkulieren (müssen).

Unterhaltung und Nachtleben

Beides ist für europäische Verhältnisse **stark unterentwickelt.** Allein Gaborone bietet ein gewisses Nachtleben mit Klubs, Kinos, Diskotheken, Bars und Live-Musik, mit Abstrichen auch Francistown. In anderen Städten werden Sie froh sein müssen, eine angenehme Bar für den abendlichen Drink und ein paar nette Gesprächspartner gefunden zu haben. Spätestens gegen Mitternacht ist das spärliche „Nightlife" in den allermeisten Orten gelaufen. Wer während seines Urlaubs in Botswana die Nacht zum Tag machen möchte, wird große Probleme bei der Umsetzung dieser Pläne haben.

Das einzige ernst zu nehmende **Kulturzentrum** Botswanas ist das **Maitisong Centre** in der Maru-a-Pula-Schule in Gaborone, wo regelmäßig Informationsabende, Vorträge und kleinere Film- und Theaterfestspiele stattfinden, die in der Tagespresse und im Radio angekündigt werden (Infos im Internet: www.maitisong.co.bw). In Maun wird immer wieder von Plänen für ein Veranstaltungszentrum in der Power Station berichtet, einem gescheiterten Kraftwerksprojekt in Flughafennähe.

Üblicherweise treffen sich Europäer und andere „Expatriates" in den Städten abends in Restaurants zum Essen und später auf (meist mehrere) Drinks in den Bars der großen Hotels. In Maun werden auch die touristisch geprägten Matlapaneng-Camps in **abendliche „Drink-Cruises"** mit einbezogen. Es ist verblüffend, welches Ausmaß Trinkkultur inmitten der Langeweile botswanischer Städte und in der Abgeschiedenheit des afrikanischen Busches annehmen kann. Etwas Abwechslung bietet in Gaborone und Francistown das **unspektakuläre Kinoprogramm,** das mit gewisser Verzögerung auch populäre Hollywood-Neuigkeiten bietet. In Diskotheken und Nachtklubs treten am Wochenende lokale Bands auf, deren Performance zwischer „absoluter Katastrophe" und mitreißender Rhythmik hin- und herschwankt. Lokale Kneipen und Einheimischenklubs richten sich klar an ein afrikanisches Publikum und bieten in spärlich beleuchteter Atmosphäre ohrenbetäubende Musik klassischer afrikanischer Popmusik-Schmieden, z.B. aus dem kongolesischen Kinshasa oder aus den Nachbarländern Simbabwe und Südafrika. Ein Besuch kann sehr interessant sein und dem Besucher die Augen öffnen für Zeitgeist und Probleme der jüngeren Generation des Landes. Angesichts der erschreckend verbreiteten Prostitution und zunehmender Enthemmung mit steigendem Alkoholkonsum wird dem Beobachter anschaulich klar, auf welchen Wegen sich die botswanische AIDS-Katastrophe entwickeln konnte.

Unterkünfte und Campingplätze

Das **Angebot** an Hotels, Safari Lodges und Tented Camps in Botswana ist verglichen mit Safaridestinationen wie Kenia, Tansania oder Südafrika **relativ übersichtlich.** Das Spektrum reicht von einfacheren Hotels und touristischen Camps bis hin zu exklusiven Luxuscamps im Okavango-Delta, wobei insgesamt betrachtet die Unterkünfte der gehobenen Klasse und der Luxusklasse überwiegen. Hin und wieder trifft man auf etwas bescheidener strukturierte, komfortable und attraktiv gelegene Lodges und Camps (z.B. Nata Lodge, Chobe Safari Lodge), die ein passables Preis/Leistungsverhältnis bieten. **Unterkünfte der Billigklasse und Backpackerhostels,** die neben einem entsprechend ausgebauten öffentlichen Ver-

Gunn's Camp
im südlichen Okavango-Delta

kehrssystem die Grundlage von günstigen Rucksackreisen bilden, fehlen in Botswana vollständig. Hotelübernachtungen unterliegen einer Besteuerung durch 12% Value Added Tax (VAT).

Für Individualreisende, die sich als Selbstversorger auf eine Campingsafari begeben, stehen in den Nationalparks und Wildreservaten sehr einfache Campingplätze zur Verfügung (siehe Abschnitt „Nationalparks und Wildreservate"). Außerhalb der Schutzgebiete existieren vielerorts **wohl organisierte Campingplätze** mit akzeptablen sanitären Anlagen, häufig an Lodges und Camps angegliedert. Generell kann man in Botswana außerhalb von Städten, Siedlungen und Schutzgebieten – relativ problemlos – **wild zelten.** Diese Möglichkeit verleiht der Erkundung des Landes mit dem eigenen Wagen, Wasser- und Lebensmittelvorräten sowie ausreichenden Benzinreserven einen ganz eigenen Charme.

Safari Lodges und Luxury Tented Camps

Safari Lodges mit dauerhaft angelegter Gebäudearchitektur (größere Stein-, Beton- oder Ziegelbauten) befinden sich mit Ausnahme der Chobe Game Lodge stets außerhalb von Schutzgebieten und konzentrieren sich im Falle des

Chobe National Park in dessen nordöstlichem Randbereich. Innerhalb der Reservate erlauben die strikten botswanischen Konzessionsbestimmungen nur die Errichtung begrenzter dauerhafter Strukturen unter Verwendung möglichst naturnaher Materialien. Anstelle großer Lodges findet man hier daher sogenannte **Luxury Tented Camps,** die in der Regel nicht mehr als **12 bis 20 Gäste** beherbergen. All diese Camps besitzen einen eigenen **Airstrip** (= Landestreifen) für Kleinflugzeuge, über den der An- und Abtransport der Gäste und ein Teil der Versorgung abgewickelt werden kann.

Eine besondere Konzentration derartiger Safaricamps findet sich im südlichen Teil des Okavango-Deltas, im Randbereich des Moremi Wildlife Reserve, im Panhandle-Gebiet, in der Savuti-Sektion des Chobe National Park, im Randbereich des Chobe National Park in und um Kasane, im Bereich der Linyanti-Sümpfe und im Tuli-Gebiet. Die Preise dieser privaten Safaricamps liegen in der Regel zwischen 300 und 600 Euro pro Person und Nacht und enthalten bereits Essen, Getränke, Transport und alle Aktivitäten vor Ort (Game Drives, Bootsfahrten, Mokoro-Touren, Fußsafaris etc.). Spitze ist in finanzieller Hinsicht sicherlich das durch Safaris im Okavango-Delta auf dem Rücken ehemaliger Zoo- und Zirkuselefanten bekannt gewordene Abu Camp, wo pro Tag und Person mehr als 2150 Euro (alles inklusive) verlangt werden. Aufgrund der sehr hohen Unterbringungspreise werden Safari Lodges und Luxury Tented Camps mit Tagestarifen von

mehr als 250 Euro pro Person in Anlehnung an die Einstufung von Hotels, Lodges und Guest Houses als eigene Kategorie AA+ geführt.

Trotz der saftigen Preise sollte man bei der Unterkunft in Luxury Tented Camps keine Wunder erwarten. Vielmehr **hält sich der Luxus bei der Unterbringung in großräumigen Zelten** (eingerichtet wie ein gutes Hotelzimmer) **und der Verpflegung in Grenzen.** Gerechtfertigt werden die hohen Tarife mit der Exklusivität der Camps, geringen Besucherzahlen und den hohen Unterhaltungskosten, bedingt durch die isolierte Lage mit entsprechend hohen Transportkosten für Baumaterialien, Lebensmittel, Getränke etc. (vieles muss mit dem Kleinflugzeug eingeflogen werden). Ungeachtet der hohen Unterhaltungskosten gelten entsprechende Konzessionen in Botswanas Reservaten als hochprofitabel.

Safari Lodges und Tented Camps rechnen meist in US-$ ab. Sie unterhalten im Bereich des Okavango-Deltas Büros in Maun, welche über Funk ständig mit den Camps in Verbindung stehen. Über diese Büros werden Buchungen, Reservierungen, Transportorganisation und Bezahlung abgewickelt. Sie akzeptieren neben Bargeld und Reiseschecks auch alle gängigen Kreditkarten. Das Gros der Gäste wird über internationale Reiseagenturen eingebucht. **Viele Camps** (vor allem im Okavango-Delta) **können nur mit dem Flugzeug erreicht werden,** sodass An- und Abreise über die Buchungsbüros arrangiert werden müssen. Andere Camps (z.B. im Chobe NP) sind mit dem Geländewagen gut erreichbar und stehen zumindest z.T. Individualtouristen, die sich spontan für einige Tage von den Anstrengungen des täglichen Zeltens erholen wollen, offen. Immer wieder beobachtet man jedoch eine scharfe **Ausgrenzungspolitik** (mit Verbotsschildern, Zäunen oder Ketten) **gegenüber** – unerwünschten und als störend empfundenen – **Individualreisenden,** die auch in Notsituationen (Verletzung, technischer Defekt am Wagen) mitunter nur zögerlich aufgegeben wird.

Hotels, Lodges und Guest Houses

Hotels verschiedener Güteabstufungen sind in allen größeren Städten Botswanas vorhanden. Viele Herbergen gehören der im südlichen Afrika operierenden **Cresta-Gruppe** (Internet: www.crestahotels.com) und bieten einen guten Standard. Mit Ausnahme der touristisch geprägten Städte Maun und Kasane weist Botswana ein **relatives Defizit an Hotelbetten** auf (gemessen an der täglichen Nachfrage, v.a. durch Geschäftsleute), das u.a. auf die Blockade von Hotelkapazitäten durch vor Ort berufstätige Langzeitgäste zurückzuführen ist, die keine Wohnungen bekommen können. Vor allem die Hauptstadt Gaborone leidet trotz mehrerer Hotelneubauten immer noch an einem Mangel an Übernachtungsmöglichkeiten, sodass man bereits einige Zeit vor der Reise dorthin ein Zimmer reservieren sollte. Ähnlich gestaltet sich die Situation in Francistown.

bo-193 Foto: d

Der allgemeine Standard gehobener Unterkünfte und Hotels in Botswana ist inzwischen durchaus mit europäischen Verhältnissen vergleichbar. Insbesondere die Hygiene hat sich in den letzten Jahren deutlich verbessert, auch wenn immer noch gewisse Defizite aufzuarbeiten sind. Die in anderen afrikanischen Ländern selbst in kleinen Ortschaften noch vorhandenen Guest Houses, welche in der Regel die mit Abstand günstigsten Übernachtungsmöglichkeiten offerieren, gibt es in Botswana kaum. In Gaborone wurden in den letzten Jahren einige Privatunterkünfte eröffnet, die als B&B-Lodges nach südafrikanischem Vorbild relativ günstige Zimmer mit Frühstück bieten. Wenn Sie einmal unterwegs in einem winzigen Nest ohne Unterkünfte stranden sollten, müssen Sie sich an den *Kgosi,* den zuständigen Häuptling, wenden. Auf diese Weise gelingt es manchmal, ein einfaches Gästezimmer zu finden.

Die **Bezahlung** der Hotels, Lodges (rustikale „Buschhotels") und Guest Houses erfolgt in Botswana weitgehend in Pula. US-$ und Euro werden meist nur in großen Hotels akzeptiert. Von sporadischen Ausnahmen in den Kategorien C und D abgesehen kann man überall mit Kreditkarten (VISA, Master-Card, American Express) zahlen. Häufig wird über die Kreditkarte in US-$ oder in Südafrikanischen Rand abgerechnet.

Zahlen Sie nach Möglichkeit nie für mehrere Tage im Voraus, um bei Mängeln und Missständen bzw. spontanem Auszug kein Geld zurückfordern zu müssen. Wenn Sie länger in einem Hotel bleiben, kann ein Rabatt ausgehandelt werden. Vor dem Einchecken sollten Sie in allen Fällen um eine vorherige Zimmerbesichtigung bitten. Dies ist üblich, und es ist vollkommen in Ordnung, bei Nichtgefallen wieder aus dem Hotel hinauszugehen.

Zur besseren Übersicht habe ich **Hotels, Lodges und Guest Houses in Kategorien aufgeführt,** die sich am Standard und bestimmten Preisgruppen orientieren.

Einzelreisende erhalten in Hotels oft kein Einzelzimmer und müssen dann ein etwas verbilligtes Doppelzimmer nehmen. Mehrbettzimmer sind selten.

Das **Frühstück** wird meist als Buffet oder wahlweise als English Breakfast bzw. Continental Breakfast zubereitet (Toast, Butter, Marmelade, Früchte und Tee/Kaffee). Omelettes und Eier sind gelegentlich extra zu bezahlen.

Prostitution ist in vielen Hotelbereichen verbreitet, auch in Luxusherbergen. Inzwischen gibt es erste zögerliche Ansätze der botswanischen Regierung, die ausufernde Prostitution angesichts der außer Kontrolle geratenen AIDS-Pandemie gesetzlich einzudämmen.

Kategorie AA+
(mehr als 250 Euro pro DZ)

● **Safari Lodges und Zeltcamps der Luxusklasse.** Vergleichbarer Standard wie Hotels der Kategorie AA, aber besonders exklusiver Charakter.

Xakanaxa Camp
im Moremi Wildlife Reserve

Kategorie AA
(150–250 Euro pro DZ)

● **Internationales Hotel oder Zeltcamp der Luxusklasse.** Gegenüber dem Standard der Hotels der Kategorie A gehobenere Einrichtung, gediegenes Ambiente.

Kategorie A
(80–150 Euro pro DZ)

● **Internationales Hotel mit 4-Sterne-Standard oder vergleichbarem Niveau.** Zimmer mit Bad/WC und permanentem Warmwasser, Klimaanlage, Satelliten-TV und Telefon. Mit Lounge, sehr guten Restaurants (auch für Nichtgäste), internationaler Bar, Café, Pool, Sport- und Freizeitanlagen. Konferenzräume. Geldwechsel außerhalb der Bankzeiten möglich. Telefon-/Fax-Service. Bewachter Parkplatz.

Kategorie B
(40–80 Euro pro DZ)

● **Mittelklassehotels mit gehobenem Standard.** Zimmer mit Bad und Dusche/WC, Klimaanlage. Satelliten-TV und Telefon. Restaurant und Bar sind i.d.R. angeschlossen. Meist mit Pool und bewachtem Parkplatz.

Kategorie C
(20–40 Euro pro DZ)

● **Mittelklassehotels mit Bad oder Dusche/WC.** Warmwasserprobleme sind selten, kommen aber vor. Gute Sauberkeit. Angegliedert sind häufig ein einfaches Restaurant (auch für Nichtgäste) und eine kleine Bar.

Kategorie D
(unter 20 Euro pro DZ)

● **Basis einer Unterkunft.** In Botswana so gut wie nicht vorhanden. Die wenigen Etablissements dieser Kategorie fungieren auch als Stundenhotel oder Bordell.

Kategorie E
(unter 5 Euro pro DZ)

● **Einfache bis primitive Variante der Kategorie D.** In Botswana nicht vorhanden.

Campingplätze

Zahlreiche Hotels und Lodges bieten einen angegliederten Campingbereich, der in der Regel Gemeinschaftsduschen mit Warmwasser, Koch- und Waschgelegenheiten (sog. „Ablution Blocks") sowie Grill- bzw. Feuerstellen aufweist (sog. „Braai Pits"). Entsprechende Einrichtungen existieren in Maun, Nata, Kasane, Ghanzi, Francistown und im Panhandle-Gebiet des Okavango-Deltas. Die Übernachtungspreise liegen im Durchschnitt bei umgerechnet 4 bis 6 Euro. Einige **Campingplätze** (z.B. Nata Lodge, Audi Camp) bieten ständig errichtete Safarizelte (2 bis 3 Betten), die wie ein einfaches Hotelzimmer mit Betten, Decken und Bezügen, Waschzeug und Beleuchtung ausgestattet sind und umgerechnet 20 bis 50 Euro pro Nacht kosten. Strom wird entweder aus dem Netz bezogen oder nach Einbruch der Dunkelheit durch Generatoren erzeugt, die nach 22 Uhr abgeschaltet werden. Steckdosen sind nur ab und zu vorhanden. Eine gute **Taschenlampe** ist für alle Camper **unentbehrlich.** Bescheidene, wenig attraktive Plätze für Camper befinden sich auch im Bereich der Hauptstadt Gaborone.

Weitaus einfacher strukturiert als die überwiegend funktionell gestalteten Campingbereiche von Hotels und Lodges sind die **Camp Sites der Nationalparks und Wildreservate.** Camp Sites

Rustikales Bush Camp
im Okavango-Delta

müssen in allen botswanischen Reservaten ab zwölf Monate vor dem Besuchstermin über die Reservierungsbüros der Wildschutzbehörde DWNP in Maun und Gaborone bzw. bei den Betreibern privatisierter Camp Sites gebucht (und vorbezahlt) werden. Ohne entsprechende Buchungsbelege wird man an den Zugangstoren („Gates") in die Reservate abgewiesen. Erfahrungsgemäß kann man diese Buchungen lediglich in der Nebensaison kurzfristig vor Ort vornehmen (vgl. dazu „Nationalparks und Wildreservate"). Im Reiseteil werden die jeweils verfügbaren Stellplätze pro Camp Site genannt. **Jeder Stellplatz kann mit zwei, manchmal auch mit drei Fahrzeugen genutzt werden.**

Außerhalb von Städten, Siedlungen und Schutzgebieten kann man in Botswana – ganz legal – **wild zelten.** Man sollte dabei einen entsprechenden Abstand zu Häusern und Hütten einhalten und etwaige Verbote beachten. Im Bereich abgelegener Dörfer und Siedlungen ist es sinnvoll, vorher die **Erlaubnis** und Erkundigungen nach geeigneten Campingstellen beim lokalen *Kgosi* („Dorf-Chief") oder der Polizeistation einzuholen. Besonders geeignet für Campingsafaris sind komfortable Dachzelte, die auf dem Geländewagen montiert werden und den Aufwand für das Errichten und Abbauen der Zelte auf ein Minimum reduzieren sowie zusätzlich durch die angenehme Entfernung zum Erdboden Schutz vor Tieren und

bo1l_012 Foto c.d

Nachtfrösten bieten. Wer „klassisch" zeltet und am Boden schläft, sollte gerade während der kalten Wintermonate auf eine gute Isomatte und einen dicken Daunenschlafsack achten, da es im gesamten Kalahari-Gebiet nachts sehr kalt (Bodenfrost!) wird.

Grundsätzliche **Vorsicht** im Umgang **mit Wildtieren** ist geboten. Während der Nacht muss das Zelt unbedingt geschlossen bleiben. Ein geschlossenes Zelt wird von allen Tieren Afrikas respektiert. Es gibt keinen bekannten Fall, wo es bei geschlossenem Zelt und ruhigem Verhalten zu ernsthaften Zwischenfällen mit Tieren gekommen wäre. Vermeiden sollten Sie in jedem Fall das Herumlaufen in der Umgebung der Zelte nach Einbruch der Dunkelheit. Achten Sie darauf, dass Sie Ihr Zelt nicht gerade auf einem traditionellen Flusspferdpfad oder einem anderen Tierwechsel errichten, wodurch Zusammenstöße mit Großwild vorprogrammiert sind.

Ein Feuer hält Wildtiere normalerweise auf Distanz, bietet aber keine sichere Gewähr vor Annäherung. In manchen Gebieten scheinen beispielsweise Hyänen ihre natürliche Scheu vor Feuer und Glut verloren zu haben. Nachts sollte man vor allem Nahrung und kleinere Ausrüstungsgegenstände nicht außerhalb des Wagens stehen lassen. Lebensmittel (vor allem Früchte wie Orangen) und Fleisch gehören in Kisten oder Kühlschrank verpackt und ins Auto geschlossen. **In Elefantengebieten sollt man auf die Mitnahme frischer Früchte ganz verzichten.** Schuhe, die außerhalb des Innenzeltes gestanden haben, sollte man morgens gut ausschütteln, um nicht versehentlich auf Skorpione, Spinnen oder kleine Schlangen zu treten, die dort während der Nacht Unterschlupf gefunden haben. Ein ausuferndes Problem stellt die **Belästigung durch von Reisenden „angefütterte" Meerkatzen und Paviane** dar, die in den Nationalparks spezielle Schutzmaßnahmen wie z.B. die Konstruktion „affensicherer" Mülleimer erforderlich gemacht hat. Viele der Affen haben sich auf die unter Umständen sogar gewaltsame Entwendung von Nahrung und auffälligen Kleinteilen (z.B. Sonnenbrillen) „spezialisiert". **Passen Sie daher auf und füttern Sie die Tiere unter keinen Umständen!**

Bitte nehmen Sie Ihren Müll wieder mit (am besten doppelt in Tüten verpackt) und entsorgen Sie ihn fachgerecht in Städten oder an den Zufahrtstoren von Schutzgebieten. Alternativ kann man den komprimierten Müll mindestens 50 cm tief vergraben. Große Vorsicht ist beim Entfachen von Feuern geboten, die in trockenem Buschland leicht **Buschbrände** zur Folge haben. Ein entsprechender breiter Schutzring, der frei ist von jeglicher Vegetation, sollte mit dem Spaten um die Feuerstelle gezogen werden. Man sollte darauf achten, dass das Feuer nicht zu hoch brennt und keine größeren Funken in die Umgebung fliegen. Feuerholz darf im unbesiedelten Bereich normalerweise überall gesammelt werden, jedoch nicht auf Privatland.

Praktische Tipps A–Z

Verhalten im Gastland

Die wichtigsten Grundlagen für bewusstes Kennenlernen und Erleben einer fremden Kultur und zugleich die beste Chance für ein tieferes Eintauchen in den Alltag des Gastlandes sind **Einfühlungsvermögen, Verständnis, Rücksicht und Respekt.** Das Beherrschen einiger Worte der Sprache des Gastlandes (siehe Abschnitt „Sprachhilfe Setswana") kann Türen öffnen und bezeugt Respekt, Höflichkeit und tiefer gehendes Interesse an der Bevölkerung und ihrer Kultur. Übertriebene Assimilation gerät auf der anderen Seite leicht in den Bereich der Lächerlichkeit.

● **Versuchen Sie grundsätzlich, europäische Verhaltensnormen abzulegen.** Eine Anpassung an den afrikanischen Lebensrhythmus ist insbesondere bei den Zeitvorstellungen erforderlich. Machen Sie sich frei von abfälligen Bewertungen des oft chaotischen und zwischen Hektik und fauler Trägheit hin- und hergerissenen afrikanischen Alltags. Nutzen Sie vielmehr die Vorzüge dieser Lebensweise, die nicht so stark von Stress und materiellen Zwängen geprägt wird wie in Europa. Legen Sie Vorurteile über die Afrikaner ab („Rückständigkeit", „Faulheit" usw.) und genießen Sie deren Gastfreundschaft. Erfreuen Sie sich an den zahllosen strahlenden und lachenden Gesichtern.
● **Kleiden Sie sich immer so ordentlich, wie Sie es auch zu Hause tun.** Kein Afrikaner wird je verstehen, warum ein Europäer in abgerissenen, löchrigen Klamotten herumlaufen muss, wo er doch das Geld für vernünftige Kleidung übrig hat. Er wird es als einen Affront auf die eigene Situation verstehen.
● **Das Austauschen von Zärtlichkeiten zwischen Mann und Frau in der Öffentlichkeit (z.B. Küssen) ist unüblich.** Wenn Sie zwei afrikanische Männer Hand in Hand gehen sehen, so sind diese nicht homosexuell. Händehalten ist in der afrikanischen Kultur eine Geste der Freundschaft. Großer Respekt wird in allen afrikanischen Kulturen alten Menschen entgegengebracht, deren Weisheit und Lebenserfahrung traditionell besondere Wertschätzung und Achtung erfährt.
● **Über den Sinn und Nutzen „privater Entwicklungshilfe"** in Form der Verteilung von Kugelschreibern, Schreibheften, Bonbons etc. an Kinder und „Bedürftige" lässt sich lange diskutieren und philosophieren. Stets läuft man dabei Gefahr, Bettelei und Unselbstständigkeit der Beschenkten zu fördern, anstatt wirklich sinnvolle „Hilfe" zu leisten. Wer sich in abgelegenen Buschmann-Siedlungen auf diese Form der kulturellen Konfrontation einlässt, leistet unweigerlich seinen eigenen Beitrag zur endgültigen Zerstörung der von der Zivilisation erdrückten, langsam sterbenden Buschmann-Kultur. Auf der anderen Seite kann man das Verlangen kleiner Kinder, gelegentlich einige Süßigkeiten („Sweets") von Durchreisenden zu erhalten, um das triste Dasein in den von Dürre und Abgelegenheit geplagten Regionen des Landes etwas „versüßt" zu bekommen, mehr als nachvollziehen.
● **Fragen Sie beim Fotografieren von Menschen immer nach dem Einverständnis der Betroffenen** und weichen sie lieber auf alternative Vorschläge aus, wenn Geld dafür gefordert wird. Das Angebot, den als Motiv Auserkorenen einen Abzug zuzuschicken, oder der Vorschlag, sich mit frischen Früchten, Schokolade oder einem kühlen Getränk für das „Modellstehen" zu bedanken, sind hierfür besonders gut geeignet. Manchmal kann man den Betroffenen auch eine Kleinigkeit abkaufen, die den Weg zum ersehnten Foto ebnen kann und sich später als passables Souvenir erweist.

Buchtipp – Praxis-Ratgeber:
● Harald A. Friedl
Respektvoll reisen
(REISE KNOW-HOW Verlag)

● **Viele Preise sind Verhandlungssache,** davon ausgenommen sind Gebühren und feste Preise in Geschäften und Supermärkten (siehe Abschnitt „Handeln"). Sehr selten stößt man im Alltag auf Trinkgeld- bzw. Schmiergeldforderungen. Fast immer reicht eine entschiedene Ablehnung aus, um diese im Keim zu ersticken.

Versicherungen

● Zum Thema Auslandsreise-Krankenversicherung siehe im Kapitel „Notfall".
● Für **Luftevakuierungen** vor Ort in Botswana ist eine Mitgliedschaft bei Medical Rescue International (MRI) in Gaborone erforderlich (siehe im Kapitel „Notfall").
● Sinnvoll ist auch der Abschluss einer **Reiserücktrittskostenversicherung.** Sie springt dann ein, wenn eine Erkrankung des Reisenden oder in besonderen Fällen auch die Erkrankung eines engen Angehörigen dazu führt, dass eine Reise nicht angetreten werden kann oder vor dem geplanten Ablauf abgebrochen werden muss. Die Versicherung deckt Stornokosten und bereits geleistete Anzahlungen für Hotelreservierungen etc. ab, bei Pauschalreisen auch komplette Reisepakete. Eine Eigenbeteiligung von 20 bis 30% der Stornokosten ist die Regel.
● Der Abschluss einer **Reisegepäckversicherung** lohnt sich seltener, da die Policen zu viele Einschränkungen enthalten. Überdies besteht die Gefahr der Doppeltversicherung, denn Einbruch, Raub und Beschädigung von Eigentum sind in der Regel auch im Ausland durch die **Hausratsversicherung** gedeckt.
 Man beachte folgende Klauseln der Versicherer: **Sorgfalt:** Wurde eine Wertsache nicht im Safe aufbewahrt, gibt es bei Diebstahl auch keinen Ersatz. Kameraausrüstung und Laptop dürfen beim Flug nicht als Gepäck eingecheckt worden sein. Gepäck im unbeaufsichtigt abgestellten Fahrzeug ist ebenfalls nicht versichert. Die Liste ist endlos ... **Höchstsumme:** Die Höchstsumme, für die man sich versichern kann, deckt meist nur einen Bruchteil der Wiederbeschaffungskosten für einen Laptop, die Kameraausrüstung etc. **Protokoll:** Egal ob man den Flug verpasst – ohne das detaillierte polizeiliche Protokoll oder die Verlustmeldung bei der Airline bekommt man nichts erstattet.
● **Reisehaftpflichtversicherungen** schützen den Reisenden vor Ersatzansprüchen im Haftungsfall. Im Regelfall sind Unfälle und Schäden mit dem eigenen Auto oder Leihwagen im Leistungsumfang nicht enthalten. Eine Privathaftpflichtversicherung haben viele Reisende ohnehin. Diese sind jedoch oft in **„Reiseversicherungspaketen"** enthalten, wodurch man unnötig doppelt – aber nicht besser – versichert ist. Bei der Unfallversicherung, die man schon hat, sollte man prüfen, ob diese im Falle plötzlicher Arbeitsunfähigkeit aufgrund eines Unfalls im Urlaub zahlt.
 Auch durch manche **Kreditkarten** oder **Automobilclubmitgliedschaft** ist man für bestimmte Fälle schon versichert. Das sollte man noch mal klären, bevor man sich unnötig doppelt versichert. Achtung: Die Versicherung über die Kreditkarte gilt immer nur für den Karteninhaber!
● **Selbstfahrer mit Leihwagen** oder eigenem Auto müssen eine gültige **Kraftfahrzeugversicherung** besitzen und entsprechende Papiere bei sich führen. Genaue Hinweise im Kapitel „Wichtige Hinweise für Selbstfahrer" – „Versicherung".

Verständigung

Aufgrund der **weiten Verbreitung der englischen Sprache** bis in den abgelegensten Winkel des Landes hinein sind **Verständigungsprobleme** in Botswana **selten.** Insofern profitieren auch Reisende aus Übersee direkt vom gut entwickelten Bildungswesen Botswanas. Während der Recherchearbeiten zu diesem Buch beispielsweise gab es monatelang kaum eine Situation, die sich nicht in englischer Sprache bewältigen ließ. Wer sein Anliegen höflich genug vorträgt, kann dies auch in „eingerostetem" Schulenglisch tun, denn die meisten Botswaner sind ausgesprochen höflich und geduldig und verstehen auf diese Weise selbst Unverständliches. Die allgemeine Höflichkeit kann andererseits so weit reichen, dass beispielsweise bei Fragen nach dem Weg und zu Zeit- und Entfernungsangaben rücksichtsvolle Antworten erteilt werden, obwohl der Befragte sich überhaupt nicht auskennt. Besonders gefährlich sind in dieser Hinsicht Suggestivfragen nach dem Weg, bei denen sich der Befragte nicht überwinden kann, ein unhöflich erscheinendes „Nein" oder „Ich weiß es nicht" auszusprechen. Das kann manchmal kilometerweites Reisen in die falsche Richtung nach sich ziehen. Vorsicht ist in solchen Fällen also geboten.

Etwas **gewöhnungsbedürftig** erscheint vielen Besuchern zunächst die **botswanische Mentalität,** die von Reserviertheit, Höflichkeit und Stolz geprägt ist, weniger von Überschwenglichkeit wie in anderen schwarzafrikanischen Kulturen. Gerade Reisenden, die mehrere Länder im südlichen Afrika bereisen, dürfte dies auffallen. Wer bereits sehr viel Afrika-Erfahrung im ost- und zentralafrikanischen Raum gesammelt hat, wird durch die sehr stolz, bisweilen sogar arrogant wirkende Zurückhaltung mancher Botswaner zunächst einmal

verwirrt. Es geht jedoch nur darum, die vorhandene Höflichkeit und Zuvorkommenheit hinter einer kühl erscheinenden Fassade auszumachen. Sprachkenntnisse in Setswana sind generell nützlich, überschreiten aufgrund der für Europäer komplizierten Sprachstruktur jedoch selten das frühe Lernstadium einfacher Begrüßungsformeln. Das Beherrschen einiger Worte Setswana besitzt daher eher Signalcharakter und zeigt dem Gesprächspartner an, dass man die Muttersprache der meisten Botswaner respektiert und sich um sie bemüht – das reicht in der Regel bereits aus, um vorsichtige Zuvorkommenheit bis hin zu offen gezeigter Freude auszulösen.

bo11_013 Fotor cf

Einbaumführer („Poler") im Kanu mit „Ngashi" (Stange zum Staken)

Zeit

Die Zeitrechnung in Botswana beträgt **MEZ (Winterzeit) + 1 Stunde,** Botswana ist während der Winterzeit also eine Stunde weiter als Deutschland, Österreich und die Schweiz. Während der europäischen Sommerzeit ist diese Verschiebung aufgehoben, Botswana und Mitteleuropa liegen dann in der gleichen Zeitzone.

Zeit scheint in Afrika stets im Überfluss zur Verfügung zu stehen, dementsprechend besitzen Stunden, ja ganze Tage eine vollkommen andere Bedeutung als im hektischen Europa – manchmal sehr zum Leidwesen des Reisenden. Sie können Ihre europäisch geprägten Zeitvorstellungen daher getrost zu Hause lassen, man erspart sich damit manche unnötige Aufregung.

Bedingt durch die Lage am Südrand des Tropengürtels kommt man in Botswana nur von etwa 6 bis 18 Uhr in den Genuss von Tageslicht. Morgengrauen und Abenddämmerung sind infolge des raschen Sonnenaufgangs und -untergangs eine Sache weniger Minuten. Während des Sommers ist die Tageslichtperiode nach beiden Enden hin um eine halbe Stunde verlängert. Man sollte dieses natürliche Tagesschema bei seiner Reiseplanung stets berücksichtigen, da sich daraus zeitliche Einschränkungen für Überlandfahrten, Nationalparkbesuche etc. ergeben.

Zoll- bestimmungen

Botswana ist seit Ende der 1960er Jahre Mitglied der **Zollunion im südlichen Afrika** (Southern African Customs Union, SACU), zu der neben Südafrika auch Lesotho, Swasiland und Namibia gehören. Die Mitnahme aller Güter aus diesen Ländern nach Botswana ist zollfrei, allerdings unterliegen bestimmte Produkte Einfuhrbeschränkungen (siehe Abschnitt „An-, Ein- und Ausreise") oder müssen versteuert werden (dazu gehören z.B. große Mengen neuer Kleidung oder größere Mengen Treibstoff).

Teure Kameras, Notebooks, Film/Videoausrüstungen und andere hochwertige technische bzw. optische Geräte sollten bei der Einreise deklariert werden, um Probleme bei der Ausreise mit diesen Gütern zu vermeiden. Wer plant, besonders ungewöhnliche Güter nach Botswana einzuführen, sollte sich vorab an die **Zollbehörde** wenden:

Die Zollbestimmungen erlauben pro Person die Einfuhr von 400 Zigaretten, 50 Zigarren, 250 Gramm Tabak, 1 l Spirituosen, 2 l Wein, 6 x 0,33 l Bier, 50 ml Parfüm und 250 ml Eau de Toilette. Bei Überschreitungen werden Zollgebühren fällig. Waren, die einen Einzelwert von 500 UA (Unit of Account, entsprechend 500 Südafrikanischer Rand), umgerechnet also gut 50 Euro, überschreiten, müssen versteuert werden. Davon ausgenommen sind persönliche Gegenstände.

●**Department of Customs and Excise,** Private Bag 0041, Gaborone/Botswana, Tel. 3642201, Fax 3922781, E-Mail: kmalanga@gov.bw

Bei der Ein- und Ausreise über die Flughäfen in Gaborone, Kasane und Maun wird normalerweise keine **Gepäckkontrolle** durchgeführt. Wenn Sie über den Landweg aus Südafrika, Namibia, Simbabwe oder Sambia ein- und ausreisen, gibt es manchmal sehr gründliche Kontrollen der Zollbeamten (aufgrund des regen Schmuggelverkehrs zwischen diesen Ländern).

Bei der **Rückreise** gibt es auch **auf europäischer Seite** Freigrenzen, Verbote und Einschränkungen, die man beachten sollte. Folgende Freimengen darf man zollfrei einführen:

●**Tabakwaren** (über 17-Jährige in EU-Länder und die Schweiz): 200 Zigaretten oder 100 Zigarillos oder 50 Zigarren oder 250 g Tabak.
●**Alkohol,** über 17-Jährige in EU-Länder: 1 l über 22 Vol.-% oder 2 l bis 22 Vol.-% und zusätzlich 2 l nicht-schäumende Weine; in die Schweiz: 2 l bis 15 Vol.-% u. 1 l über 15 Vol.-%
●**Andere Waren für den persönlichen Gebrauch,** über 15-Jährige: nach Deutschland 500 g Kaffee, nach Österreich zusätzlich 100 g Tee; ohne Altersbeschränkung: 50 g Parfüm und 0,25 Liter Eau de Toilette sowie Waren bis zu 175 Euro. In die Schweiz Waren bis zu einem Gesamtwert von 300 SFr p.P.

Wird der Warenwert von 175 Euro bzw. 300 SFr überschritten, sind **Einfuhrabgaben** auf den Gesamtwert der Ware zu zahlen und nicht nur auf den die Freigrenze übersteigenden Anteil. Die Berechnung erfolgt entweder pauschalisiert oder nach dem Zolltarif jeder einzelnen Ware zzgl. sonstiger Steuern.

Einfuhrbeschränkungen bestehen z.B. für Tiere, Pflanzen, Arzneimittel, Betäubungsmittel, Feuerwerkskörper, Lebensmittel, Raubkopien, verfassungswidrige Schriften, Pornografie, Waffen und Munition; in Österreich auch für Rohgold und in der Schweiz auch für CB-Funkgeräte.

Informationen

●**Deutschland:** www.zoll.de oder beim Zoll-Infocenter, Tel. 069-46997600
●**Österreich:** www.bmf.gv.at oder beim Zollamt Villach, Tel. 04242-33233
●**Schweiz:** www.ezv.admin.ch oder bei der Zollkreisdirektion Basel, Tel. 061-2871111

Leopardenwerk: die Überreste eines Impala

Wichtige Hinweise für Selbstfahrer

bo-024 Foto: cl

bo-023 Foto: cl

Wasserquerung im
Moremi Wildlife Reserve

Unterwegs mit GPS

Wegweiser im südlichen
Central Kalahari Game Reserve

Ausrüstung

Die Zusammenstellung der **Camping- und Kochausrüstung** sollte mit Hilfe detaillierter Checklisten geschehen, damit nicht mitten in der Kalahari plötzlich der Dosenöffner, die Weingläser oder gar das Klopapier fehlen. Eine Packliste für die Zusammenstellung einer individuellen Grundreiseausrüstung finden Sie auf S. 25. Neben dieser Grundausrüstung sind für Selbstfahrer in erster Linie eine vernünftige **Reiseapotheke** mit Verbandset (siehe S. 98), **gute Karten,** evtl. **zusätzliche Navigationshilfen (GPS)** sowie **Ersatzteile und Werkzeuge** erforderlich. Sinnvolles Packen verhindert, dass auf knüppelharten Pisten Gläser, Flaschen und Holzschnitzereien gleich reihenweise zu Bruch gehen oder sich das Müsli mit Diesel und Motorenöl vollsaugt.

Camping- und Kochausrüstung

Viele Allrad-Geländewagen im südlichen Afrika werden als komplett ausgestattete Safarifahrzeuge oder Allrad-Camper vermietet. Die nebenstehende Checkliste soll Ihnen einen Überblick ermöglichen, welche Ausrüstungsgegenstände dabei erfahrungsgemäß in jedem Falle vorhanden sein sollten. Eine Zusammenstellung des Ausrüstungsinventars der anvisierten Leihwagenfirma sollte zum Vergleichen rechtzeitig vor Reiseantritt angefordert werden.

Eine genaue Anpassung des genannten Inventars an die Zahl der Mitreisenden ist erforderlich. Geschirr, Gläser und andere Behältnisse sollten möglichst aus bruchfestem Kunststoff bestehen. Ein großes Brotschneidebrett kann unschätzbare Zusatzdienste beim „Luftzuwedeln" schlecht glühender

Checkliste für die Camping- und Kochausrüstung

- Dachzelte (mit Leitern) bzw. selbsttragend konstruierte Bodenzelte
- große Plane als Zeltunterlage
- am Fahrzeug als Rollo montierte Regenplane (auch als Schattenspender)
- Isomatten, Schlafsäcke und Kopfkissen mit Bezügen
- großer Camping-Tisch mit Stühlen
- handlicher Spaten
- starke Gaslampe (mit Verlängerung), Handscheinwerfer, Taschenlampen, Kerzen
- 1–2 Gaskocher (z.B. Coleman-Aufsatzkocher für Gasflaschen)
- 2–3 voll gefüllte Gasflaschen mit Regler
- evtl. dreibeiniger Kochaufsatz für das Kochen über dem Lagerfeuer
- batteriebetriebener 12-V-Kühlschrank, z.B. Engel MB-20 (Gasbetrieb ist keine wirkliche Alternative, da bei Geländefahrten nicht betriebsbereit)
- 12-V-Batterie für den Kühlschrankbetrieb
- mehrere 20-l-Wasserkanister (möglichst schwarz, um Algenwachstum zu verhindern)
- Wasserbeutel mit Duschaufsatz
- große Kühlbox
- 3–4 solide Packboxen aus Kunststoff oder Aluminium mit Schnellverschlüssen
- wasserfeste Kleinboxen (z.B. Tupperware) zum Verpacken von Proviant und Küchenausrüstung
- Gewürz- und Kleinkramdosen
- Grillrost (mit Clip zum Schließen), Grillzange
- große Kunststoffschale als Abwaschbecken und Waschgelegenheit
- zweite Kunststoffwanne für die Körperwäsche
- Geschirrständer zum Abtrocknen
- 3–4 Töpfe (mit Griffzange), Bratpfanne, Teekessel, Wasserkrug

- gusseiserner Topf zum Kochen auf dem Lagerfeuer und Brotbacken
- Thermoskanne, Wasserflasche
- Kochlöffel, Suppenkelle, Pfannenwender, Rührbesen, Fleischgabel
- großes Brett zum Schneiden von Brot, Gemüse und Fleisch
- Teller, Schalen, Becher, Eierbecher
- bruchfeste Gläser, Weingläser
- Messer, Gabeln, Löffel, Teelöffel
- Brotmesser, 2 scharfe Gemüse-, Fleischmesser, Kartoffelschäler
- Korkenzieher, Flaschenöffner, Dosenöffner
- Ausschläger/Schöpfsieb
- Servietten, Küchenpapier, Alufolie
- Abwaschbürste, Schwamm, Stahlwolle, Topfreiniger
- Abwaschtücher, Tischdecke, Putzlappen
- Spülmittel, Waschpulver
- Handbesen mit Kehrblech
- Müllbeutel, Toilettenpapier
- Wäscheleine mit Klammern
- Feuerzeug und Streichhölzer
- Grillanzünder, Grillkohle
- Ersatz-Glühstrümpfe für Gaslampen, evtl. Ersatz-Gasdüsen

be-025 Foto: cd

Grillkohle leisten. Die Ventile gasbetriebener Aufsatzkocher setzen sich häufig mit Schmutz oder Sand zu. Ausblasen mit Druckluft(spray) (in umgekehrter Richtung) schafft Abhilfe. Alternativ muss das Ventil geöffnet und gereinigt werden. Komplette Küchensets und andere Ausrüstungsgegenstände kann man in jedem **Reiseausrüstungsladen** bekommen. Drei große Ausrüsterfirmen dieser Art und ein empfehlenswerter kleinerer sind:

- **Därr-Expeditionsservice,** Theresienstr. 66, D-80333 München, Tel. 089-282032, Fax 282525, Internet: www.daerr.de
- **Globetrotter-Ausrüstungen,** Wiesendamm 1, D-22305 Hamburg, Tel. 040-67966-179, Fax 67966-186, Internet: www.globetrotter.de.
- **Travel Center Woick,** Plieninger Str. 21, D-70794 Filderstadt, Tel. 0711-709670-0, Fax 7096770, Internet: www.woick.de
- **AMR,** Kastanienallee 2, D-21337 Lüneburg, Tel. 04131-81221, Fax 81271, Internet: www.amr-outdoorwelt.de

Lebensmittel und Getränke

Berücksichtigen sollte man beim Einkauf und bei der Bevorratung von Lebensmitteln die **hohen Außentemperaturen** (Verderblichkeit!) und die unumgängliche Passage von Tiersperrzäunen, an deren Durchlasskontrollen ohne Transportgenehmigung (bzw. ein ausgeklügeltes Versteck) der Verlust von Frischfleisch und nicht abgepackten Milchprodukten droht. Die folgende Einkaufsliste ist als Orientierung gedacht und favorisiert frische Produkte wie Obst, Gemüse oder Filetsteak gegenüber Konserven, die allerdings sehr gut transportabel sind.

Obst und Gemüse sollten eine möglichst feste Konsistenz aufweisen (z.B. Mohrrüben, Gurken, Orangen). Weiche Tomaten oder Pfirsiche entwickeln im Gelände erstaunlich kurze Halbwertszeiten. Wer v.a. frisch einkaufen und kochen möchte, benötigt unbedingt einen **Kühlschrank** und eine zusätzliche **Kühlbox** (Eisblöcke sind an Tankstellen, allerdings nicht überall, erhältlich). Auf diese Weise kann man Fleisch und Milchprodukte

Einkaufsliste für
Lebensmittel und Getränke

- Wein, Bier, ggf. auch Gin, Whisky, Brandy, Amarula-Likör etc.
- Softdrinks wie Coca-Cola, Sprite, Bitter Lemon, Appletizer etc.
- Trinkwasser (5-Liter-Kanister oder 1,5-Liter-Flaschen)
- Teebeutel, löslicher Kaffee, fertige Cappuccino-Mischungen
- Fruchtsäfte (in Flaschen!)
- haltbare Milch/Milchpulver, evtl. Joghurt
- Obst (Äpfel, Birnen, Orangen, Ananas, Melonen etc.)
- Gemüse (Gurken, Mohrrüben, Tomaten, Weißkohl etc.)
- Kartoffeln und Zwiebeln
- Grillfleisch (z.B. Filetsteak) und Bratwurst
- Würstchen (eingesiegelt oder aus der Dose)
- Öl, Essig
- Zucker, Mehl (braunes Mehl für Brot)
- Pfeffer, Salz
- Gewürzsortiment und getrocknete Kräuter
- Nudeln, Reis
- Ketchup, Tomatenmark, Senf
- Brot, Knäckebrot
- Margarine, Marmelade, Brotaufstrich, abgepackter Käse
- Kekse, Schokolade
- Trockenhefe
- Eier
- Müsli, Cornflakes
- Nüsse, Rosinen, Dörrobst
- Dosengerichte und Konserven
- Trockenfleisch („Billtong")
- Brühwürfel
- Kaugummi, Bonbons und Süßigkeiten

Buchtipp – Praxis-Ratgeber:
- Rainer Höh
Wildnis-Küche
(REISE KNOW-HOW Verlag)

problemlos 48 bis 72 Stunden transportieren. Fleisch und frisches Gemüse bzw. Obst sollten möglichst getrennt von anderen Lebensmitteln aufbewahrt werden. Flaschen und Kanister müssen einen stabilen Schraubverschluss aufweisen. Zucker, Salz, Milchpulver u.Ä. sollte man sofort nach dem Kauf aus den wenig überlandtauglichen Papierbeuteln in kleine Kunststoffgefäße mit festem Verschluss umfüllen. Gleiches gilt für Getränke, die im Tetrapack verkauft werden (z.B. Milch, Fruchtsaft).

Bei der **Zubereitung von Gerichten im Busch** sind der Kreativität keine Grenzen gesetzt. Ich selbst habe auf Reisen immer den steten Wechsel von Grillgerichten („Braai") mit frischem Gemüse und Obst bzw. Nudel- und Reisgerichten den Fertiggerichten und Suppen vorgezogen. Wer einen Brotteig zustande bringt, kann daraus ein einfaches Brot backen, indem man einen teiggefüllten (möglichst gusseisernen) Topf 45 bis 60 Minuten tief in die Glut des Lagerfeuers schiebt. Es ist verblüffend, wie hervorragend selbst einfache Dinge wie in Alufolie verpackte, in der Glut des Lagerfeuers gegarte Zwiebeln schmecken können.

Grundsätzlich steht und fällt der Erfolg einer Campingsafari auch mit der Qualität von Ernährung und Ausrüstung.

Richtiges Packen

Fahrten durch das raue Gelände Botswanas erfordern ein **sorgfältiges Verstauen** der Ladung, um das Verrutschen von Gepäckstücken und Schäden wie ausgelaufene Flüssigkeiten (z.B. Benzin oder Diesel) und Getränke, zerbrochene Souvenirs, in Scherben gesprungenes Geschirr etc. zu verhindern. Lebensmittel, Getränke, Küchengeräte und Geschirr sollten sorgfältig in Kisten bzw. im Kühlschrank/Kühlbox verstaut werden. Behälter für Treibstoff, Motorenöl und Wasser müssen über einen festen Verschluss verfügen und sollten im Laderaum mit Spanngurten oder Expandern an der Fahrzeugwand gesichert werden. Alternativ bietet sich die Verspannung auf dem Dachgepäckträger an. Für den Dachtransport geeignet sind auch Ersatzräder, Kisten und Gasflaschen (vorzugsweise in speziellen Haltern). Beim Fahren sollte man aber niemals die Wirkung von Schwerkraft und Zentrifugalkraft außer Acht lassen. Das Packgewicht muss dem „Stehvermögen" des Dachgepäckträgers angepasst werden.

Der gesamte **Stauraum** sollte möglichst kompakt und baukastenartig genutzt werden. Das notwendigste Werkzeug (Schraubenzieher, Maulschlüssel, Zange) sollte direkt unter dem Fahrersitz verstaut werden, um stets greifbar zu sein. Niemals dürfen schwere Gegenstände lose, d.h. ungesichert oder nicht eingekeilt, im Laderaum verstaut werden. Insbesondere Gasflaschen sollten gut gesichert und möglichst nah zur Vorderachse verstaut werden, um ein unkontrolliertes Wirbeln durch den Laderaum zu verhindern. Meist kristallisiert sich die individuell optimale Packordnung auf einer Campingsafari erst nach einigen Tagen heraus. Folgende **„Packregeln"** sollten jedoch stets eingehalten werden:

● Schwere Gegenstände sollten immer zuunterst gepackt werden und gegenüber zerbrechlichen Dingen abgepolstert sein.
● Harte oder mit scharfen Ecken und Kanten versehene Gegenstände müssen in alte Tücher o.Ä. gewickelt werden, um Schäden an benachbart verstauten Gegenständen zu verhindern.

● Der Stauraum in Kisten, Taschen und Boxen sollte grundsätzlich gut ausgefüllt sein, um den Inhalt „in Position" zu halten.
● Schematisches Packen (z.B. eine Kiste Geschirr und Kochgeräte, eine mit Getränken, eine mit Lebensmitteln, eine Kühlbox Obst und Gemüse, eine Kiste Werkzeug) wird mit Übersicht und Zeitsparnis belohnt.

Dokumente und Wagenpapiere

Für Deutsche, Österreicher und Schweizer ist ein **Internationaler Führerschein** (alternativ eine beglaubigte englischsprachige Übersetzung des Heimatführerscheins) erforderlich. Führerscheinkontrollen sind selten, werden aber sehr sorgsam durchgeführt. Ausländische Führerscheine besitzen maximal sechs Monate Gültigkeit in Botswana. Wer einen Leihwagen in Südafrika oder Namibia anmietet, muss bei der Einreise nach Botswana eine **Kopie des Fahrzeugbriefes** und eine **Autorisierung der Verleihfirma („Letter of Authorisation")** bei sich führen, dass er das Fahrzeug nach Botswana bringen darf. Die gültige **Zulassungsplakette** des Herkunftslandes muss gut sichtbar an der Innenseite der Windschutzscheibe angebracht sein. Die dort angegebenen Daten von Kennzeichennummer („Vehicle Registration Number"), Fahrzeugnummer („Vehicle Identification Number", kurz „VIN") und Motornummer („Engine Number") müssen mit denen des Fahrzeugbriefes übereinstimmen und sollten natürlich auch den eingestanzten Daten der Werksplaketten entsprechen. Selbstfahrer mit Fahrzeugen, die außerhalb der Zollunion SACU zugelassen sind, sollten zusätzlich die **Versicherungspolice** der Third Party Insurance und die **vorübergehende Importgenehmigung** des Fahrzeuges („Temporary Import Permit") zu den Fahrzeugpapieren heften (siehe Abschnitt „Versicherungen"). Für Fahrzeuge, die in Deutschland zugelassen sind, empfiehlt sich das Mitführen eines internationalen Fahrzeugscheins. Detaillierte Infos zum **Carnet de Passages** bekommt man beim ADAC in München: ADAC Touring GmbH, Grenzverkehr, Am Westpark 8, D-81373 München, Internet: www.adac.de.

Ersatzteile

Wer mit der Gewissheit durch Botswana reisen möchte, dass er in allen Teilen des Landes allen erdenklichen technischen Defekten seines Fahrzeuges mit allen möglichen Ersatzteilen zu Leibe rücken kann, sollte den Gedanken an eine Botswana-Safari getrost verwerfen, oder er muss einen zweiten Wagen, mit Ersatzteilen prall bis unters Dach gefüllt, hinter sich her fahren lassen. Es kommt vielmehr darauf an, ein **übersichtliches,** sorgfältig zusammengestelltes **Inventar der wichtigsten Werkzeuge und Ersatzgegenstände** dabeizuhaben. Die umseitig aufgeführte Liste umfasst die meiner Meinung nach notwendigsten und sinnvollsten Teile und Werkzeuge. Sie ist aufgrund langjähriger, persönlicher Erfahrungen zusammengestellt worden. Ich schlage Ihnen vor, mit Hilfe dieser Liste vor dem Reiseantritt vor Ort gegenzuchecken, was die Leihwagenfirma Ihnen für Ihre Botswana-Safari eingepackt hat. Erfahrung, Qualität und Service einer guten Firma spiegeln sich vor allem in scheinbaren Kleinigkeiten wie einem „buschtauglichen" Reparatur- und Werkzeugkit wider – darüber kann auch ein auffällig blitzblank geputzt vor die Tür gestellter Geländewagen nicht hinwegtäuschen.

Optional kann man diese Aufstellung noch um Winde (mit Greifzug), Bergungsanker, Sandbleche und eine hohle Eisenstange zur Hebelarmverlängerung (im „High-lift Jack" enthalten) bei festsitzenden Radmuttern und Schrauben erweitern. Auch ein Auspuff-Reparaturset kann gute Dienste leisten.

Die wichtigsten Ersatzteile sind **in allen größeren Städten erhältlich,** z.B. in Gaborone, Francistown, Maun, Kasane, Lobatse und Mahalapye. Auf spezielle Teile, das gilt v.a. für nicht im südlichen Afrika produzierte Fahrzeugtypen, muss man mitunter monatelang warten.

Fahrtechnik im Gelände

Das Fahren mit einem allradgetriebenen Geländewagen durch den afrikanischen Busch erfordert Übung, Fahrgefühl und vor allen Dingen **Erfahrung.** Ein unverhältnismäßig unbekümmerter Fahrstil zieht nahezu automatisch Unfälle oder technische Defekte nach sich, während übertrieben ängstliche Fahr-

Checkliste für Ersatzteile und Werkzeuge

- 2 vollwertige, gut aufgepumpte Ersatzräder
- (hydraulischer) Wagenheber
- solides Radmutterkreuz
- strapazierfähiger Bergungsgurt (als Abschleppseil)
- 2–3 robuste Schäkel
- Starthilfekabel mit Klemmen
- Spaten & Axt
- 2 Warndreiecke
- Bergungswagenheber („High-lift Jack" – kann auch als Flaschenzug genutzt werden)
- Holzblock als Unterlage für Wagenheber
- mehrere 20-l-Treibstoffbehälter mit Ausgießstutzen
- Handkompressor oder 12 V-Luftkompressor zum Befüllen der Reifen
- Reifendruckprüfer
- Reifenflickzeug/Ersatzschläuche/Ersatzventile/Ventilschlüssel
- Reifenheber/Montierhebel
- Werkzeugkasten (Maulschlüsselset, Schraubenzieher, Zangen, Seitenschneider etc.)
- Ersatz-Keilriemen
- Ersatz-Sicherungen
- ein Satz Zündkerzen, für Dieselfahrzeuge auch einzelne Zündkerzen
- Ersatzriemen für Kühler-Ventilator
- Motoröl (doppelter Ölwanneninhalt, mindestens 5 l)
- Ersatz-Ölfilter
- Bremsflüssigkeit
- Kühler-Dichtungskit
- Ersatz-Treibstofffilter
- Ersatzbirnen für Scheinwerfer, Blinker und Rücklichter
- Zündkontakte/Verteilerfinger
- fester Draht
- isoliertes Kupferkabel
- Isolierband
- Schrauben und Muttern
- Gummiplatte, um Dichtungen zu schneiden
- Dichtungspapier zum Schneiden von Dichtungen
- Gummischlauch (z.B. Universal-Kühlerschlauch)
- Schlauchschellen
- Dichtmasse (z.B. Silikon)
- starker Klebstoff („Super Glue")
- robustes Textil-Klebeband/Gitterflexband
- Gaze zur Abdeckung des Kühlergrills
- Kriechölspray zum Rostlösen
- 12 V-Neonröhre für Autoreparaturen
- Handscheinwerfer
- gute Spanngurte zum Festschnallen
von Ladung (möglichst viele!)

Wichtige Hinweise für Selbstfahrer

weise unweigerlich im Steckenbleiben endet. Es gilt also, einen gesunden Mittelweg zwischen beiden Risiken zu finden und ein Gefühl für das Leistungsvermögen von Fahrer und Fahrzeug zu entwickeln. Beide sollten idealerweise eine kommunizierende Einheit bilden, die es dem sensibilisierten Fahrer erlaubt, technische Probleme und Defekte des Fahrzeuges frühzeitig ausfindig zu machen.

Durch Übung und Erfahrung erhält man ein Gespür dafür, wann der **Allradmodus** zugeschaltet werden muss und welche Gänge bzw. Drehzahlen ein optimales Vorwärtskommen ermöglichen. Eine dem Untergrund optimal angepasste Geschwindigkeit bzw. Beschleunigung beugt Festfahren und dem Durchdrehen der Räder weitgehend vor. Spezielle Fahrtechniken im Sand, Schlamm und bei Wasserdurchquerungen werden im Abschnitt „Gefahren" näher erläutert. Tiefe Sandfelder können eine Anpassung des **Reifendrucks** auf 1,2 bis 1,4 bar erforderlich machen. **Achtung:** Viele Schlauchreifen erlauben keine Absenkung des Reifendrucks in dieser Größenordnung, da ansonsten beim Fahren die Ventile des Schlauchs innerhalb des Reifens verschwinden. Umwickeln der Ventile mit Klebeband beugt diesem Übel vor.

Fahren im Allradmodus

Fast alle im südlichen Afrika verbreiteten Geländewagen mit zuschaltbarem Allradantrieb arbeiten mit **Freilaufnaben** an der vor-

bo-026 Foto: cl

deren Achse. Durch Umlegen eines Verriegelungsmechanismus von außen werden die Vorderräder in den Allradantrieb (4WD) „eingeklinkt". In sehr abwechslungsreich strukturiertem Gelände, das ständige Umschalten vom treibstoffsparenden Zweiradantrieb in den Allradbetrieb erfordert, ist es sinnvoll, die Naben in der Stellung „Locked" zu belassen, solange man im Gelände unterwegs ist, um nicht ständig anhalten zu müssen für die Adaptation der Nabenstellung. Auf festem Untergrund und bei hohen Geschwindigkeiten müssen die Freilaufnaben bei normalem Heckantrieb (2WD) jedoch vom Antrieb entkoppelt sein (Stellung „Free").

Moderne Allradgetriebe verfügen über **zwei Allradübersetzungen: 4WD high und 4WD low.** Die Übersetzung 4WD low eignet sich gut zum „Herauswühlen", nachdem man steckengeblieben ist, und ist vor allem beim Fahren in schwerem Terrain (extreme Steigungen, schlammiger Untergrund etc.) erforderlich. Eine **Differentialsperre** kann in tiefem Sand oder Schlamm hilfreich sein. Man sollte dabei darauf achten, mit gesperrtem Differential nur kurze Strecken und diese in möglichst gerader Fahrtrichtung zu bewältigen. Längeres Fahren mit zugeschalteter Differentialsperre auf kurvenreichen Strecken kann zu erheblichen Materialschäden führen.

Schalttechnik

Es gilt, **vorausschauend** zu **fahren,** um beim Auftauchen von Sand- und Schlammpassagen rechtzeitig den richtigen Gang einzulegen. Gerade beim Durchfahren von Sandfeldern ist es entscheidend, dass man bereits vorher eine optimale Übersetzung gefunden hat, mit der man die Passage unter Aufrechterhaltung einer Mindestdrehzahl (Richtwert sind bei den meisten Benzinmotoren 1000 Upm) meistern kann, ohne erneut schalten zu müssen, was häufig mit dem Festfahren endet. Wird ein Zurückschalten erforderlich, sollte dies möglichst schnell und reibungsarm erfolgen, um einen größeren Ge-

schwindigkeitsverlust zu vermeiden, sollte andererseits aber auch nicht durch übertriebene Beschleunigung zum Durchdrehen der Räder führen.

Lenktechnik

Auf den meisten Pisten im Gelände ist es nicht sinnvoll und sogar gefährlich, den Lauf des Wagens mit übertriebenen Lenkbewegungen beeinflussen zu wollen. Auf ausgefahrenen Wegen und Sandpisten sucht sich das Fahrzeug bei entsprechend niedriger Geschwindigkeit nahezu automatisch seinen Weg. Dabei reicht es auf einigermaßen gerade gelegte Hände die Kontrolle über die Fahrtrichtung zu behalten. Nur in engen Kurven und bei Ausweichmanövern ist energisches Lenken gefordert. Dabei kann die Übertragung der Lenkbewegung auf den tatsächlichen Kurs in Abhängigkeit vom Untergrund (z.B. tiefer Sand, Schlamm) verspätet erfolgen.

Gefahren

Neben dem allgemeinen Risiko einer Verwicklung in Unfälle, die aufgrund meist hoher Fahrgeschwindigkeiten und sehr spät am Unfallort eintreffender medizinischer Hilfe nicht selten einen tödlichen Ausgang nehmen, drohen im Gelände Botswanas ganz spezifische Gefahren, denen man durch **geeignete Vorsichtsmaßnahmen** wirkungsvoll begegnen kann.

Schotterpisten

Entgegenkommende Fahrzeuge auf Schotterpisten hüllen das eigene Fahrzeug beim Vorbeifahren in dicke, manchmal kilometerweit reichende **Staubwolken** ein, wodurch die Sicht-

Blick auf das Deception Valley
(Central Kalahari Game Reserve)

Wichtige Hinweise für Selbstfahrer

verhältnisse massiv beeinträchtigt werden. Schlimme Unfälle und Kollisionen können die Folge dieser plötzlichen „Erblindung" sein. Bei der Annäherung entgegenkommender Fahrzeuge muss man daher schnellstmöglich die noch einsehbare Fahrbahn auf andere Fahrzeuge, Tiere, Fußgänger sowie Hindernisse hin überprüfen und die Geschwindigkeit sofort herabsetzen. Um selbst gut gesehen zu werden, sollte man die Scheinwerfer anschalten und eventuell sogar aufblenden. Bei Zweifeln am weiteren Pistenverlauf oder vermeintlichen Hindernissen ist es besser, ganz anzuhalten.

Dichte Annäherung an vorausfahrende Fahrzeuge ruft ähnliche Sichtbehinderungen hervor. Unter diesem Aspekt sollte man waghalsige Überholmanöver gerade bei langen Lastzügen ganz unterlassen, obwohl deren Staubfahne den Fahrspaß rasch in Frustration verwandelt. Häufig ist es sinnvoller, anzuhalten und eine längst überfällige Pause einzulegen, um den Lastzug in Ruhe davonziehen zu lassen – schließlich befindet man sich im Urlaub und sucht naturgemäß vor allem Entspannung, weniger die Gefahr eines Verkehrsunfalls.

Hinter überholenden oder vorausfahrenden Fahrzeugen **hoch spritzende Steine** sind ein weiteres Problem. Lackschäden, splitterndes Scheinwerferglas und Schäden an der Windschutzscheibe bis hin zum vollkommenen Bruch derselben können die Folge sein. Hier hilft nur äußerste Vorsicht und vorausschauendes Fahren. Schäden an Scheiben und Scheinwerfern sind im Regelfall nicht durch die Kaskoversicherung abgedeckt. Für nicht allradgetriebene PKW gelten die gängigen Versicherungen der Leihwagenfirmen ohnehin nur auf Asphaltstraßen. Eine dem losen Untergrund angepasste Geschwindigkeit (also nicht 120 km/h!) hilft zu vermeiden, dass sich das Fahrzeug „rollt" – viele Schotterpisten sind durchaus mit schneebedeckten mitteleuropäischen Straßen zu vergleichen.

Tiere

Kollisionen mit Wild- und Nutztieren sind **eine der Hauptursachen für Unfälle** in Botswana. Die große Gefahr, die im Straßenverkehr von Tieren ausgeht, kann nicht oft genug betont werden. Unabhängig davon, ob die Straße bzw. Piste eingezäunt ist oder nicht, muss man stets damit rechnen, dass Nutztiere oder Wild wie z.B. Kudus die Strecke plötzlich queren. Während der Recherchearbeiten zu diesem Buch haben neben unzähligen Rindern, Eseln und Ziegen vor allem Kudus, aber auch Elefanten, Zebras, Strauße, Spießböcke, Kuhantilopen, Steinböckchen, Löffelhunde, Wildkatzen und sogar Löwen die Straße unmittelbar vor meinem sich nähernden Wagen passiert. Auf den Strecken Gaborone – Francistown und Francistown – Maun ereignen sich statistisch gesehen die meisten Unfälle, da hier die Verkehrsdichte vergleichsweise hoch ist und auch viele Tiere vorkommen. Als kaum weniger gefährlich ist der Trans-Kalahari-Highway im Süden des Landes einzustufen.

Nutztiere werden häufig bewusst auf den Randstreifen der Straßen getrieben, um diese nahezu ungenutzte „Weidereserve" abzugreifen. Ihr **Verhalten** bei der Annäherung von Fahrzeugen ist dabei gänzlich **unkalkulierbar.** Am ehesten scheinen noch Ziegen ein einigermaßen „logisches" Fluchtverhalten zu zeigen. Während der kalten Wintermonate zieht es Tiere nachts auch durch die Wärme speichernden Asphalt auf die Fahrbahn. Es ist extrem schwierig, inmitten schwarzer Nacht dunkel gefärbte Tiere vor dem ebenfalls dunklen Fahrbahngrund auszumachen. Ermüdete Augen und verlangsamtes Reaktionsverhalten machen **Nachtfahrten** noch zusätzlich **gefährlich.** Gute Zusatzscheinwerfer auf dem Dach können den Lichtkegel etwas verbessern. Dennoch sollte man, wann immer möglich, auf Nachtfahrten verzichten. Auch auf gut ausgebauten Hauptstrecken sollte man nachts Geschwindigkeiten von 70–80 km/h nicht überschreiten und zusätzlich alle mitfahrenden Personen zu erhöhter Wachsamkeit anhalten. Erscheinen Tiere im Lichtkegel, sollte man rasch abblenden, um ihnen eine optische Orientierung zu ermöglichen.

Bei der Beobachtung von Affen, Katzen und Großwild sollte der Wagen immer verschlossen sein. Ein großzügiger Sicherheitsabstand ist zu empfehlen, um Tiere wie Elefanten oder Büffel nicht zu beunruhigen und um notfalls einen gewissen Aktionsradius bzw. ein Polster für Ausweich- und Rückzugsmanöver zu besitzen. Bei dichter Annäherung an Elefanten (und Nashörner) sollte man den Motor immer weiterlaufen lassen, um bei (Schein)Angriffen sofort reagieren zu können. Niemals sollte

man in Herden hineinfahren. Ein **gebührender Abstand zu Tieren** (vor allem Elefanten) mit Jungtieren sollte eingehalten werden.

Auf die von Wildtieren in Schutzgebieten und beim Zelten im Busch ausgehenden Gefahren wird im Kapitel „Praktische Tipps A–Z" in den Abschnitten „Nationalparks und Wildreservate" bzw. „Unterkünfte und Campingplätze" hingewiesen.

Sand und Schlamm

Tiefer Sand ist zu allen Jahreszeiten ein prägendes Element einer Botswana-Safari. Nach Niederschlägen lässt er sich meist deutlich besser befahren, da die Sandpartikel infolge der Feuchtigkeit eine kompakte Masse bilden. Große Sandfelder und starke Steigungen, z.B. sandige Flussufer oder Dünen, sollte man möglichst früh morgens (oder spät abends) befahren, weil schwere Fahrzeuge dann weniger tief einsinken, da die Luftpakete zwischen den Sandkörnern infolge der nächtlichen Kühle klein sind und dementsprechend wenig Verdrängungsvolumen bieten („dichter" Sand). Später am Tag, wenn sich der Sand aufgeheizt hat (Temperaturen von 80°C am Boden sind nicht ungewöhnlich), hat sich die Luft zwischen den Sandpartikeln bereits ausgedehnt, und durch das große Verdrängungsvolumen bedingt sinken Fahrzeuge beim Durchfahren tiefer ein („loser" Sand).

Während der Regenmonate macht vor allem **Schlamm** auf vielen Pisten das Vorwärtskommen problematisch. Wichtig ist die Mitnahme von techni-

be027 Foto: d

schen Hilfen, um sich aus Schlammpassagen wieder selbständig befreien zu können. Dazu gehören Spaten, spezielle Wagenheber („High-lift Jack"), Winden, Bleche – und Schubkraft in Form von „Manpower". **Abgelegene Pisten sollten nur mit mindestens zwei Fahrzeugen befahren werden.**

Bewältigung tiefer Sandpassagen

Neben dem optimalen Fahrzeitpunkt (siehe oben), der jedoch nicht immer frei gewählt werden kann, ist es wichtig, dass **Luft aus allen Reifen abgelassen** wird (bei Schlauchreifen auf die Ventile achten, evtl. mit Klebeband sichern!). Reifendruckwerte

von 1,2 bis 1,4 bar sind für Fahrten im tiefen Sand optimal. Zwar steigt damit auch das Risiko von Reifenpannen, doch überwiegen klar die Vorteile der größeren Reifenauflagefläche, sodass man die Gefahr des Festfahrens deutlich reduzieren kann. Derartige Fahrten im weichen Sand haben zwar ein starkes Durchwalken der Pneus zur Folge, beeinträchtigen die Lebensdauer der Reifen bei langsamer Geschwindigkeit jedoch kaum. Auf festem Untergrund allerdings müssen die Reifen sofort wieder auf den Normwert gefüllt werden (ein Luft- oder Handkompressor sollte in Botswana zur Grundausstattung eines Allrad-Geländewagens gehören).

Wer sich im Sand festfährt, sollte zunächst mit dem Spaten die besonders lose oberflächliche Schicht vor den Rädern beiseiteräumen. Mit der Hilfe (möglichst gleichmäßig) anschiebender Mitfahrer kann man sich dann in der Regel zügig herausarbeiten. Hilfreich ist dabei auch, zunächst einige Meter zurückzusetzen, bevor man quasi mit et-

Typische Sandpiste im Norden Botswanas

was Anlauf vorfährt. In jedem Falle vermieden werden sollte ein Durchdrehen der Räder, wodurch man sich nur tiefer eingräbt. Sandbleche können nützlich sein, sind in Botswana erfahrungsgemäß aber nur äußerst selten notwendig. Sinnvoll kann es auch sein, zwischen den Allradübersetzungen 4WD high and 4WD low zu wechseln, um die beste Übersetzung für eine optimale Übertragung der Motorkraft auf den Untergrund herauszufinden. Wer bereits achstief im Sand versunken ist, sollte den Wagen mit Hilfe eines **Bergungswagenhebers ("High-lift Jack")** anheben und dann zur Seite schieben, sodass er in eine neue Spur fällt. Das Verletzungsrisiko derartiger Aktionen ist jedoch groß und erfordert entsprechend Umsicht. Wenn vorhanden, kann man auch kleine Äste und Zweige in die Spur legen, damit die Reifen besser greifen.

Die Übertragung der Lenkbewegung auf den tatsächlichen Kurs erfolgt auf sandigen Pisten verspätet. In sehr tiefem Sand können Lenkmanöver sogar gänzlich unwirksam sein. Aufgrund des vollkommen anderen Fahrverhaltens gegenüber Asphaltstraßen verliert man leicht das Gefühl für die aktuelle Stellung der Räder und sollte diese dann durch Blick aus dem Fenster überprüfen. Kleinere Sandfelder, aus denen man sich ohne fremde Hilfe befreien kann, bieten sich für entsprechende Fahrübungen bei Reiseantritt an.

Hinweise für
Fahrten durch Schlamm

Anders als in tiefem Sand sollten die **Reifen** bei Schlammdurchfahrten **möglichst hart** sein. Der Hintergedanke dabei ist, dass harte Pneus durch oberflächlich weichen Untergrund "schneiden" und dann auf dem darunter liegenden, festen Untergrund greifen können. Ausreichend dafür sind normale Reifendruckwerte von 2,2 bis 2,5 bar (Beispiel: Toyota Hilux 4x4). **Besonders tückisch sind erfahrungsgemäß schwärzlich gefärbte**

Matsch- und Schlammfelder, die eine besonders zähe und klebrige Konsistenz aufweisen. Tiefere Schlammdurchfahrten sollten vor der Querung auf Hindernisse und Löcher hin untersucht werden. Man sollte sich im Schlamm möglichst auf bereits existierenden, vielbefahrenen Spuren halten, da der Untergrund dort bereits besser verdichtet ist, als wenn man bislang unbefahrene Alternativrouten wählt. Das Befreien aus Schlammpassagen erfolgt nach ähnlichen Prinzipien wie im Sand (siehe oben) mit Hilfe von Spaten und Anschieben. Zur Not kann man auch versuchen, sich aus dem Schlammfeld einfach "herauszuschaukeln", was eine blitzschnelle Schalttechnik voraussetzt. Um den Wagen aus tiefen Schlammlöchern zu heben, braucht man unbedingt einen Bergungswagenheber ("High-lift Jack"). Grundsätzlich hilfreich ist es, die Fahrspur mit kleinen Ästen und Zweigen auszulegen, damit die Reifen besser greifen können.

bs-028 Foto: cl

Unterwegs in den Makgadikgadi Pans

Wichtige Hinweise für Selbstfahrer

Unwuchtbildung durch angetrockneten Schlamm

Wenn sich größere Volumina angetrockneten Schlammes auf der Innenseite (oder Außenseite) der Felgen befinden, kommt es infolge der entstehenden Unwucht mit steigender Geschwindigkeit zu unangenehmen **Vibrationen und Schütteln** bis hin zum Schleudern. Ähnliche Folgen hat das feste Verbacken schlammigen Erdreichs mit der Kardanwelle. Abhilfe schafft nur das konsequente Entfernen aller angetrockneten Schlammreste mit Hilfe von Stöcken, Schraubenzieher oder Spaten.

Salzpfannen

Die abgetrocknete Oberfläche von Salzpfannen kann **trügerische Fahrsicherheit** vortäuschen, und ihre ebene Oberfläche lädt zu einer ausgiebigen Spritztour mit hoher Geschwindigkeit geradezu ein. Vergessen wird dabei leicht, dass sich unter der knochentrocken erscheinenden Oberfläche feuchte, kleieartige Schlammpartien befinden können, obwohl es im Gebiet zuletzt Wochen oder sogar Monate vor dem Besuch geregnet hat. Insbesondere die ausgedehnten Salzpfannen der Makgadikgadi Pans locken mit unendlich erscheinender Weite und hindernisarmer Oberfläche. Folgerichtig ereignen sich hier die meisten Zwischenfälle durch steckengebliebene (bzw. umgestürzte) oder gänzlich vom Untergrund „verschluckte" Fahrzeuge.

In den regenreichen Monaten von Dezember bis April muss eine grundsätzliche Warnung vor dem Befahren der **Pans** ausgesprochen werden. Relativ sicher für Touren durch die Landschaft der Makgadikgadi Pans sind die trockenen Monate Juni bis September. Die Monate Oktober, November und der Mai können bei trockener Witterung ebenfalls geeignet sein. Achstiefes Versinken im Schlamm und andere Zwischenfälle lassen sich durch Einhalten gewisser **„Spielregeln"** erfolgreich vermeiden:

● **Fahren Sie immer prophylaktisch im Allradmodus** (4WD high) oder lassen Sie zumindest die Freilaufnaben in der Position „Locked" eingerastet, um jederzeit schnell in den Allradbetrieb umschalten zu können.

● **Halten Sie sich immer auf vorbestehenden, regelmäßig befahrenen Pisten und Spuren.** Fahren Sie niemals „auf gut Glück" in die unendliche Weite der Pfannen hinein. Wenn Sie der Versuchung, von befahrenen Spuren abzuweichen, nicht widerstehen können, halten Sie sich möglichst am Rande der Pfanne, in stetiger Nähe zu festem Untergrund.

● **Fahren Sie auf großflächigen Pfannen mit einer gewissen Grundgeschwindigkeit** (mindestens 50–60 km/h). Wenn Sie merken, dass der Untergrund weich wird oder Schlammpakete von den Rädern hochspritzen, müssen Sie unbedingt versuchen, die Geschwindigkeit zu halten! Bremsen hat in dieser Situation fatale Folgen! Sollte sich der Untergrund bei der Weiterfahrt nicht umgehend wieder verfestigen, müssen Sie versuchen, auf möglichst direktem Weg an den Pfannenrand (und damit festen Untergrund) zu gelangen. Vermeiden Sie dabei starke und hastige Kursänderungen, um ein Umkippen zu vermeiden.

● **Wenn sich ein Steckenbleiben nicht mehr verhindern lässt, sollten Sie den Wagen ohne zu bremsen einfach auslaufen lassen.** Heftiges Bremsen und bei verzweifelten Beschleunigungsversuchen durchdrehende Räder fördern das „Eingraben" in den Schlamm beträchtlich. Vielmehr sollten Sie versuchen, mindestens einen, besser jedoch zwei behutsam anschiebende Helfer an beiden Fahrzeugseiten zu positionieren, die beim Anfahren kontinuierlich unterstützen. Das Durchdrehen von Rädern muss auf jeden Fall vermieden werden, um ein weiteres Absinken in den Schlamm zu vermeiden. Eine Differentialsperre kann dabei sehr nützlich sein.

● Das Herausfahren aus schlammigen Salzpfannen kann manchmal ähnlich wie in tiefem Sand durch **Ablassen des Reifendrucks** auf 1,2 bis 1,4 bar mit konsekutiver Vergrößerung der Reifenauflagefläche erleichtert werden. Achten Sie dabei darauf, dass die Ventilkappen nach dem Luftablassen wieder fest aufsitzen, damit sich die Ventile nicht mit Schlamm füllen, beim Trocknen aushärtet und das Wiederbefüllen der Reifen behindert. Hilfreich kann auch sein, das Fahrzeug vorübergehend zu entladen.

● In sehr tiefem Schlamm kann ein **Bergungswagenheber ("High-lift Jack")** die letzte Möglichkeit darstellen, den Wagen wieder anzuheben. Sie benötigen dabei einen soliden Holzblock als Unterlage für den Wagenheber und entsprechendes Material zum Unterfüttern der angehobenen Räder. Wer über eine Winde, aber keinen festen Befestigungspunkt zum Herausziehen verfügt, kann sich mit dem eingegrabenen Reserverad als Fixpunkt behelfen. Weitaus professionellere Hilfestellung ermöglicht der Einsatz eines Bergungsankers.

● Wer plant, ausgiebige Touren **in den Makgadikgadi Pans** durchzuführen, sollte nur **mit mindestens zwei Fahrzeugen reisen,** deren Besatzungen sich gegenseitig Hilfestellung geben können.

Wasserquerungen

Im Okavango-Delta, im Uferbereich des Chobe River und im Gebiet der Linyanti-Sümpfe sind zahlreiche ständige Wasserquerungen vorhanden. In anderen Gebieten kann es durch Ansammlung von Niederschlagswasser periodisch zu tiefen, auf der Strecke liegenden Wasserstellen kommen.

Bevor eine derartige Wasserquerung durchfahren wird, muss man die **anvisierte Passage genau untersuchen.** Dazu gehört das Durchwaten der Stelle, um eine Vorstellung von der Wassertiefe und der Beschaffenheit des Untergrundes zu bekommen. Sehr tiefe (als Grenzbereich ist etwa die Scheinwerferebene anzusehen) und mit schlammigem Untergrund versehene Wasserstellen sollten auf jeden Fall umfahren werden. Wenn das nicht geht und kein anderes Fahrzeug in der Nähe ist, das im Ernstfall helfen könnte, sollte man lieber ganz umdrehen. Beim Durchfahren von Wasser sollte man von vornherein in den Allradmodus 4WD low überwechseln und in den ersten oder zweiten Gang schalten. Im Falle eines Einsinkens ist es bereits zu spät, um noch die Gänge zu wechseln. Langsames Fahren mit viel Traktion auf den Rädern ist weitaus günstiger als schnelles Fahren ohne suffiziente Umsetzung der Motorkraft. Geringe Geschwindigkeit vermindert zudem die übermäßige Verteilung von Wassermassen im Motorraum durch Turbulenzen, welche **Probleme mit der Elektrik** nach sich ziehen kann.

Bei einer nur Sekunden dauernden Wasserdurchfahrt wird das Eindringen von Wasser durch Türen und Öffnungen zum Motorraum vermieden. Anders sieht es aus, wenn man in einer Wasserquerung stecken bleibt. Dann wird es nicht nur nass im Innenraum des Fahrzeuges, sondern es besteht auch die Gefahr, dass **Wasser über den Luftfilter in die Zylinder** gelangt und dort **schwere Schäden** anrichtet. Bei Dieselmotoren sammelt sich das Wasser vom Dieselkraftstoff getrennt oberhalb der Kolben an, wo es nicht verdichtet werden kann und zwangsläufig

Wichtige Hinweise für Selbstfahrer

zur Verbiegung der Pleuelstangen führt – ein totaler Motorschaden ist die Folge. Benzinmotoren hingegen „verdauen" Spuren von Wasser, da sich dieses mit Benzin mischt und während der Verbrennungszyklen als Dampf sukzessive wieder ausgestoßen werden kann. Ein unter Wasser tauchender Auspuff hat normalerweise keinen Rückfluss von Wasser zur Folge, solange der Motor läuft und ein gewisses Druckgefälle im Auspuffsystem besteht.

Weißlicher Qualm aus dem Auspuff zeigt eindeutig an, dass Wasser in den Verbrennungsraum gelangt ist. Bei Dieselmotoren sollte man dann den Motor abstellen, um teure Folgeschäden zu verhindern. Allerdings dringt hochste-

hendes Wasser mit der Zeit schleichend durch Öffnungen und Dichtungen in den Motor, in die Differentiale und in andere Elemente des Fahrzeugsystems ein. Bei Benzinmotoren kann man den Motor noch etwas weiterlaufen lassen, wenn gute Chancen bestehen, aus der Wasserquerung schnell herausgezogen zu werden. Allerdings beschränkt sich die „Wassertoleranz" des Motors auch hier auf geringe Wassermengen im Zylinder. Wer längere Zeit im Wasser „gestrandet" war, muss sein gesamtes Auto komplett auseinandernehmen und reinigen lassen – oder gleich einen Neuwagen kaufen.

Ein großes Problem bedeutet flächendeckender Wasserkontakt für die **Elektrik eines Fahrzeugs.** Profis begegnen diesem Problem durch Aushängen des Antriebsriemens für den Ventilator des Kühlsystems, um die Verteilung von

Vorsicht bei Wasserquerungen

Wassermassen im Motorraum zu verringern. Sinnvoll ist auch, die gesamte Wagenfront mit einer Plane abzudecken, bevor man durch das Wasser „pflügt". Das Gros des Wassers wird dann bei zügiger Fahrt mit Hilfe der wasserdichten Plane einfach abgedrängt.

Für Geländefahrten in Botswana ist es aus den genannten Gründen sinnvoll, wenn das Ansaugrohr des Luftfilters und der Auspuff am Fahrzeug nach dem „Schnorchelprinzip" nach oben verlagert sind, wodurch Wasserquerungen deutlich entschärft werden. Ähnliches gilt für die Entlüftungsöffnungen mancher Differentialgetriebe. Nur die wenigsten verliehenen Allrad-Geländewagen besitzen allerdings eine entsprechende Umrüstung. Aufgrund eigener leidvoller Erfahrungen kann ich Ihnen nur raten, bereits im Vorfeld einer Ge-

ländewagenanmietung auf dieser Umrüstung zu bestehen – eine einzige missglückte Wasserquerung kann sonst eine ganze Urlaubsreise verderben.

Hohes Gras

Beim Fahren durch hohes Gras (vor allem während und direkt nach der Regenzeit) ist die Gefahr groß, dass mit Spelzen gespickte Grassamen, die sich in den Kühllamellen festsetzen, nach und nach den gesamten **Kühler verstopfen.** Damit kommt der Luftstrom durch die Lamellen zum Erliegen, und Hitze kann nicht mehr ausreichend abgeleitet werden. Überhitzung bis hin zu Motorschäden ist die Folge.

Graslandschaft in der zentralen Kalahari

Bei allen Fahrten durch Grasland sollte daher kontinuierlich die **Temperaturanzeige überwacht werden.** Beim Ansteigen der Temperatur muss der Kühler sofort auf Grassamen hin untersucht und gegebenenfalls gereinigt werden. Adäquates Reinigen macht den Einsatz von Druckluft oder einem Hochdruckreiniger erforderlich. Behelfsweise kann man mit Hilfe von Stöcken oder Schraubenziehern einen Teil der Samen abstreifen, damit der Kühler seine Arbeit wiederaufnehmen kann. Vor dem Öffnen des Kühlers zum Nachfüllen von Kühlwasser sollte dieser ausreichend abgekühlt sein. Die Verletzungsgefahr durch hochspritzendes kochendes Wasser ist erheblich. Moderne Kühler arbeiten zudem druckgebunden, sodass ein unvermittelter Druckabfall im Kühlsystem plötzliche Überhitzung des Motors mit Folgeschäden nach sich ziehen kann.

Um den genannten Problemen wirksam vorzubeugen, ist in vielen Gebieten der Kalahari eine **Abspannung des Kühlergrills mit feiner Gaze** vor dem Beginn einer Safari erforderlich. Grassamen werden auf diese Weise vor dem Erreichen des Kühlers wirksam „weggefangen" und können aus dem Gazenetz relativ leicht entfernt werden. Zur Not lässt sich verstopfte Gaze innerhalb von Minuten einfach austauschen – im Gegensatz zu einem defekten Kühler.

Ein anderes Problem ist die Ansammlung trockener Grasbündel unter dem Wagen, wenn man längere Strecken durch Grasland fährt oder extrem dicht stehendes Gras quert. In Auspuffnähe angesammelte, trockene **Grasbündel können sich leicht entzünden** und ein völliges Ausbrennen des Wagens nach sich ziehen. Immer wieder sieht man im Kalahari-Gebiet auf diese Weise ausgebrannte Autowracks, die eine eindrückliche Mahnung darstellen, regelmäßig unter den Wagen zu sehen, ob und wo sich entsprechende Grasbündel angesammelt haben. Diese lassen sich mit einem langen Stock oder dem Spaten unproblematisch entfernen.

Buschfeuer

Bei größeren Buschbränden können ganze Streckenabschnitte vorübergehend **unpassierbar** werden. Das unbedachte Durchfahren von „Feuerwänden", die sich über Straßen oder Pisten ziehen, kann verheerende Folgen haben, wenn man die Ausdehnung von Feuer und Rauch nicht richtig einschätzt, eine falsche Geschwindigkeit

Botswanische Straßenbenutzungsplakette

wählt, innerhalb von Rauchschwaden die Orientierung verliert oder sich unerwartet einfach festfährt bzw. mit einem entgegenkommenden Fahrzeug kollidiert. Plötzlich aufkommender Wind kann die Situation innerhalb von Sekunden zusätzlich verändern. Man sollte daher das Niederbrennen eines Buschfeuers in sicherer Entfernung abwarten und bei der Weiterfahrt die Lüftung so einstellen, dass der Rauch draußen bleibt.

Geschwindigkeits-begrenzungen

Die in Botswana geltenden Geschwindigkeitsbegrenzungen liegen bei **120 km/h außerhalb von Ortschaften und 60 km/h innerorts.** Die Überwachung von Geschwindigkeitsbegrenzungen erfolgt zunehmend mittels moderner, handgeführter Geschwindigkeitskameras, deren Aktion bei der Annäherung oftmals nur schwer zu erkennen ist. Kurz hinter dem Kontrollpunkt werden die mit überhöhter Geschwindigkeit gemessenen Fahrzeuge von der Polizei herausgewunken. Notorisch für entsprechende Kontrollen sind vor allem der Großraum Gaborone, die Zufahrten der Stadt Francistown und die grenzüberschreitende Strecke von Kasane nach Victoria Falls. Meist werden 60- und 80-km/h-Zonen überwacht. Geschwindigkeitüberschreitungen von 15 bis 20 km/h werden mit **Bußgeldern** von umgerechnet 20 bis 30 Euro ge-

ahndet, die direkt vor Ort bezahlt werden müssen.

In Nationalparks und Wildreservaten gilt eine generelle Geschwindigkeitsbegrenzung von 40 km/h.

Grenzquerungen

Grenzquerungen zwischen Botswana und seinen Nachbarländern mit dem Leihwagen oder dem eigenen Wagen gestalten sich **unproblematisch.** Bei der Einreise muss dem Zoll der **Fahrzeugbrief** (oder eine Kopie davon) sowie bei Mietwagen ein **Autorisierungsschreiben der Verleihfirma** („Letter of Authorization"), dass man das Fahrzeug nach Botswana bringen darf, vorgelegt werden. Nicht in der Zollunion SACU zugelassene Fahrzeuge müssen eine vorübergehende Importgenehmigung beantragen (**„Temporary Import Permit",** kurz „TIP"), die beim Verlassen des Landes vom Zoll wieder eingesammelt wird. Umgekehrt ist dies bei in der SACU zugelassenen Fahrzeugen der Fall, wenn man damit von Botswana aus nach Sambia oder Simbabwe einreist. Zusätzlich muss dann beim Verlassen Botswanas (und damit der SACU) ein vorläufiges **Exportdokument** ausgefüllt werden. Beim Verlassen Namibias mit einem namibischen Fahrzeug wird eine polizeiliche Erlaubnis benötigt.

Bei der Einreise nach Botswana wird für alle im Ausland zugelassenen Fahrzeuge eine geringe Straßenbenutzungsgebühr (**„Road Safety Levy Fee"**) von umgerechnet ca. 2,30 Euro (20 Pula) er-

Wichtige Hinweise für Selbstfahrer

hoben. Die Plakette ist auch bei der Wiedereinreise für das jeweilige Fahrzeug gültig und sollte daher sorgfältig aufgehoben werden. Seit 2004 wird an der Grenze zusätzlich noch eine **kostenpflichtige Genehmigung für das Einführen von Fahrzeugen und Gütern („Vehicle Levy Fee")** erteilt, die mit umgerechnet 4,40 Euro (40 Pula) zu Buche schlägt. Darüber hinaus muss eine **Haftpflichtversicherung („Third Party Motor Vehicle Insurance")** in Höhe von mindestens 50 Pula (ca. 5,50 Euro) abgeschlossen werden. Im Büro der Immigration muss der Fahrer die wichtigsten Fahrzeugdaten und die Anzahl der im Fahrzeug Mitreisenden in ein Buch eintragen und namentlich unterzeichnen. Nach dem Abstempeln des Reisepasses wird ein sog. **„Gate Pass"** (eine Art Passierschein) ausgehändigt: Auf dem kleinen Papierschnipsel sind das Kennzeichen des Fahrzeugs und die Anzahl der mitreisenden Passagiere vermerkt. Dieser muss noch vom Zoll abgestempelt werden, bevor man unter Abgabe desselben die Grenzschranke passieren kann.

Gründliche **Kontrollen** der Zollbeamten sind bei Touristen **selten,** kommen aufgrund der regen Schmuggelei zwischen Botswana und seinen Nachbarländern aber hin und wieder vor. Die **gültige Zulassungsplakette** des Herkunftslandes, die über Kennzeichennummer („Vehicle Registration Number"), Fahrzeugnummer („Vehicle Identification Number", kurz „VIN") und Motornummer („Engine Number") Aufschluss gibt, muss gut sichtbar an der Innenseite der Windschutzscheibe an-gebracht sein. Das Durchfahren großer Desinfektionswannen und die Desinfektion der Schuhsohlen, welche der Einschleppung und Verbreitung von den Rinderbestand bedrohenden Tierkrankheiten wie der Maul- und Klauenseuche vorbeugen soll, ist im Ausbruchsfall verbreitet.

Orientierung und Navigation

Die Orientierung in Botswanas Städten gestaltet sich aufgrund der geringen Größe und Übersichtlichkeit einfach und unkompliziert. Mit den in diesem Handbuch enthaltenen Plänen und Karten sollten sich eigentlich alle wichtigen Punkte und Ziele vor Ort lokalisieren lassen. Auf dem Land ist die Orientierung und Navigation schon etwas schwieriger, da es aufgrund der Ebenheit des Landes kaum geografische Orientierungsstrukturen gibt. Die in den letzten Jahren vielerorts errichteten Mobilfunkmasten können bei entsprechender Annäherung den ungefähren Verlauf von Hauptstrecken und die Lage größerer Ortschaften anzeigen. Wichtig ist vor allem die **Verwendung einer guten Karte** (empfehlenswert sind die „Shell Tourist Map of Botswana" von *Veronica Roodt* in der aktuellen Auflage von 2008, die auch mehr als 300 wichtige GPS-Koordinaten enthält, oder die auf unverwüstlichem Kunststoff gedruckte Karte „Botswana" im Maßstab 1:1 Mio. von REISE KNOW-HOW), mit deren Hilfe sich mehr als 90 Prozent der touristischen Ziele Botswanas auch ohne GPS erreichen lassen.

Die Navigation mit Hilfe von Kompass und Sonnenstand ist in unübersichtlichem Gelände wie den Makgadikgadi Pans unzureichend. Für solche Gebiete ist die **Mitnahme eines GPS-Handgerätes** für die satellitengestützte Navigation empfehlenswert. Insbesondere das Aufsuchen einzelner Punkte (z.B. Kubu Island, Green's Baobab) inmitten einer endlos erscheinenden Ebene wird damit deutlich erleichtert. Unschätzbare Hilfe leistet ein GPS-Gerät dann, wenn man sich restlos verfahren und jegliche Orientierung verloren hat.

Entsprechende Hinweise und Angaben von **GPS-Koordinaten** finden Sie im Text bei den einzelnen Routenbeschreibungen. In den meisten Situationen ist es ausreichend, den GPS-Koordinaten der Shell Tourist Map of Botswana zu folgen, die nur in Einzelfällen infolge von Druck- und Layoutfehlern unzuverlässig sind. Im Großen und Ganzen sind die in der Shell-Karte abgedruckten GPS-Daten jedoch sehr gewissenhaft und sorgfältig recherchiert worden.

Buchtipps – Praxis-Ratgeber:
● Rainer Höh
GPS Outdoor-Navigation
● Rainer Höh
Orientierung mit Kompass und GPS
● Wolfram Schwieder
Richtig Kartenlesen
(alle Bände REISE KNOW-HOW Verlag)

Reise- und Routenplanung

Wichtige Hinweise für Selbstfahrer

Die Reiseplanung für Individualreisende mit eigenem Fahrzeug beginnt bereits mit der Wahl des Reisezeitpunktes (siehe dazu den Abschnitt „Reisezeit"). Generell bieten sich die trockenen Wintermonate an, da die Tagestemperaturen angenehm sind und man trockene Pistenverhältnisse vorfindet. Allerdings tummelt sich dann auch die überwiegende Masse an Reisenden in den Reservaten, und Campingplätze bzw. Safaricamps sind gut gefüllt oder sogar überbucht. Während der regenreichen Sommermonate (von den südafrikanischen Schulferien Anfang Dezember bis Mitte Januar einmal abgesehen) hingegen erlebt man das Land relativ grün und weniger staubig, oft lassen sich auch tiefe Sandpisten infolge der Anfeuchtung des Sandes besser mit dem Fahrzeug bewältigen. Allerdings sind manche Pisten in dieser Zeit durch Verschlammung nicht passierbar. Buchungen für Nationalparks und Wildreservate sind meist problemlos und ohne größere Vorausplanung vor Ort zu bekommen.

Eine **gute Karte** (s.o.) stellt die **Grundlage der Routenplanung** dar. Berücksichtigt werden müssen bei der Gestaltung der Reiseetappen neben geeigneten Übernachtungsmöglichkeiten auch der Tagesrhythmus (Sonnenaufgang gegen 6 Uhr, Sonnenuntergang gegen 18 bis 18.30 Uhr), die Öffnungszeiten von Nationalparks und Wild-

Tourenvorschläge

Selbstfahrer mit normalem PKW

●**Chobe National Park – Kasane** (2–3 Nächte): Übernachtung im Zelt oder in einer der Safari Lodges. Erkundung des nordöstlichen Chobe National Park mit Bootsfahrten und kommerziellen Game Drives lokaler Veranstalter.

●**Victoria Falls, Sambia/Simbabwe** (2 Nächte): Übernachtung im Zelt oder in einer der Lodges bzw. einem der Hotels. Besichtigung der Viktoria-Fälle, Whitewater Rafting auf dem Sambesi.

●**Makgadikgadi Pans – Nata** (2–3 Nächte): Übernachtung im Zelt, alternativ in der Nata Lodge oder im Gweta Rest Camp. Erkundung von Nata Bird Sanctuary, Nxai Pan National Park oder Kubu Island mit kommerziellen Touren ab Nata Lodge oder Gweta Rest Camp.

●**Okavango-Delta – Maun** (4–6 Nächte): Übernachtung im Zelt in einem der Matlapaneng-Camps. Flug ins Okavango-Delta in Verbindung mit einer günstigen Mokoro-Tour für Camper. Kommerzielle Campingsafari ins Moremi Wildlife Reserve.

●**Panhandle-Region – Shakawe** (2–3 Nächte): Übernachtung im Hotel oder im eigenen Zelt oder in einem der Camps am Ufer des Okavango. Bootsfahrten auf dem Okavango. Kommerzielle Tagestour zu den Tsodilo Hills.

●**Kgalagadi Transfrontier National Park** (2–3 Nächte): Übernachtung auf der südafrikanischen Seite im Zelt oder in den Camps der Nationalparkverwaltung. Wildbeobachtungen mit dem eigenen Fahrzeug im südafrikanischen Teil des Parks.

Selbstversorger mit Allrad-Geländewagen und Campingausrüstung

●**Chobe National Park** (3–4 Nächte): Bootsfahrten und Game Drives im Bereich der Chobe River Front und in der Savuti-Sektion.

●**Victoria Falls, Sambia/Simbabwe** (2 Nächte): Besichtigung der Viktoria-Fälle sowie Game Drives in den umgebenden Nationalparks.

●**Moremi Wildlife Reserve** (3 Nächte): Game Drives in allen Bereichen des Reservats mit den Schwerpunkten Third Bridge Area, Xakanaxa Area und Khwai Flood Plains sowie Bootsfahrten ab Xakanaxa oder der Mboma Boat Station.

●**Okavango-Delta** (4–5 Nächte): Flug ins Okavango-Delta in Verbindung mit einer Mokoro-Tour für Camper. Alternativ mehrtägiger Aufenthalt in einem Luxury Tented Camp.

●**Panhandle-Region und Tsodilo Hills** (3–4 Nächte): Aufenthalt in einem der Camps am Ufer des Okavango. Bootsfahrten auf dem Okavango. Erkundung der Tsodilo Hills.

●**Kgalagadi Transfrontier National Park** (3–4 Nächte): Game Drives im südafrikanischen Teil des Parks sowie auf den bislang eröffneten Pisten in der botswanischen Sektion. Absolvierung eines der beiden botswanischen Wilderness Trails.

●**Central Kalahari Game Reserve und Khutse Game Reserve** (4–5 Nächte): Querung des CKGR von Norden nach Süden mit ausgiebigen Game Drives im Bereich von Deception Valley und Xaxa Waterhole. Zusätzliche Game Drives im Khutse Game Reserve.

- **Makgadikgadi Pans und Nxai Pan National Park** (3–4 Nächte): Fahrt nach Kubu Island. Besuch des Nata Bird Sanctuary. Besuch von Baines' Baobabs. Game Drives im Nxai Pan National Park.

Optional:
- **Drotsky's Caves (Gcwihaba Caverns) und Aha Hills** (2 Nächte)

- **verlängerter Panhandle-Aufenthalt** mit Mokoro-Tour ins westliche Okavango-Delta (2–3 Nächte)

- **Tuli Block (2 Nächte):** kommerzielle Game Drives im Northern Tuli Game Reserve

- **Mabuasehube-Sektion des Kgalagadi Transfrontier National Park** (2 Nächte)

- **Makgadikgadi Pans National Park und Chapman's Baobab** (2 Nächte)

- **Serowe und Khama Rhino Sanctuary** (1 Nacht)

- **Gaborone und Umgebung, Mokolodi Nature Reserve** (2 Nächte)

bo11_015 Foto: cl

schutzgebieten, die Treibstoff- und Wasserversorgung unterwegs sowie die Verfügbarkeit von Camp-Site-Buchungen in den Reservaten. Auf Asphaltstraßen kann man mit einem Stundenmittel von 100 zurückgelegten Kilometern rechnen, in schwerem Gelände kann dies bis auf 15 Kilometer absinken.

Wer sehr **abgelegene Regionen** besuchen will, sollte ein GPS-Handgerät zur satellitengestützten Navigation einpacken und von vornherein eine Tour mit mindestens zwei Fahrzeugen organisieren. Sinnvoll ist auch, dass sich zumindest ein Gruppenmitglied mit grundlegender Fahrzeugtechnik auskennt, sodass kleinere Autoreparaturen selbstständig durchgeführt werden können. Packlisten und Checklisten für Ausrüstung, Werkzeuge und Ersatzteile (siehe die jeweiligen Buchabschnitte) bringen zusätzliche Struktur in Reisevorbereitung und Routenplanung. Man sollte den voraussichtlichen Treibstoffverbrauch (siehe Abschnitt „Treibstoff") stets großzügig kalkulieren und auf allen größeren Etappen mindestens 150 Liter Kraftstoff dabeihaben. Eine ausreichende Zahl von Benzinkanistern muss daher vorhanden sein. Hilfreich sind Fahrzeuge mit eingebauten Zusatztanks, die mit insgesamt 130 bis 150 Litern Treibstoff befüllt werden können.

Ähnliches gilt für den **Wasserverbrauch,** der erfahrungsgemäß mit etwa 5 Litern pro Person und Tag, die Körperpflege nicht mit einberechnet, angesetzt werden sollte. Eine entsprechende Zahl an Wasserkanistern sollte also mitgenommen werden. Gute Einkaufsmöglichkeiten existieren in allen größe-

Wichtige Hinweise für Selbstfahrer

ren Städten. Ein batterie- oder gasbetriebener Kühlschrank bzw. eine große Kühlbox, die mit Eisblöcken (an Tankstellen erhältlich) ausgelegt werden kann, ist für alle längeren Selbstversorger-Touren in Botswana unumgänglich. Berücksichtigt werden sollte beim Einkaufen auch, dass frisches Fleisch und unversiegelte Milchprodukte ohne entsprechende Transportgenehmigung an vielen Tiersperrzäunen konfisziert werden bzw. an Ort und Stelle verzehrt werden müssen (es sei denn, man besitzt ein besonders ausgetüfteltes Versteck). Eine sorgsam zusammengestellte Reiseapotheke mit Verbandszeug gehört in jeden Wagen.

Grundlegende Regeln für unterwegs sind:

● **An jeder Tankstelle sollte man die Treibstoffvorräte auffüllen,** selbst wenn der Tank noch gut gefüllt ist. Auf diese Weise hat man im Notfall stets Reserven, mit denen man beispielsweise anderen Reisenden aushelfen kann.
● **Die Wasservorräte sind bei jeder verfügbaren Möglichkeit zu ergänzen.** Verlassen Sie sich niemals darauf, dass Wasser aus Bohrlöchern erhältlich ist – oftmals ist die zugehörige Pumpe defekt.

Reparaturen

Kleinere Reparaturen am Wagen (z.B. die Erneuerung von Kabeln, einen Ölwechsel oder das Flicken von Schlauchreifen) kann man **häufig selbst durchführen.** Sehr hilfsbereit und sachverständig sind in der Regel südafrikanische Individualreisende mit eigenem Wagen, die zu allen Jahreszeiten in Botswanas Reservaten präsent sind. Unkomplizierte Reparaturen können in der Regel bis zu einem gewissen Grenzbetrag (meist 500 Südafrikanische Rand bzw. Namibia-$) in Werkstätten ohne spezielle Autorisierung durch die Leihwagenfirma durchgeführt werden. Der ausgelegte Betrag wird dann vertragsgemäß bei der Rückgabe des Leihwagens erstattet.

Sollten **größere Reparaturen** erforderlich werden, muss man vorher das **Einverständnis der Leihwagenfirma einholen** und genau klären, wie die Finanzierung erfolgen soll. Diese Dinge sollten immer schriftlich (per Fax) abgewickelt werden. Ebenfalls klären sollte man, inwiefern Garantiebestimmungen durch Reparaturarbeiten lokaler Werkstätten verletzt werden. Nach Möglichkeit sollte man die Werkstatt direkt mit der Leihwagenfirma abrechnen lassen und sich nicht dazu drängen lassen, den Rechnungsbetrag vorzufinanzieren. Gleiches gilt für die Finanzierung etwaig anfallender Abschleppkosten.

Die genannten Strategien beim Umgang mit Reparaturen gelten vor allem für Leihwagen, die in den Nachbarländern Südafrika, Simbabwe und Namibia angemietet wurden. In den seltensten Fällen unterhalten diese Firmen einen eigenen Reparaturservice, der auch Botswana mit abdeckt. Noch seltener wird ein Ersatzfahrzeug bereitgestellt, da man sich in Botswana außerhalb des Anmietungslandes aufhält. Anders sieht es mit der botswanischen Franchisefirma von AVIS aus, die in allen größeren botswanischen Städten Vertretungen unterhält. Im Falle eines ernsthaften technischen Defektes sollte man die jeweilige Firma kontaktieren und auf einem Austauschfahrzeug bestehen, das im Regelfall innerhalb von 24 Stunden bereitgestellt wird. Die Firma AVIS bietet diesen Service auch für Fahrzeuge, die in Südafrika, Namibia oder Simbabwe angemietet wurden.

Im Umgang mit Autowerkstätten ist grundsätzliche **Vorsicht** geboten. Überhöhte Rechnungen, nicht eingebaute, aber auf der Rechnung aufgeführte Ersatzteile und schlampige Wartungsarbeiten sind an der Tagesordnung. Man sollte auf einem Kostenvoranschlag bestehen und sich nach der Reparatur die durchgeführten Arbeiten am Fahrzeug zeigen lassen. Die Qualitätsunterschiede zwischen Vertragswerkstätten können beträchtlich sein. Es lohnt sich, vor dem Aufsuchen einer Werkstatt die Meinung lokaler Wagenbesitzer dazu einzuholen. Wenig zufrieden stellende Erfahrungen wurden z.B. mit der Werkstatt Ngami Toyota in Maun gesammelt. Allerdings hat man an den meisten Orten in Botswana keine großen Wahlmöglichkeiten, um erforderliche Reparaturen durchführen zu lassen. Man sollte kleinere Werkstätten vor allem dazu benutzen, um den Wagen zunächst einmal wieder „flottzumachen". Grundlegende Reparaturarbeiten sollte man dann in einer großen Vertragswerkstatt durchführen lassen.

Straßen-
verhältnisse

Das botswanische Straßennetz unterliegt seit den 1970er Jahren einem zügigen Ausbau, der stetig weiter voranschreitet. Die Entwicklung einer modernen und effizienten Verkehrsinfrastruktur mit strategischer Dimension ist eines der ehrgeizigen Ziele der botswanischen Regierung, die absolute Priorität genießen. Von einstmals 8 Kilometern **asphaltierter Straße** (1966) hat man sich auf mittlerweile mehr als **6000 Kilometer** (2010) vorgearbeitet. Hinzu kommen mehr als **10.000 Kilometer Schotterstraßen und Pisten.** 1998 wurden die Asphaltierungsarbeiten am „Trans-Kalahari Highway" von Mamuno über Ghanzi nach Lobatse abgeschlossen. Fertig gestellt wurde inzwischen auch die Asphaltierung der Strecken Ghanzi – Sehithwa und Rakops – Motopi, sodass jetzt alle wichtigen Überlandverbindungen Botswanas komplett asphaltiert sind. Projektiert ist auch der Ausbau zahlreicher Nebenstrecken, was die Erschließung abgelegener Regionen durch den Tourismus weiter vorantreiben dürfte. Die gesamtwirtschaftliche Bedeutung solcher mit erheblichem finanziellem Aufwand verbundener Maßnahmen erscheint manchmal mehr als fraglich.

Die Qualität der meisten Asphaltstraßen ist vorzüglich, sodass Fahrten mit einem normalen PKW in fast alle Teile des Landes problemlos möglich sind. Nebenstrecken werden in der Regel nur mit einem schmalen Asphalt-

Wichtige Hinweise für Selbstfahrer

band belegt, sodass die Passage entgegenkommender Fahrzeuge gerade im Falle großer Lastwagen nur möglich ist, wenn man extrem nah am Randstreifen fährt. Machmal ist es sogar sinnvoll, auf den Seitenstreifen auszuweichen. Reisen in Nationalparks und Wildreservate sind mit einem PKW ohne Allradantrieb und ohne eine gewisse „Hochbeinigkeit" allerdings nicht realisierbar. Die meisten botswanischen Nebenstrecken und Pisten sowie das Pistensystem aller Schutzgebiete gelten als wild, unwegsam und „knüppelhart". Tiefer Sand, „Wellblech", Schlamm oder Wasser-

Warnschild vor Krokodilen
am Third Bridge Camp Site

querungen gestalten das Fahren zu einer abenteuerlichen Herausforderung. In sehr sandigen Gebieten unterliegt die Wegführung von Pisten einem ständigen Fluss, mit dessen Geschwindigkeit die Erstellung genauer Landkarten nicht Schritt halten kann.

Ohne einen leistungsfähigen **Geländewagen mit Allradantrieb** („4x4") kann man **abseits der Asphaltstraßen** in Botswana nur wenige Kilometer zurücklegen. Der Besuch abgelegener Ziele und Schutzgebiete setzt zusätzlich die Mitnahme entsprechender Werkzeuge und Ersatzteile voraus. **Manche Strecken** sollten aus Sicherheitsgründen **nur mit mindestens zwei Fahrzeugen** befahren werden. Tiefer Sand kann auch Allradfahrzeuge vor

Probleme stellen, sodass sich im Einzelfall die Mitnahme von Sandblechen lohnen kann. Normalerweise lassen sich aber auch die übelsten Sandpisten durch Ablassen des Reifendrucks auf 1,2 bis 1,4 bar beherrschen. Während der Regenzeit können manche Pisten stark verschlammen und kurzfristig sogar unpassierbar werden. Im Gebiet von Okavango und Linyanti können tiefe Wasserquerungen ein Problem darstellen (siehe Abschnitt „Gefahren"). Spezielle Risiken im Gebiet der Makgadikgadi Pans, die durch oberflächliche Abtrocknung aufgeweichten Untergrundes bedingt sind, werden ebenfalls im Abschnitt „Gefahren" erläutert.

Man sollte **bei allen Geländefahrten große Vorsicht** walten lassen, da Schlaglöcher, umgestürzte Bäume, Steine, Schlamm- und Wasserlöcher ein Charakteristikum botswanischer Pisten darstellen. Hindernisse wie Äste, Schlaglöcher oder Steine können gerade bei hohen Geschwindigkeiten folgenreiche Schäden wie Achs- und Federbrüche, Aufschlagen der Ölwanne, Lecks im Benzintank, Riss im Kupplungsseil, Defekte an der Kardanwelle oder Schäden am Lenksystem nach sich ziehen. Überhöhte Geschwindigkeit kann auf kurvenreichen, unzureichend einsehbaren Pisten in Nationalparks und Wildreservaten Frontalkollisionen mit unerwartet entgegenkommenden Fahrzeugen oder querendem Großwild provozieren.

Technische Probleme und Pannen

Die wichtigste Grundregel im Falle von Pannen und technischen Problemen mit dem Wagen lautet: **Ruhe bewahren.** Nichts ist in der Tiefe des afrikanischen Busches sinnloser, als angesichts eines Defektes oder einer Panne die Nerven zu verlieren. Vielmehr ist gerade in solchen Situationen, manchmal mehrere Tagesreisen von adäquater Hilfe entfernt, ein kühler Kopf und rationales Vorgehen erforderlich, um richtige Entscheidungen zu treffen und um herauszubekommen, wo die Ursache des technischen Versagens zu suchen ist.

Grundsätzlich kann man sagen, dass etwa 80 Prozent aller Fahrzeugprobleme relativ simpler Natur sind und dementsprechend selbst von engagierten Laien behoben werden können. Am verbreitetsten sind neben Reifenpannen Startschwierigkeiten und Probleme mit der Elektrik. Wer sich nicht weiterhelfen kann und definitiv festsitzt, sollte zunächst einmal abwarten, ob ein anderer Wagen eintrifft, dessen Besatzung Hilfestellung geben kann oder über den zumindest eine Nachricht an Abschleppdienst, Leihwagenfirma, Rettungsdienst etc. abgesetzt werden kann. Dabei sollte man stets die Trinkwasservorräte im Auge behalten. Befindet sich ein Wildhüter- oder Safaricamp in der Nähe, kann man im Notfall von dort Unterstützung erhalten oder über das in aller Regel vorhandene Funkgerät qualifizierte Hilfe anfordern. Das Fahrzeug verlassen, um per pedes Hilfe zu

Wichtige Hinweise für Selbstfahrer

holen, sollte man allerdings wirklich nur dann, wenn die Chancen sehr gering sind, dass ein anderer Wagen das eigene Fahrzeug passiert, oder wenn die Trinkwasservorräte sehr spärlich sind und keinerlei Warten erlauben.

Nach Möglichkeit sollte man dabei – zu Fuß in der Wildnis unterwegs – die Wege kurz halten, nur tagsüber gehen und um Großwild wie Büffel, Elefanten oder Großkatzen tunlichst einen weiten Bogen schlagen. Niemals sollte man in der Dämmerung oder nachts unterwegs sein. Ein eigenes Funkgerät oder ein Satellitentelefon ersparen viele Unannehmlichkeiten in der Wildnis. In vielen Gebieten Botswanas können seit einigen Jahren – ausreichende Nähe zu den Sendemasten entlang der Überlandverbindungen vorausgesetzt – auch Mobiltelefone eingesetzt werden.

Die im folgenden aufgeführten Hilfsvorschläge beziehen sich auf gängige Probleme und Pannen, die auch von Laien (wie mir selbst!) gemeistert werden können. Achsbrüche und andere ernstere Defekte erfordern die Hilfe eines Abschleppdienstes, der aber nicht immer in der Lage ist, den Wagen aus schwerem Gelände herauszubringen.

Reifenpannen

Um ein Einsinken des Wagenhebers im Untergrund zu vermeiden, sollte sich stets eine feste Unterlage, nach Möglichkeit ein ausreichend großer Holzblock, unter dem Wagenheber befinden. **Reifen-Reparaturkits** („Tyre Repair Kit") erlauben das eigenständige Reparieren kleinerer Schäden. Wichtig ist, dass man mit Hilfe stabiler Reifenheber bzw. Montierhebel den Reifen von der Felge ziehen kann. Bei Schlauchreifen reicht das Vulkanisieren des Schlauches mit Reparatur-

flicken. Alternativ kann ein **neuer Schlauch** eingezogen werden. Schlauchlose Reifen erfordern spezielle Reparaturkits, deren Flicken mit einer Ahle von außen durch den Reifendefekt eingebracht werden. Der Reifen muss dabei nicht von der Felge gezogen werden. Derart notdürftig reparierte Reifen sollten nicht mit hohen Geschwindigkeiten und über lange Strecken gefahren werden. Sicherer ist es, einen passenden Schlauch in den Reifen einzuziehen. Auf langen Fahrten mit abgelassenem Reifendruck (z.B. im tiefen Sand) kommen Reifenpannen deutlich häufiger vor. Qualifizierte **Reifendienste** und mobile Reifenflickdienste am Straßenrand, die über solide Montierhebel verfügen, findet man in allen Städten Botswanas. Bei den meisten Geländewagen muss das unter dem Wagen verstaute Ersatzrad übrigens mit Hilfe einer langen Kurbel gelöst werden, die sich hinter der umklappbaren Rückbank verbirgt.

Motor springt nicht an

Zunächst sollte man sichergehen, dass nicht versehentlich die Entriegelung der Wegfahrsperre vergessen wurde. Am wahrscheinlichsten sind lockere Batteriekontakte. Man sollte daher die Batteriekontakte überprüfen und dann alle anderen Steckverbindungen und Kontakte von Anlasser und Zündsystem kontrollieren. Wenn sich die Hauptbatterie entladen haben sollte und man eine zweite Batterie z.B. zum Betreiben eines Kühlschranks mit dabei hat, sollte man versuchen, den Motor über die Zweitbatterie zu starten. Beim Überbrücken zur Batterie eines fremden Fahrzeugs muss man auf die richtige Polung der **Starthilfekabel** („Jumper Leads") achten. Normalerweise wird eine Verbindung „Rot zu Rot" und „Schwarz zu Schwarz" hergestellt. Bei tiefentladener Batterie ist es günstiger, eine Verbindung „Rot zu Rot" herzustellen und den schwarzen Kontakt der geladenen Batterie gegen den Motorblock des Fahrzeugs mit der entladenen Batterie zu erden. Schlagen alle Startversuche des Motors fehl, sollte man das Fahrzeug anschieben lassen und im Rückwärtsgang oder im zweiten Gang (Getriebestellung 2WD) die Kupplung bei eingeschalteter Zündung kommen lassen, um den Motor in Gang zu bringen.

Falls sich der Wagen (z.B. im tiefen Sand) nicht anschieben lässt, kann man auch versuchen, eines der hinteren Antriebsräder abzunehmen und die Nabe mit einem langen Seil zu umwickeln. Am aufgebockten Fahrzeug lässt sich durch schnellen Zug eines Helfers am Seil (in die richtige Richtung!) nach dem „Jojo-Prinzip" eine gewisse Umdrehungszahl auf die Nabe bringen, die beim Kommenlassen der Kupplung, eingelegten Gang und eingeschaltete Zündung vorausgesetzt, zum Start des Motors ausreichen kann. Dieses Verfahren funktioniert jedoch nur bei einigen älteren Wagentypen.

Motor stottert

Neben Treibstoffmangel kommen vor allem verunreinigter Treibstoff und Zündungsprobleme in Frage. Sie sollten zunächst den Treibstofffilter überprüfen und ausblasen, ggf. auch erneuern. Zusätzlich sollte man die Benzinleitungen zwischen Tank, Kraftstoffpumpe und Vergaser auf Dichtigkeit und Durchgängigkeit kontrollieren. Wichtig ist auch, dass man sicherstellt, dass alle Kontakte und Steckverbindungen des Zündungssystems funktionstüchtig bzw. ordnungsgemäß konnektiert sind. Die Veränderung von Zündungseinstellungen sollte einem Fachmann vorbehalten bleiben. Gleiches gilt für das Öffnen und Reinigen von Vergaser oder Kraftstoffpumpe.

Einsatz von Abschleppseil und Bergungsgurt

Man sollte am Zugfahrzeug und am zu ziehenden Fahrzeug möglichst in ungefähr gleicher Position montierte Abschlepphaken benutzen, um diagonalen Zug zu vermeiden, der keine optimale Kraftübertragung erlaubt und zum Verziehen des Fahrgestells führen kann. Kräftige **Schäkel** erlauben eine optimale Fixation von Abschleppseil oder Bergungsgurt. Ruckhaftes Anfahren und Bremsen sollte man möglichst vermeiden. Notfalls können auch **zwei ziehende Fahrzeuge** über einen Bergungsgurt verbunden werden, um für die Bergung des dritten Fahrzeugs mehr Zug-

kraft zu entwickeln. Wichtig ist dabei, dass zwischen dem zu bergenden Fahrzeug und dem hinteren Zugfahrzeug eine kurze, dehnungsarme Verbindung geschaffen wird, sodass eine möglichst direkte Kraftübertragung der Zugeinheit gewährleistet ist.

Einsatz des „High-lift Jack"

Der Einsatz eines Spezialwagenhebers („High-lift Jack") zur Bergung eingesunkener Fahrzeuge setzt stabile Ansatzpunkte an Stoßstange und Fahrgestell voraus. Spezielle Ansatzbügel, die unter den Stoßstangen angeschweißt sind, erleichtern den Einsatz des High-lift Jack und mindern das Risiko von Karosserieschäden. Vor dem Gebrauch sollte man sichergehen, dass die **Rückschlagsperre** funktioniert. Auf gerades Ansetzen ist zu achten. Es muss sich zudem eine feste Unterlage unter dem Wagenheber befinden, um ein Einsinken im Untergrund zu verhindern. Zur Not kann diese Aufgabe auch ein Ersatzrad erfüllen. Wer den High-lift Jack dazu benutzt, um den Wagen anzuheben und um ihn dann in eine neue Spur zu stoßen, sollte darauf achten, dass sich nicht etwa Körperteile (oder gar Kinder) unter dem Wagen befinden, die dabei verletzt werden können.

Verlust von Bremsflüssigkeit

Man sollte immer einen kleinen Vorrat an Bremsflüssigkeit mit sich führen. Wenn man feststellt, dass die Bremskraft nachlässt oder die Bremsen versagen, sollte man zunächst alle Bremsleitungen auf Lecks hin untersuchen und ggfs. mit Textilklebeband provisorisch abdichten. Bremsflüssigkeit kann im Busch zur Not **auch durch andere Flüssigkeiten,** z.B. Wasser, Salatöl, Bier oder den eigenen Urin, **ersetzt werden** – Hauptsache, der notwendige Druck im System lässt sich aufbauen. Mineralöl ist nicht geeignet, da es die Bremsbeläge angreift. Das Bremssystem muss nach der „Einspeisung" fremder Flüssigkeiten jedoch schnellstmöglich durchgespült und fachgerecht wiederbefüllt werden.

Wichtige Hinweise für Selbstfahrer

Treibstoff

Eine **Orientierung über das botswanische Tankstellennetz** ermöglicht die Shell Tourist Map of Botswana mit entsprechenden in die Karte eingezeichneten Tankstellensymbolen. Allerdings sind nicht alle verfügbaren Tankstellen eingetragen. In folgenden Städten und Ortschaften und an folgenden Grenzübergängen ist Treibstoff erhältlich (in Klammern die Anzahl der **Tankstellen**): Artesia (1), Bobonong (1), Bokspits (1), Bray (1), Charles Hill (1), Dibete (1), Dukwe (1), Etsha 6 (2), Francistown (9), Gaborone (15), Ghanzi (4), Goodhope (1), Gumare (2), Gweta (1), Hukuntsi (1), Jwaneng (2), Kanana Game Lodge (1), Kang (1), Kanye (2), Karakubis (1), Kasane (3), Kazungula (2), Letlhakane (2), Letlhakeng (2), Lobatse (7), Lerala (1), Machaneng (1), Madinare (1), Mahalapye (3), Mamashia (1), Masunga (1), Maun (4), Metlobo (1), Metlojane (1), Metsemotlhaba (1), Mmadinare (1), Mmathethe (1), Mochudi (1), Mogoditshane (1), Molepolole (3), Mookane (1), Mopipi (1), Moshaneng (1), Mosopa (1), Nata (2), Nata Lodge (1), Otse (1), Palapye (3), Mpandametanga (1), Parr's Halt (1), Phepeng (1), Pilane (1), Pitsane (2), Phitshane-Molopo (1), Rakops (1), Ramatlabama (1), Ramokgwebane (1), Ramotswa (3), Sebina (1), Sefophe (1), Sekoma (1), Selebi-Phikwe (5), Serowe (3), Serule (1), Shakawe (2), Shashe (1), Sherwood Ranch (1), Shoshong (1), Sikwane (1), Takatokwane (1), Thamaga (2), Tlokweng (1), Tonotha (1), Tshabong (2), Tshesebe (1), Tshootsha (1), Tuli Block Farm (1), Tutume (1), Werda (1).

Safari Lodges und Tented Camps besitzen eigene Treibstofftanks für die Versorgung ihrer Transport- und Safarifahrzeuge. Fast alle Lodges und Camps verkaufen jedoch grundsätzlich keinen Treibstoff an Individualreisende mit eigenem Fahrzeug. Diese Haltung wird in der Regel selbst in Notsituationen eisern durchgezogen.

Tanken und Tankstellennetz

Die Mineralölkonzerne Shell, Engen, BP, Caltex und Total unterhalten ein **gut ausgebautes Tankstellennetz** in Botswana. In allen Städten und entlang der wichtigsten Fernverbindungen gibt es Benzin und Diesel in guter Qualität. Auf bestimmten Strecken jedoch ist über mehrere hundert Kilometer kein Treibstoff erhältlich, was entsprechende Vorräte notwendig macht (Warnhinweise dazu finden Sie in diesem Buch bei allen Tourenbeschreibungen). Sehr selten wird aus abgelegenen Gebieten von verunreinigtem Kraftstoff berichtet. Ein entsprechender Ersatz-Treibstofffilter sollte daher in der Werkzeugkiste vorhanden sein.

Benzin wird mit Oktanzahlen von 91 und 93 bzw. 95 (bleifrei) verkauft. Die Versorgung mit bleifreiem Benzin ist in ländlichen Regionen u.U. noch immer lückenhaft. Da aber bislang nicht alle in Südafrika produzierten Geländefahrzeuge, welche die Majorität der im südlichen Afrika zugelassenen Wagen bilden, mit einem Katalysator ausgerüstet sind, bereitet dies keine ernsthaften Probleme. Mit vielen älteren lokalen Fahrzeugen und Leihwagen tankt man also weiter verbleites Normal- oder Superbenzin. Schwieriger wird es in abgelegenen Gegenden für Reisende, die ihr mit einem Katalysator vorgerüstetes Fahrzeug aus Europa einschiffen lassen und unterwegs in Botswana auf bleifreies Benzin angewiesen sind.

Die Treibstoffpreise wechseln häufig und sind in der Hauptstadt Gaborone am niedrigsten. In abgelegenen Regionen mit entsprechenden Transportwegen liegt der Treibstoffpreis ca. 10% bis 15% über dem Preis in Gaborone. Diesel ist geringfügig billiger als Benzin (mittlere Treibstoffpreise Anfang 2011: 1 Liter Benzin = 0,75 Euro, 1 Liter Diesel = 0,70 Euro). Bezahlt werden muss in bar, große Tankstellen akzeptieren auch Kreditkarten. Während alle Tankstellen in den Städten und an Fernstraßen moderne Zapfsäulen aufweisen, muss man auf dem Land teilweise noch **per Handpumpe** tanken. Der Treibstoffverkauf erfolgt auch in abgelegeneren Regionen zuverlässig. Gelegentlich kommt es zu Versorgungsengpässen, z.B. wenn Zufahrtswege nach Regenfällen vorübergehend unpassierbar werden. Dies sollte man bei der Routenplanung berücksichtigen.

In der Regel wird das Betanken vom Tankstellenpersonal erledigt. Fahrzeuge, die mit **Zusatztank** ausgerüstet sind, erfordern eine besondere Einfülltechnik, bei der zunächst der Haupttank gefüllt wird. Darauf sollte beim Tanken stets hingewiesen werden. Eine Kontrolle über die korrekte Befüllung von Haupttank und Zusatztank ist über die Tankuhr nur bedingt möglich. Hilfreicher zur Abschätzung des Füllungsstandes ist das Beobachten der an der Zapfsäule angezeigten Literzahl.

● **Öffnungszeiten:** In Gaborone und allen größeren Städten sind Tankstellen rund um die Uhr geöffnet. An den Hauptüberlandverbindungen kann zwischen 7 und 24 Uhr getankt werden. Auf dem Land liegen die üblichen Öffnungszeiten bei 7 bis 18 Uhr, häufig von einer kurzen Mittagspause unterbrochen. Samstagnachmittag und Sonntag bleiben Tankstellen auf dem Land meist geschlossen.

Treibstoffverbrauch

Der Treibstoffverbrauch der im südlichen Afrika verbreiteten Geländewagen beträgt auf Hauptstrecken je nach Fahrstil und Zuladung etwa 18–20 Liter Benzin pro 100 km zurückgelegte Strecke (Toyota Hilux Petrol 4x4 mit 2.7-Liter-Motor) bzw. 10–15 Liter Diesel/100 km (Toyota Hilux Diesel 4x4 mit 3-Liter-Motor). Auf unwegsamen Nebenstrecken und im Gelände (Allradbetrieb 4WD high) kann der Verbrauch leicht 20–30 Liter Benzin (Hilux Petrol) bzw. 15–25 Liter Diesel (Hilux Diesel) pro 100 Kilometer erreichen. Das entspricht einer Fahrleistung von 3–5 Kilometern pro Liter (Benzinmotor) bzw. 4–7 Kilometern pro Liter (Dieselmotor). In tiefem Sand und mit zugeschalteter Allradübersetzung 4WD low (erforderlich z.B. auf den Strecken im Südteil des Central Kalahari Game Reserve oder auf dem Weg zu den Aha Hills) kann die Fahrleistung streckenweise sogar auf 2–3 Kilometer pro Liter (Benzinmotor) bzw. 3–4 Kilometer pro Liter (Dieselmotor) absinken.

Die genannten **Erfahrungswerte** sind auf weit verbreitete südafrikanische Toyota-Fabrikate vom Typ Hilux bezogen und tendenziell etwas großzügig gerechnet. In der Motorleistung vergleichbare Geländewagen anderer Marken (z.B. Landrover) weisen einen ähnlichen Treibstoffverbrauch auf. Fabrikate mit stärkeren Motoren (z.B. Toyota Landcruiser mit 4.2 Liter-Dieselmotor) verbrauchen noch mehr. Das Einschalten der Klimaanlage erhöht den Treibstoffverbrauch deutlich. Zusätzlich wird auch die Motorleistung negativ beeinflusst. Bei niedrigen Geschwindigkeiten und starker Motorbeanspruchung im Gelände sollte die Klimaanlage daher ausgeschaltet werden.

Wichtige Hinweise für Selbstfahrer

Verkehrs- verhältnisse

In Botswana herrscht **Linksverkehr.** Es besteht **Anschnallpflicht.** Nichtanlegen vorhandener Gurte wird mit geringen Bußgeldern geahndet, die in Einzelfällen bis zu umgerechnet 40 Euro reichen können. Transport von Personen auf der Stoßstange oder auf dem Autodach ist verboten. Die **Verkehrsdichte** ist verglichen mit Mitteleuropa **sehr gering.** Für 2002 werden in der offiziellen Verkehrsstatistik des Lands 153.912 zugelassene Fahrzeuge aufgeführt. Auch auf großzügig ausgebauten Asphaltstraßen passiert man in der Regel, von der Hauptstrecke Gaborone – Francistown einmal abgesehen, auf Hunderten von Kilometern nur wenige entgegenkommende Fahrzeuge. Die Tücken dieser vom Folgestress hoher Verkehrsdichte befreiten Verkehrsstruktur liegen vor allem in der Verführung zu überhöhter Geschwindigkeit (siehe Abschnitt „Geschwindigkeitsbegrenzungen"), Ermüdungserscheinungen durch den monotonen Fahrtencharakter und verspäteten, inadäquaten Reaktionen auf plötzliche Vorkommnisse wie Wildwechsel, Viehtrieb, waghalsige Überholmanöver anderer Fahrzeuge oder unerwartet langsam fahrende Wagen und Nutzfahrzeuge.

Der Zustand der in Botswana zugelassenen Fahrzeuge ist für afrikanische Verhältnisse gut. Technisches Versagen spielt bei der Entstehung von Unfällen daher eine untergeordnete Rolle. **Mangelhaft ausgereifte Fahrtechnik** ist ein weit größeres Problem, das wohl die Majorität der Unfälle entscheidend mitverursacht. Dazu gehören unangemessen hohe oder extrem langsame Fahrgeschwindigkeit, riskante Überholmanöver, unzureichend angezeigte Abbiegemanöver, plötzliche Bremsvorgänge, Nachlässigkeit beim Durchfahren von Kurven und beim Halten der Spur, aber auch unzureichende Beleuchtung beim Fahren in der Dunkelheit und schlechte Sichtverhältnisse auf staubvernebelten Schotterpisten.

Der „High-lift Jack" kommt zum Einsatz

Eine **große Gefahr** stellen **Wild- und Nutztiere** dar, die alle botswanischen Straßen frequentieren und kreuzen (siehe Abschnitt „Gefahren"). Defensives, abwartendes Fahren ist daher allgemein zu empfehlen, auch wenn die Verkehrsverhältnisse offensives Schnellfahren geradezu herausfordern. Es ist üblich, dass langsamere Fahrzeuge auf großzügig ausgebauten Straßen auf den Seitenstreifen fahren, um schnelleren Wagen das Überholen zu erleichtern. Normalerweise bedankt sich der Überholende durch kurzes Betätigen der Warnblinkanlage, was vom Überholten mit der Lichthupe erwidert wird. Bei Nachtfahrten passiert man immer wieder entgegenkommende Fahrzeuge (vor allem Lastwagen), die ihre Fahrzeugbreite kurz vor dem Vorbeifahren durch Betätigung des zur Gegenfahrbahn gerichteten Blinkers markieren. Dies mag zunächst irritieren, ist aber gerade im Falle großer Transportfahrzeuge sinnvoll. Die Bereitschaft, rechtzeitig abzublenden, ist nachts gerade auf den Hauptüberlandstrecken äußerst gering.

Unfälle

Der telefonische **Notruf** für einen Krankenwagen ist 997 (MRI MedRescue: 992), die Feuerwehr wird über 998 alarmiert und die Polizei über 999. **Unfälle mit Personen- oder Sachschäden** müssen innerhalb von 48 Stunden einer Polizeistation gemeldet werden. Kleinere Sachschäden sind davon ausgenommen, sofern alle beteiligten Parteien sich darauf einigen und ihre Namen und Adressen austauschen. Bei einem Unfall sind die beteiligten Fahrer gesetzlich verpflichtet anzuhalten. Alle Beteiligten haben ein Recht darauf, Namen, Adressen, Autokennzeichen, Details der Wagenpapiere und Versicherungsdaten der jeweiligen Gegenpartei festzuhalten und die Namen und Adressen von Zeugen zu notieren (siehe dazu auch den Abschnitt „Versicherung" auf der nächsten Seite). Für das Jahr 2002 wurden in den offiziellen botswanischen Statistiken 18.610 Verkehrsunfälle mit 1781 Schwerverletzten und 520 Toten angegeben.

Weniger klar umrissen sind die Regelungen, wenn es zur **Kollision mit Nutztieren** wie Rindern, Eseln oder Ziegen kommt. Ereignen sich derartige Zusammenstöße auf Straßen, die von Zäunen gesäumt werden, die Tiere vom Betreten der Fahrbahn abhalten sollen, liegt im Allgemeinen ein Verschulden des Tierbesitzers vor, sodass keine Entschädigung für das verletzte oder getötete Tier gezahlt werden muss. Andererseits bekommt man in der Praxis auch keine Entschädigungszahlungen für am Fahrzeug enstandene Schäden (wegen „Nachlässigkeit des Fahrers", „überhöhter Geschwindigkeit" etc.), obwohl derartige Ansprüche häufig berechtigt wären. Auf Straßen, die nicht von Zäunen gesäumt werden, wird es noch schwieriger. Am einfachsten ist es in der Regel, für getötete oder verletzte Nutztiere eine **Entschädigungssumme** an den Eigentümer zu zahlen und am Fahrzeug entstandene Schäden hinzunehmen. Langwierige Rechtsstreitigkeiten schei-

Wichtige Hinweise für Selbstfahrer

Aus eigener Erfahrung:
Unfallgefahren und deren Vermeidung

von *Beate Schell* und *Stephan Hammer*
(ehem. Kwenda Landrover Rental & Safaris, Johannesburg)

Jedes Jahr ereignen sich mehr als 300 Unfälle mit von Touristen gemieteten Fahrzeugen (überwiegend Geländewagen) in den Ländern des südlichen Afrika. Autounfälle auf Selbstfahrertouren stellen mit Abstand das höchste Risiko einer Afrikareise dar – dieses liegt um ein mehrfaches höher als alle anderen Risiken zusammen. Fast immer handelt es sich hierbei um sogenannte **„Single Vehicle Accidents"**, wie es die Versicherungen bezeichnen, also Unfälle ohne Beteiligung eines anderen Fahrzeuges, meist auf gerader Asphalt- oder Schotterstraße.

Leider haben die Touristen nicht immer so viel Glück wie die Insassen des abgebildeten, überschlagenen Landrovers, die, wie durch ein Wunder, mit lediglich leichten Verletzungen aus dem völlig zerstörten Wrack herausgekommen sind und bereits am nächsten Tag ihren Heimflug antreten konnten. Ca. 60 bis 80 Touristen bezahlen jedes Jahr mit ihrem Leben; viele mehr werden zum Teil schwer verletzt. Nahezu immer sind nicht den lokalen Verhältnissen angepasste Geschwindigkeit in Kombination mit entweder Unerfahrenheit oder Leichtsinn die Ursache.

Aus diesem Grund möchten wir aus unserer eigenen Erfahrung einige Tipps zum sicheren Fahren und Umgang mit beladenen Fahrzeugen/Geländewagen geben:

Wie in Mitteleuropa, so besteht auch im südlichen Afrika **Anschnallpflicht** – fahren Sie deshalb stets mit angelegtem Sicherheitsgurt (auch bei relativ langsamen Geschwindigkeiten in den Wildschutzgebieten und Nationalparks).

Vermeiden Sie **Alkohol und Drogen** – beachten Sie hierbei bitte auch, dass z.B. Medikamente, Übermüdung nach langen Flügen, ein starker Sonnenbrand, die für Mitteleuropäer teilweise sehr hohen Temperaturen während der Sommermonate und andere Faktoren das Konzentrationsvermögen sowie die Fahrtüchtigkeit stark beeinträchtigen können.

Viel häufiger als in Europa treten **Reifenpannen** auf. Diese sind unter afrikanischen Bedingungen (schlechter Straßenzustand, scharfe Kanten und Steine, hohe thermische Belastungen der Reifen, Dornen usw.) an der Tagesordnung. Ein geplatzter Reifen bei hoher Geschwindigkeit kann für alle Insassen lebensgefährdend sein. Prüfen Sie daher mindestens einmal täglich den Luftdruck sowie alle Reifen auf physikalische Beschädigungen. Bei einem Druckabfall von mehr als 0,5 bar innerhalb von 24 Stunden sollte der Reifen sofort gewechselt und bei nächster Gelegenheit fachmännisch repariert werden. Beschädigte Reifen (vor allem, wenn die tragende Seitenwand beschädigt ist) müssen umgehend ersetzt werden. Hierbei ist auf Ersatz mit gleicher Reifendimension zu achten und nach Möglichkeit ein Reifen des gleichen Herstellers zu benutzen.

Der richtige **Reifendruck** hängt von vielen Faktoren ab. Beachten Sie hierzu die Herstellerangaben (im Fahrzeughandbuch), oder fragen Sie ihren Vermieter. Es sollten jeweils für Vorder- und Hinterreifen bei voller Beladung (dies ist der Normalfall) drei verschiedene Drücke ausgewiesen sein: für Asphalt, Schotter und tiefen Sand (letzterer stellt häufig auch den noch zulässigen Minimaldruck dar, der auf keinen Fall zu unterschreiten ist). Sobald sich der Untergrund bessert (z.B. von tiefem Sand auf Asphalt) muss der Reifendruck sofort wieder auf den vorgeschriebenen Wert erhöht werden (auf gar keinen Fall noch versuchen, die nächsten 10 oder 20 km bis zur nächsten Ortschaft zu fahren). Ein Reifendruck-Messgerät, ein elektrischer Kompressor (mit Anschluss an den Zigarettenanzünder) sowie eine mechanische Fuß- oder Handpumpe (als Ersatz) gehören zum Ausrüstungsumfang eines jeden Geländefahrzeuges. Prüfen Sie die Funktionstüchtigkeit dieser Gegenstände vor der Abreise. Ein zweiter Ersatzreifen sollte für Fahrten in abgelegene Regionen ebenfalls Standard sein (evtl. auch ein Reifenreparatur-Satz). Überprüfen Sie ebenfalls das Vorhandensein des Radmutternschlüssels.

Aufgrund der extremen Unfallhäufigkeit limitieren einige Vermieter die maximalen **Höchstgeschwindigkeiten.** Dies macht durchaus Sinn, bedenkt man, dass noch vor ein oder zwei Jahrzehnten Geländefahrzeuge ohnehin nicht schneller als 80 oder maximal 100 km/h gefahren sind. Erst in den letzten Jahren sind die Motoren wesentlich leistungsstärker geworden und Geschwindigkeiten von 140 km/h oder mehr sind heute erreichbar – oft noch mit den gleichen (wie beispielsweise beim Landrover Defender) oder nur leicht modifizierten Fahrwerken. Das mag bei wenig beladenen Fahrzeugen vielleicht gerade noch akzeptabel sein, jedoch auf keinen Fall bei voll beladenen Geländewagen. Ein voll besetztes Fahrzeug, beladen mit drei oder sogar vier Personen inkl. Gepäck, kompletter Ausrüstung (z.B. Dachzelte, zwei Ersatzreifen), extra Kraftstoffreserven, Wasservorräten, Proviant usw., bringt es leicht auf 750 bis 1000 kg Zuladung. Nun bewegt man sich bereits entweder am Rande der Kapazitätsgrenze oder bei einigen Doppelkabinen-Fahrzeugen sogar jenseits des vorgeschriebenen Zuladungslimits mit entsprechend verschlechterten Fahrwerkscharakteristiken. Erschwerend kommt hinzu, dass sich im Normalfall auch die Schwerpunktlage negativ nach oben verschiebt, was im Allgemeinen die Fahreigenschaften der Fahrzeuge nochmals drastisch verschlechtert. Ein derartig beladenes Fahrzeug muss mit äußerster Vorsicht (vor allem Zurückhaltung bei der Geschwindigkeit) und Konzentration unter den häufig schlechten und oft schwer kalkulierbaren Straßenbedingungen in Afrika geführt werden.

cl_169-04 Foto: cl

Wichtige Hinweise für Selbstfahrer

Letztendlich verlangt es auch das eigene Verantwortungsbewusstsein sich selbst und vor allem den Mitreisenden gegenüber, die nicht ohne Grund vorgeschriebenen **Tempolimits** strikt einzuhalten. Hinzu kommt, dass man sich auf einer Urlaubsreise in einem fremden Land befindet, wo man die Landschaft genießen und nicht im Schnellzugtempo an sich vorbeirauschen lassen sollte.

Es existiert die weit verbreitete Meinung, auf **„Wellblech"** solle man mit hoher Geschwindigkeit (80 km/h oder sogar mehr) fahren – dies ist zwar theoretisch nicht falsch, beruht aber auf der Annahme, dass es sich um eine homogene Passage mit konstantem Wellblech handelt. Leider existieren diese Idealbedingungen häufig nicht in der Praxis; es ist somit lediglich eine Frage der Zeit, wann man sich beispielsweise mit einer Spurseite noch auf grobem Wellblech befindet, die andere Seite jedoch durch eine Sandpassage stark abgebremst wird (diese „versteckten" Sandpassagen sind vor allem während der Mittagszeit aufgrund mangelnder Schattenbildung häufig schwer oder zu spät auszumachen). Ein normaler PKW mit niedrigem Schwerpunkt dreht sich hierbei um seine Hochachse, d.h. man landet nach ein paar Drehungen schlimmstenfalls im Straßengraben – mit etwas Glück und natürlich ohne Gegenverkehr wird das Fahrzeug nicht einmal beschädigt. Passiert das gleiche mit einem ca. drei Tonnen schweren Geländefahrzeug, dreht man sich zunächst auch um die Hochachse; aufgrund des hohen Schwerpunkts geht diese Bewegung jedoch nach spätestens 90 Grad in ein Rollen um die Längsachse über. Hierbei kommt es dann unausweichlich zur völligen Zerstörung des Fahrzeugs und oftmals zu schweren Verletzungen der Insassen.

Eine sichere und erlebnisreiche Reise beginnt bereits mit der **richtigen Planung.** Häufig werden die oftmals großen Distanzen in Afrika unterschätzt. Tagesetappen sollten möglichst kurz und realistisch geplant werden. Man sollte spätestens zwei Stunden vor Einbruch der Dunkelheit sein Tagesziel erreichen können, ohne „hetzen" zu müssen. Dämmerungs- und Nachtfahrten sollten grundsätzlich vermieden werden.

Für den erfahrenen Afrikareisenden mögen manche der aufgeführten Punkte vielleicht banal oder selbstverständlich klingen – es sind jedoch die Urlauber, die zum ersten oder zweiten Mal ins südliche Afrika kommen, bei denen statistisch das Unfallrisiko alarmierend hoch liegt. Aber auch geübten und erfahrenen Fahrern ist ein geplatzter Reifen bei 120 km/h schon zum tödlichen Verhängnis geworden. Wir möchten keineswegs irgendjemanden von einer Reise nach Botswana abbringen; mit einer gewissen Portion an Vorsicht, Respekt und gesundem Menschenverstand ist das Reisen in Afrika auch nicht risikoreicher als anderswo. Man wird auf jeden Fall mit eindrucksvollen Landschaften, einzigartigen Kulturen und der atemberaubenden Tierwelt Afrikas reichlich belohnt. Um eine Selbstfahrertour in Botswana von A–Z sicher durchzuführen, benötigt man neben einer guten körperlichen Konstitution eine gewisse Portion technisches/physikalisches Verständnis, Orientierungssinn, Improvisationstalent, Einschätzungsvermögen und nicht zuletzt auch oft etwas Geduld. Vor allem „Erstreisende" ohne Afrika- und Geländewagenerfahrung sollten daher überlegen, ob sie sich nicht alternativ lieber einer von professionellen Reiseleitern geführten, organisierten Safari anschließen. Es gibt mehrere Safariveranstalter, die sich auf die schönsten Regionen in Botswana spezialisiert haben und entweder Individual-Safaris oder geführte Selbstfahrer-Touren mit zwei bis fünf Fahrzeugen anbieten. Eine Auswahl ist in diesem Buch im Kapitel „Reise- und Safariveranstalter" abgedruckt.

tern oftmals an der Schwäche des Justizsystems oder dem begrenzten Zeitrahmen einer Urlaubsreise und enden nicht selten damit, dass die unterlegene Partei für Schäden mangels finanzieller Mittel gar nicht aufkommen kann.

In der Praxis wird die Fahrt nach einer Kollision mit Tieren mit geringen Folgeschäden von den meisten Fahrern direkt fortgesetzt, was rechtlich nicht korrekt ist. Sprunggewaltige Wildtiere wie Kudus halten sich ohnehin nicht an die Spielregeln von Zäunen oder Gesetzen. Am besten beugt man allen Kollisionen mit Tieren ganz allgemein durch vorsichtige Fahrweise und Verzicht auf Nachtfahrten wirksam vor.

Versicherung

Kraftfahrzeuge, Wohnwagen und Anhänger („Trailer"), die in den Ländern der Zollunion SACU (enthält – neben Botswana – Südafrika, Namibia, Lesotho und Swasiland) zugelassen sind, können von ausländischen Besuchern nach Botswana eingeführt und bis zu sechs Monate im Land benutzt werden. In der SACU abgeschlossene **Kraftfahrzeugversicherungen** sind prinzipiell auch in Botswana gültig. Sie sollten bei in Südafrika oder Namibia angemieteten Fahrzeugen jedoch genau überprüfen, ob sie in Botswana vollen Kaskoversicherungsschutz genießen und wie hoch ihre Eigenbeteiligung im Schadensfall ist. Lesen Sie sich auch das **Kleingedruckte im Mietvertrag** sorg-

fältig durch und haken Sie explizit nach, ob es irgendwelche Versicherungsbeschränkungen für Schotter- und Sandpisten gibt, bevor Sie das Dokument unterzeichnen.

Fahrzeuge, die außerhalb der SACU zugelassen sind, müssen an der Grenze eine zeitlich begrenzte **Teilkaskoversicherung** abschließen (**Third Party Insurance**). Dies geschieht normalerweise recht unkompliziert und ist ausgesprochen preisgünstig. Notwendig ist die Vorlage des Carnet de Passages oder eines englisch abgefassten Fahrzeugbriefes. Bei der Einreise muss zusätzlich noch eine **vorläufige Importgenehmigung** beantragt werden (**Temporary Import Permit,** kurz „TIP"), die bei der Ausreise wieder eingesammelt wird. Es handelt sich dabei um eine reine Formsache, die zudem kostenfrei ist.

Wichtige Hinweise für Selbstfahrer

bo-172 Foto.cl

Land und Leute

bo-035 Foto: cl

bo-036 Foto: cl

Fröhliche Kinder auf einem Eselskarren

Buschmannzeichnung an den Tsodilo Hills

Baobab auf Kubu Island

Einführung und Überblick

Als das britische **Protektorat Betschuanaland** 1966 seine Unabhängigkeit von der britischen Krone erlangte, galt es als eines der ärmsten Länder Afrikas, ein **dürregeplagtes Agrarland** ohne erwähnenswerte Perspektive, wirtschaftlich vollkommen abhängig von seinem Nachbarn Südafrika. Nur ein Jahr später stießen Minenfachleute in einer verrückten Laune des Schicksals auf das Diamantlager von Orapa, gefolgt von der Entdeckung weiterer Diamantvorkommen bei Letlhakane und Jwaneng. Fünfzehn Jahre später besaß Botswana drei der ertragreichsten Diamantenminen der Welt.

Heute wird Botswana immer wieder als **Afrikas Musterland** bezeichnet, ein Land mit freiheitlich-demokratischer Grundordnung, das seit der Unabhängigkeit alle Regierungen frei gewählt hat und in dem Meinungs- und Pressefreiheit wirklich etwas zählen. Botswana ist weltweit der bedeutendste Produzent von Schmuckdiamanten. Es weist im internationalen Vergleich die höchsten Devisenrücklagen pro Kopf der Bevölkerung auf und bietet seinen ca. 1,9 Millionen Bewohnern Zugang zu einem Mindestmaß an Bildung und medizinischer Versorgung. Mehr als 18 Prozent der Landesfläche sind als Nationalparks oder Wildschutzgebiete ausgewiesen, zu denen noch lokale Schutzgebiete wie das Nata Bird Sanctuary kommen. Das ist weltweit ein absoluter Spitzenwert. Besonders ermutigend ist dabei, dass die Entscheidung, Gebiete in Wildreservate umzuwandeln, immer wieder von den Eigentümern der Flächen, im Falle des Moremi-Wildreservates beispielsweise dem Stamm der Batawana, selbst getroffen wurde.

Mit einem Teilgebiet des Okavango-Binnendeltas, dem Chobe National Park, der Salzpfannenlandschaft von Makgadikgadi und den Schutzgebieten der zentralen und südlichen Kalahari hat Botswana eine ganze Handvoll **auserlesener Naturparadiese** unter strengen Schutz gestellt und damit das langfristige Überleben einer afrikaweit in Rückgang begriffenen Tier- und Pflanzenwelt ermöglicht. Da sich die Bevölkerung auf einen schmalen Streifen im Osten konzentriert und der Rest des Landes bei einer allgemeinen Besiedlungsdichte von derzeit 3,2 Einwohnern pro Quadratkilometer als nahezu unbesiedelt gilt, bleiben auch außerhalb der Reservate Rückzugs- und Wanderungsgebiete für Wildtiere erhalten, deren traditionelle Wanderungsrouten allerdings zunehmend von veterinärmedizinischen Sperrzäunen eingeschränkt werden und Konflikte mit der Rinderzucht heraufbeschwören.

Der Besucherstrom in die sensiblen Nationalparks und Wildreservate wird über kalkulierten, organisierten **Hochpreis-Tourismus** und ein restriktives zentrales Reservierungssystem für Individualbesucher und Veranstalter mobiler Campingsafaris gesteuert, sodass negative Einflüsse durch Massentourismus bislang von eher marginaler Bedeutung sind. Mit einer weiteren Er-

Botswana im Überblick

- **Republik Botswana (Republic of Botswana)**

- **Hauptstadt: Gaborone** (ca. 250.000 Einwohner, Schätzung 2010)

- **Fläche: 581.730 km²,** davon ca. 15.000 km² Binnengewässer

- **Geografie und Relief:** Hochplateau, zwischen 513 m (Zusammenfluss von Shashe River und Limpopo River) und 1489 m über NN (Otse Hill). Etwa 80% des Landes werden von der Halbwüste Kalahari eingenommen.

- **Klima:** subtropisch, trocken und heiß

- **Einwohner: 1,9 Millionen** (Schätzung 2010), Einwohner pro Arzt: ca. 3300

- **Bevölkerungsdichte:** 3,2 Einwohner/km² (2010)

- **Stadtbevölkerung:** 60% (2008)

- **Größere Städte:** Gaborone (ca. 250.000 Einwohner), Francistown (ca. 115.000), Molepolole (ca. 60.000), Selebi-Phikwe (ca. 60.000), Maun (ca. 50.000), Serowe (ca. 45.000), Kanye (ca. 48.000), Mahalapye (ca. 42.000), Mochudi (ca. 40.000), Lobatse (ca. 40.000)

- **Bevölkerungswachstum:** 1,8% (Schätzung 2010)

- **Lebenserwartung:** 61 Jahre (2010), zwischenzeitlich nur 38 Jahre (2002) – AIDS!

- **Sprache:** Englisch ist Amtssprache, mehr als 90% der Bevölkerung sprechen Setswana

- **Religion:** ca. 50% Christen, der Rest setzt sich in erster Linie aus Anhängern von Naturreligionen zusammen

- **Analphabetenrate:** insgesamt ca. 19% (2010), ca. 18% in der weiblichen Bevölkerung

- **Schul- und Bildungssystem:** Die Einschulungsquote liegt bei über 95% (2002). Mehr als 400.000 Kinder gingen 2002 zur Schule. Das Verhältnis Schüler pro Lehrer betrug 2002 26,6 (Grundschulen) bzw. 16 (weiterführende Schulen). An der Universität von Botswana in Gaborone waren 2010 mehr als 15.500 Studenten eingeschrieben, davon überwiegend Frauen.

- **Verfassung:** Die 1965 ausgearbeitete Verfassung der Republik Botswana wurde mit der Unabhängigkeit am 30. September 1966 wirksam. Sie wurde zuletzt 1997 modifiziert. Die Verfassung ist Grundlage einer parlamentarischen Demokratie nach britischem Vorbild mit präsidialer Regierungsform.

Land und Leute

●**Präsident:** Der Präsident Botswanas vereinigt alle exekutiven Machtfäden in seiner Hand. Zugleich ist er Oberkommandierender der Streitkräfte. Er wird von der Nationalversammlung gewählt. Die Präsidentschaft ist seit 1997 auf zwei Legislaturperioden begrenzt. Zu den neuerdings 40 vom Volk gewählten Mitgliedern der Nationalversammlung bestimmt der Präsident vier weitere.

●**Kabinett:** Das Kabinett besteht aus dem Präsidenten, dem Vize-Präsidenten und 14 Ministern. Vize-Präsident und Minister werden vom Präsidenten ernannt. Das Kabinett zeichnet der Nationalversammlung gegenüber verantwortlich.

●**Legislative:** Die Gesetzgebung erfolgt durch das Parlament, das sich aus dem Präsidenten und der Nationalversammlung zusammensetzt. Eine Legislaturperiode beträgt fünf Jahre. In bestimmten Fällen berät sich die Nationalversammlung mit dem House of Chiefs, dem die Chiefs der acht wichtigsten Stämme Botswanas angehören. Die Nationalversammlung setzt sich aus 40 vom Volk gewählten Vertreten und weiteren vier vom Präsidenten bestimmten Vertretern zusammen. Die Nationalversammlung wird seit der Unabhängigkeit von der Regierungspartei BDP (Botswana Democratic Party) beherrscht. Die wichtigsten politischen Parteien neben der BDP sind die BCP (Botswana Congress Party, spaltete sich 1998 von der BNF ab), die BNF (Botswana National Front) und die BPP (Botswana People's Party). Im Jahr 2010 waren nur die BDP, die BCP und die BNF in der Nationalversammlung vertreten. Politisch weniger bedeutend sind die IFP (Independence Freedom Party), die UAP (United Action Party) und die BPU (Botswana Progressive Union).

●**Judikative:** Der nationale Gerichtshof („High Court") Botswanas liegt in Lobatse. Eine Außenstelle befindet sich in Francistown. Alle Distrikte des Landes verfügen über Bezirksgerichte.

●**Internationale Mitgliedschaften:** UNO und UN-Unterorganisationen, Commonwealth, AKP, OAU, SADC, COMESA, SACU

●**Armee:** Die 1977 gegründete nationale Armee ist die „Botswana Defence Force" (BDF). 2006 betrug die Truppenstärke 12.500 Mann (davon 500 in der Luftwaffe). Botswana gibt etwa 10% seines Staatshaushaltes für das Militär aus. In den letzten Jahren wurden beispielsweise 13 F-5 Kampfflugzeuge und 20 leichte Panzer gekauft. Wichtigster militärischer Handelspartner sind die USA.

●**Unabhängigkeit:** 30. September 1966

●**Bruttoinlandsprodukt (BIP):** 12,3 Milliarden US-$, das entspricht 6500 US-$ pro Kopf der Bevölkerung (2009)

●**Wirtschaftswachstum:** ca. 3% (2010) nach -5,4% 2009 (globale Finanz- und Wirtschaftskrise), durchschnittliches jährliches Wachstum 1993–97: 4,2%, durchschnittliches jährliches Wachstum 1966–91: 6,1%

●**Inflationsrate:** 6% (2010), durchschnittliche Inflationsrate 1990–99: 10%

●**Steuereinnahmen:** 4,25 Milliarden US-$ (2006), davon der überwiegende Teil aus der Besteuerung des Minen- und Bergbausektors

●**Auslandsschulden:** 1,6 Milliarden US-$ (2009)

●**Staatliche Devisenrücklagen:** 9 Milliarden US-$ (2009)

●**Beschäftigungsstruktur:** Mehr als 700.000 Erwerbstätige werden im mittleren Jahresdurchschnitt angegeben, davon ca. 40% (als selbständig klassifizierte) Kleinbauern und Viehzüchter, ca. 35% im Industrie- und Dienstleistungsbereich Beschäftigte (4% im Bergbau) und 26% im informellen Bereich Tätige sowie Gelegenheitsarbeiter. Es ist von formell ca. 300.000 Arbeitsplätzen auszugehen. Die offizielle Arbeitslosenquote liegt bei 20% (inoffizielle Schätzung: ca. 40%). Das durchschnittliche Monatsgehalt beträgt laut Statistik ca. 370 US-$.

●**Anteil am BIP** (2008): Landwirtschaft: 1,8%, Industrie- und Minensektor: 47%, Dienstleistungssektor: 51%, davon mehr als ein Drittel durch Handel und Tourismus

●**Importe:** 5,17 Milliarden US-$ (2008), davon ca. 12% Lebensmittel, Getränke und Tabakwaren, ca. 17% Treibstoffe, ca. 18% Fertigwaren, ca. 29% Maschinen und Transportmittel und ca. 9% Rohstoffe und Metallprodukte

●**Exporte:** 4,87 Milliarden US-$ (2008), davon stammten 64% aus dem Export von Diamanten, gefolgt von Kupfer-Nickel (18%), Fleisch (1,9%), Sodaasche und Bekleidung.

●**Haupthandelspartner** (2004): Einfuhr: Southern African Customs Union (SACU) (74%), Europäische Union (17%), Simbabwe (4%). Ausfuhr: Europäische Union (87%), SACU (7%), Simbabwe (4%)

●**Verkehrs- und Kommunikationsinfrastruktur:** 2010 gab es mehr als 6000 km asphaltierte Straßen, über 10.000 km sonstige Straßen und Pisten, 888 km Eisenbahnstrecke – die von Botswana Railways getragene, 640 km lange Verbindung (Mafikeng) – Lobatse – Gaborone – Francistown – (Bulawayo) und zusätzlich Stichverbindungen zum Bergbaugebiet Selebi-Phikwe (56 km), zum Kohlekraftwerk Morupule (16 km) und zum Sowa Pan Soda-Ash Project (175 km) –, ferner vier internationale Flughäfen, mehrere lokale Flughäfen und zahlreiche Landepisten. 2008 existierten über 142.000 Telefonanschlüsse im Land, fast 1,5 Mio. Nutzer von Mobilfunkgeräten wurden verzeichnet. 2008 wurde die Zahl der Internet-Nutzer mit ca. 120.000 beziffert.

Quellen:
The Economist Intelligence Unit, Fischer Weltalmanach, CIA World Factbook, Central Statistics Office of Botswana

Land und Leute

höhung der ohnehin hohen Zugangsgebühren in den Schutzgebieten muss gerechnet werden. Aufgrund der besonderen geografischen und touristischen Struktur Botswanas ist das Reisen organisationsfreudigen, couragierten Individualtouristen vorbehalten, die als Selbstversorger mit Geländewagen und Campingausrüstung das Land erkunden. Alternativ bieten sich sehr teure, organisierte Touren an, die mit Geländewagen und Kleinflugzeugen durchs Land führen und Lodges und Luxuscamps als Übernachtungsbasen nutzen. Reisen im „Backpacker-Stil", wie sie im benachbarten Südafrika oder in Simbabwe möglich sind, scheiden für Botswana weitgehend aus. Die außerhalb von Nationalparks und Wildschutzgebieten gelegenen Regionen Botswanas wirken auf Reisende meist langweilig oder sogar trostlos, da flache, trockene und staubige Ebenen mit vereinzelten, ärmlich strukturierten Ortschaften oder Siedlungen vorherrschen.

Trotz der im Vergleich zu anderen afrikanischen Staaten **mehr als eindrucksvollen postkolonialen Bilanz** – ein funktionierendes demokratisches Mehrparteiensystem mit stetig wachsender Wirtschaft und blendenden Staatsfinanzen, dazu Freiheit, Frieden und Sicherheit für seine Bewohner – steht die Regierung des Landes in den kommenden Jahrzehnten vor immensen **Problemen.** Es ist ihr bislang nicht gelungen, die hohen staatlichen Gewinne aus der Ausbeutung der Diamantvorkommen sozial gerecht zu verteilen. Die Diskrepanz zwischen einer dünnen

bo-037 Foto: d

Schicht Wohlhabender und allgemein unveränderter Armut nimmt weiter zu. Dabei profitiert eine kleine Gruppe von Land- und Viehbesitzern vom subventionierten Ausbau einer exportorientierten Agrarwirtschaft, korruptionsverdächtige Beamte und Politiker sichern sich Gelder und Privilegien innerhalb eines überblähten Finanz- und Verwaltungsapparates, und ein großer Teil der Einnahmen aus Bergbau und Tourismus fließt ins Ausland. Etwa die Hälfte der Bevölkerung verharrt in kleinbäuerlicher Selbstversorgungswirtschaft, geprägt von unveränderter Armut.

Die rasche Bevölkerungszunahme, eine wachsende Urbanisierung und staatliche Fehlplanungen haben in den Städten zudem zu hoher Arbeitslosigkeit, Wohnraummangel und steigenden Mieten geführt, die soziale und politische Spannungen nach sich ziehen. Das bei weitem bedeutendste Problem stellt jedoch die **AIDS-Pandemie** dar. Botswana weist heute eine der höchsten HIV-Infektionsraten weltweit auf. Ca. 24 Prozent seiner erwachsenen Bewohner galten im Jahr 2010 als mit HIV infiziert oder an AIDS erkrankt. Aggressive Aufklärungsprogramme der Regierung treten leider verspätet auf den Plan und scheinen infolge mangelnder Akzeptanz bislang nur langsam zu greifen. Das gigantische Ausmaß des Aderlasses, den die botswanische Gesellschaft durch AIDS erleidet, wird zunehmend deutlicher. Die seit 1966 müh-

An einer Tankstelle in Gweta

sam aufgebaute erfolgreiche gesellschaftliche und ökonomische Struktur des Landes ist durch die Folgen von AIDS grundlegend und unmittelbar gefährdet.

Naturraum

Geografie und Relief

Die Republik Botswana ist ein **Binnenland** im südlichen Afrika, umgeben von Namibia im Westen, dem zu Namibia gehörenden Caprivi-Streifen im Norden, Simbabwe im Nordosten und Südafrika im Südosten und Süden. Das Land ist mit **581.730 Quadratkilometer Fläche** etwa so groß wie Frankreich und Belgien zusammen oder entspricht flächenmäßig genau der Ausdehnung des ostafrikanischen Landes Kenia. Die gemeinsame Grenze mit Namibia verläuft über 1360 Kilometer, mit Südafrika sind es 1840 Kilometer und mit Simbabwe 813 Kilometer. Ein wenige hundert Meter langer Streifen Botswanas grenzt im Nordosten des Landes im Vierländereck Botswana-Namibia-Simbabwe-Sambia bei Kazungula an Sambia. Botswana besitzt aufgrund seiner Binnenlage keinen Zugang zum Meer. Die nächstliegenden Häfen der Nachbarstaaten Namibia und Südafrika sind über 500 Kilometer entfernt.

Das Land erstreckt sich zwischen 20°00' und 29°00' östlicher Länge sowie 18°00' und 27°00' südlicher Breite. Botswana wird auf Höhe des Khutse-Wildschutzgebietes vom Wendekreis

Land und Leute

des Steinbocks („Tropic of Capricorn") durchschnitten, der von der Sonne zwischen dem 21. und 22. Dezember erreicht wird. Damit liegen die beiden nördlichen Drittel Botswanas geografisch innerhalb der Tropen. Die Bevölkerung konzentriert sich entlang der Ostgrenze des Landes. **Etwa 80 Prozent Botswanas gelten als unbesiedelt.** Die durchschnittliche Bevölkerungsdichte beträgt 3,2 Einwohner pro Quadratkilometer.

Botswanas Landesoberfläche ist Bestandteil eines ausgedehnten Plateaus auf dem südafrikanischen Subkontinent mit Höhen zwischen 800 und 1300 Meter über dem Meeresspiegel. Die bedeutendste geologisch vorgegebene Senke stellt das Gebiet der Makgadikgadi Pans im Norden des Landes dar (um 900 m hoch gelegen). Der mit 513 m tiefste Punkt des Landes liegt am Zusammenfluss von Shashe River und Limpopo River, während der 1489 m hohe Otse Hill im Südosten bei Lobatse die höchste Erhebung darstellt. Etwa 80 Prozent der Landesfläche werden von der Halbwüste Kalahari eingenommen.

Die **Kalahari** ist ein sandgefülltes Becken, das im Westen und Osten durch niedrige Gebirgs- und Hügelketten begrenzt wird. Ihre Ausdehnung reicht vom südafrikanischen Orange River im Süden bis in das äquatoriale Mündungsgebiet des Kongos. Sie gilt damit als größtes zusammenhängendes Sandgebiet der Erde. Die Kalahari verwöhnt das Auge des Betrachters durch ihre unendlich scheinende Weite und die stetige Abwechslung von Formationsreichtum und Gleichförmigkeit. Die bede-

ckende Sandschicht variiert zwischen wenigen Metern und mehr als 200 Metern. Sie ist mit trockener Gras- und Busch- bzw. Baumsavanne bestanden. Das Relief der Kalahari wird von fossilen Dünenlandschaften geprägt, die während vorzeitlicher Trockenperioden entstanden sind. Flache fossile Flusstäler wie z.B. das Okwa-Tal durchschneiden weite Teile dieser Landschaft und legen Zeugnis ab von vergangenen Epochen des Wasserreichtums. Immer wieder trifft man auf Inselberge und kleinere Salzpfannen. Das ein Areal der Größe Belgiens umfassende Gebiet der Makgadikgadi Pans bildet die ausgedehnteste Senke des Kalahari-Beckens. Der Komplex von Sowa Pan und Ntwetwe Pan gilt mit einer Ausdehnung von ca. 12.000 Quadratkilometern als größte zusammenhängende Salzpfanne der Welt.

Die die Topografie bestimmenden Wasserläufe Botswanas sind das Stromsystem von Linyanti und Chobe im Norden Botswanas, welches in den Sambesi mündet, die Flüsse Motloutse, Shashe und Limpopo im Osten und die überwiegend trockenen Wasseradern von Molopo und Nossob, die im Süden und Südosten den Grenzverlauf zu Südafrika markieren. Die Flüsse Shashe und Ngotwane werden gestaut, um die Städte und Industrien im Osten Botswanas über eine Pipeline mit Stauwasser zu versorgen. Der Limpopo River bildet den wichtigsten Abfluss aus dem

Sanddüne in der südlichen Kalahari (mit Tsamma-Melonen)

östlichen Botswana. Alle Wasserläufe der Region münden in ihn ein.

Der **Okavango** entspringt als einer der großen Flüsse Afrikas im regenreichen Hochland von Zentralangola und mündet im Nordwesten Botswanas in ein weltweit einzigartiges, mehr als 15.000 Quadratkilometer großes Binnendelta inmitten der Halbwüste Kalahari, das sich alljährlich zyklisch mit Wasser füllt und dann durch Verdunstung langsam austrocknet. Dieses **Delta** stellt den letzten dauerhaft mit Wasser gefüllten **Überrest eines riesigen Ursees** dar, der von den Strömen Okavango, Chobe und Sambesi gespeist wurde und geologisch als eine Verlängerung des ostafrikanischen Grabenbruchs („Great Rift Valley") gedeutet

wird. Hydrologische Veränderungen brachten vor etwa 20.000 Jahren den Zustrom von Chobe und Sambesi zum Erliegen und zogen eine zunehmende Austrocknung des Ursees nach sich. Bis vor ungefähr 1500 Jahren befand sich noch Wasser in den tieferen Bereichen des Seebeckens. Durch fortschreitende Abtrocknung und nachfolgendes „Backen" durch intensive Sonneneinstrahlung entstand aus dem Grund des Sees das Gebiet der heutigen Makgadikgadi Pans. In niederschlagsreichen Monaten und nach heftigen Gewitterstürmen füllen sich die Makgadikgadi Pans noch immer teilweise mit Wasser und vermitteln dann einen Eindruck von der Welt des einstigen Ursees, der etwa 60.000 bis 80.000 Quadratkilometer Fläche ge-

habt haben dürfte. Einen detaillierten geologischen Überblick der Entstehung des Okavango-Deltas finden Sie im entsprechenden Kapitel.

Die überschüssigen Wassermassen des Okavango-Deltas werden im Osten durch den Thamalakane River abgeleitet, der die Stadt Maun durchfließt. Über das Flusssystem des Boteti River besteht eine Verbindung zu den Makgadikgadi Pans, die dadurch in der Vergangenheit immer wieder periodisch Okavangowasser erhielten. Bei Mopipi trifft der Boteti seit den 1970er Jahren auf Stauanlagen, die eine regelmäßige Füllung der Mopipi Pan als Wasserspeicher für die Orapa-Diamantenmine erzielen sollten. Von 1983 bis 2009 fiel der Boteti weitgehend trocken, sodass die Makgadikgadi Pans in dieser Zeit nur Niederschlagswasser erhielten. Messungen zeigen, dass die Ausdehnung des Okavango-Deltas in den letzten 50 Jahren um etwa 20 Prozent abgenommen hat. Diese Berechnungen lassen den Schluss zu, dass das jährliche Wasservolumen des Okavango stetig abnimmt und der Boteti seine Bedeutung als dauerhaft wasserführender Strom eingebüßt hat.

Neben den **Tsodilo Hills** gibt es zwei weitere Felsinseln im Nordwesten Botswanas: die Gruppen der **Aha Hills** und der **Gcwihaba Hills** etwa 150 Kilometer weiter südlich. „Gcwihaba" bedeutet in der Sprache der !Kung-Buschmänner (das „!" symbolisiert einen Klicklaut) soviel wie „Lager der Hyänen". In den Gcwihaba Hills befindet sich das ausgedehnte Höhlensystem der Drotsky's Caves. Die den Osten und Südosten Botswanas landschaftlich bestimmenden, bis über 1400 m hohen Gebirgs- und Hügelketten (sogenanntes *Hardveld*) sind geschichtlich weit weniger interessant. Günstigere klimatische Bedingungen als in der Kalahari, höhere Niederschläge, leichterer Zugang zu Grundwasser und relativ fruchtbare Böden haben neben historischen Gründen zur heutigen Konzentration der botswanischen Bevölkerung im östlichen Streifen des Landes geführt. Das Gebiet des Tuli-Blocks im äußersten Osten beeindruckt neben außerordentlicher landschaftlicher Attraktivität durch großen Wildreichtum.

Geologie

Für das intensivere Verständnis der heutigen Struktur des Kalahari-Beckens ist ein umfassender erdgeschichtlicher Rückblick erforderlich. Vor etwa 135 Millionen Jahren begann der **Superkontinent Gondwana,** der die heutigen Kontinente bzw. Länder Neuseeland, Australien, Indien, Madagaskar, Afrika, Südamerika und die Antarktis umfasste, infolge der Kontinentaldrift auseinanderzubrechen. Vor etwa 100 Millionen Jahren stand Afrika als Kontinent bereits allein. Bald nach der Isolation wurden weite Teile des neuen Kontinents angehoben, wodurch mehrere neue Becken in seinem Inneren entstanden: das Tschad-Becken im Norden, das Kongo-Becken im Zentrum und das **Kalahari-Becken** im Süden. Während der nächsten 60 Millionen Jahre nagte die Erosion in Form von Niederschlägen, Frost, extremer Hitze, Wind und Sandstürmen an den höheren Landmassen. Das Kalahari-Becken füllte sich mit Erosionsmaterial und feinkörnigen Sanden, die durch Windströmungen in das Becken gelangten.

Infolge der **Kontinentaldrift** bewegte sich Afrika weiter nach Süden, wodurch das Klima zunehmend heißer und trockener wurde. Vor etwa 30 Millionen Jahren wurde der Kontinent von gewaltigen Kräften im Erdinneren erschüttert, die die Bildung des ostafrikanischen Grabenbruchs („Great Rift Valley") einleiteten, der sich vom Roten Meer bis zum Okavango-Delta erstreckt. Eine weitere Anhebung der südlichen Landmassen war die Folge, sodass die Zufuhr feuchter Luftströmungen aus dem Norden eingeschränkt wurde und es lokal zu noch stärkerer Trockenheit kam. Vor etwa fünf Millionen Jahren schließlich zog die Vergletscherung der Antarktis ein Ansaugen feuchter Luftmassen über der südlichen Hemisphäre und nachfolgende Umwandlung in Gletschereis nach sich. Daraus resultierte eine weitere **Austrocknung der polnahen Gebiete** der südlichen Hemisphäre. Dieser geologisch-klimatologische Gesamtkontext verdeutlicht die kontinuierliche Entwicklung ausgedehnter Wüsten und Halbwüsten im südlichen Afrika.

Vor dem endgültigen Auseinanderbrechen Gondwanalands traten große Mengen von **Basaltlava** an die Erdoberfläche. Kontinentale Risse und Falten sorgten für weiträumige Verteilung der geschmolzenen Basaltmassen. Große Teile des südlichen Afrikas sind heute von dieser sogenannten **„Stormberg Lava"** bedeckt, deren Mächtigkeit bis zu neun Kilometer betragen kann. Die Stormberg-Lava gilt als letzter Teil einer erdgeschichtlichen Abfolge von Gesteinen, die als **Karoo-Sequenz** zusammengefasst werden. Im Kalahari-Becken befinden sich unter den oberflächlichen Sandschichten ausgedehnte Karoo-Sedimente, die von erdgeschichtlich jüngeren Basaltfeldern bedeckt sind. Gerade im Randbereich der Kalahari treten diese Felsen hervor und formen kleine Gebirgsketten, beispielsweise im Bereich des Tuli-Blocks. Den eigentlichen Boden des Kalahari-Beckens bilden erdgeschichtlich sehr alte Granit- und Gneisformationen. In der Umgebung der Stadt Francistown finden sich Gesteine, deren Alter auf etwa 3,5 Milliarden Jahre geschätzt wird.

Nach dem Auseinanderbrechen Gondwanalands verloren die enormen geologischen Kräfte an Intensität. Doch im Innern der neuen Kontinente kam es unter der Einwirkung enormer Hitze und hohem Druck zu immer neuen Kaskaden der Gesteinsbildung. In der Tiefe des afrikanischen Kalahari-Beckens wurden neue, heute als Kimberlit bezeichnete, diamantengespickte Gesteinsadern durch die älteren Muttergesteine gepresst. Die ersten dieser **Diamantvorkommen** wurden 1869 im südafrikanischen Kimberley (daher der Name „Kimberlit") entdeckt. Es folgten Diamantenfunde in den heutigen Ländern Namibia, Simbabwe und Sambia. Erst viele Jahre später wurde Geologen klar, dass manche dieser Diamanten durch fossile Flusstäler an ihren Fundort gespült worden waren und die Hauptvorkommen viel weiter im Inneren der Kalahari zu suchen waren – eine Einsicht, die für die heutige Ökonomie Botswanas weitreichende Konsequenzen hatte.

Klima

Das Klima Botswanas ist **subtropisch, trocken und heiß.** Die Lage Botswanas auf der Südhalbkugel bedingt dem mitteleuropäischen Raum genau entgegengesetzte Jahreszeiten. Aufgrund der geringen Luftfeuchtigkeit fehlt ein tropischer Klimacharakter, den man angesichts der Lage von zwei Dritteln des Landes nördlich des Wendekreises des Steinbocks erwarten könnte. Im **Sommer** von September bis April erreichen die Temperaturen tagsüber in der Regel 30° bis 35°C, können in manchen Regionen aber auch bis auf über 40°C klettern. Nachts liegen die Werte meist noch bei 18° bis 27°C. Die wärmsten Monate sind Oktober und November. Die Periode zwischen November und März gilt als Regenzeit. In diesen Monaten sind heftige Regenfälle häufig, doch können auch längere Trockenperioden auftreten. Selbst an Regentagen zeigt sich der Himmel oft einige Stun-

Land und Leute

den sonnig oder gar wolkenfrei. Während der Regenzeit besteht in den nördlichen Landesteilen ein erhebliches Risiko für Malaria-Infektionen. Im **Winter** von Mai bis August liegen die Temperaturen tagsüber zwischen 20° und 28°C, nachts wird es mit 2° bis 8°C empfindlich kühl. In Teilen der Kalahari sinken die Temperaturen nachts sogar regelmäßig unter die Frostgrenze. Die zweite Maihälfte, Juni und Juli gelten als mit Abstand kälteste Monate. Während des Winters fallen in Botswana kaum Niederschläge.

Die mittleren Jahresniederschläge variieren im Mittel zwischen weniger als 250 mm im Südwesten und bis zu 650 mm im tropischen Norden. Längere **Perioden der Dürre** wie zuletzt zwischen 1990 und 1995 suchen Botswana in unregelmäßigen Zeitabständen immer wieder heim und haben Entwicklung

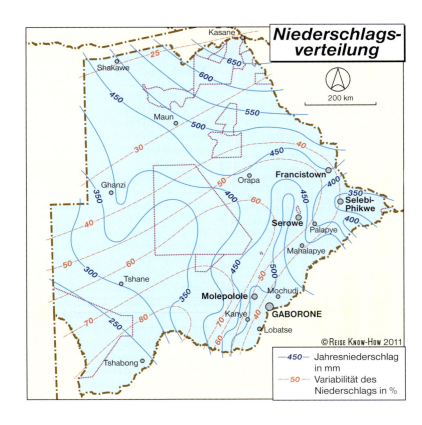

Niederschlagsverteilung

200 km

© REISE KNOW-HOW 2011

—450— Jahresniederschlag in mm

--50-- Variabilität des Niederschlags in %

Land und Leute

Mittlere tägliche Maximum- und Minimumtemperaturen in °C

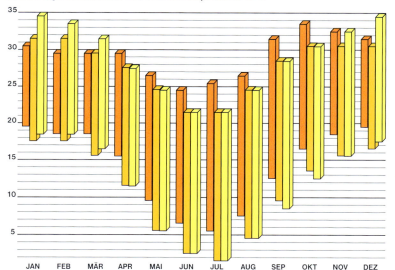

Mittlere Niederschlagsmenge pro Monat in mm

■ Shakawe
■ Gaborone
■ Tshabong

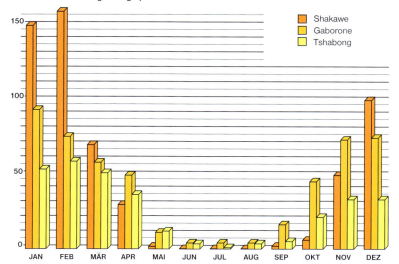

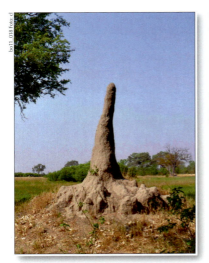

bo11_018 Foto: cl

weite Teile des Landes auf eine **Wasserversorgung aus Grundwasserbohrlöchern** angewiesen, die zur schleichenden Absenkung des ohnehin tiefliegenden Grundwasserspiegels führt.

Vegetations- und Landschaftsformen

Bedingt durch die von Süden nach Norden zunehmenden Niederschläge und Durchschnittstemperaturen beobachtet man in Botswana einen Übergang von **subtropischer Trockensteppe mit Wüstenelementen** im Südwesten (Kgalagadi Transfrontier National Park) über **trockene Busch- und Baumsavanne** in Zentralbotswana bis hin zu **tropischer Trockensavanne** im Norden.

und Geschichte des Landes mitgeprägt. Diese erheblichen Alterationen in der Ergiebigkeit der sommerlichen Niederschläge sind auf unterschiedlich weites Vordringen feuchter Luftmassen aus dem äquatorialen Afrika nach Süden zurückzuführen. Fehlen entsprechende Luftbewegungen in der Zeit von November bis April, setzt sich kontinentaler Hochdruckeinfluss durch und größere Niederschläge bleiben aus. Es zeigt sich dann ein strahlend blauer, wolkenloser Himmel, der den Reisenden begeistern kann, aber gravierende Folgen für die lokale Bevölkerung, Landwirtschaft und Viehzucht hat. Aufgrund der generellen Trockenheit sind

Ausgedehnte Gebiete der Kalahari sind mit niedrigen Dornakazien-Büschen (vor allem *Acacia mellifera*) bestanden, die aufgrund des Wassermangels die Wachstumsstufe eines Baumes nicht erreichen. Unterbrochen werden die monotonen Grasfluren und Dornakazienbestände der Kalahari nur von flachen, unterschiedlich stark mit Gras bewachsenen **Pfannen und fossilen Dünen,** die mit lichten Trockenwäldern bestanden sind. Gelegentlich wird diese Flächenstruktur durch wannenförmige fossile Flusstäler aufgelockert. Während der Regenzeit füllen sich die Pfannen mit Wasser und ziehen dann wegen der im Randbereich grünenden Vegetation große Wildbestände an. Die Wiederaustrocknung kleinerer Pfannen erfolgt binnen weniger niederschlagsfreier Tage. Dabei ensteht auf der Oberfläche eine dünne Salzkruste. Mit dem

Termitenhügel im Moremi WR

Beginn der trockenen Wintermonate trocknen auch größere Pfannen dauerhaft aus.

Neben die große Vegetationseinheit der trockenen Busch- und Baumsavannen über Kalahari-Sanden treten im Norden und Nordosten Botswanas, wo die mittleren Jahresniederschläge mehr als 400 mm betragen, ausgedehnte **Mopane-Baumsavannen und Miombo-Trockenwälder.** „Miombo" ist der dem ostafrikanischen Kisuaheli entlehn-

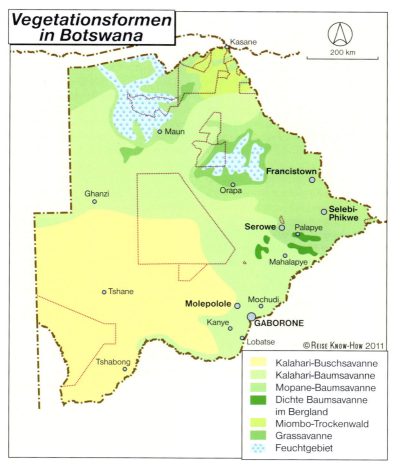

Vegetationsformen in Botswana

200 km

Kalahari-Buschsavanne
Kalahari-Baumsavanne
Mopane-Baumsavanne
Dichte Baumsavanne im Bergland
Miombo-Trockenwald
Grassavanne
Feuchtgebiet

© REISE KNOW-HOW 2011

Land und Leute

te Name für Brachystegia-Bäume. Die konkurrenzstarken Mopane-Bäume (*Colophospermum mopane*) verdrängen auf weiten Strecken andere Baumarten und bilden monokulturartige Trockenwälder, die als *Mopaneveld* bezeichnet werden. Mopane-Bäume erreichen darin bis zu 20 Meter Höhe und mehr als einen Meter Stammdurchmesser. Ihre eiweißreichen Blätter gelten als eine Delikatesse von Elefanten. Während der Trockenzeit werfen die Bäume ihr Laub ab und bilden damit eine wichtige Nahrungsgrundlage des Wildes.

Eine gänzlich andere Vegetationseinheit stellt das **Überschwemmungssumpfland des Okavango-Binnendeltas** dar, dessen Grundelemente auch im Bereich des Linyanti-Sumpfes weiter nordöstlich zu finden sind. Die ganzjährig feuchten Wasserarme des westlichen Okavango-Deltas sind mit ausgedehnten Papyrussümpfen und Schilffeldern bestanden. Größere Wasserflächen sind mit Wasserlilien (*Nymphaea capensis*), Binsen und Schwimmblattgewächsen bedeckt. In den wechselfeuchten Gebieten des südlichen und östlichen Deltas dominieren vor allem wassertolerante Gräser, z.B. das Torpedogras (*Panicum repens*). Entlang der Wasserarme des Okavango-Deltas findet man **immergrüne Wälder** unterschiedlicher Ausdehnung, die charakteristischerweise mächtige Sykomoren oder Adamsfeigen (*Ficus sycomorus*), Ebenholzbäume wie den „Jackalberry Tree" (*Diospyros mespiliformis*), Leberwurstbäume (*Kigelia africana*) und Würgfeigen (*Ficus thonningii*) enthalten.

Ähnlich strukturierte **Galeriewälder** säumen auch die Ufer der Linyanti-Sümpfe und des Chobe River. Schmalere Galeriewälder finden sich entlang der Flüsse im Osten des Landes, vor allem am Limpopo River.

Die wechselfeuchten **Grasfluren** und **Salzpfannen** der Makgadikgadi Pans gleichen vom Aspekt der südosteuropäischen Pußta-Landschaft. Sie bieten ausgezeichnete Beobachtungsmöglichkeiten für Charaktervögel offener Trockenlandschaften wie Riesentrappe, Gackeltrappe oder Kaptriel. Salztolerante Gräser wie das Stachelige Salzgras (*Odyssea paucinervis*) bilden hochspezialisierte Pflanzengemeinschaften, die mit Feuchtigkeit, ausgeprägter Trockenheit, hohem Salzgehalt des Bodens und extremen Temperaturdifferenzen fertig werden müssen. Mokolwane-Palmen (*Hyphaene petersiana*) und mächtige Affenbrotbäume oder Baobabs (*Adansonia digitata*) bewachsen höhergelegene Flächen am Pfannenrand und auf „Inseln". Sie verleihen der Landschaft der Makgadikgadi Pans ganz besondere Attraktivität.

Tierwelt

Botswana ist mit einem unermesslichen Reichtum an faszinierender Natur gesegnet. Seit der Öffnung des Central Kalahari Game Reserve für den Tourismus sind nahezu alle Bereiche des Landes für Natur- und Wildbeobachtungen zugänglich. Ausführliche Informationen

Rechts: Gepard; links: Löwe

Land und Leute

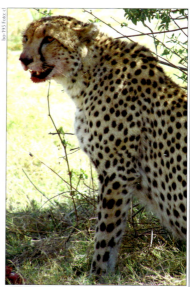

zur Tierwelt stehen am Ende dieses Buches in dem Kapitel „Die Tierwelt des südlichen Afrika".

Säugetiere

Die wichtigste Attraktion für den Jagd- und Safaritourismus ist Botswanas Wildreichtum. Mehr als 160 verschiedene Säugetierarten sind nachgewiesen worden. Neben den **„Big Five" – Löwe, Leopard, Elefant, Büffel und Nashorn** – machen vor allem Antilopenarten, Katzen, Schakale, Wildhunde, Hyänen, Flusspferde, Zebras, Giraffen und Kleinsäuger den Reiz einer Botswana-Safari aus. Trotz der zunehmenden Einschränkung traditioneller Wanderungsbewegungen durch Tiersperrzäune (von manchen Autoren auch als „Veterinärzäune" bezeichnet) kann man vor allem im Norden des Landes noch immer wandernde Elefanten-, Büffel-, Zebra- und Antilopenpopulationen beobachten, die sich dabei auch außerhalb von Schutzgebieten

bewegen. Insgesamt haben die Tierbestände Botswanas in den letzten zwei Jahrzehnten aber deutlich abgenommen. Dabei spielen lange Dürreperioden, in denen große Teile der Tierbestände verdurstet sind, eine wichtige Rolle. Der Einfluss der Tiersperrzäune auf die insgesamt negative Bestandsentwicklung durch die Einschränkung von Wanderungsbewegungen ist inzwischen unumstritten.

Besonders beeindruckend ist der Bestand an **Elefanten.** Botswana beherbergte 2010 über 130.000 Elefanten. Diese Zahl beinhaltet allerdings mehr als 20.000 zwischen Simbabwe bzw. Namibia und Botswana wandernde Tiere. Der überwiegende Teil der Elefantenpopulation (etwa 70.000 bis 80.000 Tiere) lebt im Chobe National Park. Der Elefantenbestand in Nordbotswana gilt als größte zusammenhängende Elefantenpopulation überhaupt. Er ist seit dem Beginn des 20. Jahrhunderts von seinerzeit nur einigen tausend Tieren kontinuierlich angewachsen und wurde von den afrikanischen Wildereiexzessen der 1970er und 1980er Jahre weitgehend verschont, die in anderen Ländern wie beispielsweise Uganda bis zu 90 Prozent aller Elefanten vernichteten. Die Elefanten des Kalahari-Ökosystems besitzen die mit Abstand umfangreichste Körpergröße aller lebenden Elefanten. Ihre Stoßzähne können jedoch aufgrund der brüchigen Konsistenz nicht mit der Länge ostafrikanischer Individuen konkurrieren. Alte Kalahari-Elefantenbullen weisen meist sehr dicke und kurze, bereits abgebrochene Stoßzähne auf.

Das früher verbreitete **Spitzmaulnashorn** und das südliche **Breitmaulnashorn** wurden durch Wilderei in den 1980er Jahren an den Rand der Ausrottung gebracht. Man entschied sich, die letzten verbliebenen Individuen des Breitmaulnashorns in den Schutzgebieten Chobe und Moremi zu fangen und in die Nähe von Serowe zu translozieren, wo im 1992 eigens dafür gegründeten Khama Rhino Sanctuary eine 24-Stundenbewachung durch eine Einheit der botswanischen Armee gewährleistet ist. Man hofft, einen Teil der Tiere auswildern zu können, wenn sich wieder eine stabile Population aufgebaut hat. Diese Entwicklung wird durch Zukauf von Nashörnern aus südafrikanischer „Produktion" unterstützt. In jüngster Vergangenheit sind auch die kleinen Schutzgebiete bei Ga-

Jahreszeitliche Tierwanderungen

200 km

Kasane

Elefant Büffel · Elefant Büffel · Elefant Büffel

Zebra Büffel Gnu

Maun

Zebra

Zebra Gnu

Elefant Büffel Zebra

Orapa

Elefant Büffel Zebra

Francistown

Elefant Büffel Zebra

Ghanzi · Gnu

Gnu

Elefant Büffel Zebra

Selebi-Phikwe

Serowe

Gnu

Palapye

Gnu

Gnu Kuhantilope

Mahalapye

Kuhantilope

Tshane

Molepolole

Elen Kuhantilope

Kanye

GABORONE

Lobatse

Tshabong

© Reise Know-How 2011

Nationalpark bzw. Reservat

Hauptwanderungsbewegungen (zum Teil durch Zäune unterbunden)

Regionale Wanderungsbewegungen

borone, das Mokolodi Game Reserve und das Gaborone Game Reserve mit einigen Nashörnern südafrikanischer Herkunft besetzt worden. Im Chobe National Park werden hin und wieder Nashörner beobachtet, die vermutlich aus dem simbabwischen Hwange National Park zuwandern. Im Jahr 2001 wurde zudem ein paralleles Auswilderungprogramm beider Nashornarten (zugekaufte Tiere aus Südafrika) in der Mombo-Region des Okavango-Deltas gestartet. Der Nashornbestand auf Chief's Island lag im Jahr 2010 bereits bei über 50 Tieren.

Die Bestände von **Löwen** und **Leoparden** gelten als gesichert. Die besten Beobachtungsmöglichkeiten für Löwen bestehen im Chobe National Park an der Chobe Riverfront zwischen Kasane und Serondela und in Savuti. Sehr gute Chancen, Löwen zu sehen, bestehen auch im Moremi Wildlife Reserve, vor allem in der Region um Third Bridge und auf den Khwai Floodplains. Die männlichen Löwen im Central Kalahari Game Reserve und im Kgalagadi Transfrontier National Park

weisen teilweise sehr dunkle Mähnen auf (schwarzmähnige „Kalahari-Löwen"). Eine große Bedrohung für den Löwenbestand stellen Vergiftung und Abschuss durch Farmer und Hirten außerhalb von Schutzgebieten dar. Eine andere Gefahr für die Löwenpopulation bedeuten Krankheiten wie z.B. FIV-Infektionen (FIV = Felines Immundefizienzvirus), welche infizierte Tiere durch zunehmende Immunschwäche, vergleichbar dem Immundefektsyndrom AIDS beim Menschen, bedrohen. Ausgezeichnete Beobachtungsmöglichkeiten für Leoparden bestehen im Moremi Wildlife Reserve, dessen Biotopstruktur mit klassischem „Leopardenland" nicht geizt. Auch im Chobe National Park sind regelmäßige Beobachtungen dieser scheuen Großkatze nicht ungewöhnlich.

Leopard

Im gesamten Kalahari-Gebiet verbreitet sind **Geparde.** Der offene Lebensraum der Gras- und Buschsavanne bietet optimale Bedingungen für die Jagdtechnik der Geparde, die in der zentralen und südlichen Kalahari vor allem Springböcke reißen. Gleichwohl erreichen die Bestände keine größere Dichte. Erfahrungsgemäß sind Beobachtungen von Geparden besonders im Kgalagadi Transfrontier National Park, im Nxai Pan National Park und in der Savuti-Sekion des Chobe National Park erfolgreich. Verschiedene kleinere Katzen (z.B. Ginsterkatzen, Zibetkatzen und Wildkatzen) sowie Mangustenarten (z.B. die putzigen Surikaten oder Erdmännchen) sind verbreitet, leben aber recht scheu bzw. versteckt. Gelegentlich kann man auch den als aggressiv geltenden Honigdachs beobachten. An Wasserläufen kommt der Weißwangenotter vor, der dem europäischen Fischotter ähnelt, aber eine helle Brust besitzt.

Eine Besonderheit des Kalahari-Gebietes ist das Vorkommen der scheuen, ausschließlich nachtaktiven **Braunen Hyäne** oder Schabrackenhyäne, die durch Feldstudien der amerikanischen Biologen Mark und Delia Owens im Central Kalahari Game Reserve zoologische Bekanntheit erlangte. Weitaus häufiger und auch tagsüber zu beobachten ist die **Tüpfelhyäne.** Selten ist der nachtaktive Erdwolf zu sehen, der im Aussehen der in Nord- und Ostafrika verbreiteten Streifenhyäne ähnelt. Die botswanischen Populationen des **Afrikanischen Wildhundes** oder Hyänenhundes gelten als gesund und stabil. Insbesondere im Moremi Wildlife Reserve und in Teilen des Chobe National Park existieren große Wildhundrudel. Die starke Gefährdung dieser Art in anderen afrikanischen Ländern wie z.B. Kenia oder Tansania durch Bejagung, Lebensraumverlust und Krankheiten wie beispielsweise Hundestaupe stellt in Botswana derzeit kein ernst zu nehmendes Problem dar. Die häufigere der beiden Schakalarten ist der fuchsgroße **Schabrackenschakal,** der ein weniger scheues Verhalten zeigt als der **Streifenschakal.** In der zentralen und südlichen Kalahari lokal häufig ist der Löffelhund, dessen überdimensioniert erscheinende Ohren eine Anpassung an extreme Hitze darstellen.

Die ausgedehnten Bestände von **Kaffernbüffeln** und **Flusspferden** in Botswana können jeden Vergleich mit ostafrikanischen Bestandszahlen aufnehmen. Während der Trockenzeit äsen beispielsweise ganze „Hundertschaften" von Büffeln auf den Uferstreifen und Inseln des Chobe River. Flusspferde sind eines der Charaktertiere des Okavango-Deltas schlechthin. Man sollte trotz des gutmütigen Aussehens niemals ihre Antrittsschnelligkeit und Aggressivität unterschätzen. Flusspferde zeichnen mit Abstand für die meisten durch wilde Tiere bedingten Todesfälle in Afrika verantwortlich. Fast jeder der im Okavango-Delta arbeitenden Einbaumführer kann von entsprechenden Todesfällen im Familien- und Bekanntenkreis berichten. Trotz Vorsicht kommt es bei Mokoro- und Bootsfahrten im Delta alljährlich im Schnitt zu drei bis vier ernsthaften Zwischenfällen mit Flusspferden. Die im südlichen Afrika verbreitete Unterart der Giraffe ist die **Kapgiraffe.** In den Schutzgebieten Nxai Pan, Moremi und Chobe sind Giraffen häufig. Die in Botswana vorkommende Unterart des Steppenzebras ist das **Burchell-Zebra,** das vor allem auf dem Hinterteil „Schattenstreifen" zwischen den Hauptstreifen aufweist. Zebras sind in allen Schutzgebieten des Nordens sowie im Tuli-Gebiet und im Kgalagadi Transfrontier National Park häufig.

Die Antilopenvorkommen Botswanas weisen eine naturräumliche Zweiteilung auf. In den trockenen Gebieten der südlichen und zentralen Kalahari treten vor allem an extreme Trockenheit angepasste **Spießböcke** (oder Oryx), **Springböcke** und **Südafrikanische Kuhantilopen** gemeinsam mit Streifengnus auf. Der Bestand an **Streifengnus** im Central Kalahari Game Reserve ist in den letzten 30 Jahren allerdings durch lange Dürrezeiten und eingeschränkte Abwanderungsmöglichkeiten infolge von Tiersperrzäunen um über 90 Prozent zurückgegangen. Im Bereich des Nxai Pan National Park überschneidet sich das klassische Antilopenspektrum der Trockengebiete mit dem des feuchteren Nordens. Beispielsweise treten dort Springböcke und Impalas nebeneinander auf.

Charakter-Antilope des Okavango-Deltas ist die wasserliebende **Litschi-Moorantilope.**

Noch besser ans Wasser angepasst ist die scheue, sehr gut schwimmende **Sitatunga-Antilope.** Buschbock, Riedbock und Ellipsen-Wasserbock (verbreitet) lieben ebenfalls die Nähe zum Wasser. Mit enormer Körpergröße bzw. kunstvoll gedrehtem Gehörn beeindrucken **Elenantilope** (selten) und **Großer Kudu** (häufig). Sehr attraktiv, aber selten sind die säbelartige Hörner tragende **Rappenantilope** und die **Pferdeantilope.** Eine Besonderheit des Chobe National Park ist die **Gelbfuß-Moorantilope** oder Puku. Außerdem kommen im Chobe-Park der seltene Sharpe's-Greisbock und eine besondere Unterart des Buschbocks („Chobe-Buschbock") vor. Die mit Abstand häufigste Antilope Nordbotswanas ist die **Schwarzfersenantilope** oder Impala. Seltener kann man die **Halbmondantilope** oder Tsessebe beobachten, welche dem ostafrikanischen Topi zum Verwechseln ähnlich sieht, aber eine eigenständige Art darstellt. Kleinere Antilopen sind **Steinböckchen** (lokal häufig), Oribi (Chobe National Park, selten) und Kronenducker (selten). Der Kronenducker ist das Wappentier der königlichen Khama-Familie. Neben dem häufigen **Warzenschwein,** das sich beim Grasen gern auf die Kniegelenke stützt, kommt in Botswana das **Buschschwein** vor. In felsigen und gebirgigen Gegenden kann man **Klippspringer** beobachten. An Inselbergen und in Felsgebieten kommen die murmeltierähnlichen **Klippschliefer** vor, denen fälschlicherweise eine direkte Verwandtschaft zu Elefanten nachgesagt wird. Kaum zu sehen sind das nachtaktive Stachelschwein und das schuppenbewehrte Pangolin. Buschhasen und **Buschhörnchen** sind verbreitetes „Beibrot" einer Großwildsafari. Bei nächtlichen Autofahrten kann man in der Regel die nachtaktiven **Springhasen** beobachten. Weite Teile der Kalahari scheinen von den Gängen der **Borstenhörnchen** („Erdhörnchen") unterhöhlt zu sein. „Männchen" machende Erdhörnchen sind erfahrungsgemäß eine der charakteristischen Erinnerungen, die man von einer Reise durch die zentrale und südliche Kalahari mitnimmt.

Von den wenigen in Botswana verbreiteten Primatenarten bekommt man neben den allgegenwärtigen **Bärenpavianen** und **Grünen Meerkatzen** in der Dämmerung und nachts gelegentlich den **Senegalgalago** („Bushbaby"), eine Halbaffenart, zu sehen. Darüber hinaus kommen Diademmeerkatze, Gelber Babuin und Riesengalago vor. Paviane und Meerkatzen haben sich an fast allen Campingplätzen zu einer Plage entwickelt.

Vögel

Es kommen **mehr als 550 Vogelarten** in Botswana vor, von denen die meisten im Land brüten. Hinzu kommen verschiedene **Zugvogelarten** aus dem afrikanischen, europäischen und asiatischen Raum, von denen der europäische Weißstorch die auffälligste ist. Insbesondere Wasservögel, Trappen und Greifvögel sind in Botswana gut zu beobachten. Unerlässlich ist ein gutes Bestimmungsbuch, um inmitten der Artenfülle den Durchblick zu behalten (siehe Literatur im Anhang). Neben dem **Afrikanischen Strauß,** der besonders im Bereich der Makgadikgadi Pans gut zu beobachten ist, sind vor allem Störche, Ibisse, Kormorane und Reiher mit auffälligen Arten vertreten. Dazu gehören Rosapelikan, Marabu, Nimmersatt, Klaffschnabel, Wollhalsstorch, Weißbrustkormoran, Riedscharbe, Schlangenhalsvogel, Hadadah-Ibis, Afrikanischer Löffler, Schwarzhalsreiher, Rallenreiher, Nachtreiher, Pupurreiher, Goliathreiher und mehrere weiß gefärbte Reiher wie Silber- oder Seidenreiher. Eine besondere Fischtechnik weist der dunkelgraue Glockenreiher auf, der das Wasser beim Fischen durch kreisförmig ausgebreitete Flügel baldachinartig abschirmt und auf diese Weise Fische anlockt. Auffällig geformt ist die Kopfpartie des Hammerkopfs. Eine ausgefallene Färbung zeichnet den im Okavango-Delta recht verbreiteten **Sattelstorch** aus. Zwergflamingos und Rosaflamingos treten gelegentlich als Gäste auf. Füllen sich die Makgadikgadi Pans in niederschlagreichen Jahren mit Wasser, fallen in der Regel zigtausende **Rosaflamingos** ein. Neben der verbreiteten, etwa metergroßen Sporengans lassen sich in Wassernähe regelmäßig Nilgänse und verschiedene Entenarten wie Gelbschnabelente, Rotschnabelente, Witwenpfeifente oder Kapente beobachten. Artistisch ins

Wasser stoßende **Kingfisher** (Eisvogelarten) wie Graufischer, Braunkopfliest oder der farbenprächtige Malachiteisvogel gehören zu den Charaktervögeln von Flüssen und Wasserarmen. Neben dem Kammbläßhuhn und dem Purpurhuhn ist das Blaustirnblatthühnchen oder Jacana als wohl charakteristischster Watvogel hervorzuheben. Häufig beobachtet werden auch Langzehenkiebitz, Spornkiebitz, Kronenkiebitz, Waffenkiebitz sowie der auffällige Stelzenläufer. Eine große Besonderheit ist der zu den Seeschwalben gehörende **Scherenschnabel** („African Skimmer"), der während des Fluges Wasser und Nahrung durch Abschöpfen der Wasseroberfläche mit der unteren Schnabelpartie aufnimmt. Gesondert erwähnt werden muss auch der seltene **Klunkerkranich,** der mit einigen Dutzend Brutpaaren im Okavango-Delta vertreten ist. Kaum weniger auffällig ist der in Afrika weit verbreitete Kronenkranich.

Bemerkenswert ist die enorme Vielfalt an Greifvögeln im südlichen Afrika. Charaktervogel von Okavango-Delta und größeren Flussläufen ist der dem nordamerikanischen Weißkopfseeadler ähnelnde **Schreiseeadler.** Ebenso auffällige Greifvögel sind der Sekretär und der Gaukler. Neben verschiedenen Geierarten, von denen man am häufigsten große Gruppen von Weißrückengeiern und Kapgeiern beobachtet, seltener auch einzelne Ohrengeier, Wollkopfgeier und Kappengeier, werden vor allem Raubadler, Kampfadler, Schopfadler, Steppenadler und verschiedene Schlangenadler im Feld gesehen. Kleinere verbreitete Greife sind Weißbürzel-Singhabichte, Schakalbussard, Schmarotzermilan und Schwarzer Milan, Afrikanische Rohrweihe, Gleitaar sowie verschiedene Falkenarten. Neben dem adlergroßen Milchuhu ist das Vorkommen der ähnlich großen **Fischeule** hervorzuheben, die nachts über flache Gewässerarme gleitet, um Fische zu greifen.

Ein wichtiger Charaktervogel der Busch- und Baumsavanne ist die grau-lilablau gefärbte **Gabelracke.** Farbenprächtige **Bienenfresser** wie Karminspint, Schwalbenschwanzspint, Weißstirnspint oder Zwergspint fallen kaum weniger ins Auge. Regelmäßige Besucher von Camp Sites sind die mit markanten Schnäbeln ausgestatten **Gelbschnabeltokos**

und **Rotschnabeltokos.** Größter Vertreter der Gruppe der Nashornvögel ist der mehr als metergroße Kaffernhornrabe. Ein „echter" Rabe hingegen ist der schwarzweiße Schildrabe. Auffällig sind auch Wiedehopf, blau schillernde Glanzstare und verschiedene Turako- und Nektarvogelarten. Madenhacker wie der verbreitete Rotschnabel-Madenhacker setzen sich auf Großwild wie Büffel und sammeln dort Insekten und Parasiten ab.

Herausragende Möglichkeiten zur Beobachtung von Trappen bietet das Gebiet der Makgadikgadi Pans. Die als schwerster flugfähiger Vogel überhaupt geltende **Riesentrappe** ist dort häufig. Nahezu ebenso verbreitet sind die ein ausgeprägtes Territorialverhalten zeigende **Gackeltrappe** und die Schwarzbauchtrappe. Charakteristische Vertreter der Hühnervögel sind Helmperlhühner und Frankoline wie das rotkehlige Swainsonfrankolin sowie die ubiquitär im Grasland verbreitete tarnfarbene Wachtel. Charakteristische afrikanische Landschaftselemente stellen die Nester von **Webervögeln** dar. Neben den überall häufigen Einzelnestern von Maskenweber oder Textor fallen in der südlichen Kalahari auch die mächtigen Kolonienester des unscheinbaren **Siedelwebers** auf. Neonfarben orange gefärbt ist der bereits auf weite Entfernung ins Auge springende Oryxweber. Bunt gefärbt sind auch der Haubenbartvogel und die grüne Fruchttaube, die deshalb auf größere Entfernung sogar mit einem entflogenen Papagei verwechselt werden kann. Unscheinbarer, aber akustisch stets vernehmbar sind Gurrtaube und Kaptäubchen. Kleinpapageien wie der Goldbugpapagei oder der Rosenpapagei runden die Vielfalt der Vogelwelt im südlichen Afrika eindrucksvoll ab.

Die besten Vogelbeobachtungen ermöglichen das Okavango-Delta, der Chobe River zwischen Kazungula und Serondela, das auf engstem Raum sehr reichhaltig strukturierte Tuli-Gebiet im Osten und das Nata Bird Sanctuary im Bereich der Makgadikgadi Pans. Die Mabuasehube-Sektion des Kgalagadi Transfrontier National Park und die Khwai-Region des Moremi Wildlife Reserve gelten als besonders gute Beobachtungsgebiete für Greifvögel.

Reptilien und Amphibien

Mehr als 150 Reptilien- und Amphibienspezies, darunter **über 70 Schlangenarten** (davon 15 giftige), wurden bislang in Botswana nachgewiesen. Im gesamten Okavango-Delta und an den Wasserläufen von Linyanti und Chobe existieren ausgedehnte Populationen des **Nilkrokodils.** Gelegentlich kann man riesige, sehr alte (bis zu 5 m lange) Krokodile beobachten. Im Einzugsbereich von Wasserflächen und Flüssen ist der bis 2 m lange **Nilwaran** eine gängige Erscheinung. In baumbestandenen Savannengebieten und Wäldern kommt das gut getarnte **Lappenchamäleon** vor. Schlangen sind häufig, doch bekommt man sie nur selten zu Gesicht. Die größte ist der bis zu 6 m lange **Felspython.** Sporadisch kann man **Speikobras** beobachten, die ihre Opfer durch gezielte Giftspritzer in die Augen bewegungsunfähig machen. Gelegentlich stößt man auf die sehr giftige **Puffotter,** die im Gegensatz zu anderen Schlangenarten nicht zur Flucht neigt. Puffottern zeichnen für ca. 60 Prozent der afrikanischen Schlangenbisse verantwortlich. Mambas, verschiedene Kobras, Ottern, Vipern und Baumnattern kommen ebenfalls vor, sind jedoch sehr selten zu sehen. Der Biss der **Schwarzen Mamba** gilt als absolut tödlich. Sehr giftig ist auch die grünliche, bisweilen auch bräunlich gefärbte **Boomslang,** die in Wäldern und in der Baumsavanne weit verbreitet ist. Bisse sind jedoch selten.

Angehörige verschiedener Echsen-Familien sind häufiger zu sehen. In Häusern tritt regelmäßig die lokale Form des tropischen **Hausgeckos** auf. Verschiedene Skink- und Eidechsenarten besiedeln Busch- und Baumsavanne sowie Trockenwälder. An Felsen findet man die schillernd gelblichgrün gefärbte, blauköpfige **Südliche Felsagame.** Neben der regelmäßig zu beobachtenden **Pantherschildkröte** kommt auch die ähnliche, zackenartig gefleckte Kalahari-Schildkröte vor.

Skorpione und Spinnen

Skorpione sind im Kalaharigebiet weit verbreitet. Ihre Aktivität ist vor allem nach Sonnenuntergang hoch, daher muss man festes Schuhwerk tragen und die Schuhe vor dem Anziehen ausgiebig ausschütteln. Skorpionstiche können sehr schmerzhaft sein, verlaufen aber so gut wie niemals tödlich. Skorpione mit großen Greifwerkzeugen und kleinem Schwanz sind normalerweise weniger giftig als Tiere mit kleinen Scheren und dickem Schwanz. Unter den verschiedenen Spinnenarten kommt auch die giftige **Schwarze Witwe** vor. Bisse dieser auffällig schwarzdunkel gefärbten Spinne sind jedoch extrem selten.

Schmetterlinge und Insekten

Mehr als 500 Schmetterlingsarten sind im südlichen Afrika verbreitet, darunter so farbenprächtige Arten wie der **Afrikanische Monarch** und verschiedene **Schwalbenschwanzarten.** Deutlich unauffälliger gefärbt, aber dafür umso wichtiger ist die im Norden Botswanas einst „unerträglich" häufige, tagaktive **Tsetse-Fliege.** In ganz Afrika kommen etwa 20 Arten der Gattung *Glossina* vor. Mehrere dieser Arten übertragen beim Stich Trypanosomen auf Tiere und Menschen, wo sie die gefürchtete Nagana-Seuche bzw. die Schlafkrankheit auslösen können. Wildtiere sind Träger der Nagana und erkranken im Gegensatz zu Rindern und Pferden nicht. Durch konsequente Tsetse-Kontrollprogramme ist es der botswanischen Regierung gelungen, dass letzte epidemiologisch relevante Fälle der Schlafkrankheit und der Nagana-Seuche Mitte der 1980er Jahre verzeichnet wurden. Die neuerdings zur Tsetse-Kontrolle verwandten schwarz-blauen Segeltuchfallen, die regelmäßig mit Insektiziden imprägniert werden, sind auf den Inseln des Okavango-Deltas unübersehbar. Ohne die Präsenz der Tsetse-Fliege wäre wohl auch das fruchtbare Okavango-Delta längst ein Opfer hungriger Viehherden geworden. Nachdem im Jahr 2000 überraschend wieder vereinzelte Nagana-Fälle verzeichnet wurden, veranlasste die Regierung unter dem Druck der Rindfleisch-Lobby 2001 ein erneutes Sprühprogramm über dem Okavango-Delta, bei dem das Insektizid Deltamethrin aus Spezialflugzeugen versprüht wurde.

Ein anderes bedeutendes Insekt ist die **Anophelesmücke,** deren Weibchen die Erreger der verschiedenen Malaria-Spielarten

(Plasmodien) übertragen. Von diesen kleinen Tieren geht bei Unterlassung einer effektiven Malariaprophylaxe statistisch weitaus größere Gefahr für den Reisenden aus als von Löwen, Schwarzen Mambas und anderen wilden Tieren ...

Pflanzenwelt

Mehrere tausend Pflanzenarten sind in Botswana heimisch. Neben dem geschlossene Vegetationseinheiten prägenden **Mopane-Baum** *(Colophospermum mopane)* mit seinen charakteristischen schmetterlingsförmigen Blättern, den verschiedenen Brachystegia-Arten *(Brachystegia spec.)* des Miombowaldes sowie verschiedenen Akazienarten wie dem **Kameldornbaum** *(Acacia erioloba)*, dem Knopfdornbaum *(Acacia nigrescens)* und der **Schirmakazie** (z.B. *Acacia giraffae)* verdienen einige Baumarten besondere Hervorhebung. Der wurstartige, bis zu einem Meter lange Früchte tragende **Leberwurstbaum** *(Kigelia africana)* ist im Okavango-Delta ein wichtiger Nutzbaum, weil sich aus dem harten Holz durch Aushöhlen qualitativ hochwertige Mekoro (= Einbäume) herstellen lassen. Der **Marula-Baum** oder Elefantenbaum *(Sclerocarya birrea)* ist wegen seiner süßlichen Früchte besonders bei Elefanten beliebt, die nach exzessivem Marulafrucht-Konsum infolge von Gärprozessen angeblich nicht selten alkoholisiert davontorkeln. Neben der Verwendung von Teilen des Marula-Baumes in der Volksmedizin (u.a. als Potenzmittel) wird aus seinen Früchten auch der köstliche südafrikanische Amarula-Likör (eine Art Irish Cream) hergestellt. Einen

der stimmungsvollsten Anblicke im Moremi Wildlife Reserve bieten vom fahlen Sonnenlicht einer Gewitterstimmung angestrahlte **Regenbäume** *(Lonchocarpus capassa)*, deren hellbräunlich gefärbte Fruchtstände im Kontrast zum grünlichen Blattwerk wie „regnende" Blätter wirken. Der Charakterbaum des Gebietes der Makgadikgadi Pans ist der durch einen überproportional voluminösen Stamm gekennzeichnete **Affenbrotbaum oder Baobab** *(Adansonia digitata)*, der große Mengen Wasser speichern kann und ein Alter von mindestens 2500 Jahren erreichen kann. Das Landschaftsbild weiter Teile des wechselfeuchten Okavango-Deltas wird durch die salztolerante **Mokolwane-Palme** *(Hyphaene petersiana)* bestimmt, aus deren Sprossfasern die Korbflechterinnen der Hambukushu die filigranen Botswana-Korbwaren herstellen. Ihre äußerst harten, weißlichen Früchte sind im Schmuck- und Kunsthandwerk sehr begehrt, da sich aus diesem „pflanzlichen Elfenbein" durch Schnitzen oder Drechseln elegante Schmuckstücke und Kunstobjekte anfertigen lassen. Prägende Elemente der Flussläufe umsäumenden Galeriewälder sind die ausladende Baumkronen entwickelnde **Sykomore oder Adamsfeige** *(Ficus sycomorus)* und die tropische **Würgfeige** *(Ficus thonningii)*, deren Luftwurzeln beim Absterben „erwürgter" Bäume das bizarre Stammsystem eines eigenständigen Baumes bilden. Die **Fieberakazie** *(Acacia xanthophloea)* bildet am Ufer des Limpopo River kleine Wälder, die durch die gelbgrüne Farbe der Zweige und die helle

Rinde ein grünliches Lichtmeer zu bilden scheinen. Die Fieberakazie erhielt ihren irreführenden Namen einst von Expeditionsreisenden, die beim Schlaf unter den wassernah wachsenden Bäumen Fieber (Malaria) bekamen – natürlich ausgelöst durch die am Wasser brütenden, Plasmodien übertragenden Anophelesmücken.

Aus dem Reich der Blütenpflanzen verdient die **Brunsvigia-Lilie** (Brunsvigia radulosa) besondere Erwähnung, die nach den ersten Regenfällen im Oktober/November zur Blüte gelangt und dann rosafarbene Blütenteppiche über Teile der Kalahari legt. Von den Buschmännern seit Jahrtausenden genutzte pflanzliche Überlebenskünstler der Kalahari sind die äußerst vitaminhaltige, wasserreiche **Tsamma-Melone** (Citrullus lanatus) und die **Gemsbok-Gurke** (Acathosicyos naudinianus). Die Charakterpflanze der Wasserflächen des Okavango-Deltas ist die **Wasserlilie** (Nymphaea capensis). Den gleichen Lebensraum besiedeln auch die kosmopolitische **Wassernuss** (Trapa natans) und verschiedene gelbblühende **Wasserschlaucharten** (Utricularia spec.). Wasserschlauchgewächse gehören zu den fleischfressenden Pflanzen. Sie fangen und verdauen winzige Insekten und andere Kleinorganismen in kleinen Bläschen an Stengel und Schwimmblättern, um dadurch ihre Stickstoffbilanz aufzubessern.

Ökologie und Naturschutz

Mehr als 18 Prozent der Landesfläche Botswanas besitzen strengen Naturschutzstatus in Form von Nationalparks und Wildschutzgebieten. Hinzu kommen mehrere kleine Reservate wie z.B. das Nata Bird Sanctuary und private Schutzgebiete, etwa das Mashatu Game Reserve. Addiert man noch die vom Staat als sogenannte „Wildlife Management Areas" (WMA) bzw. Konzessionsgebiete deklarierten Areale, sind sogar fast 40 Prozent der Landesfläche für Naturschutzzwecke oder Belange der Naturschutzförderung ausgewiesen. Damit weist Botswana weltweit

Leberwurstbaum mit Früchten

Land und Leute

höchste Werte geschützter Fläche für die Naturerhaltung auf. Während im Jahr 2000 als erstes in einer Reihe von insgesamt 14 grenzüberschreitenden Peace-Parks-Projekten (Internet: www.peaceparks.org) der Kgalagadi Transfrontier National Park eröffnet werden konnte, sind noch größere grenzüberschreitende Schutzgebiete wie die geplante, mehr als 280.000 km² große Kavango-Zambezi Transfrontier Conservation Area (KAZA, Internet: www.kazapark.com) mit dem Okavango-Delta als Kernstück bislang (2010) nicht über den Status von Absichtserklärungen hinausgekommen.

Neben der latenten Bedrohung des Ökosystems „Okavango-Binnendelta" durch **Wasserentzug** (siehe dazu auch Exkurs „Der Kampf ums Wasser") geht die größte Gefahr für Ökologie und Naturschutz von der **Viehwirtschaft** aus. Seit den 1950er Jahren wurden mehrere **veterinärmedizinische Tiersperrzäune** (sog. „Veterinary Cordon Fences" oder „Buffalo Cordon Fences") durch das Land gezogen, die eine Trennung von Nutztieren und Wildtieren herbeiführen sollen, um die Übertragung und Ausbreitung von Krankheiten wie der Maul- und Klauenseuche zu verhindern bzw. einzuschränken (siehe Exkurs „Botswanas Tiersperrzäune"). Die traditionellen zyklischen Wanderungsbewegungen der Wildtierherden zwischen den Weideflächen der wasserarmen Kalahari und dem wasserreichen Okavango-System werden durch das errichtete Zaunsystem weitgehend unterbunden. In Dürreperioden verdursten immer wieder größere Wildtierherden, deren Zugangswege zu wasserführenden Gebieten abgeschnitten wurden. Die Errichtung von Tiersperrzäunen gilt nach vorherrschender Meinung als wesentliche Ursache für die deutliche Abnahme des botswanischen Wildbestandes in den letzten drei Jahrzehnten. Ein weiteres Problem ist die traditionelle **Konkurrenz von Wildtieren und Nutztieren um Weideland.** Ein stetes Vordringen der Viehwirtschaft ist auch in den Randbereichen des Okavango-Deltas zu verzeichnen. Insgesamt leiden weite Teile Botswanas an **extremer Überweidung.**

Ein anderer Eingriff in den Naturhaushalt entsteht durch die **industrielle Förderung von Sodaasche** im Gebiet der Makgadikgadi Pans (Sowa Pan). In den letzten Jahren wurden Prospektionslizenzen für Bodenschätze auch für die zentrale Kalahari vergeben, die bereits ausbeutungswürdige Diamantenfunde innerhalb des CKGR bei Gope zur Folge hatten. Lokale **Wilderei** (vor allem von Antilopen) stellt ein landesweites Problem dar, das den Gesamtwildbestand aber kaum beeinflusst. Im Bereich des unübersichtlich strukturierten und unzugänglichen Okavango-Deltas existiert auch organisierte und kommerzialisierte Wilderei. Vernachlässigbar sind die Einflüsse auf den Wildbestand durch den **Jagdtourismus.** Botswana gilt als eine der führenden Großwilddestinationen für südafrikanische, europäische und US-amerikanische Jäger, mit so begehrten Trophäen wie Büffeln, Elefanten und Kudus „im Angebot" (Löwen dürfen seit 2001 nicht mehr gejagt werden).

Trotz des hohen, zeitweise über 130.000 Tiere umfassenden Elefantenbestandes in Nordbotswana und daraus resultierender ökologischer Probleme hat die Regierung eine Bestandsregulierung durch „Culling" (selektives Dezimieren des Bestandes durch Abschuss) wie in Südafrika und Simbabwe stets abgelehnt. Ein Teil des Elefantenbestandes (bis zu 2500 Tiere jährlich) wird jedoch alljährlich im Rahmen von Jagdlizenzen zum Abschuss freigegeben. Die 1997 in Harare auf Antrag von Botswana, Namibia und Simbabwe beschlossene Lockerung des Handelsabkommens CITES (Convention on International Trade in Endangered Species) für den Verkauf von Elfenbein aus Lagerbeständen ermöglicht Botswana neben Simbabwe und Namibia seit 1999 den Verkauf eingelagerter Elfenbeinbestände (siehe Exkurs „Der Handel mit dem weißen Gold"). Eine Übererschließung durch den Tourismus stellt mit Ausnahme einzelner Bereiche des Okavango-Deltas und dem nahe der Stadt Kasane gelegenen Nordost-Sektor des Chobe National Park bislang kein ökologisch relevantes Problem dar.

Mehrere nichtstaatliche Organisationen und Gesellschaften setzen sich intensiv mit der **Förderung des Naturschutzes** in Botswana auseinander. Am bekanntesten ist die Kalahari Wildlife Society (KWS). Weitere Organisationen sind der Chobe Wildlife Trust, der Khama Rhino Sanctuary Trust und der seit ca. 20 Jahren aktive Wilderness Wildlife Trust. Spezielle **Artenschutzprogramme** werden z.B. im Rahmen des Wild Dog Research Project oder durch den Cheetah Conservation Fund durchgeführt und gefördert. Unterstützung finden diese Projekte u.a. durch die Frankfurter Zoologische Gesellschaft (ZGF) aus Deutschland.

- **Birdlife Botswana,** Private Bag 003, Suite 348, Mogoditshane, Tel. 3190540, Internet: www.birdlifebotswana.org.bw
- **Chobe Wildlife Trust,** P.O. Box 55, Kasane, Tel. 6250516, Fax 6250223, Internet: www.chobewildlifetrust.com
- **Kalahari Conservation Society (KCS),** P.O. Box 859, 112 Independence Avenue, Gaborone, Tel. 3974557, Fax 3914259, Internet: www.kcs.org.bw
- **Khama Rhino Sanctuary Trust,** P.O. Box 10, Serowe, Tel. 4630713, 4600204, Mobiltel. 73965655, Fax 4635808, Internet: www.khamarhinosanctuary.com
- **Okavango People's Wildlife Trust,** Maun, Tel. und Fax 6861717, E-Mail: opwtrust@info.bw, Internet: www.stud.ntnu.no/~skjetnep/opwt/index.html
- **Wilderness Wildlife Trust,** P.O. Box 5219, Rivonia 2128, South Africa, Tel. +27-11-257-5057, Internet: www.wildernesstrust.com

Geschichte

Ur- und Frühgeschichte

Es gibt eine Vielzahl archäologischer Funde, die belegen, dass bereits vor 3 Millionen Jahren Vorfahren des heutigen Menschen im südlichen Afrika lebten. Die ältesten fossilen Skelettfunde werden dem „Affenmenschen" *Australopithecus africanus* zugeordnet. Die frühe Besiedlung des heutigen Botswana erfolgte durch **San (Buschmänner),** die als Jäger und Sammler in nahezu alle Landesteile vordrangen. Die ubiquitär im südlichen Afrika an Felsgruppen und Höhlen vorhandenen Buschmannzeichnungen beweisen eindrucksvoll den nahezu unbegrenzten Bewegungsradius dieses Naturvolkes. Nach vorherrschender wissenschaftlicher Meinung sind die San **direkte Nachfahren der Steinzeitbewohner des südlichen Afrikas,** obwohl sich sichere Beweise dafür kaum ins Feld führen lassen. Eine steinzeitliche Besiedlung der Kalahari hat bereits vor 100.000 Jahren bestanden. Unter dem Oberbegriff Khoisan wird neben die Gruppe der Buschmänner oder San , die sich noch in weitere Ethnien unterteilen lassen, auch das nahe verwandte Volk der Khoikhoi (Hottentotten) gestellt. Khoikhoi haben bereits vor über 2000 Jahren Schafe und Rinder besessen, deren genaue Herkunft bis heute unklar ist. Sie ernährten sich teilweise durch Jagen und Sammeln, waren aufgrund ihrer Viehhaltung aber halbsesshaft.

Etwa 3000 Jahre v. Chr. begann eine große Wanderungsbewegung Ackerbau betreibender Bantuvölker aus dem westafrikanischen Raum, wahrscheinlich aus dem Bereich des heutigen Kamerun, in den Osten und Süden des Kontinents. Sie wurde ausgelöst durch die zunehmende Desertifikation (= Verwüstung) des Sahara-Gebietes, das in der Zeit von 10.000 bis etwa 6000 Jahre v. Chr. eine fruchtbare Savannenlandschaft mit Flüssen und Seen aufwies. Gängige Wanderungsmodelle gehen von der Querung oder Umgehung des Kongobeckens nach Osten aus, wo die Vorfahren der heutigen Bantu in Kontakt mit nilotischen Völkern traten, die im ostafrikanischen Hochland Viehzucht betrieben und vermutlich auch die Verarbeitung von Eisen beherrschten. Wahrscheinlich eigneten sich die Bantu diese Technik dort an, womit es zu einer deutlichen Weiterentwicklung ihrer Kultur hinsichtlich der Produktivität kam und die weitere Wanderungsbewegung nach Süden beschleunigt wurde. **Um 250 n. Chr. querten die Bantu den Sambesi Richtung Süden.** Archäologische Funde von Tongefäßen, Eisenwaren und Rinderknochen lassen diese genaue Datierung zu. In den folgenden Jahrhunderten besiedelten Bantuvölker nahezu jeden Winkel des südlichen Afrika. Sie drängten dabei die Khoisan in wenige abgelegene Gebiete wie das zentrale Kalahari zurück.

Neuere archäologische Funde und Erkenntnisse stellen das oben genannte, allgemeine Modell in seiner Einfachheit und in seinen Widersprüchen im Detail generell in Frage. Insbesondere die These, dass die Verbreitung von Arbeitstechniken der Eisenzeit und das Betreiben von Viehzucht im südlichen Afrika ausschließlich durch von Norden her einwandernde Bantuvölker erfolgte, wird durch vorchristlich datierte Funde von Schafknochen und typischen Tonwaren der Eisenzeit in Südafrika und Namibia abgeschwächt. Vielmehr scheint bewiesen, dass die Khoikhoi bereits vor den Bantu aus dem Nordosten ins südliche Afrika einwanderten und vielleicht auch Viehhaltung, Ton- und Eisenverarbeitung mitbrachten. Denkbar ist auch, dass die seit mindestens 2000 Jahren im südlichen Afrika ansässigen Khoikhoi eine eigene Entwicklungslinie der San darstellen, welche auf Wanderungen bereits vor dem Vordringen der Bantu in Kontakt mit nilotischen Völkern im Osten kam und von dort Eisenverarbeitung und Viehhaltung mitnahm. Ein Teil der Viehzucht betreibenden Khoikhoi scheint sich von der Rinder- und Schafhaltung während der vergangenen zwei Jahrtausende aber wieder abgekehrt zu haben, vermutlich wegen fortschreitender Versteppung im Gebiet der Kalahari. Möglicherweise haben diese Khoikhoi ihre traditionelle Lebensweise als Jäger und Sammler nachfolgend wiederaufgenommen.

Vorkoloniale Zeit

Frühe Siedlungsspuren bantusprachiger Bauern und Viehzüchter lassen sich an vielen Orten Botswanas archäologisch nachweisen und werden auf einen Zeitraum von 250 n. Chr. bis 900 n. Chr. datiert. In der Zeit bis 1300 n. Chr. koexistierten in Botswana sowohl Jäger und Sammler als auch Ackerbau und Viehzucht betreibende Bantugemeinschaften. Günstigere klimatische Bedingun-

Die Ruinen von Great Zimbabwe

gen als heute vereinfachten dabei Ackerbau und Viehtrieb. Zumindest in Teilen der Kalahari war beispielsweise Wasser und Weideland vorhanden.

Historisch und kulturell bedeutend ist in diesem Zusammenhang der **Staat von Toutswe,** der zwischen 650 n. Chr. und 1300 n. Chr. auf dem Gebiet des heutigen Botswana bestand und seine Blütezeit um 1050 n. Chr. erreichte. Wesentlicher ökonomischer Stützpfeiler des Reiches von Toutswe war der überlegene Reichtum an Vieh. Die Namensgebung geht auf erste archäologischen Fundstätten am Toutswemogala Hill in der Nähe der heutigen Stadt Palapye zurück. Anhand der Toutswe-Gesellschaft lässt sich die Entstehung wesentlicher traditioneller Grundlagen der gesellschaftlichen und ökonomischen Struktur der schwarzen Völker im südlichen Afrika aufzeigen. Sie veranschaulicht vor allem die dominierende Rolle des Besitzes von Rindern beim Aufbau traditioneller Hierarchien bis hin zur Entwicklung mächtiger Königreiche, deren Wichtigkeit bis in die heutige Zeit unverändert geblieben ist.

Nach dem Zusammenbruch des Staates von Toutswe konzentrierte sich der Handel zunehmend auf das Gebiet am Mapungubwe Hill in der Nähe des Zusammenflusses von Limpopo River und Shashe River. Im 13. Jahrhundert n. Chr. stieg im benachbarten südöstlichen Simbabwe nahe der heutigen Stadt Masvingo das **Reich von Great Zimbabwe** zu beispielloser Bedeutung

Land und Leute

bo043 Foto: cl

auf. Anders als beim Staat von Toutswe sind der damalige Einfluss und die Macht von Great Zimbabwe vor allem auf die Kontrolle des florierenden Goldhandels mit der Ostküste Afrikas zurückzuführen. Über mehr als 200 Jahre beherrschte Great Zimbabwe weite Teile des südlichen Afrika. Der weitläufige Ruinenkomplex von Great Zimbabwe befindet sich an einer strategisch wichtigen Stelle der damaligen Goldroute vom Shashe River zur Küste. Aufgrund entsprechender archäologischer Funde wird heute allgemein angenommen, dass Great Zimbabwe neben der Kontrolle über den Handel auch durch Tributzahlungen unterworfener Machthaber zu großem Reichtum gelangte. Dies erlaubte die Entwicklung einer produktiven Kultur, zu der neben ökonomischer und militärischer Macht wahrscheinlich auch großer religiöser Einfluss gehörte. Bei Ausgrabungen wurden Porzellan- und Tonscherben persischer bzw. chinesischer Herkunft gefunden, die eindrucksvoll belegen, wie groß die damalige Handelssphäre war, lange bevor die ersten Europäer in Afrika eintrafen. Reste ähnlicher Ruinen wie der von Great Zimbabwe wurden auch am Tati River und am Motloutse River auf dem Gebiet des heutigen Botswana gefunden. Es handelt sich vermutlich um Satelliten des Reiches von Great Zimbabwe. Great Zimbabwe wurde um 1500 n. Chr. herum aufgegeben, wahrscheinlich aufgrund zunehmender Überbevölkerung und Ressourcenverknappung.

Um 1300 n. Chr. tauchten im Transvaal (= „Gebiet jenseits des Vaal River") Südafrikas die **Völker der Batswana, Bakgalagadi und Basotho** auf. Die Sprachen dieser verschiedenen Völker besitzen gleiche Wurzeln und ähneln sich noch heute sehr. Ein Großteil der Basotho wandte sich aus dem Transvaal Richtung Süden und wurde im Gebiet des heutigen Lesotho sesshaft. Die Bakgalagadi wanderten hingegen nach Westen und bevölkerten die östlichen und südlichen Randgebiete der Kalahari. Infolge des vor allem auf die Batswana ausgeübten Bevölkerungsdruckes zerfiel dieses Volk in zahlreiche Splittergruppen, die unterschiedliche Gebiete im westlichen Transvaal und nachfolgend auch im Bereich des heutigen Botswana besiedelten (siehe Kapitel „Bevölkerung"). Dabei spielte das nach dem Niedergang des Staates von Toutswe durch Entvölkerung enstandene territoriale Vakuum in Ost-Botswana eine Rolle. Diese geschichtliche Zeitmarke kann im engeren Sinn als Geburtsstunde der Geschichte des Staates Botswana verstanden werden. Als Königreiche strukturierte Tswana-Gesellschaften hatten mit dem 16. Jahrhundert n. Chr. bereits den Rand der Kalahari erreicht. Um 1800 n. Chr. bevölkerten Batswana den gesamten Osten des heutigen Botswana und drangen von hier aus weiter nach Norden in die Region des heutigen Francistown, nach Südwesten bis in das Gebiet des Nossob River und nach Nordwesten in die Region um das Okavango-Binnendelta vor. Dabei wurden die kleineren und nur locker organisierten Gruppen der Bakgalagadi verdrängt oder den Tswana-Gesellschaften einverleibt.

Neben der Kolonialisierung haben vor allem die sogenannten **„Difaqane-Kriege"** das Geschehen des 19. Jahrhunderts im südlichen Afrika bestimmt und große ethnische und gesellschaftliche Umwälzungen hervorgerufen. In den 1820er und -30er Jahren wurden nach und nach sämtliche Völker des südafrikanischen Subkontinents in diese Serie von Kriegen verwickelt, deren Hauptursache in der starken Bevölkerungszunahme um 1800 und den daraus resultierenden Kämpfen um neues Land begründet liegt. Erste kleinere Kämpfe fanden bereits in den ersten Jahren des 19. Jahrhunderts statt. Zum Hauptkrieg kam es jedoch erst über die sogenannten „Nguni-Zulu-Kriege" ab 1818, die eine direkte Folge des Expansionsbestrebens des militaristischen Zulu-Staates unter **König Shaka** (1787–1828) waren. Der 1816 gekrönte Shaka legte mit einer straff organisierten, autoritären Staatsführung und seiner bedingungslos am militärischen Erfolg orientierten Armee unter Zuhilfenahme moderner Techniken der Kriegsführung die Grundlage für die beherrschende Stellung der Zulu im südlichen Afrika des 19. Jahrhunderts. Erst der Sieg des britischen Kolonialimperialismus über die Zulu 1879 beendete die brutalen Eroberungszüge der mächtigsten Militärmacht im südlichen Afrika.

In der Folge der Feldzüge König Shakas kam es zur **Vertreibung und Entwurzelung** zahlreicher zwischen den südafrikanischen Drakensbergen und dem Vaal River lebender Völker. Deren Flucht nach Nordwesten, in das von Basotho und Batswana bewohnte Transvaal, zog im Rahmen der Suche nach Land, Nahrung und dauerhaftem Frieden neuerliche Kriege nach sich. Vor allem das Volk der Bakololo und der Stamm der Ndebele, geführt von **General Mzilikazi,** der die Zulu-Armee verlassen hatte und König Shaka seine Loyalität aufgekündigt hatte, machten Basotho und Batswana ihr Herrschaftsgebiet streitig. Diese militärische Konfrontation führte zur Zerstörung und ökonomischen Schwächung der Tswana-Königreiche und zu einer weiteren Aufsplitterung der Tswana-Stämme. Eine Erholung von diesen vernichtenden Kriegsfolgen war erst 20 Jahre später zu verzeichnen. Die Bakololo wurden nach 1830 im Gebiet von Chobe und Sambesi sesshaft. Die Ndebele unter General Mzilikazi siedelten um 1840 im südwestlichen Simbabwe im Bereich der heutigen Stadt Bulawayo („Matabeleland").

Nach 1840 drangen vor allem **Missionare und Händler** auf das Gebiet des heutigen Botswana vor, sodass Botswana bereits eine kleine Gemeinschaft von Weißen beherbergte. Um 1880 besaß nahezu jedes größere Dorf eine Missionsstation, der die Eröffnung von Schulen folgte. Eine direkte Folge der Missionierung war das Verschwinden vieler Elemente traditionellen Tswana-Brauchtums. Wesentlichen Einfluss auf die Missionierung Botswanas übte die 1795 gegründete „London Missionary Society" (LMS) aus, deren erste Vertreter bereits 1808 das heutige Botswana erreichten. 1821 gründete *Robert Moffat* in Kuruman (heute in der nördlichen Kapprovinz Südafrikas gelegen)

Land und Leute

die erste Missionsstation im Siedlungsgebiet der Tswana. 1841 erreichte der Missionar und Entdecker *Dr. David Livingstone* Kuruman und heiratete dort später *Moffat's* Tochter *Mary*. Er ließ sich 1845 in Kolobeng (westlich von Gaborone) nieder und gründete dort die erste Mission mit angeschlossener Schule Botswanas. Von dort trieb er die Christianisierung tatkräftig voran. Jahrelang nutzte er Kolobeng als Basis für seine großen Expeditionen in das Innere Afrikas.

Ab 1836 zogen **große Teile der burischen Bevölkerung** aus der südafrikanischen Kapkolonie nach Norden. Sie flohen vor den Briten, die 1806 das Kap besetzt hatten und mit ihrer liberalen Bevölkerungspolitik, verschiedenen Sprachgesetzen und schottischer und anglikanischer Missionierung eine Politik des schroffen Gegensatzes zu den calvinistischen Buren („Bauern") betrieben. Der sogenannte **„Große Treck"** war ein Resultat der ideologisch motivierten Verteidigungshaltung der Buren gegenüber den Briten, die das von den Buren nach eigenem Verständnis „erarbeitete" Land und „Eigentum" bedrohten, obwohl sie sich dieses „Eigentum" von der Urbevölkerung widerrechtlich angeeignet hatten. Der Große Treck der Buren nutzte bewusst das durch die Difaqane-Kriege entstandene Machtvakuum in den Gebieten nördlich des Kaps aus. Nach den Gebieten um den Orange River und südlich des Vaal River besetzten die Buren schließlich auch das Transvaal und vertrieben die Ndebele unter General *Mzilikazi* endgültig auf das Gebiet des heutigen

Simbabwe. Die Buren des Transvaal begannen dann, verschiedene Tswana-Stämme anzugreifen, vor allem um diese als **Zwangsarbeiter** zu rekrutieren. Die betroffenen Tswana-Reiche fragten beim britische Empire um Unterstützung und Schutz an, die allerdings erst gewährt wurden, nachdem sich die Briten durch die Entdeckung neuer Goldminen am Tati River (1866) und im heutigen Simbabwe (1867) finanzielle Vorteile von ihrer militärischen Rückendeckung versprachen.

Am 30. September 1885 wurde das Gebiet des heutigen Botswana als **„Bechuanaland"** (eingedeutscht „Betschuanaland") **zum britischen Protektorat erklärt.** Die von Batswana (eingedeutscht „Betschuanen") besiedelten Gebiete südlich des Molopo River wurden als britische Kronkolonie „British Bechuanaland" proklamiert und wenig später (1895) von der Kapkolonie annektiert. Die Protektoratserklärung Betschuanalands muss in diesem Zusammenhang als Sicherungsmaßnahme der Handels- und Missionsroute nach Norden verstanden werden, die durch die Entdeckung der Diamantvorkommen bei Kimberley (1867) und der Goldvorkommen am Witwatersrand (1884) weiter an Bedeutung gewonnen hatte. Nicht zuletzt diente diese Route auch der schnellen Erschließung billiger Arbeitskraft für die neuen Minengebiete. Die Briten unterstrichen mit der Ausdehnung ihres Einflusses auf Betschuanaland den Hegemonialanspruch im südlichen Afrika gegenüber Buren und Deutschen. Kurz vor der Jahrhundertwende wurde eine Straßen- und Eisenbahnverbindung vom Kap zu den neuen Minengebieten errichtet.

Kolonialzeit – Betschuanaland

Bis zu den **Burenkriegen** zwischen Briten und Buren („Anglo-Boer War" 1899–1902) erfüllte Betschuanaland zusammen mit Lesotho/Basotholand und Swasiland in der Gruppe der „British High Commission Territories" die Rolle eines Verbündeten der Briten. Nachdem die britische Vorherrschaft im südlichen Afrika endgültig gesichert schien, verloren diese „High Commission Territories" zunehmend an strategischer Bedeutung. Sie wurden nun vor allem als ergiebige Quelle billiger Arbeitskraft betrachtet. Die Eingliederung dieser Gebiete in die 1910 von den Briten geschaffene Südafrikanische Union schien nur eine Frage der Zeit zu sein. Für diesen Hintergedanken spricht im Falle Betschuanalands vor allem die administrative Anbindung an die Südafrikanische Union (Betschuanaland wurde aus dem südafrikanischen Mafikeng, seinerzeit noch Mafeking genannt, verwaltet) und das Zollunionsabkommen von 1910, das die Abhängigkeit Betschuanalands (wie auch Lesothos und Swasilands) von der Wirtschaft Südafrikas sicherte.

Um ihren kleinen Verwaltungs- und Ordnungsapparat zu finanzieren, installierte die britische Protektoratsverwaltung in Betschuanaland zunächst ein **primitives Besteuerungssystem** („Hut Tax", später auch „Native Tax"), wobei man sich lokaler Häuptlinge zur Eintreibung dieser Steuern bediente. Die traditionelle Führungsrolle der Stammesführer blieb zunächst unangetastet. Durch Verkündigung der „Native Administration Proclamations" (1934 und 1938) entzog man den Chiefs später ihre politische Selbstständigkeit und funktionierte sie faktisch zu weisungsgebundenen Regierungsbeamten um. Auf diese Weise wurde die traditionelle Herrschaftsstruktur der Tswana weitgehend untergraben. Eine weitere Entscheidung mit brutalen Konsequenzen für Land und Bevölkerung war die **Vergabe von Konzessionen an Privatleute,** mit deren Hilfe die Kolonialisierung vorangetrieben werden sollte. Der Hauptkonzessionär für Betschuanaland war der Minenmagnat **Cecil John Rhodes,** der das Gebiet als eine wichtige Verbindung zwischen Südafrika und Simbabwe betrachtete und dort weitere Bodenschätze vermutete. Er gründete 1889 die Monopolgesellschaft **British South Africa Company (BSAC)** und begann mit Hilfe dieses – mit hoheitlichen Vollmachten ausgestatteten – Werkzeugs eine beispiellose Expansionspolitik auf dem Subkontinent (vgl. dazu den Exkurs zu *Rhodes*).

Die British South Africa Company bot Großbritannien die Erschließung und Verwaltung Betschuanalands an, forderte dafür aber uneingeschränkte wirtschaftliche Bewegungsfreiheit und ein Konzessionsmonopol. Aufgrund der mutigen **Intervention der Tswana-Könige Khama III., Bathoen I. und Sebele I.,** die dafür mit Unterstützung der einflussreichen Londoner Missionsgesellschaft 1895 eigens nach England reisten, aber auch wegen geteilter Mei-

Land und Leute

Cecil John Rhodes (1853–1902)

Cecil John Rhodes wird 1853 als sechstes von neun Kindern in der Nähe von London geboren. Der tuberkulöse Sohn eines Vikars wird 1870 nach Südafrika geschickt, um unter dem Einfluss des warmen südafrikanischen Klimas zu gesunden. Zunächst arbeitet er auf der Farm seines Bruders in Natal, macht sich dann aber 1871 zu den neu erschlossenen Diamantenfeldern von Kimberley auf. Binnen weniger Jahre gehören ihm und seinen Partnern dort mehrere eigene Schürfgebiete. 1880 gründet er die De Beers Mining Company, die 1887 für gut fünf Millionen britische Pfund von *Barney Barnato* die ertragreiche **Kimberley-Diamantenmine** erwirbt. Bereits 1891 gehören De Beers 90 Prozent der weltweiten Diamantlagerstätten. Rhodes besitzt darüber hinaus Schürfrechte in den Goldlagerstätten am Witwatersrand bei Johannesburg.

Die Erlangung von Macht und persönlichem Wohlstand scheint Rhodes bereits in jungen Jahren nicht befriedigt zu haben. Er engagiert sich frühzeitig in der Politik und gewinnt als **kompromissloser Verfechter eines britischen Weltreichs** die nahezu unumschränkte Unterstützung und Förderung von Königin *Victoria*. Seine Visionen machen bei einer durchgehenden transafrikanischen Telegrafen- und Eisenbahnverbindung **„from Cape to Cairo"**, die durch ausschließlich britisches Territorium führen soll, nicht halt, sondern propagieren zeitweise auch die Wiedererlangung britischer Kontrolle über die Vereinigten Staaten von Amerika. Aggressiv und rastlos treibt er die britische Expansionspolitik im südlichen Afrika voran. Eine wichtige Rolle spielt dabei auch die Aussicht auf Erschließung und private Ausbeutung neuer Bodenschätze. Er beschwört die Gefahr einer deutschen Expansion von Deutsch-Südwestafrika nach Deutsch-Ostafrika herauf, die den britischen „Kap-Kairo-Traum" gefährde, und kann auf diese Weise seine Expansion Richtung Norden weiter beschleunigen. Die Aktivitäten *Rhodes'* spielen eine wichtige Rolle bei der Erklärung Betschuanalands zum britischen Protektorat. 1889 gründet er die **British South Africa Company (BSAC)**, eine Privatgesellschaft, die sich nach der umstrittenen Unterzeichnung der sog. „Rudd-Concession" am 30. Oktober 1888 durch *Lobengula*, den König der Ndebele, bis zum Jahr 1893 brutal die Gebiete nördlich und südlich des Sambesi unter dem Namen **„Rhodesia"** (= Rhodesien, bestehend aus „North Rhodesia", dem heutigen Sambia, und „South Rhodesia", dem heutigen Simbabwe) einverleibt. Damit befindet sich ein Gebiet der Größe Frankreichs, Englands und Deutschlands faktisch im Privatbesitz von *Cecil John Rhodes.*

1890 wird Rhodes zum **Premierminister der Kapkolonie** gewählt. Ein großer Dorn im Auge Rhodes' ist, dass die Burenrepublik Transvaal unter ihrem Präsidenten *Paul Krüger* auf dem größten zusammenhängenden Goldvorkommen der Welt am Witwatersrand sitzt. Die Republik Transvaal, aber auch der Oranje-Freistaat, stehen zudem der endgültigen Umsetzung britischer Expansionsgelüste im Weg. Rhodes versucht aus der politischen Entmündigung der überwiegend nicht-burischen Minenarbeiter Kapital zu schlagen. Ende 1895 schickt er seinen Vertrauten *Leander Starr Jameson* mit knapp 800 Söldnern in die Minengebiete am Witwatersrand, um dort einen bewaffneten Aufstand gegen die burischen Machthaber auszulösen. Dieser als **„Jameson Raid"** in die Geschichtsbücher eingegangene Überfall scheitert jedoch kläglich. Alle Teilnehmer werden entweder getötet oder gefangen genommen. *Jameson* selbst wird ins Gefängnis gesteckt. Die britische Regie-

Land und Leute

rung zeigt sich kompromisslos, als sie Wind bekommt von der Verwicklung Cecil Rhodes' in das Desaster. Rhodes wird gezwungen, als Premierminister zurückzutreten. Er behält jedoch die Kontrolle über seine „Privatländereien" Rhodesien und in Ost-Betschuanaland. Nach dem grandiosen Fehlschlag des „Jameson Raid" verschlechtert sich der Gesundheitszustand von Rhodes zunehmend. Während der Burenkriege (1899–1902) verschanzt er sich in Kimberley, um das Eigentum seiner Firma De Beers zu verteidigen.

1902 stirbt Cecil John Rhodes in Muizenberg bei Kapstadt. Bereits einige Jahre zuvor hatte er sich eine exponierte Grabstätte im Gebiet der Matopos-Berge bei Bulawayo ausgesucht, in die sein Leichnam überführt wurde.

Verschiedene Historiker nehmen heute an, dass Rhodes **homosexuell** war, und betrachten seine unersättliche Gier nach Einfluss und Macht als eine Kompensation der niemals ausgelebten, unterdrückten Sexualität. Seine angeschlagene Reputation erfuhr eine bedeutsame Rehabilitierung durch die testamentarische Überführung großer Teile seines Privatvermögens in eine Rhodes-Stiftung, die Stipendiaten aus aller Welt das Studium an der Universität Oxford ermöglicht, an der auch Cecil Rhodes zeitweise eingeschrieben war.

nungen bei einflussreichen Missionaren und Kolonialbeamten, blieb Betschuanaland letztlich direkt der britischen Krone unterstellt. Der Anschluss an das riesige Operationsgebiet von *Rhodes'* BSAC unterblieb. Allerdings erhielt die BSAC weite Gebiete im Osten Betschuanalands zugeteilt, auf denen die Eisenbahnverbindung Mafikeng – Gaborone – Francistown – Bulawayo errichtet wurde.

Obwohl die Tswana-Könige hartnäckig auf ihre besonderen **Schutzverträge** mit dem britischen Empire bestanden, lief Betschuanaland noch über Jahrzehnte hinweg Gefahr, in die Südafrikanische Union eingegliedert zu werden. Diese Bedrohung war erst nach dem zweiten Weltkrieg endgültig gebannt, als die ab 1948 in Südafrika regierende „National Party" das Apartheid-System einführte und die Südafrikanische Union später zur „Republik Südafrika" erklärt wurde, welche 1961 aus dem Commonwealth of Nations ausschied. Die Führer der Stämme Betschuanalands haben das Kunststück fertiggebracht, den Status der Einverleibung als britische Kolonie bzw. den Anschluss an das burische Südafrika zu verhindern. 81 Jahre lang hat das heutige Botswana als britisches Protektorat überdauert und sich damit während der Kolonialzeit zumindest formal stets einen Rest an Eigenständigkeit bewahrt. Andererseits blieb Betschuanaland aufgrund der überwiegend strategischen Interessen der Briten eine wirtschaftliche und infrastrukturelle Entwicklung versagt. Vielmehr wurde die bis heute andauernde **Abhängigkeit von der**

Wirtschaft Südafrikas extrem vorangetrieben. In den 1940er und -50er Jahren arbeiteten zeitweise fast 50 Prozent
der Männer zwischen 15 und 45 Jahren
in den Minengebieten Südafrikas. Dabei spielten finanzielle Zwänge infolge
der durch die britische Protektoratsverwaltung erhobenen Steuerpflicht eine
wichtige Rolle. Der enorme Exodus von
Humankapital hatte den Niedergang
der einheimischen Agrarwirtschaft und
des verarbeitenden Gewerbes zur Folge. Ein Aufbau von Schul- und Bildungssystem, Transportwesen sowie medizinischer Versorgung wurde von der britischen Protektoratsverwaltung nahezu
gänzlich unterlassen.

1945 wurde der designierte Thronfolger der Bangwato, **Seretse Khama,**
nach Oxford und später London entsandt, um dort Jura zu studieren. In
London lernte er die weiße Engländerin
Ruth Williams kennen. Ihre Heirat im
Jahr 1948 sollte als „Seretse-Khama-Af-
färe" gut acht Jahre die Politik im südlichen Afrika beschäftigen (vgl. dazu den
Exkurs auf der nächsten Seite).

Die internationale Meinung kehrte
sich Anfang der 1950er Jahre zunehmend gegen die nach dem Wahlsieg
der „National Party" konsequent umge-
setzte südafrikanische Politik der **Apartheid.** Großbritannien war gezwungen,
seine Position gegenüber der Südafrikanischen Union zu überdenken. Der
Plan eines Anschlusses Betschuanalands an die Südafrikanische Union
wurde aufgegeben. Eine direkte Folge

bv-044 Foto: cl

der Apartheid-Politik war die britische Entscheidung, die High Commission Territories Betschuanaland, Lesotho und Swasiland auf die Unabhängigkeit vorzubereiten. Entsprechende Weichen wurden bereits Anfang der 1950er Jahre gestellt. Sukzessive erhielten die Führer der Bevölkerung Betschuanalands erweiterte administrative und politische Kompetenzen. Ein grundlegender Schritt auf diesem Weg war 1950 die Schaffung des mit Vertretern von Batswana und Briten gemischtrassig besetzten „Joint Advisory Council", dem 1960 der gleich strukturierte „Legislative Council" folgte.

Erst nach seiner Verzichterklärung auf den Thron der Bangwato konnte Seretse Khama 1956 mit seiner Familie nach Betschuanaland zurückkehren. Er ließ sich in Serowe nieder und beteiligte sich dort maßgeblich am Aufbau der späteren „Botswana Democratic Party" (BDP). Der Mitte der 1950er Jahre eingeleitete Prozess politischer Veränderung in Betschuanaland erfuhr nun stetig zunehmende Beschleunigung. Es entstanden mehrere nationalistische **Parteien,** die sich einerseits aus dem konservativ-demokratischen Spektrum formierten und andererseits von panafrikanistisch-sozialistisch orientierten Kräften gebildet wurden. Konservativ-demokratische Politik genoss dabei von vornherein mehr Vertrauen und Zustim-

mung bei der traditionalistisch-ländlichen geprägten Bevölkerung. Die erste wichtige Partei war die 1960 von *Philip Matante* und *Motsamai Mpho* gegründete **„Botswana People's Party"** **(BPP).** Die Gründer hatten bereits zuvor politische Erfahrungen im „African National Congress" (ANC) bzw. im „Pan African Congress" (PAC) gesammelt. Die BPP verstrickte sich jedoch schon bald nach der Gründung in innerparteiliche Flügelkämpfe, die politische Meinungsverschiedenheiten zwischen ANC und PAC widerspiegelten. 1964 kam es zur Spaltung der Partei. Die von *Seretse Khama, Ketumile Masire* und anderen geführte **„Botswana Democratic Party" (BDP)** wurde 1962 in Gaborone gegründet und erhielt bereits damals regen Zuspruch von der Bevölkerung. 1965 gründete *Kenneth Koma* in Opposition zur konservativen BDP die sozialistische **„Botswana National Front" (BNF).**

Bei den allgemeinen Wahlen zur Nationalversammlung 1965 vereinigte die BDP mehr als 80% der Wählerstimmen auf sich und wurde bestimmende politische Kraft im Land. Ihr Vorsitzender Seretse Khama wurde zum ersten Präsidenten des neuen Staates „Botswana" gewählt. Am **30. September 1966** wurde Botswana mit einem feierlichen Festakt in die **Unabhängigkeit** entlassen. Das von den Briten zur Unterentwicklung verurteilte Land galt zu diesem Zeitpunkt als eines der ärmsten Länder Afrikas, besaß gerade einmal 8 Kilometer asphaltierte Straße und hatte nicht einmal einen funktionierenden Regierungs- und Verwaltungssitz.

World's View: Grabstätte von C. Rhodes im Matopos National Park in Simbabwe

Neueste Geschichte
seit der Unabhängigkeit

Das Experiment „parlamentarische Demokratie" verlief in Botswana den meisten Erwartungen zum Trotz **verblüffend gut.** Bis heute wurden alle Regierungen auf Basis der Verfassung von 1965 demokratisch gewählt. Eine wichtige Rolle spielt dabei sicherlich die traditionelle Toleranz der selbst von Vertreibung und ethnischer Aufsplitterung betroffenen Tswana-Gesellschaften gegenüber Minderheiten und fremden Völkern. Zudem wird die Meinung der wichtigsten Tswana-Chiefs durch parlamentarische Einbindung („House of Chiefs") bei wichtigen politischen Entscheidungen berücksichtigt.

Eine der wichtigsten Anfangsaufgaben der jungen Republik war die **Errichtung einer Hauptstadt** auf dem Gebiet des neuen Staates. Bereits Anfang der 1960er Jahre war dazu der Ort **Gaborone** im Südosten des Landes ausgewählt worden. Schon bald enwickelte er sich zu einer der am schnellsten wachsenden Hauptstädte der Welt. Heute hat Gaborone ca. 250.000 Einwohner. Die miserable ökonomische Perspektive des Landes erfuhr **1967** eine grundlegende Wendung durch die **Entdeckung eines ersten großen Diamantlagers** nahe dem Ort Orapa am Südrand der Makgadikgadi Pans. 1971 wurde die Orapa-Diamantmine offiziell eröffnet. 1977 kam die Letlhakane-Diamantmine hinzu und 1982 die Jwaneng-Diamantmine, die zu den reichsten ihrer Art zählt. Die Regierung Botswanas schloss mit dem Diamanten-

Sir Seretse Khama (1921–1980)

Unmittelbar nach dem Ende des zweiten Weltkriegs schickt *Tshekedi Khama,* Regent der Bangwato, den designierten Thronfolger, *Seretse Khama,* zum Jurastudium nach Oxford und London. In London lernt Seretse Khama die weiße Engländerin *Ruth Williams* kennen, angeblich über ein gemeinsames Interesse für Jazz-Musik. 1948 heiraten die beiden in England, obwohl in beiden Familien erhebliche Widerstände gegen diese Hochzeit bestehen und *Seretses* Onkel *Tshekedi* ihm die Heirat sogar verbietet. *Tshekedis* Einfluss in England ist immerhin so groß, dass die anglikanische Kirche dem Paar den kirchlichen Segen versagt. Nach standesamtlicher Trauung kehrt *Seretse Khama* mit seiner Frau ins damalige Betschuanaland zurück. Die Verbindung des designierten Bangwato-Königs mit einer weißen Europäerin löst einen Sturm der Entrüstung aus. Der noch amtierende Herrscher *Tshekedi Khama* ist außer sich vor Wut, da die Gattin des Königs traditionellerweise vom Ngwato-Volk selbst ausgewählt werden und aus einer königlichen Tswana-Familie stammen muss. Das südafrikanische Apartheid-Regime (wie auch die weiße Regierung Südrhodesiens) schäumt angesichts der Mischehe eines schwarzen Führers mit einer weißen Frau vor Empörung und droht mit einer Total-Blockade des Protektorates Betschuanaland. Der amtierende Premierminister *Daniel François Malan* lässt die diplomatischen Drähte nach Großbritannien heißlaufen, um die Verbindung zu beenden. Die britische Regierung reagiert zurückhaltend und feige. Hinter vorgehaltener Hand nennt selbst *Winston Churchill* die Heirat „widerlich". *Malan* droht offen mit der Einverleibung

Betschuanalands in die Südafrikanische Union, um die politische und ideologische Kontrolle über die Region zu behalten. Kurz nach der Heirat von *Seretse Khama* und *Ruth Williams* verkündet das südafrikanische Apartheid-Regime den **„Immorality Act"**, der gemischtrassigen Geschlechtsverkehr kriminalisiert und strafrechtlicher Verfolgung aussetzt.

Die Bangwato selbst sind über den Vorgang zunächst entzweit. *Seretse Khama* gelingt es nach mehreren Gesprächen jedoch, den Stamm hinter sich zu bringen. Die Bangwato akzeptieren sowohl seine Heirat als auch seine rechtmäßige Nachfolge als König. Sein Onkel *Tshekedi* dankt ab. Die grundsätzlichen Vorbehalte und Drohungen Großbritanniens, Südafrikas und Südrhodesiens gegenüber *Seretse Khama* bleiben jedoch bestehen. Unter einem Vorwand wird er 1950 zu Gesprächen nach London gelockt, wo man ihm mitteilt, dass er keine erneute Einreisegenehmigung nach Betschuanaland bekommen würde. Fünf Jahre lang lebt er zusammen mit seiner Frau *Ruth* in England im Exil. Da auch *Tshekedi* vom Staatsgebiet verbannt wird, bleiben die Bangwato ohne politischen Führer. Von 1950 bis 1953 regiert der zuständige leitende Kolonialbeamte der Briten gegen den Widerstand der Bangwato als „Native Authority". Alle britischen Versuche, die Bangwato zur Wahl eines anderen Königs zu zwingen, schlagen jedoch fehl. Die verschiedenen Tswana-Könige suchen den Schulterschluss und üben ihrerseits Druck auf die britische Regierung aus, da sie befürchten, Großbritannien könne unter dem Druck der Seretse Khama-Affäre Betschuanaland an die Südafrikanische Union ausliefern. Unter dem Einfluss britischer Liberaler, organisierter politischer Initiativen und unter dem Druck wachsenden öffentlichen Widerstandes gegen die Politik der Apartheid wendet

sich das Blatt klar gegen die Position des rassistischen Südafrika. Vorentscheidende Würfel zugunsten der Vorbereitung Betschuanalands auf baldige politische Unabhängigkeit sind gefallen. Im Juli 1956 reist *Tshekedi Khama* nach London, um sich mit seinem Neffen *Seretse* auszusprechen. Beide verkünden abschließend ihren eigenen und den Verzicht ihrer Kinder auf den Thron der Bangwato. Wenig später gestatten die Briten *Seretse Khama* die Rückkehr nach Betschuanaland.

Ende 1956 kehrt er mit seiner Familie nach Betschuanaland zurück. Ihm wird ein triumphaler Empfang bereitet. Er lässt sich als Privatmann mit seiner Familie in Serowe nieder und beginnt mit dem Aufbau der „Botswana Democratic Party" (BDP). 1965 gewinnt die BDP die ersten nationalen Wahlen, die ein Jahr vor der Entlassung Betschuanalands in die Eigenständigkeit abgehalten werden. Als **erster Präsident des neuen Staates Botswana** führt *Seretse Khama* das Land am 30. September 1966 in die Unabhängigkeit. Im selben Jahr wird er von der britischen Königin *Elizabeth II.* geadelt. Er behält das Präsidentenamt unangefochten über 24 Jahre bis zu seinem Tod. Gleichzeitig lehnt er alle Gesuche der Bangwato zur Fortsetzung der königlichen Linie entschieden ab. Erst 1979 wird sein ältester Sohn *Ian Khama* in Serowe auf den Thron der Bangwato gehoben. 1980 stirbt Sir Seretse Khama mit 59 Jahren eines natürlichen Todes. Seine Frau *Ruth* lebte bis zu ihrem Tod im Mai 2002 in einem kleinen Anwesen nahe Gaborone. Sie wurde mit staatlichen Ehren im Familiengrab der Bangwato-Könige in Serowe beigesetzt.

●**Literaturtipp:** A Marriage of Inconvenience: The Persecution of Seretse and Ruth Khama, von *Michael Dutfield*. Unwin Hyman, London 1990

Land und Leute

Monopolisten De Beers einen Vertrag, der die partnerschaftliche Ausbeutung der botswanischen Diamantvorkommen mit jeweils 50-prozentiger Beteiligung und eine überproportional hohe Beteiligung an den Profiten aus dem Diamantenverkauf sicherstellt. Dabei befand sich die Regierung Botswanas von vornherein in einer starken Verhandlungsposition: Es wäre für Botswana ein leichtes Spiel gewesen, durch Fluten der Märkte mit seinen umfangreichen Diamantvorkommen das funktionierende, von De Beers kontrollierte internationale Diamantensyndikat mit seiner autonomen Preissteuerung platzen zu lassen.

Sir Seretse Khama verfolgte eine konsequent **anti-rassistische, die Apartheid verurteilende Politik des sozialen Ausgleichs,** obwohl Botswana bis auf einen wenige hundert Meter breiten Streifen zum befreundeten Sambia von den rassistischen Regimes Südrhodesiens, Südafrikas und dem von Südafrika besetzten Namibia umgeben war und wirtschaftlich zudem vollkommen von Südafrika abhing.

1974 gründete Botswana zusammen mit Angola, Mosambik und Tansania die **Gruppe der sogenannten „Frontstaaten",** die den Befreiungsbewegungen Namibias und Südrhodesiens den Rücken stärkten. Diese Hilfe blieb im Falle Botswanas jedoch auf moralischen und diplomatischen Beistand beschränkt, ohne direkte Verwicklung in die Befreiungskämpfe und mit einem klaren Verbot militärischer Rückzugsbasen auf botswanischem Territorium. Trotzdem konnte Khama nicht verhindern, dass 1977 eine Serie von bewaffneten Überfälle aus dem benachbarten Südrhodesien auf sein Land verübt wurden, die Botswana destabilisieren sollten. Eine direkte Reaktion darauf war die Entscheidung der Regierung, sich zu bewaffnen und eine **nationale Armee** zu gründen, die **„Botswana Defence Force" (BDF).** Im Jahr 1979 formierte sich die Gruppe der Frontstaaten mit Lesotho, Malawi, Sambia, Simbabwe und Swasiland zusammen zur **„Southern African Development Coordination Conference" (SADCC),** um der wirtschaftlichen Dominanz Südafrikas in der Region entgegenzuwirken (unter der Regierung *Nelson Mandelas* trat auch Südafrika später bei, die SADCC wurde 1992 in „Southern African Development Community", abgekürzt SADC, umbenannt).

Im Jahr 1980 starb *Sir Seretse Khama* im Alter von 59 Jahren eines natürlichen Todes und wurde politisch von **Dr. Quett Ketumile Joni Masire** beerbt, der die freiheitlich-demokratische, marktwirtschaftliche Politik der BDP unverändert fortsetzte. 1991 wurde er von der britischen Königin *Elizabeth II.* wie zuvor Khama geadelt. Ketumile Masire besaß innenpolitisch jedoch weit weniger Rückhalt in der Bevölkerung als Seretse Khama, der eine sozial gerechtere Politik vertreten und zudem die Unterstützung des größten Tswana-Stammes, der Bangwato, genossen hatte.

1981 begann eine fast zehnjährige **Serie von Überfällen und Terroranschlägen** aus dem benachbarten Südafrika. Diese von langer Hand geplanten Terrorakte sollten Botswana destabi-

Land und Leute

lisieren, die Einstellung der Anti-Apartheid-Politik erzwingen und das Land unter Druck setzen, südafrikanische Flüchtlinge auszuliefern. Die botswanische Regierung wich jedoch keinen Zentimeter von ihrem politischen Kurs ab. Sie setzte sich vielmehr weiter dafür ein, dass zahlreichen schwarzen und weißen Südafrikanern ein aktives Leben im botswanischen Exil ermöglicht wurde. In der Mehrparteiendemokratie Botswanas hat es bis heute **niemals politische Gefangene** gegeben.

In den 1980er und -90er Jahren wurden der **Aufbau** einer eigenen modernen Strom- und Wasserversorgung sowie der Ausbau eines modernen Telekommunikations- und Verkehrsnetzes vorangetrieben, um sich weiter aus der Abhängigkeit von Südafrika zu befreien. Die rasche Bevölkerungszunahme, wachsende Urbanisierung und der realen Entwicklung hinterherhinkende Planungen führten zur Verschlimmerung der Arbeitslosigkeit, städtischer Wohnungsnot, steigenden Mieten und allgemeiner Verschärfung der sozialen Schieflage zwischen einer dünnen Schicht Wohlhabender und allgemein unveränderter Armut. Die politische Kräfteverteilung hat sich in den letzten Jahren weiter zugunsten der sozialistischen „Botswana National Front" (BNF) verschoben, die die regierende konservative BDP bislang zwar auf nationaler Ebene nicht gefährden kann, auf kommunaler Ebene jedoch vielfach bereits stärkste politische Kraft ist. 1998 spaltete sich die **„Botswana Congress Party" (BCP)** von der BNF ab. Zwischen 1996 und 1998 entzündete sich wachsende

internationale Kritik an dem Versuch der botswanischen Regierung, die im Central Kalahari Game Reserve verbliebenen Gruppen der San durch radikale Maßnahmen wie dem Abschneiden von der Wasserversorgung und unter Androhung militärischer Gewalt in ein neues Gebiet außerhalb des Reservates umzusiedeln.

1998 zog sich Sir Ketumile Masire aus der Politik zurück. Der bisherige Vizepräsident **Festus Mogae** wurde neuer Staatspräsident. Der älteste Sohn Seretse Khamas, Generalleutnant *Ian Khama*, wurde zum Vize-Präsidenten ernannt.

Not macht erfinderisch
(Wasserlilienblatt als Sonnenschutz)

Zeittafel

30.000 v. Chr. bis 250 n. Chr.
San (Buschmänner) dringen als Jäger und Sammler in fast alle Regionen des heutigen Botswana vor. Ab der christlichen Jahrtausendwende lassen sich auch Siedlungsspuren der halbsesshaften Khoikhoi (Hottentotten) nachweisen.

250 n. Chr.
Nach Süden wandernde Bantuvölker, die ursprünglich aus Westafrika stammten, queren das Flusssystem von Chobe und Sambesi.

250–
1000 Bantuvölker, die sich auf dem südafrikanischen Subkontinent ausbreiten, verdrängen San und Khoikhoi zunehmend in lebensfeindliche Regionen.

1050 Blütezeit des Königreiches von Toutswe

1200 Das Gebiet um den Mapungubwe Hill entwickelt sich nach dem Niedergang des Reiches von Toutswe zum Zentrum des Handels.

1250 Das Reich von Great Zimbabwe verdrängt den Einfluss der Mapungubwe-Gesellschaft und entwickelt sich zur dominierenden Macht des Subkontinents.

1300 Im Transvaal tauchen die Völker der Batswana, Basotho und Bakgalagadi auf.

1400 Bakgalagadi werde in den östl. und südl. Randgebieten der Kalahari sesshaft.

1500 Great Zimbabwe wird aufgegeben.

1500–
1800 Tswana-Königreiche etablieren sich vor allem im Osten des heutigen Botswana, dringen aber auch in den Norden und Südwesten vor. Ab Ende 17. Jh.: Starkes Bevölkerungswachstum im südlichen Afrika führt zur Landverknappung.

1816 Shaka besteigt den Zulu-Thron.

1820 Beginn der Difaquane-Kriege

1830 General *Mzilikazi* verlässt die Zulu-Armee König *Shakas* und führt das Volk der Ndebele nach Nordwesten. Dort greift er im Transvaal siedelnde Batswana und Basotho an, später greifen die Kriegshandlungen auch auf das Gebiet des heutigen Botswana über.

1836 Beginn des „Großen Trecks" der Buren vom Kap Richtung Norden

1840 Der Ndebele-Führer *Mzilikazi* wird mit seinem Volk in der Region des heutigen Bulawayo sesshaft („Matabeleland").

1845 *Dr. David Livingstone* gründet die erste ständige Missionsstation Botswanas in Kolobeng. Beschleunigtes Fortschreiten der Christianisierung.

1866 Entdeckung von Goldvorkommen am Tati River

1885 Verkündung des britischen Protektorates „Bechuanaland"

1889 *Cecil John Rhodes* gründet die British South Africa Company (BSAC).

1895 Die Tswana-Könige *Khama III., Bathoen I.* und *Sebele I.* reisen nach London, um die Übereignung des Protektorates Betschuanaland an die BSAC *Cecil Rhodes'* zu verhindern.

1896 Der „Jameson Raid" schlägt fehl, *Cecil Rhodes* muss als Premierminister der britischen Kapkolonie zurücktreten.

1902 *Cecil John Rhodes* stirbt in Muizenberg bei Kapstadt.

1923 König *Khama III.* stirbt.

1945 Der designierte Thronfolger der Bangwato, *Seretse Khama,* wird zum Jura-Studium nach Oxford entsandt.

1948 *Seretse Khama* heiratet die weiße Engländerin *Ruth Williams.* Hochstilisierung der Mischehe zur politischen „Seretse-Khama- Affäre".

1950 Der gemischtrassige „Joint Advisory Council" wird als einer der ersten Schritte auf dem Weg zur späteren Unabhängigkeit Betschuanalands ins Leben gerufen.

1956   *Seretse Khama* kehrt mit seiner Familie nach Betschuanaland zurück.

1962   Die „Botswana Democratic Party" (BDP) wird gegründet. Ihr Führer ist *Seretse Khama.*

1963   Beginn des Aufbaus der späteren Hauptstadt Gaborone

1965   Allgemeine Wahlen zur verfassunggebenden Versammlung. Siegreich ist die BDP unter Führung *Seretse Khamas.*

1966   Die Republik Botswana wird unabhängig. Der erste Präsident des Landes, *Seretse Khama,* wird von der britischen Königin *Elizabeth II.* geadelt.

1967   Entdeckung der Diamantenlager bei Orapa (1971 Eröffnung der Mine).

1977   Beginn einer Serie von Überfällen aus dem benachbarten Südrhodesien, dessen weiße Regierung Botswana destabilisieren will. Daraufhin wird im bislang unbewaffneten Botswana die nationale Armee „Botswana Defence Force" (BDF) ins Leben gerufen.

1980   *Sir Seretse Khama* stirbt. Sein Nachfolger im Amt des Staatspräsidenten ist *Dr. Ketumile Masire* von der BDP.

1981   Beginn einer Serie von Überfällen und Terroranschlägen aus dem benachbarten Südafrika mit dem Ziel der Destabilisierung.

1982   Eröffnung der Jwaneng-Diamantenmine.

1991   *Dr. Ketumile Masire* wird von der britischen Königin *Elizabeth II.* geadelt.

1994   *Nelson Mandela* wird zum südafrikanischen Präsidenten gewählt; Normalisierung des Verhältnisses zwischen Südafrika und Botswana.

1998   *Sir Ketumile Masire* zieht sich aus der Politik zurück. *Festus Mogae* wird neuer Staatspräsident, Generalleutnant *Ian Khama* Vize-Präsident.

1999   Parlamentswahlen. Die BDP unter dem amtierenden Präsidenten *Festus Mogae* wird trotz sinkender Zustimmung der Wähler als alleinige Regierungspartei bestätigt.

2000   Hochwasserkatastrophe im südlichen Afrika. Botswana ist vor allem im Bereich des Limpopo-Stromgebietes betroffen.

2002   Die Vereinten Nationen geben für die erwachsene Bevölkerung Botswanas eine HIV-Infektionsrate von mehr als 37% bekannt. Start der kostenlosen Verteilung antiretroviraler Medikamente an HIV-Infizierte im Rahmen des staatlichen Programms „Masa" („Neuer Sonnenaufgang"). Botswana unterzeichnet ein internationales Protokoll gegen „Blutdiamanten".

2003   Offizieller Abschluss der Umsiedlung von ca. 700 San aus dem Central Kalahari Game Reserve. Einigung zwischen Namibia und Botswana bezüglich des Grenzverlaufs im Gebiet der Flüsse Kwando, Linyanti und Chobe. Beginn der Bauarbeiten eines elektrifizierten Grenzzaunes zu Simbabwe.

2004   Parlamentswahlen. Die BDP unter *Festus Mogae* wird als Regierungspartei erneut bestätigt.

2006   Der oberste Gerichtshof Botswanas erklärt die zwangsweise Umsiedlung der Buschmänner aus dem Central Kalahari Game Reserve für illegal. Die Regierung ficht das Urteil nicht an.

2008   Amtsübergabe von *Festus Mogae* an *Ian Khama.*

2009   Parlamentswahlen. Die BDP unter Präsident *Khama* wird als Regierungspartei erneut bestätigt. Botswana wird von der globalen Finanz- und Wirtschaftskrise schwer getroffen: Das BIP sinkt um mehr als 5 Prozent; der Diamantenbergbau muss bei einbrechenden Absatzmärkten teilweise eingestellt werden.

2010   Wirtschaftliche Erholung. Investitionen im Diamantenbergbau und im Energie-bereich. Politische Verwerfungen innerhalb der Regierungspartei BDP.

Land und Leute

1999 wurde die BDP bei den Parlamentswahlen erneut als Regierungspartei bestätigt, musste aber deutliche Stimmenverluste hinnehmen. Im Jahr 2000 wurde eine Gesetzesänderung verabschiedet, die den Eintritt von Frauen in die botswanische Armee BDF ermöglicht. Mitte 2002 wurde das staatliche Programm „Masa" („Neuer Sonnenaufgang") gestartet, das eine kostenfreie staatliche Behandlung HIV-Infizierter mit modernen antiretroviralen Medikamenten vorsieht. Die umstrittene Umsiedelung der letzten ca. 700 San aus der zentralen Kalahari in den Randbereich des Central Kalahari Game Reserve wurde trotz internationaler Proteste bis zum Jahresbeginn 2003 offiziell abgeschlossen. Allerdings sind inzwischen mehrere hundert San wieder – nach dem Regierungsverständnis illegal – in das Reservat zurückgekehrt.

Im Oktober 2004 wurde der amtierende Präsident *Festus Mogae* bei den **Parlamentswahlen** im Amt bestätigt und trat seine zweite Amtszeit an. Ende 2006 erklärte der oberste Gerichtshof Botswanas die zwangsweise Umsiedlung der San aus dem Central Kalahari Game Reserve für illegal. Die Regierung ließ verlauten, sie werde das Urteil nicht anfechten.

Zur aktuellen politischen Lage siehe im nächsten Kapitel „Staat und Politik".

Staat und Politik

Verfassung und Staatsaufbau

Die **Verfassung von 1965** legt die gesetzgebende Gewalt in die Hand des Parlaments, das sich aus der 40-köpfigen Nationalversammlung, dem Staatspräsidenten, dem Parlamentssprecher und vier weiteren, vom Präsidenten zu bestimmenden Mitgliedern zusammensetzt. Die Mitglieder der Nationalversammlung werden alle fünf Jahre vom Volk in allgemeinen freien Wahlen bestimmt. Ein 15-köpfiges **„House of Chiefs"** enthält die führenden Stammesvertreter des Landes, die nach dem Vorbild des britischen Oberhauses jedoch nur über beratenden Einfluss verfügen. Der Staatspräsident bündelt die Machtfäden der Exekutive in seiner Hand und ist zugleich Oberkommandierender der nationalen Armee („Botswana Defence Force", BDF). Er wird vom Parlament gewählt.

Die Verfassung sichert die **Grund- und Menschenrechte,** zu denen die konsequent verwirklichte Freiheit von Meinung und Presse gehören. Sie kann mit einfacher Mehrheit im Detail modifiziert werden. Für größere Verfassungsänderungen bedarf es einer parlamentarischen Zweidrittel-Mehrheit. Grundlegende Änderungen setzen ein Referendum voraus. Das erste Referendum dieser Art wurde im Oktober 1997 durchgeführt. Das Resultat war neben einer Herabsetzung des Mindeswahlalters auf 18 Jahre eine Verkürzung der Amtszeit des Präsidenten auf maximal zwei Legislaturperioden und die Regelung der Präsidenten-Nachfolge im Todesfall oder bei einer Amtsniederlegung durch automatisches Nachrücken des Vize-Präsidenten.

Das Verwaltungssystem basiert auf einer Gliederung des Landes in **zehn Landdistrikte** (Central, Chobe, Ghanzi, Kgalagadi, Kgatleng, Kweneng, Ngamiland, North-East, South-East, Southern) **und vier Stadtdistrikte** (Francistown, Gaborone, Lobatse, Selebi-Phikwe) mit eigenständig arbeitenden Verwaltungen. Kommunalwahlen werden alle fünf Jahre zusammen mit den nationalen Wahlen abgehalten. Oberstes Gericht ist der nationale Gerichtshof („High Court") in Lobatse. Eine Außenstelle befindet sich in Francistown. Jeder Distrikt verfügt über ein eigenständiges Verwaltungsgericht. Kleine Streitigkeiten des ländlichen Alltags werden häufig unter Vorsitz lokaler Häuptlinge in **traditionellen Versammlungsgerichten (Kgotla)** verhandelt. Die Bedeutung der Kgotla-Gerichte hat im Zuge der Modernisierung insgesamt stark abgenommen.

Das offizielle Grußwort bzw. der Sammelruf Botswanas ist „Pula", was man in diesem Zusammenhang (neben seiner Grundbedeutung als Vokabel für „Regen" oder „Wohlstand" und als Bezeichnung für die botswanische Währung) frei im Sinne von **„Möge es uns allen wohlergehen"** übersetzen kann. Es wird bei Versammlungen, in der administrativen und politischen Korrespondenz und bei vielen anderen öffentlichen Anlässen gebraucht. Der Schriftzug „Pula" ist auch im Wappen Botswanas enthalten.

Politik

„Botswana wird von vielen als wichtiges Signalfeuer in einer vor Problemen überquellenden Region betrachtet. Unser Land gilt als bedeutende Kraft konstruktiver afrikanischer Erneuerung. Wir als Nation sollten dem eingeschlagenen Weg antirassistischer Politik und sozialer Gerechtigkeit treu bleiben und mit diesem Beispiel stets voranschreiten."
Sir Seretse Khama, 1972

Botswanas Nationalflagge

Die botswanische Nationalflagge lenkt die Aufmerksamkeit durch **hellblaue Farbe** und eine einfache **Balkenstruktur** auf sich. Das homogene, Ruhe ausstrahlende Hellblau des Untergrundes soll die enorme Bedeutung von Wasser und Regen für das Land verdeutlichen und spiegelt das ausgeglichene, friedliche Naturell der in Botswana lebenden Völker wider. Der den hellblauen Untergrund in der Mitte teilende, weiß umsäumte schwarze Balken symbolisiert das harmonische Miteinander einer schwarzen Bevölkerungsmehrheit mit einer weißen Minderheit.

Die seit der Unabhängigkeit von allen botswanischen Regierungen konsequent betriebene, gegen Rassismus und Apartheid gerichtete Politik, die einer multikulturellen, gemischtrassigen Gesellschaft ein Leben in Wohlstand ermöglichen soll, unter Wahrung freiheitlich-demokratischer Grundwerte und ohne politische Gefangene, findet also eine einfache Entsprechung in der Struktur der nationalen Fahne. Das von den Batswana praktizierte **Konzept gesellschaftlicher Harmonie** wird im Setswana als **„Kagisano"** bezeichnet. Seine grundlegenden Prinzipien sind *Puso ya batho ka batho* (Demokratie), *Popagao ya sechaba* (Einheit), *Ditiro tsa d"tlhabololo* (Entwicklung) und *Boipelego* (Selbstvertrauen).

Land und Leute

Botswana gilt heute als **Musterbeispiel für eine funktionierende Mehrparteiendemokratie auf dem afrikanischen Kontinent.** Während der Regierungszeit von **Sir Seretse Khama** (1966–80) etablierte sich die von ihm und *Dr. Quett Ketumile Joni Masire* geführte BDP (Botswana Democratic Party) unangefochten als stärkste politische Kraft im Land und alleinige Regierungspartei. Seretse Khama betrieb eine konsequent anti-rassistische, die Apartheid verurteilende Politik des sozialen Ausgleichs,

Vorschriften sind im Naturparadies Botswana genau zu beachten!

die einen politischen Drahtseilakt zwischen der Aufrechterhaltung und Verteidigung politischer Grundwerte und der ökonomischen Abhängigkeit von den rassistisch regierten Nachbarländern Südrhodesien (später Simbabwe) und Südafrika darstellte. 1979 formierte sich unter maßgeblicher Beteiligung Botswanas die „Southern African Development Coordination Conference" (SADCC), um der wirtschaftlichen Dominanz Südafrikas auf dem Subkontinent entgegenzuwirken (unter der Regierung Mandela trat auch Südafrika bei, die SADCC wurde 1992 in „Southern African Development Community", abgekürzt SADC, umbenannt).

Nach dem Tod *Khamas* im Jahr **1980** übernahm der bisherige Vize-Präsident **Dr. Ketumile Masire** die Regierungsgeschäfte. Masire vertrat eine deutlich entschiedenere Form des Kapitalismus, sodass nach seiner Amtsübernahme die Ängste vor einer **wachsenden sozialen Schieflage** im Land wuchsen. Auf seine sozialpolitische Grundüberzeugung hin angesprochen, erwiderte Masire einmal: „Wir werden alle gleich geboren, doch besitzen nicht alle Menschen den gleichen Intellekt, die gleiche Bereitschaft zu arbeiten und das gleiche Verlangen nach Wissen und Bildung." Bei den Wahlen 1984 gewann die BDP zwar 29 der (damals noch) 34 Sitze in der Nationalversammlung, verlor aber erstmals die Wahl zu allen Stadtparlamenten außer in Selebi-Phikwe (vor allem zugunsten der BNF).

1985 wechselten zwei prominente Parteimitglieder der BDP zur linksgerichteten Oppositionspartei BNF (Botswana National Front) über. Die **politische Auseinandersetzung zwischen BDP und BNF** gipfelte **1987** in außerparlamentarischen Vorwürfen, die BNF habe Teile ihres Nachwuchses in Ausbildungslager für Revolutionäre in Libyen und in der Sowjetunion gebracht. Aus den nationalen Wahlen im Oktober des Jahres 1989 ging die BDP mit 31 von 34 Sitzen gestärkt hervor. Die BNF, landesweit durch innerparteiliche Flügelkämpfe geschwächt, gewann aber erneut die überwiegende Zahl der kommunalen Stadtmandate. Die BPP (Botswana People's Party) verlor ihren einzigen Sitz in der Nationalversammlung.

Dr. Ketumile Masire verkündete nach seiner erneuten Wahl zum Präsidenten, die Regierung werde drohende illegale Streiks unter Bankangestellten, Minenarbeitern und Lehrern mit scharfen Maßnahmen beantworten. 1991 wurden ca. 12.000 streikende Staatsangestellte entlassen, die für Gehaltserhöhungen auf die Straße gegangen waren. Im **März 1992** mussten der Vize-Präsident, *Peter Mmusi,* und der Landwirtschaftminister, *Daniel Kwelagobe,* nach **Korruptionsvorwürfen** zurücktreten. *Festus Mogae,* der bisherige Finanzminister, wurde zum neuen Vize-Präsidenten ernannt. Bei einem weiteren Korruptionsskandal um die Botswana Housing Corporation mussten 1993 erneut zwei Minister ihren Hut nehmen. Finanzielle Schwierigkeiten der National Development Bank, unter deren wichtigsten Schuldnern sich sieben Minister der BDP befanden, führten zur weiteren Unterminierung der Glaubwürdigkeit der Regierung. Bei den Wahlen im Oktober 1994 erhielt die oppositionelle BNF fast 28% der Stimmen und konnte die Zahl ihrer Sitze in der Nationalversammlung damit auf 13 erhöhen. Die von Korruptions- und Rezessionsvorwürfen geplagte BDP erhielt landesweit gut 53% und behielt damit 27 Sitze in der Nationalversammlung. Ihre politische Dominanz wurde durch unverändert hohe Stimmenanteile im ländlichen Raum gesichert. Die BNF etablierte sich hingegen als wichtige urbane politische Kraft. Das erste Mal in der politischen Geschichte Botswanas hatte eine Oppositionspartei bei Wahlen ernsthaft am Thron der BDP gerüttelt.

Nur drei Minister der alten Regierung (darunter *Festus Mogae)* fanden sich in der neuen Regierung des wiedergewählten Präsidenten Masire wieder. Darunter war auch der 1992 zurückgetretene *Daniel Kwegalobe,* der zwischenzeitlich vom nationalen Gerichtshof in Lobatse vom Vorwurf der Bestechlichkeit freigesprochen worden worden war. Mehrere kleinere Unruhen erschütterten das Land in den Monaten nach der Wahl. **Anfang 1995** kam es nach **Demonstrationen** von Studenten und arbeitslosen Jugendlichen zu Ausschreitungen in der Hauptstadt Gaborone, bei denen während dreitägiger Straßenkämpfe und Plünderungen ein Mensch ums Leben kam. Die BNF wies Unterstellungen der Regierung, sie habe die Unruhen geschürt, zurück. Sie griff die Regierung ihrerseits mit der Feststellung an, die Demonstrationen seien eine Antwort der Bevölkerung auf **hohe Arbeitslosigkeit** und andere soziale Probleme, welche die Politik der Regierungspartei BDP zu verantworten habe. Die staatlichen Sicherheitskräfte hätten zudem unnötig brutale Gewalt gegenüber Demonstranten an den Tag gelegt.

Im **Juni 1995** ließ der Direktor der botswanischen Zentralbank verlautbaren, eine **neue ökonomische Strategie** sei notwendig, um die sozialen und ökonomischen Probleme des Landes zu bewältigen. Im Folgemonat Juli scheiterte ein parlamentarisches Misstrauensvotum der BNF, das der Regierung aufgrund „ihres Unvermögens, politisch auf die sozialen Probleme des Landes zu reagieren" und wegen der Verwicklung von Regierungsmitgliedern in den Finanzskandal um die National Development Bank das Vertrauen entziehen wollte. Nach Durchführung eines nationalen Referendums wurden im August und September **1997** von der BNF seit Jahren geforderte **Verfassungsänderungen** zur Senkung des Mindestwahlalters auf 18 Jahre, zur Begrenzung der Präsidentschaft auf zwei Legislaturperioden und zur Schaffung einer unabhängigen Wahlkommission (anstelle des bislang vom Präsidenten bestimmten Wahlleiters) vollzogen. Die Beteiligung der Bevölkerung an diesem Referendum lag nach offiziellen Angaben nur bei 16,7%.

Im September 1997 trat der bisherige Landwirtschaftsminister, *Roy Blackbeard,* aufgrund von Korruptionsvorwürfen zurück. Im November gab Masire bekannt, er werde sich im März 1998 aus der Politik zurückziehen. Einer drei Monate zuvor vorgenommenen Verfassungsänderung folgend, rückte der bisherige Vize-Präsident **Festus Mogae** ins Amt des Staatspräsidenten nach. *Mogae* wurde am 1. April 1998 offiziell als Präsident vereidigt. Er übernahm das Kabinett *Masires* und bestimmte den ältesten Sohn *Seretse Khamas* und bisherigen leitenden General der Armee BDF, Generalleutnant *Ian Khama,* zum Vize-Präsidenten. *Khama* nahm den Sitz des zurückgetretenen Ministers *Blackbeard* in der Nationalversammlung ein und wurde im Juli 1998 vereidigt.

Landschaft auf dem Weg
nach Kubu Island

In der Zwischenzeit hatte die Feindschaft zwischen dem Führer der oppositionellen BNF, *Kenneth Koma,* und seinem Stellvertreter, *Michael Dingake,* zu einem Riss durch die Partei geführt. Auf dem jährlichen Parteitag der BNF im April 1998 eskalierten die Streitigkeiten der beiden Flügel. Unter Führerschaft *Dingakes* gründeten abtrünnige Mitglieder des Zentralkommittees der Partei im Juni die BCP (Botswana Congress Party), der sich 11 der 13 BNF-Parlamentarier in der Nationalversammlung anschlossen. Im Juli 1998 wurde die BCP zur offiziellen Oppositionspartei erklärt. Die BDP unter dem amtierenden Präsidenten *Festus Mogae* wurde bei den **Wahlen** im Oktober 1999 trotz weiterhin sinkender Zustimmung der Wähler als Regierungspartei bestätigt. Auch bei den Parlamentswahlen im Oktober 2004 gab es mit 52% der abgegebenen Stimmen einen klaren Sieg der Regierungspartei BDF, sodass der inzwischen 65-jährige Präsident *Festus Mogae* seine zweite Amtszeit antreten konnte. An seiner Seite brachte sich der im Volk beliebte Sohn *Seretse Khamas,* Vize-Präsident **Ian Khama,** gekrönter Führer des mächtigen Stammes der Bangwato, schrittweise als Nachfolger in Stellung. *Khama* gab sich selbstbewusst und zögerte nicht, gesellschaftliche Probleme medienwirksam aufzugreifen und auch Missstände in der Regierung offen anzuprangern.

Land und Leute

Nachdem *Mogae* bereits vorab seinen Rücktritt angekündigt hatte, übergab er das Amt des Präsidenten im April 2008 erwartungsgemäß an **Ian Khama**. Bei seiner Vereidigung kündigte Khama an, die Politik *Mogaes* weiterzuführen, und sprach sich gegen einen radikalen politischen Kurswechsel aus. Bei den folgenden Parlamentswahlen Mitte Oktober 2009 wurde er durch die große parlamentarische Mehrheit der BDP für eine weitere fünfjährige Amtszeit bestätigt.

Zunehmend erfolgreich ist die Regierung bei der Behandlung und Bekämpfung der **AIDS-Epidemie** im Land. So kommen immer mehr Patienten in den antiretroviralen Behandlungsprogrammen unter, während die Rate neuer HIV-Infektionen sinkt. Neuere Zahlen weisen eine niedrigere HIV-Durchseuchung der Bevölkerung aus als vormals angenommen (2010: ca. 24%).

Verhältnis zu den Nachbarländern

Während der 1980er Jahre blieben die Beziehungen zu **Südafrika** infolge verschiedener gewaltsamer südafrikanischer Destabilisierungsversuche gespannt. Trauriger Höhepunkt der vom südafrikanischen Geheimdienst und der südafrikanischen Armee in Botswana verübten Übergriffe und Terrorakte war neben verschiedenen Bombardierungen und Sprengstoffanschlägen ein Überfall auf angebliche ANC-Basen in Gaborone im Juni 1985, bei dem 15 Menschen getötet wurden. Mit dem politischen Wandel in Südafrika und dem Amtsantritt der Regierung Mandela/Mbeki 1994 fand eine grundlegende Entspannung des politischen Verhältnisses statt. Im **Juni 1994** nahmen beide Länder **vollständige diplomatische Beziehungen** zueinander auf. Teile des während der 1980er Jahre errichteten „ANC Defence"-Zaunes entlang der südafrikanisch-botswanischen Grenze sind noch heute vorhanden. Im Jahr 2000 unterzeichneten beide Staaten ein Verteidigungsabkommen sowie ein gemeinsames Abkommen zur Bekämpfung der Kriminalität.

Das Verhältnis zur ZANU-Regierung *Robert Mugabes* in **Simbabwe** wird als korrekt, aber wenig freundlich charakterisiert. Während der 1980er Jahre kam es immer wieder zu Zusammenstößen botswanischer Truppen und bewaffneter Simbabwer entlang der Grenze, die eine Folge der Rückführung von simbabwischen Flüchtlingen und mutmaßlicher simbabwischer Guerillaaktivität waren. Ende 1989 hatten angeblich alle simbabwischen Flüchtlinge Botswana verlassen. Ein wachsendes Problem seit Beginn der 1990er Jahre stellt die hohe Zahl von Simbabwern unter **illegalen Immigranten** nach Botswana dar, eine Folge des zunehmenden Verfalls des simbabwischen Staates. Im September 2003 sah sich die botswanische Regierung zum Bau eines 640 km langen elektrifizierten Grenzsperrzauns gezwungen, um neben einem Übergreifen der in Simbabwe epidemisch aufgetretenen Maul- und Klauenseuche auf Botswana auch die illegale Einwanderung in der Region um Francistown unter Kontrolle zu bringen. Die Beteiligung der Regierung *Mugabe* an militärischen Operationen im Bürgerkriegsland Demokratische Republik Kongo (ehemaliges Zaïre) wurde in Botswana mit großer Zurückhaltung verfolgt.

Die Beziehungen zu **Namibia** waren nach Erlangung der Unabhängigkeit Namibias 1990 zunächst von Annäherung geprägt. **1992** kam es jedoch im Rahmen beiderseitiger territorialer Ansprüche auf die Insel Sedudu (in Namibia auch Kasikili Island genannt) im Bereich des Chobe National Park zu **bewaffneten Grenzkonflikten.** 1996 einigten sich beide Länder darauf, den Fall vor dem internationalen Gerichtshof in Den Haag verhandeln zu lassen. Botswana ging jedoch nicht auf die namibische Forderung ein, seine demonstrativ auf der Insel gehisste Nationalflagge zu entfernen und seine Truppen zurückzuziehen. Gegenstand weiterer Spannungen war der Ausbau der botswanischen Luftwaffe und der botswanische Kauf von Panzern, die nach Meinung der namibischen Regierung den militärischen Druck auf Namibia erhöhen sollten. Die botswanische Regierung hat ihre Waffenkäufe stets mit dem Hinweis verteidigt, sie wolle sich in Zukunft stärker an regionalen und internationalen Friedenssicherungs- und Hilfseinsätzen beteiligen. Namibias 1996 verkündete Entscheidung, an den Popa Falls am Oberlauf des Okavango einen Staudamm errichten und eine Wasser-Pipeline vom Okavango nach Windhoek bauen zu wollen, sowie die Errichtung eines botswanischen Tiersperrzaunes („Caprivi Fence") entlang der Grenze zum namibischen Caprivi-

Streifen Anfang 1997 führten zu einer weiteren Belastung der **angespannten Beziehungen** beider Staten. 1998 kamen im Bereich der Insel Situngu im Chobe River erneut Streitigkeiten über den genauen Grenzverlauf zwischen Botswana und Namibia auf. Eine Entscheidung des internationalen Gerichtshofs im Sedudu-Fall fiel 1999 zugunsten Botswanas aus. 2003 einigten sich beide Länder schließlich auf eine gemeinsame Demarkationslinie ihrer Grenzen im Verlauf der Flüsse Kwando, Linyanti und Chobe.

Bereits 1994 gründeten Botswana, Angola und Namibia die **„Okavango River Basin Commission",** um unterschiedliche Interessen bei der Nutzung der Wasserressourcen des Okavangos aufeinander abzustimmen.

Wirtschaft

„Eines Tages bemerkte ich, dass im neuen Sportstadion von Gaborone die Flutlichter brannten. Ich erinnerte mich daran, dass ich 1967 nach Kinshasa (damaliges Zaïre) geflogen war und dort aus der Luft große beleuchtete Straßenzüge beobachtet hatte. Damals fragte ich mich, ob wir solche Lichter jemals in Botswana haben würden. Ich denke, wir haben seitdem einen großen Schritt nach vorn gemacht."

Sir Ketumile Masire,
ehemaliger Staatspräsident (1980–98)

Aus dem **einstigen Armenhaus Betschuanaland** ist seit der Eröffnung der ersten Diamantenmine bei Orapa im Jahr 1971 ein **wohlhabender Staat** geworden, der eine konsequent marktwirtschaftliche Politik betreibt, den Ausbau von Infrastruktur, Bildungs- und Gesundheitswesen sowie die Öffnung des Landes für ausländische Investoren vorantreibt und auch selbst an den internationalen Märkten renditeorientiert investiert. Wer das noch heute in weiten Teilen nur rudimentär entwickelte Land als wild und unerschlossen beschreibt, sollte sich klarmachen, wie ursprünglich ganz Botswana noch vor 30 Jahren ausgesehen haben dürfte.

Allgemeines

Einige der im Folgenden genannten Zahlen und Fakten stammen aus dem Jahresbericht des staatlichen Germany Trade & Invest (s.a. www.qtai.de).

Die enorme ökonomische Schubkraft der botswanischen Diamantenressourcen haben Botswana während der ersten beiden Jahrzehnte nach der Unabhängigkeit das höchste **Wirtschaftswachstum** weltweit beschert – allerdings ausgehend von einem sehr niedrigen Niveau. Das Bruttoinlandsprodukt (BIP) betrug 2009 12,3 Milliarden US-$, das entspricht 6500 US-$ pro Kopf der Bevölkerung. 47% des BIP wurden durch Einnahmen im Minen- und Bergbausektor (davon der weitaus überwiegende Teil im Diamantenbergbau) erzeugt. 51% entfielen auf den Dienstleistungssektor. Nur 1,8% wurden im Landwirtschaftssektor erwirtschaftet. Das Wirtschaftswachstum betrug 2006 noch 4,7%. 2009 schrumpfte das Bruttoinlandsprodukt (BIP) im Zuge der weltweiten Finanz- und Wirtschaftskrise, von der das vom Diamantenexport abhängige Land schwer getroffen wurde, um mindestens 5,4%. Für 2010 erhofften sich Landeskenner ein Ende der heftigen Wirtschaftskrise. Bis 2009 wurden seit Mitte der 1980er Jahre kontinuierlich Haushaltsüberschüsse erwirtschaftet. Die Inflationsrate lag zuletzt (2010) bei ca. 6%. Die staatlichen Devisenrücklagen wurden 2009 mit 9 Milliarden US-$ beziffert, daraus lässt

bo11_022 Foto: cl

sich der weltweit höchste Wert pro Kopf der Bevölkerung ermitteln. Die Auslandsverschuldung ist für afrikanische Verhältnisse gering (2009: 1,6 Mrd. US-$).

Das Gros der **Importe** wird aus Südafrika bezogen, mit deutlichem Abstand gefolgt von Namibia und Simbabwe. **Exporte** gelangen vor allem nach Großbritannien, in die übrigen Länder der Europäischen Union (EU) und die Länder der Zollunion SACU. Die EU garantiert Botswana über die **Abkommen von Lomé** einen präferentiellen Marktzugang und durchschnittlich 20 bis 50 Prozent höhere Preise beim Absatz von Rindfleisch als andere Märkte. Sie wird daher bevorzugt mit Fleisch beliefert. Botswana ist derzeit **Afrikas größter Exporteur von Rindfleisch.** Die offizielle **Arbeitslosenquote** pendelt seit Jahren **zwischen 20 und 30%.** Das durchschnittliche **Monatsgehalt** liegt real zwischen 1000 und 3000 Pula (umgerechnet **150 bis 350 Euro**). Noch etwa 12.000 botswanische Männer waren 1998 als **Wanderarbeiter** im südafrikanischen Bergbau beschäftigt, wobei die Zahlen insgesamt rückläufig sind. Insgesamt arbeiten 40.000 bis 50.000 Botswaner in Südafrika.

Trotz des relativ hohen Pro-Kopf-Einkommens ist nicht zu übersehen, dass das auf den ersten Blick beeindruckende Wirtschaftswachstum Botswanas nur eine bescheidene, **fragile Basis** besitzt. Die starke Abhängigkeit von Weltmarkteinflüssen und das traditionelle Abhängigkeitsverhältnis zum Nachbarland Südafrika haben dem ökonomischen System ihren Stempel aufgedrückt. Eine gerechte Verteilung des Wohlstands ist der botswanischen Regierung bislang nicht gelungen. Ca. 30% der Bevölkerung lebt dauerhaft unterhalb der Armutsgrenze. Allgemeine Armut, Arbeitslosigkeit und die enorme gesellschaftliche und ökonomische Bedrohung durch AIDS sind die zur Zeit größten Herausforderungen für den sozialen und wirtschaftlichen Frieden des Landes. Ein Großteil der ländlichen Bevölkerung ernährt sich traditionell von **Subsistenzwirtschaft** in

Form kleiner Kulturen von Hirse, Sorghum (ein Hirsegras), Mais, Bohnen, Kürbissen und Melonen, deren Erträge kaum in die wirtschaftlichen Bilanzen des Landes eingehen, aber das Überleben einer Bevölkerungsmehrheit sichern. Einer jährlichen Zahl von mehr als 40.000 Schulabgängern steht eine verhältnismäßig geringe Erhöhung der ca. 300.000 „echten" Arbeitsplätze (Beschäftigung durch Subsistenzwirtschaft und Gelegenheitsarbeit nicht mitgezählt) um derzeit jährlich 1,5% gegenüber. In vielen Bereichen werden mangels eigener qualifizierter Kräfte bislang vor allem Ausländer beschäftigt (z.B. Mediziner, Ingenieure oder Piloten). Diese Fachkräfte werden jedoch zunehmend durch neuausgebildete Botswaner ersetzt.

Da sich das hohe Wirtschaftswachstum nicht positiv auf die Beschäftigungsquote niedergeschlagen hat, ein weiterer Ausbau des Bergbaus derzeit kaum möglich ist, und die Abhängigkeit vom Diamantenbergbau das Land ökonomisch verwundbar macht, wurden von verschiedener Seite (z.B. vom internationalen Währungsfond, IWF) **wirtschaftliche Reformen** angemahnt. Die bis 2008 agierende Regierung von Präsident Festus Mogae sagte unter starkem innenpolitischen Druck zu, einen Strukturwandel zugunsten der Neuschaffung von Arbeitsplätzen einzuleiten, die Bekämpfung der allgemeinen Armut zu forcieren und eine **Privatisierung staatlicher Betriebe** durchzuführen. Über eine höhere Beschäftigung soll auch eine gerechtere Verteilung des relativen Reichtums erzielt werden. Kritiker befürchten, dass die Privatisierung der Staatsbetriebe keine Belebung auf dem Beschäftigungsmarkt erzielen wird, sondern noch weitere Arbeitsplatzverluste nach sich zieht. Ein **Strategieentwurf der Regierung ("Vision 2016")** sieht auch die Errichtung eines leistungsfähigen Netzes sozialer Sicherheit vor.

Botswana praktiziert **Wirtschaftsplanung.** Wichtiges Ziel des aktuellen, bis 2015 gültigen nationalen Entwicklungsplanes ist neben der Neustrukturierung der produzierenden Industrie auch ein schonender Ausbau des Tourismus. Wachsende Bedeutung kommt der Förderung ausländischer Investitionen im Land zu. Gelockt wird mit hohen Förderun-

Typische Siedlungsstruktur auf dem Land

gen und Abschreibungsmöglichkeiten. Neben kleineren Investoren gelang es der Regierung in den 1990er Jahren, auch große Betriebe wie den koreanischen Autokonzern Hyundai mit einer Fahrzeugfabrik nach Botswana zu ziehen (die Fabrik musste jedoch im Jahr 2000 wegen finanzieller Probleme geschlossen werden und wurde nach Südafrika verkauft). Große Wichtigkeit wird der Suche nach weiteren Bodenschätzen beigemessen, da mit einer Erschöpfung der derzeit erschlossenen botswanischen Diamantlagerstätten innerhalb der nächsten 30–40 Jahre zu rechnen ist. Der **Aufbau einer modernen Verkehrs- und Kommunikationsinfrastruktur** macht unterdessen gute Fortschritte. Anfang 2011 waren mehr als 6000 km asphaltierte Straßen vorhanden, die Asphaltierungsarbeiten an allen großen Überlandverbindungen waren abgeschlossen. Die Zahl der festen Telefonanschlüsse wurde 2008 mit mehr als 140.000 angegeben. Der Aufbau eines landesweiten Mobilfunknetztes wurde 1999 weitgehend abgeschlossen. 2008 waren ca. 1,5 Mio. Nutzer von Mobilfunktelefonen und etwa 120.000 Internet-Nutzer registriert. Bereits vor zehn Jahren wurden die Arbeiten am mehr als 350 Mio. US-$ teuren **North-South Water Carrier Project** beendet, das die langfristige Wasserversorgung in den Städten Ostbotswanas sichern soll. Jedoch schreitet die Urbanisierung gerade im Osten des Landes zügig voran. Aus Dörfern, die zunächst von Grundwasser leben konnten, haben sich mittlerweile Städte mit mehreren tausend Einwohnern entwickelt. Durch das zunehmend knapp werdende Grundwasser müssen diese Städte zügig ans nationale Wassernetz angeschlossen werden. Eines der wichtigsten Projekte ist daher der Bau einer zweiten Nord-Süd-Versorgungspipeline, der North-South Water Carrier 2 (NSC 2), da die Kapazität der bereits bestehenden Pipeline nur noch bis etwa 2012/13 reicht.

Botswana ist Gründungsmitglied der 1979 ins Leben gerufenen Wirtschafts- und Entwicklungsgemeinschaft **SADC** (**Southern African Development Community,** bis 1992 SADCC), der neben Botswana Angola, Lesotho, Malawi, Mosambik, Namibia, Sambia, Simbabwe, Swasiland und Tansania angehören (unter der Regierung *Mandela* trat 1994 auch Südafrika der SADC bei). Die SADC wurde gegründet, um die politische, soziale und wirtschaftliche Integration der Mitgliedsländer zu fördern, Infrastruktur und Handel untereinander zu verbessern und um die ökonomische Abhängigkeit von Südafrika zu vermindern. Das SADC-Generalsekretariat befindet sich in Gaborone. Mit Südafrika, Namibia, Lesotho und Swasiland verbinden Botswana enge wirtschaftliche Beziehungen im Rahmen der Zollunion SACU (Southern African Customs Union). Entwicklungshilfe größeren Umfanges empfängt Botswana kaum noch.

Diamantenbergbau

Die ökonomische Perspektive Botswanas änderte sich schlagartig mit der **Entdeckung des weltweit zweitgrößten Diamantvorkommens bei Orapa 1967** durch Geologen des Diamanten-Monopolisten De Beers, die damit eine zwölfjährige Prospektionsperiode zum erfolgreichen Abschluss brachten. **1971** wurde die **Orapa-Diamantenmine** offiziell eröffnet. **1977** kam die nahe gelegene **Letlhakane-Diamantenmine** hinzu. Zu diesem Zeitpunkt galt Orapa bereits als eine der ergiebigsten Diamantenminen weltweit. Einen gewaltigen Output verzeichnet auch die **1982** eröffnete **Jwaneng-Diamantenmine** ca. 400 km südlich von Orapa. Alle Minenorte besitzen heute eine moderne, autarke Infrastruktur, die auch ein eigenes Krankenhaus beinhaltet.

Der Diamantenbergbau an den genannten Standorten wird von der Gesellschaft **Debswana (De Beers Botswana Mining Company)** im Tagebau betrieben. Debswana ist ein Joint Venture zwischen der Regierung Botswanas und dem südafrikanischen De Beers-Konzern. Beide Partner sind an Debswana zu 50 Prozent beteiligt. 75 Prozent der erwirtschafteten Profite gehen an die Regierung Botswanas. Eine paritätische Teilhaberschaft besteht auch für die in Gaborone ansässige Debswana-Tochter Botswana Diamond Valuing Company, die eine Valuierung der vorsortierten Steine durchführt. Die Endsortierung findet im Orapa House in Gaborone statt. Der Verkauf der Diamantensortimente erfolgt über die Vermarktungsorganisation des internationalen Diamantensyndikats, die in London ansässige Central Selling Organization (CSO), über die etwa 80 Prozent des Weltmarktes für Rohdiamanten kontrolliert werden (siehe auch Exkurs „Geheimnisvolle Diamanten").

Die **Gesamtfördermenge** an Diamanten lag 2008 bei mehr als 32 Mio. Karat (1 Karat = 200 mg), der größte Teil davon aus der Orapa-Mine. In manchen Jahren kommen bis zu 40 Prozent aller weltweit verkauften Schmuckdiamanten aus Botswana, das heute als **größter Produzent von Schmuckdiamanten weltweit** gilt, als zweitgrößter Diamantenproduzent überhaupt (nach Russland) und bei der Betrachtung des Wertes der Gesamtfördermenge inzwischen an erster Stelle steht (noch vor Russland).

Botswanas Bergbau litt 2009 heftig unter der weltweiten **Finanz- und Wirtschaftskrise.** Das Land ist extrem vom Diamantenexport abhängig. Debswana musste seine Aktivitäten in der ersten Jahreshälfte 2009 aufgrund der eingebrochenen Nachfrage nach Diamanten

sogar zeitweise einstellen. Ende 2009 arbeiteten drei der vier Hauptminen zwar wieder auf erhöhtem Niveau, allerdings lag die Gesamtproduktion für 2009 deutlich niedriger als in den Vorjahren. Wenn Debswana als Monopolist im Diamantensektor entscheidet – wie 2009 geschehen –, die Produktion so lange zurückzufahren, bis die Preise für die Edelsteine wieder ansteigen, hat dies fatale Folgen für das ganze Land.

Debswana kündigte Ende 2009 überraschend den umfangreichen Ausbau der **Jwaneng-Mine** für rund 3 Milliarden US$ an. Sollte diese Investition realisiert werden, wäre sie eines der größten Projekte in der Wirtschaftsgeschichte des Landes.

1998 wurden im Nordosten Botswanas und in der zentralen Kalahari **weitere diamanthaltige Kimberlitschlote** entdeckt. 2000 nahm die Lerala-Diamantenmine (Debswana) in den Tswapong Hills ihren Betrieb auf. Ende 2002 wurde nahe Orapa eine weitere kleine Diamantenmine, die Damtshaa Mine (Debswana), eröffnet. Neben De Beers haben mittlerweile auch mehrere kleinere Diamantenunternehmen (vor allem aus Kanada) Prospektionslizenzen erhalten. Das Schneiden und Polieren der Steine geschieht in zwei Spezialfabriken in Serowe und Molepolole, die Debswana bzw. der israelischen Gruppe Schachter & Namdar (übernahm die Fabrik in Molepolole 1998 von der amerikanischen Firma Lazare Kaplan International) gehören.

Der Anteil des Diamantenbergbaus am BIP hat sich von 1% im Fiskaljahr 1971/72 über 32% (1979/80) und einem Höhepunkt von 53% (1988/89) auf unter 40% (2008/09) entwickelt. 2008 zeichneten **Diamanten** für **64% des botswanischen Exporterlöses** verantwortlich. Diese Entwicklung spiegelt vorsichtige Erfolge im wirtschaftlichen Strukturwandel – weg von der Dominanz des Diamanten-Sektors, hin zu produzierendem Gewerbe, Dienstleistungen und Tourismus – wider. Nur etwa 5% aller Beschäftigten sind im Diamantenbergbau tätig. Fachleute gehen davon aus, dass die derzeit bekannten botswanischen Diamantlagerstätten in 30 bis 40 Jahren erschöpft sein werden: Orapa-Mine (Jahresproduktion 2008 etwa 17 Mio. Karat, im Jahr 2009 geschätzte Abbaureserven ca. 26 Jahre), Jwaneng-Mine (13 Mio. Karat, ca. 36 Jahre), Letlhakane-Mine (fast 1 Mio. Karat, ca. 13 Jahre) und Damtshaa-Mine (rund 0,7 Mio. Karat, ca. 32 Jahre). Entsprechend nachdrücklich wird daher die Suche nach neuen Bodenschätzen vorangetrieben, zumal in weiteren Bereichen der Kalahari Diamantvorkommen vermutet werden.

Abbau anderer Bodenschätze, Energiewirtschaft

Botswana besitzt neben seinem ökonomisch entscheidenden Reichtum an Diamanten zum Teil **beträchtliche Vorkommen** an Kupfer, Nickel, Gold, Platin, Silber, Chrom, Eisenerzen, Mangan, Kobalt, Uran, Asbest, Graphit, Gips, Kaolin, Salz, Sodaasche, Kohle und Halbedelsteinen. In der Kalahari werden auch umfangreiche Erdölvorkommen vermutet. Eine industrielle Förderung wird allerdings nur in einigen Rohstoffsektoren als rentabel eingeschätzt. Industriell ausgebeutet werden seit vielen Jahren **Kupfer-Nickel-Vorkommen** bei Selebi-Phikwe. Die dortigen Bergbauoperationen bewegten sich über viele Jahre bei sinkenden Weltmarktpreisen für Kupfer und Nickel jedoch am Rande der Rentabilität. Erst in jüngster Zeit gelangten die Minen von Selebi-Phikwe mit steigenden Rohstoffpreisen in die Profitzone. Zwei kleinere Kupfer-Nickel-Bergwerke existieren in der Nähe von Francistown. Eine weitere Abbaulizenz wurde jüngst für den Raum Thakadu/Makala im Central District erteilt. Andere Bemühungen, den Rohstoff- und Energiesektor auszubauen und zu diversifizieren, gestalteten sich bislang schwierig. So scheiterten 2008 der Bau einer Nickelraffinerie (Tati Nickel Refinery Project) und der Bau eines neuen Kohlekraftwerks (Mmamabula Energy Project, MEP).

Steinkohle (geschätzte Gesamtvorkommen: ca. 17 Mrd. Tonnen) wird vor allem in der Nähe von Serowe und Palapye für den Bedarf des bislang einzigen botswanischen **Kraftwerks Morupule** abgebaut. Auf die sich abzeichnende Stromknappheit reagiert Botswana derzeit mit dem Ausbau von Morupule. Die Anlage verfügt über eine Kapazität von 120 MW, die bis 2012 auf 600 MW erhöht werden soll. Der Umbau des vom lokalen Stromversorgers Botswana Power Corporation (BPC) betriebenen Kraftwerks dürfte mehr als 1,2 Mrd. US$ kosten. Die notwendige Technik kommt vor allem aus der VR China.

Land und Leute

1991 wurde am Rande der Sowa Pan bei Nata mit dem Abbau von **Soda-asche** begonnen. Konkurrenzdruck und Konjunkturschwankungen, finanzielle Schwierigkeiten sowie Probleme mit negativen Witterungseinflüssen (hohe Niederschläge) haben zwischenzeitlich aber eine Förderung im Bereich der angestrebten Zielgrößen verhindert. Die Ausbeutung von Mangan-Vorkommen am Kgwakgwe Hill wurde 1993 eingestellt. **Halbedelsteine** (z.B. Achat) und **Gold** wurden in den vergangenen Jahren nur in sehr geringen Mengen geför-

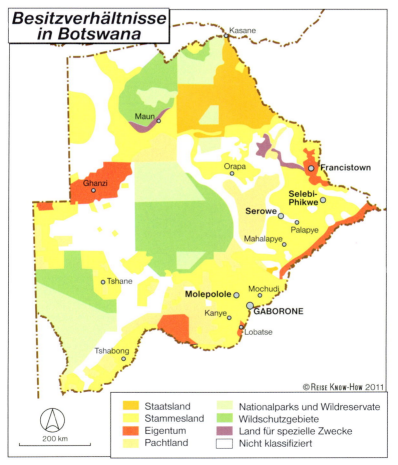

Besitzverhältnisse in Botswana

Kasane
Maun
Orapa
Ghanzi
Francistown
Selebi-Phikwe
Serowe
Palapye
Mahalapye
Tshane
Mochudi
Molepolole
Kanye
GABORONE
Lobatse
Tshabong

© REISE KNOW-HOW 2011

200 km

Staatsland
Stammesland
Eigentum
Pachtland
Nationalparks und Wildreservate
Wildschutzgebiete
Land für spezielle Zwecke
Nicht klassifiziert

dert. In der letzten Zeit wurden neue Prospektionslizenzen für Diamanten, Platin und Gold an verschiedene Unternehmen aus Südafrika, Australien und Kanada vergeben.

Darüber hinaus bemüht sich Botswana um die Nutzung der mehr als reichlich vorhandenen **Sonnenenergie.** So fertigte die deutsche Firma Fichtner eine Vor-Machbarkeitsstudie für ein 200-MW-Solarthermie-Kraftwerk an, die zunächst einmal grünes Licht für das am-

bitionierte Projekt gab. Ende 2009 suchte die botswanische Regierung nach ausländischen Partnern für eine bankfähige Machbarkeitsstudie. Der Bau des Kraftwerks würde teuer und müsste daher subventioniert werden. Die nötigen Mittel würde nach eigener Auskunft die Regierung stellen, betrieben werden soll das Kraftwerk von einem privaten Partner. Auch **Photovoltaik** soll zunehmend genutzt werden. Im Rahmen des Nationalen Solaren

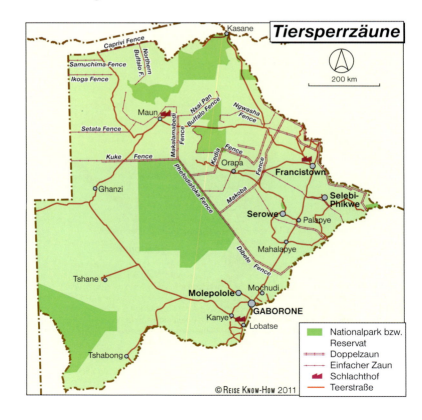

Tiersperrzäune

200 km

Nationalpark bzw. Reservat
Doppelzaun
Einfacher Zaun
Schlachthof
Teerstraße

© REISE KNOW-HOW 2011

Botswanas Tiersperrzäune

Überlandreisende werden in Botswana bereits nach wenigen hundert Kilometern Fahrstrecke registrieren, dass das Land von einem ausgedehnten System veterinärmedizinischer Sperrzäune durchzogen ist, die als **„Veterinary Cordon Fence"** oder **„Buffalo Cordon Fence"** bezeichnet werden. An den Durchlassstellen der Zäune werden Kontrollen auf Tiere, rohes Fleisch und andere Tierprodukte durchgeführt, die in der Regel nur mit einer Transportgenehmigung des Department of Animal Health and Production (DAHP) in einen anderen veterinärmedizinischen Sektor transportiert werden dürfen (siehe dazu die Kapitel „An-, Ein- und Ausreise" und „Reisen in Botswana" im Abschnitt „Praktische Tipps A–Z"). Wenn es zu einem Ausbruch von **Rinderkrankheiten** kommt (wie zuletzt im Fall der kontagiösen bovinen Pleuropneumonie), werden die ansonsten eher lax gehandhabten Kontrollen mit großer Konsequenz und Schärfe durchgeführt und alle nicht für den Transport genehmigten Tiere und Tierprodukte werden an den Durchtrittsstellen konfisziert.

Die im Englischen abgekürzt auch **„Vet Fences"** genannten Zäune sind etwa 1,5 Meter hoch (teilweise auch bis 3 Meter) und in der überwiegenden Zahl in Form zweier parallel verlaufender Einzelzäune angeordnet. Die ersten Zäune dieser Art, der Dibete Fence und der Kuke Fence, wurden bereits in den 1950er Jahren – noch während der Zeit als britisches Protektorat – errichtet, um die Übertragung und Ausbreitung der **Maul- und Klauenseuche** („Foot and Mouth Disease", abgekürzt „FMD") einzugrenzen. Obwohl man annimmt, dass Büffel und Gnus das natürliche Reservoir dieser Infektionskrankheit darstellen und aus diesem Grund die Trennung von Wildtieren und Nutztieren sinnvoll erscheint, konnte bis heute nicht der endgültige Beweis erbracht werden, dass Büffel oder Gnus den Erreger der Maul- und Klauenseuche auf Rinder übertragen. Mit dem Ausbau einer kommerzialisierten und exportorientierten Viehwirtschaft, dem Auftreten weiterer Infektionskrankheiten neben der Maul- und Klauenseuche und der Anpassung der Fleischwirtschaft an strenge EU-Richtlinien kam es nach 1960 zu einer erheblichen Ausweitung des Sperrzaunsystems. Heute sind landesweit mehr als 3000 km Tiersperrzäune vorhanden, die Wildtieren ihre traditionellen Wanderungen zwischen geeignetem Weideland und wasserführenden Gebieten wie dem Okavango-Delta nahezu unmöglich machen.

Schätzungen von Fachleuten haben ergeben, dass allein in den Dürrejahren 1979/80 etwa 250.000 Wildtiere infolge der Tiersperrzäune verdurstet sind. Als besonders verhängnisvoll wird dabei der Kuke Fence entlang der Nordgrenze des Central Kalahari Game Reserve bewertet, der die Tierherden der zentralen Kalahari von den Wasserquellen des Okavango-Systems abschneidet. **Ein 1992 veröffentlichter Bericht beziffert den Verlust an Wildtieren während der vergangenen drei Jahrzehnte auf 1,2 Millionen Tiere.** Dabei werden neben indirekten Verlusten z.B. durch Verdursten auch die direkten Verluste durch im Zaun verfangene oder strangulierte Tiere mit eingerechnet. Besonders kritisch wurde in den 1990er Jahren die Errichtung neuer Sperrzäune im Bereich des Okavango-Deltas verfolgt, die eine Reaktion auf das Wiederauftreten der 1939 ausgerotteten kontagiösen bovinen Pleuropneumonie (Erreger: *Mycoplasma mycoides),* abgekürzt CBPP, darstellt, die 1995 vermutlich durch illegalen Viehtrieb eines Herero-Hirten aus dem Caprivi-Streifen Namibias nach Botswana eingeschleppt wurde und damit endete, dass der gesamte Rinderbestand des Distrikts Ngamiland notgeschlachtet werden musste.

Land und Leute

Ein positiver Begleiteffekt mancher Zäune ist, dass damit auch das Vordringen von Nutztieren in weite Teile des fruchtbaren Okavango-Deltas behindert wird, sodass man im Umkehrschluss auch von einer Schutzfunktion für Wildtiere sprechen kann. Allerdings hat z.B. die Errichtung des Northern Buffalo Fence am Nordrand des Deltas dazu geführt, dass ca. 20 Prozent des Deltas durch Ausgrenzung der Wildtiere für den kommerziellen Weidebetrieb gesichert wurden – bis zuletzt hatten Naturschützer und Safariveranstalter darum gekämpft, dass der Zaun weiter nördlich positioniert wird, um das Okavango-Delta unangetastet zu lassen. Die Anlage des elektrifizierten Caprivi Fence entlang der Grenze zu Namibia hat zu einer (weiteren) Belastung des politischen Verhältnisses zu Namibia geführt. Auch innerhalb der eigenen Bevölkerung **wächst der Widerstand gegen die Errichtung neuer Zäune,** die fast ausschließlich den Zielen kommerzieller Rinderfarmer dient. Unzweifelhaft hat gerade die Zerstückelung des Wildparadieses Ngamiland durch Zäune eine fatale Fragmentierung und Isolation der größten Wildpopulationen Botswanas zur Folge gehabt.

Um die Folgen bestimmter Zäune für wandernde Tiere zu mildern, hat die Veterinärbehörde DAHP inzwischen ihre Bereitschaft signalisiert, einige Zaunabschnitte ganz zu entfernen und zusätzliche **Migrationskorridore** zu öffnen. Mit Hilfe von Helikoptern kann das Wild durch derartige Korridore auf „die richtige Seite" getrieben werden. Weitaus grundsätzlicher ist die Forderung von Naturschützern, angesichts wachsender Einnahmen aus dem Öko-Tourismus (welche die Exporterlöse aus dem Fleischgeschäft mittlerweile sogar übertreffen), die Viehzucht aus dem wildreichsten Distrikt Ngamiland gänzlich zu verbannen. In Anbetracht der wohlorganisierten Viehzucht-Lobby und unter dem Hintergrund der traditionellen Bedeutung des Besitzes von Rindern dürften diese Gedanken jedoch nicht realisierbare Zukunftsmusik sein. Fest steht jedenfalls, dass der viel zitierte Wildnischarakter Botswanas durch das folgenreiche System der künstlichen Tiersperrzäune eine deutliche Relativierung erfährt. Weitgehend unbeachtet ist bislang der praktische Nutzen der Pisten für Kontrollfahrten entlang der Zäune geblieben: Sie eröffnen abenteuerlustigen Individualreisenden eine Erkundung des Landes auch abseits der ausgetretenen bzw. ausgefahrenen Wege.

bo-0148 Foto: cl

Photovoltaik-Programmes sollen umgerechnet etwa 3,5 Mio. Euro in die Installation solcher Anlagen fließen.

Ackerbau und Viehwirtschaft

Für fast 40 Prozent der Bevölkerung bildet **kleinbäuerliche Landwirtschaft** die Existenzgrundlage. Nur 1,8% des BIP werden jedoch im primären Sektor erzeugt (2008). Auf dem Land betreiben fast alle Botswaner Subsistenzwirtschaft (Selbstversorgung) in Form von Viehhaltung bzw. durch Anbau von Mais, Sorghum, Bohnen, Kürbissen und Melonen. Die Bewirtschaftung landwirtschaftlicher Kulturen ist **traditionell Sache der Frauen.** Nur 1 bis 2% der Landesfläche im Südosten und Nordosten eignen sich für großflächigen Ackerbau. Anhaltende Dürre, nährstoffarme Böden und extreme Hitze während des Sommers limitieren die bescheidenen Erträge. Im Gebiet des Tuli-Blocks befinden sich mehrere **kommerzielle Farmen,** die aus dem Limpopo gespeiste Bewässerungssysteme unterhalten und sogar Baumwolle anbauen. In der Umgebung von Kasane, Mpandametanga und südlich von Gaborone finden sich neben Anbauflächen für Sorghum und Mais auch Felder für Kartoffeln, Gemüse und Zitrusfrüchte. Botswana kann insgesamt nur einen Teil des inländischen Grundnahrungsmittelbedarfs selbst erzeugen und importiert daher unverändert hohe Mengen an **Nahrungsmitteln aus dem Ausland,** vor allem aus Südafrika.

Bis zu 40 Prozent des Landes lassen sich als **Weideland** nutzen. Die bei der Unabhängigkeit bestimmende wirtschaftliche Bedeutung der **Rinderzucht** wurde nach der Entdeckung der Diamantvorkommen statistisch gesehen stark zurückgedrängt. Allerdings wird Reichtum an Rindern traditionell mit Wohlstand, hohem Sozialprestige und gesicherter Altersversorgung verknüpft, sodass der Rinderbestand unverändert hoch geblieben ist und tendenziell sogar weiter steigt (heute dürften es über 2,5 Mio. Tiere sein). **Rinder gelten** auf dem Land noch immer **als wichtige Geldanlage** und stellen eine verbreitete „Währungseinheit" dar, beispielsweise bei der Festsetzung des Brautpreises. Moderne Grundwasser-Bohrlöcher haben ein Vordringen der Viehzucht in weite Teile der infolge des Wassermangels bislang kaum zu beweidenden Kalahari ermöglicht. Ein Übergreifen der Weidewirtschaft auf größere Teile des Okavango-Deltas ist bislang vor allem durch das Vorkommen der Tsetse-Fliege verhindert worden. Der landesweite **Viehbestand** (Rinder, Ziegen, Schafe) verteilt sich auf nur einige tausend Besitzer (nur 1% werden den „Rinderbaronen" mit mehr als 1000 Stück Vieh zugerechnet). Fast die Hälfte der Botswaner besitzt kein eigenes Vieh.

Übermäßiges Anwachsen privater Viehbestände und der Ausbau einer modernen, exportorientierten Viehwirtschaft haben zu großflächiger **Überweidung,** insbesondere im Einzugsgebiet von Bohrlöchern geführt. Dürre und **Krankheiten** führen periodisch zur Dezimierung des Viehbestandes. 1996 mussten nach dem Ausbruch einer infektiösen Rinder-Lungenerkrankung

Land und Leute

(„kontagiöse bovine Pleuropneumonie", kurz CBPP) etwa 320.000 Rinder im Nordwesten Botswanas notgeschlachtet werden. Die Besitzer erhielten für ihre geschlachteten Tiere Kompensationszahlungen in Höhe von 200 Pula (seinerzeit ca. 40 Euro entsprechend) pro Rind. Ein weitverzweigtes **System veterinärmedizinischer Tiersperrzäune** („Veterinary Cordon Fences") soll die Einschleppung und Übertragung infektiöser Rinderkrankheiten durch Wildtiere und zuwandernde Tiere verhindern. Der Nutzen derartiger Zäune und die durch sie angerichteten ökologischen Schäden sind umstritten (siehe dazu den umseitigen Text zur Thematik).

Rindfleisch zeichnet für etwa 80 Prozent der landwirtschaftlichen Exporte verantwortlich und steht an dritter Stelle in der Exportstatistik (hinter Diamanten und Kupfer-Nickel). Jährlich werden etwa 10 Prozent aller Rinder geschlachtet. In Lobatse befindet sich der größte und modernste Schlachthof Afrikas. Weitere Schlachthöfe sind in Francistown und Maun angesiedelt. Alle Fleischexporte werden über die **Botswana Meat Commission (BMC)** in Lobatse abgewickelt. Die Qualität des botswanischen Rindfleischs wird allgemein als hervorragend angesehen. Zu den Ländern der Europäischen Union besteht über die Abkommen von Lomé ein präferentieller Zugang. Derzeit werden 90 Prozent der Einfuhrgebühren erlassen. Botswanisches Rindfleisch erzielt innerhalb der EU etwa 20 bis 50 Prozent höhere Preise als auf anderen Absatzmärkten für Fleisch. Ebenfalls in Lobatse angesiedelt sind eine Fabrik für Dosenfleisch (Corned Beef) und eine Gerberei, die unter anderem Leder für den europäischen Schuh- und Modemarkt herstellt. In London befinden sich eine eigene Großkühlanlage der BMC für botswanisches Rindfleisch und eine eigenständige Verteilungsgesellschaft für die EU, welche auch als Verkaufsagentur für Fleisch aus Namibia, Simbabwe und Swasiland auftritt.

Der Beitrag von **Forst- und Fischereiwirtschaft** am Bruttoinlandsprodukt ist marginal. Im Raum Kasane findet in begrenztem Umfang eine kommerzielle Nutzung von Teakhölzern statt (Kasane besitzt ein Sägewerk). Der überwiegende Teil der „Forstwirtschaft" entfällt jedoch auf die Feuerholznutzung. Im Okavango-Delta und im Bereich von Chobe und Linyanti wird Fischfang im Rahmen von Subsistenzwirtschaft betrieben.

Verarbeitende Industrie

In der verarbeitenden Industrie werden ca. 5% des BIP erzeugt. Der Anteil der Beschäftigten in diesem Bereich liegt bei ca. 10 Prozent. Die Regierung setzt bei der Bekämpfung der Arbeitslosigkeit und der Verminderung der Abhängigkeit vom Diamantenbergbau in den kommenden Jahren auf den **Ausbau der verarbeitenden Industrie.** Als Hauptabsatzmarkt gelten die Länder der Zollunion SACU. Bislang existieren mehrere größere **Textilbetriebe,** die vor allem Südafrika beliefern, nachdem im Zuge der Abwertung des Simbabwe-Dollars schwere Einbrüche auf dem simbabwischen Textilmarkt hingenommen werden mussten. 1993 eröffnete der südkoreanische Fahrzeugkonzern Hyundai eine **Autofabrik** bei Gaborone, die 1998 nochmals ausgebaut wurde, zwei Jahre später jedoch wegen finanzieller Probleme geschlossen und nach Südafrika verkauft werden musste.

Mehrere **staatliche Förderungsmaßnahmen** sollen weitere Investoren ins Land ziehen. Dazu gehört auch die Absenkung der Unternehmenssteuer auf 15% im Jahr 1995/96. Die staatliche Botswana Development Corporation (BDC) ist ein wichtiges Steuerungs- und Hilfsinstrument für **Investitionen aus dem In- und Ausland.** Ausbaufähig sind auch bereits existierende kleinere Produktionsstätten für Metallerzeugnisse, Kunststoffe, Elektrogeräte, Chemikalien, veterinärmedizinische Impfstoffe, Seife, Schuhe, Baumaterialien und Lebensmittel.

klar ist, ob man diesen Zahlen nicht noch mehr als 100.000 illegale Einwanderer aus Simbabwe hinzufügen muss). Ein neuerlicher Zensus ist für das Jahr 2011 vorgesehen. Etwa 80 Prozent der Menschen bewohnen einen schmalen Gebietsstreifen entlang der Ostgrenze, der bessere Böden und höhere Niederschläge als das übrige, von Kalahari-Sanden bedeckte Land bietet. Fast 20 Prozent der Bevölkerung leben in den beiden größten Städten des Landes, Gaborone (ca. 250.000 Einwohner) und Francistown (ca. 115.000 Einwohner). Der Anteil der Stadtbewohner an der Gesamtbevölkerung lag 2008 bei ca. 60%. Dieser für afrikanische und auch globale Verhältnisse sehr hohe Wert ist eine Folge der traditionellen Siedlungsstruktur der Tswana in und direkt um die Stammeszentren herum.

Land und Leute

Bevölkerung

Bevölkerungsstruktur

Die **Bevölkerungszahl** Botswanas wurde 2002 (auf der Grundlage des nationalen Zensus von 2001) offiziell auf 1,69 Millionen (das entsprach einer Besiedlungsdichte von 2,9 Einw./km²) geschätzt. Für 2010 wurden ca. **1,9 Millionen** Einwohner angegeben (wobei un-

San-Porträt (Tsodilo Hills)

bo-049 Foto: cl

Das **Bevölkerungswachstum** betrug zuletzt ca. **1,8%** (2010). Statistisch gesehen bringt eine botswanische Frau im Durchschnitt vier bis fünf Kinder zur Welt. Mehr als 50 Prozent der Bevölkerung sind unter 20 Jahre alt. Die mittlere **Lebenserwartung** lag 2010 bei 61 Jahren, nach einem zwischenzeitlichen AIDS-bedingten Absinken auf 38 Jahre (2002).

Tswana

Etwa 60 Prozent der Bevölkerung sind der Volksgruppe der Tswana zuzuordnen. Die Besiedlung des heutigen Botswana durch Tswana-Stämme begann bereits im 16. Jahrhundert. In der Tswana-Sprache, dem

Hirtenjungen bei Gweta

Setswana, werden Menschen- und Volksgruppen durch das Präfix „Ba-" gekennzeichnet. Die in Botswana lebenden Tswana gliedern sich in acht Hauptstämme (Merafe), deren wichtigsten die Bangwato („Hauptstadt" Serowe), die Bakwena („Hauptstadt" Molepolole) und die Bangwaketse („Hauptstadt" Kanye) darstellen. Die Namensgebung dieser drei Stämme geht auf die Söhne des im 14. Jahrhundert lebenden, einflussreichen Tswana-Königs *Malope* zurück: Ngwato, Kwena und Ngwaketse. Weniger bevölkerungsstark sind die Batawana („Hauptstadt" Maun), die sich kurz vor dem Ende des 18. Jahrhunderts von den Bangwato abspalteten, die Batlokwa (zwischen Gaborone und Lobatse), die Bakgatla („Hauptstadt" Mochudi), die Barolong (zwischen Lobatse und Werda) und die Bamalete (um Ramotswa). Nur etwa ein Viertel aller Setswana sprechenden Menschen leben im heutigen Botswana, der Rest ist historisch bedingt (koloniale Grenzziehungen) im Nordwesten Südafrikas ansässig (siehe Abschnitt „Geschichte").

Tswana-Dörfer wurden traditionell um einen zentralen Gerichts- und Versammlungsort, genannt *Kgotla*, meist von einigen marktähnlichen Geschäften und Verkaufsständen umgeben, errichtet. Die einzelnen Tswana-Anwesen waren hofähnlich angeordnet und werden als *Lolwapa* bezeichnet. Der Häuptling *(Kgosi)* einer Tswana-Gemeinschaft lebte im Zentrum des Dorfes. Um das Anwesen des Häuptlings herum wurden in konzentrischen Kreisen die Hütten der Familien errichtet, die wiederum hierarchisch in kleinere Verwaltungsbezirke bzw. Ortsteile, genannt Wards, gegliedert waren. Die Nähe des eigenen Anwesens zum Anwesen des Häuptlings

signalisierte den sozialen Status einer Familie innerhalb der Gemeinschaft. Der Häuptling besaß unumschränkte Autorität, stützte sich während seiner Herrschaft jedoch auf einen Ältestenrat und mehrere Berater.

Die klassische Siedlungseinheit der Tswana-Familie bestand aus dem dörflichen Anwesen, einem weiteren Anwesen im Bereich des von der Familie bewirtschafteten Landes und einem sogenannten *Cattle Post*, der sich weit entfernt vom Dorf auf dem Weideland befand, wo Hirtenjungen oder feudalistisch dominierte Angehörige der San (Buschmänner) das Vieh hüteten. Wohlstand wurde in Tswana-Gesellschaften traditionell vor allem

Land und Leute

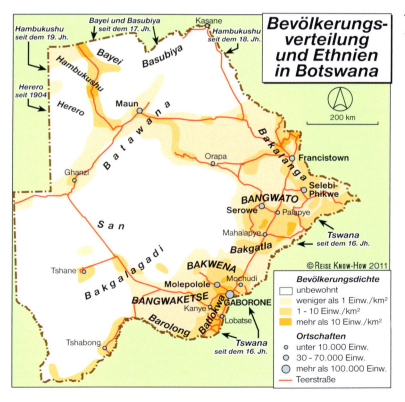

Bevölkerungs-verteilung und Ethnien in Botswana

Hambukushu seit dem 19. Jh.

Bayei und Basubiya seit dem 17. Jh.

Kasane

Hambukushu seit dem 18. Jh.

Hambukushu

Bayei

Basubiya

Herero seit 1904

Herero

Maun

Batawana

200 km

Bakalanga

Orapa

Francistown

Ghanzi

Selebi-Phikwe

BANGWATO

Serowe

Palapye

Mahalapye

Tswana seit dem 16. Jh.

Bakgatla

San

Bakgalagadi

Tshane

Mochudi

BAKWENA

Molepolole

BANGWAKETSE

Kanye

Batlokwa

GABORONE

Lobatse

Barolong

Tshabong

Tswana seit dem 16. Jh.

© REISE KNOW-HOW 2011

Bevölkerungsdichte
- unbewohnt
- weniger als 1 Einw./km²
- 1 - 10 Einw./km²
- mehr als 10 Einw./km²

Ortschaften
- unter 10.000 Einw.
- 30 - 70.000 Einw.
- mehr als 100.000 Einw.
- Teerstraße

durch die Größe des eigenen Viehbestandes bemessen. Privater Landbesitz war unüblich. Stattdessen wurde das der Gemeinschaft gehörende Land treuhänderisch durch den Häuptling verwaltet und an die einzelnen Familien zur Bewirtschaftung verteilt. Heute übernehmen diese Funktion die staatlichen Land Boards.

Kgalagadi

Botswanas erste bantusprachige Siedler waren die Bakgalagadi, die der Gruppe der Sotho-Tswana angehören. Sie besiedelten bereits deutlich vor den Tswana-Stämmen Teile des Kalahari-Gebietes, dem sie ihren Namen gegeben haben (Kgalagadi = Kalahari). Zwischen den Bakgalagadi und den San (Buschmännern) wurden zahlreiche Mischehen geschlossen. Die Bakgalagadi wurden nach dem 16. Jahrhundert unterworfen und von den Tswana-Königreichen absorbiert. Noch heute besiedeln sie sehr abgelegene und lebensfeindliche Regionen im Kalaharigebiet.

Kalanga

Die stärkste Volksgruppe nach den Tswana-Stämmen bilden die aus dem heutigen Simbabwe eingewanderten Bakalanga, die seit etwa 1000 Jahren in der Region zwischen Bulawayo und Francistown siedeln. Die Bakalanga suchten nach 1830 Schutz vor den kriegerischen Ndebele und wichen dabei teilweise nach Südwesten ins heutige Botswana aus. Die botswanischen Bakalanga mussten sich den Bangwato unterordnen, konnten ihre Kultur aber ansonsten relativ autonom weiterführen.

Yei und Subiya

Die das Gebiet des Okavango-Deltas besiedelnden Bayei erreichten Botswana im 17. und 18. Jahrhundert und wurden zunächst im Bereich der Flüsse Chobe und Linyanti sesshaft. Sie stammen ursprüglich aus dem heutigen Angola bzw. Sambia. Den Bayei folgten im Bereich des Chobe River die *Basubiya*, die einen ähnlichen Ursprung haben. Die Bayei siedelten vornehmlich an flachen Flussläufen. Mit Hilfe von Mekoro (= Einbäu-

men) arbeiteten sie sich in alle Bereiche des Okavango-Binnendeltas vor, wo sie bis heute vor allem vom Fischfang und von der Jagd leben. Sie wurden im 19. Jahrhundert von den stärkeren Batawana unterworfen und in einem der Leibeigenschaft vergleichbaren Abhängigkeitsverhältnis in das Feudalsystem der Batawana eingegliedert. Ihrerseits dominierten die Bayei in ähnlicher Weise Angehörige der San.

Mbukushu

Aus dem Gebiet des heutigen Angola und dem späteren Caprivi-Streifen fliehende Hambukushu rückten seit dem 17. Jahrhundert, vor allem aber ab dem späten 18. Jahrhundert in mehreren Schüben auf das Gebiet Botswanas vor. Sie verdrängten einen Teil der Bayei im Gebiet von Chobe und Linyanti und wanderten in späteren Migrationsphasen dem Okavango folgend in die Panhandle-Region ein, wo sie im Gebiet der Orte Shakawe, Etsha, Sepupa und weiter südlich in Gumare sesshaft wurden. Sie brachten dabei ihren ausgefeilten Korbflechtstil mit ins Land. Korbflechtarbeiten der Hambukushu gelten heute als künstlerisches Markenzeichen Botswanas (siehe „Souvenirs"). Große Bekanntheit erlangten die Hambukushu als erfolgreiche zeremonielle „Regenmacher". Ursprünglich wurden im Rahmen dieser Zeremonien auch Kindesopfer erbracht. Die Hambukushu haben sich im Lauf der Zeit ähnlich wie die Bayei mit den Batawana gemischt. Die letzte große Flüchtlingswelle von ca. 4000 Hambukushu, ein Resultat des angolanischen Bürgerkrieges, erreichte Ende der 1960er Jahre die Orte der Panhandle-Region. Den Hambukushu ist wie den Bayei eine ungewöhnliche Regelung der Herrschaftsfolge gemein, bei der der Thron jeweils durch den Sohn der ältesten Schwester des Häuptlings besetzt wird.

Herero

1904/05 wanderten aus dem heutigen Namibia Gruppen der Herero in den Nordwesten Botswanas ein, die der kriegerischen Vernichtung durch die deutschen Kolonialtruppen auswichen. Herero-Frauen zeichnen

bo-0569 Fotex.d

sich durch eine **farbenfrohe Tracht** aus, die viktorianischen Stil mit eigenen Elementen wie auffälligen, länglich-quergestellten Hüten kombiniert. Die Tracht der Herero geht auf die Initiative der deutschen Missionarsehefrau *Emma Hahn* zurück, die vor etwa 150 Jahren Herero-Frauen das Nähen beibrachte, „um deren nackten Anblick nicht länger ertragen zu müssen" (siehe auch Exkurs „Die Herero"). Bei der Flucht aus Namibia mussten die nomadisch lebenden Herero ihr Vieh zurücklassen. Sie siedelten zunächst unter der Herrschaft der Batawana in der Region um Maun. Im Lauf der Zeit bauten die Herero große eigene Viehbestände auf und lösten sich aus der Dominanz der Batawana. Nach der Unabhängigkeit Namibias 1990 hat sich eine Art Aufbruchstimmung unter den Herero breit gemacht, in ihr Ursprungsland zurückzukehren. Die botswanische Regierung hat jedoch klargemacht, dass eine solche Rückkehr dauerhaft und ohne den in Botswana angeeigneten Viehbestand und persönlichen Besitz erfolgen muss. Folgerichtig sind bislang nur wenige botswanische Herero nach Namibia zurückgekehrt.

Weiße und Asiaten

Eine verschwindend geringe Minderheit bilden Weiße (in erster Linie Nachfahren von Missionaren, Jägern, Händlern und Farmern) und Asiaten (vor allem Inder) im Land. Der im Vergleich zu den Nachbarstaaten nur geringe Anteil der Weißen an der Bevölkerung ist eine Folge des geringen Entwicklungspotenzials während der Kolonialzeit und der mangelhaften Möglichkeiten, gutes privates Farmland zu erhalten. Ein zusammenhängender Streifen größerer privater Farmen existiert heute entlang der Flüsse Limpopo und Ngotwane an der Grenze zu Südafrika (sog. „Tuli-Block"). Er geht auf die Landvergabe an weiße Farmer zum Ausgang des 19. Jahrhunderts zurück, durch die in erster Linie eine Pufferzone gegenüber den landhungrigen Buren der Südafrikanischen Union geschaffen werden sollte. Während des Großen Trecks nach 1836 versuchten einige Buren-

Herero-Frau

Die Sprache der San

Die in **zahllose Dialekte** gegliederte Sprache der San ist aufgrund von Klicklauten und verschiedenen „Tönen" (hoch, mittel und tief), die jeweils unterschiedliche Bedeutungen codieren, für Außenstehende nur sehr schwer erlernbar. Abstrakte Begriffe sind rar, während **beschreibende Wörter** im Überfluss vertreten sind. Es gibt z.B. nur wenige Begriffe, um farbliche Unterscheidungen vorzunehmen, da derartige Attribute zur weiteren Kennzeichnung von Objekten, deren Name bereits eine detaillierte Beschreibung beinhaltet, unnötig sind. In vielen Dialekten sind auch keine Wortgeschlechter oder Geschlechtspronomina vorhanden. Ein Wort für „Arbeit" – im europäischen Sinne – fehlt gänzlich.

Klicklaute wurden auch in verschiedene Bantusprachen, z.B. ins Ndebele oder ins Zulu, übernommen. Man unterscheidet drei Hauptklicklaute, die durch besondere Schriftzeichen gekennzeichnet werden:

● / oder „x" – ein lateraler Dentallaut, bei dem man die Zunge von der rechten Zahnreihe des Oberkiefers zurückschnellen lässt

● // oder „c" – ein scharfer frontaler Klick, der dadurch entsteht, dass man die Zunge von den oberen Schneidezähnen zurückschnellen lässt

● ! oder „q" – ein Gaumenlaut, bei dem man die Zunge gegen den harten Gaumen presst und dann nach unten schnellen lässt

Gruppen, die Kalahari zu queren, um in das fruchtbare Angola zu gelangen. Die meisten verdursteten jedoch oder verloren ihren gesamten Viehbestand. Ein Teil von ihnen wurde von Tswana-Stämmen „gerettet" und blieb im Land. Nachfahren dieser Treck-Buren leben noch heute in Molepolole, Kanye und Serowe. Mit Unterstützung der Protektoratsregierung wurden 1898 weiße Farmer im Gebiet um Ghanzi angesiedelt, die einen Puffer gegenüber der befürchteten Expansion der Deutschen aus Deutsch-Südwestafrika bilden sollten. Diese Eigentumsverhältnisse sind noch bis heute erhalten geblieben. Seit der Unabhängigkeit hat sich die Zahl der Weißen infolge des Bergbaubooms und des zunehmenden Tourismus von etwa 6000 auf mehr als 15.000 fast verdreifacht.

San

Die als **Ureinwohner Botswanas** geltenden San (Buschmänner) wurden in den vergangenen Jahrhunderten ihrer kulturellen Unabhängigkeit und ihrer natürlichen Existenzgrundlagen fast vollständig beraubt. Nur einige wenige hundert San haben bis in die späten 1980er Jahre im Central Kalahari Game Reserve als Jäger und Sammler überdauert. Zunehmende Trockenheit haben dort aber auch den letzten verbliebenen freien Lebensraum der Buschmänner weitgehend unbewohnbar gemacht und eine Abwanderung in besiedeltes Gebiet gefördert. Die Entscheidung der botswanischen Regierung, das Reservat der zentralen Kalahari für den Safaritourismus zu öffnen und die verbliebenen – sesshaften – San zur Not zwangsumzusiedeln, hat einen – umstrittenen – Schlussstrich unter das traditionelle Leben der letzten Jäger und Sammler gezogen. Entgegen anderslautenden Quellen, die von einem zahlenmäßigen Aussterben der Buschmänner sprechen, gibt es in Botswana und Namibia derzeit noch eine etwa 60.000 Menschen starke, wachsende San-Bevölkerung, die durch eine Zeit des rasanten sozialen und kulturellen Umbruchs taumelt. Viele der Buschmänner siedeln heute – nicht immer freiwillig – unter entwürdigenden Bedingungen in kleinen Kalahari-Siedlungen, in extremer Armut, entwurzelt und sozial depriviert. Die meisten von ihnen sind der Ausbeutung durch andere ethnische Gruppen (und auch den Tourismus) ausgesetzt und überleben nur mit Hilfe der Verteilung staatlicher Hilfsgüter (siehe dazu auch den Exkurs „Die Buschmänner der Kalahari").

Zusammenleben der Völker

Botswana führt sehr plastisch vor Augen, dass ein **harmonisches Zusammenleben verschiedener Stämme, Rassen und Minderheiten** unter Beachtung freiheitlich-demokratischer Grundwerte auch in Afrika möglich ist. Dabei hat das Land allerdings bei der Erhaltung der kulturellen und sozialen Eigenständigkeit seiner Urbevölkerung versagt. Der Begriff „Batswana" wird heute – unabhängig von der ethnischen Zugehörigkeit – für alle Bürger des Landes Botswana gebraucht. Dies entspricht dem Selbstverständnis einer überwiegenden Mehrheit der Bevölkerung. Im engeren Sinne sind jedoch die Angehörigen der Tswana-Stämme gemeint. Daher wird in diesem Buch bei der Benennung der Bewohner Botswanas grundsätzlich die Bezeichnung „Botswaner" verwandt, um Verwechslungen auszuschließen.

Sprache

Englisch ist die Amtssprache Botswanas. Sämtliche Parlamentssitzungen erfolgen in englischer Sprache, der staatliche und privatwirtschaftliche Schriftverkehr wird in Englisch abgefasst, und alle größeren Zeitungen er-scheinen in englischer Sprache. Ab der Sekundarstufe ist Englisch offizielle Unterrichtssprache.

Die mit Abstand **verbreitetste Verkehrssprache ist Setswana** (auch Se-Tswana geschrieben), das von mehr als 90 Prozent der Bevölkerung verstanden und gesprochen wird. Setswana ist eine Bantusprache der Sotho-Tswana-Gruppe. Es handelt sich um die Sprache der in Botswanas Bevölkerung anteilsmäßig vorherrschenden Tswana-Stämme und wird in mehreren sehr ähnlichen Stammesdialekten gesprochen. Während der ersten vier Grundschuljahre ist Setswana Unterrichtssprache.

Die nach Setswana gebräuchlichste Sprache ist **Sekalanga.** Es handelt sich um einen eigenständigen Shona-Dialekt, der von den in der Region um Francistown lebenden Bakalanga gesprochen wird. In verschiedenen ländlichen Gegenden und kleineren Wirtschaftszentren wird gelegentlich auch **Afrikaans** gesprochen, ein Resultat der langjährigen Beschäftigung zehntausender botswanischer Wanderarbeiter in den Minengebieten Südafrikas.

Religion

Die traditionellen Glaubensvorstellungen der Tswana-Stämme gründen auf der **Existenz eines allmächtigen Gottes,** genannt **Modimo.** Die Über-Instanz Modimo überwacht und beherrscht alle wichtigen Lebensereignisse. Tabuübertretungen werden von Modimo beispielsweise durch Regenent-

Land und Leute

zug, Blitze, Unwetter oder persönliche Schicksalsschläge bis hin zum Tod bestraft. Lokale Chiefs und ihre Familie wurden als direkte Vertreter von Modimo angesehen, standen jedoch bereits zu weit von Modimo entfernt, um eine Verbindung zu diesem zu ermöglichen. Nur über das Anrufen der **Ahnen,** genannt *Badimo,* konnte ein Kontakt zu Modimo hergestellt werden. Den Badimo wurde daher in der traditionellen Tswana-Religion entscheidende Bedeutung beigemessen. Die Badimo des Chief bestimmten das Schicksal eines ganzen Stammes und verliehen dem Chief folgerichtig großes Ansehen und entsprechenden Einfluss. Er leitete die Durchführung wichtiger Stammesrituale, zusammen mit einem „Stammes-

priester", dem *Ngaka*. Neben Initiationsriten besaß im dürregeplagten Botswana vor allem die Zeremonie des „Regenmachens" große Bedeutung.

Die **Christianisierung** hielt in Botswana mit dem Erreichen der ersten europäischen Missionare **im 19. Jahrhundert** Einzug. Als wichtiges Ereignis der Missionsgeschichte wird das Eintreffen des charismatischen Missionars und Entdeckungsreisenden *Dr. David Livingstone* 1845 in Botswana betrachtet. Unter dem Einfluss des Christentums kam es zum raschen Verschwinden der traditionellen Tswana-Rituale, die zunehmend von christlichen Liturgien abgelöst wurden. Polygamie, Ahnenverehrung und damit verbundene Stammesrituale wurden verboten, ebenso der

bo-051 Foto: cl

Genuss von Alkohol. Die Übernahme des Begriffs „Modimo" für den christlichen Gott dürfte der großen Akzeptanz des Christentums dabei die Basis bereitet haben und den Erfolgszug der Missionierung in Botswana beschleunigt haben. Als erster konvertierter Tswana-Führer gilt Sechele I., damaliger König der Bakwena. Sein pragmatischer Übertritt zum Christentum galt vor allem der Sicherung britischer Hilfe und Zustimmung. Er bot dem Missionar Livingstone an, bei passender Gelegenheit auch seine Gefolgsleute zu versammeln, „um dem ganzen Volk den neuen Glauben einzutrichtern" ...

Heute ist das **Christentum** in Botswana **Staatsreligion.** Etwa 50 Prozent der Bewohner Botswanas sind praktizierende Christen. Ein ähnlich großer Teil hängt nach wie vor **Naturreligionen** an. **Muslime, Buddhisten** und **Hindus** sind religiöse Minderheiten, deren Moscheen und Tempelanlagen vor allem auf Gaborone, Lobatse und Francistown beschränkt sind. Muslime stellen die bedeutendste Minderheit dar.

Die meisten Christen sind Mitglieder der „United Congregational Church of Southern Africa". Andere verbreitete Strömungen sind neben der vielerorts vertretenen römisch-katholischen Kirche Lutheraner, Anglikaner, Methodisten, Baptisten und Adventisten.

Armut in Botswana:
bettelnde Kinder am Straßenrand

Fast alle in Botswana registrierten unabhängigen Kirchen gehören der **Zionistischen Bewegung** an, deren Namensgebung in keinem Zusammenhang mit der Ende des 19. Jahrhunderts in Europa entstandenen jüdisch-zionistischen Bewegung steht. Die Zionistische Bewegung wird durch eine religiöse Fokussierung auf Heilungen und rituelle Krankheitsbekämpfung geprägt, in der viele Autoren den Hauptgrund ihres enormen Zulaufs im südlichen Afrika sehen. Sie besteht aus einer Vielzahl unabhängiger Kirchen, die sich gemeinschaftlich auf die 1896 in Zion, USA gegründete **Christian Catholic Church** beziehen.

Bildung und Gesundheit

Bildungswesen

Während der Zeit als britisches Protektorat wurde der Aufbau eines funktionierenden, flächendeckenden Bildungs- und Erziehungswesens von der Protektoratsverwaltung unterlassen. Die Analphabetenrate betrug 1966 bei der Entlassung in die Unabhängigkeit fast 90%. Seitdem der botswanische Staatshaushalt über hohe Einnahmen aus der Diamantenförderung verfügt, wurde intensiv am **Aufbau eines flächendeckenden Bildungswesens** gearbeitet. Begünstigend kam dabei ein traditionell großes Interesse der Bevölkerung an Bildung hinzu. So findet man im Jahresbericht der Londoner Missionsgesellschaft von 1900 das Zitat: „Der Wunsch nach Bildung ist in Khamas Land weit verbreitet. Es gibt kaum eine Siedlung, in der das Buchstabierbuch nicht studiert wird."

Die allgemeine **Einschulungsquote** beträgt **mehr als 95%.** Es besteht Schulpflicht für die siebenjährige Primarstufe (Grundschule). Der Besuch der nahezu flächendeckend vorhandenen Grundschulen ist gebührenfrei. Die Einschulung erfolgt mit sieben Jahren. Weniger als ein Viertel aller Schüler besucht eine der ca. 200 weiterführenden Schulen (fünfjährige Sekundarstufe), für die seit 2006 wieder Schulgebühren gezahlt werden müssen. Auf einen Lehrer kommen etwa 27 (Grundschulen) bzw. 16 Schüler (weiterführende Schulen). Diese Verhältniszahlen gelten als führend in Afrika. Neben staatlichen gibt es auch zahlreiche vom Staat beaufsichtigte konfessionelle sowie private Schulen. An der 1982 gegründeten University of Botswana waren 2010 mehr als 15.500 Studenten eingeschrieben. Die Mehrheit der Schüler und Studenten ist weiblich. Etwa 12% aller Berufstätigen sind im Erziehungssektor tätig. Die **Analphabetenrate** konnte bis 2010 auf **ca. 19%** gesenkt werden, dabei wird der Anteil unter der weiblichen Bevölkerung mit 18% angegeben.

Gesundheitswesen

Für afrikanische Verhältnisse außergewöhnlich gut ausgebildet ist mittlerweile auch das Gesundheitssystem, das nach dem Basisgesundheitskonzept **Primary Health Care (PHC)** strukturiert ist. Über einfache „Gesundheitsposten", das sind mit Basisgesundheitsarbeitern besetzte Außenstellen in sehr abgelegenen Regionen, und sogenannte „Clinics", die von examinierten Krankenschwestern geleitet werden und regelmäßig von Ärzten besucht werden, ist es gelungen, ein **flächendeckendes Netz einfacher Gesundheitseinrichtungen** im ländlichen Raum aufzubauen. Landesweit sind über 500 dieser Einrichtungen vorhanden (hinzu kommen über 800 „Mobile Clinics"). Übergeordnet sind Gesundheitszentren („Health Centres") in größeren Siedlungen und Ortschaften, die ständig mit einem Arzt besetzt sind und die Funktion eines Primärkrankenhauses erfüllen. Hinzu kommen Allgemeinkrankenhäuser (darunter zwei große Überweisungskrankenhäuser), die über eine qualitativ gute Einrichtung und geschultes Fachpersonal verfügen. Größtes und modernstes staatliches Krankenhaus ist das Princess Marina Hospital in Gaborone. Eine hochmoderne, spezialisierte (und auch teure) Versorgung Erkrankter bietet das Gaborone Private Hospital mit Spezialisten aller ärztlichen Fachrichtungen. Im Jahr 2009 begann die Universität (in Kooperation mit der australischen University of Melbourne) mit dem Aufbau eines fünfjährigen Bachelor-Studienganges Humanmedizin. Für 2013 wird die Fertigstellung eines 450 Betten starken Universitätskrankenhauses am Campus Gaborone erwar-

Die hohe Kunst der Fortbewegung: botswanischer Vierspänner bei Bogogobo

tet. Die **Bedeutung traditioneller Heiler** ist im ländlichen Raum nach wie vor groß. Verlässliche Indikatoren für die Effizienz des botswanischen Gesundheitssystems sind die flächendeckende Umsetzung von Impfprogrammen gegen die wichtigsten Kinderkrankheiten, der hohe Anteil (über 80%) schwangerer Frauen, die sich im Rahmen der Schwangerenvorsorge medizinisch betreuen lassen, und das Greifen staatlicher Familienplanung. Die Konsultationsgebühr für staatliche Gesundheitseinrichtungen ist sehr gering. Es steht jedoch zu befürchten, dass Botswana im Zuge der AIDS-Problematik Mühe haben wird, die erreichten Standards zu halten.

2002 gab es **510 Ärzte und 3995 Krankenschwestern** im Land. Auf einen Arzt kamen damit statistisch gesehen ca. 3300 Einwohner, auf eine Krankenschwester ca. 420 Einwohner. Außer den ca. 3000 Krankenhausbetten stehen mehrere hundert Betten in Kliniken (*Clinics*) zur Verfügung.

Neben **AIDS**-assoziierten Erkrankungen (2010 galten ca. 24% der botswanischen Bevölkerung als HIV-infiziert) ist vor allen Dingen die **Tuberkulose (TBC)** weit verbreitet. Traditionell wird diese Infektionskrankheit durch Wanderarbeiter aus den südafrikanischen Minengebieten ins Land gebracht. Eine direkte Folge der AIDS-Pandemie ist eine generalisierte Ausbreitung der TBC

Land und Leute

bo11_023 Fotolia

im Land. Bis zu 50 Prozent der HIV-Infizierten entwickeln eine fortschreitende Tuberkulose. Im Norden Botswanas sind tropische Infektionskrankheiten, vor allem die **Bilharziose** und die **Malaria,** weit verbreitet. Alljährlich werden 1000 bis 2000 Malariafälle registriert. Ein hoher Anteil der Bevölkerung ist Träger des **Hepatitis-B-Virus.** Beachtlich, aber statistisch nur schwer erfassbar, ist die Durchseuchung mit Geschlechtskrankheiten. Überraschend häufig sind auch Bluthochdruck, Schlaganfälle und Herzinfarkte. Als wichtigste Ursache werden dabei der hohe Salzverbrauch sowie der beträchtliche Salzgehalt des Trinkwassers angeführt. Gerade Kleinkinder sind durch infektiöse Durchfallerkrankungen gefährdet, die eine Haupttodesursache im ländlichen Raum darstellen.

Als Meilenstein auf dem Weg zu einer besseren Versorgung HIV-Infizierter in Botswana ist neben der Verfügbarkeit deutlich verbilligter antiretroviraler Therapeutika die **Finanzierung adäquater HIV-Kombinationstherapien** durch den botswanischen Staat zu sehen. Dazu wurde im Jahr 2002 im Rahmen der „African Comprehensive HIV/AIDS Partnership" (ACHAP, Internet: www.achap.org) das Programm „Masa" („Neuer Sonnenaufgang") gestartet. Letztlich ist dieser Weg die einzige Möglichkeit für den Staat, den drohenden Zusammenbruch der gesamten Volkswirtschaft zu verhindern. Ob eine dauerhafte Finanzierung des Programmes für die große Zahl botswanischer HIV-Infizierter u.a. durch Mittel aus dem Global Fund zur Bekämpfung von AIDS, Tuberkulose und Malaria gelingen wird, kann nur die Zukunft zeigen. Eine erste wirksame Anschubfinanzierung in Höhe von 100 Mio. US-$ wurde durch den Pharmakonzern Merck sowie durch Mittel der Bill & Melinda Gates Foundation ermöglicht. Wissenschaftliche Unterstützung erfährt das Programm durch die Laboratorien des Harvard AIDS Institute in Gaborone und anderen größeren Städten des Landes. Bereits seit mehreren Jahren übernimmt beispielsweise der Bergbaukonzern Debswana für seine Angestellten die Kosten einer antiretroviralen Kombinationstherapie.

Kunst und Kultur

Felszeichnungen der botswanischen San (Buschmänner) werden auf bis zu 20.000 Jahre zurückdatiert. Viele dieser Zeichnungen an Felsüberhängen und in Höhlen sind bis heute erhalten geblieben. Als Farben wurden auf Tierfetten oder Talg basierende Pasten verwandt, die Eisenoxide oder Silikate enthielten. Das wichtigste „Freilandmuseum" für Buschmannzeichnungen sind die Tsodilo Hills im äußersten Nordwesten des Landes, wo mehr als 4500 dieser Zeichnungen besichtigt werden können. Man nimmt heute an, dass neben nomadisierenden San-Jägern auch unter dem Einfluss pflanzlicher Drogen stehende Medizinmänner Felswände und Höhlen bemalt haben.

Die „neuere" botswanische Kunst-Szene kann nicht mit dem großen künstlerischen Spektrum des Nachbarlandes Simbabwe konkurrieren. Im Vordergrund stehen filigrane **Korbflechtarbeiten,** die als *Botswana Baskets* eine feste Bedeutung im Souvenir- und Kunsthandel erlangt haben. Der heute dominierende Flechtstil gelangte mit Flüchtlingen der aus Angola stammenden Hambukushu nach Botswana (für ausführliche Informationen siehe „Souvenirs"). Die Vermarktung von Botswana Baskets und anderen Kunstartikeln wie Töpferarbeiten, Schnitzereien und Webarbeiten erfolgt in erster Linie über die vom Staat gegründete, mittlerweile privatisierte Botswanacraft Marketing Company mit Sitz in Gaborone. Botswanacraft koordiniert auch die alljährlich im National Museum in Gaborone stattfindende Ausstellung *National Basket & Craft Exhibition,* auf der die besten Arbeiten eines Jahres aus dem botswanischen Kunsthandwerk zu sehen sind.

● **Botswanacraft,** P.O. Box 486, Gaborone/ Botswana, Tel. 3922487, Fax 3922689, Internet: www.botswanacraft.bw

Individualbesucher mit eigenem Fahrzeug haben die Möglichkeit, Flechtarbeiten und anderes Kunsthandwerk vor Ort **beim Erzeuger** zu **kaufen,** sodass das Gros des Geldes direkt an die Künstler fließt und nicht überwiegend im Souvenir- und Kunsthandel hängenbleibt. Sehenswert sind neben den Korbflechtarbeiten der Hambukushu

auch die Erzeugnisse von **Webergemeinschaften** wie den „Lentswe-la-Oodi Weavers" in Oodi bei Gaborone. Die mit farbenfrohen Motiven versehenen Webarbeiten werden aus Karakul-Wolle hergestellt und sind als kleine Teppiche, Wandgehänge, Decken, Bettvorleger etc. zu bekommen. Landestypische **Töpferarbeiten** sollte man im Thamaga Pottery Shop in Thamaga westlich von Gaborone oder im nahe gelegenen Pelegano Pottery Shop in Gabane kaufen. **Holzschnitzereien** (vor allem aus dem Holz von Mopane-Bäumen) werden traditionell als Gebrauchsgegenstände wie Löffel, Schalen oder Aufbewahrungskästen verwandt. Erst in den letzten Jahren hat sich ein touristisch ausgerichteter Markt mit einfachen Tier-

Land und Leute

Kunst ohne Verfallsdatum:
Felszeichnungen an den Tsodilo Hills

Raum Maun kleine Puppen in traditioneller Herero-Tracht her, die bei Touristen sehr begehrt sind.

Aufgrund der erst mit Einwanderung christlicher Missionare erfolgenden Schriftaufzeichnung liegt **so gut wie keine Literatur aus Botswana** vor. Neben lesenswerten Sammlungen von Märchen und Mythen der San, die erst in neuerer Zeit aufgezeichnet wurden, ist in erster Linie das literarische Werk der südafrikanischen Autorin *Bessi Head* zu nennen, die viele Jahre im Exil im botswanischen Serowe lebte und dort 1988 verstarb. Ihre Werke geben Auskunft über das von vielfältigen Traditionen geprägte Alltagsleben der ländlichen botswanischen Gemeinschaften. Die bekanntesten Romane sind „When Rain Clouds Gather", „Maru", „A Question of Power" und die Kurzgeschichtensammlung „The Collector" of Treasures. Einige Ihrer Werke wurden ins Deutsche übersetzt.

schnitzereien oder geschnitzten Mikroversionen von Nutzfahrzeugen, Motorrädern oder Flugzeugen gebildet. Viele Angehörige der San (Buschmänner) verdienen mittlerweile ihren kargen Lebensunterhalt durch Herstellung touristischer **„Buschmann-Souvenirs".** Dazu gehören kunstvoll bearbeitete Straußeneier, Ketten, Armreifen, Taschen und „Buschmann-Jagdsets" mit Bogen, Köcher und Pfeilen. Die Stadt Ghanzi im Westen Botswanas bietet sicherlich die beste Auswahl an ursprünglichen Arbeiten. Frauen der Herero stellen im

Korbflechterin in Shorobe

Tourismus

Der Tourismus wird von der Regierung Botswanas als **wichtiger Wirtschaftszweig mit bedeutendem Wachstumspotenzial** betrachtet. Um die extreme wirtschaftliche Abhängigkeit Botswanas vom Diamantenexport zu verringern, wurde Anfang der 1990er Jahre unter anderem ein staatliches Förderungsprogramm für den Tourismus gestartet, das den Ausbau von Hotelkapazitäten und touristischer Infrastruktur vorantreiben soll. Für den Tourismus zuständig ist die

Tourismusabteilung im Ministerium für Handel und Industrie. Dem gleichen Ministerium ist auch die Wild- und Naturschutzbehörde Department of Wildlife and National Parks (DWNP) unterstellt, die Botswanas Nationalparks und Wildreservate verwaltet. Als Dachverband des Hotel- und Tourismusgewerbes fungiert die private Hotel and Tourism Association of Botswana (HATAB) mit Sitz in Gaborone.

Die direkten **Deviseneinkünfte aus dem Tourismus** werden landesweit auf mehr als **350 Mio. US-$ jährlich** beziffert. Dieser Betrag dürfte noch steigerungsfähig sein. Der Anteil des Tourismus am Bruttoinlandsprodukt lag zuletzt bei über zehn Prozent. Im Norden Botswanas arbeiten bis zu 50 Prozent der Beschäftigten im Tourismussektor. Damit ist die Hotel- und Tourismusbranche der mit Abstand wichtigste Arbeitgeber in dieser Region. Die ursprünglich dominierende wirtschaftliche Bedeutung der Einnahmen aus dem Jagdtourimus (Jagdkonzessionen und Abschusslizenzen) ist seit den 1980er Jahren durch die Vervielfachung der Einkünfte aus Fotosafaris und naturnahem Tourismus („Öko-Tourismus") in den Hintergrund getreten.

Hauptreiseziele sind die vier Nationalparks und die großen Wildschutzgebiete des Landes. Das Konzept der botswanischen Regierung sieht einen ökologisch verträglichen, zahlenmäßig begrenzten Hochpreis-Tourismus vor, der vor allem Operationen exklusiver Safariveranstalter begünstigt. Ein großer Teil der Einnahmen (nach Regierungsangaben mehr als 70%) aus dem geförderten „Edeltourismus" fließt bislang allerdings ins Ausland ab. Das gesamte Okavango-Delta und viele andere touristisch interessante Regionen in kommunaler bzw. staatlicher Hand wurden in sogenannte **Konzessionsgebiete** bzw. kleinere „Wildlife Management Areas" (WMA) aufgeteilt. Diese sind systematisch untergliedert und durch einen nummerierten Buchstabencode gekennzeichnet (z.B. NG25 für „Ngamiland, Konzession Nr. 25"). Die Vergabe von Konzessionen an die Betreiber von Lodges und Safaricamps sowie an Reiseveranstalter erfolgt zeitlich begrenzt und ist mit zahlreichen Bauauflagen verbunden, die eine landschaftsangepasste Architektur erzwingen und die Errichtung dauerhafter touristischer Gebäudestrukturen (vor allem in den Nationalparks und Wildreservaten) auf ein Minimum beschränken.

Auf eine griffige Formel gebracht bedeutet das **Tourismuskonzept Botswanas:** Möglichst wenige Touristen sollen ein Maximum an finanziellen Erträgen ins Land spülen (**„Low Volume – High Cost").** Insbesondere der Individualtourismus „südafrikanischer Machart" mit Privatwagen, Campingausrüstung und aus Südafrika mitgebrachten Treibstoff- und Lebensmittelvorräten, von dem Botswana in kaum einer Hinsicht profitieren kann, wird bewusst erschwert. Im Jahr 2000 wurden die im Vergleich zu den Nachbarländern Namibia und Südafrika relativ hohen Eintritts- und Übernachtungsgebühren für Nationalparks und Wildreservate für ausländische Besucher abermals um bis zu 200 Prozent erhöht. Individualrei-

Land und Leute

sende zahlen seitdem mit Eintrittsge-bühren von 120 Pula (umgerechnet ca. 13 Euro) einen deutlich höheren Betrag gegenüber Besuchern, die mit einem Reiseveranstalter unterwegs sind und dann nur 70 Pula Eintritt (umgerechnet ca. 7,50 Euro) entrichten müssen. Die Campinggebühr liegt jeweils bei 30 Pula (umgerechnet 3,30 Euro), bei priva-tisierten Camp Sites bereits bei bis zu 210 Pula (ca. 22,50 Euro). Weitere Preiserhöhungen sind wohl nur eine Frage der Zeit. Alle Gebühren müssen primär in Pula entrichtet werden, neuer-dings werden aber auch Kreditkarten und ausländische Währungen (US-$, Euro, Südafrikanische Rand, Britische Pfund) in bar (keine Münzen) oder Tra-veller Cheques akzeptiert.

Individuelles Reisen in die nördlichen Nationalparks und Wildreservate wird seit 1995 über ein **restriktives zentra-les Reservierungssystem** gesteuert, dem auch die Anbieter mobiler Cam-pingsafaris unterliegen. Sie treten damit in direkte Konkurrenz um Besuchsge-nehmigungen („Permits") mit Individu-alreisenden. Diese limitierten Permits in Form von Campingplatzbuchungen müssen bis zu zwölf Monate im Voraus erworben werden und werden für at-traktive Gebiete wie Moremi oder Cho-be während der Hauptreisezeit bereits viele Monate vorher vergeben. 1998 wurden auch die südlichen Schutzge-biete und das Central Kalahari Game Reserve fest in das zentrale Reservie-rungssystem eingegliedert.

Trotz der genannten Begrenzungsmaßnahmen sind Teile des Okavango-Deltas und der nordöstliche Teil des Chobe National Park in der Hochsaison bereits deutlich touristisch überfüllt. Gerade die von der Wildschutzbehörde DWNP geduldete „Überflutung" des nordöstlichen Chobe National Park mit Tages- und Kurzzeitbesuchern aus Kasane und Victoria Falls wirft die berechtigte Frage auf, ob die botswanische Regierung ein konsequent umsetzbares, langfristiges Konzept zur Steuerung des Tourismus entwickelt hat. Zudem wird für die kommenden 30–40 Jahre mit der Erschöpfung der botswanischen Diamantvorkommen gerechnet. Die Einnahmeausfälle des dann marginalisierten Diamantenhandels sollen vor allem durch gesteigerte Einkünfte aus dem Tourismus aufgefangen werden. Dieses Ziel ohne Massentourismus erreichen zu wollen, erscheint allerdings nur schwer vorstellbar.

2002 reisten mehr als 1,9 Mio. Geschäfts- und Urlaubsreisende (inkl. Tagesbesucher) nach Botswana, von denen etwa 1,2 Mio. aus den Nachbarländern Südafrika, Namibia, Sambia und Simbabwe stammten. Mehr als 150.000 Besucher kamen aus Übersee, davon die Mehrheit aus Europa. Die andauernde politische und wirtschaftliche Krise im benachbarten Simbabwe, aber auch vorübergehende Sicherheitsprobleme im Caprivi-Streifen Namibias, haben den grenzüberschreitenden Tourismus im südlichen Afrika in den letzten Jahren erschwert und in der Bilanz sicherlich Besucherzahlen gekostet. Auf der anderen Seite weichen immer mehr Besucher auf das politisch stabile und sichere Reiseland Botswana aus, die sonst primär nach Simbabwe (oder auch Namibia) gereist wären.

Land und Leute

bo11_026 Foto: cl

Den Touristen soll es an nichts fehlen ...

Unterwegs in Botswana

bo-054 Foto: cl

bo-055 Foto: cl

Blick über das Okavango-Delta

Löwen, eine der vielen
Tierattraktionen in Botswana

Typisches Camp im Okavango-Delta

Höhepunkte und Highlights im Überblick

Okavango-Delta – S. 475
- Mokoro-Touren (= Einbaumfahrten) und Bootsfahrten
- ausgiebige Fußsafaris („Game Walks") auf Inseln im Delta
- Flug mit dem Kleinflugzeug oder Helikopter über dem größten Binnendelta der Erde
- exzellente Wild- und Vogelbeobachtungsmöglichkeiten
- Angeln in den weitverzweigten Okavango-Armen
- Reitsafaris und Elefantensafaris

Moremi Wildlife Reserve – S. 502
- Wildbeobachtungsfahrten („Game Drives") in einem der schönsten Reservate Afrikas
- Selfdrive-Campingsafaris mit Übernachtung an exquisit gelegenen Campingplätzen
- hervorragende Vogelbeobachtungsmöglichkeiten

Chobe National Park – S. 573
- Besuch der weltweit größten geschlossenen Elefantenpopulation von mehr als 50.000 Tieren
- Wildbeobachtungsfahrten in Savuti und an der Chobe Riverfront
- Bootsfahrten auf dem Chobe River, „Sunset Cruises"
- exzellente Vogelbeobachtungsmöglichkeiten
- Angeln im Chobe River

Pfannenlandschaft von Makgadikgadi – S. 410
- Selfdrive-Campingsafaris in der unendlich weit erscheinenden Salzpfannen-Landschaft
- expeditionsähnliche Erkundungsfahrten nach Kubu Island, Kukonje Island oder Gabasadi Island
- Wildbeobachtungsfahrten im Nxai Pan National Park
- hervorragende Beobachtungsmöglichkeiten für Vogelarten der südlichen Trockensavanne wie Strauße, Riesen- und Gackeltrappen
- Besuch von Baines' Baobabs und Chapman's Baobab

Victoria Falls, Sambia/Simbabwe – S. 566
- Besuch der 1700 m breiten und 109 m hohen, spektakulärsten Wasserfälle der Welt
- Kurzflug mit dem Kleinflugzeug über dem Naturspektakel von „Mosi oa Tunya", dem „donnernden Rauch"
- Whitewater-Rafting und Bungee-Jumping
- Camping in den wunderschön am Sambesi gelegenen Fishing Camps des Zambezi National Park

Kgalagadi Transfrontier National Park – S. 339
- Besuch des landschaftlich attraktivsten Gebietes der gesamten Kalahari
- Game Drives auf südafrikanischem Gebiet in den wildreichen Tälern von Nossob und Auob River
- Campingsafaris im Expeditionsstil auf den botswanischen „Wilderness Trails"
- Fahrt in die wunderschöne Pfannenlandschaft der botswanischen Mabuasehube-Sektion

Central Kalahari Game Reserve – S. 377

- Besuch eines der abgeschiedensten und weitläufigsten Wildreservate der Welt
- Campingsafaris im Expeditionsstil mit Übernachtung an den einsamsten Campingplätzen im südlichen Afrika
- Beobachtung von schwarzmähnigen Kalahari-Löwen, Spießböcken, Springböcken, Braunen Hyänen und Löffelhunden

Tsodilo Hills – S. 532

- Besuch der beeindruckendsten Felsformation im Kalahari-Gebiet
- Erkundung von über 4500 Felszeichnungen
- ausgedehnte Wanderungen auf markierten Walking Trails

Panhandle-Region – S. 529

- ausgiebige Bootsfahrten auf dem Okavango
- Vogelbeobachtungen
- Angelexkursionen

Tuli-Block – S. 322

- Besuch privater Wildreservate mit der Möglichkeit nächtlicher Wildbeobachtungsfahrten („Night Drives")
- Fußsafaris („Game Walks") und vogelkundliche Exkursionen
- mehrtägige Reitsafaris und geführte Mountainbike-Safaris

Unterwegs in Botswana

bo-057 Foto: cl

Gaborone und Umgebung

Die Wahl der Hauptstadt für das unabhängige Botswana fiel 1964 auf die kleine Siedlung Gaborone (wird „Chae-boroo-ni" ausgesprochen) im Südosten des Landes, ca. 200 km nördlich der alten „Protektoratshauptstadt" im südafrikanischen Mafikeng (ehemals Mafeking). Die Stadt zählt heute zu den am schnellsten wachsenden Hauptstädten weltweit und weist inzwischen **mehr als 250.000 Einwohner** auf. Trotz des enormen Wachstumsschubes hat Gaborone seinen **provinziellen Charakter** nicht ablegen können und bietet kaum gewachsene Reize, die zu einem längeren Verweilen in der Stadt einladen könnten. Die Bedeutung Gaborones für Reisende liegt in seinem Status als Haupteintrittspforte nach Botswana und den landesweit besten Einkaufsmöglichkeiten. Außer dem National Museum mit angeschlossener Art Gallery gibt es **wenig** wirklich **Sehenswertes.** Wer sich – aus welchen Gründen auch immer – länger in Gaborone aufhält, kann die Zeit mit Tagesausflügen in die Umgebung sinnvoll verbringen; dazu bieten sich z.B. das Mokolodi Nature Reserve, die traditionellen Tswana-Dörfer Oodi und Mochudi oder die Töpferwerkstätten von Gabane und Thamaga an.

Das **Klima** im Südosten Botswanas ist gekennzeichnet durch sehr heiße Sommer mit Temperaturen bis 38°C, in denen auch die Nächte aufgrund der geringen Höhenlage (ca. 1000–1200 m) kaum Abkühlung bringen. In den Wintermonaten Mai bis August kann es nachts hingegen empfindlich kühl werden (vereinzelt werden sogar Nacht-

Entfernungsangaben

Die genannten Entfernungsangaben können von Ihren eigenen Messungen evtl. aus folgenden Gründen leicht differieren:
- Nicht alle Fahrzeugtachometer weisen eine hundertprozentig vergleichbare **Eichung** auf.
- Unterschiedlicher Reifendruck, verschiedene **Reifengröße** und das von der jeweiligen Umgebungstemperatur und der Reibungswärme abhängige Reifenvolumen führen zu Differenzen bei der Entfernungsmessung.
- Die Geradlinigkeit des individuellen Fahrstils und Alterationen durch zwischenzeitlich **veränderte Streckenführungen** bedingen ebenfalls Abweichungen beim Ausmessen von Distanzen.

fröste verzeichnet). Tagsüber ist es hingegen recht angenehm mit Temperaturen zwischen 20° und 28°C, der Himmel zeigt sich dazu meist klar und nahezu wolkenfrei.

Gaborone

Die botswanische Hauptstadt Gaborone (1015 m über NN) ist für Urlaubsreisende eine große Enttäuschung. Man hat Mühe, inmitten der kleinstädtisch anmutenden **Streusiedlung** ein städtisches Zentrum auszumachen, und fragt sich bereits nach wenigen Minuten, was in Gaborone auf dem Weg zu einer stolzen Hauptstadt eigentlich schief gelaufen ist. Hektische Bauaktivität, Staus, aggressiver Fahrstil auf den Straßen und ein chronischer Mangel an Unterkünften sind die wichtigsten Eindrücke, die dem Reisenden in Erinnerung bleiben. Es gibt meines Erachtens kaum einen Grund, Gaborone einen längeren Besuch abzustatten – abgesehen von größeren Einkäufen und administrativen Erledigungen, Nationalparkbuchungen, Geldumtausch und einer obligatorischen Visite im National Museum.

Das Hauptproblem liegt sicherlich darin, dass Gaborone eine **sehr junge Stadt** ist, die innerhalb von fünf Jahrzehnten von kaum 1000 auf inzwischen über **250.000 Einwohner** angewachsen ist. Eine architektonisch homogene Ordnung von Stadtbezirken ist unterblieben, stadtplanerische Ansätze nach westlichem Vorbild haben sich gegen die traditionelle Struktur der Streusiedlung und allgemeinen baulichen Wildwuchs nicht ausreichend durchsetzen können. Vororte mit Geschäften, Büros und Einkaufszentren schießen noch immer wie Pilze aus dem Boden und haben eine enorme Ausdehnung des Stadtgebietes zur Folge, die vergleichsweise weite und umständliche Wege bei Fahrten durch das Stadtgebiet unweigerlich nach sich zieht.

Das planerische **Zentrum** des aus Geschäften, Wohnkomplexen, Industrieanlagen, Einkaufszentren und Verwaltungsgebäuden bunt zusammengewürfelten Stadtgebildes ist die **Einkaufsstraße und Fußgängerzone The Mall,** der nach Westen hin das Regierungs- und Verwaltungsviertel angelagert ist. Der internationale Flughafen Gaborones, **Sir Seretse Khama International Airport** (abgekürzt SSK International Airport), liegt 14 km nordwestlich außerhalb der Stadt. Der Bahnhof und die Hauptbusstation liegen ca. 1 km südwestlich des Zentrums.

Die Sicherheitssituation in Gaborone ist deutlich besser als in den meisten anderen afrikanischen Großstädten. Nur selten werden kleinere Raubüberfälle und Autodiebstähle registriert.

Geschichte

Archäologische Funde, die mit nahezu jeder Großbaustelle ans Tageslicht befördert werden, belegen eine Besiedlung der Region um Gaborone bereits seit der mittleren Steinzeit. Die **erste Siedlung** auf dem heutigen Stadtgebiet wurde **1884** am Ostufer des Ngotwane River von den Batlokwa unter dem damaligen Häuptling Gaborone errichtet. Um 1887 entstand am Westufer des Ngotwane eine koloniale Siedlung, die in Anlehnung an den Namen des Häuptlings „Gaborone's" genannt wurde. Als 1897 die Eisenbahnlinie nach Rhodesien 4 km westlich den Ort erreichte, verlagerte sich der Siedlungsschwerpunkt an die Bahnstation, sodass „Gaborone's Station" entstand.

Die Verwaltung des britischen Protektorates erfolgte bis zur Entlassung in die Unabhängigkeit aus dem ca. 200 km südlich gelegenen südafrikanischen **Mafeking** (heute Mafikeng), da die Kolonialherren jahrzehntelang von einem baldigen Anschluss Betschuanalands an Südafrika ausgingen, der nur durch die entschiedene Politik der wichtigsten Tswana-Häuptlinge verhindert wurde. Als sich **1962** die Entlassung in die Unabhängigkeit abzeichnete, fiel die Wahl der künftigen **Hauptstadt** des neuen Staates Botswanas überraschend auf Gaborone, für das neben der Lage an der Eisenbahnlinie vor allem eine **gesicherte Wasserversorgung** sprach. Damals ging man davon aus, dass die Stadt nach der Etablierung von Regierung und Verwaltung nicht mehr als 20.000 Einwohner haben würde.

1966 wurde Botswana mit „Gaborones" als künftiger Hauptstadt in die Unabhängigkeit entlassen. 1968 erhielt der Ort das Stadtrecht. Zu Ehren des Chief Gaborone wurde das „s" im Stadtnamen fallen gelassen, wodurch der endgültige Name entstand. Üblicherweise lässt man heute auch das „orone" weg und fügt stattdessen wieder ein „s" hinten an, sodass von der Hauptstadt Bots-

wanas überwiegend in der **Kurzform „Gabs"** gesprochen wird.

Orientierung

Das „gewachsene" Zentrum Gaborones ist topografisch innerhalb eines großen Halbkreises um die Nationalversammlung und das Büro des Präsidenten errichtet worden. Das Kernstück des Stadtzentrums, die **Einkaufszone The Mall** (oder Main Mall) zwischen Queen's Road und Botswana Road, verliert durch die Anlage moderner Einkaufszentren in Stadtteilen und Vororten zunehmend an Bedeutung. Westlich der Main Mall liegt zwischen dem bogenförmig verlaufenden Khama Crescent und dem Nelson Mandela Drive das **Regierungs-, Banken- und Verwaltungsviertel,** das zunehmend von modernen ministerialen Palästen bestimmt wird. Hinter dem Nelson Mandela Drive verläuft die Eisenbahnlinie nach Francistown/Bulawayo bzw. Lobatse/Mafikeng. Südlich der Straße nach Molepolole liegen der Bahnhof und die Busstation. Östlich des Mobutu Drive zwischen Ngotwane Road und Jawara Road erstreckt sich der Campus der jungen **University of Botswana.**

500 m südlich der Main Mall liegt die mehr am Lokalgeschmack orientierte African Mall, die über eine Vielzahl kleinerer Geschäfte und Restaurants sowie ein reges Nachtleben verfügt. Im Stadtteil Broadhurst befindet sich der moderne Broadhurst North Mall Shopping Complex, der das Kagiso Centre, die BBS Mall und das Roshini Centre enthält. Am Nyerere Drive südlich des Se-

goditshane River liegen die etwas kleineren Einkaufszentren Nyerere Shopping Centre und Maru-a-Pula Shopping Centre. Im Südosten Gaborones gibt es das Riverwalk Shopping Centre und die Village Mall, im Südwesten nahe dem Kgale Hill das Game City Shopping Centre (auch sonntags geöffnet), das Kgale View Shopping Centre und im Broadhurst Industrial Estate die Metro Mall. Der Stadtteil Gaborone West südwestlich der Eisenbahnlinie wird über die Gaborone West Mall versorgt.

Sehenswertes

The Mall oder Main Mall

Die älteste Einkaufzone Gaborones erstreckt sich zwischen Queen's Road und Botswana Road vom Regierungsviertel im Westen bis zum Rathaus („Town Hall") im Osten. Neben für Reisenden wichtigen Geschäften wie z.B. dem Botswana Book Centre befinden sich hier auch die Büros von Air Botswana und dem Department of Tourism sowie das President Hotel mit einem guten Dachterrassenrestaurant. Zahlreiche Straßenhändler verkaufen Souvenirs, Früchte, Kleidung u.ä.

National Museum & Art Gallery

●P/Bag 00114, 331 Independence Avenue, Gaborone, Tel. 3974616, Fax 3902797, Internet: www.botswana-museum.gov.bw. Öffnungszeiten: Di–Fr 9 bis 18 Uhr, Wochenenden und Feiertage (außer Ostern und Weihnachten) 9 bis 17 Uhr. Eintritt frei.

Der Komplex des Nationalmuseums mit angeschlossener Kunstgalerie liegt am nordöstlichen Ende der Main Mall ne-

ben dem Rathaus. Neben einfachen prähistorischen und naturhistorischen Informationen über Besiedlung, Landschaft und Fauna werden Kultur und Bevölkerung des Landes vorgestellt. Dabei wird auch auf den Lebensstil und die Kultur der San (Buschmänner) näher eingegangen.

Die **Ausstellungen** der angeschlossenen **Art Gallery** wechseln häufig. Der Schwerpunkt liegt auf zeitgenössischer

---

Botswana im Miss-Universum-Fieber

Die wohl größte Überraschung bei der Wahl zur „Miss Universum 1999" war der Sieg einer Schönheit aus Botswana. In Port-of-Spain auf der Karibikinsel Trinidad wurde die 19-jährige **Mpule Kwelagobe** zur schönsten Frau der Welt gekürt, was in ihrer Heimat wochenlange **Begeisterungsstürme** in der Lokalpresse auslöste. Die mit einem Preisgeld von mindestens 40.000 US-Dollar, Designerkleidung, Schmuck, Kosmetik und einer Wohnung in New York überhäufte Studentin der Elektronik und Ingenieurswissenschaften überzeugte die Jury laut einer Meldung der Nachrichtenagentur AP mit ihrer entschiedenen Antwort auf die Frage, was geschehe, wenn eine Miss Universum während ihrer einjährigen Amtszeit schwanger werde und damit gegen die Bestimmungen verstoße: „Das sollte sie in keiner Weise daran hindern, ihre Pflicht zu erfüllen. Sie sollte ihre Weiblichkeit feiern."

Mit dem Export dieses „femininen Diamanten" ist Botswana seiner Rolle als wichtigster Produzent in der Glitzerwelt des Diamantenschmucks wieder einmal gerecht geworden ...

Grand Palm
Casino Resort,
The Big Five Lodge,
Molepolole (50 km)

Francistown (437 km)

Segoditshane River

Francistown (437 km),
Flughafen (14 km),
Phakalane Golf Estate
Hotel Resort,
Diamond Trading Company
Botswana (DTCB)

Bull &
Bush

Maharaja

Legolo Rd

MAD

Bypass

Molepolole

Western

Hatsalatladi Way

Hatsalatladi Way

Molepolole Rd

Aresalalane

Western Way

Lobatse Rd

Commercial Rd

Commercial Rd

Nelson Mandela Drive

Independence

Presidents Drive

State
House

BADIRI

Serotologane Drive

GABORONE WEST

Ntimbale

Morenoselha

Mosekangwetsi Drive

Lebatlane Rd

Molepolole Rd

Capital
Players

B

Eastern Commercial

Nelson Mandela Drive

Khama Cr

BORAKAN

Kudu Travel

Queen'

National-
versammlung

Debs-
wana Hs.

Botswan

GB

USA

President Ho
&Terrace Res

SELEMELO

Gaborone
Hotel

Markt

Orapa
House

Khama Crescent

Kaunda

African
Mall Rd

Selekangwetsi Drive

Kudumatse Drive

Lobatse Rd

GABORONE WEST

INDUSTRIAL ESTATE

Makgadigau Rd

Dept. of
Mapping &
Surveys

Nkrumah Rd

SEKGWA

Independence Ave

Naledi Stream

Kudumatse Drive

Lobatse Rd

Old Lobatse Rd

BABUSI

Lobatse (72 km), DWNP Office
Mokolodi Nature Reserve (13 km),
Game City Shopping Centre

Lobatse (72 km)

Samora Machel

Cresta
Lodge

Drive

Gaborone

➊	Tourist-Information
🏨	Hotel
➊	Restaurant
➊	Café, Club, Kasino
Ⓜ	Museum
Ⓢ	Bank
✉	Post
🗍	Telefongesellschaft BTC
☎	Büro der Air Botswana
Ⓑ	Busbahnhof
➤	Polizei
Ⓓ	Botschaft
Ⓒ	Moschee
★	Sonst. Sehensw.
➊	Krankenhaus

Labels on map:

Broadhurst Norh Mall, Gaborone Private Hospital
Segoditshane River
Gaborone Game Reserve
Julius Nyerere Shopping Centre
Maru-a-Pula Shopping Centre
Segoditshane Way
Limpopo Dr
Nyerere Rd
Sobhuza Rd
Nyerere Drive
Metsemasweu Rd
BENG
Maitisong Cultural Centre
North Ring Rd
PHOLOGOLO
Golfplatz
BOTSWELELO
Kalahari Conservation Society
Chuma Drive
Gaborone Sun Hotel
LO
Copy Shop
Nat. Museum & Art Gallery
Princess Marina Hospital
National-stadion
Pula Churchill Way
Circle
Notwane Rd
THE MALL
Brackendene Lodge
Lolwapa Lodge
University of Botswana (Campus)
BOITSHOKO
Tindi Lodge
Alliance Française
Caravela
Jawara
Rd
Orient Express
Ring Rd
South
MEPHATO
Kaunda Rd
Mondior Summit Hotel
Mobutu
The Village Mall & Cinema
Gaborone Club
VILLAGE
ONTLENG
Ngotwane River
Friedhof
Machel Drive
Village Plaza
Riverwalk Shopping Centre
Samora
Fairgrounds Office Park
Riverside Lodge
Swiss Chalet
Südafrika (Grenzstation Tlokweng-Kopfontein 17 km)
Oasis Motel
© REISE KNOW-HOW 2011
500 m

Gaborone und Umgebung

afrikanischer Kunst und afrikanischem Kunsthandwerk. Alljährlich findet unter Koordination von Botswanacraft die Ausstellung National Basket & Craft Exhibition statt, auf der die besten Arbeiten eines Jahres aus dem botswanischen Kunsthandwerk vorgestellt werden. Die landeskundliche Gesellschaft The Botswana Society (P.O. Box 71, Gaborone, Tel. 3919673, Fax 3919745, Internet: www.botsoc.org.bw) hat ihre Büroräume im National Museum und kann bei historischen Fragen und grundsätzlichem Interesse an der Arbeit der Gesellschaft kontaktiert werden.

Nationalversammlung (National Assembly)

Das Gebäude der Nationalversammlung liegt westlich der Main Mall zwischen State Drive und Parliament Drive.

Vor dem Gebäude steht eine majestätische Statue des 1980 verstorbenen Staatsgründers *Sir Seretse Khama*. Die Anlage ist recht klein und ausgesprochen unspektakulär. Sie verdient einen kleinen Abstecher als „denkwürdiger Hort" der seit gut drei Jahrzehnten stabilsten Demokratie auf dem afrikanischen Kontinent.

Diamant Trading Company

●**Diamond Trading Company Botswana** (DTCB), Diamond Park, P/Bag 0074, Block 8, Plot 63016, Gaborone, Botswana, Tel. 3649000, Fax 3649999, Internet: www.dtcbotswana.com. Zutritt nur im Rahmen von Führungen.

Im 2008 eröffneten, mit glitzernder Fensterfassade beeindruckenden Gebäude der Diamond Trading Company findet die **Endsortierung und Bewer-**

tung der von Debswana geförderten botswanischen **Diamanten** statt, bevor diese auf zehn jährlichen „Sights" des De-Beers-Konzerns in Gaborone, Kimberley, Windhoek und London verkauft werden. Wer Interesse an einer kostenlosen Führung hat, sollte sich hier vorab anmelden oder sich direkt an die De Beers Botswana Mining Company (Pty) Ltd. (Debswana) wenden (P.O. Box 329, Debswana House, Gaborone, Tel. 3614200, Fax 3180778, Internet: www. debswana.com). Die Anlage besitzt die Kapazität, Diamanten in einem jährlichen Volumen von 45 Millionen Karat zu sortieren und zu bewerten und ist damit mit Abstand die größte Einrichtung ihrer Art weltweit.

Gaborone Game Reserve

●Tel. 3184492. Öffnungszeiten: Mo–So 6.30 bis 18.30 Uhr, Eintritt: 1,50 Euro pro Person, 0,50 Euro pro Fahrzeug.

Das 550 Hektar große Gaborone Game Reserve am Stadtrand von Gaborone konnte 1988 durch das Engagement der Kalahari Conservation Society eröffnet werden und ist heute das dritthäufigst besuchte Schutzgebiet des Landes. Das Reservat liegt ca. 1 km östlich des Stadtteils Broadhurst und wird über den Limpopo Drive erreicht. Neben mehreren Antilopenarten konnte man über viele Jahre auch aus Südafrika eingeführte **Breitmaulnashörner,** die in einem separaten Gehege gehalten wurden, besichtigen. Das Gelände lässt sich gut mit normalen PKW befahren.

Botswanischer Strafzettel

Informationsstellen

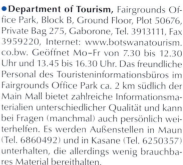

●**Department of Tourism,** Fairgrounds Office Park, Block B, Ground Floor, Plot 50676, Private Bag 275, Gaborone, Tel. 3913111, Fax 3959220, Internet: www.botswanatourism. co.bw. Geöffnet Mo–Fr von 7.30 bis 12.30 Uhr und 13.45 bis 16.30 Uhr. Das freundliche Personal des Touristeninformationsbüros im Fairgrounds Office Park ca. 2 km südlich der Main Mall bietet zahlreiche Informationsmaterialien unterschiedlicher Qualität und kann bei Fragen (manchmal) auch persönlich weiterhelfen. Es werden Außenstellen in Maun (Tel. 6860492) und in Kasane (Tel. 6250357) unterhalten, die allerdings wenig brauchbares Material bereithalten.

●**DWNP (Department of Wildlife and National Parks),** P.O. Box 131, Gaborone, Parks & Reserves Reservation Office, Tel. 3180774, Fax 3932205, 3180775, E-Mail: dwnp@gov. bw. Öffnungszeiten: Mo–Sa 7.30 bis 12.45 und 13.45 bis 16.30 Uhr. Die Büros der Wildschutzbehörde DWNP liegen am südlichen Stadtrand im Stadtteil Millennium Park unweit des Kgale Hill, GPS-Koordinaten S 24° 41.300', E 25°52.390'.

●**Kalahari Conservation Society (KCS),** P.O. Box 859, 112 Independence Avenue, Gaborone, Tel. 3974557, Fax 3914259, Internet: www.kcs.org.bw. Aktuelle Informationen zur Naturschutzsituation im Land sind über die Kalahari Conservation Society in der Independence Avenue schräg gegenüber dem National Museum zu bekommen.

●**Department of Mapping and Surveys,** P/Bag 0037, Gaborone, Botswana, Tel. 3953251, Fax 3952704, Internet: www.atlas. gov.bw. Das Department of Mapping and Surveys an der Ecke Station Road/Old Lobatse Road gibt neben detaillierten topografischen Karten aller Regionen des Landes auch einen mehrteiligen Stadtplan von Gaborone sowie einen digitalen Nationalatlas von Botswana heraus.

●Das in Hotels, Geschäften und Infostellen ausliegende **Info-Blatt „Botswana Advertiser"** (erscheint wöchentlich, kostenlos; P.O. Box 130, Gaborone, Plot 5647, Nakedi Road, Broadhurst Industrial Area, Tel. 3914788, 3166059, Fax 3182957, Internet: www.thead-

Gaborone und Umgebung

vertiser.co.bw) informiert über Kinoprogramme, kulturelle und andere Veranstaltungen, das Fernsehprogramm und enthält zahlreiche Anzeigen.

Unterkunft

Gaborone kämpft mit einem generellen **Unterkunftsnotstand,** der dazu geführt hat, dass fast alle Hotels und Lodges chronisch ausgebucht sind. Ca. 850 Hotelbetten der Mittel- und Oberklasse stehen in der rasant wachsenden Stadt derzeit (2011) zur Verfügung. Ohne **rechtzeitige Reservierung** ist daher oftmals kein Zimmer zu bekommen. Eine unvorbereitete Ankunft in Gaborone mit verzweifelter Zimmersuche gerät leicht zur Farce. Häufig gelingt es, nach 20 oder 21 Uhr noch ein Zimmer zu bekommen, wenn reservierte und nicht in Anspruch genommene Zimmer wieder freigegeben werden. Das Preisniveau der Hotels in Gaborone ist gemessen an allgemeinen Hauptstadtverhältnissen und den hohen botswanischen Preisen für Safari Lodges und Luxury Tented Camps erstaunlich moderat. Billigunterkünfte (10 Euro pro DZ und weniger) gibt es in Gaborone jedoch keine.

Hotels der Kategorie AA
(150–250 Euro pro DZ)

● **Gaborone Sun Hotel,** P/Bag 0016, Chuma Drive, Gaborone, Tel. 3616000, Fax 3902555, Internet: www.suninternational. com. Einst Gaborones Top-Adresse mit internationalem 4-Sterne-Standard, 2003 renoviert, aber seitdem ziemlich in die Jahre gekommen. Angenehm in Nachbarschaft zum Gaborone Golf Club gelegen. 196 Zimmer nebst 38 Luxuszimmern und 3 Suiten plus Präsidentensuite lassen für Gutbetuchte keine Wünsche offen. Es stehen Tennis- und Squashplätze, Sauna, Massage, Swimmingpool und alle übrigen Komforteinrichtungen bereit. Für eine Jahresgebühr von ca. 70 Euro können auch Nichtgäste die Sporteinrichtungen und den Swimmingpool nutzen. Moderne Konferenzmöglichkeiten. Freier Shuttletransport vom und zum Flughafen SSK International Airport für Hotelgäste. Dem Hotel angeschlossen sind mehrere Restaurants und Bars, die teure, aber gute Küche und umfangreiche Buffets bieten. Darüber hinaus existieren ein großes Spielkasino und ein Nachtklub. Die Filiale der Barclay's Bank im Hotel ist von Mo bis Sa zu den üblichen Bankzeiten geöffnet und gilt als effiziente Adresse für den Umtausch von Bargeld und Reiseschecks. Inzwischen sind auch günstigere Tarife ab 120 Euro pro DZ erhältlich.

● **Mondior Summit Hotel,** P/Bag 00324, Mobutu Drive, Gaborone, Tel. 3190600, Fax 3190660, Internet: www.mondior.com. Ende 2003 zunächst als Syringa Hotel eröffnetes modernes 4-Sterne-Oberklassehotel im Zentrum von Gaborone. Die geschmackvoll eingerichtete Unterkunft war ursprünglich ein Ableger des bereits in Selebi-Phikwe und Francistown noch unter dem Namen Syringa etablierten Hotels, die vor allem auf lokale Geschäftsleute ausgerichtet sind. Ab 110 Euro p.P.

● **Phakalane Golf Estate Hotel Resort,** P.O. Box 132, Gaborone, Tel. 3930000, Fax 3159663, Internet: www.phakalane.co.bw. 2010 neu eröffnetes exklusives Golfhotel im Resortstil mit angeschlossenen Apartments nördlich des Segoditshane River, über die Straße nach Francistown zu erreichen (Zufahrt ausgeschildert). Tarife (nur Übernachtung) ab 80 Euro p.P. Für Golfer werden attraktive Komplettpakete geboten.

● **Walmont Ambassador Hotel,** im Grand Palm Casino Resort, P/Bag BR 105, Molepolole Road, Gaborone, Tel. 3637777, Fax 36332989, Internet: www.walmont.com. Festungsartige Großanlage mit internationalem 4-Sterne-Standard. Das ehemalige Sheraton- und spätere Grand Palm Hotel liegt westlich der Stadt zwischen Gaborone West und Mogoditshane an der Straße nach Molepolole. Es bietet ähnlich umfangreiche Einrichtungen wie das Gaborone Sun Hotel. Freier Shuttletransport vom und zum Flughafen SSK International Airport für Hotelgäste. Ein großes Spielkasino mit Entertainmentkomplex und Kino (100 Plätze) ist angeschlossen, ebenso ein modernes Tagungszentrum, das 2002 eröffnete Gaborone International Convention Centre (GICC). Ab 140 Euro pro DZ.

Hotels der Kategorie A
(80–150 Euro pro DZ)

●**The Big Five Lodge,** Private Bag 0043, Molepolole Road, Gaborone, Tel. 3500500, Fax 3500335, Internet: www.thebigfive.co.bw. Ende 2004 eröffnete, im Safari-Stil eingerichtete Lodge mit 38 strohgedeckten Chalets in Mogoditshane am westlichen Stadtrand von Gaborone. Mit Swimmingpool, À-la-carte-Restaurant, großem Barbereich und Konferenzmöglichkeiten für bis zu 350 Personen.

●**Cresta Lodge,** P/Bag 00126, Samora Machel Drive, Gaborone, Tel. 3975375, Fax 3900635, Internet: www.crestahotels.com. Empfehlenswertes 4-Sterne-Hotel mit 160 Räumen. Freier Shuttletransport vom und zum internationalen Flughafen SSKIA für Hotelgäste. Gutes Restaurant und belebte Bar. Swimmingpool. Mehrere „Nature Trails" führen vom Hotel zum nahen Stausee am Gaborone Dam.

●**Cresta President Hotel,** P.O. Box 200, The Mall, Gaborone, Tel. 3953631, Fax 3951840, Internet: www.crestahotels.com. Zentral an der Main Mall gelegenes 4-Sterne-Hotel mit 80 Räumen. Kein Swimmingpool. Vom Terrace Restaurant überblickt man das Leben der Hauptgeschäftszone Gaborones. Freier Shuttletransport vom und zum internationalen Flughafen für Hotelgäste.

Hotels der Kategorie B
(40–80 Euro pro DZ)

●**Gaborone Hotel,** P/Bag 00127, Old Molepolole Road, Gaborone, Tel. 3922777, Fax 3922727, Internet: www.gaboronehotel.com. Empfehlenswertes 3-Sterne-Hotel mit 44 Räumen, sehr zentral nördlich des Bahnhofs gelegen. Freier Shuttletransport vom/zum Flughafen SSK International Airport für Hotelgäste. Mit Restaurant und unter Einheimischen beliebter Bar. Ohne Swimmingpool.

●**Metcourt Inn,** im Grand Palm Casino Resort, P/Bag BR 105, Molepolole Road, Gaborone, Tel. 3637907, Fax 3910402, Internet: www.metcourt.com. Empfehlenswertes und modernes 3-Sterne-Hotel im Komplex des Grand Palm Casino Resort. Ab 59 Euro pro DZ.

Hotel der Kategorie C
(20–40 Euro pro DZ)

●**Riverside Lodge,** P.O. Box 30311, Gaborone, Tel. 3928805, Fax 3928837. Ca. 3 km östlich des Stadtkerns in Tlokweng am Ngotwane River gelegenes, relativ neues, etwas spartanisch eingerichtetes Mittelklassehotel. Zimmer in insgesamt zehn Chalets mit zweckmäßiger Einrichtung. Günstig und empfehlenswert.

Lodges mit B & B (nach südafrikanischem Vorbild)

Kategorie B (40–80 Euro pro DZ)

●**Yarona Country Lodge,** P.O. Box 2436, Molepolole Road, Gaborone, Tel. 3933680, Fax 3974914, Internet: www.yaronalodge. co.bw. Familiäre Unterkunft mit kleinem Swimmingpool an der Molepolole Road nördlich des Bahnhofs.

Kategorie C (20–40 Euro pro DZ)

●**Brackendene Lodge,** P.O. Box 621, 796 Tati Road, Gaborone, Tel. 3912886, Fax 3906246, E-Mail: brackendene@mega.bw. Empfehlenswert, zentral gelegen (südlich der Main Mall), 29 Räume. Spezielle Familienräume für Eltern mit Kindern.

●**Lolwapa Lodge,** P.O. Box 1829, Plot 3412 Maakangang Close, Gaborone, Tel. 3184865, Internet: www.gabscafe.com. Empfehlenswerte Privatunterkunft am Mobutu Drive.

●**Tindi Lodge,** P.O. Box 201685, Plot 487 South Ring Road, Gaborone, Tel. 3953648. Kleine Privatunterkunft ca. 1,5 km südöstlich der Main Mall.

Hostels und Gästehäuser

Das **YWCA** (Tel. 3953681) in Gaborone nimmt nur weibliche Gäste auf. Die **Gästehäuser von Nicht-Regierungsorganisationen** („NGO's") und die **Gästeunterkünfte von DED** (Deutscher Entwicklungsdienst), **Friedrich-Ebert-Stiftung, Alliance Française** oder **British Council** nehmen keine Touristen als Gäste an. Die derzeitig einzige preiswerte Unterkunft für Backpacker stellt der **Schlafsaal des Mokolodi Nature Reserve** 13 km südlich von Gaborone dar (s.u.).

Gaborone und Umgebung

Unterkünfte außerhalb der Stadt

Kategorie B (40–80 Euro pro DZ)

● **Mokolodi Nature Reserve,** P/Bag 0457, Gaborone, Tel. 3161955, Fax 3165488, Internet: www.mokolodi.com. Das 3000 Hektar große Reservat liegt 13 km südlich von Gaborone an der Straße nach Lobatse und verfügt über mehrere strohgedeckte **Chalets** (6–8 Betten bzw. 3 Betten) für Selbstversorger (60–120 Euro), die idyllisch am Rande eines Wasserlochs gelegen sind. Jedes Chalet verfügt über einen Kühlschrank, Gaskocher und einen eigenen Grillplatz. Telefonische Vorausbuchungen sind zu empfehlen. Das Campingareal verfügt über exzellente Sanitäranlagen. Für Backpacker wird gegen eine geringe Gebühr einfache Unterbringung in einem **Schlafsaal** angeboten, der jedoch häufig von Schulungsgruppen belegt ist. Das strohgedeckte Restaurant des Reservates bietet recht teure, aber sehr empfehlenswerte Küche. Für umgerechnet 6 Euro p.P. kann man sich vom Fahrdienst des Reservates in Gaborone abholen lassen (Minimum 4 Personen). Für 9 Euro p.P. ist dies auch vom Sir Seretse Khama International Airport möglich.

● **Grand Palm Casino Resort**
Siehe oben: Walmont Ambassador Hotel und Metcourt Inn.

Kategorie C (20–40 Euro pro DZ)

● **Oasis Motel,** P.O. Box 1771, Tlokweng Rd., Gaborone, Tel. 3928396, Fax 3928568, Internet: www.oasismotel.co.bw. Ca. 6 km südöstlich des Zentrums an der Straße nach Tlokweng gelegenes 3-Sterne-Hotel, preislich im Übergang zur Kategorie B. Mit Swimmingpool, Restaurant und Bar. Freier Shuttletransport vom/zum Flughafen SSK International Airport für Hotelgäste. Empfehlenswert.

● **Country Horse Safaris,** P.O. Box 40554 (Gaborone), Lentsweletau Rd., Kopong, Tel. 3912173, Mobil 71234567, Fax 3974465, E-Mail: arnes.retreat@gmail.com. Der Schwede *Arne* bietet neben Reitsafaris ca. 40 km nordwestlich von Gaborone auch Privatunterkunft in einem kleinen Guest House auf einer Farm an. Eine telefonische Voranmeldung ist empfehlenswert. Telefonisch lassen sich auch Mitfahrgelegenheiten ab Gaborone organisieren. Wer mit eigenem Fahrzeug anreist, muss in Metsemotlhaba von der Straße nach Molepolole rechts Richtung Lentsweletau/Kopong abbiegen. Das Guest House befindet sich ca. 10 km hinter Kopong. Auch Camping ist möglich (5 Euro p.P.).

Camping

Aktuell verfügt Gaborone über keinen innerstädtischen Campingplatz. Empfehlenswert ist die Übernachtung im eigenen Zelt in Mokolodi 13 km südlich von Gaborone. Im **Mokolodi Nature Reserve** stehen dafür relativ neue backpackerorientierte Unterkünfte mit Selbstversorger-Chalets und exzellenten Campingmöglichkeiten zur Verfügung.

Auf der Main Mall von Gaborone

●**Mokolodi Backpackers,** Tel. 74111165, Fax 74111164, Internet: www.backpackers.co.bw. Eine Übernachtung in den klimatisierten Selbstversorger-Chalets kostet umgerechnet ca. 20 Euro pro Person. Die Campinggebühr beträgt umgerechnet 9 Euro p.P. Es sind saubere Warmwasserduschen und Waschräume sowie eine große Selbstversorger-Küche vorhanden. Mit Internetzugang für Gäste. Swimmingpool und Sauna in Planung.

Alternativ muss man auf den Campground des **Lion Park Resort** (Tel. 73292969, 73293000, Internet: www.lionpark.co.bw) 18 km südlich von Gaborone an der Straße nach Lobatse ausweichen.

Zur Not kann man auch außerhalb Gaborones möglichst unauffällig **wild zelten**, z.B. an der Straße nach Molepolole (mindestens 20 Autominuten von Gaborone entfernt) oder südlich der Abzweigung nach Ramotswa an der Straße nach Lobatse.

Campingausrüstung

●Für den Kauf von Ausrüstungen und Campingartikeln (inkl. Camping-Gaskartuschen) sind **Outdoor World** (P.O. Box 1999, Gaborone, Tel. 3974781, Fax 3975251) und das **Safari Centre** (Ind/S Bag 00310, Gaborone, Tel./Fax 3972390) im Süden der Stadt (Industrial Area 4) die führenden Adressen.

Essen und Trinken

Alle besseren **Hotels** (ab der Kategorie C aufwärts) verfügen über empfehlenswerte Restaurants, die Gerichte à la carte ab 6 Euro und Buffets ab 10 Euro anbieten. Darüber hinaus gibt es mehrere **internationale Restaurants** mit chinesischer, französischer, italienischer, portugiesischer oder indischer Küche in Gaborone. Dinner-Tische sollte man telefonisch vorbestellen, da Essengehen eine beliebte Abendbeschäftigung der besser verdienenden Klientel Gaborones darstellt. Vegetarier haben beim Essen à la carte normalerweise keine sonderlich große Auswahl, können sich aber mit dem vegetarischen Teil des Buffets gut behelfen. Ein Highlight **für Vegetarier** dürfte der Besuch des vegeta-

risch ausgerichteten Restaurants **The Kgotla** darstellen. Am unteren Ende des Spektrums rangieren Fastfood-Restaurants und Takeaways, die in Botswana immer zahlreicher vertreten sind und Kunden mit Snacks und Fastfood-Gerichten ab 2 Euro bedienen.

Restaurants der gehobenen Preisklasse

●**Beef Baron,** im Walmont Ambassador Hotel, Tel. 3637777. Internationale Küche und Grillgerichte.

●**Bull and Bush,** Legolo Road, Tel. 3975070. Bekanntes Steakhouse mit Gartenrestaurant und Pub. Neben Fleischgerichten gibt es Salate, Pasta und Pizza. Empfehlenswert.

●**Caravela,** ca. 1 km südöstlich der Main Mall, Tel. 3914284. Portugiesische Küche.

●**Chatters,** in der Cresta Lodge, Tel. 3913234. Populäres internationales Restaurant. Empfehlenswert.

●**Chutney Restaurant,** West Gate Mall, West Ring Road, Tel. 3163297. Empfehlenswertes indisches Restaurant mit exzellenten Curry-Gerichten.

●**Da Alfredo,** Broadhurst North Mall, Tel. 3913604. Traditionelle italienische Küche und gutes Seafood.

●**Embassy,** in der Riverwalk Shopping Mall. Empfehlenswertes indisches Restaurant.

●**Kgotla Restaurant & Coffeeshop,** Broadhurst North Mall, direkt über Woolworth. Gute vegetarische Gerichte, brauchbares Frühstück. Montags geschlossen.

●**Mahogany's Restaurant,** im Gaborone Sun Hotel, Tel. 3951111. Populäres und recht teures internationales Restaurant.

●**Maharaja Restaurant,** neben dem Bull and Bush in der Legolo Road gelegen, Tel. 3911060. Beliebtes indisches Restaurant.

●**Mokolodi Restaurant,** im Mokolodi Nature Reserve 13 km südlich von Gaborone, Tel. 74463701. Populäres Restaurant, das vor allem Fleischgerichte anbietet, darunter zahlreiche exzellente Wildgerichte. Zusätzlich werden auch ein komplettes Champagner-Frühstück im Busch für 20 Euro p.P. oder abendliche „Bush-Braais" für 25 Euro p.P. (Minimum jeweils 6 Personen, alle Getränke inkl.) angeboten.

Gaborone und Umgebung

● **Mugg & Bean,** Game City Mall, Tel. 3915246. Europäisch ausgerichtetes Restaurant, auch mit guten vegetarischen Gerichten. Empfehlenswert.

● **News Café,** im Mondior Summit Hotel, Tel. 3190600. Europäisch orientierte Küche, gute Cocktails. Relativ viele Expats und Yuppies.

● **Ocean Basket,** Game City, Tel. 3910787. Südafrikanisches Seafood-Restaurant im Einkaufszentrum Game City.

● **Primi Piatti,** Riverwalk Shopping Mall, Tel. 3700068. Exzellente italienische Küche. Empfehlenswert.

● **Reflections,** im Oasis Motel, Tel. 3928396. Beliebtes Seafood-Lokal. Empfehlenswert.

● **Savuti Grill,** im Gaborone Sun Hotel. Gutes, relativ teures Grillrestaurant.

● **Swiss Chalet,** nahe dem Oasis Motel an der Tlokweng Road ca. 6 km südöstlich des Zentrums, Tel. 3925172. Bekanntes Restaurant mit schweizerischer und italienischer Küche. Empfehlenswert.

● **Terrace Restaurant,** Cresta President Hotel, Tel. 3953631. Internationale Küche, leckere Snacks und Desserts. Von der Dachterrasse schöner Blick auf die Main Mall.

● **The Mogul,** Nyerere Drive Shopping Centre, Broadhurst, Tel. 3975246. Exzellente indische, pakistanische und chinesische Küche.

● **25° East Asian Cuisine,** in der Riverwalk Shopping Mall, Tel. 3700235. Gute indische bzw. asiatische Küche (Thaifood).

Günstige Restaurants

Die meisten günstigen Restaurants findet man im Fastfood-Sektor (s.u.). Günstige Snacks und einfache lokale Gerichte bieten auch das **Melodi Café** in der Main Mall oder das nahe gelegene **King's Takeaways.** In der African Mall lohnen **Juicy Bites,** das beliebte **Park Restaurant** oder das deutlich teurere **Taj** (gutes Curry) einen Besuch. Das **Hot & Crusty** in der Broadhurst North Mall bietet gute Pizzen zu günstigen Preisen.

Fastfood-Restaurants und Takeaways

Alle im Text genannten Einkaufszentren weisen mehrere Fastfood-Restaurants und Takeaways auf, in denen man sich ab 2 Euro aufwärts den Magen füllen kann. Die bekanntesten Einrichtungen für mehr oder weniger nahrhafte Schnellversorgung sind **Chicken Licken, Kentucky Fried Chicken, Nando's, Pie Time** oder **Milano's Chicken & Pizza.** Ein solides Steak und empfehlenswerte Burger bekommt man z.B. im südafrikanischen **Diamond Creek Spur** im Kagiso Centre (Tel. 3906512), das in der Einrichtung einem Fastfood-Restaurant ähnelt, preislich (und qualitativ) aber zu den gehobenen Restaurants gehört. Eine andere südafrikanische Steakhouse-Kette ist **Mike's Kitchen** (Tel. 3902087), die im Kgale View Shopping Centre vertreten ist.

Cafés

Für einen Kaffeeplausch oder ein leichtes Mittagessen eignet sich vor allem das **Terrace Restaurant** des Cresta President Hotels, von dem aus man das Treiben auf der Main Mall verfolgen kann. Der **Sanitas Tea Garden** (Tel. 3952538) am Gaborone Dam verfügt über die landschaftlich reizvollste Lage aller Cafés, während das Café im Eingangsbereich des Gaborone Private Hospital die vielleicht ungewöhnlichste Adresse für einen Cappuccino ist. Das **Equatorial Café** in der Riverwalk Shopping Mall bietet neben gutem Espresso, Smoothies und saftigen Sandwiches auch ungewöhnlichere Snacks wie Falafel oder belegte Bagel an.

Verkehrsverbindungen

Innerstädtisch

Das öffentliche Verkehrssystem Gaborones ist mehr als insuffizient. Mehrere Minibus-Linien („Combis") verbinden die wichtigsten Stadtteile mit **Sammeltaxis.** Die vollgestopften Gefährte starten in der Regel von der zentralen Busstation am Bahnhof. Die zuverlässigsten Informationen über die Fahrtroute erhält man vom Fahrer bzw. von den mitreisenden Passagieren (!). Einen festen Fahrplan gibt es nicht. Der Fahrpreis ist sehr gering. **Taxis** (mit Taxameter) können telefonisch von Final Bravo Cabs (Tel. 3121785) oder von Speedy Cabs (Tel. 3900070) ange-fordert werden. Sie sind am blauen Num-mernschild erkennbar.

Vom und zum Flughafen

Vom 14 km außerhalb des Zentrums gele-genen Sir Seretse Khama International Air-port kostet ein Taxi in die Innenstadt Gaboro-nes umgerechnet 10–12 Euro. **Taxis** müssen am Flughafen in der Regel telefonisch ange-fordert werden. Für Gäste der großen Hotels (Gaborone Sun, Walmont Ambassador, Pre-sident u.a.) gibt es kostenlose **Shuttlebusse.** Gelegentlich können auch Nichtgäste den Fahrer eines Shuttlebusses zur Mitnahme überreden (Trinkgeld nicht unerwünscht).

Einen kommerziellen **Zubringer-Service** zum Flughafen unterhält Adventure Safaris, P/Bag 00352, Gaborone, Tel. 3700166, Fax 3700168, Internet: www.adventure-safaris. com. Eine telefonische Vorausbuchung ist notwendig.

Flugverbindungen von und nach Gaborone

Regelmäßige internationale Direktverbin-dungen mit Air Botswana, Air Namibia und South African Airways bestehen derzeit nur nach Johannesburg, Lusaka, Windhoek und Harare. Die nationale Fluggesellschaft Air Botswana verkehrt im Inland zwischen Ga-borone, Francistown und Maun. Die Flug-preise wechseln häufig, mit stetigen Erhöhun-gen muss gerechnet werden. Wer das Ticket innerhalb von 24 Stunden nach Reservierung ausstellen lässt, erhält einen deutlichen Preis-nachlass. Während der Hauptreisemonate ist vor allem die Strecke Gaborone – Maun (und vice versa) häufig ausgebucht (vgl. auch Ka-pitel „Reisen in Botswana/Linienflüge").

Beim Abflug wird eine Gebühr von umge-rechnet 5,50 Euro (internationale Flüge: 11 Euro) erhoben, die bereits im Ticketpreis ent-halten ist. Charterverbindungen mit Klein-flugzeugen (siehe „Chartergesellschaften") stellen ab einer Gruppengröße von vier Per-sonen eine interessante finanzielle Alternati-ve dar.

National:
- **Gaborone – Francistown** (Mo, Di, Mi, Do, Fr, So) = 80 Euro (einfach) bzw. 110 Euro (Hin- & Rückflug)
- **Gaborone – Maun** (täglich) = 130 Euro (einfach) bzw. 190 Euro (Hin- & Rückflug)
- **Gaborone – Kasane** (Di, Fr, So) = 130 Euro (einfach) bzw. 190 Euro (Hin- & Rückflug)

International:
- **Johannesburg – Gaborone** = 140 Euro (einfach) bzw. 250 Euro (Hin- und Rückflug)
- **Harare – Gaborone** = 140 Euro (einfach) bzw. 260 Euro (Hin- und Rückflug)

Internationale Fluggesellschaften

- **Air Botswana,** P.O. Box 92, Plot 27, Dalale House, Main Mall, Gaborone, Tel. 3680900, Fax 3953928, Internet: www.airbotswana.co. bw. Weitere Niederlassungen in Francistown, Maun, Kasane und Orapa. Air Botswana tritt als Agent für andere Gesellschaften auf (u.a. Air India, Air Malawi, Air Mauritius, Air Tan-zania, Air Zimbabwe, KLM, Lufthansa, Royal Swazi Airways, SAS, Swissair).
- **South African Airways (SAA),** P/Bag BR 78, Plot 191, Matsitama Road, Main Mall, Ga-borone, Tel. 3902210, Fax 3902212.

Chartergesellschaften

- **Flying Mission Services,** P.O. Box 1022, Gaborone, Tel. 3912981, Fax 3904181, Inter-net: www.flyingmission.org.
- **Kalahari Air Services,** P.O. Box 41278, Broadhurst/Gaborone, Tel. 3951804, Fax 3912015, E-Mail: kasac@info.bw.
- **NAC Executive Botswana,** P/Bag SK 6, Ga-borone, Tel. 3975257, Fax 3975258, E-Mail: nacexecutive@info.bw.

Busverbindungen von und nach Gaborone

Grenzüberschreitende Busverbindungen nach Johannesburg (Südafrika), Bulawayo bzw. Harare (Simbabwe), Windhoek bzw. Gobabis (Namibia) und Lusaka (Sambia), sind im Abschnitt „Anreise" aufgeführt. Die Abfahrt erfolgt von der zentralen Busstation nahe dem Bahnhof oder von den internatio-

Gaborone und Umgebung

nalen Hotels. Aktuelle Erkundigungen dazu können direkt an der Busstation und über das Touristeninformationsbüro in der Main Mall eingeholt werden. Busse der Firma **Intercape** von/nach Johannesburg halten an der **Kudu Service Station** in der Queens Road, unweit der Main Mall. Tickets (20 Euro p.P.) können über Kudu Travel (Tel. 3953861) gebucht werden.

Inländische Busse und Minibusse fahren von der zentralen Busstation zwischen Bahnhof und dem Molepolole Flyover ab. Die Busstation kann vom Bahnhof aus durch eine Fußgängerbrücke über die Gleise erreicht werden. Große Überlandbusse bedienen vor allem die Achse nach Francistown über Mahalapye und Palapye. Weitere wichtige Destinationen sind Serowe, Selebi-Phikwe, Lobatse, Molepolole, Kanye, Nata, Kasane, Maun und Ghanzi. Tickets nach Francistown kosten ca. 8 Euro, nach Maun ca. 18 Euro. Das Gros der Abfahrtszeiten liegt in den frühen Morgenstunden. Minibusse bedienen auch zahlreiche kleinere Ziele in der Umgebung Gaborones. Sie fahren dann los, wenn sie gut gefüllt sind.

Bahnverbindungen von und nach Gaborone

Die tägliche Bahnverbindung von und nach Francistown wurde im Jahr 2009 eingestellt. Allein die grenzüberschreitende Zugverbindung zwischen Francistown und Bulawayo/Simbabwe war im Jahr 2010 noch intakt. Informationen zu einer möglichen Wiedereröffnung der Inlandsverbindung erteilt **Botswana Railways (BR)**, P/Bag 52, Mahalapye, Tel. 4711375, Fax 4711385, Internet: www.botswanarailways.co.bw. Gelegentlich verkehrt auch der berühmte südafrikanische **Luxuszug Blue Train** (Internet: www.bluetrain. co.za) zwischen Gaborone und Francistown im Rahmen einer „Southern African Rail Safari".

Nachtleben

Das Gaborone Sun Hotel und das Grand Palm Casino Resort verfügen über **Spielkasinos,** in denen man sich ab 18 Jahren bei Rou-

lette, Black Jack, Poker oder an zahlreichen Spielautomaten vergnügen kann.

Beliebte Bars sind der Pub des Restaurants Bull and Bush (britischer Stil, Legolo Road), Satchmo's Jazz Café in der Gaborone West Shopping Mall, der Irish Pub im Game City Shopping Centre oder die Hotelbar des Gaborone Hotel, wo jedes Wochenende Live-Musik geboten wird.

Die **Diskotheken** Blue Note (im „Entertainment Centre" in Mogoditshane, viel kongolesische Kwasa-Kwasa-Musik) und Grandwest Night Club (Gaborone West Shopping Mall) bieten in ersten Linie heiße Disco-Rhythmen für den Geschmack der jüngeren Generation Gaborones. Beliebt sind auch die Hoteldiskotheken Platform (Gaborone Sun Hotel) und Diamond Club (mit Live-Soulmusik, Oasis Motel). Am oberen Ende der Beliebtheitskala rangieren der recht neue Club Legends (Maru-a-Pula Shopping Centre), wo man auch sehr gut am Buffet speisen kann, sowie der empfehlenswerte Jazzclub Lizard Lounge in der Village Mall.

Ein Geheimtipp sind die **Konzerte** der *Botswana Defence Force Band,* die mit populären Beat- und Disco-Rhythmen aus dem südlichen Afrika für Stimmung sorgt.

Kinos

Das aktuelle Kinoprogramm ist im wöchentlich erscheinenden Botswana Advertiser aufgeführt. Neben gängigen Hollywood-Streifen und populären Action-Filmen der Muskelhelden *Schwarzenegger, Stallone, van Damme & Co.,* die in erster Linie in den Kinos **Stardust Cinema** (Grand Palm Casino Resort, Tel. 3959271) und **New Capitol Cinema** (in der Riverwalk Shopping Mall und in der Game City Mall vertreten, Tel. 3700111) gezeigt werden, bieten die **Alliance Française** (Tel. 3951650) und der **Gaborone Film Society** (Tel. 3925005) auch Klassiker und hintergründige Themen.

Sportmöglichkeiten

Es gibt gut organisierte **Sportklubs für Squash, Tennis, Golf, Segeln** (auf dem Gaborone-Stausee), **Cricket, Reiten, Rugby, 4x4-Abenteuer und anderes.** Wer über Wochen und Monate in Gaborone bleibt, sollte eine Jahresmitgliedschaft in diesen Klubs in Erwägung ziehen. Die Adressen findet man im Botswana Advertiser oder in der Broschüre Consumer Info Gaborone. Wer nur kurz bleibt, sollte sich in den großen Hotels erkundigen, ob man gegen eine Tagesgebühr die dortigen Sporteinrichtungen bzw. den Swimmingpool nutzen kann. Der Gaborone Club (Tel. 3956333) und der Village Health & Recreation Club (Tel. 3905222) besitzen eigene Sportanlagen (Tennis, Squash, Rugby, Schwimmanlagen) im Stadtteil Gaborone Village. Für Reitausflüge kann man sich an Country Horse Safaris (Tel. 71234567) nahe Kopong oder das Lion Park Resort (Tel. 73292969, 73293000) südlich von Gaborone wenden.

Kultur und Theater

Das einzige ernstzunehmende Kulturzentrum Botswanas, Maitisong, wurde 1987 in der Maru-a-Pula (eine Umschreibung für „Regenwolke") Secondary School einen halben Kilometer nordöstlich des Gaborone Sun Hotels eröffnet. Die gut organisierte Privatschule verfolgt bei der Nutzung ihrer Einrichtungen eine Politik der Öffnung nach außen, sodass sich das **Maitisong Cultural Centre** (Tel. 3971809, Fax 3984946, Internet: www.maitisong.co.bw) mit Hilfe der 450 Sitzplätze umfassenden Theaterbühne der Schule zu einem bedeutenden Forum für Kulturveranstaltungen aller Art entwickeln konnte. Neben Vorträgen, Konferenzen, Konzerten und Filmvorführungen liegt der Schwerpunkt auf **Theateraufführungen** lokaler und ausländischer Akteure. Im März findet hier alljährlich das überregional bekannte neuntägige „National Maitisong Performing Arts Festival" statt.

Öffentliche Veranstaltungen finden ca. zweimal pro Woche statt, eine telefonische Platzreservierung ist zu empfehlen. Die Ankündigung erfolgt über Tageszeitungen, den „Botswana Advertiser" und einen Schaukasten außerhalb des Zentrums. Ähnlich un-

terhaltsam sind Theateraufführungen der bekannten Laientruppe Capital Players, die in der sogenannten **MOTH Hall** (MOTH = Memorable Order of Tin Hats) an der Molepolole Road nahe dem Busbahnhof stattfinden. Veranstaltungen werden in der Tagespresse und im Advertiser angekündigt. Man kann sich auch direkt bei den Schauspielern informieren:

●**Capital Players,** P.O. Box 65, Gaborone, Tel. 3924511.

●Die **Alliançe Francaise** (P.O. Box 1817, Mobutu Drive, Gaborone, Tel. 3951650, Fax 3184433, E-Mail: all.francaise@info.bw) und der **British Council** (P.O. Box 439, Main Mall, Gaborone, Tel. 3953602, Fax 3956643, E-Mail: general.inquiries@britishcouncil.org. bw) sind weitere Organisatoren von Kulturveranstaltungen.

●**The No. 1 Ladies' Opera House,** Old Workshop, Kgale Siding, Tel. 3165459. Vom Erfinder der „No. 1 Ladies' Detective Agency" (unter Führung der legendären *Mma Ramotswe*), dem Autor *Alexander McCall Smith*, gesponsertes lokales Theater, mehrere Kilometer südlich des Stadtzentrums. Kleinere Theateraufführungen und Konzerte. Angeschlossenes Café.

Krankenhäuser und medizinische Notfälle

●**Princess Marina Hospital,** P.O. Box 258, Hospital Way (North Ring Road), Tel. 3953221, Fax 3973776. Das größte staatliche Krankenhaus Botswanas kann mit soliden medizinischen Standards und guter ärztlicher Versorgung aufwarten; inzwischen ist es allerdings modernisierungsbedürftig und völlig überlaufen.

●**Gaborone Private Hospital,** P/Bag 130, Segoditshane Way (gegenüber der Broadhurst North Mall), Tel. 3901999, Fax 3902804. Botswanas Flaggschiff der Privatmedizin mit (teuren) Spezialisten aller wichtigen Fachabteilungen (inkl. Zahnheilkunde). Bevor man sich jedoch hier behandeln lässt, sollte man genau abklären, ob die in der Heimat abgeschlossene Krankenversicherung die Kosten trägt.

●**Medical and Dental Services Clinic,** P.O. Box 1589, Plot 2775 Manong (gegenüber dem Gaborone Sun Hotel), Tel. 3953891 oder 3957315.
●**Dr. J. Hasseriis & Associates,** Den-Med House, BBS Mall, Broadhurst, Tel. 3975212 bzw. 3909243 (außerhalb der Sprechzeiten). Zuverlässige Zahnärzte.
●**Medical Rescue International (MRI),** Bag BR256, Broadhurst/Gaborone, Tel. (Verwaltung) 3903066, Fax 3902117, Internet: www. mri.co.bw, Tel. (Notfälle) 3901601, landesweiter **Notruf: Tel. 992.** MRI operiert seit 1991 in Botswana und verfügt über ein privates Netzwerk von medizinischem Personal, Krankenwagen und Transportfahrzeugen. Darüber hinaus verfügt die Organisation über Kleinflugzeuge für **Luftevakuierungen.** Es besteht die Möglichkeit, vorübergehendes Mitglied bei MRI zu werden und damit über einen begrenzten Zeitraum für den Bergungsnotfall und medizinische Notfälle versichert zu sein. Ein Krankenwagen (oder Kleinflugzeug) von MRI muss in einem solchen Notfall über Telefon/Funk/Mobiltelefon/Satellitentelefon angefordert werden und befördert den Verunfallten/Erkrankten dann nach der Erstversorgung vor Ort oder während des Transports in nächstgelegene klinische Zentren.

Apotheken

●Gut sortierte Apotheken sind an das **Gaborone Private Hospital** und das **Princess Marina Hospital** angeschlossen.
●**Hallows Pharmacy** (Tel. 3953606), Broadhurst Industrial Complex, Mo–So von 8 bis 20 Uhr geöffnet.

Botschaften und Konsulate

●**Angola,** P/Bag BR 111, Plot 13232 Khama Crescent, Tel. 3900204, Fax 3181876, E-Mail: angolaemb@info.bw
●**Belgien** (Honorarkonsulat), P.O. Box 821, Tel. 3957438, Fax 3957476, E-Mail: gabdelta@info.bw

●**Dänemark** (Konsulat), P.O. Box 367, Tel. 3953770, Fax 3957995
●**Deutschland,** P.O. Box 315, Professional House, Segodithsane Way, Broadhurst, Tel. 3953143, 3953806, Fax 3953038, Internet: www.gaborone.diplo.de
●**Europäische Kommission,** P.O. Box 1253, Plot 68 North Ring Road, Tel. 3914455, Fax 3913626
●**Finnland** (Honorarkonsulat), P.O. Box 1904, Tel. 3901500, Fax 3901966
●**Frankreich,** P.O. Box 1424, 761 Robinson Road, Tel. 3973863, Fax 3971733, E-Mail: frambots@info.bw
●**Großbritannien,** P/Bag 0023, Queen's Road, Tel. 3952841, Fax 3956105, E-Mail: bhc@botsnet.bw
●**Indien,** P/Bag 249, Queen's Road, Tel. 3972676, Fax 3974636
●**Irland** (Honorarkonsulat), P/Bag 00347, Tel. 3903333
●**Italien** (Honorarkonsulat), P.O. Box 495, Tel. 3912641, Fax 3973441
●**Kuba,** P.O. Box 40261, Tel. 3951750, Fax 3911485
●**Namibia,** P.O. Box 1586, 1278 Old Lobatse, BCC Building, Tel. 3902217, Fax 3902248
●**Niederlande** (Honorarkonsulat), P.O. Box 457, Tel. 3902194, Fax 3951200, E-Mail: nederland@info.bw
●**Nigeria,** P.O. Box 274, Tel. 3913561, Fax 3913738
●**Norwegen,** P.O. Box 879, Development House, Main Mall, Tel. 3951501, Fax 3974685
●**Österreich** (Honorarkonsulat), Plot 50667, Block B3, Fairground Holdings Park, Tel. 3951514, Fax 3953876, E-Mail: dkhama@info.bw
●**Russische Föderation,** P.O. Box 81, Tel. 3953389, Fax 3952930, E-Mail: embrus@info.bw
●**Sambia,** P.O. Box 362, Zambia House, Main Mall, Tel. 3951951, Fax 3953952
●**Schweden** (Honorarkonsulat), P/Bag 0017, Development House, Main Mall, Tel. 3188988, Fax 3188951
●**Schweiz** (Konsulat), P.O. Box 45607, c/o Specialist Services, Plot 5268, Village, Tel./Fax 3956462, E-Mail: jlubbe@specialist-services.info

●**Simbabwe,** P.O. Box 1232, Orapa Close, Tel. 3914495, Fax 3905863, E-Mail: zimgaborone@mega.bw

●**Spanien** (Honorarkonsulat), P.O. Box 495, Tel. 3912641, Fax 3973441

●**Südafrika,** P/Bag 00402, Plot 29 Queens Road, Tel. 3904800, Fax 3905502

●**USA,** P.O. Box 90, Embassy Drive, Tel. 3953982, Fax 3180232, E-Mail: consulargaborone@state.gov

Polizei und Behörden

●Die zentrale **Polizeistation** (Tel. 3951161) befindet sich in der Botswana Road (gegenüber dem President Hotel). Der landesweite telefonische **Polizeinotruf** ist **999**.

●Visa-Verlängerungen werden im **Department of Immigration** (P.O. Box 942, Tel. 3911300, Fax 3952996) zwischen Khama Crescent und State House Drive erteilt.

●Im **Department of Animal Health and Production** (P/Bag 0032, Tel. 3950635, Fax 3903744) erhält man Transportgenehmigungen für Tier- und Milchprodukte und kann den neuesten Stand bzgl. des veterinärmedizinischen Sperrzaunnetzes erfragen.

Banken/Geldumtausch

Die genauen Öffnungszeiten der verschiedenen Banken sind im Kapitel „Praktische Tipps A–Z/Geschäfts- und Öffnungszeiten" aufgeführt. Empfehlenswert für den Umtausch von Bargeld und Reiseschecks ist die Filiale der Barclay's Bank im Gaborone Sun Hotel. Die vier großen Banken des Landes (Barclay's Bank of Botswana, First National Bank of Botswana, Standard Chartered Bank of Botswana und Stanbic Bank of Botswana) haben ihre Hauptniederlassungen in der Main Mall bzw. am Khama Crescent im angrenzenden Regierungsviertel. Inhaber einer ausländischen VISA-Karte können an allen **Geldautomaten der Barclay's Bank oder der Standard Chartered Bank** bequem Bargeld (max. 2000 Pula pro Auszahlung) abheben. Am Wochenende kann man sein Geld in den Wechselstuben der großen Hotels (z.B. Gaborone Sun Hotel, Grand Palm Casino Resort, Cresta Lodge, President Hotel) tauschen.

Post

●Das **Hauptpostamt** befindet sich in der Main Mall (Öffnungszeiten: Mo–Fr von 8.15 bis 12.45 Uhr und 14 bis 16 Uhr, Sa 8.30 bis 11.30 Uhr). Der Service ist sehr langsam und lange Warteschlangen vor den Schaltern sind die Regel.

●Wertvolle Pakete und eilige Sendungen sollte man internationalen **Kurierdiensten** wie z.B. DHL (Plot 20610, Western Bypass, Broadhurst Industrial Complex, Tel. 3912000, Fax 3974168, E-Mail: bwweb@dhl.com) anvertrauen.

Telefon/Fax/Internet

Das Gebäude der nationalen Telefongesellschaft BTC liegt zentral am Khama Crescent. Vor dem Gebäude ist eine Batterie moderner **Kartentelefone** aufgebaut. Etwas weniger belebte öffentliche Fernsprecher sind vor dem National Museum oder dem Touristeninformationsbüro in der Main Mall installiert. Telefonkarten sind neben den BTC-Niederlassungen auch in Geschäften und an Tankstellen erhältlich. Die Kosten über ein Kartentelefon geführter Selbstwahlgespräche nach Europa liegen in der Hauptzeit (werktags 7 bis 20 Uhr) bei umgerechnet 1,10 Euro/Minute, in der Nebenzeit (werktags 20 bis 7 Uhr, Wochenenden und Feiertage) sogar nur bei 0,95 Euro/Minute. Inlandsgespräche kosten je nach Entfernungszone zwischen 0,02 und 0,20 Euro/Minute. Gespräche nach Südafrika kosten tageszeitabhängig zwischen ca. 0,25 und 0,35 Euro/Minute. Handvermittelte Gespräche sind deutlich teurer.

Von **Hoteltelefonen** geführte Gespräche schlagen in der Regel mit dem Drei- bis Vierfachen des normalen BTC-Satzes zu Buche.

Faxe kann man am günstigsten über den Copy Shop (Tel. 3959911, Fax 3959922) nördlich der Queen's Road verschicken und empfangen.

Die zuverlässigste und günstigste **Internetverbindung** bietet PostNet (Tel. 3912131, Fax

3912136) in der Main Mall (ca. 2 Euro pro Stunde). Alternativ kann man auf eine Vielzahl von **Internet-Cafés** zurückgreifen (Gebühren ab umgerechnet 2 Euro pro Stunde), z.B. Aim Internet (Botswana Road, neben dem President Hotel) oder Sakeng Internet Access Point (Main Mall, Gaborone Hardware Building).

Leihwagen

● **AVIS,** P.O. Box 790, Gaborone, Tel. 3913093, 3953745, Fax 3912205, E-Mail: botswanares@avis.co.za. Die Zentrale von AVIS befindet sich am Sir Seretse Khama International Airport in Gaborone, Filialen gibt es im Gaborone Sun Hotel und im Grand Palm Casino Resort. Weitere Niederlassungen in Maun (Tel. 6860039), Francistown (Tel. 2413901) und Kasane (Tel. 6250144).
● **Budget Rent a Car,** Bag SK 5, Gaborone, Tel. 3902030, Fax 3902028, E-Mail: botswana @budget.co.za. Neben den Niederlassungen in Maun und Francistown bislang die einzige Vertretung des internationalen Autovermieters in Botswana.
● **Europcar/Imperial Car Hire,** Bag SK 10, Gaborone, Tel. 3902280, Fax 3909404, E-Mail: botswana@europcar.co.za. Botswanischer Ableger der südafrikanischen Mutterfirma mit ähnlichen Tarifen wie AVIS. Die Zentrale am SSK International Airport verleiht auch Geländewagen (Toyota Hilux 4x4 Double Cab).

Autoreparaturen

Außer großen Vertragswerkstätten für Fahrzeuge vom Typ Toyota, Hyundai, Landrover, Nissan, Volkswagen, Mercedes-Benz u.a. gibt es eine Fülle lokaler Reparaturwerkstätten in Gaborone.

Reisebüros und Safariunternehmen

● **Adventure Safaris,** P/Bag 00352, 213 Moremi Road, Gaborone, Tel. 3700166, Fax 3700168, Internet: www.adventure-safaris. com. Landesweit operierender Veranstalter,

spezialisiert auf Reisen mit individuellem Zuschnitt.
● **Bigfoot Tours,** P.O. Box 45324, Plot No. 2930, Pudulogo Crescent, Extension 10, Gaborone, Tel. 3953360, Mobil 73555573, Internet: www.bigfoottours.co.bw. Landesweit operierender Safari-Veranstalter, der seit 2009 exklusiv die Buchungen für alle Camp Sites im Khutse GR und viele Camp Sites im CKGR (Piper's Pan, Sunday Pan, Letiahau, Passarge Valley, Lekhubu und Motopi Pan) vornimmt. Diese sollen bevorzugt über die Internet-Plattform www.simplybotswana.com bzw. die Mail-Adressen info@simplybotswana.com oder sales@simplybotswana.com abgewickelt werden.
● **Garcin Safaris,** Plot 53/54, Mogoditshane, Gaborone, Tel. 3938190, Mobil 71668193, Fax 3936774, Internet: www.garcinsafaris. com. Landesweit operierender Safari-Veranstalter, der u.a. eine empfehlenswerte und unterhaltsame „No. 1 Ladies' Detective Agency Tour" durch Gaborone anbietet.
● **Harvey World Travel,** P.O. Box 1950, Clover House, Old Lobatse Road, Gaborone, Tel. 3904360, Fax 3905840, E-Mail: travel. ctr@info.bw.
● **Kaietours,** P.O. Box 26053, Tel. 3973388, Internet: www.kaietours.com. Empfehlenswerter Veranstalter von Stadttouren, Ausflügen zu Kunsthandwerkseinrichtungen und Campingsafaris mit den Buschmännern im östlichen und zentralen Kalahari-Gebiet.
● **Kudu Travel,** Private Bag 00130, Queens Road, Main Mall, Gaborone, Tel. 3972224, Fax 3974224, E-Mail: kudutravel@info.bw. Bietet günstige Flugtickets, Bustickets und lokale Touren an.
● **No. 1 Ladies' Detective Agency Tours,** P.O. Box 402942, Unit 34, Kgale Mews, Gaborone International Finance Park, Tel. 3160180, Mobil 72654323, Fax 5301495, Internet: www.africainsight.com. Ein- bis mehrtägige spezialisierte Touren auf den Spuren der Romanheldin *Precious Ramotswe* in und um Gaborone, mit kurzen „Lesungen" an

Air Botswana hat sein Hauptbüro in Gaborone

den wichtigsten Handlungsorten der Bücher von *Alexander McCall Smith.*

●**Travel Star,** P.O. Box 2970, Broadhurst Industrial Complex, Block 3, Gaborone, Tel. 3930065, Fax 3931052, Internet: www.e-travelstar.com. Bietet Flug- und Hotelbuchungen, Safari-Vermittlung, Visa-Service u.v.m.

Einkaufen

Souvenirs

●Das größte (und teuerste) Souvenir-Angebot haben die Niederlassungen von **Botswanacraft,** (P.O. Box 486, Gaborone, Tel. 3922487, Fax 3922689, Internet: www.botswanacraft.bw) in der Main Mall, im SSK International Airport, im Grand Palm Casino Resort, in der Cresta Lodge und im Mokolodi Nature Reserve, wo man Botswana Baskets, San-Kunst, Holzschnitzereien, Töpferarbeiten, Webereien und Stoffmalereien der bekanntesten künstlerischen Zentren kaufen kann.

●**Jewel of Africa,** Game City Shopping Mall, Gaborone, Tel. 3700216, E-Mail: jewel@global.bw. Gut sortierter Souvenirshop in der modernen Game City Mall.

●**Kalahari Quilts,** P.O. Box 40486, Craft Centre, Unit 14 & 15, Plot 5648, Nakedi Road, Broadhurst Industrial Complex, Gaborone, Mobiltel. 72616462 oder 72618711, Internet: www.kalahariquilts.com. Exzellent gemachte hochwertige Steppdecken, Kissenbezüge und Zierdecken mit afrikanischen Motiven, angefertigt von einer lokalen Kooperative von Batswana-Frauen. Benachbart finden sich mehrere andere Souvenir- bzw. Kunsthandwerkshops.

●**Mokolodi Crafts** (Tel./Fax 3959416), 15 km südlich von Gaborone an der Straße nach Lobatse, bietet Stoffmalereien, Decken, Schnitzereien, Töpfereien und Textilien an.

●**Thapong Visual Arts Centre,** P.O. Box 10144, The Village, Gaborone, Tel. 3161771, Internet: www.artshost.org/thapong/. 1999 gegründete kommerzielle Galerie mit ernsthaftem Kunstanspruch. Schöne Gemälde,

bo31_027 Foto: cl

Gaborone und Umgebung

Schnitzereien, Skulpturen und anderes Kunsthandwerk. Regelmäßige Organisation von Workshops und Ausstellungen.

● Am sinnvollsten ist es, zu den **Kunsthandwerksstätten** in Gabane, Thamaga (Töpferarbeiten), Oodi, Lobatse (Webarbeiten) oder Mochudi (Stoffdruckerei) zu fahren, um dort unmittelbar beim Erzeuger zu kaufen. Die qualitativ hochwertigsten Botswana Baskets bekommt man bei Botswanacraft oder direkt bei den Hambukushu-Flechterinnen in der Panhandle-Region des Okavango-Deltas.

(Super-)Märkte und Einkaufszentren

Gaborone verfügt über keinerlei Märkte, die mit dem bunten Treiben eines westafrikanischen oder ostafrikanischen Marktes auch nur annähernd vergleichbar wären. Mehrere **marktähnliche Verkaufsstände** sind im Bereich des Bahnhofs zu finden. Alle im Abschnitt „Orientierung" genannten Einkaufszentren verfügen über gut sortierte **Supermärkte,** die Selbstversorgern adäquate Einkaufsmöglichkeiten bieten. Wer Gaborone nur auf der Durchfahrt streift, sei auf das Ende 2002 eröffnete Einkaufszentrum Game City am Kgale Hill (auch sonntags geöffnet) oder den großen Spar-Supermarkt am Südrand der Stadt zwischen Lobatse Road und Western Bypass mit guten Einkaufsmöglichkeiten verwiesen.

Buchhandlungen

● Das Hauptgeschäft des **Botswana Book Centre** (Tel. 3952931, Fax 3974315, Internet: www.bbc.co.bw) in der Main Mall bietet eine hervorragende Auswahl an Bildbänden, Reiseführern, Karten und Zeitschriften über Botswana und seine Nachbarländer sowie zahlreiche Titel der afrikanischen und internationalen Literatur.

● Gut sortiert ist auch **Botsalo Books** im Einkaufszentrum Game City sowie in der Broadhurst North Mall (Tel. 3912576). Für Zeitschriften und Standard-Reiseliteratur sind die Filialen des Branchenriesen CNA (Tel. 3972767) im Kagiso Centre oder der simbabwischen Kette Kingston's (Tel. 3912924) in der Broadhurst North Mall zu empfehlen.

Foto- und Fotokopiergeschäfte

● **Filmmaterial und Fotoartikel** sind deutlich teurer als in Europa. Diafilme sind besonders schwierig und nur zu überhöhten Preisen zu bekommen. Fündig wird man im Einkaufszentrum Game City, in der Main Mall (Photo House, Photolab), bei Photo Hollywood im Station Road Shopping Complex und im Broadhurst North Mall Shopping Centre. Passbilder kann man z.B. im Capital Studio in der African Mall anfertigen lassen.

● **Fotokopien** guter Qualität bekommt man im Copy Shop nördlich der Main Mall (Tel. 3959911).

Sonstiges

Gepäckaufbewahrung

Am Bahnhof gibt es einen „Left Luggage Service", der aber nur Mo–Fr von 8 bis 13 Uhr und 14 bis 16 Uhr geöffnet ist.

Wäschereien und Reinigungen

Alle größeren Hotels besitzen einen **Laundry Service.** Professionelle Kleiderreinigungen („Dry Cleaners") sind in allen größeren Einkaufszentren vertreten. Im Allison Crescent (Seitenstraße des Samora Machel Drive) bietet *Kofifi Laundrette* einen Waschsalon mit münzbetriebenen Waschmaschinen.

Bibliotheken

Die Nationalbibliothek („Botswana National Library") am Ostrand der Main Mall (geöffnet Mo–Fr 9 bis 16 Uhr, Sa 9 bis 12 Uhr) bietet eine Fülle Botswana-bezogener Literatur. Interessant ist auch ein Abstecher in die Bibliothek des Nationalmuseums. Die Bibliothek der University of Botswana (zwischen Mobutu Drive und Ngotwane Road) besitzt einen „Botswana Room" mit landesbezogenen Veröffentlichungen und Zeitschriften. Die Kultureinrichtungen Alliançe Francaise (Mobutu Drive), British Council (Main Mall) und die American Library in der US-Botschaft (Embassy Drive) bieten eine Auswahl der wichtigsten französischen, britischen und US-amerikanischen Veröffentlichungen, Tageszeitungen und Zeitschriften.

Ausflüge und Unternehmungen

●Neben Ausflügen in die Umgebung (Mokolodi Nature Reserve, Kgale Hill, Manyelanong Game Reserve, Oodi, Mochudi, Gabane, Thamaga, Kolobeng, Manyana) bieten sich Exkursionen in das stadtnahe **Gaborone Game Reserve** oder zum südlich der Stadt gelegenen Stausee **Gaborone Dam** an. Für Tagesausflüge und längere Reitsafaris sollten Sie **Country Horse Safaris** (Tel. 71234567) kontaktieren. Der Schwede *Arne* hat seine Pferde nahe Kopong ca. 40 km nordwestlich von Gaborone stehen.
●Eine interessante Option für angehende Hobby-Piloten ist der **Kalahari Flying Club** (Tel. 3913573, Internet: www.kalahari-flying-club.org) am SSK International Airport, wo man günstig innerhalb eines Monats eine private Pilotenausbildung absolvieren kann.

Weiterreise nach Südafrika

Die Weiterreise nach Südafrika erfolgt über den **Hauptgrenzübergang Tlokweng/Kopfontein** (von 6 bis 24 Uhr geöffnet) 17 km östlich von Gaborone. Der Grenzübertritt in beide Richtungen ist problemlos und geht zügig vonstatten. Während der Schulferien und an Feiertagen können sich manchmal Staus bilden, sodass man auf eine alternative Übergangsstelle z.B. bei Ramotswa ausweichen sollte. Hinter der Grenze gelangt man auf die asphaltierte, viel befahrene südafrikanische R 49, welche über 106 km direkt nach Zeerust (gute Versorgungs- und Übernachtungsmöglichkeiten) führt. Auf den ersten 23 km führt die Strecke durch das wildreiche **Madikwe Game Reserve** (mehrere luxuriöse Safari Lodges, lohnenswerter Zwischenstopp). Von Zeerust sind es über die großzügig ausgebaute N4 noch 228 bzw. 286 km nach Pretoria/Johannesburg.

Südlich von Gaborone

Entlang der großzügig ausgebauten Asphaltstraße nach Lobatse lohnt vor allen Dingen das attraktive Mokolodi Nature Reserve, das u.a. einige aus Südafrika eingeführte Breitmaulnashörner beherbergt, einen Besuch. Einen kurzen Abstecher wert sind auch der Kgale Hill, gewissermaßen der „Hausberg" Gaborones, der ehemalige deutsche Missionsort Ramotswa oder das Manyelanong Game Reserve bei Otse, das eine Brutkolonie des Kapgeiers schützt.

Kgale Hill

Die Umgebung Gaborones dominiert landschaftlich der ca. 8 km südwestlich der Stadt an der Straße nach Lobatse gelegene Kgale Hill. Von der Spitze des Hügels bietet sich ein **attraktiver Blick auf Gaborone** und den östlich liegenden Gaborone-Stausee, der vom Ngotwane River gebildet wird. Mehrere gut markierte Pfade („Trails") führen in weniger als einer Stunde auf den Hügel hinauf. Die Mittagshitze ist zu meiden, der obere Bereich erfordert ein wenig harmlose Felskletterei.

Von der unterhalb des Hügels gelegenen Haltebucht der Straße nach Lobatse (schräg gegenüber der großen Parabolantenne der botswanischen Telefongesellschaft BTC für die internationale Telekommunikation) gelangt man an den Anfangspunkt der Trails (ausgeschildert). Beim Aufstieg passiert man einen offen gelassenen **Steinbruch,**

Gaborone und Umgebung

Südlich von Gaborone

durch den ein asphaltierter Weg führt, der am Wochenende ab 16 Uhr für Wanderer freigegeben ist. Mit Einbruch der Dunkelheit ist in diesem Bereich mit Überfällen (Kameras!) zu rechnen. Neben Bärenpavianen, Klippschliefern und Klippspringern kann man am Kgale Hill manchmal auch den tiefschwarz gefärbten Kaffernadler und sogar Leoparden beobachten. Es ist empfehlenswert, sein Auto von einem lokalen „Askari" bewachen zu lassen, da an der Straße

nach Lobatse immer wieder Autodiebstähle vorkommen. Alternativ kann man zum Kgale Hill auch mit Bussen oder Minibussen nach Lobatse gelangen.

Mokolodi Nature Reserve

Das 3000 Hektar große Mokolodi Nature Reserve wurde 1994 von der Mokolodi Wildlife Foundation gegründet. Es liegt 13 km südlich von Gaborone und erstreckt sich westlich der Straße

Umgebung von Gaborone

nach Lobatse (Zufahrt ausgeschildert). Das landschaftlich attraktive Wildreservat stellt **eines der letzten Rückzugsgebiete für die einst reichhaltige Tier- und Pflanzenwelt im südöstlichen Botswana** dar. Neben natürlich vorkommenden Wildtierarten wie Impala, Großer Kudu, Braune Hyäne, Wasserbock, Warzenschwein, Bärenpavian, Steinböckchen, Kronenducker, Schabrackenschakal, Ginsterkatze, Zibetkatze und Leopard wurde das Reservat auch mit zahlreichen vor allem aus Südafrika stammenden Tieren wie Breitmaulnashörnern, Berg-Riedböcken, Zebras, Kuhantilopen, Rappenantilopen, Giraffen, Spießböcken, Flusspferden sowie zahmen Elefanten und Geparden besetzt. Eine 80 Teilnehmern Platz bietende Schulungsstätte für Naturschutz- und Umwelterziehung („Environmental Education Centre") ist angeschlossen – die erste und bislang einzige ihrer Art in Botswana. Das Reservat fungiert darüber hinaus als Tierauffang-, Forschungs- und Zuchtstation. Der Etat für Ausbildung und Forschung wird mit den Besucher-Einnahmen bestritten.

Das Mokolodi Nature Reserve erstreckt sich über eine **ausgedehnte Talebene** zwischen den Mokolodi Hills und dem „Magic Mountain". Ein kleines Wegenetz, das zum überwiegenden Teil auch mit nicht geländegängigen

Mokolodi Nature Reserve: Rückzugsgebiet auch für Giraffen

Warzenschwein im
Mokolodi Nature Reserve

Fahrzeugen bewältigt werden kann, erschließt alle Regionen des Schutzgebietes. Außer in offener Busch- und Baumsavanne oder an kleinen Felsformationen kann man Wildbeobachtungen am Lake Mokolodi, einem kleinen Stausee, und an einer in erster Linie von Warzenschweinen und Nashörnern frequentierten Wildsuhle vornehmen. Solarstrombetriebene Wasserpumpen stellen die Wasserversorgung des Wildes auch in Trockenperioden sicher. Bemerkenswert sind mehrere blank geriebene kleine Felsen, sogenannte „Rhino Rubbing Stones", an denen sich **Nashörner** seit Jahrhunderten scheuern und sich dabei z.B. lästiger Parasiten entledigen. Diese Steine legen Zeugnis ab von der ehemals weiten Verbreitung von Nashörnern im östlichen Botswana. Die uralte Nashorn-Tradition wurde von den derzeit sechs aus Südafrika eingeführten Breitmaulnashörnern nach 1994 wiederbelebt.

● **Mokolodi Nature Reserve,** P/Bag 047, Gaborone, Tel. 3161955, Fax 3165488, Internet: www.mokolodi.com

Aktivitäten

Bei der Einfahrt ins Reservat wird eine Gebühr von ca. 7,50 Euro p.P. erhoben. Wer über keinen eigenen Wagen verfügt, kann sich organisierten „Game Drives" mit Fahrzeugen der Reservatsverwaltung für 14 Euro

p.P. anschließen. Diese werden nach Einbruch der Dunkelheit auch als „Night Drives" für 20 Euro p.P. angeboten. Dabei bestehen besonders gute Beobachtungsmöglichkeiten für Springhasen, Stachelschweine, Braune Hyänen, Wildkatzen und Leoparden. Von Wildhütern geführte Wanderungen („Guided Walks") kosten 8 Euro p.P. (Minimum 2 Personen), Reitsafaris ca. 17 Euro p.P. Für eine geführte Fußpirsch auf Nashörner („Rhino Walk") sind 55 Euro p.P. zu bezahlen (Minimum 2 Personen, Maximum 6 Personen). Streifzüge mit den zahmen Elefanten des Reservates, die von speziellen Mahouts aus Sri Lanka trainiert wurden, kosten ebenfalls 55 Euro p.P. (Minimum 4 Personen, Maximum 8 Personen). Alle Aktivitäten müssen im Voraus gebucht werden.

Unterkunft und Verpflegung

Das Reservat verfügt über mehrere strohgedeckte **Chalets** (6–8 Betten bzw. 34 Betten) für Selbstversorger, die idyllisch am Rande eines Wasserlochs gelegen sind. Jedes Chalet verfügt über einen Kühlschrank, Gaskocher und einen eigenen Grillplatz. Die Übernachtungskosten pro Chalet betragen ca. 85 Euro (6–8 Betten) bzw. 60 Euro (3 Betten). Telefonische Vorausbuchungen sind zu empfehlen. Zusätzlich wird für Backpacker gegen eine geringe Gebühr einfache Unterbringung in einem **Schlafsaal** angeboten, der jedoch häufig von Schulungsgruppen belegt ist. Neuerdings ist auch **Camping** mit exzellenten Sanitäranlagen für 9 Euro p.P. möglich (weitere Infos: www.backpackers.co.bw).

Das strohgedeckte **Restaurant** des Reservates bietet recht teure, aber hervorragende Küche. Es ist ein beliebter Treffpunkt für Leute aus Gaborone, die nach Feierabend oder am Wochenende etwas ausspannen wollen. Zusätzlich werden auch organisierte Game Drives inkl. „Bush Lunch" für 40 Euro p.P. oder Night Drives inkl. „Bush-Braai" für 45 Euro p.P. (Minimum jeweils 4 Personen) angeboten.

Anreisemöglichkeiten

Wer über keinen eigenen Wagen verfügt, kann mit Minibussen nach Lobatse zum Mokolodi Nature Reserve gelangen. Der Fahrer des Sammeltaxis hält auf genaue Anweisung hin an der Abzweigung zum Reservat, bis zum Eingang sind es dann noch etwa 1,5 Kilometer Fußmarsch. Für umgerechnet 6 Euro p.P. kann man sich auch vom **Fahrdienst** des Reservates in Gaborone abholen lassen (Minimum 4 Personen). Für 9 Euro p.P. ist dies auch vom Sir Seretse Khama International Airport möglich.

Lion Park Resort

18 km südlich von Gaborone wurde im Dezember 2008 auf dem Gelände des ehemaligen St. Clair Lion Park das neue Lion Park Resort (Tel. 73292969 oder 73293000, Internet: www.lionpark.co.bw, Öffnungszeiten: Mo–Fr 10 bis 19 Uhr, in der Wintersaison nur bis 17 Uhr) eröffnet, ein für botswanische Verhältnisse riesiger **Vergnügungspark** mit Riesenrad, diversen Wasserrutschen, Wellenbad, Wildwasserbahn, Karussells, 4x4-Parcour, Spiel- und Picknickplätzen, Restaurant, großer Bar und dem unvermeidlichen Löwenzoo. Der Eintritt beträgt umgerechnet 6 Euro (Löwenzoo mit Extragebühr). Camping ist auf einem eigens dafür ausgewiesenen modernen Areal für umgerechnet 11 Euro p.P. möglich.

Ramotswa

Die Abzweigung von der Straße nach Lobatse zum kleinen Grenzort Ramotswa befindet sich 24 km südlich von Gaborone. Von dort sind es noch 8 km in Richtung südafrikanische Grenze, bis man Ramotswa erreicht. 1875 gründete der deutsche Missionar *Heinrich Christoph Schulenburg* hier eine Missionsstation im Stammesgebiet der Bamalete, einem der kleinsten Tswana-Völker. Bis heute hat das **Missionskrankenhaus** Ramotswas als „Bamalete Lutheran Hospital" überdauert. Es erfährt noch immer umfangreiche Unterstützung durch das evangelisch-lutherische Missionswerk in Hermannsburg (bei Celle) und bietet die Versorgungsmöglichkeiten eines Allgemeinkrankenhauses (mit angeschlossener Krankenschwesternschule). Ein Teil der im Bamalete Lutheran Hospital (Box V6, Ramotswa, Tel. 5390212, Fax 5390826) arbeitenden Ärzte stammt aus Deutschland. Wer in der Region plötzlich krank werden sollte, ist hier gut aufgehoben.

Der kleine **Grenzübergang Ramotswa/Swartkopfonteinshek** zwischen Botswana und Südafrika ist von 7 bis 19 Uhr geöffnet.

Otse und Manyelanong Game Reserve

46 km südlich von Gaborone bzw. 26 km nördlich von Lobatse liegt östlich der Hauptstraße die kleine Ortschaft Otse („Oot-see" gesprochen, ausgeschildert). Der nahe gelegene **Otse Hill** stellt mit 1489 m den höchsten Punkt Botswanas dar. In den steilen Felswänden des Manyelanong Hills („Manyelanong" bedeutet soviel wie „Ort der kotenden Geier") im Osten des Dorfes befindet sich eine **Brutkolonie des Kapgeiers** (*Gyps coprotheres*), die als Manyelanong Game Reserve geschützt wird. Mitte des 20. Jahrhunderts nisteten hier noch einige tausend Brutpaare. Ihre Zahl hat jedoch seit Ende der

1960er Jahre stark abgenommen und beträgt derzeit nur noch etwa 60 Paare. Die häufig über den Felsen kreisenden Geier lassen sich am besten während der Wintermonate Mai bis August beobachten. Das aktuelle Brutareal ist eingezäunt und darf nicht betreten werden. Eine Eintrittsgebühr wird derzeit nicht erhoben, allerdings muss für die Registrierung als Besucher am Büro der Wildhüter an der Zufahrt gehalten werden. Die Anreise von Gaborone aus gestaltet sich unkompliziert: 46 km südlich der Stadt an der Shell-Tankstelle nach Otse links einbiegen, an der ersten Weggabelung rechts halten, bis man auf eine kleine Piste gelangt, die zu den Felsen führt. Ein Geländewagen ist empfehlenswert.

Lobatse

Das ca. **40.000 Einwohner** zählende Lobatse liegt 72 km südlich von Gaborone und stellt das südliche Ende der wichtigsten Verkehrsachse des Landes im Osten zwischen Lobatse und Francistown dar. Lobatse wurde am Ende des 18. Jahrhunderts als Siedlung der Bangwaketse gegründet und später nach dem Häuptling *Molebatse* benannt. Nachdem die von der BSAC (British South Africa Company) *Cecil Rhodes* errichtete, durch Lobatse führende Eisenbahnlinie von der Kapkolonie nach Rhodesien 1897 fertiggestellt wurde, begann der Ort zu einer kleinen Stadt heranzuwachsen.

Bereits während der Zeit als britisches Protektorat war Lobatse **Sitz des obersten Gerichtshofs** („High Court")

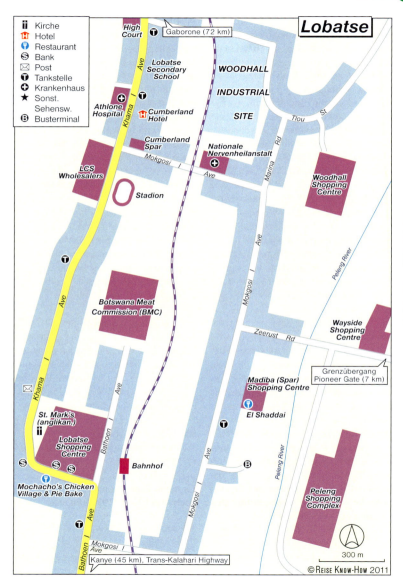

Lobatse

⛪	Kirche
🏨	Hotel
❶	Restaurant
💲	Bank
✉	Post
⊤	Tankstelle
✚	Krankenhaus
★	Sonst. Sehensw.
Ⓑ	Busterminal

High Court

Gaborone (72 km)

Lobatse Secondary School

WOODHALL INDUSTRIAL SITE

Athlone Hospital

Cumberland Hotel

Cumberland Spar

Nationale Nervenheilanstalt

Tlou St

Marna Rd

Mokgosi Ave

Woodhall Shopping Centre

LCS Wholesalers

Stadion

Khama Ave

Peleng River

Botswana Meat Commission (BMC)

Mokgosi Ave

Zeerust Rd

Wayside Shopping Centre

Grenzübergang Pioneer Gate (7 km)

Bathoen Ave

Madiba (Spar) Shopping Centre

El Shaddai

St. Mark's (anglikan.)

Lobatse Shopping Centre

Mochacho's Chicken Village & Pie Bake

Bahnhof

Peleng River

Peleng Shopping Complex

Mokgosi Ave

Bathoen Ave

Kanye (45 km), Trans-Kalahari Highway

300 m

© REISE KNOW-HOW 2011

Gaborone und Umgebung

des Landes (die „Hauptstadt" des Protektorats war das nahe gelegene südafrikanische Mafeking). Bei der Unabhängigkeit besaß die Stadt den einzigen längeren Streifen Asphaltstraße Betschuanalands, der 1947 eigens für einen Besuch des englischen Königs *George VI.* zwischen dem Bahnhof und dem High Court angelegt worden war. Anfang der 1960er Jahre war Lobatse sogar als Hauptstadt des neuen Staates Botswana im Gespräch. Der Gedanke daran wurde jedoch vor allem aufgrund von Problemen mit der Wasserversorgung verworfen.

1966 wurde auf Basis vorbestehender Fleischereieinrichtungen (Imperial Cold Storage, seit 1934) die Botswana Meat Commission (BMC) in Lobatse gegründet, die die Schlachtung, Verarbeitung und Vermarktung des botswanischen Rindfleischs koordiniert. Die BMC unterhält den größten und modernsten Schlachthof Afrikas. Im Volksmund wird Lobatse daher auch als **„Fleischstadt"** oder „Rinderstadt" bezeichnet. Lobatse war der Endpunkt der traditionellen Rindertrecks, die in Ghanzi/Westbotswana begannen und durch die Kalahari zur Schlachtung nach Lobatse führten. Mit der Fertigstellung des Trans-Kalahari-Highway 1998 haben moderne LKW-Transporter dieses Spektakel nach Wildwest-Manier jedoch beendet. Sprichwörtliche Bekanntheit im Land besitzt Lobatse auch durch die hier beheimatete nationale Nervenheilanstalt.

Sehenswertes

Besondere Sehenswürdigkeiten besitzt die Stadt nicht. Die **schöne Lage** inmitten von Hügelketten, als Alleen angelegte Straßen und die strohgedeckte anglikanische Kirche St. Mark's geben Lobatse trotz seiner Provinzialität einen angenehmen Charakter. Wer sich intensiver für die Vieh- und Fleischwirtschaft Botswanas interessiert, wird bei der **Botswana Meat Commission** (BMC) in Form geführter Rundgänge (Organisation über Tel. 5330321) fündig, die u.a. den modernen **Schlachthof** vorstellen, der eine jährliche Kapazität von bis zu 300.000 Schlachtungen aufweist. Wer angesichts dieser Zahlen eine blutrünstige Show erwartet, wird von den nach EU-Richtlinien arbeitenden Anlagen jedoch enttäuscht. Die BMC unterhält auch eine Konservenfabrik für Corned Beef und eine eigene Gerberei, die u.a. Leder für Mode- und Designerschuhe nach Europa liefert.

Unterkünfte und Hotels

Lobatse verfügt derzeit nur über ein Hotel, das in die erweiterten Beherbergungskapazitäten Gaborones miteinbezogen wird, wenn die Hotels dort gerade wieder einmal aus allen Nähten platzen. Daher kommt es auch hier regelmäßig zu Engpässen bei der Suche nach einem Übernachtungsquartier.

Kategorie B (40–80 Euro pro DZ)
● **Cumberland Hotel,** P.O. Box 135, Khama I. Avenue, Lobatse, Tel. 5330281, Fax 5332106, E-Mail: cumberland@botsnet.bw. Gehobenes Mittelklassehotel an der Straße nach Gaborone. Bewachter Parkplatz, Restaurant und Bar, Swimmingpool, Freizeitanlagen.

Kategorie C (20–40 Euro pro DZ)
● **Rest Inn,** P.O. Box 668, Lobatse, Tel. und Fax 5334044. Günstiges Hotel mit relativ sauberen Zimmern mit eigenem Bad/WC und Satelliten-TV.

Camping

Erfahrungsgemäß kann man zur Not in den Hügeln der Umgebung **wild zelten.** Der nächstgelegene offizielle Campingplatz befindet sich im Lion Park Resort 54 km weiter nördlich an der Straße nach Gaborone.

Essen und Trinken

Das **Restaurant im Cumberland Hotel** bietet eine ausgewogene Speisekarte, die als Dinner z.B. Grillgerichte für umgerechnet 8–10 Euro beinhaltet. Empfehlenswert ist auch das gute Frühstücksbuffet (English/Continental Breakfast). Im Madiba Shopping Centre bietet das **Schnellrestaurant El Shaddai** kleine Gerichte wie Pizza, Pasta oder Fish & Chips an. In der Hauptstraße Khama I. Avenue und in der Nähe des Bahnhofs findet man mehrere Fastfood-Restaurants und Takeaways, z.B. **Chicken Licken** oder **Mochacho's Chicken Village & Pie Bake.** Mehrere **Einkaufszentren und Supermärkte** (z.B. Spar, Choppies) bieten gute Einkaufsmöglichkeiten für Selbstversorger.

Verkehrsverbindungen

Es existieren **gute Bus- und Minibusverbindungen** nach Gaborone (Abfahrten den ganzen Tag über). Zwischen dem südafrikanischen Mafikeng und Lobatse (Grenzquerung bei Ramatlabama) verkehren Minibusse für 4 Euro. Aktuelle Informationen über Busverbindungen nach Ghanzi in Westbotswana sollten am Busterminal neben dem Bahnhof eingeholt werden.

Banken/Geldumtausch

Die **Filiale der Barclay's Bank of Botswana** liegt zentral. Inhaber einer ausländischen VISA-Karte können am Geldautomaten bequem Bargeld abheben.

Kartenmaterial

In Lobatse ist neben dem obersten Gerichtshof des Landes auch das Department of Geological Surveys beheimatet, über das geologische Karten bezogen werden können: **Department of Geological Surveys,** Private Bag 0014, Lobatse, Tel. 5330327, Fax 5332013, E-Mail: geosurv@global.bw.

Weiterreise nach Südafrika

Die Weiterreise nach Südafrika erfolgt über den gut ausgebauten **Grenzübergang Pioneer Gate/Skilpadshek** (geöffnet von 6 bis 24 Uhr) 7 km östlich von Lobatse. Der Grenzübertritt in beide Richtungen gestaltet sich **problemlos und** geht **zügig** vonstatten. Dies macht das Pioneer Gate zu einem empfehlenswerten Punkt für die Ein- und Ausreise. Hinter der Grenze beginnt die großzügig ausgebaute südafrikanische N 4, die direkt nach Pretoria führt (284 km). Von Pretoria sind es noch 58 km bis Johannesburg. Die erste größere südafrikanische Stadt ist 56 km hinter der Grenze Zeerust (gute Versorgungs- und Übernachtungsmöglichkeiten).

bo1_030 Foto: cl

Impala

Gaborone und Umgebung

Westlich von Gaborone

Die Region westlich von Gaborone bietet eine durch Hügelketten recht **abwechslungsreich strukturierte Landschaft.** Mehrere Ziele in der Region eignen sich für Tagesausflüge, wenn man ohnehin etwas Zeit in der langweiligen Hauptstadt Botswanas „totschlagen" muss, z.B. die Töpfereien von Gabane und Thamaga, die Ruinen der ersten Missionsstation *David Livingstones* in Kolobeng oder die Buschmannzeichnungen von Manyana. Es ist sinnvoll, sich für die genaue Orientierung vorher Detailkarten der Umgebung Gaborones zu besorgen (Department of Mapping and Surveys, siehe „Informationsstellen" bei Gaborone).

Gabane

Das Dorf Gabane liegt 23 km südwestlich von Gaborone an der Straße nach Kanye/Thamaga. Die Attraktion Gabanes ist die bekannte **Pelegano Pottery** (Tel. 3947054), in der Tonwaren für den Hausgebrauch und auch handbemalte Kunstkeramik hergestellt werden. Neben Töpfen und Schalen sind kleine Masken und Tierstatuen erhältlich. Die Pelegano Pottery ist Mo–Fr von 8 bis 16.30 Uhr geöffnet.

Kolobeng und Thamaga

Die Straße von Gaborone nach Kanye quert nach ca. 35 km den Kolobeng River. Hinter der Brücke führt links eine kurze Piste zum Livingstone Memorial von Kolobeng. 1845 gründete der Missionar **Dr. David Livingstone** in Kolobeng eine **Missionsstation,** an die die erste Schule und die erste christliche Kirche des heutigen Botswana angeschlossen waren. In der Missionskirche von Kolobeng wurde *Sechele I.,* damaliger König der Bakwena, als erster Tswana-Führer durch Livingstone zum Christentum konvertiert. Neben den Fundamenten der Missionsstation, der Kirche und des Privathauses Livingstones kann man am Ufer des Kolobeng River auch das Grab von Livingstones Tochter und die Ruhestätte des Künstlers *Thomas Dolman* besichtigen.

Etwa 15 km hinter Kolobeng gelangt man auf der Straße Richtung Kanye nach Thamaga. Hier ist der renommierte **Thamaga Pottery Workshop** beheimatet, wo neben Gebrauchsgegenständen auch reizvolle (bisweilen etwas kitschige) **Kunstkeramik** verkauft wird. Die Thamaga Pottery hat sich mit hochwertiger Töpferware mittlerweile auch bei Käufern aus dem Ausland einen Namen gemacht. Sie ist Mo–Fr von 8 bis 17 Uhr geöffnet. Im angeschlossenen **Botswelelo Handicraft Centre** (Tel. 5999220) kann man zusammenklappbare traditionelle Kgotla-Stühle kaufen (*Kgotla* = zentraler Versammlungsort der Tswana-Stämme), die mit kunstvoll geschnitzten Armlehnen und Sitzflächen aus geflochtenen Lederstreifen versehen sind.

5 km weiter östlich, in der Siedlung **Mmankgodi,** bietet die schön auf einem Hügel gelegene **Bahurutse Cultural Lodge** (Tel. 3163737, Internet:

www.bahurutseculturallodge.com) einen guten Einblick in das präkoloniale Leben, die Musik, die traditionelle Küche und die Kultur der Batswana. Neben Campingmöglichkeiten (ca. 6 Euro p.P.) ist auch eine Übernachtung in gepflegten traditionellen Chalets (ab 16,50 Euro p.P.) möglich.

Manyana

In dem ca. 40 km südwestlich von Gaborone gelegenen Dorf Manyana befindet sich ein auf 400 Jahre geschätzter, inzwischen umgestürzter, dreistämmiger Motlhatsa-Baum, unter dem der Missionar *Dr. David Livingstone* einst gepredigt haben soll, und der deshalb auch als **„Livingstone's Tree"** bekannt ist. Etwa einen halben Kilometer nördlich des Dorfes liegt eine kleine Felsformation, an deren Südende sich mehrere **Buschmannzeichnungen** (Oryx-Antilopen, eine Pflanze und abstrakte Figuren) befinden, die vom Stil her vergleichbaren Zeichnungen in Simbabwe (z.B. im Matopos National Park) ähneln. Die Felszeichnungen von Manyana sind als National Monument geschützt und nur mit einem lokalen Führer zu besichtigen. Die GPS-Koordinaten der eingezäunten Felsformation lauten S 24°45.520', E 25°35.280'. Man erreicht Manyana über eine feste Straße, die von der Hauptstrecke Kolobeng – Thamaga abzweigt und durch das Dorf Mankgodi führt.

Nördlich von Gaborone

Wer ohnehin einige Tage in Gaborone verbringt, sollte sich die nur 25 bzw. 42 km nördlich an der Straße nach Francistown gelegenen traditionellen **Dörfer Oodi und Mochudi** ansehen. Mochudi („Hauptstadt" der Bakgatla) gilt als ursprünglichste Tswana-Siedlung im Südosten des Landes und bietet u.a. ein kleines Museum zur Geschichte von Mochudi und der Kultur der Bakgatla. Im Raum Mochudi findet man die südlichsten Baobab-Bäume Botswanas. Im kleinen Dorf Oodi ist die bekannte Kunstweber-Kooperative der „Lentswe-la-Oodi Weavers" beheimatet, die farbenprächtige Webarbeiten aus Karakul-Wolle herstellt.

Oodi

Die Abzweigung nach Oodi befindet sich 17 km nördlich von Gaborone (ausgeschildert). Von dort gelangt man nach etwa 8 km auf einer kleinen Asphaltstraße in das vom gleichnamigen Oodi Hill überragte Dorf. Der Weg zu den **„Lentswe-la-Oodi Weavers"** ist ausgeschildert. Die Gründung dieser **Künstler-Kooperative** geht auf die Initiative der schwedischen Textilkünstler *Ulla* und *Pedar Gowenius* zurück, die 1972 nach Botswana kamen und ein Jahr später mit Hilfe der botswanischen Regierung und privater Förderer (vor allem aus Botswana und aus Kanada) das Projekt Lentwse-la-Oodi starteten, um den Bewohnern der Dörfer Oodi, Ma-

Gaborone und Umgebung

tebeleng und Modipane Erwerbs- und Ausbildungsmöglichkeiten in einem genossenschaftlich organisierten Betrieb zu verschaffen. Die Schafwolle für die Webarbeiten wird aus Südafrika importiert und vor Ort gesponnen und gefärbt. Die Künstler der Kooperative arbeiten individuell. In erster Linie werden Alltagsszenen des Landlebens und auch Tierdarstellungen als Motive gewählt. Erhältlich sind gewebte Tischdecken, Bettvorleger, Wandgehänge, Handtaschen, Kopfbedeckungen und Kleidung. Die Preise liegen relativ hoch, entsprechen aber einer fairen Entlohnung für die zeitaufwendige Arbeit am Webstuhl.

● **Lentswe-la-Oodi Weavers,** P.O. Box 954, Gaborone, Tel. 3102268. Der Workshop ist Mo–Fr von 8 bis 16.30 Uhr und am Wochenende von 10 bis 16.30 Uhr geöffnet.

Mochudi

16 km hinter der Abzweigung nach Oodi gelangt man in den Durchgangsort **Pilane** (mehrere einfache Unterkünfte, z.B. **Rasesa Lodge,** Kategorie D, Tel. 5728598). Von Pilane führt eine 8 km lange Asphaltstraße durch recht unspektakuläres Gelände nach Mochudi (ca. 40.000 Einwohner). Die kleine Stadt wurde 1871 von den Bakgatla gegründet, die vor Angriffen der Buren aus dem Transvaal nach Westen fliehen mussten. Vorherige Siedlungsspuren der Bakwena werden auf das 16. Jahrhundert datiert.

Mochudi bietet einen guten Überblick der traditionellen Siedlungsstruktur der **Tswana-Dörfer.** Das Zentrum Mochudis ist der traditionelle Gerichts- und Versammlungsort *(Kgotla).* Der Kgotla wird vom Phuthadikobo Hill überragt, der historische Bedeutung als Zeremonialplattform für den Kult des „Regenmachens" besitzt und als Heimat der „Regenschlange" *Kwanyape* (die Gabunviper) gilt. Über einen kleinen Fußweg gelangt man hinauf auf den Hügel zum 1976 eröffneten **Phuthadikobo Museum** (Tel. 5777238, Fax 5748920), untergebracht in den Gebäuden der ehemaligen Mochudi National School, die im kapholländischen Architekturstil errichtet wurden. Eine kleine Ausstellung erläutert die Migrationsgeschichte und das traditionelle Leben der Bakgatla und beschreibt die Gründung von Mochudi. Das Museum ist Mo–Fr von 8 bis 17 Uhr geöffnet, an Wochenenden von 14 bis 17 Uhr. Der Eintritt ist frei. Unter der Woche kann man auch die Arbeit eines kleinen Workshops für **Stoffdruckerei** bewundern, in dem Kleidung, Vorhänge und Wandgehänge hergestellt und zum Verkauf angeboten werden.

Das Museum vertreibt einen kleinen Führer „A Guide to Mochudi", mit dessen Hilfe man den Ort ausführlich erkunden kann. Neben den königlichen Gräbern verschiedener Bakgatla-Häuptlinge lohnt die **Missionskirche der Dutch Reformed Mission** im kapholländischen Baustil einen kurzen Besuch. Die Unzufriedenheit der Bakgatla mit dem Schulunterricht der holländischen Missionare führte im Jahr 1921 unter der Herrschaft von Chief *Isang Pisane* zur Errichtung der **Mochudi National Secondary School,** deren Baumaterial von der Bevökerung Mochudis in mühevoller Gemeinschaftsarbeit gesammelt bzw. angefertigt und dann auf den Phuthadikobo Hill geschleppt wurde. 1923 konnte die in einer beispiellosen dörflichen Gemeinschaftsaktion entstandene erste weiterführende Schule Botswanas für den Unterrichtsbetrieb eröffnet werden.

Empfehlenswert ist auch ein kurzer Streifzug durch die traditionellen Hütten und Speicheranlagen *(Sefala)*.

Zahlreiche **Minibusse** verkehren täglich zwischen der Hauptstadt Gaborone und Mochudi, sodass man nicht auf ein eigenes Fahrzeug angewiesen ist, um dorthin zu reisen.

Weiterreise nach Südafrika

Die Weiterreise nach Südafrika erfolgt über den kleinen **Grenzübergang Sikwane/ Derdepoort** (von 7 bis 19 Uhr geöffnet) 43 km südöstlich von Mochudi. Der Grenzübertritt in beide Richtungen bereitet keinerlei Probleme. Hinter der Grenze endet die Asphaltstraße. Man trifft dort im Grenzbereich der südafrikanischen Provinzen Northern Province und North West Province auf ein Netz von Schotterpisten. Erst gut 80 km weiter südöstlich im Bereich Pilanesberg besteht Anschluss an das südafrikanische Asphaltnetz (R 565). Über Sun City gelangt man von hier auf die großzügig ausgebaute N 4 nach Pretoria. Alternativ kann man sich hinter der Grenze gleich nach Süden zu wenden. Man gelangt dann über eine gute Schotterpiste, die das wildreiche **Madikwe Game Reserve** quert, nach etwa 30 km in Höhe der Ortschaft Zwingli auf die asphaltierte R 49. Diese Straße führt direkt nach Zeerust (gute Versorgungs- und Übernachtungsmöglichkeiten). Von Zeerust sind es über die gut ausgebaute N4 noch 228 bzw. 286 km nach Pretoria/Johannesburg.

Steinspuren des Matsieng

Ca. 8 km nördlich von Pilane zweigt rechts von der Straße nach Francistown eine gut 700 m lange Allradpiste zu den Steinspuren des Matsieng („Matsieng Rock Engravings") ab. Am Ende der Piste findet man größere Felsplatten mit tiefen Auswaschungen vor, die dunkle Abdrücke aufweisen, welche an **Fuß- bzw. Trittspuren** von Mensch und Tieren erinnern. Ihr Alter wird auf mindestens 3000 Jahre geschätzt. Die Besichtigung ist nur mit einem lokalen Führer möglich (Kontakt vor Ort). „Matsieng" entspricht im Volkstum der Tswana dem christlichen „Adam". Die Steinspuren bei Pilane/Mochudi stellen der Tswana-Legende nach einen von vier „Schöpfungsorten" dar, an denen der Urmensch aus einem schlammigen Flussbett stieg, gefolgt von Wild- und Haustieren. Ihre Spuren trockneten später ein und sollen bis heute versteinert erhalten geblieben sein.

Gaborone und Umgebung

Der Osten und Francistown

Der Osten Botswanas ist durch **günstigere klimatische Bedingungen** als das Kalahari-Gebiet, höhere Niederschläge, leichteren Zugang zu Grundwasser und vergleichsweise fruchtbare Böden gekennzeichnet. Diese natürlichen Faktoren haben, historisch an verschiedene Migrationsbewegungen geknüpft, zur **Konzentration der Bevölkerung** im östlichen Streifen des Landes entlang der Grenze zu Südafrika geführt (siehe „Land und Leute/Bevölkerung"). Etwa 80 Prozent der Menschen leben heute im Einzugsbereich der **Hauptverkehrsachse Lobatse – Gaborone – Mahalapye – Palapye – Serule – Francistown.** Weitgehend parallel zu dieser großzügig ausgebauten Asphaltstraße verläuft die 1897 von der British South Africa Company *Cecil Rhodes* fertig gestellte Eisenbahnlinie ins ehemalige Rhodesien, über die der koloniale Abtransport der lukrativen rhodesischen Bodenschätze zu den südafrikanischen Häfen vorgenommen wurde. Bis Mitte der 1970er Jahre wurde der Bahnbetrieb von der rhodesischen Eisenbahngesellschaft Rhodesian Railways (RR) durchgeführt und dann sukzessive an die neu gegründete botswanische Gesellschaft Botswana Railways (BR) abgegeben. Die vollständige Übernahme von der Nachfolgegesellschaft der RR, den National Railways of Zimbabwe (NRZ), erfolgte schließlich im Jahr 1987.

Neben Francistown, der zweitgrößten Stadt des Landes, besitzen allein Serowe, die „Hauptstadt" der Bangwato, 45 km westlich der Hauptachse gelegen, und die Bergbaustadt Selebi-Phikwe, 61 km östlich davon, einen städti-

bo-183 Foto: cl

schen Charakter. Entlang der Straße von Gaborone nach Francistown trifft man auf eine Vielzahl gesichts- und farblos wirkender Durchgangsorte, deren größte Vertreter Mahalapye und Palapye sind. Gelegentlich wird die weitgehend offen und eben erscheinende Landschaft im Osten durch kleinere Gebirgs- und Hügelketten aufgelockert, die randliche Aufwerfungen des Kalahari-Beckens darstellen und in erster Linie aus Sandstein-, Basalt- und Granitformationen bestehen. In der Umgebung von Francistown wurden Gesteine gefunden, die mit einem Alter von ca. 3,5 Milliarden Jahren zu den ältesten überhaupt gehören.

Auf den Reisenden wirkt der Osten Botswanas überwiegend monoton, flach und staubig. Abwechslungsreich

ist hingegen das von Hügeln und Inselbergen geprägte Gebiet des Tuli-Blocks entlang des Limpopo strukturiert, das neben mehreren kommerziellen Farmen im östlichsten Zipfel auch zwei große private Wildschutzgebiete enthält. Der **Tuli-Block** wird aufgrund seiner eigentumsrechtlichen Geschlossenheit in einem eigenen Kapitel behandelt (siehe „Der Tuli-Block"). Neben dem Tuli-Block lohnt im östlichen Botswana auch die **Bangwato-Stadt Serowe** einen – historisch motivierten – Abstecher. Serowe besitzt als Heimat des verstorbenen Staatsgründers *Seretse Khama* und als Wahlheimat der 1988 ver-

Landschaft im Tuli-Block

storbenen Autorin *Bessie Head* eine be-sondere Bedeutung für Botswana. 25 km von Serowe entfernt befindet sich das **Khama Rhino Sanctuary,** in dem ein Teil des botswanischen Restbe-standes an Nashörnern geschützt wird, unter zusätzlicher Protektion durch eine benachbart stationierte Einheit der botswanischen Armee BDF.

Gaborone
– Francistown

Gesamtdistanz: 437 km
- Zustand: großzügig zweispurig ausge-baut, guter Asphaltbelag
- Tankmöglichkeiten: Gaborone, Pilane, Dibete, Mahalapye, Palapye, Serule, Shashe, Francistown
- Gesamtfahrzeit: 4–5 Stunden

Die 437 km lange Hauptverkehrsachse nach Francistown weist das **höchste Verkehrsaufkommen aller Straßen in Botswana** und eine entsprechende Un-fallträchtigkeit auf, nicht zuletzt auf-grund von Wildtieren, z.B. Kudus, die die Straße queren. Doch auch hier sinkt die Zahl entgegenkommender Fahrzeu-ge enorm, sobald man den Großraum Gaborone verlässt. Die Strecke führt durch überwiegend flaches, mit Dorn-akazien und Mopanebüschen gespick-tes, trockenes und karges Land ohne nennenswerte Reize. Man passiert etli-che Durchgangsorte, die in erster Linie für die Versorgung mit kühlenden Ge-tränken und Treibstoff zuständig zu sein scheinen.

Nach 18 km zweigt rechts die Strecke nach Oodi ab, und nach 34 km in Höhe der Ortschaft Pilane gelangt man an die Abzweigung nach Mochudi. Beide Or-te sind im Kapitel „Nördlich von Ga-borone" näher erläutert. Bei Km 135 passiert man den veterinärmedizini-schen Dibete Fence. In Dibete besteht die Möglichkeit zu tanken. Ca. 30 km hinter Dibete passiert man den **Wende-kreis des Steinbocks** („Tropic of Capri-corn") und verlässt damit die Subtro-pen. Nach insgesamt 205 km gelangt man nach Mahalapye (gute Versor-gungs-, Übernachtungs- und Tankmög-lichkeiten). Nach Westen zweigt eine kleine Asphaltstraße ab, die bogenför-mig durch kleinere Hügelketten bis nach Serowe führt. Nach insgesamt 268 km erreicht man die Abzweigung der gut ausgebauten Asphaltstraße zum Grenzübergang Martin's Drift/Gro-blersbrug. Einige Kilometer davor muss erneut ein Tiersperrzaun passiert wer-den. Bei Km 278 wird Palapye erreicht (gute Versorgungs-, Übernachtungs-, Tankmöglichkeiten). Westwärts zweigt die Zufahrt nach Serowe und Orapa ab, die von dort über Rakops und Motopi weiter bis an die Straße Nata – Maun führt und inzwischen durchgehend as-phaltiert ist (siehe Routenbeschreibung Palapye – Orapa – Maun). Bei Km 353 erreicht man bei Serule die Abzwei-gung nach Selebi-Phikwe. Der kleine Ort bietet eine weitere Tankmöglich-keit. Nördlich von Serule muss erneut ein Tiersperrzaun gequert werden. Bei Km 411 gelangt man nach **Shashe** (Tankmöglichkeit). Am Ostrand der Straße steht die **Baraka Valley Lodge**

Der Osten und Francistown

(ehemals Shashe Lodge, P.O. Box 279, Shashe, Tel. 2484800, Fax 2484880, Internet: www.barakalodge.com), ein Mittelklassehotel der Kategorie C mit Restaurant und Bar, einfachen Unterkunfts- und Freizeitanlagen. Nach 437 km erreicht man Francistown. **Achtung:** Auf den letzten 40 Kilometern vor Francistown führt die Polizei nahezu täglich **Geschwindigkeitskontrollen** durch (besonders auf die Einhaltung von 60- und 80-km/h-Zonen achten).

Mahalapye

Mahalapye (ca. **42.000 Einwohner,** 205 km nördlich von Gaborone gelegen) weist eine ähnliche Entstehungsgeschichte wie Palapye auf. Beide Orte werden aufgrund ihrer ähnlichen Na-

mensgebung leicht miteinander verwechselt. Ursprünglich hieß die kleine Stadt „Mhalatswe", was im Sekgalagadi „eine große Herde Impalas" bedeutet und auf entsprechende Wildvorkommen zur letzten Jahrhundertwende hindeutet. Durch Buchstabier- und Verständnisfehler während der Kolonialzeit entstand daraus der heutige Name „Mahalapye". Der ursprüngliche Siedlungskern liegt östlich der Eisenbahnlinie. **Entlang der Hauptstraße** findet man im wesentlichen eine Ansammlung von Tankstellen, Läden, Bankfilialen mit Geldautomaten, Takeaway-Restaurants, einen gut bestückten Spar-Su-

TÜV abgelaufen ...

permarkt und einen Toyota-Händler mit Werkstatt (Broadway Motors, P.O. Box 786, Tel. 4710252, Fax 4710616). Anfang der 1990er Jahre erfuhr Mahalapye einen kurzen Wachstumsschub durch die Verlegung des Hauptquartiers der Eisenbahngesellschaft Botswana Railways (BR) in die Stadt.

Unterkunft

Kategorie B (40–80 Euro pro DZ)
● **Mahalapye Hotel,** P.O. Box 576, Mahalapye, Tel./Fax 4710200. Mittelklassehotel älteren Datums, das am Stadtrand liegt und das meist ausgetrocknete Flussbett des Mahalapye River überblickt. Bewachter Parkplatz, Restaurant, Bar, Pool. Man gelangt von der Hauptstraße zum Hotel, indem man die Bahnlinie gegenüber dem Postamt quert, sich dann an der ersten Abzweigung links hält und ca. 1,5 km der Straßenführung folgt, bis ein Schild die letzten Meter zum Hotel weist.

● **Oasis Lodge,** P.O. Box 49, Madiba Road, Mahalapye, Tel. 4712081, Fax 4712082. Solides Mittelklassehotel 4 km westlich des Ortskerns. Zimmer mit Satelliten-TV und Klimaanlage.

Kategorie C (20–40 Euro pro DZ)
● **Tshidi Guest House,** P.O. Box 585, Francistown Road, Mahalapye, Tel. 4714784, Mobil 71637432. Komfortables klimatisiertes Guest House neben dem Büro des „Central Advertiser".

Camping

Auf dem Gelände des Mahalapye Hotel ist Camping für umgerechnet 4 Euro p.P. erlaubt. Die sanitären Anlagen des Areals laden allerdings wenig zum Verweilen ein.

Essen und Trinken

● Das **Restaurant der Oasis Lodge** bietet eine ansprechende Speisekarte.
● Ein „Kult-Stopover" für Truck-Fahrer ist **Kaytee's Restaurant** (Tel. und Fax 4710795)

bo-186 Foto c1

am Ortsausgang nach Gaborone, wo neben einfachen (und leckeren) Takeaways auch komplette Gerichte à la carte angeboten werden. Über der Bar verkündet ein Schild selbstbewusst: „Kaytee's – the Pride of Botswana".

● Mehrere **Fastfood-Restaurants,** z.B. das Corner House Restaurant oder Wimpy's entlang der Hauptstraße, runden Mahalapyes Bewirtungsspektrum auch für den kleinen Geldbeutel ab.

Banken/Geldumtausch

Die Filiale der **Barclay's Bank of Botswana** liegt zentral an der Hauptstraße. Inhaber einer ausländischen VISA-Karte können am Geldautomaten bequem Bargeld abheben.

Verkehrsverbindungen

● Es existieren gute **Busverbindungen nach Gaborone bzw. Francistown** (mehrere Abfahrten täglich). Die Busstation befindet sich an der Hauptstraße. Tickets nach Gaborone kosten ca. 4 Euro.
● Die **Zugverbindung zwischen Gaborone und Francistown** mit Stopp in Mahalapye wurde 2009 wegen mangelnder Rentabilität eingestellt. Aktuelle Infos zu einer möglichen Wiederinbetriebnahme online unter www.botswanarailways.co.bw.

Palapye

Die Kleinstadt Palapye (ca. **35.000 Einwohner**) hat sich aus einer um die letzte Jahrhundertwende gegründeten Eisenbahnstation entwickelt. Der ursprüngliche Name des Ortes war „Phalatswe", was im Sekgalagadi „viele Impalas" bedeutet und auf den historischen Wildreichtum der Region anspielt. Durch frühkoloniale Buchstabier-

Bewässerungsfeldwirtschaft
in Ostbotswana: Sonnenblumenfeld

fehler kam der heutige Name „Palapye" zustande. Nicht selten werden Palapye und das weiter südlich gelegene Mahalapye miteinander verwechselt.

Palapye liegt 278 km nördlich von Gaborone. Die Entfernung nach Francistown beträgt 159 km. Die Stadt bietet **keine besonderen Sehenswürdigkeiten,** verfügt jedoch über eine gute Versorgungsstruktur und akzeptable Übernachtungsmöglichkeiten. Reisende nach Südafrika, die Botswana über den Grenzübergang Martin's Drift/Groblersbrug verlassen möchten, können daher auf Palapye als letzten größeren Überlandstopp vor dem Grenzübertritt zurückgreifen. Der historische Siedlungskern Palapyes liegt an der Eisenbahnlinie etwa 5 km östlich der Straße nach Francistown. Um die Abzweigung dorthin ist das geschäftliche „Zentrum" Palapyes gruppiert, eine Ansammlung von Tankstellen, Bankfilialen, dem Engen Shopping Centre, Läden, Werkstätten, Fast-Food-Restaurants und die Hotels Cresta Botsalo Hotel bzw. Desert Sands Motel.

Nach der Entdeckung und Erschließung ausgedehnter Kohlevorkommen in der Umgebung von Palapye wurde 1986 das etwas westlich gelegene **Kohlekraftwerk Morupule** in Dienst gestellt, das den überwiegenden Teil Botswanas mit Elektrizität versorgt und derzeit ausgebaut wird. Seine Nachbarschaft hat der Stadt den Spitznamen „Kraftwerk der Nation" („Powerhouse of Botswana") eingebracht.

Etwa 40 km östlich von Palapye liegen die touristisch unerschlossenen **Tswapong Hills.** Der Felskomplex aus

Der Osten und Francistown

Schiefer, Quarzit und Sandstein wird von tiefen Schluchten durchzogen, die sich nach heftigen Regenfällen mit reißenden Bächen füllen und zahlreiche Kaskaden und Wasserfälle aufweisen. Nahe dem Dorf **Gootau** existiert eine größere Brutkolonie des Kapgeiers. In der Nähe des Dorfes **Moremi** ist in der **Mannonye Gorge** eine Serie von kleinen Wasserfällen zu bewundern. Das Gebiet gilt als Paradies für Greifvögel und Schmetterlinge. Die Hügel lassen sich über eine kleine Piste (4WD erforderlich) von Palapye aus erreichen. Die aktuelle Wegführung sollte man in Palapye erfragen. Für eine Erkundung des Gebietes ist es ratsam, vorher eine Erlaubnis des jeweiligen lokalen Dorfvorstehers einzuholen, der auch bei der Vermittlung ortskundiger Führer und bei der Anweisung geeigneter Camp Sites behilflich sein kann. Ausreichende Vorräte an Wasser, Nahrung und Ersatzteilen müssen mitgebracht werden.

Unterkunft

Kategorie A (80–150 Euro pro DZ)
●**Cresta Botsalo Hotel,** P.O. Box 35, Francistown Road, Palapye, Tel. 4920245, Fax 4920587, Internet: www.crestahotels.com. Modernes Mittelklassehotel der Cresta-Gruppe an der Straße nach Francistown. Mit bewachtem Parkplatz, gutem Restaurant und unter Einheimischen beliebter Bar. Pool. Nicht ganz billig, aber empfehlenswert.

Kategorie B (40–80 Euro pro DZ)
●**Desert Sands Motel,** P.O. Box 2, Francistown Road, Palapye, Tel. 4924400, Fax 4924361, Internet: www.desertsandsmotel. com. Modernes Mittelklassehotel an der Straße nach Francistown. Bewachter Parkplatz, Fastfood-Restaurant und Barbereich. Zielgruppe sind in erster Linie durchreisende lokale Geschäftsleute.

Kategorie C (20–40 Euro pro DZ)
●**Palapye Guest House,** P.O. Box 34, Palapye, Tel. 4922274, Fax 4924361. Sauberes Guest House der Mittelklasse an der Strecke zwischen Bahnhof und Engen Shopping Centre. Mit bewachtem Parkplatz. Bei unserem Besuch erschien das Personal etwas unfreundlich.
●**Palapye Hotel,** P.O. Box 1, Railway Station, Palapye, Tel. 4921740, Fax 4920277. Einfaches Hotel gegenüber der Bahnstation. Die Räumlichkeiten sind etwas besser, als der äußere Zustand des Gebäudes befürchten lässt.
●**Camp Itumela,** Tel. 4920228, Mobiltel. 71806771, E-Mail: campitumela@botsnet.bw. Angenehmes Camp unter südafrikanischer Leitung hinter dem Bahnhof von Palapye (Zufahrt von der Hauptstraße Gaborone – Francistown ausgeschildert). Saubere Zimmer mit Bad/WC. Restaurant mit Bar. Eigene Selbstversorgerküche, dazu Campingmöglichkeiten im Grünen mit Warmwasserduschen, Grillstellen, Licht und Stromanschluss. Empfehlenswert.

Essen und Trinken

●Das **Restaurant im Cresta Botsalo Hotel** mit dem Savuti Grill bietet eine ausgewogene Speisekarte und empfehlenswerte Dinner- und Frühstückbuffets. Alternativ kann man auf das kleine Restaurant des **Camp Itumela** ausweichen.
●An das Engen Shopping Centre sind mehrere **Fastfood-Restaurants** wie z.B. Chicken Licken oder Pie City angeschlossen, sodass man sich alternativ auch mit Chicken and Chips oder verschiedenen Spielarten erhitzter Fleischpastete eindecken kann.

Banken/Geldumtausch

Die **Filiale der Barclay's Bank of Botswana** liegt zentral an der Hauptstraße. Inhaber einer ausländischen VISA-Karte können am Geldautomaten bequem Bargeld abheben.

Verkehrsverbindungen

●Es existieren gute **Busverbindungen nach Gaborone bzw. Francistown** (mehrere Abfahrten täglich) und nach Serowe. Die Busse halten im „geschäftlichen Zentrum" von Palapye direkt an der Hauptstraße. Tickets nach Gaborone kosten ca. 5 Euro.

● Die **Zugverbindung zwischen Gaborone und Francistown** mit Halt in Palapye wurde 2009 eingestellt. Aktuelle Informationen bei Botswana Railways (BR), Private Bag 52, Mahalapye, Tel. 4711375, Fax 4711385, Internet: www. botswanarailways.co.bw.

Weiterreise nach Südafrika

10 km südlich von Palapye zweigt eine asphaltierte, **gut ausgebaute Straße zum Grenzübergang Martin's Drift/Groblersbrug** (von 8 bis 22 Uhr geöffnet, besitzt die einzige Hochwasserbrücke über den Limpopo im Gebiet) ab. Die 99 km lange Strecke führt über Sherwood Ranch und ist in älteren Karten noch als Schotterpiste eingezeichnet. Vor Sherwood Ranch müssen zwei veterinärmedizinische Sperrzäune passiert werden (in der Regel keine Fahrzeugkontrollen). Der Grenzübertritt in beide Richtungen bereitet keinerlei Probleme. Hinter der Grenze gelangt man auf die großzügig ausgebaute südafrikanische N 11. Über die N 11 und die N 1 (Auffahrt bei Potgietersrus) sind es ab der Grenze noch 462 km bis Johannesburg. Wer den Grenzübergang auf botswanischer Seite erst nach 18 Uhr erreicht, kann als Notbehelf in **Sherwood Ranch** übernachten, einem relativ trostlos wirkenden Durchgangsort ca. 9 km vor der Grenze, der neben Tankstelle, Café, Bottlestore, Laden, Wechselstube und Post auch angenehme Unterkünfte der Kategorie B bietet (Kwa Nokeng Lodge, P.O. Box 10, Sherwood Ranch, Tel. 4915908, Fax 4915928, Internet: www.kwanokeng.com, mit angeschlossenem Campingplatz).

Serowe

Das 45 km westlich von Palapye inmitten von Hügelgruppen gelegene Serowe ist seit 1902 die **„Hauptstadt" der Bangwato,** dem größten der botswanischen Tswana-Stämme. Die Einwohnerzahl Serowes wurde zuletzt mit ca. 45.000 angegeben, doch zählt man den weit über die Stadtgrenzen hinausreichenden Streusiedlungsbereich hinzu, kommt man auf **über 90.000 Bewohner.** Serowe gilt als eine der ausgedehntesten traditionellen Stammessiedlungen in ganz Afrika. Der Name „Serowe" wird auf den Begriff „Serowa" zurückgeführt, der eine essbare Wurzelknolle (Ceropegia spec.) bezeichnet, die im Kalahari-Gebiet verbreitet ist.

Der einflussreiche **Ngwato-König Khama III.,** unter dem die Hauptstadt der Bangwato von Palapye nach Serowe verlegt wurde und dessen engagierter Einsatz maßgeblich dazu beitrug, dass das Protektorat Betschuanaland weder der British South Africa Company Cecil Rhodes' noch der Südafrikanischen Union einverleibt wurde, sein in Serowe geborener und begrabener Enkel **Sir Seretse Khama,** der Botswana als Staatsgründer in die Unabhängigkeit führte, und die südafrikanische Exilautorin **Bessie Head,** die bis zu ihrem Tod 1988 in Serowe lebte und den Ort durch ihre Erzählung „Serowe – Village of the Rain Wind" unsterblich machte, sind wichtige Persönlichkeiten, die Serowe über die Grenzen Botswanas hinaus bekannt gemacht haben.

Für Reisende lohnt Serowe einen kurzen Besuch, bei dem man das Khama III. Memorial Museum, die königliche Grabstätte der Bangwato und den allgemeinen Siedlungscharakter besichtigen sowie einen Abstecher zum nordwestlich gelegenen Khama Rhino Sanctuary (s.u.) unternehmen sollte.

Die kleine Stadt verfügt über einfache Unterkünfte und gute Versorgungsmöglichkeiten sowie mehrere Tankstellen – nicht der schlechteste Ort für einen Überlandstopp auf dem Weg nach Norden.

Sehenswertes

Das **Khama III. Memorial Museum** (P/Bag 8, Serowe, Tel. 4630519) wurde 1985 im 1910 eigens für Khama III. errichteten „Red House" eröffnet. Neben Schaukästen zur Geschichte der königlichen Khama-Familie und Informationen über den Stamm der Bangwato sowie zur Gründung Serowes existiert auch eine kleine (wachsende) naturhistorische Sektion. Auf Anfrage hin kann man Teile des literarischen Nachlasses der **Autorin Bessie Head** besichtigen. Das Museum ist Mo–Fr von 8.30 bis 12.30 Uhr und 14 bis 16.30 Uhr sowie Sa von 10 bis 16.30 Uhr geöffnet. Der Eintritt ist frei.

Am Fuße des Thathaganyana Hill, der sich über dem *Kgotla* (= zentraler Gerichts- und Versammlungsort) erhebt, findet man die **Ruinen einer Siedlung** aus dem 11. Jahrhundert, die belegen, dass es bereits deutlich vor dem Eintreffen der Bangwato Siedlungsaktivitäten gab. Die **königlichen Gräber** der Khama-Familie liegen auf dem Hügel, der daher nur nach vorheriger Erlaubnis durch die Polizei von Serowe betreten werden sollte. Über dem Grab von *Khama III.* thront ein bronzener Kronenducker, der das Familienwappen der Khama-Familie darstellt. 1980 wurde der allseits geachtete **Staatsgründer Sir Seretse Khama** in dem Familiengrab beigesetzt. 22 Jahre später folgte ihm seine weiße Frau *Ruth Khama*

nach, die als First Lady des Landes eine exponierte Rolle in der (in Botswana funktionierenden) Verständigung zwischen Schwarzen und Weißen innehatte – mit Ausstrahlung weit über die Landesgrenzen hinaus. Vom Hügel bietet sich ein schöner Blick auf die hügelige Umgebung Serowes. Das Aufnehmen von Fotos ist streng verboten.

Historische Bedeutung besitzt auch die **Swaneng Hill Secondary School** nahe der Fluglandepiste Serowes, wo der südafrikanische Exilant und Schulrektor *Patrick van Rensburg* in den 1960er Jahren die **Bewegung der Brigaden** gründete. Die Brigaden sind ein Ausbildungsansatz, der es Grundschulabsolventen ermöglichen soll, sich über das Erlernen praktischer (in erster Linie handwerklicher) Fähigkeiten innerhalb eines gesonderten Schulsystems für den Arbeitsmarkt zu qualifizieren. Der Unterricht der Brigaden besteht aus einer unmittelbaren Kombination von Schule und praktischer Lehre. Die historische Bedeutung der Brigaden liegt im Aufzeigen eines „dritten Weges", der eine Alternative zur klassischen beruflichen „Karriere" männlicher Grundschulabsolventen in den südafrikanischen Bergwerken oder auf abgelegenen Cattle Posts und zu den Möglichkeiten einer weiterführenden Schulbildung darstellte.

Unterkunft

Kategorie B (40–80 Euro pro DZ)
● **Lentswe Lodge,** P.O. Box 102, Serowe, Tel. 4634333, Fax 4634332, Internet: www.lentswe.com. Rustikales Hotel touristischen Zuschnitts mit kleinem Swimmingpool. Etwas abseits am Stadtrand auf einem Hügel mit

schönem Blick über die Umgebung gelegen. Schlecht ausgeschilderte Zufahrt.

● **Serowe Hotel,** P.O. Box 150, am Ortsrand Richtung Palapye, Serowe, Tel. 4630234, Fax 4630203, Internet: www.serowehotel.com. Empfehlenswertes Hotel der gehobenen Mittelklasse, das saubere EZ und DZ mit Gemeinschaftsbad anbietet. Restaurant und Bar.

● **Tshwaragano Hotel,** P.O. Box 102, Serowe, Tel. 4630575, Fax 4631700. Einfaches Mittelklassehotel mit lokalem Charakter. Unterbringung in strohgedeckten Rondavels mit eigenem Bad. Ein kleines Restaurant sowie eine unter Einheimischen sehr beliebte und laute Bar sind angeschlossen.

Camping

Das 25 km nordwestlich von Serowe an der Straße nach Orapa und Maun gelegene Khama Rhino Sanctuary bietet **zwei angenehme Camp Sites** mit Warmwasserduschen (siehe unten) und zusätzlich angenehme Chalets für Selbstversorger.

Essen und Trinken

● Ein empfehlenswertes Restaurant mit europäisch ausgerichteter Küche gibt es in Serowe nicht. Neben den **Restaurants des Serowe Hotels, des Tshwaragano Hotels** (vor allem lokale Küche) oder der neueren **Lentswe Lodge** kann man auf **verschiedene Takeaways** (z.B. Tshkudu Takeaways an der Engen-Tankstelle) sowie das **Central Supermarket Restaurant** (The Mall, indische und chinesische Kleingerichte), das **Bata Liquor Restaurant** oder **Mom's Kitchen & Restaurant** ausweichen.

● Die **Hotelbar des Tshwaragano Hotels** ist der wohl beliebteste „Drinking-Spot" der Stadt.

Busverbindungen

Es existiert eine **direkte Busverbindung nach Gaborone** (Abfahrt frühmorgens). Den ganzen Tag über verkehren Busse und Minibusse nach Palapye an der Hauptachse Gaborone – Francistown. Von Palapye aus kann man tagsüber problemlos mit Bussen oder Minibussen nach Francistown oder Gaboro-

ne gelangen. Darüber hinaus verkehrt täglich ein direkter Bus von Gaborone über Serowe und Orapa nach Maun und vice versa.

Banken/Geldumtausch

Die Filiale der **Barclay's Bank of Botswana** liegt zentral. Inhaber einer ausländischen VISA-Karte können am Geldautomaten bequem Bargeld abheben.

KFZ-Werkstatt

● Bei Problemen mit dem Fahrzeug ist die **Dennis Service Station** (Toyota-Vertragshändler, P.O. Box 60, Serowe, Tel. 4630420, Fax 4630992) eine gute Anlaufadresse.

Khama Rhino Sanctuary

Ende der 1980er Jahre entwickelte die Gemeinde Serowe die Idee der **Gründung eines kleinen Wildschutzgebietes** in ihrer näheren Umgebung. Zur gleichen Zeit wurden Überlegungen laut, die letzten frei lebenden Nashörner Botswanas im Moremi Wildlife Reserve und im Chobe National Park einzufangen und durch Translokation in ein bewachtes Spezialreservat der drohenden Vernichtung durch gut organisierte Wildererbanden zu entziehen. Man entschied sich für den **Aufbau eines umzäunten Nashornschutzgebietes** an der *Serwe Pan* bei Serowe, das 1992 eröffnet wurde und mit zunächst acht Breitmaulnashörnern aus dem Moremi WR, dem Chobe NP und aus Südafrika besetzt wurde. 2010 war der Bestand auf 30 Breitmaul- und vier Spitzmaulnashörnern angewachsen. Zur Verwaltung und Betreuung des Reservates wurde der Khama Rhino Sanctuary Trust ins Leben gerufen (P.O. Box 10, Serowe, Tel. 4630713, Fax 4635808, In-

Der Osten und Francistown

ternet: www.khamarhinosanctuary.org). Das Board of Trustees setzt sich aus verschiedenen Vertretern der anliegenden Gemeinden Serowe, Paje und Mabeleapudi zusammen und steht unter Schutzherrschaft des Präsidenten Botswanas, Generalleutnant *Ian Khama*. Eine nahe gelegene Basis der botswanischen Armee BDF soll den Schutz der Tiere vor Wilderern sicherstellen. Neben einem Wiederaufbau des Bestandes an Breitmaulnashörnern soll das Khama Rhino Sanctuary auch zu einem Brutzentrum für die Wiedereinführung des Spitzmaulnashorns werden.

Das **4300 Hektar große Reservat** liegt 25 km von Serowe entfernt an der Straße nach Orapa und Maun. Das Zentrum des Gebietes bildet die mit Grasland bewachsene Serwe Pan, die mehrere natürliche Wasserstellen enthält. Das übrige Gelände wird von **trockener Busch- und Baumsavanne** über dicken Kalahari-Sanden eingenommen.

Orapa 180 km

Khama Rhino Sanctuary

2 km

Serwe Pan

S e r w e

Boma Camp

P a n

Malema's Pan

Picknick-Area

Beobachtungsstand

Serowe 25 km

Mokongwa Camp

- ❶ Eingang/Information
- ⚠ Campingplatz
- °ₒ Wasserloch

© REISE KNOW-HOW 2011

Der Osten und Francistown

Neben den Nashörnern wurden auch Spießböcke, Streifengnus, Südafrikanische Kuhantilopen, Elenantilopen, Springböcke, Giraffen und Zebras im Gebiet wiedereingeführt. Natürlich vorkommende Wildtierarten sind u.a. Leopard, Braune Hyäne, Streifenschakal und Löffelhund. Mehr als 230 Vogelarten wurden bislang festgestellt.

Praktische Informationen

● Das kleine Wegenetz des Schutzgebietes lässt sich aufgrund des sandigen Untergrundes **nur mit Allrad-Fahrzeugen** sicher befahren. Eine bevorzugte Reisezeit gibt es nicht, da sich Nashörner und anderes Wild aufgrund der geringen Gebietsgröße zu allen Jahreszeiten gut beobachten lassen.
● Die beiden **Camp Sites** des Reservates, **Boma Camp** und **Mokongwa Camp,** liegen unter großen Mokongwa-Bäumen und besitzen

Warmwasserduschen, Toiletten mit Wasserspülung sowie saubere Waschgelegenheiten. Vorausbuchungen sind nicht erforderlich. Mehrere rustikale Chalets für Selbstversorger (ab 40 Euro, 4 Betten) bieten eine Alternative zum Zelten.
● Neben einem **Eintrittspreis** von umgerechnet 6,20 Euro pro Person (Kinder unter 6 Jahren frei, von 6–12 Jahren 3,10 Euro) und 6 Euro pro Fahrzeug wird eine **Campinggebühr** von 6,30 Euro pro Person verlangt.
● Das Reservat ist **täglich von 8 bis 19 Uhr geöffnet** (nach Absprache auch außerhalb dieser Zeiten). Es bietet sich als angenehmer Zwischenstopp auf der Reise nach Maun, in das Gebiet der Makgadikgadi Pans oder ins Central Kalahari Game Reserve an.

Breitmaulnashorn – der Bestand in Botswana erholt sich nur langsam

Botswanas Nashörner

Die unerbittliche Wilderei von Nashörnern hat die beiden auf dem afrikanischen Kontinent vertretenen Arten, das **Breitmaulnashorn** *(Ceratotherium simum)* und das **Spitzmaulnashorn** *(Diceros bicornis)*, an den Rand der Ausrottung gebracht. Für ein Kilo Nashorn werden heute auf dem Schwarzmarkt etwa 10.000 US-Dollar gezahlt. Neben der unverändert großen Nachfrage als Aphrodisiakum und Therapeutikum in der traditionellen chinesischen und südostasiatischen Medizin kommt das Hauptkaufinteresse aus dem Jemen, wo geschnitzte Krummdolche aus Nashorn eines der wichtigsten Statussymbole bei der „Manneswerdung" sind.

In den letzten 35 Jahren wurden etwa 95 Prozent aller Spitzmaulnashörner (das sind mehr als 60.000 Tiere) getötet, sodass der Bestand afrikaweit auf unter 3500 Tiere abgesunken ist. Seit dem Ende der 1980er Jahre hat sich der Druck der Wilderer auch auf die bis dahin als sicher geltenden Populationen des Breitmaulnashorns im südlichen Afrika verstärkt. Es wurden zahlreiche Tiere in Simbabwe, Südafrika, Namibia und Swasiland gewildert. Auch groß angelegte **Enthornungsprogramme,** Translokation in bewachte Gebiete, Ausstattung der Tiere mit Funksendern, verschärfte Patrouillen und das Erschießen zahlreicher Wilderer haben die organisierte Nashornwilderei nicht zum Erliegen bringen können.

Die **mangelnde pharmazeutische Wirksamkeit der Hornsubstanz** wird mittlerweile auch von großen Dachorganisationen der traditionellen chinesischen Medizin anerkannt, sodass pflanzliche Alternativen eine breitere Akzeptanz gefunden haben. Eine große Gefahr droht den verbliebenene Nashörnern jedoch aus Taiwan und Hong-

kong, wo kompromisslose Händler schätzungsweise 15 bis 20 Tonnen Nashorn gehortet haben und Wildererbanden gezielt für jeden Abschuss von Nashörnern (daher bietet auch die Enthornung keinen Schutz) bezahlen, um den Preis für ihre Lagerbestände in schwindelerregende Höhen zu treiben.

Botswana wies bis in die zweite Hälfte des 19. Jahrhunderts eine große Population beider afrikanischen Nashornarten auf. Zahlreiche Buschmannzeichnungen von Nashörnern belegen eindrucksvoll die weite Verbreitung dieser Spezies. Im 19. Jahrhundert führten intensive Jagd und Lebensraumvernichtung zum Zusammenbruch der Population. Um 1890 wurde das Breitmaulnashorn in Botswana ausgerottet. Das Spitzmaulnashorn überlebte bis in die 1970er Jahre in kleinen Zahlen im Bereich des Okavango-Deltas und im Chobe National Park. In den 1960er und 70er Jahren wurden mehrere Breitmaulnashörner aus südafrikanischen Reservaten nach Moremi und nach Chobe transloziert, wo sie sich recht gut reproduzierten und bei Fotosafaris ein gängiger Anblick waren.

Das Übergreifen der organisierten Wilderei auf die Gebiete südlich des Sambesi in den 1980er Jahren zog wahrscheinlich die Auslöschung des botswanischen Restbestandes an Spitzmaulnashörnern nach sich. Die letzten in Moremi und Chobe verbliebenen Breitmaulnashörner wurden gefangen genommen und 1992 ins neu geschaffene Khama Rhino Sanctuary bei Serowe transloziert. Bis 2001 traf man Nashörner in Botswana nur noch hier und im Mokolodi Nature Reserve sowie im Gaborone Game Reserve an, wo einige Individuen aus südafrikanischer „Produktion" ausgesetzt wurden. Im Jahr 2001 wurde auf Initiative des südafrikanischen Reiseunternehmens Wilderness Safaris hin parallel zum Khama Rhino

Francistown

Sanctuary-Projekt auch im Okavango-Delta mit der Auswilderung aus Südafrika importierter Nashörner begonnen. Anfang 2004 konnte der Bestand in der Mombo-Region auf Chief's Island im westlichen Delta durch Zukauf weiterer Tiere (Breitmaul- wie Spitzmaulnashörner) erstmals auf über 30 Tiere gesteigert werden, obwohl im Oktober 2003 leider zwei Breitmaulnashörner gewildert wurden. Bis 2011 stieg der Bestand auf über 50 Tiere an. Inzwischen werden die wiedereingeführten Tiere auch außerhalb der Mombo-Region beobachtet.

Die **Gesamtzahl aller botswanischen Nashörner** liegt noch immer **deutlich unter 100 Tieren.** Vereinzelt werden Nashörner auch in abgelegenen Regionen des Chobe National Parks beobachtet, vermutlich durch Zuwanderung aus dem simbabwischen Hwange National Park.

bo11_064 Foto: cl

Francistown gilt als **älteste Stadt Botswanas.** Sie ist das wirtschaftliche Zentrum des Nordostens und ein lebhafter Verkehrsknotenpunkt an der Schnittstelle der Verbindungen nach Bulawayo (Simbabwe), Nata, Maun, Kazungula/Kasane, Orapa und Gaborone. Die vorkoloniale Ortsbezeichnung war „Nyangabgwe", was im Sekalanga so viel wie „Pirsch auf den Felsen" heißt und sich auf einen Jäger, der einen Felsen mit einer Antilope verwechselte, bezieht.

Die mit **115.000 Einwohnern** (2010) zweitgrößte Stadt des Landes erscheint im Gegensatz zur Hauptstadt Gaborone erheblich „gewachsener". Sie weist eine enge wirtschaftliche und historische Anbindung an das benachbarte Simbabwe auf und wirkt mehr wie eine lebendige simbabwische Kleinstadt als eine vergleichbare Stadt in Botswana. Trotz seiner reichhaltigen Geschichte bietet Francistown kaum Sehenswertes. Für Reisende ist die Stadt in erster Linie ein wichtiger Durchgangsort auf dem Weg nach Norden, der gute Einkaufsmöglichkeiten und mit der parkähnlichen Anlage des Marang Hotels eine angenehme grüne Übernachtungs-Oase bietet. Leider hat sich die verzweifelte Situation im Nachbarland Simbabwe auch auf Francistown und seine Umgebung negativ ausgewirkt. Im Zuge der (überwiegend illegalen) Zuwanderung aus Simbabwe hat sich die Sicherheitslage in der Stadt spürbar verschlechtert.

Francistown liegt 428 km nördlich von Gaborone. Die Entfernung nach

Der Osten und Francistown

Maun im Westen beträgt 497 km, nach Kasane im Nordwesten des Landes sind es 490 km.

Geschichte

Eine steinzeitliche Besiedlung der Region um Francistown hat schon vor 60.000 bis 80.000 Jahren bestanden. Mit der Einwanderung von Bantuvölkern begann um 250 n. Chr. eine zunehmende landwirtschaftliche Nutzung des Gebietes. Während der Blütezeit des Reiches von **Great Zimbabwe** vom 12. bis zum 15. Jahrhundert führten wichtige Handelsrouten durch die Region. Später kontrollierte der Shona-Staat von Torwa das Gebiet. In den 1820er Jahren passierte der Stamm der Ndebele unter General *Mzilikazi* das Gelände, bevor die Ndebele um 1840 in der Region um Bulawayo („Matabeleland") endgültig sesshaft wurden. Dabei wichen die von ihnen verdrängten **Bakalanga** teilweise nach Südwesten in die Region um das heutige Francistown aus, wo sie noch immer eine Bevölkerungsmehrheit bilden. Das von ihnen gesprochene Sekalanga ist ein Shona-Dialekt.

Der erste Europäer, der die Region besuchte, war der Missionar *Robert Moffat.* In den 1860er Jahren folgte ihm der deutsche Lehrer und Laienkartograf *Carl Gottlieb Mauch,* der 1866 am Ufer des Tati River Gold entdeckte und damit den ersten großen **Goldrausch** im südlichen Afrika auslöste. Selbst aus dem fernen Australien und aus Kalifornien kamen Goldsucher in die Goldgruben am Tati River. Der Engländer **Daniel Francis** war der erste, der in der ra-

pide anschwellenden Goldgräbersiedlung über die Regelung von Schürfrechten und Landbesitz die Entwicklung zur Stadt einleitete, die heute seinen Namen trägt. Zunächst bestand Francistown nur aus einer einzigen Straße, die parallel zur 1897 fertig gestellten Eisenbahnlinie nach Bulawayo verlief. Aufgrund der aufwendigen Goldgewinnung verlor der Abbau von Gold und anderen Bodenschätzen im 20. Jahrhundert immer mehr an Bedeutung. Nach der Unabhängigkeit Botswanas wuchs Francistown vor allem infolge seiner Bedeutung als **Verkehrsknotenpunkt** zu einem wirtschaftlichen Zentrum heran. An die Zeit des großen Goldrausches erinnern heute nur noch ausgefallene Minennamen wie „Bonanza", „Jim's Luck", „Phoenix", oder „White Elephant".

Orientierung

Das **Zentrum Francistowns** befindet sich zwischen der Eisenbahnlinie im Westen, der Selous Avenue im Norden, der Khama Street im Osten und der Guy Street im Süden. Die von Geschäften, Büros und Banken gesäumte **Hauptstraße** Francistown ist die **Blue Jacket Street.** Sie erhielt ihre Bezeichnung durch die „Blue Jacket Gold Mine", deren Name auf den dänischen Goldsucher *Sam Andersen* zurückgeht, der stets in einem blauen Jeans-Jackett gesehen wurde. Parallel zur Blue Jacket Street verläuft entlang der Bahnlinie die ähnlich belebte Haskins Street. An der Einmündung der Lobengula Avenue befindet sich der Bahnhof Francistowns. Gut 500 m weiter südlich außerhalb des Stadtkerns liegt die zentrale Busstation.

Mit seinen von **Jacaranda-Bäumen** gesäumten Alleen und relativ viel Grünfläche hinterlässt Francistown einen recht angenehmen Eindruck. Die wichtigsten Geschäfte, Restaurants, Läden und Supermärkte sind auf mehrere **Einkaufszentren** verteilt, die alle an der Blue Jacket Street liegen. Es handelt sich (von Norden nach Süden) um die Blue Jacket Mall, The Mall Shopping Centre, Barclay's Plaza und Blue Jacket Plaza. Im Industriegebiet westlich der Bahnlinie findet man vor allem Werkstätten, kleinere Industriebetriebe und Großhandelseinrichtungen. Östlich des Zentrums nahe dem Nyangabgwe Hospital wurden in den letzten Jahren weitere Einkaufszentren und Supermärkte eröffnet, z.B. Game Store und der Spar Grocery Store. In den Außenbezirken trifft man auf Armensiedlungen, die verdeutlichen, wie wenig Botswana bislang eine gerechte Verteilung seines relativen Wohlstands gelungen ist.

Sehenswertes

Im Old Francistown Court House an der New Maun Road befindet sich das **Supa-Ngwao Museum** (P.O. Box 766, Francistown, Tel. 2403088, E-Mail: snm @info.bw) mit einer interessanten Ausstellung über Geschichte und Kultur der Region um Francistown und die Entstehung der Stadt im besonderen. Regelmäßig finden hier auch Vorträge und andere Kulturveranstaltungen statt. Ein kleiner Craft Shop ist angeschlossen. Öffnungszeiten: Mo bis Fr von 8 bis 13 und 14 bis 17 Uhr, Sa 9 bis 17 Uhr.

Informationsstellen

● Die Stadt verfügt über kein eigenes Touristeninformationsbüro. Eine bescheidene Informationsmöglichkeit für Reisende stellt das **Supa-Ngwao Museum** dar.
● Das Informationsblatt **„Northern Advertiser"** (P.O. Box 234, Francistown, Plot 320, Village Mall, Tel. 2414400, Fax 2415950, E-Mail: sales@northernadvertiser.co.bw), das in Hotels, Geschäften und Infostellen ausliegt, erscheint wöchentlich und informiert über Veranstaltungen, Kinoprogramm etc.

Unterkunft

Ähnlich wie Gaborone kämpft auch Francistown mit einem **Unterkunftsnotstand,** sodass man Hotelzimmer rechtzeitig reservieren lassen sollte.

Neuer Haarschnitt gefällig?

Der Osten und Francistown

Francistown

500 m

Bulawayo/Simbabwe (187 km), Modumela Game Lodge (68 km)

Jubilee Hospital

Supa-Ngwao Museum

Friedhof

Haskins St

Guy St

Guy St

Rutherford Ave

Moffat Ave

Feitelberg Ave

Khama

St. Patrick

First Ave

Selous Ave

Baines

Lobengula St

Francis Ave

Obst- u. Gemüsemarkt

Blue Jacket Mall

Score Supermarket

Haskins St

Grand Lodge

CENTRAL LIGHT

INDUSTRIAL AREA

Sam Nujoma Rd

Gemsbok St

Makgadikgadi Drive

New Maun Rd

MONARCH

Stadion

Tati River

BLUE TOWN

TATITOWN

Maun

Maun (497 km), Nata (190 km), Flughafen (3 km)

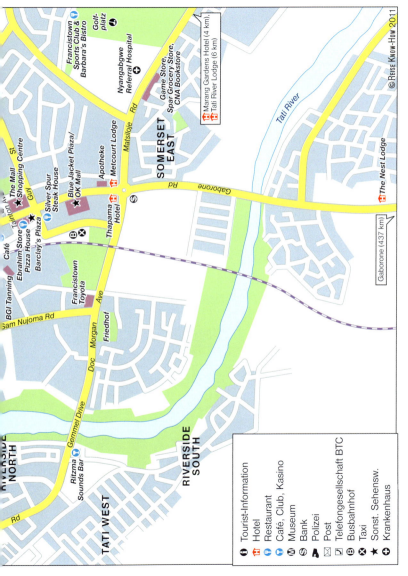

Der Osten und Francistown

Francistown Sports Club & Barbara's Bistro

Golf-platz

Nyangabgwe Referral Hospital

Game Store, Spar Grocery Store, CNA Bookstore

Marang Gardens Hotel (4 km), Tati River Lodge (6 km)

Tati River

The Nest Lodge

SOMERSET EAST

Matsiloje Rd

Gaborone Rd

Gaborone (437 km)

The Mall Shopping Centre

Taintol Ave

St Guy

Blue Jacket Plaza/ OK Mall

Apotheke

Metcourt Lodge

Silver Spur Steak House

Thapama Hotel

Ebrahim Store

Café

Pizza House

Barclay's Plaza

BGI Tanning

Francistown Toyota

Sam Nujoma Rd

Doc. Morgan Ave

Friedhof

RIVERSIDE NORTH

Ritzma Sounds Bar

Gemmel Drive

TATI WEST

Rd

RIVERSIDE SOUTH

© Reise Know-How 2011

- Tourist-Information
- Hotel
- Restaurant
- Café, Club, Kasino
- Museum
- Bank
- Polizei
- Post
- Telefongesellschaft BTC
- Busbahnhof
- Taxi
- Sonst. Sehensw.
- Krankenhaus

Kategorie A (80–150 Euro pro DZ)

●**Cresta Marang Gardens Hotel,** P.O. Box 807, Francistown, Tel. 2413991, Fax 2412130, Internet: www.crestahotels.com. Am Ostufer des Tati River ca. 4,5 km außerhalb der Stadt wunderschön im Grünen gelegene Hotelanlage – besitzt die mit Abstand beste Lage aller Hotels in Francistown. Man kann zwischen Standardräumen und separaten Chalets wählen. Pool, empfehlenswertes Restaurant und Bar. Freundliches Personal. Angenehmes Campingareal. Empfehlenswert.

●**Cresta Thapama Hotel,** Private Bag 31, Blue Jacket Street, Francistown, Tel. 2413872, Fax 2413766, Internet: www.crestahotels.com. Zentral an der Hauptstraße gelegenes 4-Sterne-Hotel mit 96 Zimmern. Pool, großes Restaurant („Ivory Grill"), belebte Bar. Spielkasino, Tennis-/Squashplätze, Sportstudio.

●**Tati River Lodge,** Private Bag F 333, Francistown, Tel. 2406000, Fax 2406080, Internet: www.trl.co.bw. Am Westufer des Tati River ca. 6 km außerhalb der Stadt an der Matsiloje Road gelegene empfehlenswerte Hotelanlage, die 1999 neu eröffnet wurde. Mit Swimmingpool und modernen Freizeitanlagen. Restaurant und Bar. Campingareal.

Kategorie B (40–80 Euro pro DZ)

●**Metcourt Lodge,** P.O. Box 30703, Francistown, Tel. 2441100, Fax 2440775, Internet: www.metcourtlodge.co.bw. Eröffnet als Syringa Lodge, mittlerweile umbenanntes Mittelklassehotel, in erster Linie auf Geschäftsreisende ausgerichtet. Zentrale Lage gegenüber dem Thapama Hotel, Zimmer mit gehobener Einrichtung.

Kategorie C (20–40 Euro pro DZ)

●**Grand Lodge,** P.O. Box 1277, Haskins St., Francistown, Tel. 2412300, Fax 2412309. Zentral gelegenes älteres Mittelklassehotel mit 16 Räumen in der Nähe des Bahnhofs.

●**Town Lodge,** P.O. Box 50, 1450/51 Leeba Street, Minestone, Francistown, Tel. 2415747, Fax 2418805, E-Mail: jog@info.bw. Am Stadtrand gelegenes einfaches Mittelklassehotel. 10 Räume mit Satelliten-TV und Klimaanlage.

● **The Nest Lodge,** Gaborone Road, Francistown, Tel. 2420100, Fax 2420101. Einfaches Mittelklassehotel neueren Datums an der Straße nach Gaborone, ca. 2 km außerhalb des Zentrums.

● **Satellite Guest House,** P.O. Box 10707, Satellite Township, Francistown, Tel. 2414665, Fax 2402115. Einfache Räumlichkeiten in Container-Bauweise mit der Ausstrahlung eines Stundenhotels. Überteuert und nicht empfehlenswert.

● Das **YMCA** (P.O. Box 71, Francistown, Tel. 2413046) bietet **einfache Unterkunft im Schlafsaal** für umgerechnet 7 Euro p.P. an. Es liegt am Stadtrand südlich des Nyangabgwe Hospital (von der Matsiloje Road in den Teema Drive einbiegen, dann nach 200 m auf der linken Seite).

Unterkünfte außerhalb der Stadt
● **Woodlands 4x4 Stopover,** P.O. Box 11193, Francistown, Tel. 2440131, Mobil 71302906, Fax 2440132, Internet: www.woodlands-campingbots.com. Ruhige Übernachtungsmöglichkeit mit schönen Chalets (ab 25 Euro p.P.), Swimmingpool und sauberem Campingplatz (7,50 Euro p.P.) nordwestlich von Francistown an der Straße nach Nata (Anfahrt: siehe Streckenbeschreibung „Francistown – Nata – Maun").

● **Baraka Valley Lodge** (ehem. Shashe Lodge), P.O. Box 85, Shashe, Tel. und Fax 2484800. Einfaches Mittelklassehotel der Kategorie C in Shashe ca. 30 km südlich von Francistown an der Hauptstraße nach Gaborone. Mit Restaurant und Bar, Pool und Freizeitanlagen.

● **Shumba's Place,** P.O. Box 37, Nata Road, Francistown, Mobil 71303405, Fax 2415445, E-Mail: shumba@botsnet.bw. Ca. 20 km nordwestlich von Francistown am Shashe River gelegene Wildfarm mit drei schönen klimatisierten Chalets und Grillplätzen. Die 2,5 km lange Zufahrt von der Hauptstraße ist ausgeschildert.

Camping
● Der **Campingplatz des Cresta Marang Gardens Hotels** galt über viele Jahre als *der* Übernachtungsort für zeltende Überlandreisende in Nordostbotswana. Er liegt unter schattigen großen Bäumen und besitzt saubere Toiletten und Waschgelegenheiten mit Warmwasserduschen. Die Campinggebühr beträgt umgerechnet 6,50 Euro p.P. Camper dürfen die Einrichtungen des Hotels mitbenutzen.

● Das neue Campingareal der nahe gelegenen **Tati River Lodge** ist weniger schön gelegen, aber ebenfalls sehr sauber.

● Zu einem Treffpunkt der überlandreisenden Selbstversorger südafrikanischen Zuschnitts hat sich **Woodlands 4x4 Stopover** 10 km nordwestlich des Stadtzentrums am Ufer des Tati River entwickelt (Adresse siehe oben).

● Eine gute Auswahl an **Campingausrüstungen und Campingartikel** bietet der **Ebrahim Store** (P.O. Box 39, Francistown, Tel. 2414762) in der Tainton Avenue.

Essen und Trinken
Restaurants der gehobenen Preisklasse
● **Ivory Grill, Cresta Thapama Hotel,** empfehlenswertes Fleischbuffet zum Dinner. Das großzügige Frühstücksbuffet des Hotels kostet umgerechnet 7 Euro.

● **Cresta Marang Gardens Hotel,** das Hotelrestaurant bietet ein exzellentes Frühstücksbuffet für umgerechnet 6/8 Euro (Continental/English Breakfast), leckere Gerichte à la carte ab 7 Euro und großzügige Lunch- bzw. Dinnerbuffets für 12 Euro.

● **Golden Hills Spur Steak Ranch,** Filiale der südafrikanischen Steakhouse-Kette in der Metcourt Lodge.

Günstigere Restaurants
● Das beliebte **Pizza House** (Tel. 2416099) in der Haskins Street am Barclay's Plaza bietet empfehlenswerte Pizzen aus dem Holzofen und Pasta-Gerichte.

● Gute Pizzen und Grillgerichte bekommt man auch im **Whistle Shop** in der Blue Jacket Street.

Straßenszene in Francistown

Der Osten und Francistown

● **Barbara's Bistro** (Tel. 2413737) im Francistown Sports Club südöstlich des Zentrums ist ein guter Platz für wohlschmeckende kleinere Gerichte und Takeaways.

Fastfood-Restaurants und Takeaways

● In den im Text genannten Einkaufszentren und entlang der Hauptstraßen Blue Jacket Street und Haskins Street findet man zahlreiche Fastfood-Restaurants und Takeaways, in denen man sich ab 2 Euro aufwärts den Magen füllen kann. Die bekanntesten Vertreter sind **Chicken Licken, Kentucky Fried Chicken, Nando's, Pie City** oder **Chicken Run.**
● Beliebte lokale Takeaways mit Treffpunktcharakter sind **Ma Kim's Café,** das **Pizza House** und das **Francistown Café** (alle an der Haskins Street).

Verkehrsverbindungen

Innerstädtisch

Aufgrund der geringen Größe Francistowns kann man die meisten Wege **zu Fuß** erledigen. **Minibusse** („Combis") verbinden das Zentrum mit den wichtigsten Stadtteilen weiter außerhalb. Die vollgestopften Gefährte sind überall im Zentrum zu finden. Auskunft über die Fahrtroute erhält man vom Fahrer bzw. von den mitreisenden Passagieren (!). Der Fahrpreis ist sehr gering. Einen festen Fahrplan gibt es nicht. Erkennen kann man Combis nicht nur an ihrer üppigen Personenbeladung, sondern auch an den blauen Nummernschildern. **Taxis** (mit Taxameter) können telefonisch von der Town Cab Company (Tel. 2404666) angefordert werden.

Von und zum Flughafen

Der kleine Flughafen Francistowns liegt wenige Kilometer außerhalb des Zentrums an der Straße nach Maun. Alle größeren Hotels haben einen Zubringerservice dorthin. **Taxis** können telefonisch bei der Town Cab Company (Tel. 2404666) bestellt werden.

Flugverbindung
von und nach Francistown

Die nationale Fluggesellschaft, **Air Botswana,** verkehrt **zwischen Francistown und Gaborone** (Mo, Di, Mi, Do, Fr, So) = 80 Euro

(einfach) bzw. 110 Euro (Hin- & Rückflug). Die Flugpreise wechseln häufig, und mit stetigen Erhöhungen muss gerechnet werden. Wer das Ticket innerhalb von 24 Std. nach Reservierung ausstellen lässt, erhält in der Regel einen deutlichen Preisnachlass.

Beim Abflug wird eine **Flughafengebühr** von ca. 5,50 Euro erhoben, die bereits im Ticketpreis enthalten ist.

Fluggesellschaft

● **Air Botswana,** P.O. Box 222, Cresta Thapama Hotel, Blue Jacket Street, Francistown, Tel. 2412393, Fax 2413834. Air Botswana tritt als Agent vieler anderer Gesellschaften auf (u.a. Air India, Air Malawi, Air Mauritius, Air Tanzania, Air Zimbabwe, KLM, Lufthansa, Royal Swazi Airways, South African Airways, SAS, Swissair).

Busverbindungen
von und nach Francistown

Francistown ist ein wichtiger Verkehrsknotenpunkt auf dem Weg nach Gaborone, Nata, Kasane, Maun, Bulawayo/Simbabwe oder Orapa. Grenzüberschreitende Busverbindungen nach Bulawayo bzw. Harare (Simbabwe) und Lusaka (Sambia) sind im Kapitel „Praktische Tipps A–Z/Anreise" aufgeführt. Die Busse halten auf ihrem Weg von und nach Gaborone in Francistown. Aktuelle Erkundigungen dazu können direkt an der Busstation und über die großen Hotels eingeholt werden. Der täglich zwischen Francistown und Bulawayo verkehrende Bus fährt gegen 8.30 Uhr ab.

Inländische Busse und Minibusse starten **von der zentralen Busstation** an der Eisenbahnlinie südlich des Stadtzentrums. Große Überlandbusse bedienen vor allem die Achse nach Gaborone über Palapye und Mahalapye. Weitere wichtige Destinationen sind Nata, Kasane, Maun (drei Abfahrten täglich, 8 Euro), Selebi-Phikwe, Serowe und Orapa. Tickets nach Gaborone kosten ca. 8 Euro. Das Gros der Abfahrtszeiten liegt in den frühen Morgenstunden. Minibusse bedienen auch kleinere Ziele in der Umgebung Francistowns. Sie fahren dann los, wenn sie gut gefüllt sind.

**Bahnverbindungen
von und nach Francistown**

Die tägliche Zugverbindung von und nach Gaborone wurde im Jahr 2009 eingestellt. Allein die grenzüberschreitende Zugverbindung zwischen Francistown und Bulawayo/Simbabwe war im Jahr 2010 noch intakt. Informationen zu einer möglichen Wiedereröffnung der Inlandsverbindung erteilt Botswana Railways (BR), P/Bag 52, Mahalapye, Tel. 4711375, Fax 4711385, Internet: www.botswanarailways.co.bw. Der Zug **nach Bulawayo** fährt derzeit (2010) dreimal wöchentlich ab. Tickets in der Standardklasse kosten ca. 5 Euro. Die Züge besitzen einen Speisewagen. Reservierungen können direkt am Bahnhof (Öffnungszeiten des Fahrkartenschalters: Mo–Fr 7.30 bis 12.30 Uhr und 14 bis 16.30 Uhr, Sa 7.30 bis 10.30 Uhr) oder bei Botswana Railways über Tel. 2413444 vorgenommen werden.

Nachtleben

●Das **Cresta Thapama Hotel** verfügt über ein **Spielkasino,** in dem man sich ab 18 Jahren bei Roulette, Blackjack, Poker oder an Spielautomaten vergnügen kann.
●**Beliebte Bars** sind das **Francistown Café** (mit Billardtisch, Haskins Street), die **Bar im Cresta Marang Gardens Hotel** sowie die **Poolbar des Hotels Cresta Thapama.**
●In der **Ritzma Sounds Bar** (Doc Morgan Avenue hinter der Brücke über den Tati River) kann man von Sonnenuntergang bis Mitternacht zu Pop- und Jazzmusik tanzen.
●Der **Jazzclub New Yorker** in der Blue Jacket Street bietet gehobenere musikalische Abendunterhaltung.

Kino

●Das einzige Kino Francistowns ist das **Cine 2000** (Tel. 2412175) in der Blue Jacket Street. Das Programm ist nicht gerade abwechslungsreich.

Krankenhäuser und medizinische Notfälle

●**Nyangabgwe Referral Hospital,** P.O. Box 127, Matsiloje Road, Francistown, Tel. 2411000, Fax 2416706. Großes staatliches Überweisungskrankenhaus mit guter ärztlicher Versorgung.
●**Jubilee Hospital,** P.O. Box 126, Haskins Street/New Maun Road, Francistown, Tel. 2411544. Staatliches Krankenhaus.
●**Dr. J.E. Cobbina,** Baines Street, Francistown, Tel. 2441674. Empfehlenswerte Zahnarztpraxis.

Apotheken

●Gut sortierte Apotheken sind an das Nyagabgwe Referral Hospital und das Jubilee Hospital angeschlossen.
●Die **Hana Pharmacy** (Tel. 2416026) im Blue Jacket Plaza bietet ein breites Spektrum an Medikamenten und pharmazeutischen Artikeln.
●Alternativ kann man sich an die **Pharma North Pharmacy** (Tel. 2410877) schräg gegenüber wenden.

Polizei und Behörden

●Die zentrale **Polizeistation** (Tel. 2412221) befindet sich in der Haskins Street nördlich des Zentrums. Der landesweite telefonische Polizeinotruf ist 999.
●Visa-Verlängerungen können im **Department of Immigration** (P.O. Box 305, Tel. 2414204) in der Blue Jacket Street vorgenommen werden.
●Im **Department of Animal Health and Production** (P.O. Box 19, Tel. 2413425, Fax 2414615) im selben Gebäudekomplex erhält man Transportgenehmigungen für Tier- und Milchprodukte und kann den neuesten Stand bezüglich des veterinärmedizinischen Sperrzaunnetzes erfragen.

Banken/Geldumtausch

●Die genauen Öffnungszeiten der verschiedenen **Banken** sind im Kapitel „Praktische Tipps A–Z" unter „Geschäfts- und Öffnungszeiten" aufgeführt. Die vier großen Banken des Landes (Barclay's Bank of Botswana, First National Bank of Botswana, Standard Chartered Bank of Botswana und Stanbic Bank of Botswana) haben ihre Hauptniederlassungen im Zentrum in der Blue Jacket Street bzw. in der Haskins Street. Inhaber einer ausländischen VISA-Karte können an allen Geldautomaten der **Barclay's Bank** oder **Standard Chartered Bank** bequem Bargeld abheben (bis zu 2000 Pula pro Auszahlungsvorgang). Das **Counter Bureau de Change** im Nzano Centre in der Blue Jacket Street (Tel./Fax 2418585) hat werktags von 8–18 Uhr geöffnet, Sa von 9–15 Uhr und So von 9–13 Uhr.

●Am Wochenende kann man sein Geld zur Not auch in den **Wechselstuben** der Hotels Cresta Thapama oder Cresta Marang Gardens tauschen.

Post

Das **Hauptpostamt** befindet sich in der Blue Jacket Street (Öffnungszeiten: Mo–Fr von 8.15 bis 12.45 Uhr und 14 bis 16 Uhr, Sa 8.30 bis 11.30 Uhr). Wertvolle Pakete und eilige Sendungen sollte man internationalen **Kurierdiensten** wie z.B. DHL (Grand Plaza, Marula Arcade, Tel. 2417444, Fax 2417777) anvertrauen.

Telefon

Das Gebäude der nationalen Telefongesellschaft BTC liegt zentral in der Lobengula Avenue. Vor dem Gebäude ist eine Batterie moderner Kartentelefone aufgebaut. Weitere öffentliche Fernsprecher sind z.B. vor der Barclay's Bank im The Mall Shopping Centre und im Cresta Thapama Hotel sowie im Cresta Marang Gardens Hotel installiert.

Leihwagen

●**AVIS,** P.O. Box 222, Francistown Airport, Tel. 2413901, 2403249, Fax 2412867, E-Mail: avisfwn@botsnet.bw.
●**Budget Rent a Car,** P.O. Box 20017, Francistown Airport, Tel. 2440083/84, Mobiltel. 71612323, Fax 2418292.
●**Europcar/Imperial Car Hire,** Francistown Airport, Tel. 2404774 oder 2404771.

Autoreparaturen

●Der Toyota-Vertragshändler **Francistown Toyota** (P.O. Box 343, Francistown, Tel. 2413855, Fax 2412564, E-Mail: toyota@global.bw) an der Straße nach Maun (Ecke Sam

Nujoma Drive) genießt einen guten Ruf, wenn es um Reparaturarbeiten geht.
●Neben Vertragswerkstätten für Fahrzeuge vom Typ Hyundai, Landrover (Tel. 2416601), Nissan, Mercedes-Benz u.a. gibt es eine Fülle lokaler Reparaturwerkstätten, z.B. das **4x4 Service Centre** (Tel. 2413008, Fax 2414661) im Industriegebiet westlich des Zentrums.

Reisebüros

●**Atlido Travel Agency,** P.O. Box 301134, Village Mall, Francistown, Tel. 2417878, Fax 2418617, E-Mail: atlido@galileosa.co.za. Arrangiert Leihwagen, Unterkünfte, Flug- und Bustickets.

Einkaufen

Märkte

Francistown besitzt keine Märkte, die mit dem interessanten Treiben eines westafrikanischen oder ostafrikanischen Marktes auch nur annähernd vergleichbar wären. Es ist jedoch eine der wenigen botswanischen Städte, die über einen **Obst- und Gemüsemarkt** verfügen (Ecke Baines Avenue/Blue Jacket Street). Mehrere marktähnliche Verkaufsstände sind im Bereich des Bahnhofs zu finden.

Einkaufszentren

Die Einkaufszentren **The Mall Shopping Centre, Blue Jacket Mall, Blue Jacket Plaza** und **Barclay's Plaza** (auch Smart Centre genannt) verfügen über gut sortierte Läden und Supermärkte, die Selbstversorgern adäquate Einkaufsmöglichkeiten bieten. Erwähnt sei die Hot & Crusty Bakery im The Mall Shopping Centre, die mit frischen Backwaren überzeugen kann.

Lederwaren und Souvenirs

Die Gerberei **BGI Tanning** (Tel. 2419987) westlich des Bahnhofs bietet gegerbte Wildtierhäute, Jagdtrophäen und andere Tierpräparate, Schnitzereien und konventionelle Souvenirs wie Korbflechtarbeiten („Shashe Baskets") an.

Buchhandlungen

Die Zweigstelle des **Botswana Book Centre** (Tel. 2415568) in der Blue Jacket Mall bietet eine gute Auswahl an Bildbänden, Reiseführern, Karten und Zeitschriften über Botswana und seine Nachbarländer sowie zahlreiche Titel der afrikanischen und internationalen Literatur.

Fotogeschäfte

Filmmaterial, Speicherkarten und andere Fotoartikel sind deutlich teurer als in Europa. Diafilme sind besonders schwierig und nur zu überhöhten Preisen zu bekommen. Fündig wird man z.B. bei **Photo King** im Blue Jacket Plaza, wo man auch Passbilder anfertigen lassen kann.

Sonstiges

Gepäckaufbewahrung

Am Bahnhof gibt es einen „Left Luggage Service", der Mo–Fr von 4.45 bis 12.30 Uhr und 14 bis 21 Uhr und am Sa 4.45 bis 10.30 Uhr sowie 17 bis 21 Uhr geöffnet ist.

Wäschereien und Reinigungen

Alle größeren Hotels besitzen einen vernünftigen Laundry-Service. Professionelle Kleiderreinigungen („Dry Cleaners") sind in den Einkaufszentren vertreten. Am nördlichen Ende der Blue Jacket Street bietet Polina Laundrette einen Waschsalon mit münzbetriebenen Waschmaschinen.

Weiterreise nach Simbabwe

Die Weiterreise nach Simbabwe erfolgt für Selbstfahrer über den **Hauptgrenzübergang Plumtree/Ramokgwebane** (geöffnet von 6 bis 20 Uhr) 87 km nordöstlich von Francistown. Der Grenzübertritt in beide Richtungen gestaltet sich relativ problemlos und geht meist innerhalb einer guten Stunde vonstatten. Hinter der Grenze gelangt man auf die asphaltierte, viel befahrene simbabwische A 7, die über 100 km direkt nach Bulawayo (gute Versorgungs- und Übernachtungsmöglichkeiten) führt. Bei der Einreise nach Simbabwe ist für Deutsche, Österreicher und Schweizer seit Januar 1999 ein **Visum** erforderlich, das an der Grenze ausgestellt wird (Einfacheintritt 30 US-$, Mehrfacheintritt 55 US-$). Für in der Zollunion SACU zugelassene Fahrzeuge muss man bei der Ausreise

aus Botswana ein **temporäres Exportdokument** ausfüllen und bei der Einreise nach Simbabwe eine **vorübergehende Importgenehmigung** beantragen („Temporary Import Permit", kurz „TIP"), die beim Verlassen des Landes vom Zoll wieder eingesammelt wird. Hinzu kommt eine **Teilkaskoversicherung** („Third Party Insurance"), die für 15 US-$ an der Grenze abgeschlossen werden muss. Hinzu kommen weitere Gebühren für „TIP" und „Toll Fee", die bei ca. 20 US-$ liegen.

Ca. 68 km nördlich von Francistown gelangt man zur Zufahrt der **Modumela Game Lodge** (P.O. Box 10324, Francistown, Mobil 71635830, Fax 2414644, Internet: www.modumela.co.za), einem rustikalen Lodge-Neubau der Kategorie A auf dem Gelände einer größeren Wildfarm.

Unter den öffentlichen Verkehrsmitteln bietet sich die **Eisenbahnverbindung** nach Bulawayo zur Weiterreise nach Simbabwe an. Der Zug nach Bulawayo verlässt Francistown derzeit (2010) dreimal wöchentlich spät abends. Die Einreise- und Zollformalitäten werden im Zug erledigt. Dazu sammelt der Schaffner die Pässe ein. **Busse** zwischen Francistown und Bulawayo verkehren mehrmals täglich (2 Std., ca. 4 Euro).

Selebi-Phikwe

Die **Minenstadt** Selebi-Phikwe liegt 61 km östlich der Hauptverkehrsachse Gaborone – Francistown. In der Umgebung wurden in den 1960er Jahren ausgedehnte Vorkommen von Kupfer, Nickel und Kobalt entdeckt. Im Rahmen der Erschließung durch den Bergbau wurde zwischen den beiden Minenstandorten Selebi und Phikwe eine Bergarbeitersiedlung errichtet, die sich heute zu der mit mehr als **60.000 Einwohnern** (2010) viertgrößten Stadt Botswanas entwickelt hat. Der Einfachheit halber erhielt das Stadtgebilde den

Selebi-Phikwe

Legend:
- ❶ Tourist-Information
- 🏠 Hotel
- ❶ Restaurant
- Ⓑ Busbahnhof
- Ⓢ Bank
- ⊠ Post
- ❶ Tankstelle
- ✚ Krankenhaus

BCL-Mine, Botshabelo

SOUTH EAST EXTENSION

Hypermarket

BDF-Kaserne

Independence Rd

Travel Inn

Khama Rd

Cresta Bosele Hotel

Boipuso North Rd

Boipuso South Rd

Syringa Lodge & Spur Steakhouse

Book-Shop

Markt

Boipuso Rd

Fairways Super-market

THE MALL

AREA 2

Sefophe, Flughafen, Tuli-Block

Stadtpark

Giavano's Pizzeria

Makhubu Club

Spar Supermarket

Borakanelo Rd

Kopano Rd

Botswana Rd

Selebi-Phikwe General Hosp.

Ikageng Rd

BONTLENG

Thapelo Ave

Monyakwebo Rd

Tshekedi Rd

Thapelo Ave

Dikgomo Rd

ORLANDO

Selebi-Phikwe Secondary School

Kraftwerk

Hospital Rd

Babercki Rd

Independence Rd

Francistown Rd

KAGISO

PIMVILLE

Botswana Rd

Tshekedi Rd

SESAME

Francistown Rd

Phokoje Bush Lodge, Serule, Francistown

500 m

© REISE KNOW-HOW 2011

Namen „Selebi-Phikwe". Die seit 1973 von dem halbstaatlichen Unternehmen BCL (ehemals Bamangwato Concessions Ltd.) betriebene Förderung von **Kupfer und Nickel** geriet bei stetig sinkenden Weltmarktpreisen zunächst in die Verlustzone. Trotz monatlicher Defizite von bis zu 2,8 Mio. US-$ wurde der Minenstandort aufgrund erheblichen politischen Druckes weiter aufrechterhalten. Inzwischen (2010) haben die Weltmarktpreise für Kupfer und Nickel deutlich angezogen, sodass die Minen von Selebi-Phikwe Profit erwirtschaften. BCL beschäftigt mehr als 5000 Mitarbeiter in Selebi-Phikwe und förderte zuletzt ca. 60.000 Tonnen Kupfer-Nickel jährlich. Schlagzeilen machte Selebi-Phikwe, als eine medizinische Studie veröffentlicht wurde, die eine HIV-Infektionsrate von 62% (!) unter im Rahmen der Schwangerschaftsbetreuung getesteten Frauen der Stadt aufzeigte.

Neben Geschäftsreisenden passieren seit der Asphaltierung der Straße zum südafrikanischen Grenzübergang Martin's Drift/Groblersbrug vermehrt auch Urlaubsreisende die junge Stadt. In der Tat bietet Selebi-Phikwe auf dem Weg von Südafrika in den Norden Botswanas oder bei der Anreise von Westen in das Gebiet des Tuli-Blocks recht **gute Versorgungsmöglichkeiten** und mehrere angenehme, am Geschäftspublikum orientierte Unterkünfte.

Die Stadt liegt sehr reizvoll inmitten hügeliger Savannenlandschaft mit zahlreichen Inselbergen und wirkt modern und aufgeräumt. Das geschäftliche Leben konzentriert sich auf die zentrale **Fußgängerzone The Mall** zwischen Tshekedi Road und Monyakwebo Road, in der man neben Banken, Geschäften, Büros und Supermärkten auch den hervorragend ausgestatteten Selebi-Phikwe Book Shop findet.

Informationsstellen

● Die Stadt verfügt über ein bescheiden ausgestattetes staatliches **Touristeninformationsbüro,** das gegenüber dem Cresta Bosele Hotel liegt.
● Jeweils wöchentlich erscheint das **Informationsblatt „Phikwe Bugle"** (Tel. 2610295, Fax 2614748), das über Sportveranstaltungen u.a. informiert.

Unterkunft

Kategorie A (80–150 Euro pro DZ)
● **Cresta Bosele Hotel,** P.O. Box 177, Tshekedi Road, Selebi-Phikwe, Tel. 2610675, Fax 2611083, Internet: www.crestahotels.com. Zentral am Ostrand der Mall gelegenes Hotel mit 52 Räumen. Pool. Großes Restaurant, belebte Bar. Angeschlossenes Spielkasino.

Kategorie B (40–80 Euro pro DZ)
● **Executive Lodge,** P.O. Box 26, Selebi-Phikwe, Tel. 2610044, Fax 2614406, E-Mail: execlodge@it.bw. Nordöstlich der Mall gelegenes Hotel der gehobenen Mittelklasse. Mit Swimmingpool, Restaurant und Konferenzsaal.
● **Syringa Lodge,** P.O. Box 254, Independence Avenue, Selebi-Phikwe, Tel. 2610444, Fax 2610450, E-Mail: resp@syringa.co.bw. Etwas außerhalb der Stadt an der Straße zum Flughafen gelegenes Hotel der gehobenen Mittelklasse mit 34 Räumen. Swimmingpool.
● **Phokoje Bush Lodge,** P.O. Box 414, Selebi-Phikwe, Tel. 2601596, Fax 2601586, Internet: www.phokojebushlodge.com. Neue, angenehm grüne hotelähnliche Campanlage mit strohgedeckten Chalets und einfachen Standardzimmern sowie angeschlossenem Campingplatz, ca. 6 km außerhalb der Stadt an der Straße nach Serule auf Höhe der Abzweigung nach Mmadinare gelegen. Mit Restaurant und Bar. Bewachter Parkplatz. Empfehlenswert.

Der Osten und Francistown

●**Travel Inn,** P.O. Box 2030, Plot 5043 Independence Avenue, Selebi-Phikwe, Tel. 2622999, Fax 2622998, E-Mail: travelinn@ botsnet.bw. An der Straße zum Flughafen gelegenes Hotel der gehobenen Mittelklasse mit viel Lokalkolorit. Mit Restaurant und Konferenzmöglichkeiten.

Camping

Camping ist auf dem Gelände der **Phokoje Bush Lodge,** auf Nachfrage auch innerhalb der Anlage des **Cresta Bosele Hotels** möglich. In genügend großem Abstand zur Stadt kann man auch **problemlos wild zelten.** Dabei sollte man einen großen Bogen um die sensiblen Minengebiete machen.

Essen und Trinken

Restaurants der gehobenen Preisklasse
●**Cresta Bosele Hotel,** das Hotelrestaurant bietet gute Grillgerichte und günstige Buffets.
●**Syringa Spur Steakhouse** (Syringa Lodge), empfehlenswerte Steaks zu angemessenen Preisen.

Günstige Restaurants, Fastfood und Takeaways
Neben mehreren Fastfood-Restaurants und Takeaways in der Mall bietet sich ein Besuch beim **Grill Master** (Susan Building, Main Mall, Tel. 2614300) für herzhafte Grillgerichte oder ein Abstecher zu **Giavano's Pizzeria** (Tel. 2615999) neben dem Engen-Tankstellenkomplex am Ostrand der Mall an.

Verkehrsverbindungen

●**Zuverlässige Busverbindungen** bestehen nach Francistown, Gaborone, Serowe, Maun und zum südafrikanischen Grenzübergang Martin's Drift/Groblersbrug. Die Abfahrt erfolgt frühmorgens bzw. im Laufe des Vormittags. **Minibusse** bedienen die kürzeren Strecken nach Bobonong, Serule, Sefophe, Mogapi, Mathathane. Die Busstation liegt nördlich der Mall an der Monyakwebo Road.
●Der kleine **Flughafen** Selebi-Phikwes kann derzeit nur mit Chartergesellschaften angeflogen werden.

Autoreparaturen

●**Toyota-Vertragshändler Bamangwato Toyota,** Private Bag 39, Selebi-Phikwe, Tel. 2610539, Fax 2610985.
●Darüber hinaus existieren mehrere lokale Autowerkstätten.

Nachtleben

●An das **Cresta Bosele Hotel** ist ein **Spielkasino** angeschlossen, in dem man sich ab 18 Jahren bei Roulette, Blackjack, Poker oder an Spielautomaten vergnügen kann.
●Neben den **Hotelbars von Bosele Hotel** und **Syringa Lodge** bieten sich mehrere denkbar einfach strukturierte **lokale Bars** in der Mall für einen abendlichen Drink an.

Krankenhäuser und medizinische Notfälle

●**Selebi-Phikwe General Hospital,** P.O. Box 40, Hospital Avenue, Selebi-Phikwe, Tel. 2610333, Fax 2614649. Staatliches Krankenhaus westlich des Stadtparks mit angeschlossener Zahnklinik.

Apotheke

●Die **Botshabelo Pharmacy** (Tel. 2610744) in der Mall hat ein großes Angebot an Medikamenten und pharmazeutischen Artikeln.

Polizei und Behörden

Die zentrale Polizeistation (Tel. 2610510) befindet sich in der Mall. Der landesweite telefonische Polizeinotruf ist 999.

Banken und Geldumtausch

●Die großen **Banken** des Landes besitzen Filialen in der Mall. Inhaber einer ausländischen VISA-Karte können an den Geldautomaten der **Barclay's Bank oder Standard Chartered Bank** bequem Bargeld abheben.

Mit einem Spurensucher auf Game Drive

● Am Wochenende kann man sein Geld in der **Wechselstube** des Cresta Bosele Hotels tauschen.

Post und Telefon

Das **Hauptpostamt** und das Gebäude der nationalen **Telefongesellschaft BTC** befinden sich zentral in der Mall. Wertvolle Pakete und eilige Sendungen sollte man internationalen **Kurierdiensten** wie z.B. DHL (Cash Bazaar Building, The Mall, Tel. 2622715) anvertrauen.

Reisebüros

● **Travel Bags,** P.O. Box 556, Selebi-Phikwe, Tel. 2614106, Fax 2614107. Arrangiert Leihwagen, Unterkünfte sowie Flug- und Bustickets.

Einkaufen

Märkte und Einkaufsmöglichkeiten

Die wichtigsten Geschäfte, Läden und Supermärkte konzentrieren sich **in und an der Mall.** Selbstversorger können sich z.B. im Spar-Supermarkt oder bei SCORE (beide in der Main Mall) mit Lebensmitteln und Fleisch eindecken.

Buchhandlung

Der **Pioneer Bookshop** (Tel. 2610590) in der Mall bietet eine spärliche Auswahl an Literatur, Bildbänden, Reiseführern, Karten und Zeitschriften über Botswana und seine Nachbarländer.

bw147 Foto: cl

Der Osten und Francistown

Der Tuli-Block

Als „Tuli-Block" wird ein **schmaler Streifen kommerzielles Farmland im äußersten Osten Botswanas entlang der südafrikanischen Grenze am Limpopo River** bezeichnet, der eine Länge von 350 km und eine Breite von 10 bis 20 km aufweist. Der Landblock erstreckt sich im Norden bis zum Shashe River und im Südwesten bis zum Ngotwane River bei Buffel's Drift. Das landschaftlich ausgesprochen reizvolle und recht fruchtbare Gebiet enthält das **größte private Wildschutzgebiet** im südlichen Afrika, das **Mashatu Game Reserve,** das kleinere private Tuli Game Reserve sowie mehrere Wildfarmen und private Jagdreservate (u.a. das Redshield GR, die Shalimpo Farm und das Nitani GR). Insgesamt steht im östlichsten Zipfel zwischen Limpopo River, Motloutse River und Shashe River eine Fläche von etwa 1200 km² für private Wildschutzzwecke zur Verfügung, die als **Northern Tuli Game Reserve** oder **Northern Tuli Conservation Area** bezeichnet wird. Im Westen wird das Northern Tuli Game Reserve durch einen Zaun zum Kulturland hin abgegrenzt. Eine Erweiterung der privaten Wildschutzgebiete nach Westen und Süden ist geplant. Weit fortgeschritten ist dabei der Aufbau des 320 km² großen privaten **Limpopo-Lipadi Game & Wilderness Reserve** (Internet: www.limpopo-lipadi.org), in das mehrere private Wildfarmen inkorporiert wurden. Das Gebiet liegt nördlich des Limpopo River zwischen dem Grenzübergang Zanzibar im Südwesten, Baines' Drift im Südosten und dem Flussbett des Mahukhule River im Norden. Die Errichtung von insgesamt sechs Safari Camps und Bush Lodges (Island Lodge, River Camp, Marula Tented Camp, Wilderness Tented Camp, Kirkia Camp und Lipadi Rock Lodge) ist weitgehend abgeschlossen.

Kurz nach der Proklamation des britischen Protektorates Betschuanaland ersuchte die britische Verwaltung den Ngwato-König *Khama III.* mit der Bitte um Überlassung von Land an der Ostgrenze des Protektorates, um eine Eisenbahnverbindung von der Kapkolonie nach Norden bauen zu können und um eine **Pufferzone** gegen die Expansionsgelüste der südafrikanischen Buren zu schaffen. Das abgetretene Gelände, der heutige Tuli-Block, erwies sich aufgrund der vielen kleinen Flusstäler als ungeeignet für den Eisenbahnbau, sodass die Schienenverbindung nach Rhodesien später weiter westlich gebaut wurde, wo sie noch heute besteht. Die Verwaltung des Territoriums wurde der British South Africa Company (BSAC) des Minenmagnaten *Cecil Rhodes* übergeben. 1904 unterteilte die BSAC den Tuli-Block in kleine Parzellen und verkaufte das Land an private Farmer aus Europa und Südafrika.

Im Norden des Tuli-Blocks findet man als topografische Auffälligkeit den so genannten **„Tuli Circle"**, einen zu Simbabwe gehörenden Halbkreis mit einem Radius von 16 km südlich des Shashe River, der ansonsten die Grenze zwischen Botswana und Simbabwe definiert. Das Gebiet des Tuli Circle wurde 1891 von *Khama III.* der Rhodesien „regierenden" BSAC überlassen, damit sichergestellt werden konnte, dass ein lokaler Ausbruch der kontagiösen bovi-

nen Pleuropneumonie, einer infektiösen Rinderkrankheit, nicht auch den Rinderbestand des rhodesischen Forts Tuli erreichte. Interessanterweise betrug die Reichweite des größten in Fort Tuli montierten Geschützes genau 16 km ...

Die kommerziellen Farmen des Tuli Blocks unterhalten **aus dem Limpopo River gespeiste Bewässerungssysteme,** sodass neben Gemüse und Feldfrüchte sogar Baumwolle angebaut werden kann. Im Laufe der letzten Jahrzehnte wurden mehrere landwirtschaftliche Farmen in private Schutzgebiete

Ellipsen-Wasserbock

Der Tuli-Block

für den Safari- und Jagdtourismus umgewandelt. Durch Aufkauf und Zusammenlegung von Farmland entstanden der 300 km² große Block des **Mashatu Game Reserve** und das mit einer Fläche von derzeit ca. 78 km² deutlich kleinere **Tuli Game Reserve.** Alle privaten Schutzgebiete dürfen von Nichtgästen nur im Transit befahren werden. Für Game Drives und andere Formen der Gebietserkundung ist ein Aufenthalt in den Unterkünften des jeweiligen Landbesitzers Voraussetzung. Wildes Zelten ist streng verboten. Im Jahr 2000 vereinbarten Botswana, Simbabwe und Südafrika die Zusammenführung ihrer Schutzgebiete in der Region zu einem grenzübergreifenden Modellprojekt (ähnlich dem Kgalagadi Transfrontier NP). Die daraus resultierende 4872 km² große **Greater Mapungubwe Transfrontier Conservation Area** (alternativ auch Limpopo-Shashe Transfrontier Conservation Area genannt) hat bislang jedoch keine Änderung oder Vereinheitlichung des Schutzstatus der einbezogenen Teilgebiete zur Folge gehabt. Politisches Ziel ist die Errichtung eines gleichnamigen grenzüberschreitenden Nationalparks unter Einbeziehung von Northern Tuli Game Reserve (Botswana), Tuli Circle Safari Area (Simbabwe), Limopopo Valley Game Reserve, Venetia Limpopo Nature Reserve, Mapungubwe National Park und Vhembe Game Reserve (alle Südafrika) sowie benachbartem privaten Farmland. Ende 2010 war das Projekt jedoch noch immer nicht über den Status einer gemeinsamen Absichtserklärung hinausgekommen.

Der Osten & der Tuli-Block

Shashe

Mogogophate

SIMBABWE

Gubojango

Semolale

Bobonong

Motloutse

Mololatau

Thune

Matlhabaneng

Mathathane

NORTHERN TULI
GAME RESERVE

Shashe

siehe
unten

Pontdrift

Limpopo

Lekkerpoort

KWA-TULI PRIVATE
GAME RESERVE

Tsetsebjwe

B   L   O   C   K

LEGODIMO
NATURE
RESERVE

SÜDAFRIKA

LIMPOPO-LIPADI
GAME & WILDERNESS
RESERVE

Baine's
Drift

Zanzibar

Platjan

Limpopo
River Lodge

Zanzibar

Limpopo

© REISE KNOW-HOW 2011

Northern Tuli
Game Reserve

SIMBABWE

Shashe

Nitani Lodge

NORTH-
EAST TULI
GAME RES.

10 km

MASHATU

GAME

Mashatu
Tent Camp

Uwala R.

RES.

NORTH-EAST
TULI GAME RES.

Mashatu
Main Camp

Solomon's
Wall

Limpopo
Valley
Airfield

NORTH-
EAST
TULI
GAME.
RES.

Pitsane R.

Tumelo Game
Lodge

Talana
Farm

Tuli
Wilderness
Trails

Pontdrift

Nokalodi
Tented Camp

Tuli
Safari
Lodge

Rhodes
Drift

Limpopo

SÜDAFRIKA

Lentswe-
le-Moriti

20 km

© REISE KNOW-HOW 2011

Die **Tuli Safari Lodge** (im Tuli Game Reserve) und die **Camps des Mashatu Game Reserve** sowie mehrere kleinere exklusive Camps bieten ihren Gästen „All-inclusive"-Pakete mit Übernachtung, Game Drives, Night Drives, Fußsafaris etc. an, wie sie auch im Okavango-Delta üblich sind. Die Tarife liegen in aller Regel deutlich unter dem Preisniveau im Delta. Preisgünstigere Optionen für eine Erkundung des Gebietes stellen z.B. die Unterkünfte des **Redshield Game Reserve (Tuli Wilderness Trails)** im Südwesten des Northern Tuli Game Reserve dar. 2004 wurden Paketangebote eingeführt, die Übernachtungen in den Camps des Mashatu GR, im Tuli GR und im Nitani GR umfassen und damit einen guten Überblick über die wichtigsten Reservate des Northern Tuli GR ermöglichen.

Der Tuli-Block zählt trotz seiner landschaftlichen Reize und der guten Wildbestände bislang zu den **weniger besuchten touristischen Zielen Botswanas.** Doch dank der ordentlichen Verkehrsinfrastruktur ist die Region ein reizvoller und empfehlenswerter Überlandstopp auf dem Weg von Südafrika in den attraktiven Norden Botswanas. Bislang kommen die meisten Gäste im Northern Tuli GR übers Wochenende aus Südafrika. Zusätzlichen Auftrieb erhielt die Region durch Eröffnung eines internationalen Flughafens („Limpopo Valley Airfield") im Mashatu Game Reserve Ende 2001 (siehe „Anreise").

Durch die internationalen Gazetten ging das Northern Tuli Game Reserve, als 1998 im Rahmen eines „Modellprojekts" 30 Jungelefanten aus der übergroßen Elefantenpopulation des Gebietes gefangen und in Südafrika auf die Überführung in diverse Zoos „vorbereitet wurden". Die mit äußerster Brutalität durchgeführte Aktion (zunächst gewaltsame Trennung von den Muttertieren, gefolgt von makabren „Dressurversuchen") erregte Aufsehen, als Videobänder in die Öffentlichkeit gelangten. Davon unbeeindruckt erwarben auch europäische Zoos (u.a. in Dresden, Erfurt und Basel) mehrere der traumatisierten Jungelefanten. Der **Tuli-Skandal** hat nicht nur dem Ruf des Tourismus in die Region geschadet, sondern auch ein düsteres Licht auf den im südlichen Afrika weit verbreiteten kommerziellen Handel mit Wildtieren geworfen.

Landschaft und Tierwelt

Die Landschaft des Tuli-Blocks liegt außerhalb des sandgefüllten Kalahari-Beckens in einer als *Hardveld* bezeichneten, fruchtbaren Zone, die durch halboffene Busch- und Baumsavanne mit kleinen Gebirgs- und Hügelketten und zahlreichen **Inselbergen** gekennzeichnet ist. Prägende Elemente der den Limpopo River umsäumenden Galeriewälder sind z.B. die ausladende Baumkronen entwickelnde Sykomore oder Adamsfeige (*Ficus sycomorus*) und die tropische Würgfeige (*Ficus thonningii*), deren Luftwurzeln beim Absterben „erwürgter" Bäume das bizarre Stammsystem eines eigenständigen Baumes bilden. Die **Fieberakazie** (*Acacia xanthophloea*) bildet am Limpopo-Ufer manchmal kleine Wälder, die durch die gelbgrüne Farbe der Zweige und die helle Rinde ein grünliches „Lichtmeer" zu bilden scheinen. Sie bekam ihren irreführenden Namen einst von Expeditionsreisenden, die beim Schlaf unter den wassernah wachsenden Bäumen Fieber (Malaria) bekamen, das natürlich auf die am Wasser brütenden, Plasmodien übertragenden Anophelesmücken zurückzuführen ist.

Schon *Rudyard Kipling* beschrieb den Fluss in seiner Kurzgeschichtensammlung „Just So Stories" als „the great grey green greasy Limpopo all set about with fever trees".

Die historische **Aufteilung des Landes in Privatlandparzellen** hat die Enstehung eines kleinräumig strukturierten Landschaftsmosaiks mit entsprechend großer Artenvielfalt gefördert. Besonders reichhaltig ist die **Vogelwelt** mit mehr als 350 Arten vertreten. Der Tuli-Block gilt als eines der besten Vogelbeobachtungsgebiete im südlichen Afrika. Die Säugetierfauna enthält die wichtigsten in Nordbotswana vertretenen Wildarten, erreicht aber nicht die Bestandszahlen der Schutzgebiete Moremi, Chobe oder Nxai Pan. Allerdings wird eine bemerkenswert hohe Dichte an Elefanten verzeichnet. Mit **mehr als 1200 Elefanten** gilt das Northern Tuli GR als elefantenreichstes Privatgelände in ganz Afrika. Die Population stellt den Rest der ausgedehnten Elefantenherden dar, die einst durch das Flusstal des Limpopo wanderten. Ungewöhnlich häufig sieht man auch Klippspringer und Klippschliefer, die in anderen Gebieten Botswanas nur selten beobachtet werden. Gängige Anblicke sind auch Zebras, Giraffen, Impalas, Große Kudus, Elenantilopen, Steinböckchen, Warzenschweine oder Strauße. Unter den Raubtieren sind Löwen, Leoparden, Geparde, Servale, Karakale und verschiedene Kleinkatzen verbreitet. Afrikanische Wildhunde wurden Ende 2007 wieder angesiedelt. Ein großes Problem stellte in der Vergangenheit die **Abwanderung von Großkatzen** aus den Wildschutzgebieten in privates Farmland und in Jagdkonzessionsgebiete dar, wo sie dann erschossen oder vergiftet wurden. Dabei wurden z.B. Löwen auch gezielt mit Ködern und Tonbandaufnahmen vor die Flinte zahlungskräftiger Jagdgäste gelockt. Inzwischen hat eine Verschiebung von Game Farming und Großwildjagd zugunsten fotografischer Safaris stattgefunden.

Anfahrtsrouten

Anfahrt von Südafrika aus

Die Entfernung **von Johannesburg nach Pont Drift** beträgt **543 km** (Zeitbedarf ca.

5½–6 Stunden). Man fährt zunächst auf der autobahnähnlichen N 1 bis Pietersburg (308 km) und zweigt dann auf die gut ausgebaute R 521 nach Norden ab. In Alldays (letzte Tankmöglichkeit) vereinigt sich die Strecke mit der R 572. Die verbleibenden 60 km bis zur Grenze führen durch eine abwechslungsreiche Landschaft mit zahlreichen Felsformationen und Inselbergen. Bei trockenem Flussbett kann man den Limpopo River am Grenzübergang Pont Drift mit dem Fahrzeug problemlos queren (4WD notwendig). Wenn der Limpopo viel Wasser führt (wie 2009/2010), wird eine solche Passage unmöglich. Gäste der Camps und Lodges im Mashatu Game Reserve und im Tuli Game Reserve können ihr Fahrzeug dann am südafrikanischen Ufer im sicheren „Niemandsland" stehen lassen und mit einer kleinen Seilbahn („Pont Drift Cableway" bzw. „Mashatu Cableway") oder mit Schlauchbooten auf die botswanische Seite übersetzen. Das Büro des Mashatu Game Reserve liegt ca. 500 m weiter, während die Tuli Safari Lodge noch gut 6 km entfernt ist. Gebuchte Gäste werden an der Grenze abgeholt.

Wenn eine Querung des Limpopo mit dem eigenen Fahrzeug bei Pont Drift nicht möglich ist, kann man die Grenze nach Botswana alternativ bei Platjan weiter südlich queren (befestigter Betondamm durch das Flusstal des Limpopo River) oder noch weiter im Süden über die Grenzübergänge Parr's Halt oder Martin's Drift einreisen und dann entlang des Limpopo (siehe die folgende Routenbeschreibung) ins Northern Tuli Game Reserve reisen.

Anfahrt von Südwesten

Als Startpunkt für Fahrten ins Tuli-Gebiet sind im Südwesten der **Grenzübergang Parr's Halt, Machaneng** oder **Sherwood Ranch** geeignet. Von der Grenze bei Parr's Halt führt eine gut ausgebaute Piste in nordöstlicher Richtung nach Machaneng (Tankmöglichkeit) und von dort durch recht langweilige und sehr staubige Mopane-Baumsavanne weiter nach **Sherwood Ranch (von hier** sind es noch **182 km bis Pont Drift).** Man kreuzt dort die Asphaltstraße zum

Der Tuli-Block

Grenzübergang Martin's Drift (besitzt die einzige Hochwasserbrücke über den Limpopo im Gebiet) und fährt entlang eingezäunter Privatfarmen parallel zur südafrikanischen Grenze nach Nordosten. Einen Abstecher wert ist das 35 km² große private **Stevensford Game Reserve** (Mobil 71381113 oder +27-83-6313656, Fax 3952757, Internet: www.stevensfordgamereserve.com), das komfortable Übernachtungsmöglichkeiten auf einer Wildfarm (Kategorie B–C) für Selbstversorger bietet. Es kommen Elefanten, Wasserböcke, Impalas, Große Kudus, Riedböcke, Buschböcke, Klippspringer, Tüpfelhyänen und Leoparden im Gebiet vor, Reitsafaris werden angeboten. Camping ist auf dem Gelände für umgerechnet 10 Euro p.P. möglich.

Nach 80 km, die durch eine Serie ausgetrockneter Flussbetten führen, passiert man den verlassen wirkenden Ort **Zanzibar** (kleine Grenzübergangsstelle), der nur wegen seines Namens in Erinnerung bleibt.

Die Landschaft wird ab hier deutlich abwechslungsreicher. Nach Norden quert die Route über ca. 10 km das private **Limpopo-Lipadi Game & Wilderness Reserve** (Internet: www.limpopo-lipadi.org). Immer wieder bieten sich schöne Blicke auf die Gebirgsketten der angrenzenden Northern Province in Südafrika. Nach gut 30 km erreicht man die Siedlung **Baines' Drift** (Polizei-Kontrollposten). Wenige Kilometer weiter passiert man die Zufahrt zur **Limpopo River Lodge** (P.O. Box 916, Gaborone, Tel. 3911280, Mobil 72106098, Fax 3957996, Internet: www.limpoporiverlodge.co.za), eine Unterkunft der Kategorie B–C für Selbstversorger, die ein ähnliches Tiererlebnis wie das Stevensford Game Reserve bietet. Nach 42 km (ab Zanzibar) entlang des grünen Waldbandes am Limpopo-Ufer und vorbei an attraktiven Inselbergen erreicht man die Abzweigung zum Grenzübergang Platjan. Auf dem weiteren Weg in Richtung Northern Tuli Game Reserve passiert man nach ca. 4 km rechter Hand die Zufahrt zum **Legodimo Nature Reserve** (Internet: www.echo-africa.com), das auf einer privaten Wildfarm in erster Linie Übernachtungsmöglichkeiten für Schulgruppen und Selbstversorger bietet, die im Rah-

bo-065 Foto: cl

men von Naturschutz- und Naturerfahrungs-
projekten unterwegs sind. 17 km weiter nördlich zweigt rechts die Zufahrt zum 43 km²
großen **Kwa-Tuli Private Game Reserve** (Internet: www.kwatuli.co.za) ab, das zwei bezahlbare Tented Camps (Koro Camp und Island Camp) bereithält und als Hauptquartier
des Tuli Conservation Project fungiert (viele
Schulklassen). Bei Kilometer 27 ab Platjan
trifft man auf die Asphaltstraße nach Bobonong. Der weitere Streckenverlauf nach Pont
Drift wird im folgenden Abschnitt detailliert
beschrieben.

Anfahrt von Nordwesten

Die nordwestliche Zufahrt erfolgt **von Selebi-Phikwe aus (185 km bis Pont Drift).**
Auf guter Asphaltstraße gelangt man über
Sefophe nach Bobonong (Tankmöglichkeit),
wo sich das Asphaltband in Richtung Mathathane und Lekkerpoot verschmälert. Über eine kleine Sandpiste kann man von hier einen
Abstecher zu den ca. 15 km nördlich von
Bobonong gelegenen **Lepokole Hills** unternehmen, den südlichsten Ausläufern der Matopos Hills in Simbabwe. Die Granitforma-
tion birgt einige der besterhaltenen Buschmannzeichnungen in Ostbotswana und mehrere ergiebige archäologische Fundstätten
von der Steinzeit bis in die neuere Zeit. Ausreichende Vorräte an Wasser, Nahrung und
Ersatzteilen müssen mitgebracht werden. Im
Gebiet ist wildes Zelten möglich. Man sollte
vorher die Erlaubnis des Kgosi (Häuptlings)
von Bobonong dazu einholen, der auch bei
der Vermittlung eines lokalen Führers behilflich sein kann.

In Lekkerpoot endet das Asphaltband an
einer T-Kreuzung. Man wendet sich dort
nach Nordosten. Auf fester Piste passiert
man rechter Hand die Zufahrt zur Siedlung
Lentswe-le-Moriti und erreicht nach 17 km
die Abzweigung zur Talana Farm. Kurz dahinter muss man das trockene Flussbett des
Motloutse River queren (tiefer Sand, 4WD
erforderlich). Nach heftigen Regenfällen

„Solomon's Wall"

kann diese landschaftlich ausgesprochen beeindruckende Passage problematisch oder
kurzfristig auch gänzlich unbefahrbar werden. An den Ufern des Motloutse (im Setswana „der große Elefant") kann man die Reste eines natürlichen „Staudamms" aus Basalt
bewundern, der als **„Solomon's Wall"** bezeichnet wird. Die etwa 30 m hohe, quer
zum Fluss verlaufende Felsbarriere staute ursprünglich den Motloutse zu einem großen
See, der mit einem großen Wasserfall an der
tiefsten Stelle der „Deichkrone" von Solomon's Wall überlief.

Etwa 5 km hinter der Flussquerung passiert
man das Durchlasstor eines Tiersperrzauns
und gelangt nach weiteren 11 km Fahrt in
östlicher Richtung durch wildreiches Gebiet
an die Zufahrt zur Tuli Safari Lodge. Von hier
sind es noch gut 5 km zum Grenzübergang
Pont Drift. Das Büro des Mashatu Game Reserve liegt ca. 500 m vor dem Grenzposten
(es ist ausgeschildert).

Anreise mit dem Flugzeug

Ende 2001 erhielt das **Limpopo Valley Airfield** im Mashatu Game Reserve den Status
eine internationalen Flughafens. Damit kann
das Tuli-Gebiet mit **Charterflugzeugen** auch
aus dem Ausland direkt angeflogen werden.

Mashatu Game Reserve

Das mit einer Ausdehnung von **gut
300 km² größte private Wildschutzgebiet im südlichen Afrika** zieht in erster Linie Gäste aus Südafrika an. Es wird
ein Safari-Tourismus südafrikanischer
Prägung geboten – mit Game Drives in
offenen Geländewagen, Night Drives
mit Halogenscheinwerfern, Fußafaris
mit bewaffneten Wildhütern, üppigen
Fleischbuffets und luxuriöser Lodge-
oder Zeltunterbringung. Wer hofft, in
Mashatu die letzte große Wildnis vorzu-
finden, wird angesichts des bestens organisierten **Spektakels** enttäuscht wer-

Der Tuli-Block

den. Die lautstark umworbenen Beobachtungsmöglichkeiten geblendeter Wildtiere im nächtlichen Lichtkegel starker Scheinwerfer – in Botswanas Nationalparks und Wildschutzgebieten sonst streng verboten – sind, vorsichtig formuliert, Geschmackssache. Neu ist die Möglichkeit der Erkundung des Reservates auf Pferden (s.u.) oder mit dem Mountain-Bike. An den Mashatu Camps werden einige Leihfahrräder für diese Zwecke bereitgehalten.

Landschaft und Tierwelt

Landschaftlich ist das Reservat **ein wahres Kleinod.** Zwischen Shashe River und Limpopo River füllt das Mashatu Game Reserve den östlichen Winkel des Dreiländerecks Botswana/Simbabwe/Südafrika aus. Der Name geht auf das Vorkommen mächtiger **Mashatu-Bäume** (Xanthocercis zambesiaca) zurück, die am Ufer des Limpopo recht häufig sind und in Botswana nur hier vorkommen. In den Galeriewäldern am Fluss kann man vor allem größere Elefantentrupps beobachten. Auch Löwen und Leoparden sind (nachts) ein gängiger Anblick im Reservat. Einen Besuchshöhepunkt stellt das Gelände am Zusammenfluss von Shashe und Limpopo („River Confluence") dar, wo die Waldlandschaft besonders tierreich ist. Unter anderem kann man hier den kleinen Goldbugpapagei beobachten. Zusätzlich kann man auch die **Motloutse-Ruinen,** die steinernen Überreste einer Siedlung der frühen Great-Zimbabwe-Ära, erkunden.

Anreise

Ein Aufenthalt im Mashatu Game Reserve muss im Voraus über einen Reiseveranstalter oder direkt über die Reservatsverwaltung in Südafrika gebucht werden. Man sollte sich dabei stets nach vergünstigten Paketangeboten und saisonalen „Specials" erkundigen.

● **Mashatu Game Reserve,** P.O. Box 55514, Northlands 2116, Johannesburg, South Afri-

ca, Tel. +27-11-4422267, Fax +27-11-4422318, Internet: www.mashatu.com.

● Das **Büro der Reservatsverwaltung** (P.O. Box 26, Lentswe-le-Moriti, Tel. 2645321) liegt **unweit des Grenzpostens Pont Drift.** Die Anreise erfolgt mit dem Kleinflugzeug oder auf dem Landweg. Besuche des Mashatu Game Reserve beginnen mit der Abholung der Gäste am Flugfeld, am Büro der Verwaltung oder an der Pont-Drift-Seilbahn. Kleinflugzeuge können auf dem nahe gelegenen Limpopo Valley Airfield landen (s.o.). Von Johannesburg (Lanseria Airport) werden Charterarrangements für 180 Euro p.P. (mind. vier Reiseteilnehmer) angeboten. Charterflüge ab Gaborone kosten ähnlich viel. Die Anreise auf dem Landweg wird im Abschnitt „Anfahrtsrouten" detailliert erläutert. Wer über den Grenzübergang Pont Drift von Südafrika anreist, kann sein Fahrzeug, wenn der Fluss Wasser führt, am südafrikanischen Ufer des Limpopo im „Niemandsland" stehen lassen (keine Sicherheitsprobleme) und mit der Pont-Drift-Seilbahn oder kleinen Schlauchbooten auf die botswanische Seite gelangen.

Unterkunft

Innerhalb des Reservates stehen **zwei Luxus-Unterkünfte** zur Verfügung:

● **Mashatu Main Camp** (vormals Majale Lodge), Kategorie AA+. Rustikale Lodge für bis zu 34 Gäste mit exzellentem Restaurant, Bar und Swimmingpool. Der „All-inclusive"-Tarif (zzgl. Anreisekosten) liegt bei 280 Euro p.P. und Tag (im DZ), für Einzelreisende wird ein Zuschlag von 50% erhoben.

● **Mashatu Tent Camp** (vormals Thakadu Tent Camp), Kategorie A. Luxury Tented Camp für bis zu 14 Gäste mit Restaurant, Bar und Pool. Etwas spartanischer als das Main Camp, aber immer noch sehr komfortabel. Der „All-inclusive"-Tarif (zzgl. Anreisekosten) liegt bei 185 Euro p.P. und Tag (im DZ), Einzelreisende zahlen 50% mehr.

Sonstiges

Über das Mashatu Game Reserve werden neuerdings auch mehrtägige **Reitsafaris im Tuli-Gebiet** angeboten:

●**Limpopo Valley Horse Safaris,** P.O. Box
55514, Northlands 2116, Johannesburg,
South Africa, Mobil (in Botswana): 72320024,
Tel. +27-11-4422267, Fax +27-11-4422318,
Internet: www.lvhsafaris.co.za, www.masha-
tu.com.

Kurze Tagestouren ab Fort Jameson sind für
Gäste der Mashatu-Camps ab 50 Euro erhältlich. Längere Reitsafaris (8 bzw. 10 Tage) sind
zu Tagessätzen von ca. 300 Euro zu haben
(alles inklusive). Die Übernachtung erfolgt in
privaten Wilderness Camps innerhalb des
Northern Tuli Game Reserve.

Tuli Game Reserve

Das Tuli Game Reserve ist **deutlich
kleiner als das angrenzende Mashatu-
Reservat** und ähnelt diesem landschaftlich. Wildtiere können sich zwischen
beiden Gebieten frei bewegen. Eine Erweiterung des Tuli GR durch Anpach-
tung neuen Landes von derzeit 78 km²
auf 220 km² ist vorgesehen. Auf dem
Gelände der **Tuli Safari Lodge** kann
man einen bemerkenswerten Mashatu-
Baum bewundern, der ein Alter von ca.
600 Jahren aufweist und einen außergewöhnlich mächtigen Stamm besitzt.
Die umgebenden Wälder am Ufer des
Limpopo enthalten vor allem hellgrüne
Fieberakazien, dunklere Mashatu-Bäume und große Schirmakazien, sodass
eine faszinierende Farbkomposition aus
verschiedenen Grüntönen entsteht. Dahinter findet man ausgedehnte Felsformationen aus Sandstein mit guten Brut-
möglichkeiten für Greifvögel vor, die
bei Sonnenaufgang und bei Sonnenuntergang in intensive Rottöne getaucht
werden.

Bekanntheit erlangte die Tuli Safari
Lodge durch ihr Sponsoring der Arbeit
des Südafrikaners **Garreth Patterson.**
Patterson arbeitete mit seinem Ziehva-
ter *George Adamson* bis zu dessen Ermordung im Jahr 1989 im kenianischen
Kora-Reservat zusammen. Nach dem
Tod Adamsons brachte er drei junge
Löwen aus Kora ins Tuli-Gebiet und versuchte, die Tiere mit Unterstützung der
Tuli Safari Lodge über mehrere Jahre an
das eigenständige Überleben in der
Wildnis zu gewöhnen. Das Projekt
scheiterte letzlich daran, dass die Tiere
bei der Abwanderung aus dem Schutzgebiet von Farmern und Jägern getötet
wurden. Pattersons Buch über das
Löwen-Projekt („Last of the Free", St.
Martins, New York 1995) wurde auch
ins Deutsche übersetzt („Löwenleben –
Aufgezogen von Menschen, in die Freiheit entlassen", Knaur, München 1998)
und stellt eine gute Lektüre zur Einstimmung auf einen Tuli-Besuch dar.

Anreise und Unterkunft

Ein Aufenthalt im Tuli Game Reserve muss
im Voraus über einen Reiseveranstalter oder
direkt über die Tuli Safari Lodge gebucht werden. Dabei sind vergünstigte Paketangebote
und manchmal auch saisonale „Specials" erhältlich.

●**Tuli Safari Lodge,** P.O. Box 83, Lentswe-le-
Moriti, Botswana, Tel. 2645343, Fax 2645344,
Internet: www.tulilodge.com. Die Lodge ist
die älteste im Tuli-Gebiet und liegt reizvoll am
Limpopo River. Persönliche Atmosphäre, familienfreundliche Unterbringungsmöglich-
keiten für bis zu 28 Gäste. Mit ausgezeichnetem Restaurant, Bar und Pool. Der „All-inclusive"-Tarif enthält Unterbringung, drei Mahlzeiten, zwei Game Drives und einen Bush
Walk und liegt zwischen 130 und 220 Euro
p.P. und Tag (im DZ). Günstigere Tarife ab 50
Euro p.P. bei Selbstversorgung gelten für die
Unterbringung im nahen Nokaladi Tented

Der Tuli-Block

Camp oder in den Molema Chalets. Die Anreise zur Tuli Safari Lodge entspricht weitgehend der ins Mashatu Game Reserve (siehe dort).

Andere private Reservate und Unterkünfte

Alternativ zu den beiden „Big Players" im Northern Tuli Game Reserve kann man auch bei einigen anderen Grundbesitzern bzw. Konzessionsinhabern unterkommen. Die Zufahrt zu den einzelnen Camps ist nicht immer ausgeschildert, sodass Selbstfahrer vor der Anreise telefonisch nach dem Weg erkundigen oder besser noch eine Anfahrtsskizze per Fax anfordern sollten.

● **Limpopo-Limpadi Game & Wilderness Reserve,** Internet: www.limpopo-lipadi.org. Noch im Aufbau befindliches Reservat zwischen Zanzibar Borderpost und Baines' Drift mit mehreren Safari Camps und Bush Lodges der Kategorie AA–B (Island Lodge, River Camp, Marula Tented Camp, Wilderness Tented Camp, Kirkia Camp und Lipadi Rock Lodge).
● **Molema Camp Site & Chalets,** zu buchen über die Tuli Safari Lodge, Internet: www.tuli-lodge.com. Kategorie B. Kleines Camp mit vier Holzchalets und angeschlossenem Camp Site am Ufer des Limpopo River, ca. 25 km in nordöstlicher Richtung vom Grenzübergang Platjan entfernt. Die Zufahrt erfolgt über die Hauptpiste von Platjan nach Lentswe-le-Moriti bzw. Bobonong (ca. 3,8 km lange Zufahrt, ausgeschildert). Auf Nachfrage werden geführte Game Drives im zugehörigen Community Reserve angeboten. Die GPS-Koordinaten des Camps sind S 22°16.747', E 28°57.370'. Selbstversorgung erwünscht.
● **Nitani Lodge,** Kontakt in Südafrika: Tel. +27-31-7642346, Fax +27-31-7642179, Internet: www.nitani.co.za. Kategorie AA+. Exklusive Lodge für max. zehn Gäste im 11 km² großen privaten Nitani Game Reserve, das

die Nordwestflanke des Northern Tuli Game Reserve bildet. Der Schwerpunkt liegt auf exklusiven Wellness-Angeboten inmitten der tierreichen Wildnis. Ab 480 Euro p.P. im DZ, alles inklusive. Für umgerechnet 280 Euro p.P. werden auch 45-minütige Heißluftballon-Flüge über dem Gebiet angeboten.
● **Nokalodi Tented Camp,** zu buchen über die Tuli Safari Lodge, Internet: www.nokalodi.com. Kategorie A–B. Kleines Tented Camp mit vier stationären Zelten unweit der Tuli Safari Lodge. Die Zufahrt erfolgt über die Hauptpiste nach Pont Drift (ca. 2 km westlich der Zufahrt zur Tuli Safari Lodge auf eine steinige Piste zum Limpopo nach Süden abbiegen, ausgeschildert). Es werden Game und Night Drives sowie Fußsafaris im Tuli Game Reserve angeboten.
● **Shalimpo Lodge,** c/o *Hendrik Coetzer,* Tel. +27-21-686-6056, Fax +27-21-689-9795, Internet: www.shalimpo.co.za. Kategorie B. 22 km² große Wildfarm mit kleiner rustikaler Lodge für maximal acht Gäste am Zusammenfluss von Shashe River und Limpopo River. Selbstversorgung erwünscht.
● **Tuli Wilderness Trails** (ehemals Redshield Farm Hotel), P.O. Box 1341, Bobonong, Botswana, Mobil 72195643 oder 71313449, Fax 2645045, Internet: www.tulitrails.com, www.redshield.co.za. Kategorie A–B. Angenehme Wildfarm mit rustikalem Farmhaus und mehreren Tented Camps (Serolo Safari Camp, Musth Tented Camp, Rutt Trails Camp). Selbstversorgung erwünscht. Im Südwesten des Northern Tuli Game Reserve gelegen, nahe dem nördlichen Ufer des Motloutse River (Zufahrt ausgeschildert). Vorausbuchung unabdingbar. Es werden Game Drives und Night Drives sowie geführte Wanderungen im 42 km² großen Redshield GR angeboten.

Weiterreise nach Südafrika

Die Weiterreise aus dem Northern Tuli Game Reserve nach Südafrika erfolgt **über den kleinen Grenzübergang Pont Drift** (von 8 bis 16 Uhr geöffnet). Die Grenzformalitäten bereiten keinerlei Probleme, doch wird eine Querung des nicht überbrückten Limpopo River mit dem eigenen Fahrzeug unmöglich, wenn der Fluss viel Wasser führt (was 2009/

2010 durchgehend der Fall war). Für den Personenverkehr bei Hochwasser steht eine **kleine Seilbahn** („Pont Drift Cableway") zur Verfügung, die in erster Linie von den Gästen der Mashatu-Camps und der Tuli Safari Lodge genutzt wird. Alternativ werden auch Schlauchboote eingesetzt. Auf südafrikanischer Seite gelangt man auf die asphaltierte R 521, die in südlicher Richtung bei Pietersburg (exzellente Versorgungs-, Übernachtungs- und Tankmöglichkeiten) auf die N1 nach Pretoria/Johannesburg mündet. Die Gesamtdistanz von Pont Drift nach Johannesburg beträgt 543 km.

Von der den Tuli Block parallel zum Limpopo River durchziehenden Hauptpiste kann man über die **Grenzübergänge Platjan** (bei Baines' Drift, von 8 bis 18 Uhr geöffnet), **Zanzibar** (von 8 bis 16 Uhr geöffnet), **Martin's Drift/Groblersbrug** (von 8 bis 22 Uhr geöffnet) und **Parr's Halt/Stockpoort** (von 8 bis 18 Uhr geöffnet) nach Südafrika weiterreisen. Während die in vollkommener Abgeschiedenheit liegenden Übergangsstellen Platjan und Zanzibar vor allem den lokalen Grenzverkehr bedienen (und schließen müssen, wenn der Limpopo Hochwasser führt), empfiehlt sich der größere Übergang Martin's Drift/Groblersbrug, der eine Hochwasserbrücke über den Limpopo besitzt, für die Fortsetzung der Reise Richtung Pretoria/Johannesburg. Die westliche Zufahrt zum Grenzübergang von der Hauptverkehrsachse Gaborone – Francistown aus wurde Ende der 1990er Jahre durchasphaltiert. Hinter der Grenze gelangt man auf die großzügig ausgebaute südafrikanische N 11. Über die N 11 und die N 1 (Auffahrt bei Potgietersrus) sind es ab der Grenze noch 462 km bis Johannesburg. 9 km vor der Grenze liegt **Sherwood Ranch,** ein kleiner Durchgangsort, der neben Tankstelle, Café, Bottlestore, Laden und Post auch über eine komfortable Lodge der Kategorie A–B mit angeschlossenem Campingplatz (7,50 Euro p.P.) verfügt (**Kwa Nokeng Lodge,** P.O. Box 10, Sherwood Ranch, Tel. 4915908, Fax 4915906, Internet: www.kwanokeng.com). Problemlos zu passieren ist auch der Übergang Parr's Halt am Südende des Tuli Blocks, allerdings sind auf botswanischer Seite sämtliche Zufahrten unbefestigt.

Auf der südafrikanischen Seite gelangt man über eine gute Asphaltstraße nach Ellisras (54 km ab der Grenze, gute Versorgungs-, Übernachtungs- und Tankmöglichkeiten), von dort über die landschaftlich reizvolle R 510 vorbei am Waterbergplateau nach Thabazimbi und dann weiter über die R 511 und die N 4 nach Pretoria, von dort über die N1 nach Johannesburg. Die Gesamtdistanz von Parr's Halt nach Johannesburg beträgt 437 km.

Tuli Safari Lodge

Der Tuli-Block

Der Süden und Südwesten

Im Süden und Südwesten Botswanas trifft man auf **klassisches Kalahariland** – eine endlos weit erscheinende, lebensfeindliche Halbwüstenlandschaft, die von fremdartig wirkender Stille getragen wird. Menschliche Ansiedlungen konzentrieren sich um Wasser spendende Bohrlöcher herum, und selbst kleinere Städte wie Tshabong oder Ghanzi haben den Charakter eines trotzigen Außenpostens inmitten der Wildnis nicht verloren. Neben den trist anmutenden Siedlungen sesshaft gewordener San (Buschmänner) trifft man in der Region vor allem auf Ortsgründungen der Bakgalagadi, eines Bantuvolkes, das bereits im 14. und 15. Jahrhundert in das heutige Botswana einwanderte. Dem Erscheinen der Bakgalagadi verdankt die Halbwüste Kalahari ihren heutigen Namen (Kgalagadi = Kalahari). Zwischen den Bakgalagadi und den San wurden zahlreiche Mischehen geschlossen. Nach dem 16. Jahrhundert wurden die Bakgalagadi von Tswana-Stämmen unterworfen, in unfruchtbare und abgelegene Kalahari-Regionen abgedrängt und kulturell von den Königreichen der Tswana absorbiert. Noch heute besiedeln sie recht isolierte und lebensfeindliche Regionen im Kalahari-Gebiet.

Die Querung der südlichen Kalahari mit traditionellen **Rindertrecks,** die im Westen in Ghanzi begannen und über eine Serie von mit Wasser aus Bohrlöchern gespeisten Viehtränken bis zum Schlachthof von Lobatse führten, galt bis in die 1990er Jahre als eines der letzten großen „Cowboy-Abenteuer" der Neuzeit. Mit der Fertigstellung des

Trans-Kalahari-Highway von Windhoek über Mamuno, Ghanzi, Kang und Jwaneng bis nach Lobatse und Gaborone im Jahr 1998 haben moderne LKW-Transporter dieses Spektakel nach Wildwest-Manier jedoch beendet. Zugleich hat die moderne Asphaltachse den Startschuss für eine ökonomische und touristische Entwicklung in der Region gesetzt, deren Ausmaß langfristig noch nicht absehbar ist. Eine Metamorphose von der Hirtensiedlung zum High-Tech-Zentrum hat der Ort **Jwaneng** bereits gegen Ende der 1970er Jahre vollzogen. 1978 stießen Geologen bei Jwaneng auf einen diamanthaltigen Kimberlitschlot, dessen Ergiebigkeit selbst das Diamantvorkommen bei Orapa übertraf. Die 1982 eröffnete **Diamantenmine** von Jwaneng gilt heute weltweit als produktivste Förderstätte für Schmuckdiamanten und ist alljährlich für bis zu 50% der botswanischen Diamantenexporte verantwortlich.

Die fossile Dünenlandschaft der südlichen Kalahari wird von **wildreichen Flusstälern** wie dem Nossob River durchzogen und weist zahlreiche kleine Pfannensysteme auf, die mit eiweißreichem Grasbewuchs wie Magnete auf wandernde Gnus, Gazellen und Antilopen wirken. Rote Wanderdünen, die – miniaturisiert – an das namibische Sossuvlei erinnern, setzen gelegentliche Farbakzente, während mächtige Kameldornbäume mit riesigen Kolonienestern des Siedelwebers der einzigartigen Kalahari-Landschaft ihren besonderen Stempel aufdrücken.

Im Grenzgebiet von Botswana und Südafrika wurden bereits vor vielen Jahrzehnten große **Reservate** zum Schutz der durch Jagd, Viehzucht, Urbarmachung und der Suche nach Bodenschätzen bedrohten Tier- und Pflanzenwelt eingerichtet. Die fundamentale Verbesserung des politischen Verhältnisses zwischen Botswana und Südafrika nach dem Ende der Apartheidsära hat sich auch im Naturschutz positiv niedergeschlagen. Im **April 1999** wurden der südafrikanische Kalahari Gemsbok National Park und der etwa dreimal so große angrenzende Gemsbok National Park mit dem angegliederten Mabuasehube Game Reserve in Botswana zum grenzüberschreitenden **Kgalagadi Transfrontier National Park** (auch als „Kgalagadi Park" bezeichnet) zusammengefasst. Der damit geschaffene Naturschutzraum von der Größe Hollands wird von beiden Staaten gemeinsam verwaltet. Während der botswanische Part bislang nur für Allradfahrzeuge erschlossen ist, bietet die südafrikanische Seite des Parks ein sogar mit normalen PKW befahrbares Wegenetz und gut ausgebaute Unterkunfts- und Versorgungsmöglichkeiten.

Das **Halbwüstenklima der südlichen Kalahari** ist gekennzeichnet durch sehr heiße Sommer mit Temperaturen, die 40°C überschreiten können. Nachts kühlt sich die Luft deutlich ab. In den Wintermonaten Mai bis August ist es tagsüber recht angenehm mit Temperaturen, die zwischen 22° und 30°C liegen, der Himmel zeigt sich dazu meist klar und nahezu wolkenfrei. Nachts wird es hingegen äußerst kalt; Temperaturen unter dem Gefrierpunkt sind dabei nicht selten.

Gaborone – Kgalagadi Transfrontier NP

Gesamtdistanz: 855 km
● **Zustand:** bis Tshabong guter Asphalt-belag, dann passable Piste
● **Tankmöglichkeiten:** Gaborone, Tha-maga, Mosopa, Kanye, Jwaneng, Seko-ma, Werda, Tshabong, Bokspits, Twee Ri-vieren Rest Camp (Südafrika)
● **Gesamtfahrzeit:** 10–12 Stunden

Man verlässt Gaborone über den Mole-polole Flyover in Richtung Molepolole. In Mogoditshane zweigt man links auf die Straße nach Thamaga und Kanye ab, die durch sehenswerte Felsformatio-nen nach Südwesten führt. Bei **Kanye** (gute Versorgungs-, Übernachtungs-und Tankmöglichkeiten) gelangt man nach 95 km auf den neuen Trans-Kala-hari-Highway. Nach insgesamt 172 km passiert man die kleine Minenstadt **Jwaneng** (einfache Versorgungs-, Über-nachtungs- und Tankmöglichkeiten) und erreicht dann bei Km 260 den recht trostlos anmutenden Ort **Sekoma** (Tankmöglichkeit). Hier biegt man auf ein deutlich verschmälertes Asphalt-band nach Tshabong und Werda in süd-licher Richtung links ab (ausgeschil-dert). Die Strecke führt durch flaches, mit Busch- und Baumsavanne bestan-denes Weideland und passiert immer wieder kleine Pfannenkomplexe. Regel-mäßig kreuzen Rinder und Esel die Fahrbahn (besondere Vorsicht bei Fahr-ten in der Dämmerung!). Bei Km 392 erreicht man das Dorf **Werda** (Tank-

möglichkeit). Ab hier folgt der Straßen-verlauf dem Flusstal des ausgetrockne-ten Molopo River, der die Grenze zu Südafrika bildet.

Hinter Werda passiert man den klei-nen Grenzübergang Makopong (unbe-festigte Piste) und gelangt nach weite-ren 153 km über recht kurvige Strecke bei Km 545 in die Kleinstadt **Tshabong** (einfache Versorgungs-, Übernachtungs-und Tankmöglichkeiten, Centralized Pay Point des DWNP, Grenzübertritt nach Südafrika 26 km weiter südöstlich bei McCarthy's Rest). In Tshabong **endet die Asphaltstraße** und geht am süd-lichen Ortsausgang in eine gut ausge-baute Piste über, die hin und wieder lo-se Sandpassagen aufweist, deren Durchfahrt mit normalem PKW proble-matisch werden kann. Dem Flusstal des Molopo folgend, passiert man auf der Fahrt nach Bokspits eine ganze Reihe nichtssagender Dörfer, wobei originelle Namen wie „Bogogobo" oder „Rappel-span" durchaus im Gedächtnis haften bleiben. Die Atmosphäre ist von Abge-schiedenheit geprägt, immer wieder trifft man auf verlassene Häuser und verrostete Autowracks. Auf halber Stre-cke bei **Middelpits** besteht erneut die Gelegenheit zum Grenzübertritt (auf unbefestigter Piste).

Nach insgesamt 802 km ist **Bokspits** erreicht (kleiner Grenzübergang zu Süd-afrika, von 8 bis 18 Uhr geöffnet; Aus-reisestempel an der Polizeistation im Ort, ca. 2 km vom eigentlichen Grenz-übergang entfernt, besorgen), wo einfa-che Versorgungsmöglichkeiten beste-hen und Treibstoff erhältlich ist. Die ro-ten Sanddünen und großen Kameldorn-

bäume in der Umgebung passen in jedes Kalahari-Bilderbuch. Von hier sind es noch 53 km zum botswanischen Park Gate des Kgalagadi Transfrontier National Park bei Two Rivers (schlecht ausgeschildert, GPS-Koordinaten S 26° 28.434', E 20° 36.789').

Reisende **mit normalem PKW,** die von Botswana aus den südafrikanischen Teil des Kgalagadi Transfrontier NP bereisen möchten, können direkt in Two Rivers/Twee Rivieren (offizielle Übergangsstelle) die Grenze queren.

Tshabong

Der staubige **Grenzort** Tshabong ist das **administrative Zentrum des Kalahari-Distrikts.** Die Tage, in denen Tshabong nur über sandige Pisten erreichbar war und die Polizei für Patrouillen auf „wüstenfeste" Dromedare zurückgreifen musste, liegen noch nicht allzu weit zurück. Der Ort besitzt eine entsprechend herbe Ausstrahlung. Es gibt eine kleine Auswahl von Läden und Geschäften, eine Filiale der Barclay's Bank (mit Mini-ATM, an dem man mit VISA-Karte Geld abheben kann), zwei Tankstellen und zahlreiche Verwaltungseinrichtungen. Im Ortszentrum von Tshabong wurde auch ein Centralized Pay Point des DWNP mit Bezahlautomat für Kreditkarten (VISA und MasterCard)

Sanddünenlandschaft auf dem Weg zum Kgalagadi Transfrontier NP

Der Süden und Südwesten

eingerichtet (P.O. Box 4, Tshabong, Tel. 6540280, Fax 6540221, geöffnet Mo– Fr 7.30 bis 12.30 Uhr und 13.45 bis 16.30 Uhr). Das **Desert Motel** (Kategorie C, Tel. 6540020, Mobil 71863160, E-Mail: motel@mega.bw), 2 km außerhalb des Ortes (ausgeschildert), bietet einfache Unterkunftsmöglichkeiten. Angenehmer ist das großzügig angelegte **Berry Bush Camp** (P.O. Box 209, Tshabong, Tel. 6540540, Mobil 72195269, E-Mail: berrybush@mega. bw) auf einer 10 km² großen Farm 11 km nördlich von Tshabong, dessen Zufahrt ca. 5 km östlich von Tshabong von der Asphaltstraße Richtung Gaborone abzweigt (ausgeschildert). Es gibt einfache Zimmer (ca. 20 Euro p.P.) und schöne Cam-pingmöglichkeiten (6 Euro p.P.). Snacks und kleine Gerichte sind innerorts z.B. im freundlich geführten **Amla's Restaurant** (zentral gelegen neben der Total-Tankstelle) erhältlich. In genügend großem Abstand zum Ort kann man auch **problemlos wild zelten.**

Tshabong stellt für Reisende in erster Linie einen Ausgangspunkt für Touren in den Kgalagadi Transfrontier National Park dar, an dem man seine Treibstoff- und Lebensmittelvorräte noch einmal auffrischen kann. Die Entfernung nach Gaborone beträgt 545 km, zum Park Gate des Kgalagadi Transfrontier National Park bei Two Rivers sind es 310 km und zum Park Gate der Mabuasehube-Sektion 109 km.

Weiterreise nach Südafrika

Die Weiterreise nach Südafrika erfolgt über den asphaltierten **Grenzübergang Mc-Carthy's Rest** (von 8 bis 18 Uhr geöffnet) 26 km südöstlich von Tshabong. Der Grenzübertritt in beide Richtungen geht in der Regel reibungslos vonstatten. Hinter der Grenze besteht über die R 380 Anschluss an das südafrikanische Asphaltnetz. Nach ca. 200 km auf der R 380 in südlicher Richtung gelangt man auf die bestens ausgebaute N 14, die in östlicher Richtung nach Vryburg (gute Übernachtungs-, Versorgungs- und Tankmöglichkeiten) und in südwestlicher Richtung nach Upington (ca. 200 km, exzellente Übernachtungs-, Versorgungs- und Tankmöglichkeiten) führt. In Upington existiert ein empfehlenswerter Verleih von Allrad-Geländewagen (Kalahari 4x4 Hire, Tel. +27-54-3323098, Mobil +27-82-4901937, Fax +27-54-3323033, Internet: www.kalahari4x4-hire.co.za). Von Upington sind es über die N 14 und die N 7 noch 894 km bis Kapstadt.

Bokspits

Der kleine Ort Bokspits liegt im südlichsten Winkel Botswanas am Zusammenfluss der fast ganzjährig ausgetrockneten Grenzflüsse Molopo und Nossob. Der Nossob River verläuft durch den Kgalagadi Transfrontier National Park nach Süden, während der Molopo River in seinem Lauf nach Westen über gut 600 km die Südgrenze Botswanas bildet. Der ungewöhnliche Name „Bokspits" wird auf einen Siedler namens „Bok" zurückgeführt, der hier Brunnen grub („Pit" = Grube). Der Ort gilt als **Zentrum für die Produktion von Karakul-Wolle.** Neben einer klei-

nen Tankstelle gibt es einen Laden, eine Clinic und eine Polizeistation. Der kleine Grenzübergang nach Südafrika ist von 8 bis 18 Uhr geöffnet. Wer primär in den südafrikanischen Teil des Kgalagadi Transfrontier NP reisen will, kann bereits hier die Grenze queren. Die Entfernung nach Tshabong beträgt 257 Kilometer, zum Eingang des KTNP bei Two Rivers/Twee Rivieren sind es 53 Kilometer. In der Umgebung von Bokspits findet man mehrere rötliche Wanderdünen, große Kameldornbäume und riesige Nester des Siedelwebers *(Philetairus socius)* vor. Fotografen stoßen daher auf der Fahrt zum KTNP auf zahlreiche interessante Motive, die man bereits bei der Routenplanung zeitlich berücksichtigen sollte.

Kgalagadi Transfrontier National Park (KTNP)

Ganzjährig geöffnet. Gemsbok Wilderness Trail, Mabuasehube Wilderness Trail und Mabuasehube-Sektion auf botswanischer Seite sowie Bitterpan 4x4 Trail, Gharagab 4x4 Trail und Nossob 4x4 Eco Trail auf südafrikanischer Seite sind nur mit Allrad-Geländewagen befahrbar. Im übrigen südafrikanischen Parkgebiet sowie auf der dem Grenzverlauf folgenden Piste im Nossob-Tal kommt man auch mit normalen PKW gut voran. GPS-Navigation ist im Bereich der botswanischen Parkabschnitte hilfreich. Gute Versorgungs- und Tankmöglichkeiten sowie komfortable Übernachtungs- und Campingmöglichkeiten im südafrikanischen Parkteil. Auf botswanischer Seite sind bislang nur einfache Camp Sites vorhanden. Die botswanischen Wilderness Trails sollten langfristig im voraus ge-

Windkraftpumpe zur Wasserförderung

Der Süden und Südwesten

bucht werden. Anfahrtszeit zum Park Gate bei Two Rivers ab Tshabong: 4–4½ Stunden. Zum Park Gate der Mabuasehube-Sektion sind es ab Tshabong ca. 3 Stunden. Zum Kaa Gate sind es ab Hukuntsi ca. 4 Stunden.

Der Park

Bereits 1931 wurde im nordwestlichsten Ausläufer Südafrikas der 9510 km² große **Kalahari Gemsbok National Park** geschaffen. 1938 kam im angrenzenden Botswana (damals noch britisches Protektorat Betschuanaland) der **Gemsbok National Park** hinzu, der nach einer Parkerweiterung im Jahr 1967 mit ca. 26.000 km² eine fast dreimal so große Fläche wie sein südafrikanischer Bruder aufwies. Beide Reservate sollten die einzigartige Landschaft der südlichen Kalahari mit einer hochangepassten Tier- und Pflanzenwelt schützen. Die im Gebiet siedelnden San und Bakgalagadi mussten die Parks verlassen. Während der südafrikanische Nationalpark in den folgenden Jahrzehnten zunehmend touristisch entwickelt wurde, blieb der botswanische Gemsbok NP vollkommen unerschlossen. 1975 wurde am Ostrand des Gemsbok NP das 1792 km² große **Mabuasehube Game Reserve** ins Leben gerufen, um ein landschaftlich attraktives und sehr artenreiches System ausgedehnter Pfannen zu schützen. Ende 1995 wurden das Mabuasehube GR und der Gemsbok NP verschmolzen. Allerdings wird die Mabuasehube-Sektion noch immer gesondert verwaltet.

1992 gründeten die botswanische Wildschutzbehörde DWNP und das südafrikanische National Parks Board ein gemeinsames Managementkomitee, um einen grenzüberschreitenden Nationalpark vorzubereiten. Im **April 1999** schließlich verkündeten die Parkautoritäten feierlich die Schaffung des etwa **38.000 km² großen Kgalagadi Transfrontier National Park** (KTNP, auch als Kgalagadi Park bezeichnet), der grenzüberschreitend bereist werden kann. Der Park wird gebräuchlicherweise in den südafrikanischen Teil (ehemaliger Kalahari Gemsbok NP), die botswanische Two Rivers-Sektion (Gebiet östlich des Nossob River, ehemaliger Gemsbok NP) und die Mabuasehube-Sektion im äußersten Osten eingeteilt. Die botswanischen Sektionen wurden Ende 2001 durch zwei Pisten direkt miteinander verbunden.

Der KTNP gilt als **trockenste Region der gesamten Kalahari.** Tagestemperaturen bis zu 45°C sind während des Sommers nicht selten, die Nächte angenehm kühl, im Winter sogar frostig. Zwischen November und April regnet es regelmäßig (ca. 200 mm Jahresniederschlag). Durch ausgiebige Regenfälle wird eine wahre Vegetationsexplosion eingeleitet. Rote Wanderdünen – gefärbt durch den hohen Anteil an Eisenoxiden im Sand – inmitten einer attraktiv geschwungenen Dünenlandschaft, Gruppen von Löwen auf leuchtend rotem Kalahari-Sand, riesige Kolonienester des Siedelwebers in den Kronen alter Kameldornbäume oder die Silhouetten von Spießböcken inmitten des Nossob-Tals, in dem Dunst und Bodennebel gegen das Licht der Morgensonne förmlich zu dampfen scheinen, gehören zu den klassischen Bildeindrücken aus dem Gebiet. Der faszinie-

rende KTNP stellt **eines der eindrucks-vollsten Reiseziele im südlichen Afrika** für Naturinteressierte dar. Wer alle bereisbaren Parkregionen sehen und zusätzlich einen der beiden botswanischen Wilderness Trails absolvieren möchte, sollte sich für die Erkundung eine ganze Woche Zeit lassen.

Tier- und Pflanzenwelt

Der KTNP stellt **eines der größten Schutzgebiete in Afrika** dar. Auf einer Fläche von der Größe der Niederlande können wandernde Tiere vollkommen ungehindert – es gibt keinerlei Zäune im Park, lediglich entlang der Parkgrenzen sind teilweise Umzäunungen vorhanden – von einer Parksektion in die andere überwechseln. Während der Trockenmonate Mai bis Oktober halten sich die meisten Tiere entlang der über Windkraftpumpen gefüllten Wasserstellen auf südafrikanischer Seite auf. Das Gros der Tiere verhält sich Fahrzeugen gegenüber ausgesprochen „tolerant", sodass man zu sehr guten fotografischen Ergebnissen kommen kann.

Neben häufig vorkommenden **Tierarten** wie Springbock, Streifengnu, Spießbock (Oryx) oder Südafrikanischer Kuhantilope kann man manchmal kleine Herden der Elen-Antilope und auch Giraffen beobachten. Unter den Raubtieren bietet der Park gute Beobachtungs-

Kalahari-Löwen

Der Süden und Südwesten

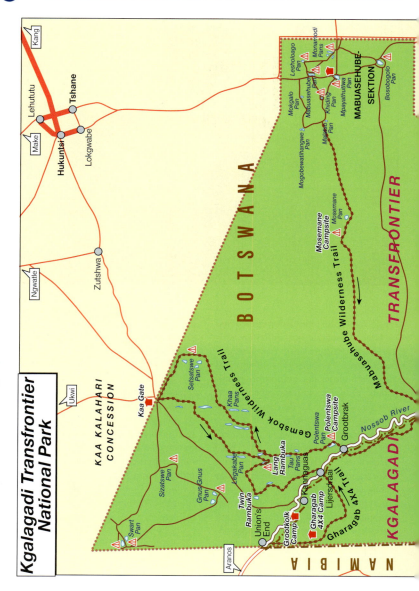

Kgalagadi Transfrontier National Park

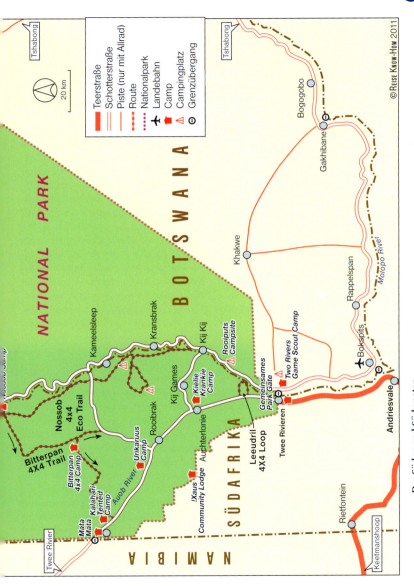

© REISE KNOW-HOW 2011

möglichkeiten für schwarzmähnige Kalahari-Löwen und Geparde. Darüber hinaus kommen gesunde Populationen von Leopard, Afrikanischem Wildhund, Tüpfelhyäne, Brauner Hyäne, Schabrackenschakal, Löffelhund, Kapfuchs und Honigdachs vor. Häufig zu beobachten sind auch Borstenhörnchen, Erdmännchen und verschiedene Mangustenarten. Es leben 22 Schlangenarten im Park, darunter mehrere giftige. Nur trockenheitsadaptierte Tiere können in der südlichen Kalahari langfristig überleben. Daher kommen Zebras oder Elefanten im Park nicht vor. Die Zahl der im gesamten Park lebenden Raubtiere wird auf bis zu 450 Löwen, 600 Braune Hyänen, 150 Leoparden, 200 Geparde und 375 Tüpfelhyänen geschätzt.

Die **Vogelwelt** umfasst mehr als 260 Arten, darunter über 40 verschiedene Greifvögel. Neben Straußen kann man vor allem Trappen (z.B. die Riesentrappe und die Gackeltrappe), mehrere Bienenfresser- und Rackenarten, Frankoline, Tokos, Geier und zahlreiche Greifvogelarten, beispielsweise Sekretär, Gaukler, Singhabichte und Falken, aber auch Kampfadler, Raubadler, Milane und Schlangenadler, beobachten. Die für den KTNP charakteristischen Nistkomplexe des unscheinbaren, spatzenähnlichen Siedelwebers (Philetairus socius) können bis zu 200 Einzelnester enthalten. Sie werden vor allem in großen Kameldornbäumen befestigt (außerhalb des Parks aber auch gern an Telefonmasten) und stürzen bei „Überladung" gelegentlich zu Boden. Besonders ergiebig für Vogelbeobachtungen sind Fahrten durch das trockene Bett

des Nossob River und Exkursionen entlang von Pfannensystemen in der Mabuasehube-Sektion.

Neben den trockenheitsadaptierten **Baumarten** wie Kameldornbäumen (Acacia erioloba und Acacia haematoxylon) oder Schirmakazien (in erster Linie Acacia luederitzii) kommen mehrere auffällige **Blütenpflanzen** im Park vor. Die hübsche **Brunsvigia-Lilie** (Brunsvigia radulosa) verdient besondere Erwähnung. Sie gelangt nach den ersten Regenfällen im Oktober/November zur Blüte und legt dann rosafarbene Blütenteppiche über Teile der Kalahari. Von den Buschmännern seit Jahrtausenden genutzte pflanzliche Überlebenskünstler der Kalahari sind die äußerst vitaminhaltige, wasserreiche **Tsamma-Melone** (Citrullus lanatus) und die **Gemsbok-Gurke** (Acathosicyos naudinianus). Kleine „Ensembles" von Tsamma-Melonen an den Hängen roter Sanddünen sind das Stilleben-Motiv im Nationalpark schlechthin.

Unterwegs im Park

Die **Grenze zwischen Südafrika und Botswana verläuft durch das Tal des Nossob River** und wird durch weiße Grenzsteine markiert. Die Hauptpiste entlang des Nossob River liegt überwiegend auf südafrikanischer Seite. Weitere Pisten existieren im südafrikanischen Parkteil im Tal des Auob River und als Verbindungsachsen zwischen beiden Flusstälern. **Die Erschließung des botswanischen Parkteils wurde seit 1998 deutlich vorangetrieben.** 1998 wurde im Norden der Two Rivers-Sektion der 263 km lange Gemsbok Wilderness

Trail eröffnet. Ende 2001 kam der 148 km lange Mabuasehube Wilderness Trail dazu. Beide Trails müssen im voraus gebucht und dürfen täglich nur von einer begrenzten Zahl von Fahrzeugen befahren werden. Außer einer festgelegten Pistenführung durch die Wildnis und vorgegebenen Campingmöglichkeiten mit einfachen sanitären Einrichtungen bieten sie keinerlei Einrichtungen. Für die Absolvierung beider Trails ist eine offizielle Einreise nach Botswana erforderlich. Seit einigen Jahren ist die Two Rivers-Sektion auch von Norden her über das Kaa Gate bei Zutshwa erreichbar (siehe Kartenskizze) und wurde im Nordwesten durch ein Pistensystem zur Swart Pan erschlossen, zudem wurde eine Verbindungspiste vom Kaa Gate zum Nossob-Tal bei Kannaguass geschaffen. Die abgelegene Mabuasehube-Sektion im Osten weist ein kleines Pistennetz auf, das viele Jahre nur über die Ortschaften Tshabong, Hukuntsi oder Makopong in Botswana erreichbar war. Beide Sektionen wurden Ende 2001 durch eine direkte Durchgangspiste (Nossob-Mabuasehube Road) sowie den Mabuasehube Wilderness Trail miteinander verbunden.

Von der Schaffung des grenzübergreifenden Parks profitieren in erster Linie die „botswanischen" Besucher, da sie die **gute Infrastruktur auf südafrikanischer Seite** (Pistensystem, Tankmöglichkeiten, Restaurants und Shops) nutzen dürfen und sich bei Bedarf auf die bislang **ruhigere botswanische Seite** zum Zelten zurückziehen können. Eine Übernachtung in den angenehmen Rest Camps des südafrikanischen Na-

tional Parks Board ist auch ohne offizielle Einreise nach Südafrika erlaubt. „Südafrikanische" Besucher müssen am Grenzübergang Two Rivers/Twee Rivieren (alternativ in Bokspits) offiziell die Grenze queren, wenn sie einen der botswanischen Wilderness Trails absolvieren oder in die Mabuasehube-Sektion reisen möchten. Grundsätzlich gilt, dass man sich einen Ein- bzw. Ausreisestempel ins jeweils andere Land am gemeinsamen Park Gate bei Two Rivers/Twee Rivieren besorgen kann. Maßgeblich für die Bezahlung des Eintrittspreises (in Südafrika für ausländische Besucher derzeit täglich 180 ZAR = 18,60 Euro, in Botswana derzeit 20 BWP = 2,20 Euro) ist der Ort der Übernachtung, also ob auf südafrikanischer oder botswanischer Seite genächtigt wird.

Südafrikanischer Parkteil (ehem. Kalahari Gemsbok NP)

Das regelmäßig geschobene Pistensystem im südafrikanischen Parkteil lässt sich gut **mit normalen PKW** bewältigen. Vom gemeinsamen Park Gate bei Twee Rivieren führt eine 285 km lange Piste durch das Nossob-Tal bis nach **Union's End.** Der dortige Grenzübergang zu Namibia wurde vor einigen Jahren geschlossen, um den Durchgangsverkehr aus dem Park herauszuhalten. Eine Wiedereröffnung ist unwahrscheinlich. Die Piste verläuft teilweise jenseits der Grenze zu Botswana. Die Zufahrt zu den botswanischen Wilderness Trails ist nur für gebuchte Trailabsolventen gestattet. 161 km nördlich von Twee Rivieren passiert man das **Nossob Rest Camp** (ca. 3½ Stunden Fahrzeit).

Der Süden und Südwesten

Für die Fahrt vom Nossob Camp nach Union's End benötigt man etwa 3 Stunden. Die Landschaft des Nossob-Tals bietet erfahrungsgemäß die besten Wildbeobachtungsmöglichkeiten im Park, vor allem für Geparde und Löwen. Sie wird von zahlreichen abgestorbenen Kameldornbäumen geprägt, die in den 1960er und -70er Jahren ein Opfer großer Feuer wurden. An der Hauptpiste liegen mehrere kleine Loops und Aussichtspunkte, von denen man die unendlich anmutende Weite der Dünenlandschaft zwischen den Flusstälern erahnen kann.

Eine 127 km lange Piste führt von Twee Riviere durch das Auob-Tal nach Nordwesten. Dieses Tal ist deutlich schmaler und kahler als das Nossob-Tal. Wie der Nossob River führt auch der Auob nur nach ausgedehnten Niederschlägen vorübergehend Wasser. Die Piste endet am **Mata Mata Rest Camp** (Zeitbedarf ca. 2½ Stunden). Der dortige Grenzübergang zu Namibia wurde wie in Union's End 1990 geschlossen, um den Durchgangsverkehr aus dem Park zu eliminieren. Im Oktober 2007 wurde die nicht unumstrittene Wiedereröffnung des Grenzübergangs Mata Mata umgesetzt. Wer die Grenze hier queren will, muss aber mindestens zwei Übernachtungen im Kgalagadi Transfrontier Park nachweisen. Die langfristigen Effekte auf diesen bislang eher wenig besuchten Parkteil bleiben abzuwarten.

Zwei **sehr lohnende, auch mit normalen PKW befahrbare Pisten,** die die ausgedehnte Dünenlandschaft queren, verbinden die Strecken durch das Nossob-Tal und das Auob-Tal und bieten einige gute **Aussichtspunkte ("View Points").** Sie stellen – anders als die von hohen Uferflanken eingeengten Talrouten – neben dem botswanischen Gemsbok Wilderness Trail eine gute Möglichkeit dar, einen Eindruck von der Ausdehnung und Weite der südlichen Kalahari-Landschaft (mitsamt zahlloser kleiner roter Wanderdünen) zu bekommen. Entlang der südafrikanischen Pisten existieren mehrere **von Windkraftpumpen betriebene Wasserstellen** (allesamt ordentlich mit Namen versehen), die vor allem Antilopen und Gnus anlocken. Als außerordentlich lohnenswert sind auch der neue **Bitterpan 4x4 Trail** zwischen Nossob Camp und dem Auob-Tal sowie der **Gharagab 4x4 Trail** zwischen Lijersdraai und Union's End anzusehen, die ohne Vorausbuchung mit Allradgeländewagen befahren werden dürfen.

Auf südafrikanischer Seite wurde als Pendant zu den beliebten botswanischen Wilderness Trails der 201 km lange **Nossob 4x4 Eco Trail** eröffnet (Buchung unter Tel. +27-54-5612000, Fax +27-54-5612005, E-Mail: andrebu@sanparks.org). Ein Wildhüter begleitet die 2–5 zugelassenen Allradfahrzeuge auf ihrem Weg von Twee Riviere nach Grootbrak im nördlichen Nossob-Tal. Es sind drei Übernachtungen an den Camp Sites Witgat, Kameeldoring, Rosyntjiebos oder Swartbas vorgeschrieben (einfache Toiletten, Duschen und Feuerstellen mit Grillmöglichkeit). Eine Kombination mit dem bei Grootbrak nördlich angrenzenden botswanischen Gemsbok Wilderness Trail ist möglich.

Als weitere reine Allradstrecke hinzugekommen ist inzwischen noch der direkt in Twee Rivieren zu buchende 13,2 km lange **Leeudril 4x4 Loop,** der vom gleichnamigen Wasserloch ca. 15 km nördlich des Twee Rivieren Rest Camp startet und am Houmoed Waterhole endet. Alle 4x4-Trails sind nur in eine Richtung zu befahren.

Die Höchstgeschwindigkeit auf allen Pisten beträgt 50 km/h (in Botswana sonst 40 km/h). Der Park weist monatlich angepasste **Öffnungszeiten** auf, **in denen Game Drives erlaubt sind:**

Januar bis Februar	6–19.30 Uhr
März	6.30–19 Uhr
April	7–18.30 Uhr
Mai	7–18 Uhr
Juni bis Juli	7.30–18 Uhr
August	7–18.30 Uhr
September	6.30–18.30 Uhr
Oktober	6–19 Uhr
November bis Dez.	5.30–19.30 Uhr

Während der südafrikanischen Schulferien (Anfang Dezember bis Mitte Januar, Mitte/Ende Juni bis Mitte Juli) kann der Park mit südafrikanischen Besuchern überfüllt sein.

Botswanischer Parkteil (ehem. Gemsbok NP)

Botswanische Besucher haben über das gemeinsame Park Gate bei Two Rivers/Twee Rivieren (seit 2002 offizieller Grenzübergang) Zugang zum südafrikanischen Wegenetz.

Seit dem Jahr 2001 kann der durch den Gemsbok Wilderness Trail und die neuen Pisten zur Swart Pan erschlossene Nordwestteil des Parks auch über das **Kaa Gate** (GPS-Koordinaten: S 24°

21.506', E 20°37.530') erreicht werden. Das Gate ist zu den üblichen Parköffnungszeiten mit Wildhütern besetzt, jedoch von 12.30 bis 14 Uhr in der Regel geschlossen. Ende 2001 wurde eine landschaftlich attraktive, ca. 80 km lange öffentliche Verbindungspiste zwischen dem Kaa Gate und dem Nossob-Tal bei Kannaguass eröffnet. Das als Rundkurs angelegte Pistensystem zur Swart Pan im äußersten Nordwesten wurde 2002 offiziell freigegeben und bietet mehrere einfache Camp Sites (bislang ohne Einrichtungen) am Rande von Salzpfannen.

● **Gemsbok Wilderness Trail**
227 km nördlich von Two Rivers gelangt man auf den 1998 eröffneten **263 km** langen Gemsbok Wilderness Trail. Der gut erkennbare, **ohne GPS-Navigation mit Allrad-Geländewagen** befahrbare Trail führt durch einen Bereich des Parks, der seit 1938 kaum einen Menschen gesehen hat, und stellt einen absoluten Höhepunkt jeder größeren Kalahari-Exkursion dar. Er beginnt an der Polentswa Pan und führt von dort entlang zahlreicher kleinerer Pfannen (z.B. Tau Pans, Setsatswe Pan) bei Km 115 an die nördliche Parkgrenze. Nach 20 km entlang der Parkgrenze wendet sich der Trail wieder nach Süden und mündet schließlich bei Lijersdraai (Km 263) wieder auf die Hauptpiste im Nossob-Tal. Es werden pro Tag nur zwischen zwei und fünf Fahrzeuge (bis 3,5 t) zugelassen, die eine Vorausbuchung über die Wildschutzbehörde DWNP in Gaborone vorgenommen haben müssen. Trailabsolventen müssen am botswanischen Park Gate Two Rivers ein- und auschecken (offizielle Einreise nach Botswana erforderlich), dort die Park- und Trailgebühren bezahlen und eine spezielle Erkennungsmarke in Empfang nehmen und wieder abgeben. Die Übernachtung vor der Trailabsolvierung sollte am Camp Site Polentswa erfolgen. Auf dem **dreitägigen Trail** sind zwei Übernachtungen im eigenen Zelt

Der Süden und Südwesten

an der Setsatswe Pan und an der Lang Rambuka Pan vorgeschrieben. Diese Camp Sites verfügen bis auf einfache Plumpsklos über keinerlei Einrichtungen. Trailabsolventen müssen daher ausreichende Vorräte an Wasser (5–10 Liter p.P. und Tag), Treibstoff, Nahrung, Feuerholz und Ersatzteile mitbringen. Seit der Eröffnung des Kaa Gate ist auch eine Befahrung des halben Trails (östliche Flanke von Polentswa bis zum Kaa Gate) möglich. Genaue Informationen dazu erteilt vorab die botswanische Wildschutzbehörde DWNP in Gaborone.

Das **vorgeschriebene Fahren im Konvoi,** häufig zusammen mit Leuten, die man vorher gar nicht kannte, gibt zwar Sicherheit, kann aber auch recht nervig sein. Wichtig ist, dass man den sandigen und teilweise mit hohem Gras bewachsenen Trail ggf. mit reduziertem Reifendruck von 1,2 bis 1,4 bar befährt (Vorsicht bei Schlauchreifen, evtl. Ventile mit Klebeband sichern), den Kühlergrill mit feiner Gaze abspannt, um ein Verstopfen der Kühllamellen durch Grassamen zu verhindern und darauf achtet, dass sich keine Grasbündel unter dem Auto sammeln, die sich am Auspuff entzünden könnten. Bitte lesen Sie den kompletten Buchabschnitt „Wichtige Hinweise für Selbstfahrer/Gefahren" vorher gut durch. Adäquates „Buschverhalten", d.h. Verzicht auf „Off-Road-Driving", Mitnahme aller Abfälle, Vergraben von „Toilettenrückständen", Verhinderung von Buschbränden etc. ist ein absolutes Muss. Wer Müll hinterlässt, muss mit Verfolgung durch die Parkautoritäten und hohen Bußgeldern rechnen.

● **Mabuasehube Wilderness Trail**
Aufgrund der großen Beliebtheit des Gemsbok Wilderness Trail entschloss sich die botswanische Parkverwaltung zur Gestaltung eines weiteren 148 km langen Wilderness Trails, der Ende 2001 zwischen der Malatso Pan (GPS-Koordinaten S 25°01.359', E 21° 48.469') im Westen der Mabuasehube-Sektion und dem Nossob-Tal (GPS-Koordinaten der Einmündung auf die Hauptpiste: S 25° 25.263', W 20°35.833') eröffnet wurde. Der gut erkennbare, auch ohne GPS-Navigation mit Allrad-Geländewagen befahrbare Trail führt durch einen reizvollen Abschnitt des Parks mit ausgedehnten Dünenformationen und stellt einen weiteren Höhepunkt eines Parkbesuchs dar. Es werden pro Tag 2–5 Fahrzeuge (bis 3,5 t) in Fahrtrichtung Nossob zugelassen, die eine Vorausbuchung über die Wildschutzbehörde DWNP in Gaborone oder direkt am Mabuasehube Park Gate vorgenommen haben müssen. Trailabsolventen müssen in der Mabuasehube-Sektion einchecken und dort die Park- und Trailgebühren bezahlen. Auf dem zweitägigen Trail ist eine Übernachtung im eigenen Zelt an der Mosomane Pan (GPS-Koordinaten S 25°07. 941', E 21°24.808') vorgeschrieben. Der dortige Camp Site verfügt bis auf einfache Plumpsklos über keinerlei Einrichtungen. Trailabsolventen müssen ausreichende Vorräte an Wasser (5–10 Liter pro Person und Tag), Treibstoff, Nahrung, Feuerholz und Ersatzteile mitbringen.

Mabuasehube-Sektion

Ein anderes Highlight stellt der Besuch der Mabuasehube-Sektion dar. Tief in den Kalahari-Grund eingebettete Pfannen wie die Mabuasehube Pan, die Mpayathutlwa Pan, die Khiding Pan, die Malatso Pan, die Lesholoago Pan oder die Monamodi Pans bieten ein **grandioses landschaftliches Panorama.** Man führt die Entstehung dieser Pans auf große Wasseransammlungen während vergangener Feuchtperioden zurück. Beobachtungen von Spießböcken, die einsam über die Pfannenoberfläche trotten, seltenen Greifvögeln, Geparden oder auch Löwen und Braunen Hyänen sind nicht selten. Aufgrund der großen Abgeschiedenheit und bislang geringen Popularität des Gebietes muss man seine Beobachtungen mit kaum jemandem teilen. Eine mehrtägige Tour in die Mabuasehube-Sektion empfiehlt sich in erster Linie für Naturliebhaber, die vom touristischen Rummel im Okavango-Delta oder an der Chobe Riverfront die Nase voll haben. Das Pistennetz des Gebietes erschließt alle sehenswerten Pfannensysteme.

Die Ende 2001 eröffnete Durchfahrtspiste von der Mabuasehube-Sektion zum Nossob-Tal geht über eine Länge von 157 km. Sie bietet ähnliche Landschaftsimpressionen wie der nahezu parallel verlaufende Mabuasehube Wilderness Trail. Es sind zwei Camp Sites entlang der Piste an den Matopi Pans ausgewiesen.

Literatur und Karten zum Park

Der empfehlenswerte Führer **The Kalahari Gemsbok National Park** von *Gus Mills* und *Clem Haagner* (erschienen bei Southern Books, Johannesburg) enthält umfassende Informationen zum Naturraum, der Tier- und Pflanzenwelt, detaillierte Karten des südafrikanischen Parkteils sowie interessante Hintergrundinformationen. Er ist in allen größeren südafrikanischen Buchhandlungen sowie in den Shops der südafrikanischen Parkverwaltung in den Rest Camps Twee Rivieren, Nossob und Mata Mata erhältlich. Eine ähnliche Publikation, die den Park grenzüberschreitend beschreibt, gibt es bislang nicht. Die 2004 erschienene **Shell Tourist Map of the Kgalagadi Transfrontier Park** von *Veronica Roodt* enthält detaillierte Karten des Reservates, GPS-Koordinaten und interessante Hintergrundinformationen. Sie ist an allen größeren Shell-Tankstellen und in den meisten Buchhandlungen, Souvenirshops sowie in einigen Supermärkten erhältlich.

Beste Reisezeit

Während der Regenmonate November bis April und im Folgemonat Mai weist der Park die größten Wildbestände auf. Große Herden von Springböcken, Südafrikanischen Kuhantilopen und Streifengnus sowie Gruppen von Spießböcken führen dann zu einer Konzentration von Raubtieren, vor allem von Löwen und Geparden. In dieser Zeit bestehen auch die besten Vogelbeobachtungsmöglichkeiten. Der Park zeigt sich nach ausgiebigen Niederschlägen angenehm grün und ist in manchen Regionen von ausgedehnten Blütenteppichen überzogen. Die Sandpisten der Mabuasehube-Sektion und alle gängigen Anfahrtsrouten auf Sand lassen

sich deutlich besser als während der Trockenzeit befahren. Während der Trockenmonate Mai bis Oktober ist ein Besuch des Parks in der Regel ebenfalls sehr lohnend. Die Landschaft zeigt sich dann jedoch mehr von ihrer „Wüstenseite" und wirkt bisweilen sehr ausgedorrt und staubig.

Anreise

Zum gemeinsamen Park Gate Two Rivers/Twee Rivieren

Der KTNP kann auf südafrikanischer Seite über die asphaltierte Landepiste von Twee Rivieren mit Kleinflugzeugen erreicht werden. Über das Twee Rivieren Rest Camp (Tel. +27-54-561-0021) kann man sich vor Ort einen Leihwagen der Fa. AVIS reservieren lassen. Die Anreise zum gemeinsamen Park Gate auf dem Landweg erfolgt innerhalb Südafrikas von Upington aus über die befestigte R 360 (durchgehend asphaltiert seit 2009). Die Anreise von Botswana aus wird im Rahmen der Routenbeschreibung „Gaborone – Kgalagadi Transfrontier National Park" detailliert erläutert.

Gackel*trappe*

Zum Kaa Gate

Seit 2001 kann der durch den Gemsbok Wilderness Trail erschlossene Nordteil des Parks auch über das **Kaa Gate** (GPS-Koordinaten: S 24°21.506', E 20°37.530') erreicht werden. Das Gate ist zu den üblichen Parköffnungszeiten mit Wildhütern besetzt, jedoch über Mittag von 12.30 bis 14 Uhr in der Regel geschlossen. Die Anreise zum Kaa Gate erfolgt über Hukuntsi. Auf Höhe der GPS-Koordinaten S 23°58.460', E 21°45.370' zweigt eine ausgeschilderte Schotterpiste nach Zutshwa (ca. 56 km ab Hukuntsi) ab. Zutshwa (GPS-Koordinaten S 24°08.650', E 21°14.690'), ein von ca. 450 San und Bakgalagadi bewohntes Dorf, verfügt über einen kommunalen Camp Site (ausgeschildert) sowie einen Souvenirstand mit Buschmannkunst. Von hier führt bei S 24°08.375', E 21°14.423' eine einspurige Sandpiste zum 70 km entfernten Kaa Gate, mitten durch wunderschöne Kalahari-Trockensavanne mit vielen Schirmakazien und Kameldornbäumen sowie mehreren kleineren Pfannenkomplexen.

Zur Mabuasehube-Sektion

Wer die landschaftlich sehr attraktive und ausgesprochen abgelegene Mabuasehube-Sektion bereisen will, hat **drei mögliche Anfahrtswege** zur Auswahl, die jeweils nur mit robusten Allrad-Geländewagen (tiefer Sand!) befahren werden können. Bei der Orientierung unterwegs kann ein GPS-Gerät sehr hilfreich sein.

Von Tshabong aus führt eine 109 km lange Piste (ausgeschildert) zum Park Gate nach Norden, die Ende 1999 befestigt wurde, sodass die ersten 60–70 km relativ zügig zurückgelegt werden können. Man erreicht auf dieser Piste nach 78 km die Parkgrenze und fährt dann über gut 31 km entlang der östlichen Grenze zum 1999 neu errichteten Mabuasehube Park Gate (GPS-Koordinaten S 25°04.980', E 22°09.440').

Von Hukuntsi aus (von Kang über ein schmales Asphaltband erreichbar) fährt man zunächst nach Lokgwabe (ca. 7 km entfernt). Von dort führt eine schlechte Sandpiste nach Süden (vorher nochmals bei den Dorfbewohnern nach dem aktuellen Streckenverlauf

fragen), die nach ca. 115 km auf die Mabuasehube-Parkgrenze trifft (markiert durch eine langgezogene Schneise). Nach weiteren 20 km entlang der Reservatsgrenze gelangt man zum Mabuasehube Park Gate.

Eine dritte, relativ wenig genutzte, Anreisemöglichkeit besteht **von Makopong aus** (an der Straße Tshabong – Werda). Man fährt 2 km auf der Straße Richtung Werda und biegt dann auf eine recht gute Sandpiste links ab (GPS-Koordinaten der Gabelung: S 25° 19.390', E 22°59.070'). Nach ca. 30 km in nördlicher Richtung gelangt man in das kleine Dorf Goa (GPS-Koordinaten: S 25°04. 850', E 22°53.210'), wo man sich nach Westen wendet und auf geradlinig verlaufender Sandpiste nach weiteren 69 km an das Park Gate gelangt (GPS-Koordinaten S 25°04. 980', E 22°09.440').

Buchungen und Eintrittsgebühren

Südafrikanischer Parkteil (ehem. Kalahari Gemsbok NP)

Eine Einlassbeschränkung in den Park existiert faktisch nicht. Wer in einem der südafrikanischen Rest Camps übernachten will, sollte eine Vorausbuchung über das South African National Parks Board in Pretoria (Tel. +27-12-4281991, Fax +27-12-3430905, E-Mail: reservations@sanparks.org) vornehmen. Das Twee Rivieren Rest Camp ist auch direkt unter Tel. +27-54-561-0021 erreichbar. Die Eintrittsgebühr pro Person liegt inzwischen bei 180 Südafrikanischen Rand (entspricht 18,60 Euro). Die Campinggebühr beträgt 165 Rand (17 Euro) pro Zeltplatz (fasst bis zu sechs Personen). Für Absolventen des Nossob 4x4 Eco Trail werden zusätzlich 1999 Südafrikanische Rand pro Fahrzeug berechnet.

Wer länger als sechs Nächte in südafrikanischen Nationalparks bleiben möchte, kann auch eine so genannte **Wild Card** erwerben, die ganzjährig zum Parkeintritt in Südafrikas Nationalparks und Wildreservate berechtigt und mit 1095 ZAR p.P. (ca. 113 Euro) zu Buche schlägt (günstigere Angebote für Paare und Familien). Die Karte ist am Twee Rivieren Rest Camp erhältlich.

**Botswanischer Parkteil
(ehem. Gemsbok NP)**

Die botswanischen Wilderness Trails und die Camp Sites der Two Rivers-Sektion sowie alle Camp Sites der Mabuasehube-Sektion müssen offiziell über das zentrale Reservierungsbüro der Wildschutzbehörde DWNP in Gaborone (oder alternativ in Maun) im Voraus gebucht werden. Seit 2009 müssen alle Camp Sites des Kgalagadi Transfrontier NP vorab gebucht werden. Neben den Campinggebühren sind auch die Parkgebühren vorab zu entrichten.

●**Parks and Reserves Reservation Office,** P.O. Box 131, Kgale Millenium Park (gegenüber der Game City Shopping Mall), Gaborone, Botswana, Tel. 3971405 oder 3180774, Fax 3912354 oder 3180775, E-Mail: dwnp@gov.bw oder dwnp.parrogabs@gov.bw. Öffnungszeiten: Mo–Sa 7.30 bis 12.45 Uhr und 13.45 bis 16.30 Uhr.

●**Parks and Reserves Reservation Office,** P.O. Box 20364, Boseja (neben der Polizeistation), Maun, Botswana, Tel. 6861265 oder 6860368, Fax 6860053. Das Büro ist täglich geöffnet: Mo–Sa 7.30 bis 12.45 Uhr und 13.45 bis 16.30 Uhr, So (und an Feiertagen) 7.30 bis 12 Uhr.

Centralized Pay Points des DWNP (Auswahl):

●**Ghanzi,** Ortszentrum, P.O. Box 48, Ghanzi, Tel. 6596323/4, Fax 6596466

●**Kang,** Ortszentrum, P.O. Box 97, Kang, Tel. 6517036, Fax 6517282

●**Tshabong,** Ortszentrum, P.O. Box 4, Tshabong, Tel. 6540280, Fax 6540221

Jeweils geöffnet Mo–Fr 7.30 bis 12.30 Uhr und 13.45 bis 16.30 Uhr, mit Bezahlautomat für Kreditkarten (VISA und MasterCard).

Die bislang (2010) niedrigen Eintrittsgebühren für Individualreisende (20 Pula für Erwachsene, 10 Pula für Fahrzeuge mit botswanischer Registrierung und 50 Pula für Fahrzeuge mit ausländischer Registrierung) müssen vorab entrichtet werden. Die am Park Gate bei Two Rivers bzw. am Mabuasehube Park Gate ausgestellte Besuchsgenehmigung ist bis 11 Uhr am Morgen des Folgetages gültig. Die Campinggebühr beträgt 30 Pula (3,30 Euro). Für die Wilderness Trails wird eine zusätzliche Benutzungsgebühr von 200 Pula (umgerechnet 22 Euro) pro Tag und Person erhoben. Es ist mit einer Anhebung der Eintrittgebühren zu rechnen.

Unterkunft und Versorgungsmöglichkeiten

Der südafrikanische Parkteil verfügt über mehrere komfortable Rest Camps mit angeschlossenen Campingplätzen. Das moderne **Twee Rivieren Rest Camp** (Kategorie B) am gleichnamigen Park Gate ist hotelartig ausgebaut und verfügt neben angenehmen Gäste-Cottages mit Klimaanlage über ein Restaurant mit à la carte-Gerichten, Bar, Swimmingpool, Kartentelefone, Food Shop und Tankstelle. Das ältere **Nossob Rest Camp** und das **Mata Mata Rest Camp** sind etwas einfacher strukturiert (Kategorie C). Sie bieten einfache Unterbringung für Selbstversorger mit Gemeinschaftsbad, einen kleinen Shop und eine Tankstelle. Alle südafrikanischen Camp Sites bieten saubere Waschgelegenheiten mit Stromanschluss, Warmwasserduschen, Badewanne (!), Toiletten mit Spülung und Grillstellen. Besonders der Twee Rivieren Camp Site weist manchmal weit über 50 übernachtende Gäste auf. Neben den drei etablierten Traditionscamps wurden in den letzten Jahren mehrere neue, kleinere Wilderness Camps ausgewiesen, die nicht eingezäunt sind: Das **Kalahari Tented Camp** nahe Mata Mata (15 Safarizelte, Swimmingpool), das **Bitterpan 4x4 Camp** (4 Chalets, schöne Selbstversorgerküche) inmitten roter Sanddünen entlang der neuen Bitterpan-Allradpiste (nur in westlicher Richtung zu befahren) zwischen Nossob und Mata Mata sowie das **Grootkolk Dune Camp** (4 Chalets) zwischen Kannaguass und Union's End im Nossob-Tal. Alle bieten bezogene Betten, Küchengeschirr, Warmwasserduschen, Generatorenstrom sowie einen eigenen „Camp Attendant" (an den beiden letzteren Camps ist zudem ein Wildhüter stationiert). Die Übernachtungspreise für Selbstversorger liegen bei umgerechnet 60–100 Euro pro Chalet bzw. Zelt (jeweils 2 Betten). Im Kalahari Tented Camp

Der Süden und Südwesten

gibt es neben 10 „normalen" Safarizelten ein „Honeymoon Tent" sowie 4 größere „Family Desert Tents". Weitere Camps sind das **Kielie Krankie Camp** an einer gleichnamigen Wasserstelle im Süden des Parks, das **Urikaruus Camp** im Auob-Tal, das **Gharagab Wilderness Camp** am neuen Gharagab 4x4 Trail im Norden und die privat geführte **!Xaus Community Lodge.** Alle Wilderness Camps müssen über die südafrikanische Parkverwaltung (Tel. +27-12-4281991, Fax +27-12-3430905, E-Mail: reservations@sanparks.org) im Voraus gebucht und bezahlt werden (Einzugsermächtigung per Kreditkarte).

Im botswanischen Parkteil gibt es bislang nur einfache Versorgungsmöglichkeiten. Am **Camp Site Two Rivers** (4 Stellplätze) sind Waschgelegenheiten, Warmwasserduschen, Toiletten mit Spülung und Grillstellen vorhanden. Die weniger „zivilisierten" **Camp Sites Rooiputs** (sechs Stellplätze, 25 km nördlich von Two Rivers, GPS-Koordinaten S 26°19.800′, E 20°44.450′) und **Polentswa** (drei Stellplätze, 222 km nördlich von Two Rivers, GPS-Koordinaten S 25°05.264′, E 20°25.680′) verfügen über einfache Unterstände, Wasseranschluss und Toiletten. Wasser muss mitgebracht werden. Feuerholz wird gelegentlich gestellt. Die 2002 neu ausgewiesenen **Camp Sites am Rundkurs zur Swart Pan** bieten bislang keinerlei Einrichtungen: Sizatswe Pan, Thapapedi Pan, Gnu Gnus Pan (jeweils ein Stellplatz) und Swart Pan (zwei Stellplätze). **Weitere einfache Camp Sites** sind am **Kaa Gate** sowie an den Matopi Pans entlang der Nossob-Mabuasehube Road ausgewiesen.

An den südafrikanischen Rest Camps sind Wasser, Treibstoff, Brot, Fleisch, Gemüse, Früchte, Getränke, Milchprodukte, Eisblöcke, Feuerholz und sogar Filmmaterial, Kleidung und Souvenirs erhältlich. Bezahlt werden kann auch mit Namibia-Dollars und botswanischen Pula. **Besucher der Mabuasehube-Sektion** müssen sich bereits in Jwaneng oder Tshabong mit Treibstoff und Vorräten eindecken, da keinerlei Versorgungseinrichtungen vorhanden sind. Eine genaue Kalkulation von Treibstoff-, Wasser- und Nahrungsvorräten und die Mitnahme der wichtigsten Ersatzteile

sind elementare Voraussetzungen für Touren in das Gebiet. Es gibt **sechs ausgewiesene Campingareale** am Rande von Pfannen, die über Wasser aus Bohrlöchern, funktionierende Toiletten, Duschen und einfache Unterstände verfügen: Mabuasehube Pan (vier Stellplätze), Mpayathutlwa Pan (zwei Stellplätze), Khiding Pan (zwei Stellplätze), Lesholoago Pan (zwei Stellplätze), Monamodi Pans (zwei Stellplätze), Bosobogolo Pan (zwei Stellplätze). Die Camp Sites ähneln sich in der Einrichtung sehr, von der Lage her empfohlen werden kann das Areal an der wunderschönen Mabuasehube Pan.

Hinweis: Ab 2011 sollen in der Mabuasehube-Sektion und im Nossob-Tal auf botswanischer Seite mehrere kommerzielle Safari Lodges entstehen.

Trans-Kalahari-Highway (Lobatse – Ghanzi)

Gesamtdistanz: 648 km
- **Zustand:** großzügig ausgebaut, neuer Asphaltbelag
- **Tankmöglichkeiten:** Lobatse, Kanye, Jwaneng, Sekoma, Kang, Ghanzi
- **Gesamtfahrzeit:** 6–7 Stunden

Die Fertigstellung des großzügig ausgebauten Trans-Kalahari-Highway **von Windhoek in Namibia bis nach Gaborone in Botswana** hat einen Schlusspunkt unter das bis dahin existierende Wagnis einer Kalahari-Querung über unwegsame Sandpisten gesetzt. Die moderne Asphaltachse kann zugleich als ein Siebenmeilenschritt in der Erschließung der letzten Kalahari-Wildnis durch den Menschen gewertet werden. Durch den Trans-Kalahari-Highway wurde eine direkte Asphaltverbindung zwischen den Häfen Walvis Bay in Namibia und Maputo in Mosambik quer durch den südafrikanischen Subkontinent geschaffen.

Die Asphaltierungsarbeiten auf dem letzten Teilstück zwischen Lobatse und Ghanzi wurden 1998 vollendet. Auf der gesamten Strecke muss mit einem hohen Aufkommen an Wildtieren und in der Nähe von Siedlungen auch mit Nutztieren wie Rindern oder Eseln gerechnet werden. Entsprechende Vorsicht ist gerade bei Fahrten in der Dämmerung geboten. **Nachtfahrten sollten** tunlichst ganz **unterbleiben.** Während der kühlen Wintermonate suchen viele Tiere nach Einbruch der Dunkelheit die Nähe zum wärmespeichernden Asphaltbelag. Beobachtungen von Spießböcken, Springböcken oder Steinböckchen, in der Dämmerung auch von Löffelhunden und Schakalen, entlang der Strecke sind nicht ungewöhnlich.

Man verlässt Lobatse südwärts und biegt dann auf den Trans-Kalahari-Highway in Richtung Kanye ein (ausgeschildert). Nach 45 km erreicht man **Kanye** (gute Versorgungs-, Übernachtungs- und Tankmöglichkeiten). Die Strecke führt weiter über die kleine Minenstadt **Jwaneng** (Km 122, einfache Versorgungs-, Übernachtungs- und Tankmöglichkeiten) und passiert bei Km 210 **Sekoma** (Tankmöglichkeit). Hinter dem Ort lohnt die Sekoma Pan mit einer randlichen Dünenformation einen Blick nach Westen. Die Strecke führt weiter durch trockene Kalahari-Buschsavanne mit zahlreichen kleinen Pfannenkomplexen, die man jedoch von der Straße

aus nur selten einsehen kann. Bei Km 370 erreicht man **Kang** (mehrere Tankstellen, kleiner Supermarkt, Übernachtungsmöglichkeit, Centralized Pay Point des DWNP), wo gen Westen ein schmales Asphaltband in Richtung Hukuntsi (mit Möglichkeit der Weiterfahrt zur Mabuasehube-Sektion des Kgalagadi Transfrontier NP und nach Tshabong) abzweigt. Hinter Kang passiert man den Wendekreis des Steinbocks („Tropic of Capricorn") und befindet sich damit innerhalb des Tropengürtels.

Die 278 km **von Kang bis Ghanzi** führen durch **nahezu unbesiedelte Wildnis.** Unweit der Straße liegt eine ganze Serie von Bohrlöchern, die noch aus der Zeit der großen Rindertrecks durch die südliche Kalahari zum Schlachthof nach Lobatse stammen. Eine größere San-Siedlung ist **Takatshwaane** (etwas südlich der Straße bei Km 523). Etwa bei Km 550 passiert man das Flussbett des **Okwa River,** der den wichtigsten Abfluss aus der zentralen Kalahari darstellt. Das flache Tal füllt sich heute nur noch nach heftigen und ausgiebigen Regenfällen vorübergehend mit Wasser. Bei Km 603 zweigt die Straße nach Ghanzi vom Trans-Kalahari-Highway nordwärts ab (ausgeschildert). Nach insgesamt 648 km erreicht man schließlich **Ghanzi** (gute Versorgungs-, Übernachtungs- und Tankmöglichkeiten, Distriktkrankenhaus).

Kanye

Das ca. **48.000 Einwohner** (2010) zählende Kanye liegt 95 km südwestlich von Gaborone und gilt als **„Haupt-**

Der Süden und Südwesten

bo-070 Foto: d

stadt" der Bangwaketse. Die pittoreske Kleinstadt wurde am Ende des 18. Jahrhunderts vom Ngwaketse-Chief *Makaba* gegründet. Sie liegt exponiert auf einem Hügelplateau, das einen guten Überblick der umgebenden Landschaft ermöglicht. „Kanye" bedeutet soviel wie „niederkämpfen" oder „zugrunde richten" und bezieht sich vermutlich auf die militärische Stärke seiner Bewohner, die in der Geschichte der Siedlung mehrere große Angriffe, unter anderem durch den Stamm der Ndebele unter General *Mzilikazi,* zurückschlagen konnten. Trotz des Charmes einer traditionellen Streusiedlung ist Kanye heute

in erster Linie ein **geschäftiges Provinzzentrum** mit zahlreichen Läden, Geschäften, Büros, Banken und Verwaltungsgebäuden. Reisende finden recht gute Versorgungsmöglichkeiten vor.

Sehenswert ist neben dem 1999 eröffneten **Kgosi Batheon II Museum** (Box M1304, Tel. 5442552, Fax 5441135), das einem einflussreichen, während der 1930er Jahre regierenden Bangwaketese-Chief gewidmet ist, auch die **Dinkgwana Pottery,** die schöne Gebrauchs- und Kunstkeramik anbietet. Die attraktive Lage inmitten von Hügelketten lädt zu Wanderungen in die Umgebung ein. Ein kurzer Ausflug führt zur **Kanye Gorge** (östlich der Seepapisto Secondary School), einer engen Schlucht, in der sich die gesamte Einwohnerschaft Kanyes im 19. Jahrhun-

Gut ausgerüstet unterwegs

dert vor einem Überfall der Ndebele verborgen hielt.

Unterkunft

Kategorie B (40–80 Euro pro DZ)
●**Motse Lodge & Cultural Village,** P/Bag MK24, Kanye, Tel. 5480363, 5480369, Mobil 71659964, Fax 5480370, Internet: www.motselodge.com. 2002 eröffnetes Hotel mit dem Charme eines staubigen Bushcamps; leider ohne großes Engagement betrieben. Man kann zwischen einfacheren Chalets und Zimmern mit Klimaanlage im Hauptgebäude wählen. Mit kleinem Swimmingpool und Restaurant. Ca 3 km nördlich der Hauptstraße gelegen (Zufahrt ausgeschildert). Gute Stopover-Möglichkeit bei Fahrten auf dem Trans-Kalahari-Highway.

Essen und Trinken

●Das **Restaurant der Motse Lodge** bietet eine schmale Speisekarte, die als Dinner z.B. Grillgerichte für umgerechnet 8–10 Euro beinhaltet.
●Empfehlenswert ist auch das beliebte **Ko Gae Café** (Tel. 5441323), wo man traditionelle und vegetarische Gerichte bekommt (die Speisekarte ist auf Setswana mit englischen Erläuterungen).
●Bekannt für gutes Essen ist auch das kleine **Mmakgodumo Restaurant** (Tel. 5441511) unweit der Polizeistation.
●Mehrere **Geschäfte und Supermärkte** (z.B. Fairways Supermarket) bieten gute Einkaufsmöglichkeiten für Selbstversorger.

Banken/Geldumtausch

Die **Filiale der Barclay's Bank of Botswana** liegt zentral. Inhaber einer ausländischen VISA-Karte können am Geldautomaten bequem Bargeld abheben.

Busverbindungen

Es existieren Bus- und Minibusverbindungen **nach Lobatse und Gaborone** (Abfahrten den ganzen Tag über). Der Bus von Gaborone **nach Ghanzi** und vice versa (mehrere Abfahrten pro Woche) hält in Kanye.

Jwaneng

Nach der Entdeckung eines ausgedehnten Diamantvorkommens nördlich von Jwaneng wuchs der Ort innerhalb weniger Jahre von wenigen Hütten zu einer kleinen Stadt mit etwa **18.000 Einwohnern** heran. Die Produktivität der 1982 eröffneten **Jwaneng-Diamantenmine** sprengte alle Erwartungen und stellte auch die Ausbeute der Orapa-Diamantenmine in den Schatten. *Harry Oppenheimer,* langjähriger Chef des De Beers-Konzerns, bezeichnete den Kimberlitschlot von Jwaneng einmal als „das wichtigste Diamantvorkommen seit der Entdeckung von Kimberley". Die Mine gilt heute als **wichtigste Förderstätte für Schmuckdiamanten weltweit.** Die jährliche Ausbeute überschritt bereits vor einigen Jahren die magische Schwelle von 10 Mio. Karat und konnte durch Ausbau („Jwaneng Fourth Stream") auf ca. 13 Mio. Karat gesteigert werden. Durch die Förderung im Tagebau entstand eine Grube, deren Ausmaß das berühmte „Big Hole" im südafrikanischen Kimberley längst übertroffen hat. Ein weiterer Ausbau der ergiebigen Mine ist vorgesehen. Im Gegensatz zu Orapa ist Jwaneng eine offene Stadt, in der es auch ein Leben gibt, das nicht von der Betreiberfirma der Mine, Debswana, gesteuert wird. Allerdings ist der gesamte Minenkomplex eingezäunt und scharf bewacht. Um das Herausschmuggeln von Diamanten zu verhindern, wird beispielsweise jedes Fahrzeug, das einmal in den Minenkomplex gelangt ist, nicht mehr vom Gelände gelassen.

Der Süden und Südwesten

Wer die Jwaneng-Diamantenmine besichtigen möchte, benötigt dazu eine **Genehmigung** der Betreiberfirma Debswana:
● **De Beers Botswana Mining Company (Pty) Ltd. (Debswana)**, P.O. Box 329, Debswana House, Gaborone, Tel. 3614200, Fax 3180778, Internet: www.debswana.com. Die Jwaneng-Mine kann auch direkt unter Tel. 5884000 bzw. Fax 5880839 kontaktiert werden. Debswana führt mittwochs und samstags Besichtigungstouren durch (Buchung möglichst eine Woche im Voraus).

Neben recht guten Einkaufsmöglichkeiten, Banken (Barclay's Bank mit Geldautomat), Tankstellen sowie kleineren Restaurants und Takeaways bietet die etwas überteuerte **Mokala Lodge** (P.O. Box 376, Jwaneng, Tel. 5880835, Fax 5880839, E-Mail: mokala@botsnet.bw) angenehme Unterkünfte der Kategorie B (mit Restaurant und Bar). Günstiger ist die **Sawa Sawa Lodge** (Kategorie C, Lekagabe Street, Tel. 5880903, Fax 5883275). Jwaneng verfügt auch über ein modernes Primärkrankenhaus (Tel. 5880271).

Kang

Das recht ursprünglich strukturierte Kalahari-Dorf Kang am Trans-Kalahari-Highway ist die größte Siedlung zwischen Jwaneng und Ghanzi und bietet Reisenden passable Versorgungsmöglichkeiten. Neben kleineren Läden gibt es eine Bäckerei, eine Schlachterei, einen Bottlestore, mehrere Tankstellen und einen Centralized Pay Point des DWNP mit Bezahlautomat für Kreditkarten (VISA und MasterCard; P.O. Box 97, Kang, Tel. 6517036, Fax 6517282, geöffnet Mo–Fr 7.30 bis 12.30 Uhr und 13.45 bis 16.30 Uhr). **Kang Ultra-Stop** (Tel. 6517294, Fax 6517292, Internet: www.kangultrastop.com) bietet Übernachtungsmöglichkeiten in modernen Bungalows, einen Pool, Campingflächen sowie einen kleinen Supermarkt. Alternative Unterkünfte in der Region sind die **Echo Lodge** (Tel. 6518023, Fax 6518025, Internet: www.echolodgebw.com) und die **Lerucama Game Ranch** (vornehmlich Jagdsafaris, Tel. 6517292, Fax 6517293, Mobiltel. 71281075, Internet: www.lerucama.com). 45 km nördlich von Kang an der Allradpiste nach Tsetseng. Die Lerucama Game Ranch liegt bereits an der Südwestgrenze des Central Kalahari Game Reserve und verspricht spannende Wildbeobachtungen. Unter anderem werden **Reitsafaris** auf Pferden oder Kamelen angeboten. Die Umgebung von Kang wird derzeit als **Kang Wilderness Area** touristisch entwickelt. Kang stellt auch einen Ausgangspunkt für Besuche der 252 km entfernten Mabuasehube-Sektion sowie der Kaa-Sektion des Kgalagadi Transfrontier NP dar. Die Anreise dorthin erfolgt über das schmale Asphaltband nach Hukuntsi. Ca. 25 km nördlich von Kang liegt am Transkalahari-Highway die relativ neue **Kalahari Rest Game Farm** (Zufahrt ausgeschildert, Tel./Fax 6517004, Mobil 72176949, Internet: www.kalaharirest.com), die saubere Chalets, Campingmöglichkeiten, Bar und Restaurant sowie organisierte Game Drives und Jagdsafaris auf dem Farmgelände anbietet.

Tshane, Lehututu, Loghwabe, Hukuntsi

Zwischen dem Kgalagadi Transfrontier National Park und dem Central Kalahari Game Reserve befindet sich ca. 110 km westlich des Trans-Kalahari-Highway eine **Gruppe von vier Kalahari-Dörfern,** die den Ruf genießen, geschichtlich relevant für das heutige Botswana zu sein. Es handelt sich um die Orte Tshane, Lehututu, Loghwabe und Hukuntsi werden auch als **„Kalahari Village Cluster"** bezeichnet. Man erreicht sie über eine schmale Asphaltstraße von Kang aus oder über die Achse Tshabong – Hukuntsi, die die Mabuasehube-Sektion des Kalahari Transfrontier National Park passiert.

● **Tshane** liegt im Südosten der Vierergruppe und überblickt die reizvolle Tshane Pan, die im Süden und Südwesten von angelagerten Dünen gesäumt wird. Im Randbereich der Pan existieren mehrere handgegrabene Brunnen, über die seit mehr als 150 Jahren das Vieh getränkt wird.
● **Lehututu** ca. 10 km weiter nördlich besitzt einen festen Platz in der Geschichte früher Kalahari-Entdeckungsreisen als wichtiges lokales Handelszentrum. Durch die Verlagerung der wirtschaftlichen Aktivität nach Hukuntsi hat der Ort diese Bedeutung heute verloren. Ein großer Laden mit Lager ist als Relikt alter Handelstage übriggeblieben. „Lehututu" ist eine lautmalerische Setswana-Bezeichnung für „Kaffernhornrabe".
● **Loghwabe** im Südwesten der Vierergruppe ist als Zufluchtsort von *Simon Cooper* in die Lokalgeschichte eingegangen, der 1904 eine Khoikhoi-Rebellion in Deutsch-Südwestafrika gegen die deutschen Kolonialtruppen führte und sich später auf den sicheren Boden des Protektorates Betschuanaland zurückzog. Die britische Protektoratsverwaltung erlaubte ihm und seinen Leuten, in Loghwabe sesshaft zu werden und stellte dafür Land zur Verfügung. „Loghwabe" bedeutet im Setswana soviel wie „felsige Pfanne".
● **Hukuntsi** („Ort der vier Kompass-Richtungen") ist das administrative Zentrum der vier Dörfer. Der Ort verfügt über gut bestückte Läden, eine Shell-Tankstelle, eine Landepiste und die zuverlässigste Wasserversorgung aller vier Siedlungen. Ein moderner, über den Lehmhütten Hukuntsis thronender Mobilfunkturm kann als Orientierungspunkt hilfreich sein.

Kaa Kalahari Concession (KD1)

Eine der abgelegensten und bislang unerschlossensten Regionen des südlichen Afrika befindet sich zwischen den Kalahari-Siedlungen Hukuntsi und Ncojane. Sie enthält mit den so genannten **Western Woodlands** eine attraktive Kalahari-Waldlandschaft. Auf einer Länge von ca. 20 km und einer Fläche

bo11_035 Foto: cl

Hinweisschild in der
Kaa Kalahari Concession (KD1)

Der Süden und Südwesten

von über 100 km² bilden große Kameldorn-bäume und Akazien eine parkähnliche Landschaft, die vollkommen unbesiedelt und sehr wildreich ist. Das Gelände lädt zum **genuss-vollen Zelten** geradezu ein – kein Gesetz, keine Wildschutzbehörde und keine horrenden Parkgebühren stehen einem Besuch bislang im Wege. Seit einigen Jahren laufen jedoch Bestrebungen, das als Wildlife Management Area KD1 (= Kalahari District, WMA1) verwaltete und durch entsprechende Schilder gekennzeichnete Gebiet zwischen Hukuntsi, dem KTNP und Ncojane touristisch zu vermarkten, sodass einsame Selfdrive-Safaris in Eigenregie schwierig geworden sind.

Neben dem Management von Jagdkonzessionen geht es um die touristische Entwicklung im Sinne eines „Community Based Tourism". In den Siedlungen Ngwatle, Ncaang, Zutshwa und Ukwi wurden **einfache Campingplätze** ausgewiesen. Zuständig für die touristische Entwicklung der Region war zunächst der in Ukwi beheimatete **Nqwaa Khobee Xeya Trust** (P.O. Box 122, Ukwi),

dann hat vorübergehend die in Maun ansässige, jagdorientierte Firma **Safaris Botswana Bound** (P/Bag 20, Maun, Tel. 6863055, Fax 6864073, E-Mail: saf.bots@info.bw) das Management und die touristische Entwicklung der 13.000 km² großen Kaa Wilderness Concession übernommen. Es erfolgte eine Zonierung in Bereiche für den fotografischen Tourismus, die Trophäenjagd und Areale ohne menschliche Nutzung. Inzwischen (2010) versuchen die einzelnen Ortschaften, die Sache selbst in die Hand zu nehmen. Es zeichnet sich aber ab, dass ein **touristisches Konzept** mit Ausnahme kommerzieller Jagdsafaris in der Region nicht Fuß zu fassen scheint. Es ist weder gelungen, für die wenigen echten Touristen akzeptable Eintritts- bzw. Wegegebühren zu entwickeln und auch zu kassieren (obwohl zeitweise Beträge von 50–60 Pula auf großen Hinweisschildern eingefordert wurden), noch scheint der Aufbau vernünftiger Camp Sites zu funktionieren, von einfachen Anlagen bei Zutshwa abgesehen. Entsprechend groß ist die Frustration auf allen Seiten.

Wer plant, mit dem eigenen Zelt innerhalb der Kaa Kalahari Concession zu übernachten, sollte versuchen, sich vorab an den jeweiligen Dorfvorsteher zu wenden, um Missverständnisse zu vermeiden.

Die **Sandpisten** in der Region sind teilweise nur als angedeutete Spuren zu beschreiben und sollten daher mit mindestens zwei Fahrzeugen und modernen Navigationshilfen in Form von GPS befahren werden. Ausreichende Vorräte an Wasser (5–10 Liter p.P. und Tag), Treibstoff, Nahrung und Ersatzteilen müssen mitgebracht werden. Durch sorgsam angepasstes „Buschverhalten" (kein Müll, Vorsicht beim Feuermachen, mobile „Spatentoilette" etc.) sollte man dafür Sorge tragen, dass diese Wildnis auch nach einem Besuch so bleibt, wie sie ist.

Die **Anreise** zu den „Western Woodlands" erfolgt am besten **von Hukuntsi** aus (Tankmöglichkeit). Die Sandpiste von hier nach Ngwatle, Ukwi und weiter nach Mamuno

Masetlheng Pans

wurde in den letzten Jahren deutlich ausgebaut und ist jetzt fast durchgehend geschottert. Von Hukuntsi sind es auf dieser Strecke 80 km bis zum San-Dorf **Ngwatle** (GPS-Koordinaten S 23°41.490', E 21°04.576', ausgewiesene Campingmöglichkeit) innerhalb der Wildlife Management Area KD1. Von Ngwatle gelangt man auf schmaler Sandpiste nach ca. 20 km an die beiden sehenswerten **Masetlheng Pans** (GPS-Koordinaten S 23°41.910', E 20°54.850', Campingmöglichkeit), in deren Umgebung 1989/90 eine (erfolglose) Probebohrung nach Erdöl durchgeführt wurde, die eine Tiefe von 4 km erreichte. Im Rahmen der Prospektionsarbeiten wurden zahllose Pisten und Schneisen geschlagen, auf denen man die interessante Region um die Pfanne erkunden kann. Sogar eine kleine Fluglandepiste blieb erhalten. In der Region können fast alle Tiere des KTNP beobachtet werden, allerdings bei deutlich geringerer

Wilddichte. Von den Masetlheng Pans führt die Piste durch mitunter tiefen Sand weiter in Richtung Ukwi. Ca. 5 km hinter der westlichen Masetlheng Pan erreicht man schließlich die Ausläufer der „Western Woodlands" (GPS-Koordinaten S 23°41.150', E 20°51.420'), die sich durch einen besonderen Reichtum an alten Kameldornbäumen *(Acacia erioloba)* und Schirmakazien *(Acacia luederitzii)* auszeichnen. Insbesondere im goldenen Licht- und Schattenspiel der untergehenden Sonne zusammen mit hellen Gräsern und dunklen Akazien entsteht ein großartiger Landschaftseindruck, der diesen Ort überaus malerisch macht. Ein verzweigtes Pistensystem führt weiter in Richtung Norden, wobei sich die Weiterfahrt über die breite Sandpiste von Ncaang nach Ukwi empfiehlt. Die Piste von den Masetlheng Pans/Ngwatle mündet auf Höhe der GPS-Koordinaten S 23°32.396', E 20°47.021' auf diese Verbindung ein.

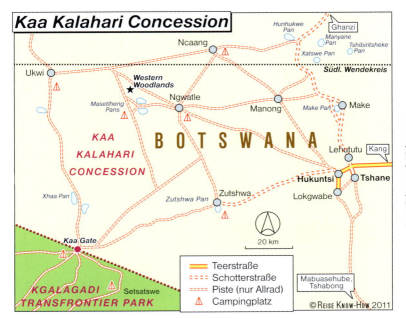

Nach **Ukwi** (GPS-Koordinaten S 23°33.432′, E 20°30.024′) hin lichten sich die Wälder zunehmend auf und weichen typischer Busch- und Savannenlandschaft. An der Ukwi Pan ist ein kommunaler Camp Site (mit heruntergekommenen Einrichtungen und unzuverlässiger Wasserversorgung) vorhanden. Von Ukwi führt eine ca. 56 km lange Piste zur Ortschaft **Ncojane** (GPS-Koordinaten S 23°08. 380′, E 20°17.500′). Von hier sind es auf geschobener Sand-/Schotterpiste nochmals gut 100 km bis **Charles Hill** unweit des Grenzortes Mamuno.

Alternativ kann man in Hukuntsi auf Höhe der GPS-Koordinaten S 24°08.110′, E 21°15. 350′ auf eine ausgeschilderte, gut ausgebaute Schotterpiste nach **Zutshwa** (ca. 56 km ab Hukuntsi) abzweigen. Zutshwa (GPS-Koordinaten S 24°08.650′, E 21°14.690′), ein von etwa 450 San und Bakgalagadi bewohntes Dorf, verfügt über einen verwahrlosten kommunalen Camp Site (ausgeschildert) sowie einen Souvenirstand mit Buschmannkunst. Von hier führt eine 52 km lange Sandpiste in nördlicher Richtung nach **Ngwatle.**

Ghanzi

Die **Distrikthauptstadt** Ghanzi (ca. **10.000 Einwohner**) stellt den größten Außenposten der Zivilisation westlich des Central Kalahari GR dar. Die **staubige Wildwest-Atmosphäre** erinnert noch immer an die Frontsiedlung von einst, auch wenn es bereits seit einiger Zeit eine funktionierende Stromversorgung, moderne Telefone, Banken etc. gibt. Der Charakter der kleinen Stadt ist ausgesprochen dörflich. Das wirtschaftlich wichtige Geschehen spielt sich auf den mehr als 200 umliegenden **Rinderfarmen** ab, deren Produktivität auf ihrer bevorzugten Lage entlang einer grundwasserreichen Kalkformation basiert,

die sich vom Lake Ngami im Norden in südwestlicher Richtung bis in die Region um Windhoek erstreckt.

Der **Name „Ghanzi"** stammt aus der San-Sprache und bezeichnet ein Musikinstrument der Buschmänner, bei dem eine einzelne Saite über eine Kalebasse des Resonanzkörpers gespannt ist. Das Setswana-Wort „Gantsi" steht für „Ort der Fliegen" und wäre als Ortsbezeichnung viel besser nachvollziehbar ...

Das Leben in der kleinen Stadt fokussiert auf die weite Hauptstraße, an der mehrere Geschäfte, Verwaltungsgebäude, Postamt, Distriktkrankenhaus und das heimliche Zentrum Ghanzis, das Kalahari Arms Hotel, liegen. Eine der besten Adressen in Botswana für den Kauf typischer Buschmann-Souvenirs ist Ghantsi Craft zwischen dem Postamt und dem Kalahari Arms Hotel.

Ghanzi liegt 286 km von Maun und 698 km von Gaborone entfernt.

Geschichte

Erste Siedlungen in der Region wurden zunächst von Khoikhoi (Hottentotten) angelegt. Als sich 1874 der Bure **Hendrik Matthys van Zyl** mit seiner Familie in Ghanzi niederließ, war das Gebiet ausschließlich von verschiedenen San-Gruppen bewohnt. *Van Zyl,* der eine Zeit lang Parlamentarier in der Burenrepublik Transvaal gewesen war, machte sich in der Region schnell einen Namen als grausamer Killer von Buschmännern, fanatischer Jäger und skrupelloser Händler von Waffen und Kriegsmunition. Den Mord an einem befreundeten Buren sühnte er durch die Erschießung von 33 San, die er mit Tabak und Alkohol in einen Hinterhalt lockte und dort kaltblütig hinrichtete. An einem einzigen Nachmittag soll er angeblich einmal 103 Elefanten zur Strecke gebracht haben. *Van Zyl* erwirkte von den Batawana eine Konzession für die Bewirtschaftung von Land. Er lebte wie ein mittelalterlicher Fürst in Ghanzi – in einer großzügigen Villa, die u.a. mit französischen Möbeln eingerichtet war. Sein krankhaft-aufbrausender Charakter war so verrufen, dass selbst hartgesottene Treck-Buren (die so genannten „Dorsland Trekkers") es Ende 1875 vorzogen, lieber einen Bogen um das Reich *van Zyls* zu machen.

Unter dem Häuptling *Moremi II.* versuchten die Batawana, van Zyl und seine Leute wieder loszuwerden. Es kam zu einem blutigen Krieg, der mit der Vertreibung van Zyls ins heutige Namibia und der Rückkehr seiner Familie nach Südafrika endete. Nachdem der Begründer Ghanzis schließlich starb (er wurde unter ungeklärten Umständen ermordet – Feinde hatte er sich in seinem Leben genug gemacht), trat die British South Africa Company (BSAC) von *Cecil Rhodes* auf den Plan. Über die BSAC wurden 1898 etwa 3000 Morgen gutes Farmland im „Ghanzi-Block" an 37 weiße Familien vergeben. Die weißen Farmen sollten in erster Linie einen Puffer an der Westflanke Betschuanalands gegen die deutsche Kolonialisierung Südwestafrikas bilden. Um 1908 drohte Ghanzi eine Entwicklung zur Geisterstadt, als nahezu alle Farmer das Gebiet entmutigt wieder verließen. 1913 wurde ein Großteil des Farmlan-

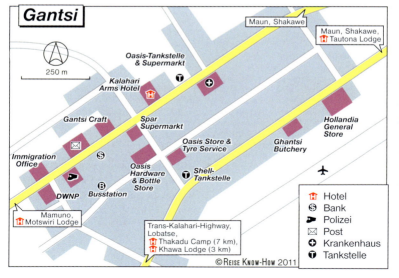

Der Süden und Südwesten

des auf einer Auktion verkauft. In den folgenden Jahrzehnten etablierte sich eine straff organisierte **kommerzielle Viehzucht,** die in der Region um Ghanzi die produktivsten Rinderfarmen Botswanas entstehen ließ. Die großen Rindertrecks von Ghanzi zum Schlachthof der Botswana Meat Commission (BMC) in Lobatse haben Kalahari-Geschichte geschrieben. Die alte Farm *Hendrik van Zyls* existiert noch heute als „Ghanzi Farm No. 1".

Unterkunft

In Ghanzi
Kategorie B (40–80 Euro pro DZ)
● **Kalahari Arms Hotel,** P.O. Box 29, Ghanzi, Tel. 6596298, Fax 6596311, Internet: kalahariarmshotel.com. Etabliertes, renoviertes Mittelklassehotel mit Unterbringung in kleinen Rondavels mit eigenem Bad. Auf dem Hotelgelände kann man auch zelten. Mit Restaurant, Bar und Swimmingpool. Das Hotel gilt als inoffizielles Zentrum Ghanzis. Vorausbuchung empfehlenswert. Sehr laut am Wochenende (u.a. hoteleigene Disco).

Außerhalb von Ghanzi
Kategorie AA+
● **Edo's Camp,** vermarktet durch Ker & Downey Botswana, P.O. Box 27, Maun, Tel. 6861226, Fax 6861282, Internet: www.kerdowneybotswana.com. Umzäunte, ca. 120.000 Hektar große private Wildfarm 6 km westlich von D'kar. Ein Wasserloch am Camp zieht in der Trockenzeit größere Mengen Tiere an. Das private Camp bietet bis zu acht Gästen in vier geräumigen Luxuszelten mit eigenem Badezimmer Unterkunft. Die geräumigen Meru-Zelte mit Blick auf die Wasserstelle stehen auf Holzdecks unter alten Bäumen. Game Drives und Walking Safaris ermöglichen gute Wildbeobachtungen von Springböcken, Oryx, Zebras und verschiedenen Antilopenarten. Ein Besuch in einem nahe gelegenen San-Dorf soll die Anpassung der traditionellen Lebensweise der San an

das moderne Leben in der westlichen Kalahari aufzeigen. Die hier angesiedelten mittlerweile sechs Breitmaulnashörner können im Rahmen eines Rhino Trekking gezielt zu Fuß aufgesucht werden. Ab 250 Euro p.P., alles inklusive.

Kategorie A (80–150 Euro pro DZ)
● **Motswiri Lodge,** P.O. Box 962, Ghanzi, Tel. 6596254, Mobil 71300954, Fax 6596166, Internet: www.kanana.info. Ca. 30 km westlich von Ghanzi. Neben recht komfortablen Unterkünften in Safarizelten werden Begegnungen mit San, Game Drives, Reitausflüge, Trekking von Breitmaulnashörnern und Bush Walks in der Kanana Wilderness Area angeboten. Eine Vorausbuchung ist notwendig.

Kategorie B (40–80 Euro pro DZ)
● **Tautona Lodge,** P.O. Box 888, Ghanzi, Tel. 6597499, Mobiltel. 71312422, Fax 6597500, Internet: www.tautonalodge.com. Lodge 5 km östlich von Ghanzi auf einer Wildfarm mit schönen strohgedeckten Chalets sowie günstigerer Unterbringung in Safarizelten. Angeschlossener Campingplatz (mehrere hundert Meter vom Hauptgebäude entfernt) mit eigener Wasserstelle für Wildtiere. Großes Restaurant mit empfehlenswerten Grillgerichten und Cocktail-Bar. Swimmingpool. Es werden Game Drives und Buschwanderungen mit lokalen San-Führern angeboten.
● **Khawa Safari Lodge,** P.O. Box 52, Ghanzi, Tel. 6597691, Fax 6597690, Internet: www. khawalodge.co.bw. 3 km südlich von Ghanzi direkt am Trans-Kalahari-Highway gelegen. Die recht neue Anlage bietet etwas steril wirkende strohgedeckte Bungalows, einfache Campingeinrichtungen, einen kleinen Swimmingpool sowie ein Restaurant mit Bar.

Kategorie C (20–40 Euro pro DZ)
● **Dqae Qare Hostel & Campsite,** Kuru Development Trust, P.O. Box 219, Ghanzi, Tel. 6596308, Fax 6596285, Internet: www.dqae. org. Spartanische, saubere Unterkunftsmöglichkeiten auf einem Farmgelände im Kalahari-Busch. Das Buchungsbüro zusammen mit dem Dqae Qare Souvenir Shop befindet sich in D'kar 37 km nordöstlich von Ghanzi an der Straße nach Maun. Von hier muss man

Ghanzi und seine Buschleute

Die Ghanzi-Region weist einen hohen Bevölkerungsanteil von San auf, die zum überwiegenden Teil der Gruppe der Nharo, aber auch anderen Sprachgruppen wie den !Ko, den G/wi, den Gana, den Tsau oder den /Dau angehören. Die Nharo stellen eine der größten Buschmanngruppen im südlichen Afrika dar. Die meisten San wurden traditionell als Landarbeiter, Hirten oder einfache Tagelöhner auf weißen Farmen beschäftigt. Dabei sind die burischen Farmer und ihre als **„Jongens"** bezeichneten San-Knechte in der Vergangenheit besser miteinander ausgekommen, als es die vereinzelt vorgekommenen Exzesse und Tötungen vermuten lassen. Während der ersten Hälfte des 20. Jahrhunderts war es nicht unüblich, den „Jongens" Farm und Familie anzuvertrauen, wenn der Farmer einen Vieh-Treck durch die Kalahari begleiten musste.

Ein gutes Auskommen haben San auf den Farmen des Ghanzi-Blocks gleichwohl nicht – ein **erbärmlicher Monatslohn** und eine einfache Unterkunft, zusätzlich freie Versorgung mit Wasser, Nahrung und etwas Tabak, sind Standard. Durch die zunehmende Kommerzialisierung der Viehwirtschaft verloren viele der „Jongens" in der jüngsten Vergangenheit ihren festen Platz im Farmalltag. Sie wurden entweder entlassen oder durch schwarze Arbeiter ersetzt. In der Folge setzte eine noch schnellere Drehung der Teufelsspirale von Arbeitslosigkeit, Armut, Unterernährung, Abhängigkeit, Ausnutzung, Besitzlosigkeit, Heimatlosigkeit und Verzweiflung ein, in der das Gros der San sich ständig befindet. Vom Erreichen des durchschnittlichen Lebensstandards einfacher botswanischer Bürger können die meisten Buschmänner nur träumen.

Hunger und Armut zwingen viele von ihnen zu Viehdiebstählen, illegaler Jagd, Steuerflucht und verbotener Landnahme. Die allgemeine **gesellschaftliche Diskriminierung und Isolation der San** wird dadurch weiter gefördert. Immer wieder kommt es in der Öffentlichkeit zu handgreiflichen Auseinandersetzungen zwischen Bantus und San, gerade wenn dabei Alkohol im Spiel ist. Von vielen das Gemeinschaftsleben in Ghanzi betreffenden öffentlichen Veranstaltungen werden San von vornherein ausgeschlossen. Der allgemeine Zynismus, dem die San in der Gesellschaft ausgesetzt sind, wird beispielsweise dadurch deutlich, dass das Gefängnis von Ghanzi vor allem unter dem Namen „Buschmann-Hotel" bekannt ist.

Das **wichtigste Ziel** der von beispielloser Rechts- und Mittellosigkeit Geplagten ist neben allgemeiner Akzeptanz als vollwertige botswanische Bürger **ein eigenes Stück „Buschmannland" zum Leben,** auf dem sie Früchte und Pflanzen sammeln, Vieh halten und etwas jagen könnten. Die San bringen damit ein Anliegen vor, das den etablierten Stämmen des Landes seit vielen Jahrzehnten wie selbstverständlich gewährt wird. Die bisherigen Bemühungen der botswanischen Regierung um das Wohlergehen der San – die Schaffung von lagerartigen Siedlungen in der Umgebung von Ghanzi, in denen Wasser, Nahrung und Hilfsgüter ausgegeben werden und Zugang zu Schulen und einfacher medizinischer Versorgung besteht – sind davon leider meilenweit entfernt.

Der Süden und Südwesten

auf sandiger Piste (Geländewagen mit 4WD erforderlich) noch ca. 15 km südostwärts zur Dqae Qare Game Farm fahren. Vor Ort werden u.a. von San geleitete Buschwanderungen angeboten.

●**Khurrtum Khwe Traditional Camp,** Kalahari Sunset Safaris, P.O. Box 651, Ghanzi, Mobil 72155259, Internet: www.kalaharisunset.com. Zufahrt 22 km südlich von Ghanzi von der Hauptstraße nach Mamuno/Buitepos. Auf der Buitsivango Farm werden einfache Chalets und Campingmöglichkeiten sowie die Möglichkeit einer ausführlichen „Bushmen Experience" bereitgehalten.

Camping

●Das **Kalahari Arms Hotel** bietet einen bewachten Campingplatz im rückwärtigen Teil des Hotelgeländes an. Einfache Waschgelegenheiten mit Warmwasserduschen und Toiletten mit Spülung sind vorhanden. Die Campinggebühr beträgt umgerechnet 5 Euro pro Person. Der Platz ist recht laut und am Wo-

chenende wegen des lärmenden Geschehens an der Bar (Diskothek!) nicht zu empfehlen.

●Das **Thakadu Camp** (P.O. Box 601, Ghanzi, Mobil 72120695, Fax 6596169, Internet: www.thakadubushcamp.com) liegt 7 km außerhalb von Ghanzi (in südöstlicher Richtung, Zufahrt über den Trans-Kalahari-Highway, ausgeschildert) und ist daher deutlich ruhiger. Neben Chalets und fest aufgestellten Safarizelten wird ein angenehmer Campingplatz mit sauberen Warmwasserduschen, Waschbecken und Toiletten mit Spülung geboten, Feuerholz kostet umgerechnet 1 Euro pro Bündel. Neben einem kleinen Swimmingpool gibt es ein einfaches Restaurant mit Bar. Die Campinggebühr liegt bei 5 Euro pro Person. Alternativen stellen der schöne Campingplatz der **Tautona Lodge** (empfehlenswert) sowie die spartanischen Einrichtungen an der **Khawa Safari Lodge** dar.

●Außerhalb von Ghanzi kann man z.B am **Dqae Quare Campsite** und an der **Motswiri Lodge** zelten.

bw-139 Foto: d

Essen und Trinken

In Ghanzi selbst bietet nur das **Kalahari Arms Hotel** ein brauchbares Restaurant. Einfache Grill-Gerichte sind ab 6 Euro zu bekommen. Gäste der **Tautona Lodge** (gute Grill-Buffets), **der Khawa Safari Lodge,** des **Thakadu Camps** sowie der **Motswiri Lodge** können auf die dortigen Restaurants mit angeschlossener Bar zurückgreifen.

Flugverbindungen

Die **Chartergesellschaft Kalahari Air Services** (P.O. Box 41278, Broadhurst/Gaborone, Tel. 3951804, Fax 3912015, Internet: www.kalahariair.co.bw) bietet mehrmals in der Woche Charterflüge **von Gaborone nach Ghanzi** und vice versa an.

Busverbindungen

● Es existiert eine durchgehende Busverbindung **zwischen Ghanzi und Gaborone** (mehrere Abfahrten pro Woche). Tickets kosten 12 Euro p.P. Die Abfahrtszeit ist früh am Morgen.
● Eine tägliche Busverbindung besteht zwischen Ghanzi und **Maun** (5 Euro).
● Ebenfalls täglich verkehrt ein Bus zwischen **Ghanzi und Charles Hill**/**Mamuno** (3 Euro).

Autoreparaturen

Bei Kfz-Problemen kann man sich an mehrere lokale Werkstätten wenden, beispielsweise die zentral gelegene **Shell Garage.** Bei der Vermittlung eines Mechanikers kann auch das Kalahari Arms Hotel behilflich sein.

Nachtleben

Das Nachtleben von Ghanzi konzentriert sich auf das abendliche Bargeschehen **im Kalahari Arms Hotel,** wo nicht unerhebliche Alkoholmengen konsumiert werden, während Action-Videos über den Bildschirm flimmern. Am Wochenende wird in den Räumen

Hirtenjunge

eine schrille Provinz-Disco veranstaltet – ein groteskes Ereignis, das einen Besuch wert ist. Touristischer geprägt ist das Publikum in den Bars von **Thakadu Camp, Tautona Lodge** und **Khawa Safari Lodge** vor den Toren Ghanzis.

Krankenhäuser und medizinische Notfälle

● **Ghanzi Primary Hospital,** Tel. 6596333, Fax 6596386. Staatliches Distriktkrankenhaus, zentral an der Hauptstraße gelegen.
● **Medical Rescue International (MRI),** Bag BR256, Broadhurst/Gaborone, Tel. (Verwaltung) 3903066, Fax 3902117, Internet: www.mri.co.bw, Tel. (Notfälle) 3901601, landesweiter **Notruf: Tel. 992.** MRI operiert seit 1991 in Botswana und verfügt über ein privates Netzwerk von medizinischem Personal, Krankenwagen und Transportfahrzeugen. Darüber hinaus verfügt die Organisation über Kleinflugzeuge für **Luftevakuierungen.** Es besteht die Möglichkeit, vorübergehendes Mitglied bei MRI zu werden und damit über einen begrenzten Zeitraum für den Bergungsnotfall und medizinische Notfälle versichert zu sein. Ein Krankenwagen (oder Kleinflugzeug) von MRI muss in einem solchen Notfall über Telefon/Funk/Mobiltelefon/Satellitentelefon angefordert werden und befördert den Verunfallten/Erkrankten dann nach der Erstversorgung vor Ort oder während des Transports in nächstgelegene klinische Zentren.

Polizei und Behörden

● Die **Polizeistation** (Tel. 6596958) liegt zentral unweit der Barclay's Bank. Der landesweite telefonische Polizeinotruf ist 999.
● Das Büro der **Wildschutzbehörde DWNP** (mit Centralized Pay Point) liegt im Ortszentrum, P.O. Box 48, Ghanzi, Tel. 6596323/4, Fax 6596466. Geöffnet Mo–Fr 7.30 bis 12.30 Uhr und 13.45 bis 16.30 Uhr, mit Bezahlautomat für Kreditkarten (VISA und MasterCard).
● Visa-Verlängerungen bekommt man im nahe gelegenen **Department of Immigration** (P.O. Box 88, Tel. 6596233).

Der Süden und Südwesten

● Im **Department of Animal Health and Production** (P.O. Box 14, Tel. 6596620) erhält man Transportgenehmigungen für Tier- und Milchprodukte und kann den neuesten Stand bezüglich des veterinärmedizinischen Sperrzaunnetzes erfragen.

Banken/Geldumtausch

Die Filiale der **Barclay's Bank of Botswana** liegt zentral an der Hauptstraße gegenüber dem Postamt. Inhaber einer VISA-Karte können am Geldautomaten bequem Geld abheben, alternativ z.B. auch am Mini-ATM im benachbarten Spar-Supermarkt (bis zu 1000 Pula).

Post/Telefon/Internet

Das Postamt mit dem Gebäude der nationalen Telefongesellschaft BTC befindet sich an der Hauptstraße neben Ghantsi Craft (Öffnungszeiten: Mo–Fr von 8.15 bis 12.45 Uhr und 14 bis 16 Uhr, Sa 8.30 bis 11.30 Uhr). Gegenüber dem Kalahari Arms Hotel befindet sich ein kleines **Internet-Café.**

Einkaufen

● Eine hervorragende **Auswahl klassischer Buschmann-Souvenirs** zu relativ günstigen Preisen bietet der Shop **Ghantsi Craft** an der Hauptstraße zwischen Postamt und Kalahari Arms Hotel. In der dazugehörigen **Ghanzicraft Cooperative** (P.O. Box 196, Ghanzi, Tel. 6596241, Fax 6596124, E-Mail: ghanzi craft@info.bw), von Dänen bereits in den 1950er Jahren gegründet, stellen San-Kunsthandwerker u.a. Stoffdruckereien, verzierte Taschen, Lederwaren, Ketten aus verzierten Straußeneischalen, traditionelle Instrumente und natürlich Pfeil-und-Bogen-Sets her.

● Eine gute Auswahl an San-Souvenirs erhält man auch in **D'kar** (siehe „Ausflüge und Unternehmungen").

● Ghanzi bietet nur bescheidene Einkaufsmöglichkeiten für Selbstversorger. Empfehlenswert sind der kleine **Supermarkt an der Oasis Petrol Station** oder der **Hollandia General Store**. Frisches Fleisch guter Qualität und Lebensmittel aus südafrikanischer Produktion erhält man in der **Gantsi Butchery** unweit des Flugfeldes.

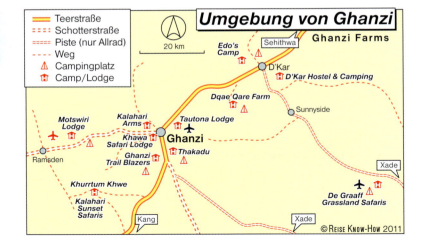

Umgebung von Ghanzi

Teerstraße
Schotterstraße
Piste (nur Allrad)
Weg
Campingplatz
Camp/Lodge

20 km

Ghanzi Farms

Edo's Camp
Sehithwa
D'Kar
D'Kar Hostel & Camping
Dqae Qare Farm
Sunnyside
Motswiri Lodge
Kalahari Arms
Tautona Lodge
Khawa Safari Lodge
Ghanzi
Ghanzi Trail Blazers
Thakadu
Ramsden
Xade
Khurrtum Khwe
Kalahari Sunset Safaris
De Graaff Grassland Safaris
Kang
Xade

© REISE KNOW-HOW 2011

Ausflüge und Unternehmungen

● Ghanzi ist für Reisende in erster Linie ein Ausgangspunkt für **Touren ins Central Kalahari Game Reserve.** Die Zufahrt erfolgt von Westen über Xade (breit geschobene Piste mit zahlreichen Tiefsandpassagen).

● 37 Kilometer nördlich von Ghanzi an der Straße nach Maun liegt die kleine **Siedlung D'kar.** Mit Hilfe des San-eigenen Kuru Development Trust (P.O. Box 219, Ghanzi, Tel. 6596308, Fax 6596285, Internet: www.dqae. org) wurde eine produktive **Gemeinschaft von San-Künstlern und Kunsthandwerkern** aufgebaut, die ihre Erzeugnisse über den Dqae Qare Souvenir Shop mit angeschlossener San-Kunstausstellung vertreibt. Ca. 15 km südöstlich von D'kar liegt die **Dqae Qare Game Farm** (nur mit 4WD erreichbar), die neben sauberen Unterkünften und Zeltmöglichkeiten auch geführte Buschwanderungen anbietet, auf denen die Lebensweise der San als Jäger und Sammler sehr praxisnah im Feld erläutert wird.

● **Ghanzi Trail Blazers,** P.O. Box 35, Ghanzi, Tel./Fax 6597525, Mobil 72102868, Internet: www.ghanzitrailblazers.com. Renommierter Veranstalter, der seit vielen Jahren Touren zu den San anbietet. Unter dem Motto „Meet and understand the Bushmen" werden auch längere San-Führungen mit Übernachtung in der Kalahari organisiert. Empfehlenswert.

● **Grassland Safaris,** P.O. Box 19, Ghanzi, Mobil 72104270, Fax 72804270, Internet: www.grasslandlodge.com. Game und Night Drives, Jagdsafaris und von lokalen San geführte Buschwanderungen, auf einer großzügig angelegten Wildfarm mit ansprechenden Unterkünften ca. 60 km östlich von Ghanzi an der Piste von D'kar nach Xade im CKGR (Zufahrt ausgeschildert). Die Eigentümerin der Farm, die in Botswana aufgewachsene weiße Südafrikanerin *Neeltjie de Graaff-Bower,* spricht den lokalen San-Dialekt fließend und gilt als erfahrener Jagd- und Safari-Guide. Empfehlenswert.

● **Kalahari Sunset Safaris,** P.O Box 651, Ghanzi, Mobil 72155259, Internet: www.kalaharisunset.com. Game Drives und von San

geführte Buschwanderungen auf der ca. 20 km südlich von Ghanzi gelegenen Buitsivango Farm.

Weiterreise nach Namibia

Die Weiterreise nach Namibia erfolgt über den **Grenzübergang Mamuno/Buitepos** (von 7 bis 24 Uhr geöffnet, Übernachtungsmöglichkeit, bislang keine offizielle Wechselstube), 213 km südwestlich von Ghanzi. Die Fahrt dorthin führt über Tshootsha (auch „Kalkfontein" genannt, Tankmöglichkeit), Karakubis (Tankmöglichkeit), Xanagas und Charles Hill (Tankmöglichkeit). Der Grenzübertritt in beide Richtungen gestaltet sich problemlos und geht zügig vonstatten. Für Fahrzeuge ohne namibisches Kennzeichen ist eine Gebühr („Road Fund") in Höhe von 180 Namibia-Dollar zu entrichten. Hinter der Grenze gelangt man über die westliche Fortsetzung des modernen Trans-Kalahari Highway nach Gobabis (119 km, gute Unterkunfts- und Versorgungsmöglichkeiten, mehrere Tankstellen). Die namibische Hauptstadt Windhoek mit exzellenten Unterkunftsmöglichkeiten und allen Versorgungseinrichtungen liegt von Gobabis noch 216 km entfernt.

Das Gebiet der zentralen Kalahari

Kaum eine Region auf dieser Erde ist bis in die jüngste Vergangenheit so unzugänglich geblieben wie die zentrale Kalahari. Erst mit der Öffnung des riesigen Central Kalahari Game Reserve Mitte der 1990er Jahre wurde die zentrale Kalahari auch für touristische Besucher erschlossen. Getrübt wird die einzigartige Faszination des Gebietes nur durch den Umstand, dass auch dieses Reservat – ursprünglich primär dazu eingerichtet, um die Kultur der letzten als Jäger und Sammler lebenden Buschmänner zu schützen – den kulturellen Niedergang der San nicht hat aufhalten können und Prospektionstrupps internationaler Minenkonzerne, Geländewagen abenteuerlustiger Individualtouristen sowie dauerhaft angelegte und mobile Safaricamps luxuriöser Reiseveranstalter das Finale eines einzigartigen Lebensstils, vor allem aber das endgültige Ende der Selbstbestimmung der San, eingeleitet haben.

Die **zentrale Kalahari** ist gewissermaßen das **Herz des sandgefüllten Kalahari-Beckens,** das vom südafrikanischen Orange River im Süden bis in das äquatoriale Mündungsgebiet des Kongo reicht und als größtes zusammenhängendes Sandgebiet der Erde gilt. Sie verwöhnt das Auge des Betrachters durch ihre unendlich scheinende Weite und die stetige Abwechslung von Formationsreichtum und Gleichförmigkeit. Die bedeckende Sandschicht variiert zwischen wenigen Metern und mehr als 200 Metern und ist mit trockener Gras- und Busch- bzw. Baumsavanne bestanden. Das Relief wird von fossilen Dünenlandschaften geprägt, die während vorzeitlicher Trockenperioden entstanden sind. Flache fossile Flusstäler wie z.B. das Okwa-Tal durchschneiden weite Teile dieser Landschaft und legen Zeugnis ab von vergangenen Epochen des Wasserreichtums. Immer wieder trifft man auf ausgedehnte Pfannensysteme, deren Entstehung eng mit dem ehemals reichhaltigen Wasserangebot verknüpft ist.

Die schleichende Austrocknung des Kalahari-Beckens im Laufe vieler Jahrmillionen wird durch einen ausgedehnten **geologischen Rückblick** verständlich. Infolge der Kontinentaldrift bewegte sich Afrika vor 60 Millionen Jahren weiter nach Süden, wodurch das Klima zunehmend heißer und trockener wurde. Vor etwa 30 Millionen Jahren wurde der Kontinent von gewaltigen Kräften im Erdinneren erschüttert, die die Bildung des ostafrikanischen Grabenbruchs („Great Rift Valley") einleiteten, der sich im Süden bis zum Okavango-Delta erstreckt. Eine weitere Anhebung der südlichen Landmassen war die Folge, sodass die Zufuhr feuchter Luftströmungen aus dem Norden eingeschränkt wurde und es lokal zu noch stärkerer Trockenheit kam. Vor etwa fünf Millionen Jahren schließlich zog die Vergletscherung der Antarktis ein Ansaugen feuchter Luftmassen über der südlichen Hemisphäre und nachfolgende Umwandlung in Gletschereis nach sich. Daraus resultierte eine weitere Austrocknung der polnahen Gebiete der südlichen Hemisphäre. Das heutige **Halbwüstenklima** der zentralen Kalahari ist gekennzeichnet durch sehr heiße Sommer mit Temperaturen bis

über 40°C. Nachts kühlt sich die Luft deutlich ab. In den Wintermonaten Mai bis August ist es tagsüber recht angenehm mit Temperaturen zwischen 22° und 30°C, der Himmel zeigt sich dazu meist klar und nahezu wolkenfrei. Nachts wird es hingegen äußerst kalt. Temperaturen unter dem Gefrierpunkt sind dabei nicht selten. Es gibt mehrere Berichte über **Schneefall** in der zentralen Kalahari.

Neben dem **Central Kalahari Game Reserve,** das man vor allem im Rahmen einer Kalahari-Querung bereisen sollte, lohnt auch das im Süden angrenzende,

Tau Pan (Central Kalahari Game Reserve)

Die zentrale Kalahari

an für die Tierwelt attraktiven Pfannen reiche **Khutse Game Reserve** einen Besuch, vor allem dann, wenn es ausgiebig geregnet hat, und die Pfannen sich mit Wasser gefüllt haben. Während ausgedehnter Dürreperioden verläuft ein Besuch des Khutse Game Reserve und des Central Kalahari Game Reserve ausgesprochen enttäuschend. Die Illusion, in der zentralen Kalahari als Tourist noch auf jagende Buschmänner zu stoßen, sollte man sich bereits im Vorfeld getrost „abschminken".

Gaborone – Khutse Game Reserve

Gesamtdistanz: 214 km
● **Zustand:** bis Letlhakeng guter Asphaltbelag, dann gute Schotterpiste, vereinzelte Tiefsandpassagen.
● **Tankmöglichkeiten:** Gaborone, Mogoditshane, Molepolole, Letlhakeng
● **Gesamtfahrzeit:** 3–4 Stunden

Man verlässt Gaborone über den Molepolole Flyover gen Westen. Auf einer gut ausgebauten Asphaltstraße erreicht man nach 50 km die Kleinstadt **Molepolole** (passable Übernachtungs-, Versorgungs- und Tankmöglichkeiten). Von Molepolole führt ein verschmälertes Asphaltband weiter nach **Letlhakeng** (Tankmöglichkeit), wo der Asphalt bei Km 111 endet. Ab Letlhakeng ist die Strecke zum Khutse GR ausgeschildert. Man erreicht auf passabler Schotterpis-

te zunächst das staubige Dorf Khudumelapye (Km 136). Die Wegführung durch die Siedlung in Richtung Khutse ist unübersichtlich, sodass man sich am Ortsausgang nochmals bei der Dorfbevölkerung vergewissern sollte, dass man sich wirklich auf die richtige Piste begeben hat. Bei Km 172 erreicht man das Dorf Salajwe, wo die Straße einen scharfen Bogen nach links macht. Der weitere Weg ist gut ausgeschildert. Die letzten gut 40 km führen über befestigte Piste mit einzelnen Tiefsandpassagen (ausgefahrene Ausweichspuren). Die GPS-Koordinaten des Khutse Game Scout Camp bei Km 214 sind S 23° 21.380', E 24°36.470'.

Molepolole

Die rasch wachsende Kleinstadt Molepolole (**60.000 Einwohner**) gilt als **„Hauptstadt" der Bakwena.** Sie bietet Reisenden einfache Unterkunfts- und Versorgungsmöglichkeiten. Wer großes Interesse an der Tswana-Kultur hat, kann sich im **Kgosi Sechele I. Museum** (3 km westlich des Kgotla) über Kultur und Herkunft der Bakwena informieren. Einen kurzen Blick wert sind auch die von Schulkindern bemalten Mauern des schottischen Livingstone Hospital (Tel. 5920333). Gut 1 km westlich des Krankenhauses an der Straße nach Letlhakane befindet sich ein großer **„Wald" von Marloth-Aloen** (Aloe marlothii). Der Legende nach sollen die Aloen um 1850 einen Angriff von Treckburen auf die Siedlung abgewendet haben. Der König Sechele habe nämlich mittels magischer Kräfte unter den Buren den Eindruck erzeugt, die blühenden Pflanzen seien ein massives Aufgebot von Kwena-Kriegern, sodass diese von einer Attacke abließen.

5 km südlich von Molepolole befinden sich die **Ruinen der alten Kwena-Hauptstadt Ntsweng,** die zwischen 1863 und 1937 bewohnt war. Neben einigen königlichen Gräbern ist auch das Regierungsgebäude von *Sechele II.* rudimentär erhalten.

Unterkunft

Kategorie C (20–40 Euro pro DZ)
●**Lemepe Lodge,** P.O. Box 2650, Molepolole, Tel. 5915099, Mobil 72170559, Internet: www.lemepelodge.co.bw. Einfaches Mittelklassehotel.

Camping

Das heruntergebrannte Mafenya-Tlala Hotel hatte einen kleinen Campingplatz mit Stromanschluss. Nach der brandbedingten Zerstörung der Anlagen muss man nun auf **wildes Campen in der Umgebung** von Molepolole ausweichen.

Essen und Trinken

Im Restaurant der **Lemepe Lodge** werden einfache Speisen europäischen Zuschnitts serviert. Darüber hinaus gibt es in Molepolole mehrere **lokale Restaurants und Takeaways.**

Banken/Geldumtausch

Die **Filiale der Barclay's Bank of Botswana** liegt zentral. Inhaber einer ausländischen VISA-Karte können am Geldautomaten bequem Bargeld abheben.

Busverbindungen

Es existieren gute **Minibusverbindungen nach Gaborone** (die Abfahrten erfolgen den ganzen Tag über, sobald die Gefährte gut gefüllt sind).

Letlhakeng

Die **staubig und trostlos anmutende Siedlung** Letlhakeng liegt am Ende der Asphaltstraße von Molepolole und befindet sich damit an der Schwelle zwischen Zivilisation und Kalahari-Wildnis. Obwohl die Gegend um Letlhakeng äußerst ausgedorrt wirkt, gibt es Berichte darüber, dass sich dort einst ein grüner Garten Eden befand, der vom Wasser starker natürlicher Quellen gespeist wurde. Üppige Vegetation und Frischwasserquellen zogen damals große Herden von Elefanten, Büffeln und Nashörnern an. In diesem Zusammenhang bekommt auch der Name „Letlhakeng" einen tieferen Sinn. Er bedeutet übersetzt soviel wie „Ort der Rieder" ...

Khutse Game Reserve

Ganzjährig geöffnet. Nur mit Allrad-Geländewagen befahrbar. GPS-Navigation nicht notwendig, aber manchmal hilfreich. Keine Versorgungs- und Tankmöglichkeiten im Reservat. Einfache Camp Sites (teils mit Wasserversorgung) vorhanden. Camp-Site-Buchung über den privaten Betreiber erforderlich. Anfahrtszeit zum Khutse Park Gate ab Gaborone: 3–4 Std.

Das Reservat

Das **2500 km²** große Khutse Game Reserve entstand 1971 auf dem Stammesgebiet der Bakwena, um ein wildreiches Teilgebiet der Kalahari mit zahlreichen mineralischen Pfannen zu schützen. Vor der Gründung des Reservates durchstreiften Bakgalagadi und San das Gebiet. Noch heute findet man in der Peripherie des Gebietes mehrere Siedlungen dieser Völker. Das Khutse

Game Reserve grenzt im Norden direkt an das zwanzigfach größere Central Kalahari Game Reserve (CKGR) an und geht faktisch in dieses über. Die Camp Sites an der Khankhe Pan und an der Mahurushele Pan liegen bereits innerhalb des CKGR.

Im Gegensatz zum überwiegend mit Dünenlandschaft bestandenen CKGR ist die Landschaft des Khutse Game Reserve **Teil eines fossilen Flusssystems,** das bis vor etwa 10.000 Jahren in nord-

östlicher Richtung in den Makgadikgadi-Ursee entwässerte. Heute stellen mehrere Pfannenkomplexe und flache Flusstäler Relikte der einstigen Flusslandschaft dar. Der Name „Khutse" bedeutet so viel wie „Ort, an dem man niederkniet, um zu trinken" und bezieht sich auf den Wasserreichtum vergangener Zeiten. Das weitläufige System mineralischer Pfannen bildet einen wichtigen **Lebensraum für Wildtiere.** Neben dem eiweißreichen Grasbewuchs am

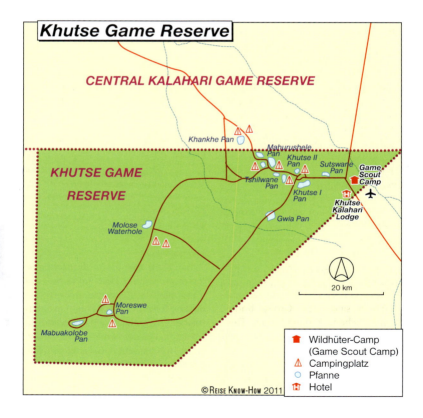

Pfannenrand lockt in der Regenzeit auch das mineralreiche Oberflächenwasser in den Pans Tiere an. In der Trockenzeit nutzt das Wild die trockenen Pfannen als Salzlecke. Zwischen den einzelnen Pfannen stößt man auf trockene Kalahari-Buschsavanne.

Während der letzten drei Jahrzehnte wurde das Khutse Game Reserve von großen **Dürreperioden** heimgesucht, die zu einer Reduzierung und Selektion des Wildbestandes führten. An der Moreswa Pan und an der Mosole Pan existieren Bohrlöcher, um Tiere ganzjährig mit Wasserquellen versorgen zu können. Die zugehörigen Pumpen waren in den vergangenen Jahren leider nicht immer funktionstüchtig.

Ein Besuch des Reservates ist während oder kurz nach einer guten Regenzeit sehr interessant und verläuft bei Trockenheit eher enttäuschend. Meines Erachtens lohnt eine gesonderte Tour nach Khutse nicht, stellt aber eine landschaftliche Ergänzung zu einem Besuch des CKGR dar.

Tierwelt

Die Beobachtung großer Tierherden im Khutse GR ist ungewöhnlich. Es kommen jedoch **größere Bestände an** Springböcken, Spießböcken, Streifengnus und Südafrikanischen Kuhantilopen im Reservat vor. Regelmäßig zu beobachten sind auch Große Kudus, Steinböckchen, Kronenducker, Elenantilopen, Schabrackenschakale und Löffelhunde. Giraffen werden aufgrund der andauernden Trockenheit im Gebiet zunehmend seltener gesehen. Unter den Raubtieren bestehen recht gute Chancen, schwarzmähnige Kalahari-Löwen, Geparde oder dämmerungsaktive Braune Hyänen zu beobachten. Selten werden auch Leoparden oder Afrikanische Wildhunde beobachtet.

Neben Straußen ist die **Vogelwelt** vor allem durch Riesen- und Gackeltrappe, Gabelracke, Gelbschnabeltoko, Geier und verschiedene Greifvogelarten (Sekretär, Gaukler, Milane, Adler, Singhabichte und Falken) repräsentiert. Besonders ergiebig für Vogelbeobachtungen sind die Umgebung der Khutse Pans, die Moreswe Pan und das Molose-Wasserloch.

Unterwegs im Reservat

Das kleine **Wegenetz** weist überwiegend einen **relativ festen Untergrund** auf, der über weite Strecken auch ohne Umschalten in den Allradmodus bewältigt werden kann. Die Gesamtlänge der Pisten beträgt ca. 170 km. In zwei Tagen kann man daher alle Regionen des Reservates besichtigen. Es sind mehr als 60 Pfannen vorhanden, von denen sich viele vom Wegenetz aus einsehen lassen. Das Khutse Game Reserve ist eine **beliebte Wochenenddestination** für Besucher aus Gaborone, sodass man dann mit einem größeren Besucheraufkommen rechnen muss. **Das Befahren von Pfannen ist streng verboten,** um deren fragile Oberfläche nicht zu zerstören. Zuwiderhandlungen werden von der Reservatsführung mit einer Aufforderung zum Verlassen des Schutzgebietes beantwortet.

Bereits bei der Einfahrt in das Reservat gelangt man an eine kleine Pfanne, die Golalabodimo Pan. Kurz dahinter

Die zentrale Kalahari

zweigt eine Sandpiste nach Norden ab, die nach Gope (Diamantvorkommen!) innerhalb des CKGR führt und nicht befahren werden darf. Nach 13 km in westlicher Richtung passiert man die attraktiven Pans Khutse I und Khutse II, an der sich die Wegführung gabelt. Hier folgt man dem Streckenverlauf nach Nordwesten. Über die wildreiche Motailane Pan und die kleinere Tshilwane Pan gelangt man nach 9 km an die attraktive Mahurushele Pan, wo sich die Wegführung abermals gabelt. Hier hält man sich rechts und fährt gut 10 km weiter nach Norden bis zur schönen Khankhe Pan. Die Piste führt von hier tiefer ins CKGR und sollte daher nur im Rahmen einer gut vorbereiteten Fahrt dorthin genutzt werden.

An der Khankhe Pan macht man kehrt und fährt zurück zur Weggabelung an der Mahurushele Pan. Von hier führt eine gut 27 km lange Piste nach Südwesten zur Molose Pan, an der ein Wasserloch existiert (wenn die zugehörige Pumpe funktioniert!), das während der Trockenzeit einen Fokus des Tierlebens im Reservat bildet. Einen Höhepunkt stellt die Fahrt zur 24 km südwestlich liegenden Moreswe Pan dar, wo besonders gute Chancen zur Beobachtung von Geparden bestehen. Einige Kilometer vor der Pfanne passiert man den **Wendekreis des Steinbocks** („Tropic of Capricorn"), die südliche Grenze des Tropengürtels. Ein kleines Schild macht auf die geographische Grenzlinie aufmerksam und lädt zu markanten Erinnerungsfotos ein.

An der Moreswe Pan befindet sich ein sehr tiefes Wasserloch, das Tieren in erster Linie zur Salzaufnahme dient. Diese besonders attraktiv gelegene Pfanne und die benachbarte Mabuakolobe Pan können umfahren werden. Von der Moreswe Pan führt eine 51 km lange Piste direkt zurück zur Khutse II Pan. Dabei passiert man die originell benannte „Pan With No Name" – ein weiteres gutes Motiv für Erinnerungsfo-

---

Form Rev 87 (Revised 1989) 0147931

REPUBLIC OF BOTSWANA   S/R No.

PERMIT TO ENTER NATIONAL PARKS AND GAME RESERVES

(REGULATIONS 4 (2), 5 (3), 6 (6), 7 (2), 8 (1), OF THE NATIONAL PARKS AND GAME RESERVES REGULATIONS, 1988)

NB   Government is exempted from any liability arising from such visit in a National Park or Game Reserve.

Permission is hereby granted to .... G. LUBBERT

Address.... GERMANY

together with .... 1 (ONE) ....(Number) other persons, whose particulars have been provided in FORM NP/GR.

to enter .... MOREMI .... NATIONAL PARK/GAME RESERVE*

(dates) .... 15 — 07 — 99 .... to .... 16 — 07 —99

tos. Die 21 km lange Verbindungspiste zwischen der Strecke Moreswe Pan – Khutse Pan und dem Molose Waterhole ist wenig lohnend.

Beste Reisezeit

Während der Regenmonate November bis April und im Folgemonat Mai weist das Khutse GR die größten Wildbestände auf. Herden von Springböcken und Spießböcken rufen dann auch vermehrt Raubtiere, vor allem Löwen, Braune Hyänen und Geparde, auf den Plan. Das Reservat wirkt nach ausgiebigen Niederschlägen angenehm grün und ist in manchen Regionen farbklecksartig mit kleinen Blütenteppichen überzogen. Sandige Passagen auf den Pisten innerhalb des Reservates und auf der Anfahrtsroute von Osten lassen sich deutlich besser als in der Trockenzeit befahren. Während der Trockenmonate Mai bis Oktober verläuft ein Besuch des Parks in der Regel enttäuschend. Die Landschaft wirkt dann ausgedorrt und langweilig. Wildbeobachtungen werden durch die geringe Tierdichte, teilweise auch verbunden mit großer Scheu vor dem Menschen, erschwert.

Anreise

Die Anfahrtsroute von Gaborone wird im Rahmen der Routenbeschreibung „Gaborone – Khutse Game Reserve" detailliert erläutert. Ab Letlhakeng ist die Wegführung zum Khutse GR mit grünen Hinweisschildern markiert. Alternativ kann man einen Besuch des Khutse GR in die Querung des Central Kalahari Game Reserve von Norden nach Süden oder vice versa einbinden. Im Notfall ist das Reservat über eine kleine Landepiste am Khutse-Wildhütercamp mit dem Kleinflugzeug erreichbar.

Borstenhörnchen

Genehmigungsschein für den Eintritt in Nationalparks und Game Reserves

Buchungen und Eintrittsgebühren

Alle Camp Sites des Khutse GR müssen seit 2009 über den verantwortlichen privaten Betreiber **Bigfoot Tours** vorab gebucht und bezahlt werden. Neben den Campinggebühren sind auch die Parkgebühren über die Büros des DWNP oder einen Centralized Pay Point des DWNP vorab zu entrichten:

● **Parks and Reserves Reservation Office,** P.O. Box 131, Kgale Millenium Park (gegenüber der Game City Shopping Mall), Gaborone, Botswana, Tel. 3971405 oder 3180777, Fax 3912354 oder 3180775, E-Mail: dwnp@gov.bw oder dwnp.parrogabs@gov.bw. Öffnungszeiten: Mo–Sa 7.30 bis 12.45 Uhr und 13.45 bis 16.30 Uhr.

● **Parks and Reserves Reservation Office,** P.O. Box 20364, Boseja (neben der Polizeistation), Maun, Botswana, Tel. 6861265 oder 6860368, Fax 6860053. Das Büro ist täglich geöffnet: Mo–Sa 7.30 bis 12.45 Uhr und

Die zentrale Kalahari

13.45 bis 16.30 Uhr, So (und an Feiertagen) 7.30 bis 12 Uhr.

● **Bigfoot Tours,** P.O. Box 45324, Plot No. 2930, Pudulogo Crescent, Extension 10, Gaborone, Tel. 3953360, Mobil 73555573, Internet: www.bigfoottours.co.bw. Buchungen sollen bevorzugt über die Internet-Plattform www.simplybotswana.com bzw. die E-Mail-Adressen info@simplybotswana.com oder sales@simplybotswana.com abgewickelt werden. Alle Camp Sites im Khutse GR und zahlreiche Camp Sites im CKGR (Piper's Pan, Sunday Pan, Letiahau, Passarge Valley, Lekhubu und Motopi Pan) wurden 2009 langfristig an diesen Betreiber übergeben. Bigfoot Tours hat hier bereits die Campinggebühr von 30 Pula auf 150 Pula (ca. 16 Euro) p.P. und Tag (Stand 2010) erhöht. Die Parkeintrittsgebühren müssen unverändert vorab direkt an das DWNP entrichtet werden. Die Abwicklung der Buchung verläuft ähnlich wie beim DWNP, jedoch werden Auslandsüberweisungen gegenüber Kreditkarten bevorzugt.

Gelbschnabeltoko

Die Eintrittsgebühren für Individualreisende (13 Euro für Erwachsene, 6,50 Euro für Kinder von 8–15 Jahren, 5,40 Euro für Fahrzeuge mit ausländischer Registrierung, 1,10 Euro für Fahrzeuge mit botswanischer Registrierung) müssen vorab über die Buchungsbüros des DWNP bzw. einen Centralized Pay Point entrichtet werden. Die am Gate ausgestellte Besuchsgenehmigung ist bis 11 Uhr am Morgen des Folgetages gültig.

Unterkunft und Versorgungsmöglichkeiten

Das Reservat verfügt über **sechs,** im Jahr 2009 privatisierte **Campingplätze,** die ähnlich den Einrichtungen im Kgalagadi Transfrontier NP überholt und ausgebaut werden sollen. Allein der kommunale **Khutse Campground** (zehn Stellplätze) zwischen den Pfannen Khutse I und Khutse II bietet eine funktionierende Wasserversorgung mit einfachen Duschen und Toiletten. Die Camp Sites Mahurushele Pan (ein Stellplatz am Pfannenrand), Sekusuwe Pan (ein Stellplatz unter einem großen Kameldornbaum) und Khankhe Pan (vier Stellplätze auf einer Düne am Pfannenrand) verfügen über keinerlei Einrichtungen außer einfachen Plumpsklos. Die Camp Sites an der Molose Pan (vier Stellplätze) und an der Moreswe Pan (vier Stellplätze mit exzellentem Blick über die Pfanne) bieten ein einfaches Duschsystem. Landschaftlich am attraktivsten liegen meines Erachtens die Camp Sites an der Moreswe Pan und an der Khankhe Pan. Alle Camp Sites am Rande von Pfannen eröffnen die vergnügliche Möglichkeit, Wildbeobachtungen sogar aus dem Campingstuhl heraus zu starten.

Alle Camp Sites müssen seit 2009 über den verantwortlichen privaten Betreiber Bigfoot Tours vorab gebucht und bezahlt werden (s.o.). Das Sammeln von Feuerholz kann im Khutse GR sehr unergiebig sein. Man sollte daher entsprechende Vorräte mitbringen. Außer salzigem Wasser aus Bohrlöchern am Wildhüterbüro und am Khutse Campground sind im Reservat keinerlei Versorgungsmöglichkeiten vorhanden. Ausreichende Reserven an Trinkwasser, Treibstoff, Nahrung und Ersatzteilen müssen daher mitgebracht werden. Die nächstgelegenen Tankmöglichkeiten befinden sich in Letlhakeng bzw. in Molepolole, ca. 110 bzw. 170 km entfernt.

Inzwischen eröffnete mit der **Khutse Kalahari Lodge** an der Ostgrenze des Reservates unweit der Zufahrt zum Khutse Game Scout Camp die erste permanente Luxusunterkunft in der Region:
- **Khutse Kalahari Lodge,** Tel. 3187163, Fax 3908501, Internet: www.khutsekalaharilodge.com. Kategorie AA–A. Die für max. 24 Besucher ausgelegte Lodge (rustikale Chalets mit Strohdach) ist stilvoll eingerichtet und bietet einen erfrischenden Pool. Es werden konventionelle Game Drives mit offenen Allradfahrzeugen sowie geführte Wanderungen u.a. mit lokalen Buschmann-Führern durchgeführt. Ab 150 Euro p.P. im DZ, HP und organisierte Touren im Reservat inklusive.

Central Kalahari Game Reserve (CKGR)

Ganzjährig geöffnet. Nur mit Allrad-Geländewagen befahrbar. GPS-Navigation im Nordteil des CKGR nicht notwendig, im Südteil empfehlenswert. Keine Versorgungs- und Tankmöglichkeiten im Reservat. Einfache Camp Sites (ohne Wasserversorgung) vorhanden. Mehrere kommerzielle Safari Lodges und Camps im Nordteil bzw. im nördlichen Randbereich des Reservats. Camp-Site-Buchung über den privaten Betreiber erforderlich. Anfahrtszeit zum nördlichen Wildhütercamp Matswere ab Maun 3–4 Stunden, zum westlichen Wildhütercamp Xade ab Ghanzi 4–5 Stunden.

Das Reservat

Das **52.800 km²** große Central Kalahari Game Reserve wurde 1961 von der britischen Protektoratsverwaltung Betschuanalands in erster Linie dazu gegründet, die bedrohten Jagdgründe der letzten als Jäger und Sammler lebenden **San der Kalahari zu schützen.**

Das riesige **Reservat** im Zentrum Botswanas **zählt zu den größten Naturschutzgebieten der Welt** und besteht aus einer flachen Savannen- und Halbwüstenlandschaft, in der Grasland, Buschsavanne und lichte Wälder über ausgedehnten Dünenformationen und mineralische Pfannen sowie fossile Flusstäler miteinander abwechseln. Es herrscht große Trockenheit mit einem mittleren Jahresniederschlag von 170 bis 200 mm vor. Über mehr als drei Jahrzehnte war das Gebiet für die Öffentlichkeit gesperrt. Erst Mitte der 1990er Jahre wurde das CKGR für den Individualtourismus geöffnet.

Zunehmende **Dürre** und eine generelle Abkehr vom traditionellen Lebensstil (daran ist die behördliche Genehmigungspflicht der San-Jagd nicht unschuldig) führten dazu, dass sich Anfang der 1990er Jahre so gut wie keine San im Reservat mehr von der Jagd und dem Sammeln von Pflanzen und Früchten ernährten. Das Gros der San hatte sich in Xade, dem mit einigen hundert Menschen größten Dorf im Südwesten des Reservates, und in mehreren anderen Siedlungen im Südteil des CKGR (Molapo, Metseamanong, Mothomelo, Kikao, Kukama, Gope) niedergelassen, die über eine Wasserversorgung aus Bohrlöchern verfügten oder mit Trinkwasser beliefert wurden. Die sesshaft gewordenen Nomaden führten dort ein von Unterentwicklung, Hunger und Armut geprägtes Leben, das zunehmend

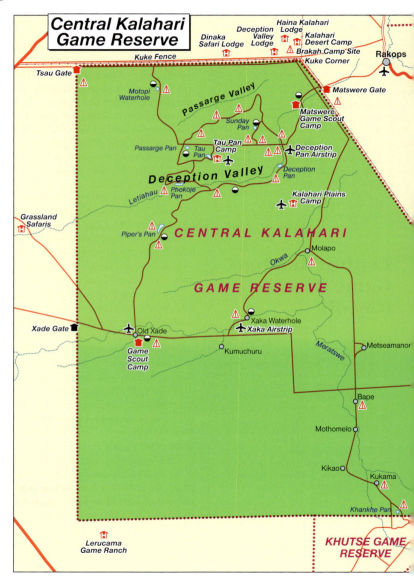

Central Kalahari Game Reserve

Kuke Fence

Dinaka Safari Lodge

Deception Valley Lodge

Haina Kalahari Lodge

Kalahari Desert Camp

Brakah Camp Site

Kuke Corner

Rakops

Tsau Gate

Motopi Waterhole

Passarge Valley

Matswere Gate

Matswere Game Scout Camp

Sunday Pan

Passarge Pan

Tau Pan Camp

Tau Pan

Deception Pan Airstrip

Deception Valley

Deception Pan

Letiahau

Phokoje Pan

Kalahari Plains Camp

Grassland Safaris

Piper's Pan

CENTRAL KALAHARI

Molapo

Okwa

GAME RESERVE

Xaka Waterhole

Xade Gate

Old Xade

Xaka Airstrip

Game Scout Camp

Kumuchuru

Meratswe

Metseamanor

Bape

Mothomelo

Kikao

Kukama

Khankhe Pan

Lerucama Game Ranch

KHUTSE GAME RESERVE

Wildhüter-Camp
(Game Scout Camp)
Campingplatz
Landebahn
Wasserloch
Wasserbohrung
Lodge
Tiersperrzaun

von der Lieferung staatlicher Hilfsgüter abhängt.

Unter dem Einfluss botswanischer und US-amerikanischer Wildlife-Verbände, die eine **konsequente Umsetzung des Wildschutzgedankens** fordern, und touristische Perspektiven vor Augen fror die botswanische Regierung Ende der 1990er Jahre die soziale Entwicklung der Siedlungen ein und forderte die San zum Verlassen des Reservates auf. Dabei wurde den San in neuen Siedlungen außerhalb des Reservates neben Hilfsgütern auch Zugang zu Schulen und medizinischer Versorgung angeboten. Zahlreiche Buschmänner kehrten dem Reservat freiwillig den Rücken. Wegen der Drohung, die San des CKGR auch mit **Zwangsmaßnahmen** zum Verlassen des Gebietes zu bewegen, wurde die botswanische Regierung international scharf kritisiert. Im Februar 2002 schließlich lief ein Ultimatum der Regierung an die im Reservat verbliebenen San aus, das CKGR endgültig zu verlassen. Die Versorgung der Buschmannsiedlungen mit Trinkwasser wurde beendet. Danach erfolgte eine Umsiedlung der letzten ca. 700 verbliebenen San ins **Lager New Xade** am Rande des Reservates, die im Jahr 2003 offiziell als abgeschlossen galt. Die Durchführung hatte nach Aussagen von Augenzeugen den Charakter einer Zwangsdeportation. **Inzwischen kehrten mehrere hundert San** – nach Regierungsverständnis illegal – **wieder ins CKGR zurück.** Ende 2006 erklärte der oberste Gerichtshof Botswanas die zwangsweise Umsiedlung der San aus dem CKGR für illegal. Die Regierung

Die zentrale Kalahari

ließ verlauten, sie werde das Urteil nicht anfechten. Die Gerichtsentscheidung erlaubt nach Lesart der Regierung allein den 189 vor Gericht namentlich klagenden San die Rückkehr ins CKGR, allerdings ohne die Mitnahme von Haus- und Nutztieren und ohne jegliche Jagdrechte. Auf der einen Seite ist der Status der im CKGR siedelnden San nicht mit Naturschutzprinzipien vereinbar und widerspricht auch eklatant dem ursprünglichen Gründungsgedanken des Reservates, andererseits weisen die ergriffenen Maßnahmen den bitteren Beigeschmack von Vertreibung, Zwang und Enteignung auf, zumal die Eigentumsfrage des vom Staat beanspruchten Gebietes bezüglich der San nie offen diskutiert und geklärt wurde. Die von manchen San offen gestellte Frage,

warum die botswanische Regierung ihrem Volk durchaus helfen möchte, aber dies angeblich nur außerhalb des CKGR möglich sei, lässt sich nicht schlüssig beantworten. In diesem Kontext erscheint auch die andauernde **Prospektion von Bodenschätzen** in keinem guten Licht (insgesamt wurden auf einer Fläche von über 28.000 km² 58 Prospektionslizenzen ausgegeben). So wurde innerhalb des Reservates u.a. bereits ein kommerziell auszubeutendes **Diamantvorkommen** bei Gope gefunden. Angeblich sind die bislang in der zentralen Kalahari gefundenen Bodenschätze nicht abbauwürdig.

Letzter Stand der andauernden Diskussion war, dass sich die botswanische Regierung unter *Ian Khama* nicht zuletzt unter dem großen Druck von

bo-074 Fotox cl

Nichtregierungsorganisationen wie Survival International (Internet: www.survivalinternational.de) um eine Art Masterplan für die juristisch legitimierten Ansprüche der San bemüht. Verschiedene Versionen eines solchen Plans kursierten im Jahr 2010 zur weiteren Abstimmung zwischen den Vertretern der Betroffenen und allen beteiligten Regierungsstellen und Gruppen.

Während 2009/2010 zwei neue Safari Lodges bzw. Luxury Tented Camps innerhalb des CKGR eröffnet wurden, hat sich die **Situation der San** substanziell kaum verändert. Ca. 2000 San leben dauerhaft in der Siedlung New Xade westlich des CKGR, wo staatliche Wasser- und Nahrungsversorgung, Schulen und einfache gesundheitliche Dienste zur Verfügung stehen. Hingegen dürfen die mit hoher Fluktuationsrate wieder innerhalb des Reservates lebenden San dort weder jagen, dauerhafte Siedlungsstrukturen errichten, Tiere halten oder nach Wasser bohren.

Ein Besuch des Central Kalahari Game Reserve zählt besonders während der Regenzeit zu den **Höhepunkten einer Botswanareise.** Im Vordergrund steht dabei weniger das Beobachten großer Tierherden als vielmehr das Erfassen der abenteuergeladenen Atmosphäre, das Privileg, einen Sonnenuntergang im Umkreis von über hundert Kilometern mit kaum einem anderen Menschen teilen zu müssen, oder der natürliche Reiz des Unbekannten. Viele

Abzweig zum Central
Kalahari Game Reserve bei Rakops

Tiere der zentralen Kalahari zeigen Menschen gegenüber ein neugieriges Verhalten und überraschend schwach ausgeprägte Fluchtreflexe. Streifengnus, Springböcke, Spießböcke und andere Antilopen, die immer einem gewissen Jagddruck ausgesetzt waren, verhalten sich jedoch meist sehr scheu. Jede größere Fahrt in die zentrale Kalahari besitzt **Expeditionscharakter** und muss entsprechend gut vorbereitet werden.

Tier- und Pflanzenwelt

Große Tierherden lassen sich nur in Zeiten guter Niederschläge beobachten. Die zunehmende Trockenheit im Gebiet, verbunden mit der nördlichen Umzäunung durch den Kuke Fence, der die Tierherden der zentralen Kalahari von den Wasserquellen des Okavango-Systems abschneidet und in fruchtbaren Regenjahren eine Zuwanderung des Wildes von Norden verhindert, hat in den vergangenen Jahrzehnten eine deutliche **Reduzierung des Wildbestandes** herbeigeführt. Der Bestand an Streifengnus z.B. hat in den letzten 20 bis 30 Jahren um mehr als 90 Prozent abgenommen. Man trifft jedoch noch immer größere Bestände an Springböcken, Spießböcken und Streifengnus im Reservat an. Regelmäßig zu beobachten sind auch Große Kudus, Steinböckchen, Südafrikanische Kuhantilopen, Elenantilopen, Warzenschweine, Schabrackenschakale und Löffelhunde. Giraffen werden aufgrund der andauernden Trockenheit zunehmend seltener gesehen. Zebras sind fast gänzlich aus dem Gebiet verschwunden.

Die zentrale Kalahari

Als **Charaktertier der zentralen Kalahari schlechthin** kann das im Bereich von Pfannen und Flusstälern weit verbreitete **Borstenhörnchen** gelten. Unter den Raubtieren bestehen recht gute Chancen, schwarzmähnige Kalahari-Löwen, Geparde oder die seltenen dämmerungs- und nachtaktiven Braunen Hyänen zu beobachten. Selten werden auch Leopard, Karakal, Afrikanische Wildhunde oder der als aggressiv geltende Honigdachs gesehen. Alle Tiere der zentralen Kalahari weisen eine gute Anpassung an die extreme Trockenheit auf. Am überlebensfähigsten gelten hochadaptierte Arten wie der Südafrikanische Spießbock, der nachweislich mehr als 12 Monate ohne Zugang zu Trinkwasserquellen auskommen kann.

Neben Straußen ist die **Vogelwelt** vor allem durch Riesentrappe, Gackeltrappe, Gabelracke, Gelbschnabeltoko, verschiedene Mausvögel, Weißrückengeier, Sekretär, Gaukler, Milane, Gleitaar, Raubadler, Kampfadler, Heller Grauflügel-Singhabicht, verschiedene Schlangenadler, Falken, mehrere Eulenarten und unzählige Kleinvogelarten repräsentiert. Besonders ergiebig für Vogelbeobachtungen sind das Deception Valley, die Umgebung der Piper Pans, das Xaka Waterhole und die Region südlich von Molapo.

Skorpione sind in vielen Bereichen des CKGR häufig. Sie sind nach Sonnenuntergang am aktivsten. Gerade beim Anlegen im Gelände getrockneter Kleidung, dem Schlüpfen in zuvor sorglos abgestellte Schuhe, vor allem aber beim Holzsuchen sollte man hier besondere Vorsicht walten lassen und im Feld unbedingt feste Schuhe tragen. Ein Skorpionstich ist in der Regel sehr schmerzhaft, aber nicht lebensgefährdend. Große Vorsicht ist gegenüber Skorpionen mit dickem Stachel und kleinen Zangen geboten, die als besonders giftig gelten. Stiche durch Tiere mit dünnem Stachel und großen Zangen verlaufen meist komplikationslos.

Die **Vegetation** des CKGR besteht in erster Linie aus trockener Busch- und Grassavanne, Akazien-Dornsavanne (vor allem mit *Acacia mellifera*) und lichter Baumsavanne (mit *Acacia luederitzii*), deren Wurzelwerk weitläufige Sanddünen fixiert. In der Regenzeit gelangen zahlreiche Dornbuscharten zur Blüte und setzen überall kleine Farbtupfer. Am Rande der Piper Pans trifft man z.B. wilde Sesambüsche (*Sesamothamnus lugardii*) an. Unter den Gräsern dominieren verschiedene Buschmanngräser und Büffelgras.

Unterwegs im Reservat

Für Tierbeobachtungen ist vor allem der landschaftlich attraktive und wildreiche Norden geeignet. Eine sorgfältige Erkundung dieses Gebietes erfordert drei bis fünf Tage. Das **Wegenetz** weist einen **relativ festen Untergrund** auf, der über weite Strecken auch ohne Umschalten in den Allradmodus bewältigt werden kann. Der Kühlergrill Ihres Fahrzeuges sollte unbedingt mit feiner Gaze abgespannt sein, um ein Verstopfen der Kühllamellen durch Grassamen zu verhindern (die Gefahr ist vor allem in der Regenzeit groß). Darüber hinaus muss man darauf achten, dass sich kei-

ne Grasbündel unter dem Auto sammeln, die sich am Auspuff entzünden könnten. Regelmäßige Checks sind erforderlich, gegebenenfalls muss man Grasansammlungen mit einem Stock, dem Spaten oder einem Schraubenzieher entfernen.

Das Landschaftsrelief wird geprägt von **ausgedehnten Dünenformationen** und **fossilen Flussbetten,** deren Wasserläufe während einer vergangenen Feuchtperiode vor 14.000 bis 17.000 Jahren in den riesigen Makgadikgadi-Ursee entwässerten. Am beeindruckendsten ist das lang gezogene **Deception Valley** im Nordosten, das durch die Forschungsarbeit der US-amerikanischen Biologen *Mark* und *Delia Owens* über Löwen und Braune Hyänen und den daraus resultierenden Roman „Cry of the Kalahari" (siehe unten)

Bekanntheit erlangte. Das ausgetrocknete Flussbett ist mit fruchtbarem Grasland bewachsen, das hin und wieder durch Inseln von Buschland und Schirmakazien aufgelockert wird, die Tieren als willkommene Schattenspender dienen. Es bestehen gute Beobachtungsmöglichkeiten für Springböcke, Spießböcke, Löwen, Geparde, Schakale, Löffelhunde und Braune Hyänen.

Über das Letiahau Valley gelangt man zur attraktiven **Piper's Pan** 90 km weiter südwestlich, die einen weiteren Besuchshöhepunkt darstellt. Eine andere Tour führt zur **Leopard Pan** und zur **Sunday Pan,** von denen man in nördlicher und westlicher Richtung in das

Die zentrale Kalahari

Buschmannsiedlung Molapo

Passarge Valley gelangt, an dessen westlichem Ende man von der **Passarge Pan** einen nördlichen Abstecher zur gut 40 km entfernten **Motopi Pan** unternehmen kann. Sehr reizvoll gelegen ist auch die kleine **Tau Pan** zwischen Passarge Valley und Letiahau Valley. Wenig lohnend ist hingegen eine Fahrt auf der sandigen Piste zwischen Deception Valley und Passarge Pan. An der Motopi Pan, an der Passarge Pan, an der Sunday Pan, im Letiahau Valley und an den Piper Pans existieren **Bohrlöcher,** aus denen mit Pumpen betriebene Wasserstellen gespeist werden, die in der Trockenzeit Wild anziehen. Leider funktionieren die zugehörigen Wasserpumpen oftmals nicht.

Zwischen Old Xade im Südwesten und dem Khutse GR im Südosten lassen sich Wildtiere nur sporadisch beobachten. Äußerst unwegsame und sehr sandige Pisten erschweren das Vorankommen ungemein. Die landschaftlichen Reize sind allgemein deutlich geringer als im Norden des Reservates. So ist es nicht verwunderlich, dass der unzugängliche, mit der Problematik der geräumten San-Siedlungen behaftete Süden des CKGR von der lebhaften touristischen Entwicklung des Reservates im Norden weitgehend abgekoppelt ist. Angesichts zeitweiser Sperrmaßnahmen im Süden drängt sich gar der Eindruck auf, dass touristische Besucher hier seitens der botswanischen Regierung unerwünscht sind. **(Old) Xade** stellte die größte und entwickeltste Variante der Buschmannsiedlungen im südlichen CKGR dar. Das Dorf besaß u.a. eine Schule, eine Clinic und einen kleinen Shop mit Grundnahrungsmitteln. Heute sind diese Einrichtungen weitgehend verlassen. Es ist vorgesehen, die Siedlung komplett zurückzubauen.

Die San von Xade wurden überwiegend in die neue Siedlung **New Xade** ca. 65 km weiter westlich, außerhalb der Grenzen des CKGR, verbracht, wo inmitten überweideter Trockenflächen und bei Verbot traditioneller Jagd trotz aller Versorgungsansätze der botswanischen Regierung (Versorgung mit Wasser, Schulunterricht, einfache Ge-

Im Deception Valley bestehen gute Tierbeobachtungsmöglichkeiten

sundheitsleistungen) kaum eine befriedigende Existenzgrundlage vorhanden ist und demzufolge Frustration, Langeweile, Arbeitslosigkeit und Alkoholismus um sich greifen.

Lohnend ist die Fahrt zum **Xaka Waterhole,** für Wildtiere die zuverlässigste Wasserquelle im südlichen CKGR – wenn die zugehörige Wasserpumpe funktioniert. Hier bestehen gute Chancen, Löwen und Braune Hyänen zu beobachten. Durch den tiefen Sand ausgedehnter Dünen kann man sich von Xaka über ca. 35 km in nordöstlicher Richtung in ein fossiles Flussbett vorarbeiten, das der Landschaft des Deception Valley ähnelt und zu allen Jahreszeiten gute Wildbestände aufweist (sehr empfehlenswert). Das Tal endet bei Molapo. Die Fahrt von Molapo nach Norden zum Matswere Game Scout Camp und die in östlicher Richtung nach Gope lohnen meines Erachtens nicht. Alle Pisten in der Region führen durch sehr tiefen losen Sand.

Detaillierte Wegbeschreibungen zur Erkundung des CKGR finden Sie z.B im Shell Tourist Guide to Botswana. Die zugehörigen GPS-Koordinaten lassen sich der Shell Tourist Map of Botswana entnehmen. Das **Verlassen des eigenen Fahrzeuges,** beispielsweise um zu Fuß die offene Pfannenlandschaft zu erkunden, ist im CKGR bislang **gestattet.** Diese Chance sollten Sie unbedingt wahrnehmen. Unübersichtliches Gelände zwingt dabei zu erhöhter Achtsamkeit. Man sollte sich in solchen Fällen lieber nicht zu weit vom eigenen Fahrzeug entfernen, um notfalls ein schnelles Rückzugsmanöver durchführen zu

können, falls Begegnungen mit Tieren der unangenehmeren Art dies erforderlich machen sollten.

Literatur zum Reservat

Das empfehlenswerte Buch „**Cry of the Kalahari**" von *Mark* und *Delia Owens* (erschienen bei Houghton Mifflin, Wilmington 1984) stellt eine informative Einstimmung auf einen Besuch des CKGR dar. Die Autoren haben sieben Jahre lang im Deception Valley gelebt und dort Feldforschung über Braune Hyänen und Löwen betrieben. Der ausführliche Erlebnisbericht der beiden Biologen wird durch kritische Gedanken zum System der Tiersperrzäune in Botswana abgerundet. Das Buch wurde auch ins Deutsche übersetzt („Der Ruf der Kalahari, 7 Jahre unter Wildtieren Afrikas", Bertelsmann-Verlag 1987).

Beste Reisezeit

Als beste Reisezeit sind die **Regenmonate November bis April und der Folgemonat Mai** anzusehen, in denen vor allem der Nordteil des CKGR große Wildbestände aufweist. Herden von Spring- und Spießböcken rufen dann auch vermehrt Raubtiere, vor allem Löwen, Braune Hyänen und Geparde, auf den Plan. Das knochentrockene Reservat verwandelt sich nach ausgiebigen Niederschlägen in ein grünes Naturparadies und ist in manchen Regionen von farbigen Blütenteppichen überzogen. Heftige Regenschauer mit gewaltigen Wolkenformationen machen einen Besuch zu einem Naturerlebnis der besonderen Art. Die tiefen Sandpassagen auf den Pisten im Südteil des Reservates lassen sich deutlich besser als während der Trockenzeit befahren.

Während der Trockenmonate Mai bis Oktober ist ein Besuch ebenfalls lohnend, doch verteilt sich das Wild dann mehr. Die Landschaft wirkt ausgedorrt, karg und abschnittsweise sogar langweilig. Die Gefahr von Buschbränden ist in dieser Zeit sehr groß, daher sollte man beim Umgang mit Feuer besonders große Achtsamkeit walten lassen.

Die zentrale Kalahari

Die Buschmänner der Kalahari

Ihre Lebensweise kommt sozialen und ökologischen Idealen nahe wie kaum eine andere menschliche Kultur: Sie entnehmen der Natur nur soviel, wie sie unmittelbar zum Leben brauchen, sie kennen keine autoritären Hierarchien, sondern fällen alle wichtigen Entscheidungen gemeinschaftlich und geschlechtsunabhängig, abweichende Individualentscheidungen werden von der Gemeinschaft respektiert, oberstes gesellschaftliches Prinzip ist das Teilen (mit Ausnahme von ein oder zwei persönlichen Gegenständen gehört alles Eigentum der Gemeinschaft), und gemeinschaftliche Spiritualität verbindet alle Mitglieder des Volkes. Es hat ihnen alles nichts genützt – am Beginn des 21. Jahrhunderts ist die wohl älteste überlebende Kultur der Welt definitiv am Ende. Das Leben der Buschmänner der Kalahari findet nicht mehr in den angestammten, „eigenen" Jagdgründen statt.

Die Probleme des Volkes beginnen bereits mit der Namensgebung. Die ursprüngliche Bezeichnung burischer Siedler „Bosmanneken" (also „die Männer aus dem Busch") ist von tiefer Verachtung und Rassismus geprägt, der in der heute allgemein akzeptierten und gängigen Vokabel „Buschmänner" oder „Buschleute" weiterlebt. Die akademischere Bezeichnung „San" benennt im engeren Sinne nur eine Sprachgruppe im südlichen Afrika (die übergeordnete Khoisan-Sprachgruppe enthält auch Khoikhoi-Dialekte) und wird von den Buschmännern selbst nicht gebraucht. Ihre eigenen Namen sind unaussprechlich und werden sonst von kaum jemandem benutzt. Eine Kollektivbezeichnung für ihr Volk fehlt gänzlich. Die Setswana-Bezeichnung „Basarwa" bedeutet soviel wie „Menschen aus der hintersten Provinz" und ist ebenfalls mit negativem Beiklang behaftet. Die neueste Wortschöpfung der botswanischen Regierung ist „Remote Area Dwellers" („Bewohner entfernter Gebiete"), abgekürzt „RADs", woraus sich umgangssprachlich schnell ein boshaftes „RATs" („Ratten") entwickelt hat.

Traditionell lebten die San nomadisch in kleinen Familienverbänden, die sich ausschließlich von der Jagd – Männersache – und dem Sammeln wilder Pflanzen und Früchte – Hauptaufgabe der Frauen – ernährten. Mehr als 250 essbare Pflanzen sind in der Kalahari bekannt. Etwa 90 Prozent der Nahrung bestand aus gesammelten Pflanzen und Früchten. In fruchtbaren und wildreichen Gegenden konnten einzelne San-Gemeinschaften mehr als 100 Personen umfassen, in Zeiten großer Dürre, in der ein Überleben nur durch großflächige Verteilung der Gruppen möglich war, verblieben keine zehn Personen im Familienverband. Die geringe Körpergröße der San (zwischen 1,40 und 1,60 Meter) stellt eine Anpassung an das entbehrungsreiche Leben im Busch dar. Auffallend ist die recht helle Hautfarbe, die auch zur Bezeichnung „Yellow People" geführt hat. Junge Männer wurden durch Initiationsriten auf die Jagd vorbereitet. Die geriebene Asche der zu jagenden Tiere wurde über Schnitte an Armen und Beinen in den Körper eingebracht, um eine Verbindung zwischen Jäger und Wild herzustellen. Der erfahrenste Jäger und der Medizinmann besaßen aufgrund ihrer natürlichen Autorität den größten Einfluss auf die Entscheidungen einer San-Gemeinschaft. Männer konnten mehrere Frauen haben, doch wurde der ersten Ehefrau besondere Achtung entgegengebracht.

Der **San-Glaube** sieht die Natur als ein großes Netzwerk von Lebewesen und Pflanzen, die alle ein gleiches Recht auf Dasein besitzen. Auch der Mensch besitzt kein Sonderrecht, über das Schicksal von anderen Lebewesen zu richten. Jedes bei der Jagd getötete Tier wurde daher auf der einen Seite bedauert und auf der anderen Seite im Rahmen spritiueller Vereinigung gefeiert. Die Religion der San wird von der Existenz eines allmächtigen Gottes und eines bösen Gegenspielers bestimmt, der die Gestalt von Menschen annehmen kann. In nächtelangen **Trance-Tänzen** beschwören die San gute Geister und nehmen beschwichtigend Kontakt zum Bösen auf. Durch den Tanz wird die große **heilende Kraft Nxum** aktiviert. Das Ritual der Trance-Tänze hat auch in der Neuzeit überdauert. Heute jedoch suchen San-Gruppen die heilende Wirkung des Tanzes ungleich häufiger – in der hilflosen Hoffnung, die ihrem Volk tagtäglich beigebrachten Wunden dadurch heilen zu können.

Eine Besiedlung der Kalahari durch Vorfahren der San hat wohl schon vor 100.000 Jahren bestanden. Die heute erhaltenen Felszeichnungen von San im Kalahari-Gebiet werden bis auf ein Alter von 26.000 Jahren zurückdatiert. Mit der Besiedlung des südafrikanischen Subkontinents durch Bantuvölker nach 250 n. Chr. wurden die San zunehmend in abgelegene und lebensfeindliche Regionen wie die Kalahari abgedrängt. Ihre angestammten Jagdgründe verschwanden zunehmend, und viele San mussten Jobs als Viehhirten und Handlanger anderer Völker bzw. als Landarbeiter auf weißen Farmen annehmen. Eine Versklavung der San war nicht nur unter den botswanischen Tswana-Völkern üblich. Weiße Siedler führten große Vernichtungsfeldzüge gegen die als „Schädlinge" und „Diebe" verfluchten Buschleute. In den vergangenen 200 Jahren wurden vermutlich mehr als 200.000 San getötet. Bis in die 1950er Jahre hinein wurden im südlichen Afrika reguläre Abschußlizenzen für „Bosmaneken" vergeben. **Die letzten in freier Selbstbestimmung lebenden San fanden Zuflucht im Central Kalahari Game Reserve.** Eine Assimilation mit „modernen" Kulturen gelang ihren entfremdeten Brüdern „draußen" nie, sodass viele einstmals stolze Jäger als hilflose Alkoholiker im sozialen Bodensatz trister Siedlungen endeten, wo sie nur durch Verteilung staatlicher Hilfsgüter überleben können. Ein ähnliches Schicksal hat nun auch die letzten im Reservat verbliebenen San erfasst, die zu guter Letzt dem Wildschutz, dem Safaritourismus und der Exploration von Rohstoffvorkommen weichen mussten.

Im streng stammeshierarchisch denkenden Botswana stehen die San am Beginn des neuen Jahrtausends noch immer **auf der untersten Stufe der sozialen Leiter.** Mehr als zwei Drittel des botswanischen Grundbesitzes ist Stammesland. Die botswanische Regierung erkennt die San zwar als Bürger an, doch wegen mangelnder Stammesaristokratie wird ihnen die Anerkennung als Stamm verweigert. Folglich besitzen sie nicht einen einzigen Quadratmeter Stammesland, der die Voraussetzung für ein Leben in Selbstbestimmung wäre. Stattdessen werden die San wie Tiere zwischen staatlich zugewiesenen Siedlungen hin- und hergeschoben, immer auf der Flucht vor der nächsten Rinderfarm oder dem nächsten Minenprojekt. Die zaghaften Bemühungen, wenigstens die zentrale Kalahari als ureigenstes Buschmannland zu sichern, sind inzwischen weitgehend gescheitert. Im südlichen Afrika des neuen Jahrtausends ist für die Buschmänner – zynisch ausgedrückt – einfach kein Platz mehr.

Anreise

● **Die Hauptzufahrtsroute in den viel be-**
suchten Nordteil des Reservates beginnt in
Rakops (an der Strecke Serowe – Orapa –
Motopi – Maun). Rakops liegt 214 km von
Maun entfernt. 3 km nördlich von Rakops
(letzte Tankmöglichkeit; nicht immer bleifreies Benzin) zweigt nach Westen eine 45 km
lange Piste zum CKGR ab (ausgeschildert,
GPS-Koordinaten der Abzweigung: S 21°01.
718', E 24°24.607'). Der Untergrund ist zunächst recht gut und wird nach 12 km im Bereich des Gidikhwe-Sandgrats sehr sandig.
Bei Km 45 erreicht man die Reservatsgrenze
am Kuke Fence mit dem neuen **Matswere**
Gate (GPS-Koordinaten: S 21°09.407', E 24°
00.445'), dem offiziellen Eintrittspunkt ins
Reservat. Wer eine „wildere" Anfahrt bevorzugt, kann auch über das Dorf Makalamabedi am Boteti River und dann weiter entlang
des Kuke Fence anreisen. Eine detaillierte Beschreibung dieser Route findet sich im Shell
Tourist Guide to Botswana.
● Alternativ kann man das CKGR auch über
das **Tsau Gate im äußersten Nordwesten**
des Reservats erreichen. Hierzu verlässt man
die Straße Ghanzi – Maun am Kuke Veterinary Gate 119 km nördlich von Ghanzi
(GPS-Koordinaten der Abzweigung: S 20°
59.961', E 22°25.285') und folgt der Sandpiste entlang des Kuke Fence (Fahrspur südlich des Zauns) über 39 km nach Osten, bis
man an das Tsau Gate gelangt (GPS-Koordinaten: S 21°00.060', E 22°47.822').
● **Die westliche Anfahrtsroute beginnt in**
Ghanzi. Zunächst fährt man auf dem Trans-
Kalahari-Highway über 9 km nach Süden
Richtung Kang und biegt dann auf die alte
Schotterpiste nach Takatshwaane ein. Nach
26 km folgt ein gut ausgeschilderter Abzweig
nach Xade innerhalb des CKGR. Auf breit geschobener Piste mit zahlreichen Tiefsandpas-
sagen erreicht man nach weiteren 70 km die
Westgrenze des Reservates mit dem neuen
Xade Gate. Von hier sind es noch 26 km bis
Old Xade.
● **Eine empfehlenswerte alternative An-**
fahrtsroute von Westen beginnt in der
Siedlung D'kar, 37 km nördlich von Ghanzi
an der Straße nach Maun. Von hier führt eine

59 km lange Sandpiste in östlicher Richtung
auf das Gelände der schönen **Grassland Sa-**
fari Lodge (gute Übernachtungsmöglichkeiten, ausgeschildert). Von dort führt eine ca.
70 km lange Sandpiste zur Westgrenze des
CKGR und dann über weitere 10 km entlang
der Reservatsgrenze nach Süden zum neuen
Xade Gate, dem offiziellen Eintrittspunkt ins
Reservat.
● **Die südöstliche Anfahrtsroute von Ga-**
borone über das Khutse Game Reserve wird
oben im Rahmen der Anfahrt zum Khutse
Game Reserve erläutert. Im Notfall ist das Reservat über die Landepisten in Old Xade, an
der Deception Pan, an der Tau Pan, am Xaka
Waterhole und im Khutse Game Reserve
auch mit dem Kleinflugzeug erreichbar. Meh-
rere Reiseveranstalter in Maun bieten mobile
Campingsafaris in das CKGR an, z.B. Audi
Camp Safaris (siehe bei „Maun").

Buchungen
und Eintrittsgebühren

Seit 2009 müssen einige der attraktivsten
Camp Sites des Central Kalahari GR vorab
über den verantwortlichen privaten Betreiber
Bigfoot Tours gebucht und bezahlt werden.
Neben den Campinggebühren sind auch die
Parkgebühren (diese direkt an das DWNP)
vorab zu entrichten. Für Tagesbesucher und
bislang noch nicht privatisierte Camp Sites im
CKGR sind allein die Büros der Wildschutz-
behörde DWNP zuständig. Diese Camp Sites
(Übernachtungsgebühr: 3,30 Euro für Er-
wachsene, 1,65 Euro für Kinder von 8–15
Jahren) müssen offiziell über das zentrale
Reservierungsbüro der Wildschutzbehörde
DWNP in Gaborone (alternativ in Maun) im
Voraus gebucht werden.

● **Parks and Reserves Reservation Office,**
P.O. Box 131, Kgale Millenium Park (gegenüber der Game City Shopping Mall), Gaborone, Botswana, Tel. 3971405 oder 3180774,
Fax 3912354 oder 3180775, E-Mail: dwnp@
gov.bw oder dwnp.parrogabs@gov.bw. Öffnungszeiten: Mo–Sa 7.30 bis 12.45 Uhr und
13.45 bis 16.30 Uhr.

● **Parks and Reserves Reservation Office,** P.O. Box 20364, Boseja (neben der Polizeistation), Maun, Botswana, Tel. 6861265 oder 6860368, Fax 6860053. Das Büro ist täglich geöffnet: Mo–Sa 7.30 bis 12.45 Uhr und 13.45 bis 16.30 Uhr, So (und an Feiertagen) 7.30 bis 12 Uhr.

Centralized Pay Points des DWNP (Auswahl):

● **Francistown,** Ntshe House (gegenüber der Cresta Thapama Lodge), P/Bag 167, Francistown, Tel. 2412367, Fax 2410510

● **Letlhakane,** Rural Administration Centre (RAC), gegenüber dem Spar-Supermarkt, P/Bag 33, Letlhakane, Tel. 2976866, Fax 2976358

● **Ghanzi,** Ortszentrum, P.O. Box 48, Ghanzi, Tel. 6596323/4, Fax 6596466

● **Kang,** Ortszentrum, P.O. Box 97, Kang, Tel. 6517036, Fax 6517282

Jeweils geöffnet Mo–Fr 7.30 bis 12.30 Uhr und 13.45 bis 16.30 Uhr, mit Bezahlautomat für Kreditkarten (VISA und MasterCard).

● **Bigfoot Tours,** P.O. Box 45324, Plot No. 2930, Pudulogo Crescent, Extension 10, Gaborone, Tel. 3953360, Mobil 73555573, Internet: www.bigfoottours.co.bw. Buchungen sollen bevorzugt über die Internet-Plattform www.simplybotswana.com bzw. die E-Mail-Adressen info@simplybotswana.com oder sales@simplybotswana.com abgewickelt werden. Zahlreiche Camp Sites im CKGR (Piper's Pan, Sunday Pan, Letiahau, Passarge Valley, Lekhubu und Motopi Pan) wurden 2009 langfristig an diesen Betreiber übergeben. Bigfoot Tours hat hier bereits die Campinggebühr von 30 auf 150 Pula (ca. 16 Euro) p.P. und Tag (Stand 2010) erhöht. Die Parkeintrittsgebühren müssen unverändert vorab direkt an das DWNP entrichtet werden. Die Buchungsabwicklung verläuft ähnlich wie beim DWNP, jedoch werden Auslandsüberweisungen gegenüber Kreditkarten bevorzugt.

Die **Eintrittsgebühren für Individualreisende** (umgerechnet 13 Euro für Erwachsene, 6,50 Euro für Kinder von 8–15 Jahren, 5,40 Euro für Fahrzeuge mit ausländischer Registrierung, 1,10 Euro für Fahrzeuge mit botswanischer Registrierung) müssen vorab über das DWNP entrichtet werden. Am Park Gate wird dann eine Besuchsgenehmigung ausgestellt, die bis 11 Uhr am Morgen des Folgetages gültig ist.

Unterkunft und Versorgungsmöglichkeiten

Das Reservat verfügt derzeit (2010) über **18 Campingareale,** die insgesamt 41 Stellplätze aufweisen: Matswere Gate (4 Stellplätze), Tsau Gate (5 Stellplätze), Kori Pan (4 Stellplätze), Deception Valley (6 Stellplätze), Phokoje Pan (1 Stellplatz), San Pan (1 Stellplatz), Xade (1 Stellplatz), Xaka (1 Stellplatz), Molapo (1 Stellplatz), Kukama (1 Stellplatz), Bape (1 Stellplatz) – alle via DWNP zu buchen – sowie Sunday Pan (3 Stellplätze), Leopard Pan (1 Stellplatz), Piper's Pan (2 Stellplätze), Letiahau (1 Stellplatz), Passarge Valley (3 Stellplätze), Lekhubu (2 Stellplätze) und Motopi Pan (3 Stellplätze) – alle via Bigfoot Tours zu buchen. Andere Camp Sites dürfen nur von Reiseveranstaltern genutzt werden (sog. „HATAB Camp Sites"). Während der Hauptreisezeit errichten mehrere Safariunternehmen **mobile Luxury Tented Camps** für ihre Gäste am Rande des Deception-Tals. Schön gelegen sind vor allem die individuellen Camp Sites an der Sunday Pan, der Piper's Pan und der Kori Pan. Außer einfachen Buschtoiletten, Feuerstellen und Unterständen sind keine Einrichtungen vorhanden – man trifft beim Zelten auf Wildnis pur. Ein sukzessiver Ausbau mit einfachen sanitären Einrichtungen, fließendem Wasser und Duschen ist bislang nur an den Gates Matswere und Tsau vorgenommen worden. Wasser aus öffentlich zugänglichen Bohrlöchern (nicht hundertprozentig verlässlich) war 2010 nur an den Park Gates und in Old Xade vorhanden.

Die Camp Sites werden bei der Buchung über die Reservierungsbüros der Wildschutzbehörde DWNP bzw. über Bigfoot Tours angewiesen. Das Sammeln von Feuerholz kann im CKGR sehr unergiebig sein und stellt eine empfindliche Störung der fragilen Umwelt dar. Man sollte daher entsprechende Vorräte mitbringen. Im Reservat sind **keinerlei Versorgungsmöglichkeiten** vorhanden. Ausreichende Reserven an Trinkwasser (5–10 Liter p.P. und Tag), Treibstoff, Nahrung und Ersatzteilen müssen daher mitgebracht werden. Die nächstgelegenen Tankmöglichkeiten befinden sich in Rakops bzw. in Ghanzi, ca. 60 bzw. 200 km entfernt.

Im Jahr 2000 eröffnete mit der Deception Valley Lodge auf einem 99 km² großen ehemaligen Farmgelände im Gebiet der Haina Hills an der Nordostgrenze des Reservats die erste permanente Luxusunterkunft in der zentralen Kalahari. Für Selbstfahrer erfolgt die Anfahrt ab Maun via Makalamabedi über eine Piste entlang des Makalamabedi Cordon Fence. Dieser trifft auf den Kuke Fence („Kuke Corner", GPS-Koordinaten: S 21°00. 075', E 23°53.070'), von hier fährt man entlang der parallel zum Kuke Fence verlaufenden Piste nach Westen bis zu einer ausgeschilderten Abzweigung (GPS-Koordinaten: S 21°00.041', E 23°39.405') zur Lodge. Zubringerflüge ab Maun schlagen mit umgerechnet 120 Euro pro Strecke zu Buche. Die GPS-Koordinaten der Flugpiste sind S 20° 58.897', E 23°39.515'.

●**Deception Valley Lodge,** c/o Islands in Africa, P.O. Box 1169, Paulshof, 2056, South Africa, Tel. +27-11-234-9997, Fax +27-11-234-0323, Internet: www.islandsinafrica.com. Kategorie AA+. Übernachtung im DZ in der Nebensaison (01.11. bis 30.06.) ab 320 Euro p.P., in der Hauptsaison (01.07. bis 31.10.) ab 390 Euro p.P., der EZ-Zuschlag beträgt 25%. Diese architektonisch ansprechend errichtete Lodge für max. 16 Gäste ist stilvoll eingerichtet und bietet konventionelle Game Drives mit offenen Allradfahrzeugen, nächtliche Beobachtungsfahrten sowie geführte Wanderungen mit lokalen Buschmännern an. Ein neuer Ableger der Lodge ist das im britischen Kolonialstil angelegte, mit Butler-Service angebotene und nur exklusiv vermietete Kalahari Manor House (Internet: www.kalaharimanor.co.za).

Östlich (und auch westlich) der Deception Valley Lodge wurden in den letzten Jahren in direkt benachbarten, durch Umwandlung von Farmland entstandenen Konzessionsgebieten weitere Lodges der Kategorie AA– AA+ errichtet:

●**Haina Kalahari Lodge,** Mobil 72991580, Fax 6861241, Internet: www.hainakalaharilodge.com. Für max. 20 Besucher ausgelegtes Camp mit Unterbringung in überdachten Safarizelten auf Holzplattformen. Kleiner Swimmingpool. Es werden konventionelle Game Drives und Night Drives mit offenen Allradfahrzeugen sowie geführte Wanderungen mit lokalen San-Führern angeboten. Tarife ab 220 Euro p.P. im DZ (alles inklusive). Camping ist für Selbstversorger auf dem ca. 6,5 km von der Lodge entfernten Brakah Camp Site für umgerechnet 13,50 Euro p.P. möglich. Es sind Wasseranschlüsse und Toiletten vorhanden. Geführte Tagestouren ins CKGR werden angeboten (ca. 65 Euro p.P.).

●**Kalahari Desert Camp** (ehemals Manoga Camp), c/o Classic Africa Safaris, P.O. Box 259, Gaborone, Botswana, Tel./Fax 3190662, Internet: www.classicafricasafaris.com. Ab 280 Euro p.P. im DZ, alles inklusive.

●**Dinaka Safari Lodge,** Internet: www.dinaka.com. Neue, einfach gehaltene Lodge in einem kleinen Konzessionsgebiet westlich der Deception Valley Lodge. Ab 215 Euro p.P. im DZ, alles inklusive.

Im Jahr 2009 eröffnete an der schön gelegenen Tau Pan – leider schlecht in die Umgebung integriert und somit weithin sichtbar - die erste Luxuslodge innerhalb des Reservats:

●**Tau Pan Camp,** Kwando Safaris, P.O. Box 550, Maun, Tel. 6861449, Fax 6861457, Internet: www.kwando.co.bw. Kategorie AA+. Geschmackvolle Lodge (obwohl offiziell als Camp bezeichnet) am Ostrand der Tau Pan für max. 16 Gäste. Um ein lang gezogenes Hauptgebäude gruppieren sich die strohgedeckten Chalets der Gäste. Großzügige Holzplattformen mit eingelassenem Mini-Swimmingpool. Es werden Game Drives und Nature Walks innerhalb des CKGR angeboten. Ab 340 Euro p.P., alles inklusive.

Ende 2009 folgte ca. 20 km südlich des Deception Valley mit einem Camp der Wilderness-Safarigruppe die nächste Erschließung innerhalb des Schutzgebietes:

●**Kalahari Plains Camp,** Okavango Wilderness Safaris, Private Bag 14, Maun, Tel. 6860086, Fax 6860632, Internet: www.wilderness-safaris.com). Kategorie AA+. Luxuriöses Zeltcamp für max. 20 Gäste an einem vom Deception Valley separierten Pfannenkomplex. Es werden Game Drives und Bushman Walks innerhalb des CKGR angeboten. Ab 380 Euro p.P., alles inklusive.

Bereits langjährig etabliert ist die im Westen außerhalb des Reservats gelegene Grassland Safari Lodge (GPS-Koordinaten: S 22°21. 520', E 21°43.372'), ca. 60 km östlich von Ghanzi:

●**Grassland Safaris,** P.O. Box 19, Ghanzi, Mobil 72104270, Fax 72804270, Internet: www.grasslandlodge.com. Game und Night Drives, Jagdsafaris und von lokalen San geführte Buschwanderungen, auf einer großzügig angelegten Wildfarm mit ansprechenden Unterkünften an der Piste von D'kar nach Xade im CKGR (Zufahrt ausgeschildert). Die Eigentümerin der Farm, die in Botswana aufgewachsene weiße Südafrikanerin *Neeltjie de Graaff-Bower,* spricht den lokalen San-Dialekt fließend und ist ein erfahrener Jagd- und Safari-Guide. Inzwischen wurde eine eigene Piste für Game Drives von der Grassland Safari Lodge zur Piper's Pan innerhalb des CKGR angelegt.

Querung des CKGR

Eine Querung der zentralen Kalahari mit dem Geländewagen galt stets als waghalsiges **Abenteuer.** Im Zuge der zunehmenden Erschließung des Reservates ist genau dieser Abenteuercharakter jedoch in den letzten Jahren sukzessive verloren gegangen. Traditionell wird eine derartige Tour von Rakops im Norden über Xade im Westen und das Khutse Game Reserve im Süden bis nach Letlhakeng (oder vice versa) durchgeführt. Man muss dafür drei bis vier Tage veranschlagen, mit ausgiebigen Game Drives im Nordteil des Reservates und in der Region um Molapo sogar sehr viel länger. Zwischen Rakops und Letlhakeng existieren keine Tankmöglichkeiten und nur sehr bescheidene Versorgungsmöglichkeiten in Xade (Trinkwasser aus einem Bohrloch), auf die man sich nicht hundertprozentig verlassen kann. Entsprechende Vorräte an **Trinkwasser, Nahrung, Treibstoff und Ersatzteilen** müssen daher mitgeführt werden. Aus Sicherheitsgründen sollte man eine Kalahari-Querung nur mit **mindestens zwei Fahrzeugen** durchführen. Im Südteil des Reservates kann ein **GPS-Gerät** äußerst hilfreich sein. Während das nördliche CKGR touristisch gut erschlossen und dementsprechend viel besucht ist, kann es auf den Nebenstrecken im Südteil des Reservates manchmal Tage dauern, bis ein anderes Fahrzeug vorbeikommt. In der Vergangenheit haben mehrere ungenügend vorbereitete Kalahari-Reisende im CKGR den Tod gefunden.

Pro Person und Tag sollte man mindestens fünf Liter Wasser berechnen (sicherheitshalber zehn Liter). Mit speziellen Duschköpfen (z.B. von der Fa. Ortlieb) kann man sich – eigene Erfahrungen zugrunde gelegt – mit dem Inhalt eines 4-Liter-Wasserbeutels komplett einseifen und duschen (inkl. Haarwäsche!).

Auf die **Rohdistanz von 631 km** zwischen Rakops und Letlhakeng sollte man noch mindestens 250 bis 300 km zusätzliche Strecke für Game Drives und kleinere Erkundungsfahrten aufrechnen, sodass der Treibstoffvorrat für 900 bis 1000 km ausreichen muss.

Die zentrale Kalahari

Im Nordteil des Reservates (Getriebe-stellung 2WD, gelegentlich 4WD high) beträgt die Fahrleistung 3–5 Kilometer pro Liter (Benzinmotor) bzw. 4–7 Kilometer pro Liter (Dieselmotor). In tiefem Sand und in der zugeschalteten Allrad-übersetzung 4WD low (erforderlich z.B. zwischen Xade und Xaka sowie zwischen Bape und Kikao) kann die Fahrleistung streckenweise sogar auf 2–3 Kilometer pro Liter (Benzinmotor) bzw. 3–4 Kilometer pro Liter (Diesel-motor) absinken. Mit einem Gesamt-verbrauch von 220 Litern Benzin bzw.

170 Litern Diesel (für den Toyota Hilux 4x4 mit 2.7-Liter-Benzin- bzw. 3-Liter-Dieselmotor) muss man daher rechnen.

Eine Liste der wichtigsten Ersatzteile enthält das Kapitel „Wichtige Hinweise für Selbstfahrer/Ersatzteile". Wichtig ist, dass man alle tiefen Sandpassagen ggf. mit reduziertem Reifendruck von 1,2 bis 1,4 bar befährt (Vorsicht bei Schlauch-reifen, eventuell Ventile mit Klebeband sichern) und den Kühlergrill mit feiner Gaze abspannt (vor allem in der Regen-zeit), um ein Verstopfen der Kühllamel-len durch Grassamen zu verhindern. Darüber hinaus muss man darauf ach-ten, dass sich keine Grasbündel unter dem Auto sammeln, die sich am Aus-puff entzünden könnten. Dass man die-se Gefahr keineswegs unterschätzen

Piper's Pan

darf, belegen ausgebrannte Fahrzeuge, die man immer wieder in der südlichen Kalahari antrifft. Bitte lesen Sie sich dazu den Buchabschnitt „Wichtige Hinweise für Selbstfahrer/Gefahren" nochmals gut durch. Adäquates „Buschverhalten", d.h. Mitnahme aller Abfälle, Vergraben von „Toilettenrückständen", Verhinderung von Buschbränden etc. ist in der zentralen Kalahari ein absolutes Muss.

Streckenführung (ohne Game Drives)

- **Rakops – Deception Valley (86 km):** 2 Stunden
- **Deception Valley – Piper Pans (90 km):** 2 Stunden
- **Piper's Pan – Old Xade (72 km):** 1½ Stunden
- **Old Xade – Khutse Game Reserve (280 km):** 10–12 Stunden, manchmal länger
- **Khutse Game Reserve – Letlhakane (103 km):** 2½ Stunden

Die Strecke von Rakops bis zum neuen Matswere Gate (Km 48, GPS-Koordinaten S 21° 09.399', E 23°00.417') lässt sich problemlos bewältigen. Von hier fährt man über die Kukama Pans ins Deception Valley (Km 86) und von dort zur Deception Pan (Km 97, GPS-Koordinaten S 21°24.291', E 23°46.434'). Durch das Letiahau Valley hindurch gelangt man bei Km 176 an die Piper's Pan (GPS-Koordinaten S 21°47.570', E 23° 12.870'). Die Piste zwischen Matswere und Piper's Pan weist einen überwiegend festen Untergrund auf. Unangenehm sind einige Wellblechpassagen, deren Entstehung man in erster Linie südafrikanischen Individualbesuchern mit überladenen Anhängern ankreiden muss. Zwischen Piper's Pan und Xade hat man erneut mit Wellblech zu kämpfen, tiefe Sandpassagen fehlen aber gänzlich. Bei Km 248 erreicht man das verlassene San-Dorf Old Xade (GPS-Koordinaten S 22°20.360', E 23° 00.470').

Dort wendet man sich nach Osten in Richtung Khutse Game Reserve (ausgeschildert). Die ersten 20 km der schnurgeraden Strecke führen über relativ festen Untergrund. Dahinter folgen über etwa 200 km einige der übelsten Sandpassagen in ganz Botswana, die sich teilweise nur mit reduziertem Reifendruck von 1,2 bis 1,4 bar und im Allradmodus 4WD low meistern lassen. Die wohl unangenehmste Stelle erstreckt sich zwischen Km 268 und der Abzweigung nach Xaka (Km 302, GPS-Koordinaten S 22°22.240', E 23°30.320'). Bei Km 337 biegt man im rechten Winkel (GPS-Koordinaten S 22°22.470', E 23°50. 230') auf eine Schneise nach Süden ab. Bei Km 369 wendet man sich erneut nach Osten (GPS-Koordinaten S 22°38.760', E 23°51. 280'), bei Km 403 wieder nach Süden (GPS-Koordinaten S 22°38.460', E 24°10.060'). Bei Km 407 passiert man die Zufahrt zum Bape Camp Site. Die folgenden 42 km bis zur Siedlung Kikao (Km 448, GPS-Koordinaten S 23°01.760', E 24°05.610') führen durch tiefen Sand und sind nur im Allradmodus 4WD low zu bewältigen. In der verlassenen Siedlung Mothomelo (Km 423, GPS-Koordinaten S 22°49.950', E 24°09.790') muss man sich rechts halten. Hinter Kikao passiert man bei Km 481 die aufgegebene Siedlung Kukama und gelangt anschließend bei Km 485 an eine Weggabelung (GPS-Koordinaten S 23°11. 185', E 24°19.125'), an der man sich links hält. Bei Km 491 passiert man die Khankhe Pan, deren Camp Sites bereits vom Khutse Game Reserve verwaltet werden. Die weitere Strecke bis zum Khutse Game Scout Camp bei Km 528 wird im Kapitel „Khutse Game Reserve" genau beschrieben. Von dort sind es noch 103 km bis Letlhakeng (Möglichkeit zum Tanken).

Die zentrale Kalahari

Das Gebiet der Makgadikgadi Pans

In einer von Naturzerstörung und Bevölkerungsexplosion gekennzeichneten Zeit sind riesige, vom Menschen nicht besiedelte Gebiete, über denen sich ein von Industrieabgasen freier, stahlblauer Himmel erstreckt, rar geworden. Die Landschaft der Makgadikgadi Pans (die ungefähre Aussprache ist „Machadichadi" mit gutturalem „ch") im Nordosten Botswanas erfüllt auf einer Fläche, die der Größe Belgiens entspricht, genau diese Kriterien echter Wildnis und lädt mit schier unendlich weiten Salzpfannen, wildreichem Grasland, geheimnisvollen „Inseln", uralten Baobabs und mehreren sehenswerten Schutzgebieten zu ausgiebigen Erkundungsfahrten ein. Der **weltweit einzigartige Landschaftscharakter** der Makgadikgadi Pans verdient meines Erachtens ähnlich große Beachtung, wie sie das Okavango-Binnendelta genießt. Ein Europäer wird das Gebiet am ehesten mit der ungarischen Puszta vergleichen. Das **Klima ist heiß und trocken,** Mittagstemperaturen von 40°C werden zum Teil auch während der kühleren Wintermonate erreicht. Nachts wird es recht kühl, im Winter sind nächtliche Temperaturen knapp über dem Gefrierpunkt nicht selten.

Im engeren Sinne besteht die landschaftliche Einheit der Makgadikgadi Pans aus den riesigen **Salzpfannen Sowa Pan** („Sowa" oder „Sua" bedeutet „Salz") und **Ntwetwe Pan**, die von tausenden kleinerer Pans umgeben werden. Topografisch befindet sich das Gebiet weitgehend innerhalb eines Rahmens, der von den Straßen Francistown – Nata – Maun und Francistown – Orapa – Motopi gebildet wird. Nördlich der Straße Nata – Maun grenzt das als **Nxai Pan National Park** geschützte Pfannensystem von Nxai Pan und Kudiakam Pan an, das entstehungsgeschichtlich zu den Makgadikgadi Pans dazugehört. Das Gesamtsystem bildet eine ca. 900 Meter über dem Meeresspiegel gelegene natürliche Senke im Kalaharibecken, die den fossilen Seeboden eines riesigen Ursees („Lake Makgadikgadi") darstellt, der von den Strömen Okavango, Chobe und Sambesi gespeist wurde und neben den Makgadikgadi Pans auch das Okavango-Delta, den Lake Ngami, die Mababe Depression und den Lake Xau umfasste. Hydrologische Veränderungen ließen vor ca. 20.000 Jahren den Zustrom von Chobe und Sambesi versiegen und zogen eine zunehmende Austrocknung des Ursees nach sich. Durch fortschreitende Abtrocknung und nachfolgendes „Backen" durch intensive Sonneneinstrahlung entstand aus dem Seegrund das Gebiet der heutigen Makgadikgadi Pans. Einen detaillierten geologischen Überblick der Entstehung und Austrocknung des einstigen Lake Makgadikgadi findet sich im Kapitel „Das Okavango-Delta".

Die wichtigsten Sehenswürdigkeiten des Gebietes sind neben den Nationalparks Nxai Pan und Makgadikgadi Pans das Vogelschutzgebiet **Nata Bird Sanctuary,** die fossilen „Inseln" **Kubu Island** und **Kukonje Island** sowie die jahrtausendealten Affenbrotbäume **Baines' Baobabs, Chapman's Baobab** sowie **Green's Baobab.** Am Ostrand der Sowa Pan befindet sich im Bereich der (ehemaligen) Landzunge Sowa Spit das umstrittene Sowa Pan Soda Ash Project. Gute Unterkunfts- und Versorgungsmöglichkeiten sind in Nata vorhanden, mit Abstrichen auch in Gweta. Im Randbereich der Ntwetwe Pan existieren die beiden Luxus-Safaricamps Jack's Camp und San Camp. Es haben sich bei Gweta aber auch zwei günstigere Camps etabliert, die ähnliche Aktivitäten anbieten. Wildes Zelten ist außerhalb der Nationalparks prinzipiell in allen Bereichen des Gebietes möglich. „Offizielle" Campingplätze gibt es an der Nata Lodge, im Nata Bird Sanctuary, an der Gweta Lodge, in den Nationalparks Nxai Pan und Makgadikgadi Pans, am Westufer des Boteti bei Khumaga und am Nordwestrand der Ntwetwe Pan.

Selbstfahrer sollten vor Touren in das Gebiet der Makgadikgadi Pans das Kapitel „Wichtige Hinweise für Selbstfahrer/Gefahren/Salzpfannen" gut durchlesen. Die tückische Konsistenz des oberflächlich trocken erscheinenden Pfannenbodens erfordert ganz besondere Vorsicht beim Befahren von Salzpfannen und kann leicht dazu führen, dass das Fahrzeug fernab festen Untergrundes für immer im Schlamm versinkt. Ein **robuster Allrad-Geländewagen** ist die Voraussetzung für das Bereisen des Gebietes. Während der Regenmonate November bis April sind einige Touren gar nicht oder nur begrenzt durchführbar. In einer Region ohne landschaftliche Orientierungsmarken und mit durch Vieh- oder Wildtritt bis zur Unkenntlichkeit zerstörten Pisten leistet ein **GPS-Gerät** neben zuverlässi-

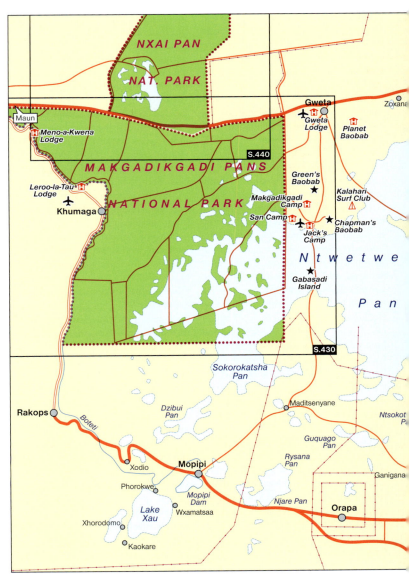

NXAI PAN

NAT. PARK

Maun

Meno-a-Kwena
Lodge

Gweta
Gweta
Lodge

Zoxana

Planet
Baobab

S.440

MAKGADIKGADI PANS

Leroo-la-Tau
Lodge

Green's
Baobab

Kalahari
Surf Club

NATIONAL PARK

Makgadikgadi
Camp

Khumaga

San Camp

Chapman's
Baobab

Jack's
Camp

N t w e t w e

Gabasadi
Island

P a n

S.430

Sokorokatsha
Pan

Dzibui
Pan

Maditsenyane

Ntsokot
P

Rakops

Boteti

Guquago
Pan

Xodio

Mopipi

Rysana
Pan

Ganigana

Phorokwe

Mopipi
Dam

Njare Pan

Orapa

Lake
Xau

Wxamatsaa

Xhorodomo

Kaokare

Gebiet der Makgadikgadi Pans

20 km

Bojatsu

Zoroga
Mompswe
Baobabs
Nata
Nata Lodge
S.402

Sexara
Village

NATA BIRD
SANCTUARY

Soda Ash
Botswana Mine

Semowane

Mhatane

Sowa
Dukwe Vet.
Checkpoint
Dukwe

S u a

Thabatshukudu
Village

Gumba
Vet. Gate
Tswagong
Vet. Gate

P a n

Francistown

Kubu
Island

Kukonje
Island

Veterinary
Control Gate

Mmatshumo
Village

Tlapana
Vet. Gate

Mosu
Village
Tlanlantabele

Kgokonyane

Veterinary
Gate

Letlhakane

© REISE KNOW-HOW 2011

Legende:

Teerstraße	
Schotterstraße	
Piste (nur mit Allrad)	
Nationalpark	
Tiersperrzaun	
●	Tor
	Salzpfanne (Pan)
✈	Landebahn
☻	Wasserpumpe
H	Lodge
★	Sehenswürdigkeit

gen Landkarten unschätzbare Hilfe. Eine **genaue Kalkulation von Treibstoff-, Wasser- und Nahrungsvorräten** und die Mitnahme der wichtigsten Ersatzteile sind die Voraussetzungen für Touren in das Gebiet. In sehr einsame Abschnitte (davon gibt es in den Makgadikgadi Pans viele!) sollte man nur mit zwei Fahrzeugen reisen. Die nächstgelegenen Tankmöglichkeiten befinden sich in Nata, Gweta, Dukwe, Letlhakane, Mopipi oder Rakops. Vor der intensiven Sonneneinstrahlung sollte man sich mit modernen Sunblocker-Cremes (LSF 20 und höher) schützen.

Francistown – Nata – Maun

Gesamtdistanz: 497 km
- **Zustand:** großzügig zweispurig ausgebaut, guter Asphaltbelag, einzelne Schlaglöcher
- **Tankmöglichkeiten:** Francistown, Dukwe, Nata Lodge, Nata, Gweta, Maun
- **Gesamtfahrzeit:** 5–6 Stunden

Die Strecke nach Nata und Maun zweigt in Francistown am Kreisverkehr südlich des Stadtkerns ab (ausgeschildert). 8 km nach Verlassen des Kreisverkehrs führt links eine Asphaltstraße weiter nach Orapa (260 km) und Letlhakane. Wenig später zweigt rechts eine gut 7 km lange Piste ab zum **Woodlands 4x4 Stopover** (P.O. Box 11193, Francistown, Tel. 2440131, Mobil 71302906, Fax 2440132, Internet: www.woodlandscampingbots.com), einer ruhigen

Übernachtungsmöglichkeit mit gepflegten Chalets (ab 25 Euro p.P.) und sauberen Campingplätzen (7,50 Euro p.P.) am **Tati River.** Nach 127 km passiert man den kleinen Ort **Dukwe** (Tankmöglichkeit) und knapp 6 km dahinter den veterinärmedizinischen Dukwe Fence. Bei Km 142 zweigt links die 40 km lange asphaltierte Zufahrt zum Sodasalz-Abbau bei Sowa Spit ab (ausgeschildert). Nach insgesamt 169 km passiert man erneut einen Tiersperrzaun. Kurz dahinter bei Km 172 gelangt man an die Zufahrt zum Nata Bird Sanctuary (mit Campingplatz, ausgeschildert). Bei Km 181 zweigt rechts die Einfahrt zur angenehmen, von Mokolwane-Palmen umgebenen **Nata Lodge** (Chalet-Unterkünfte, Campingplatz, Swimmingpool, Restaurant und Bar, Tankmöglichkeit) ab. Bei Km 190 erreicht man den Ort **Nata** (einfache Versorgungs- und Unterkunftsmöglichkeiten, mehrere Tankstellen). Dort gabelt sich die Straße in die Fahrtrichtungen Kazungula/Kasane (300 km) und Gweta/Maun (307 km).

Der 307 km lange Streckenabschnitt nach Maun wurde erst in den 1990er Jahren fertig gestellt und weist einen dementsprechend **guten Zustand** auf, der zu hohen Geschwindigkeiten verführt (Achtung: Radar- bzw. Laserkamera-Kontrollen!). Er quert das Gebiet der Nationalparks Makgadikgadi Pans bzw. Nxai Pan und wird insbesondere in die-

Afrikanische Wildhunde
an der Strecke Nata – Kasane

sem Bereich häufig von Wildtieren gekreuzt. Neben Straußenfamilien lassen sich auf diese Weise auch Zebras, Spießböcke, Springböcke und manchmal sogar Elefanten oder Löwen beobachten. Entsprechend große Vorsicht ist gerade bei Nachtfahrten geboten. Auf der gesamten Strecke hat es in den vergangenen Jahren immer wieder schwere Unfälle durch Kollisionen mit Wild- und Nutztieren gegeben. Während der kühlen Wintermonate suchen vor allem Rinder, Esel und Ziegen nach Einbruch der Dunkelheit die Nähe zum wärmespeichernden Asphaltbelag. Landschaftliche Höhepunkte in Form von großen Baobab-Bäumen, Gruppen von Mokolwane-Palmen und gelegentlichen Ausblicken auf das Pfannensystem der Makgadikgadi Pans gestalten die Fahrt deutlich interessanter als dies beispiels-

weise zwischen Gaborone und Francistown der Fall ist.

Ungefähr 17 km nach der Ausfahrt aus Nata zweigt links eine ausgeschilderte Piste („Lekhubu 72 km") nach **Kubu Island** ab. Nach gut 52 km quert man den so genannten „Ntwetwe-Finger", einen Ausläufer der großen Ntwetwe-Salzpfanne. Bei Km 94 zweigt in südlicher Richtung die ausgeschilderte Zufahrt zum **Camp Planet Baobab** (Buchung über Uncharted Africa Safaris, P.O. Box 173, Francistown, Tel. 2412277, Mobil 72338344, Fax 2413458, Internet: www.unchartedafrica.com) ab, bei Km 99 eine asphaltierte Stichstraße nach **Gweta** (einfache Versorgungsmöglichkeiten, Übernachtungs- und Tankmöglichkeit) ab. Bei Km 134 passiert man die östliche Parkgrenze des Makgadikgadi Pans National Park und

befindet sich ab hier innerhalb des Reservates. Nach insgesamt 142 km zweigt links auf Höhe der Ostgrenze des Nxai Pan NP die ältere nördliche Zufahrt zum Makgadikgadi Pans NP ab („Makolwane Gate", ausgeschildert). Bei Km 165 geht rechts die Zufahrt zum Nxai Pan NP und den Baines' Baobabs ab (ausgeschildert). Bei Km 176 gelangt man links über das neue Phuduhudu Gate in den Makgadikgadi Pans NP. Bei Km 200 durchschneidet die Straße eine geschlossene Sandformation („Gidikhwe Sand Ridge"), die das Ufer des einstigen Makgadikgadi-Ursees (siehe „Land und Leute") darstellt. Über eine künstlich aufgeschüttete Rampe gelangt man auf den Kamm des Sandwalls. Von hier bietet sich ein schöner Blick über die nahezu tischebene Umgebung. Nach 225 km passiert man die Westgrenze des Makgadikgadi Pans NP und verlässt damit wieder das Reservat. Links zweigt eine Asphaltstraße nach **Motopi** ab (ausgeschildert), die inzwischen bis Rakops durchasphaltiert wurde, sodass eine durchgehende Asphaltverbindung bis zur Hauptverkehrsachse Gaborone – Francistown besteht. Bei Km 250 muss man den Makalamabedi Veterinary Fence passieren, dessen Durchlassstelle rund um die Uhr besetzt ist. Nach 307 km erreicht man Maun, wo exzellente Unterkunfts-, Versorgungs- und Tankmöglichkeiten bestehen.

Nata

Der kleine Ort Nata 190 km nordwestlich von Francistown und 307 km östlich von Maun bezieht seine Bedeutung vor allem aus dem regen **Durchgangsverkehr zwischen Maun, Francistown und Kazungula/Kasane.** Die traditionelle Siedlungsstruktur des einstigen Dorfes ist an den Ufern des Nata River noch weitgehend erhalten geblieben. Durchreisende werden sich in erster Linie für die Tankstellen des Ortes, einige Läden oder den Bottlestore interessieren. Darüber hinaus gibt es ein Postamt, die North Gate Lodge sowie ein kleines Internet-Café.

9 km außerhalb des Ortes in Richtung Francistown liegt nördlich der Straße die grüne Oase der **Nata Lodge,** die mit moderaten Preisen, freundlichem Service und einem reizvoll gelegenen Campingplatz einen beliebten Übernachtungsort für Überlandreisende in ganz Botswana darstellt. Preiswerte Touren zur Sowa Pan (z.B. auch mit Quad-Bikes) und ins Nata Bird Sanctuary (3 Std. Dauer, 18 Euro p.P.).

Unterkunft

Kategorie B (40–80 Euro pro DZ)
● **Nata Lodge,** P.O. Box 10, Francistown Road, Nata, Tel. 6211260, Fax 6211265, Internet: www.natalodge.com. 9 km außerhalb von Nata. Reizvoll unter Mokolwane-Palmen und Marula-Bäumen gelegene Lodge mit strohgedeckten Chalets (4 Betten oder 3 Betten), fest errichteten Safarizelten (4 Betten oder 2 Betten, ab 20 Euro p.P.) und großem Campingplatz. Die gesamte Lodge brannte bei einem schweren Buschfeuer 2008 nieder und wurde 2009 neu errichtet. Eine Vorausbuchung ist vor allem während der Hauptreisezeit notwendig. Mit bewachtem Parkplatz, Restaurant und stets gut gefüllter Bar. Pool, Curio-Shop, Tankstelle. Sehr empfehlenswert. Abends lassen sich Bushbabys auf den Bäumen gegenüber der Bar beobachten.
● **North Gate Lodge,** P.O. Box 252, Ortszentrum, Nata, Tel. 6211156, Fax 6211154, Inter-

net: www.northgate.co.bw. Kategorie B–C. 2008 eröffnete „urbane" Herberge im Zentrum von Nata direkt neben der Caltex-Tankstelle. Geboten werden tiefrot gestrichene, saubere strohgedeckte Chalets mit Moskitonetzen, Restaurant und Bar, Internetzugang (WLAN), Swimmingpool, bewachter kleiner Parkplatz. Ein separater Campingbereich ist ausgewiesen.

Camping

●Die **Nata Lodge** besitzt einen sehr empfehlenswerten, unter Mokolwane-Palmen gelegenen Campingplatz mit sauberen Sanitäranlagen und geräumigen Warmwasserduschen. Vorinstallierte Grillgelegenheiten sind vorhanden. Die Campinggebühr beträgt 6,50 Euro p.P. (Kinder bis 12 Jahre: 4,40 Euro). Darin ist auch die Benutzung des Swimmingpools enthalten. Achtung: Man kann sich im hinteren Bereich des Campingplatzes mit Fahrzeugen ohne Allradantrieb leicht im losen Sand festfahren.

●Empfehlenswert ist auch der **Campingplatz des Nata Bird Sanctuary** (Mobil 71544342) 18 km südöstlich von Nata (Campinggebühr 4 Euro p.P.). Allerdings kann sich der Platz infolge der offenen Lage tagsüber stark aufheizen.

Essen und Trinken

●Das **Restaurant der Nata Lodge** bietet ein mäßiges Dinner-Buffet für umgerechnet 15 Euro an. À-la-carte-Gerichte sind ab 6 Euro zu haben. Das Frühstücks-Buffet kostet 6,50/8,70 Euro für Continental/English Breakfast.

●Alternativ kann man auf die einfacheren Lokale **North Gate Restaurant & Takeaway** oder **Makgadikgadi Bar & Restaurant** zurückgreifen.

Verkehrsverbindungen

●Es existieren zuverlässige **Busverbindungen nach Maun und Francistown** (mehrere Abfahrten täglich) sowie **nach Kazungula/Kasane** (zwei Abfahrten täglich).

●Die Tankstellen von Nata sind für Reisende, die **per Anhalter** unterwegs sind, ein guter Ort, um Mitfahrgelegenheiten abzupassen.

Nata Bird Sanctuary

Das **230 km²** große Nata Bird Sanctuary wurde 1992 nach vierjähriger Vorarbeit unter maßgeblicher Beteiligung der Kalahari Conservation Society und anderer Initiatoren (z.B. den Betreibern der Nata Lodge) sowie mit Hilfe finanzieller Unterstützung durch in- und ausländische Geldgeber (vor allem die staatliche norwegische Entwicklungshilfeorganisation NORAD und die EU) eröffnet. Die damalige Betreiberfirma des Sodasalz-Abbaus bei Sowa Spit, Soda Ash Botswana, stellte ebenfalls größere Geldmittel zur Verfügung, um Kompensation für die Zerstörung wertvollen Lebensraumes am Ostrand der Sowa Pan im Rahmen der Salzgewinnung zu leisten. Das Schutzgebiet wird treuhänderisch von einem Board of Trustees verwaltet, das aus Vertretern der anliegenden Ortschaften Nata, Maposa, Mmanxotae und Sepako besteht, die Land für die Errichtung des Reservates zur Verfügung stellten und deren Bewohner freiwillig etwa 3500 Rinder aus dem heutigen Reservat abzogen. Überschüssige Einnahmen aus dem Projekt fließen in den Etat der beteiligten Gemeinden zurück. Das Nata Bird Sanctuary gilt als **Musterprojekt,** wie kleine Gemeinden aktiv und gewinnbringend in Umweltprojekte integriert werden können.

Das Schutzgebiet befindet sich 172 km nordwestlich von Francistown bzw. 18 km südöstlich von Nata. Es setzt sich zu 55% aus Grasland und zu 45% aus der Oberfläche der Sowa Pan zusammen. Ein Zaun hält Nutztiere

Makgadikgadi Pans

außerhalb des Reservates. Der nordöstliche Ausläufer der Sowa Pan füllt sich in regenreichen Monaten mit Wasser, das über den Nata River, der im Matabeleland Simbabwes entspringt, herangeführt wird. Die dann entstehende Wasserfläche (in der Regel von Anfang Dezember bis Mai) zieht **große Mengen an Wasservögeln** an. In Jahren guter Niederschläge bilden sich in dieser Zeit Brutkolonien von Rosa-Flamingos und -Pelikanen. Zahlreiche Reiher,

Enten, Gänse, Kormorane, Kiebitze, Löffler und Störche fallen im Gebiet ein, bis das Wasserangebot durch Verdunstung wieder versiegt. Neben Brutvögeln lassen sich auch europäische, asiatische und innerafrikanische **Zugvögel** beobachten, zu denen u.a. Milane, Steppenadler, Störche und Bienenfres-

Rosa-Pelikane

ser gehören. Charakteristische Vertreter der Grassavanne wie Strauße, Riesentrappen oder Gackeltrappen sowie zahlreiche Greifvogelarten kommen hingegen ganzjährig im Gebiet vor. An kleinen Wasserpools im Nata River trifft man auch nach der Austrocknung der Sowa Pan noch Enten, Gänse und Reiher an. Insgesamt wurden mehr als 160 Vogelarten im Gebiet registriert. **Säugetiere** sind selten zu beobachten, es kommen u.a. Springböcke, Große Kudus, Riedböcke, Steinböckchen, Streifengnus, Südafrikanische Kuhantilopen, Schabrackenschakale, Grüne Meerkatzen, Springhasen, Zibetkatzen und die Afrikanische Wildkatze im Gebiet vor. Während der Monate Mai bis Dezember verfügt das Reservat über kaum relevante Wasserflächen, sodass es zur

Abwanderung von Vögeln und Wildtieren kommt. Ein Besuch des Nata Bird Sanctuary kann in dieser Zeit sehr enttäuschend verlaufen.

Praktische Informationen

Das Reservat ist Mo–So von 7 bis 19 Uhr geöffnet (nach Absprache auch außerhalb dieser Zeiten, Kontakt: Mobil 71544342). Für ausländische Besucher wird eine Eintrittsgebühr von umgerechnet 6,10 Euro p.P. (Kinder bis 10 Jahre frei) sowie von 1,65 Euro pro Fahrzeug erhoben. Am Eingang ist ein Informationsblatt mit einer Artenliste der Vögel und Säugetiere des Gebietes erhältlich. Zusätzlich werden Korbflechtarbeiten *(Nata Baskets)* lokaler Flechterinnen angeboten. Das übersichtliche Wegenetz lässt sich während der trockenen Wintermonate zum Teil auch mit normalen PKW befahren, entsprechende „Hochbeinigkeit" vorausgesetzt. Im Randbereich der Sowa Pan und in Nähe zum Nata River ist jedoch ein Allrad-Gelän-

bo-079 Foto: c

Makgadikgadi Pans

dewagen notwendig. Während der Regenmonate November bis April ist Allradantrieb unumgänglich. Der **gepflegte,** nach einem ausgedehnten Buschfeuer 2008 komplett neu errichtete **Camp Site** (Gebühr: 4 Euro p.P.) des Reservats liegt nordwestlich des Eingangstores. Funktionierende Wasserversorgung, eine kleine Bar mit Getränkeverkauf, Duschen (mit Warmwasser), Toiletten und Grillplätze sind vorhanden. Allerdings bietet der Platz außer einigen kleineren Mopane-Bäumen kaum Schatten. Zudem ist der Straßenlärm der benachbarten Hauptstraße Francistown – Nata nicht zu vernachlässigen. Vorausbuchungen für Camper sind nicht erforderlich. Das Nata Bird Sanctuary lässt sich auch über organisierte Touren der 9 km entfernten Nata Lodge (17 Euro p.P.) bereisen.

Gweta

Der kleine Ort Gweta befindet sich nordwestlich der ausgedehnten **Ntwetwe Pan,** 4 km südlich der Straße Nata – Maun. Die Entfernung nach Nata beträgt 103 km, nach Maun sind es 212 km. Der Name „Gweta" geht auf eine Bezeichnung der San zurück und bedeutet soviel wie „wo die großen Frösche quaken", eine Erinnerung an ehemals feuchtere Verhältnisse in der Region. Durch die traditionelle Siedlungsstruktur mit strohgedeckten Hütten, überragt von einigen Gruppen von Mokolwane-Palmen, zwischen denen Kinder, Esel, Ziegen und Pferde herumstreifen, wirkt Gweta trotz des allgegenwärtigen grauen Sandes weit weniger trostlos als andere staubige Tswana-Dörfer.

Neben einigen Läden, Shell-Tankstelle (direkt an der Hauptstraße Nata-Maun), Postamt, Dorfkrankenhaus, Bäckerei, Schlachterei und dem originellen No

Woman No Cry Tuck Shop bietet die **Gweta Lodge** (P.O. Box 124, Gweta, Tel. 6212220, Fax 6212458, Internet: www.gwetalodge.com) saubere Unterkünfte in strohgedeckten Rondavels (= Rundhütten) an. Das im Ortszentrum gelegene Camp der Kategorie B besitzt ein recht gutes Restaurant, eine belebte Bar, Swimmingpool und einen kleinen Campingplatz (Campinggebühr 6 Euro p.P.) mit sauberen sanitären Anlagen. Die Gweta Lodge organisiert Erkundungsfahrten mit allradgetriebenen Quad-Bikes in die Ntwetwe Pan (150 Euro p.P. für 2 Tage), 4WD-Tagestouren mit einem Toyota Landcruiser (100 Euro p.P.) und andere Aktivitäten. Eine Mindestzahl von Teilnehmern ist erforderlich. 5 km östlich von Gweta bietet das **Camp Planet Baobab** (Uncharted Africa Safaris, P.O. Box 173, Francistown, Tel. 2412277, Mobil 72338344, Fax 2413458, Internet: www.unchartedafrica.com) Unterkünfte der Kategorie A–B in grasgedeckten Chalets (ab 80 Euro p.P.) sowie gut ausgebaute Campingmöglichkeiten (GPS-Koordinaten S 20°11.344′, E 25°18.330′). Die Zufahrt über die Hauptsraße Nata – Maun ist ausgeschildert und unübersehbar durch ein riesiges Beton-Erdferkel am Straßenrand markiert.

Gweta ist über die Busverbindung von Maun nach Nata bzw. Francistown auch mit öffentlichen Verkehrsmitteln erreichbar. Der Ort stellt einen empfehlenswerten Ausgangspunkt für Fahrten in den Makgadikgadi Pans NP, nach Kubu Island, zu Chapman's Baobab und für andere Erkundungsfahrten im Bereich der Ntetwe Pan dar.

Palapye – Orapa – Maun

Gesamtdistanz: 614 km
- **Zustand:** unterschiedlich gut ausgebaut, durchgehender, teilweise schmaler Asphaltbelag
- **Tankmöglichkeiten:** Palapye, Serowe, Letlhakane, Orapa, Mopipi, Rakops, Maun
- **Gesamtfahrzeit:** 7–8 Stunden

Diese Strecke führt über Serowe, Letlhakane, Orapa, Mopipi, Rakops und Motopi nach Maun. Seit dem Ende der Asphaltierungsarbeiten auf dem Streckenabschnitt Rakops – Motopi im Jahr 2004 ist eine kontinuierliche Asphaltverbindung von Palapye nach Maun vorhanden, die Fahrten von Gaborone nach Maun und vice versa gegenüber der früher üblichen Asphaltroute über Francistown und Nata deutlich verkürzt. Die landschaftlichen Reize entlang der Strecke halten sich in Grenzen. Zum überwiegenden Teil fährt man durch trockene und staubige Busch- und Baumsavanne, die großräumig von Rindern und Ziegen beweidet wird. In der Region um Serowe gestalten die Serowe-Hügel die ansonsten ebene Landschaft etwas abwechslungsreicher.

In Palapye zweigt von der Hauptachse Gaborone – Francistown nach Westen eine gute Asphaltstraße nach Serowe ab (ausgeschildert). Bei Km 45 erreicht man **Serowe** (gute Versorgungs-, Übernachtungs- und Tankmöglichkeiten). Bereits einige Kilometer vor der kleinen Stadt besteht die Möglichkeit, unter Umgehung Serowes nach Nord-

westen auf die Straße nach Letlhakane und Orapa zu gelangen. 29 km hinter Serowe (insgesamt bei Km 74) passiert man den Eingang zum Nashorn-Schutzgebiet **Khama Rhino Sanctuary** (Campingmöglichkeit). Bei Km 187 quert man den Makoba Veterinary Fence. Nach 242 km wird der Minenort **Letlhakane** erreicht (einfache Unterkunfts-, Versorgungs- und Tankmöglichkeiten, Centralized Pay Point des DWNP). Dort zweigt eine Schotterpiste nach Norden ab, die nach 13 km die Straße Francistown – Orapa kreuzt und dann weiter über Mmatshumo durch das Gebiet der Makgadikgadi Pans nach Kubu Island (87 km, siehe Abschnitt „Kubu Island") und nach Nata bzw. Gweta führt.

Hinter Letlhakane zweigt bei Km 279 rechts die Zufahrt zur **Minenenklave Orapa** (Zugang nur mit Genehmigung) ab. Die Hauptstraße umgeht Orapa im Süden. Kurz vor der Zufahrt nach Orapa und ca. 25 km dahinter muss man Tiersperrzäune passieren. Nach insgesamt 326 km gelangt man nach **Mopipi** (Tankmöglichkeit). Vor Mopipi zweigt nördlich eine Piste nach Gweta (131 km) ab (GPS-Koordinaten der Gabelung: S 21°10.033', E 24°55.303'), die durch den westlichen Abschnitt der Ntwetwe Pan führt und die bekannten Affenbrotbäume Chapman's Baobab und Green's Baobab passiert. Bei Km 400 erreicht man **Rakops** (Tankmöglichkeit). 3 km hinter Rakops (Km 403) zweigt links die Zufahrt zum Central Kalahari Game Reserve (45 km) ab. Bei Km 471 passiert man den Ort **Khumaga** am Rande des Makgadikgadi Pans National Park. Von Khumaga führt eine

Makgadikgadi Pans

Piste zum Ufer des Boteti River (Querung Ende 2010 nicht möglich, Einrichtung einer Brücke projektiert) und von der anderen Flussseite weiter zum westlichen Wildhüterbüro des Reservates (GPS-Koordinaten des Abzweigs: S 20° 28.240', E 24°30.530'). 8 km hinter Khumaga zweigt rechts eine 7 km lange Piste zur **Leroo-la-Tau Lodge** ab (ausgeschildert). Bei Km 497 gelangt man an den Durchbruch des Boteti River durch den Gidikhwe-Sandgrat (Panoramablick über die Landschaft des fossilen Makgadikgadi-Ursees). Nach insgesamt 530 km erreicht man **Motopi**. Bei Km 532 km gelangt man an die Straße Nata – Maun. Bei Km 557 muss man den Makalamabedi Veterinary Fence passieren, dessen Durchlassstelle rund um die Uhr besetzt ist und für gründliche Kontrollen auf mittransportierte Tiere, Fleisch und Milchprodukte bekannt ist. Nach 614 km trifft man in der botswanischen „Safarihauptstadt" Maun ein (exzellente Unterkunfts-, Versorgungs- und Tankmöglichkeiten).

Letlhakane

Der kleine Minenort Letlhakane liegt etwa 40 km südöstlich der „Diamantenstadt" Orapa. Wenige Jahre nach der Entdeckung des Diamantvorkommens von Orapa entdeckte man auch hier einen abbauwürdigen Kimberlitschlot, dessen **Diamanten** sich als qualitativ besonders hochwertig erwiesen. 1977 nahm die Letlhakane-Diamantenmine von Debswana ihren Betrieb auf. Heute weist diese Mine die prozentual höchste Ausbeute an Schmuckdiamanten

weltweit auf. Etwa 40% der geförderten Steine finden in der Schmuckindustrie Verwendung (gegenüber 15% in Orapa). Bereits bei der Anfahrt fallen die großen Schutthalden der Diamantenmine nördlich der Ortschaft auf. Letlhakane ist ansonsten ein recht trostloser, zusammengewürfelter Haufen von Wohngelegenheiten, Verwaltungsgebäuden, kleinen Läden, Tankstellen und Reparaturbetrieben. An der Shell-Tankstelle (bleifreies Benzin) im Ort wird man von der Existenz des kleinen **Restaurants Granny's Kitchen** überrascht, das mit einer für letlhakanische Verhältnisse herausragenden Speisekarte aufwarten kann und einen freundlichen Service bietet. An das Restaurant ist **Granny's Lodge** (P.O. Box 200, Tel. 2978246, E-Mail: grannys@botsnet.bw) angeschlossen. Eine andere Unterkunftsmöglichkeit der Kategorie D ist das einfache **Boteti Hotel** (P/Bag 007, Tel. 2978289, Fax 2978251), ebenfalls mit Restaurant und Bar. Für kleinere Einkäufe eignet sich z.B. der **SPAR-Supermarkt** oder der Boteti Hypermarket. Gegenüber dem SPAR-Supermarkt im Rural Administration Centre (RAC) befindet sich ein Centralized Pay Point des DWNP (P/Bag 33, Letlhakane, Tel. 2976866, Fax 2976358, geöffnet Mo–Fr 7.30 bis 12.30 Uhr und 13.45 bis 16.30 Uhr) mit Bezahlautomat für Kreditkarten (VISA und MasterCard). Diamanten bekommt man bei einem Aufenthalt in Letlhakane nicht zu Gesicht.

Leroo-la-Tau Lodge am Uferhang des Boteti River

Orapa

Die Erfolgsstory Botswanas beginnt auf den Tag genau mit der **Entdeckung des ausgedehnten Diamantvorkommens** bei Orapa **im Jahr 1967** durch Geologen des Diamanten-Monopolisten De Beers. Der Leiter des Expeditionsteams, *Dr. Gavin Lamont*, ging über viele Jahre allen Spuren, die auf Diamantlagerstätten im damaligen Betschuanaland hindeuteten, nach und folgte schließlich dem Lauf des Boteti River, über den einst eine Verbindung zum Motloutse River bestand, in dessen Flussbett bereits viele Jahre zuvor Diamanten gefunden worden waren. Eine zwölfjährige Prospektionsperiode endete mit der Erschließung der mit 117 Hektar **zweitgrößten Kimberlitader überhaupt.**

Übertroffen werden die Diamantlagerstätten von Orapa flächenmäßig nur noch von der Williamson-Diamantenmine bei Mwadui in Nordwesttansania, deren Ausbeutung aber weitgehend abgeschlossen ist.

Mehrere Jahre lang wurde in Orapa hinter hohen Zäunen eine ca. 10.000 Einwohner starke **autarke Minenstadt** errichtet, die über ein breites Spektrum moderner Versorgungsmöglichkeiten (Elektrizitätswerk, eigene Wasserversorgung, Krankenhaus, Schulen, Läden etc.) verfügt. Im Jahre 1971 wurde die Orapa-Diamantenmine offiziell eröffnet. Die Diamantenausbeute belief sich bis 1997 auf ca. 6 Mio. Karat (1 Karat = 200 mg) jährlich. Durch ein mehr als 300 Mio. US-$ teures Ausbauprojekt („Orapa Fourth Stream") wurde die

Makgadikgadi Pans

Geheimnisvolle Diamanten

Diamanten bestehen aus **kristallisiertem reinem Kohlenstoff,** einem der wichtigsten Grundelemente überhaupt. Sie entstehen unter Bedingungen enormer Hitze und großen Druckes in der Tiefe des Erdinnern, ca. 200 Kilometer unter der Oberfläche, und bilden überwiegend als Oktaeder-Kristalle (acht Flächen), seltener als Dodekaeder- (zwölf Flächen) oder Würfel-Kristalle symmetrisch geformte Körper. **Der Diamant ist die härteste natürliche Substanz,** die wir kennen. Das Entstehungsalter von Diamanten wird auf bis zu 3,3 Milliarden Jahre datiert, sodass sie zu den ältesten Gesteinen überhaupt zählen. Sie sind bereits in einer frühen Phase der Entwicklung des Planeten Erde entstanden, dem ein Entstehungsalter von ca. 4,5 Milliarden Jahren zugeschrieben wird.

Durch vulkanische Eruptionen gelangten Diamanten aus dem Erdinnern an die Oberfläche, in ein als **„Kimberlit"** bezeichnetes Gestein eingebettet, das bei der Abkühlung in Form karottenförmiger Schlote erstarrte. Die farbliche Tönung der Kristalle variiert von bläulich-weiß über hellgelb bis bräunlich bis hin zu rosa oder tiefblau (sehr selten). Rohdiamanten werden in **Schmuckdiamanten und Industriediamanten** unterteilt. Letztere eignen sich aufgrund ihrer geringen Qualität oder Färbung nicht für die Schmuckindustrie. Industriediamanten werden seit den 1950er Jahren auch künstlich erzeugt (bei Temperaturen von ca. 3000°C und einem Druck von mehr als 100.000 Bar), erreichen jedoch nicht die Qualität von Naturdiamanten. Der Wert von Industriediamanten kann weniger als einen US-Dollar pro Karat betragen, während gute Schmuckdiamanten viele tausend Dollar pro Karat wert sind. Das **Gewichtsmaß Karat** stammt vom arabischen „Kirat" ab, einer Bezeichnung für den Samen des Johannisbrotbaumes, der in historischer Zeit von Händlern für das Abwiegen von Gold und Edelsteinen benutzt wurde. Ein Karat entspricht genau 200 mg (Johannisbrotsamen wiegen durchschnittlich 205 mg). Industriediamanten finden u.a. in den Bereichen Schneiden, Schleifen, Polieren, Bohren und in der Leitungstechnik Verwendung. Die Diamantenförderung erfolgt heute überwiegend im **Untertagebau,** bei dem Kimberlitschlote von oben und seitlich eröffnet werden. In manchen Gebieten (z.B. in Namibia) sind Kimberlitadern verwittert, sodass Diamanten durch Flüsse ausgewaschen und sogar bis ins Meer abtransportiert wurden. Vor der namibischen Küste erfolgt der Diamantenabbau daher auch mit großen Tiefseebaggern.

1997 wurden weltweit mehr als 69 Millionen Einzelexemplare Diamantenschmuck verkauft. Die Konsumenten gaben dafür etwa 51 Milliarden US-Dollar aus. Davon flossen 12 Milliarden US-Dollar direkt in die Taschen der Diamantenproduzenten. Der Weltmarkt für Diamanten wird seit fast 80 Jahren vom südafrikanischen **Konzern De Beers** (benannt nach den Gebrüdern *De Beers,* auf deren Land in Kimberley der erste Diamanten-Rausch stattgefunden hatte) kontrolliert, der an den großen botswanischen Diamantenminen zu 50 Prozent beteiligt ist. Als es nach dem großen Börsencrash von 1929 und der nachfolgenden weltweiten Rezession zu einem rasanten Verfall des Diamantenpreises kam, legte der damalige De-Beers-Chef *Ernest Oppenheimer* (stand dem Unternehmen von 1929 bis 1957 vor) die wichtigsten Minen still, kaufte den Diamantenmarkt leer und formte 1930 aus dem seit 1893 bestehenden Londoner Diamantensyndikat die internationale

Diamond Corporation, der alle wichtigen Diamantenproduzenten angehörten. Über die Vermarktungsorganisation des Syndikats, die erst im Jahr 2001 wegen zunehmender Imageprobleme aufgelöste Central Selling Organization (CSO) mit Hauptsitz in London, wurden wertmäßig bis zu 90 Prozent aller Rohdiamanten weltweit abgesetzt. Heute (2010) wird der De-Beers-Konzern von Ernest Oppenheimers Enkelsohn *Nicholas „Nicky" F. Oppenheimer* geführt. Die Konzernanteile der Oppenheimer-Familie gingen auf ca. 40 Prozent zurück, mit 15 Prozent ist der Staat Botswana am Kapital beteiligt und mit 45 Prozent der Bergbau- und Rohstoffkonzern Anglo-American.

Eine dramatische **Neuausrichtung der Diamantenvermarktung** kündigte De Beers im Jahr 2000 an. Statt der monopolistischen Steuerung von Angebot und Nachfrage am Diamantenmarkt wurde eine massive Marketingkampagne zur Steigerung der Nachfrage ins Leben gerufen, verbunden mit dem schrittweisen Verkauf der vom Konzern gehorteten Rohdiamanten. Um den Handel mit **„Blutdiamanten"** aus Ländern wie Angola oder Sierra Leone zu unterbinden, mussten sich alle De-Beers-Kunden verpflichten, nur Diamanten aus ordnungsgemäßer Förderung in Nicht-Kriegsländern zu handeln. Nach jahrelanger Aufklärungsarbeit durch Menschenrechtsorganisationen wurde im Jahr 2003 das **Zertifizierungsverfahren „Kimberley Process Certification Scheme"** (KPCS) in Kraft gesetzt. Es handelt sich um einen „sich selbst regelnden Vertrag" zwischen Nationen, die Diamanten exportieren, und den beteiligten Regierungen. Damit wurde eine wichtige Voraussetzung geschaffen, um den Handel mit Rohdiamanten wirksam zu überwachen und den Handel mit Konfliktdiamanten (Blutdiamanten) zu verhindern.

Dieser Strategiewechsel, verbunden mit einer Weiterentwicklung der überkommenen CSO-Struktur, führte im Jahr 2004 zur Gründung der **Diamond Trading Company** (DTC), deren Hauptsitz von London nach Gaborone in Botswana verlagert wurde. Die DTC (mit Produktions- und Sortieranlagen in Großbritannien, Südafrika, Namibia und Botswana) vermarktet heute alle Diamanten aus der von De Beers kontrollierten Minen in Südafrika, Botswana, Namibia, Kanada und Tansania, mit einem Wert von bis zu 75 Prozent der weltweit gehandelten Rohdiamanten. Durch strikte Steuerung der Produktion und genaue Ermittlung des voraussichtlichen Bedarfs mit entsprechender Zuteilung an den Handel wird der Weltmarktpreis für Diamanten weitgehend kontrolliert und künstlich hoch gehalten. Die DTC arbeitet nur mit wenigen Händlern zusammen (weltweit derzeit ca. 80). Pro Jahr werden zehn **„Diamond Sights"** abgehalten (in London, Kimberley, Windhoek und Gaborone). Die Diamanten werden dafür nach ca. 12.000 Kriterien sortiert, die sich vor allem an Reinheit, Größe, Form und Farbe der Steine orientieren. Der Einkäufer bekommt ein sortiertes Rohdiamanten-Paket zu einem fixen Preis vorgelegt, das sowohl erstklassige als auch einige weniger hochwertige Steine enthält. Er kann das Paket in Ruhe prüfen und muss dann entscheiden, ob er es kauft oder nicht. Preisverhandlungen gibt es keine. Einzelne Steine werden von der DTC nicht verkauft. Die besten Diamanten werden nur etablierten Großkunden vorgelegt. Das Gros der Käufer stammt aus den großen Zentren der Diamantenverarbeitung New York, Antwerpen, Amsterdam, Tel Aviv, Bombay und Johannesburg. Zu allen Kunden werden enge Kontakte gepflegt, um deren Bedürfnisse möglichst optimal erfüllen zu können.

jährliche Förderung im Jahr 2000 auf 12 Mio. Karat angehoben und bis 2008 auf 17 Mio. Karat. Ende 2002 wurde nahe Orapa eine weitere kleine Diamantenmine eröffnet, die Damtshaa Mine (Debswana).

Wer Orapa besichtigen möchte, benötigt dazu eine Genehmigung der Betreiberfirma Debswana: **De Beers Botswana Mining Company (Pty) Ltd. (Debswana),** P.O. Box 329, Debswana House, Gaborone, Tel. 3614200, Fax 3180778, Internet: www.debswana.com. Ohne Genehmigung werden Besucher an den Zufahrten nach Orapa (West Gate bzw. East Gate) abgewiesen. Eine Ausnahme bilden Notfälle, z.B. die Einlieferung von Verletzten in Orapas Krankenhaus (Notaufnahme: Tel. 2970333). Die Freizeitmöglichkeiten der Minenenklave (Golfplatz, Tennisplätze, Schwimmbad u.a.) bleiben den Beschäftigten der Firma Debswana vorbehalten. Orapa ist durch öffentliche Busse mit Francistown und Palapye vernetzt.

Mopipi, Rakops, Khumaga und Motopi

Auf der Strecke zwischen Orapa und Maun passiert man mehrere **kleine Durchgangsorte,** die einfache Versorgungsmöglichkeiten bieten. In Mopipi und Rakops, den beiden größeren dieser Siedlungen, ist auch eine Tankstelle vorhanden. Die Strecke führt südlich bzw. westlich des Flussbettes stetig am Boteti River entlang, über den seit 2009 wieder kontinuierlich Überschusswasser des Okavango-Deltas bis zu den Makgadikgadi Pans fließt. Zwischen 1963 und 2009 war dies in einer mehr als 30 Jahre währenden Trockenperiode nur fünfmal der Fall. Südlich von Mopipi kann man die durch einen Staudamm zum Wasserrückhaltebecken modifizierte **Mopipi Pan** besichtigen, über deren Speicherkapazität man ursprünglich den Wasserbedarf der „Diamantenstadt" Orapa sicherstellen wollte. Orapa muss seit den 1980er Jahren mit Grundwasser aus Bohrlöchern und künstlich zugeleitetem Wasser aus dem Okavango-Delta versorgt werden, da der Boteti seiner von Ingenieuren ausgetüftelten „Füllungsaufgabe" nicht ausreichend nachkommt, nachdem tektonische Veränderungen den Fluss vorübergehend weitgehend trocken fallen ließen. **Rakops** stellt den Ausgangspunkt für Fahrten in den Nordteil des Central Kalahari GR dar. Neben einigen Läden, Tankstelle und einem kleinen Motel verfügt der Ort auch über eine Schlachterei mit modernen Kühlanlagen. Über Khumaga gelangt man – sofern die für 2011 avisierte Fertigstellung einer Brücke über den Boteti umgesetzt wird – zum westlichen Wildhüterbüro des Makgadikgadi Pans National Park, das sich direkt gegenüber am Ostufer des Botetis befindet.

Die Makgadikgadi Pans

Der Komplex der Makgadikgadi Pans besteht aus den beiden **Hauptpfannen Sowa Pan** (auch „Sua Pan" geschrieben) und **Ntwetwe Pan,** die von Tausenden kleinerer Pfannen umgeben werden. Mit einer Gesamtfläche von gut **12.000 km²** gelten die Makgadik-

gadi Pans als **größte zusammenhängende Salzpfanne der Welt.** Sie bilden den tiefsten Punkt des einstigen Makgadikgadi-Ursees, dessen Füllung durch das Wasser der Flüsse Okavango, Chobe und Sambesi vor etwa 2 Millionen Jahren begann, nachdem eine gewaltige Verwerfung (die so genannte „Zimbabwe-Kalahari-Achse") ihren Abfluss über den Limpopo River in den Indischen Ozean stoppte. Bis vor 50.000 Jahren wies der See eine Ausdehnung von 60.000 bis 80.000 km² sowie eine Wassertiefe von bis zu 40 Metern auf und war damit eines der größten Binnengewässer in Afrika. Vor etwa 20.000 Jahren begann ein schleichender Austrocknungsprozess, nachdem hydrolo-

gische Veränderungen den Zufluss von Chobe und Sambesi versiegen ließen. Vor ca. 1500 Jahren wurde die finale Phase der Austrocknung erreicht, in der sich der See nur noch teilweise und saisonal mit dem Wasser des Okavangos füllte, das über den Boteti River weiter nach Osten transportiert wurde.

Das zwischenzeitliche Versiegen des Boteti und zusätzliche Staumaßnahmen im Rahmen der Wasserversorgung für die Diamantenmine Orapa haben das Austrocknungsschicksal der Makgadikgadi Pans vorläufig besiegelt. In nieder-

Auf Erkundungsfahrt in der Ntwetwe Pan

Makgadikgadi Pans

schlagsreichen Monaten und nach heftigen Gewitterstürmen (wie zuletzt im Sommer 2009/2010) füllen sich die Makgadikgadi Pans noch immer einige Zentimeter tief mit Oberflächenwasser und vermitteln dann einen Eindruck von der Welt des einstigen Ursees. Größere zusammenhängende Wasserflächen mit einer Wassertiefe von mehreren Dezimetern entstehen dabei vor allem im Nordosten und Südwesten der Sowa Pan. Sie ziehen eine **Vielzahl von Wasservögeln** an. Das gewaltigste Spektakel stellt in Jahren guten Wasserstandes der Einfall von zigtausenden Rosa-Flamingos und Zwergflamingos dar, die dann zwischen Dezember und Mai in der Sowa Pan die **größte Brutkolonie des Rosa-Flamingos in Afrika** grün-

den. Die Ernährungsgrundlage der Flamingos sind Algen und kleine Schalentiere, die Trockenperioden „schlafend" in der Tiefe des Salzschlammes überdauern und bei ausreichender Nässe zu neuem Leben erwachen.

Im Randbereich der Pans wachsen vor allem **salztolerante Gräser** wie das Stachelige Salzgras (Odyssea paucinervis), die mit ihrer gelblichen Farbe einen angenehmen Kontrast zwischen der grauen Pfannenoberfläche, dem Blau des Himmels und den Grüntönen der übrigen Busch- und Baumvegetation herstellen. In höher gelegenen Bereichen, die mit fruchtbarem Detritus bedeckt sind, bieten eiweißreiche Süßgrasfluren ausgedehnte **Weidegründe für Wildtiere.** Obwohl das veterinär-

medizinische Sperrzaunsystem Tierwanderungen zwischen den Makgadikgadi Pans und den wasserreichen Gebieten von Okavango-Delta und Chobe River stark einschränkt, kann man in niederschlagsreichen Jahren noch immer einen **Wanderungsstrom** zigtausender Gnus, Zebras und Antilopen durch das Pfannensystem beobachten. Auffällige Vertreter der Tier- und Vogelwelt, die man bei Beobachtungsfahrten im Gebiet regelmäßig antrifft, sind neben Springböcken, Spießböcken, Steinböckchen, Kudus und Straußen die Riesen- und die Gackeltrappe. Fast alle Grasländereien der Makgadikgadi Pans werden heute von der Viehzucht genutzt, die Wasserversorgung stellen zahlreiche Bohrlöcher sicher.

Das Befahren weiter Pfannen-Bereiche ist auf die Trockenmonate Mai bis Oktober beschränkt. Allerdings muss man im Mai noch mit deutlicher Restfeuchte in den Pans rechnen, derweil der Untergrund im Oktober nach vereinzelten Regenfällen bereits wieder aufweichen kann. Während die Ntwetwe Pan in der Regel vollkommen austrocknet, sind weite Bereiche der Sowa Pan auch nach längeren Perioden ohne Niederschlag nur eingeschränkt befahrbar. Selbstfahrer sollten vorher das Kapitel „Wichtige Hinweise für Selbstfahrer/Gefahren/Salzpfannen" lesen.

Neben Fahrten entlang von Sowa Pan und Ntwetwe Pan stellt der Besuch der fossilen Insel **Kubu Island** am Süd-

westrand der Sowa Pan einen Höhepunkt jeder Botswanareise dar. Sehenswert sind auch verschiedene mächtige **Baobabs** auf höhergelegenen „Inseln" und am Pfannenrand die Inselformation **Kukonje Island,** das **Nata Bird Sanctuary** im Nordosten der Sowa Pan und die Düneninsel **Gabasadi Island** inmitten der Ntwetwe Pan.

Ein Besuch der Makgadikgadi Pans sollte sich nicht auf das Besichtigen bestimmter Orte konzentrieren, sondern vor allem darauf abzielen, die einzigartige Stille, den glitzernden Nachthimmel, die unvergleichliche Farbabstufung eines Sonnenuntergangs bis hin zu tiefem Blauviolett, den allgemeinen Wildnischarakter und das Gefühl unbeschränkter Freiheit inmitten endloser Weite zu erfassen. Den vielleicht nachhaltigsten Eindruck hinterlässt eine **Übernachtung auf Kubu Island bei Vollmond,** wenn das vom Pfannengrund silbriggrau reflektierte fahle Mondlicht das Gebiet als einen festen Bestandteil des Nachtgestirns erscheinen lässt.

Sowa Pan

Fahrten in der Region **nur mit Allrad-Geländewagen** möglich. GPS-Navigation hilfreich. Vorsicht beim Befahren der Pfannenoberfläche!

Die relativ kompakt geformte Sowa Pan misst in der Länge etwa 120 km und ist 25–40 km breit. Im Norden gelangt man über das Nata Bird Sanctuary nahe dem Mündungsdelta des Nata River an den Rand der Pfanne und erhält so einen Eindruck von ihrer immensen Ausdehnung. Gute Aussichtsmöglich-

Zwergflamingos

Botswanas Sodaasche-Projekt

Auf der Suche nach neuen Wirtschaftszweigen, die langfristig die Abhängigkeit vom Diamantbergbau beenden könnten, wurde 1991 mit dem kommerziellen Abbau von Salz und Sodaasche am Ostrand der Sowa Pan begonnen. Sodaasche ist ein Rohstoff, der zur Herstellung von Glas, Stahl, Vanadium, Papier und Detergenzien benötigt wird. Das auf der „Landzunge" Sowa Spit gelegene Soda-Werk pumpt dafür auf einer Fläche von 200 km² mit Hilfe **künstlicher Brunnen** Sole aus unterirdischen Salzwasserpools durch ein Pipelinesystem in ca. 25 km² große Verdunstungsanlagen. Die beim Trocknen entstehende Salzschicht wird mechanisch abgekratzt und einem chemischen Extraktionsprozess von Sodasalz unterzogen. Der Hauptabsatzmarkt ist Südafrika, gefolgt von den übrigen Nachbarländern Botswanas. Das Projekt gilt als **eine der kostspieligsten Investitionen in Botswanas Geschichte** seit der Unabhängigkeit.

Die zunächst angepeilte jährliche Zielgröße von 300.000 geförderten Tonnen Sodaasche und 650.000 Tonnen Salz wurde unter dem halbstaatlichen Betreiber Soda Ash Botswana bei weitem nicht erreicht, sodass das Unternehmen bald nach seiner Gründung in Solvenzschwierigkeiten geriet. 1995 musste Soda Ash Botswana liquidiert werden und wurde von Botswana Ash (Botash) übernommen, an dem der Staat neben den Konzernen Anglo-American Cooperation, De Beers, African Explosives & Chemical Industries und verschiedenen Banken zu 50% beteiligt ist. Hoher Konkurrenzdruck durch amerikanische Produzenten, starke Konjunkturschwankungen und Probleme mit negativen Witterungseinflüssen (z.B. hohe Niederschläge) verhinderten zunächst auch unter der neuen Betreibergesellschaft eine **Förderung im Rentabilitätsbereich,** obwohl die Förderquoten deutlich gesteigert werden konnten. Erst im Jahr 2001 gelang es erstmals, bei einer Förderquote von ca. 300.000 Tonnen Sodaasche in die Gewinnzone zu gelangen. Aufgrund der Prestigeträchtigkeit des Projektes ist anzunehmen, dass der Abbau auch in Krisenzeiten nicht eingestellt werden wird. Ein Teil des Lebensraums der Flamingos in der Sowa Pan ist durch das Sowa Pan Soda Ash Project unwiederbringlich verloren gegangen.

bo-083 Foto: cl

keiten bestehen auch beim Befahren der Piste auf dem höher gelegenen Uferwall des Makgadikgadi-Ursees zwischen den Siedlungen Sexara und Thabatshukudu am Westrand der Pfanne.

Neben Touren zu den fossilen Inseln Kubu Island im Südwesten und Kukonje Island im Südosten lohnt besonders die Umgebung des kleinen Dorfes **Mosu** im Süden einen Besuch. Mosu ist über eine gute Piste zwischen der Siedlung Mmatshumo 38 km nördlich von Letlhakane und dem Tlalamabele Veterinary Gate erreichbar. In Mmatshumo biegt man auf Höhe der GPS-Koordinaten S 21°08.570′, E 25°39.280′ nach Osten ab (Achtung: Mmatshumo wimmelt nur so vor Pisten, die aus dem Dorf herausführen). Auf passabler sandiger Piste erreicht man nach 42 km Mosu (GPS-Koordinaten: S 21°15.290′, E 26°07.150′) unterhalb einer gut 40 m hohen Böschung, die das Südufer des Makgadikgadi-Ursees darstellt. Vom Kamm dieser fossilen Böschung bietet sich der vielleicht **schönste Blick auf die Sowa-Pfanne.**

Archäologische Ausgrabungen im Kammbereich haben gezeigt, dass die Region um Mosu vor etwa 1000 Jahren dicht besiedelt war. **Exotische Muschelschalen und orientalische Glasscherben** belegen, dass damals Handelsgüter aus Persien und dem fernen Osten die dortigen Dörfer erreichten, welche ihrerseits mit lokalen Produkten Handelsbeziehungen in den Orient, das Kongo-Gebiet und die afrikanischen Küstenstädte am Atlantik und am Indischen Ozean aufrechterhielten. In entgegengesetzter Richtung erreicht man Mosu vom 27 km entfernten Tlalamabele Veterinary Gate (GPS-Koordinaten: S 21°18.370′, E 26°13.980′) an der Straße von Francistown nach Orapa ausgehend.

Der **Begriff „Sowa" oder „Sua"** stammt aus der Sprache der San und bedeutet „Salz". Bereits vor Jahrtausenden legten die Buschmänner erste Gruben für die **Salzgewinnung** im Randgebiet der Sowa Pan an und benutzten das gewonnene Salz später als Handels- und Tauschartikel. Angeblich wurden bis in die jüngste Vergangenheit noch derartige Gruben am Nordrand der Pfanne betrieben. Am Ostrand der Sowa Pan im Bereich der „Landzunge" Sowa Spit wurde 1991 – diesem historischen Beispiel folgend – im Rahmen des **Sowa Pan Soda Ash Project** mit dem industriellen Abbau von Sodaasche begonnen. Das zunächst chronisch defizitäre Prestigeprojekt hat sich inzwischen mit Hilfe staatlicher Subventionen stabilisiert, sodass die Förderung in den letzten Jahren deutlich gesteigert wurde und erste Profite erzielt werden konnten (siehe auch Exkurs „Botswanas Sodaasche-Projekt").

Kubu Island

Anreise **nur mit Allrad-Geländewagen** möglich. GPS-Navigation hilfreich. Vorsicht beim Befahren der Sowa-Pfanne! Anfahrtszeit ab Nata: ca. 4 Stunden, ab Gweta: ca. 3–4 Stunden, ab Letlhakane: ca. 2–2½ Stunden.

Unweit der ehemaligen Uferlinie der Sowa Pan findet man **mehrere Felsformationen und fossile Inseln** inmitten eines Ozeans aus weißlichgrauem Salz, deren beeindruckendste Kubu Island im Südwesten darstellt. „Kubu" bedeutet im Setswana „Flusspferd". Eine andere Bezeichnung der Insel ist „Lekhubu" („Felsgrat"). Kubu Island ist ca. 1 Kilometer lang und erhebt sich 20–30 Meter über dem umgebenden Salzmeer. Eine kleine „Landzunge" aus Gras stellt die einzige Verbindung zum „Festland" dar. Die „Insel" besteht aus rötlich-grauen, findlingsartigen Granitformationen, die von zahlreichen **mächtigen Baobab-Bäumen** überragt werden. Neben den grotesk gewachsenen Baobabs findet man *Sterculia-* und *Commiphora-*Bäume sowie Beeren tragende *Asparagus*-Arten. Bei Sonnenuntergang werden Granitblöcke und Baobabs in rot glühendes Licht getaucht und bieten dann einen unvergesslichen Anblick. Fantastischer noch ist die Atmosphäre, wenn man bei klarer Witterung zeitgleich mit dem Sonnenuntergang über dem fahlblauen Horizont im Osten den Mond aufgehen sieht, während der westliche Horizont ein orange-rot-violettes Farbenspiel des Lichts durchlebt. Wer in einer Vollmondnacht einen einsamen Spaziergang durch die **Geisterlandschaft** des silbriggrau leuchtenden Salzmeeres unternimmt, wird bereits nach wenigen Minuten von dem Gefühl befangen, einen Teil des Mondes selbst betreten zu haben.

Verschiedene Spuren menschlicher Siedlungstätigkeit deuten darauf hin, dass Kubu Island in der Vergangenheit deutlich lebensfreundlichere klimatische Bedingungen erlebt hat, als es heute der Fall ist. Neben Werkzeugen, Knochenfunden und anderen Spuren aus der Jungsteinzeit legt vor allem eine deutlich später entstandene, halbmondförmig angelegte **Steinmauer** im Süden der Insel Zeugnis menschlicher Besiedlung ab. Das Alter des ca. 1,20 Meter hohen Felswalls, der mit einem „Einlass" und einigen „Fenstern" versehen ist, wird auf 1000 bis 1700 Jahre geschätzt. Manche Archäologen betrachten die Ruine als Relikt einer Satellitensiedlung des Reiches von Great Zimbabwe. Allerdings bestehen beträchtliche Unterschiede zu den kennzeichnenden Merkmalen der Bauten jener Zeit. Eine andere Theorie besagt, dass Kubu Island ein wichtiger Initiationsort von Bantu-Stämmen gewesen ist, da man mehr als 400 Steinhaufen festgestellt hat, die an ähnliche Funde in einem mutmaßlichen Initiationszentrum in Simbabwe erinnern. Die Steinhaufen kennzeichnen demnach Initiationszeremonien, während derer Knaben durch Beschneidung in den Rang eines Mannes erhoben wurden.

Für die in der Umgebung lebenden **San** gilt die Insel als heiliger Ort mit großer religiöser und zeremonieller Bedeutung. Die Buschmänner glauben, dass Gott einst unter den Felsen gelebt hat, und besuchen Kubu Island, um Opfergaben niederzulegen und um ihn um Regen zu bitten. Der Glaube der San verbietet es, Steine, Früchte oder Tiere von der Insel zu entfernen. Das gilt auch für archäologische Funde (Werkzeuge, Tonscherben etc.), die dem

Sowa Pan nach der Regenzeit

Staat Botswana gehören und nicht mitgenommen werden dürfen. Besucher sollten dies respektieren. Kubu Island wird als **National Monument** vom National Museum, zusammen mit der nahe gelegenen Gemeinde Mmatshumo, verwaltet. 1999 wurde infolge stetig anwachsender Besucherzahlen ein **ständiger Außenposten** eingerichtet, der dafür sorgen soll, dass alle Besucher innerhalb eines festgelegten Bereiches an der Nordwestflanke der Insel zelten (14 Stellplätze, kein Wasser, keine Duschmöglichkeiten, einfaches Plumpsklo). Bereits kurz nach der Ankunft wird man auf Kubu Island von einem per Fahrrad patroullierenden (häufig recht penetranten) Beamten des **Gaing-O-Com-**munity Trust (Tel. 2979612, Internet: www.kubuisland.com) begrüßt, der neben der Registrierung in einem Besucherbuch auch ein Informationsblatt verteilt und eine Besuchs- bzw. Campinggebühr erhebt. Diese betrug im Jahr 2010 umgerechnet 6,60 Euro p.P. und 5 Euro pro Fahrzeug. Camping schlägt mit 11,10 Euro p.P. (inkl. Eintrittsgebühr) zu Buche. Zusätzlich werden Guided Walks und ein Fahrradverleih angeboten.

Diese **bürokratische Reglementierung und** die allgemeine **Zunahme des Besucherstroms** mit entsprechenden „Zivilisationserscheinungen" (Müll, Lagerstellen, Reste von Toilettenpapier etc.) drohen mittlerweile, Kubu Island

bo-198 Foto: cl

Makgadikgadi Pans

bo-085 Foto: cl

Kubu Island: Salz, Granit und Baobabs

ihrer einzigartigen Atmosphäre und Einsamkeit zu berauben. Nur wer das Glück besitzt, hier außerhalb der Hauptreisezeiten eine einsame Nacht verbringen zu können, wird die magische Faszination des Gebietes in alter Weise spüren können. Ca. 10 km südlich von Kubu Island befinden sich zwei weitere kleine Inseln, die weitaus einsamer liegen, aber aufgrund des tückischen Pfannenuntergrundes nur sehr vorsichtig vom Pfannenrand her angesteuert werden sollten. Die Anweisung eines Campingplatzes auf Kubu Island erfolgt durch den Beamten des Trust.

Ausreichende Vorräte an Wasser (5–10 Liter pro Person und Tag), Treibstoff, Nahrung, Feuerholz und Ersatzteilen müssen mitgebracht werden. Kubu Island ist in der Regel **nur während der Trockenmonate Mai bis Oktober erreichbar.** Ein GPS-Gerät ist bei der Lokalisation der Insel hilfreich.

Anreise von Letlhakane aus

In Letlhakane biegt man auf eine gute Piste Richtung Nordosten ab, die nach 13 km auf die Straße Francistown – Orapa einmündet (GPS-Koordinaten S 21°19.499', E 25°33.742'). Direkt gegenüber dieser Einmündung beginnt eine ca. 25 km lange, gut befahrbare Sandpiste zum Dorf Mmatshumo. Kurz hinter der Dorfeinfahrt zweigt auf Höhe der GPS-Koordinaten S 21°08.590', E 25°39.214' eine mit „Lekhubu 45 km" ausgeschilderte Piste nach Norden ab. Man folgt dieser

Piste, die nach gut 5 km einen höhergelegenen Aussichtspunkt erreicht, der sich auf der ältesten und höchsten der fossilen Uferlinien des Makgadikgadi-Ursees befindet. Von hier bietet sich ein guter Ausblick über die Sowa Pan. Die folgenden 9,5 km beginnen mit einem steinigen Abhang und führen dann über schlechte Piste mit zahllosen Ausweichspuren, bis man den Pfannenrand der Tsitsane Pan erreicht, wo sich der Weg abermals gabelt. Hier hält man sich auf Höhe der GPS-Koordinaten S 21°01.801′, E 25°37.186′ rechts und gelangt nach weiteren 6,5 km an das Durchlasstor eines veterinärmedizinischen Sperrzauns (GPS-Koordinaten S 20° 58.620′, E 25°37.178′), das von einem bemitleidenswert sonnenverbrannten Torwächter geöffnet wird. 7,2 km hinter dem Tor zweigt auf Höhe der GPS-Koordinaten S 20°56. 010′, E 25°40.030′ in östlicher Richtung die südliche Zufahrt nach Kubu Island ab, die korrekt mit „Lekhubu 17 km" beschildert ist. Die GPS-Koordinaten von Kubu Island sind S 20°53.737′, E 25°49.421′. Die Insel ist über der Pfanne bereits als flimmerndes Gebilde am Horizont sichtbar. Die Fahrt über die Oberfläche der Sowa Pan erfordert große Achtsamkeit und sollte sich stets an vorhandenen Wagenspuren orientieren. Es ist unbedingt notwendig, diese Strecke im Allradmodus (4WD high) zu fahren, um bei unerwartet weichen Untergrundverhältnissen mit dem optimalen Leistungsvermögen des Wagens in Rücken reagieren zu können (siehe dazu auch „Wichtige Hinweise für Selbstfahrer/Gefahren/Salzpfannen"). Bei nicht hundertprozentig trockenen Pistenverhältnissen sollte man lieber auf die entlang einer festen Grasnase verlaufende nördliche Zufahrt (siehe Anreise von Nata aus) ausweichen oder nur mit mindestens zwei Fahrzeugen fahren, sodass man sich im Notfall gegenseitig Hilfestellung geben kann.

Anreise von Nata aus

Von Nata aus fährt man auf der Straße nach Maun westwärts. Ca. 17 km nach dem Verlassen Natas zweigt links eine mit „Lekhubu 72 km" ausgeschilderte Piste nach Kubu Island ab. Diese landschaftlich reizvolle Piste passiert nach 24 km die Siedlung Sexara und führt dann über ungefähr 48 km entlang der fossilen Uferlinie am Nordwestrand der Sowa Pan Richtung Süden zur Siedlung Thabatshukudu (GPS-Koordinaten: S 20°42.606′, E 25° 47.476′). Die der Uferlinie folgende Piste gabelt sich bereits einige Kilometer nach ihrem Beginn. An dieser Weggabelung und an allen weiteren Abzweigungen bis Thabatshukudu muss man sich in südlicher Richtung halten. Man erreicht nach ca. 20 km auf sandigem und zerfahrenem Untergrund den bereits erwähnten, höher gelegenen Uferwall des Makgadikgadi-Ursees, von dem sich ein schöner Blick nach Osten über die Sowa Pan bietet. Bei der Einfahrt nach Thabatshukudu (eine Ansammlung von Hütten und einigen festen Häusern) muss man sich am blaugrün gestrichenen Gebäude des „General Dealer" links gen Süden halten. Etwa 10 km hinter Thabatshukudu erreicht man das Durchlasstor eines veterinärmedizinischen Sperrzauns („Tswagong Veterinary Gate", GPS-Koordinaten: S 20°45.810′, E 25° 44.320′). Nach weiteren 3 km erreicht man die Siedlung Tswagong (GPS-Koordinaten 20°48.094′, E 25° 45.608′), wo links eine eine 14 km lange Piste nach Kubu Island abzweigt (ausgeschildert). Im „African Adventurer's Guide to Botswana" von *Mike Main* (Struik, Kapstadt 2010) sind weitere, detaillierte Wegbeschreibungen nach Kubu Island enthalten, die auch eine abenteuerlustige Anfahrtsroute auf der Pfannenoberfläche der Sowa Pan nahe der Uferlinie beinhalten.

Von Kubu Island nach Gweta

Von der Nordwestflanke der Insel fährt man über die nördliche Anfahrtsroute bis zur gut 14 km entfernten Siedlung Tswagong. Dort biegt man auf Höhe eines größeren Baobab-Baums am Hinweisschild nach „Lekhubu" rechts Richtung Thabatshukudu Village ab. Nach gut 3 km erreicht man das Tswagong Veterinary Gate, an dem man über 8,5 km in westlicher Richtung dem Verlauf des Zaunes folgt, bis man an das Gumba Veterinary Gate gelangt (GPS-Koordinaten: S 20°44.762', E 25° 39.790'), wo man den Zaun nach Norden quert. Alternativ kann man dieses Tor auch über eine etwa 12 km lange Piste direkt von Tswagong erreichen. Vom Gumba Veterinary Gate führt eine 79 km lange Piste nordwestwärts nach Gweta (GPS-Koordinaten: S 20°11.434', E 25°15.888'). Man passiert dabei mehrere größere Pfannenabschnitte der Ntwetwe Pan, die man mit zügiger Grundgeschwindigkeit (50–60 km/h) durchfahren sollte, da auch außerhalb der Regenmonate November bis April immer wieder kleinere Passagen mit nicht vollständig abgetrocknetem Untergrund bewältigt werden müssen. Die durchfahrene Landschaft beeindruckt vor allem durch ihre unendliche Weite. Mit der Kamera lässt sich dieses Erlebnis leider nur sehr unbefriedigend einfangen. Auf den ausgedehnten Grasfluren trifft man immer wieder auf Strauße, Riesentrappen und Gackeltrappen. Auf Höhe der GPS-Koordinaten S 20° 26.530', E 25°22.410' erreicht man den nordwestlichen Rand der Ntwetwe Pan. Vor Gweta gerät man in ein unübersichtliches Gewirr von grauen Sandpisten, die durch Viehtritt einen schlechten Zustand aufweisen und mehr oder weniger alle nach Gweta (GPS-Koordinaten S 20°11.434', E 25° 15.888') führen. Ein GPS-Gerät kann dabei helfen, eine möglichst direkte Routenführung zu finden.

In umgekehrter Richtung ist die Lokalisation der richtigen Ausfahrt aus Gweta ohne GPS-Navigation sehr schwierig. Man sollte sich deshalb bei der lokalen Bevölkerung nach der richtigen Piste erkundigen und dabei Ortsangaben wie „Kubu", „Lekhubu", „Thabatshukudu", „Tswagong" oder „Mmatshumo" nennen.

Kukonje Island

Anreise **nur mit Allrad-Geländewagen** möglich. GPS-Navigation hilfreich. Vorsicht beim Befahren der Sowa-Pfanne! Anfahrtszeit ab Nata: ca. 2½ Stunden, ab Francistown: 3–3½ Stunden.

Kukonje Island (oder Kokoro Island) ist eine inselartige Felsformation, die sich am Ostrand der riesigen Sowa Pan befindet. Die Insel ist etwas größer als Kubu Island (auf gleicher geografischer Höhe ca. 38 km weiter westlich), weist jedoch nur wenige Baobabs im schütteren Baumbewuchs auf. Unter anderem trifft man hier wilde Sesambüsche (*Sesamothamnus lugardii*) an. Kukonje Island ist im Gegensatz zu Kubu Island eine „echte" Insel, die vom „Festland" durch einen mehrere Kilometer breiten Streifen Salzpfanne abgeschnitten ist. Sie lässt sich daher **nur während der trockenen Monate Mai bis Oktober** erreichen, wenn die Oberfläche der Salzpfanne ausreichend tief abgetrocknet ist. Selbst dann kommt es immer wieder vor, dass Fahrzeuge im Schlamm stecken bleiben. Die Route nach Kukonje Island sollte daher möglichst nur mit zwei Fahrzeugen befahren werden. Alternativ kann man sein Fahrzeug am Pfannenrand abstellen und die letzten Kilometer zu Fuß zurücklegen (ausreichende Trinkwassermengen mitnehmen). Unter dem Aspekt, dass Kubu Island sich inzwischen zu einem bekannten touristischen Ziel entwickelt hat, stellt Kukonje Island einen der weniger bekannten Orte im Gebiet der Makgadikgadi Pans dar, wo man eine **sternenklare Mondnacht** über der fahl aufleuchtenden Oberfläche der Sowa Pan noch in ungestörter Einsamkeit erleben kann. Kukonje Island gilt als **heiliger Ort der Bakalanga,** die hier traditionell die Zeremonie des „Regenmachens" abhielten. Man sollte diese Bedeutung bei einem Besuch der Insel im Hinterkopf behalten.

Anreise

Die Anreise nach Kukonje Island ist nur von Osten her über den Dukwe Fence möglich. Der Versuch einer Querung der Sowa-Pfanne von Kubu Island aus ist aufgrund des tückischen Untergrundes selbst nach langer Trockenheit zum Scheitern verurteilt. Wer der Verlockung, fast 40 km – nur von der Positionsangabe eines GPS-Gerätes gelenkt – über die unendlich weit erscheinende Sowa Pan brausen zu können, trotzdem nachgibt, handelt verantwortungslos und setzt sein Leben und das seiner Mitreisenden aufs Spiel. Die gängigste Anfahrtsroute beginnt an der Straße Francistown – Nata. Bei Km 133 (von Francistown) bzw. Km 57 (von Nata) passiert man den veterinärmedizinischen Dukwe Fence (GPS-Koordinaten: S 20°34.060', E 26°29.190'). Dort wendet man sich auf der Fahrspur östlich des Zaunes nach Süden. Man quert nach gut 7 Kilometern die Eisenbahnlinie zum Sowa Pan Soda Ash Project. Nach insgesamt 49 km erreicht man rechtwinklig zur Fahrtrichtung ein Durchlasstor im Sperrzaun („Kwadiba Gate", GPS-Koordinaten: S 20°54.907', E 26°16.571'). Von hier aus kann man Kukonje Island im Westen bereits deutlich erkennen. Eine 6,5 km lange Piste führt entlang der nördlichen Seite des Sperrzaunes direkt dorthin. Die GPS-Koordinaten von Kukonje Island sind S 20°55.001', E 26°12.203'.

Camping ist überall auf der Insel möglich. Ausreichende Vorräte an Wasser, Treibstoff, Nahrung, Feuerholz und Ersatzteilen müssen mitgebracht werden.

Ntwetwe Pan

Fahrten in der Region **nur mit Allrad-Geländewagen** möglich. GPS-Navigation hilfreich. Es ist große Vorsicht beim Befahren der Pfannenoberfläche geboten. Ausreichende Vorräte an Wasser (5–10 Liter p.P. und Tag), Treibstoff, Feuerholz und Nahrung müssen mitgebracht werden.

Die **tintenklecksartig geformte** Ntwetwe Pan ist die Schwester der vergleichsweise kompakten Sowa Pan im Osten. Sie besitzt zahlreiche Ausläufer in alle möglichen Himmelsrichtungen. Der nördlichste davon, der so genannte „Ntwetwe-Finger", wird von der Straße Nata – Maun gequert. Im Bereich des Ntwetwe-Fingers ereignete sich während des Zweiten Weltkriegs im Oktober 1943 eine menschliche Tragödie, als zwei junge Piloten aus dem damaligen Südrhodesien, die in Bulawayo zu einem Übungsflug gestartet waren, ihre Maschine wegen Treibstoffmangels auf der flachen Pfanne notlanden mussten. Eine Gruppe von Buschmännern, die vermutlich in der Nähe illegal Giraffen gejagt hatte, nahm die beiden in Gewahrsam und tötete sie kurz darauf, vielleicht weil sie aufgrund der uniformähnlichen Pilotenkleidung meinten, von der Regierung verfolgt zu werden. Die beiden Leichen wurden verbrannt. Erst am 8. November wurde das Flugzeug entdeckt, und eine groß angelegte Suche nach den Piloten begann. Mehrere Buschmänner wurden festgenommen, darunter auch fünf Frauen. Aufgrund Beweismangels musste man die Anklage jedoch fallen lassen. Die San-Gruppe wurde später in ein anderes Gebiet umgesiedelt. Alle Buschmänner der Region mussten ihre Feuerwaffen abgeben, und es wurde vor Ort ein Außenposten der Polizei eingerichtet.

Die Ntwetwe Pan ist mit kleinen Grasinseln übersät und generell deutlich trockener als die Sowa Pan. Sie lässt sich daher besser befahren und lädt während der Trockenperiode zu expeditionsähnlichen Erkundungsfahrten ein, auf denen man die gängigen Pisten verlassen kann. **Camping** ist im Randbereich der Pfanne **fast überall möglich.** Ausreichende Vorräte an Wasser (5–10 Liter pro Person und Tag), Treibstoff, Nahrung, Feuerholz und Ersatzteilen müssen mitgebracht werden. Man sollte tunlichst **nur im Konvoi** mit mindestens zwei Fahrzeugen fahren. Neben den bereits mehrfach erwähnten Gefahren beim Fahren auf der Pfannenoberfläche muss man auch mit größeren Sand- bzw. Staubstürmen rechnen, die die Orientierung vorübergehend unmöglich machen können. Ohne ein GPS-Gerät sollte man sich daher nicht auf derartige Abenteuertrips begeben.

Der nordwestliche Teil der Ntwetwe-Pfanne liegt innerhalb des Makgadikgadi Pans National Park und lässt sich über das Pistensystem des Parks erkunden (siehe Abschnitt „Makgadikgadi Pans National Park"). Durch den Ostteil der Pfanne verläuft die Strecke von Gweta nach Kubu Island (siehe Abschnitt „Von Kubu Island nach Gweta"). **Die interessanteste Route führt jedoch von Gweta nach Mopipi.** Sie quert dabei das schmale Zentrum der Ntwetwe-Pfanne zwischen ihren ausgedehnten beiden „Flügeln" im Osten und Westen. Sie kann nur bei absoluter Trockenheit befahren werden. Die ersten 35 km der Piste südlich von Gweta bis zur Kreuzung bei Jack's Camp werden in den Abschnitten „Green's Baobab" und „Chapman's Baobab" beschrieben. Gut 17 km südlich der Kreuzung, wo man nach Osten zu Chapman's Baobab und nach Westen zum Makgadikgadi Pans NP abzweigt, passiert man inmitten der offenen Pfannenoberfläche eine Dünenformation, die **„Gabasadi Island"** genannt wird. Gabasadi Island (GPS-Koordinaten: S 20° 38.544', E 25°12.989') ist weitgehend vegetationsfrei und erlaubt vom Dünenkamm fantastische Blicke über die umgebende Pfannenlandschaft, vor allem bei Sonnenaufgang und Sonnenuntergang. Der britische Prinz *Charles* berichtete nach seinem Botswanabesuch, er habe dort gesessen, um zu malen, und es sei so heiß gewesen, dass die Aquarellfarben bereits trocken gewesen wären, bevor er sie aufs Papier bringen konnte. An der „Insel" werden immer wieder steinzeitliche Werkzeuge und andere archäologische Spuren entdeckt.

8,7 km südlich von Gabasadi Island erreicht man das „Südufer" der Ntwetwe Pan. Nach weiteren 1,5 km passiert man auf Höhe der GPS-Koordinaten S 20°43.744', E 25°12.279' das Durchlasstor eines weiteren veterinärmedizinischen Sperrzaunsystems („Tchai Gate"). Von hier sind es noch ca. 68 km nach Mopipi. Man muss auf dem Weg dorthin das seit 2009/10 wieder wasserführende Flussbett des Boteti queren, der im Süden der Ntwetwe Pan in den Lake Xau mündet. 45 km hinter dem Tchai Gate folgt auf Höhe der GPS-Koordinaten S 21°04.791', E 25° 02.357' ein weiteres Durchlasstor im veterinärmedizinischen Sperrzaunsystem ("Phatshwanyane Gate"). Ab hier verläuft die Piste in südwestlicher Richtung. Bei der Lokalisation des Streckenendpunktes Mopipi sollten Sie sich nach der Anzeige Ihres GPS-Gerätes richten. Die GPS-Koordinaten der Einmündung auf die Hauptstraße von Serowe nach Maun nahe Mopipi sind S 21°10.033', E 24°55.303'. Wenn man die Piste in umgekehrter Richtung befährt, kann man sich mit dem Erreichen der Oberfläche der Ntwetwe Pan nach der Landmarke "Chapman's Baobab" richten, wie es in historischer Zeit bereits *David Livingstone, James Chapman, Thomas Baines* und viele andere Expeditions- und Handelsreisende taten, die sich auf dieser Strecke nach Norden vorarbeiteten.

Feste Unterkunftsmöglichkeiten an der Ntwetwe Pan

●Die beiden etabliertesten Camps in der Wildnis der Makgadikgadi Pans sind **Jack's Camp** und das nahe gelegene **San Camp** am Nordwestrand der Ntwetwe Pan, betrieben vom Reiseunternehmen Uncharted Africa Safaris (P.O. Box 173, Francistown, Tel. 2412277, Fax 2413458, Internet: www.unchartedafrica.com). Die beiden Luxury Tented Camps (max. 20 bzw. 12 übernachtende Gäste) gehören zur Kategorie AA+ und liegen unweit der Kreuzung zwischen der Piste

Gweta – Mopipi und der Abzweigung zu Chapman's Baobab. Die Zelte sind im Stil der 1920er Jahre eingerichtet und mit schweren persischen Teppichen ausgelegt. Jack's Camp wurde vom Betreiber *Ralph Bousfield* zu Ehren seines 1992 verstorbenen Vaters *Jack* errichtet, der das Gebiet der Makgadikgadi Pans heiß und innig liebte. Beide Camps bieten Quad-Bike-Fahrten in die Ntwetwe Pan, exklusive Buschmann-Safaris sowie Trips nach Kubu Island, in den Makgadikgadi Pans NP bzw. Nxai Pan NP, ins Okavango-Delta und ins Central Kalahari Game Reserve an. Für mobile Zelt-Safaris werden (alles inkl.) ca. 720 Euro p.P. und Tag verlangt. Jack's Camp ist vom 1. März bis zum 1. Januar geöffnet, das kleinere San Camp vom 15. April bis zum 1. Oktober. Vorausbuchungen sind unbedingt notwendig. Flüge von Maun zum Airstrip der Camps kosten 235 Euro p.P. (einfache Strecke), für die Abholung aus Gweta werden 100 Euro p.P. berechnet. Die Tagestarife (ab 720 Euro p.P.) umfassen Unterbringung, Essen, Getränke und alle Aktivitäten.

●Saisonal öffnen auch günstigere Camps am Nordwestrand der Ntwetwe Pan, beispielsweise **Planet Baobab** (Kategorie B, ab 75 Euro p.P., Buchung über Uncharted Africa Safaris) in einer größeren Baobab-Baumgruppe 5 km östlich von Gweta oder das **Camp Kalahari** (mobiles Luxury Tented Camp, ab 300 Euro p.P.). Wer plant, dort zu übernachten, sollte sich vorher bei Uncharted Africa Safaris nach der aktuellen Situation erkundigen und ggf. Vorausbuchungen vornehmen. Über Planet Baobab lassen sich auch günstige Touren nach Kubu Island (35 Euro p.P.) organisieren sowie Quad-Bike-Fahrten durch die Ntwetwe Pan (50 Euro p.P.).

●**Makgadikgadi Camp,** Buchung über Footsteps in Africa, P.O. Box 1416, 87 Blesbok Avenue, Hoedspruit 1380, South Africa, Tel. +27-15-7930995 oder +27-15793-0726, Mobil +27-823556910, Internet: www.footsteps-in-africa.com. Das Camp liegt auf Hyena Island am Rand der Ntwetwe Pan. Ähnlich wie in Jack's Camp werden Quadbike-Fahrten und geführte Fußsafaris angeboten, allerdings ist das Makgadikgadi Camp nicht ganz so gediegen ausgestattet. Kategorie AA. Übernachtungen ab 200 Euro p.P. im DZ (alles inkl.).

Makgadikgadi Pans

Wie Gott den unzufriedenen Baobab strafte ...

Der wohl auffälligste Baum der ausgedehnten Trockensavanne im Norden Botswanas ist der im Stammbereich fassförmig „aufgetriebene" **Affenbrotbaum** oder Baobab (*Adansonia digitata*). Seine länglichen Schotenfrüchte werden tatsächlich von Affen verspeist. Nahezu alle Teile des Baobabs lassen sich auch vom Menschen nutzen. Das Fruchtfleisch und die fetthaltigen Samen werden gegessen, ebenso wie die frischen Blätter, die als eiweißreiches Gemüse gelten. Aus der faserigen Rinde lässt sich ein zugfester Bast herstellen. In der Volksmedizin wird das Fruchtfleisch gegen Fieber und Ruhr eingesetzt. Zahlreiche afrikanische **Geschichten und Legenden** ranken sich um den grotesk geformten Baum. Die wohl bekannteste von ihnen schreibt das ungewöhnliche „Baobab-Design" dem Zorn des Schöpfers zu.

Demnach war der Baobab, nachdem Gott die Welt erschaffen hatte, mit seinem Aussehen sehr unzufrieden, da er sich nicht genügend vom Erscheinungsbild anderer Bäume abhob. Er wurde bei seinem Schöpfer vorstellig und verlangte Nachbesserungen an seiner Gestalt, seinem Wuchs, schlichtweg an seinem gesamten Aussehen. Das von außergewöhnlicher Eitelkeit motivierte ständige Gejammere nach Schöpfungskorrekturen erreichte ein unerträgliches Ausmaß. Irgendwann platzte Gott vor Zorn der Kragen, und er riss den Baobab einfach aus dem Boden und stopfte ihn umgekehrt wieder in die Erde, um endlich seine Ruhe zu haben. Traurig ragten von diesem Zeitpunkt an die Wurzeln in den Himmel, während die Äste und Zweige für immer unter der Erde verschwunden waren. In dieser Position hat der Baobab bis heute überdauert. Eine andere Legende der San (Buschmänner) besagt, dass es keine jungen Baobab-Bäume auf der Erde gibt. Die Buschmänner nehmen an, dass Gott stattdessen immer wieder ausgewachsene Baobabs vom Himmel schleudert, die aber aufgrund ihres ungünstigen Schwerpunkts stets mit den Wurzeln nach oben auf der Erde landen. Dabei gräbt sich das Geäst tief in den Boden ein.

Während der sommerlichen Regenmonate beginnt der im trockenen Winter leblos und „vergrämt" erscheinende Baum plötzlich auszutreiben und zu blühen (die Bestäubung von Baobab-Blüten erfolgt durch Fledermäuse). Wenn sich die Salzpfannen von Makgadikgadi kurzfristig mit Niederschlägen füllen, bieten die sattgrünen Baobabs über dem glitzernden Wasser der Pans eines der schönsten Bildmotive in ganz Botswana. Das **Alter** verschiedener Baobab-Bäume wird auf **mehr als 2000 Jahre** geschätzt. Einzelne Bäume können einen **Stammesumfang von bis zu 40 Metern** erreichen. Große Höhlen im Innern alter Baobabs bieten Unterschlupf für Säugetiere, Reptilien, Vögel und Fledermäuse. Das sehr weiche, faserige Holz der Baobabs kann wie ein Schwamm enorme Mengen an Wasser speichern. Elefanten nutzen diese geheimen Reserven während ausgedehnter Dürreperioden und setzen den Bäumen mit ihren Stoßzähnen dabei schwer zu. Verblüffenderweise überstehen die meisten Baobabs die von Elefanten angerichteten Schäden recht gut.

In Botswana haben sich mehrere Expeditionen des 19. Jahrhunderts an markanten Baobab-Bäumen „verewigt". Dazu gehören die durch ein 1862 entstandenes Gemälde von *Thomas Baines* bekannt gewordene Gruppe der „Baines' Baobabs" im Nxai Pan National Park oder die mächtigen, mit in die Rinde eingeritzten Namen versehenen Einzelbäume „Chapman's Baobab" und „Green's Baobab" am Rande des Makgadikgadi Pans National Park. Interessanterweise hat sich der Aspekt der Baines' Baobabs seit 1862 (außer wachsenden Müllansammlungen) kaum verändert, was für die Zeitlosigkeit der Landschaft Botswanas spricht und Mut macht für ein langes Überdauern in der Zukunft.

Chapman's Baobab

Anreise **nur mit Allrad-Geländewagen** möglich. GPS-Navigation notwendig. Anfahrtszeit ab Gweta: ca. 1½ Stunden.

Der mächtige Chapman's Baobab befindet sich wenige Kilometer östlich der Piste Gweta – Mopipi. Bei der Anfahrt von Süden kann man den gewaltigen Baum mit seiner **siebenfachen Stammverzweigung** über die Fläche der Ntwetwe Pan hinweg bereits auf eine Entfernung von bis zu 20 km erkennen. Er stellt eine der wenigen Landmarken im Gebiet der Makgadikgadi Pans dar. Chapman's Baobab erhielt seinen Namen durch die in gotischer Schrift eingeritzten Initialen „J. C.", die **James Chapman,** einem Weggefährten von *Thomas Baines,* der 1862 die bekannteren Baines' Baobabs malte, zugeschrieben werden. Bekanntheit erlangte der Baum auch als **„Post Office Tree",** der in historischer Zeit von Reisenden dazu benutzt wurde, Nachrichten in einer Höhle im Innern des Stammes zu lagern. Der Stammumfang des ehemaligen Postamtes beträgt gewaltige 25 Meter, sodass Chapman's Baobab fälschlicherweise immer wieder in Verdacht gerät, der größte Baum in Afrika zu sein. Er wird jedoch noch deutlich

Chapman's Baobab

Makgadikgadi Pans

von einem „Monster" in der südafrikanischen Nordprovinz mit einem „Tail-
lenmaß" von über 33 Metern übertroffen. Die GPS-Koordinaten von Chapman's Baobab sind S 20°29.398', E 25°
14.980'. Der Baum besitzt ein geschätztes Alter von 2500 Jahren.

Anreise

Von Gweta führt eine sehr schlechte, in
mehrere Fahrspuren zerfurchte Sandpiste
nach Süden Richtung Mopipi. Es ist recht
schwierig, beim Verlassen Gwetas den richtigen Einstieg zu finden, sodass man sich dort
bei der lokalen Bevölkerung nach der aktuellen Wegführung erkundigen sollte. Gewöhnlich gelangt man jedoch bei der Ortsausfahrt
zwischen Gweta Rest Camp und Shell-Tankstelle fast automatisch auf die richtige Spur.
Ein GPS-Gerät ist bei der weiteren Navigation außerordentlich hilfreich, da in alle gängigen Karten nur ein Teil der vorhandenen
Fahrspuren eingezeichnet ist. Ca. 25 km südlich von Gweta passiert man auf der Piste
nach Mopipi Green's Baobab und gelangt
nach insgesamt 35 km an eine Weggabelung
(GPS-Koordinaten: S 20°30.289', E 25°12.
479'), wo man nach Osten abbiegen muss.
Ab dieser Kreuzung sind es noch gut 3 km
bis zu Chapman's Baobab.

Bei der **Anfahrt von Süden** durch die
Ntwetwe Pan hindurch kann man sich mit
Hilfe einer Karte direkt an dem die Umge-
bung überragenden Baum orientieren.

Eine dritte Möglichkeit der Anfahrt besteht
**entlang der Ostgrenze des Makgadikgadi
Pans National Park.** Man biegt dabei von
der Straße Nata – Maun 134 km hinter Nata
auf eine breite Schneise ein, die die Grenze
des Nationalparks markiert. Auf sehr sandigem Untergrund fährt man auf dieser Schneise gut 25 km geradeaus nach Süden. Auf
Höhe der GPS-Koordinaten S 20°26.170',
E 25°07.140' zweigt dann nach Osten eine
14 km lange Piste ab, die den Airstrip von
Jack's Camp (GPS-Koordinaten: S 20°29.
504', E 25°11.054') passiert und auf die bereits genannte Kreuzung ca. 3 km westlich
von Chapman's Baobab trifft.

Green's Baobab

Anreise **nur mit Allrad-Geländewagen** möglich. **GPS-Navigation notwendig.** Anfahrtszeit ab Gweta: ca. 1 Stunde.

Ca. 10 km Luftlinie nordwestlich von
Chapman's Baobab und etwa ebenso
weit von der Ostgrenze des Makgadikgadi Pans National Parks entfernt befindet sich ein knorriger, relativ gedrungener Baobab, der nach einer Expedition
der Jäger und Händler **Frederick und
Charles Green** benannt ist. Aufgrund
seiner geringen Größe ist der Baum aus
der Entfernung sehr schlecht zu sehen
und nur mit Hilfe eines GPS-Gerätes sicher lokalisierbar. Green's Baobab wird
von Maschendrahtzaun umgeben und
ist meines Erachtens weitaus weniger
sehenswert als der nahe gelegene
Chapman's Baobab oder die Gruppe
der Baines' Baobabs. In die Rinde findet
man neben der Signatur „Green's Expedition 1858–59" auch die Zeichen
„H.v.Z. 1851–52" eingeritzt, die dem
Gründer der Stadt Ghanzi, *Hendrik van
Zyl,* zugeschrieben werden. Die Anreise
zu Green's Baobab von Gweta aus entspricht der zu Chapman's Baobab. Die
Wegführung besteht aus einem verwir-
renden Geflecht zahlloser Fahrspuren.
Die GPS-Koordinaten von Green's Baobab sind S 20°25.543', E 25°13.859'.
Die ungefähre Entfernung von Gweta
ist 28 km. Etwa 300 m südwestlich liegt
die kleine Gutsha Pan, in der vor 100
Jahren noch Flusspferde gelebt haben
sollen. Heute füllt die Pfanne sich nurmehr nach ausgiebigen Regenfällen mit
Wasser und zieht dann zahlreiche Vögel und Wildtiere an.

Makgadikgadi Pans National Park (MPNP)

Ganzjährig geöffnet. Nur mit Allrad-Geländewagen befahrbar. Überwiegend keine GPS-Navigation notwendig. Keine Versorgungs- und Tankmöglichkeiten im Park. Einfache Camp Sites vorhanden. Camp-Site-Buchung offiziell vorgeschrieben. Anfahrtszeit ab Nata (zum nördlichen Park Gate): ca. 2 Std., ab Maun (zum westlichen Park Gate): 2–5 Std.

Der Park

Der **4900 km²** große Makgadikgadi Pans National Park (MPNP) wurde im Dezember 1992 eingerichtet. Er basiert auf einem bereits 1970 ausgewiesenen Wildschutzgebiet, das 1992 erweitert wurde. Im Norden grenzt der Park auf einer Länge von mehr als 100 Kilometern an die Straße von Nata nach Maun an. Jenseits der Straße beginnt der Nxai Pan National Park. Beide Nationalparks werden heute gemeinsam verwaltet. Die Bezeichnung „Makgadikgadi Pans National Park" ist irreführend, da nur etwa ein Fünftel des Schutzgebietes im Südosten Teile der Makgadikgadi Pans einschließt.

Der überwiegende Teil des Parks besteht aus einer **Sandebene,** die mit trockenem Busch- und Grasland bestanden ist. Die Westgrenze des MPNP bildet das Flussbett des Boteti River, der aus dem Thamalakane River bei Maun entspringt und seit 2009 wieder durchgehend Wasser führt. Das flache Flusstal wird von schmalen Galeriewäldern gesäumt und weist vereinzelte Wasserpools auf, die von Flusspferden besiedelt werden. Unter Berücksichtigung historischer Wasserzyklen (von jeweils

20 bis 40 Jahren Dauer) ist davon auszugehen, dass der Boteti River bis etwa 2030 Wasser führen wird. Im Osten und Südosten des Parks trifft man im Randbereich der riesigen Ntwetwe Pan auf locker verstreute **Mokolwane-Palmen,** die sich – landschaftlich reizvoll – über fruchtbarem Grasland erheben. Mit etwas Fantasie kann man sich bei diesem an den Bewuchs der Inseln des Okavango-Deltas erinnernden Aspekt durchaus vorstellen, dass die Makgadikgadi Pans einst ein riesiger See gewesen sind, der eine ähnliche Vegetation wie das Okavango-Delta aufwies.

Großartige Kulisse im Makgadikgadi NP

Makgadikgadi Pans

In manchen Reiseführern findet man Bemerkungen, der Makgadikgadi Pans National Park werde zu Unrecht als „Waisenkind" der botswanischen Naturreservate angesehen. Meines Erachtens ist die etwas stiefmütterliche Behandlung des Gebietes durch Reisende durchaus nachvollziehbar. Beeindruckend kann ein Besuch jedoch nach ausgiebigen Regenfällen sein („Vegetationsexplosion"). Entsprechende Erkundigungen über die aktuellen Verhältnisse vor Ort können vor einem Besuch über die Wildschutzbehörde DWNP in Maun eingeholt werden. Es ist sinnvoll, eine Visite des MPNP mit einer Fahrt in den Nxai Pan National Park zu verbinden, wo deutlich bessere Wildbeobachtungsmöglichkeiten bestehen.

Tier- und Pflanzenwelt

Während der Regenmonate November bis April weist der Park größere Bestände an Springböcken, Zebras, Streifengnus und Spießböcken auf. Regelmäßig zu beobachten sind auch Große Kudus, seltener Buschböcke und Kronenducker, die sich im Waldland entlang des Ostufers des Boteti aufhalten. Recht verbreitet ist das trockenheitstolerante Steinböckchen. Gelegentlich trifft man auf Gruppen der Südafrikanischen Kuhantilope *(Red Hartebeest)*. Zwischen Juli und November findet eine eindrucksvolle, von den Gras- und Schwemmlandflächen der Makgadikgadi Pans ausgehende westwärts gerichtete große Wanderungsbewegung von bis zu 20.000 **Zebras und Gnus**

durch das Parksystem statt, die mit riesigen Tieransammlungen am wasserreichen Boteti River endet, bevor die Tiere im Dezember weiter nach Norden zur Nxai Pan ziehen, um dort ihren Nachwuchs zu gebären. Der MPNP beherbergt eine bis zu 40 Tiere umfassende Löwenpopulation, an deren Existenz man nachts vor allem am Khumaga Camp Site durch lautstarkes Löwengebrüll erinnert wird. Beobachtungen jagender **Löwen** sind im MPNP jedoch selten, da man aufgrund des sehr weitmaschigen Wegenetzes nur einen kleinen Teilbereich des Parks einsehen kann. Verbreitet, aber noch seltener zu sehen, sind Geparde. Leoparden kommen in erster Linie im Galeriewald am Boteti River vor. Braune Hyänen werden in der Regel nur in der Dämmerung beobachtet. Die meisten Flusspferde der von dauerhafter Austrocknung bedrohten Wasserpools im Boteti-Tal wurden Ende der 1990er Jahre transloziert, um sie vor dem Dürretod zu bewahren. Ein erneuter Bestandsaufbau ist davon abhängig, ob der Boteti in den nächsten Jahren wieder dauerhaft Wasser führen wird, wovon auszugehen ist. Wandernde **Elefanten und Büffel** statten dem Gebiet vor allem im Flusstal des Boteti regelmäßige und lang andauernde Besuche ab. Zwei ursprünglich auf Chief's Island im Okavango-Delta

Der Boteti River 1999 und im Jahr 2010

Makgadikgadi Pans

Maun

Boteti

Motopi

Mareomaoto

⌂ *Meno-a-Kwena Lodge*

Phuduhudu Park Gate

⌂ *Leroo-la-Tau Lodge*

⚠ *Khumaga*

Game Scout Camp

Khumaga

10 km

Tsoe

Magodi

Sukwane

Boteti

Orapa

Legend:

- ▬ Teerstraße
- ═ Schotterstraße
- ─ Piste (nur mit Allrad)
- •••• Nationalpark
- ‧‧‧‧ Tiersperrzaun
- ● Tor
- ▱ Salzpfanne (Pan)
- ✈ Landebahn
- ◓ Wasserpumpe
- ⬤ Dorf
- 🛖 Camp
- ⌂ Lodge
- ⚠ Campingplatz
- ★ Sehenswürdigkeit

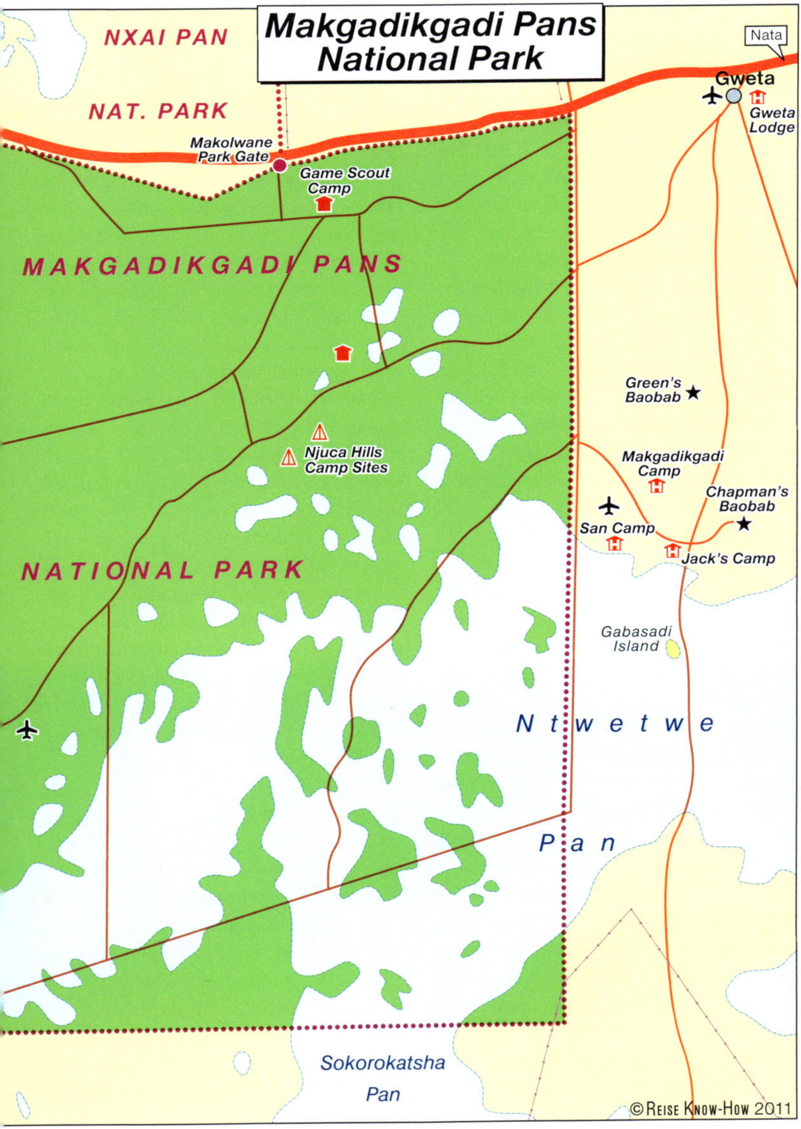

Makgadikgadi Pans National Park

NXAI PAN

NAT. PARK

Nata

Gweta

Gweta Lodge

Makolwane Park Gate

Game Scout Camp

MAKGADIKGADI PANS

Green's Baobab

Makgadikgadi Camp

Chapman's Baobab

Njuca Hills Camp Sites

San Camp

Jack's Camp

NATIONAL PARK

Gabasadi Island

Ntwetwe

Pan

Sokorokatsha Pan

© REISE KNOW-HOW 2011

ausgewilderte und dann nach Osten abgewanderte weibliche **Breitmaulnashörner** erreichten im Jahr 2008 den Makgadikgadi Pans NP. Sie erhielten im gleichen Jahr durch Freilassung eines männlichen Tieres aus dem Khama Rhino Sanctuary Verstärkung, um einen Populationsaufbau starten zu können. Ende 2010 stand die Geburt eines ersten Nashornbabys angeblich bevor.

Neben Straußen ist die **Vogelwelt** in erster Linie durch mehrere Trappenarten (vor allem Riesentrappe und Gackeltrappe), Bienenfresser und Racken, Frankoline, Tokos, Geier und verschiedene Greifvogelarten (Sekretär, Gaukler, Milane, Adler, Singhabichte und Falken) repräsentiert. Besonders ergiebig für Vogelbeobachtungen sind Fahrten entlang des Flussbettes des Boteti.

Ein großes Problem stellte über viele Jahre das **Vordringen von Nutztieren in den Park** dar. Bedingt durch die starke Überweidung westlich des Boteti-Tals und aufgrund der langen Nutzungstradition des Gebietes als Weideland vor der Ausweisung zum Nationalpark wurden trotz des klaren Schutzstatus immer wieder große Viehbestände in das Reservat getrieben. Manche Beobachtungsfahrt im Westteil des MPNP endete damit, dass man fast ausschließlich Rinder, Esel, Ziegen oder gar Pferde und Hunde gesehen hatte, jedoch kaum Wildtiere. Die Konkurrenz um Weideland und ein beträchtliches Maß an **Wilderei** durch lokale Anwohner führten zu einer spürbaren Verdrängung des Wildes und erheblicher Scheu vor dem Menschen. Zwischen November 1999 und Mai 2000 wurden allein

12 Löwen (die natürlich auch unter den Nutztieren jagten) durch Fallen oder Giftköder getötet. Traurigerweise hatte man dabei auch nicht das Gefühl, dass die Wildschutzbehörde DWNP energisch genug gegen diese Zustände vorgehen würde. Erst durch die **Errichtung eines Tiersperrzaunes** entlang der westlichen Grenze des Makgadikgadi Pans NP in den Jahren 2003/04 gelang eine Trennung der Wild- und Nutztierbestände, allerdings unter Einschränkung der natürlichen Wanderungsbewegungen der Wildtiere.

Die **Pflanzenwelt** des MPNP wird durch die Beschreibung weiter vorn unter „Die Makgadikgadi Pans" ausreichend mit abgedeckt. Gesondert erwähnenswert sind die u.a. von großen Kameldornbäumen, Dornakazien (z.B. *Acacia mellifera*), Terminalia-Bäumen und Leberwurstbäumen gebildeten **Galeriewälder** am Boteti. Eine interessante Sukkulentenart ist die zu den Schwalbenwurzgewächsen gehörende Pflanze *Hoodia lugardii,* die im südöstlichen Winkel des Parks am Rande der Ntwetwe Pan vorkommt.

Unterwegs im Park

Der MPNP wird von einem weitmaschigen Wegenetz durchzogen, das **über weite Strecken nur mit einem soliden Allrad-Geländewagen** bewältigt werden kann. Es überwiegen sandige Pisten, im Randbereich der Ntwetwe Pan fährt man auch direkt auf der Pfannenoberfläche. Wer Touren in den abgelegenen Südosten des Parks plant, sollte besser nur mit zwei Fahrzeugen reisen oder zumindest eines der Wildhüterbüros vor der Abfahrt über die gewählte Route informieren. Während der Regenzeit kann das Vorwärtskommen durch Verschlammung bestimmter Pistenabschnitte erschwert sein. Ein Spezialwagenheber („High-lift Jack") und eine Winde mit Greifzug können dann sehr hilfreich sein.

Empfehlenswert sind Wildbeobachtungsfahrten vom Khumaga Camp Site entlang des Boteti nach Norden. Allerdings war die Khumaga Camp Site Ende 2010 nur sehr umständlich und auf Umwegen von Norden ab der Straße Nata – Maun oder von Süden ab Mopipi erreichbar, da der Boteti River in Ermangelung einer Flussquerung vor Ort nicht durchfahren werden konnte. Die Errichtung einer Brücke über den Boteti soll 2011 erfolgen.

Eine vor allem durch ihre landschaftlichen Reize überzeugende Region trifft man im Osten und Südosten des Parks an. Lockere Gruppen im Wind raschelnder Mokolwane-Palmen und gute Ausblicke auf die ausgedehnte, mit kleinen Grasinseln übersäte Ntwetwe Pan bestimmen den Landschaftscharakter. **Empfehlenswert ist eine Fahrt die östliche Parkgrenze entlang nach Süden.** 25 km südlich der Straße Nata – Maun zweigt rechts eine Piste ab (GPS-Koordinaten der Abzweigung: S 20° 25.918', E 25°07.134'), die in südwestlicher Richtung im Randbereich der Ntwetwe Pan verläuft. Nach insgesamt ca. 45 km erreicht man die Südgrenze des Parks (GPS-Koordinaten: S 20°44.257', E 24°55.025') und gelangt von hier nach weiteren gut 32 km entlang der Parkgrenze in westlicher Richtung über

eine rechtwinklig abzweigende Piste wieder nach Norden, wo Anschluss an das Hauptwegesystem besteht. Über die Ntwetwe Pan sollte man nur bei vollkommener Trockenheit und besser nur mit zwei Fahrzeugen fahren.

Beste Reisezeit

Während der Regenmonate Dezember bis April weist der MPNP die größten Wildbestände auf. Kleine Herden von Springböcken, Zebras und Streifengnus sowie Gruppen von Spießböcken ziehen dann auch vermehrt Raubtiere, vor allem Löwen und Geparde, an. Der Park zeigt sich nach ausgiebigen Niederschlägen angenehm grün und ist in manchen Regionen von Blütenteppichen überzogen. Die Sandpisten des Reservates lassen sich etwas besser als während der Trockenzeit befahren, allerdings kann Schlamm auf bestimmten Streckenabschnitten im Südosten ein Problem darstellen. Während der Trockenmonate Mai bis Oktober verläuft ein Besuch des Parks in der Regel eher enttäuschend. Die Landschaft wirkt dann ausgedorrt und langweilig. Wildbeobachtungen werden durch die geringe Tierdichte, verbunden mit großer Scheu vor dem Menschen, erschwert. Die im Juni östlich des Parks beginnende Wanderungsbewegung von bis zu 20.000 Zebras und Gnus endet im November mit großen Tieransammlungen am Ufer des wasserreichen Boteti River.

Anreise

Der MPNP kann über die Landepiste von Gweta und über den kleinen Airstrip von Jack's Camp **mit Kleinflugzeugen** erreicht werden. Von dort lassen sich kommerzielle Fahrten mit Safarifahrzeugen in den Park durchführen. **Selbstfahrer** gelangen von Norden über die Straße Nata – Maun oder von Westen über die Strecke Motopi – Orapa in den MPNP. Im Jahr 2009 wurde 34 km westlich der herkömmlichen Zufahrt das unübersehbare **Phuduhudu Gate** (GPS-Koordinaten S 20°12.313', E 24°33.344') neu geöffnet. Über dieses Gate gelangt man von

Norden am schnellsten zum Boteti River und zum Khumaga Game Scout Camp. Die herkömmliche Abzweigung zum nördlichen Wildhüterbüro nahe dem älteren Makolwane Gate befindet sich auf der Straße Nata – Maun 142 km westlich von Nata bzw. 165 km östlich von Maun (ausgeschildert). Vom **Makolwane Gate** (GPS-Koordinaten S 20°17.107′, E 24°42.438′) fährt man 4,8 km nach Süden und biegt dann auf einer guten Sandpiste nach links ab. Nach weiteren 4,5 km erreicht man auf diese Weise das Büro der Wildhüter (GPS-Koordinaten S 20° 16.972′, E 24°54.375′).

Die westliche Zufahrt erfolgt über den kleinen Ort **Khumaga** (71 km von Rakops bzw. 143 km von Maun entfernt). Dort muss man das Flussbett des Boteti queren (dies war Ende 2010 bei hohem Wasserstand nicht möglich) und zweigt am Ostufer links ab. Nach ca. 2 km gelangt man auf sandiger Piste zum westlichen Wildhüterbüro des MPNP (GPS-Koordinaten S 20°27.350′, E 24°30.978′). Jedoch war das Khumaga Game Scout Camp

Ende 2010 in Ermangelung einer sicheren Flussquerung von Westen aus nicht erreichbar. Die Errichtung einer Brücke über den Boteti River wurde für das Jahr 2011 in Aussicht gestellt.

Wer in den Park über eine der alternativen Zufahrtspisten im Osten, Norden oder Westen gelangt, sei darauf verwiesen, dass vor dem Beginn von Erkundungsfahrten eine **Registrierung** in einem der beiden Wildhüterbüros mit formeller Erteilung einer Besuchsgenehmigung erfolgen muss.

Buchungen und Eintrittsgebühren

Seit 2009 müssen alle Camp Sites (Übernachtungsgebühr: umgerechnet 3,40 Euro für Erwachsene, 1,70 Euro für Kinder von 8–15 Jahren) des MFNP vorab über die Reservierungsbüros der Wildschutzbehörde DWNP gebucht und bezahlt werden. Neben den Campinggebühren sind auch die Parkgebühren vorab zu entrichten.

● **Parks and Reserves Reservation Office,** P.O. Box 20364, Boseja (neben der Polizeistation), Maun, Botswana, Tel. 6861265 oder 6860368, Fax 6860053. Das Büro ist täglich geöffnet Mo–Sa 7.30 bis 12.45 Uhr und 13.45 bis 16.30 Uhr, So (und an Feiertagen) 7.30 bis 12 Uhr.

● **Parks and Reserves Reservation Office,** P.O. Box 131, Kgale Millenium Park (gegenüber der Game City Shopping Mall), Gaborone, Botswana, Tel. 3971405 oder 3180774, Fax 3912354 oder 3180775, E-Mail: dwnp@gov.bw oder dwnp.parrogabs@gov.bw. Öffnungszeiten: Mo–Sa 7.30 bis 12.45 Uhr und 13.45 bis 16.30 Uhr.

Centralized Pay Points des DWNP (Auswahl):

● **Francistown,** Ntshe House (gegenüber der Cresta Thapama Lodge), P/Bag 167, Francistown, Tel. 2412367, Fax 2410510

● **Letlhakane,** Rural Administration Centre (RAC), gegenüber dem Spar-Supermarkt, P/Bag 33, Letlhakane, Tel. 2976866, Fax 2976358

Jeweils geöffnet Mo–Fr 7.30 bis 12.30 Uhr und 13.45 bis 16.30 Uhr, mit Bezahlautomat für Kreditkarten (VISA und MasterCard).

Die **Eintrittsgebühren** für Individualreisende (umgerechnet 13 Euro für Erwachsene, 6,50 Euro für Kinder von 8–15 Jahren, 5,40 Euro für Fahrzeuge mit ausländischer Registrierung, 1,10 Euro für Fahrzeuge mit botswanischer Registrierung) müssen vorab entrichtet werden. Die am Park Gate ausgestellte Besuchsgenehmigung ist bis 11 Uhr am Morgen des Folgetages gültig.

Unterkunft und Versorgungsmöglichkeiten

Der Park verfügt über **zwei Campingplätze.** Die angenehmere Übernachtungsoption ist der **Khumaga Camp Site** (GPS-Koordinaten S 20°27.350′, E 24°30.978′) direkt am

Der Boteti River bildet die Westgrenze des Makgadikgadi Pans National Park

westlichen Park Gate, wo fünf Stellplätze unter schattigen Kameldornbäumen (*Acacia erioloba*) zur Verfügung stehen. Eine kleine Aussichtsplattform überblickt das Flussbett des Boteti River. Es existiert eine permanente Wasserversorgung mit Duschen und Toiletten. Das Bohrloch-Wasser in Khumaga weist häufig einen schwefeligen Beigeschmack auf, sodass man genügend eigene Reserven mitbringen sollte. **An den Njuca Hills** (GPS-Koordinaten S 20°25.807′, E 24°52.395′) im Herzen des Reservates ca. 20 km südlich des nördlichen Wildhüterbüros existiert **ein weiterer Campingplatz** mit zwei Stellflächen für jeweils bis zu drei Fahrzeuge auf einer fossilen Dünenformation, die einen tollen Ausblick über die Umgebung ermöglicht. Es ist keine Wasserversorgung vorhanden. Die Sanitäranlagen beschränken sich auf einfache Plumpsklos.

Die Camp Sites werden bei der Buchung über das Reservierungsbüro der Wildschutzbehörde DWNP angewiesen. Das Sammeln von Feuerholz im MPNP kann sehr unergiebig sein. Man sollte daher entsprechende Vorräte mitbringen. Die nächstgelegenen Tankmöglichkeiten befinden sich in Gweta bzw. in Rakops, ca. 80–100 km entfernt. Im Ort Khumaga direkt gegenüber dem gleichnamigen Campground bestehen einfache Versorgungsmöglichkeiten.

Wer Wert auf ein festes Nachtlager legt, wird in der luxuriösen und dennoch rustikalen **Leroo-la-Tau Lodge** (Desert & Delta Safaris, P/Bag 198, Maun, Tel. 6861243, Fax 6861791, Internet: www.desertdelta.com) 8 km nördlich von Khumaga am Westufer des Boteti River fündig. Die 24-Betten-Anlage der Kategorie AA+ (ab 280 Euro p.P. im DZ, alles inklusive) mit Swimmingpool und großzügigem Hauptgebäude bietet einen schönen Blick über das Boteti-Tal. Während der Trockenzeit findet sich ein großer Wildreichtum direkt an der Lodge im Rahmen der zyklischen Gnu- und Zebra-Wanderungen. Die GPS-Koordinaten der Lodge sind S 20°25.240′, E 24°31.277′.

Die komfortable **Meno-a-Kwena Lodge** (P/Bag 053, Maun, Tel. 6860961, Mobil 71311251, Fax 6860493, Internet: www.kalaharikavango.com) liegt 29 km nördlich von

Khumaga (Zufahrt von der Hauptstraße Rakops – Motopi, schlecht ausgeschildert). Die oberhalb des Boteti-Tals gelegene Anlage der Kategorie AA+ (ab 250 Euro p.P., alles inklusive) mit Swimmingpool und rustikal eingerichtetem Hauptgebäude bietet einen schönen Blick über das Boteti-Tal. Wie bei der Leroola-Tau Lodge ist der Wildreichtum in der Umgebung während der trockenen Wintermonate am größten.

Alternativ kann man auf die günstigere **Gweta Lodge** (Kategorie B, siehe Abschnitt „Gweta") bzw. **Planet Baobab** (Kategorie A–B, Buchung über Uncharted Africa Safaris) unweit des Nordostzipfels des Parks ausweichen oder muss sich in den exklusiven Luxury Tented Camps **Jack's Camp** bzw. **San Camp** (Kategorie AA+, siehe „Ntwetwe Pan") östlich des Parks einquartieren. Jack's Camp und das zugehörige San Camp nehmen nur Gäste mit fest arrangierten Vorausbuchungen an. Alle Camps organisieren (teure!) Erkundungsfahrten in den MPNP.

Nxai Pan National Park

Ganzjährig geöffnet. Nur mit Allrad-Geländewagen befahrbar. Keine GPS-Navigation notwendig. Keine Versorgungs- und Tankmöglichkeiten im Park. Einfache Camp Sites mit Wasserversorgung sowie eine einzelne Safari Lodge an der Nxai Pan vorhanden. Camp Site-Buchung über privaten Betreiber erforderlich. Anfahrtszeit zum Park Gate ab Nata: 3½–4 Std., ab Maun: 3–3½ Std.

Der Park

Der **2578 km²** große Nxai Pan National Park wurde 1992 eingerichtet. Er basiert auf einem bereits 1970 proklamierten, 1676 km² großen Wildschutzgebiet, das 1992 vergrößert wurde, um die Gruppe der Baines' Baobabs mit einzuschließen. Im Süden grenzt der Makgadikgadi Pans National Park an den Park an. Beide Nationalparks werden heute gemeinsam verwaltet. Der

Nxai Pan NP besteht im Wesentlichen aus mehreren fossilen Pfannen, die Teil des ausgetrockneten Makgadikgadi-Ursees sind, zu dem neben dem Nxai Pan-System das Gebiet der Makgadikgadi Pans, der Lake Ngami, der Lake Xau, die Mababe Depression und das Okavango-Delta gehören. Die beiden größten Pans sind die **Nxai Pan** im Zentrum des Parks und die **Kudiakam Pan** im Süden. Sie werden von einer Vielzahl kleinerer Pans umgeben.

Die Hauptpfanne Nxai Pan und Teile ihrer Nachbarn Eastern Pan und Kgama-Kgama Pan sind aufgrund des nur geringen Salzgehaltes mit kurzen, nährstoffreichen Gräsern bewachsen und enthalten zahlreiche mit Akazien bestandene „Inseln", die während der Tageshitze willkommene Schattenspender für die Tierwelt des Parks darstellen. Die Kudiakam Pan im Süden und ihre weit verstreuten „Tochter-Pfannen" westlich davon weisen einen hohen Salzgehalt auf und sind daher kaum mit Vegetation bestanden. In der Umgebung der Pfannen finden sich Dünen, die durch Windablagerung von Sanden entstanden sind. Der Park weist einige mächtige Baobabs auf. Seine reizvolle Landschaft, der gute Tierbestand und die Attraktion der Baines' Baobabs im Südteil des Parks machen den Nxai Pan NP zu einem Ziel, das Botswanareisende auf jeden Fall in ihren Reiseplan aufnehmen sollten.

Panther-Schildkröte, die im Nxai Pan National Park regelmäßig anzutreffen ist

Tier- und Pflanzenwelt

Aufgrund des fruchtbaren lehm- und tonhaltigen Untergrundes weist die zentrale und nördliche Pfannenlandschaft des Reservates **große Fluren nährstoffreicher Süßgräser** auf, die Wildtierherden aus der Umgebung und dem gesamten Gebiet der Makgadikgadi Pans anziehen. Am verbreitetsten sind Springböcke und Impalas, die hier ähnlich wie in der Etoscha-Pfanne Namibias zusammen auftreten. Während der Regenmonate November bis April enthält der Park **große Bestände** an Zebras, Streifengnus und Spießböcken (Oryx). Regelmäßig zu beobachten sind auch Große Kudus, Steinböckchen und Giraffen. Gelegentlich trifft man auf Gruppen von Südafrikanischen Kuhantilopen. Neben Schakalen wird regelmäßig der zierliche Löffelhund beobachtet. Scheu und vorwiegend nacht- bzw. dämmerungsaktiv ist die Braune Hyäne. Ähnlich selten wird der als aggressiv geltende Honigdachs gesehen. Unter den Raubkatzen lassen sich regelmäßig Geparde und Löwen beobachten. Für Beobachtungen von Leoparden und kleineren Katzen wie dem Serval oder dem Karakal benötigt man eine gute Portion Glück. Sporadisch werden größere Rudel des Afrikanischen Wildhundes beobachtet. Seltenere Besucher sind wandernde Elefanten und Büffel. Auch Elenantilopen und Rappenantilopen werden hin und wieder beobachtet. Regelmäßig trifft man im Gebiet die Panther-Schildkröte an.

Die **Vogelwelt** wird neben den häufig zu beobachtenden Straußenfamilien vom Auftreten der Riesentrappe und der Gackeltrappe geprägt, die als Charaktervögel des Reservates gelten können. Die auffällig gefärbten Gackeltrappen-Männchen (schwarzer Kopf mit weißem „Ohrfleck", Hals-, Brust- und Bauchpartie ebenfalls schwarz) lassen am Boden und im Flug bei der Annäherung stets ein rauhes „krra-a-a-a-ak-wet-de-wet-de-wet-de ..." ertönen. Verbreitet sind auch verschiedene Falkenarten, Heller Weißbürzel-Singhabicht, Sekretär und große Greifer wie Gaukler oder Kampfadler.

Auffällige Vertreter der **Pflanzenwelt** sind mehrere mächtige Baobabs, Gruppen von Mokolwane-Palmen, deren ex-trem harte Früchte auch als „pflanzliches Elfenbein" bezeichnet werden, und ausladend gebaute Schirmakazien (*Acacia tortilis* bzw. *Acacia luederitzii*). Das Gebiet östlich und nordöstlich der Nxai Pan ist mit geschlossenem Mopane-Busch bewachsen. In der Regenzeit gelangt eine **Vielzahl auffälliger Blütenpflanzen** zur Blüte. Im November und Dezember lassen sich z.B. große Fluren der Brunsvigia-Lilie *(Brunsvigia radulosa)* beobachten, die rosafarbene Blütenteppiche bilden.

Unterwegs im Park

Gut 2 km nördlich des Park Gate befindet sich eine **künstliche Wasserstelle,** die das ganze Jahr über aus einem Bohrloch gespeist wird. In ihrem Ein-

zugsbereich findet man mitten in offenem Grasland mit vereinzelten größeren Schirmakazien die größte Tierdichte des Gebietes vor. Der von manchen Autoren geäußerte Vergleich des Geländes mit der ostafrikanischen Serengeti-Landschaft ist jedoch übertrieben.

Lohnend für Wildbeobachtungsfahrten ist auch eine **Fahrt entlang des Westrandes der Nxai Pan,** die im Bereich des Baobab-Loop an zwei eindrucksvollen Baobab-Bäumen vorbeiführt und mehrere während der Regenmonate mit Oberflächenwasser gefüllte Senken mit entsprechendem Wildreich-

tum passiert. Ein Abstecher zur 15 km Luftlinie nordöstlich gelegenen Kgama-Kgama Pan führt in den einsameren Teil des Parks und sollte mit einem einzelnen Fahrzeug nur nach vorheriger Informierung des Wildhüterbüros durchgeführt werden. Während der Regenmonate kann eine Fahrt zur Kgama-Kgama-Pfanne, die dann über gut gefüllte Wasserstellen verfügt, sehr lohnend sein. Südlich der Nxai-Pfanne befindet sich ein Beobachtungsstand, der einen Panorama-Überblick des Gebietes ermöglicht. Die Straße dorthin ist allerdings sehr sandig.

Kudiakam Pan

Kämpfende Springbock-Männchen

Makgadikgadi Pans

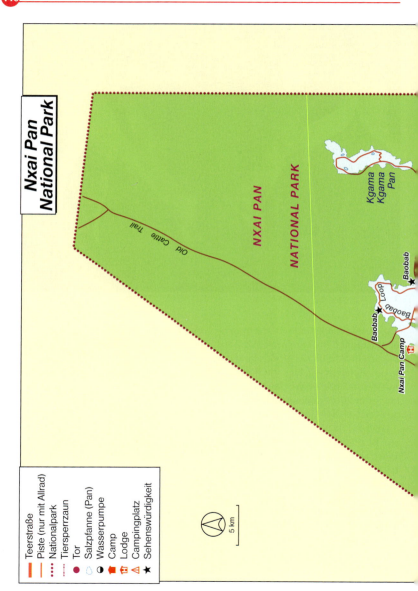

Nxai Pan National Park

NXAI PAN

NATIONAL PARK

Old Cattle Trail

Kgama Kgama Pan

Baobab

Loop

Baobab

Baobab

Nxai Pan Camp

Teerstraße
Piste (nur mit Allrad)
Nationalpark
Tiersperrzaun
Tor
Salzpfanne (Pan)
Wasserpumpe
Camp
Lodge
Campingplatz
Sehenswürdigkeit

5 km

© Reise Know-How 2011

Gweta

Old Maun Road

Baines' Baobabs

Kudiakam Pan

Nxai Pan

South Camp

Beobachtungsstand

Game Scout Camp

Old Cattle Trail

Nxai Pan Park Gate

MAKGADIKGADI PANS

NATIONAL PARK

Kanyu

Phuduhudu

Phuduhudu Park Gate

Bushman Pits

Maun

Im Westteil des Parks verläuft parallel zur Westgrenze die inzwischen weitgehend zugewucherte **„Old Cattle Trek Route",** auf der während der 1950er und frühen 1960er Jahre Rinder über Mpandametanga zur Schlachtung nach Livingstone im heutigen Sambia getrieben wurden. Nach 1963 wurde dieser mit mehreren Grundwasserbohrlöchern versehene Teil des „Mpandametanga Trails" aufgegeben. Er besitzt heute nurmehr historische Bedeutung und lohnt keinen gesonderten Besuch. Nahe der Südwestgrenze des Parks in der Nähe des Dorfes Phuduhudu liegen im Randbereich einer kleinen Pfanne mehrere von Buschmännern ausgehobene Gruben („Bushman Pits"), die in historischer Zeit als Versteck bei der Jagd mit Pfeil und Bogen auf Tiere, welche sich der wassergefüllten Pan zum Trinken näherten, genutzt wurden. Die nichtssagenden Löcher im Erdboden lohnen die Fahrt dahin meines Erachtens nicht. Sie sind über die alte Straße nach Maun („Old Maun Road") erreichbar.

Das **übersichtliche Wegenetz** des Parks lässt sich **gut an einem Tag bewältigen.** In der Regenzeit kann das Vorwärtskommen durch Verschlammung bestimmter Pistenabschnitte erschwert sein. Ein Spezialwagenheber („High-lift Jack") und eine Winde mit Greifzug sind dann sehr hilfreich, gerade wenn man nur mit einem Fahrzeug unterwegs ist. Allerdings ist ein Besuch des Nxai Pan NP während der Regenmonate besonders beeindruckend, sodass man sich nicht durch übertriebene Angst vor Schlammpassagen von einer Fahrt dorthin abhalten lassen sollte.

Baines' Baobabs

Die **am Nordostrand oberhalb der Kudiakam Pan gelegene Gruppe** der Baines' Baobabs **gehört zu den bekanntesten und beeindruckendsten Baumgruppen in Afrika** und ist meines Erachtens unbedingt einen Besuch wert. Sie lässt sich inzwischen nur noch über die westliche Zufahrt erreichen (siehe „Anreise" weiter unten). Die Formation besteht aus **sieben riesigen Baobabs,** die ursprünglich als „Seven Sisters" oder „Sleeping Sisters" bezeichnet wurden. Einer der Bäume ist bereits vor Jahrhunderten umgefallen, hat offensichtlich aber ohne größere Probleme überlebt. Am 22. Mai 1862 malte der berühmte Landschaftsmaler und Entdeckungsreisende *John Thomas Baines* (ein Weggefährte *Livingstones*), der sich zusammen mit *James Chapman* (siehe „Chapman's Baobab") auf einer Reise nach Victoria Falls befand, die Gruppe und machte sie damit unsterblich (vgl. den Exkurs zu *John Thomas Baines*).

Dem Beispiel seiner noch heute in verschiedenen Museen im südlichen Afrika zu besichtigenden Bilder folgten in den letzten gut 130 Jahren Tausende von Fotografen, Malern und Zeichnern, darunter auch der britische Prinz *Charles.* Besonders reizvoll wirkt das Baumensemble während der Vegetationsperiode im Sommer, vor allem wenn sich die Kudiakam Pan nach heftigen Niederschlägen mit Wasser füllt, sodass sich die Baumgiganten darin spiegeln können. Bemerkenswerterweise hat sich die Gesamtszenerie seit den Bildern Baines' kaum verändert (schon

John Thomas Baines (1820–1875)

John Thomas Baines wurde am 27. November 1820 in King's Lynn in der englischen Graf-schaft Norfolk geboren. Nach dem Malereistudium gelangte er 1842 nach Kapstadt, wo er sich als Marine- und Porträtmaler niederließ. 1848–51 diente er als offizieller Künstler in der britischen Armee. 1853 kehrte er nach King's Lynn zurück, wo er eine Expedition durch Südafrika organisierte und zusammen mit dem Kartographen *J. Arrosmith* von der Royal Geographical Society an einer Karte des Niltals arbeitete. Nach einer ausgedehn-ten Reise durch Nordaustralien, wo er 1854–56 als Zeichner und Lagerverwalter der Ex-pedition von *Sir Augustus Gregory* wirkte, schloss er sich 1857 der zweiten Sambesi-Ex-pedition des englischen Missionars *Dr. David Livingstone* an. Als er von Livingstones Bru-der fälschlicherweise des Diebstahls beschuldigt wurde, musste Baines das Expediti-onsteam verlassen und nach Südafrika zurückkehren. Livingstone sah später ein, dass die Vorwürfe unberechtigt waren, doch unterließ er es, Baines zu rehabilitieren.

Zurückgekehrt nach Kapstadt, plante *Thomas Baines* gemeinsam mit dem ortskun-digen Händler und Entdeckungsreisenden *James Chapman* eine Durchquerung des afri-kanischen Kontinents auf dem Wasserweg. Mit eigens dafür konstruierten Booten woll-ten die beiden Abenteurer den Sambesi unterhalb der Viktoria-Fälle flussabwärts bis nach Quelimane am Indischen Ozean befahren. Vom Hafen Walvis Bay an der Südwestküste sollten die Boote durch die Kalahari auf Ochsenkarren an den Sambesi transportiert wer-den. *Chapman* und *Baines* reisten derweil voraus nach Norden, um die Boote an den Vik-toria-Fällen in Empfang zu nehmen. Auf dieser Reise fertigte *Thomas Baines* am 22. Mai 1862 das viel zitierte **Gemälde der sieben Baobabs,** die majestätisch die Kudiakam Pan überblicken, an. Erst viele Monate später erreichte eines der Boote die Viktoria-Fälle. Die dort ausharrende Expeditionsmannschaft war unterdessen von Krankheit und Versor-gungsproblemen geplagt. Es kam zum Streit, sodass *Chapman* und *Baines* im März 1863 aufgeben mussten und unverrichteter Dinge nach Kapstadt zurückkehrten. Eine Erkran-kung beendete Baines' Abenteuerlust und zwang ihn zur Rückkehr nach England. 1868 zog es ihn wieder nach Südafrika, wo er sich recht glücklos im Goldsuchergeschäft ver-dingte. Bei seinem Tod am 8. Mai 1875 in Durban hinterließ er mehrere hundert Öl-gemälde, Aquarelle und Zeichnungen, die Zeitzeugnisse seiner Reisen durch das südli-che Afrika darstellen. Die bekanntesten Werke sind in London, Sydney, Canberra und verschiedenen südafrikanischen Museen ausgestellt.

bo-892 Foto: cl

Makgadikgadi Pans

damals gab es den umgefallenen Baobab!), von wachsenden Müllansammlungen einmal abgesehen.

Wegen des wachsenden Besucherdrucks ist das **Campen direkt an den Baines' Baobabs inzwischen verboten.** Für den Besuch der Baumgruppe ist eine Besuchsgenehmigung erforderlich, die nach entsprechender Reservierung und Vorabentrichtung der Gebühren von den Wildhütern des Büros am Nxai Pan Park Gate oder auch in den Büros des Makgadikgadi Pans NP ausgestellt wird. Dies gilt auch für Tagesbesucher. Ein gemütliches Picknick im Schatten der jahrtausendealten Affenbrotbäume dürfte – ausreichende Privatsphäre vorausgesetzt – zu den schönsten Erlebnissen dieser Art in Botswana gehören.

Beste Reisezeit

Während der Regenmonate Dezember bis April weist der Nxai Pan NP die größten Wildbestände, darunter zahlreiche Junge führende Muttertiere, auf. Das Gebiet zeigt sich dann angenehm grün und ist häufig von Blütenteppichen überzogen. Die Sandpisten des Reservates lassen sich meist besser als während der Trockenzeit befahren, allerdings kann Schlamm auf bestimmten Streckenabschnitten ein Problem darstellen. In den trockenen Monaten Mai bis Oktober wirkt das Reservat ausgesprochen trocken und staubig. Tiere konzentrieren sich dann auf die einzige verfügbare Wasserstelle nördlich des Park Gate. Wer einige Geduld und Wartezeit aufbringt, kann hier leicht Zeuge eines Raubtierkills werden. Im Juni und Juli lohnt der Park insbesondere wegen der Paarungszeit der Springböcke einen Besuch. Die Temperaturen im Reservat können auch während der Wintermonate mehr als 40°C erreichen, sodass man bei der Kalkulation der Getränkevorräte großzügig sein sollte.

Anreise

Der Nxai Pan NP ist **nur auf dem Landweg erreichbar.** Die Hauptzufahrt erfolgt über die Straße Nata – Maun. 165 km von Nata bzw. 142 km von Maun entfernt geht am 2009 neu errichteten Nxai Pan Park Gate eine sehr sandige Piste zum Wildhüterbüro am Park Gate 35 km nördlich der Straße ab (ausgeschildert). Die GPS-Koordinaten des Park Gate sind S 20°13.831', E 24°39.226'. Die ersten 20 km der Zufahrt zum Nxai Pan NP gehörten früher zu den schlechtesten Sandpisten überhaupt in Botswana. Durch Verlagerung der Piste nach Osten wurden die schwierigsten Sandpassagen deutlich entschärft. Ein solider Allrad-Geländewagen ist dennoch weiterhin unabdingbar.

Nach 18 km zweigt auf Höhe der GPS-Koordinaten S 20°04.226', E 24°40.338' rechts eine etwas bessere **Piste zu den Baines' Baobabs** ab, die Teil der alten Straße zwischen Nata und Maun („Old Maun Road") ist, welche nach der Asphaltierung der südlichen Parallelstrecke bedeutungslos wurde. Anhand der Fahrt zu den Baines' Baobabs lässt sich nachvollziehen, was für ein expeditionsähnliches Unterfangen eine Fahrt von Maun nach Nata oder Francistown noch in den 1960er Jahren gewesen ist. Man gelangt auf dieser Strecke nach 800 m an eine Weggabelung, die in beiden Richtungen zu Baines' Baobabs führt. Die südliche Piste ist mit 11 km gegenüber 17 km etwas kürzer und daher empfehlenswert, kann aufgrund der Streckenführung durch den Randbereich der Kudiakam Pan nach Niederschlägen aber unpassierbar werden. Die Alternativpiste ist sehr sandig, gilt jedoch nach Regenfällen als deutlich bessere Option. Die GPS-Koordinaten von Baines' Baobabs sind S 20°06.726', E 24°46.136'. Die östliche Zufahrt entlang der Grenze zur Odiakwe Ranch kann durch tiefe Gräben blockiert sein.

Gut 17 km nördlich der Abzweigung gelangt man an das Zufahrtstor („Park Gate") des Parks (GPS-Koordinaten S 19°56.062', E 24°45.703') und zum Büro der Wildhüter. Die letzten 12 km dieser Strecke führen über festen Untergrund und lassen sich daher auch ohne Allradantrieb völlig problemlos befahren.

Buchungen und Eintrittsgebühren

Seit 2009 müssen alle Camp Sites des Nxai Pan NP vorab über den privaten Betreiber **Xomae Sites** gebucht und bezahlt werden. Neben den Campinggebühren sind auch die Parkgebühren (diese direkt an das DWNP) vorab zu entrichten. Für Tagesbesucher sind allein die Büros der Wildschutzbehörde DWNP zuständig.

●**Parks and Reserves Reservation Office,** P.O. Box 20364, Boseja (neben der Polizeistation), Maun, Botswana, Tel. 6861265 oder 6860368, Fax 6860053. Das Büro ist täglich geöffnet: Mo–Sa 7.30 bis 12.45 Uhr und 13.45 bis 16.30 Uhr, So (und an Feiertagen) 7.30 bis 12 Uhr.
●**Parks and Reserves Reservation Office,** P.O. Box 131, Kgale Millenium Park (gegenüber der Game City Shopping Mall), Gaborone, Botswana, Tel. 3971405 oder 3180774, Fax 3912354 oder 3180775, E-Mail: dwnp@gov.bw oder dwnp.parrogabs@gov.bw. Öffnungszeiten: Mo–Sa 7.30 bis 12.45 Uhr und 13.45 bis 16.30 Uhr.

Centralized Pay Points des DWNP (Auswahl):
●**Francistown,** Ntshe House (gegenüber der Cresta Thapama Lodge), P/Bag 167, Francistown, Tel. 2412367, Fax 2410510
●**Letlhakane,** Rural Administration Centre (RAC), gegenüber dem Spar-Supermarkt, P/Bag 33, Letlhakane, Tel. 2976866, Fax 2976358

Jeweils geöffnet Mo–Fr 7.30 bis 12.30 Uhr und 13.45 bis 16.30 Uhr, mit Bezahlautomat für Kreditkarten (VISA und MasterCard).

Die Eintrittsgebühren für Individualreisende (umgerechnet 13 Euro für Erwachsene, 6,50 Euro für Kinder von 8–15 Jahren, 5,40 Euro für Fahrzeuge mit ausländischer Registrierung, 1,10 Euro für Fahrzeuge mit botswanischer Registrierung) müssen vorab entrichtet werden. Die am Park Gate ausgestellte Besuchsgenehmigung ist bis 11 Uhr am Morgen des Folgetages gültig.

Unterkunft und Versorgungsmöglichkeiten

●**Nxai Pan Camp,** Kwando Safaris, P.O. Box 550, Maun, Tel. 6861449, Fax 6861457, Internet: www.kwando.co.bw. Kategorie AA+ (ab 340 Euro p.P., alles inklusive.). Im Februar 2009 eröffnete geschmackvolle Lodge (obwohl offiziell als Camp bezeichnet) am Westrand der Nxai Pan für max. 16 Gäste. Um ein lang gezogenes Hauptgebäude gruppieren sich die strohgedeckten Chalets der Gäste. Großzügige Holzplattformen mit eingelassenem Pool. Es werden Game Drives, Touren zu Baines' Baobabs und auch kurze Bush Walks im Konzessionsgelände angeboten.

Camping

●Im **South Camp** (GPS-Koordinaten S 19° 56.159', E 24°49.282') 2 km östlich des Park Gate stehen gut ein Dutzend Stellplätze unter schattigen Terminalia-Bäumen zur Verfügung. Es gibt fest installierte Grillstellen, Picknick-Tische und saubere Duschen und Toiletten. Die Stellplätze und Einrichtungen des **North Camp** etwa 6 km nördlich des Park Gate wurden von Elefanten stark in Mitleidenschaft gezogen und sind geschlossen.

Alle Camp Sites müssen seit 2009 über den verantwortlichen privaten Betreiber vorab gebucht und bezahlt werden:
●**Xomae Sites,** P.O. Box 1212, Maun, Tel. 6862221, Mobil 73862221, Fax 6862262, Internet: www.xomaesites.com. Das Büro in Maun liegt etwas versteckt am Flughafen hinter dem Gebäude von Okavango Wilderness Safaris. Die Campinggebühr wurde von 30 Pula auf 150 Pula (ca. 16 Euro) p.P. und Tag (Stand Ende 2010) erhöht. Eine getätigte Buchung muss bis sechs Wochen vor Reisedatum bezahlt werden (per VISA-Karte oder Auslandsüberweisung). Es gibt keine Kostenerstattung bei Stornierung, die Buchung kann aber bis zu einem Jahr verschoben werden.

Das Sammeln von Feuerholz im Nxai Pan NP kann sehr unergiebig sein. Man sollte daher entsprechende Vorräte mitbringen. Die nächstgelegene Tankmöglichkeit befindet sich in Gweta, gut 100 km entfernt.

Makgadikgadi Pans

Der Nordwesten und das Okavango-Delta

Der Nordwesten Botswanas mit dem einzigartigen Okavango-Delta, dem Moremi Wildlife Reserve, den Tsodilo Hills (seit dem Jahr 2001 Weltkulturerbe), der wunderschönen Panhandle-Region (dort weitet sich der Okavango River vor seinem Eintritt in das Binnendelta pfannenstielartig auf), den Drotsky's Caves (Gcwihaba Caverns) und zahlreichen kleineren Attraktionen gilt als **„touristische Schatzkammer" des Landes.** Am Südostrand des Okavango-Deltas liegt die botswanische **„Safarihauptstadt" Maun,** die über moderne Asphaltverbindungen nach Nata/ Francistown, Ghanzi/Mamuno und Shakawe/Mohembo mit dem übrigen Land und dem Nachbarland Namibia vernetzt ist. Der im Ausbau befindliche Flughafen von Maun weist aufgrund zahlloser täglicher Zubringerflüge in die Camps des Okavango-Deltas die wohl **meisten Flugbewegungen in ganz Afrika** auf. Die Stadt bietet exzellente Versorgungs- und Unterkunftsmöglichkeiten und ist damit Dreh- und Angelpunkt für alle Aktivitäten in der Region. Eine befestigte Straßenverbindung von Maun in den Chobe National Park gibt es nicht (Pläne für eine Asphaltstraße von Maun nach Ngoma Bridge/Kasane wurden unter Naturschutzgesichtspunkten bislang immer wieder verworfen). Der Zustand der Pisten nach Savuti und Kasane erfordert einen robusten Allrad-Geländewagen und einiges fahrerisches Können.

Der von Maun aus verwaltete Distrikt Ngamiland machte 1996/97 Schlagzeilen, nachdem eine infektiöse Rinder-Lungenerkrankung (sog. „kontagiöse

Nordwesten und Okavango-Delta

bovine Pleuropneumonie", kurz CBPP) dazu führte, dass der gesamte Rinderbestand (etwa 320.000 Tiere) notgeschlachtet werden musste. Die Besitzer erhielten für ihre geschlachteten Tiere Kompensationszahlungen in Höhe von umgerechnet 40 Euro pro Rind. Vermutlich schleppte ein Herero-Hirte, der sein Vieh 1995 illegal aus dem Caprivi-Streifen Namibias nach Ngamiland getrieben hatte, die in Botswana 1939 ausgerottete Rinderkrankheit wieder ein. Eine direkte Reaktion darauf war die Anlage eines elektrifizierten Sperrzauns („Caprivi Fence") entlang der Grenze zu Namibia. Darüber hinaus wurden neue **Tiersperrzäune** im Randbereich des Okavango-Deltas errichtet, die zusammen mit dem vorbestehenden Sperrzaunsystem eine engmaschigere Kontrolle bzw. Abgrenzung von Wildtierbeständen und Nutztieren erlauben. Der Ausbau des Northern Buffalo Fence am Nordrand des Deltas führte dazu, dass ca. 20 Prozent des Deltas durch Ausgrenzung der Wildtiere für den kommerziellen Weidebetrieb gesichert wurden. Die „allgemeine" Rinderseuchen-Hysterie mit strengen Kontrollen an den Durchlasstoren der Sperrzäune und Desinfektionswannen, die bei der Zaunpassage zu durchfahren waren, hat sich inzwischen (2010) wieder gelegt, doch kann ein neuerlicher Ausbruch von Krankheiten ein solches Prozedere jederzeit wieder nach sich ziehen.

Neben dem im Nordwesten Botswanas herrschenden Tswana-Stamm der Batawana und Gruppen der San (Buschmänner) trifft man auf mehrere andere **Ethnien,** die in den vergangenen drei Jahrhunderten im Okavango-Gebiet sesshaft wurden. Die ursprünglich aus dem heutigen Angola bzw. Sambia stammenden **Bayei** erreichten Botswana im 17. und 18. Jahrhundert. Ihnen folgten im Bereich des Chobe River die Basubiya, die einen ähnlichen Ursprung haben. Die Bayei siedelten vornehmlich an flachen Flussläufen. Mit Hilfe von Mekoro (= Einbäumen) arbeiteten sie sich später in alle Bereiche des Okavango-Binnendeltas vor, wo sie bis heute vor allem vom Fischfang und von der Jagd leben. Aus dem Gebiet des heutigen Angola und dem späteren Caprivi-Streifen fliehende **Hambukushu** rückten seit dem 17. Jahrhundert, vor allem aber ab dem späten 18. Jahrhundert in mehreren Schüben auf das Gebiet Botswanas vor. Sie verdrängten einen Teil der Bayei im Gebiet von Chobe und Linyanti und drangen in späteren Migrationsbewegungen entlang des Okavango vor allem in die Panhandle-Region vor, wo sie im Gebiet der Orte Shakawe, Etsha, Sepupa und weiter südlich in Gumare sesshaft wurden. Sie brachten dabei ihren ausgefeilten Korbflechtstil mit ins Land. Korbflechtarbeiten der Hambukushu gelten heute als künstlerisches Markenzeichen Botswanas (siehe „Praktische Tipps A–Z/ Souvenirs"). Die letzte große Flüchtlingswelle von ca. 4000 Hambukushu, ein Resultat des angolanischen Bürgerkrieges, erreichte Ende der 1960er Jahre die Orte der Panhandle-Region. 1904/05 wanderten aus dem heutigen Namibia Gruppen der **Herero** in den Nordwesten Botswanas ein, um der

Vernichtung durch die deutschen Kolonialtruppen zu entgehen. Herero-Frauen zeichnen sich durch eine farbenfrohe Tracht aus, die viktorianischen Stil mit eigenen Elementen wie auffälligen, länglich-quergestellten Kopfbinden kombiniert. Der Anblick Trachten tragender Herero-Frauen ist in Maun ein auffälliges Element des Straßenalltags.

Das **Klima** im Nordwesten ist **subtropisch bis tropisch** mit schwülheißen Tagen und warmen Nächten im Sommer bzw. angenehm warmen bis heißen Tagen und kühlen Nächten im Winter. Während der regenreichen Monate November bis April besteht ein hohes Risiko für **Malariainfektionen.** Eine medikamentöse Malariaprophylaxe ist daher eine wichtige Grundvoraussetzung für Reisende. In den Gewässersystemen von Okavango (bis zur Panhandle sowie im Stromgebiet von Boro und Thamalakane River, das zentrale Delta selbst gilt als nicht befallen) und Linyanti/Chobe ist die **Bilharziose** weit verbreitet. Die meisten Niederschläge fallen zwischen Dezember und Februar.

Ghanzi – Maun

Gesamtdistanz: 298 km
● **Zustand:** gut ausgebaut, neuer Asphaltbelag
● **Tankmöglichkeiten:** Ghanzi, D'kar und Maun
● **Gesamtfahrzeit:** 3 Stunden

Diese geradlinig im Gebiet zwischen Central Kalahari GR und namibischer Grenze nach Nordosten verlaufende Strecke führt über Sehithwa nach Maun. Die Asphaltierungsarbeiten auf dem Streckenabschnitt Kuke – Sehithwa wurden im Jahr 2001 abgeschlossen, sodass jetzt eine durchgehende Asphaltverbindung von Ghanzi nach Maun vorhanden ist, die in südöstlicher Richtung an die Asphaltachse nach Windhoek anknüpft. Von Windhoek ist Maun heute über den Grenzübergang Buitepos/Mamuno mit normalem PKW in 10–12 Stunden zu erreichen.

Man verlässt Ghanzi auf der Hauptstraße nordwärts. Nach ca. 37 km erreicht man eine Abzweigung zur kleinen Siedlung **D'kar.** Mit Hilfe des Saneigenen **Kuru Development Trust** (P.O. Box 219, Ghanzi, Tel. 6596308, Fax 6596285, Internet: www.dqae.org) wurde hier eine produktive Gemeinschaft von San-Künstlern und Kunsthandwerkern aufgebaut, die ihre Erzeugnisse über einen kleinen Souvenirshop an der Straße mit angeschlossener San-Kunstausstellung vertreibt. Neben einfachen Versorgungsmöglichkeiten werden auch Benzin und Diesel verkauft, und man kann auf einem kleinen Campingareal zelten. 64 km nördlich von Ghanzi zweigt die ca. 1,5 km lange Zufahrt zum 2008 eröffneten **El Fari Bush Camp** ab (P.O. Box 111, Ghanzi, Mobil 72120800, Fax 71591968, Internet: www.elfari.co.za), das einen schönen Camp Site mit zehn Stellplätzen unter schattigen Dornakazien bietet (Campinggebühr 5,50 Euro, sauberer

Dusch- und Sanitärbereich). Bei Km 119 passiert man ein Durchlasstor im Kuke Veterinary Fence (GPS-Koordinaten S 20°59.961', E 22°25.285', gründliche Polizei- und Fahrzeugkontrollen). Entlang des Zaunes in östlicher Richtung zweigt rechts eine Sandpiste zur Deception Valley Lodge und zum Central Kalahari GR ab. Nach 197 km erreicht man das Dorf **Sehithwa** (einfache Versorgungsmöglichkeiten), wo sich die Asphaltverbindungen nach Shakawe und nach Ghanzi vereinigen. Östlich von Sehithwa mündet der Nhabe River in den Lake Ngami ein. Flussbett und Seebecken waren über viele Jahre ausgetrocknet, bis sich der Lake Ngami 2004 erstmals wieder mit Wasser füllte.

Ende 2010 wies der See einen gleichbleibend hohen Wasserstand auf. Von Sehithwa sind es auf gut ausgebauter Asphaltstraße noch 101 km bis Maun.

Maun

Die **botswanische „Safarihauptstadt"** Maun (950 m über NN, wird wie im Deutschen, aber mit leichter Betonung auf dem „u", also „Maún", ausgesprochen) stellt für fast alle Besucher das **Einfallstor zum Okavango-Delta und zum Moremi Wildlife Reserve** dar. Der Name bedeutet so viel wie „Ort der kurzen Rieder" und enstand durch eine sprachliche Verunglimpfung des ur-

sprünglichen Yei-Wortes „Kau". Seit 1915 ist Maun die **„Hauptstadt" der Batawana.** Bis zum Beginn der 1990er Jahre war der Ort nur über staubige Pisten erreichbar und besaß einen dementsprechend rauen Grenzstadt-Charakter am Rande der Wildnis. Das Straßenbild wurde geprägt von altgedienten Landrovern und Landcruisern, unverwüstlichen Buschpiloten, Farmern, Großwildjägern und sonnenverbrannten, verwegen aussehenden Safari Guides, die khakifarben gekleidete Edeltouristen ins Delta geleiteten. Die Tage, in denen man Allradantrieb brauchte, um durch die Stadt zu gelangen und hin und wieder Löwen zwischen den Hütten umherstrichen, liegen noch nicht weit zurück.

Mit der **Anbindung an die Asphaltstraße nach Nata und Francistown** wurde Maun für jedermann zugänglich. Die ehemals 35-stündige Fahrt nach Francistown ließ sich auf einmal in knapp fünf Stunden bewältigen. Eine gewaltige Zunahme des Touristenzustroms und ein ungestümer allgemeiner **Wachstumsboom** waren die Folge. Auf die traditionelle Tswana-Streusiedlung mit ihren einfachen Lehmhütten, zwischen denen bis heute vor allem Esel, Ziegen und Rinder umherlaufen, pfropfte sich zunehmend eine ungeordnet wachsende Stadt mit zahllosen Reiseagenturen, Einkaufszentren, Hotels, Banken, Supermärkten und Souvenirshops auf, die die Klientel der Überlandreisenden bestens bedienen kann. Die Bevölkerung wuchs auf ca. **50.000 Einwohner** (2010) an. Der Flughafen von Maun entwickelte sich durch die rasch anwachsende Zahl der Zubringerflüge ins Delta zu einem der belebtesten in ganz Afrika.

Noch heute erinnert das zusammengewürfelte Straßenbild an die Wildwest-Atmosphäre von einst. Es dominieren allradgetriebene Geländewagen, da man bereits wenige Meter abseits der Asphaltstraßen auf unwegsame und sandige Pisten stößt. Immer wieder mischen sich große Overland-Trucks und von Abenteuern gezeichnete Fahrzeuge von Transafrika-Reisenden unter die unablässig durch den Ort röhrenden Wagen von Farmern, Beamten und Safariveranstaltern. Wer nach einem Blick auf die Karte meint, Maun läge direkt am Rande des Okavango-Deltas, wird bei der Ankunft eines Besseren belehrt. Erst 20 bis 30 Kilometer entfernt dehnen sich die ersten Sümpfe des Deltas aus. Alljährlich im Juli oder August füllt sich der Maun durchfließende Thamalakane River mit dem Überschusswasser des Okavango-Deltas und trocknet zum Beginn des neuen Jahres hin wieder gänzlich aus. Infolge der anhaltend hohen Wasserstände im Okavango-Delta führt der Thamalakane seit 2009 durchgehend Wasser.

Maun liegt 497 km von Francistown und 892 km von Gaborone (über Rakops) entfernt. Die Distanz nach Kasane beträgt 370 km.

Geschichte

Um 1795 wurde dem ältesten Sohn des Ngwato-Königs *Mathiba, Tawana,* die rechtmäßige Thronfolge zugunsten seines Bruders *Khama* (später *Khama I.)* versagt. Daraufhin zog Tawana mit seinen Anhängern von Shoshong (der damaligen „Hauptstadt" der Bangwato) nach Nordwesten. Das neue **Volk der Batawana** wuchs während seiner Wanderung durch den Zustrom von Bayei, Hambukushu, Bangologa und San kontinuierlich an. Die Bayei wurden in ein Leibeigenschaftverhältnis überführt, während die San versklavt wurden. Vorübergehend wurden die Batawana in den Kgwebe Hills östlich des Lake Ngami sesshaft. 1824 entstand in Toteng die erste „Hauptstadt" der Batawana. 1883 fielen feindliche Kräfte der Ndebele unter dem kriegerischen König *Lobengula* in das Stammesgebiet ein und drohten, die Batawana vernichtend zu unterwerfen. Diese zogen sich auf der Flucht vor den Aggressoren in das unzugängliche Okavango-Delta zurück und starteten von dort eine umfangreiche Gegenoffensive, die letztlich zur Vertreibung der Ndebele führte.

1915 verlegten die Batawana ihre „Hauptstadt" nach Maun, wo der Kgosi (Häuptling) der Batawana noch heute regiert. Das Eintreffen des Jägers **Charles „Harry" de Beauvoir Riley** in den 1920er Jahren in Maun markiert die Geburtsstunde der Entwicklung zur Kapitale des Jagd- und Safaritourismus. Aus der von *Harry Riley* seinerzeit errichteten Bar entstand eine kleine Hotelanlage, die in den folgenden Jahrzehnten unter wechselnder Eigentümerschaft zu einem großen Komplex mit Hotel, Bars, Tankstelle, Autowerkstatt, Geschäften, Reisebüro, Bottlestore und sogar einem Friseursalon herangewachsen ist, dessen Einzelelemente alle Rileys Namen tragen.

Ein anderes Relikt der Geschichte sind farbenfroh in viktorianische Trachten gewandete **Frauen des namibischen Herero-Stammes,** dessen Angehörige 1904/05 auf der Flucht vor den deutschen Kolonialtruppen teilweise in die Region um Maun gelangten. Die Batawana teilen ihre Stadt heute neben den Herero, Bayei, Hambukushu und anderen Volksgruppen mit einer großen Gemeinde von Weißen, die in erster Linie aus Europa und Südafrika stammen und vor allem im Tourismussektor beschäftigt sind – und damit viel Geld verdienen.

Orientierung

Ein gewachsenes Zentrum besitzt das moderne Maun nicht. Die lang gezogene Streusiedlung entlang des Thamalakane River wird von einer parallel zum Fluss verlaufenden Asphaltachse durchzogen, die im Norden nach Matlapaneng und Shorobe führt und im Süden an die Straße nach Ghanzi bzw. Shakawe anknüpft. Wer genau hinguckt, wird entdecken, dass die im traditionellen Stil errichteten **Lehmhütten** mittlerweile zahllose Bierbüchsen als Bausubstanz enthalten – ein unverkennbares Zeichen dafür, dass die Modernisierung in wirklich alle Bereiche Einzug gehalten hat. Als **Ortsmittelpunkt** können **Riley's Hotel und Riley's Garage** gelten. An die traditionsträchtige, heute von der Familie *Kays* geführte Werkstatt ist eine moderne, rund um die Uhr geöffnete Shell-Tankstelle mit gut sortiertem Laden (enthält die wichtigsten Verbrauchsartikel und kleinere Ersatzteile) angeschlossen.

Touristisches Zentrum ist das Areal um das Zugangstor des Flughafens, wo sich die Büros von Reiseagenturen, Chartergesellschaften, Autovermietung und Souvenirshops konzentrieren. Das nahe gelegene BGI Shopping Centre (oder Maun Shopping Centre) und das Ngami Centre (oder New Mall) direkt gegenüber verfügen über Geschäfte und Läden, zwei Supermärkte, eine Bank und ein Forex-Büro. Im Bereich der Old Mall westlich von Riley's Garage sind das Postamt, die Niederlassung der Telefongesellschaft BTC, Banken, Geschäfte, Läden und die zentrale Busstation angesiedelt. Nordöstlich des zentralen Kreisverkehrs bei Riley's Garage liegt der Block der staatlichen Verwaltungsgebäude mit der Polizeistation und den Büros der Wildschutzbehörde DWNP. Etwa 12 km nordöstlich gelangt man über die Straße nach Shorobe in den **Vorort Matlapaneng,** wo sich am Ufer des Thamalakane River mehrere Camps und Lodges befinden, die erschwingliche Unterkünfte für Individualreisende und angenehme Campingplätze bieten. Am Südrand der Stadt, an der Straße nach Ghanzi, wurde der **Maun Sports Complex** errichtet, der mit seinen umfangreichen Sportanlagen angesichts der begrenzten Einwohnerzahl etwas überdimensioniert anmutet.

Achtung: In den vergangenen Jahren war ein rasantes **Anwachsen der Krimi-**

nalität in Maun zu verzeichnen: Gewalttätigkeiten, Auto- und Wohnungseinbrüche, Gelegenheitsdiebstähle und nächtliche Überfälle auf Passanten. Entsprechende Achtsamkeit ist also dringend geboten!

Sehenswertes

Nhabe Museum
● Private Bag 268, Sir Seretse Khama Avenue, Maun, Tel. und Fax 6861346. Öffnungszeiten: Mo–Fr 8 bis 17, Sa 9.30 bis 16.30 Uhr. Eintritt frei.

Das 1996 eröffnete Nhabe Museum befindet sich neben dem Gebäude von Air Botswana an der Hauptstraße nach Matlapaneng. Eine **kleine Ausstellung** mit Schautafeln erläutert die kulturelle und ethnische Struktur des Distrikts Ngamiland, ergänzt durch naturhistorische und geschichtliche Informationen, und beschreibt die Entwicklung Mauns zur touristisch geprägten Safaristadt. U.a. liegt ein Gästebuch von Riley's Hotel aus den 1950er Jahren aus.

Das Museumsgebäude selbst wurde 1939 vom britischen Militär errichtet und während des Zweiten Weltkriegs als Abhörstation für den Funkverkehr im von deutschen Truppen besetzten Namibia benutzt. Später beherbergte es viele Jahre die Büroräume von Safari South, einem der ersten Safarianbieter im Okavango-Delta. In den Räumlichkeiten werden regelmäßig kleinere **Kulturveranstaltungen** (Theater, Tanzdarbietungen, Konzerte) und Vorträge ab-

Hinweisschilder in Maun

gehalten. Das angeschlossene **Bailey Arts Centre** zeigt lokale Kunstausstellungen und bietet regelmäßige Workshops von Künstlern an.

Wer längere Zeit in Maun bleibt, kann sich einem monatlichen Setswana-Sprachkurs anschließen.

Maun Educational Park (Maun Game Reserve)
● Sekgoma Road, Tel. 6860368. Öffnungszeiten: Mo–So 7.30 bis 18 Uhr, Eintritt frei.

Der ca. **8 km²** große Maun Educational Park liegt am Ostufer des Thamalakane River. Das Gelände wird durch mehrere **Fußpfade mit Beobachtungsständen** („Hides") erschlossen, von denen man u.a. Litschi-Moorantilopen, Gnus, Impalas, Zebras, Warzenschweine, Giraffen und Kleinsäuger beobachten kann. Kartenskizzen sind am Eingang erhältlich. Das Reservat dient in erster Linie als Anschauungsobjekt für Schulkinder, die auf diese Weise eine Vorstellung vom Wildleben im Busch erhalten und einen Teil der charakteristischen Tierwelt Botswanas kennen lernen können – die wenigsten von ihnen werden jemals in den Genuss kommen, eine Safari durch das Okavango-Delta zu bestreiten. Eine Schulungsstätte für Naturschutz- und Umwelterziehung („Wildlife Training Centre") ist angeschlossen.

Man erreicht das kleine Reservat über die Straße nach Nata/Francistown. Hinter der Brücke über den Thamalakane zweigt man links ab und erreicht nach ca. 1,5 km das Eingangstor am Wildlife Training Centre (ausgeschildert). Man sollte eine Erkundung des Gebietes auf den frühen Morgen oder

Nordwesten und Okavango-Delta

den späten Nachmittag legen, wenn die Tagestemperaturen relativ angenehm sind und die Tiere am aktivsten sind. Ausreichende Trinkwasservorräte sind mitzubringen. Die Tierbeobachtungsmöglichkeiten halten einem Vergleich mit dem Okavango-Delta nicht stand.

Okavango Crocodile Farm

●Sitatunga Camp, Tel. 6864539, Fax 6860570, E-Mail: sitatunga@botsnet.bw. Öffnungszeiten: Mo–Sa 9 bis 17 Uhr, So 10 bis 17 Uhr.

Die zum Sitatunga Camp gehörende Krokodilfarm liegt 12 km südwestlich

Die Herero

Der wohl auffälligste Farbakzent im Straßenbild Mauns wird von den viktorianischen Trachten der Herero-Frauen gesetzt. Vor mehr als 150 Jahren machte es sich die Missionarsehefrau *Emma Hahn* im heutigen Namibia zur Aufgabe, die Frauen der Herero von ihrer damaligen Nacktheit zu „befreien", und brachte vielen von ihnen das Nähen bei. Die **Herero-Frauen** kopierten die Kleider der Missionarsfrauen im viktorianischen Stil und kombinierten sie mit eigenen Elementen, z.B. der auffälligen, länglich-quergestellten Kopfbinde, die die Hörner einer jungen Kuh symbolisieren soll. Bis heute nähen (und tragen!) die Frauen traditionelle Trachten und verbrauchen dabei bis zu 10 Metern an farbenprächtigen Stoffen allein für das Obergewand. Die mit Plisseefalten versehenen Kleider verhüllen eine Unzahl von schwergewichtigen Unterröcken, die für die herrschende Umgebungshitze gänzlich ungeeignet sind und längere Fußmärsche zu einer schweißtreibenden Qual machen. Trotzdem tragen gerade in Maun viele Herero-Frauen tagtäglich ihre traditionellen Kleider. Wer davon ein Foto machen möchte, muss vorher höflich um Erlaubnis bitten. Normalerweise wird für das Bild ein kleiner Geldbetrag verlangt.

Die Herero **stammen ursprünglich aus Ost- und Zentralafrika,** von wo sie ins heutige Namibia einwanderten und dort im 16. Jahrhundert sesshaft wurden. Die Kultur des nomadisch lebenden Hirtenvolkes wurde ursprünglich fast ausschließlich durch den Besitz von möglichst vielen Rindern gelenkt. Der Verkauf von Rindern war tabu. Die Religion war von mächtiger Ahnenverehrung gekennzeichnet. Regelmäßig wurden große Rinderopfer von bis zu 200 Tieren dargebracht, um die Ahnen günstig zu stimmen. Die gängige Herero-Nahrung war eingedickte Sauermilch. Nach dem blutigen Herero-Aufstand gegen die deutschen Kolonialtruppen in Deutsch-Südwestafrika im Jahr 1904 entgingen mehrere Gruppen der Herero ihrer Vernichtung durch Flucht in den Nordwesten Botswanas, wo sie als Vasallen der Batawana geduldet wurden. Bei der Flucht mussten die Herero ihren gesamten Viehbestand zurücklassen.

Im Laufe der Zeit bauten die Herero wieder große eigene Viehbestände auf und lösten sich aus der Dominanz der Batawana. Rinder haben ihre religiöse Bedeutung verloren und werden heute frei gehandelt und zu Geld gemacht. Die **Christianisierung** ist gerade unter den Herero sehr weit fortgeschritten und hat die ursprüngliche Religion weitgehend verdrängt. Auch das Tabu des Fotografiertwerdens haben die meisten Herero-Frauen längst abgelegt und nutzen die touristischen Schnappschüsse als zusätzliche Einnahmequelle. Nach der Unabhängigkeit Namibias 1990 hat sich eine Art Aufbruchstimmung unter den Herero breitgemacht, in ihr Ursprungsland zurückzukehren. Die botswanische Regierung hat jedoch klargemacht, dass eine solche Rückkehr dauerhaft und ohne den in Botswana angeeigneten Viehbestand und persönlichen Besitz erfolgen muss. Folgerichtig sind bislang nur wenige botswanische Herero nach Namibia zurückgekehrt.

von Maun an der Straße nach Toteng/Ghanzi (ausgeschildert). Gegen eine Eintrittsgebühr von umgerechnet 2 Euro kann man das Farmgelände besichtigen. Eine kleine Info-Broschüre erläutert die Zucht von Krokodilen und gibt Hintergrundinfos zu Biologie und Verbreitung des Nilkrokodils.

Old Matlapaneng Causeway

Südwestlich der neuen Straßenbrücke nach Shorobe/Moremi befindet sich die als National Monument geschützte **historische Flussquerung über den Thamalakane River.** Man erhält einen vagen Eindruck, wie die Infrastruktur im „alten Maun" einmal ausgesehen haben mag.

Sexaxa Cultural Village

●Sexaxa Cultural Village, c/o Sexaxa Development Trust, P.O. Box 1574, Maun, Mobil 74178457, Internet: http://sexaxa.weebly.com.

Kleines **Dorf der Bayei** mit ca. 500 Einwohnern, das sich dem Tourismus geöffnet hat. Die ausgeschilderte Zufahrt zweigt 18 km nördlich von Maun an der Straße nach Shorobe links ab. Geboten werden kostenpflichtige Führungen durch das Dorf und der Verkauf von Korbflechtarbeiten.

Informationsstellen

●**Department of Tourism,** P.O. Box 439, Tsheko Tsheko Road, Maun, Tel. 6860492. Gegenüber Riley's Garage. Geöffnet Mo–Fr von 7.30 bis 12.30 und 13.45 bis 16.30 Uhr. Die Qualität der im Touristeninformationsbüro erhältlichen Infoblätter und Prospekte ist dürftig. Manchmal liegen die aktuellen Preislisten der wenigen, noch vergleichsweise preisgünstigen Camps im Okavango-Delta

aus, zusammen mit Paketangeboten für mehrtägige Mokoro-Touren. Die Beratung durch das Personal ist verbesserungsbedürftig und ersetzt kein Informationsgespräch bei den einzelnen Buchungsagenturen der Delta-Camps und lokalen Safariveranstaltern.

●**Department of Wildlife and National Parks (DWNP),** Parks & Reserves Reservation Office, P.O. Box 20364, Boseja, Maun, Botswana, Tel. 6860368 oder 6861265, Fax 6860053. Öffnungszeiten: Mo–Sa 7.30 bis 12.45 Uhr und 13.45 bis 16.30 Uhr, So (und an Feiertagen) 7.30 bis 12 Uhr.

Die Räumlichkeiten der Wildschutzbehörde DWNP liegen nordöstlich des zentralen Kreisverkehrs an der Straße nach Matlapaneng. Das Reservation Office regelt in erster Linie die Vorabbezahlung der Parkgebühren sowie die Verteilung der bislang nicht privatisierten Camp Sites in den nördlichen Nationalparks und Wildreservaten (Chobe National Park, Moremi Wildlife Reserve, Nxai Pan National Park, Makgadikgadi Pans National Park), ist aber zusammen mit dem Buchungsbüro in Gaborone auch für das Central Kalahari Game Reserve und die Reservate im Süden zuständig.

Außerhalb der Hauptreisezeit ist die Atmosphäre recht locker, informativ und angenehm. In der Hauptreisezeit (vor allem von Juli bis Oktober), wenn die populären Schutzgebiete Moremi und Chobe bereits seit Monaten restlos ausgebucht sind und immer wieder Gruppen verzweifelter Individualreisender ohne gültige Buchung das Büro belagern, verwandelt sich die Haltung der Wildhüter jedoch manchmal in brüske Ablehnung.

●**Lodges und Camps in Matlapaneng:** Island Safari Lodge, Audi Camp, Crocodile Camp, Okavango River Lodge, Maun Rest Camp, The Old Bridge Backpackers. Für Individualreisende bieten die gut 12 km nordöstlich des Ortskerns in Matlapaneng gelegenen Camps bzw. Lodges sowie die Backpackerunterkünfte am Old Matlapaneng Causeway die mit Abstand beste Informationsplattform. Im Gespräch mit anderen Reisenden erhält man hier wertvolle Informationen über empfehlenswerte Mokoro-Touren und über die aktuelle Vorort-Situation im Okavango-Delta,

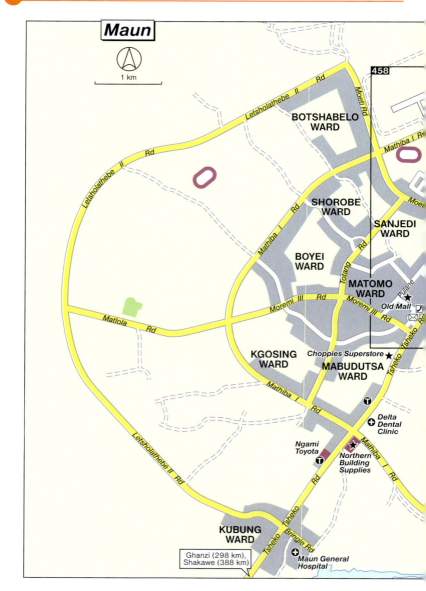

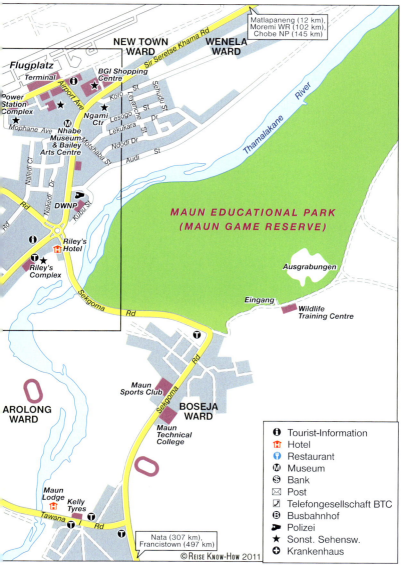

Matlapaneng (12 km),
Moremi WR (102 km),
Chobe NP (145 km)

NEW TOWN WARD

WENELA WARD

Sir Seretse Khama Rd

Flugplatz

Terminal

BGI Shopping Centre

Airport Ave

Power Station Complex

Koro St

Sehudu St

Levanche St

Lesogo St

Dr

Ngami Ctr

Lekukara St

Mophane Ave

Nhabe Museum & Bailey Arts Centre

Molshaba St

Ndogi Dr

Audi St

Natledi Dr

Natledi Cr

Rd

DWNP

Kubu St

Riley's Hotel

Rd

Riley's Complex

Sekgoma Rd

MAUN EDUCATIONAL PARK (MAUN GAME RESERVE)

Thamalakane River

Ausgrabungen

Eingang

Wildlife Training Centre

Rd

Maun Sports Club

Sekgoma

BOSEJA WARD

AROLONG WARD

Maun Technical College

Maun Lodge

Kelly Tyres

Tawana Rd

Nata (307 km),
Francistown (497 km)

© REISE KNOW-HOW 2011

❶	Tourist-Information
🏨	Hotel
❶	Restaurant
Ⓜ	Museum
Ⓢ	Bank
✉	Post
☑	Telefongesellschaft BTC
Ⓑ	Busbahnhof
➤	Polizei
★	Sonst. Sehensw.
✚	Krankenhaus

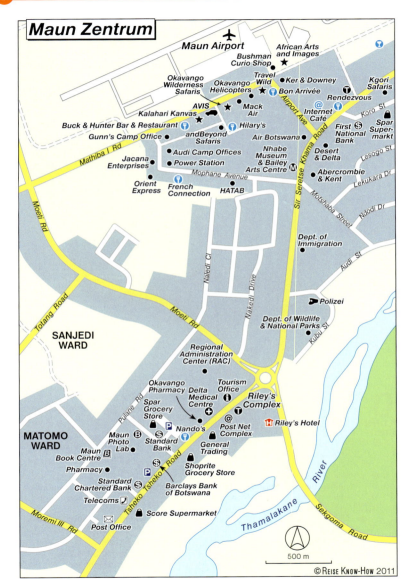

Maun Zentrum

Maun Airport

African Arts and Images ★
Bushman Curio Shop ★
Okavango Wilderness Safaris
Travel Wild ● Ker & Downey
Kgori Safaris ●
Okavango Helicopters ★
Bon Arrivée
Rendezvous
Internet Café @
AVIS
Mack Air
First National Bank
Spar Super-markt
Kalahari Kanvas ★
Buck & Hunter Bar & Restaurant
Hilary's
andBeyond Safaris
Air Botswana ●
Desert & Delta ●
Gunn's Camp Office ●
Jacana Enterprises ●
Audi Camp Offices ●
Power Station ●
Nhabe Museum & Bailey Arts Centre
Abercrombie & Kent ●
Orient Express ●
French Connection
Mophane Avenue
HATAB

Mathiba I Rd
Koro St
Lesogo St
Lekukara Dr
Motshaba Street
Ndodi Dr
Audi St

Dept. of Immigration ●

Moeti Rd
Totang Road
Naledi Cl
Naledi Drive
Moeti Rd

Polizei ●

SANJEDI WARD

Dept. of Wildlife & National Parks ●
Kubu St

Regional Administration Center (RAC) ●

Okavango Pharmacy
Delta Medical Centre ✚
Tourism Office ℹ
Riley's Complex
Riley's Hotel

Spar Grocery Store
Nando's
Post Net Complex
Maun Photo Lab ●
Standard Bank
MATOMO WARD
Maun Book Centre
Pharmacy ●
General Trading
Shoprite Grocery Store
Standard Chartered Bank
Barclays Bank of Botswana
Telecoms
Score Supermarket
Moremi III. Rd
Post Office

River
Thamalakane
Sekgoma Road

Pulane Rd
Tsheko Tsheko Road

500 m

© REISE KNOW-HOW 2011

im Moremi Wildlife Reserve und in den anderen Schutzgebieten des Nordens. Man kann in Ruhe die Safariangebote der einzelnen Camps studieren, die Informationen der Mitteilungsbretter checken, Mitfahrgelegenheiten arrangieren und Mitstreiter für Safaris und Touren finden.

Hotels/Lodges/Camps

Maun selbst bietet nur eine knappe Handvoll Unterkünfte. Das touristische Leben spielt sich vor allem im Ortsteil **Matlapaneng** in den gut 12 km nordöstlich am Thamalakane River gelegenen Camps und Lodges ab. 12 km südwestlich von Maun findet man im Sitatunga Camp ruhig gelegene Unterkünfte und Campingmöglichkeiten. Allen Camps und Lodges ist ein gewisser Lagercharakter gemein – das wahre Ziel der Reisenden ist eben nicht Maun, sondern das Okavango-Delta. Während der Hauptreisezeiten sollte man für Hotelzimmer und andere feste Unterkünfte in Maun Vorausbuchungen vornehmen. Die Safari Lodges und Luxury Tented Camps des Okavango-Deltas sind separat im Kapitel „Das Okavango-Delta" aufgelistet.

Hotel innerhalb des Ortes –
Kategorie A (80–150 Euro pro DZ)
● **Cresta Riley's Hotel,** P.O. Box 1, Riley's Complex, Maun, Tel. 6860302, Fax 6860580, Internet: www.crestahotels.com. Mauns bekanntestes Oberklassehotel wurde ursprünglich von dem Jäger *Harry Riley* gegründet und bildet heute (renoviert) zusammen mit der gleichnamigen Werkstatt und Tankstelle das Herz des ausgedehnten Riley's Complex. 91 Räume und Suiten laden vor allem Geschäftsleute und gut betuchte Reisende zum Verweilen ein. Angenehm grüne und ruhige Anlage mit Swimmingpool, Restaurant und zwei bei Einheimischen wie Reisenden beliebten Bars (Harry's Bar und die Motswiri Pool Bar). Neben kleineren Läden ist auch ein kleiner Friseursalon angeschlossen.

Hotels außerhalb des Ortes –
Kategorie A (80–150 Euro pro DZ)
● **Maun Lodge,** P.O. Box 376, Maun, Tel. 6863939, Fax 6863969, Internet: www.

maunlodge.com. Relativ neues Hotel der oberen Mittelklasse am Ostufer des Thamalakane River nahe der Straße nach Francistown. Mit größerem Pool, Konferenzräumen, gutem Restaurant und Bar. Viele Geschäftsleute. Neben „normalen" Hotelzimmern werden neuerdings auch strohgedeckte Selbstversorger-Chalets angeboten.

Kategorie B (40–80 Euro pro DZ)
● **Sedia Riverside Hotel,** Private Bag 058, Riverside, Maun, Tel./Fax 6860177, Internet: www.sedia-hotel.com. Etwa 7 km außerhalb des Ortes an der Straße nach Matlapaneng gelegenes Mittelklassehotel mit Zimmern der gehobenen Ausstattung, Selbstversorger-Chalets und fest errichteten Safarizelten (Preiskategorie C). Saubere und moderne Anlage mit solarbeheiztem Pool, Restaurant und zwei recht lebhaften Bars, die sich stetig wachsender Beliebtheit erfreut. Auf dem Gelände ist ein flusswärts gelegenes Campingareal vorhanden. Es lassen sich Safaris ins Okavango-Delta arrangieren. Relativ neu ist ein kleines Internet-Café.

Kategorie C (20–40 Euro pro DZ)
● **Kamanga Lodge,** P.O. Box 20950, Maun, Tel. 6864121, Fax 6864123, Internet: www.kamangaonline.com. Neues Privathotel mit zehn sauberen motelähnlichen Zimmern an der Straße nach Shorobe, zwischen Sedia Riverside Hotel und Sports Bar gelegen.
● **Maduo Lodge,** P.O. Box 210, Maun, Tel. 6860846, Fax 6862161, E-Mail: maduolodge @info.bw. Guest House (16 Zimmer) mit Motel-Atmosphäre gegenüber dem Sedia Riverside Hotel.
● **Marina's Camp,** Tel. 6801231, Fax 6861017, Internet: www.marinaslodge.com. Camp unter botswanischer Führung ca. 8 km nördlich von Maun an der Straße nach Shorobe schräg gegenüber dem Maun Rest Camp. Attraktive Rondavels mit Ventilator und Moskitonetzen. Kleiner Swimmingpool.
● **Rhino Executive Lodge,** Tel. 6861469, E-Mail: rhinolodge@botsnet.bw. Neues Minihotel (elf Zimmer) unweit der Maduo Lodge, mit ähnlichem Unterkunftsangebot.

Camps und Lodges in Matlapaneng (bzw. weiter nördl. in Sexaxa)

Kategorie A (80–150 Euro pro DZ)

●**Thamalakane River Lodge,** P.O. Box 888, Maun, Tel. 6800217, Mobil 72506184, Internet: www.thamalakane.com. Im Jahr 2007 eröffnete kleine Lodge in Sexaxa am Ufer des Thamalakane River, 19 km nördlich von Maun, über die Straße nach Shorobe zu erreichen. Angenehm ausgestaltete, sehr grüne Anlage mit insgesamt zehn kleinen strohgedeckten Chalets in solider Steinbauweise mit großen Glasschiebetüren. Empfehlenswertes Restaurant und gemütliche Bar, Swimmingpool und Massage-Service. Bewachter Parkplatz. Ab 65 Euro p.P. im DZ inkl. Frühstück.

Kategorie B (40–80 Euro pro DZ)

●**Island Safari Lodge,** P.O. Box 116 Maun, Tel. 6860300, Fax 6862932, Internet: www. africansecrets.net. Ca. 12 km nordöstlich von Maun am Westufer des Thamalakane River gelegene Anlage mit strohgedeckten Chalets und großem schattigem Campingplatz für Überlandreisende. Empfehlenswertes Restaurant und beliebte Bar. Swimmingpool. Laun-dry-Service. Wenn der Fluss ausreichend Wasser führt, kann man direkt von der Lodge aus zu Bootstouren auf dem Thamalakane starten. Die Zufahrt zur Island Safari Lodge zweigt kurz vor der Brücke über den Thamalakane River links ab. Auf sandiger Piste erreicht man nach gut 2 km das Lodge-Gelände. Durch die relativ große Entfernung zu den Straßen nach Maun und Shorobe ist die Lodge von allen Herbergen in Matlapaneng am ruhigsten gelegen, allerdings wird häufig über Lärm vom angrenzenden Campingplatz geklagt. In den letzten Jahren hatte die Island Safari Lodge einen starken Besucherschwund zu verkraften und machte einen entsprechend vernachlässigten Eindruck. Inzwischen hat jedoch die Eigentümerschaft gewechselt und umfangreiche Renovierungsarbeiten wurden durchgeführt.

●**Crocodile Camp,** P.O. Box 46, Maun, Tel. 6800222, Fax 6801256, Internet: www.crocodilecamp.com. Das mittlere der drei Matlapaneng-Camps am Ostufer des Thamalakane wurde ursprünglich von dem berühmten Krokodiljäger *Bobby Wilmot* gegründet und gehörte viele Jahre einem Deutschen, bevor es von südafrikanischen Betreibern übernommen und renoviert wurde. Man gelangt dort-

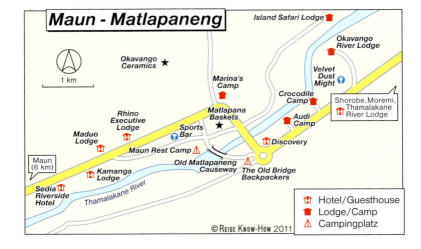

Maun - Matlapaneng

Island Safari Lodge
Okavango River Lodge
Okavango Ceramics ★
1 km
Marina's Camp
Velvet Dust Might
Crocodile Camp
Shorobe, Moremi, Thamalakane River Lodge
Rhino Executive Lodge
Matlapana Baskets ★
Audi Camp
Maduo Lodge
Sports Bar
Discovery
Maun Rest Camp
Maun (6 km)
Kamanga Lodge
Old Matlapaneng Causeway
The Old Bridge Backpackers
Sedia Riverside Hotel
Thamalakane River
© REISE KNOW-HOW 2011

🏠 Hotel/Guesthouse
🏠 Lodge/Camp
⚠ Campingplatz

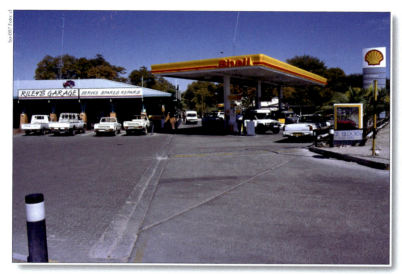

hin, indem man die Brücke über den Thamalakane quert, im dahinter gelegenen Kreisverkehr auf die Straße nach Shorobe/Moremi abbiegt, die Zufahrt zum Audi Camp passiert und dann nach ca. 1 km links abbiegt (ausgeschildert). Die großzügige Anlage des „Croc Camp" bietet angenehme, strohgedeckte Chalets mit Restaurant und Bar (große Bühne für Live-Musik) sowie einen Swimmingpool. Angeschlossener Campingplatz für Individualreisende mit sauberen Duschen und Waschgelegenheiten. Wenn der Thamalakane ausreichend Wasser führt, werden Boots- und Mokoro-Touren auf dem Thamalakane angeboten. Der Safariableger Crocodile Camp Safaris operiert botswanaweit.

Kategorie C (20–40 Euro pro DZ)

●**Audi Camp,** P.O. Box 21439, Maun, Tel. 6863005, Fax 6865388, Internet: www.okavangocamp.com. Das südlichste der drei Camps am Ostufer des Thamalakane liegt ca. 11 km nordöstlich von Maun. Die Anfahrt erfolgt über die Straße nach Shorobe/Moremi (ca. 1 km hinter dem Kreisverkehr an der

Brücke über den Thamalakane River links abbiegen, ausgeschildert). Das Audi Camp hat sich in den letzten 15 Jahren zu einem der wichtigsten Treffpunkte für Rucksack- und Individualreisende mit überschaubarem Reisebudget entwickelt. Neben einem großen schattigen Campingplatz mit sauberen Warmwasserduschen und Waschgelegenheiten werden einige fest errichtete Safarizelte mit Betten, Bettzeug, Handtüchern, Seife und elektrischer Beleuchtung angeboten (empfehlenswert). Die billigere Option für Reisende ohne eigenes Zelt sind dauerhaft aufgeschlagene Igluzelte mit Isomatten (abgenutzt, wenig empfehlenswert). Bislang hat das Camp den Spagat zwischen „Backpackerfalle" und gemütlicher Campatmosphäre einigermaßen annehmbar ausgestaltet. Leider haben die direkte Nachbarschaft zur Straße nach Shorobe und bis in die Nacht aktive Reisegruppen eine entsprechende

Riley's Garage, das „Herz" von Maun

Lärmkulisse zur Folge. Audi Camp Safaris ist einer der größten Anbieter für mobile Campingsafaris und Mokoro-Touren im nordwestlichen und südöstlichen Okavango-Delta.

●**Discovery Bed & Breakfast,** Tel. und Fax 6800627, Mobil 71615853, Internet: www.discoverybedandbreakfast.com. Gästehaus mit acht schönen Rondavels unter holländischer Führung in Matlapaneng an der Shorobe Road südlich des Audi Camp. Rustikaler Standard der Kategorie B–C.

●**Okavango River Lodge,** Private Bag 28, Shorobe Road, Maun, Tel. 6863707, Mobiltel. 71603753, Fax 6860298, Internet: www.okavango-river-lodge.com. Das nördlichste der Matlapaneng-Camps liegt gut 15 km von Maun entfernt am Ostufer des Thamalakane. Neben einfachen strohgedeckten Chalets gibt es ein kleines Restaurant mit großer Bar, einen Pool und einen kleinen „Cricketplatz". Der schattige Campingplatz der Okavango River Lodge wird überwiegend von Overland-Trucks angefahren und kann daher in Stoßzeiten entsprechend laut und überfüllt sein. Die gesamte Anlage wirkt sehr staubig. Es lassen sich Safaris ins Okavango-Delta arrangieren.

Camps und Lodges südlich und östlich von Maun

Kategorie AA (150-250 Euro pro DZ)
●**Dombo Farm,** P.O. Box 21857, Boseja, Maun, Mobil 72923355 oder 74121332, Internet: www.dombofarm.com. Kategorie AA–A (ab 80 Euro p.P. im DZ). Von einem deutschen Paar betriebene private Wildfarm (4150 Hektar) ca. 2 Autostunden östlich von Maun unweit des Makgadikgadi Pans NP bzw. Nxai Pan NP. Geboten werden schöne Bungalows für max. 4 Gäste, mit individuellem Betreuungsservice. Die Farm liegt ca. 85 km südlich von Maun und ca. 35 km nördlich von Motopi. Details zur Anreise werden bei der Buchung mitgeteilt. Allradfahrzeug erforderlich.

●**Royal Tree Lodge,** P.O. Box 250088, Maun, Tel. 6800757, Fax 6860493, Internet: www.royaltreelodge.com. Im Juli 2002 zunächst als Motsentsela Tree Lodge eröffnete und dann nach Betreiberwechsel umbenannte

Lodge auf einer kleinen Game Farm ca. 10 km südlich von Maun am Ostufer des Thamalakane River (genaue Hinweise zur Anfahrt telefonisch). Man schläft in Safarizelten auf Holzplattformen. Mit Restaurant, Bar und Swimmingpool. Die erwirtschafteten Überschüsse fließen in die Arbeit des HIV-/AIDS-Projektes „Love Botswana Outreach Mission" in Maun. Ab 130 Euro p.P. im DZ.

Kategorie C (20–40 Euro pro DZ)
●**Sitatunga Camp,** P.O. Box 66, Maun, Tel. 6864539, Fax 6860570, E-Mail: sitatunga@botsnet.bw. Das sehr ruhig und etwas abseits gelegene Sitatunga Camp befindet sich direkt neben der Okavango Swamps Crocodile Farm. Man erreicht das 12 km südwestlich von Maun gelegene Gelände über die Straße nach Toteng/Ghanzi (ausgeschildert). Neben sauberen Chalets für Selbstversorger gibt es einen kleinen Laden und einen Bottlestore. Feuerholz wird bereitgestellt. Über den hier ansässigen Veranstalter **Delta Rain** (Internet: www.deltarain.com) lassen sich Safaris und Mokoro-Touren im Okavango-Delta arrangieren. Der Campingplatz des Sitatunga Camp wird häufig von Overland-Trucks besucht.

Camping

An Campingplätzen herrscht in der Umgebung von Maun kein Mangel. Auf halber Strecke nach Matlapaneng kommt man auf dem **Gelände des Sedia Hotels** unter. Weiter nördlich liegen die Anlage des **Maun Rest Camp** an der alten Brücke über den Thamalakane River sowie der **Old Bridge Backpackers Camp Site.** Am mit Abstand beliebtesten sind die **Campingplätze der Matlapaneng-Camps** in landschaftlich ansprechender Umgebung am Thamalakane River. Wer es etwas ruhiger liebt, wird im **Sitatunga Camp** 12 km südwestlich von Maun fündig, sofern nicht gerade eine Serie von Overland-Trucks dort einfällt. Alle Campingplätze werden nachts von einem Nachtwächter beaufsichtigt. Man sollte trotzdem möglichst nichts herumliegen lassen, da immer wieder von Diebstählen berichtet wird. Wer tagsüber das Gelände verlässt, sollte alle Wertgegenstände aus dem Zelt entfernen und keine Kleidung aufgehängt lassen, um Gelegenheitsdiebstählen konsequent vorzubeugen. Gepäck und Wertsachen können in der Regel an der Rezeption zur Verwahrung abgegeben werden, man sollte sich den Empfang jedoch besser quittieren lassen. In der Hochsaison (Juli bis Oktober) führt der große Besucherandrang meist zu deutlichen Defiziten bzgl. der Sauberkeit der sanitären Anlagen, ganz abgesehen von dem erheblichen nächtlichen Lärmpegel (Gesänge am Lagerfeuer, Partys etc.).

● **Audi Camp,** Matlapaneng, Tel. 6863005. Gepflegte Anlage unter großen schattigen Bäumen. Das Publikum besteht hauptsächlich aus Rucksackreisenden. Annehmbare sanitäre Anlagen mit Warmwasserduschen und Toiletten mit Spülung. Neben einem Laundry-Service wird Feuerholz für 1 Euro pro Bündel verkauft. Es stehen mehrere feste Grillstellen zur Verfügung. Leider ist die Nähe zur Straße nach Shorobe nachts akustisch deutlich spürbar. Die Campinggebühr beträgt 7 Euro p.P. Mit Restaurant, Bar und Swimmingpool.

● **Crocodile Camp,** Matlapaneng, Tel. 6800222. Der Campingplatz ähnelt dem des Audi Camp, hat aber weniger Charme. Saubere sanitäre Anlagen mit Warmwasserduschen und Toiletten mit Spülung. Aufgrund der Nähe zur Straße nach Shorobe sowie häufiger Musikveranstaltungen ist die nächtliche Geräuschkulisse nicht gerade schlafförderndnd. Die Campinggebühr beträgt 4,50 Euro p.P. Mit Restaurant, Bar und Pool.

● **Island Safari Lodge,** Matlapaneng, Tel. 6860300. Großer, ruhiger und schattiger Campingplatz direkt am Westufer des Thamalakane, in deutlichem Abstand zu den Straßen nach Maun und Shorobe/Moremi. Saubere sanitäre Anlagen mit Warmwasserduschen und Toiletten mit Spülung. Am wasserführenden Thamalakane River findet man im Uferbereich und in den Bäumen des Campingplatzes ausgezeichnete Möglichkeiten zur Vogelbeobachtung vor. Die Campinggebühr beträgt 5 Euro p.P. Mit Restaurant, Bar und Swimmingpool.

● **Maun Rest Camp,** Old Matlapaneng Causeway, P.O. Box 250, Maun, Tel./Fax 6863472, E-Mail: simonjoyce@info.bw. Relativ neue Anlage mit sauberen Sanitäranlagen und familiärer Atmosphäre. Campinggebühr 5,50 Euro p.P. Übernachtung auch in kleinen Chalets möglich. Kein Restaurant.

● **Okavango River Lodge,** Matlapaneng, Tel. 6863707, Internet: www.okavango-river-lodge.com. Die spartanischste Option aller Matlapaneng-Camps mit den üblichen Waschgelegenheiten und Duschen. Der Campingplatz wird vor allem von Overland-Trucks angefahren. Die gesamte Anlage wirkt staubig und überholungsbedürftig. Die Campinggebühr beträgt 3,20 Euro p.P. Mit Restaurant, Bar und kleinem Swimmingpool.

● **Sedia Riverside Hotel,** zwischen Maun und Matlapaneng, Tel. 6860177. Das Campingareal liegt am Ufer des Thamalakane River und besitzt recht neue Waschräume mit Warmwasserduschen und saubere Toiletten mit Spülung. Campinggebühr 2,50 Euro p.P.

● **Sitatunga Camp,** 12 km südwestlich von Maun, Tel. 6800380. Der mit Abstand abgelegenste Campingplatz, schattig unter großen Bäumen gelegen. Saubere sanitäre Anlagen mit Warmwasserduschen und Toiletten mit Spülung. Feuerholz wird bereitgestellt. Die Campinggebühr beträgt 4,50 Euro p.P. Es gibt einen kleinen Laden und ein Bottlestore. Häufig mehrere Overland-Trucks.

● **The Old Bridge Backpackers Camp,** Tel. 6862406, Mobil 71649718, Internet: www.maun-backpackers.com. 2005 eröffnetes, sauberes Backpacker-Camp am Ostufer des Thamalakane River unweit der Old Bridge. Schöner Campingplatz für Selbstversorger, zusätzlich fest installierte Mietzelte. Die Campinggebühr beträgt 4 Euro p.P., ein Bett im Mietzelt ist ab 11 Euro p.P. zu haben. Angeschlossenes Backpacker-Restaurant, günstige Safaris in die Kalahari und ins Okavango-Delta werden angeboten.

Campingausrüstung

● Campingausrüstungen können bei **Kalahari Kanvas** (P.O. Box 689, Maun, Tel. 6860568, Fax 6860035, Internet: www.kaharikanvas.com) 200 m vom Flughafengebäude entfernt (neben AVIS) gekauft oder entliehen werden. Leichtgewichtige Zelte sind für ca. 5 Euro, Schlafsäcke für ca. 2 Euro pro Tag zu bekommen. Die Qualität des Materials ist gut. Auch Gasflaschen können hier wiederbefüllt werden.

● Die meisten Matlapaneng-Camps, die Backpacker Camps an der Old Bridge und alle Camps im Delta, die mehrtägige Mokoro-Touren anbieten, verleihen spartanische Campingausrüstungen an ihre Gäste vor Ort.

● Für den Kauf einfacher Campingartikel wie Gaslaternen und Camping-Gaskartuschen sind **Northern Building Supplies** (Tel. 6860221), die **General Trading Company** (Tel. 6860025) oder **PAAM** (Tel. 6860992) im Maun Shopping Centre geeignete Adressen.

Essen und Trinken

Alle genannten Hotels, Camps und Lodges verfügen über Restaurants und Bars, die auch Besuchern von außerhalb offen stehen. Das sonstige kulinarische Spektrum von Maun steht auf ausgesprochen schmalen Füßen.

Restaurants der gehobenen Preisklasse

● **Bon Arrivée,** Tel. 6800330. Beliebtes Bistro an der Mathiba I Road gegenüber dem Flughafenterminal.

● **Cresta Riley's Hotel,** Tel. 6860320. Internationale Küche.

● **Crocodile Camp,** Matlapaneng, Tel. 6800222. Angenehme Atmosphäre (abends viele Moskitos) und empfehlenswerte Küche mit guten Frühstücks-, Lunch- und Dinnerbuffets für umgerechnet 7/10/14 Euro.

● **Buck & Hunter,** Tel. 6801001, am Flughafen neben dem Büro von Gunn's Camp. Rustikaler Pub mit kleinem Restaurant und Steak House. Fleischgerichte, Salate, Pasta und Pizza. Empfehlenswert.

● **French Connection,** Tel. 6800625, Mobil 71754030. Von den ehemaligen Betreibern des Restaurants im Crocodile Camp geführtes empfehlenswertes Bistro/Restaurant in der Mophane Avenue am Flughafen. Mit kleinem Außenbereich unter Mopane-Bäumen. Französisch geprägte europäische Küche.

●**Island Safari Lodge,** Matlapaneng, Tel. 6860300. Empfehlenswerte Küche mit guten Grill- und Fischgerichten oder Pasta ab 7 Euro. Das Frühstücksbuffet kostet ca. 6 Euro.
●**Maun Lodge,** Tel. 6863939. Internationale Küche, Grillbuffets.
●**Thamalakane River Lodge,** Tel. 6800217, Mobil 72506184. Restaurant am Ufer des Thamalakane mit der wahrscheinlich besten Küche aller Hotels und Lodges in Maun.

Günstige Restaurants

Die meisten billigen Restaurants findet man im Fastfood-Sektor (s.u.). An Qualität nachgelassen hat das in der Erstauflage dieses Buches noch wohlwollend besprochene Restaurant im **Audi Camp.** Empfehlenswerte Gerichte der gehobeneren Preiskategorie bietet das Restaurant im **Sedia Riverside Hotel.** Günstige Lunches und empfehlenswerte Snacks erhält man im **Restaurant der Sports Bar** (Tel. 6862676) an der Straße nach Matlapaneng hinter dem Sedia Hotel.

Fastfood-Restaurants und Takeaways

●**Chicken Licken** (Tel. 6861277) an der Shell-Tankstelle verkauft gegrilltes Hähnchen und andere Takeaways.
●**Nando's** (Tel. 6863006, Maun Mall Extension) bietet u.a. gegrilltes Hähnchen mit pikanten Soßen; einer der besseren Fastfood-Anbieter.
●**Pizza Den** (Tel. 6861391) im BGI Shopping Centre hat sich auf Pizza und Pasta spezialisiert.
●Die Filiale der südafrikanischen **Fastfood-Kette Steers** (Tel. 6860918) im Ngami Centre bietet das übliche Programm mit Burgern, Grillhähnchen, Pommes Frites, kleinen Steaks und Softeis. Die Qualität des Essens ist überall recht dürftig.

Cafés/Bistros

Für empfehlenswerte kleinere Snacks, Sandwiches, Eiskaffee oder ein gutes Lunch sind das **Bon Arrivée** (Tel. 6800330) direkt schräg gegenüber dem Flughafenterminal

oder **Hilary's Coffeeshop** (Tel. 6861610) am Flughafen gegenüber der Avis-Autovermietung beliebte Adressen. Hilary's schließt werktags bereits um 16 Uhr (Sa um 14 Uhr) und ist am Sonntag nicht geöffnet. Etwas kalte Café-Atmosphäre strahlt das kleine **Bush Café** im PostNet Complex an der Tsheko Tsheko Road aus. Das **Bistro Rendezvous** (Tel. 6862526, Mo–Sa von 9 bis 22 Uhr geöffnet) im BGI Shopping Centre hinter der Engen-Tankstelle bietet günstige Pizzen, Curry, indische und ostasiatische Gerichte im einfachen Restaurantbereich oder auch als Takeaway. Das **Café Velvet Dust Might** (Mobil 71415672) mit angeschlossenem Craft Shop liegt an der Shorobe Road in Matlapaneng zwischen Crocodile Camp und Okavango River Lodge. Hier lassen sich Souvenir-Einkäufe mit einer wohlschmeckenden herzhaften Stärkung verbinden.

Minibusse und Taxis

Innerorts

Innerorts und in die nähere Umgebung verkehren Minibusse („Combis") und Taxis (blaue Nummernschilder). Die zuverlässigsten Informationen über die Fahrtroute der vollgestopften Combis erhält man vom Fahrer bzw. von den mitreisenden Passagieren (!). Einen festen Fahrplan gibt es nicht. Der Fahrpreis ist gering. Taxis fahren ohne Taxameter (z.B. Atol Taxis, Tel. 6864770). Der Fahrpreis liegt etwas über dem der Combis und muss vor Fahrtantritt ausgehandelt werden. Touristen werden gerne übervorteilt, daher sollte man sich bei Einheimischen vorher nach den gängigen Tarifen erkundigen.

Die Matlapaneng-Camps und das Sitatunga Camp (12 km südwestlich von Maun) unterhalten einen **Zubringerservice** für ihre Gäste von und nach Maun. Der Fahrpreis liegt bei 3–4 Euro p.P.

Von und zum Flughafen

Die meisten Veranstalter für Touren ins Okavango-Delta und alle Hotels, Camps und Lodges unterhalten einen **Zubringer- und Abholservice für Kunden bzw. Gäste,** der bei Bedarf (und entsprechender Gruppengröße) auch unplanmäßig telefonisch ange-

Am Flughafen von Maun

fordert werden kann. Alternativ muss man auf Taxis ausweichen.

Flugverbindungen (Linie)

Der **Flughafen** von Maun befand sich Anfang 2011 im Ausbau. Eine neue Landebahn, auf der prinzipiell sogar Flugzeuge vom Typ Boeing 747 landen könnten, soll 2011 in Betrieb genommen weren. Bis 2012 soll auch ein komplett neues Flughafenterminal entstehen. Es bestehen direkte Flugverbindungen **nach Johannesburg** (mit Air Botswana), **Windhoek** (mit Air Namibia) und evtl. auch **Victoria Falls.** Air Botswana verkehrt im Inland zwischen **Maun, Francistown, Kasane** und **Gaborone.** Die Flugpreise wechseln häufig und mit stetigen Erhöhungen muss gerechnet werden. Wer das Ticket innerhalb von 24 Stunden nach Reservierung ausstellen lässt, erhält in der Regel einen deutlichen Preisnachlass. Die im Jahr 2010 gültigen, jeweils günstigsten Tarife waren:

- **Johannesburg – Maun** = 140 Euro (einfach) bzw. 250 Euro (Hin- und Rückflug)
- **Windhoek – Maun** = 110 Euro (einfach) bzw. 200 Euro (Hin- und Rückflug)
- **Gaborone – Maun** = 130 Euro (einfach) bzw. 190 Euro (Hin- und Rückflug)

Charterverbindungen mit Kleinflugzeugen können ab einer Gruppengröße von vier Personen eine interessante finanzielle Alternative zu Linienflügen darstellen (s.u.).

Rundflüge und Charterverbindungen

Neben Rundflügen über dem Okavango-Delta (Flugstunde ab 240 Euro) bietet sich das Chartern von Kleinflugzeugen (siehe „Chartergesellschaften") vor allem für Trips zu den Tsodilo Hills (Komplettpaket ca. 1250 Euro) und zu anderen Zielen, an denen man kein eigenes Fahrzeug benötigt, an. Zubringerflüge zu den Camps und Lodges im Okavango-Delta werden meist über den Veranstalter direkt abgewickelt. Während der Hauptreisezeit sollte man alle privaten Charter-Arrangements im Voraus buchen, da die meisten Gesellschaften ihre Flugzeuge dann nahezu ununterbrochen im Einsatz haben.

Internationale Fluggesellschaften

- **Air Botswana,** P.O. Box 191, Airport Avenue, Maun, Tel. 6860391, Fax 6860598, Internet: www.airbotswana.co.bw. Einzeln stehendes Gebäude mit lang nach unten gezogenem, blau gestrichenem Dach an der Airport Avenue. Air Botswana tritt als Agent für zahlreiche andere Gesellschaften auf (u.a. Air India, Air Malawi, Air Mauritius, Air Tanzania, Air Zimbabwe, KLM, Lufthansa, Royal Swazi Airways, South African Airways, SAS).

Chartergesellschaften

- **Air Namibia,** Maun Airport, Tel. 6860762, Fax 6860520, Internet: www.airnamibia.com.na
- **Delta Air,** P.O. Box 39, Maun, Tel. 6860044, Fax 6861703, E-Mail: synergy@info.bw. Assoziiert mit Lodges of Botswana.
- **Kavango Air,** First Floor, Airport Terminal, Maun, Tel. 6860323, Fax 6860191, Internet: www.kavangoair.com
- **Mack Air,** P.O. Box 329, Maun, Tel. 6860385, Fax 6860559, Internet: www.mackair.co.bw
- **Moremi Air,** P.O. Box 187, Maun, Tel. 6863632, Fax 6862078, Internet: www.moremiair.com
- **Safari Air,** Mathiba I Road, Maun, Tel. 6860385, Fax 6861559, E-Mail: reservations@safariair.co.bw
- **Sefofane Air Charters,** P/Bag 159, Maun, Tel. 6860778, Fax 6861649, Internet: www.sefofane.com. Die Gesellschaft gehört zu Wilderness Safaris.

Helikopter-Charter

- **Helicopter Horizons,** Maun Airport, Tel. 6801186, Fax 6801185, Internet: www.helicopterhorizons.com. Eine Helikopter-Flugstunde (vier Sitzplätze) kostet umgerechnet ca. 660 Euro.
- **Okavango Helicopters,** Private Bag 361, Maun, Tel. 6865797, Fax 6865798, E-Mail: okavangoheli@dynabyte.bw.

Busverbindungen

Busse und Minibusse fahren **von der zentralen Busstation an der Old Mall** ab. Große **Überlandbusse** bedienen vor allem die Achsen **nach Nata und Francistown** (mehrere Abfahrten täglich, Tickets für 6 bzw. 8 Euro), **nach Shakawe** (mehrere Abfahrten täglich, ca. 8 Euro) **und nach Ghanzi** (täglich, 5 Euro). In Nata kann man in den Bus nach Kasane umsteigen. Eine weitere Verbindung führt über Letlhakane, Serowe und Palapye **nach Gaborone** (täglich, Tickets ca. 18 Euro). Aktuelle Erkundigungen dazu können direkt an der Busstation, über die Matlapaneng-Camps (z.B. Audi Camp) und über das Touristeninformationsbüro eingeholt werden. Tickets können an der Busstation oder über Reiseagenturen wie z.B. Travel Wild (Tel. 6860822) gebucht werden. Das Gros der Busabfahrtszeiten liegt in den frühen Morgenstunden. Minibusse verkehren in erster Linie innerorts und zu nahe gelegenen Zielen. Sie fahren dann los, wenn sie gut gefüllt sind.

Das **Audi Camp** (s.o.) bietet einen **Shuttlebus-Service** (Buchung unter Tel. 6860599 oder 6863005) für die Strecke:
- **Maun – Windhoek** und vice versa an (Abfahrt in Maun jeden Mo und Fr, in Windhoek jeden Mi und Sa, Fahrpreis ca. 50 Euro).

Leihwagen

- **AVIS**, P.O. Box 191, Maun, Tel. 6860039 oder 6860258, Fax 6861596, E-Mail: avismun @botsnet.bw. Die AVIS-Niederlassung befindet sich am Flughafen neben dem Gebäude von Kalahari Kanvas. Nach Feierabend kann man die AVIS-Mitarbeiter unter Tel. 6860739 erreichen. Weitere Niederlassungen existieren in Gaborone (Tel. 3953745), Francistown (Tel. 2413901) und Kasane (Tel. 6250144). AVIS bietet mit seinem abschließbaren Compound auch eine hervorragende Unterstellmöglichkeit für Selbstfahrer bei Trips ins Okavango-Delta.
- **Budget Rent a Car**, Airport Terminal, Maun, Tel. 6863728, Mobil 72311114, Internet: www.budget.co.za.
- **Self Drive Safaris**, Maun, Tel. 6863755, Mobil 71850711, Fax 6863754, Internet: www.selfdriveadventures.com. Neue Firma, die neben geführten Campingsafaris auch bestens gewartete und exzellent ausgestattete Toyota

Landcruiser für Individualreisende in Botswana mit und ohne Fahrer anbietet, inkl. Satellitentelefon und Navigationssystem. Das Unternehmen bietet einen landesweiten Backup-Service innerhalb von 24 Std. an. Ab 130 Euro pro Tag inkl. kompletter Ausrüstung und freier Kilometer, zzgl. Vollkaskoversicherung. Zusätzlich wird umfangreiche Hilfe bei der Buchung von Camp Sites in den Nationalparks und Wildreservaten angeboten. Rundum empfehlenswert.
- **Maun Self Drive 4x4 Hire,** P.O. Box 21387, Boseja, Maun, Botswana, Tel./Fax 6861875 (Office), Mobil 71303788 oder 71697209, Internet: http://maunselfdrive4x4.webs.com. Neues Unternehmen, das moderne, voll ausgerüstete Allradfahrzeuge vom Typ Landrover Defender Tdi und Toyota Landcruiser (ab 130 Euro pro Tag inkl. freier Kilometer und Versicherung) mit Safariausrüstung verleiht und auch geführte Self-Drive-Safaris in Botswana anbietet. Anmietung von Satellitentelefonen möglich. Auf der Internetseite gibt es eine Tauschbörse für Camp-Site-Buchungen in den Wildreservaten und Nationalparks sowie stetig aktualisierte Pisteninformationen für Selbstfahrer.

Autoreparaturen

Die bekannteste Werkstatt mit einem großen Ersatzteillager für alle gängigen Fabrikate ist **Riley's Garage** (P/Bag 19, Tel. 6860203, Fax 6860556, E-Mail: rg@info.bw), das inoffizielle „Herz von Maun". Die Toyota-Vertragswerkstatt **Ngami Toyota** (P.O. Box 101, Tel. 6860252, Fax 6860525, E-Mail: toyota@info.bw) liegt an der Hauptstraße (Ortsausgang Richtung Ghanzi). Der dortige Service genießt in Maun nicht den besten Ruf. Über die **Landrover-Vertretung** in der Kwena Road im Industriegebiet (Lesedi Motors Land Rover Maun, Kwena Road, Tel. 6861694, Fax 6860884, E-Mail: lesedi.maun@botsnet.bw) wird deutlich weniger geklagt. Alle Werkstätten sind feiertags und wochenends geschlossen. Wer gerade dann Probleme mit seinem Fahrzeug hat, sollte sich an das Personal der Matlapaneng-Camps (z.B. Island Safari Lodge, Audi Camp) wenden, die evtl. einen Mechaniker auftreiben können. Die Firma **Delta**

4x4 Maun (Tel. 6864572, Mobil. 71890298) bietet den Service eines 4x4-Ersatzwagens, wenn ein defekter Geländewagen zur Reparatur gebracht wird.

Ein empfehlenswerter **Reifendienst** ist **Kelly Tyres** an der Tawana I Road zwischen Maun Lodge und Shell-Tankstelle. Ein mobiler Reifenflickdienst, der bei einfachen Reifenproblemen auch am Wochenende weiterhelfen kann, befindet sich an der Hauptstraße am Ortsausgang Richtung Ghanzi (vor dem Betriebsgelände von Ngami Toyota).

Nachtleben

Das Nachtleben von Maun ist in erster Linie auf **abendliche Barbesuche** mit Dart-Spiel und erheblichem Alkoholkonsum beschränkt. Auch die touristisch geprägten Matlapaneng-Camps und die Backpacker-Camps an der Old Bridge werden dabei in abendliche „Drink-Cruises" mit einbezogen. Es ist verblüffend, welches Ausmaß derartige Unternehmungen inmitten eines kulturellen Vakuums annehmen können ...

●Hoch her geht es abends in den **Bars von Okavango River Lodge und Island Safari Lodge** (die Popularität der Letzteren hat etwas nachgelassen). Beliebte Trinkspiele bezogen in der Vergangenheit das Erklettern des zentralen Dachbalkens mit ein, auf dem dann im Handstand oder kopfüber hängend Bier getrunken wurde, oder man bejubelte den sogenannten „Upside-down Marguerita", bei dem der mit dachwärts gerichtetem Gesicht über der Bar lehnende Kandidat Hochprozentiges eingeflößt bekam, während der Barmann das Haupt als Shaker gebrauchte ...! Weniger spektakulär und mehr auf Kommunikation ausgerichtet ist die Atmosphäre in der Bar des **Audi Camp** oder im **Crocodile Camp.**

●Die **Sports Bar** (Tel. 6862676) zwischen Matlapaneng und dem Sedia Hotel ist ein beliebter Treffpunkt von Piloten, Safari Guides, Touristen und anderen Sportbegeisterten, die neben Sportübertragungen auf dem Großbildschirm das Geschehen am Billardtisch und an der Dartscheibe verfolgen oder einfach nur trinken, tanzen und feiern.

●Beliebt ist auch die **Bar im Sedia Riverside Hotel,** die freitags und samstags bis in die frühen Morgenstunden als Disco fungiert. Das Publikum ist vergleichsweise gemischt und schließt auch die Lokalbevölkerung ein.

●Ein beliebter Treffpunkt mit guter Küche ist der **Pub Buck & Hunter** (Tel. 6801001) am Flughafen neben dem Büro von Gunn's Camp/Swamp Air.

●Angenehm ruhig und gesetzt ist das Geschehen in **Harry's Bar** und an der **Motswiri Pool Bar im Riley's Hotel.**

●Im Süden von Maun bietet die **Groundhog Bar** des Sitatunga Camp schattige Plätze am Swimmingpool, kühles Bier und Gerichte wie Pizza und Burger.

Kultur

Außer regelmäßigen **Kulturveranstaltungen im Nhabe Museum** hat Maun auf diesem Sektor kaum etwas zu bieten. Es gab über viele Jahre hochtrabende Pläne für den Ausbau der Power Station, einem gescheiterten Kraftwerksprojekt in der Nähe des Flughafens, zu einem Veranstaltungszentrum.

Krankenhäuser und medizinische Notfälle

●**Letsholathebe II Memorial Hospital,** Disaneng Road, Tel. 6860444, Mobil 71304426. Neues staatliches Distriktkrankenhaus am Ostrand der Stadt, ausgeschildert.

●**Dr. Chris Carey,** P/Bag 238, Tel. 6864084, Okavango Pharmacy Building, New Mall. Privatpraxis.

●**Delta Medical Centre,** Tsheko Tsheko Road, Maun, Tel. 6861411, 6862999, Fax 6861410, E-Mail: deltamed@info.bw. Kleines Privatkrankenhaus mit 21 Betten, 24-Std.-Notaufnahme und qualifizierter allgemeinärztlicher Versorgung. Gegenüber Riley's Garage.

●**Delta Dental Clinic,** P.O. Box 2, Maun, Tel. 6864224. Zahnmedizinische Versorgung.

Medizinische Notfälle

●**Medical Rescue International (MRI),** Bag BR256, Broadhurst/Gaborone, Tel. (Verwaltung) 3903066, Fax 3902117, Internet: www.mri.co.bw, Tel. (Notfälle) 3901601, **landes-**

weiter Notruf: Tel. 992. MRI operiert seit 1991 in Botswana und verfügt über ein privates Netzwerk von medizinischem Personal, Krankenwagen und Transportfahrzeugen. Darüber hinaus verfügt die Organisation über Kleinflugzeuge für **Luftevakuierungen.** Es besteht die Möglichkeit, vorübergehendes Mitglied bei MRI zu werden und damit über einen begrenzten Zeitraum für den Bergungsnotfall und medizinische Notfälle versichert zu sein. Ein Krankenwagen (oder Kleinflugzeug) von MRI muss in einem solchen Notfall über Telefon/Funk/Mobiltelefon/Satellitentelefon angefordert werden und befördert den Verunfallten/Erkrankten dann nach der Erstversorgung vor Ort oder während des Transports in nächstgelegene klinische Zentren. Die lokale Kontaktnummer von MRI in Maun ist Tel. 6861831.

Apotheken

● Die **Okavango Pharmacy** (Tel. 6860043, täglich von 8.30 bis 17.30 Uhr geöffnet) nahe dem Delta Medical Centre an der Tsheko Tsheko Road bietet ein umfassendes Angebot an Medikamenten und pharmazeutischen Artikeln.

Polizei und Behörden

● Die **Polizeistation** (Tel. 6860223) befindet sich neben den Büros der Wildschutzbehörde DWNP am zentralen Kreisverkehr. Der landesweite tel. **Polizeinotruf ist 999.**
● Visa-Verlängerungen sind im **Department of Immigration** (P.O. Box 280, Tel. 6861549) ca. 100 m weiter an der Hauptstraße Richtung Matlapaneng vorzunehmen.
● Im nahe gelegenen **Department of Animal Health and Production** (P.O. Box 6, Tel. 6860236) erhält man Transportgenehmigungen für Tier- und Milchprodukte und kann den neuesten Stand bezüglich des veterinärmedizinischen Sperrzaunnetzes erfragen.

Banken/Geldumtausch

Die genauen Öffnungszeiten der verschiedenen Banken sind im Kapitel „Praktische Tipps A–Z/Geschäfts- und Öffnungszeiten" aufgeführt. Die **Filialen der Barclay's Bank**

of Botswana und der **Standard Chartered Bank of Botswana** liegen an der Old Mall. Inhaber einer ausländischen VISA-Karte oder MasterCard können an den Geldautomaten beider Banken bequem Bargeld abheben. Die **Filiale der First National Bank of Botswana** befindet sich im Ngami Centre. Am Geldautomaten der Stanbic Bank gegenüber dem Flughafengebäude kann man sogar mit Maestro-Karte Geld abheben. Das **Sunny Bureau de Change** (Tel. 6862786, Fax 6862907, E-Mail: sunny@info.bw) mit Filialen am Flughafen sowie im PostNet Complex an der Tsheko Tsheko Road hat auch am Wochenende von 8 bis 18 Uhr geöffnet. Zur Not kann man kleinere Geldbeträge in Hotels, Camps und Lodges tauschen.

Post

● Das **Postamt** befindet sich an der Hauptstraße nahe der Old Mall (Öffnungszeiten: Mo–Fr 8.15 bis 12.45 Uhr und 14 bis 16 Uhr, Sa 8.30 bis 11.30 Uhr). Sehr langsamer Service, lange Warteschlangen.
● Wertvolle Pakete und eilige Sendungen sollte man internationalen **Kurierdiensten** wie z.B. DHL (Tel. 6861207, Airport Avenue) anvertrauen.

Telekommunikation

Das Gebäude der nationalen Telefongesellschaft BTC liegt direkt neben dem Postamt. Vor dem Gebäude stehen moderne **Kartentelefone.** Telefonkarten sind neben der BTC-Niederlassung auch im Shop von Riley's Garage erhältlich. Die Kosten eines in Kartentelefon geführter Selbstwahlgespräche nach Europa liegen in der Hauptzeit (werktags 7 bis 20 Uhr) bei umgerechnet 0,35 Euro/Minute, in der Nebenzeit (werktags 20 bis 7 Uhr, Wochenenden und Feiertage) sogar nur bei 0,25 Euro/Minute. Inlandsgespräche kosten je nach Entfernungszone zwischen 0,02 und 0,05 Euro/Minute. Gespräche nach Südafrika kosten tageszeitabhängig zwischen ca. 0,20 und 0,25 Euro/Minute. Handvermittelte Gespräche sind deutlich teurer.

Von Hotel- und Camptelefonen geführte Gespräche kosten in der Regel das Drei- bis Vierfache des normalen BTC-Satzes.

Faxe kann man über **PostNet** (Tel. 6865612, Fax 6865603) neben dem Riley's Complex oder **Jacana Enterprises** (Tel. und Fax 6861202) gegenüber dem Power Station Complex verschicken und empfangen.

E-Mail

Wer sich eine weltweit zugängliche Internet-Mailbox eingerichtet hat (z.B. Googlemail, Yahoo, GMX), kann seine Korrespondenz auch in Maun per E-Mail führen. Zugang zu online-fähigen Rechnern besteht bei:

●**Bush Telegraph,** Natlee Centre, Mathiba I Road, Tel. 6860273. Direkt am Flughafen gegenüber dem Terminal-Gebäude. Schnelle Internet-Verbindung für ca. 2 Euro/30 Min.

●**Jacana Enterprises,** P.O. Box 201, Maun, Tel. und Fax 6861202. Am Flughafengelände gegenüber dem Power Station Complex.

●**PostNet,** PostNet Complex, Tsheko Tsheko Road, Tel. 6865612, Fax 6865603. Bietet die wohl zuverlässigste Internetverbindung in Maun, ca. 0,75 Euro/10 Min.

●**Sedia Hotel,** P/Bag 058, Riverside, Maun, Tel./Fax 6860177, Internet: www.sedia-hotel.com. Das Hotel verfügt über ein kleines Internet-Café.

Reiseagenturen

●**Africa Pride,** Mophane Avenue, Maun, Tel. 6864845, Internet: www.africapridebotswana.com. Gut etabliertes Reisebüro in der Mophane Avenue neben dem French Connection Restaurant.

●**The Booking Company,** P/Bag 0198, Tsheko Tsheko Road, Maun, Tel. 6860022, Fax 6860037, Internet: www.thebookingcompany.net. Im PostNet Complex an der Tsheko Tsheko Road. Flug- und Bustickets, lokale sowie größere Botswana-Touren. Agent für mehrere Lodges und Safariveranstalter.

●**Time Travel,** Natlee Centre, direkt gegenüber dem Flughafenterminal, Mathiba I Road, Maun, Tel. 6861007, 6861466, Fax 6860493, Internet: www.timetravelafrica.com.

●**Travel Wild,** P.O. Box 236, Maun, Tel. 6860822, Fax 6860493, Internet: www.botswanaholidays.com. Gegenüber dem Flughafenterminal. Das freundliche Personal von Travel Wild hilft bei der Zusammenstellung und Buchung maßgeschneiderter Aufenthalte in den Delta-Camps. U.a. Agent für die Shakawe Lodge.

Safariveranstalter (Auswahl)

Eine komplette Liste aller Safariveranstalter in Maun mit Adressen und Telefonnummern findet man z.B. im **Shell Tourist Guide to Botswana** von *Veronica Roodt.*

Unteres Preissegment

●**Afro Trek,** Sedia Riverside Hotel, P/Bag 058, Riverside, Maun, Tel. 6865110, Fax 6862574, Internet: www.afrotrek.com. Safariableger des Sedia Hotel. Etablierte Touren zu fairen Preisen.

●**Audi Camp Safaris,** P.O. Box 24139, Maun, Tel. 6860599, Fax 6865388, Internet: www.okavangocamp.com. Das Büro des Safariablegers des Audi Camp in Matlapaneng befindet sich am Flughafen unweit der Power Station. Das Unternehmen arrangiert Mokoro-Touren im südöstlichen und nordwestlichen Okavango-Delta. Zusätzlich werden Campingsafaris ins Moremi WR, in den Nxai Pan NP, in die Makgadikgadi Pans, ins Central Kalahari GR, in den Chobe NP sowie nach Victoria Falls und bei Bedarf auch zu den Tsodilo Hills angeboten. Die Preise liegen zwischen 160 und 220 Euro p.P. und Tag (bei vier Reiseteilnehmern) und sinken bei mehr Teilnehmern deutlich ab. Gefahren wird mit alten Landrover-Trucks vom Typ 101 aus Armeebeständen, die bis zu acht Reisende transportieren. Ausrüstung und Verpflegung werden gestellt. Die folgenden Preisbeispiele (pro Person, inkl. Parkgebühren) gelten für die Teilnahme von insgesamt vier Personen: Tagestour Moremi oder Nxai Pan ca. 220 Euro, 3 Tage Moremi ca. 550 Euro, 5 Tage Central Kalahari GR ca. 950 Euro, 5 Tage Maun – Kasane (mit Moremi WR und Chobe NP) ca. 860 Euro. Ein zweieinhalbtägiger Mokoro-Trip ins westliche Delta (Fly-in) kostet ca. 440 Euro p.P. (inkl. Flug, zwei Personen pro Mokoro, mit Ausrüstung und Verpflegung). Eine dreitägige Tour mit Boot und Mokoro ins südöstliche Delta schlägt mit 130 Euro p.P. (zwei Personen pro Mokoro, ohne Ausrüstung und Verpflegung) zu Buche.

●**Delta Rain,** Sitatunga Camp, Maun, Tel. 6800380, Mobil 71304292, Fax 6800381, Internet: www.deltarain.com. Delta Rain bietet Safaris und mehrtägige Mokoro-Touren im südöstlichen Delta und innerhalb des Moremi WR an.

●**Kgori Safaris,** Private Bag 146, Maun, Tel. 6865788, Fax 6865787, Internet: www.mankwe.com. Kgori Safaris bietet neben Jagdsafaris mobile Campingsafaris in die Nationalparks und Wildschutzgebiete Nordbotswanas an und führt die Mankwe Bush Lodge sowie die Mogtlho Safari Lodge östlich des Moremi WR. Innerhalb des Moremi WR unterhält das Unternehmen die Mboma Boat Station, von der aus empfehlenswerte Bootsfahrten und Mokoro-Touren durchgeführt werden. Ab 70 Euro p.P. und Tag.

●**Letaka Safaris,** P/Bag 206, Maun, Tel. 6800343, Fax 6800955, Internet: www.letakasafaris.com. Kleines Unternehmen mit guten Referenzen. Preiswert.

●**Papadi Safaris & Tours,** Private Bag 44, Maun, Mobil 71620855, Fax 6800362, Internet: www.papadisafaris.co.bw. Papadi Safaris

bietet eine Vielzahl mobiler Campingsafaris in die Nationalparks und Wildreservate Nordbotswanas, vor allem ins Moremi WR. Der Preis ist an die Teilnehmerzahl gekoppelt. Bei größeren Gruppen werden 140–160 Euro pro Tag und Person berechnet (alles inklusive).

●**Phakawe Safaris,** P.O. Box 66, Maun, Tel./Fax 6864377, Internet: www.phakawe.demon.co.uk. Große Auswahl preiswerter Camping-Safaris in das Okavango-Delta, den Chobe NP, die zentrale und südliche Kalahari, das Gebiet der Makgadikgadi Pans sowie zu den Tsodilo Hills, Drotsky's Caves und Aha Hills.

Mittleres Preissegment

●**Bush Ways Safaris,** Private Bag 342, Maun, Tel. 6863685, Fax 6800937, Internet: www.bushways.com. Empfehlenswerte Campingsafaris im mittleren und oberen Preissegment.

Imprägnierte Segeltuchfalle
zur Bekämpfung der Tsetse-Fliege

● **Crocodile Camp Safaris,** P.O. Box 46, Maun, Tel. 6800222, Fax 6801256, Internet: www.crocodilecamp.com. Der Safarizweig des Crocodile Camp in Matlapaneng bietet Touren ins Moremi Wildlife Reserve, in den Chobe National Park, in die Makgadikgadi Pans, in den Nxai Pan NP, ins Central Kalahari GR, in den Caprivi-Streifen, nach Victoria Falls und zu den Tsodilo Hills an. Für individuell zusammengestellte Camping-Safaris muss man mit 150–180 Euro p.P. und Tag rechnen. Bei der Unterbringung in Lodges und Luxury Tented Camps werden etwa 250 Euro p.P. und Tag verlangt.

● **Lloyd Wilmot Safaris,** P.O. Box 37, Maun, Tel. 6862615, Mobil 71697200, Internet: www.wilmotsafaris.com. Eines der ältesten und erfahrensten Safari-Unternehmen in Botswana. Familienbetrieb mit Schwerpunkt Zeltsafaris. Es werden in den schönsten Winkeln des Moremi WR und der unmittelbaren Umgebung rustikale mobile Zeltlager errichtet.

● **Lodges of Botswana,** P.O. Box 39, Maun, Tel. 6861154, Fax 6860589, Internet: www.lodgesofbotswana.com. Vermarktet in erster Linie die Herbergen Delta Camp und Oddball's Palm Island Lodge.

Mittleres bis oberes Preissegment

● **African Horseback Safaris,** P.O. Box 20671, Maun, Tel./Fax 6861523, Internet: www.africanhorseback.com. Die Erkundung des Okavango-Deltas auf dem Rücken eines Pferdes zählt zu den Safarierlebnissen der ganz besonderen Art. Mehrtägige Reitsafaris kosten ab 380 Euro pro Tag. Nur erfahrene Reiter werden zugelassen. Kinder müssen vorher eine Reitprüfung bestehen. Das Unternehmen unterhält das komfortable Macatoo Camp im südwestlichen Okavango-Delta sowie mehrere kleinere mobile Zeltcamps.

● **andBeyond Africa** (vormals CC Africa), Maun, Tel. 6861979, Fax 6861972, Internet: www.andbeyondafrica.com. Betreibt einige von Botswanas „preiswerteren" Safari Lodges und Camps, mit traumhafter Lage im südlichen bzw. östlichen Okavango-Delta: Nxabega Okavango Tented Camp, Sandibe Safari Lodge, Xaranna Okavango Delta Camp, Xudum Okavango Delta Lodge. Führt empfehlenswerte Campingsafaris im oberen Preissegment durch, mit semipermanenten Zeltlagern im Moremi WR und im Chobe NP.

● **Capricorn Safaris,** Tel. 6861165, Fax 6862991, Internet: www.capricornsafaris.com. Erfahrener Anbieter gehobener Zeltsafaris in relativ großen Gruppen (mit mobilen Zeltlagern in der zentralen Kalahari, im Okavango-Delta/Moremi WR und im Chobe NP).

● **Desert & Delta Safaris,** Private Bag 198, Maun, Tel. 6861243, Fax 6861791, Internet: www.desertdelta.com. Das renommierte Unternehmen führt die Luxusunterkünfte Camp Moremi, Camp Okavango, Xugana Island Lodge (im bzw. am Moremi Wildlife Reserve), die Savute Safari Lodge, die Chobe Game Lodge, die Chobe Savanna Lodge (Chobe National Park) sowie die Leroo-la-Tau Lodge im Makgadikgadi Pans NP, mit eigener Fluggesellschaft (Safari Air). Pro Person und Tag (im DZ, alles inklusive) 350–600 Euro.

● **Elephant Back Safaris,** P/Bag 332, Maun, Tel. 6861260, Fax 6861905, Internet: www.abucamp.com. Ein Aufenthalt im exklusiven Abu Camp (südwestliches Okavango-Delta) mit täglichen Safaris auf dem Rücken ehemaliger Zoo- und Zirkuselefanten kostet pro Person ab 2150 Euro täglich (Mindestaufenthalt 5 Nächte).

● **John Chase Safaris,** P.O. Box 250004, Maun, Tel. 6801066, Mobil 71323323, Internet: www.johnchasesafaris.com. Maßgeschneiderte Campingsafaris in Kleingruppen (mit mobilen Zeltlagern im Okavango-Delta/Moremi WR, im Chobe NP, im CKGR und im Nxai Pan NP). Gehobene Preisklasse.

● **Ker & Downey,** P.O. Box 27, Maun, Tel. 6861226, Fax 6861282, Internet: www.kerdowneybotswana.com. Botswanas einst exklusivstes Safari-Unternehmen, vor allem Kunden aus USA. Ker & Downey besitzt mehrere eigene Camps im Delta: Kanana Camp, Shinde Island Camp, Footsteps Across the Delta und Camp Okuti. Der Tagestarif pro Person liegt bei 320–550 Euro (im DZ, alles inklusive). Komplette Safari-Pakete über sechs Nächte (in drei verschiedenen Camps) sind ab 2500 Euro erhältlich.

● **Kwando Safaris,** P.O. Box 550, Maun, Tel. 6861449, Fax 6861457, Internet: www.kwando.co.bw. Profilierte Safaris in den Konzessionsgebieten Kwara (nördliches Okavango-Delta) und Kwando. Die angenehm ausgestatteten Camps Kwara, Little Kwara, Kwando Lagoon und Kwando Lebala sowie das neue Nxai Pan Camp und das Tau Pan Camp im CKGR lassen kaum Wünsche offen. Komplette Safari-Pakete über sechs Nächte (in drei verschiedenen Camps) sind ab 2500 Euro erhältlich. Hervorzuheben ist, dass dieses Unternehmen auf jedem Safari-Fahrzeug einen eigenen „Tracker" (Spurensucher) einsetzt, sodass die Zahl besonders ungewöhnlicher Tiersichtungen hoch ist.

●**Moremi Safaris & Tours,** Private Bag 26, Maun, Tel. 6860222, oder P.O. Box 2757, Cramerview 2060, South Africa, Tel. +27-11-4633999, Fax +27-11-4633564, Internet: www.moremi-safaris.com. Das Unternehmen unterhält das ehrwürdige und empfehlenswerte Xakanaxa Camp im Moremi WR. Aufenthalte hier werden auch in Kombination mit anderen Camps und Lodges angeboten.

●**Okavango Horse Safaris,** P/Bag 23, Maun, Tel. 6861671, Fax 6861672, Internet: www.okavangohorse.com. Anbieter von Reitsafaris. Ab 380 Euro p.P. und Tag, alles inklusive. Unterhält das Macateer Camp und das Moklowane Camp im südwestlichen Okavango-Delta (reine Reitcamps).

●**Okavango Wilderness Safaris,** P/Bag 14, Maun, Tel. 6860086, Fax 6860632, Internet: www.wilderness-safaris.com. Bietet Safari-Pakete u.a. zu den Camps Chitabe, Chitabe Trails, Duba Plains, Jacana, Jao, Kaparota, Kwetsani, Mombo und Little Mombo, Tubu Tree, Xigera und Vumbura Plains bzw. Little Vumbura im Okavango-Delta an. Darüber hinaus werden recht teure Safaris in andere botswanische Reservate und in die Nachbarländer angeboten. Das südafrikanische Mutterunternehmen ist Wilderness Safaris, P.O. Box 651171, Benmore 2010, South Africa, Tel. +27-11-8841458, Fax +27-11-8836255, Internet: www.wilderness-safaris.com.

●**Orient-Express Safaris** (ehemals Gametrackers), P.O. Box 100, Maun, Tel. 6860302, Fax 6860153, Internet: www.orient-express-safaris.co.za. Dieses Unternehmen mit Sitz in Johannesburg führt drei der schönsten Safaricamps in Botswana: Khwai River Lodge und Eagle Island Camp (am Rande des Moremi

WR) sowie das Savute Elephant Camp (Chobe National Park). Pro Person und Tag muss man im DZ zwischen 500 und 800 Euro rechnen (zzgl. Zubringerflug, sonst alles inklusive). Von den Camps aus werden Fußsafaris, Game Drives, Bootstouren und Mokoro-Touren (Moremi WR) bzw. größere Safaris mit dem Geländewagen (Chobe NP) angeboten. Der Mutterkonzern betreibt u.a. den berühmten gleichnamigen Luxuszug zwischen Venedig und Simplon.

●**Sanctuary Retreats/Abercrombie & Kent,** P/Bag 45, Maun, Tel. 6862688, Fax 6863526, Internet: www.sanctuaryretreats.com. Betreibt einige der luxuriösesten und exklusivsten Safaricamps, mit traumhafter Lage im Delta bzw. oberhalb des Chobe River: Chief's Camp, Stanley's Camp, Baines' Camp, Chobe Chilwero Lodge. Zwischen 480 und 1050 Euro p.P. und Tag im DZ (alles inkl.).

Einkaufen　

Souvenirs

Eine Auswahl klassischer Botswana-Souvenirs zu relativ hohen Preisen findet man z.B. im **Bushman Curio Shop** (Tel. 6860025) am Flughafen. Daneben liegt **African Arts & Images** (Tel. 6863584), wo galerieartig ausgestelltes Kunsthandwerk, Bilder und Fotografien angeboten werden. Deutlich günstiger ist das Angebot im kleinen **Shop des Nhabe-Museums.** Eine gute Auswahl an Souvenirs und Geschenkartikeln bieten die **General Trading Company** (Tel. 6860025) neben Riley's Garage und das von einer Deutschen geführte Geschäft **African Affairs** (Tel. 6862900, Mobil 71310097) mit Hauptsitz im Cresta Riley's Hotel. **Matlapana Baskets** (Tel. 72271422) in Matlapaneng an der Shorobe Road gegenüber Marina's Camp bietet preisgekrönte Botswana Baskets der bekannten Korbflechterin *Thitaku Kushonya.* Sehenswert sind auch die Produkte der Töpferei **Okavango Ceramics** (Tel. 6862606) mit eigenem Workshop ca. 3,5 km westlich der Shorobe Road gegenüber dem Maun Rest Camp. **Sibanda Crafts** (Tel. 6800094) an der Shorobe Road südlich des Sedia-Hotels vermarktet in erster Linie hochwertige Textilmalereien und lokale Batikarbeiten. Auf Wunsch können auch individuell zugeschnittene bedruckte Kleidungsstücke angefertigt werden.

Märkte und Einkaufsmöglichkeiten

Maun verfügt über keinerlei Märkte, die mit dem interessanten Treiben eines westafrikanischen oder ostafrikanischen Marktes auch nur annähernd vergleichbar wären. Mehrere marktähnliche **Verkaufsstände** sind im Bereich der Old Mall zu finden. Eine große Auswahl an Obst und Gemüse (und zahlreiche andere Lebensmittel) bietet **Shoprite** (ehemals Maun Fresh Produce), der älteste Supermarkt Mauns, nahe dem Riley's Complex. Andere gut sortierte **Supermärkte** mit eigener Fleischerei sind Score im BGI Shopping Centre und Spar im gegenüberliegenden Ngami Centre sowie in der Old Maun Mall Extension. Inzwischen sind auch zwei reichhaltig bestückte Superstores der südafrikanischen Supermarktkette **Choppies** in Maun vorhanden. **Bottlestores** mit einer breiten Palette an Bier, südafrikanischen Weinen und stärkeren Alkoholika sind sowohl in der Old Mall und im Ngami Centre vorhanden. Frische **Backwaren** erhält man z.B. bei Spar und in der Maun Butchery & Bakery nahe der Old Mall.

Buchhandlung

Das **Maun Book Centre** (Tel. 6860853) in der Old Mall bietet eine kleine Auswahl an Bildbänden, Reiseführern, Karten und Zeitschriften über Botswana und seine Nachbarländer sowie Titel aus der afrikanischen und internationalen Literatur.

Karten und GPS-Navigationsgeräte

In der Außenstelle des **Department of Mapping and Surveys** (Tel. 6860272) neben dem Air Botswana Building an der Airport Avenue sind v.a. ältere Messtischblätter des Okavango-Deltas erhältlich. Gutes aktuelles Kartenmaterial und GPS-Navigationsgeräte bieten **Jacana Enterprises** (Mophane Avenue, Tel. 6861202) oder der neue **Pilot Shop** (Mobil 72868448, Internet: www.pilotshopmaun.com) unter deutscher Führung an der Mathiba I Road direkt neben dem Flughafengelände.

Filmmaterial und Fotokopien

● **Filmmaterial, Speicherkarten und andere Fotoartikel** sind deutlich teurer als in Europa. Diafilme sind besonders schwierig und nur zu überhöhten Preisen zu bekommen. Eine zuverlässige Quelle für gekühlt gelagerte Filme ist das **Maun Photo Lab** (Tel. 6862236) in der Old Mall. **Achtung:** In indisch geführten Geschäften in der Old Mall und im Ngami Centre werden auch **abgelaufene Filmchargen** verkauft.

● **Fotokopien** guter Qualität bekommt man bei **Jacana Enterprises** (Tel. 6861202) schräg gegenüber dem Power Station Complex.

Ausflüge und Unternehmungen

● Neben längeren Touren ins Okavango-Delta und Safaris ins Moremi Wildlife Reserve bietet sich ein **Trip per Charterflugzeug zu den Tsodilo Hills**, sofern man nicht ohnehin vorhat, das Gebiet mit dem Wagen zu besichtigen. Entsprechende Arrangements kosten umgerechnet 1250 Euro (Hin- und Rückflug). Der Betrag wird unter den Fluggästen aufgeteilt. Wer dafür Mitreisende sucht (in der Regel sind fünf Sitze in einer Cessna 206 zu besetzen) sollte sich in den Matlapaneng-Camps erkundigen und ggf. eine Nachricht an den dortigen Mitteilungsbrettern (mit „funktionierender" Kontaktadresse) hinterlassen. Kleine Gruppen können manchmal auch mit Hilfe der jeweiligen Chartergesellschaft (z.B. Kavango Air, Moremi Air, Safari Air) zusammengestellt werden. Alternativ kann man die Organisation eines Trips zu den Tsodilo Hills auch in die Hände der Reiseagenturen Bathusi Travel & Safaris (Tel. 6860647) oder Travel Wild (Tel. 6860822) legen.

● Eine unbedingt empfehlenswerte Unternehmung ist ein **Rundflug** („Scenic Flight" oder „Game Flight") mit dem Kleinflugzeug oder dem Helikopter über dem Delta. Erst

Das Okavango-Delta, größtes Binnendelta der Welt

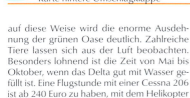

Nordwesten und Okavango-Delta

auf diese Weise wird die enorme Ausdehnung der grünen Oase deutlich. Zahlreiche Tiere lassen sich aus der Luft beobachten. Besonders lohnend ist die Zeit von Mai bis Oktober, wenn das Delta gut mit Wasser gefüllt ist. Eine Flugstunde mit einer Cessna 206 ist ab 240 Euro zu haben, mit dem Helikopter wird es deutlich teurer (ca. 660 Euro pro Stunde, Okavango Helicopters). Empfehlenswert ist eine Flugzeit von 1½–2 Stunden, um alle Bereiche des Deltas zu betrachten. Wer einen Zubringerflug in eines der Delta-Camps gebucht hat, kommt ohnehin in den Genuss des luftigen Erlebnisses.

● Die Camps und Lodges in Matlapaneng können in der Zeit von Juli bis November, wenn der Thamalakane River ausreichend Wasser führt, **Tagesausflüge mit Booten** oder Mekoro flussaufwärts organisieren. Zusätzlich werden geführte **Vogelbeobachtungen** angeboten.

Das Okavango-Delta

Der **1430 Kilometer lange Okavango River,** drittgrößter Strom des Subkontinents, entspringt im Benguela-Plateau im Hochland von Zentralangola, wo auch das Quellgebiet der Flüsse Kongo, Chobe und Sambesi liegt. Als Rio Cubango durchfließt der Fluss auf seinem Weg nach Südosten das südliche Angola und bildet dann über gut 400 Kilometer die Grenze zwischen Angola und Namibia. Bei der Querung des Caprivi-Streifens passiert der Okavango die Kaskade der Popa Falls und mäan-

bo1_044 Fotor cl

driert dann auf Höhe der botswanischen Grenze bei Mohembo hinein in eine pfannenstielartig aufgeweitete Sumpflandschaft („Panhandle-Gebiet"), die zwischen Sepupa und Seronga in das riesige Okavango-Binnendelta (die zugehörige „Pfanne") übergeht. In den Regenmonaten November bis März schwillt der Okavango alljährlich zu einem mächtigen Strom an. Erst mit drei- bis viermonatiger Verzögerung füllt sich das Delta mit dem Niederschlagswasser angolanischer Herkunft.

Das **mit über 15.000 Quadratkilometern Fläche größte Binnendelta der Welt** verdankt seine Entstehung einer ganzen Kaskade geologischer Mechanismen, die dazu geführt haben, dass der Okavango niemals seinen Weg zum Meer findet, sondern inmitten der ausgedehnten Halbwüste Kalahari einfach verdunstet bzw. im Sand versickert. Das Gebiet von der Größe Schleswig-Holsteins enthält 95 Prozent aller Vorräte an Oberflächenwasser in Botswana. Jährlich werden ca. 650.000 Tonnen fruchtbares Flusssediment in das Delta gespült. Die „Einspeisung" der Wassermassen in das Delta beginnt in der Regel im Februar/März. Das Wasser erreicht zu diesem Zeitpunkt den Bereich der Panhandle und arbeitet sich von hier über gut 150 Kilometer durch die ganze Weite des Deltas nach Osten hin vor. Im Juli erreichen die Wassermassen normalerweise Maun am anderen Ende des Deltas. **Die Gesamtausdehnung des Deltas ist im Juni und Juli am größten und erreicht im Dezember und Januar ihren Tiefpunkt.**

Die **größte Oase der Welt** trocknet in weiten Teilen durch Verdunstung zyklisch aus und füllt sich nach jeder Regenzeit wieder neu mit Niederschlagswasser. Der mit ausgedehnten Papyrus-Sümpfen bestandene Westen des Binnendeltas wird auf einer Fläche von mehr als 4500 Quadratkilometern ganzjährig mit Wasser versorgt, während das den Osten bedeckende Sumpf- und Schwemmland periodisch abtrocknet. **Tausende von Inseln** bieten Wildtieren in diesem „Meer im Land" einen mosaikartig zusammengesetzten Lebensraum. Die größte von ihnen, **Chief's Island** im zentralen Delta (benannt nach den hier jagenden Tawana-Häuptlingen), besitzt eine Ausdehnung von mehr als 500 Quadratkilometern. Nur wer den Kontakt zum Wasser dauerhaft meistert, überlebt im Wirrwarr von Sümpfen, Kanälen, Röhrichten und krokodilträchtigen Wasserpools. Trotzdem ist fast das gesamte Spektrum der Tierwelt des südlichen Afrikas im Okavango-Delta vertreten – ein eindrucksvolles Beispiel für die enorme Anpassungsfähigkeit an wechselnde Lebensbedingungen. Über flache Furten wandern die Tiere zwischen fruchtbaren Weide- und Beutegründen hin und her. Einen der Wunderwelt des Okavango-Deltas vergleichbaren Lebensraum trifft man am ehesten im Niger-Binnendelta in Mali an, das allerdings vom Menschen bereits seit Jahrtausenden verändert wird. Die einzigartige Unversehrtheit des Wasserparadieses inmitten der Sandlandschaft der Kalahari macht das Okavango-Delta zu einer der letzten großen Naturlandschaf-

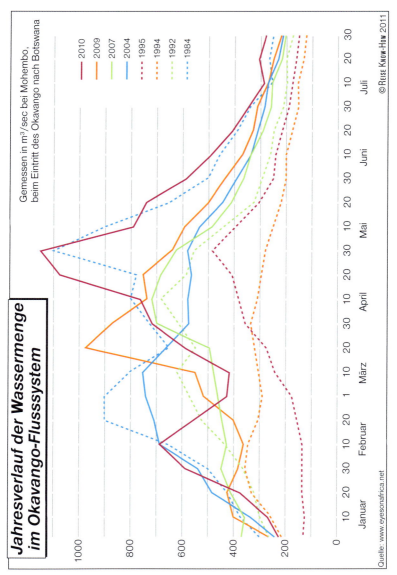

Jahresverlauf der Wassermenge im Okavango-Flusssystem

Gemessen in m³/sec bei Mohembo, beim Eintritt des Okavango nach Botswana

© REISE KNOW-HOW 2011

Quelle: www.eyesonafrica.net

2010
2009
2007
2004
1995
1994
1992
1984

Der Kampf ums Wasser

Neben den Bedürfnissen der Bevölkerung im Rahmen der **Versorgung mit Trinkwasser** konkurrieren **Viehzucht, Bewässerungslandwirtschaft und Bergbau** um Botswanas knappe Wasserressourcen. Nur ein Teil des Wasserbedarfs kann über das Sammeln von Oberflächenwasser in Stauseen am Ngotwane River (vor allem für die Städte Gaborone und Lobatse) und am Shashe River (in erster Linie für Selebi-Phikwe und Francistown) gedeckt werden. Für den flächenmäßig überwiegenden Teil des Landes ist die Versorgung mit Grundwasser aus landesweit mehr als 7000 Bohrlöchern (häufig mit mehr als 100 m Bohrtiefe) entscheidend. Die im Bereich des Tuli-Blocks von privaten Farmern praktizierte Bewässerungslandwirtschaft greift direkt auf die Wasserreserven des Limpopo River zurück.

Die Wasserversorgung der **Diamantenminen** von Orapa und Letlhakane erfolgte bis in die 1980er Jahre über ein ausgeklügeltes Überlaufsystem, das die Mopipi-Pfanne am Südwestrand des Makgadikgadi-Pfannensystems als Rückhaltebecken nutzt. Durch Aufstau des Nhabe River kurz hinter dem Ausfluss aus dem Thamalakane River leitete man vermehrt Abflusswasser des Okavango-Deltas in den Boteti River um und konnte darüber in Jahren mit hohem Wasserstand die Mopipi-Pfanne füllen. Der Abfluss von Wassermassen aus dem Okavango-Delta konnte durch während der 1970er Jahre vorgenommene Ausbaggerungsarbeiten der wichtigsten abführenden Wasserwege des Deltas verbessert werden. Allerdings stellt die **völlige Austrocknung des Boteti River** zwischen 1987 und 2008 dieses System grundsätzlich in Frage. Orapa muss deshalb bereits seit einigen Jahren aus Grundwasserbohrlöchern und durch künstliche Zuführung von Wasser aus dem Okavango-Delta versorgt werden. Die Jwaneng-Diamantenmine wird bislang überwiegend aus Grundwasservorräten 50 km nördlich von Jwaneng gespeist. Durch den Ausbau der Förderungskapazitäten der Orapa-Mine mit konsekutiver Erhöhung des Wasserverbrauchs auf gut zehn Millionen Kubikmeter jährlich zeichnet sich ein Versiegen der regionalen Grundwasserreserven bis zum Jahr 2020 ab. Jwaneng droht ein ähnliches Schicksal.

In Anbetracht der enormen Bedeutung einer gesicherten Wasserversorgung für das dürregeplagte Land ist es nicht verwunderlich, dass bereits im 19. Jahrhundert **verschiedene Ideen für eine nutzung des beträchtlichen Wasservorräte des Okavango-Binnendeltas** entwickelt wurden, die zu 95 Prozent durch Verdunstung „verloren gehen". Die ursprüngliche Absicht, den gesamten Nordwesten Botswanas mit Hilfe des Okavango-Wassers in fruchtbares grünes Farmland zu verwandeln, ist in den letzten Jahrzehnten vom stetig wachsenden Wasserbedarf, der aus der starken Bevölkerungszunahme, dem hohen Verbrauch der Diamantenminen und dem Wachstum des Tourismus resultiert, verdrängt worden. Während das Anfang der 1980er Jahre von der botswanischen Regierung initiierte „Southern Okavango Integrated Water Development Project", das die Verbesserung des Wasserabflusses aus dem östlichen Delta über eine Kanalisierung des Boro-Wasserarmes und nachfolgende Einleitung in Speicherbecken vorsah, seit 1992 als gescheitert gilt, drohte über viele Jahre neue Gefahr durch die 1996 verkündete Entscheidung der namibischen Regierung, eine 1250 km lange Wasser-Pipeline mit einer Staustufe an den Popa Falls am Oberlauf des Okavango nach Windhoek zu bauen, um den steigenden Wasserbedarf der namibischen Hauptstadt auch in Dürrezeiten befriedigen zu können. Die ursprünglich für 1998 geplante Inbetriebnahme eines entsprechenden Systems wurde 1997 nach ergiebigen Regenfällen hinausgezögert. Rekordniederschläge 1999/2000, 2003/2004 und zuletzt 2009/2010 führten dazu, dass sich die angespannte Wassersituation in Windhoek weiter entschärfte und die Diskussion über die Eröffnung der Pipeline vorerst zur Ruhe kam. Die ökologischen Folgen einer solchen Maßnahme sind nicht absehbar. Angesichts einschneidender hydrologischer Veränderungen im Delta hat die botswanische Regierung **Namibia** vorgeschlagen, anstelle der Nutzung des Okavango-Wassers auf ökologisch verträgliche Maßnahmen wie Meerwasserentsalzung auszuweichen oder alternativ zum Okavango die Flüsse Kunene oder Sambesi „anzuzapfen", die keinen hydrografischen Einfluss auf das Binnendelta haben.

Neben Botswana und Namibia hat auch **Angola** als Quellland des Okavango ein legitimes Interesse an der Nutzung der umfangreichen Wasserressourcen bekundet. Bislang verhinderte der inzwischen beendete Bürgerkrieg im Land eine Fokussierung auf die Erschließung neuer Wasserquellen. Doch nun hat Angola konkrete Pläne, den Okavango im Oberlauf zur hydroelektrischen Energiewinnung zu stauen – die Folgen für das Delta wären katastrophal! Im August 1994 gründeten Botswana, Angola und Namibia die „Okavango River Basin Commission", um unterschiedliche Interessen bei der Nutzung der Wasserressourcen des Okavango aufeinander abzustimmen. Entgegen anderslautenden Meinungen ist die botswanische Regierug um einen sensiblen Umgang mit dem Reizthema „Okavango" bemüht und sieht sehr wohl die katastrophalen ökologischen Folgen jeglicher Ableitung von Flusswasser für das weltweit einzigartige Binnendelta. Bezeichnend ist in diesem Zusammenhang ein Zitat des bis 1998 regierenden Staatspräsidenten **Dr. Ketumile Masire: „Handling the Okavango makes us nervous; it is like a doctor treating his own child."**

Sowohl die internationale Naturschutzunion IUCN , lokale NGO's als auch weltweit operierende nichtstaatliche Naturschutzorganisationen wie der World Wide Fund for Nature (WWF) oder Greenpeace propagieren eine **Proklamation des gesamten Okavango-Deltas als „World Heritage Site",** wodurch internationale Naturschutzgelder in das Gebiet fließen könnten, mit deren Hilfe sich der Schutz des Deltas vor äußerer Einflussnahme deutlich verbessern ließe.

Erbitterte Gegnerschaft zu allen das Delta betreffenden Veränderungen zeigen auch Safariveranstalter und nicht zuletzt die Bewohner des Deltas, deren traditionelle Lebensgrundlage seit vielen Jahrhunderten auf fruchtbarem Überschwemmungsgrünland und gut gefüllten Wasserarmen basiert. Auf der anderen Seite nimmt der Druck auf das Ökosystem „Okavango-Delta" durch durstige Städte und Diamantenminen, wasserfressende Industrialisierung und nach Acker- und Weideland gierende Großfarmer, denen eine Verkleinerung des Deltas automatisch fruchtbare Nutzfläche bescheren würde, ständig zu. Die größte Gefährdung stellen sicherlich groß angelegte Staudamm- und Pipelineprojekte im Oberlauf des Okavangos dar, die dem Delta unwiderruflich „den Lebenssaft abdrehen" würden. Etwas weniger fatal wäre die Umsetzung – in den Schubladen schlummernder – botswanischer Pläne für eine begrenzte Ausbaggerung und Kanalisierung des Deltas und die Umleitung dadurch gewonnener Wassermengen in Rückhaltebecken.

Berücksichtigen sollte man auch den **Beitrag des Tourismus zur Bedrohung des Deltas:** Gründliches Reinigen von Kleidung, ausgiebiges Duschen mit warmem Wasser, moderne Toiletten mit Wasserspülung etc. sind für Europäer selbstverständliche Facetten der modernen Konsumgesellschaft, die aber erst durch den Luxustourismus in die Tiefe des Okavango-Deltas gelangt sind und vor allem in der „Safarihauptstadt" Maun den Wasserverbrauch in die Höhe treiben. Bei der Bemessung des eigenen Wasserkonsums im Urlaub in Botswana sollte man die immense Bedeutung eines jeden Tropfens Wasser für das Land stets im Hinterkopf behalten.

ten der Welt. Etwa ein Drittel des Deltas genießt strengen Naturschutz durch das **Moremi Wildlife Reserve** (benannt nach dem Tawana-König *Moremi III.*), das von Nordosten bis tief ins westliche Delta reicht. Sollte die Vision eines riesigen grenzüberschreitenden Schutzgebietes im südlichen Afrika, der 280.000 km² große **Kavango-Zambezi Transfrontier Conservation Area** (= KAZA, Internet: www.kazapark.com), Wirklichkeit werden, wäre das Okavango-Delta in diesem Naturschutzverbund ein wichtiges Kernstück. Noch aber ist das Projekt nicht über den Status von Absichtserklärungen hinausgekommen.

Die wichtigsten Lebensraumtypen der ganzjährig mit Wasser versorgten Deltabereiche sind mit Wasserlilien, Binsen und Schwimmblattgewächsen bestandene **Pools, Papyrus-Sümpfe und Schilfröhrichte.** In nur saisonal überfluteten Arealen dominieren wechselfeuchte **Grasfluren** („Flood Plains"), die eine besonders hohe Wilddichte aufweisen. Entlang des Wasserlabyrinths findet man kleine **Galeriewälder** und offene **Saumvegetation.** Inseln sind u.a. mit Ebenholzbäumen, Leberwurstbäumen und charakteristischen Mokolwane-Palmen bestanden. Tiefer im Delta trifft man auch die Tsaro-Palme an. Auf trockenen Landzungen und größeren Inseln findet man **Busch- und Baumsavanne und lichte Wälder.** Im Randbereich, besonders im Nordosten im Gebiet der sog. „Mopane-Zunge", trifft man auf ausgedehnte **Monokulturen des Mopane-Baums.**

Das ganze Ausmaß des Zaubers von Wasser und Land wird erst durch den Blick aus einem der Kleinflugzeuge deutlich, die wie Bienen unablässig über das Delta surren. Zugleich wird deutlich, wie fatal das „Anzapfen" der begehrten Wasserreserven durch dürregeplagte Anlieger für den Lebensraum wäre. Ein einziger Staudamm oder eine Realisierung der von Namibia zur Versorgung seiner Hauptstadt Windhoek immer wieder ins Spiel gebrachten Okavango-Trinkwasserpipeline würde dem Delta unweigerlich „den Lebenssaft abdrehen" (siehe dazu den Exkurs „Der Kampf ums Wasser").

Die botswanische Tourismuspolitik nach der Zauberformel „Low Volume – High Cost" führte dazu, dass das **Preisniveau des Delta-Tourismus** ins Unermessliche stieg (fast alle Luxuscamps verlangen heute 300–600 Euro p.P. und Nacht, das exklusive Abu Camp gar mehr als 2150 Euro). Das Delta erfuhr eine **Einteilung in Konzessionsgebiete** oder kleinere „Wildlife Management Areas" (WMA), deren Nutzung in der Regel meistbietend vergeben wurde. Diese sind systematisch untergliedert und durch einen nummerierten Buchstabencode gekennzeichnet (z.B. NG 25 für „Ngamiland, Konzessionsgebiet 25"). Die Vergabe von Konzessionen an die Betreiber von Lodges und Safaricamps sowie an Reiseveranstalter erfolgt zeitlich begrenzt und ist mit zahlreichen baulichen Auflagen verbunden, die eine landschaftsangepasste Architektur erzwingen sollen und die Errich-

Wasserbüffelherde im Delta

tung dauerhafter touristischer Gebäudestrukturen auf ein Minimum beschränken. Dabei wurden vor allem potente ausländische Investoren auf den Plan gerufen, deren Profite aus dem Luxustourismus wiederum größtenteils ins Ausland abfließen (nach Regierungsangaben mehr als 70%). Daher ziehen die mehr als 40 Luxusherbergen im Delta vor allem **finanzkräftige Touristen** ins Land. Fast alle Delta-Camps sind nur mit dem Kleinflugzeug erreichbar. Die Erkundungsmöglichkeiten für Reisende mit eng umrissenen finanziellen Möglichkeiten beschränken sich in erster Linie auf mehrtägige Mokoro-Touren (= Einbaumfahrten) im östlichen, südlichen und westlichen Delta im Rahmen von organisierten Campingsafaris und individuelle Wildbeobachtungsfahrten mit dem eigenen Fahrzeug im Moremi WR mit Übernachtung im Zelt.

Besonders beeindruckend ist die Landschaft des zentralen und westlichen Deltas. Den größten Wildreichtum weist das Moremi Wildlife Reserve auf. Das ganzjährig unter Wasser stehende westliche Delta hat einen deutlich kleineren Wildbestand, begeistert jedoch als Paradies für Wasservögel. Die landschaftlich reizvolle Panhandle-Region hingegen vermittelt kein „klassisches" Deltaerlebnis. Viele Delta-Camps sind während der regenreichen Monate Dezember bis März geschlossen, obwohl ein Besuch des üppig grü-

Nordwesten und Okavango-Delta

nen, feuchtheißen, an tropischen Regenschauern reichen und an Touristen armen Deltas gerade in dieser Zeit sehr beeindruckt. Eine medikamentöse **Malariaprophylaxe,** Abschirmung gegenüber Moskitos durch geeignete Kleidung, Netze und Repellents sowie ausreichender Schutz gegen die intensive Sonneneinstrahlung sind wichtige Voraussetzungen für alle Erkundungsfahrten im Delta.

Geologie und Entstehungsgeschichte

Gelenkt von mächtigen Dünenformationen flossen die großen Ströme der Kalahari – der Okavango, der Chobe und der Sambesi – ursprünglich geschlossen nach Osten. Über den Limpopo mündeten sie nach mehr als 2500 Kilometern in den Indischen Ozean ein. Durch die Entstehung einer gewaltigen Verwerfung (der sogenannten „Simbabwe-Kalahari-Achse") wurde der Abfluss in den Limpopo River vor etwa 2 Millionen Jahren verlegt. Dadurch entstand einer der größten Seen in Afrika, der sogenannte **„Lake Makgadikgadi".** Bis vor etwa 50.000 Jahren wies dieser See eine Fläche von 60.000 bis 80.000 Quadratkilometern auf. Mit etwas Fantasie kann man seine Form als Sanduhr beschreiben, deren Reservoirs das Okavango-Becken (das heutige Binnendelta) und das Makgadikgadi-Becken (die heutigen Pans) darstellen, verbunden durch den Boteti River.

bo11_046 Foto: www.eosnap.com

Vor etwa 20.000 Jahren suchte sich das Überschusswasser des Sees einen neuen Weg nach Nordosten. Dabei entstand eine Verbindung zwischen dem mittleren und dem unteren Sambesi, die unter anderem zur **Formation der Viktoria-Fälle** führte. Ein schleichender Austrocknungsprozess des Lake Makgadikgadi war die Folge. Die Sedimentfracht des Okavangos wurde zunehmend im Okavango-Becken abgelagert. Als südlichste Fortsetzung des ostafrikanischen Grabenbruchs („Great Rift Valley") entstand vor etwa 10.000 Jahren eine lang gezogene Verwerfung, die sogenannte **„Gumare Fault".** Sie führte zur Vertiefung des Beckens und zur Abflachung der Beckenränder, wodurch sich das Wasser im Okavango-Becken auf einer riesigen Fläche fächerartig verteilen konnte. Vor ca. 1500 Jahren wurde die finale Phase der Austrocknung erreicht, in der das Okavango-Becken nur noch von einem Fluss, dem Okavango River, gefüllt wurde. Über den Boteti River wurde das Wasser nach Niederschlagsspitzen weiter nach Osten zum Lake Xau und zu den Makgadikgadi Pans transportiert, über den Nhabe River zum Lake Ngami. Diese Verbindungen scheinen zum Ende des 20. Jahrhunderts hin zunehmend versiegt zu sein. Neben dem bis heute wassergefüllten Okavango-Delta sind die Makgadikgadi Pans, der Nxai Pan-Komplex, der Lake Ngami, der Lake Xau und die Mababe Depression im Chobe National Park die letzten Überreste des Makgadikgadi-Ursees.

Im Ursprungsgebiet des Okavangos, dem Benguela-Plateau in Zentralangola, werden **jährliche Niederschläge von 1200 bis 2000 mm** verzeichnet, während es im Deltagebiet gerade einmal 400 bis 600 mm sind. Der in Angola als Rio Cubango bezeichnete Fluss bahnt sich über fast 1300 Kilometer seinen Weg durch den Kalahari-Sand. Mit der Passage der Gumare-Verwerfung entsteht in Form eines nach Südosten gerichteten Fächers das Okavango-Binnendelta. Rechtwinklig zur Flussrichtung des Deltas erstreckt sich im Osten eine weitere Verwerfung, die **„Thamalakane Fault".** Durch die Thamalakane-Verwerfung fließt das Überschusswasser des Deltas in südwestlicher Richtung in den Thamalakane River ab, der südlich von Maun in den Boteti River und in den Nhabe River, welcher in den Lake Ngami mündet, übergeht. Von den geschätzt 11 Milliarden Kubikmetern Wasser, die der Okavango River jedes Jahr transportiert, erreichen nur etwa 3% Maun am Ende des Deltas.

Obwohl **mehr als 95% des Wassers im Okavango-Delta verdunsten** und ca. 2% im Sand versickern, stellt der geringe natürliche Abfluss die entscheidende Basis für die hervorragende Frischwasserqualität des Deltas dar. Neben dem Abtransport von Schwebstoffen, die nicht bereits im Vegetationsfilter hängengeblieben sind, gelangt auf diese Weise auch das Gros des Salzes aus dem Delta hinaus. Ein gewisser Prozentsatz wird auf Inseln abgelagert, wo es als gelblich-weißes Pulver auskristalli-

Nordwesten und Okavango-Delta

Satellitenbild des Okavango-Deltas

siert. Diese salzverkrusteten Inseln lassen sich besonders gut aus dem Flugzeug ausmachen. Die sukzessive Ankunft der Wassermassen im Thamalakane gilt für die Bewohner Mauns als wichtigste Neuigkeit des Jahres und wird bereits Wochen vorher mit gespannter Erwartung verfolgt. Wenn sich im Juli (manchmal auch erst im August) das Flussbett auch in Maun mit Wasser füllt, sind alle Dürreprobleme erst einmal für mehrere Monate vergessen.

Eine weitere Dynamisierung erhalten die Abflussverhältnisse im Delta durch das häufige Auftreten **kleinerer Erdbeben.** So wurde Anfang der 1950er Jahre durch eine Erdbebenserie der Fluss des Boro-Wasserarms im östlichen Delta wiederhergestellt, der seit Menschengedenken ausgetrocknet war. Die rege seismische Aktivität trägt nicht unwesentlich dazu bei, dass sich die Grenzen des Deltas ständig im Fluss befinden.

Tier- und Pflanzenwelt

Das Okavango-Delta stellt heute nach Meinung vieler Afrikakenner **eines der letzten großen Tierparadiese auf dem Schwarzen Kontinent** dar. Trotz des großen Wildbestandes bestehen weitaus weniger gute Tierbeobachtungsmöglichkeiten als beispielsweise in der offenen Savanne Ostafrikas. Die Landschaft bietet Tieren exzellente Deckungsmöglichkeiten, sodass man als Faustregel annehmen kann, nur 10 bis 20 Prozent der Tiere zu sehen, von denen man selbst gesehen wird. **Ergiebige Wildbeobachtungen sind im Okavango-Delta ganzjährig möglich,** **doch werden die Monate Juni bis Oktober bevorzugt,** da die Vegetation dann sehr offen ist und das winterliche Wasserangebot große Tierherden aus der knochentrockenen Umgebung anzieht. Die mit Abstand besten Wildbeobachtungsmöglichkeiten bestehen auf einer Individualsafari durch das **Moremi Wildlife Reserve.**

Charakteristische Tiere

Die Charaktertiere des Deltas sind gut an das Leben im Wasser adaptiert. Neben den weit verbreiteten **Flusspferden** sind überall in Gewässern und Sümpfen kleinere **Nilkrokodile** zu finden. Große, bis zu 5 m lange Exemplare sind selten. Zu Zeiten des großen Krokodiljägers *Bobby Wilmot* (er starb tragisch an den Folgen eines Mambabisses) wurde jedes Krokodil erlegt, dessen die Jäger ansichtig wurden. Allein in den 1950er und -60er Jahren wurden vermutlich über 20.000 Krokodile im Delta zur Strecke gebracht.

Herden der **Litschi-Moorantilope** bilden den vielleicht gängigsten Anblick im Delta überhaupt. Ihre Hufe sind lang und gespreizt und erleichtern dadurch die Nahrungsaufnahme im überschwemmten Grasland und in Riedern sowie die Passage von Papyrus-Matten und schlammigen Röhrichten. Eine nahezu perfekte Anpassung weist die sehr scheue und seltene **Sitatunga-Antilope** auf, deren Hufe besonders ausladend gebaut sind, gepaart mit vorzüglichen Schwimmkünsten.

Andere häufig zu beobachtende **Antilopen** sind Impalas, Ellipsen-Wasserböcke, Große Kudus, Streifengnus und

Tsessebes. Deutlich seltener lassen sich Buschböcke, Riedböcke oder Steinböckchen blicken. Sehr selten werden im Moremi Wildlife Reserve Rappenantilopen, Pferdeantilopen, Kronenducker oder Elenantilopen gesichtet. **Elefanten** kommen ubiquitär im Delta vor, sind aber nur im Bereich der Mopane-Zunge im Nordosten häufig. Ein gängiger Anblick auf größeren Inseln sind **Giraffen, Zebras** und **Warzenschweine.** Auffällig selten lassen sich Kaffernbüffel beobachten, die aber weit verbreitet sind. Zu einer unangenehmen **Plage** haben sich **Bärenpaviane und Grüne Meerkatzen** entwickelt, die regelmäßig an Camp Sites und Lodges auf lohnende Raubzüge lauern.

Die kleinräumige Deltalandschaft mit ihren guten Deckungsmöglichkeiten stellt ein **Paradies für Leoparden** dar. Das Moremi Wildlife Reserve bietet die vielleicht besten Chancen für Beobachtungen dieser scheuen Großkatze überhaupt. Weitgehend auf das Moremi WR beschränkt ist das Auftreten von **Löwen.** Geparde lassen sich nur selten in offenen und ausgedehnten Graslandbereichen beobachten. Vor allem dämmerungs- und nachtaktiv sind Schabrackenschakal, Streifenschakal, Tüpfelhyäne und die seltene Braune Hyäne. Das Moremi WR beherbergt schätzungsweise ein Drittel des afrikanischen Gesamtbestandes an **Afrikanischen Wildhunden.** Trotzdem sind Beobachtungen von Wildhundrudeln ungewöhnlich und mit Zufallscharakter versehen. Anfang der 1990er Jahre durch Wilderer nahezu ausgerottet waren im Okavango-Delta **Nashörner** (vgl. auch den

Exkurs „Botswanas Nashörner"). Die letzten Tiere wurden 1992 gefangen genommen und ins Khama Rhino Sanctuary bei Serowe transloziert. Im Jahr 2001 wurde auf Initiative des südafrikanischen Reiseunternehmens Wilderness Safaris hin parallel zum Khama Rhino Sanctuary-Projekt mit der Auswilderung aus Südafrika eingeführter Nashörner in der Mombo-Region im westlichen Okavango-Delta begonnen. Anfang 2004 konnte der dortige Bestand durch Zukauf weiterer Tiere (Breitmaulwie Spitzmaulnashörner) erstmals auf über 30 Tiere gesteigert werden, obwohl im Oktober 2003 zwei Breitmaulnashörner gewildert wurden. Inzwischen werden die wiedereingeführten

Nilpferd tötet Braut vor den Augen ihres Mannes

Ein aggressives Nilpferd hat der Hochzeitsreise eines frisch gebackenen Ehepaares im Okavango-Delta ein tragisches Ende gesetzt. Das Tier fiel die 32-jährige *Janice Simpson* aus Kapstadt bei einer Mokoro-Tour plötzlich an und verletzte sie vor den entsetzten Augen ihres Ehemannes tödlich. Das Nilpferd tauchte nach Augenzeugenberichten plötzlich aus einem Wasserarm auf und griff dann das durch flaches Wasser gleitende Kanu an. Dabei wurde die Frau vom Tier in die Brust gebissen und getötet. Der Ehemann wurde bei der Attacke nur leicht verletzt. Der begleitende lokale Führer hatte keine Möglichkeit einzuschreiten.

nach einer Meldung der Nachrichtenagentur AFP, Dezember 2003

Nordwesten und Okavango-Delta

Tiere auf Chief's Island auch außerhalb der Mombo-Region beobachtet, wo sie sich auch erfolgreich reproduzieren. 2010 lag der Nashornbestand bei über 50 Tieren (davon über 40 Breitmaulnashörner). Die Auswilderung weiterer Spitzmaulnashörner ist vorgesehen.

Das ausgedehnte Wasserlabyrinth des Okavango-Deltas ist ein Garten Eden für **Wasservögel.** Störche, Ibisse, Kormorane, Reiher und Kraniche sind mit besonders auffälligen Arten vertreten. Dazu gehören Rosapelikan, Marabu, Nimmersatt, Klaffschnabel, Wollhalsstorch, Weißbrustkormoran, Riedscharbe, Schlangenhalsvogel, Hadadah-Ibis, Afrikanischer Löffler, Schwarzhalsreiher, Rallenreiher, Nachtreiher, Purpurreiher, Goliathreiher und mehrere

weiß gefärbte Reiher wie Silber- oder Seidenreiher. Kuhreiher folgen in erster Linie großen Büffelherden. Ausgedehnte **Brutkolonien von Reihern und Störchen** findet man beispielsweise im Bereich der Xakanaxa Lagoon, an der Xobega Lagoon und der Godikhwe Lagoon. Die Hauptbrutzeit liegt im August und September. Auffällig geformt ist die Kopfpartie des Hammerkopfes. Eine ausgefallene Färbung zeichnet den recht verbreiteten Sattelstorch aus.

Neben der verbreiteten, etwa metergroßen Sporengans lassen sich in Wassernähe regelmäßig Nilgänse und verschiedene Entenarten wie Gelbschnabelente, Rotschnabelente, Witwenpfeifente oder Kapente beobachten. Artistisch ins Wasser stoßende Kingfisher (Eisvogelarten) wie Graufischer, Braunkopfliest oder der farbenprächtige Malachiteisvogel gehören zu den Charaktervögeln von kleinen Pools und flachen Wasserarmen. Das **Blaustirnblatthühnchen oder Jacana** ist als wohl charakteristischster Watvogel hervorzuheben. Häufig beobachtet werden auch Langzehenkiebitz, Spornkiebitz, Kronenkiebitz, Waffenkiebitz sowie der auffällige Stelzenläufer. Eine große Besonderheit ist der zu den Seeschwalben gehörende **Scherenschnabel** („African Skimmer"), der während des Fluges Wasser und Nahrung durch Abschöpfen der Wasseroberfläche mit der unteren Schnabelpartie aufnimmt.

Goliathreiher

Gesondert erwähnt werden muss das Vorkommen des seltenen **Klunkerkranichs,** der im Delta mit einigen Dutzend Brutpaaren vertreten ist. Kaum weniger auffällig ist der in Afrika weit verbreitete Kronenkranich.

Der Charaktervogel des Okavango-Deltas schlechthin ist der dem nordamerikanischen Weißkopfseeadler ähnelnde **Schreiseeadler.** Die meisten Camps und Lodges unterhalten regelmäßige Fütterungen „dressierter" Tiere vom Boot aus. Auf einen Pfiff hin stürzt sich der „Hausadler" auf einen kleinen Fisch, der an einem Binsenpaket befestigt und vor dem Boot ins Wasser geworfen wird. Beim Anflug auf den Fisch und beim Greifen desselben bieten sich exzellente Möglichkeiten zum Fotografieren. Kaum weniger auffällig sind der Sekretär und der Gaukler. Unter den verschiedenen Geierarten beobachtet man am häufigsten große Gruppen von Weißrückengeiern. Regelmäßig werden auch Raubadler, Kampfadler, Schopfadler, Steppenadler und diverse Schlangenadler im Feld gesehen. Kleinere verbreitete Greifer sind Weißbürzel-Singhabichte, Schmarotzer- und Schwarzer Milan, Schakalbussard, Afrikanische Rohrweihe, Gleitaar sowie verschiedene Falkenarten. Neben dem adlergroßen Milchuhu ist das Vorkommen der ähnlich großen **Fischeule** hervorzuheben, die nachts über flache Gewässerarme gleitet, um Fische zu greifen.

Ein Charaktervogel der Busch- und Baumsavanne ist die grau-lilablau gefärbte **Gabelracke.** Farbenprächtige Bienenfresser wie Karminspint, Schwalbenschwanzspint, Weißstirnspint oder Zwergspint fallen kaum weniger ins Auge. Regelmäßige Besucher von Camp Sites sind die mit markanten Schnäbeln ausgestatten **Rotschnabeltokos.** Größter Vertreter der Gruppe der Nashornvögel ist der mehr als metergroße **Kaffernhornrabe.** Ein „echter" Rabe hingegen ist der schwarzweiße Schildrabe. Auffällig sind auch Wiedehopf, blau schillernde Glanzstare und verschiedene Turako- und Nektarvogelarten.

Aus der Welt der **Süßwasserfische** sind vor allem Flusswelse, Barben, Barsche und Brassen in den Okavango-Ge-

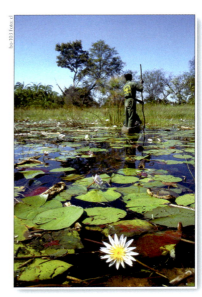

bo-103 Foto: cl

Mokoro-Tour im westlichen Delta

wässern vertreten. Im Gebiet des Panhandle kommen größere Bestände des unter Anglern sehr beliebten Tigerfisches vor.

Wichtige Pflanzen

Charakterpflanzen der Stillwasserarme, Wasserpools und Lagunen (im Setswana „Madiba", Singular „Lediba") sind **Wasserlilien** (Nymphaea capensis), verschiedene Binsen, Laichkrautgewächse (Potamogeton spec.), die Wassernuss (Trapa natans) oder der fleischfressende Wasserschlauch (Utricularia spec.). Geschlossene Vegetationsbestände im Sumpfland und entlang von Wasserläufen werden vor allem durch die konkurrenzstarken Gräser **Papyrus** (Cyperus papyrus) und **Schilf** (Phragmites australis und P. mauritianus) gebildet, neben denen sich nur wenige andere Pflanzen wie Wasserfeigen (Ficus verruculosa) halten können. Die als Kochgemüse verwandten Wurzelstöcke und Blätter von Wasserlilien sind eine wichtige traditionelle Nahrungsgrundlage der Bevölkerung des Deltas. In wechselfeuchten Überflutungszonen dominieren vor allem wassertolerante Gräser, z.B. das Torpedogras (Panicum repens).

Entlang der Wasserarme findet man saumartig strukturierte **immergrüne Wälder,** die mächtige Sykomoren der Adamsfeigen (Ficus sycomorus), Ebenholzbäume wie den „Jackalberry Tree" (Diospyros mespiliformis), **Leberwurstbäume** (Kigelia africana) und Würgfeigen (Ficus thonningii) enthalten. Der mit Abstand charakteristischste Baum der kleinen Deltainseln ist die **Mokolwane-Palme** (Hyphaene petersiana), deren ausgehärtete Früchte als „pflanzliches Elfenbein" gerühmt werden. Sie reifen im September und werden dann wegen ihrer Schmackhaftigkeit gerne von Elefanten zu Boden geschüttelt. Tiefer im Delta trifft man auch die **Tsaro-Palme** (Phoenix reclinata) an, die offensichtlich besser mit hohen Wasserständen zurechtkommt.

Eine andere Delikatesse für Tiere sind die süßlichen Früchte des **Marula-Baumes** (Sclerocarya birrea), die im Januar ihre volle Reife erreichen. Elefanten torkeln nach exzessivem Marulafrucht-Konsum infolge von Gärprozessen angeblich nicht selten alkoholisiert davon. Als wohlschmeckend gelten auch die Früchte von **Ebenholzbäumen,** die im Juli und August reifen. Einen der stimmungsvollsten Anblicke im Moremi Wildlife Reserve bieten vom fahlen Sonnenlicht einer Gewitterstimmung angestrahlte **Regenbäume** (Lonchocarpus capassa), deren hellbräunlich gefärbte Fruchtstände im Kontrast zum grünlichen Blattwerk wie „regnende" Blätter wirken. Etwa 80 Prozent der Bäume Moremis sind **Mopane-Bäume** (Colophospermum mopane), die vor allem in großen Monokulturen auftreten. Andere verbreitete Baumarten sind Mokoba-Bäume (Acacia nigrescens), Motswiri-Bäume (Combretum imberbe) oder Fieberbeerbäume (Croton megalobotrys). Selten findet man auch große Baobabs (Adansonia digitata) vor. Trockene Süßgrasfluren werden vor allem vom Büffelgras (Panicum maximum) und dem Fingergras (Digitaria eriantha) gebildet.

Erkundung des Deltas

Aus der Luft

Ein **Rundflug** über dem Delta ist Pflicht! Nur aus der Vogelperspektive lassen sich die einzigartige Landschaftscharakter und die gewaltige Ausdehnung des von Inseln übersäten „Meeres im Land" ausreichend erfassen. Wer einen Aufenthalt in einem der Delta-Camps gebucht hat, wird ohnehin mit diesem großartigen Erlebnis belohnt werden. Allerdings lernt man auf der 20-minütigen Zubringerflügen ins südliche Delta nur einen Teil des Gebietes kennen. Eine sechssitzige Cessna 206 lässt sich für „Scenic Flights" oder „Game Flights" in Maun bereits ab umgerechnet 240 Euro pro Stunde chartern. Eine Flugzeit von 1½–2 Stunden erlaubt es dem Piloten, seinen Passagieren alle Bereiche des Deltas zu zeigen. Normalerweise führen die Flüge von Maun zunächst nach Nordwesten. Man passiert den Buffalo Cordon Fence, der Wildtiere und Nutztiere trennt, und fliegt parallel zu Chief's Island über das südliche Delta. Nach einer großen Schleife über dem westlichen Delta und einem Blick auf das Gebiet der Panhandle überfliegt man auf dem Rückweg das Moremi Wildlife Reserve und die mit Mopane-Bäumen bestandene Chief's Island. Neben Elefanten und Flusspferden lassen sich aus der Luft vor allem größere Herden von Büffeln, Gnus, Antilopen und Zebras beobachten. Das Chartern eines Helikopters (vier Sitzplätze) ist mit ca. 660 Euro pro Flugstunde (Okavango Helicopters) deutlich teurer.

Lodges und Luxury Tented Camps

Den mit Abstand erholungsfördernsten Aufenthalt im Delta ermöglichen die **mehr als 40 Lodges und Luxury Tented Camps,** die sich vor allem im südlichen und westlichen Delta und im Randbereich des Moremi Wildlife Reserve konzentrieren. Viele von ihnen bieten eine exquisite Lage auf malerisch mit Palmen bestandenen Inseln mitten im Delta. Die meisten Camps sind für 12 bis 20 Personen ausgelegt – Massenandrang ist al-

so nicht zu erwarten. Der Übernachtungspreis bewegt sich während der Hochsaison von Juli bis Oktober in der Regel zwischen 300 und 600 Euro p.P. und Nacht (im DZ). In der Nebensaison von Dezember bis März liegen die Tarife etwa 25% niedriger, allerdings bleiben viele Camps dann geschlossen. Manche Herbergen bieten von März bis Mitte Juni und von Mitte Oktober bis November auch einen vergünstigten Zwischensaison-Tarif („Shoulder Season") an. Für Einzelpersonen werden Zuschläge von 20 bis 50% erhoben. Für „Local Residents" (Personen mit Wohnsitz in Botswana) werden recht günstige Sondertarife gewährt. Zubringerflüge müssen bei den meisten Camps gesondert bezahlt werden. Eine **Vorausbuchung** ist für alle Lodges und Camps **erforderlich.** Bei einem Campaufenthalt im Delta lassen sich Fahrzeug und überschüssiges Gepäck beim Veranstalter in Maun oder alternativ bei AVIS auf dem abschließbaren Firmen-Compound sicher unterstellen.

Obwohl die Preise Verpflegung, Getränke und alle Vorortaktivitäten (Game Drives, geführte Fußsafaris, Bootsfahrten und Mokoro-Touren, Angelausflüge u.a.) umfassen, wird in manchen Fällen ein **überzogen tariflicher Rahmen** gespannt, dass auch der exklusive Standort, hohe Konzessionsgebühren, die oftmals gediegene Campeinrichtung, die teure Versorgungsstruktur und der geleistete Service davor verblassen. Angesichts der Arroganz, mit der einige Veranstalter, Campleitungen und Teile des Publikums auftreten, wären hintergründige Überlegungen über den tieferen Sinn der Tourismusformel „Low Volume – High Cost" durchaus angebracht, die in erster Linie dazu führt, dass die „Filetstücke" des Okavango-Deltas einer monetären Elite vorenthalten bleiben. Bei einer persönlichen Bewertung der Situation sollte man auch daran denken, dass ein durchschnittliches Monatsgehalt in Botswana umgerechnet nur etwa 150 bis 350 Euro beträgt. Wer in der Hochsaison als Einzelreisender einen Tag für mehr als 2150 Euro im exklusiven Abu Camp verbringt, gibt damit für sein persönliches Okavango-Erlebnis bereits fast ein ganzes botswanisches Jahresgehalt aus – oder ca. 1,50 Euro in jeder Minute.

Campingsafaris mit dem Mokoro

Die weitaus preisgünstigste Möglichkeit, in die Tiefe des Deltas vorzudringen, stellen mehrtägige Mokoro-Safaris dar. Sie werden in Maun von verschiedenen Veranstaltern angeboten. Besonders eindrucksvoll sind derartige Touren im zentralen und westlichen Okavango-Delta. Ausflüge ins östliche Delta vermitteln häufig das Gefühl, „noch nicht richtig" im Delta gewesen zu sein. Man sollte drei- bis viertägigen Komplettangeboten mit Zubringerflug den Vorzug geben. Die Fortbewegung per Mokoro, gepaart mit ausgiebigen Fußsafaris, und das „Überleben" mit Hilfe einer einfachen Campingausrüstung und nur spartanischen Lebensmittelvorräten wird von vielen Teilnehmern als anstrengend, langweilig oder gar enttäuschend empfunden. Andere wiederum kehren hellauf begeistert von einer solchen Tour zurück – vieles steht und fällt mit der Qualität und dem Engagement des jeweiligen Polers (siehe dazu den Exkurs „Mokoro-Touren"). Bei einem Flug ins Delta kann man sein **Fahrzeug und überschüssiges Gepäck beim Veranstalter in Maun sicher unterstellen oder alternativ bei AVIS auf dem abschließbaren Firmen-Compound.**

Individuelle Erkundung mit dem Geländewagen

Individuelle Erkundungsfahrten durch das Delta mit dem Geländewagen sind im wesentlichen **auf das Moremi Wildlife Reserve beschränkt,** dessen östliche Hälfte ein Pistennetz aufweist, das für Individualreisende mit eigenem Allrad-Fahrzeug geöffnet ist. Eine ausführliche Darstellung dazu finden Sie im Kapitel „Moremi Wildlife Reserve".

Östliches Delta

Unter dem „östlichen Delta" wird heute allgemein der **Bereich zwischen der Südgrenze des Moremi Wildlife Reserve und dem Buffalo Cordon Fence,** der nach Norden hin die Grenze zur Wildnis markiert, verstanden, obwohl man den Begriff topografisch eigentlich weiter fassen müsste. Das Areal stellt von Maun aus gesehen den nahe gelegensten Teil des Deltas dar und ist mit dem Boot oder einem Geländewagen innerhalb weniger Stunden erreichbar. Es erfreute sich daher stets einer großen Popularität unter Reisenden. Seit der 1997 erfolgten zahlenmäßigen Begrenzung der in diesem Gebiet aktiven Poler (= Einbaumführer) und der Vergabe von Konzessionen an bestimmte Safariveranstalter hat auch hier der **Hochpreistourismus** Einzug gehalten.

Wer nicht viel Zeit mitbringt und daher auf eine Erkundung des südlichen, zentralen oder westlichen Deltas verzichten muss, wird mit einer Bootstour oder einem kurzen Mokoro-Trip auf dem Boro River bzw. dem Santandadibe River, die das östliche Delta zum Thamalakane River hin entwässern, vorlieb nehmen müssen. Ein Delta-Erlebnis wie in den attraktiven, mehr zentral gelegenen Gebieten mag sich dabei nicht recht einstellen. Am ehesten ist dies noch in den nördlichsten Gebieten, die an das Moremi WR angrenzen, der Fall. Das östliche Delta weist von Ende Juni bis August den höchsten Wasserstand auf. Die beste Besuchszeit liegt zwischen Anfang Juli und Ende September. Von Dezember bis Anfang Juni muss man mit großflächiger Austrocknung rechnen. Landschaftlich lohnender als eine Mokoro-Tour im Stromgebiet von Boro und Santantadibe River ist ein ähnlicher Ausflug ab der Mboma Boat Station innerhalb des Moremi WR (siehe Kapitel „Moremi Wildlife Reserve").

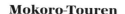

Nordwesten und Okavango-Delta

Mokoro-Touren

Mekoro (Singular: Mokoro) sind lang gezogene **Einbäume,** die durch Aushöhlen aus dem harten Holz der Stämme von Ebenholzbäumen, Marula-Bäumen oder Leberwurstbäumen hergestellt werden. Die Anfertigung eines Mokoros nimmt drei bis fünf Wochen in Anspruch. Mekoro stellen das traditionelle Transportmittel der Menschen im Delta dar und sind aufgrund ihrer Beweglichkeit und ihres geringen Tiefgangs optimal für das Befahren der flachen Wasserarme geeignet. Ein Mokoro wird von einem Einbaumführer („Poler") geführt, der zum Staken eine lange Stange („Ngashi") aus dem Holz des Mogonono-Baumes benutzt. Die Stabilität der mehr als wackelig anmutenden Gefährte im Wasser ist verblüffend gut. Ein Mokoro fasst neben dem im Heck stehenden Poler zwei Passagiere, die auf Sitzen oder Decken Platz nehmen. Die erhöhte Nachfrage nach Mekoro im Zuge des Tourismus hat dazu beigetragen, das entsprechend geeignete alte Bäume im Delta rar geworden sind. Heute werden daher zunehmend in der Panhandle-Region gebaute **Fiberglas-Kanus** eingesetzt, die der traditionellen Form eines Mokoros nachempfunden sind und während der Fahrt angenehm trocken bleiben – ein Holz-Mokoro ohne kleinere Wasserlecks muss erst noch erfunden werden.

Eine Erkundung des Deltas mit dem Mokoro stellt die wohl eindrucksvollste und natürlichste Form des Reisens dar. Nahezu lautlos und nur vom Plätschern entlang der Bordwand begleitet, dringt man auf diese Weise in fast jeden Wasser führenden Winkel des Deltas vor. Mit bemerkenswerter Orientierungsgabe – und ganz ohne GPS – navigieren erfahrene Poler ihre Passagiere durch das mehr als unübersichtliche Wasserlabyrinth. Aufgrund der froschähnlichen Perspektive und der Beschränkung des Beobachtungsfeldes auf den unmittelbaren Uferbereich sind die Wildbeobachtungsmöglichkeiten aus dem Mokoro heraus nicht mit denen einer Fahrzeugsafari oder einer Fußsafari vergleichbar. In erster Linie kommt es auf das großartige landschaftliche Erlebnis an. Geradezu fantastisch sind die Beobachtungsmöglichkeiten für Wasservögel. Mokoro-Touren werden in der Regel mit ausgiebigen Fußsafaris auf Inseln kombiniert, wo deutlich bessere Wildbeobachtungen möglich sind.

Luxuscamps bieten ihren Gästen in erster Linie Tagestouren an, bei denen man für die Übernachtung abends zum Camp zurückkehrt und tagsüber mit Lunch- und Picknick-Paketen versorgt wird. Mehrtägige Mokoro-Touren mit Übernachtung im Zelt auf kleinen Inseln und spartanischer Selbstversorgung im Rahmen einer preisgünstigeren Campingsafari ermöglichen ein tieferes Vordringen ins Delta und eine bessere Erfassung des Wildnischarakters. Jede Gruppe muss dabei von einem „Head-Poler" begleitet werden, der eine Guide-Lizenz besitzt. Vor jedem Wasserkontakt sollte man sich bei seinem Poler erkundigen, ob die Gefahr einer Bilharzioseinfektion besteht (fast alle Bereiche des zentralen Okavango-Deltas sowie Wasserwege mit schneller Wasserströmung gelten als bilharziosefrei, eine sichere Gewähr für die jeweilige Situation kann jedoch niemand geben). Schwimmen sollte man trotz der Hitze lieber ganz unterlassen, um Konfrontationen mit Krokodilen zu vermeiden. Zusammenstöße mit Flusspferden sind sehr selten. Bei zigtausenden von Mokoro-Fahrten im Delta kommt es jährlich im Durchschnitt zu drei bis vier Zwischenfällen, die meist einen glücklichen Ausgang nehmen. Allerdings gibt es kaum einen Poler, der nicht von Bekannten oder Familienangehörigen berichten kann, die bei der Verrichtung ihres Alltags in der Tiefe des Deltas durch Attacken von Flusspferden verletzt oder gar getötet wurden.

bo-104 Foto: cl

Der Erfolg einer Safari mit dem Mokoro hängt maßgeblich vom Engagement, der Ortskenntnis und dem naturkundlichen Wissen des eigenen Polers ab, der Verständigung zwischen den Fahrgästen und Polern bzw. Guides und nicht zuletzt von der eigenen Erwartungshaltung. Wer ein gutes Buch mit ins Delta nimmt und vor allem etwas Erholung inmitten paradiesischer Atmosphäre sucht, wird mit dem Tourverlauf weitaus glücklicher sein als jemand, der in erster Linie Tiere beobachten möchte. Gemeinsam zubereitete Mahlzeiten, die traditionelle Speisen wie Wasserlilien und gemeinsam gefangene Fische einbeziehen, tragen wesentlich zur Stärkung der Gruppenmoral bei.

Um Enttäuschungen zu vermeiden, sollten Sie bei der Organisation einer mehrtägigen Mokoro-Tour folgende **Hinweise** beachten:

●Es lohnt sich, ein bis zwei Tage in Maun zu verbringen, um sich dort **bei anderen Reisenden, die gerade aus dem Delta zurückkehren,** nach der Vorortsituation, den lohnendsten Tourangeboten, empfehlenswerten Polern, ihren Arbeitgebern etc. zu **erkundigen.** Nach Möglichkeit sollte man sich nur Polern und Guides anvertrauen, die eine Lizenz besitzen.

●Erkundigen Sie sich vorher nach dem jeweiligen **Wasserstand** im Gebiet. Im Allgemeinen ist ein geeigneter Aktionsradius für – vom Wasserstand direkt abhängige – Mokoro-Touren nur von Mai bis November gegeben.

- Sie sollten mindestens zwei, besser aber drei oder vier Nächte im Delta verbringen. Kürzere Touren verlaufen meist enttäuschend und grenzen an Geldverschwendung. **Fly-in Touren** bieten schnellen Zugang zu den lohnendsten Gebieten im südlichen und westlichen Delta.
- Die **Gewichtsbegrenzung für alle Delta-Flüge** liegt bei 10–12 kg pro Person. Neben einer möglichst leichten Campingausrüstung sollte man die aus Maun mitgebrachten Nahrungsvorräte auf Reis, Nudeln, Fertigsuppen, Tee/Kaffee, Zucker, Konserven, Trockenobst und Schokolade beschränken und mit möglichst wohlschmeckenden Kleinigkeiten ergänzen, damit kein „Ernährungsfrust" entsteht. Einfache Grundnahrungsmittel, Trockenfisch und Getränke sind vor Ort im Delta erhältlich.
- Nur Touren mit einem detailliert ausgearbeiteten **Tourenplan** versprechen Erfolg. Dabei sollte jeden Tag mindestens drei bis vier Stunden „gepolt" werden, verbunden **mit täglich wechselnden Übernachtungsorten,** um eine möglichst abwechslungsreiche Tour mit entsprechend großem Aktionsradius zu gewährleisten. Die letzte Nacht wird ohnehin wieder am Ausgangsort verbracht. Leider sind langweilige Standardtouren mit nur einer „echten" Übernachtung in der Wildnis und jeder Menge Leerlauf und Faulenzerei die Regel. Viele Veranstalter arrangieren primär eine Verbindung des Kunden zum Poler, zahlen diesem ein erbärmliches Gehalt, schicken den Kunden mit dem Flugzeug ins Delta, ohne für ein ausgewogenes Vorortprogramm Sorge zu tragen und kassieren satte Profite, während der Kunde mit seinem Trinkgeld das Gehalt des Polers angemessen aufstocken muss.
- Wer vor allen Dingen Tiere beobachten möchte, sollte Wert auf **möglichst ausgedehnte Fußsafaris** legen. Nur wer aktiv in den Busch hineingeht, wird auch mit guten Wildbeobachtungsmöglichkeiten belohnt.
- Ein gutes Fernglas, Moskitonetz und Moskito-Repellent, Kopfbedeckung (Stichwort „Sonnenstich"), Sunblocker, Taschenlampe, Kerzen und Streichhölzer, ein warmer Pullover für kühle Abende und Nächte und feste Schuhe für Fußsafaris dürfen in der **Ausrüstung** keinesfalls fehlen.
- Wertgegenstände, Kameras, Ferngläser, Geld und Papiere sollten möglichst in **wasserdichten Beuteln** (z.B. der Firma Ortlieb) verstaut werden, um die Schäden im Falle eines Kenterns (kommt nur extrem selten vor) zu begrenzen.
- Wer keine eigene Campingausrüstung besitzt, kann diese bei fast allen Veranstaltern entleihen. Nur die Übernachtung im Zelt bietet ausreichenden Schutz vor Wildtieren. **Wasser** bester Qualität kann unterwegs aus dem Delta entnommen werden, sollte jedoch stets **abgekocht oder gefiltert** werden.
- Guide und Poler erwarten am Ende der Tour ein **Trinkgeld.** Ein Betrag von umgerechnet 20 bis 30 Euro pro Person ist bei entsprechendem Engagement angemessen. Mit einem guten Trinkgeld oder der Drohung, ein solches zu versagen, kann man das Engagement von Poler und Guides nicht nur belohnen, sondern auch steuern.

Ausflüge mit dem Motorboot

The Old Bridge Backpackers (Internet: www.maun-backpackers.com) bietet Tagestouren ins östliche Delta von Maun aus an. Für eine Standardtour ins Gebiet um Mporota Island werden 340 Euro pro Boot verlangt, die auf maximal sieben Personen umgelangt werden. Ähnliche Touren lassen sich auch über alle anderen Camps und Lodges mit Lage am Thamalakane River organisieren. Mit einem lärmenden Motorboot durch die Stille des Deltas zu brausen, ist in jedem Falle Geschmackssache. Neben der nicht unerheblichen Störung der Tierwelt durch Lärm und Abgase sollte man auch die ökologischen Folgen für Vegetation und Uferstruktur durch den Wellenschlag und ins Wasser austretendes Motoröl berücksichtigen. Ruhige Wildbeobachtungen sind auf diese Weise so gut wie unmöglich.

Mokoro-Touren

Durch die Vergabe von Konzessionen für Mokoro-Touren im östlichen Delta (Konzessionsgebiet NG32) wurde die Zahl der Auswahlmöglichkeiten im Wesentlichen auf den **Okavango Kopano Mokoro Community Trust** (OKMCT) beschränkt. Am Santandadibe River werden vom OKMCT in Zusammenarbeit mit lokalen Communitys zwei Mokoro-Stationen unterhalten, am Boro River ist es eine. Insgesamt sind nur jeweils 30 Mokoro pro Flusssystem zugelassen. Die Anfahrt zu diesen Mokoro-Stationen mit dem Fahrzeug ab Maun dauert 1–2 Std., mit dem Motorboot geht es etwas schneller. Die Touren werden in Maun von verschiedenen Veranstaltern angeboten (im Folgenden eine Auswahl):

- **Afro Trek,** c/o Sedia Riverside Hotel, Tel./Fax 6862574, Internet: www.afrotrek.com
- **Audi Camp Safaris,** Tel. 6860599, Fax 6865388, Internet: www.okavangocamp.com
- **Delta Rain,** c/o Sitatunga Camp, Tel. 6800380, Fax 6800381, Internet: www.delta-rain.com
- **Okavango River Lodge,** Tel./Fax 6863707, Internet: www.okavango-river-lodge.com
- **The Old Bridge Backpackers,** Tel. 6862406, Internet: www.maun-backpackers.com

Die angebotenen Touren ähneln sich preislich. Eine dreitägige **Standardtour** kostet ca. 130 Euro p.P., wenn zwei Personen ein Mokoro nutzen. Wer ein Mokoro für sich allein buchen möchte, muss ca. 40% mehr bezahlen. Das Paket beinhaltet nur den Transfer zum Ausgangspunkt am Rande des Deltas und das Gehalt des Polers. Ausrüstung und Verpflegung müssen selbst gestellt werden. Einfache Campingausrüstungen können bei fast allen Veranstaltern entliehen werden. Kürzere Touren über ein oder zwei Tage sind deutlich billiger (60 bzw. 110 Euro mit einem Einzelzuschlag von 12 Euro bzw. 25 Euro). Alle Veranstalter setzen eine Mindestteilnehmerzahl (meist vier Personen) voraus.

„Poler" (Einbaumführer)

Zentrales und südliches Delta

Das zentrale und südliche Delta umfasst den **Bereich südlich von Chief's Island bis zur „Sandveld Tongue"**, einer trockenen Landzunge, die nach Nordwesten tief ins Delta ragt, und den nicht durch Pisten erschlossenen **Westteil des Moremi Wildlife Reserve**. In diesem Gebiet trifft man die klassische Bilderbuchlandschaft des inneren Deltas an, gekennzeichnet durch mäandrierende Wasserarme, Lagunen, Papyrussümpfe, Binsenfelder, Röhrichte und palmenbestandene Inseln mit schornsteinartigen Termitenhügeln, fruchtbarem Grasland und lichten Wäldern. Die Region weist einen großen Wildreichtum auf.

An der Südgrenze des Moremi Wildlife Reserve findet man die größte Konzentration an Lodges und Luxuscamps im gesamten Delta vor. Für Aktivitäten innerhalb des Moremi WR muss prinzipiell eine tägliche Eintrittsgebühr von umgerechnet 7,50 Euro (ermäßigte Gebühr für organisierte Safaris) bzw. eine Campinggebühr von umgerechnet 3,30 Euro entrichtet werden, die bei allen Luxuscamps im Pauschalpreis enthalten ist. Innerhalb des Reservates liegen Chief's Camp, das Xigera Camp sowie das Mombo Camp bzw. Little Mombo Camp (siehe im Kapitel „Moremi Wildlife Reserve"). Fast alle Camps lassen sich nur mit dem Kleinflugzeug erreichen. Transfers werden teilweise gesondert berechnet. Zubringerflüge ins südliche Delta ab Maun kosten ca. 100 Euro (einfache Strecke).

Die Vorortaktivitäten haben **Mokoro-Touren und Fußsafaris** zum Schwerpunkt, in manchen Regionen kommen **Game Drives und Fahrten mit dem Motorboot** hinzu. Das zentrale und südliche Delta weist zwischen Ende Mai und Ende Juni seinen höchsten Wasserstand auf. Die beste Besuchszeit liegt zwischen Ende Mai und Ende September. Zwischen November und Mai muss man mit teilweiser Austrocknung rechnen.

Camp im mittleren bis oberen Preissegment

Konzessionsgebiet NG27B

● **Oddball's Palm Island Lodge** (Lodges of Botswana, P.O. Box 39, Maun, Tel. 6861154, Fax 6860589, Internet: www.lodgesofbotswana.com). Reizvolle Lage auf Boga Island am Boro River südlich des Moremi Wildlife Reserve. Kleine Zelte auf spartanischen Holzplattformen. Es werden mehrtägige Mokoro-Touren mit Campingübernachtung auf einer Insel im Delta angeboten. Ab 180 Euro p.P. im DZ, alles inklusive.

Camps der Luxuskategorie (mehr als 300 Euro pro Person im DZ)

Konzessionsgebiet NG26

● **Abu Camp** (Elephant Back Safaris, Private Bag 332, Maun, Tel. 6861260, Fax 6861005, Internet: www.abucamp.com). Am Ufer des Nxabega River im südwestlichen Delta gelegen. Malerische Lage und exquisite Einrichtung. Vom Hauptcamp abgegrenzt ist der exklusive Villa-Bereich. Das Camp wurde nach dem im Jahr 2002 verstorbenen Leitelefanten *Abu* benannt, der zeitweise – geschult durch seinen Trainer *Randall Moore* – auch als Filmstar in Erscheinung trat und über viele Jahre die kleine Truppe ehemaliger Zoo- und Zirkuselefanten anführte, auf deren Rücken man das Delta erkunden kann. Zusätzlich werden Game Drives angeboten. Ein sechstägiger Aufenthalt kostet ca. 12.750 Euro bei Übernachtung im DZ, für Einzelreisende werden 25% mehr berechnet (alles inklusive). Neuerdings werden ähnliche Elefantensafaris auch in Simbabwe und in Sambia angeboten (zu deutlich niedrigeren Preisen!).

●**Seba Camp** (Elephant Back Safaris, Private Bag 332, Maun, Tel. 6861260, Fax 6861005, Internet: www.abucamp.com). Liegt im Westen des Konzessionsgebietes. Benannt nach einem der wieder in die Freiheit entlassenen Elefanten des Abu Camp. Ansprechende Unterkunft für bis zu 10 Gäste. In erster Linie werden ausgiebige Game Drives inkl. Night Drives angeboten. Das Camp ist auch über Land zu erreichen. Ab 460 Euro p.P. im DZ, alles inklusive.

**Konzessionsgebiet NG27A –
Pom Pom Area**

●**Kanana Camp** (Ker & Downey Botswana, P.O. Box 27, Maun, Tel. 6861226, Fax 6861282 Internet: www.kerdowneybotswana.com). Kategorie AA+. Liegt in einem der abgelegensten und schönsten Winkel des Deltas am Xudum River, unweit des Pom Pom Camp. In erster Linie werden ausgiebige Mokoro-Trips und Fußsafaris, aber auch Game Drives und Motorbootfahrten angeboten.

Ortsbezeichnungen im Delta

Zahlreiche Ortsbezeichnungen im Okavango-Delta haben ihren Ursprung in der Sprache der San (Buschmänner) und wurden später in Bantusprachen übernommen. Die damit verbundenen **Klicklaute** erschweren die Aussprache für Europäer ungemein.

Die Buchstaben „x", „q" und „c" signalisieren in den südöstlichen Bantusprachen der Nguni-Gruppe verschiedene Varianten derartiger Klicklaute, die dadurch entstehen, dass man die Zunge gegen den Gaumen oder die Zähne drückt und dann laut zurückschnellen lässt. So wird „Xakanaxa" am ehesten wie „Ka-ga-naa-ka", „Xugana" wie „Ku-ga-nna" oder „Xaxaba" wie „Ka-kaa-ba" ausgesprochen.

Das Camp bietet den üblichen Standard der Ker & Downey-Gruppe. Ab 350 Euro p.P. im DZ, alles inklusive.

●**Nxabega Okavango Tented Camp** (and-Beyond Africa, vormals CC Africa, P/Bag X27, Benmore 2010, Johannesburg, Tel. +27-11-809-4300, Fax +27-11-809-4400, Internet: www.andbeyondafrica.com). Kategorie AA+. Am Nxabega River unter alten Ebenholzbäumen und Würgfeigen gelegenes, sehr angenehmes Camp für max. 18 Gäste. Im Südwesten grenzt das Moremi Wildlife Reserve an. Die Aktivitäten fokussieren auf Game Drives und geführte Fußsafaris. Auf mehrtägigen Fußsafaris wird das Nxabega Trails Camp genutzt. Ab 340 Euro p.P. im DZ, alles inklusive.

●**Pom Pom Camp** (c/o Chobe Fish Eagle, P.O. Box 10, Kasane, Tel. 6250336, Fax 6250437, Internet: www.pompomcamp.com). Kategorie AA+. Eines der ältesten Camps im gesamten Delta-Gebiet, im Jahr 2001 nach der Übernahme durch Wilderness Safaris komplett generalüberholt. Anfang 2005 wurde das Camp verkauft an die Betreiber der Chobe Safari Lodge, die jedoch bislang ein eher uninspiriertes Management an den Tag legen. Liegt in einem der abgelegensten und schönsten Winkel des Deltas am Xudum River. In erster Linie werden ausgiebige Game Drives angeboten. Das Camp ist auch über Land zu erreichen. Ab 520 Euro p.P. im DZ, alles inklusive.

**Konzessionsgebiet NG27B –
Boro River Area**

●**Delta Camp** (Lodges of Botswana, P.O. Box 39, Maun, Tel. 6861154, Fax 6860589, Internet: www.lodgesofbotswana.com). Kategorie AA+. Eines der ältesten Camps im südlichen Delta, im Jahr 2001 an einem weiter östlich gelegenen Standort komplett neu aufgebaut. Sehr reizvoll unter großen Bäumen gelegen. Es werden Mokoro-Touren, Fußsafaris, vogelkundliche Exkursionen und Angelausflüge angeboten. Ab 415 Euro p.P. im DZ, alles inklusive.

●**Eagle Island Camp** (Orient-Express Safaris, P.O. Box 100, Maun, Tel. 6860302, Fax 6860153, Internet: www.orient-express-safaris.co.za). Kategorie AA+. Wunderschöne Lage auf der Insel Xaxaba (bedeutet übersetzt so viel wie „Insel der großen Bäume") am Südwestrand des Moremi Wildlife Reserve. Neben Mokoro-Touren und Fußsafaris lassen sich in diesem beliebten Camp vogelkundliche Exkursionen, Angelexkursionen und Bootsfahrten arrangieren. Die frühere Bezeichnung war Xaxaba Camp. Ab 675 Euro pro Person und Tag im DZ, alles inkl.

● **Gunn's Camp** (Gunn's Camp Office, P/Bag 033, Plot 244 Airport Road, Maun, Tel. 6860023, Fax 6860040, Internet: www. gunns-camp.com). Kategorie AA+. Auf Ntswi Island am Boro River gelegen, südlich von Chief's Island. Eines der ältesten Delta-Camps mit traumhaftem Blick über eine ausgedehnte Bucht des Boro River. Freundliche Atmosphäre. Der Tagestarif liegt bei 310 Euro im DZ, alles inklusive (Einzelzimmerzuschlag 30%), zzgl. 100 Euro für den Flugtransfer. Angeboten werden Mokoro-Touren, geführte Fußsafaris und Fahrten mit dem Motorboot.

● **Moremi Crossing Camp** (Moremi Crossing Office, P/Bag 033, Plot 244 Airport Road, Maun, Tel. 6860023, Fax 6860040, Internet: www.moremicrossing.com). Mit dem Umbau des ehemaligen Gunn's Bush Camp zu einem Luxury Tented Camp für sage und schreibe 32 Gäste ging die letzte Bastion des preislich gemäßigten Tourismus im zentralen und südlichen Delta verloren. Das 2009 eröffnete Moremi Crossing Camp wirkt steril, überdimensioniert und überteuert. Da hilft auch die fleißig beworbene „100% Eco-friendly"-Attitüde nicht. Geboten werden in erster Linie Mokoro-Touren, Guided Walks und Motorboot-Exkursionen auf dem Boro River. Auch eine Anreise per Motorboot ab Maun ist möglich. Ab 340 Euro p.P. im DZ, alles inklusive.

Konzessionsgebiet NG29

● **Moklowane Camp** (Okavango Horse Safaris, P/Bag 23, Maun, Tel. 6861671, Fax 6861672, Internet: www.okavangohorse.com). Schön gelegen am Matsebi River. Ausgangspunkt für Reitsafaris im südlichen Delta. Ab 380 Euro p.P. und Tag, alles inklusive.

● **Xudum Okavango Delta Lodge** (and-Beyond Africa, vormals CC Africa, P/Bag X27, Benmore 2010, Johannesburg, Tel. +27-11-809-4300, Fax +27-11-809-4400, Internet:

www.andbeyondafrica.com). 2008 neu eröffnete Lodge mit großzügig geschnittenen Suiten in hölzernen Chalets. Sehr funktionelle Einrichtung. Swimmingpool. Die Aktivitäten beinhalten Game Drives, Night Drives, kurze Mokoro-Ausflüge und sogar Flüge mit einem hier stationierten Helikopter über dem Delta (diese werden jedoch extra berechnet). Ab 430 Euro p.P., alles inklusive.

Konzessionsgebiet NG30

● **Kujwana Camp** (Okavango Horse Safaris, P/Bag 23, Maun, Tel. 6861671, Fax 6861672, Internet: www.okavangohorse.com). Hauptcamp von Okavango Horse Safaris mit schöner Lage am Xudum River. Ausgangspunkt für Reitsafaris im südlichen Delta. Ab 380 Euro p.P. und Tag, alles inklusive.

● **Xaranna Okavango Delta Camp** (and-Beyond Africa, vormals CC Africa, P/Bag X27, Benmore 2010, Johannesburg, Tel. +27-11-809-4300, Fax +27-11-809-4400, Internet: www.andbeyondafrica.com). 2008 neu eröffnetes Camp mit üppigen Safarizelten auf großen Holzplattformen. Geschmackvolle Einrichtung. Swimmingpool. Die Aktivitäten beinhalten Game Drives, Night Drives, ausgiebige Mokoro-Touren. Ab 430 Euro p.P., alles inklusive.

Konzessionsgebiet NG31 – Chitabe Area

● **Chitabe Camp** (Okavango Wilderness Safaris, Private Bag 14, Maun, Tel. 6860086, Fax 6860632, Internet: www.wilderness-safaris. com). Kategorie AA+. Das Camp (max. 16 Gäste) liegt in einem Konzessionsgebiet zwischen Gomoti River und Santandadibe River im östlichen Okavango-Delta, unweit der Südgrenze des Moremi WR. Neben Game Drives, Bootsfahrten und Fußsafaris werden bei gutem Wasserstand auch Mokoro-Touren angeboten. Das Gebiet bietet gute Chancen, jagende Rudel des Afrikanischen Wildhundes zu sehen, der mit bis zu drei größeren Rudeln im Gebiet vorkommen soll. Ein Teil der Camp-Profite wird an den Wild Dog Conservation Fund abgeführt. Ab 460 Euro p.P. und Tag im DZ, alles inklusive. Ein exklusiver Ableger des Camps ist das **Chitabe Trails Camp** für bis zu 10 Gäste im gleichen Konzessionsgebiet.

● **Sandibe Okavango Safari Lodge** (and-Beyond Africa, vormals CC Africa, P/Bag X27, Benmore 2010, Johannesburg, Tel. +27-11-809-4300, Fax +27-11-809-4400, Internet: www.andbeyondafrica.com). Kategorie AA+. Im östlichen Delta gelegen, umgeben von ganzjährig wasserführenden Flussläufen. In erster Linie werden ausgiebige Game Drives und Fußafaris, aber auch Mokoro-Trips angeboten. Die Anlage wurde sehr gut in die Umgebung integriert. Gebaut und eingerichtet wurde mit einer raffinierten Mischung aus Leder, Seide und Holz. Ab 325 Euro p.P. und Tag im DZ, alles inkl.

Konzessionsgebiet NG32 – Ditshipi Area
● **Baines' Camp** (Sanctuary Retreats/Abercrombie & Kent Botswana, P/Bag 45, Maun, Tel. 6862688, Fax 6863526, Internet: www.sanctuaryretreats.com). Kategorie AA+. Im Jahr 2004 eröffnetes Camp am äußersten Südostrand von Chief's Island, mit Luxussuiten auf hölzernen Plattformen über ausgedehnter Flutsavanne. Sehr persönliche Betreuung von bis zu 10 Gästen. Übernachtung im mit Moskitonetzen überspannten Bett unter freiem Himmel möglich. Es werden Game Drives, geführte Fußafaris und Mokoro-Touren angeboten. Ab 380 Euro p.P. im DZ, alles inklusive. Als große Besonderheit können Tagesausflüge ins Delta mit drei zahmen Elefanten (durchgeführt von *Grey Matters,* P.O. Box 66, Maun, Tel. 6863198, Fax 6860571, Internet: www.livingwithelephants.org) arrangiert werden (230 Euro, separat zu zahlen).
● **Stanley's Camp** (Sanctuary Retreats/Abercrombie & Kent Botswana, P/Bag 45, Maun, Tel. 6862688, Fax 6863526, Internet: www.sanctuaryretreats.com). Kategorie AA+. Reizvoll am äußersten Südostrand von Chief's Island unweit der Grenze zum Moremi Wildlife Reserve gelegen. Das Gelände ist für vorzügliche Vogelbeobachtungsmöglichkeiten bekannt. Es werden geführte Fußafaris, Night Drives, Bootsfahrten und Mokoro-Touren angeboten. Ab 350 Euro p.P. im DZ (alles inklusive). Als große Besonderheit können wie im Baines' Camp Tagesausflüge ins Delta mit drei zahmen Elefanten arrangiert werden (separat zu zahlen, s.o.).

Anmerkung: Die Camp-Landschaft befindet sich stetig im Fluss, da immer wieder Camps geschlossen und neue eröffnet werden, aber auch die Eigentumsverhältnisse (Stichwort „Anlageobjekt") manchmal wechseln. Darüber hinaus gibt es mehrere luxuriöse Camps für Reitsafaris (z.B. das Macatoo Camp von African Horseback Safaris im Konzessionsgebiet NG26). Reine Jagdcamps werden in diesem Buch bewusst nicht aufgeführt.

(Nord-)westliches Delta

Das westliche und nordwestliche Delta nimmt den **Raum zwischen Chief's Island im Osten und der Panhandle-Region im Westen** ein. Das Gebiet ist gekennzeichnet durch ausgedehnte Papyrus-Sümpfe, Binsenfelder, mit Wasserlilien bestandene Pools, mäandrierende Flussarme wie den Jao River und einige größere Lagunen. Zusammen mit mosaikartig verteilten kleineren Inseln, die nur wenig aus dem Wasser herausragen und immer wieder idyllisch mit Palmen bestanden sind, entsteht ein zauberhaft pittoreskes Landschaftbild. Die Region enthält bislang nur wenige Camps und wirkt daher besonders wild und unerschlossen. Der Wildbestand ist recht klein und beschränkt sich im Wesentlichen auf gut an den hohen Wasserstand angepasste Arten. In erster Linie kann man vom Boot oder Mokoro aus eine paradiesisch anmutende **Vielfalt an Wasservögeln** beobachten. Darüber hinaus bestehen Chancen, die sehr scheue Sitatunga-Antilope zu sehen.

Eine gute Ausgangsbasis für die Erkundung des Gebietes ist z.B. die in Reichweite des permanenten Sumpfes gelegene **Luxusherberge Jao Camp.** Zusätzlich bieten die deutlich günstigeren Camps an der Basis der Panhandle, z.B. die **Nguma Island Lodge** oder der **Okavango Polers Trust** in Seronga, ausgedehnte Exkursionen mit dem Motorboot ins westliche Delta bzw. Mokoro-Touren an. Eine relativ günstige Möglichkeit, das Gebiet **von Maun aus** mehrere Tage lang per Mokoro zu erkunden, sind die **Fly-in Mokoro-Trips des Audi Camp** in der Guma-Region. Das ganzjährig Wasser führende westliche Delta weist im April und Mai seinen höchsten Wasserstand auf. Die beste Besuchszeit ist Mai bis Oktober. Außerhalb dieser Zeit sinkt der Wasserstand spürbar, doch kommt es nur im Randbereich zur Austrocknung.

Günstige Mokoro-Touren für Camper

● **Audi Camp Safaris** (P.O. Box 24139, Maun, Tel. 6860599, Fax 6865388, E-Mail: info@okavangocamp.com, Internet: www.okavangocamp.com). Es wird ein spartanisches Paket angeboten, das für 320 Euro pro Person (zwei Personen pro Mokoro) einen mehrtägigen Aufenthalt im nordwestlichen Delta bietet (zwei Übernachtungen im Zelt, inkl. Gebühren für Übernachtung, Poler und Guide). Der im Paket enthaltene 45-minütige Transdelta-Flug zum Guma Airstrip (auch „Nguma" geschrieben) bietet einen großartigen Überblick nahezu aller Bereiche des Binnendeltas. Camping-Ausrüstung und Verpflegung sind im Preis nicht enthalten. Alle Ausrüstungsgegenstände (man sollte die eigenen Qualitätsansprüche möglichst niedrig halten) können gegen eine geringe Gebühr beim Audi Camp in Maun entliehen werden. Alternativ kann man auch auf die „Catered Option" mit Lodge-Übernachtung zurückgreifen: Diese ist ab 420 Euro pro Person (bei mindestens vier Reiseteilnehmern) zu bekommen, alles inklusive (außer Getränke). Ein Problem stellt die 12-kg-Gepäckbegrenzung im Kleinflugzeug dar, sodass man aus Maun nur begrenzte Nahrungsvorräte mitbringen

kann. Vor Ort sind in der Regel frisches Brot, Trockenfisch und Getränke (Coca-Cola, Bier etc.) erhältlich.

Die Tour führt durch eine **Bilderbuch-Deltalandschaft.** Leider zeigen manche Poler und Guides der lokalen Community offensichtlich nur wenig Engagement, dabei einen großen Aktionsradius zu entwickeln. Nicht ganz unschuldig daran ist die Politik der Veranstalter, ihre Gäste zwar ins Delta zu fliegen, sich aber nicht detailliert genug um die Ausgestaltung der Tour vor Ort zu kümmern. Die allgemein geringen Gehälter der Poler spielen sicherlich auch eine Rolle.

● Der empfehlenswerte **Okavango Poler's Trust** (Internet: www.okavangodelta.co.bw) bietet ab der Seronga Boat Station günstige (z.B. 180 Euro p.P. für eine dreitägige Tour) und dabei empfehlenswerte mehrtägige Mokoro-Touren im westlichen Delta an (siehe dazu auch „Die Panhandle-Region").

Camps der gehobenen Kategorie (unter 300 Euro pro Person im DZ)

Konzessionsgebiet NG12 – Gudigwa Concession

● **Gudigwa Camp** (Gudigwa Camp, P.O. Box 25335, Gaborone, Mobil 71843657, Fax 3927770, Internet: www.gudigwa.com). Kategorie AA+. Von einer lokalen San-Community, dem Bukakhwe Cultural Community Trust, betriebenes „Cultural Camp", dessen Fokus auf der Übernachtung in komfortabel ausgebauten traditionellen Buschmann-Hütten sowie ethnotouristischen Erkundungstouren liegt, kein Wildlife-Tourismus. Das mit Hilfe britischer Entwicklungshilfe errichtete und von Conservation International und Wilderness Safaris geförderte Camp brannte kurz nach seiner Eröffnung 2003 komplett nieder, wurde aber wieder aufgebaut. Ab 270 Euro p.P. im DZ, alles inkl.

● **Mapula Lodge** (Mapula Lodge, P.O. Box 22149, Maun, Tel. 6863369, Fax 6863368, E-Mail: mapulalodge@info.bw, Internet: www. mapulalodge.com). Kategorie AA+. Von Botswanern mit ausländischer Unterstützung betriebenes schönes Camp am Rand des nordwestlichen Deltas (ehemalige Modumo Lodge). Rustikale Räumlichkeiten für bis zu

Die Völker des Okavango-Deltas

Die geschätzt **100.000 Menschen starke Deltabevölkerung** setzt sich aus mehreren Volksgruppen zusammen, die unterschiedlich tief im Wasserlabyrinth siedeln. Als **Urbewohner** werden die **Banoka,** die sogenannten „Fluss-Buschmänner" angesehen, die schon vor vielen Jahrtausenden im Delta fischten und jagten. Auf der Flucht vor der Tyrannei des Lozi-Reiches nördlich des Sambesi drangen Anfang des 18. Jahrhunderts die ersten Bayei, gefolgt von den Hambukushu, ins Delta vor. Während die **Bayei** sich neben landwirtschaftlichen Kulturen auf Inseln und an Uferböschungen hauptsächlich vom Fischfang und von der Jagd auf Flusspferde ernährten, siedelten die **Hambukushu** traditionell mehr im Randbereich und legten dort im fruchtbaren Schwemmland größere Felder von Hirse, Sorghum, Mais oder Zuckerrohr an (das Bestellen saisonal überfluteter Felder im Deltagebiet wird als „Molapo Farming" bezeichnet). Beiden Völkern ist eine ungewöhnliche Regelung der Herrschaftsfolge gemein, bei der der Thron jeweils durch den Sohn der ältesten Schwester des Häuptlings besetzt wird.

Mit der Dominanz der feudalistischen **Batawana,** die in der ersten Hälfte des 19. Jahrhunderts im Deltagebiet sesshaft wurden, gerieten die Bayei und in geringerem Maße auch die Hambukushu unter das Joch der Leibeigenschaft. Die bis dahin vorwiegend in Kleingruppen lebenden Bayei nahmen zunehmend den Lebensstil der herrschenden Batawana an und gründeten größere Dörfer, in deren Umgebung vor allem Vieh gehalten wird. Die ursprünglichen Bewohner des Deltas, die Banoka, wurden von allen Bantuvölkern im Deltagebiet nur als Sklaven geduldet. Die Sogwirkung der stetig wachsenden „Batawana-Hauptstadt" Maun, gekoppelt mit Flüchtlingsströmen, Migrationsbewegungen und enormer touristischer Entwicklung, hat dazu geführt, dass man in der Region am Südostrand des Deltas heute einen **ethnischen Schmelztiegel** vorfindet, der neben den Batawana, Bayei, Hambukushu und Banoka auch Herero, San-Gruppen, Dxeriku und natürlich zahlreiche weiße Europäer, Südafrikaner, „Rhodies", „Aussies", „Kiwis" und Asiaten enthält.

Ein großer Teil der – männlichen – schwarzen Lokalbevölkerung gelangte in den vergangenen Jahrzehnten über groß angelegte Rekrutierungsaktionen in die südafrikanischen Minengebiete bei Johannesburg. Mit der sukzessiven Schließung der dortigen Goldminen steigt auch die Zahl der Rückkehrer in die Deltaregion. Eine Beschäftigung im Tourismus – z.B. als Safarifahrer, Guide, Poler, Koch oder Kellner – bildet nicht nur für diese Gruppe den derzeit wichtigsten Arbeitsmarkt.

16 Gäste. Der Schwerpunkt der Aktivitäten in dem wasserreichen Konzessionsgebiet liegt auf Game Drives, Bush Walks und ausgedehnten Mokoro-Touren. Ab 275 Euro p.P. im DZ, alles inklusive.

Camps der Luxuskategorie (mehr als 300 Euro pro Person im DZ)

Konzessionsgebiet NG23 – Kwedi Reserve (West)
●**Duba Plains Camp** (Okavango Wilderness Safaris, Private Bag 14, Maun, Tel. 6860086,

Fax 6860632, Internet: www.wilderness-safaris.com). Kategorie AA+. Langjährig etabliertes Camp für bis zu zwölf Gäste inmitten einer wildreichen Savannen- und Sumpflandschaft nordwestlich des Moremi WR. Berühmt für seine großen Büffelherden und die hohe Löwendichte, die bereits mehrfach Gegenstand von Filmdokumentationen waren. Game Drives, Fußsafaris und bei ausreichen-

Sattelstorch im Okavango-Delta

dem Wasserstand auch Mokoro-Touren werden angeboten. Ganzjährig geöffnet. Ab 580 Euro p.P. und Tag im DZ, alles inklusive.

Konzessionsgebiet NG22 – Kwedi Reserve (East)

●**Vumbura Plains Camp** (Okavango Wilderness Safaris, Private Bag 14, Maun, Tel. 6860086, Fax 6860632, Internet: www.wilderness-safaris.com). Kategorie AA+. Das erst kürzlich komplett neu errichtete luxuriöse „Schwestercamp" des Duba Plains Camp liegt am Nordwestrand des Deltas in der Übergangszone von Savannenlandschaft und Sumpfgebieten und bietet Platz für bis zu 16 Gäste. Das Gelände ist für sein breites Artenspektrum an Wildtieren sowie große Antilopenbestände bekannt. Es werden Game Drives, Fußsafaris und bei ausreichendem Wasserstand auch Mokoro-Touren angeboten. Ein exklusiverer Ableger ist das **Little Vumbura Camp** (max. zwölf Gäste). Ab 760 Euro p.P. und Tag im DZ, alles inklusive.

Konzessionsgebiet NG25 – Jao Reserve

●**Jacana Camp** (Okavango Wilderness Safaris, Private Bag 14, Maun, Tel. 6860086, Fax 6860632, Internet: www.wilderness-safaris.com). Kategorie AA+. Relativ schlicht gehaltenes Camp in einer wildreichen Lagunen- und Überflutungslandschaft im westlichen Delta (ca. 25 km von Mombo entfernt). Es werden ausgiebige Mokoro-Touren und Fußsafaris angeboten, bei sinkendem Wasserstand auch Game Drives. Die Region gilt als hervorragendes Beobachtungsgebiet für seltene Wasservögel wie die Bindenfischeule. Ab 450 Euro p.P. und Tag im DZ, alles inkl.

●**Jao Camp** (Okavango Wilderness Safaris, Private Bag 14, Maun, Tel. 6860086, Fax 6860632, Internet: www.wilderness-safaris.com). Kategorie AA+. In einer wildreichen Lagunen- und Überflutungslandschaft im südwestlichen Delta gelegen. Äußerst großzügige und luxuriöse Anlage mit außergewöhnlicher Architektur (einem Mix aus Bambus, Schilfrohr und Baumwollbahnen). Es

Nordwesten und Okavango-Delta

bo11_048 Foto: cl

werden Game Drives, Fußsafaris, Motorbootfahrten und Mokoro-Touren angeboten. Die
Region gilt als hervorragendes Beobachtungsgebiet für Sitatunga-Antilopen, Löwen,
Leoparden und Geparde. Ab 760 Euro p.P.
und Tag im DZ, alles inklusive.

● **Kwetsani Camp** (Okavango Wilderness Safaris, Private Bag 14, Maun, Tel. 6860086, Fax
6860632, Internet: www.wilderness-safaris.
com). Kategorie AA+. Auf Kwetsani Island im
südwestlichen Delta gelegen. Exklusiver Charakter mit nur fünf Luxuszelten auf Holzplattformen, die an kleine Baumhäuser erinnern
und durch hölzerne Stege miteinander verbunden sind. Es werden Game Drives, Fußsafaris und Mokoro-Touren angeboten. Ab 450
Euro p.P. und Tag im DZ, alles inklusive.

● **Tubu Tree Camp** (Okavango Wilderness
Safaris, Private Bag 14, Maun, Tel. 6860086,
Fax 6860632, Internet: www.wilderness-safa-
ris.com). Kategorie AA+. Ähnliche Architektur wie das Kwetsani Camp. Zwischen Jacana
Camp und Tubu Tree Camp kann man sich
ganztägig mit dem Mokoro „verschiffen lassen" – eine lohnenswerte Alternative zur
Weiterreise per Flugzeug. Ab 450 Euro p.P.
und Tag im DZ, alles inklusive.

Moremi Wildlife Reserve

**Ganzjährig geöffnet. Nur mit Allrad-Gelän-
dewagen befahrbar.** Keine GPS-Navigation
notwendig. Keine Versorgungs- und Tankmöglichkeiten im Reservat. Einfache Camp
Sites mit Wasserversorgung innerhalb des
Reservates vorhanden. Camp-Site-Buchung
über entsprechenden privaten Betreiber unbedingt erforderlich. Östlich des Reservats
günstige Campingmöglichkeiten auf Community Campgrounds. Anfahrtszeit zum Park
Gate ab Maun: ca. 2–2½ Stunden.

bo-174 Foto: cl

Das Reservat

Das **4872 km²** große Moremi Wildlife Reserve gilt als **eines der schönsten und landschaftlich abwechslungsreichsten Schutzgebiete auf dem Schwarzen Kontinent.** Das Reservat schützt etwa ein Drittel des Okavango-Deltas und erstreckt sich zungenförmig von Nordosten über die sogenannte „Mopane Tongue" und Chief's Island bis tief ins westliche Delta hinein. Nur der relativ trockene Ostteil ist durch ein dauerhaft befahrbares Pistennetz erschlossen. Das Reservat besticht neben seinen landschaftlichen Reizen durch den größten **Wildreichtum** des gesamten Deltas. Mit ausgedehnten Mopane-Wäldern, offener Busch- und Baumsavanne, saisonal überflutetem Grasland, ganzjährig mit Wasser gefüllten Sümpfen, Riedern und Röhrichten, Wasserarmen mit Ufersäumen und Galeriewäldern, lichten Wäldern und kleinen Lagunen sind nahezu alle Lebensräume des Deltas vertreten. Grob lässt sich das Gebiet in eine überwiegend trockene Halbinsel zwischen dem Khwai River und dem Mogolelo River, wechselfeuchte Areale im Gebiet um Chief's Island und ganzjährig mit Wasser gefüllte Sümpfe im übrigen Gebiet unterteilen.

Der große Wildreichtum des Gebietes war in der Vergangenheit erheblicher Fluktuation ausgesetzt. 1896 fiel fast der gesamte Wildbestand einer Epidemie der Rinderpest zum Opfer. Es dauerte Jahrzehnte, bis sich die Bestän-

de davon erholt hatten. Erst mit der Rückkehr der **Tsetse-Fliege** in das Delta Ende der 1940er Jahre (siehe Text „Die stille Wächterin des Deltas") wurden die zwischenzeitlich eingedrungenen Hirten mit ihren Rindern gezwungen, das Gebiet wieder zu verlassen. Unkontrollierte Jagd und Wilderei führten bis zum Beginn der 1960er Jahre erneut zu einer erheblichen Dezimierung der Wildbestände. Unter Führung der Witwe des Tawana-Häuptlings *Moremi III.,* die vorübergehend die Regierungsgeschäfte übernommen hatte, bis ihr junger Sohn *Mathiba* die Thronfolge antreten konnte, und auf Initiative engagierter Mauner Bürger, namentlich *Robert* und *June Kays* (Robert Kays und seine Söhne führen bis heute Riley's Garage in Maun) hin, proklamierte der Grundeigentümer, der Stamm der Batawana, am 15. März 1963 ein Schutzgebiet auf der Halbinsel zwischen Khwai River und Mogolelo River, das zu Ehren des Häuptlings Moremi III. als „Moremi Wildlife Reserve" benannt wurde. In den 1970er Jahren wurde das Reservat auf eine Größe von 3825 km² erweitert, um Chief's Island, die traditionellen Jagdgründe der Tawana-Häuptlinge, mit einzuschließen. Mit der jüngsten Erweiterung im Jahr 1991, bei der das Gebiet zwischen Nqoga River und Jao River hinzugefügt wurde, erreichte das Schutzgebiet seine heutige Ausdehnung. Die Einrichtung des Moremi Wildlife Reserve stellt eine historische Landmarke im afrikanischen Tribalismus dar, dessen Geschichte sonst vor allem von Auseinandersetzungen und Kriegen geprägt ist. Die Batawana versuch-

Tierbeobachtung zu Fuß

bo-107 Foto: cl

ten auf diese Weise, ihre traditionellen Jagdgründe im Okavango-Delta zu sichern und den Wildreichtum kommenden Generationen zu erhalten. Das Reserve wird heute von der staatlichen Wildschutzbehörde DWNP verwaltet.

Das relativ trockene Gebiet zwischen Khwai River, Xakanaxa Lagoon und Mogolelo River kann über ein mehr als **300 km umfassendes Pistennetz** auch von Selbstfahrern erkundet werden. **Vier Campingplätze** stehen für Übernachtungen innerhalb des Schutzgebietes zur Verfügung. An der ehemaligen

Reservatsgrenze entlang der Xakanaxa-Lagune – im Herzen des heutigen Schutzgebietes – liegen **drei Luxusherbergen** (Camp Moremi, Camp Okuti, Xakanaxa Camp), die einen ähnlichen „All-inclusive-Service" wie die Camps im südlichen und zentralen Delta bieten. Weitere Lodges und Luxuscamps grenzen an das Reservat – in der Khwai-Region, im Norden und im Südosten. Einige Camps (z.B. Camp Okuti, Xakanaxa Camp) nehmen nach Voranmeldung zu einem vergünstigten Tarif auch Selbstfahrer als Gäste an. Östlich des Reservates entstanden in den letzten Jahren mehrere preisgünstige Community Campgrounds – eine ideale Übernachtungsmöglichkeit für Tagesbesucher ohne gültige Camp-Site-Buchung innerhalb des Schutzgebietes.

Nordwesten und Okavango-Delta

Tier- und Pflanzenwelt

Die Tier- und Pflanzenwelt des Reservates enthält alle charakteristischen Faunen- und Florenelemente des Okavango-Deltas (siehe Abschnitt „Tier und Pflanzenwelt" unter „Das Okavango-Delta"). Besucher finden in Moremi zu jeder Jahreszeit große Wildbestände vor, die sich durch stabile Populationen von Elefanten, Büffeln, Löwen, Leoparden, Giraffen, Flusspferden, Zebras, Gnus und Antilopen auszeichnen. Seit 2001 (Beginn des Wiedereinbürgerungsprogrammes in der Mombo-Region) können wieder Breitmaulnashörner im Reservat beobachtet werden, seit dem Jahr 2004 auch Spitzmaulnashörner – dies allerdings nur in der Mombo-Region auf Chief's Island, für Selbstfahrer also nicht erreichbar. Hervorgehoben werden muss der **gute Bestand an Afrikanischen Wildhunden.** Geparde werden nur relativ selten beobachtet. Tendenziell verteilt sich das Wild während der Regenmonate November bis April in den ausgedehnten Mopane-Wäldern. In den trockenen Monaten Juni bis Oktober konzentrieren sich Wildtiere und Vögel entlang permanent Wasser führender Strukturen wie dem Khwai River und bieten dann fantastische Beobachtungsmöglichkeiten.

Camps der Kategorie AA

Konzessionsgebiet NG43 – Mankwe (östlich des Moremi Wildlife Reserve)
●**Mankwe Bush Lodge** (Kgori Safaris, Private Bag 146, Maun, Tel. 6865788, Fax 6865787, Internet: www.mankwe.com). Kategorie AA. Nahe dem Dorf Sankuyo gelegenes Camp am Nordostrand des Moremi WR, unweit des Khwai River. Einfache Safarizelte auf Holzplattformen, mit Restaurant und Bar. Ab 220 Euro p.P. und Tag im DZ (mit VP, organisierte Game Drives inklusive). Nur Übernachtung mit Frühstück ab 125 Euro. Die Campinggebühr beträgt umgerechnet 12,50 Euro. Die GPS-Koordinaten des Camps sind S 19° 22.030', E 23°53.510'.

Camps der Luxuskategorie (mehr als 350 Euro pro Person im DZ)

Konzessionsgebiet NG19 – Khwai Community Concession (Nordgrenze des Moremi Wildlife Reserve)
●**Khwai River Lodge** (Orient-Express Safaris, P.O. Box 100, Maun, Tel. 6860302, Fax 6860153, Internet: www.orient-express-safaris.co.za). Kategorie AA+. Nahe dem Khwai Gate direkt an das Moremi WR angrenzend. Eine der größten und etabliertesten Lodges des Deltas mit Unterbringung von bis zu 30 Gästen in großräumigen überdachten Safarizelten, die nach der letzten Renovierung die alten gemauerten Cottages mit Strohdach er-

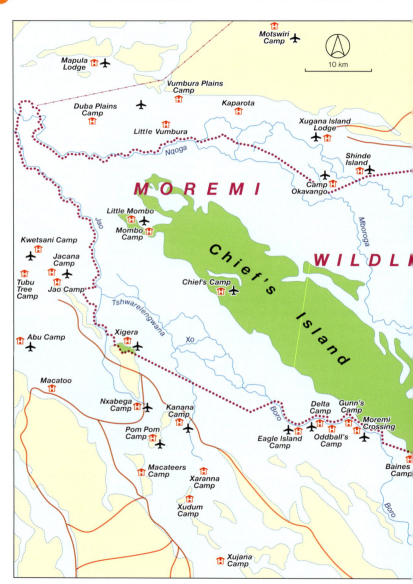

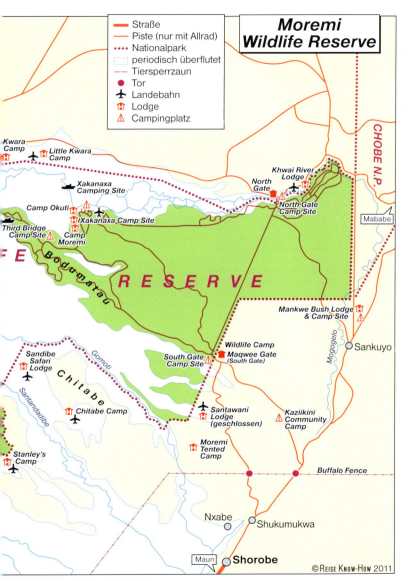

Moremi Wildlife Reserve

Legend:
- Straße
- Piste (nur mit Allrad)
- Nationalpark
- periodisch überflutet
- Tiersperrzaun
- Tor
- Landebahn
- Lodge
- Campingplatz

CHOBE N.P.

Kwara Camp
Little Kwara Camp
Xakanaxa Camping Site
Camp Okuti
Xakanaxa Camp Site
Third Bridge Camp Site
Camp Moremi
Khwai River Lodge
North Gate
North Gate Camp Site
Mababe

Bodumatau

RESERVE

Mankwe Bush Lodge & Camp Site

Sandibe Safari Lodge
Chitabe
Santandadibe
Chitabe Camp
Gomoti
South Gate Camp Site
Wildlife Camp
Maqwee Gate (South Gate)
Mogogelo
Sankuyo

Santawani Lodge (geschlossen)
Kaziikini Community Camp

Stanley's Camp

Moremi Tented Camp

Buffalo Fence

Nxabe
Shukumukwa

Maun
Shorobe

© REISE KNOW-HOW 2011

setzt haben. Es werden Game Drives, geführte Fußsafaris, Angelausflüge und vogelkundliche Exkursionen durch die offene Savannen- und Flusslandschaft angeboten. Man kann problemlos mit dem eigenen Fahrzeug anreisen (GPS-Koordinaten der Lodge: S 19°08. 860', E 23°48.019'). Angenehme, jedoch etwas hotelartige Atmosphäre. Ab 450 Euro p.P. im DZ, alles inklusive.

Konzessionsgebiet NG20 – Kwara Reserve (Nordgrenze des Moremi Wildlife Reserve)
●**Kwara Camp** (Kwando Safaris, P.O. Box 550, Maun, Tel. 6861449, Fax 6861457, Internet: www.kwando.co.za). Kategorie AA+. Familiär geführtes Luxury Tented Camp, nördlich des Moremi WR an einer kleinen Lagune gelegen. Es werden Game und Night Drives, Fußsafaris, Bootsexkursionen zur Godikhwe Lagoon und Mokoro-Touren im 1750 km² großen Kwara Reserve angeboten. Ab 450 Euro p.P. im DZ, alles inklusive. Empfehlenswert. 2006 wurde im gleichen Konzessionsgebiet das nahe gelegene exklusive **Little Kwara Camp** (max. 10 Gäste) eröffnet.

Konzessionsgebiet NG21 – Xugana Area (Nordgrenze des Moremi Wildlife Reserve)
●**Camp Okavango** (Desert & Delta Safaris, Private Bag 198, Maun, Tel. 6861243, Fax 6861791, Internet: www.desertdelta.com). Kategorie AA+. Nördlich des Moremi WR auf Nxaragha Island im ganzjährig wasserführenden Teil des Deltas gelegenes Camp für bis zu 22 Gäste, 2008 renoviert. Unter großen Ebenholz- und Leberwurstbäumen kann man stilvollen Service genießen. Es werden Fußsafaris, Bootsfahrten, Angelausflüge und Mokoro-Touren angeboten. Ab 470 Euro p.P. im DZ, alles inklusive. Empfehlenswerte Guides.
●**Shinde Island Camp** (Ker & Downey Botswana, P.O. Box 27, Maun, Tel. 6861226, Fax 6861282, Internet: www.kerdowneybotswana.com). Kategorie AA+. Überaus reizvoll gelegenes Luxuscamp auf Shinde Island am Nordrand des Moremi WR. Die umgebende Sumpflandschaft bietet gute Chancen, die sehr scheue Sitatunga-Antilope zu sehen. Es werden Game Drives, Angelausflüge, Bootsfahrten und Mokoro-Touren angeboten. Im zugehörigen Konzessionsgebiet NG21 bietet Ker & Downey unter dem Titel „Footsteps across the Delta" auch mehrtägige Fußsafaris an (Übernachtung in einem rustikalen Bush Camp, ab 310 Euro p.P.). Ab 330 Euro p.P. im DZ, alles inklusive.
●**Xugana Island Lodge** (Desert & Delta Safaris, Private Bag 198, Maun, Tel. 6861243, Fax 6861791, Internet: www.desertdelta.com). Kategorie AA+. Bereits in den 1960er Jahren gegründetes Camp, sehr abgelegen nördlich des Moremi WR. Nur mit dem Kleinflugzeug oder mit dem Boot erreichbar. Acht Luxuschalets in exquisiter Lage auf einer Insel in der Xugana-Lagune, der Swimmingpool wurde im Jahr 2001 errichtet. Freundliches Personal. Es werden Mokoro-Touren, Bootsfahrten, Fußsafaris und Angelexkursionen (u.a. kommen große Tigerfische in der Lagune vor) angeboten. Ab 310 Euro p.P. im DZ, alles inklusive.

Xakanaxa Area (innerhalb des Moremi Wildlife Reserve)
●**Camp Moremi** (Desert & Delta Safaris, Private Bag 198, Maun, Tel. 6861243, Fax 6861791, Internet: www.desertdelta.com). Kategorie AA+. Im Herzen des Moremi WR gelegenes, sehr luxuriöses Camp unter großen Ebenholzbäumen an der Xakanaxa-Lagune. In der Umgebung dominiert weitläufige Savannenlandschaft. Die Aktivitäten fokussieren auf Game Drives und Bootsfahrten. Mit dem Kleinflugzeug über den Xakanaxa Airstrip oder auf dem Landweg über das Moremi-Pistensystem erreichbar. Ab 310 Euro p.P. im DZ, alles inklusive.
●**Camp Okuti** (Ker & Downey Botswana, P.O. Box 27, Maun, Tel. 6861226, Fax 6861282, Internet: www.kerdowneybotswana.com). Kategorie AA+. Am Rande der Xakanaxa-Lagune innerhalb des Moremi WR gelegen. Ende 2007 komplett neu errichtete Campanlage für bis zu 20 Gäste. Mit dem Kleinflugzeug über den Xakanaxa Airstrip oder auf dem Landweg über das Moremi-Pistensystem erreichbar. Die Aktivitäten kon-

Aussicht vom Pool der
Savute Safari Lodge (Chobe NP)

zentrieren sich auf Game Drives und Bootsfahrten. Zusätzlich wird ein ermäßigter Tarif für Selbstfahrer angeboten (Vorausbuchung erforderlich). Ab 330 Euro p.P. im DZ, alles inklusive.

●**Xakanaxa Camp** (Moremi Safaris & Tours, Private Bag 26, Maun, Tel. 6860222, oder P.O. Box 2757, Cramerview 2060, South Africa, Tel. +27-11-4633999, Fax +27-11-4633564, Internet: www.moremi-safaris. com). Kategorie AA+. Etabliertes Camp im rustikalen klassischen Stil, an der Xakanaxa-Lagune im Herzen des Moremi WR gelegen. Für bis zu 24 Gäste, alle Zelte wurden Ende 2006 neu errichtet und bestimmten Tiermotiven zugeordnet. Mit dem Kleinflugzeug über den Xakanaxa Airstrip oder auf dem Landweg über das Moremi-Pistensystem erreichbar. Freundliche Atmosphäre. Angeboten werden ausgiebige Game Drives, Bootstouren und vogelkundliche Exkursionen. Für Selbstfahrer gibt es einen ermäßigten Tarif (Vorausbuchung erforderlich). Ab 385 Euro p.P. im DZ, alles inklusive. Empfehlenswert.

Xigera Area
(innerhalb des Moremi Wildlife Reserve)
●**Xigera Camp** (Okavango Wilderness Safaris, Private Bag 14, Maun, Tel. 6860086, Fax 6860632, Internet: www.wilderness-safaris. com). Kategorie AA+. Wunderschön am Südwestrand des Moremi Wildlife Reserve auf einer Insel in permanent überflutetem Sumpfland gelegen, romantisch-tropische Atmosphäre. Das Gelände ist für vorzügliche Vogelbeobachtungsmöglichkeiten bekannt und bietet gute Chancen, die scheue Sitatunga-Antilope zu sehen. Es werden geführte Fußsafaris und Mokoro-Touren angeboten. Ab 450 Euro p.P. im DZ, alles inklusive.

Mombo Tourism Zone
(innerhalb des Moremi Wildlife Reserve)
●**Chief's Camp** (Sanctuary Retreats/Abercrombie & Kent, Private Bag 45, Maun, Tel. 6862688, Fax 6863526, Internet: www.sanctuaryretreats.com). Kategorie AA+. Chief's Camp liegt im wildreichen Mombo-Gebiet innerhalb des westlichen Moremi WR, in

Nordwesten und Okavango-Delta

dem die Crème der afrikanischen Großtierwelt bestens vertreten ist. Die Anlage wird regelmäßig unter die exklusivsten und besten Hotels und Lodges der Welt gewählt. Neben ausgiebigen Game Drives und Fußsafaris werden bei gutem Wasserstand auch Mokoro-Touren angeboten. Das Gebiet bietet gute Chancen, neben großen Löwenrudeln auch Afrikanische Wildhunde, Geparde und Nashörner zu beobachten. Ab 560 Euro p.P. im DZ, alles inklusive.

● **Mombo Camp** (Okavango Wilderness Safaris, Private Bag 14, Maun, Tel. 6860086, Fax 6860632, Internet: www.wilderness-safaris. com). Kategorie AA+. Am Nordwestrand von Chief's Island inmitten des Moremi Wildlife Reserve gelegen. Das Gelände ist für exzellente Wildbeobachtungsmöglichkeiten bekannt und bietet gute Chancen, jagende Wildhundrudel oder Geparde zu sehen. Mehrere renommierte Filmproduktionen über Fauna und Flora des Okavango-Deltas wurden hier gedreht. Neben Game Drives werden geführte Fußsafaris und Mokoro-Tou-ren angeboten. Da man auch (ausgewilderte) Nashörner in der Region antrifft, lässt sich in der Mombo-Region an einem Tag manchmal die ganze Palette der „Big Five" beobachten. Das nahe gelegene Little Mombo Camp ist ein hochexklusiver „Ableger" für max. sechs Gäste. Ab 1080 Euro p.P. im DZ, alles inkl.

Anmerkung: Die Camp-Landschaft befindet sich stetig im Fluss, da immer wieder neue Camps eröffnet werden und auch die Eigentumsverhältnisse (Stichwort „Anlageobjekt") manchmal wechseln. Reine Jagdcamps sind in diesem Buch bewusst nicht vertreten.

Als Selbstfahrer unterwegs im Park

Das öffentlich zugängliche Wegenetz beschränkt sich auf das östliche Drittel des Reservates. Für alle Touren ist ein robuster Allrad-Geländewagen erforderlich. Einige Wasserarme im

Gebiet sind durch altertümlich anmutende Knüppeldämme überbrückt worden, die noch immer als Brücken gebraucht werden (z.B. Third Bridge oder die Zufahrt zum North Gate). Während der Regenzeit sind viele Pisten in den Khwai Flood Plains, in der Xakanaxa-Region und in der Region um Third Bridge nur eingeschränkt oder gar nicht befahrbar. Innerhalb des Mopane-Waldes bilden sich dann tiefe Schlammkuhlen. Sandpassagen lassen sich aufgrund der feuchtigkeitsbedingten Kompaktheit relativ gut befahren. Ein Spezialwagenheber („High-lift Jack") und eine Winde mit Greifzug können in der Regenzeit sehr hilfreich sein, gerade wenn man nur mit einem Fahrzeug unterwegs ist.

Achtung: In den Jahren 2009 und 2010 kam es im Zuge **schwerer Regenfälle** und **massiver Überschwemmungen** zu **großflächigen Sperrungen** im Moremi Wildlife Reserve. Fast alle Brücken bzw. Knüppeldämme im Gebiet wurden durch Flutfolgen oder Unfälle mit Fahrzeugen beschädigt, in den darauffolgenden Monaten aber sukzessive wieder repariert. Bei meinem letzten Rechercheaufenthalt Ende 2010 waren nur noch geringe Beschränkungen im Reservat vorhanden. Dennoch ist es sinnvoll, sich vor dem Start einer Selfdrive-Safari im Moremi WR über den aktuellen Pistenzustand im Büro des DWNP in Maun zu erkundigen.

Während der Trockenmonate Mai bis Oktober stellt tiefer Sand auf manchen Streckenabschnitten ein Problem dar, insbesondere um Third Bridge und östlich von Mboma Island. Tiefe Wasserquerungen sind ganzjährig vorhanden, vor allem im offenen Sumpfland zwischen Fourth Bridge und Xakanaxa und auf allen Zufahrten nach Dead Tree Island. Bitte lesen Sie sich dazu die Hinweise im Kapitel „Wichtige Hinweise für Selbstfahrer" – „Gefahren" – „Wasserquerungen" gut durch. Eine hüfttiefe Wasserquerung bei Xakanaxa, die einen Motorschaden zur Folge hatte, beendete z.B. im Juli 1999 abrupt meine Recherchearbeiten in Moremi – es dauerte fast vier Tage, bis wir uns mit dem Abschleppwagen nach Maun durchgeschlagen hatten.

Für eine ausgiebige Erkundung des Moremi Wildlife Reserve sollte man sich **drei bis vier Tage Zeit** nehmen. Die **für Wildbeobachtungen** attraktivsten Regionen sind die **Khwai Flood Plains** im Norden, die **Region zwischen Fourth Bridge und Xakanaxa im Westen und das Gebiet um Third Bridge.** Auf der Fahrt vom South Gate (GPS-Koordinaten S 19°25.548', E 23° 38.733') nach Third Bridge (49 km) passiert man zunächst dichten Mopane-Wald. Nach 24 km zweigt rechts die Zufahrt zum lohnenden **Bodumatau Loop** ab, der nach 23 km bei Fourth Bridge wieder auf die Hauptpiste nach Xakanaxa trifft. Über – man ahnt die Namen – First Bridge (GPS-Koordinaten S 19°17.099', E 23°23.531') und Second Bridge (GPS-Koordinaten S 19° 17.003', E 23°22.557') gelangt man auf

Reiherkolonie an der Xakanaxa Lagoon

sehr sandiger Piste in die Region um **Mboma Island.** Die nur noch unvollständig von Wasser umgebene Insel kann über den 35 km langen Northern Loop (Abzweigung ca. 2 km vor der Third Bridge) erkundet werden. Der in den Karten eingezeichnete Southern Loop (Abzweigung an der Second Bridge) kann nicht mehr befahren werden. Am Nordweststrand von Mboma Island wird die **Mboma Boat Station** (GPS-Koordinaten S 19°11.689', E 23°16.291') für Bootsfahrten und Mokoro-Touren im südöstlichen Delta unterhalten (Buchungen über Kgori Safaris, Maun), an der man auch auf einer Standby-Basis Boote bzw. Mekoro anmieten kann. Nach Querung der Third Bridge (GPS-Koordinaten S 19°14.411', E 23°21.417') über den Sekiri River sind es 6 km durch tiefen Sand bis Fourth Bridge (GPS-Koordinaten S 19°15.127', E 23° 24.132'). In der Umgebung der Brücke lohnt der **Botelele Pool** mit vielen Wasservögeln, Flusspferden und Krokodilen einen Abstecher sowie die **Dobetsaa Pans,** an denen manchmal der seltene Scherenschnabel („African Skimmer") beobachtet werden kann.

Ein Paradies für Vogel- und Wildbeobachtungen trifft man in den Flood Plains zwischen Fourth Bridge und Xakanaxa-Lagune an, in denen regelmäßig Löwen und Wildhundrudel gesehen werden. An der **Maya Pan** gut 3 km nördlich von Fourth Bridge kann man gelegentlich Rosapelikane beobachten. In diesem Gebiet gibt es mehrere tückische wassergefüllte Senken, um die man nach Möglichkeit einen großen Bogen macht. Eine sehr lohnende Tour

führt zur 5 km nordwestlich gelegenen Insel **Dead Tree Island,** auf der zahlreiche nach Überschwemmungen „ertrunkene" Bäume zusammen mit schornsteinartigen Termitenhügeln einen der bizarrsten Landschaftseindrücke im Reservat vermitteln. Auf dem Weg dorthin müssen mehrere tiefe Wasserpassagen überwunden werden (Vorsicht!). Von Dead Tree Island gelangt man entlang mehrerer Tümpel (Mmaleswana Pan, Mokutshumu Pan, Gau Pan) in nordöstlicher Richtung nach Xakanaxa. Zur Erkundung der ausgedehnten Xakanaxa-Lagune, an der große Brutkolonien von Reihern, Störchen und anderen Wasservögeln existieren, kann man sich an das Xakanaxa Camp und das Camp Okuti wenden, die bei freien Kapazitäten auch für Selbstversorger Exkursionen mit dem Motorboot arrangieren können. In den letzten Jahren bot das Unternehmen **Ngami Marine** (P/Bag 041, Maun, Tel. und Fax 6860364, E-Mail: nm@info.bw) günstige Bootsexkursionen durch die Lagunenlandschaft für umgerechnet 50 Euro pro Stunde (umzulegen auf die Fahrtteilnehmer) an. Die Bootsführer warten an der Anlegestelle am Xakanaxa Camp Site auf Kundschaft.

Vom Xakanaxa Camp Site sind es 44 km bis zum North Gate am Khwai River. Nach etwa 3 km passiert man den Xakanaxa Airstrip. Dahinter zweigt von der alten Hauptpiste nach Khwai (wegen Überflutung geschlossen) ein kurzer Loop nach Norden zu den **Paradise Pools** (GPS-Koordinaten S 19°12. 024', E 23°27.589') ab, die gute Beobachtungsmöglichkeiten für Wasservögel

bo-109 Foto: cl

Nordwesten und Okavango-Delta

Wildbeobachtungsfahrten – Game Drives

Die besten Möglichkeiten zur Wildbeobachtung und zum Fotografieren von Tieren bestehen **aus dem geschlossenen Fahrzeug heraus.** Natürlich kann man Fußsafaris, Reitsafaris, Mokoro-Touren oder Bootsfahrten einen höheren, direkteren Erlebnisgehalt zuschreiben, doch kommt man dabei oftmals nur ungenügend an interessante Tiere und Vögel heran. Glücklich kann sich schätzen, wer mit nur wenigen Reiseteilnehmern einen eigenen Allrad-Geländewagen anmietet und mit diesem ganz individuell durch Nationalparks und Wildreservate streift. Teilnehmer von organisierten Campingsafaris müssen sich in der Regel mit einem Platz auf der „Hühnerleiter" – schmalen Sitzbänken für den Transport von etlichen Personen – für den Safaritourismus umgerüsteter Geländewagen (oder Lastwagen) vorliebnehmen. Safari Lodges und Luxuscamps setzten ähnliche Fahrzeuge ein, füllen diese aber nur mit zwei bis vier Fahrgästen (ein Privileg, das bei Übernachtungspreisen von durchschnittlich 300 bis 600 Euro teuer erkauft werden muss).

Generell bietet **frühes Aufstehen** die beste Gewähr für gute Tierbeobachtungen. Im Morgengrauen durch den dampfenden afrikanischen Busch zu fahren, der gerade von den letzten Akteuren der Nacht verlassen wird, seinen würzigen Geruch zu spüren, der Geräuschkulisse der erwachenden „Tagschicht" zu lauschen, die mit Geiern und Hyänen gespickten Überreste nächtlicher Raubtierkills zu suchen oder sich an den ersten Strahlen der aufgehenden Sonne zu erwärmen – das stellt ein ganz besonderes Safari-Erlebnis dar. Gegen Mittag ziehen sich die Tiere dann in den Schatten zurück, um Rast zu halten. Die Sonne steht nahezu senkrecht über der tropischen Savanne und verdirbt durch die Härte des Lichtes und den ungünstigen Schattenwurf sehr schnell die Laune am Fotografieren.

Erst am späten Nachmittag lohnt es sich, erneut aufzubrechen. Das warme Licht der tief stehenden Sonne bietet jetzt beste Bedingungen für den Einsatz von Kameras. Die Tiere kommen aus ihren schattigen Schlupfwinkeln wieder ins offene Grasland hervor und zeigen ein hohes Maß an Aktivität. Große Herden von Elefanten lassen sich beim Trinken und Baden beobachten. Plötzlich erscheinen hungrige Löwen auf der Bildfläche und bringen neue Bewegung in die Landschaft. Große Greife stürzen sich in die Nachmittagsthermik. Flusspferde schicken sich an, das Wasser für einen ausgiebigen Landgang zu verlassen – und so weiter und so fort. Die Liste ließe sich mit Beispielen beliebig fortsetzen – und da wartet auch noch ein Sonnenuntergang wie aus dem Bilderbuch darauf, auf Zelluloid oder digitalen Kamerachip gebannt zu werden …

Die stille Wächterin des Deltas

Ohne die Existenz der tagaktiven **Tsetse-Fliege** *(Glossina spp.)* wäre das fruchtbare Okavango-Delta wohl längst ein Opfer profitgieriger Farmer und hungriger Viehherden geworden. Durch den Biss der blutsaugenden Tsetse-Fliege werden Trypanosomen übertragen, die beim Menschen die gefürchtete **Schlafkrankheit** auslösen können und beim Vieh zur tödlich verlaufenden **Nagana-Seuche** führen. Wildtiere sind Träger der Nagana und erkranken im Gegensatz zu Rindern und Pferden nicht. Nachdem am Ende des 19. Jahrhunderts eine Epidemie der Rinderpest den Wildbestand des Deltas dezimiert hatte, verschwand die Tsetse-Fliege aus dem Gebiet. In den folgenden Jahrzehnten drangen Hirten mit großen Rinderherden ins Delta ein, da die Tiere dort nun überleben konnten. Erst zwischen 1945 und 1960 kehrte die Tsetse-Fliege ins Delta zurück und zwang die Rinderhalter zum Rückzug.

Groß angelegte **Giftkampagnen** gegen die Störenfriede (die Kampagnen wurden euphemistisch als „Tsetse Fly Control" bezeichnet) waren die Folge. Zunächst wurde das berüchtigte Insektizid DDT am Boden und aus Flugzeugen über dem Delta versprüht, später kamen die Gifte Endosulfan und Dieldrin zum Einsatz. Noch 1985 wurden mehr als 6000 Quadratkilometer des Deltas mehrmals jährlich aus der Luft mit Endosulfan „beregnet". Obwohl es nach größeren Sprühaktionen immer wieder zu Fischsterben kam, hat die Natur den Giftkrieg bemerkenswert gut überstanden. Letzte belegte Fälle der Schlafkrankheit und der Nagana-Seuche im Deltagebiet wurden Mitte bzw. Ende der 1980er Jahre verzeichnet. Wachsende Bedenken über hohe Pestizidkonzentrationen im Oberflächenwasser und in der Nahrungskette, vor allem aber die Gefahr einer Kontamination von Rindfleisch mit Pestiziden, was eine sofortige Schließung des wichtigen EU-Marktes für botswanisches Rindfleisch nach sich gezogen hätte, führten zum Umdenken. Das Tsetse Fly Control Department ist seit den 1990er Jahren dazu übergegangen, anstelle von Sprühaktionen schwarz-blaue **Segeltuchfallen,** die regelmäßig mit Insektiziden imprägniert werden, zur Tsetse-Kontrolle zu verwenden. Die zahlreichen auf Inseln im Delta stationierten Fallen sind beim Blick aus dem Kleinflugzeug nicht zu übersehen.

Nachdem im Jahr 2000 überraschend wieder vereinzelte Nagana-Fälle verzeichnet wurden, veranlasste die Regierung 2001 eine Wiederaufnahme des Sprühprogrammes über dem Okavango-Delta, bei dem das Pyrethroid Deltamethrin, ein pflanzliches Insektizid, aus Spezialflugzeugen versprüht wurde. In einer Art **biologischer Kriegsführung** wurden nach Abschluss der Insektizidbehandlung über dem nördlichen und südlichen Delta mehrere hunderttausend durch Bestrahlung sterilisierte männliche Tsetse-Fliegen ausgesetzt, um die noch verbliebenen Weibchen zu begatten. Ziel der Maßnahmen ist eine vollständige Ausrottung der Tsetse-Fliege in der Region. Kritiker befürchten, dass ein von Tsetse-Fliegen befreites Okavango-Delta einen massiven Ausbau der kommerziellen Viehzucht nach sich ziehen wird.

bieten. Die **neue Streckenführung nach Khwai** erfolgt zunächst über etwa 13 km über die Piste vom Xakanaxa Airport zum South Gate. Von dort führt eine 11 km lange Zubringerpiste, die das bereits genannte Überflutungsgebiet im Süden umgeht, östlich der berüchtigten (**„Mophiti Drift"**) wieder auf die herkömmliche Piste nach Khwai. Wenige Kilometer hinter dieser Einmündung geht eine Piste zur Qua-Lagune und zu den reizvoll gelegenen **Dombo Hippo Pools** (GPS-Koordinaten S 19°11.024', E 23°38.591') links ab. An der Ostflanke des Hippo-Pools wurde ein großer Beobachtungsturm errichtet (schöne Aussicht). Von dort sollte man sich – anstelle einer Rückkehr zur Hauptpiste – durch das verwinkelte Pistennetz entlang des Khwai River zum North Gate (GPS-Koordinaten S 19°10.342', E 23° 45.095') „durcharbeiten". Das offene Grasland der **Khwai Flood Plains** mit seinen randlichen Wäldern und Wasserpools ist ein Paradies für Wasservögel, Greifvögel, Zebras, Antilopen und Raubkatzen. Neben Löwen sind auch immer wieder Leoparden oder sogar Geparde zu beobachten. Nachmittags kommen große Elefantenherden zum Trinken und Baden an den Khwai River. Lohnend ist auch ein Schlenker zum Xharaxhasa Hippo Pool. Östlich vom North Gate Camp Site kann man die offene Flusslandschaft am Khwai River über den Khwai Loop (ca. 40 km) erkunden. Von Juli bis November gilt diese Region als **exzellentes Beobachtungsgebiet für Greifvögel.**

Die 30 km lange Piste zwischen North Gate und South Gate ist recht gut ausgebaut. Sie führt durch monotonen Mopane-Wald ohne nennenswerte Wildbeobachtungsmöglichkeiten. Die Strecke wird häufiger von großen Elefantenherden gequert. Einige tiefe Schlammkuhlen erfordern große fahrerische Behutsamkeit.

Bootsfahrten und Mokoro-Touren im südöstlichen Moremi WR

● **Kgori Safaris,** Private Bag 146, Maun, Tel. 6865788, Fax 6865787, Internet: www.mankwe.com. Im östlichen Delta innerhalb des Moremi WR unterhält das Unternehmen die Mboma Boat Station auf Mboma Island, von der aus empfehlenswerte Bootsfahrten und Mokoro-Touren durchgeführt werden. Die Anreise dorthin erfolgt mit Geländewagen ab Maun. Ein Mokoro mit Poler (für max. 2 Personen) kann für einen Tagessatz von umgerechnet 70 Euro gemietet werden, der Stundensatz liegt bei 15 Euro. Motorboote (bis zu 9 Pers.) kosten umgerechnet 290 Euro pro Tag, der Stundensatz liegt bei 70 Euro.

● **Ngami Marine,** Private Bag 041, Maun, Tel. und Fax 6860364, E-Mail: nm@info.bw. Günstige Bootsexkursionen durch die Lagunenlandschaft der Xakanaxa Lagoon für umgerechnet 50–60 Euro pro Stunde (umzulegen auf die Fahrtteilnehmer). Die Bootsführer warten an der Bootsanlegestelle beim Xakanaxa Camp Site auf Kundschaft.

Kartenmaterial

Die aktuelle Auflage (2008) der **Shell Tourist Map of the Moremi Game Reserve** von *Veronica Roodt* enthält detaillierte Karten des Reservates, GPS-Koordinaten und interessante Hintergrundinformationen. Sie ist an allen größeren Shell-Tankstellen, in den meisten Buchhandlungen und Souvenirshops sowie in einigen Supermärkten erhältlich.

Beste Reisezeit

Während der Regenmonate November bis April (die meisten Niederschläge werden im Januar und Februar verzeichnet) ist das

Moremi WR nur eingeschränkt befahrbar, da viele Pisten verschlammt oder überflutet und manche sogar ganz gesperrt sind. Das Klima ist durch schwüle Hitze mit Tagestemperaturen von 30° bis 35°C gekennzeichnet. Die Vegetation weist eine beeindruckende Üppigkeit auf, und man trifft nur wenige Besucher im Reservat an. Es besteht ein hohes Risiko für Malariainfektionen. Pflanzenliebhaber und Abenteurer erleben das Reservat gerade in dieser Zeit mit großer Begeisterung.

In den trockenen Monaten **Mai bis Oktober/November** bestehen deutlich **bessere Bedingungen für Tierbeobachtungen.** Das Wild konzentriert sich dann entlang permanent Wasser führender Strukturen. Der beste Monat für Wildbeobachtungen (und auch der heißeste!) ist Oktober. In der gleichen Periode (September/Oktober) liegt auch die Hauptbrutzeit von Reihern und anderen Wasservögeln. Von August bis November sammeln sich verschiedene Greifvogelarten, u.a. der attraktive Gaukler, an den Ausläufern des Khwai River. Dieser Zeitabschnitt eignet sich besonders gut für Vogelbeobachtungen.

Anreise

● Das Moremi WR lässt sich über die Landepisten von Xakanaxa, Khwai und allen umgebenden Luxuscamps bzw. Lodges **mit dem Kleinflugzeug** erreichen.
● **Die Straße von Maun nach Moremi** ist auf den ersten 47 km bis Shorobe asphaltiert und gut ausgebaut. Hinter Shorobe beginnt eine breite Schotterstraße, die nach 20 km am Buffalo Cordon Fence endet und dort in eine sandige Piste übergeht. Gut einen Kilometer nach der Durchlassstelle im Buffalo Fence gabelt sich die Piste in die Fahrtrichtungen „Moremi" und „Sankuyo Village/Chobe" auf (schlechte Ausschilderung). Man folgt der ausgefahrenen Piste nach Westen. Spätestens ab hier sollte man in den Allradmodus (4WD high) umschalten. Nach 34 km erreicht man das South Gate (bzw. „Maqwee Gate"). Die GPS-Koordinaten des South Gate sind S 19°25.548', E 23°38.733'. Wer vom South Gate direkt nach Xakanaxa fahren möchte, sollte die 42 km lange Piste diagonal durch die Mopane-Zunge wählen.

● Die **Alternativroute** über die Piste zur Santawani Lodge (geschlossen) ist nicht zu empfehlen. Sie führt durch privates Konzessionsgebiet und weist zahlreiche Weggabelungen auf, an denen man leicht die Orientierung verliert.
● Die **Zufahrt nach Moremi vom Chobe National Park her** erfolgt über das North Gate (bzw. „Khwai Gate"). Sie entspricht – in umgekehrter Richtung – der Streckenbeschreibung unter „Weiterreise nach Chobe".

Buchungen und Eintrittsgebühren

Seit 2009 müssen alle Camp Sites über die privaten Betreiber **SKL Camps Botswana** bzw. **Kwalate Safaris** vorab gebucht und bezahlt werden (s.u.). Neben den Campinggebühren sind auch die Parkgebühren (diese direkt an das DWNP) vorab zu entrichten. Für Tagesbesucher sind allein die Büros der Wildschutzbehörde DWNP bzw. die als Centralized Pay Point ausgewiesenen Wildhüterbüros zuständig.

● **Parks and Reserves Reservation Office,** P.O. Box 20364, Boseja (neben der Polizeistation), Maun, Botswana, Tel. 6861265 oder 6860368, Fax 6860053. Das Büro ist täglich geöffnet: Mo–Sa 7.30 bis 12.45 Uhr und 13.45 bis 16.30 Uhr, So (und an Feiertagen) 7.30 bis 12 Uhr.
● **Parks and Reserves Reservation Office,** P.O. Box 131, Kgale Millenium Park (gegenüber der Game City Shopping Mall), Gaborone, Botswana, Tel. 3971405 oder 3180774, Fax 3912354 oder 3180775, E-Mail: dwnp@gov.bw oder dwnp.parrogabs@gov.bw. Öffnungszeiten: Mo–Sa 7.30 bis 12.45 Uhr und 13.45 bis 16.30 Uhr.

Centralized Pay Points des DWNP:
● **Francistown,** Ntshe House (gegenüber der Cresta Thapama Lodge), P/Bag 167, Francistown, Tel. 2412367, Fax 2410510
● **Ghanzi,** Ortszentrum, P.O. Box 48, Ghanzi, Tel. 6596323/4, Fax 6596466
● **Kasane,** Sedudu Gate des Chobe NP, P.O. Box 17, Kasane, Tel. 6250486 oder 6250235, Fax 6251623

●**Letlhakane, Rural Administration Centre** (RAC), gegenüber dem Spar-Supermarkt, P/Bag 33, Letlhakane, Tel. 2976866, Fax 2976358

Alle genannten Pay Points sowie die Reservierungsbüros in Maun und Gaborone sollen lt. Angaben des DWNP inzwischen (Ende 2010) auch spezielle **Bezahlautomaten** für Kreditkarten (VISA und MasterCard) vorhalten. Die Wildhüter an den Pay Points sind dazu angehalten, Touristen bei Parkreservierungen behilflich zu sein, müssen dazu aber bislang noch immer extra mit Maun bzw. Gaborone Rücksprache halten. Die Öffnungszeiten der Pay Points entsprechen denen des Büros in Gaborone.

Die **Eintrittsgebühren** für Individualreisende (umgerechnet 13 Euro für Erwachsene, 6,50 Euro für Kinder von 8–15 Jahren, 5,40 Euro für Fahrzeuge mit ausländischer Registrierung, 1,10 Euro für Fahrzeuge mit botswanischer Registrierung) müssen vorab entrichtet werden. Die am Park Gate ausgestellte Besuchsgenehmigung ist bis 11 Uhr am Morgen des Folgetages gültig. Das Moremi WR ist das mit Abstand populärste botswanische Schutzgebiet und weist entsprechend viele Besucher auf. Die Erfahrungen der letzten Jahre zeigen, dass man in der Hauptreisezeit (Mai bis Oktober) alle Camp Sites bereits viele Monate im Voraus buchen muss.

Ohne gültiges Camping Permit wird man an den Zufahrtstoren North Gate bzw. South Gate abgewiesen. Besonders unfreundlich sind erfahrungsgemäß die Beamten am South Gate. Eine Ausnahme bilden Transitreisende nach (bzw. aus) Linyanti und Chobe.

Unterkunft und Versorgungsmöglichkeiten

Östlich des Moremi WR
●**Kaziikini Community Campsite** (Sankuyo Tshwaragano Management Trust, Tel. 6800664, Fax 6800665). Einfaches, von der lokalen Bayei-Gemeinde in Sankuyo errichtetes Camp an der Zufahrt zum Moremi WR, ca. 20 km östlich des South Gate (GPS-Koordinaten S 19°35.424', E 23°48.119'). Neben

günstigen Schilfrohrchalets gibt es einen kleinen Campingplatz mit sauberen Duschen, Restaurant und kleiner Bar. Angeschlossen ist das Museumsdorf „Shandereka Cultural Village", das über die lokale Bayei-Kultur informiert. Übernachtung im Chalet ab 23 Euro p.P., die Campinggebühr beträgt 7,50 Euro.

Das Reservat selbst verfügt über **vier „entwickelte" Camp Sites** mit Wasserversorgung, Grillstellen, Duschen und Toiletten mit Spülung: **South Gate** („Maqwee"), **Third Bridge, Xakanaxa, North Gate** („Khwai"). Andere Camp Sites dürfen nur von Reiseveranstaltern genutzt werden (sog. „HATAB Camp Sites").

Alle Camp Sites müssen seit 2009 über den verantwortlichen **privaten Betreiber** vorab gebucht und bezahlt werden:

Xakanaxa und Maqwee/South Gate:
●**Kwalate Safaris,** Maun, Tel./Fax 6861448, Mobil 71308283, E-Mail: kwalatesafari@gmail.com. Kwalate Safaris ist seit Juni 2010 mit vorerst einjähriger Vertragsdauer Agent für die Camps Ihaha (Chobe NP) und Maq-

bo11_070 Fotor.cf

wee/South Gate bzw. Xakanaxa (Moremi WR). Die verlangten Preise sind happig: Camping kostet 210 Pula (ca. 24 Euro) p.P. und Nacht, für Kinder von 8 bis 17 Jahren die Hälfte, Kinder unter 8 Jahren sind frei. Eine getätigte Buchung muss bis sechs Wochen vor Reisedatum bezahlt werden (akzeptiert wird nur Auslandsüberweisung). Die Eintrittsgebühren müssen separat beim DWNP bezahlt werden. Kwalate Safaris versuchte Ende 2010, trotz des zunächst nur einjährigen Pachtvertrages an den o.g. Camp Sites zusätzlich zum normalen Selbstversorger-Camping die Übernachtung in dauerhaft errichteten Safarizelten anzubieten.

Third Bridge und Wilderness Islands Sites:
●**Xomae Group,** P.O. Box 1212, Maun, Tel. 6862221, Mobil 73862221, Fax 6862262, Internet: www.xomaesites.com. Das Büro in Maun liegt etwas versteckt am Flughafen hinter dem Gebäude von Okavango Wilderness Safaris. Die Xomae Group ist seit 2009 Agent für den Nxai Pan NP (inkl. Baines' Baobabs), den Third Bridge Camp Site und die sog. Wilderness Sites im Moremi WR. Die Campinggebühr mit Ausnahme der Wilderness Sites (Übernachtung auf Inseln im Rahmen von Mokoro-Touren) wurde von 30 Pula auf 150 Pula (ca. 17 Euro) p.P. und Tag (Stand 2010) erhöht. Für die Wilderness Sites sind stolze 400 Pula (ca. 45 Euro) zu bezahlen. Eine getätigte Buchung muss bis sechs Wochen vor Reisedatum bezahlt werden (per VISA-Karte oder Auslandsüberweisung). Es gibt keine Kostenerstattung bei Stornierung, die Buchung kann jedoch bis zu einem Jahr verschoben werden. Die Parkeintrittsgebühren müssen unverändert vorab direkt an das DWNP entrichtet werden.

Khwai/North Gate:
●**SKL Camps Botswana,** P.O. Box 1860, Boseja, Maun, Tel. 6865365 oder 6865366, Fax 6865367, Internet: www.sklcamps.com. Der Betreiber der Camp Sites Savuti, Linyanti (Chobe NP) und Khwai/North Gate (Moremi WR) hat sein Büro in der Mathiba I Road in Maun unweit des Flughafens. Die verlangten Preise sind ziemlich gesalzen: Camping kostet 50 US-$ p.P. und Nacht, für Kinder von

8 bis 17 Jahren die Hälfte, für Kinder unter 8 Jahren sind 10 US-$ zu zahlen. Pro Stellplatz werden bis zu drei Fahrzeuge und max. sechs Personen akzeptiert. Eine getätigte Buchung muss bis sechs Wochen vor Reisedatum bezahlt werden (akzeptiert wird nur Auslandsüberweisung). Die Eintrittsgebühren müssen separat beim DWNP bezahlt werden.

●**Die derzeit angenehmste Übernachtungsoption ist der Xakanaxa Camp Site** (zehn Stellplätze), wunderschön auf einer Landverbindung zwischen den Ausläufern der Xakanaxa-Lagune und feuchten Riedern unter schattigen Bäumen gelegen. Es gibt fest installierte Grillstellen, Picknick-Tische und eine solarbetriebene, permanente Wasserversorgung. Das Duschwasser kann über solarbetriebene elektrische Boiler erhitzt werden. Die sanitären Bedingungen sind gut. Elefanten und Hyänen statten dem Platz nachts regelmäßige Besuche ab. Am Westrand des Camp Site befindet sich eine öffentliche Bootsanlegestelle.

●**Der wohl berühmteste und viele Jahre frequentierteste Camp Site Botswanas grenzt westlich an die Third Bridge an** (zehn Stellplätze). Die landschaftlich schöne Lage litt lange Zeit unter der zunehmenden Vermüllung und dem Verfall der sanitären Anlagen. Mit der 2009 abgeschlossenen Renovierung verfügt der Camp Site wieder über saubere sanitäre Anlagen mit solarbeheizten Duschen und funktionierenden Toiletten. Der Platz ist berüchtigt für nächtliche Besuche von Löwen, Hyänen und anderen Tieren, die die nahe gelegene Brücke zur Querung des Sekiri River nutzen. Man sollte daher nach Einbruch der Dunkelheit nicht unnötig herumlaufen – die Gittersysteme vor den Duschen und Toiletten haben durchaus einen Sinn. 1989 wurde an der Third Brige eine Besucherin, die im geöffneten Zelt schlief, von Löwen aus dem Zelt gezerrt und getötet. Ernst nehmen sollte man auch den Warnhinweis vor Krokodilen neben der Brücke – das Schild wurde errichtet, nachdem es mehrere folgenreiche Attacken von Krokodilen auf Badende gegeben hatte. Bärenpaviane und Grüne Meerkatzen stellen gerade am Third Bridge Camp Site eine unerträgliche und ge-

Nordwesten und Okavango-Delta

fährliche Plage dar. Zuletzt gab es sogar Berichte über aktive Angriffe von plündernden Pavian-Horden auf dort rastende Gäste. Teilweise scheinen die Tiere auch die Scheu vor dem Feuer verloren zu haben. Es gibt Berichte über aufgeschlitzte Zelte und über Brände, die von Pavianen oder Meerkatzen ausgelöst wurden, die beim Durchwühlen von Feuerstellen die Glut auf nahe stehende Zelte verteilten. Sie sollten Ihr Zelt daher tagsüber besser komplett abbauen.

● **Weniger attraktiv ist der Camp Site am South Gate** (zehn Stellplätze) inmitten des Mopane-Waldes, mehr als 30 km von den interessantesten Arealen des Reservates entfernt. Störend ist dort auch der abendliche Lärm des nahe gelegenen Wildhütercamps. Allerdings muss man während der Hochsaison, wenn die drei übrigen Camp Sites sehr schnell ausgebucht sind, häufiger mit diesem Platz vorliebnehmen.

● **Deutlich interessanter ist eine Übernachtung auf dem Camp Site am North Gate** (zehn Stellplätze). Das Gelände liegt unter schattigen Bäumen am Ufer des Khwai River. Mit der 2009 abgeschlossenen Renovierung verfügt der Camp Site wieder über saubere sanitäre Anlagen mit solarbeheizten Duschen und funktionierenden Toiletten. Neben Flusspferden streifen nachts auch hin und wieder Leoparden übers Gelände. Ähnlich wie in Third Bridge stellen Paviane und Meerkatzen hier ein großes Problem dar. Alle Lebensmittel müssen daher stets unter Verschluss gehalten werden. Abends trägt der Wind manchmal den Lärm des nahe gelegenen Wildhütercamps herüber.

Achtung: Im Jahr 2006 wurde von nächtlichen **Überfällen** auf den Camp Site am North Gate berichtet, bei denen Zelte mit dem Messer aufgeschlitzt und Autos aufgebrochen wurden. Ähnliche Vorkommnisse sind auch am beliebten Xakanaxa Camp Site nicht auszuschließen.

Das **Sammeln von Feuerholz** kann an allen Camp Sites sehr **unergiebig** sein. Man sollte daher entsprechende Vorräte bei sich führen. Innerhalb des Reservates gibt es (von Wasserquellen abgesehen) **keine zuverlässigen Versorgungsmöglichkeiten.** Ausreichende Vorräte an Treibstoff, Nahrung und Ersatzteilen sind mitzubringen. Luxuscamps und Lodges versorgen ausschließlich ihre eigenen Gäste. Bescheidene Versorgungsmöglichkeiten existieren im Khwai Village nahe dem North Gate (Brot, Getränke, Kekse). Die nächstgelegene Tankmöglichkeit befindet sich in Maun, gut 150 km entfernt.

Weiterreise nach Chobe

Viele Selbstfahrer reisen direkt im Anschluss an einen Aufenthalt in Moremi Wildlife Reserve in den Chobe National Park. Die Wegführung **nach Savuti (103 km)** beginnt am North Gate („Khwai Gate", GPS-Koordinaten S 19°10.261', E 23°45.055'). Die Piste nach Mababe bzw. Savuti wurde nach erheblichen Überschwemmungen in der Khwai-Flussniederung in den Jahren 2009/10 ausgebaut und in großem Abstand zum Khwai River komplett neu angelegt. Tiefe Wasserquerungen wurden durch Brückenbau entschärft.

Gut 500 m nordöstlich des North Gate passiert man das kleine Dorf **Khwai,** in dem vor allem Banoka („Fluss-Buschmänner") leben, die nach Gründung des Moremi-Wildschutzgebietes aus dem Innern an die Peripherie des Reservates umgesiedelt wurden. Über den **Khwai Development Trust** (P.O. Box 657, Maun, Tel. 6801211, Fax 68601210, E-Mail: khwai@botsnet.bw) lassen sich prinzipiell „ethnologische Erlebnistouren" mit den Banoka von Khwai organisieren. Der Trust scheint inzwischen aber statt Ethno-Tourismus und Förderung der Buschmannkultur mehr die Selbstbereicherung und schnelles Geldverdienen als Ziel zu haben und genießt eine entsprechend miserable Reputation. So wurden bis zum Inkrafttreten eines generellen Jagdverbotes angeblich allein 240.000 US-$ jährlich durch den Verkauf von Abschusslizenzen im Stammesgebiet an verschiedene Jagdunternehmen umgesetzt. Es sind mehrere schön gelegene Community **Camp Sites am Khwai River** zur Übernachtung ausgewiesen (Campinggebühr ca. 15 Euro). Unweit des Dorfes kann man ferner sehr gediegen im **Khwai Tented Camp** (Kategorie AA+, ab 400 Euro p.P. alles inklusive,

Fußsafaris im Okavango-Delta

Botswana mit dem Okavango-Delta gilt als eine der besten Destinationen auf dem Schwarzen Kontinent für die Durchführung professioneller Fußsafaris. Verschiedene Konzessionsgebiete mit überschaubaren Unterkunftskapazitäten garantieren exklusive und häufig sogar **spektakuläre Tierbeobachtungen** sowohl aus dem Fahrzeug heraus wie auch im Rahmen von **Walking Safaris**. Im Konzessionsgebiet NG21 an der Nordgrenze des Moremi Wildlife Reserve bietet z.B. das von Ker & Downey betriebene **Footsteps Across the Delta Camp** eine gelungene mehrtägige Variante der klassischen geführten Fußsafari. Insbesondere die Qualität der dort eingesetzten Führer und Fährtenleser, die über ein exzellentes geografisches wie biologisches Wissen verfügen, wird von Teilnehmern der Safaris immer wieder gelobt. Eigene Erfahrungen aus dem Jahr 2010 stützen diese Berichte.

Gewandert wird im Umkreis des mobilen Camps, das für max. sechs touristische Besucher ausgelegt ist, inmitten einer abwechslungsreichen Vegetation mit Lagunenlandschaften, Busch- und Baumsavanne, offenen Grasflächen mit kleinen Wasserläufen und Wasserlöchern bis hin zu kleineren Sümpfen und dichten Galeriewäldern. Eine **Kleingruppe** von maximal sechs Personen (Mindestalter 16 Jahre) wird von einem bewaffneten Führer und einem Fährtenleser („Tracker") begleitet, die via Funk den Kontakt zum Basiscamp halten. Über ein **Netzwerk von Fußtrails** wird das Gelände im Rahmen mehrstündiger Wanderungen („Game Walks") systema-tisch erkundet. Dabei sind die Etappen mit wenigen Kilometern so bemessen, dass das Wandern nicht in schweißtreibende Qual ausartet. Ergänzt werden diese Game Walks durch kurze Mokoro-Touren, bei Bedarf auch durch konventionelle Wildbeobachtungsfahrten in offenen Allradfahrzeugen. Übernachtet wird in funktionell, aber dennoch akzeptabel eingerichteten großen Safarizelten mit eigener Buschdusche bzw. -toilette. Gegessen wird im Freien. Die Zubereitung der Mahlzeiten erfolgt zum Teil am offenen Lagerfeuer.

In erster Linie lassen sich Elefanten, Flusspferde, Gnus, Büffel, Steppenzebras, Giraffen, verschiedene Antilopen und zahlreiche Vogelarten, selten aber auch Löwen, Leoparden und diverse Kleinkatzen beobachten. Dazu werden intensive Einblicke in Ökologie und Flora des Reservates gewährt. Selbst kleine Rudel des seltenen Afrikanischen Wildhundes werden hin und wieder gesichtet.

Das Erlebnis einer Naturerkundung zu Fuß in Afrika lässt sich in seiner **Direktheit und Ursprünglichkeit** nicht mit einer konventionellen Safari im Geländewagen vergleichen, auch wenn die Fotografiermöglichkeiten hier infolge kürzerer Fluchtdistanzen meist deutlich besser sind. Vielleicht beschreibt das Fazit „Safari im Auto ist wie fertiges Kino, aber eine Safari zu Fuß ist, als ob man selbst einen Film dreht" das Erlebnis am besten. Teilnehmer einer gelungenen Fußsafari können über Tierbegegnungen berichten, die sie meist ein ganzes Leben lang nicht mehr vergessen.

bo1_052 Foto: cl

Buchung über African Bush Camps, Tel. +263-9234307, Fax +263-9230582, Internet: www.africanbushcamps.com) am Flussufer übernachten und auf Safari gehen.

Die neue, befestigte Piste nach Mababe/ Savuti wendet sich ca. 3,5 km ab North Gate, noch vor Erreichen des Khwai Airstrip (GPS-Koordinaten S 19°09.052', E 23°47.543'), nach Norden. Nach ca. 3 km führt eine Brücke über einen Nebenarm des Khwai River. Nach weiteren 2 km wendet sich die Strecke scharf nach Osten und nach weiteren ca. 10 km zweigt links eine Piste nach Linyanti und Seronga ab. Nach weiteren ca. 7 km in südöstlicher Richtung wird die Grenze zum Chobe National Park gequert. Von hier geht es nochmals ca. 10 km in Richtung des Dorfes **Mababe**. Dabei quert man die Formation des **Magwikhwe Sand Ridge** (Achtung: teilweise tiefer Sand), mit 945 m Höhe über NN die höchste fossile Uferlinie des Makgadikgadi-Ursees. Nach insgesamt ca. 35 km ab North Gate zweigt links eine ausgeschilderte Piste nach Savuti ab, die nach weiteren 6 km auf die Piste von Maun/Mababe nach Savuti einmündet. Kurz dahinter passiert man das neue **Mababe Gate** (südliches Zufahrtstor des Chobe NP, GPS-Koordinaten S 19°06. 182', E 23°59.119'). Über teilweise extrem sandige Piste legt man auf dem Boden der **Mababe Depression** die restlichen 70 km nach Savuti (GPS-Koordinaten: S 18°34.005', E 24°34.902') zurück.

Alternativ kann man weiter nach Mababe fahren (gut 40 km ab Khwai, in einigen Karten auch als „Kudumane Village" eingezeichnet, dort Übernachtungsmöglichkeit auf dem **Dizhaana Community Camp Site** am Ufer des Khwai River, zuständig ist der Mababe Community Trust in Maun, Tel. 6800010). Ca. 750 m westlich von Mababe kann der wasserführende Khwai River über eine 2009 neu errichtete Stahlbrücke gequert werden. Die weitere Piste nach Savuti zweigt kurz vor dem Erreichen dieser Brücke in nördlicher Richtung ab.

Zwischen Maun und Kasane gibt es keine Tankmöglichkeit. Die Strecke nach Kasane über Moremi, Khwai, Savuti, Kachikau und Ngoma beträgt (ohne Game Drives) knapp 400 km, die größtenteils durch unwegsames Gelände führen und einen entsprechend hohen Treibstoffverbrauch nach sich ziehen. Für Game Drives im Moremi WR und im Chobe NP muss man zusätzlich noch etwa 350 km einkalkulieren, sodass man für eine Gesamtstrecke von 750 bis 800 km ausreichende Treibstoffmengen mit sich führen muss.

Maun – Shakawe

Gesamtdistanz: 388 km
- **Zustand:** gut ausgebaut, durchgehender Asphaltbelag (vereinzelt Schlaglöcher)
- **Tankmöglichkeiten:** Maun, Gumare, Etsha 6, Shakawe
- **Gesamtfahrzeit:** 4 Stunden

Man verlässt Maun auf der Hauptstraße westlich des Thamalakane River in südwestlicher Richtung. Nach 69 km erreicht man **Toteng** (einfache Versorgungsmöglichkeiten). Hinter Toteng passiert man den teilweise ausgetrockneten Lake Ngami und gelangt bei Km 101 nach Sehithwa, ein kleines Dorf am Südende des Sees mit einem hohen Herero-Anteil unter seinen Bewohnern. Dort passiert man die Abzweigung der neuen Asphaltstraße nach Ghanzi und Mamuno und folgt man dem Straßenverlauf in nordwestlicher Richtung. Vor Tsao muss der Setata Veterinary Fence gequert werden. Nach insgesamt 145 km passiert man das Dorf **Tsao** (GPS-Koordinaten S 20°10.294', E 22° 27.265'). 11 km nördlich von Tsao zweigt links eine Sandpiste zu den Drotsky's Caves und den Aha Hills ab (manchmal ausgeschildert, GPS-Koordinaten der Weggabelung: S 20°07.047',

Nordwesten und Okavango-Delta

E 22°22.291'). Nach insgesamt 215 km erreicht man das Dorf **Nokaneng,** wo am Ortseingang eine weitere Zufahrt zu den Aha Hills abgeht (GPS-Koordinaten der Weggabelung: S 19°39.577', E 22°11.010'). Bei Km 252 zweigt rechts die Zufahrt zum reizvollen Dorf **Gumare** (GPS-Koordinaten S 19°22.242', E 22°09.242', Tankmöglichkeit) ab, wo man Korbflechtarbeiten der Hambukushu kaufen kann (die Auswahl ist allerdings klein). Bei Km 285 gelangt man an die Zufahrt nach **Etsha 6** (GPS-Koordinaten S 19°06.706', E 22°16.152'), wo es eine Shell-Tankstelle und einen kleinen Basket Shop mit exzellenten Korbflechtarbeiten gibt. Bei Km 296 passiert man die Zufahrt zu Etsha 13 (GPS-Koordinaten S 19°00.975', E 22°19.125'), wenig später bei Km 318 den Thamacha Veterinary Fence („Ikoga Gate", GPS-Koordinaten S 18°50.327', E 22°13.756'). Nach 330 km erreicht man das Dorf **Sepupa** (GPS-Koordinaten S 18°44.976', E 22°10.457', Unterkunfts- und Campingmöglichkeit, Querung des Okavango mit „Wassertaxis" nach Seronga möglich). Am Ortseingang zweigt die südlichste der drei Zufahrten zu den Tsodilo Hills ab (Streckenführung zunächst auf der alten Straße nach Etsha, ausgeschildert). Nach weiteren ca. 20 km geht rechts die Zufahrt zur Nxamaseri Island Lodge ab (GPS-Koordinaten S 18°38.125', E 22°02.797'). Bei Km 356 gelangt man an die Abzweigung der mittleren, inzwischen zur Schotterpiste ausgebauten, Zufahrt zu den Tsodilo Hills (ausgeschildert, GPS-Koordinaten: S 18°35.834', E 21°59.986'). Gut 2 km dahinter

passiert man das Dorf **Nxamaseri.** Wenig später erblickt man von einem erhöht liegenden Aussichtspunkt die Tsodilo Hills im Westen („View of Tsodilo", GPS-Koordinaten S 18°33.830', E 21°58.273'). Bei Km 371 quert man den Samuchima Lung Disease Fence (GPS-Koordinaten S 18°29.256', E 21°55.142'), an dem die kaum noch gebräuchliche nördlichste Zufahrt zu den Tsodilo Hills abgeht. 5,5 km dahinter (Km 376) zweigt rechts die Zufahrt zur Shakawe Lodge ab (ausgeschildert). Wenig später bei Km 380 erreicht man die Zufahrt zu Drotsky's Cabins (ausgeschildert). Nach 388 km gelangt man nach **Shakawe** (Flugfeld, Tankstelle, passable Versorgungsmöglichkeiten). 16 km hinter Shakawe liegt der Grenzübergang Mohembo nach Namibia.

Lake Ngami

Der geheimnisvolle Lake Ngami zwischen Toteng und Sehithwa stellt ein **Relikt des ausgedehnten Makgadikgadi-Ursees** dar, der einst von den Strömen Okavango, Chobe und Sambesi gespeist wurde und die Makgadikgadi Pans, das Okavango-Delta, die Mababe Depression, den Lake Ngami und den Lake Xau umfasste. Das flache Seebecken besitzt über den Nhabe River eine Verbindung zum Thamalakane River und damit zum Okavango-Delta. Fossile Uferlinien signalisieren, dass der See ursprünglich etwa 1800 km² groß war, doch bereits *David Livingstone,* der das Gebiet 1849 erreichte, schätzte die Größe des Sees nur noch auf 800 km². Bald danach trocknete er vollkommen aus. Im 19. Jahrhundert gelangte über den Nhabe River neues Wasser aus dem Delta in das Becken, um nur wenig später wieder zu verdunsten.

Anfang der 1960er Jahre füllte sich der See auf einer Fläche von 250 km² erneut mit dem Überschusswasser des Deltas. Es entstand ein Paradies für Pelikane, Flamingos, Ibisse, Enten, Gänse, Störche, Kormorane, Kiebitze und andere **Wasservögel,** die sich vor allem von kleinen Schalentieren ernähren, die Trockenperioden „schlafend" in der Tiefe des Seebodens überdauern und bei ausreichender Nässe zu neuem Leben erweckt werden. Bis 1982 trocknete der Lake Ngami wieder komplett aus. Erst in den **niederschlagsreichen Sommern** 1999/2000, 2003/2004, 2005/2006 und 2006/2007 füllte sich der See wieder einige Zentimeter tief mit Wasser, sodass seit 2004 eine dauerhafte Wasserfläche mit enormem Vogelreichtum vorhanden ist (wie in den 1960er Jahren!), die sich nach Auffüllung mit Überschusswasser aus dem Okavango-Delta über den Nhabe River seit 2009 nochmals deutlich vergrößert hat. In anderen Jahren erinnerte nur eine flache überweidete Ebene an die Existenz eines Sees. Eine Erkundung des Gebietes ist bei fehlendem Wasser nicht besonders lohnend. Die Zufahrt zur offenen Oberfläche des Sees erfolgt von der Straße Sehithwa – Maun aus (GPS-Koordinaten der Abzweigung S 20°27.041', E 24°44.398'). Das Seeufer wird auf Höhe der GPS-Koordinaten S 20°27.812', E 24°45.247' erreicht. Man kann im Randbereich problemlos wild zelten.

Drotsky's Caves und Aha Hills

Gebiet ganzjährig zu besuchen. Anreise nur mit Allrad-Geländewagen möglich. GPS-Navigation hilfreich. Keine Versorgungs- und Tankmöglichkeiten vor Ort. Einfache Camp Sites vorhanden. Wasserversorgung nicht verlässlich. Anfahrtszeit ab Tsao: 3–4 Std., ab Nokaneng: 5–6 Std. Grenzquerung nach Namibia am Grenzübergang Dobe/Tsumkwe ca. 20 km nördlich der Aha Hills möglich.

Überblick

Die in den Gcwihaba Hills gelegenen Drotsky's Caves (auch als „Gcwihaba Caverns" bezeichnet) und die etwa 50 km nordwestlich davon gelegenen Aha Hills stellen **eines der großen Ziele für abenteuerlustige Individualbesucher** in Botswana dar. Die beiden Felsgruppen liegen gut 120 bzw. 150 Kilometer Luftlinie westlich von Tsao an der Straße nach Shakawe. „Gcwihaba" bedeutet in der Sprache der !Kung-Buschmänner (das „!" symbolisiert einen Klicklaut) so viel wie „Lager der Hyänen". 1932 zeigten lokale San dem Händler und Farmer *Martinus Drotsky,* einem weißen Farmer aus Ghanzi, den ausgedehnten Tropfsteinhöhlenkomplex in den Gcwihaba Hills. 1934 wurde die Entdeckung veröffentlicht und kurz darauf zum **National Monument** erklärt. Fortan trugen die Höhlen den Namen Drotskys. Einem seiner Nachfahren, *Jan Drotsky,* gehört heute die Lodge Drotsky's Cabins bei Shakawe. Der Legende nach hat der Gründer der Stadt Ghanzi, *Hendrik van Zyl,* am Ende des 19. Jahrhunderts große Reichtümer in der Höhle versteckt – die bis heute nicht gefunden wurden.

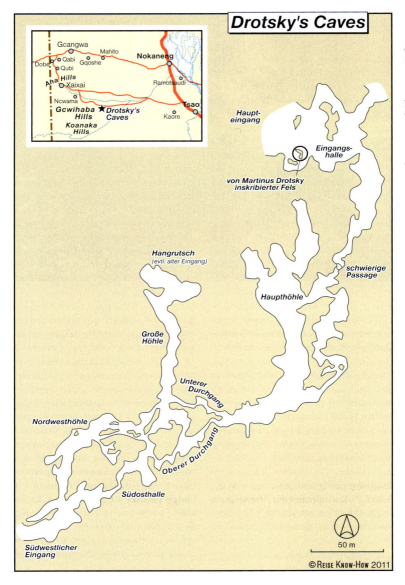

Drotsky's Caves

Nordwesten und Okavango-Delta

Map inset locations: Gcangwa, Mahito, Qabi, Gqoshe, Dobe, Qubi, **Nokaneng**, Aha Hills, Xaixai, Ramotsaudi, Ncwama, Gcwihaba Hills, ★Drotsky's Caves, Koanaka Hills, Kaore, Tsao

Haupt-eingang

Eingangs-halle

von Martinus Drotsky inskribierter Fels

Hangrutsch
(evtl. alter Eingang)

schwierige Passage

Haupthöhle

Große Höhle

Unterer Durchgang

Nordwesthöhle

Oberer Durchgang

Südosthalle

Südwestlicher Eingang

50 m

© REISE KNOW-HOW 2011

Maun – Shakawe

bo-203 Foto: cl

Die sehr abgelegene Gegend kennzeichnet eine **trockene fossile Dünenlandschaft,** aus der die Dolomitfelsen der Aha Hills wie Festungen aufragen. In der Umgebung wurden zahlreiche steinzeitliche Werkzeuge mit einem Alter von bis zu 12.000 Jahren gefunden. Neben Spieß-, Springböcken und Steinböckchen werden in der Region hin und wieder auch Löwen und Afrikanische Wildhunde gesichtet.

Erkundung der Höhlen

Der in der Luftlinie etwa 300 m lange Höhlenkomplex erstreckt sich auf einer nach Südwesten gerichteten Achse. Es

Große Kudus (Weibchen)

gibt zwei Eingänge am südwestlichen Ende (Nebeneingang) und am Nordwestende (Haupteingang). Die mehr als **500 m lange Durchquerung** der Höhlen von einem Eingang zum anderen, nur geleitet vom Schein der eigenen Taschenlampe, lässt den Adrenalinspiegel steigen. Die Unternehmung eignet sich nur für Unerschrockene, auf keinen Fall für ängstliche Menschen und Klaustrophobiker. Man sollte mindestens zwei starke Taschenlampen dabeihaben, falls eine unterwegs ihren Dienst versagt, und nur in der Gruppe oder zu zweit gehen. Seit 2008 dürfen die Höhlen nur mit einem lokalen Führer betreten werden. Das Alter der Höhlen ist nicht sicher bestimmbar. Vermutlich haben sie vor etwa 15.000 Jahren ihre heutige Form erhalten. Der Komplex ist zwischen 1,30 m und 13 m hoch und enthält zahlreiche Stalagmiten und Stalaktiten.

Man betritt die Höhlen am besten vom Haupteingang her, der am niedrigeren Hügel rechter Hand eines trockenen Flussbettes liegt und durch eine Informationstafel des National Museum mit dem charakteristischen Zebra-Logo gekennzeichnet ist. Zunächst gelangt man in eine Eingangshalle, von der aus man über eine steile und enge Passage mit etwas Klettern in eine ausgedehnte Kammer, die eigentliche Haupthöhle, gelangt. Von hier führen mehrere stockdunkle Korridore mit kleineren verwinkelten Seitenkammern in südwestlicher Richtung zum Nebeneingang, dessen Lichtschein erst bei der Annäherung hin wahrgenommen wird. Es leben **mehrere Fledermausarten** in den Höhlen, die in Gruppen von bis zu 600 Tieren an den Wänden hängen. Sie verlassen die Höhlen gegen 21 Uhr und kehren deutlich vor Sonnenaufgang zurück. Wer eine intensivere Höhlenerkundung plant, sollte unbedingt eine Mund und Nase umschließende Staubschutzmaske tragen, um sich vor der Inhalation infektiöser Pilzsporen zu schützen, die in von Fledermäusen bewohnten Höhlen der Tropen und Subtropen relativ häufig vorkommen. Inzwischen wurden in den Hauptpassagen des Höhlensystems zur besseren Orientierung der Besucher synthetische Schnüre ausgelegt. Vom Haupteingang im Norden führt eine gelb markierte Nylonschnur in die Haupthöhle, vom Nebeneingang im Südwesten ist es eine grüne.

Besuch der Aha Hills

Die Aha Hills erheben sich unweit der Grenze zu Namibia **bis zu 300 m hoch** aus der flachen Kalahari-Baumsavanne und besitzen eine Ausdehnung von ca. 250 km². Die Faszination des Gebietes liegt vor allem in seiner **Abgeschiedenheit und Stille** – ähnlich einsam ist es nur in manchen Gebieten der zentralen Kalahari. Die Hügel bestehen aus ca. 700 Millionen Jahre alten Dolomitformationen mit Marmor- und Kalkanteilen. Zwei größere Felslöcher („Waxha Sinkholes") im Abstand von 15 km, mit einer Tiefe von 45 m bzw. 75 m, werden als Relikt eingestürzter Tropfsteinhöhlen gedeutet. Ihre Erkundung ist wegen Einsturzgefahr gefährlich und sollte unterlassen werden. Empfehlenswert ist eine nachmittägliche Besteigung der Hügel, sodass man von oben den Sonnenuntergang über der unendlich weiten Kalahari genießen kann.

In der Umgebung der Aha Hills existieren **mehrere kleine Dörfer,** bewohnt vor allem von San und Herero: Xai Xai oder Cgae Cgae (15 km südlich), Dobe (9 km weiter westlich, Grenzübergang nach Namibia, von 7.30 bis 16.30 Uhr geöffnet) und Qangwa (ca. 50 km nördlich). In den 1960er Jahren führten mehrere Forscherteams der US-amerikanischen Harvard University an den San des Dorfes Dobe anthropologische Studien durch, die später die Basis bedeutender Veröffentlichungen bildeten.

Anreise, Unterkunft und Versorgung

Die Gcwihaba Hills liegen sehr abgelegen – in der Regel kommen nur wenige Fahrzeuge pro Woche hierher. Es existieren **keinerlei Versorgungsmöglichkeiten** (zur Not ist Wasser aus den Bohrlöchern Xai Xai und Xhaba erhältlich). Eine entsprechend gute Vorbereitung auf die Tour ist erforderlich. Ausreichende Vorräte an Wasser (5–10 Liter pro Person und Tag), Treibstoff, Nahrung und Ersatzteilen müssen mitgebracht werden. Die Tour sollte nur mit mindestens zwei Fahrzeugen unternommen werde. Ein GPS-Gerät kann bei der Orientierung sehr hilfreich sein. Die nahe gelegenen Aha Hills bieten ähnliche Verhältnisse. Einfachste Lebensmittel sind in Xai Xai und Qangwa erhältlich. Das Gebiet lässt sich mit robusten Allrad-Geländewagen ganzjährig erreichen. Während der Regenzeit von November bis April ist die Landschaft recht grün und immer wieder von Blütenteppichen der pinkfarbenen Brunsvigia-Lilie übersät. Unangenehm heiß und staubig wird es in den Monaten Oktober und November. Man sollte zwei Nächte für eine Erkundung der Region einplanen.

Die früher übliche Nutzung wilder Campingplätze unter schattigen Dornakazien direkt an den beiden Eingängen der Drotsky's Caves wurde 2008 zugunsten mehrerer nahe gelegener **Community Camp Sites** (kostenpflichtig, bislang ohne jegliche Einrichtungen) untersagt. Diese sind vor Ort leider schlecht ausgeschildert. Die veranschlagte Campinggebühr von umgerechnet ca. 3 Euro wird oftmals nicht eingetrieben. Man versinkt dort leicht mit dem Wagen in einer der zahllosen Erdferkelhöhlen und sollte entsprechend gut achtgeben. Alle Abfälle müssen wieder mitgenommen oder verbrannt und sonstige Hinterlassenschaften möglichst tief vergraben werden. An den Aha Hills kann man überall entlang der Piste wild zelten. Im Dorf Xai Xai gibt es einen vom **Cgae Cgae Tlhabolo Trust** (Mobil 71688631, Internet: www.xaixai.org) betriebenen überteuerten Community Campground, an dem auch Wasser erhältlich ist. Der Trust bietet kostenpflichtige Führungen (ca. 5,50 Euro p.P.) zu den Drotsky's Caves an, zumal die Bewohner von Xai Xai die Höhlen als kommunalen Grundbesitz beanspruchen. Nach offizieller Lesart ist ein individueller Besuch der Höhlen ohne lokalen Führer nicht möglich.

Die Anreise erfolgt von Tsao an der Strecke Toteng – Shakawe. 11 km hinter hinter Tsao (in Fahrtrichtung Shakawe) auf Höhe der GPS-Koordinaten S 20°07.047', E 22°22. 291' geht links eine ausgeschilderte gut ausgebaute Sand/Schotterpiste ab, die zunächst über ca. 65 km relativ fest ist und danach durch sehr sandige Dünenlandschaft führt. Bei Km 80 zweigt von hier links auf Höhe der GPS-Koordinaten S 19°57.556', E 21°44.451' eine Piste zum 26 km entfernt gelegenen Xhaba Borehole ab (ausgeschildert). Diese Piste führt vom Bohrloch direkt weiter zu den 27 km entfernten **Drotsky's Caves** (GPS-Koordinaten S 20°01.250', E 21°21.230') und vereinigt sich dort mit der herkömmlichen Zufahrt von Westen. Um die einst gebräuchlichere Zufahrt von Westen zu benutzen, folgt man dem Verlauf der Piste von der Abzweigung zum Xhaba-Bohrloch nach Xai Xai (GPS-Koordinaten S 19°52.867', E 21°04. 934'). Nach insgesamt 143 km ab Tsao erscheinen die Aha Hills erstmals am westlichen Horizont. Wenige Kilometer hinter diesem Punkt geht auf Höhe der GPS-Koordinaten S 19°54.286', E 21°09.418' eine knapp 28 km lange Piste zu den Gcwihaba Hills mit den Drotsky's Caves links ab (ausgeschildert). Die flachen Hügel werden erst bei der Annäherung deutlich sichtbar.

Der Ausbau einer direkten Zufahrt zu den **Drotsky's Caves** von Osten her auf geschobener Sand-/Schotterpiste würde die Anfahrtszeit ab Tsao auf dieser Strecke auf weniger als drei Stunden verkürzen.

Die **Aha Hills** sind über die Hauptpiste von der Abzweigung zu den Drotsky's Caves noch gut 20 km in nordwestlicher Richtung entfernt. Gut 9 km nach der Abzweigung erreicht man das Dorf Xai Xai (GPS-Koordinaten S 19°52.867', E 21°04.934'), dann nach einigen Kilometern (tiefer Sand) die ersten Ausläufer der Aha Hills, wo die Piste mitunter sehr steinig wird. Insgesamt 36 km nördlich von Xai Xai gelangt man an die Zufahrt zum Dorf Dobe (GPS-Koordinaten S 19°34.830', E 21°04.428'), wo 9 km weiter westlich ein 2002 eröffneter **offizieller Grenzübergang zu Namibia** (Dobe/Tsumkwe) eingerichtet wurde, und nach weiteren 11,5 km nach Qangwa (GPS-Koordinaten S 19°31.868',

Nordwesten und Okavango-Delta

E 21°10.281'). Von dort gelangt man über eine gut ausgebaute und sandige Piste in östlicher Richtung wieder an die Straße nach Shakawe (GPS-Koordinaten der Einmündung: S 19°39.577', E 22°11.010').

Kommerzielle Safaris in das Gebiet werden meist nur auf gezielte Nachfrage hin angeboten. Neben den Lodges und Camps der Panhandle-Region kann man sich an verschiedene Reiseveranstalter in Maun (z.B. Maun Rest Camp Safaris) wenden.

Gumare

Die kleine Ortschaft Gumare (GPS-Koordinaten S 19°22.242', E 22°09.242') zwischen Nokaneng und Etsha lohnt einen kurzen Abstecher von der Asphaltstraße nach Shakawe. Gumare ist ein **Zentrum für Korbflechtarbeiten der Hambukushu-Frauen.** Die **Ngwao Boswa Basket Co-operative** (Tel. 6874074) unterhält einen kleinen Basket Shop, der eine Auswahl hochwertiger Produkte bietet, deren Preise deutlich unter denen in Maun liegen. Neben mehreren kleinen Läden, Tankstellen, Bäckerei und Fleischerei besitzt Gumare auch ein kleines Krankenhaus. Einen kurzen Rundgang lohnt auch die traditionelle Dorfstruktur mit vielen strohgedeckten Lehmhütten, die wie kleine Anwesen von hohen Schilfwänden mit hölzernen Zugangstoren umgeben sind. Touristische Unterkünfte gibt es in Gumare nicht. Die Busse von Maun nach Shakawe (und vice versa) halten im Ort.

Die Panhandle-Region

Der Okavango River tritt nach einer Reise von ca. 1200 Kilometern durch den Sand der Kalahari bei Mohembo in eine lang gezogene Talsenke zwischen zwei parallel verlaufenden Verwerfungslinien ein, die wegen ihrer pfannenstielartigen Topografie (die zugehörige „Pfanne" ist das Okavango-Delta) als „Panhandle" bezeichnet wird. Auf einer Länge von 95 Kilometern mäandriert der Fluss durch ein **wechselfeuchtes Überschwemmungsgebiet,** das 10 bis 15 Kilometer Breite erreicht und mit Sümpfen, Röhrichten und kleinen Galeriewäldern bestanden ist. Der Wasserstand erreicht kurz nach der Regenzeit im April und Mai seinen Höhepunkt und fällt dann langsam. Auch während ausgedehnter Trockenperioden führt der Okavango im Panhandle ganzjährig Wasser. Die Landschaft beeindruckt in erster Linie durch ihre Ruhe und Lieblichkeit. Wildbeobachtungen ergeben sich nur hin und wieder, sodass die Aktivitäten vor allem auf Angeln, Bootsfahrten und Vogelbeobachtungen ausgerichtet sind. Die tiefen und schnell fließenden Gewässer gelten als Paradies für große Brassen und Tigerfische (eine Barschart). Die Panhandle-Region ist daher ein **Mekka für Sportangler.** Mit der Asphaltierung der Strecke Maun – Shakawe und dem Ausbau der Zufahrt von Namibia über Rundu ist die Region auch für Reisende mit normalem PKW erreichbar geworden.

Mehrere wunderschön gelegene, komfortable und dabei vergleichsweise **preisgünstige Lodges und Camps** laden zu einem überaus erholsamen Aufenthalt am Ufer des Okavango River ein. Bei Shakawe bieten die Lodges Drotsky's Cabins, Shakawe und Xaro empfehlenswerte Unterkünfte und Campingplätze. Weiter flussabwärts liegen die Nxamaseri Island Lodge, der Sepupa Swamp Stop, die Nguma Island Lodge und das Guma Lagoon Camp. Die Anreise ist bei hohem Wasserstand teilweise nur mit Booten oder mit dem Kleinflugzeug möglich. Von den Camps an der Basis der Panhandle lassen sich relativ günstige Mokoro-Touren ins westliche Okavango-Delta organisieren. Im gesamten Panhandle-Gebiet, vor allem in Sepupa, ist **große Vorsicht vor nicht lizenzierten Guides und unseriösen Tourunternehmern** geboten, die auffällig billige Boots- und Mokoro-Touren ins Delta anbieten, die unterwegs nicht selten in betrügerischer Absicht verändert oder nach erfolgter Vorauszahlung gar nicht erst durchgeführt werden. Die Camps und Lodges der

Panhandle-Region sind ferner empfehlenswerte Ausgangsbasen für Touren zu den ca. 50 km westlich des Okavango River gelegenen Tsodilo Hills. Alle größeren Orte der Region sind auch über die Busverbindung Maun – Shakawe (mehrmals täglich) erreichbar.

Die Etshas

Auf der Flucht vor der Unterdrückung durch das Lozi-Reich nördlich des Sambesi gelangten Anfang des 18. Jahrhunderts die ersten Vertreter des **Hambukushu-Volkes** in das Gebiet des Okavango-Deltas. Der Hauptwanderungsstrom zog jedoch zunächst weiter nach Nordwesten und wurde vorübergehend am Oberlauf des Okavango im südlichen Angola sesshaft. Bedroht von skrupellosen portugiesischen Händlern,

die von den moralisch kaum edleren Hambukushu-Häuptlingen mit Elfenbein und Sklaven aus dem eigenen Volk bedient wurden, bildete sich bald erneut eine große Migrationsbewegung, die dem Lauf des Okavango nach Südosten folgte. Das Gros der Hambukushu wurde dabei in der Panhandle-Region sesshaft. Die letzte große Flüchtlingswelle von ca. 4000 Hambukushu, ein Resultat des angolanischen Bürgerkrieges, erreichte Ende der 1960er Jahre Shakawe. Die botswanische Regierung gewährte den Flüchtlingen Bleiberecht und ließ eine neue Siedlung für sie errichten – Etsha. Als Etsha 1969 bezogen wurde, spalteten sich die Hambukushu in genau **dreizehn Clans** auf, die getrennt voneinander siedelten. Der Einfachheit halber numerierte die botswanische Regierung die Siedlungen unter dem Namen „Etsha" einfach durch, sodass die heutigen Dörfer „Etsha 1" bis „Etsha 13" entstanden.

Etsha 6 (GPS-Koordinaten S 19°07. 049', E 22°17.752') ist heute das **kommerzielle Zentrum** und bietet Reisenden einfache Versorgungsmöglichkeiten (Shell-Tankstelle, Bäckerei, Fleischerei, kleiner Supermarkt, verschiedene Läden). Mehr als 1000 Hambukushu-Frauen in den Etsha-Siedlungen leben von der **Korbflechterei.** Der lokale Verkauf von Korbwaren, Holzschnitzereien und Töpferwaren erfolgt über den **Okavango Basket Shop** (Mo bis Sa von 8 bis 17 Uhr geöffnet), in dem man die

vielleicht hochwertigsten *Ngamiland Baskets* in ganz Botswana findet. Daran angrenzend liegt das kleine **House of the River People Museum,** das Tradition, Kultur und Kunsthandwerk der in der Panhandle-Region lebenden Bayei, Hambukushu und San erläutert (Mo–Sa von 8 bis 17 Uhr geöffnet, geringe Eintrittsgebühr). Das **Etsha Guest House & Camping** (Kategorie D) bietet sehr einfache Übernachtungs- und Campingmöglichkeiten. Neben der Shell-Tankstelle befindet sich **Ellen's Café,** wo einfache Snacks und Imbisse erhältlich sind. Die Hambukushu-Siedlungsstruktur der Etshas ist einen genaueren Blick wert, da sie sich deutlich von der der Tswana-Dörfer abhebt. Hambukushu errichten anstelle von Rundhütten vor allem rechteckige strohgedeckte Häuschen, die von hohen Schilfwänden umgeben sind und wie kleine Anwesen mit nach außen gesicherter Privatsphäre wirken. Die Busse von Maun nach Shakawe und vice versa halten im Ort.

Camps und Lodges zwischen Etsha 6 und Nxamaseri

●**Nguma Island Lodge** (Private Bag 013, Maun, Tel. 6874022, Fax 6874021, Internet: www.ngumalodge.com). Kategorie AA (ab 180 Euro p.P. im DZ). Malerisch an der Guma-Lagune gelegenes Camp mit anspruchsvoller Unterbringung in großen Zelten. Familienfreundliche Atmosphäre. Es gibt ein gutes Restaurant mit Bar. Es werden Mokoro-Touren (ca. 75 Euro pro Tag und Person), Bootsfahrten, vogelkundliche Exkursionen und Angelausflüge (Ausrüstung wird gestellt) angeboten. Die Anreise erfolgt auf dem Landweg ca. 3 km nördlich von Etsha 13 (tiefsandige Piste, Allradantrieb erforderlich). Man muss sich vorher bei der Lodge telefonisch nach dem Weg erkundigen. Es gibt einen Abhol-

Unterwegs im südlichen Delta

service von Etsha 13, bei Bedarf auch von Gumare oder Seronga, und eine kleine Landepiste für Kleinflugzeuge. Camping auf dem Gelände ist für Selbstversorger möglich, muss aber angemeldet werden. Die GPS-Koordinaten der Lodge sind S 18°57.231', E 22° 22.394'.

● **Guma Lagoon Camp** (Private Bag 023, Maun, Tel./Fax 6874626, Internet: www.guma-lagoon.com). Kategorie A. Kleines Fishing-Camp mit ähnlich schöner Lage wie die Guma Island Lodge, etwas weiter nördlich an der Guma Lagoon gelegen. Unterbringung für Selbstversorger in relativ kleinen fest installierten Zelten. Camping für 6 Euro pro Person möglich. Leider haben wir relativ unfreundliches Personal erleben müssen. Es können Boote zu fairen Preisen gemietet werden, Komplettpakete enthalten ausgiebige Angelausflüge. Die GPS-Koordinaten des Camps sind S 18°57. 586', E 22°22.201'.

● **Nxamaseri Island Lodge** (P/Bag 23, Maun, Tel. 6878015, Fax 6878016, Internet: www. nxamaseri.com). Kategorie AA+. Luxury Tented Camp (max. 12 Gäste) für Angler und Vogelkundler mit gediegener Unterbringung in großen Zelten (ab 400 Euro p.P.). Aktivitäten sind vor allem geführte Bootsfahrten und Angelexkursionen. Das Camp lässt sich mit dem Kleinflugzeug oder mit Allrad-Geländewagen über die Strecke Sepupa – Shakawe (Abzweig auf Höhe der GPS-Koordinaten S 18° 38.125', E 22°02.797') bzw. vom gegenüberliegenden Okavango-Ufer nahe Sangoshe erreichen. Gerühmt werden die fantastische Lage des Camps und die gute Küche. Neben exklusiven Reitsafaris werden auch Tagestouren zu den Tsodilo Hills und in das namibische Mahango Game Reserve nahe Shakawe angeboten. Die GPS-Koordinaten der Lodge sind S 18°36.426', E 22°05.268'.

Sepupa

Der kleine Ort Sepupa (GPS-Koordinaten S 18°44.976', E 22°10.457') liegt 1,7 km östlich der Hauptstraße Sehithwa – Shakawe am Ufer des Okavango und wird traditionell überwiegend von Bayei bewohnt. Unter anderem gibt es einen Bottlestore, eine kleine Bäckerei und einen „General Dealer". Ein schönes und dabei preisgünstiges Camp, der Sepupa Swamp Stop, bietet Bootstouren auf dem Okavango an. Bei ausreichendem Wasserstand wird von der Bootsanlegestelle unterhalb des Sepupa Swamp Stop auf Nachfrage auch ein **„Wassertaxi-Service"** nach Seronga am östlichen Ufer des Okavango unterhalten (etwa 1½ Std. Fahrtdauer, ca. 135 Euro für ein sechssitziges Motorboot, ca. 170 Euro für einen 16-Sitzer), von wo der **Okavango Polers Trust** (Internet: www.okavangodelta.co.bw) relativ preiswerte Mokoro-Touren ins westliche Delta durchführt.

● **Sepupa Swamp Stop** (Tel. 6830153, Mobil 71379326, Fax 6862992, E-Mail: swampstop@info.bw). Kategorie B–C. Schön gelegener Campingplatz direkt am Okavango River (ca. 2,5 km lange Zufahrt, ausgeschildert). Es werden Touren zu den Tsodilo Hills und Mokoro-Touren ins westliche Deltagebiet (3-Tage-Komplettpaket ab Sepupa für ca. 180 Euro), Bootscharter sowie Fahrten mit Hausbooten auf dem Okavango angeboten. Die Campinggebühr beträgt 7,50 Euro p.P., alternativ kann man in fest installierten Safarizelten übernachten. Kleines Restaurant mit belebter Bar, viele jüngere Gäste. Die GPS-Koordinaten des Camps sind S 18°44.749', E 22°11.843'.

Die Tsodilo Hills

Gebiet ganzjährig zu besuchen. Anreise nur mit Allrad-Geländewagen möglich. GPS-Navigation hilfreich, aber nicht notwendig. Keine Versorgungs- und Tankmöglichkeiten vor Ort. Einfache Camp Sites vorhanden. Wasserversorgung nicht verlässlich. Anfahrtszeit ab Shakawe oder Sepupa: 1–2 Std.

Nordwesten und Okavango-Delta

Überblick

Die im äußersten Nordwesten gelegenen Tsodilo Hills stellen **eines der lohnendsten Reiseziele Botswanas für Individualbesucher** dar. Der Tswana-Name „Tsodilo" wird auf die Mbukushu-Bezeichnung „Sorile" zurückgeführt, was so viel wie „steil" bedeutet. Internationale Bekanntheit erlangte das als Mekka für **Buschmannzeichnungen** geltende Gebiet durch Schilderungen im Roman „The Lost World of the Kalahari" von *Sir Laurens van der Post,* der auch ins Deutsche übersetzt wurde („Die verlorene Welt der Kalahari", Diogenes-Verlag 1995). Die abgeschiedene Lage und die besondere Formation der Hügel, verbunden mit ihrer großen geschichtlichen Bedeutung, haben dazu geführt, dass die Tsodilo Hills bis auf den heutigen Tag eine **faszinierende Atmosphäre voller Magie, Mystik und Abenteuer** ausstrahlen und dadurch große Anziehungskraft auf den Besucher ausüben – wer das Gebiet einmal kennen gelernt hat, kehrt wieder und wieder dorthin zurück. So steigen denn auch die Besucherzahlen an den Tsodilo Hills kontinuierlich. Verbunden mit dem 2002 abgeschlossenen Ausbau der bis dahin außerordentlich schlechten Hauptzufahrtspiste besteht eine erhebliche Bedrohung, dass der Tourismus schon bald die besondere Ausstrahlung des Gebietes zerstören wird und viele Felszeichnungen der Gefahr ausgesetzt sind, von unbedachten Besuchern beschädigt zu werden.

Die Tsodilo Hills befinden sich **ca. 50 km Luftlinie südlich von Shakawe.** Sie sind erdgeschichtlich relativ jung und bestehen aus glimmerhaltigem Quarzitschiefer. Die gesamte Felsformation ist etwa 9 km² groß und gliedert sich in vier Einzelhügel, die bis zu 400 m hoch aus der umgebenden, mit lockerem Wald bestandenen Sanddünenlandschaft aufragen. Die auf einer nordwestlichen Achse liegenden Hügel werden einer Namensgebung der San folgend als „Vater" **(Male Hill),** „Mutter" **(Female Hill)** und „Kind" **(Child Hill)** bezeichnet. Der vierte, am weitesten nördlich und etwas abseits liegende Hügel, ist ohne Namen geblieben. Eine Legende der San besagt, dass der vierte Hügel die erste Ehefrau des „Vaters" darstellt, die wegen einer jüngeren Frau von diesem verlassen wurde und nun kummerbeladen und einsam im Hintergrund lebt. Der kompakte, festungsartig wirkende Male Hill ist am höchsten, während der mit zahlreichen Felsausläufern versehene Female Hill die mit Abstand größte Ausdehnung besitzt. Bei der Anreise von Nordosten erscheint zunächst der Male Hill, der sich wie ein Schildkrötenpanzer über der sanft gewellten Dünenlandschaft erhebt, im Blickfeld. Bei klarer Witterung kann man die Tsodilo Hills auch von einem Aussichtspunkt an der Strecke Sepupa – Shakawe aus erkennen.

Das Gebiet ist als **National Monument** geschützt und steht unter Aufsicht des National Museum in Gaborone. Im Dezember 2001 wurden die Tsodilo Hills von der UNESCO (Kulturorganisation der Vereinten Nationen) als erste Stätte von Felszeichnungen in Afrika in die Liste des **Weltkulturerbes** aufgenommen.

In der Umgebung der Tsodilo Hills waren während vergangener Feuchtperioden große Wildbestände (z.B. auch an Nashörnern) vorhanden. Durch zunehmende Trockenheit und die Bejagung durch den Menschen ist davon heute kaum noch etwas zu bemerken. Unter anderem kann man Große Kudus, Grüne Meerkatzen, Steinböckchen, Erdferkel, Leoparden und Braune Hyänen, selten auch wandernde Elefanten im Gebiet beobachten.

Besichtigung des Gebietes

Die bisherigen Forschungen deuten darauf hin, dass das Gebiet bereits vor 100.000 Jahren von Menschen bzw. menschlichen Vorfahren besiedelt war. Die herausragende Bedeutung der Tsodilo Hills für die San (Buschmänner) der Kalahari spiegelt sich in der großen Fülle von Felszeichnungen wider, die in der überwiegenden Zahl San, aber auch Bantuvölkern zugeschrieben werden. **Über 4500 Felszeichnungen aus**

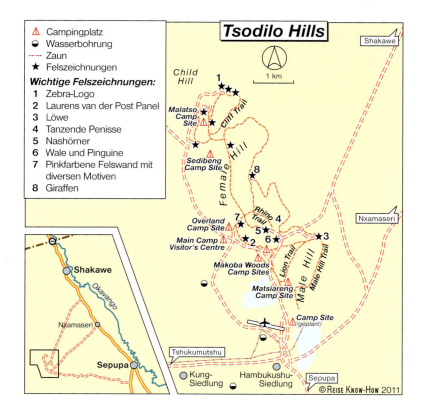

© REISE KNOW-HOW 2011

mehr als zwanzig Jahrtausenden sind heute erhalten. Sie verteilen sich auf über 370 einzelne Orte. Die meisten Zeichnungen befinden sich an Felsüberhängen, glatten Felswänden und Höhlen des Female Hill. Darunter trifft man auch einige Zeichnungen von Bantu-Stämmen an, die ein geschätztes Alter von bis zu 1000 Jahren besitzen. Trotz der Unwegsamkeit und Abgelegenheit der Hügelgruppe sind die meisten Zeichnungen sehr gut dokumentiert und erforscht. Es gibt eine Fülle von wissenschaftlichen Publikationen (eine Auswahl ist unter „Hintergrundinformationen" aufgeführt). Das National Museum in Gaborone hat ein komplettes Fotoarchiv aller bekannten Zeichnungen angelegt.

Bei Ausgrabungen wurden Überreste verzehrter Fische gefunden, die auf ein Alter von etwa 20.000 Jahren datiert werden. Zusätzlich wurden alte Uferlinien eines Sees gefunden, der sich westlich der Hügel befand. Die Herkunft dieser Fischskelette und Gräten wird heute auf den Fischfang von San zurückgeführt. Der See trocknete vermutlich schon vor Jahrtausenden aus. In jüngerer Zeit wurden auch Überreste verschiedener Minen gefunden, in denen wahrscheinlich San zwischen 800 v. Chr. und 1100 n. Chr. schwarzen Hämatit und Glimmer abbauten. Die Mi-

Tsodilo Hills: Male Hill

neralien gelangten über ein weitverzweigtes Handelsnetz in viele Gebiete des südlichen Afrika. Zum Aufschluss von mineralhaltigen Gesteinsadern wurde der Fels mit Feuern erhitzt. Beim Wiederabkühlen sprangen dann kleinere Felsplatten von der Oberfläche ab und gaben manchmal Mineralvorkommen frei. Die wohl ausführlichste Beschreibung des Gebietes hat der deutsche Geologe *Siegfried Passarge* veröffentlicht (1907), der bereits 1893 zu den Tsodilo Hills reiste.

Ein Besuch der Hügel beginnt mit der **Registrierung am Besucherzentrum des National Museum.** Es wird bislang keine Besuchsgebühr erhoben. Bei der Registrierung ist ein informatives Faltblatt des National Museum mit Erläuterungen zu den Zeichnungen und Hintergrundinfos zu den Hügeln und ihrer San-Besiedlung erhältlich. Individualreisende sind verpflichtet, einen **San-Guide** mitzunehmen (offizielle Gebühr: ca. 5,50 Euro, übliches Trinkgeld: ca. 5 Euro), der beim Aufsuchen der lohnendsten Zeichnungen eine große Hilfe darstellt. Nicht alle Guides sprechen gut Englisch, sodass Verständigungsschwierigkeiten leider ein Problem darstellen können. Es führen **sechs Pfadsysteme** durch den Hügelkomplex. Drei davon, der **Lion Trail,** der **Rhino Trail** und der **Cliff Trail,** sind **gut markiert** und viel begangen, während die anderen unbedingt einen lokalen Führer erfordern. Die wichtigsten Fundorte von Felszeichnungen sind entlang des Rhino Trail mit nummerierten Ziffern versehen. Entsprechende Erklärungen wurden in die Info-Broschüre des National Museum integriert. Eine gute Beschreibung aller Trails findet sich auch im aktuellen „The Shell Tourist Travel Guide of Botswana" von *Veronica Roodt.* Die schönsten Ausblicke über die umgebende Landschaft bieten sich vom Cliff Trail. Obwohl sich die meisten Reiseagenturen in Maun mit Fly-in-Tagestouren zu den Tsodilo Hills begnügen, sollte man nach Möglichkeit mindestens zwei Tage an den Hügeln verbringen, um alle wichtigen Zeichnungen gesehen zu haben und um die geheimnisvolle Atmosphäre in Ruhe aufnehmen zu können.

Die meines Erachtens **sehenswertesten Felszeichnungen** sind im folgenden, von Norden nach Süden angeordnet, aufgeführt (Nummerierung auf dem Rhino Trail bzw. zugehörige GPS-Koordinaten in Klammern):

● **Zebra-Logo** (Zugang auf Höhe der GPS-Koordinaten S 18°44.243′, E 21°43.575′), nördlicher Ausläufer des Female Hill (Cliff Trail). Eine gut erhaltene gestreifte Pferdefigur, die als Emblem des National Museums („Zebra Logo") botswanaweit bekannt ist.

● **Tanzende Penisse,** (#8 Rhino Trail, GPS-Koordinaten S 18°45.150′, E 21°44.576′), Tal an der Südostflanke des Female Hill. Die gut erhaltene Zeichnung stellt männliche Figuren dar, die vom ehemaligen Direktor des National Museum, *Alec Campbell,* aufgrund ihrer Ähnlichkeit mit erigierten männlichen Geschlechtsteilen als „Dancing Penises" bezeichnet wurden.

● **Nashörner** (#10 Rhino Trail, GPS-Koordinaten S 18°45.437′, E 21°44.723′), Tal am Südende des Female Hill. Man sieht zwei große, sehr gut erhaltene Nashörner mit dicken Bäuchen und überlangen Hörnern, direkt darunter ein Nashornbaby. Dazu ein büffelähnliches Tier und mehrere recht abstrakte weiße Zeichnungen. Unweit davon existiert eine gut erhaltene Giraffendarstellung.

Nordwesten und Okavango-Delta

● **Wale und Pinguine** (#11 Rhino Trail, GPS-Koordinaten S 18°45.673′, E 21°44.862′), Südende des Female Hill. Die Zeichnungen, die Wale und Pinguine darstellen könnten, legen den Verdacht nahe, die San der Tsodilo Hills hätten Kontakte zur namibischen Küste gehabt. Man kann die Zeichnungen allerdings auch als Abbildung „normaler" Fische und Wasservögel deuten. In der Nähe liegt eine kleine Felshöhle (#12 Rhino Trail, GPS-Koordinaten S 18°45.673′, E 21°44.862′) die einen schönen Picknick-Platz darstellt.

● **Laurens van der Post Panel** (#13 Rhino Trail, GPS-Koordinaten S 18°45.627′, E 21°44.436′), Südwestflanke des Female Hill. Das wohl bekannteste Ensemble von Zeichnungen, in etwa 20 Metern Höhe an einer exponierten Felswand. Der Zugang erfolgt über einen rückwärtigen Kletterpfad. Neben einigen 50 bis 60 cm großen Darstellungen von Elenantilopen sind zwei sehr gut erhaltene Giraffen, ein Giraffenkopf und mehrere Handabdrücke vorhanden. Fotografen erzielen vormittags bei optimalem Lichteinfall die besten Bildresultate.

● **Elenantilopen,** Nashörner, Giraffen, Spießböcke, Antilopen u.a. (#15 Rhino Trail, GPS-Koordinaten S 18°45.556′, E 21°44.361′), Südwestflanke des Female Hill. Zahlreiche Tierdarstellungen an einer leicht abfallenden Felsflanke, die interessanterweise großflächig mit pinkfarbenen Flechten überzogen ist. Die Zeichnungen sind teilweise nur noch sehr verwaschen erhalten. Eine abstrakte Figur mit elf Ausläufern, die z.B. als Skorpion oder als großes Insekt interpretiert werden kann, gibt gewisse Rätsel auf und regt dazu an, die Fantasie spielen zu lassen.

● **Löwe,** (GPS-Koordinaten S 18°45.538′, E 21°45.109′), Nordende des Male Hill (Lion Trail). Mäßig gut erhaltene Zeichnung eines männlichen Löwens in ca. fünf Metern Höhe.

Felszeichnung „Tanzende Penisse"

Andere Zeichnungen zeigen auch Paviane, Strauße, Elefanten, kleinere Antilopen oder Warzenschweine. Viele von ihnen sind nur schemenhaft erkennbar. Sie sind teilweise so unerreichbar in großer Höhe auf glatte Felswände aufgetragen, dass die Künstler von hölzernen Leitern aus gemalt haben müssen. An mehreren Felsüberhängen in Bodennähe sieht man weißliche Darstellungen von Tieren, die z.B. auch Rinder und andere Nutztiere zeigen. Diese Figuren gelten mit einem Alter von nur wenigen hundert Jahren als jüngste Zeichnungen im Gebiet und werden Bantu-Stämmen zugeschrieben. Das eindrucksvolle Laurens van der Post Panel wurde zu Ehren von **Sir Laurens**

van der Post benannt, der die Tsodilo Hills 1955 mit einer größeren Expedition besuchte. Die mit Gewehren, Filmkamera und Tonbandgerät bewaffnete Truppe störte die „Geister von Tsodilo" durch ihre lauten Aktivitäten angeblich so empfindlich, dass diese die Funktion von Kamera und Aufnahmegerät blockierten und drei Tage lang wilde Bienen die Mannschaft jagten. Überstürzt zog Laurens van der Post mit seinen Leuten wieder davon, nicht ohne eine apologetische Note am Fuße des Panels zu hinterlassen, das heute seinen Namen trägt. Er bezeichnete die Hügel später als „das große Bollwerk einer einstmals lebendigen Buschmannkultur" und als einen „mit Schätzen angefüllten **Louvre der Wüste**".

Auf dem Cliff Trail kann man eine **natürliche Zisterne** an der Nordwestflanke des Female Hill besichtigen, in der der Legende nach eine große Schlange mit kuduartigen Hörnern leben soll. Wer die Quelle passiert, muss einen kleinen Stein hineinwerfen, um die Schlange günstig zu stimmen. Darüber hinaus kann man mehrere kleine **Höhlen** besichtigen, z.B. „Elephant Shelter" oder „White Rhino Shelter". Auf dem Gipfelplateau des Female Hill gibt es mehrere „Hufabdrücke" im Felsen, die auch als **„Dinosaurierspuren"** bekannt sind. Die an den Hügeln lebenden Hambukushu glauben, dass ihr Gott *Nyambe* das Volk mitsamt Rindern vom Himmel herabgelassen hat. Die

bo-113 Foto: cl

Felszeichnungen am Laurens van der Post Panel

Die Felskunst der Buschmänner

Die in vielen Felsregionen und Gebirgen des südlichen Afrikas vorhandenen Zeichnungen und Felsmalereien von San legen eindrucksvoll Zeugnis ab von dem ungeheuren Aktionsradius der einstigen Jäger und Sammler. Neben Zeichnungen von Nashörnern, Elefanten, Giraffen, Antilopen, Zebras, Büffeln oder Löwen findet man auch packende Jagdszenen, zeremonielle Tänze, spirituelle Heilungen oder Alltagsszenen dargestellt. Die Zeichnungen der Tsodilo Hills werden auf ein Alter von mindestens 20.000 bis zu wenigen hundert Jahren datiert und sind überwiegend als rötliche, bräunliche und ockerfarbene Farbmischungen auf den Fels aufgebracht worden. Obwohl der Verdacht naheliegt, es seien in erster Linie Blut oder Eier zur **Farbherstellung** verwandt worden, zeigen Forschungen, dass vor allem zermahlene Eisenoxide in einer Paste aus Tierfetten Verwendung fanden. Geschützt unter Felsüberhängen und durch sehr trockenes Klima hat die Farbgebung in einigen Fällen viele Jahrtausende überdauert. Weißliche Farben enthalten Silikate wie Quarz oder Kreide- bzw. Tonpartikel. Sie sind Umwelteinflüssen gegenüber weitaus weniger widerstandsfähig und charakterisieren daher vor allem jüngere Zeichnungen, beispielsweise die von Bantustämmen.

Zum **Farbauftrag** wurden Finger, Stöcke, aus Ästen und Holzfasern hergestellte Pinsel oder die flachen Hände (siehe z.B. das Laurens van der Post Panel) verwendet. In vielen Gebieten ist der gute Erhaltungszustand von Felszeichnungen auf regelmäßige „farbliche Erhaltungsmaßnahmen" (also „Nachmalen") zurückzuführen. Neben den mehr als 4500 Zeichnungen der Tsodilo Hills findet man qualitativ hochwertige Felsmalereien an verschiedenen Orten in Namibia und in Simbabwe (z.B. in den Matopos Hills bei Bulawayo). Sehr beeindruckend ist auch ein Besuch der Tiergravuren von Twyfelfontein (Namibia). Man nimmt heute an, dass bestimmte **zeremonielle Zeichnungen** von Medizinmännern angefertigt wurden, die dabei unter dem Einfluss pflanzlicher Drogen standen (denkbar z.B. im Fall der „Tanzenden Penisse"). Jagdszenen und Tiermalereien werden in erster Linie kreativen Jägern zugeschrieben, die sich und das auf ihren ausgedehnten Jagdzügen Gesehene verewigten. Andere sehr abstrakte Zeichnungen werden am ehesten als Ausdruck eines tiefen künstlerischen Dranges mancher Buschmänner verstanden. Die Hauptfundorte von Zeichnungen können demnach als eine Art „Freilandgalerie" angesehen werden, wo eine Vielzahl künstlerischer „Visitenkarten" hinterlassen wurde.

Die Felskunst der Buschmänner wirft zahlreiche Fragen auf. Warum haben die San überhaupt gemalt, und was genau hat die Wahl ihrer Motive beeinflusst? Bergen die Zeichnungen heimliche Mitteilungen an nachfolgende Jäger? Welche Aussagen lassen sich aus Darstellungen von Tieren ableiten, die im Gebiet gar nicht vorkamen und vermutlich auch keine Relevanz als Nahrungsquelle aufwiesen? Welche geheimnisvollen Zeremonien kannte die San-Kultur? Welche Bedeutung besaß Kunst – nach unserem heutigen Verständnis – für diese Menschen? Kann man die sinkende Qualität der jüngeren Zeichnungen als zunehmende Abwendung vom Lebensstil der Jäger und Sammler deuten? Bedauerlicherweise werden sich viele dieser Rätsel über die Beschäftigung mit den Nachfahren der damaligen San nicht mehr lösen lassen – die einzigartige Kultur der Buschmänner ist auch in Botswana weitgehend ausgelöscht worden. Zurück bleibt ein großartiges „Open-air-Museum", das sich mit der Zeit langsam in nichts auflöst.

Spuren auf dem Female Hill werden als Beweis für diese Überzeugung ins Feld geführt.

Gesonderter Erwähnung bedarf das Vorkommen des etwa 13 cm langen braunen **Tsodilo-Felsgeckos** *(Pachydactylus tsodiloensis)*, der an den Tsodilo Hills endemisch vorkommt. Gelegentlich wird auch der bis zu 1,30 m lange **Felswaran** *(Varanus albigularis)* beobachtet, ein naher Verwandter des bekannteren Nilwarans.

Ca. 3 km westlich des kleinen Hambukushu-Dorfes im Süden des Male Hills kann man ein **Dorf der !Kung-Buschmänner** (GPS-Koordinaten S 18° 48.147', 21°43.903') besichtigen. Zwar ergeben sich beim Kauf von traditionellen Buschmann-Souvenirs recht gute Fotografiermöglichkeiten charakteristischer San-Physiognomien, doch wirkt die triste Atmosphäre zwischen dem letzten Schluck aus der Schnapsflasche (viele !Kung sind Alkoholiker) und der nächsten Ladung „buschmannhungriger" Touristen bei kritischer Betrachtung deprimierend und entmutigend.

Beste Reisezeit

Das Gebiet lässt sich **zu allen Jahreszeiten** bereisen. Die Monate Oktober und November werden von den meisten Besuchern als zu heiß und staubig empfunden. Während der Regenmonate Dezember bis April ist das Klima durch hohe Tagestemperaturen von 33° bis 40°C und gelegentliche Schwüle gekennzeichnet. Die Vegetation ist dann sehr grün und bildet reizvolle Kontraste zum Grau der Felsen. Allerdings sind größere Wanderungen in den Hügeln eine mehr als schweißtreibende Angelegenheit. Man muss unterwegs unbedingt mehrere Liter Trinkwasser pro Person dabeihaben. In den trockenen und kühleren Monaten Mai bis Oktober sind die klimatischen Bedingungen deutlich angenehmer.

Anreise

● Die Tsodilo Hills lassen sich über eine vom National Museum unterhaltene Landepiste bequem **mit dem Kleinflugzeug** erreichen. Charterarrangements werden von mehreren Gesellschaften in Maun ab umgerechnet 1250 Euro (Cessna 206, unter bis zu fünf Personen aufzuteilen) angeboten (zu Details siehe im Kapitel „Maun"). Kommerzielle Campingsafaris werden von verschiedenen lokalen Reiseunternehmen in Maun durchgeführt, u.a. von Maun Rest Camp Safaris oder Phakawe Safaris. Solche Touren lassen sich auch über die Camps und Lodges der Panhandle-Region organisieren (z.B. über die Nxamaseri Island Lodge oder Drotsky's Cabins). Eine Tagestour von dort kostet 75 Euro p.P. Zu recht hohen Preisen (über 150 Euro pro Tag) kann man Geländewagen für Touren zu den Tsodilo Hills auf Nachfrage z.B. bei der Shakawe Lodge entleihen. Man sollte bei der Beurteilung des Preises die Verschleißerscheinungen auf den schlechten Sandpisten im Gebiet berücksichtigen.

● **Selbstfahrer haben die Wahl zwischen drei Zufahrtspisten,** die einige der übelsten Sandpassagen in ganz Botswana enthalten.

Am empfehlenswertesten ist die seit 2002 als Schotterpiste ausgebaute **mittlere Zufahrt** (ca. 38 km), die 33 km südöstlich von Shakawe von der Hauptstraße abzweigt (ausgeschildert, GPS-Koordinaten der Abzweigung: S 18°35.834', E 21°59.986'). Auf der exzellent befestigten Piste durch dichtes Mopane-Buschland könnte man problemlos 80 km/h schnell fahren, doch erscheint ein solches „Rasen" nicht angemessen für die Annäherung an einen mystischen Ort wie die Tsodilo Hills. Nach 37 km und ca. 30 Minuten Fahrzeit erreicht man zunächst ein Hambukushu-Dorf südlich des Male Hill, passiert dahinter ein Zauntor (GPS-Koordinaten: S 18° 47.275', E 21°44.856'), dann den kleinen Airstrip und erreicht auf Höhe der GPS-Koordinaten S 18°45.550', E 21°44. 300' schließlich das Feldbüro des National Museum.

Nordwesten und Okavango-Delta

Die **südliche Zufahrt** von Sepupa aus (ca. 58 km) ist ausgeschildert und in der Shell-Karte Botswanas korrekt wiedergegeben. Sie verläuft zunächst über gut 30 km auf festem Untergrund (die ersten 10 km auf der alten Straße nach Etsha), kann aber anschließend, wenn die Fahrt über von Sandrippen überzogene Dünenlandschaft geht – zusätzlich ist die Piste auch noch durch Viehtritt zerstört –, nur noch äußerst schüttelfesten Fahrzeugen und hartgesottenen Passagieren empfohlen werden.

Die inzwischen offiziell geschlossene **nördliche Zufahrt** ist die schlechteste Wahl. Sie zweigt 17 km südöstlich von Shakawe am Samuchima Lung Disease Fence von der Hauptstraße ab (GPS-Koordinaten: S 18° 29.256', E 21°55.142') und ist ca. 36 km lang. Die Strecke mündet zwischen Male Hill und Female Hill in das Pistensystem entlang der Tsodilo Hills.

Unterkunft und Versorgungsmöglichkeiten

Ausreichende Vorräte an Getränken, Treibstoff, Nahrung und Ersatzteilen müssen mitgebracht werden. Wasser ist aus Bohrlöchern erhältlich.

Es gibt **mehrere naturbelassene Campingplätze** am Fuße der Tsodilo Hills, die bislang keinerlei sanitären Einrichtungen aufweisen. Neben dem Besucherzentrum an der Südwestflanke des Female Hill wurden im Jahr 2000 Toiletten mit Wasserspülung und Warmwasserduschen errichtet, die sich 2010 in schlechter sanitärer Verfassung befanden. Derzeit (2010) sind der **Malatso Camp Site** nördlich des Female Hill (GPS-Koordinaten S 18°43.608', E 21°43.910'), der **Makoba Woods Camp Site** (GPS-Koordinaten S 18° 45.688', E 21°44.586') unweit des Laurens van der Post Panels, der **Matsiareng Camp Site** am Lion Trail und der **Sedibeng Camp Site** unterhalb der Zisterne am Female Hill ausgewiesen.

Feste Unterkünfte sind an den Tsodilo Hills **nicht vorhanden.** Die nächstgelegenen Lodges bzw. Camps befinden sich mehr als 50 km entfernt in der Panhandle-Region (Drotsky's Cabins, Shakawe Lodge, Xaro Lodge, Sepupa Swamp Stop, Guma Lagoon Camp und Nguma Island Lodge).

Die nächstgelegene **Tankstelle** findet sich **in Shakawe.**

Hintergrundinformationen

●**The Director, National Museum & Art Gallery,** Private Bag 00114, Gaborone, Tel. 3974616, Fax 3902797, Internet: www.botswana-museum.gov.bw.

Im Jahr 2010 erschien ein empfehlenswertes, vom Direktor des Botswana National Museum maßgeblich mitherausgegebenes Handbuch zu den Tsodilo Hills:

●**Tsodilo Hills – Copper Bracelet of the Kalahari,** von *Alec Campbell, Larry Robbins* und *Michael Taylor* (The Botswana Society/Michigan State University Press, 178 Seiten, zahlreiche Abbildungen und Karten).

Wer sich eingehender mit der Archäologie der Tsodilo-Hügel auseinandersetzen möchte, orientiere sich an folgender Auswahl wissenschaftlicher Artikel, die detaillierte Fachbeschreibungen der wichtigsten Felszeichnungen enthalten:

●**Paintings like Engravings: Rock Art at Tsodilo,** von *Alec Campbell, James Denbow* und *Edwin Wilmsen.* In: Contested Images: Diversity in Southern African Rock Art Research, von *Thomas A. Dowson* und *David Lewis-Williams.* Witwatersrand University Press, 1994: S. 131–158

●**The Tsodilo Hills, Botswana.** In: The Hunter and his Art: A Survey of Rock Art in Southern Africa, von *Jalmar* und *Ione Rudner.* Struik, Kapstadt 1970: S. 88–95

●**Archaeological Report on the Tsodilo Hills, Bechuanaland,** von *Ione Rudner* (1965). South African Archaeological Bulletin 20 (78): S. 51–70

●**Rock Art at Tsodilo, Botswana,** von *Alec Campbell, Robert Hitchcock* und *Michael Bryan* (1980). South African Journal of Science 10 (76): S. 476–478

●**The Rock Art of Botswana,** von *Ione Rudner.* Supplement zum South African Journal of Science, Special Issue No. 2, 1971: S. 34–37

Shakawe

Mit der Asphaltierung der Strecke von Toteng zur namibischen Grenze bei Mohembo wurde auch der kleine Ort Shakawe aus seinem Dornröschenschlaf erweckt. Hinter der traditionellen Fassade des Dorfes verbirgt sich heute ein wachsendes geschäftiges **Provinzzentrum** mit einer größeren Basis der botswanischen Armee (Botswana Defence Force). Mehrere Läden in Shakawe tragen den Schriftzug „Wright's". Der größte von ihnen, Wright's Trading Store, bietet passable Versorgungsmöglichkeiten (kleiner Supermarkt mit Bottlestore). Hier kann man auch botswanische Pula in Namibia-Dollar oder Südafrikanische Rand umtauschen. Darüber hinaus gibt es einen Choppies Supermarket mit Mini-ATM, eine Filiale der Barclay's Bank mit Geldautomat, eine Bäckerei, eine lokale Korbflechterinnen-Kooperative (Shakawe Basket Weavers) und eine relativ neue Shell-Tankstelle. 5 km südlich von Shakawe liegt die **Krokovango Crocodile Farm,** die Mo–Sa von 8 bis 17 Uhr besichtigt werden kann (Eintrittsgebühr: 2,50 Euro, Kinder zahlen die Hälfte). Südlich von Shakawe liegen mehrere empfehlenswerte Lodges bzw. Camps (s.u.), die auch beim Wechseln von Pula und Namibia-Dollars behilflich sind. Einen kleinen Ausflug wert ist das geschäftige „Mokoro-Terminal" am Okavango River (direkt hinter der Bäckerei), das die unverändert große Bedeutung des Transportmittels „Mokoro" für die Bewohner von Panhandle und Okavango-Delta anschaulich vor Augen führt.

Busse von Maun nach Shakawe (Tickets für 8 Euro) und vice versa fahren über Toteng, Sehithwa, Tsao, Nokaneng, Gumare, Etsha und Sepupa. Es gibt mehrere Abfahrten täglich, die Fahrzeit beträgt 6–7 Stunden. Die Abfahrt in Shakawe erfolgt von Wright's Trading Store, zusätzlich wird an der Polizeistation gehalten. Die Entfernung nach Maun beträgt 388 km, nach Gaborone sind es 1183 km.

Camps und Lodges bei Shakawe

● **Drotsky's Cabins** (P.O. Box 115, Shakawe, Tel. 6875035, Mobil 71306115, Fax 6875043, E-Mail: drotskys@info.bw). Kategorie B–C. Wunderschöne Lage am Ufer des Okavango gut 8 km südöstlich von Shakawe (Zufahrt ausgeschildert). Die Eigentümer *Jan* und *Eileen Drotsky* sind weithin für ihre Freundlichkeit und Hilfsbereitschaft bekannt. Preisgünstige Unterbringung in komfortablen Chalets mit Spitzdach. Mehrere angenehme Camp Sites mit sauberen sanitären Anlagen direkt am Fluss (Campinggebühr 11,50 Euro p.P.). Ausgiebige Mahlzeiten (Vorausbuchung erforderlich) kosten 8 Euro (Frühstück), 12 Euro (Lunch), 14 Euro (Dinner). Es können Motorboote mit Führer (ab 25 Euro pro Stunde für das ganze Boot) und Angelausrüstungen entliehen werden. Die Eigentümer sind bei der Organisation von Ausflügen zu den Tsodilo Hills und den Drotsky's Caves behilflich, ebenso bei der Vermittlung von Hausbootsafaris auf dem Okavango. Die Zufahrt zur Lodge lässt sich auch mit normalen PKW gut bewältigen. Es gibt einen Abholservice vom Flugfeld in Shakawe zur Lodge (7 Euro p.P.). Die GPS-Koordinaten der Lodge sind S 18° 24.868′, E 21°53.120′. 2010 wurde als Schwestercamp die nahe gelegene **Lawdon's Lodge** eröffnet (benannt nach den Drotsky-Söhnen *Lawrence* und *Donovan*). Schöne Holzchalets, gleiches Preisniveau wie Drotsky's Cabins.

Shakawe Lodge (c/o Travel Wild, P.O. Box 236, Maun, Tel. 6860822, Fax 6860493, E-Mail: win@travelwild.co.bw oder t.wild@info.bw). Kategorie B. Direkt am Ufer des Okavango gelegenes Camp gut 12 km südöstlich von Shakawe (Zufahrt ausgeschildert). Das Publikum setzt sich in erster Linie aus Sportanglern zusammen. Die Unterbringung erfolgt in geräumigen Chalets oder großen Zelten. Angenehmer Camp Site mit sauberen sanitären Anlagen direkt am Fluss (Campinggebühr 11,50 Euro p.p.). Swimmingpool. Mahlzeiten kosten zwischen 8 und 18 Euro. Es können Motorboote mit Führer und Angelausrüstungen entliehen werden. Darüber hinaus werden vogelkundliche Bootsexkursionen angeboten. Die Eigentümer sind bei der Organisation von Ausflügen zu den Tsodilo Hills behilflich und verkaufen zur Not auch Treibstoff an Gäste. Es wird ein Abholservice vom Flugfeld in Shakawe zur Lodge geboten. Wer keinen eigenen Wagen besitzt, kann auf Nachfrage einen Geländewagen für Touren zu den Tsodilo Hills entleihen. Die Zufahrt zum Camp lässt sich auch mit normalen PKW bewältigen. Die GPS-Koordinaten sind S 18°26.059′, E 21°54.326′.

Xaro Lodge (P.O. Box 115, Shakawe, Tel. 6875035, Mobil 71306115, Fax 6875043, E-Mail: drotskys@info.bw). Kategorie A–B. Exquisit auf einer Halbinsel im Okavango River gelegenes Tented Camp ca. 8,5 km flussabwärts von Drotsky's Cabins. Üppige Mahlzeiten (Vorausbuchung erforderlich) kosten 8 Euro (Frühstück), 12 Euro (Lunch), 14 Euro (Dinner). Es können Motorboote mit Führer (ab 25 Euro pro Stunde für das ganze Boot) und Angelausrüstungen entliehen werden. Der „All-inclusive"-Tarif liegt bei 120 Euro p.P. und Tag. Die Leitung der Lodge ist bei der Organisation von Ausflügen zu den Tsodilo Hills behilflich. Die Insel ist während der Niedrigwasserperiode u.U. auch mit Allrad-Geländewagen erreichbar. Man muss sich vorher telefonisch nach dem Weg dorthin erkundigen. Üblicherweise wird das Camp von Drotsky's Cabins aus mit dem Boot angesteuert (ca. 15 Min.). Abholservice vom Flugfeld in Shakawe (7 Euro p.p.). Die GPS-Koordinaten der Lodge sind S 18°25.423′, E 21°56.364′. Empfehlenswert.

Weiterreise nach Namibia

Die Weiterreise nach Namibia erfolgt über den Grenzübergang Mohembo (von 6 bis 18 Uhr geöffnet), 16 km nordwestlich von Shakawe. Der Grenzübertritt in beide Richtungen gestaltet sich problemlos und geht zügig vonstatten. Für Fahrzeuge ohne namibisches Kennzeichen ist eine Gebühr („Road Fund") in Höhe von 180 Namibia-Dollar zu entrichten. Hinter der Grenze fährt man auf einer guten Schotterstraße zunächst durch das **Mahango Game Reserve** und gelangt dann bei den Popa Falls auf die asphaltierte namibische B 8, die in westlicher Richtung nach Rundu (204 km, gute Versorgungs- und Übernachtungsmöglichkeiten) und in östlicher Richtung durch den Caprivi-Streifen nach Katima Mulilo und Ngoma Bridge führt („Golden Highway").

Durch den Caprivi-Streifen nach Kasane

Im Anschluss an eine Erkundung der Panhandle-Region stellt die Fahrt durch den namibischen Caprivi-Streifen eine empfehlenswerte Option dar, um zügig nach Kasane, dem Ausgangspunkt für Touren an die wildreiche Chobe Riverfront und zu den nahe gelegenen Viktoria-Fällen in Simbabwe bzw. Sambia, zu gelangen. Der **Caprivi-Streifen** ist ein **Relikt** aberwitziger **kolonialer Grenzarchitektur,** die darauf abzielte, eine durchgehende deutsche Landverbindung zwischen dem damaligen Deutsch-Südwestafrika und Deutsch-Ostafrika zu schaffen. Der schmale Landstreifen wurde nach dem deutschen Reichskanzler *Leo Graf von Caprivi* (Nachfolger *Bismarcks*) benannt. Die extrem flache Landschaft (der maximale Höhenunterschied beträgt keine 40 Meter – auf einer Länge von fast

500 Kilometern) ähnelt der im äußersten Nordwesten Botswanas und ist – abgesehen vom Uferbereich der Flüsse Okavango und Chobe – geprägt von trockenem Mopaneveld und Terminalia-Baumsavanne.

Die Gesamtstrecke von Shakawe bis Kasane durch den Caprivi-Streifen beträgt **473 km** (Zeitbedarf inkl. Grenzquerungen 6–7 Stunden). Zunächst quert man die namibische Grenze bei Mohembo. Hinter der Grenze passiert man auf guter Schotterpiste (kein Problem für normale PKW) das 254 km² große **Mahango Game Reserve** (Transitfahrten gebührenfrei). Wer Touren in diesem an Elefanten reichen Reservat unternehmen möchte, benötigt einen Allrad-Geländewagen und muss am Park Gate eine geringe Eintrittsgebühr (ca. 4 Euro p.P., ca. 1 Euro pro Fahrzeug) entrichten. Nach der Ausfahrt aus dem Reservat geht rechts die Zufahrt zum **Ngepi Camp** am Ufer des Okavango River ab. Gut 15 Kilometer weiter trifft die Piste auf die asphaltierte Hauptstrecke B 8 zwischen Rundu und Katima Mulilo. An den **Popa Falls** (Besichtigungsgebühr: 20 Namibia-Dollar), einer kleinen Kaskade des Okavango River auf seinem Weg nach Südosten, kann man z.B in den günstigen Holz-Chalets des **Popa Falls Restcamp** (Kategorie C) übernachten.

Hinter den Popa Falls passiert man auf der B 8 in östlicher Richtung das West Caprivi Control Gate und gelangt dann über das von Jägern und Wilderern leergeschossene West Caprivi Game Reserve nach **Kongola** (Tankmöglichkeit, einfache Versorgungs- und Übernachtungsmöglichkeiten). Südlich von Kongola lohnen der Mudumu National Park und der Mamili National Park einen Abstecher. Der „Golden Highway" führt von Kongola geradlinig weiter nach Osten. Nach insgesamt 345 km (ab Shakawe) erreicht man die Bezirksstadt **Katima Mulilo** (gute Versorgungs- und Übernachtungsmöglichkeiten), den mit einer Entfernung von gut 1200 Kilometern abgelegensten Außenposten der Regierung in Windhoek. Im August 1999 überfiel eine Sezessionistenbewegung die Stadt und sorgte für entsprechende Aufregung unter Reisenden. Der Spuk hatte sich aber nach einigen Tagen wieder gelegt. Im Dezember 1999 gestattete der namibische Präsident *Sam Nujoma* angolanischen Regierungstruppen die Nutzung des Caprivi-Streifens als Rückzugsbasis im Kampf gegen Stellungen der UNITA-Rebellen in Südangola. Eine beispiellose Kaskade von Unsicherheit, Terror und Flüchtlingsströmen sowie massive Einbrüche im Tourismusgeschäft waren die Folge. In den folgenden Jahren war eine Querung des Caprivi-Streifens nur noch im Konvoi mit bewaffneten Begleitfahrzeugen möglich, seit 2003 hat sich die Situation aber wieder vollständig entspannt.

Über den Grenzübergang **Ngoma Bridge** (geöffnet von 6 bis 18 Uhr) passiert man nach weiteren 64 km (gut ausgebaute Asphaltstraße) problemlos die Grenze zu Botswana und gelangt auf einer breiten Asphaltstraße durch den Chobe National Park nach **Kasane** (gute Tank-, Versorgungs- und Übernachtungsmöglichkeiten).

Nordwesten und Okavango-Delta

Zwischen Panhandle und Caprivi-Streifen

Die landschaftlich attraktive und wildreiche Region zwischen Panhandle und Okavango-Delta im Süden und den Linyanti-Sümpfen im Norden enthält **einige der am wenigsten befahrenen Pistenabschnitte in ganz Botswana.** Offiziell darf das Gebiet östlich des Northern Buffalo Fence abseits der Transitroute nur von Anliegern und Konzessionsinhabern (d.h. Jagdcamps und Safari Lodges und ihren Gästen) befahren werden. Transitreisende benötigen keine gesonderte Erlaubnis. Touren in das Gebiet setzen exzellente Vorbereitung und ausreichende Wasser-, Nahrungs- und Treibstoffvorräte voraus (keine Tankmöglichkeit zwischen Etsha 6 bzw. Shakawe und Kasane). Das Gelände sollte nur von erfahrenen Reisenden und mit mindestens zwei Fahrzeugen befahren werden. Bergungsgerät wie „High-lift Jack", Sandbleche oder eine Winde mit Greifzug und Bergungsanker können im Notfall gute Dienste leisten.

Die Route von Mohembo am Südufer des Okavango über Seronga und Betsha bis zum Northern Buffalo Fence weist eine Länge von 184 km (Zeitbedarf 8–10 Stunden, manchmal deutlich länger) auf. Die Abzweigung zur **Mohembo Ferry** über den Okavango River befindet sich 13 km nordwestlich von Shakawe. Die Fähre operiert tagsüber (wochentags 6.30 bis 18.30 Uhr, am Wochenende von 7.30 bis 12.30 Uhr sowie von 14 bis 16.30 Uhr) und kann pro Fahrt bis zu vier Fahrzeuge übersetzen. Ihre Benutzung ist kostenfrei. Am anderen Ufer gelangt man auf eine gut ausgebaute Schotterpiste mit wenigen ausgefahrenen Sandpassagen, die parallel zum Okavango nach Südosten führt. Auf dem Weg nach Seronga passiert man mehrere kleine Siedlungen (z.B. Mahuka, Sangoshe, Hamandozi, Mawana) ohne jede Versorgungsmöglichkeit. Bei Km 100 erreicht man **Seronga** (GPS-Koordinaten S 18°48.771', E 22°24.988'), ein größeres Dorf mit einem Bottlestore und einem einfachen Laden – die letzten Versorgungsmöglichkeiten für viele Kilometer. In Seronga bietet das etwas heruntergekommen wirkende **Mbiroba Camp** (P.O. Box 24, Seronga, Tel. 6876861, Fax 6876939, Internet: www.okavangodelta.co.bw) einfache Unterkünfte in Chalets (Kategorie B–C) sowie einen angenehmen Campingplatz mit Restaurant und Bar (Campinggebühr 7,50 Euro p.P.). Der von hier aus operierende **Okavango Polers Trust** (gleiche Kontaktadresse wie Mbiroba Camp, E-Mail: polers@okavangodelta.co.bw) bietet **preisgünstige mehrtägige Mokoro-Touren** ins westliche Okavango-Delta an (ab 45 Euro p.P. und Tag). Diese und ähnliche Touren sind auch als Fly-in-Pakete ab Maun erhältlich. **„Wassertaxis"** verbinden Seronga ab der Seronga Boat Station (GPS-Koordinaten S 18°49.316', E 22°24.855') auf Nachfrage mit Sepupa am westlichen Okavango-Ufer (Abfahrt nur bei ausreichend hohem Wasserstand zwischen 12 und 14 Uhr, 2–3 Std. Fahrtdauer, Fahrpreis bei vollbesetztem Boot je nach Größe umgerechnet 4–10 Euro p.P.). Seronga ist auch Heimathafen für mehrere **Haus-**

boote, die auf dem Okavango und seinen größeren Seitenarmen operieren.

●**Okavango Riverboats** (P/Bag B0 48, Maun, Tel. 72991580, Fax 6863469, Internet: www.okavangoriverboats.com). Kategorie AA+. Das Unternehmen bietet mit dem voll ausgestatteteten Hausboot „Ngwesi", das seinen Hafen an der Lodge Drotsky's Cabins hat, Touren auf dem Okavango im Panhandle-Gebiet sowie auf den größeren Wasserarmen im westlichen Delta an (ab 120 Euro pro Tag bei sechs Personen, alles inklusive).

Ca. 12 km hinter Seronga zweigt rechts die Zufahrt zum rustikalen **Umvuvu Camp** ab (P/Bag 19, Seronga, Mobil 72574643 oder 71534340, E-Mail: umvuvubots@gmail.com); die einfachen Zeltunterkünfte liegen idyllisch auf Gau Island direkt an der Basis der Panhandle (das Auto muss in Sichtweite abgestellt werden, die Insel ist nur mit dem Boot erreichbar). Von hier lassen sich ebenfalls bezahlbare Selbstversorger-Mokoro-Touren (ab 50 Euro p.P. und Tag) ins westliche Delta organisieren.

Ca. 2 km hinter dieser Abzweigung auf Höhe der Siedlung Kabamukuni wendet sich die Piste nach Nordosten. Bei Km 148 passiert man das Dorf **Betsha** (einfachste Versorgungsmöglichkeiten). Ab hier befährt man einige der schlechtesten Sandpisten Botswanas (Reifendruck ggf. auf 1,2 bis 1,4 bar reduzieren), die vor allem durch schwere Militärfahrzeuge sehr ausgefahren sind. Teilweise kommt man nur im Schrittempo voran. 36 km hinter Betsha gabelt sich die Piste. Hier biegt man in östlicher Richtung rechts ab. Nach weiteren 6 km gelangt man an ein Durchlasstor im Northern Buffalo Fence.

Man fährt nun über 51 km durch dichtes Mopane-Buschland (sehr wildreiches Gelände) auf teilweise extrem sandiger Piste geradlinig nach Osten. Achtung: Dabei müssen u.U. auch einige **wassergefüllte Senken** und der periodisch wasserführende Selinda Spillway gequert werden. Dies war Ende 2010 aufgrund der hohen Wasserstände im Gebiet nicht möglich. Auf Höhe der GPS-Koordinaten S 18°40.219', E 23°29.856' zweigt links eine ausgeschilderte Piste zu den Linyanti-Sümpfen nach Norden ab. Auf dieser Piste gelangt man zunächst an die Zibalianja-Lagune und folgt dann über gut 70 km durch privates Konzessionsgebiet dem Ostufer der Sümpfe bis zum Linyanti Camp Site (GPS-Koordinaten S 18°17.686', E 23°54.601') innerhalb des Chobe National Park. Wer nach Moremi weiterreisen möchte, folgt der Wegführung nach Osten. Nach weiteren 27 km biegt auf Höhe der GPS-Koordinaten S 18°43.931', E 23°46.320' eine Piste scharf nach Süden ab. Diese trifft dann nach ca. 42 km auf die neue Piste Moremi – Mababe/Savuti.

Kwando, Selinda und Linyanti

Der **Linyanti River** entspringt als Rio Cuando im Hochland von Angola. Nach mehr als 700 Kilometern durch Angola passiert der Fluss die namibische Grenze und verläuft als **Kwando River** weiter nach Süden, wo er sich an der botswanischen Grenze in einem

scharfen Bogen von fast 90 Grad nach Osten wendet und nach gut 80 Kilometern unter dem Namen Linyanti eine ausgedehnte Sumpflandschaft bildet. Die fast 900 km² großen **Linyanti-Sümpfe** gleichen in vielen Aspekten einer **Miniaturausgabe des Okavango-Deltas** und stellen vor allem ein **Paradies für Elefanten** dar. Ihre landschaftliche Schönheit kann sich in Teilbereichen durchaus mit der des Deltas messen. Die Sümpfe sind neben dem Okavango-Delta das beste Beobachtungsgebiet für die seltene **Fischeule** *(Skotopelia peli),* die sich von Fischen, Fröschen, Muscheln, Krustentieren und jungen Krokodilen ernährt.

Auf seinem weiteren Lauf nach Osten wechselt der Linyanti beim Verlassen des trockenen namibischen Lake Liambezi abermals seinen Namen in **Itenge**

River, ab Ngoma dann in **Chobe River** und mündet schließlich unter diesem Namen bei Kazungula in den Zambezi River ein, der zwischen Beira und Quelimane in Mosambik in den Indischen Ozean fließt. Über den **Selinda Spillway** (oder Magwegqana River) besteht eine natürliche Verbindung zum Okavango-Delta. In Dürreperioden fällt der Selinda Spillway gänzlich trocken. Eine ähnliche Verbindung besteht über den Savuti Channel zwischen dem Linyanti-Stromgebiet und der Savuti Marsh im südlichen Chobe National Park, die jedoch erheblichen tektonischen Alterationen unterworfen ist. Von 1979 bis 2009 ist eine Flutung der Savuti Marsh ausgeblieben. Es bedarf offensichtlich

Elefanten im Selinda-Reservat

neben hohen Wasserständen im Linyanti-Sumpfsystem auch tektonischer Aktivität, um Wasser in diese Region zu leiten. Der einst gut 100 km² große namibische **Lake Liambezi** weiter nordöstlich trocknete Mitte der 1980er Jahre vollkommen aus und wurde nachfolgend in Weideland umgewandelt. Man nimmt heute an, dass eine erneute langfristige Füllung mit Wasser an tektonische Veränderungen oder an eine Jahrhundertflut in Chobe und Sambesi gebunden ist, die auch in das alte Seebecken zurückstauen würde. In den niederschlagsreichen Sommermonaten 1999/2000, 2003/2004, 2005/2006, 2008/2009 und 2009/2010 bildete sich wieder eine größere zusammenhängende Wasserfläche.

Auf namibischer Seite schützen die **Nationalparks Mudumu und Mamili** die artenreiche Sumpf- und Marschlandschaft des Linyanti-Systems. Allerdings haben exzessive Wilderei und die unkontrollierte Vergabe von Jagdlizenzen dazu geführt, dass dort nur noch ein Bruchteil der einst reichhaltigen Wildbestände vorhanden ist. Die botswanische Seite bezieht ihren Schutz aus der abgeschiedenen Lage und engagierten staatlichen Anti-Wildererpatrouillen. Auf einer Breite von 7 km reicht der **Chobe National Park** mit einer kleinen Nase an den Linyanti River heran. Große private Konzessionsgebiete wie das 2320 km² große **Kwando-Schutzgebiet,** das 1350 km² große **Selinda-Reservat** und das 1250 km² große **Linyanti-Konzessionsgebiet** bieten Tieren jedoch einen angemessenen Zufluchtsraum, der für fotografischen Sa-

faritourismus und nur noch vereinzelt für kontrollierte Jagdsafaris genutzt wird. Während man in der Jagdsaison von April bis September früher mit entsprechenden „Jagdgeräuschen" rechnen musste, hat in den vergangenen Jahren eine vollständige Verschiebung der Jagdaktivitäten zugunsten fotografischer Safaris stattgefunden.

Da sich nahezu das gesamte Gebiet in der Hand privater Konzessionäre befindet, muss man zur Erkundung auf eines der zugehörigen **Luxury Tented Camps** ausweichen. Viele von ihnen bieten eine malerische Lage am Rande von Lagunen oder am Selinda Spillway. Die Camps sind für maximal 12 bis 20 Personen ausgelegt – Massenandrang ist also nicht zu erwarten. Der Übernachtungspreis bewegt sich während der Hochsaison von Juli bis Oktober in der Regel zwischen 300 und 600 Euro p.P. und Nacht (im DZ). In der Nebensaison liegen die Tarife etwa 20% niedriger, von Dezember bis Februar bleiben manche Camps geschlossen. Für Einzelreisende werden Zuschläge von 20 bis 60% erhoben. In den „All-inclusive"-Preisen sind Aktivitäten wie Game Drives, Night Drives, geführte Fußsafaris, Bootsfahrten oder Angelausflüge bereits enthalten. Für „Local Residents" (Personen mit Wohnsitz in Botswana) werden günstigere Sondertarife gewährt. Zubringerflüge von Kasane oder Maun müssen teilweise gesondert bezahlt werden (zwischen 120 und 160 Euro). Alternativ kann man auch vom Chobe National Park und vom Moremi Wildlife Reserve mit dem eigenen Wagen anreisen. Diese Form der Anreise ist allerdings sehr langwierig und beschwerlich, überdies wird sie von den Campbetreibern und privaten Konzessionsinhabern nicht gern gesehen. Eine Vorausbuchung ist für alle Lodges und Camps obligatorisch.

Die **beste Besuchszeit** liegt **zwischen Juli und Oktober/November,** wenn sich große Tierherden an den Wasserläufen massieren. Allein im Selinda- und im Kwando-Konzessionsgebiet werden dann bis zu 20.000 Elefanten gezählt.

Manche Campbetreiber (z.B. Kwando Safaris) setzen auf ihren Safari-Fahrzeugen (in der Regel offene Landcruiser) einen eigenen „Tracker" (Spurensucher) ein, sodass die Zahl der besonders ungewöhnlichen Tiersichtungen hoch ist. Die **„Shell Tourist Map of the Okavango Delta & Linyanti"** von *Veronica Roodt* bietet eine genaue Detailkarte des Gebietes mit allen Konzessionsgebieten, Camps und Lodges sowie kurz gefassten Hintergrundinformationen.

Nordwesten und Okavango-Delta

Camps der Luxuskategorie (mehr als 300 Euro pro Person im DZ)

Konzessionsgebiet NG14 – Kwando Reserve

●**Kwando Lagoon Camp** (Kwando Safaris, P.O. Box 550, Maun, Tel. 6861449, Fax 6861457, Internet: www.kwando.co.bw). Kategorie AA+. Schön gelegenes Luxury Tented Camp für max. 16 Gäste an einer kleinen Lagune im Kwando River. Es bestehen gute Beobachtungsmöglichkeiten für Wildhunde, Löwen und andere Großkatzen. Der „All-inclusive"-Tarif beginnt bei 380 Euro p.P. und Tag und enthält Unterbringung, drei Mahlzeiten plus Getränke, Game Drives und Night Drives sowie Bootsfahrten im attraktiven Kwando-Konzessionsgebiet. Zubringerflüge ab Maun oder Kasane (ca. 160 Euro) werden extra berechnet. Geführte Fußsafaris erfordern die Mitnahme eines bewaffneten Führers, der gesondert bezahlt werden muss.

●**Kwando Lebala Camp** (Kwando Safaris, P.O. Box 550, Maun, Tel. 6861449, Fax 6861457, Internet: www.kwando.co.bw). Kategorie AA+. Geschmackvolles Luxury Tented Camp für max. 16 Gäste mit edlen Teak-fußböden inmitten einer saisonal überfluteten Marschlandschaft mit guten Beobachtungsmöglichkeiten für Büffel, Litschi-Moorantilopen, Afrikanische Wildhunde und die seltene Sitatunga-Antilope. Gleicher Tarif wie im weiter nördlich gelegenen Kwando Lagoon Camp, doch ist die Campausgestaltung hier noch edler. Das Setswana-Wort „Lebala" bedeutet „weites, offenes Gelände".

Konzessionsgebiet NG15 – Linyanti Reserve

●**Duma Tau Camp** (Okavango Wilderness Safaris, Private Bag 14, Maun, Tel. 6860086, Fax 6860632, Internet: www.wilderness-safaris.com). Kategorie AA+. Luxury Tented Camp unter schattigen Bäumen am Südostrand der Linyanti-Sümpfe. Im „All-inclusive"-Tarif ab 450 Euro p.P. und Tag im DZ (Einzelreisende müssen einen Aufschlag von ca. 30% zahlen) sind Game Drives und Night Drives, Bootsfahrten und Fußsafaris enthalten. Die Region gilt als besonders wildreich und war bereits Gegenstand mehrerer renommierter Dokumentarfilme über die Tierwelt der Linyanti-Region. Stabile Bestände an Löwen, Rappenantilopen und Afrikanischen Wildhunden sind hervorzuheben.

●**King's Pool Camp** (Okavango Wilderness Safaris, Private Bag 14, Maun, Tel. 6860086, Fax 6860632, Internet: www.wilderness-safaris.com). Kategorie AA+. Sehr luxuriöses Zeltcamp für max. 20 Gäste, attraktiv an einer Lagune des Linyanti River gelegen – eines der „Flaggschiffe" der Wilderness-Gruppe. Die Namensgebung bezieht sich auf den schwedischen König *Carl Gustav* und seine deutsche Frau *Silvia*, die in den 1970er Jahren einen Teil ihrer Flitterwochen im Camp verbrachten. Es werden Game Drives, Night Drives, Bootsfahrten und Fußsafaris angeboten. In der Umgebung lassen sich große Elefantenherden, aber auch Rappen- und Pferdeantilopen beobachten. Ab 770 Euro p.P. und Tag im DZ (alles inklusive).

●**Linyanti Tented Camp** (Okavango Wilderness Safaris, Private Bag 14, Maun, Tel. 6860086, Fax 6860632, Internet: www.wilderness-safaris.com). Kategorie AA+. Luxuriöses Zeltcamp mit insgesamt zehn Betten in der Savannenlandschaft zwischen Chobe NP und Linyanti-Sümpfen. Es werden Game und Night Drives, geführte Fußsafaris und bei gutem Wasserstand auch Kanu-Fahrten angeboten. Ab 450 Euro p.P. im DZ (alles inkl.).

●**Savuti Camp** (Okavango Wilderness Safaris, Private Bag 14, Maun, Tel. 6860086, Fax 6860632, Internet: www.wilderness-safaris.com). Kategorie AA+. Luxury Tented Camp für max. acht Gäste am Ufer des seit 2010 wieder wasserführenden Savuti Channel. Wildbeobachtungen, vor allem von Elefanten, am eigenen Wasserloch. Standard und Preise wie im Duma Tau Camp (s.o.).

Konzessionsgebiet NG16 – Selinda Reserve
●**Motswiri Camp** (RAW – Ride and Walk Botswana, P/Bag 114, Suite 4, Maun, Tel. 6860244, Fax 6860242, Internet: www.raw-botswana.com). Kategorie AA+. Kleines, rustikales Bush Camp für maximal zehn Gäste am Südende des Selinda Spillway nahe dem Übergang ins Okavango-Delta. Über den Pächter RAW werden Reitsafaris, geführte Fußsafaris, Bootsfahrten, Mokoro-Touren und Angelexkursionen im umgebenden Selinda-Konzessionsgebiet angeboten. Ab 345 Euro p.P. und Tag im DZ (alles inklusive).

●**Selinda Camp** (Selinda Reserve, P.O. Box 22, Kasane, Tel. 6250505, Fax 6250352, Internet: www.selindareserve.com). Kategorie AA+. Anfang 2007 komplett renoviertes, sehr ansprechendes Luxury Tented Camp für bis zu 20 Gäste am Ostrand des Selinda Spillway, unweit der Mündung in den Linyanti River. Hauptcamp des 1350 km² großen Selinda-Konzessionsgebietes. Alle Zelte verfügen u.a. über eine Badewanne. Neben Game Drives, Night Drives und geführten Fußsafaris werden Bootsfahrten und Angelexkursionen durchgeführt. Ab 450 Euro p.P. und Tag im DZ (alles inklusive). Auf die im Jahr 2009 nach fast drei Jahrzehnten Austrocknung wieder eingetretene durchgehende Flutung des Selinda Spillway reagierte das Management des Selinda Reserve mit der Eröffnung des **Selinda Canoe Trail** (wöchentliche Abfahrten von Juni bis Oktober). Dieser sieht eine viertägige Mokoro-Tour mit drei Zeltübernachtungen am Rande des Spillway vor und bietet exzellente Beobachtungsmöglichkeiten für Wasservögel, aber auch viele Wildtiere. Beginnend am Selinda Camp werden dabei im Mokoro in südlicher Richtung insgesamt ca. 45 km zurückgelegt.

●**Zarafa Camp** (Selinda Reserve, P.O. Box 22, Kasane, Tel. 6250505, Fax 6250352, Internet: www.selindareserve.com). Kategorie AA+. Kleines, sehr exklusives und geräumiges Luxury Tented Camp für maximal sechs Gäste am Rande der Zibadianja Lagoon, das Mitte 2008 ca. 2 km südöstlich von seinem Vorgänger, dem Zibadianja Camp, errichtet wurde. Es werden Game Drives, Night Drives, geführte Fußsafaris, Bootsfahrten und Angelexkursionen im Selinda-Konzessionsgebiet angeboten. Ab 770 Euro p.P. und Tag im DZ (alles inkl.).

Anmerkung: Die Camp-Landschaft befindet sich stetig im Fluss, da immer wieder neue Camps eröffnet werden und auch die Eigentumsverhältnisse (Stichwort „Anlageobjekt") wechseln. Reine Jagdcamps werden in diesem Buch bewusst nicht aufgeführt.

Selinda Camp

Der Nordosten und Chobe

Der Nordosten Botswanas bezieht seine touristische Bedeutung in erster Linie aus dem **Chobe National Park,** der auf der anderthalbfachen Fläche Korsikas die mit zeitweise mehr als 70.000 Tieren größte geschlossene Elefantenpopulation überhaupt beherbergt. Neben dem Okavango-Delta gilt der Chobe National Park als wichtigstes und beliebtestes Reiseziel des Landes. Als Ausgangspunkt für Besuche der nördlichen und östlichen Parksektionen fungiert der Ort **Kasane** unweit des Zusammenflusses der Ströme Chobe und Sambesi. Wenige Kilometer östlich von Kasane treffen sich bei Kazungula die Grenzen von vier afrikanischen Staaten: Botswana, Namibia, Simbabwe und Sambia. Nur knapp 70 Kilometer von Kazungula entfernt befindet sich das Naturwunder der Viktoria-Fälle des Sambesi, die von Botswana in 90 Minuten erreichbar sind. Ein Besuch der Fälle ist sowohl von simbabwischer wie von sambischer Seite aus möglich.

Bei mittleren Jahresniederschlägen von 400 bis 650 mm konnten sich im Nordosten Botswanas ausgedehnte **Mopane-Baumsavannen und Miombo-Trockenwälder** entwickeln. „Miombo" ist der dem ostafrikanischen Kisuaheli entlehnte Name für *Brachystegia*-Bäume. Die konkurrenzstarken Mopane-Bäume *(Colophospermum mopane)* verdrängen auf weiten Strecken andere Baumarten und bilden monokulturartige Trockenwälder, die als *Mopaneveld* bezeichnet werden. Mopane-Bäume erreichen darin bis zu 20 Meter Höhe und mehr als einen Meter Stammdurchmesser. Ihre eiweißreichen Blätter wer-

Der Nordosten und Chobe

den bevorzugt von Elefanten verspeist. Während der Trockenzeit werfen die Bäume ihr Laub ab und bilden so eine wichtige Nahrungsgrundlage des Wildes. Zum Schutz größerer Waldressourcen wurden im Randbereich des Chobe National Park mehrere **Waldreservate** („Forest Reserves") ausgewiesen.

Das **Klima** im Nordosten ist **subtropisch bis tropisch** mit schwülheißen Tagen und warmen Nächten während des Sommers bzw. angenehm warmen bis heißen Tagen und kühlen Nächten im Winter. Während der regenreichen Monate November bis April besteht ein hohes Risiko für **Malariainfektionen.** Eine medikamentöse Malariaprophylaxe ist daher eine wichtige Grundvoraussetzung für Reisende. In den Gewässersystemen von Linyanti, Chobe und Sambesi ist die **Bilharziose** weit verbreitet. Die meisten Niederschläge fallen zwischen Dezember und Februar.

Nata – Kasane

Gesamtdistanz: 314 km
● **Zustand:** großzügig ausgebaut, guter Asphaltbelag (teilweise Schlaglöcher)
● **Tankmöglichkeiten:** Nata, Pandametanga, Kazungula, Kasane
● **Gesamtfahrzeit:** 3–3½ Stunden

Die Ausfahrt aus Nata in nördlicher Richtung ist bestens ausgeschildert. Die ersten 20 km der Strecke führen durch **trockenes Mopane-Waldland.** Dahinter durchfährt man etwa bei Km 30 eine reizvolle grasbewachsene Pfanne, die landschaftliche Monotonie etwas auflockert. 52 km nördlich von Nata zweigt links die ausgeschilderte Zufahrt zum **Elephant Sands Camp** ab (P.O. Box 416, Francistown, Mobil 72628718 oder 72754633, E-Mail: elephantsands @inet.co.bw, Internet: www.elephant-sands.com), mit schönen Campingmöglichkeiten und einfachen strohgedeckten Chalets inmitten eines 250 km² großen privaten Wildschutzgebietes. Nach insgesamt 60 km passiert man das Durchlasstor eines veterinärmedizinischen Tiersperrzauns (Fragen der Torwächter nach dem Weg, manchmal Fahrzeugkontrollen). Die Strecke führt weiter durch trockene Busch- und Baumsavanne mit kleineren Senken. An zwei Abschnitten wurde das Asphaltband verbreitert, um Landemöglichkeiten für Flugzeuge zu schaffen – Raum für Planspiele botswanischer Militärstrategen. Nach der Durchfahrt des kleinen Sibuyu Forest Reserve gelangt man in eine weite Ebene, die landwirtschaftlich intensiv genutzt wird. Ausgedehnte **Sorghum- und Maiskulturen** sowie **Sonnenblumenfelder** bieten dem Auge ein bemerkenswertes Bild der Abwechslung, nachdem man vorher über Tausende von Kilometern kein einziges größeres Getreidefeld im dürregeplagten Land gesehen hat. 167 km nördlich von Nata zweigt innerhalb des Sibuyu Forest Reserve auf Höhe der GPS-Koordinaten S 18°49.480', E 25°36.070' links eine ausgeschilderte Sandpiste zum südöstlichen Zufahrtstor des Chobe NP („Poha Gate") ab.

Bei Km 201 erreicht man **Pandametanga** (Tankmöglichkeit, kleiner Laden,

Café, Bottlestore), einen historischen Handelsposten, an dem die „Old Cattle Trek Route" (auch „Mpandametanga Trail" genannt) auf die „Hunter's Road" trifft, über die in historischer Zeit alle Reisen nach Norden führten, und die koloniale weiße Jäger u.a. dazu nutzten, erbeutetes Elfenbein zum Sambesi und in den Süden abtransportieren zu lassen. Während der 1950er und frühen 1960er Jahre wurden auf der Old Cattle Treck Route große Rinderherden zur Schlachtung nach Livingstone im heutigen Sambia getrieben. Nach 1963 wurde der Trail weitgehend aufgegeben. Die Getreidesilos von Pandametanga signalisieren, dass den Böden in der Umgebung beim Anbau von Sorghum und Mais durchaus akzeptable Erträge abgerungen werden können. 5 km östlich von Pandametanga befindet sich ein **kleiner Grenzübergang** (von 8 bis 16 Uhr geöffnet) **nach Simbabwe.** Von dort gelangt man nach ca. 20 km in den simbabwischen Kazuma Pan National Park (Registrierung mit Zahlung von Eintrittsgebühren am Matetsi Ranger Camp erforderlich).

Hinter Pandametanga passiert man auf der Weiterfahrt nach Kazungula/ Kasane zunächst Kulturland, dann das kleine Kazuma Forest Reserve, darauf wieder Kulturland und schließlich das **Kasane Forest Reserve,** das an den Chobe National Park angrenzt. Häufig lassen sich vom Auto aus kleinere Elefantenherden beobachten, die sich in den lichten Wäldern mit eiweißreichem Mopane-Laub verköstigen. Die Straße wird regelmäßig von Tieren gequert, die zwischen dem simbabwischen

Hwange National Park im Osten und dem botswanischen Chobe National Park migrieren. Sogar Löwen und Afrikanische Wildhunde wurden schon an der Strecke beobachtet.

Bei Km 302 erreicht man **Kazungula** (Tankmöglichkeit) im Vierländereck von Botswana, Simbabwe, Sambia und Namibia, wo in westlicher Richtung eine gut ausgebaute Asphaltstraße nach Kasane und Ngoma Bridge abzweigt. Auf dieser Straße erreicht man bei Km 314 schließlich Kasane (exzellente Unterkünfte, gute Versorgungs- und Tankmöglichkeiten).

Hunter's Road

Gesamtdistanz ab Nata bis Kazungula: 339 km (nördlicher Teil ab Pandametanga 103 km)
●**Zustand:** Buschpiste (im Süden sehr sandig, im Norden besserer Untergrund), teilweise tiefe Schlaglöcher
●**Tankmöglichkeiten:** Nata, Pandametanga, Kazungula
●**Fahrzeit:** gesamte Strecke mindestens 2 Tage, nördlicher Teil ab Pandametanga 3–4 Stunden

Eine Alternative zur recht langweiligen „High-Speed"-Route von Nata nach Kasane stellt die sogenannte „Hunter's Road" **entlang der Grenze zu Simbabwe** dar, auf der man zahlreiche interessante kleine Pfannen passiert, die größere Wildbestände anziehen. Über mehr als 150 Kilometer verläuft diese Strecke zwischen Nata und Pandametanga entlang der Westgrenze des tierreichen simbabwischen Hwange National Park. Die Route lässt sich vor allem im südlichen Bereich nur mit einem **robusten Allrad-Geländewagen** bewältigen. Zusätzlich benötigt man auch viel Zeit – auf dem südlichen Abschnitt der Route sind streckenweise nur Durchschnittsgeschwindigkeiten von 10–15 km/h möglich. Während der Regenzeit ist die Strecke aufgrund der vielen wassergefüllten Senken kaum befahrbar. 2010 gab es zahlreiche Militärkontrollen entlang der simbabwischen Grenze (Touren am besten bereits über die Polizeistation in Kasane anmelden), sodass das Befahren der „Hunter's Road" auch unter diesem Aspekt ziemlich beschwerlich war.

Die „Hunter's Road" stellt eine historisch **bedeutende Handelsroute** zwischen dem Grenzort Ramokgwebane im Süden und Kazungula dar, die einst sogar mit schwer beladenen Planwagen befahren wurde. Wie der Name bereits vermuten lässt, war die Route neben anderen Handelswegen eine **Schlüsselverbindung des Elfenbeinhandels.** Auf ihr brachen die Jagdtrupps nach Norden auf, und nach 1870 erfolgte auf der Strecke der Abtransport des von schwarzen Sklaven (weiße Jäger trauten sich damals kaum in die von der Schlafkrankheit geplagten Gebiete nördlich des Sambesi) erbeuteten Elfenbeins nach Süden. Die Bedeutung der Route als Handelsverbindung nahm nach 1900 stetig ab. Eine **detaillierte Routenbeschreibung** mit GPS-Koordinaten ist im „African Adventurer's Guide to Botswana" von *Mike Main* (Struik, Kapstadt 2010) enthalten.

Zwischen April und Juli trifft man entlang der „Hunter's Road" einen **großen Tierreichtum** an, vor allem im Bereich der Kazuma Pan, deren Hinterland auf simbabwischer Seite als Nationalpark ausgewiesen ist. Der Autor selbst hat an der Strecke jagende Löwen, enorme Elefantenherden und sogar Afrikanische Wildhunde gesehen – und das, ohne einen Pula Eintritt bezahlen zu müssen!

Um im Süden auf die „Hunter's Road" zu gelangen, biegt man etwa 64 km nördlich von Nata von der Hauptstraße nach Kasane rechts ab (GPS-Koordinaten der Abzweigung: S 19°33.390', E 26°06.140') und fährt auf sandiger Piste 23 km nach Osten. Auf Höhe der GPS-Koordinaten S 19°32.460', E 26°10.120' trifft man auf die von Ramokgwebane nach Nordwesten führende Strecke. Noch einfacher ist es, in **Pandametanga** auf Höhe der markierten Parkplätze an der Grenzübergangsstelle in nördlicher Richtung auf die nicht ausgeschilderte Hunter's Road zu fahren.

Achtung: Die durch Elefanten streckenweise stark zerstörte Fahrspur entlang der Grenze zu Simbabwe wurde inzwischen schneisenartig ausgebaut. **Auf simbabwischer Seite** findet sich eine bessere **Parallelpiste** mit festgefahrenem Belag, die zu einem Pistenwechsel reizt. Von der dabei nach offizieller Lesart vorgenommenen illegalen Einreise nach Simbabwe wird aufgrund der angespannten Situation im Land und in den Grenzregionen im Besonderen **dringendst abgeraten.**

Im Norden gelangt man am Grenzübergang Kazungula durch einen Abzweig nach Süden in das schöne Lesho-ma Valley und die dem Grenzverlauf folgende Piste.

In der **Umgebung von Pandametanga** gibt es mehrere Unterkunftsmöglichkeiten: Das **Panda Rest Camp** (Mobil 71622268, E-Mail: burnie.chris@yahoo.com) ca. 1 km nördlich von Pandametanga verfügt über einfache Chalets, verleiht Zelte und weist einen brauchbaren Campingplatz auf. Die von einem österreichischen Ehepaar geführte **Touch of Africa Safari Lodge** (Mobil 71656340, Internet: www.touchofafrica.tv) liegt wenige Kilometer weiter nördlich und bietet ebenfalls preisgünstige Chalets (ab 20 Euro p.P. im DZ), schattige Campingmöglichkeiten, Restaurant und Bar sowie einen kleinen Swimmingpool. Geführte Safaris zur „Hunter's Road" lassen sich arrangieren. An der „Hunter's Road" unterhalten die Betreiber der Chobe Safari Lodge in Kasane bzw. der Nata Lodge zeitweise das **Tamafupa Safari Camp,** das allerdings nur Gästen organisierter Safaris offen steht (Buchung über die beiden genannten Lodges).

Sibuyu, Kazuma und Kasane Forest Reserves

In den Forest Reserves an der Straße von Nata nach Maun bzw. an der „Hunter's Road" trifft man lichte Wälder aus Mopane-, Teak-, Mukwa- und Mukusi-Bäumen an, deren nahrhaftes Laub oftmals größere Elefantenherden anzieht. Diese Waldreservate dienen in erster Linie dem **Schutz von Wald- bzw. Holzressourcen** und besitzen nur eine un-tergeordnete Naturschutzfunktion. Im Raum Kasane findet in begrenztem Umfang eine kommerzielle Nutzung von Teakhölzern statt (Kasane besitzt ein Sägewerk). Für den Chobe National Park stellen die angrenzenden Waldreservate aber auch wichtige Pufferzonen zwischen Nationalpark und Siedlungsfläche dar. Im Rahmen von Wanderungsbewegungen durchstreifen viele Tiere des Parks die umliegenden Forest Reserves, sodass man dort neben Elefanten auch Savannentiere antreffen kann. Es lohnt sich daher, bei der Fahrt die Augen offen zu halten. Areale wie die Forest Reserves Sibuyu und Kazuma gelten überdies als wichtige ökologische Vernetzungselemente zwischen dem Chobe National Park in Botswana und dem Hwange National Park sowie dem Kazuma Pan National Park in Simbabwe, deren Tierpopulationen sich frei miteinander austauschen können.

Kazungula und Kasane

Das wenige tausend Einwohner umfassende **Kasane** liegt reizvoll inmitten einer grünen Waldlandschaft **am Ufer des Chobe River,** der sich wenige Kilometer vor seiner Mündung in den Sambesi im Bereich kleiner Felsinseln zu **sprudelnden Stromschnellen,** den **„Kasane Rapids",** formiert. 3 km westlich des Ortes beginnt der Chobe National Park. Ca. 12 km weiter östlich am Zusammenfluss von Chobe River und Zambezi River liegt der deutlich kleine-

Der Nordosten und Chobe

re **Grenzort Kazungula.** Beide Siedlungsbereiche gehen ineinander über. Kasane ist der Verwaltungssitz des Chobe District. Der Name stammt aus der Sprache der Basubiya und bedeutet in seiner ursprünglichen Form „Masane" so viel wie „Wasserbeeren-Baum". Diese Baumart *(Syzygium guinense)* ist in der Region entlang der Ufer des Chobe River weit verbreitet. Kazungula wurde nach einem besonders mächtigen „Mzungula"-Baum, einer lokalen Bezeichnung für den **Leberwurstbaum** *(Kigelia africana),* am Zusammenfluss von Chobe und Sambesi benannt. Dieser heute nicht mehr vorhandene Baum wird sogar im Tagebuch von *Dr. David Livingstone* genannt, der 1855 von Kazungula aus zur Entdeckung der Viktoria-Fälle aufbrach und darunter sein Nachtlager aufschlug.

Kazungula und Kasane weisen aufgrund ihrer Lage im Vierländereck von Botswana, Namibia, Simbabwe und Sambia einen starken **Durchgangs- und Grenzverkehr** auf. Kasane ist der Hauptausgangspunkt für Besuche des nördlichen Chobe National Park und zieht wegen seiner Nähe zu den viel besuchten Viktoria-Fällen (80 km entfernt) auch viele **Kurzzeittouristen aus Simbabwe bzw. Sambia** an, die für ein bis zwei Tage den botswanischen Chobe NP erkunden wollen, um dann nach Simbabwe (bzw. Sambia) zurückzukehren. Der Ort ist mit mehreren großen Safari Lodges bestens auf den boomenden Safaritourismus eingestellt und bie-

Impalas an der Chobe Riverfront

tet auch Individualreisenden gute Übernachtungs- und Versorgungsmöglichkeiten. Auf der nahe gelegenen, bereits zu Namibia gehörenden Insel Mpalila Island (oder Impalila Island) am Zusammenfluss von Chobe und Sambesi gibt es mehrere Safari Lodges, die direkt von Kasane aus angefahren werden. Für den problemlosen touristischen Grenzverkehr per Boot wurde auf Mpalila Island eine offizielle Grenzübergangsstelle eingerichtet.

Einen Besuch wert sind die wasservogelreichen Stromschnellen östlich der Mowana Safari Lodge, die sogenannten **Seboba Water Rapids,** an denen in Botswana so seltene Vogelarten wie Halsbandbrachschwalben oder Kobalteisvögel beobachtet werden können. Auf halber Strecke zwischen der Mowana Safari Lodge und Kazungula entspringt umgeben von abgestorbenen Bäumen eine mineralreiche **heiße Quelle** (The Seep Hot Springs) am Ufer des Chobe River. Wer sich mit den Krokodilbeobachtungen während einer Bootsfahrt auf dem Chobe River nicht zufrieden geben will, kann sich in die **Kazungula Crocodile Farm** (auch Chobe Reptile Park genannt) begeben (Eintrittsgebühr 4 Euro).

Informationsstellen

●**Department of Tourism,** P.O. Box 66, Kasane, Tel. 6250357. An der Hauptstraße unweit der Shell-Tankstelle. Geöffnet Mo–Fr von 7.30 bis 12.30 Uhr und 13.45 bis 16.30 Uhr. Die Qualität der im kleinen Touristeninformationsbüro erhältlichen Infoblätter und Prospekte schwankt sehr, und auch die Beratung durch das Personal ist nicht sehr viel besser.

●Empfehlenswert ist ein Besuch des **Buchungsbüros in der Chobe Safari Lodge.**
●**Informationen zum Chobe National Park** sind im Büro der Parkverwaltung am Sedudu Gate 6 km westlich von Kasane erhältlich.

Hotels und Safari Lodges

Während der Hauptreisezeiten und an Wochenenden sollte man für alle Safari Lodges Vorausbuchungen vornehmen. Die Unterkünfte innerhalb des Chobe National Park sind auf S. 594 aufgelistet.

Kategorie AA+
(mehr als 250 Euro pro DZ)
●**Chobe Chilwero Lodge** (Sanctuary Retreats/Abercrombie & Kent), P.O. Box 782607, Sandton 2146, South Africa, Tel. +27-11-4384650, Fax +27-11-7877658, Internet: www.chobechilwero.com. Sehr luxuriöse Lodge mit gediegener Einrichtung in exklusiver Lage oberhalb des Chobe River Gate (für Individualreisende gesperrtes flussnahes Zufahrtstor des Chobe NP). Es bietet sich ein fantastischer Blick über die Flusslandschaft des Chobe River und das Marschland im nördlich angrenzenden Caprivi-Streifen. Der „All-inclusive"-Tarif beginnt bei 300 Euro p.P. und Nacht im DZ und enthält Unterbringung, drei Mahlzeiten, Game Drives, Bootsfahrten („River Cruises") und Parkgebühren. Es wird ein Zuschlag von 30% für Einzelreisende erhoben.
●**Chobe Marina Lodge,** P/Bag K39, Kasane, Tel. 6252221, Fax 6252224, Internet: www.chobemarinalodge.com. Sehr großzügig angelegte, aber etwas unpersönlich wirkende Lodge (66 Zimmer) mit riesigem Pool und Spa direkt am Chobe River. Das touristische Angebot ähnelt dem der Cresta Mowana Safari Lodge. Ab 230 Euro p.P. im DZ, alles inklusive.
●**Cresta Mowana Safari Lodge,** P.O. Box 266, Kasane, Tel. 6250300, Fax 6250301, Internet: www.crestahotels.com. Kasanes architektonisch attraktivste Lodge „rankt" sich um einen großen Baobab-Baum („Mowana" ist das Setswana-Wort für „Baobab"). Sie liegt direkt am Ufer des Chobe River und bietet eine luxuriöse Inneneinrichtung unter Bevorzu-

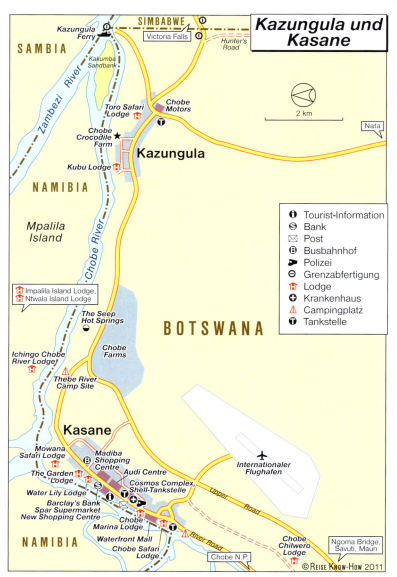

Kazungula und Kasane

SIMBABWE

Kazungula Ferry

Victoria Falls

Hunter's Road

SAMBIA

Kakumba Sandbank

Zambezi River

2 km

Nata

Toro Safari Lodge

Chobe Motors

Chobe Crocodile Farm

Kazungula

Kubu Lodge

NAMIBIA

Mpalila Island

Chobe River

ℹ	Tourist-Information
$	Bank
✉	Post
Ⓑ	Busbahnhof
➤	Polizei
⊖	Grenzabfertigung
🏠	Lodge
✛	Krankenhaus
⚠	Campingplatz
T	Tankstelle

Impalila Island Lodge, Ntwala Island Lodge

The Seep Hot Springs

BOTSWANA

Chobe Farms

Ichingo Chobe River Lodge

Thebe River Camp Site

Kasane

Mowana Safari Lodge

Madiba Shopping Centre

Audi Centre

The Garden Lodge

Cosmos Complex, Shell-Tankstelle

Water Lily Lodge

Barclay's Bank Spar Supermarket New Shopping Centre

Chobe Marina Lodge

Internationaler Flughafen

Upper Road

Waterfront Mall

Chobe Safari Lodge

River Road

Chobe N.P.

Chobe Chilwero Lodge

Ngoma Bridge, Savuti, Maun

NAMIBIA

© REISE KNOW-HOW 2011

gung natürlicher Baumaterialien. Mit Swimmingpool, exzellentem Restaurant und großer Bar. Der Safari-Ableger Into Africa Mowana Safaris bietet alle erdenklichen Touren in den Chobe NP und zu den Viktoria-Fällen an. Es besteht ein grenzüberschreitender Zubringer- und Abholservice zum internationalen Flughafen in Victoria Falls, Simbabwe. Ab 300 Euro p.P. im DZ, alles inklusive.

● **Ichingo Chobe River Lodge,** P.O. Box 68630, Bryanston 2021, South Africa, Tel. +27-79-871-7603, Fax +27-86-6185220, Internet: www.ichobezi.co.za. Geschmackvolles Luxury Tented Camp auf der namibischen Insel Mpalila zwischen Chobe River und Zambezi River, nur wenige Kilometer Luftlinie von Kasane entfernt. Es werden Bootsfahrten in den Chobe NP, geführte Fußsafaris auf Mpalila Island, Angelausflüge, vogelkundliche Exkursionen und Mokoro-Touren angeboten. Die Anreise erfolgt mit dem Kleinflugzeug (ab Maun bzw. Victoria Falls) oder von Kasane aus mit dem Boot über den Chobe River. Ab 270 Euro p.P. im DZ, alles inklusive.

● **Impalila Island Lodge,** c/o Islands in Africa, P.O. Box 1169, Paulshof 2056, South Africa, Tel. +27-11-234-9997, Fax +27-11-234-0323, Internet: www.islandsinafrica.com. Auf der namibischen Insel Mpalila zwischen Chobe River und Zambezi River gelegen. Luxuriöse Unterbringung mit Blick auf die Mambova-Stromschnellen im Zambezi River. Der „All-inclusive"-Tarif beginnt bei 275 Euro p.P. und Nacht im DZ und enthält Unterbringung, drei Mahlzeiten, Game Drives, geführte Fußsafaris, Bootsfahrten („River Cruises") und Parkgebühren. Es wird ein Zuschlag von 25% für Einzelreisende erhoben. Die Anreise erfolgt mit dem Kleinflugzeug oder von Kasane aus mit dem Motorboot über den Chobe River bzw. den Kasai Channel. Das Büro in Kasane (P.O. Box 55, Tel. 6250795) koordiniert den Bootszubringerdienst.

● **The Garden Lodge,** Private Bag K 48, Kasane, Tel. 6250051, Mobil 71304150, Fax 6250577, Internet: www.thegardenlodge.com. Familiäre Safari Lodge für max. 16 Gäste mit sehr persönlichem Service, unter deutschsprachiger Leitung. Zwischen Ortskern und Mowana Safari Lodge am Ufer des Chobe River gelegen. Es werden Bootsfahrten und

Game Drives in den Chobe NP, geführte Fußsafaris auf Mpalila Island, Angelausflüge, vogelkundliche Exkursionen und Mokoro-Touren angeboten. Ab 180 Euro p.P. im DZ, alles inklusive.

● **Ntwala Island Lodge,** c/o Islands in Africa, P.O. Box 1169, Paulshof 2056, South Africa, Tel. +27-11-234-9997, Fax +27-11-234-0323, Internet: www.islandsinafrica.com. Ende 2005 eröffnete Edel-Lodge mit vier Suiten für maximal acht Personen (vornehmlich für Honeymooners geeignet) auf einer namibischen Insel mit Blick auf die Mambova Rapids im Zambezi River. Der „All-inclusive"-Tarif beginnt bei 300 Euro p.P. und Nacht im DZ und enthält Unterbringung, drei Mahlzeiten, Game Drives, geführte Fußsafaris, Bootsfahrten („River Cruises") und Parkgebühren. Es wird ein Zuschlag von 25% für Einzelreisende erhoben. Die Anreise erfolgt mit dem Kleinflugzeug oder von Kasane aus mit dem Motorboot über den Chobe River bzw. den Kasai Channel. Das Büro in Kasane (P.O. Box 55, Tel. 6250795) koordiniert den Bootszubringerdienst.

Kategorie A (80–150 Euro pro DZ)

● **Chobe Safari Lodge,** P.O. Box 10, Kasane, Tel. 6250336, Fax 6250437, Internet: www.chobesafarilodge.com. Die wohl beliebteste Unterkunft der Region, zentral in Kasane gelegen. Die Lodge liegt direkt am Ufer des Chobe River und bietet erschwingliche Unterkünfte in Rondavels sowie im Hauptgebäude teurere Zimmer mit Blick auf den Chobe River. Mit Pool, gutem Restaurant, Bar und Pub. Das Informations- und Buchungsbüro der Lodge offeriert preisgünstige Touren in den Chobe NP und zu den Viktoria-Fällen. Großer Campingplatz für Selbstversorger. Empfehlenswert. Vorausbuchung (mit Ausnahme des Campingplatzes) unbedingt erforderlich. Ab 60 Euro p.P. im DZ.

● **Kubu Lodge,** P.O. Box 43, Kasane, Tel. 6250312, Fax 6251092, Internet: www.kubu-lodge.net. In Kazungula reizvoll am Ufer des Chobe River gelegene Lodge inmitten einer grünen Parklandschaft mit großen Ebenholz- und Feigenbäumen. Mit Swimmingpool, Restaurant und Bar. Das Lodge-Gelände gilt als exzellentes Beobachtungsrevier für Vögel und wird durch einen Nature Trail erschlossen. Es werden Game Drives in den Chobe NP, Bootsfahrten auf dem Chobe River, Angelausflüge und vogelkundliche Exkursionen angeboten (jeweils gesondert zu buchen). Mit gut bewachtem Campingplatz für Selbstversorger. Ab 120 Euro p.P. im DZ. Rundum empfehlenswert.

Kategorie B (40–80 Euro pro DZ)

●**Liya Guest Lodge,** P.O. Box 212, 1198 Tholo Crescent, Kasane, Tel. 6252376, Mobil 71756903, Fax 6251450, E-Mail: liyaglo@botsnet.bw. Ebenfalls familiär geführtes sauberes Guest House am Hang mit Blick auf den Chobe River.

●**Toro Safari Lodge,** P.O. Box 111, Kasane, Tel. 6252694, Mobil 74584254, Fax 6252695, Internet: www. torolodge.co.bw. Familiär geführte, aber etwas steril wirkende Bungalowanlage westlich von Kazungula am Ufer des Chobe. Angeschlossener Campingplatz.

●**Water Lily Lodge,** P.O. Box 55, Kasane, Tel. 6251775, Internet: www.janalasafaris.com. Kleine Lodge oberhalb des Chobe River für max. 20 Gäste. Familiäre Atmosphäre. Bootstouren auf dem Chobe und Safaris in den Chobe NP werden über das Safariunternehmen Janala Tours & Safaris abgewickelt. Ab 35 Euro p.P. im DZ mit Frühstück.

Camping

●Der beliebte Campground der **Chobe Safari Lodge** liegt am Südwestrand des Lodge-Geländes in Ufernähe zum Chobe River, mit Blick auf die Insel Sedudu. Es sind saubere Waschgelegenheiten mit Warmwasserduschen und Toiletten mit Spülung vorhanden. Der Platz ist häufig überfüllt und weist dann eine entsprechende abendliche und nächtliche Geräuschkulisse auf. In den letzten Jahren mehren sich die Berichte, dass es auf dem Campingplatz häufiger zu nächtlichen Einbrüchen in Fahrzeuge und Diebstählen kommt. Das Management der Lodge scheint sich um dieses Problem offensichtlich herzlich wenig zu kümmern. Entsprechende Vorsicht ist also geboten. Die Campinggebühr beträgt 10 Euro. Ein Zaun grenzt den Platz zum Chobe NP hin ab, sodass die einst verbreiteten nächtlichen Besuche von Elefanten aufgehört haben.

●Das schattige Campingareal der **Kubu Lodge** (Campinggebühr 10 Euro p.P.) in Kazungula bietet sich als ruhigere Alternative an, jedoch sind auch hier inzwischen mehrfach Einbrüche und Überfälle vorgekommen.

●Weitere ziemlich charakterlose Alternativen sind der **Thebe River Campsite** (Tel. 6250314 oder 6250995, E-Mail: thebe@chobenet.com) auf halber Strecke zwischen Kazungula und Kasane sowie das Campingareal der **Toro Lodge.** An beiden Plätzen haben sich in der letzten Zeit immer wieder nächtliche Autoeinbrüche ereignet.

●Der **Ihaha Camp Site** innerhalb des Chobe NP liegt ca. 30 km von Kasane entfernt.

Essen und Trinken

Alle genannten Safari Lodges verfügen über gute Restaurants und Bars, die (mit Ausnahme der Lodges auf Mpalila Island) neben der Versorgung der eigenen Gäste auch Besuchern von außerhalb offen stehen. Ansonsten aber bietet Kasane kaum Verpflegungsmöglichkeiten.

Restaurants der gehobenen Preisklasse (Auswahl)

●**Chobe Safari Lodge,** Tel. 6250336. Das Restaurant bietet ein empfehlenswertes Dinner-Buffet für umgerechnet 23 Euro an. À-la-carte-Gerichte sind ab 10 Euro zu haben. Das Frühstücks-Buffet kostet 11/19 Euro für Continental/English Breakfast.

●**Cresta Mowana Safari Lodge,** Tel. 6250300. Exzellente, aber sehr teure internationale Küche mit Buffets und À-la-carte-Gerichten.

●**Kubu Lodge,** Tel. 6250312. Empfehlenswerte internationale Küche. Das Dinner-Buffet kostet ca. 34 Euro.

●**The Garden Lodge,** Tel. 6250051, Mobil 71646064. Ein Geheimtipp unter den Restaurants in Kasane mit liebevoll zusammengestellten Menüs, angenehme Atmosphäre.

Günstige Restaurants

●Günstige Restaurants findet man nur im Takeaway- und Fastfood-Sektor. Im Audi

Shopping Centre gegenüber der Chobe Marina Lodge bietet die **Gallery Africana & Coffee Bar** (Tel. 6250944) Getränke und wohlschmeckende Snacks neben einer guten Auswahl an afrikanischen Souvenirs. Die **Old House Sports Bar** nahe der Water Lily Lodge wartet mit einfacher Bar-Atmosphäre und kühlem Bier auf.

● In Kazungula gibt es einfache Snacks bei **Four-Ways Takeaways.**

Flugverbindungen

● Derzeit (2010) existieren lediglich Flugverbindungen mit Air Botswana **nach Gaborone, Maun, Johannesburg und Lusaka.** Die Flugpreise wechseln und steigen häufig. Wer das Ticket innerhalb von 24 Std. nach Reservierung ausstellen lässt, erhält in der Regel einen deutlichen Preisnachlass. Auf bestimmten Strecken gelten günstige Wochenendtarife. Während der Hauptreisemonate sind vor allem die Strecken nach Gaborone und nach Maun häufig ausgebucht. Beim Abflug wird eine Gebühr von umgerechnet etwa 5,50 Euro erhoben, die im Ticketpreis enthalten ist.

● **Johannesburg – Kasane** = 160 Euro (einfach) bzw. 250 Euro (Hin- und Rückflug).

● **Charterverbindungen mit Kleinflugzeugen** können ab einer Gruppengröße von vier Personen eine interessante finanzielle Alternative zu Linienflügen darstellen.

Internationale Fluggesellschaft
● **Air Botswana,** Kasane International Airport, Tel. 6250161. Air Botswana tritt als Agent für viele andere Gesellschaften auf (u.a. Air India, Air Malawi, Air Mauritius, Air Tanzania, Air Zimbabwe, KLM, Lufthansa, Royal Swazi Airways, South African Airways, SAS).

Chartergesellschaft
● **Southern Cross Aviation,** P/Bag K79, Kasane, Tel. 6252217, Fax 6252217, Internet: www.dabula.com

Busverbindungen

● Es bestehen **direkte Busverbindungen nach Nata** (zwei Abfahrten täglich, Ticketpreis 6 Euro) und **nach Francistown** (Tickets für 10 Euro). Für Ticketbuchungen und Erkundigungen nach Abfahrtszeiten und Fahrpreisen ist das Buchungsbüro der Chobe Safari Lodge eine gute Adresse.

● Das Reiseunternehmen UTC (United Touring Company) bietet **zwischen Kasane und Victoria Falls Town** einen täglichen **Minibus-Service** an (Fahrzeit ca. 90 Minuten). Rückfahrtickets kosten ca. 50 Euro. Ein ähnlicher Service wird auch von der Chobe Safari Lodge angeboten.

● Darüber hinaus existieren **grenzüberschreitende Busverbindungen** nach Livingstone (Sambia), Victoria Falls (Simbabwe) und Windhoek (Namibia), die über Kasane führen. Details dazu finden Sie im Kapitel „Praktische Tipps A–Z/Anreise".

Leihwagen

● **AVIS,** P.O. Box 339, Kasane, Tel. 6250144, Fax 6250145, E-Mail: botswanares@avis.co.za oder aviskse@botsnet.bw. Der AVIS-Schalter befindet sich in der Cresta Mowana Safari Lodge. Nach Feierabend kann man die AVIS-Mitarbeiter unter Tel. 6251136 erreichen. Es werden preisgünstige Spezialtarife für Fahrten zu den Viktoria-Fällen in Simbabwe angeboten. Weitere Niederlassungen existieren in Gaborone (Tel. 3953745), Francistown (Tel. 2413901) und Maun (Tel. 6860039).

Autoreparaturen
Eine empfehlenswerte Werkstatt für alle gängigen Fabrikate ist z.B. die lokale Nissan-Vertragswerkstatt **Chobe Motors** (P.O. Box 287, Kazungula, Tel. 6250673, Fax 6250674).

Krankenhäuser und medizinische Notfälle

● **Kasane Primary Hospital,** P.O. Box 3, Tel. 6250333. Staatliches Primärkrankenhaus an der Hauptstraße neben der Polizeistation. Einfache medizinische Versorgung.

● **Chobe Medical Centre & Dental Clinic,** Kasane Centre, Tel. 6250888 und 6250212.

● **Medical Rescue International (MRI),** Bag BR256, Broadhurst/Gaborone, Tel. (Verwaltung) 3903066, Fax 3902117, Internet: www.mri.co.bw, Tel. (Notfälle) 3901601, landes-

Der Nordosten und Chobe

bs-122 Foto cl

weiter **Notruf: Tel. 992.** MRI operiert seit 1991 in Botswana und verfügt über ein privates Netzwerk von medizinischem Personal, Krankenwagen und Transportfahrzeugen. Darüber hinaus verfügt die Organisation über Kleinflugzeuge für **Luftevakuierungen.** Es besteht die Möglichkeit, vorübergehendes Mitglied bei MRI zu werden und damit über einen begrenzten Zeitraum für den Bergungsnotfall und medizinische Notfälle versichert zu sein. Ein Krankenwagen (oder Kleinflugzeug) von MRI muss in einem solchen Notfall über Telefon/Funk/Mobiltelefon/Satellitentelefon angefordert werden und befördert den Verunfallten/Erkrankten dann nach der Erstversorgung vor Ort oder während des Transports in nächstgelegene klinische Zentren.

Apotheken

● **Pharma Africa Pharmacy** (Tel. 6251502, Mo–Fr von 8 bis 13 und 14 bis 17 Uhr geöffnet, Sa von 8 bis 13 Uhr), im Spar Shopping Centre, passables Angebot an Medikamenten und pharmazeutischen Artikeln.

Polizei und Behörden

● Die **Polizeistation** (Tel. 6250353) befindet sich zentral an der Hauptstraße in Kasane neben dem Kasane Primary Hospital. Der landesweite telefonische Polizeinotruf ist 999.
● Visa-Verlängerungen können im **Department of Immigration** (P.O. Box 19, Tel. 6250252) vorgenommen werden.

Banken/Geldumtausch

Die **Filiale der Barclay's Bank of Botswana** liegt zentral an der Hauptstraße gegenüber dem ICC Shopping Centre. Inhaber einer ausländischen VISA-Karte können am Geldautomaten bequem Bargeld abheben

---

Nur 80 km von Kasane entfernt: Victoria Falls zwischen Simbabwe und Sambia (bis zu 2000 Pula pro Auszahlungsvorgang). Zur Not kann man sein Geld auch an der Rezeption der großen Safari Lodges tauschen.

Post

●Das kleine **Postamt** liegt zentral an der Hauptstraße (Öffnungszeiten: Mo–Fr von 8.15 bis 12.45 Uhr und 14 bis 16 Uhr, Sa 8.30 bis 11.30 Uhr). Der Service ist langsam, Warteschlangen vor den Schaltern sind die Regel.
●Wertvolle Pakete und eilige Sendungen sollte man einem internationalen **Kurierdienst** wie z.B. DHL (Tel. 6250069) anvertrauen.

Telekommunikation

Das Gebäude der nationalen Telefongesellschaft BTC liegt direkt neben dem Postamt. Vor dem Gebäude sind mehrere moderne Kartentelefone aufgebaut. Darüber hinaus findet man einige Kartentelefone am internationalen Flughafen und in Kazungula. Die Kosten für ein über Kartentelefon geführtes Selbstwahlgespräch nach Europa liegen in der Hauptzeit (werktags 7 bis 20 Uhr) bei umgerechnet 0,35 Euro/Minute, in der Nebenzeit (werktags 20 bis 7 Uhr, Wochenenden und Feiertage) sogar nur bei 0,25 Euro/Minute. Inlandsgespräche kosten je nach Entfernungszone zwischen 0,02 und 0,05 Euro/Minute. Gespräche nach Südafrika kosten tageszeitabhängig zwischen ca. 0,20 und 0,25 Euro/Minute. Handvermittelte Gespräche sind deutlich teurer. Von Hotel- und Camptelefonen geführte Gespräche schlagen in der Regel mit dem Drei- bis Vierfachen des normalen BTC-Satzes zu Buche.

Reiseagentur/Internet

●Das **Informations- und Buchungsbüro der Chobe Safari Lodge** fungiert als effektive Reiseagentur. Neben Game Drives und Bootsfahrten („River Cruises") in den Chobe National Park werden Touren zu den Viktoria-Fällen, Rundflüge, Einbaumfahrten auf dem Chobe River, Fußsafaris, Whitewater Rafting unterhalb der Viktoria-Fälle und andere Unternehmungen zu fairen Preisen angeboten. In der Lodge gibt es auch ein kleines **Internet-Café.**

●Eine zuverlässige Internetverbindung sowie einen hilfreichen Download-Service für Digitalfotos bietet z.B. **Kasane Computers** im Audi Centre.

Safariveranstalter (Auswahl)

Unteres Preissegment
●**Go Wild Safaris,** P.O. Box 56, Kasane, Tel. und Fax 6250468, E-Mail: go.wild@info.bw oder gowildsafaris@info.bw, Internet: www.gowildsafaris.co.za. Mobile Campingsafaris und Game Drives ab Kasane in den Chobe NP. Gefahren wird z.T. mit alten Landrover-Trucks vom Typ 101 aus Armeebeständen, die bis zu zehn Reisende transportieren – ein etwas „hühnerstallartiges" Safari-Vergnügen.
●**Janala Tours & Safaris,** c/o Water Lily Lodge, Tel. 6251775, Fax 6252709, Internet: www.janalasafaris.com.
●**Thebe River Safaris,** P.O. Box 323, Kasane, Tel./Fax 6250314, Internet: www.theberiversafaris.com. Solide Safaris im bezahlbaren Preissegment mit Backpackerorientierung.

Mittleres Preissegment
●**andBeyond Africa** (vormals CC Africa), P.O. Box 323, Kasane, Tel. 6250119, Fax 6250456, Internet: www.andbeyondafrica.com. Führt empfehlenswerte Lodge-Safaris und mobile Campingsafaris im oberen Preissegment durch, mit semipermanenten Zeltlagern im Moremi WR und im Chobe NP.
●**Bushtracks Safaris Botswana,** P/Bag K24, Kasane, Tel. 6250840 oder 6250450, Fax 625040, E-Mail: explore@botsnet.bw. Solides Unternehmen mit modernen Fahrzeugen, das sich auf Tagesausflüge in den Chobe NP sowie zu den Viktoriafällen spezialisiert hat.
●**The Garden Lodge,** Private Bag K 48, Kasane, Tel. 6250051, Mobil 71646064, Fax 6250577, Internet: www.thegardenlodge.com.
●**Untamed Africa Safaris,** c/o Chobe Travel Shop, P/Bag K39, Audi Shopping Centre, Kasane, Tel. 6251754, Fax 6250259, Internet: www.untamed-africa.com. Kleine Reiseagentur, die die Unternehmen Untamed Africa und Expeditions into Africa (v.a. Campingsafaris) vertritt und bei Flugbuchungen behilflich ist.

Oberes Preissegment

● **Into Africa Mowana Safaris**, P.O. Box 266, Kasane, Tel. 6250478, Fax 6250469, E-Mail: intoafrica@botsnet.bw. Safari-Ableger der Cresta Mowana Safari Lodge.

● **Selinda Reserve** (ehem. Linyanti Explorations), P.O. Box 22, Kasane, Tel. 6250505, Fax 6250352, Internet: www.selindareserve.com. Unterhält die Luxury Tented Camps Selinda und Zarafa im privaten Selinda-Konzessionsgebiet in der Linyanti-Region.

Einkaufen

Lebensmittel/Alkoholika

● Die beste Auswahl an Lebensmitteln bietet der gut sortierte **SPAR-Supermarkt** im Ortszentrum (mit schlampiger Müllverbrennung direkt hinter dem Gebäude) neben einem ebenfalls gut bestückten **Choppies Superstore.**

● An der Chobe Safari Lodge wurde 2006 die **Shopping Centre Water Front Mall** eröffnet. Dort ist auch ein Bottlestore mit einer breiten Palette an Bier, südafrikanischen Weinen und stärkeren Alkoholika vorhanden.

● Frische Backwaren erhält man im **Hot Bread Shop** im Madiba Shopping Centre.

Filmmaterial

Filmmaterial ist wesentlich teurer als in Europa. Diafilme sind besonders schwierig und nur zu überhöhten Preisen zu bekommen. Eine zuverlässige Quelle für kühl gelagerte und relativ preisgünstige Filme sowie Speicherkarten ist das **Kasane Photolab** im Audi Shopping Centre. Weitere Bezugsmöglichkeiten sind die Shops in der Cresta Mowana Safari Lodge und in der Chobe Safari Lodge.

Souvenirs

● **The African Easel Art Gallery**, P.O. Box 55, Kasane, Tel. und Fax 6250433, Internet: www.africaneasel.com; geöffnet Mo–Fr von 8 bis 17, Sa von 8.30 bis 12.30 Uhr. In dieser Galerie im Audi Shopping Centre stehen afrikanische Kunst, Bücher u.a. zu relativ hohen Preisen zum Verkauf.

Ausflüge und Unternehmungen

Neben Touren in den Chobe National Park bieten sich **Tagesausflüge zu den Viktoria-Fällen** nach Simbabwe bzw. nach Sambia an. Eine empfehlenswerte Unternehmung ist auch ein **Rundflug** („Scenic Flight" oder „Scenic Game Flight") mit dem Kleinflugzeug über den Fällen (ab Livingstone Airport, zu buchen z.B. über die Chobe Safari Lodge, Kosten ca. 100 Euro p.P. zzgl. Transportkosten nach Livingstone). Die Cresta Mowana Safari Lodge bietet zweistündige **Reitausflüge** an. Fast alle Lodges arrangieren **Angelausflüge** auf dem Chobe River (inkl. Equipment, Picknick, Getränken und Berechtigungskarte).

Weiterreise nach Sambia

Botswanas **gemeinsame Grenze** mit Sambia wird durch den **Sambesi** gebildet und ist **nur wenige hundert Meter lang**. Der Grenzverkehr wird über einen Fährbetrieb, die **Kazungula Ferry**, abgewickelt, die von 6 bis 18 Uhr operiert. Der Personentransport mit der Kazungula-Fähre über den Sambesi nach Sambia kostet 0,75 US-$ pro Person. Für Geländewagen sind 25 US-$ zu zahlen (auch Pula und Südafrikanische Rand werden zu guten Umtauschkursen akzeptiert). Die beiden stets am Rande des Kollapses operierenden Fährschiffe sind in den letzten Jahren überholt worden und arbeiten seitdem etwas zuverlässiger. Bei technischen Problemen kann die Wartezeit jedoch noch immer auf mehrere Stunden ansteigen. Das Büro der botswanischen Immigration liegt ca. 1 km oberhalb des Flussufers. Inzwischen ist der Bau einer festen Brücke über den Sambesi projektiert, deren voraussichtliche Baukosten von umgerechnet 80 Mio. Euro aus Mitteln der japanischen Entwicklungshilfe finanziert werden sollen.

Der Grenzübertritt in beide Richtungen gestaltet sich **problemlos und** geht **zügig** vonstatten. Auf der sambischen Seite gelangt man über eine gute Asphaltstraße nach Livingstone (60 km, gute Versorgungs- und Übernachtungsmöglichkeiten). Bei der Ein-

Der Nordosten und Chobe

reise nach Sambia ist für Deutsche, Österreicher und Schweizer ein **Visum** erforderlich, das an der Grenze ausgestellt werden kann (Tagesvisum 20 US-$, Einfacheintritt mit einmonatiger Gültigkeit 50 US-$, Mehrfacheintritt 80 US-$). Für in der Zollunion SACU zugelassene Fahrzeuge muss man bei der Ausreise aus Botswana ein **temporäres Exportdokument** ausfüllen und bei der Einreise nach Sambia eine **vorübergehende Importgenehmigung** beantragen („Temporary Import Permit", kurz „TIP"), die beim Verlassen des Landes vom Zoll wieder eingesammelt wird. Zusätzlich muss eine **Teilkaskoversicherung** („Third Party Insurance") an der Grenze abgeschlossen werden.

Auf der sambischen Seite verkehren Taxis und Minibusse zwischen Kazungula und Livingstone. Zwischen Lusaka und Gaborone (und vice versa) gibt es mehrmals wöchentlich eine Busverbindung über Livingstone, Kazungula Ferry, Kasane, Nata und Francistown. Tickets kosten ungefähr 60 Euro für die gesamte Strecke. Aktuelle Infos bekommt man an den angefahrenen Busstationen.

Weiterreise nach Simbabwe

Die Weiterreise nach Simbabwe erfolgt **über den Grenzübergang Kazungula** (von 6 bis 20 Uhr geöffnet) 2 km östlich des eigentlichen Ortes. Der Grenzübertritt in beide Richtungen gestaltet sich relativ problemlos und geht meist innerhalb einer Stunde vonstatten. Hinter der Grenze gelangt man auf eine gut ausgebaute Asphaltstraße nach Victoria Falls Town (70 km, exzellente Versorgungs- und Übernachtungsmöglichkeiten). Bei der Einreise nach Simbabwe ist für Deutsche, Österreicher und Schweizer seit Januar 1999 ein **Visum** erforderlich, das an der Grenze ausgestellt wird (Einfacheintritt 30 US-$, Mehrfacheintritt 55 US-$). Für in der Zollunion SACU zugelassene Fahrzeuge muss man bei der Ausreise aus Botswana ein **temporäres Exportdokument** ausfüllen und bei der Einreise nach Simbabwe eine **vorübergehende Importgenehmigung** beantragen („Temporary Import Permit", kurz „TIP"), die beim Verlassen des Landes vom Zoll wieder eingesammelt wird. Zusätzlich muss eine

Teilkaskoversicherung („Third Party Insurance") in Höhe von 15 US-$ an der Grenze abgeschlossen werden. Für „TIP" und „Toll Fee" fallen Gebühren an, die sich auf ca. 20 US-$ belaufen.

Achtung: Auf simbabwischer Seite werden u.U. **Geldkontrollen** durchgeführt. Der hyperinflationäre Simbabwe-Dollar wurde im April 2009 als Zahlungsmittel zugunsten des US-Dollars ausgesetzt. Im Land sind Lebensmittel und Benzin nicht verlässlich erhältlich (2010).

Vor dem Grenzübertritt nach Simbabwe ist es wichtig, sich frühzeitig in Kasane um **Treibstoff** zu kümmern. Da es in Simbabwe nur unregelmäßig Treibstoff gibt, kommen von dort viele Fahrzeuge zum Tanken über die Grenze, bzw. alle Lastwagen, die von Botswana aus das Land durchqueren wollen, tanken vorher in Kasane. Entsprechende Wartezeiten an einer der innerörtlichen Tankstellen sind daher nicht ungewöhnlich.

Ausflug zu den Victoria Falls

Ein Abstecher zu den Viktoria-Fällen des Sambesi lässt sich als Selbstfahrer von Kasane aus in anderthalb Stunden bewerkstelligen. Man kann zwischen der **sambischen Variante** (Grenzübertritt mit der Kazungula Ferry, Weiterfahrt nach Livingstone – Visumgebühr 50 US-$ bzw. 20 US-$ bei Nutzung eines Tagesvisums) und der **simbabwischen Variante** (Grenzübertritt östlich von Kazungula, Weiterfahrt nach Victoria Falls Town – Visumgebühr 30 US-$) wählen. Alle Safari Lodges in Kasane bieten ihren Gästen grenzüberschreitende Exkursionen zu den Fällen an. Dabei wurde viele Jahre die simbabwische Seite bevorzugt. Inzwischen zeigt sich angesichts des politischen und wirtschaftlichen Desasters in Simbabwe eine Trendumkehr zugunsten von Sambia. Günstige Tagestouren ermöglicht z.B. die Chobe Safari Lodge. Das Reiseunternehmen UTC (United Touring Company) bietet zwischen Kasane und Victoria Falls Town einen täglichen Minibus-Service an (Fahrzeit etwa 90 Minuten). Tickets kosten umgerechnet ca. 50 Euro (Hin- und Rückfahrt).

Besichtigung der Fälle

Ein Besuch der Fälle begeistert insbesondere **zum Ende der Regenzeit im März und April.** Der Sambesi schwillt dann zu einem gewaltigen Strom an, dessen Fluten sich zwischen Simbabwe und Sambia spektakulär in die Tiefe stürzen. Auf simbabwischer Seite schützt der Victoria Falls National Park das Naturschauspiel. Für ausländische Besucher wird eine Eintrittsgebühr von 30 US-$ verlangt. Auf sambischer Seite wurde der Mosi-oa-Tunya National Park eingerichtet. Die Eintrittsgebühr beträgt 20 US-$. Die sambische Seite ist touristisch inzwischen mindestens so gut entwickelt wie die simbabwische Seite und erlaubt einen fantastischen Blick über die volle Länge der Fallkante. Die simbabwische Seite bietet einen ausgedehnten Fußparcours, der sukzessive den Blick auf den Devil's Cataract, die Main Falls, die Horseshoe Falls, die Rainbow Falls und den Eastern Cataract (von Westen nach Osten) freigibt. Über den Rainbow Falls steht bei Sonnenschein ein großer leuchtender zweifacher Regenbogen. Es lohnt sich, sowohl

die sambische als auch die simbabwische Seite der Fälle zu erkunden. Eine Regenjacke mit Kapuze, besser noch ein Regenschirm (selbstverständlich gibt es mehrere Varianten eines **mobilen Regenschirmverleihs** vor Ort), schützen Körper und Kamera vor den Gischtfontänen der Fälle.

Nach einer Reise von mehr als 1000 Kilometern durch Angola und Sambia verschwindet der Sambesi, immerhin der viertgrößte Strom Afrikas, an den Viktoria-Fällen auf einer Länge von gut 1700 Metern in einer bis zu 109 Meter tiefen Spalte, die inmitten geschlosse-

Denkmal zu Ehren David Livingstones, der die Fälle als erster Europäer erblickte

Der Nordosten und Chobe

ner Basaltlava klafft. Auf dem Höhepunkt der Regenzeit im angolanischen Quellgebiet im April ergießen sich jede Minute 550 Millionen Liter Wasser über die Fallkante in den sogenannten **„Boiling Pot",** in dem die Wassermassen förmlich zu kochen scheinen. Wenn der Wind durch die langgezogene Schlucht herüberweht, kann das Tosen der Wassermassen Orkanstärke erreichen. Am Ende der Trockenzeit im Oktober werden pro Minute „nur noch" bis zu 150 Millionen Liter registriert. „Mosi-oa-Tunya", also „donnernder Rauch", nannten die Bewohner des Lozi-Reiches das Na-

turwunder, als der englische Missionar *Dr. David Livingstone* 1855 als erster Europäer die Fälle erblickte. Schon von weitem hörte *Livingstone* das Donnern und sah die von den Fluten aufgewirbelte **Gischtfahne** über der Schlucht. Er beschrieb die gewaltigen Wasserfälle als einen „so wunderschönen Anblick, dass selbst die Engel im Fluge einhalten" und benannte sie nach „seiner" Königin *Victoria. Livingstone* zu Ehren wurde auf der simbabwischen Seite der Fälle eine große Bronzestatue errichtet.

Inmitten des Wassernebels ist sogar ein **kleiner tropischer Regenwald** entstanden, der bei der Erkundung der Fälle wie ein dampfendes tropisches Gewächshaus erscheint. Wer mit dem Flugzeug nach „Vic Falls" anreist oder

Blick auf die Victoria Falls

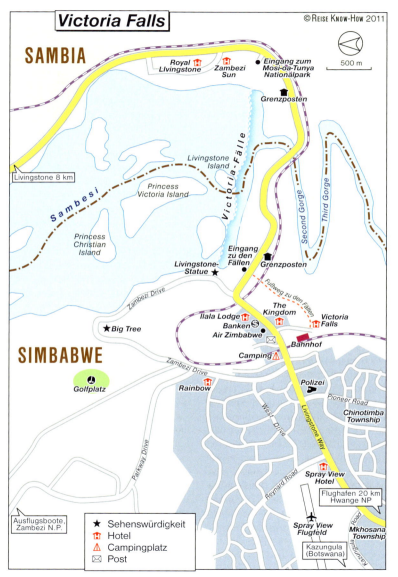

Victoria Falls

© REISE KNOW-HOW 2011

500 m

SAMBIA

Royal Livingstone

Zambezi Sun

Eingang zum Mosi-oa-Tunya Nationalpark

Grenzposten

Livingstone 8 km

Livingstone Island

Princess Victoria Island

Victoria-Fälle

Second Gorge

Third Gorge

Sambesi

Princess Christian Island

Eingang zu den Fällen

Grenzposten

Livingstone-Statue ★

Fußweg zu den Fällen

Zambezi Drive

The Kingdom

★ Big Tree

Ilala Lodge

Banken

Air Zimbabwe

Victoria Falls

Bahnhof

SIMBABWE

Zambezi Drive

Camping

Polizei

Golfplatz

Rainbow

Pioneer Road

Chinotimba Township

West Drive

Livingstone Way

Parkway Drive

Spray View Hotel

Reynard Road

Flughafen 20 km Hwange NP

Ausflugsboote, Zambezi N.P.

Spray View Flugfeld

Kazungula (Botswana)

Mkhosana Township

Kazungula Road

★ Sehenswürdigkeit

⌂ Hotel

⚠ Campingplatz

✉ Post

einen 20-minütigen Kurzflug mit einer kleinen Cessna, dem Helikopter oder im luftigen Ultraleichtflugzeug über den Fällen bucht, kann das Spektakel aus der Vogelperspektive besonders gut bewundern und die eng umgrenzte Ausdehnung der grünen Waldinsel verfolgen. Der Sambesi fließt aus dem Boiling Pot durch eine steile und verwinkelte Schlucht, die mit rasanten Stromschnellen nicht gerade geizt, nach Osten ab. Darüber thront als markantes Denkmal britischer Kolonialarchitektur eine kurz nach der Jahrhundertwende errichtete **Stahlbogenbrücke** hinüber ins heutige Sambia. Mit ihrer Hilfe wurde seinerzeit die von *Cecil Rhodes* erträumte „Kap-Kairo Bahn" nach Norden getrieben.

Besichtigung von Victoria Falls Town, Simbabwe

Radikal von kolonialem Muff beraubt und ohne traditionelle Ausstrahlungskraft erscheint der übrige Ort, der den Namen der Fälle trägt. Einstmals als wildwestartige Handelssiedlung errichtet, hat sich heute ein **gesichtsloser Touristenzirkus** entwickelt, der adrenalinbezogene Action-Sportarten, billigen Souvenirkitsch, pseudotraditionelle Tanzdarbietungen, Spielkasinos, Prostituierte, Schwarzgeldwechsler, Trickbetrüger und sonstige Ganoven im Übermaß bereithält. Mit dem politischen und wirtschaftlichen Niedergang Simbabwes hat sich auch die Sicherheitslage im Ort deutlich verschlechtert. Wer sich davon nicht die Lust auf Nervenkitzel verderben lässt, kann von der histo-

rischen Sambesibrücke am Bungee-Seil in die Tiefe stürzen oder sich im **Whitewater Rafting** auf dem Sambesi versuchen, was als anspruchsvollste kommerzielle Unternehmung dieser Art gilt. Furcht einflößende Stromschnellen mit noch Furcht erregenderen Namen wie „Devil's Toilet Bowl", „Gnashing Jaws of Death" oder „Commercial Suicide" versprechen jede Menge Unterhaltung der feuchteren Art. Die jüngste Novität im simbabwischen „Outdoor-Disneyland" ist die Hotel- und Kasinoanlage „The Kingdom", eine gigantische Karikatur des simbabwischen Nationalheiligtums Great Zimbabwe. Dennoch – und Gott sei Dank! – überstrahlt bis auf den heutigen Tag die Gewaltigkeit und Einzigartigkeit des „donnernden Rauches" die Gesamtatmosphäre von Vic Falls und lässt selbst hartgesottene Transafrika-Reisende ins Schwärmen geraten.

Praktische Informationen

Victoria Falls Town bietet gute Versorgungsmöglichkeiten und eine große Auswahl an Unterkünften für jeden Geldbeutel. Wer es sich leisten kann, sollte eine Nacht im 1906 errichteten **Victoria Falls Hotel** (Kategorie AA, Internet: www.africansunhotels.com/victoriafallshotel) verbringen. Die erlebenswerte Anlage hat Zeitgeschichte geschrieben wie kaum eine andere Luxusherberge und wird noch immer regelmäßig unter die besten Hotels der Welt gewählt. Unschlagbar sind auch das Frühstücks- und das Dinnerbuffet, die bei sorgsamer Kleidung und vorheriger Anmeldung auch Nichtgästen offenstehen. Selbstversorger mit eigenem Fahrzeug finden im **Zambezi National Park** (5 km nordwestlich des Ortes gelegen) mehrere wunderschön am Sambesi gelegene **Campingplätze** vor (z.B. Kandahar Fishing Camp, Mpala-Jena Fishing Camp, Sansimba Fishing Camp), die einfache Versorgungsein-

Missionar und Entdecker – Dr. David Livingstone

David Livingstone wird am 19. März 1813 im schottischen Blantyre on Clyde geboren. Er muss sich seine Ausbildung selbst verdienen und arbeitet zwischen 1823 und 1831 jeden Tag viele Stunden am Webstuhl in einer Baumwollspinnerei. Im Wintersemester 1831 immatrikuliert er sich an der Universität Glasgow für die Fächer Theologie und Medizin. 1837 tritt er in die Londoner Missionsgesellschaft ein. Er schließt sein Studium 1840 ab und **schifft sich als Arzt und Missionar nach Afrika ein.**

Im Juli 1841 heiratet er *Mary Moffat,* die Tochter des Missionars *Robert Moffat,* der in Kuruman die erste Mission im Siedlungsgebiet der Tswana gegründet hatte. Livingstone zieht von dort aus weiter nach Nordwesten und lässt sich 1845 in Kolobeng westlich von Gaborone nieder, um die erste Mission mit angeschlossener Schule auf dem Gebiet des heutigen Botswana zu gründen. Von dort treibt er die Christianisierung tatkräftig voran. Jahrelang nutzt er Kolobeng als Basis für **große Expeditionen** in das Innere Afrikas.

1852 glückt ihm die Durchquerung der Kalahari. Im November 1853 bricht er auf, um die Quellen des Sambesi zu finden (erste Sambesi-Expedition). Ende Mai 1854 erreicht er die angolanische Hafenstadt Luanda und wendet sich von dort für eine Durchquerung Afrikas nach Osten. Auf dieser Reise entdeckt er unter anderem die Viktoria-Fälle. Im Dezember **1856 kehrt er als gefeierter Mann nach England zurück.** Im November 1857 erscheint sein erstes Buch „Missionsreisen und Forschungen in Südafrika". Bald darauf bricht er zu seiner zweiten Sambesi-Expedition auf, die zur Entdeckung des Nyassa-Sees (heutiger Lake Malawi) führt. Im April 1862 stirbt Livingstones Frau Mary. Livingstone fährt wenig später mit der Erkundung des Nyassa-Sees und des Rovuma-Flusses fort und kehrt im April 1864 nach England zurück, um den „Bericht von einer Expedition zum Sambesi und zu seinen Nebenflüssen" zu veröffentlichen. Im März 1866 bricht er im Auftrag der „Royal Geographical Society" an der Mündung des Rovuma-Flusses auf, um die **Quellen des Nils zu suchen.** Er lässt mehrere Jahre nichts mehr von sich hören und wird nach der Entdeckung des Bangweulu-Sees und des Mweru-Sees (beide im heutigen Sambia) bei seinem Vorstoß nach Nordwesten von schwerer Krankheit an das Dorf Ujiji (heutiges Tansania) am Tanganjika-See gefesselt.

1869 erhält der amerikanische Journalist *Henry Morton Stanley* von der New York Times den Auftrag, Livingstone zu suchen. Er bricht 1871 in Bagamoyo (heutiges Tansania) zu einer großen Expedition nach Westen auf. Am 10. November 1871 findet Stanley den von Krankheiten gezeichneten, weißhaarigen Livingstone in Ujiji. Die berühmten Worte **„Dr. Livingstone, I presume?"** fallen. Im August 1872 unternimmt Livingstone seine letzte Reise von Tabora (heutiges Tansania) zum Bangweulu-See. Er stirbt am 1. Mai 1873 in Ulala (heutiges Sambia) am Ufer des Sees. Sein Leichnam wird von Trägern bis in die Hafenstadt Bagamoyo transportiert und dort nach England eingeschifft. Am 15. April 1874 trifft er im Hafen von Southampton in England ein. Am 18. April 1874 wird Dr. David Livingstone in der Londoner Westminster Abbey ehrenvoll beigesetzt.

Der Nordosten und Chobe

richtungen (Duschen, Toiletten, Picknick-Tische, Feuerstellen) haben und ohne jede Übertreibung **zu den attraktivsten Übernachtungsplätzen in ganz Afrika** gehören dürften. Der Park stellt generell eine gute Möglichkeit dar, zum nervigen Vic-Falls-Trubel auf Abstand zu gehen.

Die **Unterkunfts- und Versorgungsmöglichkeiten im sambischen Livingstone**, gut 10 km von den Fällen entfernt, sowie am sambischen Ufer des Zambezi River sind mittlerweile ähnlich umfassend wie auf der simbabwischen Seite. Preisgünstig sind z.B. die Backpacker-Unterkunft **Fawlty Towers** (216 Mosi-oa-Tunya Road, Livingstone, Tel. und Fax +260-3-323432, Internet: www.adventure-africa.com), die empfehlenswerte **Maramba River Lodge** (Chalets der Kategorie B und schöner Campingplatz, Tel. +260-3-324189, Fax +260-3-324266, Internet: www.maramba-zambia.com) zwischen Livingstone und den Fällen, sowie die familiär geführte **Natural Mystic Lodge** (Kategorie A–B, schöne Chalets direkt am Sambesi, Internet: www.naturalmysticlodge.com) gut 20 km oberhalb der Viktoriafälle. Qualitativ nicht unumstrittenen Service der Luxusklasse bieten die Hotelanlagen **Zambezi Sun** und **The Royal Livingstone** (Kategorie A–AA bzw. AA+, Internet: www.suninternational.com) in Sichtweite der Fälle. Direkt am Fluss liegt auch die große Anlage der 2008 eröffneten, geschmackvoll gestalteten **David Livingstone Safari Lodge & Spa** (Kategorie AA+, Internet: www.dlslandspa.com). Empfehlenswert und sehr stimmungsvoll angelegt ist die deutlich kleinere **Stanley Safari Lodge** (Kategorie AA+, Internet: www.stanleysafaris.com) mit offenen Suiten und Chalets für maximal 20 Gäste, in schöner Hanglage wenige Kilometer oberhalb der Fälle. Ausführliche praktische Infos zu Unterkünften, Restaurants, Versorgungsmöglichkeiten in Victoria Falls Town und in Livingstone sowie zu Aktivitäten wie Rundflügen, Kanu-Safaris oder Whitewater Rafting stehen im Internet z.B. auf der Seite www.safari-portal.de.

Kasane – Ngoma Bridge

Gesamtdistanz: 51 km
- **Zustand:** großzügig ausgebaut, guter Asphaltbelag, einzelne Schlaglöcher
- **Fahrzeit:** ca. 1 Stunde

Die moderne und mehr als großzügig ausgebaute Asphaltachse durchschneidet den **Nordteil des Chobe National Park.** Kreuzende Büffel- oder Elefantenherden sind auf dieser Strecke kein ungewöhnlicher Anblick. Entsprechende Achtsamkeit ist daher geboten. Man verlässt Kasane in Richtung Flughafen. Bei Km 3 passiert man die Zufahrt zum Kasane International Airport. In westlicher Richtung gelangt man bei Km 6 am Sedudu Gate in den Chobe National Park (Registrierung erforderlich, Transitfahrten frei). Bei Km 21 passiert man die Abzweigung der Piste nach Nogatsaa und nach weiteren 29 km das Ngoma Gate (offizielle Ausfahrt aus dem Park, die Parkgrenze verläuft erst dahinter am Chobe River). Bei Km 51 gelangt man an den **Grenzübergang Ngoma Bridge.**

Weiterreise nach Namibia

Der Grenzübertritt am viel befahrenen **Übergang Ngoma Bridge** (von 6 bis 18 Uhr geöffnet) gestaltet sich in der Regel **problemlos und** geht **zügig** vonstatten. Für Fahrzeuge ohne namibisches Kennzeichen ist eine Gebühr („Road Fund") in Höhe von 180 Namibia-Dollar zu entrichten. Hinter der Grenze gelangt man auf einer neuen Asphaltstraße nach 64 km in die namibische Bezirksstadt Katima Mulilo (gute Versorgungs- und

Übernachtungsmöglichkeiten, mehrere Tankstellen), den mit einer Entfernung von gut 1200 km abgelegensten Außenposten der Regierung in Windhoek. Von dort führt die asphaltierte und großzügig ausgebaute B 8, der sogenannte „Golden Highway", durch den Caprivi-Streifen nach Westen. Die weitere Route bis zu den Popa Falls wird im Abschnitt „Durch den Caprivi-Streifen nach Kasane" erläutert.

Chobe National Park

Ganzjährig geöffnet. Überwiegend nur mit Allrad-Geländewagen befahrbar. GPS-Navigation zwischen Savuti und der Nogatsaa-Region hilfreich. Keine Versorgungs- und Tankmöglichkeiten im Park. Mehrere Luxuscamps und Lodges sowie einfache Camp Sites mit Wasserversorgung vorhanden. Camp-Site-Buchung über private Betreiber erforderlich. Anfahrtszeit zum südlichen Mababe Gate ab Maun: 3½–4 Stunden, zum Sedudu Gate ab Kasane: 5 Minuten, zum Poha Gate ab Nata: 4–4½ Stunden.

Der Park

Der **10.698 km²** große Chobe National Park wurde 1967 gegründet und gilt als **eines der artenreichsten und landschaftlich attraktivsten Schutzgebiete auf dem südafrikanischen Subkontinent.** Das Schutzgebiet wurde zuletzt 1987 auf die heutige Größe erweitert. Der Park erstreckt sich im Norden bis an den namengebenden Chobe River, im Westen von den Linyanti-Sümpfen bis zum Moremi Wildlife Reserve und im Osten bis zum Maikaelelo Forest Reserve. Er stellt nach dem Central Kalahari Game Reserve und dem botswani-

schen Teil des Kgalagadi Transfrontier National Park das **drittgrößte Schutzgebiet des Landes** dar. Sollte die Vision eines riesigen grenzüberschreitenden Schutzgebietes im südlichen Afrika, die 280.000 km² große Kavango-Zambezi Transfrontier Conservation Area (KAZA, Internet: www.kazapark.com), Wirklichkeit werden, wäre der Chobe NP in diesem Naturschutzverbund ein wichtiges Kernstück. Jedoch ist das Projekt bislang (2010) nicht über den Status von Absichtserklärungen hinausgekommen. Der Chobe National Park hat **mehrere vollkommen unterschiedliche Landschafts- und Vegetationszonen:** die an die Landschaft im Okavango-Delta erinnernden Linyanti-Sümpfe, die saisonal überflutete fruchtbare Marschlandschaft des Chobe River mit kleineren Galeriewäldern, die trockene Savannenlandschaft von Savuti mit zahlreichen Inselbergen, die Pfannensysteme in der Zweizwe-Region und in der Region um Nogatsaa bzw. Tchinga sowie ausgedehnte Mopane-Baumsavanne bzw. lichte Miombo-Wälder im übrigen Gebiet.

Von besonderer geologischer Bedeutung sind der Gidikhwe- und der Magwikhwe-Sandgrat im Westen des Parks, die die Senke der Mababe Depression begrenzen. Beide stellen fossile Uferlinien eines riesigen Ursees („Lake Makgadikgadi") dar, der einst von den Strömen Okavango, Chobe und Sambesi gespeist wurde und neben der Mababe Depression auch das Okavango-Delta, die Makgadikgadi Pans, den Lake Ngami und den Lake Xau umfasste. Genaueres dazu steht in den Kapiteln „Naturraum/Geografie und Relief" und „Das Okavango-Delta". Die **Savuti Marsh,** die über den Savuti Channel mit dem Wasser des Linyantis gespeist wird, ist der tiefste Punkt der Mababe Depression. Sie füllt sich periodisch mit Wasser. Zuletzt führte der Kanal von 1967 bis 1979 kontinuierlich Wasser und trocknete dann bis 1982 vollständig aus. Im Jahr 2010, nach zwei extrem niederschlagsreichen Sommern, begann der Savuti Channel erstmals seit 27 Jahren wieder über seine gesamte Länge von mehr als 100 Kilometern Wasser zu führen, sodass eine durchgehende Wasserverbindung vom Linyanti River bis zur Savuti Marsh bestand. Offensichtlich steuern zyklische tektonische Verschiebungen den Wasserfluss.

Die ursprünglichen **Bewohner** des Parkgebietes waren Buschmänner, später auch Bayei, Basubiya und Hambukushu. Am Ende des 17. Jahrhunderts wurden die letztgenannten Volksgruppen durch die Expansion des mächtigen Lozi-Reiches nach Süden aufgerieben und mussten das Gebiet größtenteils verlassen. Die Balozi wurden 1830 von den Bakololo unterworfen. Heute lebt etwa ein Viertel der an das Leben am Fluss gut angepassten Basubiya im Raum Kasane, der Rest im namibischen Caprivi-Streifen. Nach der Parkgründung in den 1960er Jahren mussten alle verbliebenen Bewohner das Gebiet verlassen. Nur der Verwalter der alten Holzmühle von Serondela, *Pop Lamont,* der das Gelände partout nicht räumen wollte, durfte mit einer Sondergenehmigung im Park verbleiben. Er starb 1974 im Alter von fast 90 Jahren. Sein Grab-

stein kann am Rande des Serondela Picnic Site besichtigt werden.

Der Park lässt sich in mehrere Sektionen unterteilen, die weiter unten im Abschnitt „Unterwegs im Park" separat vorgestellt werden: die **Chobe Riverfront** zwischen Kasane und Ngoma Bridge, die **Linyanti-Sektion** im Nordwesten, die **Savuti-Sektion** im Westen und die **Nogatsaa-Region um Nogatsaa** im Osten. Alle interessanten Regionen sind durch ein dauerhaft befahrbares Pistennetz erschlossen. Mehrere direkt angrenzende Forest Reserves und Wildlife Management Areas (WMA) puffern das Gebiet gegen menschliche Störeinflüsse nach außen hin ab. Der Chobe National Park besticht neben seinen landschaftlichen Reizen durch den größten **Wildreichtum** im südlichen Afrika. Ein Besuch der während der Trockenzeit von unzähligen Elefanten, Büffeln und Antilopen besiedelten Chobe Riverfront gehört sicherlich zu den eindrucksvollsten Naturerlebnissen überhaupt.

Tier- und Pflanzenwelt

Die Tier- und Pflanzenwelt des Parks enthält alle charakteristischen Faunen- und Florenelemente Botswanas, die im Kapitel „Naturraum" – „Tier- und Pflanzenwelt" aufgeführt sind.

Charakteristische Tiere

Die größte Attraktion des Chobe National Park sind seine **riesigen Elefantenherden,** die dazu geführt haben, dass der Park eine Art „Synonym für Elefanten" geworden ist. Von den mehr

bo11_054 Foto.cd

Der Nordosten und Chobe

als 100.000 Elefanten in Nordbotswana (diese Zahl beinhaltet allerdings mehr als 20.000 zwischen Simbabwe bzw. Namibia und Botswana wandernde Tiere) halten sich schätzungsweise **70.000** Tiere im und um den Chobe National Park auf. Das entspricht der größten geschlossenen Elefantenpopulation überhaupt und zieht eine einzigartige Dichte an Dickhäutern nach sich, deren tägliche Suche nach Nahrung unübersehbare Spuren an der Vegetation des Parks hinterlässt (siehe dazu auch den Exkurs „Der Kampf ums weiße Gold"). Am Ende der Trockenzeit im Oktober und November kommen nachmittags manchmal ganze Hundertschaften von Elefanten zum Trinken an die Chobe Riverfront.

Bekannt ist der Park auch für große Herden von Kaffernbüffeln und mehrere **Antilopenarten,** die in Botswana nur hier vorkommen. Dazu zählen die **Gelbfuß-Moorantilope oder Puku** *(Kobus vardoni),* die am Chobe River ihre südliche Verbreitungsgrenze erreicht (beste Beobachtungsmöglichkeiten im Bereich der Puku Flats an der Riverfront), der **Chobe-Buschbock** *(Kobus ellipsiprymnus),* eine besonders attraktiv gefärbte Unterart des Buschbocks, der seltene **Sharpe's-Greisbock** *(Raphicerus sharpei)* und das **Oribi** *(Ourebia ourebi),* eine Kleinantilope, die sonst vor

Sonnenuntergang in der Savuti Marsh

allem in Ostafrika auftritt. Gängige Anblicke entlang des Chobe River sind
Schulen von Flusspferden, große Krokodile, Wasserböcke und Litschi-Moorantilopen. Beobachtungen von Impalas,
Giraffen, Zebras, Streifengnus, Warzenschweinen und Großen Kudus sind
ebenso an der Tagesordnung.

Unter den Raubtieren sind gesunde
Populationen von Löwen, Leoparden,
Afrikanischen Wildhunden, Tüpfelhyänen und zahlreichen Kleinkatzen vorhanden. Die Chobe Riverfront und die
Savuti-Sektion bieten die wohl besten
Beobachtungsmöglichkeiten für **Löwen**
in ganz Botswana. Seltener werden Geparde im Park gesichtet. Sehr attraktiv,
aber selten sind die säbelartige Hörner
tragende **Rappenantilope** und die Pferdeantilope. Häufiger kann man die
Halbmondantilope oder **Tsessebe** beobachten, welche dem ostafrikanischen
Topi zum Verwechseln ähnlich sieht,
aber eine eigenständige Art darstellt.
Unregelmäßig werden Herden der
mächtigen Elenantilope und im Bereich
von Chobe Riverfront und Linyanti-
Sümpfen auch die seltene Sitatunga-
Antilope gesichtet. Kleinere Antilopen
sind Steinböckchen (recht häufig), und
Kronenducker (selten). Der Kronenducker ist das Wappentier der königlichen Khama-Familie. Es gibt darüber
hinaus mehrere unbestätigte Berichte
über Beobachtungen von **Nashörnern**
im Ostteil des Parks, die aus dem simbabwischen Hwange National Park zu-
gewandert sein könnten.

Tendenziell verteilt sich das Wild in
den Regenmonaten November bis April
in den ausgedehnten Mopane-Wäl-

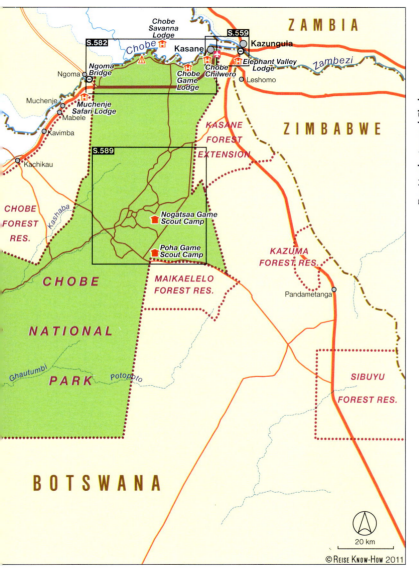

ZAMBIA

Chobe
Savanna
Lodge

S.582

Chobe

S.559

Kazungula

Kasane

Zambezi

Ngoma
Bridge

Ngoma

Elephant Valley
Lodge

Chobe
Chilwero

Chobe
Game
Lodge

Leshomo

Muchenje

Muchenje
Safari Lodge

Mabele

Kavimba

KASANE

FOREST

EXTENSION

ZIMBABWE

Kachikau

S.589

CHOBE

FOREST

RES.

Kashaba

Nogatsaa Game
Scout Camp

Poha Game
Scout Camp

KAZUMA

FOREST RES.

CHOBE

MAIKAELELO

FOREST RES.

Pandametanga

NATIONAL

Ghautumbi

PARK

Potopoto

SIBUYU

FOREST RES.

BOTSWANA

20 km

© REISE KNOW-HOW 2011

dern. Während der trockenen Monate Mai bis Oktober konzentrieren sich Wildtiere und Vögel am permanent Wasser führenden Chobe River und im Bereich der Linyanti-Sümpfe. Wenn die Savuti Marsh in der Regenzeit Wasser führt, verwandelt sich dieser Bereich des Parks in eines der größten Tierparadiese auf dem afrikanischen Kontinent.

Von den mehr als **440** im Park nachgewiesenen **Vogelarten** entfällt ein großer Teil auf die Gruppe der Wasservögel. Die Chobe Riverfront ist ein wahrer Garten Eden für mehr als 15 Reiherarten, Störche, Ibisse, Löffler, Kormorane, Kiebitze, Schnepfenvögel, Gänse und Enten. Zu den auffälligsten Arten gehören Sattelstorch, Rosapelikan, Marabu, Nimmersatt, Klaffschnabel, Wollhalsstorch, Weißbrustkormoran, Riedscharbe, Schlangenhalsvogel, Hadadah-Ibis, Afrikanischer Löffler, Schwarzhalsreiher, Rallenreiher, Nachtreiher, Pupurreiher, Goliathreiher und mehrere weiß gefärbte Reiher wie Silber- oder Seidenreiher. Kuhreiher folgen in erster Linie

Zankapfel – die Insel Sedudu

Die flache Grasinsel Sedudu (in Namibia auch „Kasikili Island" genannt) füllt die Flusslandschaft des Chobe River vor den Toren Kasanes. Am späten Nachmittag lassen sich häufig **große Elefanten- und Büffelherden** auf der Insel beobachten. Vor allem aber lenkte viele Jahre ein trotzig auf der Insel errichteter Wachturm mit einer hartnäckig im Wind wehenden botswanischen Fahne die Aufmerksamkeit auf sich. Alte Kolonialkarten platzierten die Insel mal auf britischer, mal auf deutscher Seite. Während der südafrikanischen Besetzung Südwestafrikas wurde der daraus entstehende **Grenzdisput** von einem internationalen Schiedsgericht zugunsten Botswanas entschieden, da der Fluss nördlich der Insel tiefer verläuft als südlich davon.

Auf dem Weg zur Unabhängigkeit wurden Ende der 1980er Jahre Stimmen in Namibia laut, sich das „gestohlene Land" zurückzuholen. Fortan war das Thema „Sedudu-Kasikili" auf der politischen Agenda, um den namibischen Patriotismus zu beschwören. 1992 kam es im Rahmen beiderseitiger territorialer Ansprüche auf die Insel zu bewaffneten Grenzkonflikten zwischen Botswana und Namibia. Das zwischenzeitliche Hochziehen der namibischen Fahne über der Insel hatte massive Truppenbewegungen an die Grenze zur Folge. 1996 einigten sich beide Länder darauf, den Fall vor dem internationalen Gerichtshof in Den Haag verhandeln zu lassen. Im Dezember 1999 wurde schließlich zugunsten Botswanas entschieden. Zwischenzeitlich kam es jedoch wiederholt zu erneutem militärischen Säbelrasseln, bei dem internationale Beobachter beide Länder schon am Rande eines Krieges sahen. Schützengräben und Bunkerstellungen am Rande von Kasane und innerhalb des Chobe National Park bezeugen den Willen der Botswaner, ihr Eigentum im Kriegsfall bis zur letzten Patrone zu verteidigen. 2003 ist der, auch an anderer Stelle strittige, Grenzverlauf durch ein gemeinsames Abkommen beider Länder über die Grenzziehung im Gebiet der Flüsse Kwando, Linyanti und Chobe festgelegt worden.

Naturschützer befürchteten viele Jahre, dass die zum Chobe National Park gehörende Insel im Falle einer territorialen Neuregelung zugunsten Namibias ihren Schutz verlieren würde. Sie warnten davor, dass namibische Hirten mit großen Rinderherden von dem fruchtbaren Weideland Besitz ergreifen könnten – nicht anders als in weiten Teilen des Caprivi-Streifens, wo der Wildbestand zugunsten der Viehzucht zurückgedrängt oder sogar ausgerottet wurde.

Der Nordosten und Chobe

großen Büffelherden. Eine besondere Fischtechnik weist der dunkelgraue **Glockenreiher** auf, der das Wasser beim Fischen durch kreisförmig ausgebreitete Flügel baldachinartig abschirmt und auf diese Weise Fische anlockt. Neben der verbreiteten, etwa metergroßen Sporengans lassen sich regelmäßig Nilgänse und verschiedene Entenarten wie Gelbschnabelente, Rotschnabelente, Witwenpfeifente oder Kapente beobachten. Artistisch ins Wasser stoßende **Kingfisher (Eisvogelarten)** wie Graufischer, Braunkopfliest oder der farbenprächtige Malachiteisvogel sind ein nicht weniger gängiger Anblick. Das Blaustirnblatthühnchen oder Jacana ist als wohl charakteristischster Watvogel hervorzuheben. Häufig beobachtet

werden auch Langzehenkiebitz, Spornkiebitz, Kronenkiebitz, Waffenkiebitz sowie der auffällige Stelzenläufer. Eine große Besonderheit ist der zu den Seeschwalben gehörende **Scherenschnabel** („African Skimmer"), der während des Fluges Wasser und Nahrung durch Abschöpfen der Wasseroberfläche mit der unteren Schnabelpartie aufnimmt.

Ein Charaktervogel am Chobe River ist der dem nordamerikanischen Weißkopfseeadler ähnelnde **Schreiseeadler.** Kaum weniger auffällig sind der Sekretär und der Gaukler. Unter den verschiedenen Geierarten beobachtet

Krokodil am Chobe River

man am häufigsten große Gruppen von Weißrückengeiern. Regelmäßig werden auch Raubadler, Kampfadler, Schopfadler, Steppenadler und verschiedene Schlangenadler im Feld gesichtet. Kleinere verbreitete Greife sind Weißbürzel-Singhabichte, Schakalbussard, Schmarotzermilan und Schwarzer Milan, Afrikanische Rohrweihe, Gleitaar sowie verschiedene Falkenarten. Neben dem adlergroßen Milchuhu ist das Vorkommen der ähnlich großen **Fischeule** hervorzuheben, die nachts über flache Gewässerarme gleitet, um Fische zu greifen. Überall häufig ist die graulilablau gefärbte Gabelracke. Farbenprächtige Bienenfresser wie der an der Chobe Riverfront mit mehreren Brutkolonien vertretene **Karminspint,** der Schwalbenschwanzspint, der Weißstirnspint oder der Zwergspint fallen kaum weniger ins Auge. Regelmäßige Besucher von Camp Sites sind die mit markanten Schnäbeln ausgestatteten Rotschnabeltokos. Größter Vertreter der Gruppe der Nashornvögel ist der mehr als metergroße Kaffernhornrabe.

Aus der Welt der **Süßwasserfische** sind vor allem Flusswelse, Barben, Barsche, Brassen und Tigerfische in den Gewässern von Chobe und Linyanti vertreten.

Pflanzenwelt

Die gängigsten Vertreter der einzelnen Vegetationszonen werden im Abschnitt „Unterwegs im Park" im Rahmen der einzelnen Sektionsbeschreibungen genannt. **Ein generelles Problem für viele Baumarten stellt der hohe Elefantenbestand dar,** der erhebliche Zerstörungen zur Folge hat. So sind die einst ausgedehnten Galeriewälder am Chobe River auf wenige Randstreifen zurückgedrängt worden. Der Verbiss von Keimlingen und nachwachsenden Bäumen durch Antilopen führt dazu, dass die Vegetation im übrigen Park über weite Strecken wie in Hüfthöhe „abrasiert" erscheint.

Unterwegs im Park

Der Park ist in allen Bereichen durch öffentlich zugängliche Pisten erschlossen. Das engmaschigste Wegenetz findet man an der Chobe Riverfront und in der Savuti-Sektion. Für alle Touren (bis auf die Hauptstrecke an der Chobe Riverfront, zumindest in der Trockenzeit) ist ein **robuster Allrad-Geländewagen erforderlich.** Ein Spezialwagenheber („High-lift Jack") und eine Winde mit Greifzug können in der Regenzeit sehr hilfreich sein, gerade wenn man nur mit einem Fahrzeug unterwegs ist. Innerhalb des Mopane-Waldes bilden sich dann tiefe Schlammkuhlen. Sandpassagen lassen sich aufgrund der feuchtigkeitsbedingten Kompaktheit relativ gut befahren. Während der Trockenmonate Mai bis Oktober stellt tiefer Sand auf manchen Streckenabschnitten ein Problem dar, insbesondere zwischen Linyanti und Savuti, zwischen Nogatsaa und der Asphaltstraße Kasane-Ngoma Bridge und auf der südlichen Anfahrtsroute zum Park zwischen Shorobe und Savuti. Für eine ausgiebige Erkundung des Chobe National Park sollte man sich **vier bis fünf Tage Zeit** nehmen. Die für Wildbeobachtun-

gen attraktivsten Regionen sind die Chobe Riverfront im Norden und die Savuti-Sektion im Süden.

Chobe Riverfront

An der gut 45 Kilometer langen Piste zwischen dem (geschlossenen) Chobe Gate und dem Ngoma Gate entlang der Chobe Riverfront führen zahlreiche lohnenswerte Loops zu den saisonal überfluteten Grasländereien am Fluss, die **in der Trockenzeit einige der besten Wildbeobachtungsmöglichkeiten in ganz Afrika** bieten. Der Reichtum an Wildtieren und Vögeln ist überwältigend. Während man morgens vor allem nach Löwen an einem nächtlichen Büffelriss Ausschau halten sollte, gilt das Augenmerk nachmittags riesigen Elefantenherden (manchmal bis zu 500 Tiere), die zum Trinken und Schwimmen an den Fluss kommen. Besonders lohnend sind der **Watercart Loop** zwischen Chobe Gate und Chobe Game Lodge, die **Puku Flats** zwischen Chobe

Game Lodge und Serondela und die **Kabolebole-Halbinsel** weiter westlich.

Am 1999 geschlossenen Serondela Camp Site wurde ein **Picnic Site** eingerichtet, an dem man das Fahrzeug verlassen darf. Diese Möglichkeit besteht auch an verschiedenen Aussichtspunkten (**„Viewpoints"**) am Bushbuck Drive, bei Serondela und auf der Kabolebole-Halbinsel. Eine erhöhte Achtsamkeit vor Wildtieren versteht sich an diesen Orten von selbst. Gerade Elefanten können sich sehr aggressiv verhalten, wenn Sie Jungtiere führen und sich in die Enge gedrängt fühlen. Zwischen dem neuen Ihaha Camp Site und dem Ngoma Gate verlaufen Wildbeobachtungen deutlich spärlicher. Das Areal um das Ngoma Gate gilt jedoch als gutes Beobachtungsgebiet für Rappenantilopen. Die Region um Serondela war vor 50 Jahren noch dicht mit **Teak-Wäldern** bestanden, die vor der Gründung des Chobe NP vor Ort von einer kleinen Holzmühle verwertet wurden.

Der Nordosten und Chobe

Warum das Flusspferd ins Wasser ging

Der Sage nach stellte Gott am Ende der Erschaffung der Erde fest, dass der Planet viel zu felsig geraten war, um Gräser und Bäume wachsen zu lassen. Er musste sich etwas einfallen lassen, um fruchtbaren Boden zu schaffen. Gott brachte daher drei schwergewichtige Tiere auf die Erde, die den Fels zerstampfen sollten: den Elefanten, das Flusspferd und das Nashorn.

Der **Elefant** stürzte sich voller Tatendrang in seine Aufgabe und arbeitete unaufhörlich inmitten einer großen Staubwolke, bis er vor Erschöpfung fast umfiel. Gott verordnete ihm eine ausgiebige Pause. Als nächstes musste das **Flusspferd** sich der mühevollen Arbeit stellen. Schon nach kurzer Zeit begann das Flusspferd zu klagen, das Zerkleinern der Steine sei viel zu anstrengend. Eines Tages streikte es gänzlich. Es rannte aus Protest einfach ins Wasser eines nahe gelegenen Flusses und kam bis heute nicht mehr heraus. Gott blieb nichts anderes übrig, als das **Nashorn** auf den Plan zu rufen. Das laute Stampfen bereitete diesem große Freude, und schließlich brachte das Nashorn die Arbeit zum Abschluss.

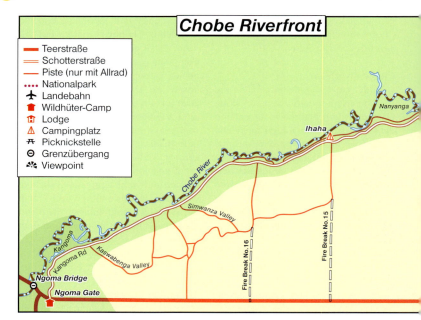

Chobe Riverfront

- ▬ Teerstraße
- ═ Schotterstraße
- — Piste (nur mit Allrad)
- •••• Nationalpark
- ✈ Landebahn
- 🛖 Wildhüter-Camp
- 🏠 Lodge
- △ Campingplatz
- ⊤ Picknickstelle
- ⊖ Grenzübergang
- ☇ Viewpoint

Nanyanga

Ihaha

Chobe River

Simwanza Valley

Kangoma

Kangoma Rd

Kaswabenga Valley

Fire Break No.16

Fire Break No.15

Ngoma Bridge

Ngoma Gate

Heute trifft man an der Riverfront nur noch Restbestände einstmals ausgedehnter flussnaher Wälder an, die u.a. Fieberbeerbüsche und Kapernsträucher enthalten und von den Attacken hungriger Elefanten gezeichnet sind. Von September bis Dezember 2004 und im Oktober 2005 mussten weite Teile der Chobe Riverfront zwischen Serondela und Ihaha wegen einer **Milzbrandepidemie** für Besucher gesperrt werden. Mehr als 850 Tiere verendeten qualvoll, darunter gut 700 Kaffernbüffel und auch viele Elefanten.

Fast noch beeindruckender als Game Drives verlaufen **Bootsfahrten** („River Cruises") **auf dem Chobe River,** vor allem nachmittags. Sie werden von allen Camps und Safari Lodges in Kasane angeboten. Rechtzeitige Vorausbuchungen (am Vortag reicht meistens aus) mit einem Nachweis über die Bezahlung der Parkgebühren sind dafür erforderlich. Am günstigsten sind die Trips der **Chobe Safari Lodge,** die für einen dreistündigen abendlichen Sunset Cruise 24 Euro p.P. nimmt. Es können jedoch auch sehr preisgünstig kleinere Motorboote mit fachkundigem Führer entliehen werden (für ornithologisch Interessierte unbedingt zu empfehlen). Die **Chobe Game Lodge** führt für 35 Euro p.P. Fahrten mit floßartigen 15-Sitzern durch; die Touren der **Kubu Lodge** kos-

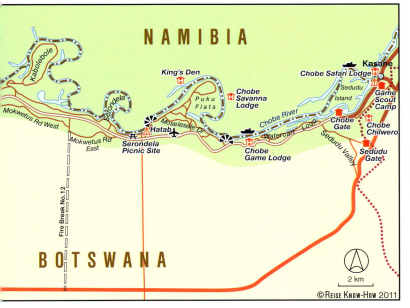

Der Nordosten und Chobe

ten 28 Euro p.P., die der **Cresta Mowa-na Safari Lodge** 26 Euro p.P. Die **Garden Lodge** bietet Exkursionen mit einem 18-sitzigen Boot oder kleineren 6-Sitzern an (30 Euro p.P.). Angler sollten sich ebenfalls an eine der etablierten Lodges wenden, die ausgiebige Angelexkursionen auf dem Fluss organisieren. **Achtung:** Es kann auf dem Wasser **abends sehr kalt** werden. Sie sollten unbedingt eine warme Jacke mit an Bord nehmen.

Linyanti

Die kleine Linyanti-Sektion im Nordwesten ist über eine 41 km lange, **äußerst sandige Piste** von Savuti aus er-

reichbar (ausgeschildert). Alternativ kann man von Seronga im Gebiet der Okavango-Panhandle aus anreisen, allerdings führt die Piste bis Linyanti überwiegend durch privates Konzessionsgebiet. Die Sümpfe selbst sind mit ausgedehnten Papyrus-Betten, Riedern und Röhrichten bestanden. Im Randbereich findet man vor allem **große Ebenholzbäume** (z.B. *Diospyros mespiliformis*) und Leberwurstbäume. In der Trockenzeit bestehen gute Möglichkeiten zur Beobachtung von Elefanten, Kaffernbüffeln, Impalas, Zebras, Giraffen und der seltenen Rappenantilope. Zahlreiche **Wasservögel** und die Chance, die rare Fischeule *(Skotopelia peli)*, die sich von Fischen, Fröschen, Muscheln, Krustentieren und jungen Krokodilen ernährt, zu sehen (oder zumindest zu hören), machen das Gebiet auch für ornithologisch Interessierte attraktiv. Man kann einen Besuch der Linyanti-Sektion mit einem erholsamen (aber teuren!) Aufenthalt in einem der an den Park angrenzenden Luxuscamps (siehe dazu „Kwando, Selinda und Linyanti") verbinden. Voraussetzung ist eine entsprechende Vorausbuchung.

Savuti

Die Savuti-Sektion im Westen des Parks gilt zusammen mit der Chobe Riverfront als **eines der besten Wildbeobachtungsgebiete im südlichen Afrika.** Während der Regenzeit halten sich Zehntausende von wandernden Zebras und Gnus in der Region auf und erinnern dann an das große Tierspektakel der „Migration" in der tansanischen Serengeti und im kenianischen Masai Mara-Reservat. Faszinierende Beobachtungen von Afrikanischen Wildhunden, Leoparden oder Geparden sind nicht ungewöhnlich. Vor allem aber bietet Savuti ideale Bedingungen, um den König der Tiere zu beobachten: *Panthera leo.*

Ein besonderes Kennzeichen Savutis sind mehrere kleine **Inselberge.** Die offene Savuti Marsh trocknete 1982 (bis 2010) gänzlich aus, nachdem der Wasserfluss durch den **Savuti Channel,** der eine Verbindung zum Linyanti-System herstellt, 1979 versiegte. 2010, nach zwei sehr niederschlagsreichen Sommern, begann der Savuti Channel erstmals seit 27 Jahren wieder über seine gesamte Länge Wasser zu führen, so-

dass neuerlich eine durchgehende Wasserverbindung vom Linyanti River bis zur Savuti Marsh entstand. Man nimmt heute an, dass **tektonische Alterationen** dazu führen, dass sich der Kanal immer nur phasenweise mit Wasser füllt. Den historischen Angaben Entdeckungsreisender folgend, hat zwischen 1850 und 1888 eine regelmäßige Wasserfüllung der Savuti Marsh bestanden. Für etwa 70 Jahre fiel der Savuti Channel dann vollständig trocken. Erst 1957 wurde ein erneuter Wasserfluss verzeichnet, der mit einer kurzen Unterbrechung mehr als 20 Jahre anhielt und dann wieder auf rätselhafte Weise versiegte. Eine Tiertragödie mit qualvoll sterbenden Flusspferden und Krokodilen als Hauptakteuren war die Folge. Die Entwicklung der Flutungsperioden ab 2010 ist langfristig noch nicht absehbar. Geologische Messungen haben ergeben, dass sich der Savuti Channel in seinem Lauf nach Osten nur um wenige Meter absenkt (im Durchschnitt ca. 18 cm pro Kilometer). Wenn der Boden der Mababe Depression durch tektonische Aktivität um einige Meter angehoben wird, was im Auslaufbereich des ostafrikanischen Grabenbruchs („Great Rift Valley") nicht ungewöhnlich ist, kommt der Wasserfluss zum Erliegen.

Heute wirkt die **Landschaft Savutis** auf viele Besucher in erster Linie **trocken und herb.** Am Rande des Savuti Channel trifft man auf zahlreiche abgestorbene Kameldornbäume, die in den Fluten der späten 1950er Jahre „ertranken". Ihre Position zeigt ungefähr an, wie hoch das Wasser im Kanal und im Marschland bis Ende der 1970er Jahre

Der Nordosten und Chobe

gestanden haben muss. **Mehrere natürliche Pfannen** im Gebiet sammeln das Wasser der Regenmonate. Einige von ihnen sind so tief, dass Tiere noch bis weit in die trockenen Wintermonate hinein Wasser finden können. Unterstützend werden **drei permanente Wasserstellen** im Gebiet unterhalten, die über Pumpen künstlich mit Bohrlochwasser gespeist werden. Während der zweiten Hälfte der Trockenzeit sind die Beobachtungsmöglichkeiten für Wildtiere in Savuti eng an die Funktionstüchtigkeit dieser Pumpen geknüpft. Neben Elefanten, Büffeln, Zebras und Antilopen lassen sich an den Wasserstellen oftmals trinkende Löwen, Hyänen und manchmal auch Geparde beobachten. Ein beeindruckendes Er-

lebnis ist der Beginn der Regenzeit zum Jahresende, wenn sich die trockene Halbwüstenlandschaft auf einmal in ein grünes Paradies zu verwandeln scheint. **Große Tierherden** ziehen dann von den Linyanti-Sümpfen und von der Chobe Riverfront in die Savuti Marsh.

Viele Pisten in Savuti führen streckenweise durch tiefen losen Sand und erfordern daher einiges fahrerisches Geschick. Die besten Areale für Game Drives liegen entlang des Savuti Channel und in der Savuti Marsh. Einen der stimmungsvollsten Anblicke im Marschland bieten vom fahlen Sonnen-

Seit 2010 führt der Savuti Channel über seine gesamte Länge wieder Wasser

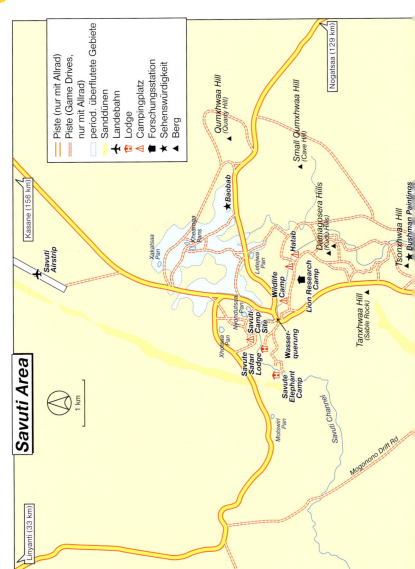

Savuti Area

1 km

Kasane (156 km)

Linyanti (33 km)

Nogatsaa (129 km)

Legende:
- Piste (nur mit Allrad)
- Piste (Game Drives, nur mit Allrad)
- period. überflutete Gebiete
- Sanddünen
- ✈ Landebahn
- 🏠 Lodge
- ⚠ Campingplatz
- ■ Forschungsstation
- ★ Sehenswürdigkeit
- ▲ Berg

Savuti Airstrip

Xhotsaa Pan

Motswiri Pan

Savuti Channel

Mogonono Drift Rd

Savute Safari Lodge

Savute Elephant Camp

Wasser-querung

Nqohutsaa Pan

Savuti Camp Site

Baobab

Xakatsaa Pan

Khearoga Pans

Letelwa Pan

Wildlife Camp

Lion Research Camp

Hatab

Qumxhwaa Hill *(Quarly Hill)* ▲

Small Qumxhwaa Hill *(Cave Hill)* ▲

Damagosera Hills *(Korb Hills)* ▲

Tsonxhwaa Hill ▲

★ Bushman Paintings

Tanxhwaa Hill *(Sable Rock)* ▲

Der Nordosten und Chobe

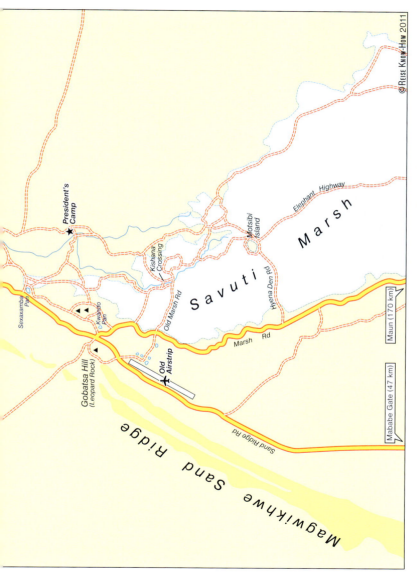

© Reise Know-How 2011

President's Camp

Kishana Crossing

Motsibi Island

S a v u t i

M a r s h

Elephant Highway

Hyena Den Rd

Sexaxamba Pan

Old Marsh Rd

Kwando Pan

Marsh Rd

Gobatsa Hill
(Leopard Rock)

Old Airstrip

Maun (170 km)

Mababe Gate (47 km)

Sand Ridge Rd

Magwikhwe Sand Ridge

Ablagerungen von durch den Schliff unter Wasser abgerundeten Kieselsteinen auf. Lohnend ist auch eine Fahrt zum **Tsonxhwaa Hill** (auch „Bushman Painting Hill" genannt). An der Nordostflanke befinden sich in ca. 20 m Höhe mehrere nur verwaschen erhaltene **Felszeichnungen von Buschmännern** (z.B. Elefant, Elenantilope und Rappenantilope), deren Alter auf 3000 bis 4000 Jahre geschätzt wird. Man muss danach sehr aufmerksam suchen, kann die Hauptzeichnung jedoch bereits von der Piste aus erkennen. Von der Piste führt ein ca. 100 m langer Pfad dorthin.

Die Nogatsaa-Region

Die Region gilt bislang als **„touristischer Waisenknabe" des Chobe NP.** Neben der abgeschiedenen Lage und den unwegsamen Zufahrtspisten ist dafür auch der Mangel an Wildtieren bei ungenügendem Wasserangebot verantwortlich. Man findet im Gebiet trockenes Grasland, dichten Mopane-Busch und attraktives Miombo-Waldland vor. Darin verstreut liegen kleinere Pfannensysteme, die sich während der Regenzeit mit Oberflächenwasser füllen und diese Wasserreserven oft noch bis weit in die Trockenzeit hinein halten. An den Pfannensystemen der Nogatsaa Pan, der Namuchira Pan und der Tchinga Pan sind künstliche Wasserquellen vorhanden, die über Pumpen mit Bohrlochwasser gespeist werden. An der **Nogatsaa Pan, der Sarigho Pan, der Poha Pan, der Tchinga Pan** und an der **Kabunga Pan** befinden sich **Beobachtungsstände (sog. „Hides"),** von denen man die dortigen Wasserstellen gut

licht einer Gewitterstimmung angestrahlte **Regenbäume** (*Lonchocarpus capassa*), deren hellbräunlich gefärbte Fruchtstände im Kontrast zum grünlichen Blattwerk wie „regnende" Blätter wirken. Festungsartig ragen im Nordwesten der Marshes die **Gubatsaa Hills** bis zu 90 m aus der flachen Umgebung auf. Sie ragten einst als Insel aus den Fluten des Makgadikgadi-Ursees auf und weisen „Schleifspuren" der einstigen Seebrandung im Fels und

Buschmannzeichnungen
am Tsonxhwaa Hill

überblicken kann. Leider sind die Pumpen oftmals defekt, sodass viele nach der Regenzeit vom Wasserangebot der Pfannen angezogene Tiere wieder abwandern. Ein Besuch des Gebietes verläuft dann enttäuschend. Es ist daher ratsam, sich bei den Wildhütern in Savuti oder in Kasane nach der aktuellen Situation in der Nogatsaa-Region zu erkundigen.

Die Region gilt als **gutes Beobachtungsgebiet für Elenantilopen.** Andere attraktive Tiere, die mit etwas Geduld beobachtet werden können, sind z.B. Afrikanische Wildhunde, Löwen, Geparde und Rappenantilopen. Von Elefanten zertretene Pisten machen das Vorwärtskommen manchmal sehr beschwerlich. Auf der anderen Seite wirkt das Gebiet gerade dadurch besonders wild. Am lohnendsten ist es, mehrere Stunden an einem der Wasserlöcher auszuharren, wo sich gute Tierbeobachtungen im Laufe der Zeit nahezu au-

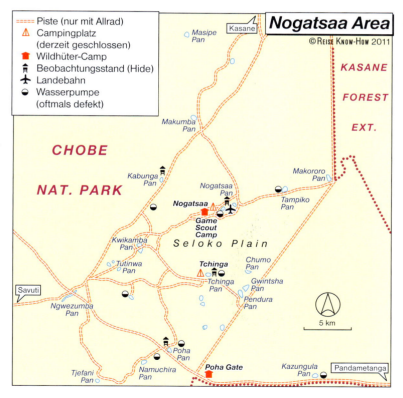

Nogatsaa Area
© REISE KNOW-HOW 2011

- ≡≡≡ Piste (nur mit Allrad)
- ⚠ Campingplatz (derzeit geschlossen)
- 🏠 Wildhüter-Camp
- 🛖 Beobachtungsstand (Hide)
- ✈ Landebahn
- ⬤ Wasserpumpe (oftmals defekt)

Kasane

Masipe Pan

KASANE

FOREST

EXT.

Makumba Pan

CHOBE

Makororo Pan

Kabunga Pan

Nogatsaa Pan

Tampiko Pan

NAT. PARK

Nogatsaa

Game Scout Camp

Kwikamba Pan

S e l o k o   P l a i n

Tutinwa Pan

Chumo Pan

Tchinga

Gwintsha Pan

Tchinga Pan

Péndura Pan

Savuti

5 km

Ngwezumba Pan

Poha Pan

Namuchira Pan

Poha Gate

Kazungula Pan

Pandametanga

Tjefani Pan

Der Kampf ums „weiße Gold"

Seit der weiße Mann im südlichen Afrika auf dem Vormarsch ist, gibt es eine **unerbittliche Jagd nach dem wertvollen Elfenbein** der Elefanten. Botswana macht da keine Ausnahme. Im Gegenteil, geradezu sagenhafte Mengen an Stoßzähnen wurden bis zur Mitte des 20. Jahrhunderts über Handelspfade wie die „Hunter's Road" aus dem Land geschleppt. Der Gründer der Stadt Ghanzi in Westbotswana, *Hendrik Matthys van Zyl,* soll in seinem ersten Jahr in Ghanzi allein gut 400 Elefanten geschossen haben. Die Bemühungen um effektiven Wildschutz und die Ausweisung von Nationalparks und Wildschutzgebieten gebot dem unablässigen Raubbau an den Elefanten jedoch bereits während der Kolonialzeit zunehmend Einhalt. Strikte **Schutzmaßnahmen** führten im südlichen Afrika dazu, dass sich in den folgenden Jahrzehnten wieder große Bestände der grauen Riesen aufbauen konnten.

Während Länder wie Kenia, Tansania oder Uganda in den 1970er und -80er Jahren bis zu 90 Prozent ihres Elefantenbestandes an hervorragend ausgerüstete Wildererbanden verloren und sich die besten Nationalparks dieser Länder in riesige Schlachtfelder ver-

wandelten, blieben Staaten wie Botswana, Namibia und Simbabwe von den Exzessen verschont. Gesamtafrikanisch gesehen rettete den Afrikanischen Elefanten nur der Beschluss der **Washingtoner Artenschutzkonferenz von 1989,** „Loxodonta africana" in den Anhang I der unmittelbar vom Aussterben bedrohten Tierarten aufzunehmen, womit der weltweite Elfenbeinhandel verboten wurde.

Im folgenden Jahrzehnt erholten sich die Bestände in Ostafrika, im Süden jedoch häuften sich die Probleme mit den stetig wachsenden Elefantenpopulationen. Eine Bestandsregulierung durch selektiven jährlichen Abschuss (das sogenannte **„Culling"**) und die gezielte Tötung von Tieren, die immer wieder landwirtschaftliche Kulturen verwüsteten, wurden vielfach als erforderlich erachtet. Südafrika experimentiert noch immer mit einer „Pille für Jumbos" herum – moderne Geburtenkontrolle nach Menschenart –, bislang allerdings ohne durchschlagenden Erfolg. Trotz des hohen Elefantenbestandes in Nordbotswana und der damit verbundenen ökologischen Probleme hat die botswanische Regierung eine Bestandsregulierung durch „Culling" wie in Simbabwe und in Südafrika stets abgelehnt. Ein Teil des Elefantenbestandes wird jedoch alljährlich im Rahmen von **Jagdlizenzen** zum Abschuss freigegeben (derzeit ca. 2500 Tiere).

In den Magazinen Namibias, Simbabwes und Botswanas wurden die Lagerbestände an „legalem" Elfenbein, z.B. aus der Beschlagnahmung von Wildererbeständen oder aus der Vergabe von Jagdlizenzen, immer größer. Anfang 1997 besaß Simbabwe gut 32 Tonnen Elfenbein, Namibia gut 45 Tonnen, Botswana über 32 Tonnen. Der Marktwert dieser Bestände betrug mehrere Milliarden US-Dollar. Die 1997 in Harare auf Antrag von Botswana, Namibia und Simbabwe beschlossene Lockerung des Handelsabkommens CITES (Convention on International Trade in Endangered Species) für den **Verkauf von Elfenbein aus Lagerbeständen** ermöglichte Botswana neben Simbabwe und Namibia **ab März 1999** den Verkauf eingelagerter Elfenbeinbestände. Ca. 50 Tonnen Elfenbein konnten diese Länder im Rahmen eines von CITES genehmigten ersten Einmalverkaufs im Jahr 1999 an Japan, traditionell das Hauptabnehmerland für Elfenbein, verkaufen. Die Erlöse flossen zum großen Teil wieder in den Wild- und Naturschutz. Auf der CITES-Konferenz in Santiago de Chile im Oktober 2002 wurde einer von Botswana, Südafrika und Namibia beantragten **dauerhaften Wiederzulassung des Elfenbeinhandels** mehrheitlich zugestimmt. Das politisch und wirtschaftlich instabile Simbabwe wurde zu diesem Zeitpunkt bereits als kritischer Kandidat mit Evidenz für illegale Elfenbeinverkäufe eingestuft und von Handelslegalisierungen ausgenommen. Internationale Naturschutzorganisationen fürchteten allerdings, dass die neuen Abkommen **nicht zu kontrollieren** sind. Über korrupte Zöllner und Grenzbeamte – deren Existenz kaum jemand leugnet – könnten gewilderte Stoßzähne aus dem Ausland zu „gelagerten" namibischen oder botswanischen Stoßzähnen umdeklariert werden, wodurch eine **neuerliche Todesspirale** für die Elefanten Afrikas in Gang käme. Dabei sieht man einem Stoßzahn bis heute nicht an, ob der zugehörige Elefant gewildert, mit einer Lizenz geschossen wurde oder eines natürlichen Todes starb – es gibt noch immer kein zuverlässiges internationales Kennzeichnungssystem für Stoßzähne. Besorgnis erregend ist in diesem Zusammenhang die Wiederzunahme der Elefantenwilderei in Kenia und Simbabwe nach den jüngsten CITES-Entscheidungen. Den Nachweis eines funktionierenden Kontroll- und Monitoringsystems sind die den offiziellen Elfenbeinhandel favorisierenden Staaten bislang schuldig geblieben. Nicht zuletzt hat die CITES-Entscheidung von 2002, die im Grundsatz auch 2007 bestätigt wurde, allgemeine **Signalwirkung:** Das Geschäft mit dem weißen Gold wird auch im 21. Jahrhundert lukrativ bleiben.

tomatisch ergeben. Die in älteren Karten eingezeichneten **Camp Sites Nogatsaa und Tchinga** sind für den Besucherverkehr gesperrt und nur noch rudimentär vorhanden.

Kartenmaterial

Die aktuelle Auflage (2008) der **Shell Tourist Map of the Chobe National Park** von *Veronica Roodt* enthält detaillierte Karten des Reservates, GPS-Koordinaten und interessante Hintergrundinfos. Sie ist an allen größeren Shell-Tankstellen, in den meisten Buchhandlungen und Souvenirshops sowie in einigen Supermärkten erhältlich.

Beste Reisezeit

Während der Regenmonate November bis April (die meisten Niederschläge werden im Januar und Februar verzeichnet) ist der Chobe NP häufig **nur eingeschränkt befahrbar,** da manche Pisten verschlammt oder überflutet und einige sogar ganz gesperrt sind. Das Klima ist durch schwüle Hitze mit Tagestemperaturen von 30° bis 35°C (in Savuti bis zu 40°C) gekennzeichnet. Die Vegetation weist eine beeindruckende Üppigkeit auf und man trifft nur wenige Besucher im Park an. Es besteht ein hohes Risiko für Malariainfektionen. Pflanzenliebhaber und Abenteurer erleben den Park gerade in dieser Zeit mit großer Begeisterung. In der Savuti-Sektion trifft man in der Regenzeit die größten Wildbestände an. Die Chobe Riverfront und die Linyanti-Sektion weisen nur geringe Tierbestände auf, da genügend andere Wasserstellen im Busch vorhanden sind.

In den trockenen Monaten Mai bis Oktober/November bestehen (abgesehen von der Savuti-Sektion und dem östlichen Parkgebiet) deutlich **bessere Bedingungen für Tierbeobachtungen.** Das Wild konzentriert sich dann entlang der permanent Wasser führenden Strukturen von Chobe River und Linyanti. Nachmittags kommen manchmal ganze Hundertschaften von Elefanten zum Trinken

an den Fluss. Als bester Monat für Wildbeobachtungen (und auch als heißester!) gilt der Oktober. In der gleichen Periode (September/Oktober) liegt auch die **Hauptbrutzeit** von Reihern und anderen Wasservögeln. Dieser Zeitabschnitt eignet sich besonders gut für Vogelbeobachtungen.

Anreise

Der **internationale Flughafen** von **Kasane** liegt nur 3 km vom Sedudu Gate des Chobe National Park entfernt. Er wird derzeit allerdings nur von Air Botswana und kleineren Chartergesellschaften regelmäßig angeflogen. Darüber hinaus existieren Landepisten in Savuti, bei Serondela und anderen Linyanti-Region, über die in erster Linie die Gäste von luxuriösen Safaricamps eingeflogen werden.

Die Anreise in die Savuti-Sektion des Parks vom Moremi Wildlife Reserve aus wird im Abschnitt „Moremi Wildlife Reserve" – „Weiterreise nach Chobe" beschrieben.

Von Maun aus fährt man zunächst auf asphaltierter Straße nach Shorobe (47 km). Von dort führt eine gut ausgebaute Schotterstraße über 20 km bis zum Buffalo Fence (Durchlasstor mit Wächter). In den letzten Jahren hat sich die Fahrt durch das Moremi WR als Standardstrecke in den Chobe NP etabliert (siehe am Ende der Ausführungen zum Moremi WR). Die herkömmliche Route über das Dorf Sankuyo wird nur noch selten befahren. Sie führt auf unwegsamer Piste durch Mopane-Waldland, in dem während der Regenzeit mit teilweise erheblicher Verschlammung gerechnet werden muss. Teilweise ist die Strecke auch sehr sandig. Hinter Sankuyo führt die Piste durch eine ausgedehnte Dünenlandschaft, deren tiefer und sehr loser Sand insbesondere während der Trockenzeit sehr schlecht befahrbar ist (ggf. den Reifendruck auf 1,2 bis 1,4 bar erniedrigen, Vorsicht bei Schlauchreifen!). Nach ca. 112 km passiert man die Zufahrt zur 2008 eröffneten **Mogotlho Safari Lodge** (Kategorie AA, GPS-Koordinaten S 19°13.109', E 23° 57.365') am Ufer des Khwai River, die wie die **Mankwe Bush Lodge** weiter südlich von Kgori Safaris (Private Bag 146, Maun, Tel.

6865788, Fax 6865787, Internet: www.mank-we.com) geführt wird und auch einen eigenen Camp Site betreibt. Ab hier ist die Strecke bis Mababe (und von dort weiter zum North Gate des Moremi Wildlife Reserve) deutlich besser ausgebaut. Nach 122 km ab Maun erreicht man das Dorf Mababe (in einigen Karten auch als „Kudumane Village" eingezeichnet, dort Übernachtungsmöglichkeit auf dem **Dizhaana Community Camp Site** am Ufer des Khwai River, zuständig ist die Mababe Community Trust in Maun, Tel. 6800010). Ca. 750 m westlich von Mababe kann der wasserführende Khwai River über eine 2009 neu errichtete Stahlbrücke gequert werden. Die weitere Piste nach Savuti zweigt wenig später von der neuen, gut ausgebauten Strecke Mababe – Moremi WR (North Gate) in nördlicher Richtung ab.

Von nun an verläuft die Piste im Randbereich der Mababe Depression. Während der Regenzeit muss man auf diesem Abschnitt mit tiefen Schlammkuhlen und aufgeweichtem Untergrund rechnen. Nach weiteren 10 km mündet die alte Piste von Moremi nach Chobe links ein. Kurz dahinter passiert man das südliche Zufahrtstor des Parks, das neue Mababe Gate (GPS-Koordinaten S 19° 06.182', E 23°59.119'). Über teilweise extrem sandige Piste durch Mopane-Baumsavanne legt man auf dem Boden der Mababe Depression die verbleibenden gut 60 km nach Savuti (GPS-Koordinaten: S 18°34.005', E 24° 03.902') zurück (sog. „Sand Ridge Road").

Eine **Streckenvariante** (die „Marsh Road") führt im Osten in einem Bogen entlang bzw. durch die Savuti-Marsh. Diese Strecke ist etwas länger als die Hauptpiste (die „Sand Ridge Road"). Seit der teilweisen Flutung der Savuti Marsh durch den wieder wasserführenden Savuti Channel im Jahr 2010 ist diese Strecke in weiten Abschnitten für die Durchfahrt gesperrt. In der Regenzeit sind verschlammte Abschnitte grundsätzlich nur schwer oder gar nicht passierbar. Auch in der Trockenzeit ist die Piste wegen des von Elefanten und anderen Wildtieren zerstörten Untergrunds kaum besser befahrbar.

Die **Anfahrt von Kasane** aus ist eine Sache von 5 Minuten. Um das flussnah gelegene Chobe Gate 3 km westlich von Kasane zu

entlasten, wurde 1999 eine Piste vom **Sedudu Gate** an der Asphaltstraße Kasane – Ngoma Bridge ins Sedudu Valley angelegt, die von dort weiter zur Chobe Riverfront führt. Das Sedudu Gate wurde zum offiziellen Zufahrtstor erklärt, das Chobe River Gate für Individualreisende geschlossen.

Die Anfahrt von Osten zum neuen **Poha Gate,** dem Zufahrtstor zur Nogatsaa-Sektion, erfolgt von der Hauptstraße Nata–Kasane aus. 134 km südlich von Kazungula bzw. 167 km nördlich von Nata zweigt innerhalb des Sibuyu Forest Reserve in Höhe der GPS-Koordinaten S 18°49.480', E 25°36.070' eine ausgeschilderte Sandpiste zum Maikaelelo Forest Reserve und zum Chobe NP ab. Diese tritt nach gut 12 km aus dem Sibuyu Forest Reserve aus und quert nach insgesamt 23 km die verbuschte „Old Cattle Trek Route" vom Nxai Pan NP nach Pandametanga (GPS-Koordinaten der Kreuzung: S 18°42.530', E 25° 25.530'). Nach weiteren 38,5 km wird bei Km 63 die östliche Grenze des Chobe NP erreicht (GPS-Koordinaten S 18°28.390', E 25° 11.070'). Ab hier folgt die sandige Piste einer Schneise entlang der gemeinsamen Grenze von Maikaelelo FR und Chobe NP und trifft nach insgesamt 91 km auf das Poha Gate (GPS S 18°26.422', E 24°56.095').

Buchungen und Eintrittsgebühren

Seit 2009 müssen alle Camp Sites über die privaten Betreiber **SKL Camps Botswana** bzw. **Kwalate Safaris** vorab gebucht und bezahlt werden (s.u.). Neben den Campinggebühren sind auch die Parkgebühren (diese direkt an das DWNP) vorab zu entrichten. Für Tagesbesucher sind allein die Büros der Wildschutzbehörde DWNP bzw. das als Centralized Pay Point ausgewiesene Wildhüterbüro am Sedudu Gate des Chobe NP (P.O. Box 17, Kasane, Tel. 6250486 oder 6250235, Fax 6251623) zuständig.

● **Parks and Reserves Reservation Office,** P.O. Box 20364, Boseja (neben der Polizeistation), Maun, Botswana, Tel. 6861265 oder 6860368, Fax 6860053. Das Büro ist täglich

bo-180 Foto: cl

geöffnet: Mo–Sa 7.30 bis 12.45 Uhr und 13.45 bis 16.30 Uhr, So (und an Feiertagen) 7.30 bis 12 Uhr.

●**Parks and Reserves Reservation Office,** P.O. Box 131, Kgale Millenium Park (gegenüber der Game City Shopping Mall), Gaborone, Botswana, Tel. 3971405 oder 3180774, Fax 3912354 oder 3180775, E-Mail: dwnp@gov.bw oder dwnp.parrogabs@gov.bw. Öffnungszeiten: Mo–Sa 7.30 bis 12.45 Uhr und 13.45 bis 16.30 Uhr.

Die **Eintrittsgebühren** für Individualreisende (umgerechnet 13 Euro für Erwachsene, 6,50 Euro für Kinder von 8–15 Jahren, 5,40 Euro für Fahrzeuge mit ausländischer Registrierung, 1,10 Euro für Fahrzeuge mit botswanischer Registrierung) müssen vorab entrichtet werden. Die am Park Gate ausgestellte Besuchsgenehmigung ist bis 11 Uhr am Morgen des Folgetages gültig. Tagesbesucher sollten

keine Probleme haben, eine Besuchsgenehmigung vor Ort am Sedudu Park Gate zu bekommen. So lässt sich zumindest die Chobe Riverfront bereisen. Schade nur, dass man den Park gerade dann verlassen muss, wenn die Sonne wie ein Feuerball über dem von Elefanten gesäumten Chobe River untergeht.

Unterkunft und Versorgungsmöglichkeiten

Safari Lodges und Luxury Tented Camps

Neben den außerhalb des Parks konzentrierten Unterkünften in Kasane und in der Linyanti-Region gibt es mehrere Camps und Lodges innerhalb des Schutzgebietes. Im Norden liegt die luxuriöse Chobe Game Lodge 10 km westlich von Kasane als einzige Herberge **innerhalb des Parks.**

●**Chobe Game Lodge** (Desert & Delta Safaris, Private Bag 198, Maun, Tel. 6861243, Fax 6861791, Internet: www.desertdelta.com).

Chobe Game Lodge

Kategorie AA+. Die Lodge wurde in einer Zeit angelegt, als feste bauliche Strukturen innerhalb des Parks erlaubt waren. Sie liegt direkt am Ufer des Chobe River und bietet eine luxuriöse Einrichtung mit Swimmingpool, exzellentem Restaurant und großer Bar. Eine Übernachtung im DZ („All-inclusive"-Tarif mit Game Drives und Bootsfahrten) schlägt in der Hochsaison mit 470 Euro p.P. zu Buche. Für Einzelreisende wird ein Zuschlag von 30% erhoben. In der Nebensaison wird es etwas billiger. Für Selbstfahrer mit eigenem Allrad-Geländewagen gilt ein vergünstigter Sondertarif. Die wohl prominentesten Gäste der Lodge waren *Elizabeth Taylor* und *Richard Burton,* die hier 1976 in einer Suite mit eigenem Swimmingpool ihre zweiten Flitterwochen verbrachten. Die Bootsfahrten („River Cruises") der Chobe Game Lodge stehen auch Nichtgästen offen. Eine große Besonderheit ist, dass diese Lodge mittlerweile (2010) nahezu ausschließlich mit weiblichen Guides arbeitet.

In der Savuti-Sektion sind derzeit zwei Lodges bzw. Luxury Tented Camps vorhanden:
●**Savute Elephant Camp** (Orient-Express Safaris, P.O. Box 100, Maun, Tel. 6860302, Fax 6860153, Internet: www.orient-express-safaris.co.za). Kategorie AA+. Luxury Tented Camp für bis zu 24 Gäste unter schattigen Bäumen am Ufer des Savuti Channel. Mit „elefantensicherem" Swimmingpool, Restaurant und Bar. Gute Elefantenbeobachtungen sind am campeigenen Wasserloch von Holzplattformen aus möglich. In der Hochsaison liegt der Übernachtungspreis (alles inklusive, zzgl. Anreisekosten) bei 800 Euro p.P. im DZ, in der Nebensaison sind 400 Euro zu zahlen. Die GPS-Koordinaten der Lodge sind S 18° 34.207', E 24°03.269'.
●**Savute Safari Lodge** (Desert & Delta Safaris, Private Bag 198, Maun, Tel. 6861243, Fax 6861791, Internet: www.desertdelta.com). Kategorie AA+. Luxuslodge für bis zu 24 Gäste am Ufer des Savuti Channel mit ausgezeichnetem Ausblick über die wildreiche Umgebung mit zahlreichen Elefanten. Unterbringung in geräumigen strohgedeckten Chalets mit moderner, an das Design eines skandinavischen Möbelhauses erinnernder

Inneneinrichtung. Mit Swimmingpool, Restaurant und Bar. Die Savute Safari Lodge wurde 1999 neu eröffnet und 2008 komplett renoviert. Der Übernachtungspreis (alles inklusive) liegt bei 470 Euro p.P. im DZ, der EZ-Zuschlag beträgt 30%. Die GPS-Koordinaten der Lodge sind S 18°33.927', E 24°03.441'.

Weitere Camps und Lodges im Randbereich des Chobe NP:
●Im nördlichen Randbereich der Linyanti-Sektion kann man in der rustikalen Anlage des **Linyanti Bush Camp** (max. 12 Gäste) oder im **Saile Tented Camp** (max. 8 Gäste) übernachten oder auf Walking Safari gehen (beide Kategorie AA+, ab 400 Euro p.P. alles inklusive, Buchung über African Bush Camps, Tel. +263-9234307, Fax +263-9230582, Internet: www.africanbushcamps.com).
●Im Leshoma Valley 8 km südlich von Kazungula an der Grenze zum Nachbarland Simbabwe liegt die **Elephant Valley Lodge** oder Chobe Valley Lodge (Kontakt in Südafrika: Tel. +27-11-7811661, Fax +27-11-7817129, Internet: www.evlodge.com). Kategorie AA. Das für max. 20 Besucher ausgelegte Luxury Tented Camp ist eher rustikal als übertrieben luxuriös eingerichtet und bietet einen erfrischenden Swimmingpool. Es werden Game Drives mit offenen Geländefahrzeugen und Touren auf dem Chobe River angeboten. Die Zufahrt erfolgt von der Straße Kazungula – Nata. Ab 220 Euro p.P. im DZ, alles inklusive. Die GPS-Koordinaten der Lodge sind S 17° 51.193', E 25°14.585'.

Westlich des Nationalparks **nahe dem Dorf Muchenje** am Ausfluss des Chobe River aus dem Lake Liambezi liegt die:
●**Muchenje Safari Lodge** (P/Bag K 31, Kasane, Tel. 6200013, Fax 6200016, Internet: www.muchenje.com). Kategorie AA+. Mit Blick auf die Caprivi Flood Plains gelegene rustikale Lodge mit ingesamt 24 Betten. Es werden Game Drives mit offenen Geländefahrzeugen, Fußsafaris und Touren auf dem Chobe River angeboten. Empfehlenswert, da etwas abseits gelegen. Ab 280 Euro p.P. im DZ, alles inklusive. Spezielle Angebote für Familien mit Kindern. Die GPS-Koordinaten der Lodge sind S 17°57.115', E 24°42.361'.

Im Jahr 2000 wurde am **namibischen Ufer des Chobe River** (etwa auf halber Strecke zwischen Kasane und Ihaha) eine schöne Lodge eröffnet:

● **Chobe Savanna Lodge** (Desert & Delta Safaris, Private Bag 198, Maun, Tel. 6861243, Fax 6861791, Internet: www.desertdelta.com). Kategorie AA+. 12 komfortable Safari Chalets inmitten offener Flusslandschaft für max. 24 Gäste. Es werden Game Drives mit offenen Geländefahrzeugen, Walking Safaris und Touren auf dem Chobe River angeboten. Der Transport erfolgt vom botswanischen Ufer mit Booten, die Anreise von Namibia aus erfolgt mit Allradgeländewagen. Ab 470 Euro p.P. im DZ, alles inklusive.

● Unweit der Chobe Savanna Lodge gibt es auf namibischer Seite die auf der Insel Sedudu unter dem Management von Namib Sun Hotels bislang eher charakterlos gehaltene **Kin's Den Lodge.** Die Lodge wurde 2010 von der Kempinski-Gruppe übernommen und soll zu einem 5-Sterne-Safariresort aufgerüstet werden. Informationen zur Wiedereröffnung unter www.kempinski.com. Die Anreise erfolgt von Kasane aus mit dem Motorboot über den Chobe River bzw. den Kasai Channel. Mit der „Zambezi Queen" wurde bislang auch ein einfaches Hausboot auf dem Chobe River bereitgehalten.

Camp Sites

Der Park verfügt über drei „entwickelte", inzwischen privatisierte Camp Sites mit Wasserversorgung, Grillstellen, Duschen und Toiletten: **Savuti, Linyanti** und **Ihaha.** Der Serondela Camp Site wurde 1999 geschlossen und durch den Ihaha Camp Site ersetzt. Die in vielen älteren Karten eingezeichneten Camp Sites Nogatsaa und Tchinga im Osten des Parks sind für Besucher gesperrt und nur noch rudimentär vorhanden. Andere Camp Sites dürfen nur von Reiseveranstaltern genutzt werden (sog. „HATAB Camp Sites"). Paviane und Meerkatzen haben sich an allen Übernachtungsorten zu einer mehr als unangenehmen Plage entwickelt. Sie stehlen und

plündern alles, dessen sie habhaft werden können. Man darf daher weder Lebensmittel noch andere Sachen frei herumliegen lassen.

●Die angenehmste Übernachtungsoption ist der mit Mitteln der EU errichtete, relativ neue **Ihaha Camp Site** (GPS-Koordinaten S 17°50. 484', E 24°52.748', zehn Stellplätze), wunderschön am Ufer des Chobe River gelegen. Es gibt fest installierte Grillstellen, Picknick-Tische und eine permanente Wasserversorgung mit Duschen und Toiletten mit Spülung. Die sanitären Bedingungen sind akzeptabel. Elefanten und Hyänen statten dem Platz nachts regelmäßige Besuche ab. Ein ernst zu nehmendes Problem stellten in den vergangenen Jahren **nächtliche Diebstähle** aus Namibia stammender Diebesbanden dar, die aus dem Caprivi-Streifen mit Booten über den Chobe River nach Ihaha übersetzen und dort die Fahrzeuge schlafender Campingtouristen ausrauben. Durch den Ihaha Camp Site wurde der 15 km weiter östlich liegende Serondela Camp Site ersetzt, dessen Schließung Teil des Entwicklungsplanes für den Chobe NP ist, der die Reduzierung der Besucherzahlen im übererschlossenen Parksektor nahe Kasane verfolgt.

●Der runderneuerte **Savuti Camp Site** (GPS-Koordinaten S 18°34.005', E 24°03. 902', zehn Stellplätze) erinnert mit seinen durch Betonwände gegen Elefanten gesicherten Sanitäranlagen an eine **Festung**. Der Vorläufer des jetzigen Campingplatzes musste 1995 geschlossen werden, nachdem durstige Elefanten die Wasserversorgung und die Waschgelegenheiten zerstört hatten (man stelle sich vor, was passiert, wenn sich ein Elefant in eine enge Toilettenzelle zu quetschen versucht!). Camping in Savuti gehört zu den großen Erlebnissen einer jeden Botswana-Safari. Elefanten, die einen reich gedeckten Frühstückstisch plündern, gehören hier zum Tagesgeschäft. Nachdem es mehrere Fälle von aufgeschlitzten Fahrzeugen gab, aus denen sich Elefanten gewaltsam ihre Leibspeise – Orangen – und andere Früchte holten,

mussten einige der schwergewichtigen „Büchsenöffner" erschossen werden (auf die Mitnahme von Zitrusfrüchten und leckeren Obstsalaten sollte man allerdings weiterhin verzichten). Nachts machen sich ganze Horden von Hyänen über herumliegende Nahrungsreste her, und auch Löwen gehören zu den regelmäßigen Besuchern des Camp Site. Tagsüber heißt es, sich vor der Horden raubender Paviane in Acht zu nehmen.

●Der abgelegene **Linyanti Camp Site** (GPS-Koordinaten S 18°17.686', E 23°54. 601', drei Stellplätze) am Südostrand des Linyanti-Sumpfes gilt als ideale Wahl, um den Besuchermassen im Park aus dem Weg zu gehen. Während der Trockenmonate Mai bis Oktober/November verwandelt sich die angrenzende Sumpflandschaft in ein wahres Elefantenparadies. Der Platz liegt unter schattigen Bäumen und grenzt direkt an ausgedehnte Rieder und Papyrussümpfe an. Manche Kenner des Landes bezeichnen ihn als einen der schönsten, aber auch einsamsten Übernachtungsorte in ganz Botswana. Es sind einfache Waschgelegenheiten vorhanden, jedoch wurden Duschen und Toiletten in der Vergangenheit durch Elefanten immer wieder so stark beschädigt, dass zeitweise kaum mehr etwas funktionierte. Nächtliche Besuche von Elefanten und Flusspferden sind gang und gäbe. Die Piste von Savuti nach Linyanti führt über weite Strecken durch tiefen Sand und ist daher nur sehr mühsam zu befahren.

Alle Camp Sites müssen seit 2009 über den verantwortlichen **privaten Betreiber** vorab gebucht und bezahlt werden:

Savuti, Linyanti:

●**SKL Camps Botswana,** P.O. Box 1860, Boseja, Maun, Tel. 6865365 oder 6865366, Fax 6865367, Internet: www.sklcamps.com. Der Betreiber der Camp Sites Savuti, Linyanti (Chobe NP) und Khwai/North Gate (Moremi WR) hat sein Büro in der Mathiba I Road in Maun unweit des Flughafens. Die verlangten Preise sind ziemlich gesalzen: Camping kostet 50 US-$ p.P. und Nacht, für Kinder von 8 bis 17 Jahren die Hälfte, für Kinder unter 8 Jahren sind 10 US-$ zu zahlen. Pro Stellplatz werden bis zu drei Fahrzeuge und max.

Der Nordosten und Chobe

Links: Blick auf Namibias Caprivi-Streifen; rechts: Chobe Riverfront (Flusssafari)

sechs Personen akzeptiert. Eine getätigte Buchung muss bis sechs Wochen vor Reisedatum bezahlt werden (akzeptiert wird nur Auslandsüberweisung). Die Eintrittsgebühren sind separat beim DWNP zu bezahlen.

Ihaha:

●**Kwalate Safaris,** Maun, Tel./Fax 6861448, Mobil 71308283, E-Mail: kwalatesafari@gmail.com. Kwalate Safaris ist seit Juni 2010 mit vorerst einjähriger Vertragsdauer Agent für die Camps Ihaha (Chobe NP) und Maqwee/South Gate bzw. Xakanaxa (Moremi WR). Die verlangten Preise sind ebenfalls happig: Camping kostet 210 Pula (ca. 23 Euro) p.P. und Nacht, für Kinder von 8 bis 17 Jahren die Hälfte, Kinder unter 8 Jahren sind frei. Eine getätigte Buchung muss bis sechs Wochen vor Reisedatum bezahlt werden (akzeptiert wird nur Auslandsüberweisung). Die Eintrittsgebühren müssen separat beim DWNP bezahlt werden.

Kwalate Safaris versuchte Ende 2010, trotz des zunächst nur einjährigen Pachtvertrages an den o.g. Camp Sites zusätzlich zum normalen Selbstversorger-Camping die Übernachtung in dauerhaft errichteten Safarizelten anzubieten.

Das Sammeln von Feuerholz kann an allen Camp Sites sehr unergiebig sein. Man sollte daher entsprechende Vorräte bei sich führen. Innerhalb des Parks gibt es **keine Versorgungsmöglichkeiten.** Ausreichende Vorräte an Wasser (verlässlich nur in Linyanti und Ihaha erhältlich), Treibstoff, Nahrung und Ersatzteilen müssen mitgebracht werden. Luxuscamps und Lodges versorgen ausschließlich ihre eigenen Gäste. Die nächstgelegenen Tankmöglichkeiten befinden sich in Maun und Kasane.

Savuti – Chobe Forest Reserve – Kasane

Gesamtdistanz: 161 km
●**Zustand:** passable Piste, ab Kachikau Asphalt, mehrere Tiefsandpassagen
●**Tankmöglichkeiten:** keine
●**Gesamtfahrzeit:** 4–5 Stunden

Diese Piste ist der Strecke über Nogatsaa bei Fahrten zwischen Savuti und Ihaha bzw. Kasane vorzuziehen, sofern man nicht eine ausgiebige Erkundung der Nogatsaa-Region beabsichtigt. Man verlässt Savuti auf sehr sandiger Piste in Richtung Nordwesten. Nach heftigen Regenfällen sind Teile der Strecke südlich der **Gcoha Hills** manchmal überflutet. Bei Km 21 passiert man die Felsformation der Gcoha Hills. 7 km dahinter verlässt man am Gcoha Gate (GPS-Koordinaten S 18°23.244', E 24°14.741') den Chobe NP und gelangt in das Chobe Forest Reserve. Die Piste führt über losen rötlichen Sand durch attraktives *Brachystegia*-Waldland. Sie lässt sich während der Regenzeit besser als während der Trockenzeit befahren. Weitgehend parallel zur ausgefahrenen Hauptstrecke führt eine in den Karten nicht eingezeichnete Ausweichspur, die die Hauptpiste mehrmals kreuzt (z.B. 16,6 km hinter dem Gcoha Park Gate, auf Höhe der GPS-Koordinaten S 18° 15.250', E 24°19.087') und eine streckenweise deutlich besser befahrbare Alternative zu dieser darstellt. Bei Km 70 erreicht man das Dorf **Kachikau** (in

Gut gerüstet und wohlgelaunt auf Game Drive

manchen Karten als „Kachekabwe" eingezeichnet, GPS-Koordinaten S 18°09.143', E 24°30.172'). Bis hierhin waren die Asphaltierungsarbeiten der Straße nach Ngoma Bridge Ende 2010 abgeschlossen, sodass es ab Kachikau auf festem Untergrund zügig vorangeht. In Kachikau werden in einem kleinen Craftshop (Chobe Craft, P.O. Box 123, Kavimba, Tel./Fax 6250810) schöne Flechtarbeiten und Schnitzereien verkauft.

Über die Siedlungen Kavimba (Campingmöglichkeit), Ngoma Bridge, Mabele und Muchenje gelangt man schließlich bei Km 110 oberhalb des **Grenzübergangs Ngoma Bridge** an die Hauptstraße nach Kasane. Achtung: Nördlich von Karimba quert man einen neuen Tiersperrzaun – sorgfältige Kontrollen auf mitgeführte Fleischprodukte am Veterinary Gate! Von hier sind es noch 51 km auf großzügig ausgebauter Asphaltstraße bis Kasane (Tempolimit 80 km/h, Radarkontrollen). Bei Km 140 passiert man die nicht ausgeschilderte Abzweigung der Piste nach Nogatsaa, bei Km 156 das Sedudu Gate (Registrierung erforderlich). Kurz dahinter gelangt man an die Zufahrt zum Kasane International Airport, von wo es noch 3 km bis in den Ort sind.

Savuti – Nogatsaa – Kasane

Gesamtdistanz: 206 km
● **Zustand:** schlechte Piste, teilweise tiefer Sand, GPS-Navigation empfehlenswert
● **Tankmöglichkeiten:** keine
● **Gesamtfahrzeit:** 7–8 Stunden, in der Regenzeit nicht befahrbar

Die Strecke über Nogatsaa ist deutlich beschwerlicher zu befahren als die Route über Kachikau. Nach ausgiebigen Regenfällen muss man mit verschlammten oder sogar überfluteten Passagen in der Zweizwe-Region rechnen, die auch von geübten Fahrern kaum zu bewältigen sind. Mit dem Ausklingen der Regenzeit und während der trockenen Wintermonate verbessert sich der Zustand der Piste etwas. Eine Fahrt in die Nogatsaa-Region lohnt nur, wenn die Pfannen an der Strecke Wasser führen und die Wasserpumpen in der Nogatsaa-Region arbeiten, sodass größere Wildbestände im Gebiet vorhanden sind. Ansonsten wirkt die vom hohen Elefantenbestand gezeichnete Mopane-Landschaft kahl, trostlos und tierarm. Die Strecke sollte wegen ihrer Abgeschiedenheit nur mit mindestens zwei Fahrzeugen und GPS-Navigation befahren werden.

Man verlässt Savuti auf sandiger, jedoch gut befahrbarer Piste in Richtung Osten. Die Ausfahrt aus Savuti ist

schlecht ausgeschildert und nur mit Navigationshilfen sicher zu lokalisieren. Die Piste verläuft südlich des Quarry Hill. Bei der Annäherung an das Pfannensystem der **Zweizwe Pan** (GPS-Koordinaten S 18°38.181', E 24°24.921') wird der Untergrund nach ca. 40 km tonig. In der Umgebung der Piste liegen mehrere Pfannen, von denen die Zweizwe Pan (Km 41) die größte Ausdehnung besitzt. Hinter der Zweizwe Pan führt die Piste über 25 km nach Norden, vorbei an mehreren nach Regenfällen überschwemmten Pfannensystemen – oder mitten durch diese hindurch. Der Untergrund der Piste ist durch Elefanten an vielen Stellen vollkommen zerstört. Bei Km 66 quert man auf Höhe der GPS-Koordinaten S 18° 33.328', E 24°27.185' das Flussbett des nur periodisch wasserführenden **Ngwezumba River.** Der Pistenverlauf folgt dem Flussbett in östlicher Richtung über gut 50 Kilometer, teilweise ist der Untergrund durch Erosionsrinnen erheblich zerstört. Man fährt durch dichte Mopane-Baumsavanne, die manchmal in lichte Trockenwälder übergeht. Bei Km 118 gelangt man an die Überreste des Ngwezumba Dam (GPS-Koordinaten S 18°21.190', E 24°50.037'), der 1988 nach heftigen, eine große Dürreperiode beendenden Regenfällen brach. Die Piste nach Nogatsaa wird ab hier deutlich besser und passiert zunächst die kleine **Kwikamba Pan** (Km 124). Von hier lohnt ein Abstecher

zur 10 km entfernten wildreichen Tchinga Pan. 12 km hinter der Kwikamba Pan erreicht man das abgeschiedene **Wildhütercamp Nogatsaa** (Km 136). Ab Nogatsaa führt eine passabel ausgebaute Piste durch losen Sand nach Norden in Richtung der Asphaltachse Kasane – Ngoma Bridge. Insbesondere die letzten 20 km führen durch viele tiefe Sandfelder. 49 km hinter Nogatsaa erreicht man bei Km 185 die ersehnte Asphaltstraße. Von der Einmündung (GPS-Koordinaten S 17°55.299', E 25°01. 165') sind es noch 21 km bis Kasane.

Der Nordosten und Chobe

Landschaft in Savuti

bo11_059 Foto cd

Anhang

bo11_060 Foto: cl

bo11_061 Foto: cl

Burchell-Zebras

Tsamma-Melonen im Kgalagadi NP

Nimmersattstörche bei der Balz

Literatur und Karten

Botswana ist vor allem von südafrikanischen Fotografen und Autoren intensiv bereist und beschrieben worden. Das Gros der Literatur ist daher in südafrikanischen und anglo-amerikanischen Verlagen **in englischer Sprache** erschienen. Die besten Orte für den Kauf von Bildbänden, Führern und Literatur sind Johannesburg und Kapstadt in Südafrika, in Botswana am ehesten Maun und Gaborone. In den letzten Jahren wurden mehrere englischsprachige Werke ins Deutsche übersetzt.

Herausragend ist sicherlich *Frans Lantings* Bildband „Okavango: Africa's Last Eden", der auch in deutscher Sprache erschienen ist. Die Romane und Erzählungen „Cry of the Kalahari" von *Mark* und *Delia Owens,* „The Lost World of the Kalahari" von *Laurens van der Post,* „Nisa – The Life and Words of a !Kung Woman" von *Marjorie Shostak* und auch „Last of the Free" von *Gareth Patterson* bieten einen guten gedanklichen Einstieg für Reisen nach Botswana. „Kalahari: Life's Variety in Dune and Delta" von *Michael Main* ist eine mit großer Liebe zum Land und immenser Sachkenntnis geschriebene Monografie der Kalahari und des Okavango-Deltas. Eine überzeugende, sehr ausführliche und auch kritische Landesübersicht mit Fotos von *Frans Lanting* ist in der Dezemberausgabe 1990 des Magazins *National Geographic* erschienen.

Ein Muss für Botswanareisende ist die überall im Land erhältliche **Shell Tourist Map of Botswana** von *Veronica Roodt* (aktuelle Auflage 2008). Alternativ bietet sich die 2010 in 4. Auflage im REISE KNOW-HOW Verlag erschienene **Botswana-Karte** im Maßstab 1:1 Mio. an; die Ausstattung umfasst Ortsverzeichnis, Höhenlinien, Höhenschichten und ein klassifiziertes Straßennetz. Von *Veronica Roodt* sind auch die Karten „The Shell Tourist Map of the Okavango Delta & Linyanti", „The Shell Tourist Map of the Kgalagadi Transfrontier Park", „The Shell Tourist Map of the Moremi Wildlife Reserve" und „The Shell Tourist Map of the Chobe National Park" erschienen. Ferner sollte man sich „Robert's Birds of Southern Africa" von *Gordon Lindsay Maclean* oder „Newman's Birds of Southern Africa" von *Kenneth Newman* zulegen, um die mehr als 900 Vogelarten im südlichen Afrika auseinanderhalten zu können. Als mit Abstand bester Säugetierführer gilt der „Field Guide to the Mammals of Southern Africa" von *Chris* und *Tilde Stuart.*

In den südafrikanischen Hochglanzmagazinen *Getaway* und *Africa – Geographic* bzw. *Africa – Birds & Birding* finden sich immer wieder gute Reiserportagen bzw. Berichte zum Naturschutz in Botswana. Für einen ersten Eindruck empfehlenswert ist auch die jährlich aktualisierte Broschüre „Discover Botswana", herausgegeben vom Botswana Tourism Board in Gaborone (Internet: www.botswanatourism.co.bw).

Einige der im Folgenden genannten Buchtitel sind im Buchhandel bereits seit Jahren vergriffen und nurmehr in Bibliotheken oder antiquarisch erhältlich.

• Eine empfehlenswerte, gut sortierte **Versandbuchhandlung** in Deutschland für Literatur und Karten über Botswana und seine Nachbarländer ist das **Namibiana Buchdepot**, An den Graften 38, D-27753 Delmenhorst, Tel. 04221-1230240, Fax 04221-1230241, Internet: www.namibiana.de.

Englischsprachige Literatur zu Botswana

Bildbände

• **This is Botswana** von *Daryl* und *Sharna Balfour*. New Holland, London 1997. Dieser Bildband stellt Botswana mit brillanten Farbabbildungen und ansprechendem Text umfassend vor.

• **Okavango: Africa's Last Eden** von *Frans Lanting* (Fotos) und *Christine Eckstrom* (Text). Chronicle Books, San Francisco 1995. Der sicherlich beeindruckendste Bildband über das Okavango-Delta und andere attraktive Gebiete im Norden des Landes mit imponierenden Bildern von einem der bekanntesten Tierfotografen unserer Zeit.

• **Okavango River: The Flow of a Lifeline** von *Selma el Obeid* und *John Mendelsohn*. Struik, Kapstadt 2004. Exzellente Monographie über Geographie, Hydrologie und Biologie des Okavango-Flusssystems mit ausführlicher Bilddokumentation der Tier- und Pflanzenwelt von Panhandle und Okavango-Delta.

• **The Miracle Rivers. The Okavango & Chobe of Botswana** von *Beverly* und *Peter Pickford*. New Holland, London 1999. Eine brillante Fotoreise mit aktuellen wie historischen Bezügen durch das Land von Okavango und Chobe.

• **Okavango: Africa's Wetland Wilderness** von *Adrian Bailey*. Struik, Kapstadt 2000. Brillante, aktuelle Monographie des Okavango-Deltas mit zahlreichen preisgekrönten Farbabbildungen und Karten.

• **Okavango: Sea of Land, Land of Water** von *Peter Johnson* und *Anthony Bannister*. New Holland, London 1997. Standardwerk mit hochwertigen Farbabbildungen und Hintergrundinformationen über Entstehungsgeschichte, Landschaft, Tier- und Pflanzenwelt, Ökologie und Menschen des Okavango-Deltas im Text.

• **The Swamp Book: Perspective and Description of the Natural Elements and Resources of the Okavango Delta** von *Mike Murray-Hudson* (Text) und *Bob Forrester* (Fotos). Southern Books, Johannesburg 1989. Dieser Bildband geht vor allem auf Entstehungsgeschichte, Wasserhaushalt, Ökologie und Naturschutz des Okavango-Deltas umfassend ein.

• **Okavango – a journey** von *Adrian Bailey* und *Robyn Keene-Young*. Struik, Kapstadt 2006. Monografischer Bildband des bekannten südafrikanischen Botswana-Autors und seiner Partnerin über den Okavango mit fantastischen Luftaufnahmen.

• **Chobe: Africa's Untamed Wilderness** von *Daryl* und *Sharna Balfour*. Southern Books, Johannesburg 1998. Bildband, der mit außergewöhnlichen Farbabbildungen vor allem die Elefantenwelt des Chobe National Park porträtiert. Die Autoren verbrachten für dieses Buch fast ein Jahr im Chobe National Park.

• **Hunting with the Moon: The Lions of Savuti** von *Dereck* und *Beverly Joubert*. Random House, Westminster 1997. Beschreibt mit brillanten Farbaufnahmen das Leben der Löwen in der Savuti-Sektion des Chobe National Park. Eines der besten Bücher über Löwen auf dem Markt.

• **Running Wild: Dispelling the Myths of the African Wild Dog** von *John McNutt, Lesley Boggs, Helene Heldring* und *Dave Hamann*. Southern Books, Johannesburg 1997. Der Bildband schlechthin über den bedrohten afrikanischen Wildhund. Die Autoren räumen mit Vorurteilen über die Grausamkeit der Wildhunde auf und arbeiten die Schönheit der Tiere und ihr hoch entwickeltes Sozialverhalten heraus. Ergänzend gibt es Informationen zur Biologie und zum Naturschutz. Basiert vor allem auf Fotos und Beobachtungen im Moremi Wildlife Reserve Botswanas.

• **Prides: The Lions of Moremi** von *Chris Harvey* und *Pieter W. Kat*. Smithsonian Books, Washington 2000. Schöner Bildband mit beeindruckenden Farbaufnahmen der Löwen des Moremi Wildlife Reserve.

Anhang

Sachbücher

● **History of Botswana** von *Thomas Tlou* und *Alec Campbell*. Macmillan Botswana, Gaborone 1984. Umfassender geschichtlicher Überblick von zwei Kennern des Landes.

● **An African Miracle** von *Abdi Ismail Samatar*. Heinemann, London 1999. Aktuelle Monographie mit Schwerpunkt Staat, Gesellschaft und Wirtschaft. Der Autor, Professor für Geografie an der University of Minnesota, geht ausgiebig und kritisch auf die Botswana von außen zugeschriebene Rolle als Wirtschaftswunderkind Afrikas ein.

● **Kalahari: Life's Variety in Dune and Delta** von *Michael Main*. Southern Books, Johannesburg 1990. Ein mit großer Liebe zum Land geschriebenes, informatives und dabei spannendes Standardwerk, das Geografie, Geologie, Anthropologie, Pflanzen- und Tierwelt sowie alle Sehenswürdigkeiten und Ziele des Kalaharigebietes umfassend behandelt, mit zahlreichen hervorragenden Farbbildern. Das mit Abstand beste Kalahari-Buch.

● **Okavango: Jewel of the Kalahari** von *Karen Ross*. Struik, Kapstadt 2003. Begleitbuch zu einer dreiteiligen BBC-Serie über das Okavango-Delta mit guten Farbabbildungen. Dem Werk von *Michael Main* im Aufbau ähnlich, aber qualitativ deutlich schwächer.

● **Fieldwork: A Geologist's Memoir of the Kalahari** von *Christopher Scholz*. Princeton University Press 1997. Nachlese eines amerikanischen Wissenschaftlers, der die Kalahari mit geologischem Fachauftrag bereist und erkundet hat. Etwas langatmig geschrieben.

● **The Hambukushu – Rainmakers of the Okavango** von *Thomas J. Larson*. Writers Club Press 2001. Umfangreiche Monografie über Kultur und Geschichte des Hambukushu-Volkes sowie die katastrophalen Folgen der AIDS-Epidemie in den botswanischen Hambukushu-Dörfern.

● **The Harmless People** von *Elizabeth Marshall Thomas*. Vintage Books, New York 1989. Die Autorin hat in den 1950er Jahren als eine der ersten westlichen Besucherinnen unter den San (Buschmännern) der Kalahari gelebt und das Land in den 1980er Jahren wiederholt bereist. Sie berichtet ausführlich über traditionelles Leben, Mentalität und Wehrlosigkeit der San und arbeitet dabei heraus, welchen brutalen Einfluss moderne Zivilisation und Tourismus auf die heutige Situation der Buschmänner genommen haben. Das Buch reflektiert die Naturkonformität im Lebensstil der Buschmänner und enthält provokativ auf den Punkt gebrachte Kritik an der so genannten „zivilisierten" Gesellschaft.

● **Tsodilo Hills – Copper Bracelet of the Kalahari** von *Alec Campbell, Larry Robbins* und *Michael Taylor*. The Botswana Society/Michigan State University Press 2010. 178 Seiten, zahlreiche Abb. und Karten. Neues, sehr empfehlenswertes Handbuch zu den Tsodilo Hills, vom Direktor des Botswana National Museum maßgeblich mit herausgegeben.

● **The Hunter and his Art: A Survey of Rock Art in Southern Africa** von *Jalmar* und *Ione Rudner*. Struik, Kapstadt 1970. Wissenschaftliches Fachbuch über die Kunst der Buschmannzeichnungen im südlichen Afrika mit einem ausführlichen Kapitel zu den Tsodilo Hills in Botswana.

● **The Story of De Beers** von *Hedley Chilvers*. Cassell, London 1939. Nicht mehr ganz taufrische, aber ausführliche Monografie über Geschichte und Entwicklung des De Beers-Diamantenkonzerns.

Romane und Erzählungen

● **The Lost World of the Kalahari** von *Laurens van der Post*. Harcourt Trade Publishers 1977. Kultbuch über das Leben der Buschmänner, durch das die Tsodilo Hills im Nordwesten Botswanas Bekanntheit erlangten. „The Heart of the Hunter", ebenfalls bei Harcourt erschienen (1980), spinnt den Faden noch etwas weiter.

● **Cry of the Kalahari** von *Mark* und *Delia Owens*. Houghton Mifflin, Wilmington 1984. Die Autoren haben sieben Jahre im Deception Valley im Central Kalahari Game Reserve gelebt und dort Feldforschung über Braune Hyänen und Löwen betrieben. Der ausführliche Erlebnisbericht wird durch kritische Gedanken zum System der Tiersperrzäune in Botswana abgerundet. Zuletzt 2007 als Taschenbuch neu aufgelegt (Mariner Books).

● **Starlings Laughing – A Memoir of Africa** von *June Vendall Clark*. W. Morrow, New York 1990. Die Autorin berichtet autobiografisch über mehr als vierzig Lebensjahre in Simbabwe und Botswana. Mit ihrem damaligen Ehemann verschlägt es sie aus dem früheren Rhodesien nach Maun in Botswana. Mit Krokodiljagden und Safaris halten sich beide jahrelang über Wasser und entwickeln dabei einen tieferen Sinn für Tier- und Naturschutz. Auf die Initiative von June und Robert Kays geht die Schaffung des Moremi-Wildschutzgebietes zurück. Eine eindrucksvolle „Out of Africa"-Erzählung aus Botswana.

●**Nisa – The Life and Words of a !Kung Woman** von *Marjorie Shostak*. Vintage Books, New York 1982. Die Autorin ist Anthropologin. Sie beschreibt das Leben einer Buschmannfrau aus der Perspektive der !Kung-Frau Nisa. Mit einfachen stilistischen Mitteln wird stimmungsvoll geschildert, wie sie im traditionellen Verband von Jägern und Sammlern inmitten der lebensfeindlichen Halbwüste Kalahari ihren Alltag bewältigt.

●**Last of the Free** von *Garreth Patterson*. St. Martins, New York 1995. Der Autor, Mitarbeiter von *George Adamson,* berichtet über die Auswilderung dreier Löwen aus dem Adamson-Camp im kenianischen Kora-Reservat, die er nach der Ermordung Adamsons in Kenia nach Botswana bringt und dort im Tuli-Gebiet über mehrere Jahre an das eigenständige Überleben in der Wildnis gewöhnt.

●**When Rain Clouds Gather** von *Bessie Head.* Heinemann, London 1986. *B. Head* hat als südafrikanische Exilantin in Serowe, Botswana gelebt und galt bis zu ihrem Tod 1988 als eine der herausragenden literarischen Persönlichkeiten des Landes. Sie schildert in diesem Buch ihre Arbeit als Bäuerin in einem landwirtschaftlichen Projekt, über das sie mit den Problemen des botswanischen Landalltags, dem Fluch der Trockenheit, der Macht ländlicher Traditionen, aber auch mit Liebesgeschichten, Freundschaften, Festen, Trauer und Leid konfrontiert wird. Andere von ihr bei Heinemann erschienene Romane sind „Maru" (1987), „A Question of Power" (1986) und die Kurzgeschichtensammlung „The Collector of Treasures" (1977). Einige ihrer Werke wurden ins Deutsche übersetzt.

●**Whites** von *Norman Rush*. Paladin, London 1987. Norman Rush hat als Mitarbeiter des US-amerikanischen Peace Corps in Botswa-na gelebt und beschreibt anhand mehrerer Kurzgeschichten den Lebensstil der in Botswana lebenden Weißen, ihre Vorbehalte gegenüber Einheimischen, aber auch die funktionierende Vernetzung von Schwarz und Weiß in der Gesellschaft.

Spezielle Reiseführer

●**African Adventurer's Guide to Botswana** von *Mike Main*. Struik, Kapstadt 2010. Enthält detaillierte Hinweise und Routenbeschreibungen mit GPS-Positionsangaben für Selbstfahrer.

●**The Shell Tourist Travel Guide of Botswana** von *Veronica Roodt*. Shell, Gaborone 2008. 244 Seiten starkes Beiheft zur Shell Tourist Map of Botswana mit einer Fülle naturkundlicher und praktischer Informationen zu fast allen Reisezielen im Land.

●**Botswana – Okavango Delta, Chobe, Northern Kalahari** von *Chris McIntyre*. Bradt Publications 2010. Umfangreicher, exzellent recherchierter Führer mit ausführlicher Darstellung aller Konzessionsgebiete und detaillierten Beschreibungen der Lodges und Safari Camps inkl. zugehöriger GPS-Koordinaten im nördlichen Botswana. Leider wird der Süden des Landes komplett ausgeklammert.

●**Southern and Central African 4x4 Trails Yearbook** von *Andrew St. Pierre White*. IMP, Sun Valley 1999. Detaillierter Streckenführer für Offroad-Reisende im südlichen Afrika mit eigenem Botswana-Kapitel.

Bestimmungsführer

●**Field Guide to the Mammals of Southern Africa** von Chris und Tilde Stuart. Struik, Kapstadt 2007. Umfassendes, übersichtliches Bestimmungsbuch aller Säugetierarten des südlichen Afrikas mit Hintergrundinformationen zu Verbreitung, Biologie und Naturschutz.

●**The Field Guide to Mammals of Botswana** von *Peter Comley* und *Salome Meyer.* Farbbroschüre.

●**Robert's Birds of Southern Africa** von *Gordon Lindsay Maclean.* New Holland, London 2005. Das Standardnachschlagewerk für Vögel mit detaillierten Farbtafeln, allerdings etwas umfangreich geraten für den täglichen Gebrauch im Gelände.

Anhang

● **Newman's Birds of Southern Africa** von *Kenneth Newman.* Southern Books, Johannesburg 2006. Umfassender, aber handlicher Vogelbestimmungsführer mit brillanten Farbtafeln. Sehr empfehlenswert.

● **Newman's Birds of Botswana** von *Kenneth Newman.* Southern Books, Johannesburg 1999. Eine durch Überarbeitung des Übersichtswerkes Newman's Birds of Southern Africa entstandene Zusammenstellung aller in Botswana vorkommenden Vogelarten mit den Original-Farbtafeln.

● **Sasol: The Larger Illustrated Field Guide to the Birds of Southern Africa** von *Ian Sinclair.* Struik, Kapstadt 2002. Ähnlich konzipiert wie Newman's Birds.

● **Dangerous Snakes of Africa – Natural History, Species Directory, Venoms and Snakebite** von *Stephen Spawls* und *Bill Branch.* Ralph Curtis Publications 1998. Behandelt ausführlich alle giftigen Schlangenarten Afrikas und geht auch auf den Umgang mit Schlangen(-bissen) genau ein.

● **Sasol: A Field Guide to Snakes and other Reptiles of Southern Africa** von *Tracey Hawthorne.* Struik, Kapstadt 1998. Kleiner Taschenführer.

● **Sasol: A Field Guide to Spiders and Scorpions of Southern Africa.** Struik, Kapstadt 1998. Kleiner Taschenführer.

● **The Shell Field Guide to the Common Trees of the Okavango Delta and Moremi Game Reserve** von *Veronica Roodt.* Shell, Gaborone 1998.

● **The Shell Field Guide to the Plants of the Okavango Delta and Moremi Game Reserve** von *Veronica Roodt.* Shell, Gaborone 1998.

● **Plants of the Okavango Delta: A Field Guide** von *Karen* und *William Ellery.* Tsaro, Durban 1997.

Deutschsprachige Literatur zu Botswana

Bildbände

● **Botswana** von *Daryl* und *Sharna Balfour.* Time Life, Amsterdam 1997. Im Original 1994 als „This is Botswana" erschienen.

● **Okawango: Afrikas letztes Paradies** von *Frans Lanting* (Fotos) und *Christine Eckstrom* (Text). Tecklenborg, Steinfurt 1995. Deutsche Ausgabe des 1993 erschienenen Originaltitels „Okavango: Africa's Last Eden".

● **Im Land von Okavango und Chobe: Eine Fotoreise durch Botswana** von *Beverly* und *Peter Pickford.* Könemann, Köln 2000. Deutsche Ausgabe des 1999 bei New Holland erschienenen Originaltitels „The Miracle Rivers. The Okavango & Chobe of Botswana".

● **Die Wüsten Afrikas** von *Michael Martin.* Frederking & Thaler, München 2007. Enthält hochwertige Bilddokumente aus der Kalahari und dem Gebiet der Makgadikgadi Pans.

Sachbücher

● **Botswana – Alltagswelten im Umbruch,** herausgegeben von *Fred Krüger, Georgia A. Rakelmann* und *Petra Schierholz.* LIT Verlag, Münster 1999. Von der Deutschen Gesellschaft der Freunde Botswanas (DGFB) herausgegebenes Sachbuch über die gesellschaftliche Situation in Botswana am Ende des 20. Jahrhunderts.

● **Das Südliche Afrika** von *Ernst Klimm, Karl-Günther Schneider* und *Sigrid von Hatten.* Wissenschaftliche Buchgesellschaft, Darmstadt 1994. Wissenschaftliche Länderkunde in zwei Bänden, deren zweiter Band Namibia und Botswana behandelt. Schwerpunkte sind Geografie, Wasserhaushalt, Hydrografie, Bevölkerungsstruktur, Siedlungstruktur und Wirtschaftstruktur Botswanas.

● **Botswana – Vom Land der Betschuanen zum Frontstaat,** herausgegeben von *Gabriele Altheimer, Veit Dietrich Hopf* und *Bernhard Weimer.* LIT Verlag, Münster 1991. Sachbuch der Deutschen Gesellschaft der Freunde Botswanas (DGFB), mit zahlreichen Berichten und Artikeln von Mitgliedern, die jahrelang in Botswana gearbeitet haben.

● **Botswana – Entwicklung am Rande der Apartheid,** herausgegeben von *Rolf Hasse* und *Elisabeth Zeil-Fahlbusch.* Institut für Afrika-Kunde, Hamburg 1989. Gesellschaftskunde unter besonderer Berücksichtigung des Abhängigkeitsverhältnisses zu Südafrika.

● **Kalahari hautnah. Die Welt der !Kung-Buschmänner** von *Wolfgang Albin Uhl.* Oertel und Spoerer, Reutlingen 1994. Expeditionsbericht aus der Welt der Kalahari-Buschmänner mit Farbabbildungen und Karten.

●**Die Buschmänner der Kalahari** von *Siegfried Passarge*. Verlag Dietrich Reimer, Berlin 1907. Das „Entdeckerbuch" zu den Buschmannzeichnungen der Tsodilo Hills.

Romane und Erzählungen

●**Der Ruf der Kalahari – Sieben Jahre unter Wildtieren im Herzen Afrikas** von *Mark* und *Delia Owens*. Bertelsmann, München 1987. Deutsche Ausgabe des 1984 erschienenen Originaltitels „Cry of the Kalahari".

●**Die verlorene Welt der Kalahari** von *Laurens van der Post*. Diogenes, Zürich 2006. Deutschsprachige Ausgabe des Originaltitels „The Lost World of the Kalahari".

●**Das Herz des kleinen Jägers** von *Laurens van der Post*. Diogenes, Zürich 2006. Deutsche Ausgabe des englischsprachigen Originaltitels „The Heart of the Hunter".

●**Löwenleben – Aufgezogen von Menschen, in die Freiheit entlassen** von *Garreth Patterson*. Knaur, München 1998. Deutsche Ausgabe des 1995 erschienenen Originaltitels „Last of the Free".

●**Kalahari** von *Henry Kolarz*. Bastei-Lübbe, Bergisch-Gladbach 1988. Spannend und ansprechend geschriebener Abenteuerroman.

●**Ein Kokodil für Mma Ramotswe** von *Alexander McCall Smith*. Nymphenburger Verlag, München 2001. *Mma Ramotswe* betreibt am Rande der Kalahari die einzige Detektivagentur Botswanas, „The No. 1 Ladies' Detective Agency". Witz, subtile Menschenkenntnis, die atmosphärisch dichte Schilderung des Alltags in Botswana und wunderschöne Landschaftsbeschreibungen machen diese ungewöhnliche Detektivgeschichte zu einem spannenden und amüsanten Leseerlebnis. 2007 verfilmt (Hollywood-Produktion).

●**Die letzte Wildnis – Abenteuer in der Kalahari** von *Nicholas Luard*. Ehrenwirth, München 1982. Abenteuerroman.

Bestimmungsführer

●**Säugetiere Afrikas** von *Jean Dorst* und *Pierre Dandelot*. Paul Parey, Hamburg. Standardwerk. Im Buchhandel bereits lange vergriffen.

●**Kosmos Naturreiseführer Südliches Afrika** von *Thomas Barlow & Winfried Wisniewski*. Franckh-Kosmos, Stuttgart 1998. Vorgestellt werden alle bedeutenden Natursehenswürdigkeiten im südlichen Afrika. Mit zahlreichen Farbbildern, Reisehinweisen, Tier- und Pflanzenführer sowie Routenvorschlägen.

●**Reiseführer Natur: Südliches Afrika** von *August Sycholt*. BLV, München 1998. Stellt ausführlich die Pflanzen- und Tierwelt in über 50 Schutzgebieten des südlichen Afrikas in Wort und Bild vor.

Artikel in Zeitschriften

●**National Geographic 12/1990: Botswana – A Gathering of Waters and Wildlife.** Abgerundete Darstellung von Geografie, Geschichte, Landschaft, Natur und Bevölkerung Botswanas mit Schwerpunkt Okavango-Delta. Enthält die besten Botswana-Bilder von *Frans Lanting*.

●**Geo 2/1992: Okawango – Afrikas wildes Herz.** Mit den besten Bildern aus *F. Lantings* Bildband „Okavango: Africa's Last Eden".

●**Geo-Special „Afrikas Süden",** Gruner & Jahr, Hamburg 1997. Gut recherchierte Artikel zu allen Ländern des südlichen Afrika.

●**Geo-Special „Namibia und Botswana",** Gruner + Jahr, Hamburg 2008. Ausführliche Artikel über die genannten Länder.

●**Abenteuer & Reisen-Special „Südliches Afrika",** WDW, Bad Homburg 1998. Aktuelle Artikel und Essays zu den interessantesten Zielen im südlichen Afrika.

●Interessante und praxisnahe Artikel und Reportagen zu Zielen in Botswana erscheinen regelmäßig im südafrikanischen Reisemagazin **Getaway,** Internet: www.getaway.co.za.

●Gute Hintergrundinformationen zu Wildlife und Naturschutz im südlichen Afrika erhält man durch Lektüre des südafrikanischen Journals **Africa – Geographic,** Kontaktadresse für Abonnenten: First Floor, Devonshire Court, 20 Devonshire Road, Wynberg 7800, Cape Town, South Africa, Tel. +27-21-7622180, Fax +27-21-7622246, Internet: www.africageographic.com.

Anhang

Karten

● **Botswana** 1:1 Mio., world mapping project, REISE KNOW-HOW Verlag, Bielefeld 2010. Aktuelle Karte auf wasserfestem, unzerreißbarem Kunstpapier. Ortsverzeichnis, Höhenlinien und -schichten, klassifiziertes Straßennetz, GPS-tauglich.

● **The Shell Tourist Map of Botswana** von *Veronica Roodt*. Shell, Gaborone 2008. Mittlerweile in der 5. Ausgabe erschienene Standardkarte im Maßstab 1:1,75 Mio. Die Karte enthält 30 Detailkarten und Skizzen von Nationalparks, Wildreservaten und anderen touristisch interessanten Gebieten sowie mehr als 300 GPS-Koordinaten. Empfehlenswert.

● **Botswana – GPS-Koordinaten + Routen** von *Andreas Klinke*. Transgeo, Köln 2003. Im Selbstverlag erschienene Übersicht aller wichtigen GPS-Koordinaten für individuelle Reisen durch Botswana, auch in digitaler Form (beiliegende CD-ROM) erhältlich.

● **The Shell Tourist Map of the Okavango Delta & Linyanti** von *Veronica Roodt*. Shell, Gaborone 2008. Genaue Detailkarten des Gebietes mit Einzeichnung aller Konzessionsgebiete, Camps und Lodges sowie kurz gefassten Hintergrundinformationen und Routenvorschlägen.

● **The Shell Tourist Map of the Moremi Game Reserve** von *Veronica Roodt*. Shell, Gaborone 2008. Genaue Detailkarten des Gebietes mit GPS-Koordinaten, Hintergrundinformationen, Routenvorschlägen und repräsentativen Farbabbildungen.

● **The Shell Tourist Map of the Chobe National Park** von *Veronica Roodt*. Shell, Gaborone 2008. Genaue Detailkarten des Nationalparks mit GPS-Koordinaten, Hintergrundinformationen, Routenvorschlägen und repräsentativen Farbabbildungen.

● **The Shell Tourist Map of the Kgalagadi Transfrontier Park** von *Veronica Roodt*. Shell, Gaborone 2008. Genaue Detailkarten des grenzübergreifenden Nationalparks mit GPS-Koordinaten, Hintergrundinformationen, Routenvorschlägen und repräsentativen Farbabbildungen.

● **InfoMap Botswana** 1:1 Mio. InfoMap Publications, Johannesburg 2003. Karte des bekannten 4x4-Autors *Andrew St. Pierre White* mit zahlreichen GPS-Koordinaten.

● **Botswana Map Pack.** B&T Directories, Gaborone. Enthält Stadtpläne von Gaborone, Francistown, Selebi-Phikwe, Maun und Lobatse. Nur in Botswana erhältlich. Ebenfalls von B&T erhältlich sind genaue Stadtpläne von Gaborone („Gaborone Map Book").

● **Michelin-Karte 955: Africa – Central and South 1:4 Mio.** Michelin, Paris. Standard-Übersichtskarte von Zentralafrika bis zum Kap der Guten Hoffnung.

● **Detaillierte topografische Karten Botswanas** im Maßstab 1:1,5 oder 1:1 Mio. sowie Messtischblätter im Maßstab 1:500.000 bzw. 1:250.000 sind über das **Department of Mapping and Surveys**, P/Bag 0037, Old Lobatse Road, Gaborone, Botswana, Tel. 3953251, Fax 3952704, E-Mail: botdsm@gov.bw, erhältlich. Viele der Eintragungen in die Kartenblätter sind allerdings hoffnungslos veraltet. In Deutschland können sie z.B. auch über das Namibiana Buchdepot (www.namibiana.de; s.o.) bezogen werden.

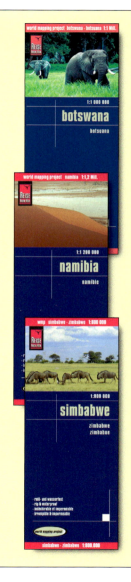
Anhang

Reisegesundheitsinformationen zu Botswana

Stand: Februar 2011
© Inhalte: Centrum für Reisemedizin

Die nachstehenden Angaben dienen der Orientierung, was für eine geplante Reise in das Land an Gesundheitsvorsorgemaßnahmen zu berücksichtigen ist. Die Informationen wurden uns freundlicherweise vom Centrum für Reisemedizin zur Verfügung gestellt. Auf **www.crm.de** werden diese Informationen stetig aktualisiert. Es lohnt sich, dort noch einmal nachzuschauen.

Die nachstehenden Angaben wurden nach bestem Wissen und sorgfältiger Recherche zusammengestellt. Eine Gewähr oder Haftung kann nicht übernommen werden.

● **Klima:** Tropisch-wechselfeuchtes Klima mit Niederschlägen in den Sommermonaten von Nov. bis April und ausgeprägter Trockenzeit von Mai bis Okt.; durchschnittliche Jahrestemp. 22 °C; durchschnittliche Temp. im Nov. 26,4 °C, im Juli 15,3 °C; extreme Temperaturunterschiede in der Kalahari.

Einreise-Impfvorschriften:
● **Bei Direktflug aus Europa sind keine Impfungen vorgeschrieben.**
● Bei einem vorherigen Zwischenaufenthalt (innerhalb der letzten sechs Tage vor Einreise) in einem Gelbfieber-Endemiegebiet (zu den einzelnen Ländern siehe unter www.crm.de) wird bei Einreise eine gültige Gelbfieber-Impfbescheinigung verlangt (ausgenommen Kinder unter einem Jahr).

Empfohlener Impfschutz:
● **Generell: Standardimpfungen** nach dem deutschen Impfkalender, speziell Tetanus, Diphtherie, außerdem Hepatitis A.

● **Bei Reisen durch das Landesinnere unter einfachen Bedingungen** (Rucksack-/Trekking-/Individualreise) mit einfachen Quartieren/Hotels, bei Camping-Reisen, Langzeitaufenthalten, einer praktischen Tätigkeit im Gesundheits- oder Sozialwesen, bei engem Kontakt zur einheimischen Bevölkerung ist außerdem ein Impfschutz zu erwägen gegen Polio, Typhus, Hepatitis B (bei Langzeitaufenthalten und engerem Kontakt mit der einheimischen Bevölkerung), Tollwut (bei vorhersehbarem Umgang mit Tieren) und Meningitis (nur bei engerem Kontakt zur einheimischen Bevölkerung, vorwiegend in der Trockenzeit).

● **Wichtiger Hinweis:** Welche Impfungen letztendlich vorzunehmen sind, ist abhängig vom aktuellen Infektionsrisiko vor Ort, von der Art und Dauer der geplanten Reise, vom Gesundheitszustand, sowie dem eventuell noch vorhandenen Impfschutz des Reisenden.

Da im Einzelfall unterschiedlichste Aspekte zu berücksichtigen sind, empfiehlt es sich immer, rechtzeitig (4 bis 6 Wochen) vor der Reise eine persönliche Reisegesundheits-Beratung bei einem reisemedizinisch erfahrenen Arzt oder Apotheker in Anspruch zu nehmen.

Malaria:
● **Risiko:** ganzjährig im Norden, sonst November bis Juni; hohes Risiko in der Regenzeit (November bis Juni) im Norden in folgenden Distrikten/Subdistrikten: Boteti, Chobe, Ngamiland, Okavango, Tutume; mittleres Risiko dort in der übrigen Zeit, nach Süden und in der Trockenzeit (Juli bis Oktober) abnehmend; geringes bzw. kein Risiko in den übrigen Landesteilen.
● **Vorbeugung:** Ein konsequenter Mückenschutz in den Abend- und Nachtstunden verringert das Malariarisiko erheblich **(Expositionsprophylaxe).**

Die wichtigsten Maßnahmen sind: In der Dämmerung und nachts Aufenthalt in mückengeschützten Räumen (Räume mit air condition, Mücken fliegen nicht vom Warmen ins Kalte); beim Aufenthalt im Freien in Malariagebieten abends und nachts weitgehend körperbedeckende Kleidung (lange Ärmel, lange Hosen); Anwendung von Insekten abwehrenden Mitteln an unbedeckten Hautstellen (Wade, Handgelenke, Nacken), Wirkungsdauer 2 bis 4 Std.; im Wohnbereich Anwendung von Insekten abtötenden Mitteln in Form von Aerosolen, Verdampfern, Kerzen, Räucherspiralen; Schlafen unter dem Moskitonetz (v.a. in Hochrisikogebieten).

Ergänzend ist die Einnahme von Anti-Malaria-Medikamenten (**Chemoprophylaxe**) zu empfehlen. Zu Art und Dauer der Chemoprophylaxe fragen Sie Ihren Arzt oder Apotheker, bzw. informieren Sie sich in einer qualifizierten reisemedizinischen Beratungsstelle. Malariamittel sind verschreibungspflichtig.

● **Ratschläge zur Reiseapotheke:** Vergessen Sie nicht, eine kleinere oder größere Reiseapotheke mitzunehmen (wenigstens Medikamente gegen Durchfall, Fieber und Schmerzen sowie Verbandstoff, Pflaster und Wunddesinfektion), damit Sie für kleinere Notfälle gerüstet sind.

Nicht vergessen: Medikamente, die der Reisende ständig einnehmen muss!

Wenn Sie spezielle Fragen zur Reiseapotheke haben, wenden Sie sich am besten an eine Apotheke mit reisemedizinisch qualifizierten Mitarbeitern.

Aktuelle Meldungen:
● **Darminfektionen:** Risiko für Durchfallerkrankungen landesweit. Hygiene beachten.
● **Milzbrand:** Botswana gehört zu den Ländern mit dem höchsten Vorkommen dieser schweren bakteriellen Erkrankung von Tier und Mensch, die zu bösartigen Geschwüren an Haut oder Darm und schweren Allgemeinerscheinungen führen kann. Vorsicht beim Umgang mit kranken Tieren, Verzehr von Fleisch nur ausreichend gegart.
● **HIV/AIDS:** Botswana gehört zu den Ländern mit der höchsten Durchseuchung. Besonders betroffen ist die Zentralprovinz mit Francistown. Sexuelle Kontakte sollten möglichst gemieden werden.

● Nicht vergessen: **Auslandskrankenversicherung!**

Für die private Auslandsreise empfehlen wir Ihnen, grundsätzlich eine Auslandsreise-Krankenversicherung abzuschließen. Auch in Ländern mit Sozialversicherungsabkommen sind für bestimmte Leistungen zum Teil erhebliche Eigenanteile zu zahlen.

Hinzu kommt, dass die Kosten für einen krankheits- oder unfallbedingten Rücktransport nach Deutschland nur durch eine private Auslandsreise-Krankenversicherung abgedeckt werden. Von der gesetzlichen Krankenversicherung werden Rückführungskosten nicht erstattet.

Die Auslandskrankenversicherung sollte nach Möglichkeit Beistandsleistungen beinhalten. Dies bedeutet, dass Sie im Krankheitsfall über eine Notrufnummer administrative und bei Bedarf auch ärztliche Unterstützung durch die Krankenversicherung erhalten.

● **Internet: www.crm.de**

Anhang

REISE KNOW-HOW
das komplette Programm
fürs Reisen und Entdecken

**Weit über 1000 Reiseführer, Landkarten, Sprachführer und Audio-CDs
liefern unverzichtbare Reiseinformationen und faszinierende Urlaubsideen
für die ganze Welt – *professionell, aktuell und unabhängig***

Reiseführer: komplette praktische Reisehandbücher für fast alle touristisch interessanten Länder und Gebiete **CityGuides:** umfassende, informative Führer durch die schönsten Metropolen **CityTrip:** kompakte Stadtführer für den individuellen Kurztrip **world mapping project:** moderne, aktuelle Landkarten für die ganze Welt **Edition REISE KNOW-HOW:** außergewöhnliche Geschichten, Reportagen und Abenteuerberichte **Kauderwelsch:** die umfangreichste Sprachführerreihe der Welt zum stressfreien Lernen selbst exotischster Sprachen **Kauderwelsch digital:** die Sprachführer als eBook mit Sprachausgabe **KulturSchock:** fundierte Kulturführer geben Orientierungshilfen im fremden Alltag **PANORAMA:** erstklassige Bildbände über spannende Regionen und fremde Kulturen **PRAXIS:** kompakte Ratgeber zu Sachfragen rund ums Thema Reisen **Rad & Bike:** praktische Infos für Radurlauber und packende Berichte außergewöhnlicher Touren **sound)))trip:** Musik-CDs mit aktueller Musik eines Landes oder einer Region **Wanderführer:** umfassende Begleiter durch die schönsten europäischen Wanderregionen **Wohnmobil-TourGuides:** die speziellen Bordbücher für Wohnmobilisten mit allen wichtigen Infos für unterwegs

www.reise-know-how.de

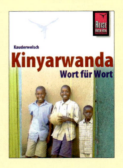

Anhang

Anhang

Anhang

HILFE!

Dieser Reiseführer ist gespickt mit unzähligen Adressen, Preisen, Tipps und Infos. Nur vor Ort kann überprüft werden, was noch stimmt, was sich verändert hat, ob Preise gestiegen oder gefallen sind, ob ein Hotel, ein Restaurant immer noch empfehlenswert ist oder nicht mehr, ob ein Ziel noch oder jetzt erreichbar ist, ob es eine lohnende Alternative gibt usw. Unsere Autoren sind zwar stetig unterwegs und versuchen, alle zwei Jahre eine komplette Aktualisierung zu erstellen, aber auf die Mithilfe von Reisenden können sie nicht verzichten.

Darum: Schreiben Sie uns, was sich geändert hat, was besser sein könnte, was gestrichen bzw. ergänzt werden soll. Nur so bleibt dieses Buch immer aktuell und zuverlässig. Wenn sich die Infos direkt auf das Buch beziehen, würde die Seitenangabe uns die Arbeit sehr erleichtern. Gut verwertbare Informationen belohnt der Verlag mit einem Sprechführer Ihrer Wahl aus der über 220 Bände umfassenden Reihe „Kauderwelsch" (siehe unten).

Bitte schreiben Sie an: REISE KNOW-HOW Verlag Peter Rump GmbH, Postfach 14 06 66, 33626 Bielefeld, oder per E-Mail an: info@reise-know-how.de.

Danke!

Kauderwelsch-Sprechführer –
sprechen und verstehen rund um den Globus

Afrikaans ● Albanisch ● Amerikanisch – *American Slang, More American Slang,* Amerikanisch oder Britisch? ● Amharisch ● Arabisch – Hocharabisch, für Ägypten, Algerien, Golfstaaten, Irak, Jemen, Marokko, ● Palästina & Syrien, Sudan, Tunesien ● Armenisch ● *Bairisch* ● Balinesisch ● Baskisch ● Bengali ● *Berlinerisch* ● Brasilianisch ● Bulgarisch ● Burmesisch ● Cebuano ● Chinesisch – Hochchinesisch, kulinarisch ● Dänisch ● Deutsch – *Allemand, Almanca, Duits, German, Nemjetzkii, Tedesco* ● *Elsässisch* ● Englisch – *British Slang, Australian Slang, Canadian Slang, Neuseeland Slang,* für Australien, für Indien ● Färöisch ● Esperanto ● Estnisch ● Finnisch ● Französisch – kulinarisch, für den Senegal, für Tunesien, *Französisch Slang, Franko-Kanadisch* ● Galicisch ● Georgisch ● Griechisch ● Guarani ● Gujarati ● Hausa ● Hebräisch ● Hieroglyphisch ● Hindi ● Indonesisch ● Irisch-Gälisch ● Isländisch ● Italienisch – *Italienisch Slang,* für Opernfans, kulinarisch ● Japanisch ● Javanisch ● Jiddisch ● Kantonesisch ● Kasachisch ● Katalanisch ● Khmer ● Kirgisisch ● Kisuaheli ● Kinyarwanda ● *Kölsch* ● Koreanisch ● Kreol für Trinidad & Tobago ● Kroatisch ● Kurdisch ● Laotisch ● Lettisch ● Lëtzebuergesch ● Lingala ● Litauisch ● Madagassisch ● Mazedonisch ● Malaiisch ● Mallorquinisch ● Maltesisch ● Mandinka ● Marathi ● Modernes Latein ● Mongolisch ● Nepali ● Niederländisch – *Niederländisch Slang,* Flämisch ● Norwegisch ● Paschto ● Patois ● Persisch ● Pidgin-English ● *Plattdüütsch* ● Polnisch ● Portugiesisch ● Punjabi ● Quechua ● *Ruhrdeutsch* ● Rumänisch ● Russisch ● *Sächsisch* ● *Schwäbisch* ● Schwedisch ● *Schwiizertüütsch* ● *Scots* ● Serbisch ● Singhalesisch ● Sizilianisch ● Slowakisch ● Slowenisch ● Spanisch – *Spanisch Slang,* für Lateinamerika, für Argentinien, Chile, Costa Rica, Cuba, Dominikanische Republik, Ecuador, Guatemala, Honduras, Mexiko, Nicaragua, Panama, Peru, Venezuela, kulinarisch ● Tadschikisch ● Tagalog ● Tamil ● Tatarisch ● Thai ● Tibetisch ● Tschechisch ● Türkisch ● Twi ● Ukrainisch ● Ungarisch ● Urdu ● Usbekisch ● Vietnamesisch ● Walisisch ● Weißrussisch ● *Wienerisch* ● Wolof ● Xhosa

Register

(SF) steht für das Kapitel „Wichtige Hinweise für Selbstfahrer".

Anhang

Anhang

Anhang

Der Autor

Dr. med. Christoph Lübbert (geb. 1971) studierte Medizin in Kiel (mit Studienaufenthalten in der Schweiz, Südafrika, China und Thailand) und arbeitet derzeit als Internist am Uniklinikum Halle (Saale). Seit dem 16. Lebensjahr bereiste er zunächst Europa, später fast alle anderen Kontinente auf eigene Faust. 1991 kam er das erste Mal auf einer Reise durch Kenia und Tansania mit Afrika in Berührung und wurde sofort mit dem „Afrika-Virus" infiziert. Seit dieser Zeit führten ihn ausgedehnte Reisen in mehr als 15 afrikanische Länder, insbesondere aber immer wieder ins östliche und südliche Afrika. Seit 1995 publiziert er regelmäßig Reiseberichte und Reportagen in verschiedenen Magazinen und Tageszeitungen, u.a. in der Süddeutschen Zeitung. 1996 wurde der erste deutschsprachige Einzelreiseführer über Uganda und Ruanda von ihm veröffentlicht (2010 in Neubearbeitung bei REISE KNOW-HOW erschienen). Im Jahr 2000 erschien die erste Auflage des vorliegenden Führers über Botswana.

Neben den spannenden politischen Veränderungen auf dem schnelllebigen schwarzen Kontinent interessiert er sich vor allem für die großartige Natur, insbesondere die Berge und Vulkane Ostafrikas oder die paradiesische Unberührtheit von Kalahari und Okavango-Delta. Für das Projekt „Botswana-Reiseführer" reist er seit Jahren immer wieder mit Geländewagen, Foto- und Campingausrüstung, zahlreichen Benzin- und Wasserkanistern sowie moderner Satellitennavigation durch Botswana und seine Nachbarländer. Auf diese Weise hat er seit 1999 mehr als 35.000 Kilometer im Land zurückgelegt, um trotz der vielfältigen beruflichen Verpflichtungen in der Heimat eine stets saubere und aktuelle Buchrecherche vor Ort gewährleisten zu können.

Danksagung

Der größte Dank gilt meiner Frau *Antje,* die mich in den vergangenen Jahren bei der Recherche in Botswana, aber auch bei den Arbeiten am Manuskript in Deutschland über alle Maßen unterstützt und mir die dafür nötige Toleranz gewährt hat.

Ein weiterer Dank geht an die Familie *Ferreira,* die mir in der Kelkiewyn Lodge in Johannesburg (Südafrika) stets den Rückhalt eines sicheren Basislagers bot und darüber hinaus bei unzähligen Problemen und Fragen größtmögliche Hilfe gewährte.

Es gibt unzählig viele Menschen in Botswana und anderswo, die mit kleinen Gesten der Hilfe die Recherche und die Erstellung dieses Buches erleichtert haben. Es ist unmöglich, sie an dieser Stelle alle namentlich aufzuführen. In die vorliegende Auflage fanden praktische Hinweise und Denkanstöße folgender Leser Eingang: *Elke Deweil, Andrea Koch, Harald Sagawe.*

Für ihre Unterstützung der Recherchearbeiten vor Ort gilt mein Dank den Firmen International Travel Partners (Mülheim/Ruhr), Moremi Safaris & Tours (Johannesburg/Maun), Ker & Downey Botswana (Maun) sowie Desert & Delta Safaris (Johannesburg/Maun).

Zu guter Letzt seien die vielen hilfreichen Bibliothekarsseelen genannt, die mir bei der Literaturrecherche in Südafrikas fantastischen Bibliotheken in Kapstadt und in Johannesburg unermüdlich kompetent und beratend zur Seite standen.

bo 136 Foto: cl

bo-204 Foto: cl

Die Tierwelt des südlichen Afrika

bo-158 Foto: cl

nach einem Text von
Dr. Fritz Jantschke,
überarbeitet und ergänzt von
Dr. Christoph Lübbert

CL-T17 Foto: cl

Säugetiere

Vögel

Reptilien

Die **Fotos** stammen von
Dr. Fritz Jantschke (fj),
Dr. Christoph Lübbert (cl),
Carlos Drews (cd),
Axel Hippke (ah) und
Suzanne Steiner (st)

Säugetiere

Affen

Unter den so genannten Herrentieren (Primaten) sind im südlichen Afrika die Niederen Affen mit verschiedenen Pavian- und Meerkatzenarten sowie die Halbaffen mit Galagos ("Buschbabys") vertreten. Die Verbreitung der beiden afrikanischen Vertreter echter Menschenaffen, Schimpanse und Gorilla, ist auf die Regen- und Bergwälder West-, Zentral- und Ostafrikas beschränkt.

Niedere Affen – Paviane

Zwei der fünf Pavianarten kommen im südlichen Afrika vor (der Anubispavian ist in Zentral- und Ostafrika weit verbreitet, der Sphinxpavian lebt in Westafrika, der Mantelpavian in Somalia, Eritrea und Arabien). Es handelt sich um sehr große und schwere Hundsaffen, die viel auf dem Boden anzutreffen sind. Kennzeichnend sind stämmige, kräftige Arme und Beine, eine sehr lange Schnauze und ein kräftiges Gebiss mit riesigen Eckzähnen. Männchen sind doppelt so groß wie die Weibchen.

Fortpflanzung und Entwicklung:
Nach 175–195 Tagen wird ein Jungtier (selten zwei) geboren, das etwa ein Jahr (zunächst am Bauch, später auf dem Rücken) von der Mutter getragen und mit ca. fünf Jahren geschlechtsreif wird und eine Lebenserwartung von 30–40 Jahren hat.

Bärenpavian

tiere_18 Foto: cd

Nahrung:
Vor allem pflanzlich (Früchte, Knollen, Gräser), aber auch Insekten, Jungvögel und kleine Säugetiere (z.B. Kitze von Antilopen).

Lebensweise und Lebensraum:
Gruppen von 10–150 Tieren, angeführt von einem oder mehreren Männchen mit deutlicher Rangordnung. Vor allem in der Baumsavanne lebend.

Bestand und Situation:
Keine Art gefährdet, Hauptfeinde Leopard und Mensch, der sie als Ernteschädlinge bekämpft.

Beobachtungsmöglichkeiten:
In fast allen Nationalparks des südlichen Afrika regelmäßig zu sehen.

Bärenpavian
(Papio ursinus)

Körpermerkmale: Großer, schlanker Affe mit schwach abfallendem Rücken, bis 115 cm lang und 40 kg schwer, Fell dunkelgrau bis olivbraun, Schnauze sehr lang.

Vorkommen: Von Kapstadt bis Sambia weit verbreitet und nicht nur in Schutzgebieten anzutreffen. An vielen Camp Sites haben sich Bärenpaviane zu einer aggressiven Plage entwickelt.

Gelber Babuin
(Papio cynocephalus)

Körpermerkmale: Kopf-Rumpf-Länge bis zu 100 cm. Groß, schlank gebaut mit nur wenig abfallendem Rücken. Fell hell, im oberen Bereich gelblichbraun, unten weißlich. Gliedmaßen schlank, dünner Schwanz.

Vorkommen: In einem breiten Gürtel von Angola über Sambia und Simbabwe bis nach Mosambik verbreitet. Wird seltener beobachtet als der Bärenpavian.

Niedere Affen – Meerkatzen

Mit gut einem Dutzend Arten sind Meerkatzen die häufigsten Affen Afrikas. Die meisten Arten leben im tropischen Regenwald, nur zwei im Savannengürtel des östlichen und südlichen Afrika.

Grüne Meerkatze
(Cercopithecus aethiops)

Körpermerkmale: Kopf-Rumpf-Länge 40–65 cm, Schwanz 55–75 cm, Gewicht 2,5–7 kg, Fell vorwiegend hellgrau bis gelbgrün, Gesicht schwarz und von einem weißen Stirnstreifen umrahmt. Männchen mit blauem Hodensack, Penis und Aftergegend hellrot.

Fortpflanzung und Entwicklung: Nach etwa 160 Tagen Tragzeit in der Regel ein Jungtier von 300–400 g. Geschlechtsreife mit zwei Jahren, Lebenserwartung bis 30 Jahre.

Nahrung: Gras, Früchte, Knospen, Blüten, Blätter, gelegentlich Insekten.

Lebensraum und Lebensweise: Bewohner offener Wälder und angrenzender Savannen, oft nahe menschlicher Siedlungen, häufig auf dem Boden, aber nie weit entfernt von Bäumen, auf die sie sich bei Gefahr (durch Leoparden oder Adler) zurückziehen. Verbreitung in ganz Afrika südlich der Sahara mit Ausnahme des tropischen Regenwalds und der Wüste. Gruppen von 10–60 Tieren mit mehreren Männchen. Reviergröße bis 1 km².

tiere_39 Foto: fj

Grüne Meerkatze

Tierwelt

Bestand und Situation: Sehr häufig, nicht gefährdet.

Beobachtungsmöglichkeiten: In allen Savannengebieten anzutreffen, regelmäßig auch an Camp Sites und Lodges.

Diademmeerkatze
(Cercopithecus mitis)

Körpermerkmale: Etwas schwerer und gedrungener als die Grüne Meerkatze, dunkleres Fell (deshalb im Englischen „Blue Monkey"), weißer Kehlfleck („Diadem"). Zahlreiche Unterarten.

Fortpflanzung und Entwicklung: wie Grüne Meerkatze.

Nahrung: wie Grüne Meerkatze.

Lebensraum und Lebensweise: Stärker ans Baumleben gebunden, kleinere Verbände.

Bestand und Situation: Seltener als Grüne Meerkatzen, aber nicht gefährdet.

Beobachtungsmöglichkeiten: Eher in Waldgebieten, bei weitem nicht so häufig wie die Grüne Meerkatze.

Halbaffen

Von den diversen Familien der Halbaffen (in der Gehirnentwicklung „noch nicht so weit" vorangeschritten wie die „echten" Affen) gibt es nur eine im südlichen Afrika: die Galagos oder Buschbabys. Die meisten sind Bewohner des dichten Waldes. Der Senegalgalago hat den lichten Savannenwald erobert und ist nachts in Bäumen unterwegs.

Senegalgalago
(Galago senegalensis)

Körpermerkmale: 150–450 g, Körper höchstens 19 cm, Schwanz rund 30 cm lang. Hinterbeine sehr kräftig für eine hüpfende Fortbewegung, Augen und Ohren groß.

Fortpflanzung und Entwicklung: Tragzeit 120–145 Tage, meist ein Jungtier (selten zwei), Geschlechtsreife ab ½ Jahr, Lebenserwartung ca. 15 Jahre.

Nahrung: Vorwiegend Insekten und Baumsäfte.

Lebensweise und Lebensraum: Ausschließlich nachtaktiv, Einzelgänger, vorwiegend am Rand von Wäldern und in der Baumsavanne. Tagsüber Schlaf in Baumhöhlen.

Bestand und Situation: Recht häufig, nicht gefährdet; Feinde insbesondere Eulen und Schleichkatzen.

Beobachtungsmöglichkeiten: Galagos sind nur nachts mit Hilfe starker Scheinwerfer in Bäumen zu entdecken, da ihre lichtempfindlichen Augen das Licht stark reflektieren.

Neben dem Senegalgalago kommt auch der deutlich größere **Riesengalago** (Galago crassicaudatus) im südlichen Afrika vor.

Borstenhörnchen

CL-T14 Foto: cf

Nagetiere

Die meisten Hasen und Nagetiere (zwei verschiedene Säugetierordnungen) sind klein und nachtaktiv, so dass sie nur selten zu sehen sind. Regional häufig sind Hörnchen (Borstenhörnchen und Buschhörnchen im Süden des Kontinents, Rotschenkelhörnchen und andere in den Regenwäldern Zentral- und Ostafrikas).

Kaphase
(Lepus capensis)

Sehr ähnlich dem europäischen Feldhasen, nur selten tagsüber zu sehen, da vorwiegend dämmerungs- und nachtaktiv. Bevorzugter Lebensraum sind offene,grasige Ebenen mit verstreutem Buschwerk. Ähnliche, verwandte Arten sind **Crawshay's-Hase** (Lepus crawshayi), **Buschhase** (Lepus saxatilis) und der **Buschmannhase** (Bunolagus monticularis). Während der Crawshay's-Hase im gesamten subsaharischen Afrika anzutreffen ist, kommen letztere nur in der Kap-Provinz Südafrikas vor.

Springhase
(Pedetes capensis)

Im südlichen Afrika von Sambia bis Südafrika weit verbreitet. Einschließlich des langen, buschigen Schwanzes 70–90 cm groß, 3–4 kg schwer, ein echtes Nagetier (nicht verwandt mit Hasen), ausschließlich nachtaktiv, in kleinen Kolonien in selbst gegrabenen Höhlen lebend, sehr sprungkräftig mit langen Hinterbeinen (wie ein kleines Känguru), nachts mit Scheinwerfern zu beobachten.

Borstenhörnchen
(Xerus inauris)

Im südlichen Afrika unter allen Nagetieren am häufigsten zu sehen, da es tagaktiv ist (seinen buschigen Schwanz verwendet es wie einen Sonnenschirm). Lebt in kleinen Gruppen bis 30 Tieren in Trockengebieten. In der gesamten Kalahari sowie in weiten Teilen Namibias häufig.

Buschhörnchen
(Paraxerus cepapi)

Lokal häufig (z.B. im Moremi Wildlife Reserve in Botswana). Verhältnismäßig kurzer, buschiger Schwanz. Dem Borstenhörnchen sehr ähnlich. Lebensraum sind die Baumsavanne und lichte Wälder. Ausschließlich tagaktiv.

Stachelschwein
(Hystrix africaeaustralis)

50–90 cm lang und bis 27 kg schwer, dank der langen, schwarzweiß geringelten Stacheln (umgewandelte Haare) unverkennbar, aber kaum zu sehen, da ausschließlich nachtaktiv und die Tage in Höhlen verschlafend.

Schuppentiere

Eine der ältesten und ungewöhnlichsten Säugetierordnungen mit Arten in Afrika und Asien, die mit den südamerikanischen Gürteltieren (an die sie ein wenig erinnern) nicht verwandt sind und statt der gürtelartigen Hornringe als Körperschutz tannenzapfenartig angelegte Hornschuppen tragen.

Pangolin
(Manis temminckii)

Einschließlich des kräftigen Schwanzes fast 1 m lang und 15 kg schwer, nachtaktiv, Ernährung vorwiegend von Ameisen und Termiten, deren Baue sie mit ihren kräftigen Krallen aufreißen. Äußerst selten zu sehen, da trotz des Panzerschutzes sehr scheu und verborgen lebend.

Tierwelt

tiere_41 Foto: fj

Löwen – oben: ein prachtvolles männliches
Tier, unten: Jungtiere

Raubtiere

Raubtiere gehören zu den attraktivsten Säugetieren des Schwarzen Kontinents. Eine Safari ist für viele Teilnehmer erst erfolgreich, wenn der erste
Löwe gesichtet wurde. Kaum weniger
attraktiv sind Leoparden und Geparde, Hyänen und Schakale. Selten zu
sehen sind die kleineren Katzen (wie
Serval, Wildkatze, Karakal) und die
vorwiegend nachtaktiven Schleichkatzen und Marder, nicht vertreten in
Afrika sind Bären und Kleinbären.

Katzen

Mit den Großkatzen Löwe und Leopard
und diversen Kleinkatzen von Gepard
bis Schwarzfußkatze ist Afrika ein ausgesprochener „Katzen-Kontinent".

Löwe
(Panthera leo)

Körpermerkmale: Einschließlich des knapp
1 m langen Schwanzes 250–300 cm lang,
80–105 cm hoch und bis 250 kg schwer (etwa gleich groß wie der Sibirische Tiger),
Männchen mit Backen- und Halsmähne,
Schwanz mit dunkler Quaste, Jungtiere ge-
fleckt wie Leoparden.

Fortpflanzung und Entwicklung: Tragzeit
100–115 Tage, zwei bis vier (ausnahmsweise
bis sieben) Jungtiere von ca. 1300 g Geburtsgewicht, Säugezeit etwa ein halbes Jahr, Geschlechtsreife mit drei (Weibchen) oder fünf
bis sechs Jahren (Männchen), Lebenserwartung selten über 15 Jahre, in Zoos teilweise
viel länger.

Nahrung: Vorwiegend größere Huftiere (Zebras, Antilopen, Büffel, gelegentlich Giraffen
und junge Elefanten, Flußpferde oder Nashörner).

Lebensweise und Lebensraum: Als einzige
Katze im Rudel (zwei bis über 30 Tiere) mit
ein bis mehreren Männchen lebend, vorwiegend in der offenen Savanne, auch in Halbwüsten und lichten Wäldern. Reviergröße bis
zu 400 km².

Bestand und Situation: In einigen Gebieten
Afrikas (äußerster Norden und Süden) ausgerottet, ansonsten vor allem in großen Schutzgebieten mit reichem Wildbestand nicht be-

bo-205 Foto: cl

bo11_062 Foto: st

Tierwelt

Leopard

droht. Jungtiere durch Leopard, Hyäne und Wildhund gefährdet, erwachsene Tiere nur durch den Menschen.

Beobachtungsmöglichkeiten: Zwar sind Löwen vorwiegend dämmerungs- und nachtaktiv, doch suchen die Tiere beim Ruhen kein Versteck (nur Sonnenschutz) und sind deshalb in Nationalparks früher oder später zu entdecken. Einzelne Tiere sind aber auch bei Tag unterwegs.

Leopard
(Panthera pardus)

Körpermerkmale: Gesamtlänge 155–270 cm (davon 60–95 cm Schwanz), Schulterhöhe von 50–75 cm, Gewicht 30–85 kg (also deutlich kleiner als der Löwe, vor allem aber schlanker und weniger kräftig gebaut), auffallende, sehr variable Rosettenmusterung, Schwärzlinge („Schwarze Panther") in der Natur äußerst selten.

Fortpflanzung und Entwicklung: Nach 90–105 Tagen ein bis sechs (meist zwei bis vier)

Jungtiere mit einem Gewicht von 500–600 g, die mit 2½–4 Jahren geschlechtsreif und 15–20 Jahre alt werden.

Nahrung: Kleine bis mittelgroße Huftiere (in Afrika vorwiegend Antilopen), Affen, Vögel.

Lebensweise und Lebensraum: Einzelgänger, vorwiegend dämmerungs- und nachtaktiv, aber manchmal auch bei Tag unterwegs. Fast in allen Lebensräumen von Regenwald bis Wüstenrand, von Gebirge bis Flachland, in ganz Afrika (sowie in großen Teilen Asiens von der Türkei bis Sibirien und Java), selbst in Vororten von Großstädten (z.B. Nairobi/Kenia) und dort u.a. Haushunde jagend.

Bestand und Situation: Weit verbreitet und stellenweise nicht selten, trotz Verfolgung durch den Menschen (wegen seines schönen Pelzes und seiner „Schädlichkeit" für Haustiere) höchstens regional gefährdet.

Beobachtungsmöglichkeiten: Von wenigen Stellen abgesehen (z.B. im Moremi Wildlife Reserve Botswanas oder dem Matopos National Park in Simbabwe) ist es ein ausgesprochener Glücksfall, auf Safari einen Leoparden zu sehen, am ehesten bei einer Siesta im Baum.

Gepard
(Acinonyx jubatus)

Körpermerkmale: 180–230 cm Gesamtlänge (Schwanz 60–80 cm), 60–80 cm hoch, 30–65 kg schwer (fast so groß wie der Leopard und doch wesentlich schlanker und leichter gebaut), relativ hochbeinig, Krallen nicht einziehbar, helles Fell mit unregelmäßigen Flecken. Jungtiere einfarbig gelbgrau mit langer Rückenmähne.

Fortpflanzung und Entwicklung: Nach 90–95 Tagen werden ein bis fünf Jungtiere von 250–280 g geboren. Geschlechtsreife mit 2½–3 Jahren, Lebenserwartung kaum über 15 Jahre.

Nahrung: Vorwiegend Gazellen und andere kleine Huftiere, Hasen und Vögel.

Lebensweise und Lebensraum: Einzelgänger, doch können Junge bis zu zwei Jahre bei der Mutter bleiben und zwei oder drei Brüder eine Jagdgemeinschaft bilden. Streifgebiete bis 100 km². Um seine überragende Schnelligkeit (bis über 100 km/h Geschwindigkeit) ausspielen zu können, braucht der Gepard offene Lebensräume (Gras- und Buschsavanne) und gute Sicht (ist deshalb im Gegensatz zu allen anderen Katzen tagaktiv).

Bestand und Situation: Selbst in Schutzgebieten geringe Bestände und bedroht, da das Erbgut eine sehr geringe Variabilität aufweist und Inzuchtdefekte auftreten. Neben dem Menschen (der dem Geparden oft als „Viehräuber" nachstellt) sind alle Raubtiere (Löwe, Leopard, Wildhund, Hyänen, Schaka-

Gepard mit Beute

bo-206 Foto: cl

le) vor allem für junge Geparde gefährlich und können den nicht sehr wehrhaften Jägern die Beute streitig machen.

Beobachtungsmöglichkeiten: Wo der Gepard noch einigermaßen häufig vorkommt (Kalahari-Gebiet, die meisten Reservate Namibias), ist die Chance gut, ihn zu sehen, da der Sprinter am Tag auf Jagd geht.

Serval
(Leptailurus serval)

Körpermerkmale: Länge 70–100 cm, Schwanz mit 30–40 cm verhältnismäßig kurz, relativ hochbeinig (45–65 cm) und doch leicht (7–18 kg). Fell strohfarben mit kleinen schwarzen Flecken und Bändern. Kopf schmal und spitz, Ohren groß.

Fortpflanzung und Entwicklung: Ein bis drei (selten fünf) Jungtiere nach 2½ Monaten Tragzeit, mit ca. zwei Jahren erwachsen, Lebenserwartung etwa 20 Jahre.

Nahrung: Vorwiegend Kleinsäuger (Mäuse) und Vögel.

Lebensraum und Lebensweise: Bewohnt Busch- und Grasland, meist einzeln, Reviere bis 10 km².

Bestand und Situation: In den Savannen Afrikas verhältnismäßig weit verbreitet und nicht bedroht.

Beobachtungsmöglichkeiten: Die scheue Kleinkatze ist nur mit viel Glück (z.B. im Moremi Wildlife Reserve) zu sehen.

Zwei weitere Katzen im östlichen und südlichen Afrika, die **Wildkatze** *(Felis silvestris),* von deren afrikanischer Unterart unsere Hauskatze abstammt, und der einfarbig gelbrote bis graubraune **Karakal oder Wüstenluchs** *(Profelis caracal),* sind nur selten zu sehen, da sie sehr versteckt leben und recht scheu sind. Wildkatzen können besonders gut bei abendlichen und nächtlichen Fahrten im Kalahari-Gebiet beobachtet werden.

Serval

tiere_43 Foto: fj

Tierwelt

Hunde

Die Hundeartigen (vor allem die Schakale) sind häufiger zu beobachten als Vertreter anderer Raubtier-Familien.

Afrikanischer Wildhund
(Lycaon pictus)

Körpermerkmale: 60–80 cm hoch, 75–100 cm lang (plus 30–40 cm Schwanz) und 17–36 kg schwer. Farbe sehr variabel: unregelmäßige gelbe und weiße Flecken im dunklen Fell, stets weiße Schwanzspitze, sehr große, runde Ohren, lange Beine.

Fortpflanzung und Entwicklung: zwei bis 16 (!) Junge mit 200–300 g nach 60–80 Tagen Tragzeit. Geschlechtsreife mit ca. 1½ Jahren, Lebenserwartung 10–12 Jahre.

Nahrung: Vorwiegend mittelgroße bis große Huftiere (bis zu Gnu- und Zebragröße).

Lebensweise und Lebensraum: In hochorganisierten Rudeln von durchschnittlich etwa zehn Tieren in großen Streifgebieten lebend, vor allem in der Savanne und in offenen Wäldern.

Bestand und Situation: Stark bedroht durch intensive Bejagung (als „Schädlinge"), Lebensraumverlust und Seuchen (z.B. Hundestaupe).

Beobachtungsmöglichkeiten: Da die Bestände überall (z.B. auch in der tansanischen Serengeti) stark abgenommen haben, sind Begegnungen mit den „Hyänenhunden" (der frühere Name) ausgesprochen selten. Relativ häufig noch im Moremi Wildlife Reserve und dem Chobe National Park Botswanas sowie in verschiedenen Schutzgebieten Simbabwes und Südafrikas.

Schakale

Zwei von drei Arten der fuchsähnlichen Schakale kommen im südlichen Afrika vor. Die Tiere sind Einzelgänger, die überall dort auftauchen, wo es Essbares zu holen gibt, also an Müllhalden und am Riss großer Raubtiere (insbesondere Löwen).

Körpermerkmale: Gesamtlänge 100–140 cm (Schwanz 25–35 cm), Schulterhöhe ca. 40 cm, Gewicht 8–15 kg, Grundfärbung gelb- bis graubraun, langer, spitzer Kopf, verhältnismäßig kurzbeinig.

Fortpflanzung und Entwicklung: Drei bis sechs Junge mit ca. 200–250 g nach neun Wochen Tragzeit, erwachsen mit knapp zwei Jahren, Lebenserwartung 12–14 Jahre.

Nahrung: Vorwiegend Kleinsäuger (Mäuse) und Vögel, Insekten, Früchte, gerne auch „Abfälle" von großen Raubtieren.

Lebensweise und Lebensraum: Tag- und nachtaktiv, meist einzeln, manchmal auch in Paaren und Familientrupps, Savanne und lichter Wald.

Bestand und Situation: Häufig, nicht bedroht.

Beobachtungsmöglichkeiten: Regelmäßig zu sehen, vor allem am „Kill" von Löwen.

Schabrackenschakal
(Canis mesomelas)

Gesamtes südliches Afrika, gekennzeichnet durch schwarzen Sattel auf dem grauen bis silberfarbigen Fell, häufig.

tiere_30 Foto: cd

**Streifenschakal
(Canis adustus)**

Gesamtes südliches Afrika außer der Kap-Provinz, gekennzeichnet durch dunkle Streifen an den Flanken und weißes Schwanzende, seltener als der Schabrackenschakal.

Löffelhund
(Otocyon megalotis)

Größe und Aussehen etwa wie Schakale, auffallend große, breite Ohren, kurze, spitze Schnauze, dichtes Fell. Ernährung von Kleintieren und Insekten, meist paarweise und in Familien lebend, relativ häufig, oft am Bau (nicht selten in alten Termitenstöcken) beim Sonnenbaden anzutreffen, da vorwiegend nachtaktiv. Im Kalahari-Gebiet lokal häufig.

Hyänen

Von den vier Arten sind die Tüpfelhyänen am häufigsten und trotz ihrer vorwiegend nächtlichen Lebensweise nicht selten zu sehen. Streifenhyäne (nur im nördlichen und östlichen Afrika) und Erdwolf sind viel seltener und zudem ausschließlich nachtaktiv. Die Schabrackenhyäne oder Braune Hyäne kommt nur in Namibia, Botswana, Teilen Südafrikas und in Simbabwe vor.

Tüpfelhyäne
(Crocuta crocuta)

Körpermerkmale: 150–210 cm lang (Schwanz 25–30 cm), 70–90 cm hoch und 40–65 kg schwer (Weibchen in der Regel größer und schwerer), Rücken abfallend, Ohren rund und verhältnismäßig groß.

Fortpflanzung und Entwicklung: Meist zwei Jungtiere von 1–1,2 kg nach etwa 110 Tagen Tragzeit, Geschlechtsreife mit zwei bis drei Jahren, Lebenserwartung ca. 25 Jahre.

Nahrung: Allesfresser, vor allem Aas (vorwiegend von Löwen, aber auch von anderen Raubtieren, denen sie den Fang zum Teil streitig machen und wegnehmen), aber im Rudel auch selbst Antilopen und Zebras jagend.

Lebensweise und Lebensraum: Einzelgänger, aber auch große Clans mit bis zu 100 Tieren in stark verteidigten Eigenbezirken, vorwiegend nachtaktiv, tags in Erdbauen schlafend, manchmal auch bei Tag unterwegs und nicht selten beim Sonnenbaden und Suhlen in seichten Pfützen zu entdecken.

Bestand und Situation: Recht häufig, nicht gefährdet.

Beobachtungsmöglichkeiten: In fast allen Savannengebieten relativ häufig anzutreffen.

Tierwelt

Tüpfelhyänen

tiere_27 Foto: cd

tiere_25 Foto: cd

tiere_26 Foto: cd

Schabrackenhyäne oder Braune Hyäne (Hyaena brunnea)

Geringfügig kleiner und leichter als die Tüpfelhyäne, Körpergewicht 50–60 kg. Gekennzeichnet durch rauhes und sehr zottiges, dunkel schwärzlichbraunes Fell; lange, stark zugespitzte Ohren, deutlich abfallender Rücken. Lange, hellgelbe Nacken- und Schulterhaare bilden eine Art Mähne, die bis zum Rücken reichen kann. Meist Einzelgänger, doch auch in kleinen Familiengruppen lebend. Ausschließlich nachtaktiv, sehr scheu. Beste Beobachtungsmöglichkeiten bestehen im Kalahari-Gebiet.

Erdwolf (Proteles cristatus)

Sehr ähnlich wie die Streifenhyäne aussehend, aber deutlich kleiner, schwarze Schnauze kaum behaart. Lebt in Dauerehe in Savannen und ernährt sich vorwiegend von Termiten, Ameisen und anderen Kerbtieren. Recht selten.

Schleichkatzen

Die meisten Arten sind nachtaktiv und recht klein und folglich nur selten zu beobachten – mit Ausnahme von Stellen, die eigens für Nachtbeobachtungen eingerichtet wurden. In der Regel sind Schleichkatzen auch Einzelgänger. Zwei Arten, **Zwerg-** und **Zebramangusten,** sind aber nicht nur sehr gesellig, sondern außerdem auch tagaktiv, so dass Trupps von ihnen gelegentlich bei der Beutesuche zu sehen sind. In und um Lodges und Camps sind gelegentlich die eleganten **Ginsterkatzen** zu sehen, bei Nachtsafaris auch die deutlich größeren **Zibetkatzen.**

Körpermerkmale: Meist klein, schlank und lang gestreckt, zwischen 20 (Zwergmungo) und über 85 cm (Afrikanische Zibetkatze)

plus 20–45 cm Schwanz, Höhe 15–45 cm, Gewicht 350 g–20 kg.

Fortpflanzung und Entwicklung: Tragzeit meist knapp zwei Monate, Geburtsgewicht 50–500 g, Geschlechtsreife mit ein bis zwei Jahren, Lebenserwartung 10–15 Jahre.

Nahrung: V.a. Kleintiere wie Insekten, Mäuse, Reptilien, Vögel, aber auch Früchte.

Lebensweise und Lebensraum: Meist Einzelgänger und nachtaktiv in sehr unterschiedlichen Lebensräumen.

Bestand und Situation: Keine Art vom Aussterben bedroht.

Beobachtungsmöglichkeiten: Nur die tagaktiven und geselligen **Zwergmangusten** (Helogale parvula) und **Zebramangusten** (Mungos mungo) sind gelegentlich zu sehen, wenn ihre Trupps flink und wuselig auf Nahrungssuche unterwegs sind (oder auch wenn sie aus den Termitenbauen, die sie gerne als Höhlen benutzen, herausschauen). Auch der sehr schlanke und lang gestreckte, tagaktive **Rotichneumon** (Herpestes sanguineus) mit rotbraunem Fell und schwarzer Schwanzspitze ist manchmal für kurze Zeit zu beobachten, ehe er wieder in einem Dickicht verschwindet.

Marder

Alle Arten der Marder sind nachtaktive Einzelgänger. Am ehesten ist noch der **Honigdachs** (Mellivora capensis) zu beobachten. Dank seiner „Zweifarbigkeit" (schwarzer Körper, deutlich abgesetzter silbrig-weißer Rücken) und der kräftigen Dachsfigur ist er unverkennbar. Sehr agressiv, greift selbst Katzen und Großwild wie Büffel und Elefanten an. Selten zu sehen sind die in Afrika lebenden Otter, am ehesten noch der **Kapotter** (Aonyx capensis), sowie die nur nächtlich auf Nahrungssuche gehenden Streifeniltisse.

Elefantenmutter mit Jungtier

Erdferkel

Eine der ungewöhnlichsten afrikanischen Tiergestalten ist das **Erdferkel** *(Orycteropus afer)*, das in Savannengebieten weit verbreitet ist, aber nur selten beobachtet werden kann, wenn es sich nachts auf Nahrungssuche (Termiten und Ameisen) macht. Kennzeichnend sind der kräftige, fast haarlose Körper (schweineähnlich, auch wenn die Tiere gar nichts mit den Borstentieren zu tun haben, sondern in die altertümliche Säugetierordnung der Vorhuftiere gehören), große Ohren, kräftige Grabklauen an den Vorderbeinen. Tagsüber in selbst gegrabenen Erdhöhlen schlafend.

Rüsseltiere

Begegnungen mit **Elefanten** gehören zu den eindrucksvollsten Erlebnissen einer Afrikareise. Nicht nur, weil sie die größten Landtiere sind und mit dem Rüssel ein einmaliges Allzweckorgan haben, sondern auch wegen ihres faszinierenden Sozialverhaltens. Leider gibt es nur wenige Nationalparks, die den Großtieren mit dem riesigen Appetit auf Dauer einen ausreichenden Lebensraum garantieren können. Es ist zu befürchten, dass die Elefanten wie ihre Verwandten, die Mammuts und Mastodons, langfristig aussterben werden.

Afrikanischer Elefant (Loxodonta africana)

Körpermerkmale: Von der Rüssel- bis zur Schwanzspitze 7–7,5 m lang, Schulterhöhe 2,2–3,7 m, Gewicht bis über 9000 kg – damit das bei weitem größte Landtier. Der Rüssel, der aus Oberlippe und Nase entstand und mehr als 2 m lang sein kann, dient zur Nahrungsaufnahme (beim Trinken werden bis zu 10 l Wasser angesaugt und dann in den Mund gespritzt), zum Tasten, Riechen, Ergreifen von Gegenständen und zur Kommunikation (gegenseitiges Berühren, aber auch Schlagen). Die Stoßzähne, die bei den Bullen deutlich größer sind als bei den Kühen (Rekordmaße über 3 m), sind umgewandelte Schneidezähne mit offener Wurzel, können also lebenslang wachsen. In jeder Kieferhälfte ist jeweils nur ein Mahlzahn von Backsteingröße im Einsatz. Der nächste Zahn schiebt von hinten nach (horizontaler Zahnwechsel). Die Fußsohlen bedecken zusammen eine Fläche von mehr als 1 m². Unter den Zehen- und Mittelfußknochen fängt ein mächtiges Bindegewebspolster den Druck von einigen Tonnen ab. An den Zehenspitzen befinden sich vorne fünf, hinten drei flache, hufartige Hornnägel.

Fortpflanzung und Entwicklung: 22 Monate Tragzeit, ein Jungtier (ganz selten zwei) von 90–135 kg. Säugezeit bis über zwei Jahre, Geschlechtsreife ab sieben bis acht Jahren, Lebenserwartung 50–70 Jahre.

Nahrung: Gras, Zweige, Blätter, Früchte, Rinde, Wurzeln, Knollen – bis zu 200 kg am Tag.

Lebensweise und Lebensraum: Aktiv „rund um die Uhr", Mutterfamilien als Grundeinheit, Männchen in eigenen Gruppen oder Einzelgänger, Eindringen in Weibchenrudel nur, wenn ein Tier empfängnisbereit ist. Lebensraum von Halbwüste und Grassavanne bis tropischer Regenwald.

Bestand und Situation: In ganz Afrika (Schwerpunkt Zentralafrika) leben noch rund 600.000 Tiere, doch wurden sie in den vergangenen Jahrzehnten wegen ihres Elfenbeins gnadenlos bejagt, und vor allem schwindet ihr Lebensraum drastisch – die Aussichten sind selbst bei konsequentem Schutz wegen des großen Nahrungs- und Raumbedarfs der Tiere schlecht.

Beobachtungsmöglichkeiten: Berühmte Nationalparks mit Elefanten sind zum Beispiel Marsabit, Samburu, Amboseli und Tsavo in Kenia, Manyara, Tarangire, Selous und Ruaha in Tansania, das Luangwa-Valley in Sambia, Matusadonha, Mana Pools und Hwange in Simbabwe, nicht zuletzt der Chobe National Park in Botswana, um nur die wichtigsten zu nennen.

Schliefer

Die murmeltierähnlichen Schliefer wurden früher als Verwandte der Elefanten angesehen, doch haben genauere Untersuchungen gezeigt, dass sie eher mit Pferden und anderen Unpaarhufern verwandt sind. Die auf Felsen lebenden Klipp- und Buschschliefer sind regelmäßig zu beobachten, die ausschließlich nachtaktiven Baumschliefer bekommt der Afrikabesucher nur mit ihren knarzenden Rufen zu hören.

Klippschliefer (Procavia capensis)

Körpermerkmale: 45–44 cm lang, schwanzlos, 15–25 cm hoch, 2–5,5 kg schwer, gedrungener Körper und kurze Beine (mit nagelförmigen kleinen Hufen), Fell kurz und dicht. Geschlechter äußerlich kaum zu unterscheiden.

Fortpflanzung und Entwicklung: Tragzeit sieben bis acht Monate, ein bis vier Junge von 200–250 g. Geschlechtsreife mit 1½–2 Jahren, Lebenserwartung 9–14 Jahre.

Nahrung: Ausschließlich pflanzlich (Gras und Laub).

Afrikanischer Elefant

Tierwelt

tiere_31 Foto: cd

Lebensweise und Lebensraum: Tagaktiv (Nahrungsaufnahme v.a. morgens und abends), Zusammenleben in Familiengruppen (ein Männchen mit einem bis mehreren Weibchen), in felsigem Gelände bis über 4000 m Höhe, hervorragende Kletterer (vorwiegend auf Felsen, aber auch auf Bäumen). **Bestand und Situation:** Weit verbreitet und nicht gefährdet. **Beobachtungsmöglichkeiten:** Überall in felsigem Gelände anzutreffen und recht auffallend.

Busch- und Steppenschliefer sind in Aussehen und Lebensweise sehr ähnlich, dagegen sind die **Baumschliefer** *(Dendrohyrax spec.)* ausgesprochen nachtaktiv und nur ausnahmsweise zu sehen, wenn sie aus ihrer Schlafhöhle in Bäumen schauen.

Unpaarhufer

Von den drei Familien sind Pferdeverwandte (mit drei Zebraarten und dem Wildesel) und Nashörner (mit Breit- und Spitzmaulnashorn) in Afrika vertreten, während die dritte, die Tapire, nur in Asien und Südamerika vorkommen.

Zebras

Vier der sechs Einhufer-Arten sind auf dem afrikanischen Kontinent zu Hause. Nur eine Art, das **Steppenzebra** (verschiedene Unterarten), ist nicht gefährdet. Das im Norden Kenias lebende Grevy-Zebra ist sehr selten geworden, das im Süden des Kontinents beheimatete Bergzebra vom Aussterben bedroht. Im südlichen Afrika wird vor allem die Hauptunterart des Steppenzebras, das Burchell-Zebra, angetroffen.

Steppenzebras

Burchell-Zebra
(Equus burchelli)

Körpermerkmale: Einschließlich des (50 cm langen) Schwanzes ca. 3 m lang und 125–135 cm hoch und etwa 300 kg schwer, schwarze Streifen auf weißem Grund im Norden, mit Zwischenstreifen und gelblicherem Grund im Süden, vom Körper kontinuierlich auf die Beine übergehend, an Beinen und Rumpf verringert.

Fortpflanzung und Entwicklung: Ein Jungtier von 30 kg nach einem Jahr Tragzeit, Geschlechtsreife mit zwei Jahren, Lebenserwartung 20 Jahre.

Nahrung: Fast ausschließlich Gras.

Lebensweise und Lebensraum: Familienverbände von einem Hengst mit mehreren Weibchen, in Grasländern von Ost- bis Südwestafrika.

Bestand und Situation: Insgesamt häufig, nur stellenweise selten geworden oder gar bedroht.

Beobachtungsmöglichkeiten: Fast in allen Nationalparks des Savannengebietes anzutreffen.

Bergzebra
(Equus zebra)

Kleiner als das Steppenzebra und enger gestreift, Unterseite nicht gestreift, weiß. Zwei Unterarten: Kap-Bergzebra und Hartmann-Zebra. Das **Kap-Bergzebra** kommt heute nur noch im Mountain Zebra National Park in der Karoo in Südafrika und auf wenigen Farmen der Region vor, insgesamt kaum mehr als 400 Tiere. Das **Hartmann-Zebra** ist innerhalb seines begrenzten Verbreitungsgebiets entlang der südafrikanischen Atlantikküste regional häufig.

Nashörner

Keine andere Säugetierordnung ist stärker vom Aussterben bedroht, da die Hörner auf dem chinesischen und südostasiatischen Pharmamarkt (Potenzmittel) sowie im Mittleren Osten (dort als Dolchgriffe, vor allem im Jemen) immer noch stark gefragt sind. In den letzten Jahren ist die Nashorn-Wilderei in Afrika deutlich zurückgegangen.

Spitzmaulnashorn
(Diceros bicornis)

Körpermerkmale: Einschließlich des (ca. 60 cm langen) Schwanzes knapp 4 m lang, 1,55 m hoch und 1,5 t schwer, mit zwei Hörnern, vorderes bis über 1 m lang.

Fortpflanzung und Entwicklung: 450 Tage Tragzeit, ein Junges von ca. 50 kg, mit vier (Weibchen) bis acht Jahren geschlechtsreif, Lebenserwartung ca. 40 Jahre.

Nahrung: Blätter und Zweige von Sträuchern, auch Kräuter und Gräser, Aufnahme sehr selektiv mit verlängerter Oberlippe.

Lebensweise und Lebensraum: Einzelgänger, nur Mütter mit Jungen längere Zeit zusammen, tag- und nachtaktiv vorwiegend im Busch.

Bestand und Situation: Sehr bedroht durch starke Wilderei.

Beobachtungsmöglichkeiten: Nur noch an wenigen Stellen (z.B. Umfolozi-Hluhluwe Reservat in Südafrika, Hwange National Park und Matusadonha National Park in Simbabwe sowie Etosha National Park in Namibia) zu sehen.

Tierwelt

Spitzmaulnashorn

CL-T18 Foto: cl

Breitmaulnashorn
(Ceratotherium simum)

Deutlich größer und schwerer (bis 3 t), oft in kleinen Herden (ein Bulle mit mehreren Kühen), vorwiegend in reiner Grasflur lebend und Gräser weidend, daher auch leichter zu beobachten. Früher auch im östlichen Afrika, überall mit Ausnahme des südafrikanischen Reservates Umfolozi-Hluhluwe ausgerottet und wieder an verschiedene Stellen Ost- und Südostafrikas zurückgebracht (z.B. Hwange in Simbabwe). Nördliche Unterart mit letztem Nachweis im Garamba National Park im Nordosten der DR Kongo; gilt seit 2009 bis auf einzelne Zootiere als ausgestorben.

Paarhufer

Mit Warzenschweinen, Flusspferden, Giraffen und vor allem zahlreichen Hornträgern (Büffel und Antilopen) ist diese Tiergruppe bei Safaris bei weitem am häufigsten zu sehen und am kennzeichnendsten.

Flusspferde und Schweine

Zwei Gruppen von Säugetieren, die höchstens entfernt miteinander verwandt sind. Zwei Flusspferdarten: **Groß-Flusspferd** über weite Teile Afrikas südlich der Sahara verbreitet, das viel kleinere **Zwergflusspferd** nur in kleinen Restbeständen im Westen des Kontinents. Flusspferde zeichnen mit Abstand für die meisten durch wilde Tiere bedingten Todesfälle in Afrika verantwortlich und sollten daher niemals unterschätzt werden.

Flusspferd
(Hippopotamus amphibius)

Körpermerkmale: Massiger, walzenförmiger Körper bis 450 cm Länge (Schwanz 35 cm) und 165 cm Höhe, bis über 3000 kg schwer. Kopf riesig, Mund tief gespalten und weiter aufzureißen als bei jedem anderen Säugetier. Haut sehr dick, glatt und weitgehend haarlos,

CL-T1 Foto: cl

Ohren und Nasenlöcher zum Untertauchen verschließbar und mit Augen auf einer Ebene liegend.

Fortpflanzung und Entwicklung: Tragzeit ca. acht Monate, ein Jungtier von 50 kg, Geschlechtsreife mit vier bis sechs Jahren, Lebenserwartung (im Zoo) bis über 50 Jahre.

Nahrung: Vorwiegend Gräser, die bei nächtlichen Landgängen geweidet werden.

Lebensweise und Lebensraum: Tagsüber vorwiegend im Wasser, nachts an Land, kleine bis sehr große Gruppen, starke Bullen mit Paarungsterritorium.

Bestand und Situation: An manchen Stellen (z.B. in Ägypten, wo es früher vorkam) ausgerottet oder selten geworden, in manchen Reservaten sehr zahlreich. Im gesamten Okavango-Gebiet häufig.

Beobachtungsmöglichkeiten: „Hippo-Pools", an denen oft Hunderte von Flusspferden eng gedrängt die Tage verbringen, gibt es in vielen Nationalparks des südlichen Afrika.

Drei von neun Schweine-Arten (ohne die amerikanischen Pekaris) kommen in Afrika vor. Nur das Warzenschwein ist regelmäßig im Grasland zu sehen.

Warzenschwein
(Phacochoerus aethiopicus)

Körpermerkmale: Einschließlich des (35–50 cm langen) Schwanzes 140–200 cm lang, 65–85 cm hoch und 50–150 kg schwer, verhältnismäßig großer Kopf mit großen Ausbuchtungen („Warzen") über und unter den Augen sowie am Unterkiefer, riesige (bis 60 cm lange) Eckzähne. Haut mit Ausnahme meist heller langer Haare an Rücken, Hals und Unterkiefer fast nackt.

Fortpflanzung und Entwicklung: Tragzeit etwa 5½ Monate, ein bis vier (manchmal bis acht) Jungtiere von 450–900 g. Recht lange Abhängigkeit von der Mutter, Geschlechtsreife mit 17–19 Monaten, Lebenserwartung knapp 20 Jahre.

tiere_47 Foto: fj

Flusspferde

Nahrung: Im Gegensatz zu allen anderen Schweinen keine Allesesser, sondern Gras und Kräuter weidend, kaum nach Wurzeln, Rhizomen und Kleintieren wühlend.

Lebensweise und Lebensraum: Ein bis zwei Mutterfamilien, manchmal mit den Vätern, in kleinen Gruppen, vorwiegend tagaktiv in Grassavannen.

Bestand und Situation: Relativ häufig, nur Löwe als ernst zu nehmender Feind (erfolgreiche Verteidigung gegen alle anderen Raubtiere).

Beobachtungsmöglichkeiten: In allen Grasgebieten Afrikas regelmäßig anzutreffen.

tiere_05 Foto: cd

Tierwelt

Warzenschwein

Das **Buschschwein** (*Potamochoerus porcus*) ist zwar im gesamten afrikanischen Bereich weit verbreitet, doch bekommt man die nachtaktive und im dichten Busch lebende Art kaum einmal zu sehen. Noch mehr trifft dies für das **Riesenwaldschwein** (*Hylochoerus meinertzhageni*) zu, das nur in den zentral- und ostafrikanischen Regen- und Bergwäldern vorkommt und erst Anfang des 20. Jahrhunderts für die Wissenschaft entdeckt wurde.

Lebensweise und Lebensraum: Gesellig in Gruppen sehr unterschiedlicher Größe und ständig wechselnder Zusammensetzung (ohne feste Verbände), recht große Streifgebiete in Baumsavannen- und Buschgebieten.

Bestand und Situation: Relativ häufig, da nur wenig bejagt, Feinde höchstens Löwen (die sich aber vor den mächtigen Hufschlägen erwachsener Tiere, mit denen auch Kälber erfolgreich verteidigt werden, hüten müssen).

Beobachtungsmöglichkeiten: In allen Savannengebieten mit guten Baum- (Akazien-) Beständen zu sehen.

Giraffen

Zwei Arten dieser langhalsigen typischen Afrikaner gibt es: die im Savannengürtel weit verbreitete Giraffe (bis zu acht verschiedene Unterarten) und ihre nur in einem verhältnismäßig kleinen Gebiet des Kongo-Regenwalds lebende Waldgiraffe, das **Okapi** (*Okapia johnstoni*). Die im südlichen Afrika verbreitete Giraffenunterart ist die **Kapgiraffe** (*Giraffa camelopardis giraffa*).

Giraffe
(Giraffa camelopardalis)

Körpermerkmale: Bis knapp 5 m hoch (Vorderbeine deutlich länger als Hinterbeine, Hals gut 2 m und trotzdem wie bei fast allen Säugetieren nur aus 7 Wirbeln bestehend), Schwanz ca. 1 m, Gewicht 550 kg (kleine Weibchen) bis annähernd 2000 kg, kennzeichnendes Fleckenmuster (unterschiedlich bei den bis zu acht Unterarten), mit Fell überzogene Knochenzapfen (zwei bis fünf) bei beiden Geschlechtern.

Fortpflanzung und Entwicklung: In der Regel ein Jungtier von ca. 100 kg nach 450–465 Tagen Tragzeit. Geschlechtsreife mit vier bis fünf Jahren, Lebenserwartung 25 Jahre.

Nahrung: Blätter und junge Triebe von Bäumen (vor allem Akazien), die mit den sehr beweglichen Lippen und der langen Zunge vorsichtig zwischen Dornen herausgepflückt werden.

Hornträger

Neben den bekannten Hornträgern Schaf, Ziege und Rind gibt es die nicht genau definierte Gruppe der „Antilopen", die in Afrika mit einem Dutzend Unterfamilien in zahlreichen Arten sehr vielfältig vertreten ist. Hornträger gehören zu den am häufigsten gesehenen Tieren im südlichen Afrika.

Ducker

14 Arten, von denen die meisten im tropischen Regenwald oder zumindest in sehr dicht bewachsenen Buschgebieten leben, deshalb kaum einmal von Afrikareisenden zu sehen. Ausnahme ist der Kronenducker, der südlich der Sahara weit verbreitet und in der Buschsavanne und in lichten Wäldern gelegentlich zu beobachten ist.

Kapgiraffen

tiere_49 Foto: fj

Kronenducker
(Sylvicapra grimmia)

Körpermerkmale: Etwa rehgroß (rund 1 m lang, 45–60 cm hoch und 10–20 kg schwer), hellbraun bis -grau. Böcke mit 8–18 cm langen, spitzen Hörnern, Weibchen meist ohne, kennzeichnend der lange Stirnschopf.

Fortpflanzung und Entwicklung: Ein Jungtier von 1,3–2,1 kg, Tragzeit 7–7½ Monate, Geschlechtsreife ca. mit einem Jahr, Lebenserwartung ca. 12 Jahre.

Nahrung: Vor allem Blätter von Büschen, zum Teil auch Früchte und Samen, auch Jungvögel.

Lebensweise und Lebensraum: Paarweise oder einzeln in Buschgebieten (nicht in reiner Grassavanne und im dichten Wald).

Bestand und Beobachtungsmöglichkeiten: Weit verbreitet, nicht bedroht, trotzdem nur selten zu sehen.

Klippspringer

Böckchen

Häufiger als Ducker sind im Dornbusch die zierlichen Dikdiks und auf Felsen die Klippspringer zu beobachten, an manchen Stellen auch Stein- und Bleichböckchen.

Kirk-Dikdik
(Madoqua kirki)

Körpermerkmale: Sehr klein und zierlich (44–75 cm lang, 35–45 cm hoch, 2,5–6,5 kg schwer), pfeffer- und salzfarben, Nase verlängert, nur Männchen mit (bis 12 cm langen) spitzen Hörnern.

Fortpflanzung und Entwicklung: Ein Jungtier von 0,5–0,6 kg Gewicht, Tragzeit 5–6 Monate, erwachsen mit knapp einem Jahr, Lebenserwartung kaum über zehn Jahre.

Nahrung: Vorwiegend Blätter von Sträuchern, Knospen, Kräuter, Gräser, sehr geringer Wasserbedarf.

Lebensweise und Lebensraum: Einzeln oder paarweise (wahrscheinlich in lebenslanger Einehe) in dichtem Busch lebend, streng territorial.

Bestand und Beobachtungsmöglichkeiten: In seinem verhältnismäßig kleinen Verbreitungsgebiet nicht selten und lokal häufig zu beobachten. Ähnliches gilt für die anderen (vier) Arten, die im südlichen Afrika nicht auftreten. Im südlichen Afrika kommt das Kirk-Dikdik nur in Namibia und in der nördlichen Kap-Provinz Südafrikas vor.

Klippspringer
(Oreotragus oreotragus)

Körpermerkmale: Ähnlich wie Dikdiks, doch etwas größer und im Körperbau kräftiger, extreme Zehenspitzengänger, Voraugendrüsen noch auffallender als bei Dikdiks.

Fortpflanzung und Entwicklung: Tragzeit sieben Monate, Geburtsgewicht ca. 1 kg, Geschlechtsreife mit einem Jahr, Lebenserwartung etwa 15 Jahre.

Nahrung: Gräser, Kräuter, Blätter in der Nähe von Felsen, auch Flechten, Blüten, Früchte.

Lebensweise und Lebensraum: Paarweise auf und in der Nähe von Felsen (Einzelfelsen ebenso wie Gebirgsblöcke) lebend, Territorien klein, höchstens 10 ha um den „Heimatfelsen".

Bestand und Beobachtungsmöglichkeiten: In passendem Felsgelände nicht selten und leicht zu beobachten, da oft auf den höchsten Felserhebungen stehend. Gefährdet durch Leoparden und Adler.

Steinböckchen *(Raphicerus campestris)* und **Bleichböckchen oder Oribis** *(Ourebia ourebi)* sind in Größe und Aussehen ähnlich wie Klippspringer, doch klettern sie nie wie diese auf Felsen. Steinböckchen sind rötlich-ocker und leben als Einzelgänger im Buschland, Bleichböckchen sind fahlgelb, leben als Einzelgänger oder in kleinen Gruppen und bevorzugen große Grasflächen. Oribis sind nur gelegentlich zu beobachten (regelmäßig z.B. in Uganda), Steinböckchen sind im südlichen Afrika regional häufig.

Waldböcke

Drehhornantilopen werden diese mittelgroßen bis sehr großen Antilopen der Grassavanne (Elenantilope), Baumsavanne (Kudus, Buschbock, Nyalas) und des Sumpfes (Sitatunga) genannt wegen ihrer korkenzieherartig gedrehten Hörner, die beide Geschlechter oder auch nur die Männchen tragen können. Das schönste Schraubengehörn von annähernd 180 cm Länge haben die Großen Kudus.

Körpermerkmale: Neben dem Korkenzieher-Gehörn gekennzeichnet durch weiße Abzeichen in Gesicht und Streifen oder Fleckenmuster am Körper. Männchen können anders gefärbt sein als die Weibchen (Buschbock: Bulle kastanienbraun, Kuh rotbraun, Elen: Bulle graubraun, Kuh rötlich), aber auch recht verschieden aussehen (beim Nyala haben die Männchen eine sehr lange Bauch- und Halsbehaarung fast ohne Abzeichen, während die Weibchen kurzhaarig und rotbraun mit weißen Streifen sind). Elenantilopen-Bullen können bis zu 1000 kg wiegen, dagegen sind Buschböcke nur 25–60 kg schwer. Schulterhöhe liegt zwischen diesen beiden Extremen bei 180 cm bzw. nur 100 cm.

Fortpflanzung und Entwicklung: Tragzeit zwischen 6 und 9½ Monaten, meist nur ein Jungtier, zwischen 3,2 und 35 kg. Geschlechtsreife mit ein bis zwei Jahren, Lebenserwartung 12–25 Jahre.

Nahrung: Vorwiegend Blätter, Knospen, Triebe von Sträuchern, aber auch Wasser- und Sumpfpflanzen (Sitatunga) bzw. Gräser und Kräuter (Elen).

Lebensweise und Lebensraum: Von einzelgängerisch (Buschbock) bis zu gemischten Trupps (bis 50 Tiere bei Elen) in mehr oder weniger deckungsreichem Gelände (Busch, Wald, Sumpf), fast alle mit verhältnismäßig großen Verbreitungsgebieten.

Tierwelt

tiere_34 Foto: cd

Buschbock

Bestand und Situation: Keine der Arten vom Aussterben bedroht, Bestände stellenweise stark reduziert (der Große Kudu in Ostafrika z.B. durch eine regionale Rinderpestepidemie Anfang des 20. Jahrhunderts, in den Ländern des südlichen Afrika hingegen ist die Art noch zahlreich vertreten). Jede Art ist in dem einen oder anderen Reservat mit einiger Sicherheit zu beobachten.

Die fünf Arten sind **Buschbock** *(Tragelaphus scriptus)*, **Sitatunga** *(Tragelaphus spekei)*, **Nyala** *(Tragelaphus angasi)*, **Großer Kudu** *(Tragelaphus strepsiceros)* und **Elenantilope** *(Taurotragus oryx)*.

Rinder

Von den zwölf Rinderarten der Erde ist eine Art (mit zwei Unterarten) in Afrika weit verbreitet: der Afrikanische oder Kaffernbüffel.

Afrikanischer Büffel (Syncerus caffer)

Körpermerkmale: Gesamtlänge 300– 450 cm (Schwanz 70–110 cm), Schulterhöhe 100– 170 cm, Gewicht 250–700 kg, Fellfarbe schwarzbraun bis rotbraun oder rot (Rotbüffel des Regenwalds), Hörner unterschiedlich groß, bei Bullen meist an der Stirn zusammengewachsen zu einer Platte, große, zumeist an den Rändern und im Innern stark behaarte Ohren.

Fortpflanzung und Entwicklung: Tragzeit knapp ein Jahr, meist ein, selten zwei Jungtiere von 55–60 kg, Geschlechtsreife mit ca. fünf Jahren, Lebenserwartung bis 25 Jahre.

Nahrung: Gräser und Kräuter, aber auch Blätter von Bäumen und Sträuchern.

Lebensweise und Lebensraum: Kühe und Jungtiere mit einigen Bullen in teils riesigen Herden von bis zu 1000 Tieren, ältere Bullen Einzelgänger, in Savannen und Waldland in ganz Afrika, nie weit von Wasser.

Streifengnus

bo11_066 Foto: cl

Bestand und Situation: Trotz Bejagung sehr gute Bestände, vor allem in den Nationalparks Südafrikas, Botswanas und Simbabwes. Beobachtungsmöglichkeiten: Fast in allen Reservaten können einzelne Büffel oder auch riesige Herden beobachtet werden.

Kuhantilopen

Mit sieben Arten gehört die Gruppe der Kuhantilopen zu den Charaktertieren der afrikanischen Savanne. Besonders häufig sind die im gesamten östlichen und südlichen Afrika verbreiteten **Streifengnus** *(Connochaetes taurinus)* (über eine Million allein in der tansanischen Serengeti). Regelmäßig beobachtet werden im südlichen Afrika auch zwei Unterarten der Kuhantilope *(Alce-*

laphus buselaphus), die **Südafrikanische Kuhantilope oder Kaama** *(A. b. caama)* sowie die **Lichtensteins-Kuhantilope** *(A. b. lichtensteini).* Hinzu kommt die **Halbmondantilope oder Tsessebe** *(Damaliscus lunatus).* **Weißschwanzgnus** *(Connochaetes gnou)* und **Blessböcke** *(Damaliscus dorcas)* sind im südlichen Afrika hingegen nahezu ausgerottet worden und kommen heute nur noch in wenigen südafrikanischen Reservaten und Farmen vor.

Körpermerkmale: Relativ groß (Länge 170–320 cm incl. Schwanz, Schulterhöhe 85–145 cm, Gewicht 60–290 kg), verhältnismäßig derbe („kuhähnliche") Gestalt, mehr oder weniger große Köpfe, nicht übermäßig lange (maximal 80 cm), nach innen und hinten gebogene Hörner bei beiden Geschlechtern. Geschlechtsunterschied bei allen sowohl in Größe als auch in Färbung gering.

Tierwelt

Büffelherde

tiere_53 Foto: fj

CL-T20 Foto: cl

Fortpflanzung und Entwicklung: Tragzeit 7½–8½ Monate, ein Jungtier von 7–18 kg, Geschlechtsreife mit ca. zwei Jahren, Lebenserwartung etwa 20 Jahre.

Nahrung: Gräser und Kräuter.

Lebensweise und Lebensraum: Meist in Gruppen von 5–30 Tieren (Großverbände bis über 1000 bei Streifengnus) in Grassavanne lebend, Bullen meist territorial (Streifengnus nur kurz in der Fortpflanzungszeit). Jungtiere „Nestflüchter", die der Mutter vom ersten Tag an folgen können.

Bestand und Situation: Recht große Gesamtbestände aller im südlichen Afrika lebenden Arten, nur stellenweise durch Jagd oder Lebensraumverlust selten geworden.

Beobachtungsmöglichkeiten: Streifengnu, Tsessebe, Lichtensteins-Kuhantilope und Kaama sind verhältnismäßig verbreitet und können in den meisten Reservaten Botswanas, Namibias, Simbabwes und Südafrikas beobachtet werden.

Pferdeböcke

Eine Unterfamilie mit einigen der stattlichsten Antilopen, von denen drei Arten in weiten Teilen des südlichen Afrika vorkommen: **Südafrikanischer Spießbock oder Oryx-Antilope** (*Oryx gazella*), **Pferdeantilope** (*Hippotragus equinus*) und **Rappenantilope** (*Hippotragus niger*).

Körpermerkmale: Stattliche Antilopen von 230–330 cm Gesamtlänge (incl. Schwanz von 70 cm) und 110–160 cm Schulterhöhe sowie 150–300 kg Gewicht. Hörner bei bei-

Zebras und Gnus
in den Khwai Flood Plains (Botswana)

den Geschlechtern, bei Pferdeantilopen verhältnismäßig kurz (maximal 100 cm), nach hinten gebogen, mit Ringen, bei Rappenantilopen bis 165 cm lang und halbkreisförmig nach hinten geschwungen, bei Oryxantilopen bis 120 cm lang, gerade, dünn und sehr spitz. Nur bei Rappenantilopen deutlicher Geschlechtsunterschied (Männchen schwarz mit weißem Bauch, Weibchen kastanienbraun), Pferdeantilopen graubraun mit schwarzer Gesichtsmaske, Oryx eher grau mit schwarzweißen Zeichnungen im Gesicht, am Bauch und an den Beinen sowie einem recht langen Quastenschwanz.

Fortpflanzung und Entwicklung: Tragzeit 8½–10 Monate, ein Jungtier von 9–18 kg Gewicht, Geschlechtsreife mit zwei bis drei Jahren, Lebenserwartung ca. 20 Jahre.

Nahrung: Gräser und Kräuter, kaum Laub. Oryx kann lange ohne Wasser auskommen.

Lebensweise und Lebensraum: Für gewöhnlich Haremsgruppen, manchmal auch größere gemischte Verbände von bis zu 60 Tieren. Baum- und Buschsavanne bei den Pferde- und Rappenantilopen, Kurzgrassavanne und Halbwüste, selten auch Baumsavanne bei Oryx.

Bestand und Beobachtungsmöglichkeiten: Nirgends häufig, aber keine Art bedroht. Begegnungen mit Ausnahme der weit verbreiteten Oryxantilope eher selten. Beste Chancen für Oryxantilopen im gesamten Kalahari-Gebiet und in weiten Teilen Namibias, für Rappenantilopen in Hwange/Simbabwe.

Ried- und Wasserböcke

Von den zehn Arten dieser Unterfamilie ist neben der im Okavango-Delta und Sambesi-Gebiet häufigen **Litschi-Moorantilope** *(Kobus leche)* nur der eigentliche **Wasserbock** *(Kobus ellipsiprymnus)* weit verbreitet und häufig anzutreffen. Der **Riedbock** *(Redunca arundinum)* ist zwar recht weit verbreitet, aber nur gelegentlich zu sehen. In Südafrika werden lokal auch der **Berg-**

Wasserbock

tiere__55 Foto: fj

riedbock *(Redunca fulvorufula)* und der **Rehbok** *(Pelea capreolus)* angetroffen. In Sambia, Nord-Botswana und Nord-Simbabwe tritt regelmäßig auch die **Gelbfuß-Moorantilope oder Puku** *(Kobus kob vardoni)* auf.

Körpermerkmale: Mittelgroße bis große Antilopen von 130–250 cm Länge (Schwanz 10–45 cm), 70–130 cm Schulterhöhe und einem Gewicht zwischen 20 (Rehbok) und 250 kg (Wasserbock). Hörner (zwischen 30 und 100 cm lang) meist leicht nach vorne gekrümmt. Geschlechtsunterschiede in den meisten Fällen nicht sehr ausgeprägt.
Fortpflanzung und Entwicklung: Tragzeit 7–9½ Monate, meist ein Jungtier von 4–13 kg, Geschlechtsreife mit ein bis zwei Jahren, Lebenserwartung 10–18 Jahre.
Nahrung: Vorwiegend Gräser, weniger Kräuter, Riedböcke und Moorantilopen auch Wasserpflanzen und Schilf.

Lebensweise und Lebensraum: Alle Arten mehr oder weniger an Wasser gebunden, Riedböcke am wenigsten, Moorantilopen sehr ausgeprägt. Meist in kleinen Trupps (Riedböcke) oder gemischten Gruppen (Wasserböcke), Grasantilopen aber auch in Männchengruppen bis 600 und Weibchenverbänden bis 1000 Tieren.
Bestand und Beobachtungsmöglichkeiten: Häufig und in fast allen Nationalparks des südliche Afrika anzutreffen ist der Wasserbock *(Kobus ellipsiprymnus)* mit seinen beiden Unterarten Defassa- und Ellipsen-Wasserbock. Weit verbreitet, aber selten zu sehen ist der Riedbock *(Redunca arundinum)*. Die Litschi-Moorantilope ist in bestimmten Überschwemmungsgebieten von Flüssen (z.B. im Okavango-Delta Botswanas sowie in den Kafue-Sümpfen Sambias) häufig. Deutlich seltener ist die Gelbfuß-Moorantilope oder Puku. Ihr Verbreitungsgebiet überschneidet sich teilweise mit dem der Litschi-Moorantilope.

Links: Litschi-Moorantilope, rechts: Impala-Bock

Rechte Seite: Springbock

CL-T11 Foto: cl

tiere_57 Foto: fj

Schwarzfersenantilope

Die im östlichen und südlichen Afrika wohl häufigste Antilope wurde früher zu den Gazellen gestellt. Heute steht die Art in einer eigenen Unterfamilie.

Impala
(Melampus aepyceros)

Körpermerkmale: Rehgroß (Gesamtlänge 150–200 cm, Schulterhöhe 75–95 cm, Gewicht 40–80 kg), Böcke mit einem prächtig geschwungenen und relativ großen (bis annähernd 100 cm langen) Gehörn, ansonsten beide Geschlechter ähnlich: rotbraune Grundfarbe mit hellem Bauch und schwarzen Abzeichen an Kopf, Hinterteil und Fersen („Schwarzfersenantilope"), Schwanz buschig mit weißer Unterseite.
Fortpflanzung und Entwicklung: Tragzeit 6½–7 Monate, ein Jungtier von 4–5,5 kg, Geschlechtsreife mit einem Jahr, Lebenserwartung ca. 15 Jahre.

Nahrung: Gräser, Laub, Blüten, Früchte.
Lebensweise und Lebensraum: Vorwiegend im Buschland, sehr gesellig in Haremsstruktur: ein Bock mit bis zu 50 (selten sogar 100) Weibchen, Junggesellenverbände bis 30.
Bestand und Beobachtungsmöglichkeiten: Im ganzen Verbreitungsgebiet von Kenia bis Südafrika sehr häufig und überall dort zu beobachten, wo es reichlich Nahrung in offenem Buschland gibt.

Gazellen

Eine recht einheitliche Unterfamilie der Antilopen, von der es neben einem Dutzend Arten in Afrika und Arabien auch vier in Asien gibt.

Körpermerkmale: Verhältnismäßig klein (Gesamtlänge 110–200 cm, Schulterhöhe 60–100 cm, Gewicht 15–75 kg), Hörner nur bei Männchen oder auch bei beiden Geschlechtern (dann aber die der Weibchen deutlich

Tierwelt

CL-T21 Foto: cl

kleiner), Geschlechtsunterschied meist nicht sehr ausgeprägt. Farbe vorwiegend hellbraun mit hellerem Bauch und mehr oder weniger ausgeprägten schwarzen Abzeichen an der Seite und/oder am Hinterteil.

Fortpflanzung und Entwicklung: Tragzeit fünf bis sieben Monate, ein (bei einigen Arten auch zwei oder drei) Jungtiere von 2–5 kg Gewicht, Geschlechtsreife mit ein bis zwei Jahren, Lebenserwartung ca. 15 Jahre.

Nahrung: Vorwiegend Gräser und Kräuter, doch einige auch auf Laub, Knospen und Blüten von Sträuchern spezialisiert.

Lebensweise und Lebensraum: Von Halbwüste bis offener Grassavanne bis Buschland, jede Art mit anderen Ansprüchen, meist in kleinen Gruppen, doch auch in gemischten Herden bis zu 700 Tieren.

Bestand und Beobachtungsmöglichkeiten: Alle Gazellen haben verhältnismäßig begrenzte Verbreitungsgebiete. Die vorwiegend in Ostafrika lebenden Thomson-Gazellen *(Gazella thomsoni)* und Grant-Gazellen *(Gazella granti)* kommen im südlichen Afrika nicht vor. Hier ist allein der sehr ähnliche **Springbock** *(Antidorcas marsupialis)* verbreitet. Es handelt sich schlichtweg um die Charaktergazelle der Trockensavannen und Halbwüsten. Die Art ist in ganz Namibia und allen Reservaten des Kalahari-Ökosystems häufig. Regelmäßig werden auch gemischte Gruppen aus Springböcken und Spießböcken (Oryx) angetroffen.

Vögel (Binnenland)

Von weit über 900 Vogelarten im südlichen Afrika sollen nur die auffallenden und für „normale" Safari-Touristen interessanten vorgestellt werden.

Strauß

Von diesen Laufvögeln gibt es in Afrika nur eine Art.

Afrikanischer Strauß (Struthio camelus)

Bis 2,5 m hoch (größter lebender Vogel), Männchen schwarz und weiß mit auffallender Hals- und Beinfarbe (blaugrau oder rot), Weibchen und Jungvögel graubraun. Weit verbreitet in offenem Grasland wie im Busch. Regelmäßig in fast allen Reservaten des südlichen Afrika anzutreffen. Männchen an Brut

CL-T16 Foto: cl

Afrikanischer Strauß

und Aufzucht der Jungen sehr aktiv beteiligt.
Fortpflanzung und Entwicklung: Für gewöhnlich monogam, aber auch ein Hahn mit zwei oder drei Hennen. 15–20 Eier (etwa 15 cm lang, 12 cm dick) in einem Gelege, Brutdauer ca. 40 Tage.
Nahrung: Viele Teile von Pflanzen (Blätter, Früchte), aber auch Insekten, Reptilien und andere Kleintiere.

Pelikane und Kormorane

Zu dieser Gruppe gehören drei am Wasser lebende Vogelfamilien, die sich von Fischen ernähren, beim Fischfang aber ganz unterschiedliche Methoden anwenden: „Netzfang" (Herausschöpfen mit großem Schnabel) beim Pelikan, Ergreifen einzelner Fische mit dem Hakenschnabel beim Kormoran, „Speeren" der Beute mit dem spitzen Schnabel beim Schlangenhalsvogel.

Rosa- und Rötelpelikan (Pelecanus onocrotalus und Pelecanus rufescens)

Sehr große weiße Wasservögel (Länge 130–180 cm, Flügelspannweite annähernd 3 m) mit kurzen Beinen und Schwimmflossen, ziemlich langen Hälsen und sehr großen Schnäbeln. Weiß, in der Brutzeit schwach lachsfarbig (Rosapelikan) bzw. blassgrau (Rötelpelikan) in der Grundfärbung, recht gesellig vor allem in der Brutzeit, fangen Fische mit Hilfe ihres riesigen Schnabels und eines stark dehnbaren „Kehlsacks" als Wasser- und Fischbehälter. In ganz Afrika an Küsten und Seen anzutreffen.

Zwei Kormoran-Arten sind im Binnenland des südlichen Afrika regelmäßig an Gewässern anzutreffen: der **Weißbrustkormoran** (Phalacrocorax carbo) (Länge knapp 1 m) und die **Riedscharbe** (Phalacrocorax africanus) (bis 60 cm). Beide häufig an fischreichen Seen und Flüssen. Farbe schwarzbraun mit weißen Partien oder dunkelbraun. Schwanz der Riedscharbe sehr lang.

Rosa-Pelikane

Tierwelt

CL-T22 Foto: cl

Schlangenhalsvogel
(Anhinga rufa)

Sehr lang gestreckt (91 cm), dünner, langer Hals mit 24 Wirbeln. Mit dem spitzen, dünnen Schnabel werden Fische aufgespießt. Erwachsene Vögel mit kastanienbraunem Hals, Jungvögel wesentlich blasser.

Pelikane, Kormorane und Schlangenhalsvögel brüten oft in mehr oder weniger großen Kolonien auf dem Boden oder auf trockenen Bäumen.

Reiher

Verhältnismäßig große, schlanke Stelzvögel mit langem, spitzem Schnabel, meist an flachen Gewässern, in Sümpfen, gelegentlich auch auf Grasflächen auf der Suche nach Fischen, anderen Wassertieren, Insekten und auch Mäusen und anderen Nagern. Brut meist in großen Kolonien auf Bäumen.

Grau- und Schwarzkopfreiher
(Ardea cinerea und
Ardea melanocephala)

90–100 cm lang, graues, stellenweise weißes Gefieder, beim etwas kleineren Schwarzkopfreiher schwarzer Kopf und Hals. Graureiher meist am Wasser, Schwarzkopfreiher häufiger auch in Grasland anzutreffen.

Goliathreiher
(Ardea goliath)

Mit 140–155 cm der größte Reiher, Kopf, Hals und Unterseite kastanienbraun. Der ähnliche **Purpurreiher** ist viel kleiner und hat eine schwarze Kappe.

Neben dem rund 90 cm hohen **Silberreiher** (Egretta alba) (erkennbar an der Größe, dem gelben Schnabel und schwarzen Füßen) gibt es noch drei andere, deutlich kleinere weiße Reiherarten: **Mittelreiher** (Egretta intermedia) (rund 65 cm hoch, schwarze Beine, gelber

Schlangenhalsvogel

Schnabel), **Seidenreiher** *(Egretta garzetta)* (55–60 cm, schwarzer Schnabel, schwarze Beine, gelbe Zehen) und **Kuhreiher** *(Ardeola ibis)* (50–55 cm, in der Brutzeit Krone, Brust und Rücken leicht beige, sonst ganz weiß, Schnabel und Beine gelblich oder fleischfarben). Kuhreiher begleiten gerne große Weidetiere (Elefanten, Büffel) und fangen von deren Füßen aufgescheuchte Heuschrecken, sitzen aber auch zum Insektenfang gerne auf den Huftieren (auch Hausrindern). Die etwa gleich großen **Rallenreiher** *(Ardeola ralloides)* sind beige-braun, zeigen im Flug aber ihre völlig weißen Flügel.

Nachtreiher
(Nycticorax nycticorax)

Etwa 60 cm hoch, verhältnismäßig gedrungen, schwarzweiß, Jungvögel braun. Hauptsächlich nachtaktiv, tagsüber ruhig am Rande der Gewässer stehend.

Glockenreiher
(Egretta ardesiaca)

Bis 66 cm hoch, gedrungen, dunkelgrau mit gelben Zehen. Tagsüber am Rand von Gewässern auf Nahrungssuche, lokal verbreitet (z.B. Chobe National Park).

Mangrovereiher
(Butorides striatus)

Mit ca. 40 cm deutlich kleiner, grünschwarzer Kopf und Rücken, Unterseite grau.

Gewöhnlich in eine eigene Vogelfamilie wird der **Hammerkopf** *(Scopus umbretta)* gestellt, der Ähnlichkeiten mit Reihern und Störchen zeigt. 55–65 cm hoch, dunkelbraun, mit auffallender Haube und relativ klobigem Schnabel. Lebt an kleinen Flüssen und Bächen und baut in großen Bäumen ein riesiges (bis über 1 m Durchmesser) Kugelnest aus Zweigen, Schilf und anderem Pflanzenmaterial. Drei bis sechs Eier, die etwa drei Wochen bebrütet werden, Jungvögel bleiben ca. sieben Wochen in ihrer Bruthöhle. Nahrung: Wasserinsekten, Krebse, Würmer, Fische, Amphibien.

Störche und Ibisse

Neben dem europäischen Weißstorch, der während des europäischen Winters im südlichen Afrika als Zugvogel (= lokaler Sommergast) anzutreffen ist, gibt es eine Reihe von Storchenarten, die häufig (Marabu), regelmäßig (Nimmersatt, Sattelstorch) oder selten (Klaffschnabel) zu sehen sind.

Sattelstorch
(Ephippiorhynchus senegalensis)

Mit rund 170 cm Höhe der größte und wegen seiner auffälligen Färbung (schwarzweiß mit rot-schwarz-gelbem Schnabel und roten Fersengelenken) auch der schönste und prächtigste aller Störche. Gewöhnlich paar-

Tierwelt

tiere_62 Foto: fj

Goliathreiher

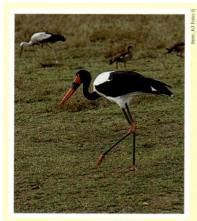

tiere_63 Foto: fj

150–160 cm hoch, schiefergrau mit weißem Bauch, weiße, flaumige Halskrause an der Basis des nackten, fleischfarbenen Halses, Erwachsene mit großem (bis 50 cm langem), mit Luft gefülltem Kehlsack und einer rötlichen Blase im Nacken, Schnabel kräftig. Große Nester auf Bäumen (allein oder in kleinen Kolonien). Nahrung: Aas, Insekten, Reptilien, aber auch Vögel und kleine Säugetiere.

Afrikanischer Nimmersatt (Ibis ibis)

Mittelgroß (95–105 cm) mit vorwiegend weißem Gefieder, Flügel und Schwanz schwarz, Gesicht nackt und rot, kräftiger Schnabel leicht gebogen und gelb, vorwiegend an Gewässern anzutreffen.

Afrikanischer Löffler (Platalea alba)

Ca. 90 cm, ganz weiß, nacktes Gesicht und vorne löffelartig verbreiterter Schnabel, Beine rot (der Europäische Löffler, der als Wintergast in Ostafrika vorkommen kann, hat ein gefiedertes Gesicht und schwarze Beine).

Sattelstorch

weise in der Nähe von Gewässern anzutreffen, auf der Suche nach Reptilien, Amphibien, Mäusen und anderen Kleintieren.

Neben dem europäischen **Schwarzstorch** *(Ciconia nigra)*, der nur selten als Sommergast im südlichen Afrika zu sehen ist, gibt es drei andere vorwiegend schwarze oder dunkelbraune Störche, die alle etwa 80–90 cm groß sind: **Wollhalsstorch** *(Ciconia episcopus)* („wolliger" weißer Hals, Schnabel dunkel mit rötlicher Spitze, Beine dunkelgrau bis fleischfarben), **Abdimstorch** *(Ciconia abdimii)* (auffallender weißer Bauch, Bronzeschimmer auf dem Rücken, blaues Gesicht, ähnlich dem Schwarzstorch, aber kleiner und ohne dessen rote Beine und Schnabel) und den **Klaffschnabel** *(Anastomus lamelligerus)* (braunschwarz, Schnabel klafft hinter der Spitze auseinander).

Marabu (Leptoptilos crumeniferus)

Bekanntester und am häufigsten (am Aas, wo er den Geiern Konkurrenz macht, und an Müllhalden) anzutreffender Storch in Afrika,

tiere_12 Foto: cd

Pavian vertreibt Marabu

CE-TS Foto: cl

Hagedasch

Heiliger Ibis
(Threskiornis aethiopicus)

Ca. 75 cm, weißes Körpergefieder, Kopf und nackter Hals sowie Schwanz schwarz, Füße dunkel, nicht nur an Gewässern, sondern auch auf Feldern und in Parks auf Nahrungssuche (Insekten, kleine Wirbeltiere) zu beobachten, lokal häufig.

Zwergflamingos

tiere_64 Foto: fj

Hagedasch
(Hagedashia hagedash)

Ca. 75 cm, Gefieder graubraun mit metallisch-grünem Schimmer auf Flügeln, lauter, sehr auffallender quäkender Ruf. Relativ häufig an Sümpfen und flachen Gewässern.

Flamingos

Zwei Flamingoarten kommen zum Teil in riesigen Scharen (Nakuru-See Kenias mit bis zu 1,5 Millionen Vögeln, Zigtausende auch am Bogoria-See, vielleicht 30 000 im Ngorongoro-Krater) an Seen in Ostafrika vor. Dabei ist der **Zwergflamingo** immer wesentlich zahlreicher als der etwas größere **Rosa-Flamingo**, der auch in Südeuropa (Spanien, Süd-Frankreich, Griechenland) zu sehen ist. Im südlichen Afrika treten beide Flamingoarten nur lokal und in deutlich kleine-

Tierwelt

ren Gruppen als in Ostafrika auf. In Jahren guten Niederschlags, wenn sich das Salzpfannensystem der Makgadikgadi Pans in Nord-Botswana mit Wasser füllt, kann es jedoch auch hier zu einem saisonalen Einfall zigtausender Flamingos kommen.

Rosa-Flamingo
(Phoenicopterus ruber)

140–150 cm, weißes Gefieder mit leichtem Hauch von rosa, Schnabel rot mit schwarzer Spitze. An den Seen des ostafrikanischen Grabens einigermaßen häufig, weiter südlich seltener. Nahrung: Vorwiegend kleine Krebstiere und Würmer, die mit dem Sieb am Schnabelrand aus dem Bodengrund geseiht werden.

Zwergflamingo
(Phoeniconaias minor)

Rund 100 cm hoch, Gefiederfarbe viel dunkler, Schnabel karminrot mit schwarzer Spitze. Sehr häufig an ostafrikanischen Seen, zwischen denen er aber über Hunderte von Kilometern hin und her fliegt. Brut nur an wenigen Stellen (z.B. Natron-See im Süden Kenias). Nahrung: Vorwiegend Algen und viel kleinere Nahrungspartikel, die dank des sehr feinen Schnabelsiebs auch von der Wasseroberfläche aufgenommen werden können. Riesige Zahlen am Nakuru-, Elmenteita- und Bogoria-See, seltener am Turkana- und Baringo-See (alle in Kenia), auch im tansanischen Ngorongoro-Krater und bis nach Südafrika vorkommend.

Enten und Gänse

An den Gewässern des südlichen Afrika sind zwei Arten der Entenvögel regelmäßig anzutreffen und auffallend: Nilgans und Sporengans. Andere Arten sind seltener und schwerer zu identifizieren.

Nilgans
(Alopochen aegyptiaca)

60–70 cm, Gefieder braun bis graubraun mit weißen Schultern, fast immer paarweise an vielen Gewässern (Seen, Tümpeln, Bächen, Flüssen), sehr häufig im gesamten östlichen und südlichen Afrika.

Sporengans
(Plectropterus gambensis)

Bis 102 cm, Gefieder schwärzlichbraun mit weißer Bauchpartie, rosaroter Schnabel mit angrenzend rot gefärbtem Kopf, männliche Tiere mit rotem Sporn am Kopf-Schnabel-Übergang. Deutlich größer als die Nilgans. An Wasser gebunden, vor allem in Überschwemmungsgebieten sehr verbreitet (Okavango-Delta in Botswana, Kafue-Sümpfe in Sambia).

Kapente
(Anas capensis)

35 cm groß, graubraun marmoriert, mit auffallend rotem Schnabel und hellem Kopf, relativ häufig.

Gelbschnabelente
(Anas undulata)

Verhältnismäßig groß (50 cm), graubraun, auffallend gelber Schnabel, recht häufig an Seen und in Sümpfen.

Rotschnabelente
(Anas erythrorhyncha)

Etwa gleich groß wie vorige Art (48 cm), grau, auffallend roter Schnabel, streckenweise häufig an Seen und in Sümpfen.

Witwenpfeifente
(Dendrocygna viduata)

46 cm hoch, aufrecht stehend als andere Enten und Gänse, Gesicht weiß, Flanken schwarzweiß gemustert, Rücken rötlichbraun, außerhalb der Brutzeit in Scharen von 30 und mehr. Zu erkennen auch an den hellen pfeifenden Rufen.

Glanzgans
(Sarkidiornis melanotos)

Ca. 50 cm, auffallend schwarzweiß, Männchen mit schwarzem Höcker auf dem Schnabel, stellenweise häufig.

Greifvögel

Die Fülle der Greifvögel – angefangen von acht Arten von Geiern über eine große Zahl von Adlern, Bussarden, Habichten bis hin zu kleinen Falken – ist überwältigend.

Sekretär
(Sagittarius serpentarius)

Etwa 100 cm hoch, ein ans Bodenleben angepasster Greifvogel mit langen Stelzenbeinen, blassgrau, sehr langer Schwanz und auffallende Federhaube, im offenen Grasland Reptilien (insbesondere Schlangen), Nagetiere und große Insekten jagend, einzeln oder paarweise.

Die häufigsten Geier am Riss von Löwen und anderen sind der **Weißrückengeier** *(Gyps africanus)* (einheitlich braun, weiße Halskrause auf dem Rücken, 80–85 cm) und der größere **Kapgeier** *(Gyps coprotheres)* (ebenfalls braun, ältere Tiere meist heller, deutlich größer als der Weißrückengeier, 105–115 cm). Vereinzelt in Geieransammlungen zu sehen ist der **Wollkopfgeier** *(Trigonoceps occipitalis)* (80–85 cm, mit weißem Hals, sehr dunklem Körper und weißen Flügelspitzen, Schnabel blau und rot). Etwas häufiger, aber meist etwas abseits von den größeren Geiern ist der kleine **Kappengeier** *(Necrosyrtes monachus)* (ca. 70 cm, einheitlich dunkelbraun, beigebraune „Haube" aus Flaum, nacktes Gesicht fleischrot) anzu-

Weißrückengeier

Tierwelt

CL-T3 Foto: cl

treffen. Sehr selten einzeln zu sehen ist der **Schmutzgeier** *(Neophron percnopterus)* (ca. 70 cm, schmutzig weiß mit gelbem Gesicht und schwarzen Flügel- und Schwanzspitzen). Selten ist die größte Art: der **Ohrengeier** *(Torgos tracheliotos)* (über 100 cm, mit massigem Schnabel, nackter, faltiger Hals und Kopf dunkelrot). Im Bergland von Lesotho brütet der seltene **Bartgeier oder Lammergeier** *(Gypaetus barbatus)*. Nahrung der Geier: fast ausschließlich Aas großer Tiere, Schmutzgeier auch Straußeneier (die sie mit Steinen knacken) und in der Nähe menschlicher Ansiedlungen auch Müll. Rein vegetarisch ernährt sich der fischadlertartige **Palmengeier** *(Gypohierax angolensis)*, der selten als Besucher im Okavango-Delta und im Sambesi-Gebiet beobachtet wird.

Häufigster und auffallendster Adler des südlichen Afrika (Wassernähe vorausgesetzt) ist der **Schreiseeadler** *(Haliaeetus vocifer)* (75 cm, Kopf, Brust, Rücken und Schwanz weiß, Bauch und Schultern rotbraun, Flügel schwarz, Gesicht und Beine gelb, stets am Wasser, Nahrung: Fische und Wasserflügel). Relativ häufig sind **Raubadler** *(Aquila rapax)* (65–75 cm, einheitlich hell- bis dunkelbraun) und **Gaukler** *(Therathopius ecaudatus)* (60–65 cm, sehr kurzer Schwanz, Gesicht und Beine rot, Körpergefieder schwarz und grau, Rücken rotbraun, häufig am Himmel kreisend zu sehen). Gelegentlich zu sehen sind **Schopfadler** *(Lophaetus occipitalis)* (50–55 cm, schwarzbraun, mit langen Schopffedern, oft auf Warte sitzend), **Kampfadler** *(Polemaetus bellicosus)* (75–85 cm, dunkel mit heller, gesprenkelter Brust, leichte Haube), **Kaffern-adler** *(Aquila verreauxii)* (75–85 cm, schwarz mit weißen Abzeichen auf dem Rücken, selten in felsigem Gelände, z.B. im Matopos National Park Simbabwes), **Steppenadler** *(Aquila nipalensis)* (75 cm, schwarzdunkel mit orangegelber Schnabelpartie, in der Kalahari lokal häufig) und verschiedene **Schlangenadlerarten.**

Andere relativ häufige und auffällige Greifvögel: **Schmarotzermilan** *(Milvus aegypticus)* und **Schwarzer Milan** *(Milvus migrans)* (beide etwa 50–60 cm, fahlbraun mit auffallend gegabeltem Schwanz, Schnabel gelb, Schwarzer Milan mit grauer Kopfpartie und tiefschwarzem Schwanz, wohl der häufigste Greifvogel in Afrika, oft auch in Städten zu sehen), **Gleitaar** *(Elanus caeruleus)* (30– 35 cm, hellgrau oben, weiß unten, weißer, leicht gegabelter Schwanz und schwarze Schultern, in recht niedriger Höhe über das Grasland fliegend auf der Suche nach Nagetieren), **Schakalbussard** *(Buteo rufofuscus)* (50–60 cm, Oberseite schiefergrau bis fast schwarz, Schwanz rotbraun, Brust fast weiß, Bauch hell, leicht gesprenkelt, häufig auf Telegraphenmasten oder ähnlichen Warten sitzend), **Heller und Dunkler Weißbürzel-Singhabicht** *(Melierax canorus und M. metabates)* (50–63 cm, hell- bzw. dunkelgrauer Habicht mit gesperberter Brust und orangeroten Zehen bzw. Schnabelansatz) und die **Afrikanische Rohrweihe** *(Circus ranivorus)* (45– 50 cm, dunkel- bis rötlichbraun, niedrig über Sümpfen oder Grasflächen fliegend).

Hühnervögel

Die meisten Hühnervögel (Frankoline, Perlhühner, Wachteln) sind nur kurz zu sehen und kaum zu bestimmen. Zwei Arten fallen auf und sind leicht von den anderen zu unterscheiden: das **Swainsonfrankolin** *(Francolinus swainsonii)* (knapp 39 cm, mit nackter, auffallend roter Kehle, die häufigste und auffälligste Art, vorwiegend in offenem Buschland) und das **Helmperlhuhn** *(Numida*

bo-209 Foto: cl

CL-T8 Foto: cl

Linke Seite – Kappengeier; rechte Seite – oben: Schreiseeadler, unten: Swainsonfrankolin

Tierwelt

meleagris) (45–55 cm, schiefergrau mit weißen Flecken, auffallender „Helm" auf dem Kopf, Gesicht blau, oft in kleinen Gruppen in Buschland anzutreffen). Regelmäßig kann auch die **Wachtel** *(Coturnix coturnix)* (18 cm, brauntarnfarben mit kleinen hellen Streifen) beobachtet werden.

Rallen, Kraniche, Trappen

Von den weltweit 14 Kranicharten ist nur eine überhaupt nicht gefährdet und als beliebter Parkvogel jedem Kind bekannt: der **Kronenkranich** *(Balearica pavonina)* (gut 100 cm hoch, unverkennbar durch die „Krone" aus goldgelben, borstenähnlichen Federn, die samtartig schwarze Stirn sowie weiße und rote Hautlappen im Gesicht, graues bis schwarzes Grundgefieder mit rotbraunen und weißen Partien an den Flügeln, meist paarweise auf offenen Ebenen, Feldern oder in Sümpfen). Seltener und nur lokal verbreitet ist der **Klunkerkranich** *(Bugeranus carunculatus)* (gut 125 cm, blassgrau mit weißem Hals, langem Schwanz und zwei weißen, gefiederten Anhängseln – „Klunkern" – am Kopf, zwei getrennte Populationen in Äthiopien und im Süden Afrikas in Sambia, Nord-Botswana, Simbabwe und in Natal/Südafrika). Der attraktive **Paradieskranich** *(Anthropoides paradiseus)* (gut 105 cm hoch, unverkennbar blaugrau mit weißem Scheitel und schweifartigen Schwanzfeder) kommt regional in Südafrika und inselartig im Etoscha-Gebiet Namibias sowie vereinzelt in Botswana vor, überall aber selten.

Von den vielen Rallen sind zwei Arten besonders auffallend: das **Kammbläßhuhn** *(Fulica cristata)* (40–45 cm, sehr ähnlich dem europäischen Bläßhuhn, weißer Gesichtsschild sowie in der Brutzeit zwei auffallende rote „Knöpfe"

Kronenkranich

tiere_66 Foto: fj

Riesentrappe

CL-T12 Foto: cl

darüber) und das **Purpurhuhn** *(Porphyrio porphyrio)* (46 cm, blauschwarz mit rotem Schnabel und roter Stirn sowie rosa Beinen).

Typische Bewohner des offenen Graslandes sind die Trappen. Besonders groß und auffallend ist die **Riesentrappe** *(Ardeotis kori)* (75–105 cm, vorwiegend grau, Rücken und Körper dunkler, kleiner Schopf, bei der Balz durch „Umdrehen" des Gefieders wie ein großer weißer Ball wirkend, im gesamten Kalahari-Gebiet häufig). Seltener sind drei 55–65 cm große Arten: **Rotschopftrappe** *(Eupodotis ruficrista)* (schwarze Unterseite, rötlich-beiger Schopf), **Gackeltrappe** *(Eupodotis afra)* (schwarzer Bauch und Hals, schwarzer Kopf mit weißem Wangenfleck, braune Flügelpartie, charakteristisch-schimpfender Ruf) und die **Schwarzbauchtrappe** *(Eupodotis melanogaster)* (Bauch des Männchens schwarz, des Weibchens blass mit schwarzen Streifen an der Brust). Nahrung aller Trappen: Sämereien, andere pflanzliche Stoffe, Insekten und Reptilien.

Watvögel

Von der großen Zahl an Watvögeln sind drei 25–30 cm große Arten besonders häufig: am Ufer von seichten Gewässern **Spornkiebitz** *(Vanellus spinosus)* (schwarz-weiß, Rücken braun, Kappe schwarz) und **Waffenkiebitz** *(Vanellus armatus)* (schwarz, weiß und hellgrau mit weißer Kappe), an trockenen, vegetationsarmen Standorten in der Savanne Paare vom **Kronenkiebitz** *(Vanellus coronatus)* (Hals und Rücken hellbraun, Bauch weiß, Kopf schwarz mit auffallendem weißen Ring). In den Gewässern sind **Stelzenläufer** *(Himantopus himantopus),* **Säbelschnäbler** *(Recurvirostra avosetta)* sowie etliche Arten der kleineren **Regenpfeifer** zu sehen. Auf Blättern von Seerosen laufen **Blau-**

Tierwelt

Waffenkiebitze

CL-T6 Foto: cl

stirn-Blatthühnchen oder Jacanas *(Actophilornis africanus)* (25–28 cm, rotbraun, Hals vorne weiß, hinten schwarz, Schnabel und Kopfschild hellblau, extrem lange Zehen, Charaktervogel des Okavango-Deltas).

Tauben

Sehr häufig und ständig zu hören sind verschiedene Taubenarten. Die beiden auffallendsten sind **Gurrtaube** *(Streptopelia capicola)* (25 cm, graubraun, schwarzer Ring am Nacken) und **Kaptäubchen** *(Oena capensis)* (ca. 20 cm, dunkelgrau mit weißem Bauch, Männchen mit schwarzem Gesicht, sehr langer, dunkler Schwanz). Besonders attraktiv gefärbt ist die **Grüne Fruchttaube** *(Treron calva)* (30 cm, grün mit gelber Flügelpartie, roter Schnabelansatz und knallrote Zehen, selten).

Papageien

Selten, aber wegen ihrer Popularität zu erwähnen sind die Papageien. Zwei Arten sind noch am ehesten zu sehen: **Goldbugpapagei** *(Poicephalus meyeri)* (25 cm, graubraun, mit grünem Bauch, gelb an Kopf und Flügelbug, weit verbreitet, aber immer nur stellenweise vorhanden) und **Rosenpapagei** *(Agapornis roseicollis)* (17–18 cm, orange-roter Kopf, sonst grünlich gefärbt, selten und nur lokal in der Baumsavanne und in Galeriewäldern vorkommend).

Eulen und Nachtschwalben

Von drei Uhu-Arten ist am ehesten der **Milchuhu** *(Bubo lacteus)* (60–70 cm, braun-grau, mit heller Brust, Gesichtsfeld weißlich mit schwarzen Seitenstreifen) zu beobachten. Lokal verbreitet (z.B. im Okavango-Delta) ist die ausschließlich nachtaktive, auf Fische spezialisierte, sehr große **Fischeule** *(Scotopelia peli)* (63–65 cm, dunkelbraun mit heller Brust, keine Federohren). Auch tagsüber aktiv ist der kleine **Perlkauz** *(Glaucidium perlatum)* (15–18 cm, dunkelbraun mit hellen Punkten, Brust weiß mit braunen Punkten).

Häufig bei Nachtfahrten zu sehen, aber schwer zu bestimmen sind die verschiedenen Arten von **Nachtschwalben**, die sich vorwiegend von Insekten ernähren, die sie im Flug fangen.

Rackenvögel

Zu den attraktivsten Vögeln Afrikas gehören verschiedene Gruppen der Rackenvögel: neben den eigentlichen Racken die vielen schönen Fischer (Eisvögel) sowie etliche Bienenfresser, Nashornvögel und Hopfe. Relativ häufig zu sehen sind: **Gabelracke** *(Coracias caudata)* (40–45 cm, Oberseite braun, Rumpf und Kopf ultramarin, Kehle und Brust lila, lange Schwanzspitzen an beiden Seiten), **Malachiteisvogel** *(Alcedo cristata)* (14 cm, Kopf und Oberseite dunkelblau, Bauch rotbraun, Kehle weiß, Schnabel rot – sehr ähnlich ist der

tiere_69 Foto: fj

CL-T10 Foto: cl

Zwergfischer, überwiegend blau gefärbt der **Kobalteisvogel), Graufischer** (Ceryle rudis) (25 cm, schwarzweiß, Schwanz verhältnismäßig lang, sehr häufig an Gewässern), **Braunkopfliest** (Halcyon albiventris) (24 cm, Kopf braun, Rücken schwarz, Oberseite hellblau, Bauch orangebraun, Kehle hell, Schnabel rot – eine von mehreren Arten, die nicht an Gewässern vorkommt, sondern in der Savanne Insekten jagt),

Schwalbenschwanzspint (Merops hirundineus) (22–24 cm, sehr lange, schwalbenartig gegabelte Schwanzfedern, Oberseite grün, Schwanz blau, Kehle gelb mit blauem Streifen, Bauch grünblau), **Karminspint** (Merops nubicoides) (33–38 cm, sehr großer, karminfarbener, auffälliger Bienenfresser, Kehle karmin- bis pinkfarben, Kopf türkisblau), **Weißstirnspint** (Merops bullockoides) (22–24 cm, Stirn und obere Kehle weiß, untere Kehle rot, Oberseite grün, Schwanz grün), **Zwergspint** (Merops pusillus) (15 cm, Schwanz gerade, Oberseite grün, Bauch braun, Kehle goldgelb – die kleinste Art der Bienenfresser, recht häufig). Häufigste Arten der Hornvögel sind der **Rotschnabeltoko** (Tockus erythrorhynchus) (42–50 cm, Oberseite schwarzbraun, weiß gesprenkelt, Bauch weiß, Schnabel rot – häufig im trockenen Busch) und der **Gelbschnabeltoko** (Tockus flavirostris) (45–55 cm, ähnlich wie Rotschnabeltoko, aber stärker gekrümmter, gelber Schnabel). Seltener und nur im Wald anzutreffen ist der **Trompeterhornvogel** (Bycanistes bucinator) (60–70 cm, Rücken schwarz, Bauch weiß, Schnabel mit einfachem Aufsatz silbergrau). Sehr auffallend ist der **Hornrabe** (Bucorvus abyssinicus) (105–110 cm, schwarz mit weißen Flügelseiten, Gesicht und Kehle unbefiedert, mit roten und blauen Blasen, auf dem Boden Nahrung suchend – die nördliche von zwei ähnlichen Arten). Der **Baumhopf** (Phoeniculus purpureus)

Oben: Gelbschnabeltoko,
unten: Rotschnabeltoko

(38–45 cm, schwarz mit grün-metallischem Schimmer, Schwanz lang und abgestuft, Schnabel rot) streift meist in Familiengruppen umher, dagegen ist der **Wiedehopf** *(Upupa epops)* (25–30 cm, Grundfarbe rötlich, Oberseite schwarzweiß, aufstellbare, schwarz gerändete Federhaube) eher ein Einzelgänger.

Spechte und Bartvögel

Spechte sind nur selten zu sehen und genau zu bestimmen, die mit ihnen verwandten Bartvögel schon eher. Lokal häufig und sehr auffallend ist der **Haubenbartvogel** *(Trachyphonus vaillantii)* (22–24 cm, rötlichgelber Vogel mit dunkler, weiß gefleckter Oberseite und kleiner Haube).

Nester des Siedelwebers

CL-T15 Foto: cl

Sperlingsvögel

Die größten und auffallendsten aus der riesigen Schar der Singvögel sind die Raben, von denen es im südlichen Afrika verschiedene Arten gibt. Stellvertretend sei der **Schildrabe** *(Corvus albus)* (45–50 cm, schwarz mit weißer Brust und Rückenpartie, ähnliche Arten mit anderen Mustern von weiß) genannt.

Sehr attraktiv und auch an Besuchereinrichtungen häufig zu sehen sind diverse Arten von Glanzstaren. Am häufigsten sind der **Rotschulterglanzstar** *(Lamprotornis nitens)* (23–25 cm, ganzer Vogel metallisch blaugrün mit rotem Schulterpunkt) und der ähnliche **Grünschwanzglanzstar** *(Lamprotornis chalybaeus)* (21–23 cm), hinzu kommen einige andere blaugrüne Arten mit metallischem Schimmer, von denen der **Riesenglanzstar** *(Lamprotornis australis)* die auffälligste ist.

Auch die **Madenhacker** (häufigste Art Rotschnabel-Madenhacker – *Buphagus erythrorhynchus* – ca. 18 cm, Farbe braungrau mit hellem Bauch, Auge gelb gerandet, Bauch hell – stets auf großen Huftieren nach Insekten suchend) gehören in diese Gruppe.

Auffallend im Aussehen (meist gelbschwarz, aber auch rotschwarz) sind die Webervögel, z.B. **Textor** *(Ploceus cucullatus)* (ca. 18 cm, gelb mit schwarzem Kopf, Nacken braun), **Maskenweber** *(Ploceus vellatus)* (ca. 15 cm, dem Textor sehr ähnlich) oder der eher unscheinbare **Siedelweber** *(Philetairus*

KROKODILE, SCHLANGEN 681

socius) (ca. 14 cm, grau, sperlingsartig, markanter schwarzer Kehlfleck, sehr lebhaftes Gezwitscher innerhalb der großen Nester), dessen riesige, in großen Bäumen befestigten Kolonienester unzählige Weberpaare beherbergen (in Trockengebieten wie der Kalahari charakteristisch). Auffallend grell gefärbt ist der orangeschwarze **Oryxweber** *(Euplectes orix)* (ca. 14 cm, neon-orange mit schwarzem Kopf und schwarzem Bauch).

Überaus attraktiv, aber wegen ihrer schnellen Bewegungen bei Blütenbesuchen sehr schwer zu bestimmen sind die verschiedenen Nektarvögel, z.B. **Bindennektarvogel** *(Nectarinia mariquensis),* ca. 14 cm, Kopfbereich grün schimmernd, Rumpf und Schwanz schwarz, rötlichblaues Bauchband.

Reptilien

Krokodile

Nur eine Art ist auf dem Schwarzen Kontinent an Flüssen und Seen weit verbreitet: das **Nilkrokodil** *(Crocodylus niloticus)* (3–5 m, 500–800 kg).

Schlangen

Überall reichlich vorhanden, nur selten zu sehen, am ehesten noch der **Felsenpython** *(Python sebae)* (4–6 m, z.T. bis 9 m). Zu den gefährlichsten Giftschlangen Afrikas gehören die **Schwarze Mamba** *(Dendroaspis polylepis)* (bis 4 m, olivbraun, gilt als aggressiv, Biss endet in der Regel töd-

Tierwelt

Nilkrokodil

tiere_71 Foto: fj

lich), **Mosambikanische Speikobra** *(Naja mossambica)* (1,2–1,5 m, Grundfarbe graubraun, richtet sich hoch auf, um ihr Gift gegen potenzielle Feinde zu spritzen), **Puffotter** *(Bitis arietans)* (0,6–1,2 m, dick und

tiere_22 Foto: cd

CL-T19 Foto: cl

gedrungen, Grundfarbe grau bis braun mit Streifenmuster, sonnt sich gern auf Wegen und Pfaden und bleibt dort auch bei menschlicher Annäherung liegen, daher kommt es besonders leicht beim Darauftreten zu Bissen, zeichnet für ca. 60 Prozent der afrikanischen Schlangenbisse verantwortlich) und **Boomslang** *(Dispholidus typus)* (1,5–2 m, Grundfarbe sehr variabel, in der Regel grünlich, männliche Tiere bisweilen schwarzbraun mit goldfarbenem Bauch, eine Baumschlange, die in Wäldern und Baumsavanne weit verbreitet ist, sehr giftig, aber Bisse selten).

Angehörige verschiedener **Echsen**-Familien sind gelegentlich zu sehen: in Häusern die lokale Form des tropischen **Hausgecko** *(Hemidactylus mabouia)* (15–20 cm, hell), an Felsen die **Südliche Felsagame** *(Agama atra)* (20–30 cm, gelblichgrün bis grau mit blauem Kopf), in der Nähe von Flüssen der **Nilwaran** *(Varanus niloticus)* (bis 2 m, grünlich-grau), in Büschen (oder in der Hand von Kindern, die sie zum Verkauf anbieten) das **Lappen-Chamäleon** *(Chamaeleo dilepis)* (20–25 cm, Grundfarbe grünlich, aber sehr variabel).

Von den Schildkröten ist nur eine Art häufig zu sehen: die **Panther-Schildkröte** *(Geochelone pardalis)* (max. 70 cm, graubraun mit „Panther-Flecken").

Oben: Black Forest Cobra, unten: Panther-Schildkröte

Kleines Tier-Wörterbuch

DEUTSCH	ENGLISCH	SETSWANA
Babuin, Gelber	Yellow Baboon	
Bärenpavian	Chacma Baboon	Tshwene
Baumschliefer	Tree Dassie	
Boomslang	Boomslang	
Breitmaulnashorn	White Rhino(ceros)	Tshukudu
Büffel, Afrikanischer	Buffalo	Nare
Buschbaby	Bushbaby	Mogwele
Buschbock	Bushbuck	Ngurungu
Buschhase	Bush Hare	Mmutla
Buschhörnchen	Bush Squirrel	Setlhora
Buschmannhase	Bushman Hare	
Buschschwein	Bush Pig	Kolobe
Chamäleon	Chameleon	
Crawshay's-Hase	Crawshay's Hare	
Diademmeerkatze	Blue Monkey	
Elefant, Afrikanischer	African Elephant	Tlou
Elenantilope	Eland	Phofu
Erdferkel	Aardvark, Antbear	Thakadu
Erdhörnchen	Ground Squirrel	
Erdwolf	Aardwolf	Thukwi
Felsagame, Südliche	Southern Rock Agama	
Felsenpython	Rock Python	
Flusspferd	Hippo(potamus)	Kubu
Gelbfuß-Moorantilope	Puku	Puku
Gemsbok	Oryx	Kukama
Gepard	Cheetah	Tetlotse
Giraffe	Giraffe	Thutlwa
Ginsterkatze	Common Genet	Tshipa
Halbmondantilope	Tsessebe	Tshesebe
Hausgecko	Tropical House Gecko	
Hörnchen	Squirrel	
Honigdachs	Honey Badger	Matshwane
Hyäne	Hyena	
Hyäne, Braune	Brown Hyena	Phiritshwana
Hyänenhund	Hunting Dog, Wild Dog	Letlhalerwa
Impala	Impala	Phala
Kaphase	Cape Hare	
Kapotter	Cape Clawless Otter	Lenyibi
Karakal	Caracal	Thwane
Kirk-Dikdik	Kirk's Dik-Dik	
Klippspringer	Klipspringer	
Klippschliefer	Rock Hyrax	
Kobra	Cobra	
Kronenducker	Bush Duiker	Phuti
Kudu, Großer	Greater Kudu	Tholo
Kuhantilope	Hartebeest	Kgama
-, Lichtensteins	Lichtenstein's Hartebeest	
-, Südafrikanische (= Kaama)	Red Hartebeest	
Lappenchamäleon	Flap-neck Chameleon	
Leopard	Leopard	Nkwe

Tierwelt

DEUTSCH	ENGLISCH	SETSWANA
Litschi-Moorantilope	Red Lechwe	Letswee
Löffelhund	Bat-eared Fox	Motlhose
Löwe	Lion	Tau
Manguste	Mongoose	
Mamba, Schwarze	Black Mamba	
Meerkatze, Grüne	Vervet Monkey	Kgabo
Nilkrokodil	Nile Crocodile	Kwena
Nilwaran	Nile Monitor	
Oribi	Oribi	
Pantherschildkröte	Leopard Tortoise	
Pavian	Baboon	
Pferdeantilope	Roan Antelope	Kwalata etshetla
Puffotter	Puff Adder	
Puku	Puku	Puku
Python	Python	
Rappenantilope	Sable Antelope	Kwalata entsho
Rehbok	Rhebuck	
Riedbock	Reedbuck	Sebogatla
Riesengalago	Thick-tailed Bushbaby	
Rotichneumon	Slender Mongoose	Kgano
Schabrackenschakal	Black-backed Jackal	Phokoje
Schakal	Jackal	
Schildkröte	Turtle	
Schuppentier	Pangolin	Kgaga
Senegalgalago	Lesser Bushbaby	Mogwele
Serval	Serval	Tadi
Sitatunga	Sitatunga	Naakong
Speikobra	Spitting Cobra	
Spießbock, Südafrikanischer	Oryx	Kukama
Spitzmaulnashorn	Black Rhino(ceros)	Tshukudu
Springbock	Springbok	Tshephe
Springhase	Spring Hare	Ntlole
Stachelschwein	Porcupine	Noko
Steinböckchen	Steenbok	Phuduhudu
Steppenzebra	Burchell's Zebra	Pitse yanaga
Strauß, Afrikanischer	Ostrich	
Streifengnu	Blue Wildebeest	Kgokong
Streifenhyäne	Striped Hyena	
Streifeniltis	Banded Polecat	Nakedi
Streifenschakal	Side-striped Jackal	Rantalaje
Tsessebe	Tsessebe	Tshesebe
Tüpfelhyäne	Spotted Hyena	Phiri, Legolo
Waran	Monitor Lizard	
Warzenschwein	Warthog	Kolobe
Wasserbock	Waterbock	Letimoga
Weißschwanzgnu	Black Wildebeest	
Wildhund, Afrikanischer	Wild Dog, Hunting Dog	Letlhalerwa, Leteane
Wildkatze	Wild Cat	Tibe
Zibetkatze	Civet Cat	Tshipalore
Zebra	Zebra	Pitse yanaga
Zebramanguste	Banded Mongoose	Letototo
Zwergmungo	Pygmy Mongoose	